ein Ullstein Buch

en Menschen zu Wort kommen, die mit ihrer Arbeit und t, trotz mancher Konflikte, ein gemeinsames Ziel verfol- helfen, Leiden zu lindern, Kranke zu heilen. zwischen nüchterner Alltagsroutine und warmer Hilfsbe- zeichnet die Arbeit im vielzelligen Organismus Kranken- schildert die Gratwanderung des Ärzteberufes zwischen per- sö[illegible] Ehrgeiz und moralischer Verpflichtung.
Auch der amerikanische Pharma-Konzern Felding-Roth hat ehrgeizige Pläne. Er will mit einer neuen Medikamentenreihe expandieren. Doch die Konkurrenzkämpfe werden immer härter, die behördlichen Zulassungsprozeduren immer langwieriger, und so verläuft der Weg eines Medikamentes bis zur praktischen Anwendung nicht immer gradlinig...

DER AUTOR:

Arthur Hailey, am 5. April 1920 in Luton/England geboren, war während des Zweiten Weltkrieges Pilot in der Royal Air Force. 1947 wanderte er nach Kanada aus und war in Toronto als Immobilienmakler und Herausgeber einer Zeitschrift der Transportindustrie tätig, bis er sich ganz dem Schreiben widmete *(Flug in Gefahr, Letzte Diagnose, Auf höchster Ebene, Hotel, Airport, Räder, Die Bankiers, Hochspannung)*. Arthur Hailey lebt in Nassau auf den Bahamas.

Arthur Hailey

Letzte Diagnose

Bittere Medizin

Zwei Romane

ein Ullstein Buch

ein Ullstein Buch
Nr. 20465
im Verlag Ullstein GmbH,
Frankfurt/M–Berlin
Titel der Originalausgaben:
The Final Diagnosis
Übersetzt aus dem Amerikanischen
von Wilm W. Elwenspoek
und
Strong Medicine
Übersetzt aus dem Amerikanischen
von Charlotte Franke

Neu eingerichtete Ausgabe aufgrund
der Ullstein Bücher 2784 und 20788

Umschlagentwurf:
Hansbernd Lindemann
Umschlagfoto:
The Image Bank/Don Carroll

Printed in Germany 1989
Druck und Verarbeitung:
Clausen & Bosse, Leck
ISBN 3 548 20465 1

Oktober 1989

Vom selben Autor
in der Reihe
der Ullstein Bücher:

Letzte Diagnose (2784)
Hotel (2841)
Auf höchster Ebene (3208)
Räder (3272)
Die Bankiers (20175)
Hochspannung (20301)
Bittere Medizin (20788)

Hailey, Arthur/John Castle
Flug in Gefahr (2926)

CIP-Titelaufnahme der Deutschen
Bibliothek:

Hailey, Arthur
Bittere Medizin : 2 Romane / Arthur
Hailey. – Neu
eingerichtete Ausg. aufgrund d. Ullstein-
Bücher 2784 u. 20788.
– Frankfurt/M. ; Berlin : Ullstein, 1989
(Ullstein-Buch ; Nr. 20465)
ISBN 3-548-20465-1
NE: GT

Arthur Hailey

Letzte Diagnose

I

Am späten Vormittag eines drückend heißen Sommertages verebbte das Leben im Three Counties Hospital und verlief sich wie das Meer bei Niedrigwasser um eine vorgelagerte Insel. Außerhalb des Krankenhauses schwitzten die Einwohner von Burlington, Pennsylvania, bei einer Temperatur von dreiunddreißig Grad im Schatten und achtundsiebzig Prozent Luftfeuchtigkeit. Unten bei den Stahlwerken und beim Güterbahnhof, wo es kaum Schatten und keine Thermometer gab, wären die Ablesungen — falls sich jemand die Mühe gemacht hätte — noch höher gewesen. In dem Krankenhaus war es kühler als draußen, wenn auch nicht sehr viel. Von den Patienten und dem Stab entgingen nur die Glücklichen oder die Einflußreichen in den Räumen mit Klimaanlagen der schlimmsten Hitze.

Die Aufnahmeabteilung im Erdgeschoß besaß keine Klimaanlage, und Madge Reynolds griff nach dem fünfzehnten Papiertaschentuch an diesem Morgen in ihren Schreibtisch, tupfte ihr Gesicht ab und entschied, daß es wieder Zeit sei, ihren Platz kurz zu verlassen, um sich durch ein desodorierendes Mittel zu erfrischen. Miss Reynolds war Leiterin der Aufnahme. Sie war achtunddreißig Jahre alt, und sie verfolgte aufmerksam die Anzeigen für Mittel zur Förderung der weiblichen Hygiene. Infolgedessen hatte sie einen Horror davor, nicht vollkommen gepflegt zu sein, und bei heißem Wetter unterhielt sie einen Pendelverkehr zwischen ihrem Schreibtisch und der Damentoilette am anderen Ende des Ganges. Zuerst allerdings, entschied sie, mußte sie vier Patienten benachrichtigen, die heute noch aufgenommen werden konnten.

Vor ein paar Minuten hatte sie von den Krankenstationen die Entlassungsscheine für diesen Tag erhalten. Daraus hatte Miss Reynolds ersehen, daß heute sechsundzwanzig Patienten nach Hause geschickt wurden, statt der vierundzwanzig, mit denen sie gerechnet hatte. Zusätzlich der beiden Todesfälle, die während der Nacht eingetreten waren, ergab sich daraus, daß sie aus der langen Warteliste des Krankenhauses vier weitere Namen zur sofortigen Aufnahme heraussuchen konnte. Irgendwo in vier Wohnungen in und um Burlington würde dann ein Quartett von Patienten, die entweder hoffnungsvoll oder furchtsam auf die Benachrichtigung warteten, einpacken, was ihnen unentbehrlich erschien, und sich der Medizin anvertrauen, wie sie im Three Counties Hospital praktiziert wurde. Mit ihrem sechzehnten Papiertaschentuch in der Hand schlug Miss Reynolds jetzt einen Aktendeckel auf, griff nach dem Telefon auf ihrem Schreibtisch und begann zu wählen.

Vom Glück begünstigter als die Angestellten in der Anmeldung waren bei der Hitze jene, die in den ambulanten Kliniken auf Behandlung warteten. Dort, im entgegengesetzten Flügel im Erdgeschoß, herrschte jetzt voller Betrieb. Die Patienten dort kamen wenigstens in den Genuß der Klimaanlagen, wenn sie an der Reihe waren, eines der sechs Sprechzimmer zu betreten, die an den allgemeinen Warteraum grenzten. In den Sprechzimmern standen sechs Fachärzte mit ihren besonderen Fähigkeiten jedem frei zur Verfügung, der sich die Honorare nicht leisten konnte, die diese Spezialisten von den Patienten in ihrer Privatpraxis im Medical Arts Building in der Stadt verlangten.

Der alte Rudy Hermant, der nur noch gelegentlich als Hilfsarbeiter arbeitete, wenn seine Familie ihn dazu zwang, lehnte sich in der komfortablen Kühle gelassen zurück, während Dr. McEwan, der Hals-, Nasen- und Ohrenspezialist, nach der Ursache für Rudys steigende Taubheit forschte. Im Grunde störte die Taubheit Rudy nicht sehr. Manchmal, wenn Vorarbeiter verlangten, daß er etwas anderes tun oder schneller arbeiten solle, fand er sie vorteilhaft. Aber Rudys ältester Sohn hatte entschieden, der alte Mann solle sich die Ohren untersuchen lassen, und folglich war er hier.

Dr. McEwan knurrte gereizt, als er das Otoskop aus dem Ohr des alten Rudy zurückzog. »Es wäre leichter für mich, wenn Sie sich den Dreck vorher herausgewaschen hätten«, bemerkte er bissig.

Diese Übellaunigkeit war für McEwan ungewöhnlich. Allerdings hatte seine Frau an diesem Morgen beim Frühstück eine Auseinandersetzung über die Haushaltskosten fortgesetzt, die sie am vorhergehenden Abend begonnen hatte, und dadurch war er so verärgert, daß er seinen neuen Oldsmobile ohne die nötige Vorsicht rückwärts aus der Garage fuhr und dabei den rechten hinteren Kotflügel verschrammte.

Rudy sah verständnislos zu ihm auf. »Was meinen Sie?« fragte er.

»Ich sagte, es wäre leichter ... Ach, lassen Sie!« McEwan überlegte, ob das Leiden des alten Mannes eine Alterserscheinung oder ob es auf einen kleinen Tumor zurückzuführen sei. Es war ein interessanter Fall, und sein berufliches Interesse verdrängte bereits seine Gereiztheit.

»Ich habe nicht verstanden«, sagte der alte Mann wieder.

McEwan hob seine Stimme. »Es hat nichts zu bedeuten, lassen Sie nur.« In diesem Moment war er über die Taubheit des alten Rudy froh und schämte sich etwas über seinen eigenen Temperamentsausbruch.

In der Klinik für innere Medizin entzündete der wohlbeleibte Dr. Toynbee, ein Internist, eine neue Zigarette am Stummel der alten und sah den Patienten auf der anderen Seite seines Schreibtisches an. Während er den Fall überdachte, verspürte er ein leichtes Brennen im Magen und entschied, daß er für ein oder zwei Wochen auf chinesische Küche verzichten müsse. Doch das war in Anbetracht der zwei Diners, die ihm in dieser Woche noch bevorstanden, und des Gourmetclubs am nächsten Dienstag nicht allzu schwer zu ertragen. Während er seine Diagnose festlegte, sah er seinen Patienten an und sagte: »Sie sind zu dick, mein Lieber. Ich werde Ihnen eine Diät verordnen, und Sie müssen auch das Rauchen aufgeben.«

Etwa hundert Meter von dem Ort entfernt, wo die Spezialisten Hof hielten, eilte Miss Mildred, die Leiterin des Archivs im Three Counties Hospital, schweißüberströmt durch einen der belebten Gänge im Erdgeschoß. Doch Hitze und Unbehagen konnten sie nicht zurückhalten, und sie verfolgte ihr Wild, das sie gerade um die nächste Ecke verschwinden sah, noch schneller.

»Dr. Pearson! Dr. Pearson!«

Erst als sie ihn einholte, blieb der alte Pathologe des Krankenhauses stehen. Er schob die große Zigarre, die er rauchte, in einen Mundwinkel und fragte gereizt: »Was gibt es? Was wollen Sie denn?«

Die kleine Miss Mildred, zweiundfünfzig, altjüngferlich und selbst mit ihren höchsten Absätzen gerade nur ein Meter fünfzig, zitterte vor Dr. Pearsons Stirnrunzeln, aber Akten, Formulare, Krankengeschichten waren ihr Lebensinhalt, und sie faßte Mut. »Diese Obduktionsbefunde müssen unterschrieben werden, Dr. Pearson. Das Gesundheitsamt hat Abschriften angefordert.«

»Ein andermal. Ich bin in Eile.« Joe Pearson war in denkbar ungnädiger Laune.

Miss Mildred ließ sich nicht einschüchtern. »Bitte, Doktor. Es dauert doch nur einen Augenblick. Seit drei Tagen versuche ich, Sie zu erreichen.«

Unwillig knurrend gab Pearson nach. Er nahm den Kugelschreiber und die Formulare, die Miss Mildred ihm reichte, trat an einen Schreibtisch und kritzelte brummend Unterschriften. »Ich weiß gar nicht, was ich hier unterschreibe. Was ist denn das?«

»Der Fall Howden, Dr. Pearson.«

Pearson war immer noch ungehalten. »Howden! Howden! Ich kann doch nicht jeden Fall im Kopf haben.«

Geduldig erklärte Miss Mildred: »Das war der Arbeiter, der an den Folgen eines Sturzes von einem hohen Laufsteg starb. Sie erinnern sich bestimmt noch. Seine Firma behauptet, der Unfall sei durch einen Herzanfall verursacht worden, denn andernfalls hätten ihre Sicherheitsvorrichtungen den Sturz verhindert.«

Pearson grunzte: »Ah ja.« Während er weiter unterschrieb, fuhr Miss

Mildred mit ihrer Zusammenfassung fort; denn wenn sie etwas anfing, führte sie es auch richtig und ordnungsgemäß zu Ende. »Die Obduktion ergab jedoch, daß der Mann ein gesundes Herz hatte und auch keine anderen Symptome aufwies, die einen Unfall veranlaßt haben könnten.«
Pearson schnitt ihr das Wort ab: »Das weiß ich alles.«
»Verzeihung, Doktor, ich dachte . . .«
»Es war ein Unfall. Die Firma wird der Witwe eine Pension bezahlen müssen«, knurrte Pearson dazwischen, schob seine Zigarre im Mund zurecht und kritzelte eine weitere Unterschrift, wobei er fast das Papier zerriß. Es ist beinahe noch mehr Ei als gewöhnlich auf seiner Krawatte, dachte Miss Mildred, und sie fragte sich, vor wie vielen Tagen der Pathologe sein graues, störrisches Haar zum letztenmal gebürstet haben mochte. Im Three Counties Hospital war man sich nicht einig, ob Joe Pearsons äußere Erscheinung als Witz oder als Skandal angesehen werden sollte. Seit seine Frau vor etwas über zehn Jahren gestorben war und er allein lebte, war er äußerlich immer mehr verlottert. Jetzt, mit sechsundsechzig, ließ seine Erscheinung manchmal eher an einen Landstreicher denken als an den Leiter einer Hauptabteilung des Krankenhauses. Unter dem offenstehenden Ärztemantel bemerkte Miss Mildred eine gestrickte Wollweste mit ausgefransten Knopflöchern und zwei weiteren Löchern, die wahrscheinlich von Säure gefressen worden waren. Seine graue, ungebügelte Hose fiel über ausgetretene Schuhe, die dringend hätten geputzt werden müssen.
Joe Pearson unterzeichnete das letzte Papier und schob den Stoß mit einer fast wilden Bewegung der kleinen Miss Mildred hin. »Vielleicht darf ich jetzt mit meiner wirklichen Arbeit weitermachen, wie?« Seine Zigarre wippte auf und ab und verstreute Asche, zum Teil auf ihn selbst, zum Teil auf den glänzenden Linoleumboden. Pearson war so lange im Three Counties Hospital, daß er sich Grobheiten erlauben konnte, die bei einem jüngeren Mann nie geduldet worden wären, und auch die Schilder »Nicht rauchen« zu ignorieren, die in Abständen gut sichtbar in den Krankenhausgängen hingen.
»Danke, Doktor. Danke vielmals.«
Er nickte kurz und ging weiter zur Haupthalle, um mit dem Fahrstuhl in das Souterrain zu fahren. Aber beide Fahrstühle befanden sich in den oberen Stockwerken. Mit einem unmutigen Brummen eilte er die Treppe hinunter, die zu seiner eigenen Abteilung führte.
In der chirurgischen Abteilung, drei Etagen höher, war die Atmosphäre ausgeglichener. In der gesamten Operationsabteilung wurden Temperatur und Luftfeuchtigkeit sorgfältig kontrolliert, damit die Chirurgen des Krankenhauses, die Assistenten und die Schwestern, die unter ihren grünen Operationsanzügen nur ihre Unterwäsche trugen, unbeeinträch-

tigt arbeiten konnten. Manche der Chirurgen hatten ihre ersten Operationen an diesem Morgen bereits hinter sich und schlenderten für eine Tasse Kaffee zu dem Aufenthaltsraum, ehe sie zu ihrem nächsten Fall übergingen. Aus den Operationsräumen zu beiden Seiten des Ganges, der vom übrigen Teil des Krankenhauses aseptisch abgeschlossen war, schoben Schwestern Patienten, die noch in der Narkose lagen, in eines der beiden Zimmer, wo die Patienten unter Beobachtung blieben, bis sie wieder zu sich gekommen waren und in die ihnen zugeteilten Krankenbetten gebracht werden konnten.

Zwischen Schlückchen von siedendheißem Kaffee verteidigte Lucy Grainger, eine orthopädische Chirurgin, die Anschaffung eines Volkswagens, den sie sich am Tage vorher gekauft hatte.

»Sie müssen entschuldigen, Lucy«, sagte Dr. Bartlett, »aber ich fürchte, ich bin auf dem Parkplatz versehentlich draufgetreten.«

»Macht nichts, Gil«, antwortete sie. »Aber für Sie ist die körperliche Bewegung nur gesund, wenn Sie um Ihr Ungeheuer aus Detroit herumlaufen müssen.«

Gil Bartlett, einer der allgemeinen Chirurgen des Krankenhauses, war als Besitzer eines cremefarbenen Cadillacs bekannt, den man selten anders als in fleckenlosem Glanz strahlend sah. Im Grunde war der Wagen ein Ausdruck der peinlichen Sorgfalt seines Besitzers, der unbestreitbar einer der bestangezogenen Ärzte am Three Counties Hospital war. Bartlett war auch der einzige Arzt, der sich mit einem Bart präsentierte, einen immer sauber gestutzten van Dyck, der beim Sprechen auf- und abwippte, ein Vorgang, den Lucy faszinierend zu beobachten fand. Kent O'Donnell kam zu ihnen herübergeschlendert. O'Donnell war Chef der Chirurgie und gleichzeitig Präsident des medizinischen Ausschusses des Krankenhauses. Bartlett begrüßte ihn.

»Sie habe ich gesucht, Kent. Ich halte vor den Schwestern nächste Woche einen Vortrag über Mandeloperationen bei Erwachsenen. Haben Sie ein paar Farbdias von Luftröhrenentzündungen und durch Aspiration verursachte Lungenentzündungen?«

O'Donnell überflog in Gedanken seine Sammlung von Farbfotos für Lehrzwecke. Er wußte, was Bartlett meinte. Er bezog sich auf eine der weniger bekannten Komplikationen, die manchmal nach der Ausschälung der Rachenmandeln bei Erwachsenen auftritt. Wie den meisten Chirurgen war O'Donell bekannt, daß selbst bei der größten Sorgfalt während der Operation gelegentlich ein winziges Stück der Mandel der Pinzette des Operateurs entging und von dem Patienten in die Lunge eingeatmet wurde, wo es eine Infektion verursachte. Er erinnerte sich, daß er eine Serie von Bildern der Luftröhre und der Lungen besaß, die einen derartigen Fall zeigten. Sie waren während einer Obduktion aufgenommen worden. »Ich glaube ja«, antwortete er. »Ich werde sie heute abend heraussuchen.«

»Wenn Sie keines von der Luftröhre haben, dann geben Sie ihm eins vom Dickdarm«, riet Lucy Grainger. »Er kann es doch nicht unterscheiden.« Gelächter lief durch das Ärztezimmer.

Auch O'Donnell lächelte. Er und Lucy waren alte Freunde, und manchmal fragte er sich, ob sie nicht mehr werden könnten, wenn ihnen Zeit und Gelegenheit gegeben würden. Er hatte Lucy aus vielen Gründen gern, nicht zuletzt wegen der Art und Weise, in der sie sich in einer Umgebung behauptete, die manchmal als eine Männerwelt angesehen wird, und in der sie dennoch niemals ihre Fraulichkeit verlor.

Der Operationsanzug, den sie jetzt trug, ließ sie formlos wie alle anderen, fast anonym, erscheinen. Er wußte aber, daß sich darunter eine hübsche, schlanke Figur verbarg, die im allgemeinen dezent, elegant und modisch angezogen war.

Seine Gedanken wurden von einer Krankenschwester unterbrochen, die geklopft hatte und unbemerkt eingetreten war.

»Dr. O'Donnell. Die Familie Ihres Patienten wartet draußen.«

»Sagen Sie bitte, ich käme sofort.« Er trat in das Umkleidezimmer und begann, seinen Operationsanzug abzustreifen. Auf seinem Programm für heute stand nur eine Operation, die er bereits beendet hatte. Wenn er die Familie draußen getröstet und ihr Mut zugesprochen hatte – gerade hatte er dem Patienten erfolgreich Gallensteine entfernt –, war seine nächste Aufgabe ein Besuch beim Verwaltungsdirektor.

Ein Stockwerk über der chirurgischen Abteilung, in dem Krankenzimmer für Privatpatienten Nr. 28, hatte George Andrew Dunton die Fähigkeit verloren, Wärme oder Kälte wahrzunehmen, und stand fünfzehn Sekunden vor dem Tod. Während Dr. McMahon das Handgelenk seines Patienten hielt und darauf wartete, daß der Puls aussetzte, stellte Schwester Penfield den Ventilator am Fenster auf stark, weil durch die Anwesenheit der Angehörigen die Luft im Zimmer unbehaglich stickig geworden war. Das ist eine ordentliche Familie, dachte sie, die Frau, der erwachsene Sohn, die jüngere Tochter. Die Frau schluchzte leise vor sich hin, die Tochter weinte tonlos, wobei ihr die Tränen über die Wangen liefen, der Sohn hatte sich abgewendet, aber seine Schultern zuckten. Wenn ich einmal sterbe, dachte Elaine Penfield, hoffe ich, daß auch um mich jemand weint. Tränen sind der beste Nachruf, den es gibt.

Jetzt ließ Dr. McMahon das Handgelenk seines Patienten sinken und sah zu den anderen hinüber. Es waren keine Worte erforderlich, und methodisch notierte Schwester Penfield die Todeszeit: zehn Uhr zweiundfünfzig.

In den Krankensälen und den Zimmern der Privatpatienten an diesem Gang gehörte diese Zeit zu den stillen Stunden des Tages. Die Morgenmedikamente waren ausgegeben, die Visiten beendet, und es herrschte vorübergehend Stille, bis die Essenszeit wieder einen Höhepunkt der Betriebsamkeit brachte. Manche der Schwestern waren zur Kantine Kaffee trinken gegangen, andere, die zurückgeblieben waren, füllten ihre Krankenblätter aus. »Klagt über fortgesetzte Leibschmerzen«, hatte Schwester Wilding auf dem Krankenblatt einer Patientin notiert. Sie war im Begriff, eine weitere Bemerkung hinzuzufügen, unterbrach sich aber.

Zum zweiten Male an diesem Morgen griff Schwester Wilding, grauhaarig und mit sechsundfünfzig Jahren eine der ältesten Pflegerinnen des Krankenhauses, in ihre Schwesternuniform und zog den Brief heraus, den sie bereits zweimal gelesen hatte, seit er zusammen mit der Post ihrer Patienten auf ihren Schreibtisch gelegt worden war. Das Foto eines jungen Marineleutnants mit einem hübschen Mädchen am Arm fiel heraus, als sie ihn auseinanderfaltete, und sie betrachtete einen Augenblick lang das Bild, ehe sie den Brief noch einmal las. »Liebe Mutter«, begann er, »es wird dich sicher sehr überraschen, aber ich habe hier in San Franzisko ein Mädchen kennengelernt, und gestern haben wir geheiratet. Ich weiß, daß das für dich in mancher Weise eine große Enttäuschung bedeutet, da du immer gesagt hast, du wolltest an meiner Hochzeit teilnehmen. Aber ich bin überzeugt, du wirst es verstehen, wenn ich dir sage . . .«

Schwester Wilding ließ ihre Augen von dem Brief abschweifen und dachte an den Jungen, den sie in Erinnerung und den sie so selten gesehen hatte. Nach der Scheidung hatte sie für Adam gesorgt, bis er aufs College ging. Dann war Annapolis gefolgt, mit ein paar Wochenendbesuchen und kurzen Ferien. Danach kam die Marine. Und jetzt war er ein Mann, der einer anderen gehörte. Sie durfte nicht vergessen, nachher ein Telegramm mit vielen lieben und guten Wünschen an sie aufzugeben. Vor Jahren hatte sie immer gesagt, daß sie ihren Beruf aufgeben werde, sobald Adam auf eigenen Füßen stehen und sich selbst erhalten könne, aber sie hatte es dann doch nicht getan, und jetzt würde die Pensionierung schnell genug kommen, ohne daß sie etwas dazu tat. Sie schob Brief und Foto in die Tasche zurück und griff nach der Feder, die sie niedergelegt hatte. Dann fügte sie in sorgfältigen Buchstaben auf dem Krankenblatt hinzu: »Leichtes Erbrechen und Durchfall. Dr. Reubens benachrichtigt.«

In der Entbindungsstation im vierten Stock konnte nie vorausgesagt werden, zu welcher Stunde des Tages es ruhig sein würde. Babys, dachte

Dr. Charles Dornberger, während er sich neben zwei anderen Geburtshelfern die Hände wusch, hatten die lästige Angewohnheit, in Gruppen zu kommen. Es gab Stunden und selbst Tage, während derer alles ordentlich und ruhig verlief und Kinder ordentlich eines nach dem anderen zur Welt gebracht werden konnten. Dann brach plötzlich der Teufel los, und ein halbes Dutzend wartete darauf, gleichzeitig geboren zu werden. Einer dieser Augenblicke war jetzt gekommen.

Seine eigene Patientin, eine dralle, ewig fröhliche Negerin, stand im Begriff, ihr zehntes Kind zur Welt zu bringen. Weil sie spät in das Krankenhaus gekommen war und die Wehen schon weit fortgeschritten waren, hatte man sie von der Notaufnahme auf einem Wagen heraufgebracht. Während Dornberger noch seine Hände bürstete, konnte er einen Teil ihrer Unterhaltung draußen mit dem Medizinalpraktikanten hören, der sie in die Abteilung hinaufbegleitet hatte.

Anscheinend hatte der Praktikant den Personenaufzug unten im Erdgeschoß von anderen Fahrgästen frei gemacht, wie es in dringenden Fällen üblich war.

»Haben Sie wegen mir all die netten Leute aus dem Aufzug geschickt?« fragte sie. »So wichtig bin ich noch nie im Leben genommen worden.« Darauf hörte Dornberger, wie der Praktikant ihr beruhigend zuredete, sie solle sich nicht aufregen. »Ich mich aufregen, mein Sohn?« antwortete sie. »Aber ich bin doch ganz ruhig. Ich bin immer ganz ruhig, wenn ich ein Baby bekomme. Das ist die einzige Zeit, wo ich mal nicht spülen muß, und nicht waschen und kochen. Ich freue mich immer, hierherzukommen. Für mich ist das wie ein Urlaub.« Sie schwieg, als Schmerzen nach ihr griffen, und murmelte dann zwischen zusammengepreßten Zähnen: »Neun Kinder hab' ich schon. Das ist mein zehntes. Der älteste ist so groß wie Sie, mein Sohn. Sie können mit mir auch im nächsten Jahr rechnen. Ich verspreche Ihnen, dann komme ich wieder.« Dornberger hörte ihr Kichern verklingen, nachdem die Schwestern des Kreißsaales sie übernommen hatten, während der Praktikant an seinen Platz in der Notaufnahme zurückkehrte.

Und dann folgte Dr. Dornberger gewaschen, im Operationsanzug, steril, aber vor Hitze schwitzend, seiner Patientin in den Entbindungsraum.

In der Krankenhausküche, wo die Hitze sich weniger drückend auswirkte, weil die Leute, die dort arbeiteten, an sie gewöhnt waren, probierte Hilda Straughan, die Küchenleiterin, ein Stück Rosinenkuchen und nickte dem ersten Konditor anerkennend zu. Sie befürchtete zwar, die Kalorien aus der Kostprobe würden sich zusammen mit anderen in einer Woche auf der Waage in ihrem Badezimmer zeigen, beruhigte ihr Gewissen aber damit, daß sie sich sagte, es gehöre zu ihren Pflichten, von den Speisen der Krankenhausküche so viele wie möglich zu kosten.

Außerdem war es für Mrs. Straughan jetzt schon etwas spät, um sich noch wegen der Kalorien und ihres Körpergewichts Sorgen zu machen. Infolge zahlloser früherer Kostproben zeigte ihre Waage gegenwärtig rund zweihundert Pfund, von denen sich ein großer Teil in ihren prächtigen Brüsten befand, Zwillingsvorgebirgen, die im ganzen Krankenhaus berühmt waren und ihrem Gang die Majestät eines Flugzeugträgers, verliehen, dem zwei Schlachtschiffe als Geleit vorauslaufen.
Aber ebensosehr wie das Essen liebte Mrs. Straughan ihre Arbeit. Zufrieden sah sie sich um und überblickte ihr Reich: die schimmernden Stahlherde und Serviertische, die glänzenden Küchengeräte, die schneeweißen Schürzen der Köche und ihrer Helfer. Bei diesem Anblick wurde ihr warm ums Herz.
Es war die arbeitsreichste Zeit in der Küche. Das Mittagessen war die größte Mahlzeit des Tages, weil außer allen Patienten der gesamte Stab des Krankenhauses in der Kantine verpflegt werden mußte. In etwa zwanzig Minuten mußten die Tabletts mit den Speisen in die Krankenstationen hinaufgeschickt werden, und die anschließende Ausgabe des Essens in der Kantine dauerte zwei Stunden. Dann begannen die Köche mit der Vorbereitung des Abendsbrots, während das Hilfspersonal das Geschirr spülte und aufräumte.
Der Gedanke an das Geschirr veranlaßte Mrs. Straughan zu einem sorgenvollen Stirnrunzeln, und sie begab sich in den hinteren Teil der Küche, wo zwei große, veraltete Geschirrspülmaschinen standen. Dieser Teil ihres Reiches war weniger glänzend und modern als die anderen, und die Küchenleiterin empfand nicht zum erstenmal, daß sie glücklich wäre, wenn sie auch hier wie in der übrigen Küche eine Modernisierung durchsetzen könnte. Sie sah allerdings ein, daß nicht alles auf einmal geschehen könne, und mußte zugeben, daß sie in den zwei Jahren, die sie ihre Stellung im Three Counties Hospital innehatte, der Krankenhausverwaltung eine ganze Menge kostspieliger neuer Anlagen abgezwungen hatte. Dessen ungeachtet entschloß sie sich, während sie weiterging, um die Wärmplatten im Eßsaal zu kontrollieren, den Verwaltungsdirektor bald wieder wegen ihrer Geschirrspüler anzusprechen.

Die Küchenleiterin war nicht die einzige Person in dem Krankenhaus, die ans Essen dachte. In der Röntgenabteilung, in der zweiten Etage, war ein ambulanter Patient – Mr. James Bladwick, Vizepräsident für Verkauf bei einer der drei führenden Autovertretungen in Burlington – nach seinen eigenen Worten »hungrig wie ein Wolf«.
Das hatte seinen Grund. Auf Anweisung seines Arztes hatte Jim Bladwick seit Mitternacht gefastet und befand sich jetzt im Röntgenraum Nr. 1, bereit zu einer Durchleuchtung der Verdauungsorgane. Die Rönt-

genstrahlen sollten den Verdacht, daß in Bladwicks Eingeweiden ein Zwölffingerdarmgeschwür wuchere, bestätigen oder widerlegen. Jim Bladwick hoffte, daß der Verdacht unbegründet sei. Tatsächlich hoffte er inbrünstig, daß sich weder ein Geschwür noch etwas anderes verschworen hatte, ihn jetzt zu behindern, gerade jetzt, da sein Eifer und seine Opfer der letzten drei Jahre, seine Bereitschaft, angestrengter und länger als jeder andere im Verkaufsstab zu arbeiten, sich endlich bezahlt machten.

Gewiß hatte er Sorgen. Wer hätte keine, wenn man jeden Monat die Absatzquote einer Vertretung erfüllen mußte. Aber es durfte einfach kein Geschwür sein. Es mußte etwas anderes sein, etwas Geringfügiges, das schnell in Ordnung gebracht werden konnte. Er war nicht länger als sechs Wochen Vizepräsident für Verkauf, aber trotz des hochtrabenden Titels wußte er besser als jeder andere, daß die Erhaltung dieser Stellung von seiner unverminderten Fähigkeit zu arbeiten abhing. Und um zu arbeiten, mußte er auf der Höhe bleiben: zäh, einsatzbereit, gesund. Kein ärztliches Attest konnte eine sinkende Absatzkurve ausgleichen. Jim Bladwick hatte diesen Augenblick seit einiger Zeit hinausgeschoben. Es war vermutlich zwei Monate her, daß er Unbehagen und unbestimmbare Schmerzen in der Magengegend bemerkt und auch häufiges Aufstoßen, manchmal in den ungeeignetsten Augenblicken, wenn er mit Kunden verhandelte, beobachtet hatte. Eine Zeitlang versuchte er, sich einzureden, es handle sich um nichts Besonderes, aber schließlich hatte er ärztlichen Rat gesucht, und die jetzige morgendliche Verabredung war das Ergebnis. Er hoffte allerdings, daß sie nicht zuviel Zeit in Anspruch nehmen würde. Der Abschluß mit Fowlers für sechs Lastwagen stand kurz bevor, und er brauchte diesen Abschluß dringend. Mein Gott, was hatte er für einen Hunger!

Für Dr. Ralf Bell, den leitenden Röntgenarzt – »Dingdong« nannten ihn die meisten Kollegen am Krankenhaus – bedeutete die Untersuchung nichts anderes als eine weitere Durchleuchtung der Verdauungsorgane, die sich von hunderten anderer in nichts unterschied. Diesmal entschloß er sich aber, »ja« zu tippen und spielte damit mit sich selbst ein Spiel, wie er es manchmal tat. Dieser Patient war der Typ für ein Geschwür. Durch seine Hornbrille mit den dicken Gläsern hatte Bell seinen Patienten unauffällig beobachtet. Der sieht wie einer aus, der sich Sorgen macht, dachte Bell; offensichtlich kocht er jetzt schon. Der Röntgenarzt rückte Bladwick hinter dem Leuchtschirm in die richtige Stellung und reichte ihm ein Glas mit Bariumbrei. »Wenn ich es Ihnen sage, trinken Sie das«, erklärte er.

Als er bereit war, befahl er: »Jetzt.« Bladwick leerte das Glas. Auf dem Leuchtschirm beobachtete Bell den Weg des Bariums, wie es zuerst durch

die Speiseröhre, dann in den Magen und von dort in den Zwölffingerdarm lief. Durch den undurchlässigen Brei abgehoben, ließen die Röntgenstrahlen die Umrisse jedes Organs klar erkennen, und bei verschiedenen Stadien drückte Bell auf einen Knopf und hielt das Röntgenbild auf einem Film fest. Nun preßte er auf den Leib des Patienten, um das Barium umherzubewegen. Dann konnte er es sehen: einen Krater im Zwölffingerdarm. Klar und unverkennbar ein Geschwür. Die Wette habe ich wieder mal gewonnen, dachte er. Laut sagte er: »Das ist alles, Mr. Bladwick. Ich danke Ihnen.«
»Nun, Doc, wie lautet Ihr Urteil? Bleibe ich am Leben?«
»Sie bleiben am Leben.« Die meisten wollten wissen, was er auf dem Bildschirm sah. »Zauberspiegel an der Wand, wer ist der Gesündeste im ganzen Land?« Es war allerdings nicht seine Aufgabe, diese Auskunft zu geben. »Ihr behandelnder Arzt erhält morgen die Filme. Ich nehme an, er wird mit Ihnen sprechen.« Pech, mein Freund, dachte er, ich hoffe, Sie genießen gern viel Ruhe und eine Diät aus Milch und weichen Eiern.

Zweihundert Meter vom Hauptgebäude des Krankenhauses entfernt, in einem vernachlässigten Gebäude, das früher einmal eine Möbelfabrik gewesen war und jetzt den Schwestern als Wohnheim diente, hatte die Lernschwester Vivian Loburton Schwierigkeiten mit einem Reißverschluß, der sich nicht reißen lassen wollte.
»Verflucht und zugenäht.« Sie redete den Reißverschluß mit den Worten an, die ihr Vater gern gebrauchte, der durch Holzfällen ein ansehnliches Vermögen erworben hatte, aber darin keinen Grund sah, zu Hause anders zu reden als in den Wäldern.
Die neunzehnjährige Vivian zeigte manchmal in einem interessanten Kontrast gleichzeitig die Robustheit ihres Vaters und die angeborene neuenglische Zartheit ihrer Mutter, die auch durch das enge Zusammenleben mit den Holzfällern Oregons nicht beeinträchtigt worden war. Während der ersten drei Monate ihrer Ausbildung als Krankenschwester hatte Vivian in ihren Reaktionen auf das Krankenhaus und die Krankenpflege bereits manche Züge ihrer beiden Eltern an sich entdeckt. Gleichzeitig und in gleicher Weise war sie von Ehrfurcht ergriffen und fasziniert, abgestoßen und angewidert. Sie vermutete, daß die erste nahe Begegnung mit Krankheit und Leiden für einen Neuling immer mit einem Schock verbunden sei, aber diese Erkenntnis half nicht viel, wenn sich einem der Magen umdrehen wollte, und es erforderte die ganze Willenskraft, die man besaß, sich nicht abzuwenden und davonzulaufen.
Nach Augenblicken wie diesen fühlte sie die Notwendigkeit eines Ta-

petenwechsels, eines reinigenden Gegenmittels. Und in gewissem Umfang hatte sie das in einer alten Liebe gefunden: in der Musik. Überraschenderweise besaß Burlington für eine Stadt seiner Größe ein ausgezeichnetes Symphonieorchester, und nachdem Vivian das entdeckt hatte, war sie eine seiner Verehrerinnen geworden. Sie beobachtete, daß der Wechsel im Tempo, die Wohltat guter Musik ihr halfen, fest und ihrer selbst sicher zu werden. Sie bedauerte es, als die Konzerte durch die Sommerpause unterbrochen wurden, und in letzter Zeit hatte es Augenblicke gegeben, in denen sie das Bedürfnis nach etwas empfand, das an deren Stelle treten konnte.

Allerdings war im Augenblick keine Zeit für abschweifende, seltsame Gedanken. Die Pause zwischen dem Vormittagsunterricht und dem Dienstantritt in einem Krankensaal war kurz genug. Und jetzt dieser Reißverschluß! ... Sie zerrte wieder, und plötzlich faßten die Zähne, der Reißverschluß schloß sich. Erleichtert lief sie zur Tür, blieb dann stehen, um sich über das Gesicht zu wischen. Himmel, war es heiß. Diese Anstrengung hatte sie in idiotisches Schwitzen versetzt.

So verging dieser Vormittag wie alle anderen Vormittage im ganzen Krankenhaus. In den Kliniken, den Säuglingsstationen, Laboratorien, Operationsräumen; in der Psychiatrie, der Kinderabteilung, der Hautklinik; in der Orthopädie, der Augenklinik, der Frauenklinik, der Urologie, in den Krankensälen der Fürsorge und den Pavillons der Privatpatienten; in den anderen Abteilungen — Verwaltung, Buchhaltung, Einkauf, Haushalt; in den Wartezimmern, Korridoren, Aufzügen. Durch die fünf Stockwerke, das Souterrain und den Keller des Three Counties Hospitals fluteten und ebbten die Wogen und Strömungen der Menschlichkeit und der Medizin.

Es war elf Uhr am fünfzehnten Juli.

II

Zwei Blocks vom Three Counties Hospital entfernt schlug die Uhr vom Turm der Erlöserkirche die volle Stunde, als Kent O'Donnell von der chirurgischen Abteilung zur Verwaltung hinunterging. Die Töne der Glocke, seit eh und je durch einen Fehler bei ihrem lange zurückliegenden Guß verstimmt, drangen durch ein offenes Fenster ins Treppenhaus. Automatisch verglich O'Donnell die Zeit auf seiner Armbanduhr und wich einer Gruppe von Praktikanten aus, die eilig an ihm vorbei die Treppe für Angestellte des Krankenhauses heraufdrängten. Ihre Schritte dröhnten laut auf den eisernen Stufen. Die Praktikanten verlangsamten ihr Tempo etwas, als sie den Präsidenten des medizinischen Ausschusses sahen, und grüßten mit einem respektvollen »Guten Morgen, Doktor«, als sie an ihm vorbeikamen. Im Gang auf der zweiten Etage blieb O'Donnell stehen, um eine Schwester mit einem Rollstuhl vorbeizulassen. In ihm saß ein etwa zehnjähriges Mädchen mit einem Verband über einem Auge. Neben ihr ging, schützend hinuntergebeugt, eine Frau, offensichtlich die Mutter.

Die Schwester, der er zulächelte, obwohl er sie nicht wiedererkannte, taxierte ihn verstohlen. Trotz seiner Anfang Vierzig drehten Frauen sich immer noch nach O'Donnell um. Er hatte sich die Form erhalten, dank der er in der Rugbymannschaft seines Colleges ein geschätzter Quarterback gewesen war, seine große, aufrechte Gestalt, mit kräftigen, breiten Schultern und muskulösen Armen. Selbst heute noch hatte er die Eigenart, die Schultern zu heben, wenn er sich bereit machte, eine schwierige Aufgabe anzupacken oder eine Entscheidung zu treffen, als ob er sich unwillkürlich darauf vorbereite, den Angriff eines wild entschlossenen Stürmers abzuwehren. Doch trotz seines Gewichts, vorwiegend Muskeln und Knochen mit kaum einem Pfund überflüssigen Fetts, bewegte er sich leichtfüßig, und regelmäßiger Sport – Tennis im Sommer und Skilaufen im Winter – hatten ihn gesund und elastisch erhalten.

O'Donnell galt nie als schön im adonischen Sinn, sondern besaß kräftige, faltige, unregelmäßige Gesichtszüge (seine Nase zeigte immer noch die Narbe von einer alten Fußballverletzung), die Frauen an Männern unbegreiflicherweise so häufig anziehend finden. Nur sein Haar zeigte erkennbare Spuren seiner Jahre; vor nicht langer Zeit noch pechschwarz, ergraute es jetzt schnell, als ob das Pigment plötzlich kapituliert und den Rückzug angetreten hätte.

Jetzt hörte O'Donnell hinter sich seinen Namen rufen. Er blieb stehen und sah sich um. Es war Bill Rufus, einer der älteren Chirurgen des Krankenhauses.

»Wie geht es Bill?« O'Donnell hatte Rufus gern. Er war gewissenhaft und zuverlässig, ein guter Chirurg mit einer umfangreichen Praxis. Seine Patienten vertrauten ihm wegen seiner aufrichtigen Zuverlässigkeit, die zum Ausdruck kam, wenn er sprach. Er wurde von seinen Kollegen respektiert, Praktikanten und Assistenzärzte schätzten ihn, weil sie fanden, daß Dr. Rufus eine angenehme, nicht verletzende Art besaß, vernünftige Belehrungen zu erteilen und sie dabei als seinesgleichen zu behandeln, ein Verhalten, das bei anderen Chirurgen nicht immer zu finden war.

Seine einzige Absonderlichkeit, wenn man es so nennen wollte, war die Gewohnheit, unmöglich grelle Krawatten zu tragen. O'Donnell schauderte innerlich, als er die Schöpfung sah, mit der sein Kollege sich heute zur Schau stellte: türkisfarbene Kreise und zinnoberrote Blitze auf einem Grund in Mauve und Zitronengelb. Bill Rufus nahm eine ganze Menge Anzüglichkeiten über seine Krawatten hin. Einer der Psychiater hatte kürzlich behauptet, sie stellten einen Eiterherd eines innerlichen Gärens unter einer konservativen Oberfläche dar. Aber Rufus hatte nur gut gelaunt gelacht. Heute schien er allerdings in Sorge zu sein.

»Kent, ich möchte mit Ihnen reden«, sagte Rufus.

»Sollen wir in mein Zimmer gehen?« O'Donnell war neugierig. Rufus war nicht der Mann, der zu ihm kam, wenn es sich um etwas Unwichtiges handelte.

»Nein, wir können hier so gut reden wie irgendwo anders. Hören Sie, Kent, es handelt sich um die Befunde der Pathologie.«

Sie traten zu einem Fenster, um dem Hin und Her in dem Gang auszuweichen, und O'Donnell dachte: Das habe ich befürchtet. Zu Rufus sagte er: »Was haben Sie für Sorgen, Bill?«

»Die Berichte brauchen zu lange. Viel zu lange.«

O'Donnell kannte das Problem gut. Wie andere Chirurgen, operierte Rufus häufig Patienten mit einem Tumor. Wenn ein Tumor freigelegt war, wurde er zur Überprüfung durch den Pathologen des Hospitals, Dr. Joseph Pearson, entfernt. Der Pathologe nahm zwei Untersuchungen des Gewebes vor. Zuerst ließ er einen kleinen Teil gefrieren und untersuchte das Gewebe unter dem Mikroskop. Das geschah in einem kleinen Labor unmittelbar neben dem Operationsraum, während der Patient noch in der Narkose lag. Diese Untersuchung ergab eines von zwei möglichen Urteilen. Lautete es auf »bösartig«, bedeutete es, daß Krebs vorlag, und wies auf die Notwendigkeit einer weiteren großen Operation des Patienten hin. Das Urteil »gutartig« bedeutete eine Erlösung und besagte im allgemeinen, daß der Patient nach der Entfernung des Tumors keiner weiteren Behandlung bedurfte. Wenn die Untersuchung des Gefrierschnittes die Diagnose »bösartig« ergab, wurde die Operation sofort weitergeführt. Andererseits war das Urteil »gutartig« des Pathologen für den Chirurgen das Signal, den Operationsschnitt zu schließen und den Patienten in den Aufwachraum bringen zu lassen.

»Bei den Gefrierschnitten treten doch keine Verzögerungen auf, oder?« O'Donnell hatte noch keine Klage darüber gehört, aber er wollte Gewißheit haben.

»Nein«, antwortete Rufus, »es gäbe auch ein schönes Geschrei, wenn das der Fall wäre. Aber die Befunde über die Gesamtuntersuchung des Gewebes, die brauchen zu lange.«

»Ich verstehe.« O'Donnell versuchte Zeit zu gewinnen, um zu überlegen. Im Geist überprüfte er das Verfahren. Nach der Untersuchung des Gefrierschnittes wurde der entfernte Tumor in das Labor der Pathologie geschickt, wo ein Laborant verschiedene Gewebeschnitte vorbereitete, wobei er gründlicher und unter günstigeren Bedingungen arbeiten konnte. Später untersuchte der Pathologe die Schnitte und gab sein endgültiges Urteil ab. Manchmal erwies sich ein Tumor, der bei dem Gefrierschnitt als gutartig oder zweifelhaft klassifiziert worden war, bei dieser späteren, genaueren Untersuchung als bösartig, und es galt nicht als ungewöhnlich, wenn der Pathologe nach seiner zweiten Untersuchung sein erstes Urteil revidierte. In diesen Fällen wurde der Patient in den Operationssaal zurückgebracht und die notwendige Operation vorgenommen. Ganz eindeutig war es aber wichtig, daß der Pathologe seinen zweiten Befund schnell abgab. O'Donnell hatte bereits erkannt, daß hierin der Kern von Rufus' Beschwerde lag.

»Wenn es nur einmal passiert wäre«, beklagte sich Rufus, »würde ich nicht davon reden. Ich weiß, daß die Pathologie sehr viel zu tun hat, und ich will auch nichts gegen Joe Pearson sagen, aber es ist eben nicht nur dieser eine Fall, Kent. Es ist dauernd so.«

»Nennen Sie mir ein spezifisches Beispiel, Bill«, forderte O'Donnell knapp. Er bezweifelte allerdings keinen Augenblick, daß Rufus seine Beschwerde durch Tatsachen belegen könnte.

»Also gut. Ich operierte in der vergangenen Woche eine Patientin, eine Mrs. Mason, mit einem Brusttumor. Ich entfernte den Tumor, und nach dem Gefrierschnitt erklärte Joe Pearson: gutartig. Später allerdings, in seinem pathologischen Befund, bezeichnete er ihn als bösartig.« Rufus hob die Schultern. »Dagegen ist nichts einzuwenden. Es ist bei der ersten Untersuchung nicht immer eindeutig zu erkennen.«

»Aber?« Jetzt, nachdem O'Donnell wußte, um was es ging, wollte er die Sache hinter sich bringen.

»Pearson brauchte für den pathologischen Befund acht Tage. Als ich den Bericht endlich erhielt, war die Patientin bereits entlassen.«

»So so.« Das ist tatsächlich böse, dachte O'Donnell. Das konnte er nicht einfach übergehen.

»Es ist nicht einfach«, fuhr Rufus ruhig fort, »eine Frau zurückzuholen und ihr zu erklären, daß man sich geirrt habe, daß sie doch Krebs habe und daß sie noch einmal operiert werden müsse.«

Nein, das war nicht einfach; O'Donnell wußte es nur zu gut. Einmal, ehe er zum Three Counties Hospital gekommen war, hatte er das gleiche erlebt. Er hoffte, daß er es nie wieder tun mußte.

»Bill, wollen Sie mich das auf meine Weise in Ordnung bringen lassen?« O'Donnell war froh, daß es Rufus war, der ihm den Fall vortrug. Mit einem der anderen Chirurgen wäre es schwieriger gewesen.

»Gewiß, wenn etwas Definitives geschieht.« Rufus' Hartnäckigkeit war gerechtfertigt. »Verstehen Sie, es handelte sich nicht um einen vereinzelten Fall. Zufällig ist es diesmal ein sehr böser.«

Auch hier wußte O'Donnell, daß das stimmte. Das Schwierige war, daß Rufus verschiedene andere Probleme nicht kannte, die damit in Zusammenhang standen.

»Heute nachmittag noch werde ich mit Joe Pearson reden«, versprach er. »Nach der Konferenz über die Todesfälle in der Chirurgie. Sie kommen doch?«

Rufus nickte. »Gewiß, ich komme.«

»Dann sehe ich Sie dort, Bill. Danke, daß Sie mich unterrichtet haben. Ich verspreche Ihnen, daß etwas geschehen wird.«

Etwas, dachte O'Donnell, während er durch den Korridor ging. Aber was? Er dachte immer noch über dieses Problem nach, als er in die Verwaltungsabteilung kam und die Tür zu Harry Tomasellis Büro öffnete.

O'Donnell bemerkte Tomaselli erst, als ihn der Verwaltungsdirektor anrief. »Hier, Kent.« Tomaselli stand auf der anderen Seite des birkegetäfelten Raumes über einen Tisch gebeugt, statt an seinem Schreibtisch zu sitzen, an dem er den größten Teil seiner Arbeitszeit verbrachte. Vor ihm aufgerollt lagen Baupläne und Zeichnungen. O'Donnell ging über den dicken Teppich zu ihm und blickte gleichfalls auf die Pläne.

»Luftschlösser, Harry?« Er deutete auf eine der Zeichnungen. »Wissen Sie, ich bin überzeugt, daß wir für Sie da oben eine prächtige Dachwohnung einbauen können, oben auf dem Ostflügel.«

Tomaselli lächelte. »Ich werde mich gern fügen, vorausgesetzt, Sie überzeugen den Ausschuß, daß es notwendig ist.« Er nahm seine randlose Brille ab und begann die Gläser zu polieren. »Hier ist es also — das neue Jerusalem.«

O'Donnell studierte die Silhouette des Three Counties Hospitals mit den prächtigen neuen Erweiterungsbauten, die der Architekt gezeichnet hatte. Die Planung war bereits weitgehend abgeschlossen. Die Neubauten umfaßten einen ganzen Flügel und ein neues Schwesternheim. »Gibt es sonst etwas Neues?« Er wandte sich Tomaselli zu.

Der Verwaltungsdirektor hatte seine Brille wieder aufgesetzt. »Ich habe heute morgen wieder mit Orden gesprochen.« Orden Brown, Präsident des zweitgrößten Stahlwerkes in Burlington, war Vorsitzender des Krankenhausausschusses.

»Ja, und?«

»Er ist überzeugt, daß wir bis Januar mit einem Baufonds von einer halben Million Dollar rechnen können. Das bedeutet, daß wir im März mit dem Ausschachten beginnen können.«

›Und die andere halbe Million? Letzte Woche sagte mir Orden, er glaube, damit würde es bis Dezember dauern.« Selbst das, dachte O'Donnell, halte ich für übertrieben optimistisch seitens des Vorsitzenden.

»Ich weiß«, antwortete Tomaselli. »Aber er bat mich, Ihnen zu sagen, daß er seine Ansicht geändert habe. Gestern hatte er wieder eine Besprechung mit dem Bürgermeister. Sie sind überzeugt, daß sie die zweite halbe Million im nächsten Sommer zusammenbekommen und die Sammelaktion im Herbst abschließen können.«

»Das ist eine gute Nachricht.« O'Donnell entschloß sich, seine bisherigen Vorbehalte aufzugeben. Wenn Orden Brown sich in dieser Weise festlegte, schaffte er es zweifellos auch.

»Ja. Und außerdem«, fuhr Tomaselli mit gespielter Beiläufigkeit fort, »haben Orden Brown und der Bürgermeister am nächsten Mittwoch eine Besprechung mit dem Gouverneur. Es sieht aus, als ob wir schließlich doch noch den höheren Staatszuschuß bekämen.«

»Sonst noch etwas?« fragte O'Donnell mit gespielter Knappheit.

»Ich meine, Sie können damit zufrieden sein«, sagte Tomaselli.

»Mehr als zufrieden«, antwortete O'Donnell. In gewisser Weise konnte man das als den ersten Schritt zur Erfüllung einer Vision bezeichnen. Es war eine Vision, die vor dreieinhalb Jahren bei seiner Ankunft im Three Counties Hospital ihre ersten Umrisse angenommen hatte. Seltsam, wie man sich an einen Ort gewöhnt, dachte O'Donnell. Wenn ihm jemand auf der Harvard Medical School oder später, als er erster chirurgischer Assistent am Columbia Presbyterian Hospital war, vorausgesagt hätte, daß er in einem rückständigen Krankenhaus wie Three Counties Hospital landen würde, hätte er nur spöttisch gelächelt. Und als er dann zu Barts nach London ging, um seine Erfahrungen als Chirurg zu vervollständigen, tat er es in der festen Absicht, nach seiner Rückkehr in den Stab eines der Krankenhäuser mit einem großen Namen wie John Hopkins oder Massachusetts General Hospital einzutreten. Mit dem, was er vorzuweisen hatte, stand ihm die Wahl so gut wie frei. Aber ehe er Zeit fand, sich zu entscheiden, kam Orden Brown zu ihm nach New York und überredete ihn, Burlington und Three Counties Hospital zu besuchen.

Was er dort sah, entsetzte ihn. Das Krankenhaus war heruntergekommen, schlecht organisiert und verwaltet, der medizinische Standard, von wenigen Ausnahmen abgesehen, niedrig. Die Leiter der chirurgischen und der inneren Abteilungen hatten ihre Positionen seit Jahren inne. O'Donnell hatte gespürt, daß ihr Lebensziel darin bestand, einen für sie angenehmen Status quo zu erhalten. Der Verwaltungsdirektor — die Schlüsselstellung für die Beziehungen zwischen dem Leitungsausschuß des Krankenhauses, der aus Laien bestand, und dem medizinischen Stab – war schwach und unfähig. Das Ausbildungsprogramm des Krankenhauses für Praktikanten und Assistenzärzte war verrufen, für Forschung standen keine Mittel zur Verfügung, die Verhältnisse, unter denen die Schwestern lebten und arbeiteten, waren fast mittelalterlich. Orden Brown hatte ihm alles gezeigt und nichts vorenthalten. Anschließend fuhren sie zusammen in das Haus des Vorsitzenden. O'Donnell nahm die Einladung zum Abendessen an, beabsichtigte aber, ein Nachtflugzeug zurück nach New York zu nehmen. Er war angewidert und wollte Burlington und das Three Counties Hospital nie wieder sehen.

Beim Abendessen in dem stillen Eßzimmer mit den bespannten Wänden in Orden Browns Haus auf einem Berg hoch über Burlington war ihm alles geschildert worden. Die Geschichte war ihm nicht neu oder unbekannt. Three Counties Hospital, das einmal ein fortschrittliches und modernes Krankenhaus gewesen war und in dem Staat ein hohes Ansehen besessen hatte, war der Überheblichkeit und der Trägheit zum Opfer gefallen. Ein alternder Industrieller, der seine Verantwortung meistens auf einen anderen abschob und nur gelegentlich aus gesellschaftlichen Anlässen im Krankenhaus erschien, war Vorsitzender des Leitungsausschusses. Der Mangel an Führung hatte sich nach unten ausgebreitet. Die Abteilungsleiter hatten ihre Stellungen überwiegend seit vielen Jahren inne und waren jedem Wechsel abgeneigt. Die jüngeren Leute unter ihnen hatten zuerst dagegen gemurrt, es dann aufgegeben und waren woandershin abgewandert. Schließlich war der Ruf des Krankenhauses so gesunken, daß junge, hochqualifizierte Ärzte nicht länger versuchten, dort eine Stellung zu finden. Aus diesem Grunde wurden weniger qualifizierte Leute aufgenommen. So lag die Situation zu der Zeit, als O'Donnell auf der Bildfläche erschien.

Der einzige Wechsel war mit der Berufung Orden Browns selbst eingetreten. Drei Monate vorher war der alte Vorsitzende gestorben. Eine Gruppe einflußreicher Bürger hatte Brown überredet, die Nachfolge zu übernehmen. Die Wahl erfolgte nicht einstimmig. Ein Teil der alten Garde im Krankenhausausschuß wünschte den Vorsitz für ihren eigenen Kandidaten, ein altes Ausschußmitglied namens Eustace Swayne. Aber die Mehrheit hatte sich für Brown entschieden, und nun versuchte er, andere Ausschußmitglieder für einige seiner Ideen zur Modernisierung des Three Counties Hospitals zu gewinnen.

Es erwies sich, daß er seinen Kampf nach oben führen mußte. Zwischen den konservativen Elementen des Ausschusses, für die Eustace Swayne Sprecher war, und einer Gruppe der älteren Ärzte des Krankenhauses bestand eine Allianz. Gemeinsam widersetzten sie sich Veränderungen. Brown mußte vorsichtig vorgehen und diplomatisch handeln.

Eines der Dinge, die er wünschte, war eine Vergrößerung des Krankenhausausschusses, um neue, aktivere Mitglieder hineinzubringen. Er beabsichtigte, einige der jüngeren leitenden Männer aus der Wirtschaft Burlingtons dafür zu gewinnen, aber bisher hatte der Ausschuß in dieser Frage noch keine Einmütigkeit erreicht, und der Plan wurde bis auf weiteres zurückgestellt.

Wenn Orden Brown gewollt hätte, konnte er, wie er O'Donnell offen erklärte, eine entscheidende Auseinandersetzung erzwingen und seine Absichten durchsetzen. Wenn er wünschte, konnte er durch seinen Einfluß einige der Männer der älteren passiven Mitglieder aus dem Ausschuß verdrängen. Aber das wäre kurzsichtig gewesen, weil die meisten wohlhabende Männer und Frauen waren, und das Krankenhaus war auf die Zuwendungen angewiesen, die es im allgemeinen erhielt, wenn einer seiner Förderer starb. Wenn sie jetzt ausgeschaltet wurden, konnten einige der Betroffenen ihre Testamente ändern und das Krankenhaus ausschließen. Eustace Swayne, der einen Warenhauskonzern beherrschte, hatte diese Möglichkeit bereits angedeutet. Daher war Orden Brown gezwungen, behutsam und diplomatisch vorzugehen.

Dennoch waren einige Fortschritte erzielt worden. Und einer der Schritte, die der Vorsitzende mit der Zustimmung der Ausschußmehrheit unternahm, war die Suche nach einem neuen Chef der Chirurgie. Deshalb hatte er sich an O'Donnell gewandt.

Bei dem Abendessen hatte O'Donnell den Kopf geschüttelt. »Ich fürchte, das ist nichts für mich.«

»Vielleicht nicht«, hatte Brown geantwortet. »Aber ich möchte Sie bitten, mich trotzdem zu Ende anzuhören.«

Er sprach überzeugend, dieser Industrielle, der, obwohl er selbst aus einer wohlhabenden Familie stammte, sich den ganzen Weg durch das Stahlwerk, vom Hochofenarbeiter, in die Verwaltung und schließlich auf den Präsidentenstuhl, hochgearbeitet hatte. Er besaß auch ein Gefühl für Menschen. Das hatte er sich in den Jahren Schulter an Schulter mit den Arbeitern im Walzwerk erworben. Dies mochte einer der Gründe sein, warum er sich die Last aufbürdete, Three Counties Hospital aus dem Sumpf herauszuziehen, in dem es versackt war. Aber aus welchem Grunde auch immer, selbst in der kurzen Zeit, die O'Donnell mit ihm zusammen war, hatte er die Hingabe des älteren Mannes an seine Aufgabe gespürt.

»Falls Sie hierherkommen«, hatte Brown kurz vor Beendigung ihrer Unterhaltung gesagt, »kann ich Ihnen nichts versprechen. Ich würde Ihnen gern sagen, Sie werden freie Hand haben. Aber ich halte es für wahrscheinlicher, daß Sie sich alles, was Sie wollen, erkämpfen müssen. Sie werden auf Opposition stoßen, auf Widerstände, Hauspolitik, Ablehnung. Es wird Gebiete geben, auf denen ich Ihnen nicht helfen kann und Sie allein stehen.« Brown hatte eine Pause gemacht und dann still hinzugefügt: »Vermutlich ist das einzig Gute, was man über die Situation hier sagen kann, daß sie vom Standpunkt eines Mannes wie Sie eine Herausforderung, eine Aufgabe darstellt. In gewisser Weise die größte Aufgabe, die ein Mann auf sich nehmen kann.«

Das war das letzte Wort, das Orden Brown an diesem Abend über das Krankenhaus sagte. Anschließend sprachen sie von anderen Dingen, von Europa, den bevorstehenden Wahlen, dem Auferstehen des Nationalismus in Mittelost. Brown war weit gereist und gut informiert. Später wurde O'Donnell von seinem Gastgeber zum Flughafen gebracht, und auf dem Flugsteig drückte man sich die Hände. »Es war mir eine Freude, Sie kennenzulernen«, sagte Orden Brown, und O'Donnell erwiderte das Kompliment aufrichtig. Dann stieg er in sein Flugzeug, in der Absicht, Burlington abzuschreiben und an diese Reise nur als an eine weitere nützliche Erfahrung zu denken.

Auf dem Rückflug versuchte er, in einer Zeitschrift zu lesen; einen Artikel über Tennismeisterschaften, der ihn interessierte. Aber sein Verstand nahm die Worte nicht auf. Er dachte weiter über Three Counties Hospital nach, über das, was er dort gesehen hatte und was dort geschehen müßte. Dann begann er plötzlich, zum ersten Mal seit vielen Jahren, seine eigene Einstellung gegenüber der Medizin zu überprüfen. Was bedeutet sie überhaupt? fragte er sich. Was suche ich für mich selbst? Welche Ziele habe ich mir gesetzt? Was habe ich selbst zu geben? Was werde ich am Ende hinterlassen? Er hatte nicht geheiratet, wahrscheinlich würde er es nie. Er hatte Liebeserlebnisse gehabt – im Bett und außerhalb –, aber nichts darunter von Dauer. Wo führt dieser Weg mich hin, fragte er sich, von Harvard über Presbyterian und Barts . . .? Plötzlich wußte er die Antwort. Er wußte: Es war Burlington und das Three Counties Hospital. Die Entscheidung war gefallen und die Richtung unwiderruflich bestimmt. Bei der Landung auf dem LaGuardia-Flughafen schickte er Orden Brown ein Telegramm. Es lautete einfach: »Ich nehme an.«

Während O'Donnell jetzt auf die Pläne dessen heruntersah, was der Verwaltungsdirektor anzüglich »das neue Jerusalem« nannte, dachte er an die dreieinhalb Jahre, die hinter ihm lagen. Orden Brown hatte recht behalten, als er sagte, sie würden nicht leicht sein. Alle Hindernisse, die der Ausschußvorsitzende vorausgesagt hatte, waren aufgetreten. Nach und nach waren die schwersten Hürden allerdings überwunden worden.

Nach O'Donnells Ankunft war sein Vorgänger als Chef der Chirurgie unauffällig verschwunden. O'Donnell hatte einige der Chirurgen, die bereits zum Stab des Krankenhauses gehörten und sich für eine Steigerung des Standards in dem Krankenhaus einsetzten, für sich gewonnen. Unter sich hatten sie die chirurgischen Richtlinien verschärft und einen energischen Ausschuß eingesetzt, der dafür sorgte, daß sie in den Operationsräumen befolgt würden. Ein anderer Ausschuß, der fast in Vergessenheit geraten war, wurde neu belebt. Seine Aufgabe war, zu sichern, daß Fehler bei Operationen, insbesondere die unnötige Entfernung gesunder Organe, nicht wieder vorkamen.

Die weniger befähigten Chirurgen wurden freundlich, aber nachdrücklich gedrängt, sich auf Operationen zu beschränken, die im Rahmen ihrer Fähigkeiten lagen. Ein paar der Metzger, der Blinddarmentferner am laufenden Band, der Unfähigen, wurden vor die Wahl gestellt, sich unauffällig zurückzuziehen oder offiziell ausgeschlossen zu werden. Wenn das für manche auch den Verlust eines Teiles ihres Lebensunterhaltes bedeutete, so zogen die meisten doch vor, stillschweigend zu verschwinden. Darunter befand sich auch ein Chirurg, der tatsächlich einem Kranken eine Niere herausgenommen hatte, ohne sich vorher zu vergewissern, daß seinem Patienten bei einer früheren Operation die andere Niere bereits entfernt worden war. Dieses furchtbare Versehen wurde bei der Obduktion aufgedeckt.

Die Beseitigung dieses Arztes aus dem Stab des Krankenhauses war leicht gewesen. Bei einigen anderen hatte es sich indessen als schwieriger erwiesen. Es war zu Auseinandersetzungen vor dem medizinischen Ausschuß des Counties gekommen, und zwei Chirurgen, die früher zum Krankenhaus gehörten, hatten vor Gericht Klage gegen das Three Counties Hospital erhoben. Das bedeutete, wie O'Donnell wußte, erbitterte gerichtliche Auseinandersetzungen, und er fürchtete die Aufmerksamkeit der Öffentlichkeit, die dadurch zweifellos erregt würde.

Aber trotz dieser Probleme hatten sich O'Donnell und die Ärzte, die hinter ihm standen, durchgesetzt, und die entstandenen Lücken des Stabes wurden sorgfältig und mühevoll mit neuen, fähigen Männern geschlossen – darunter mancher Absolvent seiner eigenen Alma mater –, die O'Donnell gedrängt und überredet hatte, sich in Burlington niederzulassen.

Inzwischen hatte auch die innere Abteilung einen neuen Leiter, Dr. Chandler, erhalten, der zwar schon unter dem alten Regime dem Krankenhaus angehörte, sich aber häufig gegen die Mißstände ausgesprochen hatte. Chandler war Internist, und wenn er und O'Donnell in Fragen der Leitung des Krankenhauses manchmal auch verschiedener Meinung waren und O'Donnell den anderen mitunter anmaßend fand, nahm Chandler zumindest, wenn es darum ging, den medizinischen Standard hochzuhalten, eine kompromißlose Haltung ein.

In O'Donnells dreieinhalb Jahren waren auch die Verwaltungsmethoden geändert worden. Ein paar Monate nach seinem eigenen Antritt hatte O'Donnell mit Orden Brown über einen jungen stellvertretenden Verwaltungsdirektor gesprochen, einen der besten Leute, die er in seiner Krankenhauspraxis kennengelernt hatte. Der Vorsitzende hatte sich ins Flugzeug gesetzt und war zwei Tage später mit einem unterschriebenen Vertrag zurückgekehrt. Einen Monat danach wurde der alte Verwaltungsdirektor, erleichtert, eine Last abzulegen, die über seine Kräfte hinausgewachsen war, ehrenvoll pensioniert, und Harry Tomaselli trat an seine Stelle. Jetzt kam in der gesamten Verwaltung des Krankenhauses Tomasellis zielbewußte, aber verbindliche Tüchtigkeit zum Ausdruck.

Vor einem Jahr war O'Donnell zum Präsidenten des medizinischen Ausschusses des Krankenhauses gewählt worden, wodurch er zum leitenden Arzt des Three Counties Hospitals wurde. Seitdem hatten er, Tomaselli und Dr. Chandler erfolgreich das Ausbildungsprogramm des Krankenhauses für Praktikanten und Assistenzärzte erweitert, und die Anträge auf Einstellung nahmen zu.

Noch lag ein weiter Weg vor ihnen. O'Donnell wußte, daß sie in mancher Hinsicht erst am Anfang eines umfangreichen Programmes standen, das die drei Grundsäulen der Medizin umfaßte: Heilung, Ausbildung, Forschung. Er selbst war jetzt zweiundvierzig, wurde in wenigen Monaten dreiundvierzig. Er bezweifelte, ob er in den aktiven Jahren, die ihm noch bevorstanden, die Aufgabe vollenden konnte, die er sich gestellt hatte. Aber der Anfang war gut. Soweit war er zuversichtlich, und er wußte, daß seine Entscheidung vor dreieinhalb Jahren im Flugzeug richtig gewesen war.

Natürlich gab es bei dem gegenwärtigen Stand der Dinge noch schwache Punkte. Das konnte nicht anders sein. Eine so große Aufgabe war weder leicht noch schnell zu lösen. Einige der älteren Mitglieder des Ärztestabes kämpften unvermindert gegen jede Veränderung, und sie übten einen starken Einfluß auf die älteren Ausschußmitglieder aus, von denen einige immer noch im Amt waren – Eustace Swayne, halsstarrig wie immer, an ihrer Spitze. Vielleicht war das sogar gut, dachte O'Donnell, und vielleicht war die Behauptung, daß »junge Männer zu viele Änderungen zu schnell vornehmen«, manchmal gerechtfertigt. Aber diese Gruppe und ihr Einfluß erzwangen, daß die Planung in manchen Fällen aus Vorsicht verwässert werden mußte. O'Donnell selbst unterwarf sich dieser Notwendigkeit, hatte aber manchmal Schwierigkeiten, die jüngeren Mitglieder des Ärztestabes davon zu überzeugen.

Es war gerade diese Tatsache, die ihn nach dem Gespräch mit Bill Rufus nachdenklich stimmte. Die Pathologie im Three Counties Hospital war immer noch eine Bastion des alten Regimes. Dr. Joseph Pearson, der die Pathologie wie sein eigenes Reich regierte, gehörte seit zweiunddreißig Jahren zum Krankenhaus. Er kannte die meisten der alten Ausschußmitglieder gut und spielte mit Eustace Swayne häufig Schach. Genaugenommen war Joe Pearson durchaus nicht unfähig. Seine Leistungen und Kenntnisse waren beachtlich. In jüngeren Jahren war er durch seine Forschungsarbeiten bekannt und zeitweise Präsident der State Pathology Association gewesen. Das wirkliche Problem bestand darin, daß die Arbeitslast in der Pathologie so angewachsen war, daß ein Mann allein die Zügel nicht mehr in Händen halten konnte. O'Donnell vermutete auch, daß ein Teil der technischen Verfahren in der Pathologie einer Erneuerung bedurfte. Aber so wünschenswert eine Änderung auch erschien, in diesem Falle würde sie schwierig sein.

Da mußte die Sammelaktion für die Erweiterung des Krankenhauses berücksichtigt werden. Wenn es zu Reibungen zwischen O'Donnell und Joe Pearson kam, wie würde Pearsons Einfluß bei Eustace Swayne sich auf Orden Browns Plan, das ganze Geld bis zum nächsten Herbst aufzubringen, auswirken? Swaynes eigener Beitrag mußte normalerweise hoch sein. Und schon allein dieser Verlust war ernst. Aber ebenso ernst war Swaynes Einfluß auf andere Leute in der Stadt. In gewisser Weise besaß der alte Finanzhai die Macht, ihre nächsten Zukunftspläne gelingen oder scheitern zu lassen.

Weil so viele Dinge in der Schwebe hingen, hatte O'Donnell gehofft, er könne das Problem der Pathologie eine Weile auf sich beruhen lassen. Aber ungeachtet dessen mußte er wegen Bill Rufus' Beschwerde etwas unternehmen, und das bald. Er wendete sich von den Plänen ab. »Harry«, sagte er zu dem Verwaltungsdirektor, »ich fürchte, wir müssen mit Joe Pearson Krieg anfangen.«

III

Im Gegensatz zu der Hitze und der regen Tätigkeit in den oberen Stockwerken war es in dem weißgekachelten Korridor im Souterrain des Krankenhauses still und kühl. Die Stille wurde auch nicht durch eine kleine Prozession gestört: Schwester Penfield und neben ihr eine fahrbare Trage, die leise auf kugelgelagerten Rollen glitt und von einem Pfleger in einer weißen Pflegeruniform und mit gummibesohlten Schuhen geschoben wurde.

Wie oft hatte sie diesen Weg wohl schon zurückgelegt, überlegte Schwester Penfield, während sie auf die verhüllte Gestalt auf der Trage

hinunterblickte. Vielleicht fünfzigmal in den letzten elf Jahren, vielleicht öfter. Das war etwas, worüber man nicht Buch führte, diese letzte Fahrt zwischen dem Krankenzimmer und der Leichenkammer, zwischen dem Reich der Lebenden und dem der Toten.
Dieser unauffällig eingefügte letzte Gang mit einem gestorbenen Patienten gehörte zur Tradition. Der Weg führte durch die Hintergänge des Krankenhauses und mit dem Lastenaufzug hinunter, um den Lebenden den dunklen, bedrückenden Anblick des nahen Todes zu ersparen. Es war der letzte Dienst, den die Pflegerin ihrem Pflegling erwies, eine Anerkennung dessen, daß der Patient nicht fallengelassen worden war, wenn auch die Medizin versagt hatte. Der Akt der Pflege, des Dienens, des Heilens wurde wenigstens symbolisch fortgesetzt, obwohl die Schwelle schon überschritten war.
Der weiße Korridor zweigte hier nach zwei Richtungen ab. Aus dem Gang von rechts klang das Surren von Maschinen. Dort befanden sich die Maschinenanlagen des Krankenhauses, die Heizung, die Heißwasseranlagen, die Stromerzeuger, der Notgenerator. In die andere Richtung wies ein einziges Schild: »Pathologische Abteilung – Leichenkammer«.
Als Weidman, der Pfleger, mit dem Wagen nach links abbog, senkte ein Hausmeister, der entweder eine Pause machte oder sich heimlich von seinem Arbeitsplatz fortgeschlichen hatte, die Cola-Flasche, aus der er gerade trank, und trat zur Seite. Er wischte sich mit dem Handrücken über die Lippen, deutete dann auf den Wagen. »Hat's diesmal nicht mehr geschafft, wie?« Die Frage galt Weidman. Es war ein freundschaftlicher Eröffnungszug eines oft gespielten Spiels.
Auch Weidman war das Spiel vertraut. »Seine Nummer war diesmal wohl dran, Jack.«
Der Hausmeister nickte, hob dann die Flasche wieder an den Mund und trank weiter.
Wie kurz ist die Spanne zwischen dem Leben und dem Obduktionsraum, dachte Schwester Penfield. Vor weniger als einer Stunde noch war die Gestalt unter dem Leichentuch George Andrew Dunton gewesen, lebendig, dreiundfünfzig Jahre alt, Ingenieur. Diese Einzelheiten waren ihr von dem Krankenblatt auf der Notiztafel unter ihrem Arm bekannt.
Die Familie hatte sich nach dem Tode so gefaßt verhalten wie vorher: erschüttert, gewiß, und betroffen, aber keine hemmungslosen Ausbrüche. Das hatte es Dr. MacMahon erleichtert, um die Erlaubnis zur Obduktion zu bitten. »Mrs. Dunton«, hatte er still gesagt, »ich weiß, wie schwer es für Sie sein muß, jetzt darüber zu sprechen und daran zu denken, aber ich muß Sie um etwas bitten: um Ihre Erlaubnis, an Ihrem Mann eine Obduktion vorzunehmen.«

Er hatte weitergesprochen, die üblichen Sätze, ihr erklärt, wie das Krankenhaus versuche, seinen medizinischen Standard zum Wohle aller aufrechtzuerhalten, wie die Diagnose des Arztes überprüft und die medizinischen Kenntnisse gefördert werden konnten, daß es auch eine Vorbeugungsmaßnahme im Interesse der Familie und jedes anderen sei, der in Zukunft in das Krankenhaus komme, daß sie aber nicht ohne Erlaubnis vorgenommen werden könne . . .

Der Sohn hatte ihn freundlich unterbrochen: »Wir verstehen. Wenn Sie das, was erforderlich ist, aufsetzen wollen, wird meine Mutter unterschreiben.«

Darauf hatte Schwester Penfield das Obduktionsformular ausgefüllt, und nun war George Andrew Dunton, tot, dreiundfünfzig Jahre alt, hier und für das Messer des Pathologen bereit.

Die Tür des Obduktionsraumes öffnete sich. Der Diener in der Pathologie, George Rinne, ein Neger — der Totenwächter —, sah auf, als der Wagen hereinrollte. Er hatte gerade den Obduktionstisch gesäubert. Jetzt glänzte er in fleckenlosem Weiß. Weidman begrüßte ihn mit dem abgedroschenen Scherz: »Hier kommt ein Patient für euch.« Höflich, als hätte er diesen Kalauer nicht schon hundertmal gehört, entblößte Rinne seine Zähne zu einem flüchtigen Lächeln. Er deutete auf den weißemaillierten Tisch. »Hier, bitte.«

Weidman schob den Wagen neben den Tisch, und Rinne zog das Laken weg, das die nackte Leiche von George Andrew Dunton bedeckte. Er faltete es ordentlich zusammen und reichte es Weidman. Ungeachtet des Todes — die Krankenstation mußte über das Leichentuch Rechenschaft ablegen. Dann hoben die beiden Männer den Toten mit dem zweiten Tuch unter ihm auf den Tisch hinüber.

George Rinne schnaufte, als er das Gewicht spürte. Der Tote war ein schwerer Mann gewesen, von über ein Meter achtzig, der gegen Ende seines Lebens zugenommen hatte. Als Weidman die Bahre zurückschob, grinste er. »Du wirst alt, George. Du bist auch bald dran.«

Rinne schüttelte den Kopf. »Ich werde noch hier sein, um dich auf den Tisch da zu legen.«

Die Szene lief glatt ab. Sie hatte schon viele Aufführungen gesehen. Vielleicht hatten die beiden in ferner Vergangenheit mit ihren makabren kleinen Scherzen aus dem Gefühl heraus begonnen, dadurch zwischen sich und dem Tod, mit dem sie täglich lebten, eine Barriere aufzurichten. Aber wenn das der Grund gewesen war, hatten sie ihn lange vergessen. Jetzt war es eine Formalität, die erfüllt werden mußte, die von ihnen erwartet wurde. Sonst nichts. Sie waren mit dem Tod zu vertraut, um ihm gegenüber noch Grauen oder Furcht zu empfinden.

Auf der anderen Seite des Obduktionsraumes stand der Assistenzarzt der Pathologie, Dr. McNeil. Er hatte einen weißen Kittel übergezogen, als Schwester Penfield mit ihrem toten Pflegling hereinkam. Jetzt sah er die Krankengeschichte und die anderen Papiere durch, die sie ihm gereicht hatte, und spürte bewußt die Nähe und die Wärme Schwester Penfields. Er nahm ihre leicht gestärkte Uniform wahr, den schwachen Duft nach Parfüm, ihre etwas in Unordnung geratene Frisur unter der Haube. Ihr Haar mußte weich sein, wenn man darüberstrich. Er zwang seine Gedanken zu den Papieren in seiner Hand zurück.

»Gut, es scheint alles dabei zu sein.«

Sollte er es bei Schwester Penfield einmal versuchen oder nicht? Es war jetzt sechs Wochen her, und im Alter von siebenundzwanzig sind sechs Wochen im Zölibat eine lange Zeit. Schwester Penfield war überdurchschnittlich anziehend. Vermutlich war sie zweiunddreißig; jung genug, um reizvoll zu sein, alt genug, daß es lange her sein mußte, seit sie ihre Unschuld verlor. Sie schien intelligent und freundlich und hatte auch eine gute Figur. Er konnte erkennen, wo sich unter ihrem weißen Kittel ihr Unterkleid abzeichnete. Es war anzunehmen, daß sie bei der Hitze nicht viel mehr darunter anhatte. Roger McNeil überlegte. Wahrscheinlich müßte er ein paarmal mit ihr ausgehen, ehe es soweit käme. Damit war die Sache erledigt, denn in diesem Monat ging es nicht mehr – das Geld war zu knapp. Spare es für mich, la Penfield, du wirst wiederkommen. Andere Patienten werden sterben und dich herbringen.

»Danke, Doktor.« Sie lächelte und wendete sich ab. Es war zu machen – dessen war er sicher.

Er rief ihr nach: »Bringen Sie mehr, Schwester. Wir müssen in Übung bleiben.« Auch das war ein abgedroschener Scherz, ein abwehrender Zynismus vor dem Angesicht des Todes.

Elaine Penfield folgte dem Pfleger hinaus. Ihre Reise war beendet, die Tradition erfüllt, der besondere, unverlangte Dienst geleistet. Sie hatte ihre zweite Meile zurückgelegt. Jetzt lag ihre Pflicht bei den Kranken, den Lebenden. Sie hatte allerdings gespürt, daß Dr. McNeil dicht vor einem Annäherungsversuch gestanden hatte. Doch dazu würde sich wieder eine Gelegenheit ergeben.

Während George Rinne dem Toten eine hölzerne Kopfstütze unter den Nacken schob, ihm die Arme an den Seiten ausstreckte, begann McNeil die Instrumente zu ordnen, die sie für die Obduktion benötigten: Messer, Rippenschere, Klammern, die Motorsäge für den Schädel ... alles war sauber – Rinne war ein gewissenhafter Arbeiter –, aber nicht steril, wie es in den Operationsräumen vier Stockwerke weiter oben sein mußte. Hier brauchte man eine Infektion des Patienten nicht mehr zu fürchten. Der Pathologe mußte nur auf sich selbst aufpassen.

George Rinne sah McNeil fragend an, und der Assistenzarzt nickte. »Rufen Sie die Schwesternstation an, George. Sagen Sie, daß die Lernschwestern jetzt herunterkommen können, und benachrichtigen Sie Dr. Pearson, es sei alles bereit.«
»Ja, Doktor.« Rinne ging, um den Auftrag auszuführen. McNeil war als Assistenzarzt der Pathologie sein Vorgesetzter, selbst wenn das Gehalt des Arztes nur wenig höher als das des Helfers war. Es würde allerdings nicht lange dauern, bis sich der Abstand zwischen ihnen vergrößerte. Mit dreieinhalb Jahren Assistenzzeit hinter sich, trennten McNeil nur noch sechs Monate von der Aussicht, die Stellung eines Pathologen im Ärztestab eines Krankenhauses zu übernehmen. Dann konnte er einige der mit zwanzigtausend Dollar im Jahr dotierten Stellungen in Betracht ziehen, da die Nachfrage für Pathologen glücklicherweise nach wie vor größer als das Angebot war. Er brauchte sich dann nicht mehr zu überlegen, ob er es sich leisten könne, sich Schwester Penfield oder auch anderen zu nähern.
Roger McNeil lächelte innerlich bei dem Gedanken, obwohl sein Gesicht nichts verriet. Leute, die mit McNeil zu tun hatten, hielten ihn für unzugänglich, was er oft war, und manchmal sprachen sie ihm Humor ab, allerdings zu Unrecht. Unbestreitbar war, daß er sich mit Männern nicht leicht anfreundete. Aber Frauen fanden ihn anziehend, eine Tatsache, die er frühzeitig entdeckt und zu seinem Vorteil ausgenutzt hatte. In seiner Praktikantenzeit fanden seine Kollegen das rätselhaft. McNeil, die mürrische, brütende Gestalt im Ärztezimmer, hatte einen unheimlichen Erfolg, Lernschwestern, eine nach der anderen, schnell in sein Bett zu zaubern, häufig auch solche, bei denen andere, die sich auf ihre Erfolge als Liebhaber viel zugute hielten, gescheitert waren.
Die Tür des Obduktionsraumes ging auf, und Mike Seddons stürmte herein. Seddons war Assistent in der Chirurgie, zeitweise der Pathologie zugeteilt, und stürmte immer. Sein rotes Haar stand an den seltsamsten Stellen von seinem Kopf ab, als ob ein von ihm selbst verursachter Wind es nie glatt liegen ließe. Sein jungenhaftes, offenes Gesicht war ständig zu einem liebenswürdigen Grinsen verzogen. McNeil hielt Seddons für einen Exhibitionisten, obwohl zu seinen Gunsten zugegeben werden mußte, daß der Junge sich mit der Pathologie bereitwilliger befaßte als mancher andere der chirurgischen Assistenten, die McNeil gesehen hatte.
Seddons sah auf die Leiche auf dem Tisch. »Aha, neue Arbeit.«
McNeil deutete auf die Krankenpapiere, und Seddons nahm sie auf. Er fragte: »Woran starb er?« Dann, als er las: »Herz, wie?«
McNeil antwortete: »Das steht da.«
»Machen Sie das?«

Der Assistent der Pathologie schüttelte den Kopf. »Pearson kommt selbst.«
Seddons blickte fragend auf. »Der große Chef selbst? Was ist an dem Fall Besonderes?«
»Nichts Besonderes.« McNeil klammerte das vierseitige Obduktionsformular auf der Notiztafel an. »Ein paar Lernschwestern kommen, um es sich anzusehen. Wahrscheinlich will er ihnen eine Vorstellung geben.«
»Eine Galavorstellung also.« Seddons grinste. »Die muß ich erleben.«
»Dann können Sie ja auch was Nützliches tun.« McNeil reichte ihm die Notiztafel. »Wollen Sie das Formular bitte ausfüllen.«
»Gewiß.« Seddons nahm die Notiztafel und begann, seine Befunde über den Zustand der Leiche einzutragen. Er murmelte bei der Arbeit vor sich hin: »Hier hat er eine hübsche, saubere Blinddarmnarbe. Da ein kleines Muttermal am linken Arm.« Er drehte den Arm zur Seite. »Verzeihen Sie, alter Herr.« Er machte eine Notiz. »Leichte Leichenstarre.« Er hob ein Augenlid und schrieb: »Pupillen rund, 0,3 Durchmesser.« Er zwängte die schon steifen Kiefer auseinander: »Nun zeigen Sie mal Ihre Zähne.«
Von dem Korridor draußen waren Schritte zu hören. Dann wurde die Tür des Obduktionsraumes geöffnet, und eine Schwester, in der McNeil eine Schulschwester erkannte, blickte herein. Sie sagte: »Guten Morgen, Dr. McNeil.« Hinter ihr drängte sich eine Gruppe junger Lernschwestern.
»Guten Morgen.« Der Assistenzarzt winkte. »Kommen Sie alle herein.«
Nacheinander traten die Lernschwestern durch die Tür. Es waren sechs, und während sie eintraten, blickte jede beklommen nach der Leiche auf dem Tisch. Mike Seddons grinste. »Beeilt euch, Kinder. Noch findet ihr die besten Plätze.«
Seddons betrachtete die Gruppe Mädchen abschätzend. Es waren ein paar Neue dabei, die er vorher noch nicht gesehen hatte. Eine davon war brünett. Er betrachtete sie noch einmal. Tatsächlich. Selbst unter der Hülle der spartanischen Lernschwesternuniform war unverkennbar: die hier war etwas Besonderes. Mit scheinbarer Beiläufigkeit durchquerte er den Obduktionsraum, und als er zurückkam, gelang es ihm, sich zwischen das Mädchen, das ihm aufgefallen war, und die übrige Gruppe zu drängen. Er lächelte breit zu ihr hinunter und sagte leise: »Ich kann mich nicht entsinnen, Sie schon einmal gesehen zu haben.«
»Ich bin genauso lange hier wie die anderen.« Sie musterte ihn ungeniert und neugierig und fügte dann spöttisch hinzu: »Übrigens hat man mich belehrt, daß die Herren Ärzte Lernschwestern im ersten Jahr überhaupt nicht bemerken.«

Er schien darüber nachzudenken. »Nun, das ist die allgemeine Regel. Aber manchmal machen wir Ausnahmen. Es hängt natürlich von der Lernschwester ab.« Mit offen bewundernden Blicken fügte er hinzu: »Im übrigen, ich heiße Mike Seddons.«

Sie antwortete: »Und ich heiße Vivian Loburton.« Dann bemerkte sie den mißbilligenden Blick der Schulschwester und brach plötzlich ab. Vivian gefiel dieser rothaarige junge Arzt, irgendwie schien es aber unangebracht, hier zu plaudern und zu scherzen. Schließlich war der Mann auf dem Tisch tot. Er sei gerade gestorben, war ihnen oben gesagt worden. Das war der Grund, weshalb sie und die anderen Lernschwestern von ihrer Arbeit abgerufen worden waren, um bei der Obduktion zuzusehen. Der Gedanke an das Wort Obduktion brachte sie zu dem zurück, was hier geschehen sollte. Vivian fragte sich, wie sie darauf reagieren würde; sie fühlte sich jetzt schon unbehaglich. Sie nahm an, daß sie sich als Krankenschwester an den Anblick von Toten gewöhnen müsse, aber im Augenblick war er noch fremd und ziemlich furchterregend.

Durch den Gang näherten sich Schritte. Seddons berührte sie am Arm und flüsterte: »Wir werden uns wiedersehen, bald.« Dann wurde die Tür aufgestoßen, und die Lernschwestern zogen sich respektvoll zurück, als Dr. Joseph Pearson eintrat. Er grüßte sie mit einem knappen »Guten Morgen«, ging, ohne auf die gemurmelte Antwort zu warten, auf den Schrank zu, streifte seinen weißen Mantel ab und stieß seine Arme in einen Kittel, den er aus dem Schrank genommen hatte. Pearson winkte Seddons, der zu ihm trat, und die Bänder im Rücken des Kittels zuband. Darauf traten die beiden wie eine gut gedrillte Mannschaft an ein Waschbecken, wo Seddons aus einer Dose Talkum über Pearsons Hände streute, dann ein paar Gummihandschuhe bereithielt, in die der alte Mann seine Hände hineinstieß. Alles das vollzog sich schweigend. Jetzt verschob Pearson seine Zigarre etwas und knurrte ein »Danke«.

Er trat an den Tisch, nahm die Notiztafel, die McNeil ihm entgegenhielt und begann zu lesen, anscheinend, ohne etwas anderes zu bemerken. Bisher hatte Pearson noch nicht einen Blick auf die Leiche geworfen. Während auch Seddons an den Tisch trat, beobachtete er verstohlen diese Szene, und unwillkürlich verglich er sie mit dem Auftreten eines Dirigenten vor einem Symphonieorchester. Es fehlte nur der Applaus.

Nachdem auch Pearson die Krankengeschichte durchgelesen hatte, untersuchte er die Leiche, verglich seine Befunde mit Seddons Aufzeichnungen. Dann legte er die Notiztafel nieder, nahm die Zigarre aus dem Mund und sah die Schwestern auf der anderen Seite des Tisches an. »Es ist das erste Mal, daß Sie einer Obduktion beiwohnen, vermute ich?«

Die Mädchen murmelten: »Ja, Sir« oder »Ja, Doktor.«
Pearson nickte. »Dann will ich Ihnen mitteilen, daß ich Dr. Pearson, der Pathologe an diesem Krankenhaus, bin. Diese Herren sind Dr. McNeil, der Assistenzarzt in der Pathologie, und Dr. Seddons, Assistenzarzt in der Chirurgie im dritten Jahr ...« Er wendete sich zu Seddons. »Das stimmt doch?«
Seddons lächelte. »Genau, Dr. Pearson.«
Pearson fuhr fort: »Im dritten Jahr Assistenzarzt der Chirurgie, der uns gegenwärtig eine Zeitlang die Ehre gibt, in der Pathologie tätig zu sein.« Er sah Seddons an. »Dr. Seddons wird sich bald qualifiziert haben, sich als Chirurg niederzulassen, und wird dann auf eine gutgläubige Menschheit losgelassen werden.«
Zwei der Mädchen kicherten, die anderen lächelten. Seddons grinste. Das machte ihm Spaß. Pearson ließ sich nie eine Gelegenheit entgehen, einen Hieb gegen die Chirurgen und die Chirurgie zu führen. Wahrscheinlich mit gutem Grund. In seinen vierzig Jahren in der Patholgie mußte der alte Mann einer Menge chirurgischer Scharlatane begegnet sein. Er sah zu McNeil hinüber. Der Assistenzarzt runzelte die Stirn. Er billigt das nicht, dachte Seddons, Mac zieht die Pathologie ohne Randbemerkungen vor. Jetzt sprach Pearson wieder:
»Der Pathologe ist häufig als Arzt bekannt, den der Patient selten sieht. Dennoch haben wenige Abteilungen eines Krankenhauses eine größere Bedeutung für die Gesundheit der Patienten.«
Jetzt kommt das Verkaufsgespräch, dachte Seddons, und Pearsons nächste Worte gaben ihm recht.
»In der Pathologie wird das Blut eines Patienten untersucht, und seine Exkremente. Es wird seiner Krankheit nachgespürt, entschieden, ob sein Tumor gutartig oder bösartig ist. Es ist die Pathologie, die den Arzt des Patienten über die Krankheit berät, und manchmal, wenn alles andere in der Medizin versagt« – Pearson machte eine Pause; er sah bedeutungsvoll auf die Leiche von George Andrew Dunton hinunter, und die Augen der Lernschwestern folgten seinem Blick –, »ist es der Pathologe, der die abschließende, die letzte Diagnose stellt.«
Wieder machte Pearson eine Pause. Was für ein großartiger Schauspieler ist der alte Mann, dachte Seddons. Was für ein ungehemmter, geborener Komödiant.
Jetzt hob Pearson achtungsgebietend seine Zigarre. »Ich empfehle«, sagte er zu den Schwestern, »ein paar Worte, die Sie an den Wänden vieler Obduktionsräume finden werden, Ihrer Aufmerksamkeit.« Ihre Blicke folgten seiner Hand zu einem gerahmten Spruch, der von einem geschäftstüchtigen Lieferanten für Laboratoriumsmaterial als Werbegabe geliefert worden war: *Mortui vivos docent.* Pearson las den latei-

nischen Text laut vor und übersetzte dann: »Die Toten lehren die Lebenden.« Er blickte wieder auf die Leiche hinunter. »Das wird jetzt geschehen. Dieser Mann starb dem Anschein nach« — er betonte die Worte »dem Anschein nach« — »an Herzthrombose. Die Obduktion wird feststellen, ob das stimmt.«

Damit zog Pearson tief an seiner Zigarre, und Seddons, der wußte, was kam, trat näher. Er selbst war vielleicht nicht mehr als ein Statist bei dieser Szene, aber er hatte nicht die Absicht, einen Auftritt zu verpassen. Als Pearson geräuschvoll eine blaue Rauchwolke von sich stieß, reichte er Seddons die Zigarre, der sie nahm und von dem Obduktionstisch entfernt niederlegte. Jetzt überprüfte Pearson die vor ihm ausgelegten Instrumente und wählte ein Messer. Mit den Augen schätzte er ab, wo er schneiden würde, setzte dann die scharfe Stahlklinge an und schnitt schnell, sauber und tief.

McNeil beobachtete verstohlen die Lernschwestern. Weiche und empfindsame Naturen sollten niemals gezwungen werden, an einer Obduktion teilzunehmen, dachte er. Aber selbst für Erfahrene ist der erste Einschnitt manchmal schwer zu ertragen. Bis zu diesem Punkt hatte die Leiche auf dem Tisch zumindest äußerlich Ähnlichkeit mit einem Lebenden gezeigt. Aber wenn das Messer erst einmal angesetzt wurde, dachte er, ist keine Illusion mehr möglich. Dies ist dann kein Mann, keine Frau, kein Kind mehr, nur noch Fleisch und Knochen, etwas, das einem lebenden Wesen ähnelte, aber kein Leben mehr war. Dies war die letzte Wahrheit, das Ende, das allen bevorstand. Dies war die Erfüllung des Alten Testaments: Aus Staub bist du geschaffen und zu Staub sollst du wieder werden.

Mit dem Können, der Übung und der Schnelligkeit langer Erfahrung begann Pearson die Obduktion mit einem tiefen »Y«-Einschnitt. Mit zwei kräftigen Schnitten von jeder Schulter nach unten, die sich am Brustbein trafen, bildete er die obere Gabel des »Y«. Von diesem Punkt schnitt er nach unten und öffnete von der Brust bis zu dem Geschlechtsteil hinunter den Leib. Es gab ein zischendes, fast reißendes Geräusch, als er das Messer durch die Haut zog, sie teilte und die darunterliegende gelbliche Fettschicht bloßlegte.

McNeil, der ständig die Lernschwestern beobachtete, bemerkte, daß zwei totenblaß geworden waren. Eine dritte holte mit offenem Mund tief Luft und wendete sich ab. Die drei anderen sahen stoisch zu. Der Assistenzarzt behielt eine der Blaßgewordenen im Auge. Es war nicht ungewöhnlich, daß eine Schwester bei ihrer ersten Obduktion umkippte. Aber diese sechs sahen so aus, als ob sie durchhalten würden. Bei den zweien, die er beobachtete, kehrte langsam die Farbe zurück, und das dritte Mädchen hatte sich wieder umgedreht, obwohl sie ihr Taschentuch gegen den Mund drückte. Gleichmütig sagte McNeil zu den Schwestern: »Wenn eine von Ihnen für ein paar Augenblicke hinausgehen will, macht es nichts. Das erste Mal ist es immer etwas angreifend.« Sie sahen ihn dankbar an, aber keine rührte sich. McNeil war bekannt, daß manche Pathologen keine Schwestern zu einer Obduktion zuließen, ehe nicht die ersten Schnitte vollzogen waren. Pearson allerdings hielt nichts davon, jemand etwas ersparen zu wollen. Er war der Ansicht, die Lernschwestern sollten die Obduktion von Anfang an mit ansehen, und das war ein Punkt, in dem McNeil ihm zustimmte. Eine Krankenschwester mußte sich an vieles gewöhnen, das schwer zu ertragen war: Verletzungen, zerrissene Glieder, Verwesung, Operationen. Je früher sie lernten, sich mit dem Anblick und den Gerüchen der Medizin abzufinden, desto besser für alle Beteiligten, einschließlich ihrer selbst.

Jetzt zog McNeil seine eigenen Handschuhe über und begann mit Pearson zu arbeiten. Inzwischen hatte der alte Mann mit schnellen Bewegungen die Haut von der Brust gelöst, mit einem größeren Messer von den Muskeln getrennt und die Rippen bloßgelegt. Als nächstes öffnete er mit der scharfen, kräftigen Rippenschere den Brustkorb und legte den Herzbeutel und die Lungen frei. Die Handschuhe, die Instrumente und der Tisch begannen sich jetzt mit Blut zu bedecken. Seddons, auch mit Handschuhen neben ihm am Tisch, durchtrennte die unteren Muskellappen und öffnete die Bauchhöhle. Er ging durch den Raum, um einen Eimer zu holen, und nahm den Magen und die Eingeweide heraus, die er, nachdem er sie kurz betrachtet hatte, in den Eimer legte. Der Gestank begann sich bemerkbar zu machen. Jetzt banden Pearson und Seddons gemeinsam die großen Arterien ab, schnitten sie heraus, damit der Leichenbestatter keine Schwierigkeiten bei der Einbalsamierung hatte. Seddons griff nach einem kleinen Schlauch oberhalb des Tisches, drehte einen Hahn an und begann, das in die Bauchhöhle ausgeflossene Blut abzusaugen, und nach einem Nicken Pearsons tat er das gleiche in der Brusthöhle.

Inzwischen hatte McNeil sich dem Kopf zugewandt. Als erstes vollzog er einen Schnitt um die Schädelbasis. Er setzte unmittelbar hinter dem einen Ohr an und schnitt oberhalb des Haaransatzes hintenherum zum anderen Ohr hinüber, so daß der Schnitt nicht sichtbar war, wenn die Familie des Toten den Verstorbenen zum letzten Mal betrachtete. Dann zog er unter Anwendung aller Kraft seiner Hände die Kopfhaut in einem Stück nach vorn über den Schädel, so daß sie sich über den oberen Teil des Gesichtes legte und die Augen bedeckte. Damit war der ganze Schädel freigelegt, und McNeil griff nach einer kleinen Motorsäge, deren Kabel bereits angeschlossen war. Ehe er den Strom einschaltete, blickte er kurz zu den Lernschwestern hinüber und bemerkte, daß sie ihn mit einer Mischung von ungläubigem Staunen und Entsetzen beobachteten. Immer mit der Ruhe, Kinderchen, dachte er, gleich werdet ihr alles sehen.

Pearson hob behutsam das Herz und die Lungen aus der Brusthöhle, während McNeil die Säge an dem Schädel ansetzte. Das metallische Knirschen, mit dem sich die Stahlzähne des rotierenden Sägeblatts durch den Knochen fraßen, schnitt grausig durch den stillen Raum. Als er aufblickte, sah er, wie das Mädchen mit dem Taschentuch zusammenzuckte. Wenn sie sich übergeben muß, tut sie es hoffentlich nicht hier drin, dachte er. Er schnitt mit der Säge weiter, bis die Schädeldecke ringsum durchtrennt war, legte sie dann fort. George Rinne würde später das Instrument säubern und das Blut davon abwaschen. Jetzt hob McNeil vorsichtig das Schädeldach ab und legte die weiche Hirnhaut frei, die das darunterliegende Gehirn bedeckte. Wieder sah er zu den Schwestern hinüber. Sie hielten tapfer stand. Wenn sie diesen Anblick ertrugen, konnten sie alles ertragen. Nachdem er knochige Teil des Kopfes entfernt war, nahm er eine scharfe Schere und öffnete die große Vene — den Sinus sagittalis superior —, die in der Mitte der Membrane von vorn nach hinten verlief. Das Blut schoß heraus, ergoß sich über die Schere und seine Hand. Es war flüssiges Blut, bemerkte er, zeigte kein Anzeichen einer Thrombose. Sorgfältig prüfte er die Hirnhaut, durchschnitt sie dann und löste sie ab, um die darunterliegende Gehirnmasse freizulegen. Mit einem Messer trennte er das Gehirn sorgfältig vom Rückenmark ab und hob es heraus. Seddons trat zu ihm, hielt ihm ein mit Formalin halb gefülltes Glasgefäß hin, und behutsam ließ McNeil das Gehirn hineingleiten.

Während Seddons McNeil und seinen sicheren und geschickten Händen zusah, überraschte er sich bei der Frage, was im Kopf des Assistenzarztes vorgehen mochte. Er kannte McNeil seit zwei Jahren, zunächst als Kollegen, Assistenzarzt wie er selbst, wenn er auch im hierarchischen System des Krankenhauses dienstälter war, und lernte ihn später während der wenigen Monate, die er in der Pathologie arbeitete, näher kennen. Seddons interessierte sich für Pathologie. Trotzdem war er froh, daß er sie nicht als sein Spezialgebiet gewählt hatte. An seiner Entscheidung für die Chirurgie war ihm nie ein Zweifel gekommen, und er würde froh sein, wenn er in ein paar Wochen dorthin zurückkehrte. Im Gegensatz zu diesem Reich der Toten gehörte der Operationsraum zum Gebiet der Lebenden. Dort pulsierte das Leben, dort wurde jede Bewegung von einem Geist, einem Sinn für das Ziel, bestimmt, den er hier niemals finden konnte. Jedem das Seine, dachte er, und die Pathologie den Pathologen.

Es war noch etwas anderes an der Pathologie. Man konnte bei ihr den

Sinn für die Wirklichkeit verlieren, das Bewußtsein, daß Medizin die Menschen betraf und ihnen diente. Und jetzt dieses Gehirn hier ... Seddons wurde sich plötzlich deutlich bewußt, daß es vor wenigen Stunden noch das Gedankenzentrum eines Mannes gewesen war, der Koordinator seiner Sinne — des Fühlens, Riechens, Sehens, Schmeckens. Es hatte Gedanken entwickelt, Liebe gekannt, Angst und Triumphe. Gestern, vielleicht heute noch, hatte es den Augen befehlen können, zu weinen, dem Mund, zu schwatzen. Der Tote war Ingenieur gewesen, hatte er aus den Krankenpapieren ersehen. Dies war also ein Gehirn, das sich der Mathematik bedient hatte, das Spannungen und Drücke verstand, Konstruktionsmethoden erdachte, vielleicht Häuser gebaut hatte, eine Straße, ein Wasserwerk, eine Kathedrale — das Erbe dieses Gehirn für andere Menschen, die damit leben und es benutzen würden. Aber was war das Gehirn jetzt? Nicht mehr als eine Gewebemasse, die sterilisiert wurde und nur noch bestimmt war, zerschnitten, untersucht und dann verbrannt zu werden.

Seddons glaubte nicht an Gott, und es war ihm schwer begreiflich, daß gebildete Menschen es konnten. Wissen, Wissenschaft, Denken — je weiter sie fortschritten, desto unglaubwürdiger wurde jede Religion. Er glaubte aber an etwas, das er, weil ihm bessere Worte fehlten, als »den Funken der Menschlichkeit, das Credo des Individuums« bezeichnete. Als Chirurg würde er es natürlich nicht immer mit Individuen zu tun haben. Er würde seine Patienten auch nicht immer kennen. Und selbst wenn, würde es seinem Bewußtsein entschwinden, wenn er sich auf die technischen Probleme seiner Arbeit konzentrierte. Aber schon vor langem hatte er sich vorgenommen, nie zu vergessen, daß hinter allem ein Patient, ein Individuum stand. Während seiner Studienzeit hatte Seddons beobachtet, wie sich bei anderen eine isolierende Schicht bildete, eine Schutzwand gegen den zu engen Kontakt mit dem einzelnen Patienten. Manchmal geschah es zur Abwehr, war es eine vorsätzliche Isolierung gegen persönliche Empfindungen und persönliche Anteilnahme. Indessen fühlte er sich stark genug, um ohne diese Isolierung auszukommen. Außerdem zwang er sich manchmal, über das, was er gerade tat, nachzudenken und Selbstgespräche zu führen, um sich zu vergewissern, daß die Isolierschicht nicht wuchs. Vielleicht hätte es einige seiner Freunde, die Mike Seddons nur als einen ungehemmten Extrovertierten kannten, überrascht, wenn sie manche seiner innersten Gedanken erfahren hätten — vielleicht aber auch nicht. Der Verstand, das Gehirn — oder wie man es sonst nennen wollte — ist eine unvorausberechenbare Maschine.

Wie war das bei McNeil? Empfand er etwas? Oder hatte sich auch um den Assistenzarzt der Pathologie eine Schale gebildet? Seddons wußte es nicht; er nahm es aber an. Und Pearson? Hier hatte er keinen Zweifel. Joe Pearson war durch und durch kalt und klinisch. Trotz seiner großen Szene war er während der Jahre in der Pathologie ausgeglüht. Seddons sah den alten Mann an. Er hatte das Herz aus der Leiche herausgenommen und untersuchte es sorgfältig. Jetzt wendete er sich an die Lernschwestern:

»Die Krankengeschichte dieses Mannes zeigt, daß er vor drei Jahren einen ersten Herzanfall erlitt und einen zweiten zu Beginn dieser Woche. Darum wollen wir als erstes die Herzkranzgefäße untersuchen.« Während die Schwestern gespannt zusahen, öffnete Pearson behutsam die Blutgefäße des Herzmuskels.

»Irgendwo hier sollten wir das Gebiet der Thrombose finden ... Ja, da ist es.« Mit der Spitze einer Metallsonde deutete er darauf. Im Hauptzweig der linken coronaren Arterie, einen Zoll vor ihrem Anfang entfernt, hatte er ein halb Zoll großes Gerinnsel bloßgelegt. Er hielt das Herz hoch, damit die Mädchen es sehen konnten.

»Jetzt wollen wir das Herz selbst untersuchen.« Pearson legte das Organ auf ein Sektionsbrett und schnitt es in der Mitte der Länge nach auf. Er klappte die beiden Hälften nebeneinander auf, betrachtete sie und winkte dann die Lernschwestern näher heran. Zögernd traten sie näher.

»Sehen Sie dieses vernarbte Gebiet in dem Muskel?« Pearson deutete auf einige Streifen weißlichen, faserigen Gewebes in dem Herz, und die Schwestern reckten die Hälse über die klaffende, rote Körperhöhle, um besser zu sehen. »Das sind die Folgen des Herzanfalles von vor drei Jahren; ein alter Infarkt, der ausgeheilt ist.«

Nach einer Pause fuhr Pearson fort: »Die Anzeichen für den letzten Anfall haben wir hier in der linken Herzkammer. Beachten Sie das zentrale blasse Gebiet, das von einer stark durchbluteten Zone umgeben ist.« Er deutete auf einen kleinen, dunkelroten Fleck mit einem hellen Mittelpunkt, der sich von dem rotbraunen Gewebe des übrigen Herzmuskels abhob.

Pearson wandte sich an den chirurgischen Assistenten: »Stimmen Sie mit mir überein, Dr. Seddons, daß die Diagnose ›Tod infolge Herzthrombose‹ damit glaubwürdig bestätigt ist?«

»Gewiß«, antwortete Seddons höflich. Daran besteht kein Zweifel, dachte er. Ein winziges Blutgerinnsel, nicht viel dicker als ein Stückchen Spaghetti. Das genügte für das Ende. Er beobachtete, wie der alte Pathologe das Herz beiseite legte.

Vivian war jetzt gefaßter. Sie glaubte, sich fest in der Hand zu haben. Am Anfang, als sie sah, wie die Säge in den Schädel des toten Mannes schnitt, hatte sie bemerkt, wie ihr das Blut aus dem Kopf wich, wie ihr Bewußtsein verschwamm. Sie spürte, daß sie dicht vor einer Ohnmacht stand, war aber fest entschlossen, nicht schwach zu werden. Ohne jeden Grund erinnerte sie sich plötzlich an ein Erlebnis aus ihrer Kindheit. In den Ferien war ihr Vater tief in den Wäldern Oregons in ein offenes Jagdmesser gefallen und hatte sich am Bein schwer verletzt. Überraschenderweise erlitt der kräftige Mann bei dem Anblick seines eigenen, hervorquellenden Blutes einen Schwächeanfall, und ihre Mutter, die sich in ihrem Wohnzimmer im allgemeinen sicherer und heimischer fühlte als im Wald, zeigte plötzlich eine unerwartete Stärke. Sie hatte am Bein abgebunden, den Blutstrom gestillt und Vivian schnell fortgeschickt, um Hilfe zu holen. Während Vivians Vater dann auf einer improvisierten Bahre aus Zweigen durch den Wald getragen wurde, lockerte sie alle halbe Stunde die Bandage, um die Durchblutung des Beines im Gang zu halten, zog sie dann wieder fest an, um die Blutung zu stillen. Später hatten die Ärzte gesagt, dadurch habe sie das Bein vor der Amputation gerettet. Vivian hatte dieses Erlebnis längst vergessen, aber als sie sich jetzt daran erinnerte, empfand sie neue Kraft. Nun war sie sicher, daß es für sie kein Problem mehr sei, bei einer Obduktion zuzusehen.

»Irgendeine Frage?« kam es von Dr. Pearson.

Vivian hatte eine. »Die Organe, die Sie aus dem Körper entfernen, was geschieht später mit ihnen, bitte?«

»Wir bewahren sie auf. Voraussichtlich für eine Woche. Das gilt für Herz, Lungen, Magen, Nieren, Leber, Bauchspeicheldrüse, Milz und das Gehirn. Dann nehmen wir eine Gesamtuntersuchung vor, deren Ergebnisse in allen Einzelheiten festgehalten werden. Gleichzeitig untersuchen wir auch die Organe, die bei anderen Obduktionen zurückbehalten wurden. Im allgemeinen sind es sechs bis zwölf Fälle.«

Das klingt so kalt und unpersönlich, dachte Vivian. Aber vielleicht mußte man so werden, wenn man das ständig tat. Unwillkürlich schauderte sie. Mike Seddons' Blick traf den ihren, und er lächelte ein wenig. Sie fragte sich, ob er sich über sie amüsiere oder Mitgefühl zeigen wolle. Sie war sich nicht sicher. Dann stellte ein anderes Mädchen eine Frage. Sie sprach sie zögernd aus, fast als ob sie sich fürchte. »Der Tote, wie wird er begraben . . . nur so, wie er jetzt ist?«

Das war eine bekannte Frage. Pearson antwortete: »Das hängt davon ab. Lehrstätten wie unser Krankenhaus führen im allgemeinen gründlichere Studien durch, als es an Krankenhäusern geschieht, die keine Ärzte und Schwestern ausbilden. In unserem Krankenhaus wird nur die äußere Hülle der Leiche an den Bestatter übergeben.« Dann fügte er noch erläuternd hinzu: »Er würde es uns übrigens nicht danken, wenn wir die Organe wieder in den Körper hineinlegten. Er hätte dadurch nur Schwierigkeiten, wenn er die Leiche einsargt.«

Das ist richtig, dachte McNeil. Vielleicht ist es so nicht in der taktvollsten Weise ausgedrückt, aber es stimmt trotzdem. Er hatte sich selbst manchmal gefragt, ob die Hinterbliebenen und andere, die von einem Toten Abschied nehmen, wußten, wie wenig nach einer Obduktion von einer Leiche übrig war. Nach einer Obduktion wie der hier, und je nachdem, wie beschäftigt die pathologische Abteilung war, konnte es Wochen dauern, bis die inneren Organe endgültig beseitigt wurden. Und selbst dann wurden kleine Proben noch unendlich lange aufbewahrt.

»Gibt es dabei keine Ausnahme?« Die Lernschwester, die diese Frage stellte, schien hartnäckig zu sein. Pearson hatte aber offenbar nichts dagegen einzuwenden. Dem Anschein nach hat er heute seinen geduldigen Tag, dachte McNeil. Gelegentlich gab es das bei dem alten Mann.

»Doch, das kommt vor«, antwortete Pearson. »Ehe wir eine Obduktion vornehmen können, müssen wir die Genehmigung der Familie des Verstorbenen haben. Manchmal wird diese Genehmigung vorbehaltlos erteilt, wie in dem vorliegenden Fall, und dann können wir den ganzen Körper und den Kopf untersuchen. In anderen Fällen sind mit der Genehmigung Einschränkungen verbunden. Beispielsweise kann eine Familie verlangen, daß der Schädel unberührt bleibt. In unserem Krankenhaus werden diese Wünsche stets respektiert.«

»Danke, Doktor.« Anscheinend war das Mädchen zufrieden, aus welchen Gründen sie auch gefragt haben mochte.

Aber Pearson war noch nicht zu Ende.

»Man stößt auf Fälle, bei denen aus religiösen Gründen verlangt wird, daß die Organe mit der Leiche bestattet werden. Selbstverständlich fügen wir uns diesem Verlangen.«

»Wie ist es bei Katholiken?« Diese Frage stellte ein anderes Mädchen. »Bestehen sie darauf?«

»Die meisten nicht. Aber es gibt katholische Krankenhäuser, in denen es geschieht. Das erschwert uns Pathologen die Arbeit. Im allgemeinen wenigstens.«

Bei seinen letzten Worten warf Pearson einen hämischen Blick zu McNeil hinüber. Beide wußten, woran Pearson dachte. In einem der großen katholischen Krankenhäuser auf der anderen Seite der Stadt bestand die strenge Bestimmung, daß nach einer Obduktion alle Organe zur Bestattung in die Leiche zurückgelegt wurden. Aber manchmal half man sich dort mit einem kleinen Trick. Die vielbeschäftigte pathologische Abteilung des Krankenhauses bewahrte sich häufig Organe zur Reserve auf. Wenn also eine neue Obduktion vorgenommen wurde, ersetzte man die entfernten Organe aus der Reserve, so daß die Leiche vorschriftsmäßig zur Bestattung übergeben wurde und die entnommenen Organe trotzdem in aller Ruhe untersucht werden konnten. Diese Organe wurden dann ihrerseits in die nächste Leiche gelegt. Dadurch hatten die Pathologen immer einen Vorsprung.

McNeil wußte, daß Pearson diese Praxis mißbilligte, obwohl er kein Katholik war. Und was man auch sonst über den alten Mann sagen konnte, er bestand immer darauf, daß die Genehmigung zu einer Obduktion dem Buchstaben und dem Geist nach streng befolgt wurde. Das offizielle Formular für die Genehmigung enthielt einen Satz, der lautete: »Obduktion auf die Öffnung der Bauchhöhle beschränkt.« Manche Pathologen, die er kannte, führten eine vollständige Obduktion mit einem einzigen Bauchschnitt durch. Er hatte gehört, wie einer das einmal formulierte: »Wenn man will, kann man mit einem Bauchschnitt nach oben alles, einschließlich der Zunge, erreichen und herausnehmen.« Zu Pearsons Gunsten muß gesagt werden, dachte McNeil, daß er das nie zuläßt. Im Three Counties Hospital bedeutete die Genehmigung zur Öffnung der Bauchhöhle ausschließlich die Untersuchung der dort gelegenen Organe.

Pearson hatte seine Aufmerksamkeit wieder der Leiche zugewandt.

»Wir wollen jetzt mit der Untersuchung fortfahren . . .« Er brach ab und blickte scharf hinunter, griff nach einem Skalpell und sondierte behutsam. Dann stieß er ein überraschtes Knurren aus.

»McNeil, Seddons, sehen Sie sich das an.«

Pearson trat zur Seite, und sein Assistenzarzt beugte sich über das Gebiet, das Pearson untersucht hatte. Er nickte. Das Rippenfell, im allgemeinen eine durchsichtige, schimmernde Membrane, die die Lungen bedeckt, zeigte einen dicken, narbigen Überzug aus dichtem, weißem, faserigem Gewebe. Es war ein Anzeichen für Tuberkulose. Ob alt oder aus jüngerer Zeit, würden sie gleich wissen. Er machte Seddons Platz.

»Tasten Sie die Lungen ab, Seddons«, sagte Pearson. »Ich vermute, Sie werden weitere Anzeichen finden.«

Der chirurgische Assistent nahm die Lungen, drückte sie mit den Fingern ab. Er fand sofort die Kavernen unter ihrer Oberfläche. Er sah zu Pearson auf und nickte. McNeil hatte sich der Krankengeschichte zugewandt. Um die Blätter nicht zu beschmutzen, blätterte er sie mit einem sauberen Skalpell um.

»Wurde bei der Aufnahme die Brust durchleuchtet?« fragte Pearson.

Der Assistenzarzt schüttelte den Kopf. »Der Patient befand sich im Schock. Hier steht vermerkt, daß er nicht geröntgt wurde.«

»Wir wollen einen senkrechten Schnitt machen, um festzustellen, was zu sehen ist.« Pearson sprach wieder zu den Schwestern, als er an den Tisch trat. Er nahm die Lunge heraus und durchtrennte mit einem glatten Schnitt einen Flügel in der Mitte. Da war es unverkennbar — tuberkeldurchsetztes Gewebe im fortgeschrittenen Stadium. Die Lunge wies bis zur Mitte des Flügels eine wabenartige Struktur auf, fast wie zusammengeklebte Pingpongbälle; ein schwärender, fortschreitender Verfall, dem der Herzanfall nur zuvorgekommen war, um den Tod herbeizuführen.

»Können Sie es sehen?«

Seddons antwortete auf Pearsons Frage: »Es sieht aus, als sei der Tuberkulose durch Zufall der Herzinfarkt gerade noch zuvorgekommen.«

»Es ist immer ein Glücksspiel, woran wir sterben.« Pearson sah zu den Schwestern hinüber. »Dieser Mann litt an einer weit fortgeschrittenen Tuberkulose. Wie Dr. Seddons bemerkte, wäre er sehr bald daran gestorben. Vermutlich war weder ihm selbst noch seinem Arzt seine Erkrankung bekannt.«

Jetzt streifte Pearson seine Handschuhe ab und begann, seinen Kittel auszuziehen. Die Vorstellung ist vorüber, dachte Seddons. Die Statisten und die Bühnenarbeiter werden anschließend aufräumen. McNeil und er würden die wichtigen Organe in einen Eimer legen und ihn mit der Krankennummer des Verstorbenen versehen. Das andere würde in den Körper zurückgelegt werden, die leere Höhlung, wo erforderlich, mit Watte ausgestopft und dann mit großen, weitgesetzten Stichen – hinein, hinaus – geschlossen, da der Teil des Körpers, den sie aufgeschnitten hatten, im Sarg durch die Bekleidung der Leiche verhüllt wurde. Und wenn sie damit fertig waren, kam die Leiche in den Kühlraum, bis sie von dem Leichenbestatter abgeholt wurde.

Pearson hatte den weißen Ärztekittel wieder angezogen, in dem er den Obduktionsraum betreten hatte, und entzündete eine frische Zigarre. Es war typisch für ihn, daß er auf seinen Wegen durch das Krankenhaus eine Fährte von halbgerauchten Zigarren hinter sich zurückließ, und anderen blieb es überlassen, diese Reste in einen Aschenbecher zu legen. Er wandte sich an die Schwestern:

»Im Verlauf Ihrer Tätigkeit«, sagte er, »werden Sie auch Patienten pflegen, die sterben werden. Dann ist es notwendig, von den nächsten Verwandten die Genehmigung zur Obduktion zu erhalten. Diese Aufgabe fällt manchmal dem Arzt zu, manchmal aber auch Ihnen. Dabei werden Sie gelegentlich auf Widerstand stoßen. Es fällt jedem schwer – selbst nach dem Tode –, der Verstümmelung eines Menschen zuzustimmen, den man geliebt hat. Das ist nur verständlich.«

Pearson schwieg. Seddons entdeckte, daß er den alten Mann in diesem Augenblick plötzlich mit anderen Augen sah. Sollte er trotz allem etwas Wärme, etwas Menschlichkeit besitzen?

»Wenn Sie Argumente benötigen«, fuhr Pearson fort, »um jemand von der Notwendigkeit einer Obduktion zu überzeugen, dann werden Sie sich hoffentlich daran erinnern, was Sie heute hier gesehen haben, und es als Beispiel anführen.«

Während er sprach, hatte er seine Zigarre angezündet und deutete mit ihr auf den Tisch. »Dieser Mann litt seit vielen Monaten an Tuberkulose. Es besteht die Möglichkeit, daß er andere in seiner Umgebung angesteckt hat – seine Familie, die Menschen, mit denen er arbeitete, selbst jemanden in diesem Krankenhaus. Ohne diese Obduktion bliebe vielleicht unbekannt, ob nicht auch einige dieser Menschen an Tuberkulose erkrankt sind, und ihr Leiden würde nicht entdeckt, wie bei dem Toten hier, bis es zu spät ist.«

Zwei der Lernschwestern zogen sich instinktiv vom Tisch zurück.

Pearson schüttelte den Kopf. »Innerhalb vernünftiger Grenzen besteht hier keine Infektionsgefahr. Tuberkulose ist eine Erkrankung der Atmungsorgane. Aber auf Grund dessen, was wir heute gefunden haben, werden die Leute, die mit diesem Mann in enger Berührung standen, genau untersucht und mehrere Jahre lang in regelmäßigen Abständen streng kontrolliert werden.«

Zu seiner eigenen Überraschung entdeckte Seddons, daß Pearsons Worte ihn bewegten. Das hat er gut gesagt, dachte er. Und was mehr ist, er glaubt selbst an seine Worte. In diesem Augenblick fand er, daß er den alten Mann leiden konnte.

Als ob Pearson Seddons Gedanken erraten hätte, sah er zu dem Chirurgen hinüber. Mit einem spöttischen Lächeln fügte er hinzu: »Auch die Pathologie kennt ihre Siege, Dr. Seddons.«

Er nickte den Schwestern zu. Dann war er verschwunden und ließ eine Wolke Zigarrenrauch hinter sich zurück.

IV

Die monatliche Konferenz über die chirurgischen Sterbefälle war für zwei Uhr dreißig angesetzt. Drei Minuten vor der Zeit trat Dr. Lucy Grainger, etwas verhetzt, als ob die Zeit gegen sie arbeite, in den Vorraum der Verwaltungsabteilung. »Komme ich zu spät?« fragte sie die Sekretärin am Empfangstisch.

»Es hat, glaube ich, noch nicht angefangen, Dr. Grainger. Sie sind gerade erst in den Sitzungssaal gegangen.« Das Mädchen wies auf eine eichene Doppeltür an der anderen Seite des Raumes, und als Lucy auf die Tür zuging, vernahm sie gemurmelte Unterhaltung dahinter.

Als sie den großen Raum mit dem dicken Teppich, dem langen Nußbaumtisch und den geschnitzten Stühlen betrat, fand sie sich neben Kent O'Donnell und einem jüngeren Mann, den sie nicht kannte. Ringsherum erklang das Stimmengewirr von Gesprächen, und die Luft war dick von Tabakrauch. Die Teilnahme an der monatlichen Konferenz der Sterbefälle galt im allgemeinen als Pflicht, und die meisten der über vierzig Chirurgen des Krankenhauses waren bereits anwesend, ebenso die festangestellten Assistenzärzte und Praktikanten.

»Lucy.« Sie lächelte zwei Kollegen grüßend zu und wandte sich nach O'Donnell um, der sie angerufen hatte. Er brachte den jüngeren Mann mit sich.

»Lucy, ich möchte Sie mit Dr. Roger Hilton bekannt machen. Er ist gerade bei uns eingetreten. Sie erinnern sich vielleicht, seinen Namen schon gehört zu haben.«

»Ja, ich erinnere mich.« Sie lächelte Hilton zu.

»Dies ist Dr. Grainger.« O'Donnell legte immer Wert darauf, neue Mitglieder des Ärztestabes bekannt zu machen. Er fügte hinzu: »Lucy ist orthopädische Chirurgin bei uns.«

Sie reichte Hilton ihre Hand, und er ergriff sie. Sein Händedruck war fest, sein Lächeln jungenhaft. Sie schätzte ihn auf siebenundzwanzig. »Falls Sie es nicht schon zu oft gehört haben«, sagte sie, »herzlich willkommen.«

»Offen gesagt, ich höre es gern.« Hilton sah sich um, als ob es ihm hier gefiele.

»Ist das Ihre erste Stellung an einem Krankenhaus?«

Hilton nickte. »Ja. Ich war vorher chirurgischer Assistent im Michael Reese.«

Jetzt erinnerte sich Lucy genauer. Hilton war ein Mann, um den O'Donnell sich sehr bemüht hatte, ihn nach Burlington zu bekommen, und das bedeutete zweifellos, daß Hilton hohe Qualifikationen besaß.

»Kommen Sie einen Moment mit mir, Lucy.« Kent O'Donnell war unmittelbar hinter sie getreten und winkte ihr.

Sie entschuldigte sich bei Hilton und folgte dem Chef der Chirurgie zu einem der Fenster des Konferenzsaales, wo sie nicht unmittelbar neben anderen standen.

»Hier ist es etwas besser. Zumindest kann man sich verständlich machen.« O'Donnell lächelte. »Wie geht es Ihnen, Lucy? Außer im Dienst habe ich Sie schon lange nicht mehr gesehen.«

Sie schien zu überlegen. »Nun, mein Puls ist normal, die Temperatur um 36,9, den Blutdruck habe ich in der letzten Zeit nicht gemessen.«

»Warum lassen Sie mich das nicht tun?« fragte O'Donnell. »Bei einem Abendessen zum Beispiel.«

»Halten Sie das für klug? Womöglich lassen Sie den Blutdruckmesser in die Suppe fallen.«

»Begnügen wir uns also mit dem Essen und lassen das andere.«

»Herzlich gern, Kent«, antwortete Lucy. »Aber ich muß erst in meinem Terminkalender nachsehen.«
»Tun Sie das. Ich rufe Sie an. Versuchen wir, es irgendwann nächste Woche zu schaffen.« O'Donnell legte seine Hand leicht auf ihre Schulter, ehe er sich abwendete. »Es wird wohl Zeit, mit der Vorstellung zu beginnen.«
Während Lucy ihm nachsah, wie er sich durch die Gruppen der Ärzte zu dem Mitteltisch drängte, dachte sie nicht zum erstenmal daran, wie sehr sie Kent O'Donnell bewunderte, als Kollegen sowohl wie als Mann. Die Einladung zum Abendessen war keine Überraschung. Sie hatten früher schon manchmal einen Abend zusammen verbracht, und eine Zeitlang hatte sie sich gefragt, ob sich daraus vielleicht stillschweigend ein Verhältnis entwickeln würde. Beide waren unverheiratet, und Lucy war mit ihren fünfunddreißig sieben Jahre jünger als der Chef der Chirurgie. Aber O'Donnell hatte durch sein Verhalten nicht erkennen lassen, daß er in ihr mehr als eine angenehme Gesellschafterin sah.
Lucy selbst hatte das Gefühl, daß aus ihrer Bewunderung für O'Donnell etwas Tieferes und Persönlicheres erwachsen könne, wenn sie es zuließe. Sie hatte aber nicht versucht, die Entwicklung voranzutreiben, weil sie es für richtiger hielt, den Dingen so, wie sie kamen, ihren Lauf zu lassen, und falls sich nichts ergab – nun, dann war auch nichts verloren.
Das war zumindest einer der Vorzüge der Reife gegenüber dem ersten Überschwang der Jugend. Man lernte, nichts erzwingen zu wollen, und entdeckte, daß das Ende des Regenbogens viel weiter entfernt als nur hinter der nächsten Straßenkreuzung liegt.
»Wollen wir beginnen, meine Herren?« O'Donnell hatte das Kopfende des Tisches erreicht und erhob seine Stimme über das Geplauder der Anwesenden. Auch er freute sich über den kurzen Wortwechsel mit Lucy und fand den Gedanken, daß er bald wieder mit ihr zusammen sein sollte, angenehm. Tatsächlich hätte er sie gern schon längst angerufen, aber sein Zögern hatte einen Grund. Die Wahrheit war, daß sich Kent O'Donnell mehr und mehr von Lucy angezogen fühlte, sich aber nicht völlig sicher war, ob das für beide gut sei.
Mit den Jahren hatte seine Lebensweise ein ziemlich festes Schema angenommen. Mit der Zeit gewöhnt man sich daran, allein zu leben und unabhängig zu sein, und manchmal bezweifelte er, ob er sich noch in etwas anderes einfügen könne. Er vermutete, daß für Lucy ähnliches zutreffe, und auch aus ihrer gleichartigen Berufstätigkeit mochten sich Probleme ergeben. Nichtsdestoweniger fühlte er sich in ihrer Gegenwart wohler als in der irgendeiner anderen Frau, die er kannte. Sie besaß eine große seelische Wärme – in seinen Gedanken hatte er sie einmal

als Herzensgüte bezeichnet –, die gleichzeitig entspannend und anregend wirkte. Und er wußte, daß es andere Menschen gab, insbesondere Lucys Patienten, auf die sie die gleiche Wirkung ausübte.
Dabei war Lucy eine charmante Frau. Sie besaß eine echte, reife Schönheit, die sehr anziehend war. Als er sie jetzt beobachtete – sie war stehengeblieben, um mit einem der Assistenten zu sprechen –, sah er, wie sie die Hand hob und ihr Haar aus ihrem Gesicht schob. Sie trug es kurz; in weichen Wellen umrahmte es ihr Gesicht und war fast golden. Er bemerkte allerdings auch ein paar ergrauende Strähnen. Nun, das schien die Medizin beinahe jedem anzutun. Aber es erinnerte ihn daran, daß die Jahre vergingen. War es falsch von ihm, diese Angelegenheit nicht energischer zu betreiben? Hatte er lange genug gewartet? Nun, er wollte sehen, wie das Abendessen nächste Woche mit ihr verlief.
Das Geplauder war nicht verstummt, und dieses Mal wiederholte er seine Aufforderung, mit der Sitzung zu beginnen, lauter.
Bill Rufus rief ihm zu: »Ich glaube nicht, daß Joe Pearson schon hier ist.« Die grelle Krawatte, die O'Donnell schon am Vormittag aufgefallen war, hob Rufus aus den umstehenden Kollegen heraus. »Ist Joe noch nicht hier?« O'Donnell schien überrascht, während er seinen Blick durch den Raum schweifen ließ.
»Hat jemand Joe Pearson gesehen?« fragte er. Ein paar der Kollegen schüttelten den Kopf.
Einen Augenblick verzog O'Donnell mißmutig sein Gesicht. Dann beherrschte er sich Er ging auf die Tür zu. »Wir können die Konferenz nicht ohne den Pathologen beginnen. Ich werde nachsehen, was ihn abgehalten hat.« Aber ehe er die Tür erreichte, trat Pearson ein.
»Wir wollten gerade nach Ihnen suchen, Joe.« O'Donnells Ton war freundlich, und Lucy fragte sich, ob sie sich geirrt hatte, als sie eine kurze Gereiztheit an ihm zu bemerken glaubte.
»Hatte eine Obduktion. Dauerte länger, als ich dachte. Dann holte ich mir schnell noch ein Sandwich.« Pearsons Worte klangen undeutlich, hauptsächlich weil er zwischen den Worten kaute. Vermutlich das Sandwich, dachte Lucy. Dann sah sie, daß Pearson den Rest seines Sandwichs in eine Papierserviette gewickelt mit einem Stoß Papieren und Akten trug. Sie lächelte. Nur Joe Pearson konnte es sich erlauben, kauend zu einer Konferenz der Sterbefälle zu erscheinen.
O'Donnell stellte Hilton Pearson vor. Während die beiden Männer sich die Hände schüttelten, entglitt Pearson einer seiner Aktendeckel – und ein Stoß Papiere verstreute sich über den Boden. Grinsend sammelte Bill Rufus sie ein und schob den Aktendeckel Pearson wieder unter den Arm. Pearson nickte zum Dank und sagte dann unvermittelt zu Hilton: »Chirurg?«

»Ja, Sir«, antwortete Hilton höflich. Ein guterzogener junger Mann, dachte Lucy. Er zeigt vor älteren Leuten Respekt.
»Neuer Nachschub für die Knochenschlosser also«, sagte Pearson. Auf seine laut und scharf gesprochenen Worte legte sich eine plötzliche Stille über den Raum. Im allgemeinen wäre die Bemerkung als Scherz hingenommen worden, Pearsons Ton schien aber irgendwie eine Spitze, einen Anklang an Verachtung zu enthalten.
Hilton lachte. »So kann man es nennen«, antwortete er, aber Lucy erkannte, daß Pearsons Ton ihn überraschte.
»Machen Sie sich nichts aus Joes Scherzen«, sagte O'Donnell gutmütig. »Er hat etwas gegen Chirurgen. Nun? Können wir jetzt beginnen?«
Sie traten an den langen Tisch, die älteren des Ärztestabes nahmen automatisch die Stühle an dem Tisch ein, die anderen setzten sich in die hintere Reihe. Lucy selbst saß vorn. O'Donnell hatte den Platz am Kopfende des Tisches inne, Pearson mit seinen Papieren saß links von ihm. Während die anderen Platz nahmen, sah sie, wie Pearson wieder von seinem Sandwich abbiß. Er gab sich nicht die Mühe, es unauffällig zu tun.
Weiter unten am Tisch bemerkte sie Charlie Dornberger, einen der Geburtshelfer am Three Counties Hospital. Er stopfte sich andächtig und sorgfältig seine Pfeife. Immer wenn Lucy Dr. Dornberger sah, schien er seine Pfeife entweder zu stopfen oder zu reinigen oder anzuzünden. Zu rauchen schien er sie selten. Dornberger gegenüber saß Gil Bartlett und neben ihm Dingdong Bell von der Röntgenabteilung und John McEwan. McEwan mußte heute an einem Fall interessiert sein, denn der Hals-, Nasen- und Ohrenspezialist nahm üblicherweise nicht an den chirurgischen Konferenzen teil.
»Wir wollen beginnen, meine Herren.« Während O'Donnell den Tisch entlang sah, verstummten die letzten Unterhaltungen. Er blickte in seine Notizen. »Der erste Fall. Samuel Lobitz, weiß, männlich, fünfunddreißig Jahre alt. Dr. Bartlett, bitte.«
Gil Bartlett, wie immer untadelhaft gekleidet, schlug sein Notizbuch auf. Unwillkürlich fixierte Lucy den gestutzten Bart, wartete darauf, daß er sich in Bewegung setzen würde. Fast sofort begann er auf- und abzuwippen. Mit ruhiger Stimme fing Bartlett an: »Der Patient wurde am 12. Mai an mich überwiesen.«
»Etwas lauter, Gil.« Die Bitte kam vom anderen Ende des Tisches.
Bartlett hob seine Stimme etwas. »Ich will es versuchen. Aber vielleicht gehen Sie nachher mal zu Dr. McEwan.« Ein Gelächter lief um den Tisch, dem sich der Hals-, Nasen- und Ohren-Mann anschloß.
Lucy beneidete alle, die bei diesen Sitzungen unbefangen sein konnten. Sie war es nie, besonders dann nicht, wenn einer ihrer eigenen Fälle

besprochen wurde. Es war für jeden eine Belastung, seine Diagnose darzulegen und die Behandlung eines Patienten zu schildern, der gestorben war, anschließend die Meinungen anderer und schließlich den Obduktionsbefund des Pathologen anzuhören. Und Joe Pearson schonte niemals jemanden.

Es gab ehrliche Fehler, die jedem Mediziner unterlaufen konnten — selbst wenn es mitunter Fehler waren, die dem Patienten das Leben kosteten. Nur wenige Ärzte konnten im Laufe ihrer Tätigkeit diesen Fehlern völlig entgehen. Das wichtigste war, daraus zu lernen und den gleichen Fehler nicht zu wiederholen. Das war der Grund, weshalb diese Konferenzen über die Sterbefälle abgehalten wurden: damit jeder, der daran teilnahm, daraus lernte.

Gelegentlich waren die Fehler unentschuldbar, und man konnte es immer spüren, wenn ein derartiger Fall bei den monatlichen Zusammenkünften zur Sprache kam. Dann herrschte ein unbehagliches Schweigen, und man vermied, einander anzusehen. Selten kam es zu offener Kritik, weil sie überflüssig war, und ferner, weil keiner wissen konnte, wann er selbst ihr einmal unterworfen werden würde.

Lucy erinnerte sich an einen Vorfall, der einen angesehenen Chirurgen an einem anderen Krankenhaus betraf, in dem sie früher tätig gewesen war. Der Chirurg operierte einen Patienten im Unterleib, weil er den Verdacht auf Krebs an den Verdauungsorganen hegte. Als er das erkrankte Gebiet erreichte, kam er zu der Ansicht, daß der Fall nicht mehr zu operieren sei, und statt zu versuchen, die Geschwulst zu entfernen, stellte er eine neue Verbindung des Dünndarms zum Dickdarm her, um die Geschwulst zu umgehen. Drei Tage später war der Patient tot, und bei der Obduktion zeigte sich, daß überhaupt kein Krebs vorlag. Der Blinddarmfortsatz des Patienten war durchgebrochen und hatte einen Abszeß verursacht. Der Chirurg hatte das nicht erkannt und dadurch den Mann zum Tode verurteilt. Lucy würde nie die entsetzte Totenstille vergessen, mit der der Bericht des Pathologen aufgenommen worden war.

Über Fälle dieser Art dringt natürlich nie etwas an die Öffentlichkeit. Das sind Augenblicke, in denen sich die Mediziner fest zusammenschließen. Aber in guten Krankenhäusern ist es damit nicht getan. Im Three Counties Hospital führte O'Donnell jetzt mit jedem, der sich derartiges zuschulden kommen ließ, ein Gespräch unter vier Augen, und wenn es ein böser Fall war, wurde der Schuldige für einige Zeit streng kontrolliert. Lucy selbst hatte nie ein derartiges Gespräch führen müssen, aber sie hatte gehört, daß der Chef der Chirurgie hinter verschlossenen Türen außerordentlich scharf werden konnte.

Gil Bartlett berichtete weiter: »Der Fall wurde mir von Dr. Cymbalist überwiesen.« Lucy wußte, daß Cymbalist ein praktischer Arzt in Burlington war, der selbst nicht zum Three Counties Hospital gehörte. Auch ihr selbst waren von ihm schon Patienten überwiesen worden.

»Dr. Cymbalist rief mich zu Hause an«, sagte Bartlett, »und teilte mir mit, er vermute ein durchgebrochenes Magengeschwür. Die von ihm beschriebenen Symptome schienen seine Diagnose zu bestätigen. Inzwischen befand sich der Patient in einem Krankenwagen auf dem Weg ins Krankenhaus. Ich rief den diensthabenden Assistenzarzt in der Chirurgie an und benachrichtigte ihn von dem Eintreffen des Patienten.«

Dr. Bartlett sah in seine Notizen. »Ich selbst sah den Patienten ungefähr eine halbe Stunde später. Er hatte starke Schmerzen im Oberbauch und befand sich im Schockzustand. Sein Blutdruck war siebzig über vierzig. Er war aschgrau und von kaltem Schweiß bedeckt. Ich verordnete eine Transfusion, um dem Schock entgegenzuwirken, und Morphium. Bei der Untersuchung erwies sich der Leib als hart und als schmerzempfindlich bei Druck.«

Bill Rufus fragte: »Haben Sie eine Durchleuchtung des Brustkorbes vorgenommen?«

»Nein. Der Patient erschien mir zu krank, um ihn erst noch in die Röntgenabteilung zu schaffen. Ich stimmte mit Dr. Cymbalists Diagnose auf ein durchgebrochenes Magengeschwür überein und entschloß mich, sofort zu operieren.«

»Überhaupt keine Zweifel, Doktor?« Diesmal kam die Zwischenfrage von Pearson. Bisher hatte der Pathologe in seine Papiere gesehen. Jetzt wandte er sein Gesicht Bartlett zu.

Einen Augenblick zögerte Bartlett, und Lucy dachte: Etwas ist hier falsch. Die Diagnose war ein Irrtum, und Joe Pearson wartet darauf, eine Falle zuschlagen zu lassen. Dann fiel ihr ein, daß alles, was Pearson wußte, inzwischen auch Bartlett wissen mußte, es ihn also nicht mehr überraschen konnte. Auf jeden Fall hatte Bartlett vermutlich der Obduktion beigewohnt. Das taten die meisten gewissenhaften Chirurgen, wenn einer ihrer Patienten starb. Nach der kurzen Pause fuhr der Chirurg unbeirrt fort:

»Man hat in diesen dringenden Notfällen immer Zweifel, Dr. Pearson. Aber ich kam zu der Überzeugung, daß alle Symptome eine sofortige Probelaparatomie rechtfertigten.« Bartlett machte eine Pause. »Allerdings war kein aufgebrochenes Geschwür vorhanden, und der Patient wurde anschließend in ein Krankenzimmer gebracht. Ich zog Dr. Toynbee zu einer Konsultation hinzu, aber noch ehe er eintraf, starb der Patient.«

Gil Bartlett schloß sein Notizbuch und sah sich an dem Tisch um. Die

Diagnose war also falsch gewesen, und trotz Bartletts äußerlich ruhigem Auftreten wußte Lucy, daß er innerlich wahrscheinlich unter quälenden Selbstvorwürfen litt. Auf Grund der vorliegenden Symptome konnte allerdings zweifellos gesagt werden, daß die Operation gerechtfertigt war.

Jetzt wandte sich O'Donnell an Joe Pearson. Höflich bat er: »Wollen Sie uns jetzt bitte den Obduktionsbefund mitteilen.« Lucy überlegte, daß der Chef der Chirurgie zweifellos schon wußte, was kam. Automatisch sahen die Abteilungsleiter Obduktionsberichte vor sich, die ihre eigenen Mitarbeiter betrafen.

Pearson blätterte in seinen Papieren, zog dann eines hervor. Seine Blicke schossen um den Tisch herum. »Wie Dr. Bartlett Ihnen mitteilte, lag kein durchgebrochenes Magengeschwür vor. Tatsache ist, daß der Leib völlig normal war.« Wie um der dramatischen Wirkung willen machte er eine Pause, ehe er fortfuhr: »Dagegen lag im Brustraum eine Lungenentzündung im frühen Stadium vor. Zweifellos hatte sie heftige Schmerzen am Rippenfell verursacht.«

Das war es also. Lucy überdachte noch einmal alle angeführten Symptome. Es stimmte. Äußerlich mußten sie in beiden Fällen identisch sein. O'Donnell fragte: »Wünscht jemand das Wort?«

Es folgte ein unbehagliches Schweigen. Ein Fehler war unterlaufen, aber er konnte nicht als fahrlässig bezeichnet werden. Den meisten in dem Raum war in bedrückender Weise bewußt, daß ihnen das gleiche widerfahren konnte. Bill Rufus sprach es aus. »Bei den beschriebenen Symptomen würde ich sagen, daß die Probelaparatomie gerechtfertigt war.«

Darauf hatte Pearson gewartet. Er begann nachdenklich: »Nun, ich weiß nicht recht.« Dann warf er fast beiläufig ohne jede Warnung wie eine Handgranate die Worte hin: »Es ist uns allen gut bekannt, daß Dr. Bartlett selten über die Bauchhöhle hinaussieht.« Dann schoß er in dem drückenden Schweigen direkt auf Bartlett die Frage ab: »Haben Sie die Brust überhaupt untersucht?«

Seine Bemerkung und seine Frage waren eine Ungeheuerlichkeit. Selbst wenn Bartlett ein Vorwurf gemacht werden konnte, war das O'Donnells Aufgabe, aber nicht Pearsons, und außerdem hatte es unter vier Augen zu geschehen. Bartlett stand keineswegs im Ruf der Sorglosigkeit. Alle, die mit ihm gearbeitet hatten, kannten ihn als gründlich, und wenn überhaupt etwas an ihm auszusetzen war, dann, daß er zu übertriebener Vorsicht neigte. In diesem Fall hatte er offensichtlich vor der Notwendigkeit einer schnellen Entscheidung gestanden.

Bartlett sprang auf. Sein Stuhl scharrte, als er ihn zurückstieß, sein Gesicht war dunkelrot. »Selbstverständlich habe ich die Brust untersucht.« Er bellte die Worte heraus, mit auf- und abwippendem Bart.

»Ich habe bereits erklärt, daß der Patient in einem Zustand war, der eine Brustdurchleuchtung nicht erlaubte. Und selbst wenn das der Fall gewesen wäre . . .«

»Meine Herren, meine Herren!« Das war O'Donnell. Aber Bartlett ließ sich nicht unterbrechen.

»Es ist sehr leicht, es nachher besser zu wissen, und Dr. Pearson versäumt keine Gelegenheit, uns das zu zeigen.«

Von der anderen Seite des Tisches winkte Charlie Dornberger mit seiner Pfeife. »Ich glaube nicht, daß Dr. Pearson beabsichtigte . . .«

Wütend unterbrach Bartlett ihn: »Natürlich glauben Sie das nicht. Sie sind ja auch sein Freund. Und außerdem: die Geburtshelfer verfolgt er nicht mit seiner Blutrache.«

»Meine Herren, das kann ich nicht zulassen.« O'Donnell stand jetzt auch und schlug hart auf den Tisch. Er hatte die Schultern zurückgenommen, und seine athletische Gestalt ragte über die Sitzenden an dem Tisch hoch hinaus. Lucy dachte, er ist ein richtiger Mann. »Dr. Bartlett, würden Sie die Güte haben, sich wieder zu setzen.« Er wartete stehend, bis Bartlett seinen Platz wieder eingenommen hatte.

O'Donnells äußere Erregung ließ seinen Zorn erkennen. Joe Pearson hatte kein Recht, die Konferenz in dieser Weise zu gefährden. O'Donnell wußte, daß die Diskussion jetzt nicht mehr ruhig und sachlich geführt werden konnte; er mußte sie abbrechen. Es kostete ihn große Überwindung, seinem Ärger über Joe Pearson nicht sofort Luft zu machen, aber ihm war bewußt, daß er die Lage dadurch nur verschärfen würde.

O'Donnell teilte nicht Bill Rufus' Ansicht, daß Gil Bartlett für den Todesfall kein Vorwurf gemacht werden konnte. Er neigte zu einer kritischeren Haltung. Der Schlüsselfaktor des Falles lag in dem Versäumnis, die Brust des Patienten zu röntgen. Wenn Bartlett bei der Einlieferung eine Röntgenaufnahme angeordnet hätte, bestand die Möglichkeit, nach Anzeichen für eine Gasbildung oberhalb der Leber und unter dem Zwerchfell zu suchen. Das waren eindeutige Hinweise auf ein durchgebrochenes Geschwür. Ihr Fehlen wäre Bartlett zweifellos nicht entgangen. Ferner hätte das Röntgenbild auch eine Verschattung der Lungenbasis gezeigt und auf die Lungenentzündung hingewiesen, die Joe Pearson später bei der Obduktion feststelle. Der eine oder der andere dieser Faktoren hätte Bartlett leicht dazu veranlassen können, seine Diagnose zu berichtigen, und damit wären die Aussichten des Patienten, am Leben zu bleiben, gestiegen.

Gewiß, überlegte O'Donnell, Bartlett hatte behauptet, der Patient sei für die Durchleuchtung zu krank gewesen. Wenn der Mann aber tatsächlich so krank war, durfte Bartlett dann überhaupt die Operation

wagen? O'Donnell war der Ansicht, er hätte nicht mehr operieren dürfen.
O'Donnell wußte, daß bei einem durchgebrochenen Geschwür üblicherweise innerhalb von vierundzwanzig Stunden operiert werden muß. Nach dieser Zeit war die Sterblichkeitsrate mit der Operation höher als ohne sie, weil die ersten vierundzwanzig Stunden die gefährlichsten sind. Wenn der Patient sie überlebte, waren die eigenen Abwehrkräfte des Körpers geweckt, um den Durchbruch zu schließen. Nach den von Bartlett geschilderten Symptomen schien es wahrscheinlich, daß der Patient die Vierundzwanzig-Stunden-Grenze fast erreicht oder gar schon überschritten hatte. In diesem Fall hätte O'Donnell selbst den Patienten nicht mehr operiert, in der Absicht, später eine endgültige Diagnose zu stellen. Auf der anderen Seite war sich O'Donnell bewußt, daß es in der Medizin hinterher leicht war, alles besser zu wissen. Man befand sich aber in einer ganz anderen Situation, wenn das Leben des Patienten auf dem Spiele stand und man auf der Stelle eine dringliche Diagnose stellen mußte.
Alles dies hätte der Chef der Chirurgie in der üblichen Weise auf der Sterblichkeitskonferenz vorgebracht, ruhig und objektiv. Er hätte Gil Bartlett veranlaßt, den einen oder anderen Punkt selbst anzuführen. Bartlett war ehrlich und fürchtete sich nicht vor einer kritischen Selbstüberprüfung. Die fraglichen Punkte, auf die es ankam, wären jedem anschaulich geworden. Dazu war nicht erforderlich, daß jemand heftig wurde oder Vorwürfe gemacht wurden. Für Bartlett wäre es selbstverständlich kein Vergnügen gewesen, er wäre aber auch nicht gedemütigt worden. Und noch wichtiger: die Diskussion hätte O'Donnells Zielen gedient, und dem ganzen chirurgischen Stab wäre durch einen praktischen Fall die Notwendigkeit für verschiedene diagnostische Methoden nachdrücklich vor Augen gehalten worden.
Das konnte jetzt nicht mehr geschehen. Brachte O'Donnell in diesem Stadium noch die Punkte vor, die ihm vorschwebten, hätte es den Anschein gehabt, als ob er Pearson unterstütze, und dadurch hätte sich eine noch schärfere Verurteilung Bartletts ergeben. Das durfte um Bartletts eigener Moral wegen nicht geschehen. Selbstverständlich mußte er mit Bartlett privat sprechen, aber die Möglichkeit zu einer wertvollen, offenen Diskussion war verloren. Dieser verdammte Joe Pearson!
Nun hatte sich die Erregung gelegt. O'Donnells Auf-den-Tisch-Klopfen — ein seltenes Ereignis — hatte gewirkt. Bartlett hatte sich wieder gesetzt, sein Gesicht immer noch wütend gerötet. Pearson war anscheinend in seine Papiere vertieft, in denen er blätterte.
»Meine Herren.« O'Donnell wartete. Er wußte, was er zu sagen hatte. Es mußte knapp und präzise sein. »Ich brauche wohl kaum auszuspre-

chen, daß niemand von uns eine Wiederholung dieses Vorfalles zu erleben wünscht. Die Sterblichkeitskonferenz dient zum Erfahrungsaustausch, nicht zu persönlichen Vorwürfen oder erhitzten Auseinandersetzungen. Dr. Pearson, Dr. Bartlett, ich hoffe, mich verständlich ausgedrückt zu haben.« O'Donnell sah beide an und verkündete dann, ohne auf eine Zustimmung oder Antwort zu warten: »Den nächsten Fall, bitte.«

Es standen noch vier weitere Fälle auf der Tagesordnung, aber keiner bot etwas Ungewöhnliches, und die Diskussion verlief ruhig. Das ist ganz gut, dachte Lucy. Auseinandersetzungen, wie die vorangegangene, waren nicht geeignet, die Moral der Ärzte zu fördern. Man kam immer wieder in die Zwangslage, eine dringliche Diagnose zu stellen. Das verlangte Mut. Selbstverständlich rechnete man damit, auch wenn man sich unglücklicherweise geirrt hatte, daß man sich dafür verantworten mußte. Persönliche Angriffe aber waren etwas anderes. Kein Chirurg brauchte es sich bieten zu lassen, wenn er nicht grob fahrlässig handelte oder einfach unfähig war.

Lucy fragte sich nicht zum erstenmal, wie viele von Joe Pearsons Zensuren gelegentlich auf persönlichen Motiven beruhten. Heute war Joe Pearson gegen Gil Bartlett ungehobelter vorgegangen, als sie es je bei einer Sterblichkeitskonferenz erlebt hatte, obwohl es sich weder um ein fahrlässiges Versehen handelte noch Bartlett häufig Irrtümer unterliefen. Er hatte am Three Counties Hospital manche gute Arbeit geleistet, besonders bei verschiedenen Krebsformen, die man noch vor kurzer Zeit für unoperierbar hielt.

Pearson wußte das natürlich auch. Warum also diese Feindschaft? War der Grund, daß Gil Bartlett in der Medizin etwas darstellte, worum Pearson ihn beneidete und was er nie erreicht hatte? Sie sah über den Tisch zu Bartlett hinüber. Seine Züge waren starr; er hatte seine Erregung noch nicht überwunden. Im allgemeinen war er gelassen, umgänglich, liebenswürdig, alles Eigenschaften, die man bei einem erfolgreichen Mann von Anfang Vierzig erwarten konnte. Gil Bartlett und seine Frau waren bekannte Erscheinungen in der Burlingtoner Gesellschaft. Lucy hatte erlebt, wie unbefangen er auf Cocktailpartys und in den Heimen seiner reichen Patienten auftrat. Seine Praxis ging sehr gut. Lucy vermutete, daß sein jährliches Einkommen bei fünfzigtausend Dollar lag.

War das der Punkt, der Joe Pearson stach? Jenen Joe Pearson, der nie neben dem Glanz eines Chirurgen standhalten konnte? Dessen Arbeit wichtig war, aber undramatisch verlief? Der einen Zweig der Medizin gewählt hatte, der selten an das Licht der Öffentlichkeit gelangt? Lucy selbst hatte Leute fragen hören: »Was macht ein Pathologe eigentlich?«

Niemand fragte jemals: »Was macht ein Chirurg?« Sie wußte, daß es Leute gab, die einen Pathologen für eine Art medizinischen Assistenten hielten, die nicht wußten, daß ein Pathologe zunächst einmal ein Arzt mit einem vollen, abgeschlossenen medizinischen Studium sein muß, ehe er die zusätzlichen Ausbildungsjahre auf sich nehmen kann, um ein hochqualifizierter Spezialist zu werden.

Auch das Geld war manchmal ein wunder Punkt. Im Stab des Three Counties Hospitals hatte Gil Bartlett die Stellung eines Belegarztes inne, der kein Gehalt von dem Krankenhaus erhielt, sondern von seinen Patienten bezahlt wurde. Lucy selbst und alle anderen Belegärzte waren auf der gleichen Basis Mitglieder des Krankenhausstabes. Aber im Gegensatz dazu war Joe Pearson Angestellter des Krankenhauses, der ein Jahresgehalt von fünfundzwanzigtausend Dollar erhielt, ungefähr die Hälfte dessen, was ein erfolgreicher Chirurg, der viele Jahre jünger war als er, verdienen konnte. Lucy hatte einmal die etwas zynische Zusammenfassung des Unterschiedes zwischen einem Chirurgen und einem Pathologen gelesen:

»Ein Chirurg erhält fünfhundert Dollar dafür, daß er einen Tumor entfernt. Der Pathologe erhält fünf Dollar dafür, daß er den Tumor untersucht, die Diagnose stellt, die Weiterbehandlung empfiehlt und die Zukunft des Patienten voraussagt.«

Lucy selbst kannte in ihrer Zusammenarbeit mit Joe Pearson keine Schwierigkeiten. Aus Gründen, die sie selbst mit Sicherheit nicht nennen konnte, schien er sie zu mögen, und es gab Augenblicke, in denen sie ähnliches empfand und seine Sympathie erwiderte. Das erwies sich manchmal als Hilfe, wenn sie mit ihm über eine Diagnose sprechen mußte.

Nun wurde die Diskussion beendet. O'Donnell schloß die Sitzung. Lucy wendete ihre Aufmerksamkeit wieder ihrer Umgebung zu. Sie hatte während des letzten Falles ihre Gedanken abschweifen lassen. Das war nicht gut. Sie mußte auf sich selbst aufpassen. Alle hatten sich von ihren Plätzen erhoben. Joe Pearson hatte seine Papiere aufgenommen und schlurfte hinaus. O'Donnell hielt ihn an. Sie sah, wie der Chef der Chirurgie den alten Mann auf die Seite zog.

»Kommen Sie einen Augenblick mit hier hinein.« O'Donnell öffnete die Tür zu einem kleinen Büro. Es grenzte an den Sitzungssaal und wurde manchmal für Ausschußsitzungen verwendet. Jetzt war es unbenutzt. Pearson folgte dem Chef der Chirurgie.

O'Donnell sprach vorsätzlich unbetont. »Joe, ich bin der Ansicht, Sie sollten die Kollegen bei diesen Sitzungen nicht in dieser Weise attakkieren.«

»Warum?« Pearsons Frage war geradezu.

Nun gut, dachte O'Donnell, wenn Sie es so haben wollen. Laut sagte er: »Weil es zu nichts führt.« Er gab seiner Stimme einen scharfen Ton. Im allgemeinen brachte er den Altersunterschied zum Ausdruck, wenn er mit dem alten Mann sprach, aber in diesem Augenblick mußte er seine eigene Autorität wahren. Wenn O'Donnell auch als Chef der Chirurgie keine unmittelbare Kontrolle über Pearsons Tätigkeit ausübte, so besaß er doch gewisse Vorrechte, wenn sich die Arbeit der Pathologie auf seinen eigenen Bereich bezog.

»Ich habe eine falsche Diagnose klargestellt. Das ist alles.« Jetzt war Pearson selbst aggressiv. »Wollen Sie sagen, daß wir über derartige Dinge schweigen sollen?«

»Sie wissen selbst, wie unsinnig diese Frage ist.« O'Donnells Antwort klang scharf, er bemühte sich diesmal nicht, die harte Kälte in seiner Stimme zu mildern. Er sah, wie Pearson zögerte, und nahm an, daß der alte Mann erkannte, er sei zu weit gegangen.

Knurrend räumte Pearson ein: »So habe ich es auch nicht gemeint.«

Gegen seinen Willen lächelte Kent O'Donnell. Sich zu entschuldigen fiel Joe Pearson nicht leicht. Diese Äußerung mußte ihn einiges gekostet haben. Etwas ruhiger fuhr O'Donnell fort: »Ich meine, daß es bessere Methoden gibt, Joe. Wenn Sie damit einverstanden sind, bin ich dafür, daß Sie bei den Konferenzen den Obduktionsbefund bekanntgeben und es mir überlassen, die anschließende Diskussion zu leiten. Ich glaube, wir können dann diskutieren, ohne daß jemand herausgefordert wird.«

»Ich sehe nicht ein, warum sich jemand herausgefordert sah.« Pearson knurrte immer noch, aber O'Donnell bemerkte, daß er nachgab.

»Wie dem auch sei, Joe. Ich möchte die Sitzungen auf meine Weise leiten.« Ich will ihm nicht zu hart zusetzen, dachte O'Donnell, aber diesmal muß ich ihm die Lage eindeutig klarmachen.

Pearson hob die Schultern. »Wenn Sie es unbedingt wollen.«

»Danke, Joe.« O'Donnell erkannte, daß er gewonnen hatte. Es war leichter gegangen, als er erwartet hatte. Vielleicht war das eine günstige Gelegenheit, eine andere Frage aufzuwerfen. »Da wir schon zusammen sind, Joe, ich habe noch etwas.«

»Ich habe viel zu tun. Hat das nicht Zeit?« Als Pearson antwortete, konnte O'Donnell fast seine Gedanken lesen. Der Pathologe brachte klar zum Ausdruck, daß er seine Unabhängigkeit nicht aufgegeben hatte, weil er in diesem einen Punkt nachgab.

»Meiner Ansicht nach nicht. Es handelt sich um die pathologischen Befunde.«

»Was ist damit?« Pearsons Reaktion war aggressive Abwehr.

Kühl fuhr O'Donnell fort: »Ich habe Beschwerden erhalten. Es dauert bei manchen Berichten zu lange, bis sie von der Pathologie kommen.«

»Rufus wahrscheinlich.« Pearson war unverkennbar verbittert. Man konnte ihn fast denken hören: Noch so ein Chirurg, der Schwierigkeiten macht.

O'Donnell war entschlossen, sich nicht provozieren zu lassen. Ruhig erwiderte er: »Bill Rufus auch. Aber es waren noch andere. Das wissen Sie, Joe.«

Einen Augenblick antwortete Pearson nicht, und O'Donnell ging es durch den Kopf, daß ihm der alte Mann in gewisser Weise leid tue. Die Jahre verstrichen. Pearson war jetzt sechsundsechzig. Im günstigsten Falle standen ihm noch fünf oder sechs aktive Jahre bevor. Manche Menschen unterwerfen sich unvermeidlichen Veränderungen, finden sich damit ab, daß Jüngere aufsteigen und die Führung übernehmen. Aber nicht Pearson, und er gab seinen Widerstand klar zu erkennen. O'Donnell fragte sich, was hinter dieser Haltung stehe. Fühlte er, daß er nachließ, daß er nicht in der Lage war, mit den jüngsten Entwicklungen in der Medizin Schritt zu halten? Falls das zutraf, war er nicht der erste. Und trotzdem sprach bei all seiner Kratzbürstigkeit vieles für Joe Pearson. Das war einer der Gründe für O'Donnells behutsames Vorgehen.

»Ja, ich weiß es.« Pearsons Antwort hatte einen resignierten Unterton. Mit der Tatsache hatte er sich also abgefunden. Das ist für ihn typisch, dachte O'Donnell. Von Anfang an hatte er im Three Counties Hospital Pearsons Gradheit geschätzt und sie mitunter benutzt, um den Standard der Chirurgie zu heben.

O'Donnell erinnerte sich, daß zu den Problemen, denen er in der Anfangszeit an dem Krankenhaus gegenüberstand, gehörte, unnötige Operationen auszuschalten. Unter diese Bezeichnung fiel eine unnatürlich große Zahl von Hysterectomien. Und in zu vielen Fällen waren von den Chirurgen des Krankenhauses eine gesunde, normale Gebärmutter entfernt worden. Das geschah durch Ärzte, die im Operieren eine bequeme und gewinnbringende Methode sahen, weibliche Beschwerden aller Art zu heilen, selbst in Fällen, die durch Medikamente behandelt werden konnten. In diesen Fällen griff man zu beschönigenden Diagnosen, wie »chronische Myometritis« oder »Fibrose des Uterus«, und benutzte sie als Nebelwand, um den Befund der Pathologie über die entfernten Organe zu tarnen. O'Donnell erinnerte sich, wie er zu Pearson gesagt hatte: »Wenn Sie über Gewebebefunde berichten, wollen wir die Dinge beim rechten Namen und eine gesunde Gebärmutter eine gesunde Gebärmutter nennen.« Pearson hatte gegrinst und im vollen Umfang mitgearbeitet. Die Folge war, daß der größte Teil der unnötigen Operationen aufhörte. Die Chirurgen empfanden es peinlich, wenn Organe, die sie aus ihrem Patienten entfernt hatten, vor ihren Kollegen offiziell als normal und nicht erkrankt beurteilt wurden.

»Hören Sie, Kent.« Pearsons Ton war jetzt entgegenkommend. »In letzter Zeit bin ich besonders mit Arbeit überhäuft. Sie machen sich keine Vorstellung, wieviel wir zu tun haben.«

»Doch, ich weiß es genau, Joe.« Das war die Eröffnung gewesen, auf die O'Donnell gehofft hatte. »Viele von uns meinen, daß es für Sie zuviel wird. Es ist Ihnen gegenüber nicht fair.« Er war versucht, ». . . in Ihrem Alter« hinzuzufügen, hielt es aber für unangebracht. Statt dessen sagte er: »Wie wäre es mit einer Hilfe?«

Die Reaktion erfolgte sofort. Pearson schrie fast: »Sie sagen mir, ich brauche Hilfe? Aber Mann Gottes, seit Monaten bettele ich um mehr Laboranten. Wir brauchen mindestens drei. Und wieviel wurden mir zugestanden? Einer! Und Schreibkräfte. Seit Wochen häufen sich bei mir die Berichte, aber wer soll sie denn schreiben?« Ohne auf Antwort zu warten, fuhr er ungestüm fort: »Ich etwa? Wenn die Verwaltung ihre Phantastereien aufgäbe, könnte vielleicht einiges geschehen, einschließlich schnellerer Erledigung pathologischer Befunde. Und nun sagen Sie mir, ich sollte Hilfe bekommen. Das hört man gern.«

O'Donnell hatte ruhig zugehört. »Nun«, fragte er, »sind Sie fertig?«

»Ja.« Pearsons Antwort klang gedämpft. Er schien über seinen Ausbruch fast beschämt.

»Ich dachte nicht an Laboranten oder Schreibkräfte«, erklärte O'Donnell. »Wenn ich Hilfe sage, meine ich einen weiteren Pathologen. Jemand, der Sie bei der Leitung der Abteilung unterstützen kann. Der vielleicht hier und da etwas modernisiert.«

Bei dem Wort »modernisiert« war Pearson aufgefahren, aber O'Donnell ließ sich nicht unterbrechen. »Immer mit der Ruhe. Ich habe Ihnen zugehört, Joe, jetzt hören Sie auch mich an. Ich dachte an einen vernünftigen jüngeren Mann, der Ihnen einen Teil Ihrer Arbeit abnehmen kann.«

»Ich brauche keinen zweiten Pathologen.«

Das war eine eindeutige Antwort, heftig und unnachgiebig.

»Warum, Joe?«

»Weil für zwei qualifizierte Leute nicht genug Arbeit anfällt. Ich kann mit der ganzen Pathologie allein fertig werden – ohne jede Hilfe. Außerdem habe ich schon einen Assistenzarzt in meiner Abteilung.«

O'Donnell blieb ruhig, aber hartnäckig. »Ein Assistent ist zur Ausbildung bei uns, Joe, und im allgemeinen immer nur für kurze Zeit. Gewiß, er kann einen Teil der Arbeit übernehmen, aber Sie können ihm keine Verantwortung übertragen, und Sie können ihn nicht an der Leitung beteiligen. Und das ist es, wozu Sie gegenwärtig dringend Hilfe brauchen.«

»Überlassen Sie das nur mir. Geben Sie mir ein paar Tage Zeit, und ich bin mit den pathologischen Befunden auf dem laufenden.«

Es war offensichtlich, daß Joe Pearson nicht beabsichtigte, nachzugeben. O'Donnell hatte mit Widerstand gegen die Anstellung eines neuen Pathologen gerechnet, aber die Schärfe des anderen verwunderte ihn. Lag der Grund seines Widerstandes in der Abneigung, sein persönliches Reich zu teilen, oder wollte er nur einfach seine Stellung schützen? Befürchtete er, ein neuer und jüngerer Mann könne sie untergraben? Bisher war O'Donnell noch nicht der Gedanke gekommen, Pearson von seiner Stellung zu entfernen. Auf dem Gebiet der pathologischen Anatomie war seine langjährige Erfahrung nur schwer zu ersetzen. O'Donnels Absicht war, die Abteilung zu stärken und damit das gesamte Krankenhaus. Vielleicht sollte er diesen Punkt eindeutig hervorheben.
»Joe, es steht keine grundlegende Umstellung zur Diskussion. Daran denkt niemand. Sie behalten nach wie vor die Leitung . . .«
»In diesem Fall lassen Sie mich die Pathologie auf meine Weise leiten.«
O'Donnell fühlte, wie sich seine Geduld erschöpfte. Er entschied, daß er im Augenblick in dieser Sache genug getan hatte. Er würde ein oder zwei Tage verstreichen lassen und es dann wieder versuchen. Eine endgültige Auseinandersetzung wollte er vermeiden, sofern es möglich war. Ruhig sagte er: »An Ihrer Stelle würde ich es mir überlegen.«
»Da gibt es nichts zu überlegen.« Pearson war an der Tür. Er nickte kurz und ging hinaus.
Das wäre es also, dachte O'Donnell. Die Kampfstellungen sind bezogen. Er stand da und überlegte, welches der nächste Zug sein mußte.

V

Die Kantine des Three Counties Hospitals war der traditionelle Treffpunkt für die meisten Ärzte und Angestellten des Krankenhauses. Es war auch der Umschlagplatz für den Krankenhausklatsch, von dem sich die Kanäle und Abzweigungen weit in alle Abteilungen und Stationen erstreckten. Wenig ereignete sich in dem Krankenhaus — Beförderungen, Skandale, Entlassungen und Neueinstellungen —, was nicht in der Kantine schon lange bekannt war und diskutiert wurde, ehe es offiziell verkündet wurde.
Die Ärzte benutzten die Kantine häufig zu »Straßenrandkonsultationen« mit Kollegen, die sie außer bei den Mahlzeiten oder in einer Kaffeepause selten zu sehen bekamen. An den Kantinentischen wurden viele medizinische Probleme ernsthaft diskutiert, und gewichtige Urteile von Spezialisten, die unter anderen Umständen mit einer erheblichen Rechnung verbunden waren, wurden frei über den Tisch gegeben. Häufig erfolgten sie zum großen Nutzen von Patienten, die, wenn sie sich

später von einem Leiden erholten, das sich zunächst als schwierig zu behandeln anließ, nie auf die Vermutung kamen, auf welche in gewisser Weise beiläufige Art ihre endgültige Behandlung zustande kam.

Es gab Ausnahmen. Ein paar der Ärzte widersetzten sich hin und wieder dieser formlosen Ausnutzung ihrer mühevoll erworbenen Kenntnisse und verwahrten sich gegen die Versuche von Kollegen, sich in die Diskussion bestimmter Fälle hineinziehen zu lassen. Bei solchen Gelegenheiten war ihre übliche Antwort: »Das beste wäre, wenn Sie mich in meiner Praxis aufsuchen. Dann läuft auch das Tachometer.«

Gil Bartlett war einer, der diese Versuche mißbilligte, und mitunter zeigte er sich bei der Ablehnung dieser nebenbei erteilten Beratungen sehr unverblümt. Eine Anekdote, die über seine persönliche Abwehrtaktik erzählt wurde, spielte nicht in der Kantine, sondern bei einer Cocktailparty in einem Privathaus. Seine Gastgeberin, eine große Dame der Burlingtoner Gesellschaft, hatte Bartlett am Knopf festgehalten und ihn mit Fragen über ihre wirklichen und eingebildeten Leiden überschüttet. Bartlett hatte eine Weile zugehört und dann mit lauter Stimme, die den überfüllten Salon zum Schweigen brachte, verkündet: »Gnädige Frau, nach dem, was Sie mir sagen, scheinen Sie an Menstruationsbeschwerden zu leiden. Wenn Sie sich bitte freimachen wollen, werde ich Sie gleich untersuchen.«

In den meisten Fällen akzeptierten die Ärzte jedoch, sosehr sie sich sonst gegen formlose Konsultationen außerhalb des Krankenhauses verwahrten, den Meinungsaustausch in der Kantine auf Grund der Tatsache, daß jeder dabei ebensoviel gewann, wie er verlieren konnte. Und manche Ärzte des Krankenhauses verwendeten den schon reichlich abgestandenen Scherz: »Ich bin in meiner zweiten Sprechstunde«, wenn sie hinterließen, wo sie zu finden waren. Damit war keine weitere Erklärung erforderlich.

Im allgemeinen war die Kantine ein demokratisches Gebiet, wo die Hierarchie des Krankenhauses, wenn auch nicht vergessen, so doch zumindest zeitweise ignoriert wurde. Eine Ausnahme bildete vielleicht die Gepflogenheit, eine Gruppe von Tischen nur den Ärzten vorzubehalten. Mrs. Straughan, die Küchenleiterin, kontrollierte dieses Gebiet regelmäßig, weil sie wußte, daß selbst geringfügige Verstöße gegen die Sauberkeit oder Mängel in der Bedienung zu scharfen Beschwerden auf der nächsten Sitzung des medizinischen Ausschusses führen würden.

Mit wenigen Ausnahmen benutzten die älteren Ärzte die reservierten Tische. Der Hausstab dagegen nahm es weniger genau, und die Assistenzärzte und Praktikanten dokumentierten mitunter ihre Unabhängigkeit, indem sie sich den Schwestern oder anderen Gruppen anschlossen. Es war also nichts Ungewöhnliches daran, daß sich Mike Seddons gegenüber von Vivian Loburton niederließ, die, früher als ihre Mitlernschwestern von einer Arbeit entlassen, allein vor ihrem Mittagessen saß.

Seit sie sich vor zehn Tagen im Obduktionsraum begegnet waren, hatte Vivian Mike Seddons verschiedentlich im Krankenhaus gesehen, und bei jeder Gelegenheit hatte er ihr – seine störrische rote Mähne und sein breites Grinsen von Ohr zu Ohr – besser gefallen. Intuitiv hatte sie erwartet, daß er sich ihr bald nähern würde, und hier war er also.

»Hallo«, sagte Seddons.

»Hallo.« Vivians Gruß klang etwas undeutlich, denn sie hatte gerade mit gesundem Appetit in ein Hühnerbein gebissen. Sie deutete auf ihren Mund und muffelte: »Entschuldigen Sie.«

»Macht gar nichts«, sagte Seddons. »Lassen Sie sich Zeit. Ich sitze hier, um Ihnen einen Antrag zu machen.«

Sie schluckte den Bissen Huhn hinunter und sagte dann: »Ich dachte immer, das käme später.«

Mike Seddons grinste. »Haben Sie noch nichts davon gehört? Wir leben im Düsenzeitalter, keine Zeit mehr zu Formalitäten. Hier ist mein Antrag: Übermorgen ins Theater, vorher Abendessen im Cuban Grill.«

Vivian fragte vorsichtig: »Können Sie sich das leisten?« Zwischen den angestellten Ärzten und den Lernschwestern war Geldmangel ein in Ehren grau gewordenes Gebiet für klägliche Witze.

Seddons senkte seine Stimme zu einem Bühnenflüstern. »Verraten Sie es keiner Seele. Aber ich habe eine Quelle für Nebeneinnahmen gefunden. Die Patienten, die zur Obduktion kommen ... Viele haben Goldzähne ... Es ist ganz einfach ...«

»Oh, hören Sie auf! Sie verderben mir den Appetit.« Sie biß wieder in ihr Hühnerbein, und Seddons griff über den Tisch und nahm sich zwei ihrer Pommes frites.

Mit Genuß kaute er. »Hm, hm, nicht schlecht. Ich muß öfter essen. Die Geschichte ist folgende.« Er zog zwei Theaterbillets aus der Tasche und einen vorgedruckten Gutschein. »Sehen Sie sich das an. Die Anerkennung eines dankbaren Patienten.« Die Billets waren für eine Gastvorstellung eines Broadway-Musicals. Der Gutschein galt für ein Abendessen für zwei Personen im Cuban Grill.

»Was haben Sie angefangen?« Vivian zeigte offen ihre Neugier. »Eine Herzoperation?«

»Nein. Vergangene Woche sprang ich für eine halbe Stunde für Frank Worth in der Unfallambulanz ein. Ein Mann mit einem bösen Schnitt an der Hand kam, den ich nähte. Ein paar Tage später brachte mir die Post das hier.« Er lachte. »Worth ist jetzt natürlich wütend. Er sagt, er wird nie wieder seinen Posten verlassen. Kommen Sie mit?«

»Mit dem größten Vergnügen«, antwortete Vivian aufrichtig.
»Großartig. Ich werde Sie um sieben Uhr im Schwesternheim abholen. Alles klar?« Während er sprach, betrachtete Mike Seddons das Mädchen mit noch größerem Interesse als bisher. Plötzlich war ihm bewußt, daß sie sehr vieles mehr als nur ein hübsches Gesicht und eine gute Figur hatte. Wenn sie ihn ansah und lächelte, löste sie in ihm die Empfindung von etwas Warmem und Duftigem aus. Er sagte: »Schade, daß ich Sie nicht schon heute, sondern erst übermorgen treffe. Bis dahin ist noch so lang.« Dann gab ihm eine schwache, warnende Stimme zu bedenken: Vorsicht vor Bindungen. Vergiß nicht Seddons Politik: Liebe sie und lasse sie. Sei glücklich mit den Erinnerungen. Sich trennen ist süß und schmerzlich, aber praktisch, wenn man sich nicht binden will.
»Gut«, antwortete Vivian. »Ich komme vielleicht ein paar Minuten später, aber nicht sehr lange.«

Anderthalb Wochen waren vergangen, seit Harry Tomaselli O'Donnell mitgeteilt hatte, daß geplant wurde, im Frühjahr mit dem Erweiterungsbau des Krankenhauses zu beginnen. Jetzt trafen er und Kent O'Donnell mit Orden Brown im Büro des Verwaltungsdirektors zusammen, um über die unmittelbar nächsten Schritte zu beraten.
Vor Monaten hatten die drei gemeinsam mit einem Architekten detaillierte Pläne für jede Abteilung ausgearbeitet, die in dem neuen Flügel untergebracht werden sollte. Die Wünsche der Leiter der medizinischen Abteilungen mußten auf die Mittel, die vermutlich zur Verfügung standen, abgestimmt werden. Orden Brown hatte als Schiedsrichter gewirkt und O'Donnell als medizinischer Berater. Wie immer war der Vorsitzende knapp und entschieden gewesen, aber seine grundsätzliche Härte wurde durch seinen Humor gemildert. Manchmal hatten sie allem zugestimmt, was verlangt wurde. In anderen Fällen, wenn sie vermuteten, daß einer sich aus eigensüchtigen Gründen ein Reich aufbauen wollte, hatten sie schonungslos den Gründen für die Wünsche nachgeforscht.
Einer der Abteilungsleiter, der Chefapotheker, hatte hartnäckig darauf gedrängt, daß in dem Entwurf für sein Arbeitszimmer eine eigene Toilette vorgesehen werden solle. Als der Architekt darauf hinwies, daß ausreichende, allgemein zugängliche sanitäre Einrichtungen zwölf Meter weiter im Gang lagen, hatte der Apotheker sich nicht gescheut, dem entgegenzuhalten, zwölf Meter seien ein langer Weg, wenn man unter einem der periodischen Anfälle von Durchfall leide. Darauf hatte Orden Brown nur trocken bemerkt, im Krankenhaus gebe es eine Abteilung für innere Medizin.
Ein paar Projekte, die es wert waren, mußten ausschließlich aus Kostenrücksichten abgelehnt werden. Dingdong Bell, der Chef der Röntgen-

abteilung, hatte sich überzeugend für eine Kamera für kinematographische Röntgenaufnahmen eingesetzt, die für die Diagnose und Behandlung von Herzkrankheiten eine wesentliche Verbesserung darstellte. Als man aber feststellte, daß diese Anlage allein fünfzigtausend Dollar kostete, mußte der Plan mit dem größten Bedauern abgelehnt werden.
Aber jetzt, nachdem die Hauptplanung beendet war, konzentrierten sich alle Bemühungen auf das praktische Problem, das Geld zu beschaffen. Genaugenommen gehörte das zu den Aufgaben des Krankenhausausschusses, aber man erwartete auch Beiträge von der Ärzteschaft. Orden Brown sagte: »Wir schlagen für die Ärzte Quoten vor: sechstausend für die leitenden Ärzte, viertausend für die älteren Belegärzte und zweitausend für die jüngeren.«
O'Donnell stieß einen leisen Pfiff aus. »Ich fürchte, da werden wir auf Widerstand stoßen«, erklärte er dem Vorsitzenden.
Brown lächelte. »Wir müssen versuchen, ihn zu überwinden.«
Harry Tomaselli warf ein: »Die Zahlungen können über vier Jahre verteilt werden, Kent. Wenn wir die schriftliche Verpflichtung vorliegen haben, bekommen wir darauf Geld von der Bank.«
»Die Sache hat noch eine andere Seite«, sagte Brown. »Wenn in der Stadt bekannt wird, daß sich die Ärzte selbst an den Spenden beteiligen, wird unsere Sammelaktion sehr gefördert werden.«
»Und Sie wollen dafür sorgen, daß es bekannt wird?«
»Selbstverständlich«, versicherte Brown lächelnd.
O'Donnell überlegte, daß es ihm zufallen würde, diesen Plan bei einer Zusammenkunft der Ärzte bekanntzugeben. Er sah ihre erbitterten Mienen jetzt schon vor sich. Ihm war bekannt, daß die meisten Ärzte wie die meisten Menschen heutzutage überhaupt ihr Einkommen für ihren Lebensunterhalt verbrauchten. Natürlich konnte man nicht erzwingen, daß sie die festgelegten Quoten einhielten, aber es würde dem einzelnen schwerfallen, gegen ihre Höhe zu protestieren, insbesondere, da die Ärzte selbst durch eine Vergrößerung des Krankenhauses viel zu gewinnen hatten. Ein großer Teil würde den vorgeschlagenen Betrag zweifellos spenden und, wie die menschliche Natur nun einmal geartet war, würden gerade sie auch darauf drücken, daß die anderen in gleicher Weise bluteten. Ein Krankenhaus war ein Nährboden für Intrigen und bot viele Möglichkeiten, einem Nonkonformisten das Leben sauer zu machen.
Wie immer verstand Harry Tomaselli intuitiv O'Donnells Bedenken und versicherte: »Keine Sorge, Kent. Ich werde Sie vor dieser Konferenz gründlich informieren. Wir werden alle überzeugenden Argumente zusammenstellen. Nach Ihren Ausführungen sind manche vielleicht sogar bereit, die Quote zu überschreiten.«

»Verlassen Sie sich nicht zu sehr darauf.« O'Donnell lächelte. »Sie stehen im Begriff, ein paar Kollegen an ihrer empfindlichsten Stelle zu treffen: ihrer Brieftasche.«

Tomaselli lächelte verständnisvoll zurück. Wenn der Chef der Chirurgie seinen Appell vor den Ärzten vorbrachte, würde das so klar und gründlich geschehen wie alles andere, was O'Donnell tat. Das wußte Tomaselli. Nicht zum erstenmal ging es ihm durch den Kopf, wie gut es sich mit einem Mann von O'Donnells Charakter zusammenarbeiten ließ. An dem Krankenhaus, an dem Tomaselli die Stellung als stellvertretender Verwaltungsdirektor innegehabt hatte, war der Präsident des medizinischen Ausschusses ein Mann gewesen, der nach Popularität haschte und seine Segel stets nach dem Wind setzte. Infolgedessen hatte es keine rechte Führung gegeben, worunter der Standard in dem Krankenhaus entsprechend litt.

Harry Tomaselli bewunderte Leute, die sich ohne Umschweife und rasch entschlossen, vorwiegend, weil das die Art und Weise war, in der er selbst als Verwaltungsdirektor das Three Counties Hospital leitete. Bei schnellen Entschlüssen begeht man manchmal Fehler. Aber im ganzen gesehen erreichte man damit mehr, und durchschnittlich stieg im Laufe der Zeit die Zahl der richtigen Entscheidungen. Schnelligkeit im Reden und Denken sowohl als auch im Handeln hatte Harry Tomaselli im Gerichtssaal gelernt, lange ehe er daran dachte, daß seine Laufbahn ihn hinter einen Schreibtisch in einem Krankenhaus führen würde.

Nach seiner Collegezeit hatte er Jura studiert und begann gerade, die Grundlagen für eine gute Praxis zu legen, als der Krieg dazwischenkam. In der Erwartung, daß er doch eingezogen würde, hatte er sich zur Marine gemeldet. Er wurde zum Offizier befördert und der Sanitätsverwaltung zugewiesen. Später, als sich die Marinelazarette mit Verwundeten füllten, hatte Leutnant Tomaselli sich als fähiger Verwaltungsfachmann mit einem gesunden Instinkt für die schwer erfaßbare Grenzlinie zwischen der medizinischen Praxis und der Arbeit der Lazarettverwaltung erwiesen.

Nach dem Krieg stand er vor der Wahl, wieder Rechtsanwalt zu werden oder bei der Krankenhausarbeit zu bleiben. Er entschied sich für das letztere und trat in die Schule für Krankenhausverwaltung bei der Columbia Universität ein. Sein Abschlußexamen bestand er zu einer Zeit, als sich die Ansicht durchsetzte, daß die Krankenhausverwaltung ein Spezialgebiet sei, für das ein medizinisches Studium weder notwendig noch besonders nützlich war. Das führte zu einer lebhaften Nachfrage nach guten Verwaltungsleuten. Und nach zwei Jahren als stellvertretender Verwaltungsdirektor nahm er Orden Browns Angebot für den leitenden Posten beim Three Counties Hospital an.

Die Arbeit dort war Harry Tomaselli ans Herz gewachsen. Er teilte Kent O'Donnells Ansichten über die Notwendigkeit eines hohen medizinischen Standards und respektierte die Geschäftstüchtigkeit und die bedächtige Vorsicht des Ausschußvorsitzenden Orden Brown. Als Verwaltungsdirektor bestand Tomasellis Aufgabe darin, dafür zu sorgen, daß alle Zweige des Krankenhauses — Krankenpflege, Haushaltsführung, die technischen Abteilungen, die Gebäude, die Buchhaltung und ihre Unterabteilungen — den Anforderungen entsprachen, die die beiden anderen Männer stellten.

Er löste seine Aufgabe durch Übertragung der Verantwortung — er bewies eine glückliche Hand für die Ernennung guter Abteilungsleiter — und durch ein starkes persönliches Interesse an allem, was in dem Krankenhaus geschah. Fast nichts von Bedeutung entging Harry Tomaselli. Jeden Tag konnte man seine kleine, untersetzte Gestalt durch die Korridore des Krankenhauses eilen sehen, wobei er aber häufig stehenblieb, um sich mit Schwestern, Patienten, Hausmeistern, Büroangestellten, Köchen und jedem, der ihm etwas über das Krankenhaus sagen oder Anregungen vorbringen konnte, wie es besser zu machen sei, zu unterhalten. Neue Gedanken regten ihn an. Sein eigener Eifer spornte andere an. Manchmal stand er mit vorgeschobenem Kopf und hinter seiner schwarzgefaßten Brille funkelnden Augen da und sprudelte die Worte heraus, um mit seinen galoppierenden Gedanken Schritt zu halten, wobei seine Hände jeden Punkt, den er äußerte, unterstrichen.

Bei seinen Streifzügen machte sich Harry Tomaselli selten eine Notiz. Seine Erfahrung als Rechtsanwalt ermöglichte ihm, die verschiedenst gearteten Fakten im Kopf zu behalten und bereit zu haben. Aber nach jeder Inspektionstour feuerte er eine Salve knapp gefaßter Memoranden nach allen Orten, großen und kleinen, wo seiner Ansicht nach in der Verwaltung des Three Counties Hospitals etwas verbessert werden konnte.

Zu all dem besaß er ein diplomatisches Gefühl für den richtigen Ton und das richtige Wort und verärgerte selten jemand. Er äußerte eine Beanstandung, sprach dann aber unbefangen von etwas anderem weiter. Und wenn er auch nie ein Wort zuviel verwendete, war der Ton seiner Memoranden immer freundlich. Er verabscheute es, einen Angestellten zu entlassen, wenn kein unentschuldbarer Verstoß vorlag. Häufig erklärte er seinen Abteilungsleitern: »Wenn bei uns jemand über einen Monat gearbeitet hat, haben wir in seine Erfahrung Kapital investiert. Es ist zu unserem Vorteil, wenn wir ihn erziehen und an uns gewöhnen, statt es mit einem anderen zu versuchen, der andere Fehler haben mag, an die wir nicht dachten.« Weil dieser Grundsatz respektiert und anerkannt wurde, herrschte bei den Angestellten eine hohe Arbeitsmoral.

In der Verwaltung gab es allerdings immer noch Dinge, die ihm Sorgen machten. Von einigen Abteilungen wußte er, daß dort besser gearbeitet werden konnte. Es bestanden noch Möglichkeiten, die Pflege der Patienten zu verbessern. Ein großer Teil der alten Einrichtungen mußte verschrottet und ersetzt werden. Es gab neuentwickelte Geräte — die kinematographische Röntgenkamera war ein Beispiel —, die ein Krankenhaus unter idealen Voraussetzungen besitzen mußte. Durch den geplanten Neubau konnte ein Teil der vorhandenen Mängel behoben werden, aber nicht alle. Wie O'Donnell war ihm bewußt, daß Jahre der Arbeit vor ihnen lagen und daß manches Ziel vielleicht nie zu erreichen war. Aber das war schließlich der Weg, der zum Erfolg führte: man versuchte immer, etwas mehr anzustreben, als man erfüllen konnte.
Seine Gedanken wurden durch Orden Brown in die Gegenwart zurückgerufen. Der Vorsitzende setzte O'Donnell auseinander: »Natürlich sind im Verlauf der Sammelaktion eine ganze Reihe gesellschaftlicher Veranstaltungen unvermeidlich. Ja, und noch etwas. Ich fände es eine gute Idee, Kent, wenn Sie vor dem Rotary Club einen Vortrag hielten. Sie könnten dort erklären, was mit dem Neubau erreicht werden soll, über unsere Zukunftspläne sprechen und so weiter.«
O'Donnell, der wenig Neigung verspürte, öffentlich aufzutreten, besonders nicht in der reglementiert wohlwollenden Atmosphäre eines Klubs, unterdrückte gerade noch eine Grimasse. Statt dessen sagte er: »Wenn Sie glauben, daß es nützt, bin ich dazu bereit.«
»Einer meiner Leute gehört zum Vorstand des Rotary Clubs«, erklärte Orden Brown. »Ich werde dafür sorgen, daß er alles arrangiert. Am besten in der Woche, in der die Sammelaktion beginnt. In der darauffolgenden Woche könnten wir vielleicht das gleiche bei den Kiwanis versuchen.«
O'Donnell überlegte, ob er dem Vorsitzenden nahelegen solle, ihm noch Zeit zum Operieren zu lassen, weil er sonst kaum seine Beitragsquote erfüllen könne. Aber er ließ es dann lieber.
»Übrigens«, fragte Orden Brown, »sind Sie übermorgen zum Abendessen frei?«
»Ja«, antwortete O'Donnell bereitwillig. Die stille, gediegene Würde eines Abendessens in dem Haus auf dem Berg lockte ihn immer.
»Dann möchte ich, daß Sie mit mir zu Eustace Swayne kommen.« Als er O'Donnells Überraschung sah, fügte der Vorsitzende hinzu: »Es stimmt schon. Sie sind eingeladen. Er bat mich, es Ihnen mitzuteilen.«
»Ja, ich komme gern.« Dennoch überraschte ihn die Einladung in das Haus des konservativsten Mitgliedes des Krankenhausausschusses. Natürlich hatte O'Donnell Swayne ein paarmal gesehen, aber er hatte ihn nie näher kennengelernt.

»Tatsächlich stammt der Vorschlag von mir«, erklärte Brown. »Ich möchte, daß Sie sich mit ihm ganz allgemein über das Krankenhaus unterhalten. Er soll ein paar Ihrer Gedanken verstehen, falls Sie sie ihm klarmachen können. Offen gesagt ist die Zusammenarbeit im Ausschuß mit ihm manchmal problematisch. Aber das wissen Sie natürlich selbst.«

»Ich werde tun, was ich kann.« Nachdem O'Donnell begriff, um was es ging, fand er den Gedanken einer engeren Beteiligung an der Ausschußpolitik wenig reizvoll. Bisher war es ihm gelungen, sich von ihr fernzuhalten. Aber er konnte Orden Browns Wunsch nicht ablehnen.

Der Vorsitzende griff nach seiner Aktentasche und schickte sich an, zu gehen. Tomaselli und O'Donnell erhoben sich mit ihm.

»Es wird nur eine kleine Gesellschaft«, erklärte Orden Brown. »Vielleicht ein halbes Dutzend Personen. Sollen wir Sie auf dem Weg durch die Stadt nicht abholen? Ich rufe Sie an, ehe wir abfahren.«

O'Donnell bedankte sich murmelnd, während der Vorsitzende mit einem freundlichen Kopfnicken das Zimmer verließ.

Kaum hatte sich die Tür hinter Orden Brown geschlossen, als die große, schlanke Kathy Cohen, Tomasellis Sekretärin, eintrat. »Entschuldigen Sie, daß ich störe«, sagte sie.

»Was gibt es, Kathy?«

Sie wandte sich an den Verwaltungsdirektor. »Da ist ein Mann am Telefon, der Sie unbedingt sprechen will. Ein Mr. Bryan.«

»Ich habe jetzt mit Dr. O'Donnell zu tun. Sagen Sie ihm, ich rufe zurück.« Tomaselli schien überrascht. Normalerweise brauchte er Kathy etwas derartig Grundlegendes nicht zu sagen.

»Das habe ich ihm schon erklärt, Mr. Tomaselli«, antwortete sie zögernd. »Aber er ist sehr hartnäckig. Er sagt, er sei der Mann einer Patientin. Ich hielt es für richtig, Sie zu benachrichtigen.«

»Vielleicht können Sie kurz mit ihm sprechen, Harry.« O'Donnell nickte der Sekretärin zu. »Erlösen Sie Kathy von ihm. Ich warte solange.«

»Also gut.« Der Verwaltungsdirektor griff nach einem seiner beiden Telefone.

»Es ist Leitung vier.« Die Sekretärin wartete, bis die Verbindung hergestellt war, und ging dann in das Vorzimmer zurück.

»Verwaltung.« Tomasellis Ton war freundlich. Dann hörte er mit etwas gerunzelter Stirn dem Mann am anderen Ende der Leitung zu.

O'Donnell konnte die knarrende Stimme aus dem Hörer vernehmen. Er verstand einzelne Worte: ». . . unmögliche Situation . . . Belastung für die Familie . . . muß geklärt werden.«

Tomaselli legte seine Hand über die Sprechmuschel. Zu O'Donnel'
er: »Er ist wirklich in Fahrt. Irgend etwas mit seiner Frau. Ich v

noch nicht ganz . . .« Er hörte noch einen Augenblick zu. »Bitte, Mr. Bryan. Erklären Sie mir von Anfang an genau, um was es sich handelt.« Er griff nach einem Block und nach einem Bleistift und sagte dann: »Ja, Sir.« Eine Pause. »Nun sagen Sie mir bitte, wann Ihre Frau im Krankenhaus aufgenommen wurde.« In dem Hörer rauschte es wieder, und der Verwaltungsdirektor notierte schnell. »Und wer ist Ihr Arzt?« Wieder eine Notiz. »Und das Datum der Entlassung?« Eine Pause. »Ja, ich verstehe.«

O'Donnell verstand die Worte: ». . . kann keine befriedigende Erklärung bekommen . . .« Dann sprach Tomaselli wieder.

»Nein, Mr. Bryan, ich entsinne mich im einzelnen nicht an den Fall, aber ich werde nachforschen. Das verspreche ich Ihnen.« Er hörte wieder zu und antwortete: »Ja, Sir, mir ist bekannt, was eine Krankenhausrechnung für eine Familie bedeutet. Aber wie Sie wissen, arbeitet das Krankenhaus zu Selbstkosten.«

O'Donnell konnte immer noch die Stimme in dem Hörer vernehmen, aber sie klang ruhiger, durch Tomasellis entgegenkommenden Ton besänftigt. Jetzt sagte der Verwaltungsdirektor: »Nun, Sir, der Arzt trifft die Entscheidung, wie lange ein Patient im Krankenhaus bleibt. Ich rate Ihnen, noch einmal mit dem Arzt Ihrer Frau zu sprechen, und inzwischen werde ich durch unsere Buchhaltung Ihre Rechnung Punkt für Punkt überprüfen lassen.« Er hörte noch einmal kurz zu. Dann: »Danke, Mr. Bryan. Guten Tag.« Er legte den Hörer zurück, riß das Blatt mit den Notizen ab und legte es in einen Korb mit der Aufschrift »Diktat«.

»Was wollte er denn?« fragte O'Donnell beiläufig. In einem vielbeschäftigten Krankenhaus sind Beschwerden über die Behandlung oder über die Rechnungen nicht selten.

»Er beschwert sich, daß seine Frau zu lange hierbehalten wurde. Nun muß er Schulden machen, um die Rechnung zu bezahlen.«

O'Donnell entgegnete scharf: »Woher weiß er, daß sie zu lange hierbehalten wurde?«

»Er sagt, er habe sich erkundigt, was er damit auch meint.« Nachdenklich fügte Tomaselli hinzu: »Es kann natürlich notwendig gewesen sein, aber die Frau war fast drei Wochen hier.«

»Und was folgt daraus?«

»Normalerweise würde ich dem keine große Bedeutung beimessen, aber wir haben ungewöhnlich viele Beschwerden dieser Art erhalten. Sie sind nicht immer so scharf wie diese hier, liegen allerdings in der gleichen Richtung.«

Ein Gedanke ging O'Donnell durch den Kopf: das Wort Pathologie. Laut fragte er: »Wer war der behandelnde Arzt?«

Tomaselli sah in seine Notizen. »Reubens.«
»Wir wollen versuchen, ihn hierherrufen zu lassen.«
Tomaselli schaltete die Sprechanlage ein: »Kathy«, sagte er, »versuchen Sie, Dr. Reubens zu finden.«
Sie warteten schweigend. Von dem Gang draußen konnten sie die gedämpfte Stimme aus der Lautsprecheranlage des Krankenhauses hören: »Dr. Reubens, Dr. Reubens.« Gleich darauf schnarrte das Telefon. Tomaselli nahm den Hörer ab und meldete sich. Dann reichte er ihn O'Donnell.
»Reub? Hier ist Kent O'Donnell.«
»Ja, was kann ich für Sie tun?« O'Donnell vernahm die dünne, präzise Stimme von Reubens durch den Apparat.
»Hatten Sie eine Patientin« – er blickte auf Tomasellis Notizen, die der Verwaltungsdirektor ihm hingeschoben hatte –, »eine Mrs. Bryan?«
»Ja, das stimmt. Was ist denn? Hat ihr Mann sich beschwert?«
»Sie wissen also davon?«
»Natürlich weiß ich davon.« Reubens klang verärgert. »Persönlich bin ich der Meinung, daß er allen Grund hat, sich zu beschweren.«
»Woran lag es denn, Reub?«
»Es geht darum, daß ich Mrs. Bryan unter Verdacht eines Brustkrebses einwies. Ich habe die Geschwulst entfernt. Sie erwies sich als gutartig.«
»Warum haben Sie die Frau dann drei Wochen hierbehalten?« Während er fragte, ging es O'Donnell durch den Kopf, daß man mit Reubens immer dieses Frage-und-Antwort-Spiel durchlaufen mußte. Er gab selten von sich aus Auskünfte.
Jetzt antwortete er: »Fragen Sie am besten Joe Pearson.«
»Es ist einfacher, wenn Sie es mir sagen, Reub.« O'Donnell blieb hartnäckig. »Schließlich handelt es sich um Ihre Patientin.«
Es folgte ein Schweigen. Dann antwortete die dünne, knappe Stimme: »Also gut. Ich sagte schon, daß der Tumor gutartig war. Aber es nahm zwei und eine halbe Woche in Anspruch, um das festzustellen. Solange dauerte es, bis Pearson ihn sich unter dem Mikroskop vornahm.«
»Haben Sie ihn daran erinnert?«
»Nicht nur einmal, sondern über ein halbes Dutzend Mal. Wahrscheinlich hätte es noch länger gedauert, wenn ich nicht ständig hinter ihm hergewesen wäre.«
»Und das ist der Grund, weshalb Sie Mrs. Bryan hierbehalten haben? Ganze drei Wochen?«
»Natürlich.« Die Stimme am Telefon nahm einen sarkastischen Klang an. »Oder wollen Sie andeuten, ich hätte sie entlassen sollen?«
Reubens hatte in diesem Fall Grund, verärgert zu sein, dachte O'Donnell. Fraglos war er in eine schwierige Lage gebracht worden. Wenn er

die Patientin entließ, konnte er gezwungen sein, sie zu einer weiteren Operation ins Krankenhaus zurückzuholen, wie es Bill Rufus passiert war. Andererseits bedeutete jeder Tag mehr im Krankenhaus eine zusätzliche finanzielle Belastung für die Familie. Er antwortete verbindlich: »Ich will nichts andeuten, Reub. Ich stelle nur ein paar Fragen.«

Offensichtlich hatte Reubens sich mit dem Problem beschäftigt. »Dann täten Sie gut daran, mit noch ein paar anderen zu reden. Ich bin nicht der einzige, dem das widerfahren ist. Kennen Sie die Geschichte von Bill Rufus?«

»Ja, ich kenne sie. Offen gesagt war ich der Ansicht, es sei inzwischen besser geworden.«

»Davon habe ich noch nichts gemerkt. Was gedenken Sie wegen Bryans Rechnung zu unternehmen?«

»Ich weiß nicht, ob sich da etwas tun läßt. Schließlich war seine Frau drei Wochen hier im Krankenhaus. Das Krankenhaus ist knapp bei Kasse, wie Sie wissen.« O'Donnell fragte sich: Wie wird Reubens wohl auf die Aufforderung reagieren, sechstausend Dollar zum Baufonds des Krankenhauses beizusteuern?

»Das ist bedauerlich. Der Mann ist sehr ordentlich. Tischler oder so was, der selbständig arbeitet, und er ist nicht versichert. Daran wird er lange zu kauen haben.« O'Donnell antwortete nicht. Seine Gedanken liefen bereits voraus, waren auf das nächste gerichtet. Wieder kam Reubens Stimme durch die Leitung: »War das alles?« »Ja, Reub, das war alles. Danke.« Er reichte Harry Tomaselli den Hörer zurück.

»Harry, ich möchte heute nachmittag eine Besprechung abhalten.« O'Donnell hatte sich entschlossen, was er tun wollte. »Wir wollen versuchen, ein halbes Dutzend der älteren Ärzte zu versammeln. Wenn es Ihnen recht ist, wollen wir uns hier treffen, und ich möchte, daß Sie daran teilnehmen.«

Tomaselli nickte. »Das läßt sich machen.«

O'Donnell ging im Geist die Namen durch. »Selbstverständlich brauchen wir Harvey Chandler als Chef der inneren Abteilung. Und es wäre gut, wenn auch Bill Rufus und Reubens dabei wären.« Er überlegte. »O ja, und Charlie Dornberger. Er könnte eine Hilfe sein. Wieviel sind das?«

Der Verwaltungsdirektor überflog die Namen, die er niedergeschrieben hatte. »Sechs mit Ihnen und mir. Wie wäre es mit Lucy Grainger?«

O'Donnell zögerte kurz. Dann sagte er: »Also gut, dann sollen es sieben sein.«

»Die Tagesordnung?« Tomaselli hielt seinen Bleistift hoch.

O'Donnell schüttelte den Kopf. »Wir brauchen keine. Es gibt nur ein Thema: Die Verhältnisse in der Pathologie.«

Als der Verwaltungsdirektor Lucy Graingers Namen nannte, hatte O'Donnell nur aus einem Grund gezögert. Es erinnerte ihn an sein Zusammensein mit Lucy am Abend vorher.

Sie trafen sich zum Abendessen – das Ergebnis von O'Donnells Einladung an Lucy am Tag der Sterblichkeitskonferenz –, und im Palmenhof des Roosevelt Hotels tranken sie zusammen Cocktails und aßen anschließend geruhsam zu Abend. Es war ein angenehmes, entspanntes Zusammensein, und sie plauderten unbeschwert von sich, von Leuten, die sie kannten und von ihren eigenen Erlebnissen innerhalb und außerhalb der Medizin.

Später brachte O'Donnell Lucy nach Hause. Sie war kürzlich nach Benvenuto Grange umgezogen, in einen großen, eleganten Apartmentblock. »Sie kommen doch sicher noch zu einem Nightcap mit hinauf?«

Er überließ seinen Wagen dem uniformierten Pförtner des Apartmenthauses zum Parken und folgte ihr. In einem schimmernden, lautlosen Fahrstuhl fuhren sie in den fünften Stock hinauf und gingen dann den mit Birke getäfelten Korridor entlang, über einen dicken, weichen Teppich, der jeden Laut verschluckte. Er zog die Augenbrauen hoch, und Lucy lächelte. »Es ist ziemlich imposant, wie? Ich bin selbst noch tief beeindruckt.«

Mit ihrem Schlüssel öffnete sie die Tür und schaltete das Licht ein. Geschmackvolle, gedämpfte Lampen leuchteten ringsum in einem eleganten Wohnraum auf. Er konnte die halboffene Schlafzimmertür unmittelbar vor sich sehen. »Ich mache uns etwas zu trinken«, sagte sie.

Sie drehte ihm den Rücken zu, Eis klirrte in Gläsern. O'Donnell fragte: »Waren Sie je verheiratet, Lucy?«

»Nein.« Sie antwortete, ohne sich umzudrehen.

Leise sagte er: »Ich habe mich manchmal gewundert, weshalb.«

»Das ist ganz einfach. Es ist recht lange her, daß ich darum gebeten wurde.« Lucy drehte sich um und brachte die Drinks, die sie gemixt hatte. Sie reichte O'Donnell sein Glas, ließ sich dann in einen Sessel nieder. Nachdenklich sagte sie: »Wenn ich es heute überlege, zeigte sich nur eine Möglichkeit, zumindest nur eine, die Bedeutung hatte. Damals war ich sehr viel jünger.«

O'Donnell trank einen Schluck aus seinem Glas. »Und Sie sagten nein?«

»Ich wollte Ärztin werden. Das erschien mir damals ungeheuer wichtig. Ich hielt es mit einer Ehe für unvereinbar.«

Beiläufig fragte er: »Haben Sie es je bedauert?«

Lucy überlegte. »Eigentlich nicht, glaube ich. Ich habe erreicht, was ich wollte, und es hat sich in vieler Weise gelohnt. Sicher, manchmal frage ich mich, was wohl geworden wäre, wenn ich mich anders entschieden hätte. Aber das ist schließlich nur menschlich, oder nicht?«

»Doch, ich glaube schon.« O'Donnell fühlte sich seltsam bewegt. Lucy strahlte Tiefe und Zärtlichkeit aus, eine friedvolle Ruhe und das Gefühl des Nach-Hause-Kommens. Sie sollte Kinder haben, dachte er. Dann fragte er: »Sind Sie noch der gleichen Ansicht – über Heirat und Medizin? Soweit es Sie betrifft, meine ich?«

»Ich bin in nichts mehr dogmatisch.« Sie lächelte. »Das wenigstens habe ich gelernt.«

O'Donnell fragte sich, wie von seinem Standpunkt aus eine Ehe mit Lucy aussehen mochte. Würde sie liebevoll und anschmiegsam sein? Oder war ihr Leben zu weit und zu lange auf parallelen Gleisen verlaufen, als daß sie es jetzt noch ändern und sich anpassen konnte? Wie mochten sie ihre Mußestunden verbringen, wenn sie verheiratet wären? Würden ihre Gespräche vertraulich sein und sich mit ihrem Privatleben befassen? Oder würden sie vom Krankenhaus reden? Würden beim Abendessen Krankengeschichten auf dem Tisch liegen und der Nachtisch mit diagnostischen Problemen gewürzt werden? Er sagte: »Wissen Sie, Lucy, ich war immer der Ansicht, daß wir vieles gemeinsam haben.«

»Ja, Kent«, antwortete Lucy, »das glaube ich auch.«

O'Donnell trank sein Glas aus und stand auf, um zu gehen. Er war sich bewußt, daß sie beide sehr viel mehr gesagt hatten, als ihre Worte ausdrückten. Jetzt wollte er Zeit, um darüber nachzudenken und alles genau zu überlegen. Es ging um zuviel für eine hastige Entscheidung.

»Sie brauchen wirklich noch nicht zu gehen, Kent. Bleiben Sie, wenn Sie mögen.« Lucy sagte es einfach, und er wußte, wenn er bliebe, hing es von ihm ab, was als nächstes geschah.

Er war halb geneigt, zu bleiben, aber seine Vorsicht und die Gewohnheit siegten. Er nahm ihre Hände. »Gute Nacht, Lucy. Wir wollen uns das alles überlegen.«

Als sich der Fahrstuhl hinter ihm schloß, stand sie noch in der offenen Tür ihres Apartments.

VI

»Ich habe Sie hierhergebeten«, sagte O'Donnell zu der Gruppe um den Tisch im Sitzungszimmer, »weil ich Sie um Ihre Unterstützung bitten möchte.«

Die anderen hörten aufmerksam zu. Von den Gebetenen waren alle außer Reubens erschienen, der für diese Zeit eine Bruchoperation angesetzt hatte.

O'Donnell fuhr fort: »Ich denke, es ist uns allen bekannt, daß wir in der Pathologie vor einem Problem stehen. Ich glaube, Sie werden mir auch zustimmen, daß dieses Problem sowohl persönlicher als auch medizinischer Natur ist.«

»Was für ein Problem?« Das war Charlie Dornberger. Der alte Geburtshelfer stopfte seine Pfeife, während er sprach. »Ich glaube nicht, daß ich ganz verstehe, worauf Sie hinauswollen, Kent.«

O'Donnell hatte etwas Derartiges erwartet. Er wußte, daß Dornberger und Pearson eng befreundet waren. Höflich erwiderte er: »Ich möchte Sie bitten, mich zu Ende anzuhören, Charlie. Ich werde versuchen, mich klar auszudrücken.«

Methodisch legte er die Schwierigkeiten dar, um die es sich handelte — die Verzögerungen bei den pathologischen Befunden, die steigenden Anforderungen, die das Krankenhaus an die pathologische Abteilung stellte, seine persönlichen Zweifel, daß Joe Pearson allein sie erfüllen konnte. Er berichtete den Vorfall mit Bill Rufus' Patientin, wandte sich an Rufus um dessen Bestätigung und schilderte im Anschluß den Fall, den er an diesem Morgen von Reubens erfahren hatte. Er schilderte ferner sein eigenes Gespräch mit Pearson und die Weigerung des alten Mannes, einen zweiten Pathologen zu akzeptieren. Er schloß mit den Worten: »Ich bin überzeugt, daß wir einen neuen Mann brauchen, um Joe zu helfen. Ich möchte Sie um Ihre Unterstützung bitten, um das durchzusetzen.«

»Auch ich habe mir Gedanken über die Pathologie gemacht.« Unmittelbar nach O'Donnell ergriff Harvey Chandler, der Chef der inneren Abteilung, das Wort, als wolle er sichergehen, daß das Protokoll gewahrt werde. Seine Worte hatten den Ton, als ob er einer wohlüberlegten Meinung nachdrücklich Ausdruck geben wolle. Wie üblich enthielt selbst seine einfachste Erklärung einen leicht bombastischen Ton. Er fuhr fort: »Aber in Anbetracht von Joe Pearsons Haltung kann sich die Sache als schwierig erweisen. Schließlich ist er der Leiter der Abteilung, und wir müssen alles vermeiden, was so ausgedeutet werden könnte, als wollten wir seine Autorität untergraben.«

»Das ist ganz meine Ansicht«, erwiderte O'Donnell, »und deshalb suche ich ja Unterstützung.« Er klopfte mit dem Finger auf den Tisch, um seine Worte zu unterstreichen. »Ihre Unterstützung, um Joe Pearson davon zu überzeugen, daß es anders werden muß.«

»Ich weiß nicht, ob die Art unseres Vorgehens ganz richtig ist«, meinte Bill Rufus.

»Weshalb, Bill?« O'Donnell bemerkte, daß Rufus heute eine seiner weniger aufdringlichen Krawatten trug. Sie hatte nur drei statt der sonst üblichen vier grellen Farben.

»Ich glaube nicht, daß ein paar von uns, die sich in dieser Weise zusammensetzen, das Recht haben, über Veränderungen in der Pathologie zu verhandeln.« Rufus sah die anderen der Reihe nach an. »Gewiß, ich habe mit Joe Pearson Schwierigkeiten. Das haben wohl die meisten von uns. Aber das bedeutet noch nicht, daß ich mich einer geheimniskrämerischen Verschwörung anschließe, um ihn auszubooten.«

O'Donnell war froh, daß dieser Punkt aufgeworfen wurde, und er war darauf vorbereitet. »Darf ich mit allem Nachdruck versichern«, erklärte er, »daß weder meinerseits noch bei irgend jemand anderem die Absicht besteht, Dr. Pearson« – er sah Rufus an – »auszubooten, wie Sie es bezeichneten.« Ein allgemeines Murmeln stimmte ihm zu.

»Betrachten Sie es folgendermaßen«, fuhr O'Donnell fort. »Allgemein scheint man darin übereinzustimmen, daß ein Wandel in der Pathologie unerläßlich ist. Schon allein wegen der pathologischen Befunde. Jeder Tag Verzögerung in Fällen, in denen Operationen notwendig sind, bedeutet eine Gefährdung der Patienten. Ich weiß, daß ich diesen Punkt nicht weiter hervorzuheben brauche.«

Harry Tomaselli warf dazwischen: »Wir sollten auch nicht vergessen, daß durch unnötige Verzögerungen Krankenhausbetten belegt werden, die wir dringend brauchen. Unsere Warteliste für die Aufnahme ist immer noch sehr lang.«

O'Donnell ergriff wieder das Wort: »Selbstverständlich könnte ich mich auch an den Exekutivausschuß wenden, statt das Problem in dieser Weise anzufassen.« Er schwieg kurz. »Wenn es sein muß, werde ich das auch tun. Aber ich glaube, Sie wissen, was dann geschieht. Joe ist selbst ein Mitglied des Exekutivausschusses, und da wir Joe alle kennen, wissen wir, daß jede Diskussion zu einer schweren Auseinandersetzung ausarten wird. Und was hätten wir damit gewonnen, wenn wir in dieser Form auf eine Klärung der Frage drängen? Wir hätten Joe Pearson bewiesen, daß er seine eigene Abteilung nicht mehr in der Hand hat. Und damit würden wir medizinisch und in jeder anderen Weise unser eigenes Ansehen und das des Krankenhauses untergraben, wie Harvey es gerade bezeichnet hat.« O'Donnell dachte noch an etwas anderes, worüber er hier nicht sprechen konnte, daran, daß er auch Pearsons Einfluß auf die alte Garde im Krankenhausausschuß und die hauspolitischen Auswirkungen berücksichtigte, die eine schwerwiegende Auseinandersetzung nach sich ziehen mußte.

»Ich will damit nicht sagen, daß ich mich Ihnen anschließe, aber was wollen Sie vorschlagen?« Diese Frage kam von Charlie Dornberger. Er akzentuierte seine Worte mit Puffen an seiner Pfeife, während er sie in Brand setzte.

Rufus schnüffelte. »Wir beeilen uns wohl besser. Hier wird man bald nicht mehr atmen können. Importieren Sie diesen Kameldung selbst, Charlie?«

Während die anderen lächelten, entschloß sich O'Donnell, sie einzuweihen. »Mein Vorschlag, Charlie, besteht darin, daß Sie mit Joe sprechen – in unser aller Namen.«
»O nein.« Dornbergers Reaktion entsprach weitgehend dem, was O'Donnell erwartet hatte. In überredendem Ton fuhr er fort: »Charlie, wir wissen, daß Sie ein enger Freund von Joe sind, und das hatte ich berücksichtigt, als ich Sie zu dieser Besprechung bat. Sie könnten ihn in diesem Punkt überreden.«
»Mit anderen Worten, ich soll für Sie das Kriegsbeil schwingen«, antwortete Dornberger trocken.
»Charlie, glauben Sie mir: es ist kein Kriegsbeil.«
Dr. Charles Dornberger zögerte. Er bemerkte, daß die anderen ihn beobachteten, während sie auf seine Antwort warteten. Er war unschlüssig. Sollte er das tun, worum O'Donnell ihn bat? Er wurde von zwei widerstrebenden Empfindungen hin und her gerissen: seiner Anteilnahme an dem Wohl des Krankenhauses und seiner persönlichen Freundschaft mit Joe Pearson.
In gewisser Weise hatten ihn die Mitteilungen über die Verhältnisse in der Pathologie nicht überrascht. Sie schilderten einen Zustand, den er schon seit einiger Zeit vermutete. Dessenungeachtet hatten ihn die beiden Vorfälle mit Rufus und Reubens unsagbar erschreckt. Dornberger war auch überzeugt, daß O'Donnell diese Zusammenkunft niemals einberufen hätte, wenn er nicht ernstlich besorgt gewesen wäre, und er respektierte das Urteil des Chefs der Chirurgie.
Gleichzeitig wünschte Charles Dornberger Joe Pearson zu helfen, falls er es konnte, und in diesem Augenblick war er über die Flut der Vorfälle bedrückt, die den alten Pathologen zu überschwemmen schienen. Aber davon abgesehen, klangen O'Donnells Worte aufrichtig, als er sagte, es bestehe keine Absicht, Pearson auszubooten, und die anderen schienen der gleichen Auffassung zu sein. Er sah ein, daß er vielleicht der geeignetste Vermittler war. Vielleicht konnte er Joe auf diese Weise am besten helfen.
Dornberger sah die anderen der Reihe nach einzeln an. »Ist das die einhellige Meinung?«
Nachdenklich erklärte Lucy Grainger: »Ich habe Joe sehr gern, wie wir alle, glaube ich. Aber mir scheint, daß einige Veränderungen in der Pathologie notwendig sind.« Es waren die ersten Worte, die Lucy sprach. Auch sie hatte sich über diese Besprechung mit Kent O'Donnell Gedanken gemacht. Die Ereignisse am Abend vorher in ihrer Wohnung hatten sie in einer seltsamen Weise beunruhigt, wie sie es seit Jahren nicht mehr kannte. Nachher hatte sie sich gefragt, ob sie O'Donnell liebe, sich dann selbst gesagt – und sich nur halb geglaubt –, daß Worte

dieser Art zwar gut für junge und temperamentvolle Menschen paßten, aber in ihrem Alter – bei ihrer Reife und Unabhängigkeit und mit einer eigenen Praxis – prüfte und überlegte man und überwand plötzlich aufwallende Gefühlsregungen. In diesem Augenblick war sie allerdings in der Lage, persönliche Gefühle vom beruflichen Standpunkt zu trennen und über die Probleme in der Pathologie sachlich zu urteilen. Man lernte das als Arzt sehr bald – private Dinge aus seinen Gedanken auszuschließen, wenn unmittelbare Fragen bedeutsamer waren.

O'Donnell sah Rufus an. »Bill?«

Der Chirurg nickte. »Gut. Wenn Charlie mit Pearson sprechen will, bin ich einverstanden.«

Harvey Chandler war der nächste. Gewichtig setzte der Chef der inneren Abteilung Dornberger auseinander: »Meiner Meinung nach ist das der beste Weg, die Angelegenheit zu behandeln. Sie werden uns allen und auch dem Krankenhaus dadurch einen sehr großen Dienst erweisen.«

»Also schön«, antwortete Dornberger, »ich will sehen, was ich tun kann.«

Einen Augenblick lang herrschte Schweigen, und O'Donnell empfand Erleichterung. Er wußte, daß das Problem verstanden worden war und daß jetzt wenigstens etwas geschehen würde. Wenn dieser Versuch fehlschlug, mußte er unmittelbare Schritte unternehmen. Manchmal, dachte er, wäre es einfacher, wenn das medizinische Protokoll weniger kompliziert wäre. In der Industrie wurde ein Mann, der seine Aufgabe nicht angemessen erfüllte, entlassen. Wenn man wünschte, daß ihm ein Assistent zur Seite stehe, wurde ihm das mitgeteilt, und im allgemeinen war der Fall damit erledigt. Aber in der Medizin und in einem Krankenhaus ging man weniger gradlinig vor. Die Grenzen der Autorität waren selten klar gezogen, und der Leiter einer medizinischen Abteilung war nach seiner Ernennung weitgehend Herr in seinem Reich. Noch wichtiger war, daß man vor wirklich drastischen Maßnahmen zurückscheute, weil man es mit mehr als nur einem Arbeitsplatz zu tun hatte. Man stellte ungern die Fähigkeiten eines Mannes in Frage, der, wie man selbst, von seinem beruflichen Ansehen abhing. Es war eine delikate Frage, bei der eine einzige Entscheidung die gesamte Zukunft und den Lebensunterhalt eines Kollegen beeinflussen konnte. Das war der Grund, weshalb man vorsichtig vorging, Dinge dieser Art sorgfältig verhüllte und dem Einblick von außen entzog.

Harry Tomaselli sagte leise: »Wir werden uns also nach einem Pathologen umsehen müssen, wenn ich richtig verstehe.«

»Ich denke, wir sollten damit anfangen«, antwortete O'Donnell dem

Verwaltungsdirektor und sah dann die anderen an. »Ich nehme an, daß die meisten von uns Verbindungen besitzen, durch die man es verbreiten kann. Wenn Sie von irgend jemand hören – vielleicht einem guten Mann, der gerade seine Zeit als Assistenzarzt abgeschlossen hat –, wäre ich dankbar, wenn man mich informierte.«

»Pathologen können gegenwärtig weitgehend nach Belieben wählen«, meinte Bill Rufus.

»Ich weiß. Es wird gar nicht so leicht sein. Das ist ein Grund mehr, Joe vorsichtig zu behandeln«, fügte O'Donnell dann hinzu.

Harry Tomaselli hatte in eine seiner Schreibtischschubladen gegriffen und einen Aktendeckel herausgezogen. »Hier ist vielleicht etwas, das Sie interessiert«, sagte er.

»Was haben Sie denn da?« fragte Harvey Chandler.

»Ich habe kürzlich die Liste der frei werdenden Pathologen erhalten«, antwortete Tomaselli. »Offen gesagt, hatte ich etwas Ähnliches schon erwartet und darum gebeten. Vor ein oder zwei Wochen erhielt ich diesen Namen.«

»Darf ich sehen?« O'Donnell griff nach dem Papier, das Tomaselli in der Hand hielt. Er wußte, daß die sogenannte »Offene Liste« Krankenhäusern auf Verlangen in regelmäßigen Abständen zugeschickt wurde. Sie enthielt Informationen über Pathologen, die für offene Stellen zur Verfügung standen, und die genannten Männer hatten genehmigt, daß ihr Name aufgenommen wurde. Es gab ferner eine vertrauliche Liste, die aber ausschließlich den Mitgliedern des Fachverbandes der Pathologen zur Verfügung stand. Zum größten Teil enthielt die »Vertrauliche Liste« Ärzte, die mit ihrer gegenwärtigen Stellung unzufrieden waren und unauffällig nach einer anderen suchten. Krankenhäuser, die einen Pathologen einstellen wollten, teilten das dem Fachverband mit, der die Ärzte, die auf der »Vertraulichen Liste« standen, informierte. Dann konnte jeder, der wollte, sich direkt an das Krankenhaus wenden. Doch ungeachtet dieser Einrichtung wurden, wie O'Donnell bekannt war, die meisten Pathologen immer noch auf Grund persönlicher Verbindungen und Empfehlungen angestellt.

Er betrachtete das Blatt, das der Verwaltungsdirektor ihm gereicht hatte. Es nannte den Namen eines Dr. David Coleman, einunddreißig Jahre alt. O'Donnell zog die Augenbrauen hoch, als er Colemans Zeugnisse und Ausbildungsgang sah. Mit Auszeichnung die Universität von New York absolviert, Assistent im Bellevue, zwei Jahre in der Armee, den größten Teil als Pathologe, fünf Jahre Assistenzarzt für Pathologie, auf drei gute Krankenhäuser verteilt. Das war ein Mann, der sich um die denkbar beste Ausbildung bemüht hatte.

Er reichte das Papier an Rufus weiter. »Ich bezweifle sehr, daß er uns überhaupt in Frage ziehen wird«, sagte er zu Tomaselli. »Bei seinen Qualifikationen und dem Anfangsgehalt, das wir ihm bezahlen können, glaube ich es nicht.« O'Donnell wußte aus einem früheren Gespräch mit dem Verwaltungsdirektor, daß sich das Gehalt auf etwa zehntausend Dollar im Jahr beschränken mußte.

Rufus sah auf. »Das scheint mir auch. Der Mann kann zwischen den Krankenhäusern in den großen Städten wählen.« Er gab das Blatt an Harvey Chandler weiter.

»Nun, Tatsache ist . . .« Tomaselli schwieg. Sein Ton war ungewöhnlich zurückhaltend, als ob er seine Worte genau abwäge.

Neugierig fragte O'Donnell: »Ja, was, Harry?«

»Nun, Tatsache ist, daß sich Dr. Coleman für unser Krankenhaus durchaus interessiert.« Tomaselli machte eine Pause. »Ich vermute, daß er etwas von den Veränderungen in letzter Zeit und unseren Plänen für die Zukunft gehört hat.«

O'Donnell beendete das plötzliche Schweigen. »Woher wissen Sie das?«

»Ich habe mit ihm korrespondiert.«

»Ist das nicht etwas ungewöhnlich, Harry?« fragte Rufus.

»Vielleicht war ich voreilig. Aber nachdem ich das da erhielt« – Tomaselli deutete auf das Papier, das Lucy jetzt in Händen hielt –, »schrieb ich an Dr. Coleman. Selbstverständlich nichts Endgültiges. Es war nur ein Vorfühlen, um seine Ansicht kennenzulernen.« Er wandte sich an O'Donnell. »Das war nach unserer Unterhaltung vor etwa zwei Wochen. Sie erinnern sich, Kent?«

»Ja, ich entsinne mich.« O'Donnell wünschte, daß Harry ihn vorher darüber unterrichtet hätte. Natürlich konnte Tomaselli als Verwaltungsdirektor korrespondieren, mit wem er wollte. Er hatte das Krankenhaus damit in keiner Weise festgelegt. Vermutlich war der Briefwechsel vertraulich; er konnte sich möglicherweise als ein geschickter Zug erweisen. Zu Tomaselli sagte er: »Und Sie meinen, er sei interessiert?«

»Ja, er will gern herkommen und sich mit uns unterhalten. Wenn die Sprache nicht gerade darauf gekommen wäre, hätte ich Sie ohnedies unterrichtet.«

Dornberger hatte jetzt das Papier. Er klopfte mit dem Zeigefinger darauf. »Und was soll ich damit?«

O'Donnell sah die anderen um ihre Zustimmung suchend an. »Ich meine, Sie sollten es an sich nehmen, Charlie«, antwortete er, »und ich würde vorschlagen, daß Sie es Joe Pearson zeigen.«

VII

In dem an den Obduktionsraum angrenzenden Zimmer saß Roger McNeil, der Assistenzarzt der Pathologie, und war für das pathologische Kolloquium bereit. Nur Dr. Joseph Pearson fehlte noch, damit sie anfangen konnten.

Im Three Counties Hospital bildete wie in vielen Krankenhäusern das pathologische Kolloquium die zweite Phase der Obduktion. Vor einer halben Stunde hatte George Rinne, der Diener der Leichenkammer, die Organe hereingebracht, die bei den drei Obduktionen dieser Woche herausgenommen worden waren. In weißen Emailleeimern standen zwei Gruppen von Organen nebeneinander und dahinter in Glasgefäßen drei Gehirne. Die Mitte des Raumes nahm ein Steintisch mit einem großen, eingelassenen Becken und einem Wasserhahn darüber ein. Gegenwärtig war der Hahn aufgedreht. Darunter stand der dritte Eimer mit Organen, und das Wasser spülte das Formalin heraus, in dem die Organe aufbewahrt worden waren und das ihnen gleichzeitig einen Teil des schwer zu ertragenden Geruchs nahm.

McNeil warf einen letzten prüfenden Blick um sich. Pearson geriet leicht in Wut, wenn irgend etwas nicht griffbereit lag. Er fand, daß der Raum, in dem sie arbeiteten, seiner Aufgabe angemessen makaber wirkte. Besonders, wenn die Organe nebeneinandergereiht dalagen, wie es in wenigen Minuten der Fall sein würde, und ihm das Aussehen eines Metzgerladens gaben. Er hatte in Krankenhäusern Sezierräume gesehen, in denen alles nur aus schimmerndem, rostfreiem Stahl bestand. Aber das war die moderne Schule, die in der pathologischen Abteilung des Three Counties Hospitals noch keinen Eingang gefunden hatte.

Jetzt hörte er die vertrauten, halb schlürfenden Schritte, und Pearson kam herein, von der unvermeidlichen Wolke Zigarrenrauch umgeben.

»Keine Zeit zu verlieren.« Pearson hielt sich selten mit Vorreden auf. »Es ist anderthalb Wochen her, daß ich diese Auseinandersetzung mit O'Donnell hatte, und wir hängen immer noch zurück.« Die Zigarre tanzte auf und ab. »Wenn wir damit fertig sind, wünsche ich eine Überprüfung aller rückständigen pathologischen Befunde. Welches ist der erste Fall?« Während er sprach, hatte er eine schwarze Gummischürze angelegt und Gummihandschuhe übergestreift. Jetzt trat er an den Tisch in der Mitte und nahm Platz. McNeil setzte sich auf einen Hocker neben ihn und sah in die Krankenpapiere des Falles.

»Fünfundfünfzigjährige Frau, Todesursache laut Diagnose des Arztes Brustkrebs.«

»Zeigen Sie her.« Pearson griff selbst nach den Papieren. Manchmal saß er geduldig da, während ihm der Assistenzarzt den Fall schilderte.

In anderen Fällen wollte er alles selbst lesen. Darin war er, wie in allem anderen, unberechenbar.
»Hm.« Pearson legte die Papiere hin und drehte den Wasserhahn zu. Er griff in den Eimer und tastete darin herum, bis er das Herz fand. Er öffnete es mit beiden Händen. »Haben Sie den Schnitt gemacht?«
Der Assistenzarzt schüttelte den Kopf.
»Habe ich auch nicht geglaubt.« Pearson betrachtete wieder das Herz. »Seddons?«
McNeil nickte etwas zögernd. Er hatte selbst bemerkt, daß das Herz schlecht aufgeschnitten worden war.
»Das Zeichen des Zorro.« Pearson grinste. »Sieht aus, als hätte er damit ein Duell veranstaltet. Wo ist Seddons übrigens?«
»Ich glaube, in der Chirurgie. Dort wird eine Operation vorgenommen, die er mit ansehen wollte.«
»Sagen Sie ihm, solange er der Pathologie zugeteilt ist, erwarte ich, daß er an allen Kolloquien teilnimmt. Also weiter.«
McNeil balancierte eine Notiztafel auf seinen Knien und war bereit, zu schreiben. Pearson diktierte: »Herz zeigt eine leichte Verdickung und Schrumpfung der mitralen Klappe. Sehen Sie es hier?« Er hob das Organ hoch.
McNeil beugte sich vor. »Ja, ich sehe es«, bestätigte er.
Pearson fuhr fort: »Die Klappenbänder sind verklebt, verkürzt und verdickt.« Beiläufig fügte er hinzu: »Sieht nach einem alten Gelenkrheuma aus. Das war allerdings nicht die Todesursache.«
Er schnitt ein kleines Stück des Gewebes ab und legte es in ein mit einem Schild versehenes Gefäß von der Größe eines Tintenglases. Es sollte später mikroskopisch untersucht werden. Dann schob er mit der Mühelosigkeit langer Übung das übrige Herz genau in ein Loch weiter unten am Tisch. Darunter stand ein Metallkübel. Nach dem Kolloquium wurde er geleert und gesäubert und sein Inhalt in einem Spezialofen zu feiner Asche verbrannt.
Nun nahm Pearson die Lungen. Er öffnete den ersten Lungenflügel wie zwei Seiten eines großen Buches und diktierte McNeil: »Lunge zeigt zahlreiche metastatische Knötchen.« Wieder hielt er das Gewebe hoch, so daß der Assistenzarzt es sehen konnte.
Er hatte sich dem zweiten Lungenflügel zugewandt, als sich hinter ihm eine Tür öffnete.
»Sehr beschäftigt, Dr. Pearson?«
Pearson drehte sich gereizt um. Es war die Stimme von Carl Bannister, dem ersten Laboranten der pathologischen Abteilung. Bannister hatte den Kopf vorsichtig durch die Tür geschoben. Hinter ihm im Gang stand noch jemand.

»Natürlich bin ich beschäftigt. Was wollen Sie?« Es war der Ton, halb drohend, halb vertraulich, den Pearson Bannister gegenüber gewohnheitsmäßig anschlug. Im Laufe der Jahre hatten sich beide daran gewöhnt. Jede etwas freundlichere Note hätte sie wahrscheinlich beide verwirrt.

Bannister blieb ungerührt. Er winkte mit dem Finger nach hinten. »Kommen Sie.« Dann sagte er zu Pearson: »Das ist John Alexander. Sie erinnern sich, der neue Laborant, den Sie in der vorigen Woche angestellt haben. Er beginnt heute mit der Arbeit.«

»Ah ja. Ich vergaß, daß es heute war. Kommen Sie 'rein.« Pearsons Ton war freundlicher als gegenüber Bannister. McNeil dachte, vielleicht will er den Neuen nicht schon am ersten Tag vergraulen.

McNeil musterte den Eintretenden neugierig. Zweiundzwanzig, dachte er. Später erfuhr er, daß er genau richtig geschätzt hatte. Es war ihm bereits bekannt, daß Alexander unmittelbar von einer Fachschule kam, an der er ein Examen als medizinischer Laborant abgelegt hatte. Nun, sie konnten hier so jemand brauchen. Bannister war zweifellos kein Louis Pasteur.

McNeil sah den ersten Laboranten an. Wie üblich kam ihm Bannister wie eine Art Volksausgabe Pearsons vor. Seine untersetzte, füllige Gestalt wurde von einem fleckigen Laborkittel zum Teil verhüllt. Er hatte den Mantel nicht zugeknöpft, sein Anzug darunter war abgetragen und ungebügelt. Bannister war fast kahl, und die wenigen Haare, die er noch besaß, sahen aus, als würden sie nie gepflegt.

Bannisters Lebensgeschichte war McNeil zum Teil bekannt. Er war ein oder zwei Jahre nach Pearson an das Three Counties Hospital gekommen. Er hatte die Oberschule besucht, und Pearson hatte ihn als Mädchen für alles angestellt – um die Bestände zu verwalten, für Botengänge, um die Instrumente zu reinigen. Im Laufe der Jahre hatte Bannister nach und nach in dem Labor eine ganze Menge praktischer Kenntnisse gesammelt und war mehr und mehr Pearsons rechte Hand geworden.

Offiziell arbeitete Bannister in der Serologie und der Biochemie. Aber er war so lange in der Abteilung, daß er als Techniker auch in den anderen Abteilungen des Labors aushelfen konnte und tat es häufig. Deshalb hatte Pearson ihm einen ganzen Teil der Verwaltung des Labors aufgeladen und ihn praktisch zum Vorgesetzten aller Laboranten in der Pathologie gemacht.

McNeil hielt es für wahrscheinlich, daß Bannister in seiner besten Zeit ein guter Laborant gewesen war und es bei einer besseren Ausbildung hätte weiterbringen können. Wie die Dinge aber lagen, hielt er Bannister für einen erfahrenen Praktiker mit geringen theoretischen Kenntnissen. Aus eigener Beobachtung wußte der Assistenzarzt, daß ein großer Teil von Bannisters Arbeiten im Labor vorwiegend auf mechanischer Übung statt auf bewußter Überlegung beruhten. Er konnte zwar serologische und chemische Untersuchungen durchführen, ohne aber die dahinterstehenden wissenschaftlichen Zusammenhänge wirklich zu verstehen. McNeil hatte oft gedacht, daß sich das eines Tages als gefährlich auswirken könne.

Alexander war natürlich ein anderer Fall. Er besaß die Ausbildung der meisten Laboranten heutzutage, mit drei Studienjahren auf dem College, das letzte in einer anerkannten Schule für medizinische Technologen. Der Ausdruck Technologe war manchmal für Leute wie Bannister ein wunder Punkt, die nur die Bezeichnung Techniker anerkannten.

Pearson deutete mit seiner Zigarre auf den freien Hocker neben dem Tisch. »Setzen Sie sich, John.«

»Danke, Doktor«, antwortete Alexander höflich. In seinem fleckenlosen Labormantel, dem frisch geschnittenen Haar, der gebügelten Hose und den geputzten Schuhen bildete er sowohl zu Pearson als auch zu Bannister einen auffälligen Gegensatz.

»Glauben Sie, daß es Ihnen bei uns gefallen wird?« Pearson sah auf die Lunge hinunter, die er immer noch in den Händen hielt, und fuhr mit seiner Untersuchung fort, während er sprach.

»Davon bin ich überzeugt, Doktor.«

Netter Junge, dachte McNeil, seine Antwort klingt aufrichtig.

»Nun, John«, sagte Pearson, »Sie werden feststellen, daß wir bestimmte Arbeitsmethoden haben. Sie mögen nicht immer dem entsprechen, was Sie gelernt haben, aber wir finden, daß sie sich für uns gut eignen.«

»Ich verstehe, Doktor.«

Wirklich, mein Junge, dachte McNeil, verstehst du, was der alte Mann dir damit tatsächlich sagt? Daß er hier keine Veränderungen wünscht und kein Experimentieren mit Ideen, die du in der Schule vielleicht aufgegabelt hast? Daß hier in der Abteilung nichts Neues, aber auch nichts — so geringfügig es immer sei — ohne seine ausdrückliche Zustimmung eingeführt wird?

»Manche Leute werden behaupten, wir hier seien altmodisch«, fuhr Pearson fort. Er war auf seine Weise durchaus freundlich. »Aber wir glauben an erprobte und bewährte Methoden, wie Carl?«

Bannister gab schnell die gewünschte Zustimmung. »Das stimmt, Doktor.«

Pearson war jetzt mit der Lunge fertig und griff wieder in den Eimer — irgendwie war es, als zöge er ein Los bei einer Lotterie — und faßte den Magen. Er grunzte und hielt dann einen geöffneten Teil McNeil hin. »Haben Sie das gesehen?«

Der Assistenzarzt nickte. »Ja, ich sah es. Wir haben es im Protokoll angeführt.«
»Gut, gut.« Pearson deutete auf die Notiztafel und diktierte: »Peptisches Ulcus unmittelbar unter dem pylorischen Ring am Zwölffingerdarm.«
Alexander hatte sich leicht vorgebeugt, um besser zu sehen. Pearson bemerkte seine Bewegung und schob ihm das Organ hin. »Interessieren Sie sich für Sektionen, John?«
Respektvoll antwortete Alexander: »Ich habe mich immer für Anatomie interessiert, Doktor.«
»Ebensosehr wie für die Laborarbeit, wie?«
McNeil spürte, daß Pearson angenehm berührt war. Pathologische Anatomie war die große Leidenschaft des alten Mannes.
»Ja, Sir.«
»Nun, dies sind die Organe einer fünfundfünfzigjährigen Frau.« Pearson blätterte in der Krankengeschichte vor sich. Alexander zeigte gespannte Aufmerksamkeit. »Dieser Fall hatte eine interessante Vorgeschichte. Die Patientin war Witwe. Die unmittelbare Todesursache war ein Brustkrebs. Zwei Jahre vor ihrem Tod erkannten ihre Kinder, daß sie krank war, konnten sie aber nicht überreden, zum Arzt zu gehen. Anscheinend hatte sie ein Vorurteil gegen Ärzte.«
»Das soll es geben«, meinte Bannister. Er stieß ein gequetschtes, hohes Kichern aus, das verstummte, als er Pearsons Blick bemerkte.
»Sparen Sie sich Ihre albernen Bemerkungen, während ich John etwas erkläre. Ihnen könnte es auch nichts schaden.« Jeden außer Bannister hätte Pearsons Zurechtweisung vernichtet. Aber der erste Laborant grinste nur.
»Was geschah dann, Doktor?« fragte Alexander.
»Hier steht: ›Tochter erklärt, daß die Angehörigen in den letzten zwei Jahren im Bereich der linken Brust ihrer Mutter Absonderungen bemerkten. Vierzehn Monate vor der Aufnahme ins Krankenhaus bemerkten sie Blutungen an der gleichen Stelle. Sonst schien sie bei guter Gesundheit.‹«
Pearson blätterte die Seite um. »Dem Anschein nach ging die Frau zu einem Heilkundigen.« Er knurrte grimmig. »Offenbar war ihr Glaube aber nicht fest genug, denn später brachten die Kinder sie zu uns.«
»Inzwischen war es vermutlich zu spät?«
Das ist nicht nur Höflichkeit, dachte McNeil. Dieser Alexander ist ernsthaft interessiert.
»Ja«, antwortete Pearson. »Aber wenn die Frau frühzeitig zu einem Arzt gegangen wäre, hätte eine radikale Mastectomie vorgenommen werden können – so bezeichnet man eine Entfernung der Brust.«

»Ja, Sir, ich weiß.«
»In diesem Falle könnte sie noch leben.« Pearson warf den Magen genau durch das Loch.
Eine Frage beschäftigte Alexander noch. »Sagten Sie nicht gerade, daß sie ein Magengeschwür hatte?«
Das war gut, dachte McNeil. Pearson reagierte anscheinend ebenso, denn er wandte sich Bannister zu. »Da haben Sie es, Carl. Hier ist ein Junge, der seine Ohren aufmacht. Wenn Sie sich nicht dranhalten, wird er Ihnen bald etwas beibringen.«
Bannister grinste, aber, wie McNeil schien, etwas mürrisch. Pearsons Worte konnten sich als peinlich wahr erweisen. »Nun, John« – Pearson zeigte sich ungewöhnlich gesprächig –, »mag sein, daß sie Beschwerden hatte. Vielleicht aber auch nicht.«
»Sie meinen, sie hatte es vielleicht nie bemerkt?«
McNeil hielt es für an der Zeit, selbst etwas zu sagen.
»Es ist überraschend«, erklärte er Alexander, »was Leuten alles fehlt, unabhängig von dem, woran sie sterben. Dinge, von denen sie nie etwas erfahren. Sie werden das hier häufig beobachten können.«
»Das stimmt.« Pearson nickte zustimmend. »Wissen Sie, John, das Bemerkenswerte an unserem Organismus ist nicht das, was ihn tötet, sondern das, was an ihm in Unordnung und krank sein kann, und womit wir trotzdem leben.« Er schwieg und wechselte dann unvermittelt das Thema. »Sind Sie verheiratet?«
»Ja, Sir.«
»Ist Ihre Frau hier bei Ihnen?«
»Noch nicht. Sie kommt nächste Woche. Ich hielt es für richtig, erst eine Wohnung für uns zu finden.«
McNeil erinnerte sich, daß Alexander einer der auswärtigen Bewerber um die Stellung am Three Counties Hospital gewesen war. Er glaubte sich zu erinnern, daß er aus Chikago kam.
Alexander zögerte, ehe er hinzufügte: »Ich hätte Sie gern etwas gefragt, Dr. Pearson.«
»Und zwar?« Der alte Mann fragte in zurückhaltendem Ton.
»Meine Frau erwartet ein Baby, Doktor. Und da wir in eine uns fremde Stadt kommen, kennen wir hier niemand.« Alexander machte eine Pause. »Uns bedeutet dieses Kind sehr viel. Wir haben unser erstes verloren, verstehen Sie. Einen Monat nach seiner Geburt.«
»Ich verstehe.« Pearson hatte seine Arbeit unterbrochen und musterte ihn aufmerksam.
»Ich wollte Sie fragen, Doktor, ob Sie uns einen Geburtshelfer empfehlen können, den meine Frau aufsuchen soll.«
»Das ist einfach.« Pearson klang erleichtert. Offensichtlich hatte er sich

gefragt, was kommen würde. »Doktor Dornberger ist ein sehr guter Arzt. Er hält auch hier Sprechstunde ab. Soll ich ihn anrufen?«
»Wenn es Ihnen keine großen Umstände macht.«
Pearson winkte Bannister. »Stellen Sie fest, ob er da ist.«
Bannister nahm den Hörer von dem Telefon hinter ihnen ab und verlangte die Verbindung. Nach einer Pause sagte er: »Er ist da«, und reichte Pearson den Hörer.
Beide Hände in nassen Handschuhen winkte der alte Mann ärgerlich mit dem Kopf. »Halten Sie ihn mir doch.«
Bannister trat näher und drückte die Hörmuschel gegen Pearsons Ohr.
»Bist du da, Charlie?« dröhnte der Pathologe in das Telefon. »Ich habe eine Patientin für dich.«
In seinem Sprechzimmer, drei Stockwerke höher, lächelte Dr. Charles Dornberger und hielt das Telefon etwas von seinem Ohr ab. Er fragte: »Was kann ein Geburtshelfer schon für deine Patienten tun?« Gleichzeitig ging ihm durch den Kopf, daß ihm dieser Anruf gelegen kam. Seit der Zusammenkunft, die O'Donnell gestern einberufen hatte, dachte Charles Dornberger darüber nach, wie er Joe Pearson den Vorschlag am besten unterbreiten könne. Nun schien sich von selbst eine günstige Gelegenheit zu bieten.
Unten in der Pathologie manövrierte Pearson die Zigarre in einen Mundwinkel. Er unterhielt sich gern mit Dornberger.
»Es ist kein toter Patient, alter Esel, es ist ein lebendiger. Die Frau eines meiner Laboranten – Mrs. John Alexander. Sie sind noch fremd in Burlington und kennen hier niemand.«
Als Pearson den Namen nannte, öffnete Dornberger eine Schublade mit einer Kartei und zog eine Karte heraus.
»Einen Moment.« Er klemmte den Hörer zwischen Ohr und Schulter und schrieb in seiner feinen Schrift mit der Rechten, während er mit der Linken die Karte hielt: »Alexander, Mrs. John.« Es war typisch für Dornbergers methodische Organisation seiner Praxis, daß dies seine erste Handlung war. Nun sagte er: »Ich werde gern helfen, Joe. Willst du sie veranlassen, daß sie mich anruft, um einen Termin zu vereinbaren?«
»Sehr gut. Irgendwann nächste Woche. Vorher kommt Mrs. Alexander nicht hierher.« Er grinste Alexander an und fügte, immer noch fast schreiend, hinzu: »Und wenn sie Zwillinge wollen, Charlie, dann sorge gefälligst dafür, daß sie die kriegen.«
Pearson lauschte auf Dornbergers Antwort und kicherte. Dann kam ihm noch ein Gedanke. »Und, he, noch was! Keine deiner phantastischen Honorarforderungen. Ich will nicht, daß der Junge von mir Gehaltserhöhung verlangt, damit er deine Rechnung bezahlen kann.«

Dornberger lächelte. Er antwortete: »Keine Sorge.« Auf der Karte vermerkte er »Angestellter des Krankenhauses«. Das war für ihn ein Zeichen, diesem Patienten keine Rechnung zu schicken. In das Telefon sagte er: »Ich möchte dich noch wegen etwas anderem sprechen, Joe. Wann paßt es dir? Ich komme dann zu dir hinunter.«
»Heute geht es nicht mehr«, sagte Pearson. »Ich habe den ganzen Tag zu tun. Wie ist es morgen?«
Dornberger überprüfte seinen eigenen Terminkalender. »Morgen bin ich selbst den ganzen Tag besetzt. Sagen wir übermorgen. Wie ist es um zehn Uhr vormittags? Ich komme in dein Arbeitszimmer.«
»Läßt sich machen, falls du es mir nicht jetzt am Telefon sagen willst.« Pearsons Stimme klang neugierig.
»Nein, Joe«, antwortete Dornberger, »ich komme damit lieber zu dir.«
In der Pathologie antwortete Pearson: »Schön, Charlie, bis dahin denn.« Ungeduldig winkte er den Hörer fort, und Bannister legte ihn auf die Gabel zurück.
Zu Alexander sagte Pearson: »Alles geregelt. Ihre Frau kommt hier in das Krankenhaus, wenn es soweit ist. Als Angestellter erhalten Sie eine Ermäßigung von zwanzig Prozent.«
Alexander strahlte. McNeil dachte, ja, nur zu, freu dich, mein Junge. Der alte Mann hat gerade seine glückliche Stunde. Aber laß dich nicht täuschen. Es kommen auch noch andere. An denen wirst du keinen Spaß haben.

»Nur einen Augenblick, bitte.« Dornberger lächelte der Lernschwester zu, die in sein Sprechzimmer gekommen war, während er mit Pearson sprach. Er deutete auf den Sessel neben seinem Schreibtisch.
»Danke, Doktor.« Vivian Loburton brachte ein Krankenblatt, um das Dornberger gebeten hatte. Im allgemeinen wurde den Ärzten dieser Dienst nicht erwiesen. Sie mußten selbst zu den Stationen kommen und die Krankengeschichten dort einsehen. Aber Dornberger war bei den Schwestern beliebt; sie erwiesen ihm immer kleine Gefälligkeiten. Und als er ein paar Minuten vorher angerufen hatte, schickte die Stationsschwester Vivian sofort zu ihm.
»Wenn es geht, tue ich immer gern nur eines zur gleichen Zeit.« Dornberger notierte jetzt mit einem Bleistift auf der Karte die wenigen Fakten, die Joe Pearson ihm mitgeteilt hatte. Später, wenn er von der Patientin mehr erfuhr, würde er diese Notizen ausradieren und die Karte mit Tinte ausfüllen. Immer noch schreibend fragte er das Mädchen: »Sie sind neu bei uns, wie?«
»Ziemlich neu, Doktor«, antwortete Vivian. »Ich bin seit vier Monaten in der Schwesternschule.«

Er bemerkte, daß sie eine sanfte, zwitschernde Stimme hatte. Hübsch war sie auch. Er fragte sich, ob schon einer der Praktikanten oder der Assistenzärzte mit ihr angebandelt habe. Oder sollten sich diese Dinge seit seinen eigenen Studienjahren geändert haben? Gelegentlich kam ihm der Verdacht, daß Praktikanten und Assistenten heutzutage zurückhaltender als früher waren. Bedauerlich. Falls es zutraf, ließen sie sich eine Menge entgehen. Laut sagte er: »Das war Dr. Pearson, unser Pathologe. Haben Sie ihn schon kennengelernt?«

»Ja«, sagte Vivian. »Mein Kurs wohnte einer Obduktion bei.«

»O je, wie ...« Er wollte sagen »gefiel«, aber änderte es in: »Wie fanden Sie es?«

Vivian überlegte. »Zunächst war es ein ziemlicher Schock, aber nachher machte es mir nicht so sehr viel aus.«

Er nickte verständnisvoll. Er war mit Schreiben fertig und steckte die Karte fort. Der heutige Tag war ruhiger als üblich gewesen. Er hatte es gern, wenn er eine Arbeit beenden konnte, ehe er sich der nächsten zuwandte. Er streckte die Hand nach der Krankengeschichte aus. »Danke«, und fügte hinzu: »Ich brauche die Papiere nur einen Augenblick, falls Sie warten wollen.«

»Gern, Doktor.« Vivian war es sehr willkommen, daß sie ein paar Minuten länger Ruhe von dem Betrieb auf der Station fand. Sie lehnte sich in dem Sessel zurück. Hier in diesem Zimmer mit der Klimaanlage war es kühl. Im Schwesternheim kannten sie diesen Luxus nicht.

Vivian beobachtete Dr. Dornberger, während er das Krankenblatt studierte. Er ist wahrscheinlich im gleichen Alter wie Dr. Pearson, dachte sie, aber er sieht doch ganz anders aus. Während der Pathologe ein rundes Gesicht mit einem kräftigen Kinn besaß, war Dr. Dornberger hager und eckig. Auch auf andere Weise stand seine Erscheinung mit der Mähne sorgfältig gekämmten und gescheitelten weißen Haares im Gegensatz zu Dr. Pearson. Sie bemerkte, daß seine Hände gepflegt, seine weiße Krankenhausjacke gut gebügelt und fleckenlos war.

Dornberger reichte ihr das Krankenblatt zurück. »Danke«, sagte er. »Es ist sehr freundlich, daß Sie es mir brachten.«

Er hat ein gewisses Etwas, dachte Vivian. Sie hatte gehört, daß er bei seinen Patienten sehr beliebt sei. Das wunderte sie nicht.

»Ich nehme an, wir werden uns wieder einmal sehen.« Dornberger war aufgestanden und brachte sie zur Tür. »Viel Glück bei Ihrem Studium.«

Sie ging hinaus und hinterließ einen leichten Duft, wie Dornberger schien. Nicht zum erstenmal veranlaßte ihn eine Begegnung mit einem jungen Mädchen, über sich nachzudenken. Er kehrte zu seinem Drehstuhl zurück und ließ sich nachdenklich hineinsinken. Fast geistesabwesend zog er seine Pfeife heraus und begann sie zu stopfen.

Seit fast zweiunddreißig Jahren war er jetzt Arzt. In ein oder zwei Wochen würde er sein dreiunddreißigstes beginnen. Es waren ausgefüllte Jahre gewesen, und befriedigende. Finanziell kannte er keine Sorgen. Seine vier eigenen Kinder waren verheiratet, und er und seine Frau konnten bequem von den Einkünften aus seinen wohlüberlegten Anlagen leben. Aber konnte er sich schon zufriedengeben? Sich zur Ruhe setzen und verbauern? Da lag der Haken.

In all seinen Jahren als Arzt war es Charles Dornbergers Stolz gewesen, seine Kenntnisse auf dem neuesten Stand zu halten. Er hatte sich schon vor langer Zeit fest vorgenommen, sich von keinem jungen Neuling weder in der Technik noch im Wissen übertreffen zu lassen. Die Folge war, daß er eifrig gelesen hatte und es immer noch tat. Er war auf viele medizinische Zeitschriften abonniert, die er gründlich studierte und für die er selbst manchmal Beiträge schrieb. Er war ein regelmäßiger Teilnehmer an medizinischen Tagungen und verfolgte gewissenhaft die meisten Fachkongresse. Schon früh in seiner Laufbahn, lange ehe die gegenwärtigen Spezialgebiete in der Medizin voneinander abgegrenzt worden waren, sah er die Notwendigkeit der Spezialisierung voraus. Er hatte sich für Geburtshilfe und Gynäkologie entschieden, eine Wahl, die er nie bedauerte und von der er oft empfand, daß sie dazu beigetragen habe, ihn jung und seinen Verstand aufnahmefähig zu erhalten.

Aus diesem Grunde war Dornberger in der Mitte der dreißiger Jahre, als in Amerika die Spezialistenverbände gegründet wurden, bereits als Facharzt für sein Arbeitsgebiet anerkannt und wurde infolgedessen unter der sogenannten »Großvaterklausel« ohne Prüfung in den Fachverband aufgenommen. Darauf war er immer ehrlich stolz. Wenn es eine Wirkung auf ihn gehabt hatte, dann nur die, daß er sich noch gründlicher bemühte, mit den jüngsten Entwicklungen Schritt zu halten.

Und dennoch hatte er nie eine Abneigung gegen jüngere Männer empfunden. Wenn er der Ansicht war, sie seien gut und gewissenhaft, hatte er alles getan, um ihnen zu helfen und zu raten. Er bewunderte und respektierte O'Donnell. Er hielt die Berufung des jungen Chefs der Chirurgie für eines der besten Dinge, die dem Three Counties Hospital je widerfahren waren. Mit den Veränderungen und Fortschritten, die O'Donnell in das Krankenhaus gebracht hatte, war auch seine eigene Arbeitsfreude gestiegen.

Er hatte viele Freunde gefunden, einige unter seinen unmittelbaren Kollegen, andere an den unwahrscheinlichsten Stellen. Joe Pearson konnte einer der Unwahrscheinlichen genannt werden. Beruflich gesehen, betrachteten die beiden Männer vieles von ganz verschiedenen Standpunkten. Dornberger wußte beispielsweise, daß Joe in der letzten

Zeit nicht viel las. Er hatte den Verdacht, daß der alte Pathologe auf ein paar Wissensgebieten zurückgeblieben war, und in der Leitung seiner Abteilung stand manches problematisch, wie sich auf der gestrigen Besprechung gezeigt hatte. Und trotzdem, im Laufe der Jahre hatte sich zwischen den beiden Männern ein festes Band gebildet. Zu seiner Überraschung entdeckte er, daß er sich manchmal auf den Sitzungen des medizinischen Ausschusses auf Joe Pearsons Seite stellte und auch im privaten Gespräch den Pathologen gelegentlich verteidigte.

Dornbergers Bemerkungen auf der Sterblichkeitskonferenz vor zehn Tagen lagen auf dieser Linie. Er vermutete, daß andere die Verbindung zwischen ihm und Joe kannten. Was hatte Gil Bartlett gesagt? »Sie sind ja sein Freund. Und außerdem: die Geburtshelfer verfolgt er nicht mit seiner Blutrache.« Bis zu diesem Augenblick war ihm diese Bemerkung entfallen, aber jetzt erinnerte er sich an den erbitterten Ton und bedauerte ihn. Bartlett war ein guter Arzt, und Dornberger nahm sich vor, bei der nächsten Begegnung besonders herzlich zu ihm zu sein.

Aber vor ihm lag immer noch sein eigenes Problem. Sich zurückziehen oder nicht? Und falls er sich zurückzog, wann? Erst kürzlich hatte er trotz der sorgfältigen Überwachung seines Gesundheitszustandes festgestellt, daß er leicht ermüdete. Und obwohl in seinem ganzen Leben Nachtbesuche eine Selbstverständlichkeit gewesen waren, schienen sie ihm seit kurzem schwerer zu fallen. Gestern hatte er beim Essen gehört, wie Kersh, der Dermatologe, zu einem neuen Praktikanten sagte: »Sie sollten sich auch auf die Haut spezialisieren, mein Sohn. Ich bin seit fünfzehn Jahren nachts nicht mehr aus dem Bett geholt worden.« Dornberger hatte mit den übrigen gelacht, aber insgeheim einen leichten Neid empfunden.

Von einem war er allerdings überzeugt: Er würde nicht weitermachen, sobald er feststellte, daß er nachließ. Im Augenblick war er so gut wie immer, das wußte er. Sein Kopf war klar, seine Hand sicher, die Augen scharf. Er beobachtete sich selbst immer sorgfältig, weil er wußte, daß er bei dem ersten Anzeichen eines Versagens nicht zögern würde; er würde seinen Schreibtisch ausräumen und gehen. Zu oft hatte er gesehen, wie andere versuchten, zu lange bei der Stange zu bleiben. Das würde er nie tun.

Aber im Augenblick? Nun, er würde alles drei Monate weiterlaufen lassen und dann wieder darüber nachdenken.

Inzwischen hatte er den Tabak fest in seine Pfeife gestopft und griff jetzt nach den Streichhölzern. Er war im Begriff, eines anzureißen, als das Telefon klingelte. Er legte Pfeife und Streichhölzer hin und antwortete: »Hier Dr. Dornberger.«

Es war eine seiner Patientinnen. Vor einer Stunde hatten die Wehen bei ihr eingesetzt. Jetzt war die Fruchtblase geplatzt, und sie hatte Wasser verloren. Sie war eine junge Frau Anfang Zwanzig und bekam ihr erstes Kind. Sie klang atemlos, als ob sie nervös sei und ihre Unruhe zu unterdrücken versuche. Wie schon so viele Male gab Dornberger seine Anweisungen mit ruhiger Stimme. »Ist Ihr Mann im Hause?«

»Ja, Doktor.«

»Dann packen Sie Ihre Sachen zusammen, und lassen Sie sich von ihm ins Krankenhaus bringen. Ich komme zu Ihnen, sobald Sie hier sind.«

»Ja, Doktor.«

»Sagen Sie Ihrem Mann, er soll vorsichtig fahren und vor jedem roten Licht halten. Wir haben noch viel Zeit. Sie werden es sehen.«

Selbst durch das Telefon konnte er spüren, daß es ihm gelungen war, sie zu beruhigen. Das gehörte zu den Dingen, die er oft tat, und er betrachtete es ebensosehr als einen Teil seiner Aufgabe, wie jede medizinische Maßnahme. Aber er spürte, wie sich seine Sinne unwillkürlich schärften. Jeder neue Fall übte diese Wirkung auf ihn aus. Logischerweise, dachte er, hätte ich dieses Gefühl schon lange verlieren müssen. Wenn man in der Medizin über lange Erfahrung verfügte, wurde von einem erwartet, daß man abgehärtet, mechanisch und unsentimental war. Das hatte auf ihn allerdings nie zugetroffen – vielleicht deshalb, weil er immer noch das tat, was er am meisten liebte.

Er griff nach der Pfeife, ließ sie dann liegen und nahm das Telefon ab. Er mußte seiner Station mitteilen, daß sich eine neue Patientin auf dem Weg ins Krankenhaus befand.

VIII

»Ich bin nicht einmal überzeugt, daß der Kampf gegen die Kinderlähmung gut oder notwendig ist.«

Der Sprecher war Eustace Swayne, der Gründer eines Warenhauskonzerns, steinreicher Philanthrop und Mitglied des Verwaltungsausschusses des Three Counties Hospitals. Der Ort war die düstere, eichengetäfelte Bibliothek in Swaynes altem, aber imposantem Haus, das für sich abgesondert in einem fünfzig Morgen großen Park am östlichen Stadtrand Burlingtons stand.

»Aber, aber! Das können Sie nicht ernst meinen«, entgegnete Orden Brown leichthin. Der Vorsitzende des Krankenhausausschusses lächelte den beiden Frauen in dem Raum zu; seiner eigenen Frau Amelia und Swaynes Tochter Denise Quantz.

Kent O'Donnell nahm einen kleinen Schluck von dem Kognak, den der lautlose Diener ihm gebracht hatte, und lehnte sich in dem tiefen Ledersessel zurück, in dem er Platz genommen hatte, als er nach dem Abendessen mit den anderen den Raum betrat. Ihm ging durch den Kopf, daß sie ein fast mittelalterliches Bild boten. Er sah sich in der gedämpft beleuchteten Bibliothek um, ließ seine Blicke über die Reihen ledergebundener Bücher schweifen, die sich bis unter die hohe, getäfelte Decke erstreckten, über die dunklen, schweren Eichenmöbel, über den großen, höhlenartigen Kamin, in dem Kloben für ein Feuer aufgeschichtet waren – sie brannten jetzt, an diesem warmen Juliabend, nicht, lagen aber bereit, jederzeit aufzuflammen, sobald ein Diener ein Streichholz daran hielt. O'Donnell gegenüber thronte Eustace Swayne wie ein König auf einem gradlehnigen, steifen, gepolsterten Lehnstuhl, während die anderen vier fast wie Höflinge einen Halbkreis vor dem alten Finanzhai bildeten.

»Das meine ich durchaus ernst.« Swayne stellte sein Kognakglas hin und beugte sich bei seinen nächsten Worten vor. »Ja, ich gebe zu, wenn man mir ein Kind mit geschienten Beinen zeigt, jammere ich wie alle anderen auch und greife nach meinem Scheckbuch. Aber ich spreche von dem großen Ganzen. Tatsache ist – und ich fordere jeden auf, mir zu widersprechen –, daß wir uns die größte Mühe geben, die menschliche Rasse zu verweichlichen.«

Das war ein bekanntes Argument. Höflich entgegnete O'Donnell: »Wollen Sie vorschlagen, daß wir die medizinische Forschung aufgeben, uns mit unseren gegenwärtigen medizinischen Kenntnissen und Techniken begnügen und nicht versuchen sollen, weitere Krankheiten zu besiegen?«

»Das könnte man gar nicht«, erwiderte Swayne. »Das können Sie so wenig, wie die Schweine von Gadara davon abzuhalten waren, sich von den Klippen zu stürzen.«

O'Donnell lachte. »Ich weiß nicht recht, ob mir dieses Bild gefällt. Aber wenn es so ist, wozu dann dagegen argumentieren?«

»Warum?« Swayne schlug mit der Faust auf die Armlehne seines Sessels. »Weil man immer noch etwas beklagen kann, selbst wenn man es auch mit aller Gewalt nicht ändern kann.«

»Ich verstehe.« O'Donnell war sich nicht sicher, ob ihm diese Diskussion sehr zusagte und er sie weiterführen sollte. Außerdem mochte sie nicht dazu beitragen, sein oder Orden Browns Verhältnis zu Swayne zu verbessern, was doch der wirkliche Grund seines Hierseins war. Er sah die anderen im Zimmer an. Amelia Brown, die er bei seinen Besuchen in diesem Hause recht gut kennengelernt hatte, begegnete seinem Blick und lächelte. Als eine Frau, die am Leben ihres Mannes regen Anteil nahm, war sie über die Krankenhauspolitik gut informiert.

Swaynes verheiratete Tochter, Denise Quantz, hatte sich vorgebeugt und hörte gespannt zu.

Bei dem Essen hatte O'Donnell sich verschiedentlich dabei ertappt, daß seine Blicke fast gegen seinen Willen auf Mrs. Quantz gerichtet waren. Es fiel ihm schwer zu glauben, daß sie die Tochter des schroffen, harten Mannes war, der am Kopfende des Tisches saß. Mit achtundsiebzig zeigte Eustace Swayne immer noch viel von der Zähigkeit, die er im Mahlstrom des Wettbewerbs zwischen den großen Einzelhandelsunternehmen erworben hatte. Manchmal nutzte er den Vorteil seines Alters aus, um seinen Gästen spitzige Bemerkungen hinzuwerfen, obwohl O'Donnell den Verdacht hegte, daß ihr Gastgeber in den meisten Fällen damit eine Diskussion herausfordern wollte. O'Donnell überraschte sich bei dem Gedanken, der alte Mann liebe immer noch den Kampf, selbst wenn er nur mit Worten geführt wird. Ebenso spürte er jetzt instinktiv, daß Swayne seine Ansichten über die Medizin bewußt überspitzt formulierte, wenn im Augenblick vielleicht auch nur, um hart und unabhängig zu erscheinen. Während O'Donnell den alten Mann beobachtete, kam er auf die Vermutung, daß Gicht und Rheumatismus dabei eine Rolle spielen mochten.

Im Gegensatz zu ihrem Vater gab sich Denise Quantz sanft und freundlich. Sie hatte die Gabe, den Bemerkungen ihres Vaters die Schärfe zu nehmen, indem sie ein oder zwei Worte zu dem, was er sagte, hinzufügte. Sie ist zweifellos schön, dachte O'Donnell, sie hat die seltene reife Anmut, die Frauen um vierzig manchmal besitzen. Er erriet, daß sie bei Eustace Swayne zu Besuch war und recht häufig nach Burlington kam, wahrscheinlich um über ihren Vater zu wachen. Er wußte, daß Swaynes Frau vor vielen Jahren gestorben war. Aus der Unterhaltung wurde allerdings erkennbar, daß Denise Quantz meistens in New York lebte. Ein paarmal wurden Kinder erwähnt, aber mit keinem Wort ihr Mann. Er gewann den Eindruck, daß sie entweder von ihm getrennt lebte oder geschieden war. O'Donnell überraschte sich dabei, daß er Denise Quantz mit Lucy Grainger verglich. Zwischen diesen beiden Frauen liegt eine Welt, dachte er. Lucy Grainger, die in ihrem Beruf aufging, ihr medizinisches Fachgebiet beherrschte und sich im Krankenhaus sicher bewegte, die in der Lage war, ihm auf dem ihnen beiden vertrauten Gebiet gegenüberzutreten. Und dagegen Denise Quantz, eine Frau, die Zeit hatte und unabhängig war, die zweifellos in der Gesellschaft eine Rolle spielte und die dennoch — so empfand er — ein Mensch war, der ein Heim mit Wärme und Heiterkeit erfüllen konnte. O'Donnell fragte sich, welche Art Frau für einen Mann besser sei: eine, die seiner Arbeit nahestand, oder eine andere unabhängige und gelöste, mit Interessen, die über seinen Alltag hinausgingen.

Seine Gedanken wurden von Denise unterbrochen. Zu ihm vorgebeugt sagte sie: »Sie werden es doch sicher nicht so schnell aufgeben, Dr. O'Donnell. Bitte lassen Sie das meinem Vater nicht durchgehen.«
Der alte Mann grollte: »Da gibt es nichts durchgehen zu lassen. Die Situation ist völlig klar. Jahrhundertelang hielt die Natur die Bevölkerung im Gleichgewicht. Wenn die Geburtsraten zu schnell anstiegen, sorgten Hungersnöte für den Ausgleich.«
Orden Brown warf ein: »Aber zum Teil wirkten dabei politische Gründe mit. Es war nicht immer nur die Natur.«
»Das will ich Ihnen in manchen Fällen zugestehen«, erwiderte Eustace Swayne mit einer lebhaften Handbewegung. »Aber die Ausmerzung der Schwachen hat nichts mit Politik zu tun.«
»Meinen Sie die Schwachen oder die Unglücklichen?« fragte O'Donnell. Schön, dachte er dabei, wenn Sie Gegenargumente hören wollen, sollen Sie sie haben.
»Ich meine, was ich sage — die Schwachen.« Die Stimme des alten Mannes hatte einen schärferen Ton, aber O'Donnell spürte, daß er an der Auseinandersetzung Vergnügen empfand. »Wenn die Pest oder eine Seuche auftrat, waren es die Schwachen, die zugrunde gingen, und die Starken überlebten. Andere Krankheiten bewirkten das gleiche. Es wurde eine Norm aufrechterhalten — die Norm der Natur. Und deshalb waren es die Starken, die stets überlebten. Sie waren es, die die nächste Generation zeugten.«
»Glauben Sie wirklich, Eustace, daß die Menschheit heute so degeneriert ist?« Amelia Brown stellte diese Frage, und O'Donnell sah, daß sie lächelte. Sie weiß, daß Swayne diesen Wortstreit genießt, dachte er.
»Wir nähern uns der Degeneration«, antwortete der alte Mann, »zumindest in der westlichen Welt. Wir erhalten die Krüppel, die Schwächlinge, die von Krankheit Geschlagenen. Wir bürden der Gesellschaft Lasten auf, nichtproduzierende Geschöpfe — die Unfähigen, die nicht in der Lage sind, zum Allgemeinwohl beizutragen. Sagen Sie mir doch, welchem Zweck ein Sanatorium oder ein Heim für unheilbare Kranke dient? Ich sage Ihnen, die Medizin erhält heute Menschen, die man sterben lassen sollte. Aber wir helfen ihnen statt dessen weiterzuleben, lassen sie Nachkommen haben und sich vermehren und ihre Nutzlosigkeit an ihre Kinder und Kindeskinder weitergeben.«
O'Donnell hielt ihm vor: »Die Beziehungen zwischen Krankheit und Vererbung sind bei weitem noch nicht geklärt.«
»Stärke liegt sowohl im Verstand als auch im Körper«, erwiderte Eustace Swayne heftig. »Erben Kinder nicht die geistigen Merkmale ihrer Eltern — samt ihren Schwächen?«
»Nicht immer.« Jetzt wurde die Diskussion zwischen dem alten Mann

und O'Donnell geführt. Die anderen lehnten sich zurück und hörten zu.

»Aber doch sehr häufig. Oder etwa nicht?«

O'Donnell lächelte. »Gewisse Anzeichen sprechen dafür, ja.«

Swayne schnaufte verächtlich. »Das ist einer der Gründe, weshalb wir so viele Irrenhäuser haben. Und Patienten darin. Und Leute, die zum Psychiater laufen.«

»Der Grund dafür kann auch darin liegen, daß wir uns der geistigen Gesundheit bewußter geworden sind.«

Swayne imitierte ihn: »Der Grund kann auch darin liegen, daß wir mehr Menschen in die Welt setzen, die schwach sind. Schwach! Schwach! Schwach!«

Der alte Mann hatte die letzten Worte fast geschrien. Jetzt überkam ihn ein Hustenanfall. Es ist wohl besser, wenn ich vorsichtig bin, dachte O'Donnell, wahrscheinlich hat er einen hohen Blutdruck.

Eustace Swayne starrte ihn an, als ob er die Worte laut ausgesprochen hätte. Der alte Mann nahm ein Schlückchen von seinem Kognak. Dann sagte er fast boshaft: »Schonen Sie mich nicht, mein junger ärztlicher Freund. Ich werde mit allen Ihren Argumenten fertig, und noch mehr.«

O'Donnell entschloß sich, die Diskussion weiterzuführen, aber gemäßigter. Ruhig und gelassen entgegnete er: »Ich glaube, daß Sie eines übersehen, Mr. Swayne. Sie sagen, daß Krankheit und Gebrechen ausgleichende Kräfte der Natur sind. Aber viele dieser Leiden sind nicht durch die natürliche Entwicklung, durch die Natur über uns gekommen. Sie sind Ergebnisse der Umgebung des Menschen, der Bedingungen, die er geschaffen hat: schlechte Gesundheitspflege, mangelnde Hygiene, Elendsviertel, verpestete Luft. Das alles sind keine natürlichen Erscheinungen. Es sind Schöpfungen des Menschen.«

»Sie sind ein Teil der Entwicklung, und die Entwicklung ist ein Teil der Natur. Alles zusammen schafft den Ausgleichsprozeß.«

Bewundernd dachte O'Donnell, man kann den alten Burschen nicht leicht erschüttern. Aber er erkannte den schwachen Punkt in dessen Beweisführung. Er antwortete: »Wenn Sie recht haben, dann ist die Medizin auch ein Teil des Ausgleichsprozesses.«

Swayne schnappte zurück: »Wie wollen Sie das begründen?«

»Weil die Medizin ein Teil der Entwicklung ist.« Trotz seiner guten Vorsätze spürte O'Donnell seinen Ton schärfer werden. »Weil jede Veränderung in der Umgebung, die der Mensch herbeiführte, neue Probleme schuf, denen die Medizin gegenübertreten und die sie zu lösen versuchen muß. Wir lösen sie niemals vollständig. Die Medizin hinkt immer etwas hinterher. Und wenn wir ein Problem gelöst haben, ist inzwischen ein neues aufgetaucht.«

»Aber das sind Probleme der Medizin, nicht der Natur.« Swaynes Augen hatten einen bösartigen Schimmer angenommen. »Wenn man die Natur sich selbst überließe, würde sie ihre Probleme lösen, ehe sie entstehen. Durch die natürliche Auswahl der Stärksten.«

»Sie irren sich, und ich will Ihnen sagen, warum.« O'Donnell kümmerte sich nicht mehr um die Wirkung seiner Worte. Er empfand, daß hier ein Punkt lag, den er aussprechen mußte, für sich selbst sosehr wie für die anderen. »Die Medizin kennt nur ein wirkliches Problem. Es war immer das gleiche und wird immer das gleiche bleiben. Es ist das Problem des Überlebens des einzelnen Individuums.« Er machte eine Pause. »Und Überleben ist das älteste Naturgesetz.«

»Bravo!« Impulsiv klatschte Amelia Brown die Hände zusammen. Aber O'Donnell war noch nicht ganz zu Ende.

»Deshalb bekämpfen wir die Kinderlähmung, Mr. Swayne, und deshalb bekämpften wir die schwarze Pest und die Pocken und den Typhus und die Syphilis. Und deshalb bekämpfen wir immer noch den Krebs und die Tuberkulose und alles andere. Das ist der Grund, weshalb wir die Heime haben, von denen Sie sprachen – die Sanatorien, die Pflegestätten für Unheilbare. Das ist der Grund, warum wir Menschenleben erhalten – alle Menschenleben, die wir erhalten können, die der Schwachen so gut wie die der Starken. Weil hinter all dem ein Nenner steht: Überleben! Das ist das Gesetz der Medizin, das einzige, das sie überhaupt haben kann.«

Einen Augenblick erwartete er, Swayne würde wie zuvor zurückschlagen. Aber der alte Mann verharrte schweigend. Dann sah er zu seiner Tochter hinüber. »Gieße Dr. O'Donnell noch etwas Kognak ein, Denise.«

O'Donnell hielt ihr sein Glas hin, als sie mit der Karaffe vor ihn trat. Ihr Kleid rauschte leise, und als sie sich zu ihm beugte, nahm er den schwachen, anregenden Duft ihres Parfüms wahr. Einen Augenblick empfand er den absurden, jugendlichen Impuls, seine Hand auszustrekken und über ihr weiches, dunkles Haar zu streichen. Er unterdrückte ihn, und sie ging zu ihrem Vater hinüber.

Während sie das Glas des alten Mannes füllte, sagte sie: »Wenn du wirklich der Ansicht bist, die du gerade ausgesprochen hast, Vater, was hast du dann im Krankenhausausschuß zu suchen?«

Eustace Swayne lachte verhalten. »Hauptsächlich bin ich noch darin, weil Orden und ein paar andere hoffen, daß ich mein Testament nicht mehr ändere.« Er sah zu Orden Brown hinüber. »Sie rechnen auf jeden Fall damit, daß sie nicht mehr lange zu warten brauchen.«

»Sie tun Ihren Freunden unrecht, Eustace«, sagte Brown. Sein Ton wies die richtige Mischung von Scherz und Ernst auf.

»Und Sie sind ein Schwindler.« Der alte Mann war wieder in guter Stimmung. Er fuhr fort: »Du hast mich etwas gefragt, Denise. Nun, ich will dir antworten. Ich bin im Krankenhausausschuß, weil ich ein praktischer Mann bin. Die Welt ist so wie sie ist, und ich kann sie nicht ändern, obwohl ich sehe, was falsch daran ist. Aber was jemand wie ich tun kann ist, als ausgleichende Kraft wirken. Oh, ich weiß genau, wofür manche mich halten: Für einen Obstruktionisten.«

Orden Brown hielt ihm schnell entgegen: »Hat das jemals einer gesagt?«

»Das brauchen Sie nicht.« Swayne warf dem Ausschußvorsitzenden einen halb amüsierten, halb boshaften Blick zu. »Aber bei jeder Tätigkeit ist irgendwo eine Bremse erforderlich. Das bin ich gewesen – eine Bremse, eine stabilisierende Kraft. Und wenn ich nicht mehr da bin, werden Sie und Ihre Freunde vielleicht merken, daß Sie eine neue brauchen.«

»Sie reden Unsinn, Eustace, und Sie sind gegenüber Ihren eigenen Motiven ungerecht.« Orden Brown hatte sich offensichtlich entschlossen, ebenso offen zu sprechen. Er fuhr fort: »Sie haben in Burlington ebensoviel Gutes getan wie jeder andere, den ich kenne.«

Der alte Mann schien in seinem Sessel zusammenzusinken. Er murmelte: »Wer von uns kennt seine eigenen Motive wirklich?« Dann blickte er auf. »Ich nehme an, daß Sie von mir einen großen Beitrag für den neuen Erweiterungsbau erwarten.«

Orden Brown antwortete verbindlich: »Offen gesagt, hoffen wir, daß Sie es für richtig halten werden, Ihren im allgemeinen großzügigen Beitrag zu spenden.«

Leise sagte Eustace Swayne unerwartet: »Vermutlich dürften Sie eine Viertelmillion Dollar für angemessen halten.«

O'Donnell hörte, wie Orden Brown rasch einatmete. Eine derartige Spende war sehr freigebig, viel höher, als sie selbst in ihren optimistischsten Stunden erwartet hatten.

Brown erwiderte: »Ich kann mich nicht verstellen, Eustace. Ehrlich gesagt, ich bin überwältigt.«

»Dazu besteht kein Grund.« Der alte Mann machte eine Pause und drehte sein Glas am Stiel zwischen den Fingern. »Ich habe mich allerdings noch nicht entschlossen; ich erwäge es noch. In ein bis zwei Wochen werde ich es Ihnen mitteilen.« Unvermittelt wandte er sich an O'Donnell: »Spielen Sie Schach?«

O'Donnell schüttelte den Kopf. »Seit dem College nicht mehr.«

»Dr. Pearson und ich spielen oft zusammen Schach.« Er sah O'Donnell gerade an. »Sie kennen Joe Pearson natürlich.«

»Ja, sehr gut.«

»Ich kenne Dr. Pearson seit vielen Jahren«, sagte Swayne. »Im Three Counties Hospital und außerhalb.« Die Worte wurden langsam und überlegt ausgesprochen. Trugen sie einen warnenden Unterton? Es war schwer zu erkennen.

Swayne fuhr fort: »Meiner Meinung nach ist Dr. Pearson einer der qualifiziertesten Ärzte des Krankenhauses. Ich hoffe, daß er noch viele Jahre lang die Leitung seiner Abteilung beibehält. Ich achte seine Fähigkeiten und sein Urteil im höchsten Grad.«

Nun, das ist es, dachte O'Donnell. Jetzt liegt es offen und in klaren Worten vor. Ein Ultimatum an den Vorsitzenden des Krankenhausausschusses und an den Präsidenten des medizinischen Ausschusses. Eustace Swaynes Worte waren gleichbedeutend mit: Wenn Ihr meine Viertelmillion Dollar wollt – Hände weg von Joe Pearson!

Später fuhren Orden Brown, Amelia und O'Donnell gemeinsam auf dem Vordersitz von Browns Lincoln Cabriolet durch die Stadt zurück. Zunächst schwiegen sie. Dann sagte Amelia: »Glaubst du es wirklich? Eine Viertelmillion?«

Ihr Mann antwortete: »Es ist ihm zuzutrauen, daß er sie gibt, wenn er die Laune danach hat.«

O'Donnell fragte: »Haben Sie ihn verstanden?«

»Ja.« Browns Antwort kam ruhig und ohne Beschönigung und ohne, daß er versuchte, weiter über das Thema zu reden. O'Donnell dachte, dafür danke ich Ihnen. Er wußte, daß er sich mit diesem Problem herumschlagen mußte, nicht der Vorsitzende.

Vor dem Eingang seines Apartment-Hotels setzten sie ihn ab. Als Amelia ihm gute Nacht sagte, fügte sie noch hinzu: »Oh, übrigens, Kent, Denise lebt von ihrem Mann getrennt, ist aber nicht geschieden. Ich glaube, da liegen irgendwelche Schwierigkeiten, obwohl wir nie darüber gesprochen haben. Sie hat zwei Kinder auf der Oberschule. Und sie ist neununddreißig Jahre alt.«

»Warum erzählst du ihm das alles?« fragte Orden Brown.

Amelia lächelte. »Weil er es wissen möchte.« Sie legte ihre Hand auf den Arm ihres Mannes. »Aus dir könnte man nie eine Frau machen, mein Lieber. Nicht mal durch eine Operation.«

Während O'Donnell dem Lincoln nachblickte, fragte er sich, wieso sie das wissen konnte. Vielleicht hatte sie gehört, wie er sich von Denise Quantz verabschiedete. Höflich hatte er gesagt, er hoffe, sie wiederzusehen, und sie hatte geantwortet: »Ich lebe mit meinen Kindern in New York. Warum besuchen Sie mich nicht, wenn Sie das nächste Mal dort sind?« Jetzt fragte sich O'Donnell, ob er nicht doch an dem Chirurgenkongreß in New York teilnehmen solle, obwohl er sich in der vergangenen Woche entschlossen hatte, nicht hinzufahren. Plötzlich

wandten sich seine Gedanken Lucy Grainger zu, und völlig widersinnig hatte er einen Augenblick das Gefühl, ihr gegenüber treulos zu sein. Während er über den Bürgersteig zum Hauseingang ging, wurde er durch eine Stimme aus seinen Gedanken aufgeschreckt: »Guten Abend, Dr. O'Donnell.«
Er drehte sich um und erkannte einen der chirurgischen Assistenzärzte: Seddons. Er hatte ein hübsches, dunkelhaariges Mädchen bei sich, dessen Gesicht ihm bekannt vorkam. Wahrscheinlich eine der Lernschwestern, dachte O'Donnell. Sie schien in dem Alter zu sein. Er lächelte beiden zu und antwortete: »Guten Abend.« Dann öffnete er mit dem Schlüssel die Glastür und ging durch die Halle zum Fahrstuhl.
»Er sieht aus, als ob er Sorgen habe«, meinte Vivian.
Seddons antwortete unbekümmert: »Das bezweifle ich, mein kluges Kind. Wenn man es so weit gebracht hat wie er, hat man die meisten Sorgen hinter sich.«
Das Theater war zu Ende, und sie befanden sich auf dem Rückweg zum Three Counties Hospital. Es war eine hübsche Aufführung gewesen, ein freimütiges, ausgelassenes Musical, in dem sie viel gelacht und sich an den Händen gehalten hatten.
Ein paarmal hatte Mike seinen Arm über die Rücklehne von Vivians Platz gelegt, ihn leicht auf ihren Nacken gesenkt und mit den Fingerspitzen ihre Schulter berührt. Mit keiner Bewegung hatte sie erkennen lassen, daß es ihr unangenehm war.
Während des Abendessens vor dem Theater hatten sie über sich selbst gesprochen. Vivian fragte Mike über seine Absichten aus, sich auf die Chirurgie zu spezialisieren, und er fragte sie, weshalb sie Krankenschwester werden wolle. »Ich weiß nicht, ob ich das erklären kann, Mike«, antwortete sie, »aber seit ich mich erinnern kann, interessiere ich mich für Krankenpflege, und ich will Schwester werden.« Sie erzählte ihm, daß ihre Eltern sich ihrer Absicht zunächst widersetzt, aber als sie dann erkannten, wie fest entschlossen sie war, nachgegeben hatten. »Ich glaube, der wirkliche Grund war, daß ich selbst etwas leisten wollte, und Krankenpflege zog mich am meisten an.«
»Und ist das noch so?« fragte Seddons.
»Aber ja«, antwortete sie. »Gewiß fragt man sich hin und wieder, manchmal, wenn man müde ist und wenn man das alles im Krankenhaus sieht und an zu Hause denkt, ob es sich wirklich lohnt, ob es nicht etwas Leichteres gibt. Doch das geht wohl jedem so. Trotzdem, meistens bin ich meiner Sache ganz sicher.« Sie lächelte und fügte hinzu: »Ich bin eine sehr entschlossene Person und habe mich wirklich entschlossen, Krankenschwester zu werden.«
Ja, dachte er, du weißt, was du willst, das glaube ich auch. Während sie

sich unterhielten und er Vivian verstohlen beobachtete, spürte er ihre innere Stärke, ihre Charakterfestigkeit unter der Oberfläche, die zunächst nur weibliche Sanftheit erkennen ließ. Wie schon vor ein oder zwei Tagen empfand Mike Seddons, daß sein Interesse für Vivian wuchs, aber wieder hielt er sich warnend vor: Keine Bindungen! Vergiß nicht: alles, was du fühlst, ist im Grunde biologisch bedingt.

Jetzt war es kurz vor Mitternacht, aber Vivian hatte sich verlängerten Ausgang geben lassen, und es bestand für sie kein Grund, sich zu beeilen. Manche der älteren Pflegerinnen, die ihre Ausbildung unter einem streng spartanischen Regiment erhalten hatten, waren der Meinung, den Lernschwestern würden heutzutage zu viele Freiheiten eingeräumt. Aber praktisch wurden sie selten mißbraucht.

Mike faßte sie am Arm. »Wollen wir durch den Park gehen?«

Vivian lachte. »Das ist ein alter Vorschlag, den ich schon oft gehört habe.« Sie widersetzte sich aber nicht, als er sie durch ein Tor in den Park führte. In der Dunkelheit erkannte sie Pappelreihen zu beiden Seiten und spürte weiches Gras unter ihren Füßen.

»Ich habe ein ganzes Repertoire alter Vorschläge. Sie sind meine Spezialität.« Er ergriff sie an der Hand. »Wollen Sie noch einen kennenlernen?«

»Welchen zum Beispiel?« Trotz ihrer Selbstsicherheit zitterte ihre Stimme leicht.

»Den zum Beispiel.« Mike blieb stehen, legte einen Arm um ihre Schultern und hob ihr Gesicht zu sich auf. Dann küßte er sie mitten auf die Lippen.

Vivian spürte, wie ihr Herz schneller schlug, aber nicht so stark, daß sie die Situation nicht noch klar beurteilen konnte. Sollte sie sofort die Grenze ziehen oder ihn gewähren lassen? Sie war sich durchaus bewußt, daß es später nicht mehr so leicht sein mochte, wenn sie jetzt nichts unternahm.

Vivian wußte schon, daß sie Mike Seddons gern hatte und glaubte, daß sie ihn bald noch viel lieber haben würde. Er war körperlich anziehend, und sie waren beide jung. Sie spürte, wie ihre Sinne sich begehrlich regten. Sie küßten sich wieder, und sie erwiderte den Druck seiner Lippen. Die Spitze seiner Zunge schob sich leicht zwischen ihre Lippen. Sie begegnete ihr mit der eigenen, und die Berührung versetzte sie in Verzückung. Mike schloß seine Arme enger um sie, und durch ihr dünnes Sommerkleid spürte sie den festen Druck seiner Oberschenkel. Seine Hände strichen ihr über den Rücken. Die rechte glitt tiefer, streichelte sanft über ihren Rock, dann immer kräftiger, zog sie mit jedem Streicheln fester an sich. Sie wußte deutlich, wie durch ein zweites Ich, daß jetzt der Augenblick gekommen war, sich loszureißen, falls sie noch zurück wollte. Nur einen Augenblick noch, dachte sie, nur einen einzigen Augenblick länger.

Dann schien ihr plötzlich, als ob das ein Zwischenspiel sei, ein Sichloslösen von allem anderen um sie herum. Mit geschlossenen Augen kostete sie die Sekunden der Wärme und Weichheit aus. In den letzten Monaten waren sie so selten gewesen. Seit sie ins Three Counties Hospital gekommen war, hatte sie so häufig Selbstbeherrschung und Selbstzucht üben müssen, ihre Gefühle unterdrückt, ihre Tränen zurückgedrängt. Wenn man jung und unerfahren und ein bißchen verängstigt ist, fällt das manchmal schwer. So vieles war aufgetaucht – die Schocks bei der Begegnung mit Schmerz, Krankheit, Tod, die Obduktion –, und kein Sicherheitsventil hatte sich geöffnet, um den anwachsenden Druck abzulassen. Eine Krankenschwester, selbst eine Lernschwester, mußte viele Leiden ansehen und ständig bereit sein, zu helfen und Anteil zu nehmen. War es also unrecht, wenn sie nach diesem Augenblick der Zärtlichkeit für sich selbst griff? Einen Augenblick lang spürte sie, während Mike sie umfaßt hielt, den gleichen Trost und die gleiche Erleichterung wie damals, als sie sich vor vielen Jahren als kleines Mädchen in die Arme ihrer Mutter warf. Mike hatte seine Umarmung jetzt gelockert und hielt sie etwas von sich ab. »Du bist schön«, sagte er. Impulsiv vergrub sie ihr Gesicht an seiner Schulter. Dann legte er seine Hand unter ihr Kinn, und ihre Lippen begegneten sich wieder. Sie fühlte, wie er seine Hand sinken ließ und außen über dem Kleid über ihre Brüste strich. Durch ihren ganzen Körper wallte der Wunsch zu lieben und geliebt zu werden, leidenschaftlich, ununterdrückbar.

Seine Hand tastete am Halsausschnitt ihres Kleides. Es ließ sich vorn öffnen; ein Haken und eine Öse hielt es oben zusammen. Er tastete danach. Sie wehrte ab, atemlos. »Nicht, Mike! Bitte! Nicht!« Sie konnte sich nicht einmal selbst überzeugen. Ihre Arme hielten ihn fest umschlungen. Er hatte das Kleid jetzt etwas geöffnet, und sie spürte, wie seine Hand sich vortastete, atmete dann unter der Berührung tief auf, als sie sich über ihre junge, weiche Haut legte. Ein Schauder der Ekstase durchlief sie. Jetzt wußte sie: es war zu spät, aufzuhören. Sie wünschte ihn, begehrte ihn verzweifelt. Die Lippen an seinem Ohr, murmelte sie: »Mike, o Mike.«

»Liebling, Liebling, Vivian.« Er war ebenso erregt wie sie. Sie erkannte es an seinem atemlosen Flüstern.

Einen Augenblick brach ihr gesunder Menschenverstand durch. »Mike, hier kommen Leute.«

»Gehen wir unter die Bäume.« Er nahm ihre Hand und zog sie mit sich. Sie erreichten eine kleine, von Bäumen umsäumte Lichtung. Mike küßte sie wieder, und leidenschaftlich erwiderte sie seine Küsse.

Plötzlich spürte sie einen reißenden Schmerz. Er war zuerst so scharf, daß sie nicht sicher war, woher er kam. Dann spürte sie: er saß im linken Knie. Unwillkürlich schrie sie auf.
»Was ist, Vivian? Was hast du?« Sie konnte erkennen, daß er überrascht war und nicht wußte, was er von ihrem Aufschrei halten sollte. Wahrscheinlich hält er es für einen Trick, dachte sie. Mädchen tun so etwas, um sich aus dieser Situation herauszuwinden.
Die erste Schärfe des Schmerzes hatte etwas nachgelassen, aber in Wellen trat er wieder auf. Sie sagte: »Es tut mir leid, es ist mein Knie, Mike. Ist hier irgendwo eine Bank?« Sie zuckte wieder unter dem Schmerz zusammen.
»Vivian«, sagte er, »du brauchst mir nichts vorzumachen. Wenn du zurück ins Krankenhaus willst, dann sage es nur, ich bringe dich hin.«
»Bitte, glaube mir, Mike.« Sie ergriff seinen Arm. »Es ist mein Knie. Es tut schrecklich weh. Ich muß mich setzen.«
»Komm mit.« Sie erkannte, daß er noch skeptisch war, aber er führte sie unter den Bäumen zurück. In der Nähe stand eine Parkbank; darauf gingen sie zu.
Als sie sich erholt hatte, sagte Vivian: »Es tut mir leid. Das tat ich nicht absichtlich.«
Zweifelnd fragte er: »Ganz bestimmt?«
Sie griff nach seiner Hand. »Mike – dort drüben – ich wollte es ... Aber dann das.« Wieder kam der Schmerz.
Er antwortete: »Verzeihung, Vivian, ich glaubte ...«
»Ich weiß, was du glaubst«, sagte sie. »Aber das war es nicht. Wirklich nicht.«
»Also gut, dann sage mir, wo du Schmerzen hast.« Jetzt war er Arzt. Die Küsse unter den Bäumen waren vergessen.
»Es ist mein Knie. Es kam ganz plötzlich. Ein furchtbarer Schmerz.«
»Laß mich sehen.« Er kauerte vor ihr nieder. »Welches ist es?«
Sie zog ihren Rock hoch und deutete auf das linke Knie. Er betastete es sorgfältig, der Griff seiner Hände war zart. Im Augenblick schob Mike Seddons den Gedanken beiseite, daß er dieses Mädchen noch vor kaum zwei Minuten im Arm gehalten und umworben hatte. Jetzt war er nüchtern; sachlich untersuchte er. Wie er es gelernt hatte, überlegte er methodisch die Möglichkeiten. Er stellte fest, daß Vivians Nylonstrümpfe seinen Tastsinn beeinträchtigten.
»Ziehe deinen Strumpf hinunter, Vivian!« Sie tat es, und seine untersuchenden Finger betasteten wieder behutsam ihr Knie. Während sie ihn beobachtete, dachte sie: er ist gut, er wird ein guter Arzt. Menschen werden zu ihm kommen, damit er ihnen hilft, und er wird freundlich zu ihnen sein und alles für sie tun, was er kann. Sich selbst sagte sie:

das ist lächerlich. Wir kennen uns kaum. Dann kehrte einen Augenblick der Schmerz zurück, und sie stöhnte.
Mike fragte: »Ist das schon einmal aufgetreten?« Einen Augenblick lang überkam sie die Lächerlichkeit der Situation, und sie kicherte.
»Was gibt es denn, Vivian?« Mike war überrascht.
»Ich mußte nur denken, vor ein oder zwei Minuten noch ... Und jetzt benimmst du dich wie ein Arzt in seinem Sprechzimmer.«
»Hör zu, Kind.« Er war ernst. »Ist das schon einmal aufgetreten?«
Sie antwortete: »Ja, einmal. Es war aber nicht so schlimm wie jetzt.«
»Wie lange ist das her?«
Sie überlegte. »Etwa einen Monat.«
»Bist du damit bei einem Arzt gewesen?« Jetzt war sein Ton ganz sachlich.
»Nein. Hätte ich das tun sollen?«
Ohne sich festzulegen, antwortete er: »Vielleicht.« Dann fügte er hinzu: »Morgen wirst du es aber auf jeden Fall tun. Am besten gehst du zu Dr. Grainger.«
»Mike, fehlt mir etwas?« Jetzt ergriff sie plötzlich eine unbestimmte Unruhe.
»Wahrscheinlich nicht«, sagte er aufmunternd. »Aber du hast da eine kleine Schwellung, die nicht da sein sollte. Doch darüber soll Lucy Grainger entscheiden. Ich werde morgen früh mit ihr sprechen. Nun müssen wir dich nach Hause schaffen.«
Die vorherige Stimmung war verflogen. Sie konnten sie nicht wiederfinden, jedenfalls nicht heute nacht, und beide wußten es.
Mike half ihr auf. Als er den Arm um sie legte, empfand er plötzlich den Wunsch, ihr zu helfen und sie zu beschützen. Er fragte: »Glaubst du, daß du gehen kannst?«
Vivian antwortete: »Ja, der Schmerz ist jetzt verschwunden.«
»Wir gehen nur bis zum Tor«, sagte er. »Dort können wir ein Taxi bekommen.« Weil sie bedrückt war, fügte er dann fröhlich hinzu: »Mein Patient ist ein knauseriger Filz. Nicht einmal das Geld für ein Taxi hat er geschickt.«

IX

»Schildern Sie mir die Einzelheiten.«
Über ein binokulares Mikroskop gebeugt, grunzte Dr. Joseph Pearson die Worte Roger McNeil fast zu.
Der Aisstenzarzt der Pathologie sah in seine Aufzeichnungen. »Der Patient war ein vierzigjähriger Mann, der mit Blinddarmentzündung bei

uns aufgenommen wurde.« McNeil saß Pearson an dem Schreibtisch im Arbeitszimmer der Pathologen gegenüber.
Pearson zog den Objektträger mit dem Schnitt, den er untersucht hatte, aus dem Mikroskop und ersetzte ihn durch einen anderen. Er fragte: »Was hat die Untersuchung des Gewebes beim Kolloquium ergeben?«
McNeil, der das Kolloquium allein durchgeführt hatte, nachdem der entfernte Appendix aus dem Operationsraum heruntergekommen war, antwortete: »Im großen ganzen erschien es mir völlig normal.«
»Hm.« Pearson schob den Schnitt unter dem Mikroskop hin und her. »Einen Augenblick«, sagte er, »hier ist etwas.« Nach einer Pause zog er den zweiten Objektträger heraus und untersuchte einen dritten. »Ja, hier ist es deutlich, eine akute Appendizitis. Sie beginnt gerade hier in diesem Schnitt. Wer war der Chirurg?«
»Dr. Bartlett«, antwortete McNeil.
Pearson nickte. »Er hat die Entzündung richtig und frühzeitig erkannt. Sehen Sie es sich an.« Er räumte den Platz vor dem Mikroskop für McNeil.
Wie es das Lehrprogramm des Krankenhauses von ihm verlangte, arbeitete Pearson mit dem Assistenzarzt zusammen und bemühte sich gleichzeitig, mit den pathologischen Befunden für die Chirurgie auf dem laufenden zu bleiben. Trotz aller Anstrengungen war beiden allerdings bewußt, daß sie mit ihrer Arbeit weit im Rückstand lagen. Die Schnitte, die sie jetzt untersuchten, stammten von einem Patienten, der vor mehreren Wochen schon operiert worden war. Der Patient war inzwischen längst entlassen, und im vorliegenden Fall konnte der Befund lediglich die ursprüngliche Diagnose des Chirurgen bestätigen oder widerlegen. Hier hatte Gil Bartlett völlig recht gehabt, sich tatsächlich sogar Anerkennung verdient, da er die Erkrankung im Anfangsstadium erkannte, noch ehe der Patient viel zu leiden hatte.
»Also weiter.« Pearson setzte sich wieder vor das Mikroskop, und McNeil kehrte an die andere Seite des Schreibtisches zurück.
Der Assistent schob einen Behälter mit Objektträgern vor Pearson, und während der Pathologe ihn öffnete, nahm McNeil sich ein neues Blatt mit Notizen vor. Während sie arbeiteten, kam Bannister leise in das Zimmer. Nach einem flüchtigen Blick auf die beiden begann er, hinter ihnen in einem Aktenschrank Papiere abzulegen.
»Der Fall befindet sich noch in Behandlung«, erklärte McNeil. »Die Probe kam vor fünf Tagen zu uns herunter, und sie warten oben auf unseren Befund.«
»Es wäre besser, wenn Sie mir diese Fälle zuerst vorlegten«, sagte Pearson mürrisch, »sonst blöken sie da oben wieder über uns.«
McNeil war im Begriff zu antworten, daß er vor mehreren Wochen

schon vorgeschlagen habe, das Arbeitsverfahren in diesem Sinne zu ändern, Pearson aber darauf bestanden hatte, alle Proben in der Reihenfolge zu untersuchen, wie sie in der Pathologie eintrafen. Der Assistenzarzt unterdrückte diese Bemerkung jedoch. Was geht es mich an, dachte er. Er erklärte: »Eine fünfundsechzigjährige Frau. Die Probe stammt von einer Hautwucherung. Äußerlich erschien sie wie ein Leberfleck. Die Frage lautet: Ist es ein bösartiges Melanom?«

Pearson schob den ersten Schnitt unter das Mikroskop und bewegte ihn hin und her. Dann stellte er das Mikroskop auf die stärkste Vergrößerung um und drehte am Okular. »Könnte sein.« Er nahm den zweiten Schnitt, dann zwei weitere. Danach lehnte er sich nachdrücklich zurück. »Andererseits besteht die Möglichkeit eines Naevus coeruleus. Was halten Sie davon?«

McNeil setzte sich vor das Mikroskop. Die Wichtigkeit dieses Falles war ihm klar. Ein bösartiges Melanom ist eine heimtückische, gefährliche Hautgeschwulst. Ihre Zellen konnten sich schnell und mörderisch im Körper verbreiten. Wenn es aus der kleinen bereits entfernten Probe eindeutig erkannt wurde, bedeutete es eine sofortige schwere Operation für die Patientin. Ein Naevus coeruleus war dagegen ein völlig harmloses Muttermal. Es konnte für den Rest ihres Lebens unbeachtet am Körper der Frau bleiben, ohne ihr zu schaden.

Aus seinen Studien wußte McNeil, daß bösartige Melanome nicht häufig waren, er wußte aber auch, daß ein Muttermal der Gattung Naevus coeruleus äußerst selten auftrat. Mathematisch gesehen bestand die Wahrscheinlichkeit, daß die vorliegende Geschwulst bösartig war. Aber hier ging es nicht um Mathematik, hier ging es um Pathologie in ihrer reinsten Form.

Wie er es gelernt hatte, verglich McNeil im Geist die Merkmale der beiden Geschwulstarten. Sie waren in bedrückender Weise ähnlich. Beide bestanden zum Teil aus Narben, zum Teil aus Zellgewebe und enthielten sehr viel Pigment. Ferner zeigten beide eine sehr klare Zellstruktur. McNeil war auch gelehrt worden, ehrlich zu sein. Nachdem er die Schnitte genau geprüft hatte, sagte er zu Pearson: »Ich weiß es nicht.« Er fügte hinzu: »Wie ist es mit früheren Fällen? Können wir zum Vergleich welche heraussuchen?«

»Es würde Jahre dauern, bis wir sie finden. Ich erinnere mich nicht mehr, wann ich den letzten Naevus coeruleus sah.« Pearson runzelte die Stirn. Seufzend sagte er: »Eines Tages müssen wir uns ein Krankheitsregister anlegen. Wenn wir dann auf zweifelhafte Fälle wie diesen stoßen, können wir die Vergleichsfälle heraussuchen.«

»Das sagen Sie schon seit fünf Jahren«, ließ Bannister trocken vernehmen. Pearson fuhr herum: »Was machen Sie denn da?«

»Ich lege ab«, antwortete der erste Laborant kurz und bündig. »Eine Arbeit für Büropersonal – wenn wir ausreichend Arbeitskräfte hätten.«
Und wahrscheinlich würde sie dann besser verrichtet, dachte McNeil. Er wußte gut, daß die Abteilung zusätzliches Büropersonal brauchte und daß die verwendete Ablagemethode hoffnungslos veraltet war. Auch der Hinweis auf das Krankheitsregister hatte ihm wieder eine klaffende Lücke in ihrer Arbeitsorganisation vor Augen gehalten. Es gab heutzutage wenig gute Krankenhäuser, in deren pathologischer Abteilung dieses Register nicht geführt wurde. Manche nannten es Archiv für Gewebeschnitte, gleichgültig aber, wie es hieß, eine seiner Aufgaben war, bei der Lösung der Art Probleme zu helfen, wie jetzt eines vor ihnen lag.
Pearson studierte wieder die Schnitte. Wie viele Pathologen murmelte er vor sich hin, während er die vorliegenden Symptome registrierte und das Fehlen anderer vermerkte. McNeil hörte: ». . . ziemlich klein . . . keine Blutgerinnsel . . . kein abgestorbenes Gewebe . . . negativ, aber keine Anzeichen . . . Ja, ich bin sicher.« Pearson richtete sich auf, zog den letzten Objektträger aus dem Mikroskop, legte ihn in den Behälter zurück und schloß ihn. Er winkte dem Assistenzarzt zu schreiben und diktierte: »Diagnose: Naevus coeruleus.« Die Begnadigung für die Patientin – mit freundlichen Grüßen, die Pathologie.
Methodisch zählte Pearson die Gründe für seine Entscheidung noch einmal auf. Während er den Behälter mit den Schnitten vor den Assistenten schob, fügte er hinzu: »Am besten studieren Sie das noch einmal genau. Es ist ein Fall, den Sie nicht oft zu sehen bekommen.«
McNeil hatte keinen Zweifel, daß die Diagnose des alten Mannes zutreffend war. Das war eine Gelegenheit, bei der die Jahre der Erfahrung ihren Wert bewiesen, und er hatte gelernt, Pearsons Urteil auf dem Gebiet der pathologischen Anatomie zu respektieren. Aber wenn Sie nicht mehr hier sind, dachte er, während er den alten Mann ansah, dann wird hier ein Krankheitsregister benötigt – und zwar dringend.
Sie untersuchten zwei weitere Fälle, beide ziemlich eindeutig, und dann schob Pearson den ersten Schnitt der nächsten Serie unter das Mikroskop. Er warf einen Blick durch das Okular, richtete sich auf und fuhr McNeil heftig an: »Holen Sie Bannister!«
»Ich bin noch hier«, erklärte Bannister gleichmütig.
Pearson fuhr herum. »Sehen Sie sich das an«, schnauzte er in seinem lautesten, herrischen Ton. »Wie oft muß ich erklären, wie ich die Schnitte gemacht haben will. Warum begreifen die Techniker in der Histologie das nicht? Sind sie taub oder einfach zu dumm?«
Der erste Laborant nahm den Schnitt und hielt ihn gegen das Licht. »Zu dick, was?«

»Natürlich ist der Schnitt zu dick.« Pearson griff nach einem weiteren Objektträger der gleichen Serie. »Sehen Sie sich das doch an. Wenn ich ein Stück Brot hätte, könnte ich das Fleisch abkratzen und es damit belegen.«

Bannister grinste. »Ich werde den Schneidapparat überprüfen. Wir haben schon lange Ärger damit.« Er deutete auf den Behälter mit den Schnitten. »Soll ich die da mitnehmen?«

»Nein. Ich muß mich eben damit begnügen.« Der alte Mann knurrte nur noch, seine Heftigkeit war verschwunden. »Aber Sie könnten die Arbeit in der Histologie besser überwachen.«

Bannister, jetzt auch gereizt, murmelte auf dem Wege zur Tür. »Vielleicht, wenn ich nicht so viel am Hals hätte . . .«

Pearson schrie hinter ihm her: »Schon gut, die Platte kenne ich schon.«

Als Bannister die Tür erreichte, ertönte ein leichtes Klopfen, und Charles Dornberger öffnete sie. Er fragte: »Darf ich hereinkommen, Joe?«

»Natürlich.« Pearson grinste. »Du kannst vielleicht sogar noch etwas lernen, Charlie.«

Der Geburtshelfer nickte McNeil freundlich zu und sagte dann beiläufig zu Pearson: »Wir hatten verabredet, daß ich heute morgen zu dir herunterkomme. Hattest du es vergessen?«

»Ja, hab' ich.« Pearson schob den Behälter mit den Objektträgern von sich. Er fragte den Assistenzarzt: »Wie viele Fälle liegen noch vor?«

McNeil zählte die noch nicht geprüften Behälter. »Acht.«

»Die machen wir später.«

Der Assistent schob seine Notizen über die abgeschlossenen Fälle zusammen.

Dornberger zog seine Pfeife und stopfte sie gelassen. Er sah sich in dem großen, kahlen Raum um und schauderte. »Bei euch ist es feucht, Joe. Jedesmal, wenn ich hier herunterkomme, habe ich Angst, mich zu erkälten«, sagte er.

Pearson ließ ein brummiges Lachen hören. Er antwortete: »Wir sprühen hier Grippeerreger aus. Jeden Morgen. Das hält uns Besucher vom Leib.« Er wartete, bis McNeil das Zimmer verlassen hatte. Dann fragte er: »Was gibt es denn?«

Dornberger vergeudete keine Zeit. Er sagte: »Ich bin eine Abordnung, Joe. Ich habe den Auftrag, taktvoll vorzugehen.« Er schob die Pfeife zwischen die Zähne und steckte seinen Tabaksbeutel in die Tasche.

Pearson blickte auf. »Was heißt das? Wieder mal Ärger?«

Ihre Blicke begegneten sich. Dornberger antwortete: »Das kommt darauf an.« Nach einer Pause fügte er hinzu: »Es sieht so aus, als ob du einen neuen Pathologen zur Unterstützung bekämst.«

Dornberger hatte einen Temperamentausbruch erwartet, aber Pearson

blieb merkwürdig ruhig. Nachdenklich fragte er: »Ob ich das will oder nicht, was?«
»Ja, Joe.« Dornbergers Ton ließ keinen Zweifel zu. Es hatte keinen Sinn, Umschweife zu machen. Er hatte seit der Besprechung vor einigen Tagen gründlich darüber nachgedacht.
»Vermutlich steckt O'Donnell dahinter.« Pearson sagte es mit einem verbitterten Unterton, aber immer noch ruhig. Wie immer zeigte er sich unberechenbar.
Dornberger antwortete: »Zum Teil, aber nicht ausschließlich.«
Wieder überraschend: »Und was soll ich deiner Meinung nach tun?« Es war die Frage eines Freundes an einen Freund.
Dornberger legte seine Peife unangezündet in einen Aschenbecher auf Pearsons Schreibtisch. Er dachte, ich bin froh, daß er es so aufnimmt. Es beweist, daß ich richtig handele. Ich kann ihm helfen, sich damit abzufinden, sich darauf einzustellen. Laut sagte er: »Ich glaube nicht, daß du eine Wahl hast, Joe. Du bist mit den pathologischen Befunden im Rückstand, oder nicht? Und mit ein paar anderen Dingen auch.«
Einen Augenblick fürchtete er, er sei zu weit gegangen. Das war ein gefährliches Gebiet. Er sah, wie Pearson sich aufrichtete, und wartete auf den Sturm, der ausbrechen mußte. Aber wieder geschah es nicht. Statt dessen sagte Pearson, zwar nachdrücklicher als zuvor, aber einsichtig: »Gewiß, ein paar Dinge müssen aufgeholt werden. Das gebe ich zu. Aber es liegt nichts vor, womit ich nicht allein fertig werden kann. Wenn ich nur die Zeit dazu fände.«
Er hat sich damit abgefunden, dachte Dornberger. Er wehrt sich zwar noch, aber er hat sich trotzdem damit abgefunden. Gleichmütig sagte er: »Nun, vielleicht findest du die Zeit – mit einem zweiten Pathologen.« Ebenso gleichmütig zog er aus der Brusttasche das Papier, das der Verwaltungsdirektor ihm gegeben hatte.
Pearson fragte: »Was ist das?«
»Nichts Endgültiges, Joe. Nur ein Name, den Harry Tomaselli erfahren hat. Ein junger Mann, der vielleicht interessiert ist, hierherzukommen.«
Pearson nahm das einzelne Blatt. Er entgegnete unwirsch: »Offenbar haben sie keine Zeit verloren.«
Dornberger sagte leichthin: »Unser Verwaltungsdirektor ist ein aktiver Mann.«
Pearson überflog das Blatt. Laut las er: »Dr. David Coleman.« Darauf folgte eine Pause. Dann fügte der alte Mann bitter, niedergeschlagen und neidisch hinzu: »Einunddreißig Jahre alt.«

Es war zwanzig Minuten nach zwölf, und in der Kantine des Krankenhauses herrschte der lebhafteste Betrieb des Tages. Die meisten Ärzte,

Schwestern und Krankenhausangestellten aßen um diese Zeit zu Mittag. An der Stelle, an der die Eintretenden sich ihr Tablett holten, ehe sie zur Ausgabe mit den Wärmtischen weitergingen, wo sie ihr Essen in Empfang nahmen, begann sich eine Schlange zu bilden.
Mrs. Straughan überwachte wie immer um diese Zeit den Betrieb und sorgte, daß von der Küche eine frische Schüssel gebracht wurde, sobald eine leer war, damit die Schlange sich schnell weiterbewegte. Heute standen Irish Stew, Hammelkoteletts und gekochter Heilbutt zur Auswahl. Die Küchenleiterin beobachtete, daß die Hammelkoteletts wenig begehrt waren. Sie beschloß, sie sofort selbst zu versuchen, um festzustellen, ob es dafür einen Grund gebe. Vielleicht war das Fleisch nicht so weich, wie es sein sollte. Dergleichen wurde den Späterkommenden in der Kantine von anderen, die bereits gegessen hatten, oft mitgeteilt.
Mrs. Straughan bemerkte einen Teller auf einem Stoß, der einen Schmutzfleck aufwies. Sie trat schnell vor und nahm ihn fort. Tatsächlich, er trug noch Spuren der vorigen Mahlzeit. Wieder diese Geschirrspülmaschinen, dachte sie. Ihre Unzulänglichkeit verursachte ihr ständigen Ärger, und sie nahm sich vor, das Problem sehr bald wieder dem Verwaltungsdirektor vorzulegen.
Von den Tischen, die für den Ärztestab reserviert waren, erklang lautes Gelächter. Es kam von einer Gruppe, deren Mittelpunkt Dr. Ralph Bell, der Röntgenarzt bildete.
Gil Bartlett, der mit seinem Tablett von dem Serviertisch kam, stellte es ab und ging mit ausgestreckter Hand auf ihn zu. »Herzlichen Glückwunsch, Dingdong«, sagte er. »Ich habe es gerade gehört.«
»Was gehört?« fragte Lewis Toynbee, der Internist, der gleichfalls mit einem Tablett hinter ihm herkam. Als Bell Bartlett dann strahlend eine Zigarre reichte, rief Toynbee aus: »Mein Gott, schon wieder!«
»Natürlich schon wieder. Warum nicht?« Der Röntgenarzt hielt auch ihm eine Zigarre hin. »Kommen Sie her, Lewis. Jetzt sind es genau acht Bells.«
»Acht? Seit wann denn?«
Bell antwortete gelassen: »Seit heute morgen. Noch ein Junge für die Baseballmannschaft.«
Bill Rufus warf dazwischen: »Seien Sie nicht so kritisch, Lewis. Er tut doch, was er kann. Schließlich ist er erst seit acht Jahren verheiratet.«
Lewis Toynbee streckte seine Hand aus. »Drücken Sie sie nicht zu fest, Dingdong. Ich fürchte, Ihre Fruchtbarkeit könnte sich dabei abnutzen.«
»Nur keinen Neid«, entgegnete Bell gutmütig. Er hatte das alles früher schon durchgemacht.
Lucy Grainger fragte: »Und wie geht es Ihrer Frau?«
»Danke, sehr gut«, antwortete Bell.

»Wie fühlt man sich eigentlich als Feind der Liebe?« fragte Harvey Chandler, der Chef der inneren Abteilung, von weiter unten am Tisch.

Bell antwortete: »Ich bin kein Feind der Liebe. Bei uns zu Haus wird jedes Jahr einmal verkehrt. Ich bin nur ein todsicherer Schütze.«

Lucy Grainger stimmte in das ausbrechende Gelächter ein. Dann sagte sie: »Ralph, ich schicke Ihnen heute nachmittag eine Patientin. Sie heißt Vivian Loburton und ist eine unserer Lernschwestern.«

Das Gelächter war verklungen. »Was soll ich denn an ihr röntgen?« fragte Bell.

»Ich möchte ein paar Aufnahmen von ihrem linken Knie«, antwortete Lucy. Dann fügte sie hinzu: »Sie hat dort irgendeine Geschwulst, die mir gar nicht gefällt.«

Charles Dornberger rief Kent O'Donnell von seinem Zimmer aus an, um ihm über den Verlauf seines Gesprächs mit Pearson zu berichten. Zum Schluß sagte er dem Chef der Chirurgie: »Ich habe Joe über den Mann informiert, mit dem schon korrespondiert wurde.«

»Wie hat er es aufgenommen?« fragte O'Donnell.

»Ich möchte nicht behaupten, daß er begeistert war, aber ich glaube, wenn Sie wollen, daß der Mann – wie war sein Name noch? Coleman? –, wenn Sie also wollen, daß er hierherkommt, um sich vorzustellen, wird Joe keine Schwierigkeiten machen. Ich würde aber empfehlen, Joe über alles zu informieren, was Sie von jetzt an unternehmen.«

»Darauf können Sie sich verlassen«, antwortete O'Donnell, und dann fügte er hinzu: »Jedenfalls danke ich Ihnen sehr für Ihre Mühe, Charlie.«

Anschließend führte Dornberger ein zweites Telefongespräch. Diesmal mit Mrs. John Alexander, die am Vormittag angerufen und ihre Telefonnummer hinterlassen hatte. Ehe er anrief, sah er in seiner Patientenkartei nach und erinnerte sich, daß sie die Frau eines Laboranten in der Pathologie war, die ihm Joe Pearson empfohlen hatte. Von Mrs. Alexander erfuhr er, daß sie gerade erst in Burlington angekommen war. Sie vereinbarten einen Termin in der kommenden Woche, an dem sie Dornberger in seiner Privatsprechstunde in der Stadt aufsuchen solle.

Etwa zur gleichen Zeit, als Mrs. Alexander mit Dornberger sprach, wurde ihr Mann zum erstenmal von Dr. Joseph Pearson abgekanzelt. Das geschah auf folgende Weise.

Nach Pearsons Ausbruch an diesem Morgen über die schlechten Schnitte kam Bannister in das serologische Labor zurück, wo Alexander arbeitete, und berichtete ihm den ganzen Vorfall. Bannister kochte inzwischen selbst vor Wut und ließ später einen Teil seines Ärgers an den beiden Laborantinnen und ihrem Helfer aus, die im angrenzenden histologischen Labor arbeiteten. Alexander hörte durch die Tür, die Bannister hinter sich offenstehen ließ, alles mit an.

Ihm war es allerdings klar, daß die Schuld an den schlechten Präparaten nicht ausschließlich die Laboranten in der Histologie traf. Trotz der kurzen Zeit, die er in dem Krankenhaus war, hatte er schon erkannt, wo das wirkliche Problem lag. Darum sagte er nachher zu Bannister: »Wissen Sie, Carl, ich glaube nicht, daß es allein Ihre Schuld ist. Ich finde, Sie haben zuviel zu tun.«

Mürrisch antwortete Bannister: »Wir haben alle zuviel zu tun.« Und mit plumpem Hohn fügte er noch hinzu: »Aber wenn Sie schon soviel davon verstehen, können Sie ja vielleicht zu Ihrer eigenen Arbeit den anderen noch einen Teil abnehmen.«

Alexander ließ sich dadurch nicht provozieren. »Das ist kaum möglich. Ich glaube aber, daß alles viel besser ginge, wenn Sie einen automatischen Einbettungs- und Schneidapparat benutzten, statt alles auf die altmodische Weise mit der Hand zu machen.«

»Kümmern Sie sich darum nicht, mein Junge. Das geht Sie gar nichts an«, antwortete Bannister hochmütig und herablassend. »Und außerdem ist hier alles, was mit Geldausgaben verbunden ist, von vornherein gestorben.«

Alexander sagte nichts weiter, war aber entschlossen, bei der ersten Gelegenheit, die sich bot, die Frage Pearson gegenüber anzuschneiden.

An diesem Nachmittag mußte er eine Reihe von Berichten Pearson zur Unterschrift in sein Büro bringen. Er traf den Pathologen an, wie er offensichtlich ungeduldig einen Stoß Post durchlas. Pearson blickte kurz zu Alexander auf, gab ihm dann einen Wink, die Papiere auf den Schreibtisch zu legen, und las weiter. Alexander zögerte und der alte Mann bellte ihn an: »Sonst noch was? Was gibt's denn?«

»Dr. Pearson, darf ich mir einen Vorschlag erlauben?«

»Muß das gerade jetzt sein?«

Ein Erfahrener hätte erkannt, daß sein Ton bedeutete: Laß mich in Ruhe. Alexander antwortete aber: »Ja, Sir.«

Seufzend sagte Pearson: »Also, was wollen Sie?«

Etwas nervös begann Alexander: »Es ist wegen der pathologischen Befunde, Doktor.« Als er »pathologischen Befunde« sagte, legte Pearson seinen Brief hin und sah ihn scharf an. Alexander fuhr fort: »Ich frage mich, ob Sie schon einmal daran gedacht haben, einen automatischen Einbettungs- und Schneidapparat anzuschaffen.«

»Was verstehen Sie vom Gewebepräparieren?« Pearsons Stimme hatte einen drohenden Klang. »Überhaupt, ich denke, Sie sind der serologischen Abteilung zugeteilt worden, oder nicht?«

»Ich habe auf der Laborantenschule auch einen vollen Kurs in Histologie absolviert, Doktor«, erinnerte Alexander. Darauf folgte eine Pause. Als Pearson nicht antwortete, fuhr Alexander fort: »Ich habe mit einem automatischen Apparat gearbeitet, und das ist eine gute Maschine, Sir. Wir würden bei der Anfertigung der Schnitte mindestens einen Tag einsparen. Statt das Gewebe mit der Hand in all den verschiedenen Lösungen vorzubereiten, schaltet man über Nacht den Apparat ein und hat am Morgen ...«

Pearson unterbrach ihn scharf: »Ich weiß, wie sie arbeitet. Ich habe sie gesehen.«

Alexander sagte: »Ich verstehe, Sir. Dann glauben Sie nicht ...«

»Ich sagte, ich habe diese sogenannten automatischen Apparate gesehen und sie haben mich nicht beeindruckt.« Pearsons Ton war hart und ungnädig. »Die Schnitte haben nicht die gleiche Qualität, wie wenn sie mit der Hand angefertigt werden. Außerdem sind diese Maschinen teuer. Sehen Sie das hier?« Er wischte durch einen Stoß ausgefüllter Formulare in einem Korb auf seinem Schreibtisch.

»Ja, Sir.«

»Das sind Einkaufsanforderungen für Dinge, die ich in der Abteilung brauche. Und jedesmal, wenn ich sie weiterreiche, habe ich einen Kampf mit dem Verwaltungsdirektor. Er behauptet, wir geben zuviel Geld aus.«

Alexander hatte seinen ersten Fehler begangen, als er seinen Vorschlag zu einem Zeitpunkt vorbrachte, an dem Pearson ihn nicht hören wollte. Nun beging er seinen zweiten Fehler. Er mißverstand Pearsons Antwort als Aufforderung, das Gespräch fortzusetzen.

Er sagte besänftigend: »Aber wenn es doch einen ganzen Tag einsparen würde, vielleicht sogar zwei ...« Sein Ton wurde eindringlicher. »Dr. Pearson, ich habe Schnitte gesehen, die mit dem Apparat angefertigt wurden, und die waren wirklich gut. Vielleicht wurde die Anlage, die Sie sahen, nicht richtig bedient.«

Jetzt erhob sich der alte Mann von seinem Stuhl. Worin Alexanders Provokation auch bestehen mochte, er hatte die Grenze zwischen Arzt und Laborant überschritten. Den Kopf vorgebeugt, schrie Pearson: »Nun reicht es mir. Ich habe gesagt, daß ich an diesem automatischen Apparat nicht interessiert bin und nicht beabsichtige, darüber zu diskutieren.« Er kam um seinen Schreibtisch, bis er unmittelbar vor Alexander stand, sein Gesicht dicht vor dem des jungen Mannes. »Und ich will Sie an noch etwas erinnern. Ich bin hier der Pathologe, und ich leite diese Abteilung. Ich habe nichts gegen Vorschläge, solange sie vernünftig sind. Aber halten Sie sich in Ihren Grenzen, verstanden?«

»Ja, Sir.« Gedemütigt und beschämt, aber ohne im geringsten zu verstehen, ging Alexander an seine Arbeit im Labor zurück.

Mike Seddons war den ganzen Tag in Gedanken versunken gewesen. Ein paarmal mußte er sich zusammenreißen und sich bewußt zwingen, seine Gedanken auf die Arbeit zu richten, die er gerade vor sich hatte. Einmal, während einer Obduktion, mußte McNeil ihn warnen. »Sie haben Ihre Hand gerade unter dem Stück, das Sie schneiden. Wir legen Wert darauf, daß die Leute, die bei uns arbeiten, ihre Finger alle wieder gesund mitnehmen.« Seddons änderte schnell seinen Griff. Es wäre nicht das erstemal, daß ein unerfahrener Assistent sich mit einem der rasiermesserscharfen Instrumente in der Pathologie einen Finger samt dem Handschuh abhackte.

Dennoch schweifte seine Aufmerksamkeit immer wieder ab und wandte sich der ständig auftauchenden Frage zu: Was versetzte ihn an Vivian so in Unruhe? Sie war anziehend und begehrenswert, und er war darauf versessen, so bald wie möglich mit ihr ins Bett zu gehen – darüber machte sich Mike Seddons keine Illusionen. Auch sie schien dazu bereit, wenn man annahm, daß der Schmerz in ihrem Knie am Abend vorher echt gewesen war. Und das glaubte er jetzt. Er hoffte, daß sie noch das gleiche wie gestern empfand, obwohl es dafür natürlich keine Garantie gab. Manche Mädchen waren so wankelmütig. An einem Tag waren sie für die exotischsten Intimitäten zu haben, und beim nächstenmal wiesen sie sogar die geringfügigste Annäherung zurück und taten so, als ob die frühere Begegnung nie stattgefunden habe.

Aber bei ihm und Vivian war mehr als lediglich Sex im Spiel. Mike Seddons begann sich zu wundern. Ganz gewiß hatte keine der früheren Episoden – und deren hatte es einige gegeben – ihn so gründlich zum Nachdenken veranlaßt, wie es jetzt der Fall war. Ein neuer Gedanke ging ihm durch den Kopf: Vielleicht wurde ihm alles andere klarer, wenn seine sexuellen Wünsche befriedigt waren. Er entschloß sich, Vivian um eine weitere Verabredung zu bitten, und der heutige Abend war, vorausgesetzt, daß sie Zeit hatte dazu, so geeignet wie jede andere Stunde.

Vivian fand Mike Seddons Brief, nachdem sie ihre letzte Unterrichtsstunde des Tages hinter sich hatte und in die Schwesternunterkunft zurückkam. Er war persönlich abgeliefert worden und wartete im Postregal unter dem Buchstaben L auf sie. Er bat sie, ihn an diesem Abend um neun Uhr fünfundvierzig im vierten Stock des Krankenhauses vor der Kinderabteilung zu treffen. Zunächst hatte sie nicht die Absicht, hinzugehen, weil sie keinen offiziellen Grund hatte, sich um diese Zeit im Krankenhaus aufzuhalten, und in Schwierigkeiten geraten konnte, wenn sie einer der Schulschwestern in die Hände lief. Aber dann stellte sie fest, daß sie doch gern gehen wollte, und um neun Uhr vierzig lief

sie über den hölzernen Fußweg, der vom Schwesternheim zum Hauptgebäude des Krankenhauses führte.
Mike wartete auf sie. Er schlenderte dem Anschein nach in Gedanken versunken durch den Gang. Sobald er sie aber sah, winkte er sie zu einer Tür, und sie gingen hindurch. Hinter der Tür lag eine Treppe, die nach oben und nach unten führte. Zu dieser Nachtstunde war sie still und verlassen, und sie würden beizeiten gewarnt werden, falls jemand kam. Mike führte sie an der Hand die halbe Treppe bis zum nächsten Absatz hinunter. Dann drehte er sich um, und es erschien ihr das Natürlichste in der Welt, daß sie sich in seine Arme legte.
Während sie sich küßten, spürte sie, wie Mike sie fester umschlang, und plötzlich überfiel sie der Zauber des gestrigen Abends wieder. In diesem Augenblick wußte sie, warum sie so sehr gewünscht hatte, hierherzukommen. Dieser Mann mit dem ungebärdigen roten Haar war ihr plötzlich unentbehrlich geworden. Sie wünschte ihn in jeder Weise, wünschte bei ihm zu sein, mit ihm zu sprechen, mit ihm zu lieben. Es war ein elektrisierendes, erregendes Gefühl, das sie früher nicht gekannt hatte. Er küßte jetzt ihre Wangen, ihre Augen, ihre Ohren. Das Gesicht in ihrem Haar, flüsterte er: »Vivian, Liebling, ich habe den ganzen Tag an dich gedacht. Ich konnte nichts anderes tun.« Er nahm ihr Gesicht in beide Hände und sah sie an. »Weißt du, was du tust?« Sie schüttelte den Kopf. »Du unterminierst mich.« Sie legte wieder ihre Arme um ihn. »Oh, Mike, Liebling.«
Es war heiß in dem Treppenhaus. Vivian spürte die Wärme seines Körpers trotz ihrer eigenen Glut. Nun tasteten seine Hände suchend. Mit zitternder Stimme flüsterte sie: »Mike, können wir nicht woanders hingehen?«
Sie spürte, wie seine Hände innehielten, und mußte darüber lächeln. Er sagte: »Ich wohne zusammen mit Frank Worth in einem Zimmer. Aber heute abend ist er fort und kommt erst spät zurück. Willst du es riskieren und mit dorthin kommen?«
Sie zögerte. »Was passiert, wenn wir erwischt werden?«
»Wir werden beide aus dem Krankenhaus hinausgeworfen.« Er küßte sie wieder. »Im Augenblick ist mir das egal.« Er ergriff ihre Hand. »Komm mit.«
Sie gingen eine Etage tiefer und durch einen Gang. Sie begegneten einem anderen Assistenzarzt, der zwar grinste, als er die beiden sah, aber nichts sagte. Dann über eine weitere Treppe in einen weiteren Gang. Dieses Mal trat kurz vor ihnen eine weiße Gestalt aus einer Tür. Vivians Herz setzte aus, als sie die Oberschwester erkannte. Aber die Oberschwester drehte sich nicht um und verschwand hinter einer anderen Tür, ehe sie an ihr vorbeikamen. Dann gelangten sie in einen

engeren, stilleren Korridor mit geschlossenen Türen zu beiden Seiten. Unter manchen Türen schimmerte Licht hindurch, und hinter einer konnte sie Musik hören. Vivian erkannte Chopins e-Moll-Konzert. Das Burlingtoner Symphonieorchester hatte es vor ein oder zwei Monaten gespielt.

»Hier herein.« Mike hatte eine Tür geöffnet, und sie traten schnell ein. Es war dunkel, aber sie konnte die Umrisse von Feldbetten und einem Sessel erkennen. Hinter sich hörte sie das Schloß zuschnappen, als Mike den Schlüssel umdrehte.

Gierig, fordernd griffen sie nacheinander. Seine Finger waren an den Knöpfen ihrer Schwesternuniform. Als sie zögerten, half sie ihm. Nun stand sie im Unterrock da. Einen Augenblick hielt er sie fest umfaßt. Gemeinsam genossen sie die Qual des Hinauszögerns. Dann bewegten sich seine Hände, hoben ihr sanft, zärtlich und mit köstlicher Verheißung das Unterkleid über den Kopf. Während sie zu dem Bett trat, streifte sie ihre Schuhe ab. Hinter ihr war eine schnelle Bewegung, und dann war er bei ihr, halfen seine Hände ihr wieder. »Vivian, Liebling. Vivian.«

Sie hörte ihn kaum. »Warte nicht, Mike, bitte warte nicht länger.« Sie spürte seinen Körper, der sich wild, verlangend gegen sie preßte. Sie erwiderte ungezügelt, kämpfte leidenschaftlich, um ihn fester, näher, tiefer an sich zu bringen. Dann gab es plötzlich nichts mehr in der Welt, nichts, als einen Gipfel stürmischer Ekstase, rasend, sengend, schneidend, der näher, näher, näher kam ...

Als sie nachher still nebeneinanderlagen, konnte Vivian die Musik wieder hören, die schwach über den Gang klang. Es war wieder Chopin, diesmal die Etüde in E-Dur. Es erschien ihr seltsam, daß sie sich in diesem Augenblick bemühte, eine Komposition wiederzuerkennen, aber die fließende, packende Melodie, die sie gedämpft im Dunkeln hörte, entsprach ihrer Stimmung in diesem Augenblick der Erfüllung.

Mike beugte sich über sie und küßte sie sanft. »Vivian, Liebling, ich will dich heiraten.«

Leise fragte sie zurück: »Bist du ganz sicher, Mike?«

Seine Worte kamen so unvermittelt, daß es ihn selbst überraschte. Mike folgte einem Impuls, aber in seinem Innersten erkannte er plötzlich, daß es die Wahrheit war. Seine Absicht, Verpflichtungen auszuweichen, schien unsinnig und schal. Dies war eine Bindung, die er wollte und die alle anderen ausschloß. Jetzt wurde ihm bewußt, was ihn den ganzen Tag über und früher schon beunruhigt hatte. Von diesem Augenblick an beunruhigte es ihn nicht mehr. Typisch für ihn antwortete er auf Vivians Frage scherzend: »Sicher bin ich sicher. Du etwa nicht?«

Während sie die Arme um ihn legte, murmelte Vivian: »Ich bin mir noch nie so sicher gewesen.«
»He!« Mike machte sich los, stützte sich auf einen Ellenbogen, und sah sie an. »Über allem anderen habe ich eines vergessen. Was ist mit deinem Knie?«
Vivian lächelte übermütig. »Heute abend hat es uns nicht gestört oder doch?«
Nachdem er sie wieder geküßt hatte, bat er: »Erzähle mir, was Lucy Grainger gesagt hat.«
»Sie hat nichts gesagt, sondern das Knie heute nachmittag durch Dr. Bell röntgen lassen, und will mich in ein paar Tagen zu sich rufen.«
»Ich bin erst wieder ruhig, wenn das geklärt ist«, sagte Mike.
Vivian antwortete: »Sei nicht albern, Liebling. Wie kann so eine kleine Beule etwas Ernsthaftes sein?«

X

Boston, Mass., den 7. August

Mr. H. N. Tomaselli,
Verwaltungsdirektor
Three Counties Hospital,
Burlington, Pa.

Sehr geehrter Mr. Tomaselli,
seit meinem Besuch in Burlington vor einer Woche habe ich über die Stellung in der Pathologie am Three Counties Hospital gründlich nachgedacht.
Ich schreibe Ihnen, um Ihnen mitzuteilen, daß ich entschlossen bin, die Stellung unter den besprochenen Bedingungen anzunehmen, vorausgesetzt natürlich, daß Sie Ihre Ansicht inzwischen nicht geändert haben.
Sie sagten, daß Sie großen Wert darauf legten, daß, wer die Stellung auch übernehme, sobald wie möglich mit der Arbeit beginnen solle. Da mich hier nichts weiter festhält, kann ich nach Regelung einiger Kleinigkeiten am 15. August in Burlington antreten, das heißt also, in genau einer Woche. Ich nehme an, daß Sie damit einverstanden sind.
Dr. O'Donnell erwähnte mir gegenüber Junggesellenapartments, die bald fertiggestellt sein und in der Nähe des Krankenhauses liegen sollen. Ich wüßte gern, ob Ihnen darüber Näheres bekannt ist und würde es, falls ja, gern erfahren. Inzwischen sind Sie vielleicht so gütig, mir in einem Hotel für den 14. ein Zimmer reservieren zu lassen.

Hinsichtlich meiner Arbeit an dem Krankenhaus besteht ein Punkt, der meiner Ansicht nach nicht völlig geklärt wurde. Ich weise hier in der Hoffnung darauf hin, daß Sie vielleicht in der Lage sind, mit Dr. Pearson noch vor meiner Ankunft darüber zu sprechen.
Ich bin der Ansicht, daß es sowohl für das Krankenhaus als auch für mich selbst vorteilhaft ist, wenn ich einen klar festgelegten Verantwortungsbereich übernehme, in dem ich im Rahmen angemessener Grenzen sowohl hinsichtlich der täglich anfallenden Arbeit als auch bei der Durchführung von Umstellungen in der Organisation und der Technik, die selbstverständlich von Zeit zu Zeit immer notwendig sind, freie Hand habe.
Meine eigenen Wünsche in dieser Hinsicht sind, innerhalb der pathologischen Abteilung die unmittelbare Verantwortung für die Serologie, die Hematologie und Biochemie zu übernehmen, wenn ich auch selbstverständlich Dr. Pearson seinen Wünschen entsprechend in der pathologischen Anatomie und auf anderen Gebieten jederzeit zur Verfügung stehen würde. Diesen Punkt schneide ich, wie gesagt, in der Hoffnung an, daß Sie und Dr. Pearson vor dem 15. August darüber entscheiden können. Seien Sie bitte versichert, daß ich jederzeit bemüht sein werde, in vollem Umfang mit Dr. Pearson zusammenzuarbeiten und dem Three Counties Hospital nach besten Kräften zu dienen.

Ihr sehr ergebener
Dr. David Coleman.

Coleman las den sauber getippten Brief noch einmal durch, schob ihn in einen Umschlag und klebte ihn zu. Dann setzte er sich an seine Reisemaschine und tippte einen gleichartigen, wenn auch etwas kürzeren Brief an Dr. Pearson.

David Coleman verließ das möblierte Apartment, das er mit kurzfristigem Mietvertrag für die wenigen Monate, die er in Boston war, gemietet hatte, und brachte beide Briefe zum Briefkasten. Er dachte darüber nach, was er geschrieben hatte. Er war sich immer noch nicht sicher, warum er dem Three Counties Hospital gegenüber den sieben anderen Stellungen, die ihm in den letzten Wochen angeboten worden waren, den Vorzug gegeben hatte. Gewiß wurde sie nicht am besten bezahlt; vom finanziellen Standpunkt aus gesehen, stand sie auf der unteren Hälfte der Liste. Three Counties Hospital war auch kein namhaftes Krankenhaus. Zwei andere medizinische Institute, die ihm ebenfalls ein Angebot gemacht hatten, besaßen internationalen Ruf. Dagegen war das Three Counties Hospital über seine unmittelbare Umgebung hinaus kaum bekannt.

Warum also? War es, weil er fürchtete, in einem größeren Institut unterzugehen, dort nicht zur Geltung zu kommen? Kaum, denn seine bisherige Laufbahn zeigte schon, daß er sich in dieser Art Umgebung durchzusetzen wußte. War es, weil er das Gefühl hatte, daß er an einem kleineren Krankenhaus größere Freiheit zu Forschungsarbeiten besitzen würde? Er hoffte zuversichtlich, Gelegenheit zur Forschung zu finden, aber wenn das sein dringlichster Wunsch gewesen wäre, hätte er ein Forschungsinstitut wählen können — seine Liste hatte eines enthalten — und alles andere lassen. War es der Reiz der Aufgabe, die ihn zu seiner Wahl veranlaßte? Vielleicht. In der pathologischen Abteilung des Three Counties Hospitals war zweifellos vieles unzulänglich. Das hatte er in den zwei kurzen Tagen erkannt, die er in der vorigen Woche dort zugebracht hatte, als er der telefonischen Einladung des Verwaltungsdirektors zu einem Besuch des Krankenhauses folgte, um sich dort umzusehen. Und die Zusammenarbeit mit Dr. Pearson würde nicht leicht werden. Er hatte die Ablehnung des alten Mannes gespürt, als er ihn kennenlernte, und der Verwaltungsdirektor hatte auf Colemans Fragen zugegeben, daß Pearson in dem Ruf stand, es sei schwierig, mit ihm auszukommen.

War es also die Herausforderung der Aufgabe? War das wirklich der Grund, weshalb er sich für das Three Counties Hospital entschied? Wie? Oder lag der eigentliche Grund woanders? Stand noch etwas ganz anderes dahinter? War es Selbstkasteiung? War es immer noch das alte Gespenst, das ihn schon so lange verfolgte?

David Coleman hatte schon lange den Verdacht, sein Hochmut sei sein stärkster Charakterzug. Und darin sah er den Fehler, den er am meisten fürchtete und haßte. Seiner eigenen Ansicht nach war er nie in der Lage gewesen, seinen Hochmut zu besiegen. Er unterdrückte ihn, lehnte ihn ab, immer wieder brach er durch — dem Anschein nach stark und unzerstörbar.

Zum größten Teil beruhte sein Hochmut auf dem Bewußtsein seiner geistigen Überlegenheit. In Gesellschaft fühlte er sich häufig über die anderen geistig weit erhaben, im allgemeinen, weil er es tatsächlich war. Und intellektuell hatte ihm alles, was er bisher in seinem Leben getan hatte, bewiesen, daß er recht hatte.

Solange sich David Coleman erinnern konnte, war es ihm leicht gefallen, Wissen zu erwerben. Lernen war so einfach wie Atmen gewesen. Auf der Volksschule, der Oberschule, dem College, der medizinischen Fakultät hatte er die anderen weit überragt und die höchsten Auszeichnungen fast als Selbstverständlichkeit hingenommen. Sein Verstand war gleichzeitig aufnahmefähig, analytisch und begreifend. Und hochmütig.

In jungen Jahren auf der Oberschule war ihm sein Hochmut zum erstenmal bewußt geworden. Wie jeder, der von Natur aus brillant begabt ist, betrachteten seine Mitschüler ihn zunächst mit Argwohn. Als er dann nicht versuchte, das Bewußtsein seiner geistigen Überlegenheit zu verbergen, verwandelte sich der Argwohn in Abneigung und schließlich in Haß.

Das hatte er damals gespürt, sich aber nicht bewußt darum gekümmert, bis der Schulleiter, der selbst ein brillanter Geist und verständiger Mann war, ihn eines Tages zur Seite nahm. Noch heute erinnerte sich David Coleman genau daran, was er ihm gesagt hatte.

»Ich glaube, du bist erwachsen genug, um mich zu verstehen. Darum spreche ich es offen aus. Du hast in diesen vier Mauern außer mir nicht einen einzigen Freund.«

Zunächst hatte er das nicht geglaubt. Dann aber, vor allem weil er im höchsten Grade ehrlich war, hatte er sich selbst zugegeben, daß es stimmte.

Weiter hatte der Schulleiter gesagt: »Du hast einen brillanten Kopf. Das weißt du, und es gibt auch keinen Grund, weshalb du es nicht wissen solltest. In der Zukunft kannst du alles werden, was du willst. Du besitzt einen bemerkenswert überlegenen Verstand, Coleman, nach meinen Erfahrungen möchte ich sagen, einen einzigartigen. Doch ich warne dich: wenn du mit anderen Menschen zusammen leben willst, mußt du dich manchmal weniger überlegen zeigen, als du bist.«

Es war gewagt, das einem jungen, beeinflußbaren Menschen zu sagen. Aber der Lehrer hatte seinen Schüler nicht unterschätzt. Coleman ging mit dem Rat fort, verdaute ihn, analysierte ihn und endete damit, daß er sich selbst verachtete.

Von da an arbeitete er noch angestrengter als bisher – um sich nach einem überlegten Programm, das an Selbstkasteiung grenzte, zu rehabilitieren. Er fing mit dem Sport an. Solange David Coleman zurückdenken konnte, hatte er eine Abneigung gegen Sport jeder Art empfunden. Bisher hatte er sich auf der Schule nie am Sport beteiligt und neigte dazu, Leute, die zu Sportveranstaltungen gingen und sich dort hinreißen ließen, begeistert zu jubeln, für ziemlich stumpfsinnige Figuren zu halten. Von da an beteiligte er sich aber selbst aktiv – Rugby im Winter, Baseball im Sommer. Trotz seiner ursprünglichen Einstellung wurde er ein Könner. Auf dem College fand er sich in den ersten Mannschaften wieder. Und wenn er nicht selbst mitspielte, nahm er auf der Oberschule und auf dem College an jedem Spiel als Zuschauer teil und jubelte so laut wie die anderen. Allerdings war er nie fähig, sein Gefühl der Gleichgültigkeit beim Spiel ganz zu überwinden, wenn er es auch sorgfältig für sich behielt. Und er jubelte nie ohne das innere Unbehagen, daß er sich kindisch aufführe. Aus diesem Grund glaubte er auch, daß er seinen Hochmut zwar gelegentlich, aber nie völlig überwunden habe.

Seine Beziehungen zu seinen Mitmenschen nahmen weitgehend die gleiche Entwicklung. Früher hatte er sich bei einer Begegnung mit jemand, den er geistig für minderwertig hielt, nie bemüht, seine Langeweile oder seine Interessenlosigkeit zu verbergen. Aber jetzt gab er sich in Befolgung seines Planes die größte Mühe, solchen Leuten gegenüber herzlich zu sein. Die Folge war, daß er sich auf dem College den Ruf eines wohlwollenden Weisen erwarb. Bei seinen Mitschülern, die beim Studium auf Schwierigkeiten stießen, wurde es zu einer ständigen Redensart: »Fragen wir doch David Coleman. Er kann uns bestimmt helfen.« Und das tat er immer.

Bei jedem normal denkenden Menschen wären durch diesen Prozeß seine Empfindungen gegenüber seinen Mitmenschen freundlicher geworden. Zeit und Erfahrung hätten ihm Mitgefühl mit jenen gelehrt, die weniger begabt waren als er selbst. Coleman war sich dessen aber nicht sicher. Innerlich entdeckte er, daß er für geistige Unzulänglichkeit immer noch die alte Verachtung empfand. Er verbarg sie, bekämpfte sie durch eiserne Disziplin und gutes Theaterspielen, schien sie aber nie ganz zu verlieren.

Er hatte sich der Medizin zugewandt. Einerseits, weil sein inzwischen gestorbener Vater Landarzt gewesen war, und andererseits, weil er schon immer Arzt werden wollte. Als er aber vor der Wahl eines Spezialgebietes stand, hatte er sich für die Pathologie entschlossen, weil sie allgemein als das wenigst glanzvolle Spezialgebiet galt. Dieser Schritt war ein Teil seines eigenen überlegten Programms, seinen immer neu auftauchenden Hochmut zu schlagen.

Eine Zeitlang glaubte er, das sei ihm gelungen. Die Pathologie ist zeitweise ein einsames Gebiet, denn sie liegt fern von der Erregung und den Einflüssen, die der unmittelbare Kontakt mit dem Patienten mit sich bringt. Später aber, als sein Interesse und sein Wissen wuchsen, entdeckte er, daß die alte Verachtung für jene, die weniger als er von den verborgenen Geheimnissen wußten, die man mit einem guten Mikroskop aufdecken konnte, wieder auftauchte. Nicht im gleichen Maß allerdings, weil er in der Medizin unvermeidlicherweise Köpfen begegnete, die seinem ebenbürtig waren. Und noch später fand er, daß er sich gelockerter geben, auf einen Teil der eisernen Selbstdisziplin verzichten konnte, die er sich selbst auferlegt hatte. Er traf nach wie vor Menschen, die er für dumm hielt – selbst in der Medizin fand er sie. Aber er zeigte es nie und beobachtete gelegentlich sogar, daß der Umgang mit diesen Leuten ihn weniger störte. Mit dieser Entspannung begann er sich selbst zu fragen, ob er seinen alten Feind am Ende nicht doch überwunden habe.

Dennoch blieb er weiter vorsichtig. Ein Programm überlegter Selbstberichtigung, das fünfzehn Jahre befolgt worden war, konnte man nicht so leicht von heute auf morgen aufgeben. Und manchmal fand er es schwierig, zu unterscheiden, ob seine Motive auf seiner freien Entscheidung beruhten oder auf der Gewohnheit, in Sack und Asche zu gehen, die er so lange und so geduldig befolgt hatte.

Daher die Fragen an sich selbst, weshalb er sich für das Three Counties Hospital entschlossen hatte. Hatte er sich dafür entschieden, weil er das wirklich wollte: ein mittelgroßes, zweitklassiges Krankenhaus ohne Ruf und Ansehen? Oder war es das alte, unbewußte Gefühl, daß sein Hochmut dort am meisten leiden müsse?

Als er die beiden Briefe in den Kasten warf, wußte er, daß diese Fragen nur von der Zeit beantwortet werden konnten.

Auf der siebten Etage des Burlington Medical Arts Building zog sich Elizabeth Alexander in dem Untersuchungsraum, der an Dr. Dornbergers Sprechzimmer grenzte, wieder an. Während der letzten halben Stunde hatte Charles Dornberger sie in seiner üblichen Weise gründlich untersucht und war jetzt an seinen Schreibtisch zurückgekehrt. Durch die halb offenstehende Tür hörte sie ihn sagen: »Kommen Sie herüber und setzen Sie sich, wenn Sie fertig sind, Mrs. Alexander.« Sie streifte ihren Unterrock über den Kopf und antwortete fröhlich: »Ich bin gleich soweit, Doktor.«

Dornberger lächelte. Er hatte Patientinnen gern, die sich über ihre Schwangerschaft offensichtlich freuten, und das traf für Elizabeth Alexander zu. Sie wird eine gute, vernünftige Mutter sein, dachte er. Sie war eine anziehende, junge Frau, nicht hübsch im üblichen Sinn, aber mit einem lebhaften Temperament, das diesen Mangel mehr als wettmachte. Er blickte in die Notizen, die er sich früher gemacht hatte. Sie war dreiundzwanzig. Als er noch jünger war, sorgte er aus Vorsicht immer dafür, daß eine Schwester anwesend war, wenn er Patientinnen untersuchte. Er hatte von Ärzten gehört, die das versäumt hatten und gegen die später von hysterischen Patientinnen häßliche Anschuldigungen vorgebracht worden waren. Heutzutage tat er das allerdings selten. Das zum mindesten war einer der Vorteile des Altseins.

Er rief ihr zu: »Nun, ich bin der Meinung, daß Sie ein gesundes Kind bekommen werden. Es scheinen keinerlei Komplikationen vorzuliegen.«

»Das hat Dr. Crossan auch gesagt.« Sie schloß den Gürtel ihres grünbedruckten Sommerkleides, trat durch die Tür aus dem angrenzenden Zimmer und setzte sich in den Sessel neben dem Schreibtisch.

Dornberger prüfte wieder seine Notizen. »Das war Ihr Arzt in Chikago, nicht wahr?«
»Ja.«
»Hatten Sie ihn bei Ihrem ersten Kind?«
»Ja.« Elizabeth öffnete ihre Handtasche und nahm einen Zettel heraus. »Ich habe hier seine Adresse.«
»Danke. Ich werde ihm wegen seiner Befunde und Behandlung schreiben.« Dornberger klammerte den Zettel an seine Notizen. Nüchtern fragte er: »Woran starb Ihr erstes Kind, Mrs. Alexander?«
»An einer Bronchitis, als sie einen Monat alt war«, antwortete Elizabeth in normalem Ton. Vor einem Jahr wäre ihr die Antwort noch schwergefallen, und sie hätte mit den Tränen kämpfen müssen. Jetzt, da sie wieder ein Kind erwartete, erschien ihr der Verlust leichter zu ertragen. Aber dieses Mal würde ihr Kind leben, dazu war sie fest entschlossen.
Dr. Dornberger fragte: »War die Geburt normal?«
»Ja«, antwortete sie.
Er blickte in seine Notizen. Um von der Trauer abzulenken, die seine Fragen geweckt haben mochten, fuhr er freundlich fort: »Sie sind gerade erst nach Burlington gekommen, wenn ich richtig informiert bin?«
»Ja«, antwortete sie fröhlich und fügte hinzu: »Mein Mann arbeitet im Three Counties Hospital.«
»Ich weiß es. Dr. Pearson hat es mir gesagt.« Während er schrieb, fragte er: »Wie gefällt es ihm denn bei uns?«
Elizabeth überlegte. »John hat noch nicht viel darüber gesagt, aber ich glaube, es gefällt ihm gut. Seine Arbeit interessiert ihn sehr.«
Dornberger löschte das, was er geschrieben hatte, ab. »Das erleichtert es immer, besonders in der Pathologie.« Er blickte auf und lächelte. »Wir anderen hängen sehr von der Arbeit in den Labors ab.«
Es entstand eine kurze Pause, in der der Arzt eine Schublade seines Schreibtisches öffnete und einen Formularblock herauszog. Dann sagte er: »Da wir gerade von den Labors reden, wir müssen Sie zu einer Blutuntersuchung schicken.«
Während er das Formular ausfüllte, antwortete Elizabeth: »Ich wollte Ihnen noch sagen, daß ich rh-negativ bin, mein Mann aber Rh-positiv ist, Doktor.«
Er lachte. »Daran kann man erkennen, daß Ihr Mann medizinischer Laborant ist. Wir werden Ihr Blut sehr gründlich untersuchen.« Er riß das Formular ab und reichte es ihr. »Damit können Sie jederzeit in die Abteilung für ambulante Patienten ins Krankenhaus gehen.«
»Danke, Doktor.« Sie faltete das Formular zusammen und schob es in ihre Handtasche.

Ehe Dornberger das Gespräch beendete, zögerte er. Wie den meisten Ärzten war ihm bewußt, daß Patienten sich häufig unvollständige oder falsche Vorstellungen von medizinischen Problemen machen. Bei seinen eigenen Patienten bemühte er sich in diesen Fällen im allgemeinen sehr darum, sie aufzuklären, selbst wenn es ihm Zeit kostete. Mrs. Alexander hatte ihr erstes Kind verloren. Deshalb war ihre zweite Schwangerschaft für sie doppelt wichtig. Es war Dornbergers Aufgabe, dafür zu sorgen, daß sie sich nicht ängstigte.

Sie hatte den Rh-Faktor genannt, und offensichtlich machte sie sich Gedanken darüber. Er bezweifelte, daß sie wirklich verstand, was es damit auf sich hatte. Er entschloß sich, sich die Zeit zu nehmen, sie zu beruhigen.

»Mrs. Alexander«, begann er, »ich möchte Ihnen ganz eindeutig klarlegen, daß es sich auf Ihr Kind nicht notwendigerweise nachteilig auswirken muß, daß Sie und Ihr Mann Blutgruppen mit verschiedenem Rh-Faktor haben. Verstehen Sie mich?«

»Ich glaube ja, Doktor.« Er erkannte, daß er recht hatte. Ihre Stimme ließ eine Spur Zweifel erkennen.

Geduldig fragte er: »Wissen Sie genau, was mit den Ausdrücken Rh-positiv und rh-negativ bezeichnet wird?«

Sie zögerte. »Nun, eigentlich nicht, jedenfalls nicht ganz genau.«

Das hatte er erwartet. Er überlegte einen Augenblick und fuhr dann fort: »Ich will es Ihnen so einfach erklären, wie ich kann. Wir alle besitzen in unserem Blut bestimmte Faktoren, und von dem Ausdruck ›Faktor‹ kann man sagen, er sei eine andere Bezeichnung für ›Bestandteil‹.«

Elizabeth nickte. »Ich verstehe.« Sie konzentrierte sich, richtete ihre Gedanken auf das, was Dr. Dornberger erklärte. Einen Augenblick empfand sie fast eine leise Sehnsucht nach ihrer Schulzeit. In der Schule war sie immer stolz darauf gewesen, daß sie fähig war, Dinge, die erklärt wurden, zu verstehen, daß sie ihre Aufmerksamkeit auf ein bestimmtes Problem richten, Fakten schnell aufnehmen konnte, indem sie alles andere aus ihren Gedanken ausschloß. Dank dieser Fähigkeit war sie eine gute Schülerin gewesen. Jetzt war sie gespannt, ob sie sich diese Gabe erhalten hatte.

Dornberger fuhr fort: »Verschiedene Menschen haben verschiedene Blutfaktoren. Nach dem letzten Stand sind der Medizin neunundvierzig derartiger Faktoren bekannt. Die meisten Menschen – Sie und ich zum Beispiel – besitzen zwischen fünfzehn und zwanzig dieser Faktoren in ihrem Blut.«

In Elizabeths Kopf schaltete es. Erste Frage. »Wodurch wird verursacht, daß Menschen mit verschiedenen Faktoren geboren werden?«

»Größtenteils durch Vererbung, aber das ist hier nicht wichtig. Wichtig ist, sich vor Augen zu halten, daß manche Faktoren sich miteinander vertragen, andere aber nicht.«
»Sie wollen sagen . . .«
»Ich will sagen: Wenn die verschiedenen Blutfaktoren sich miteinander vermischen, können manche ohne weiteres nebeneinander bestehen, aber andere bekämpfen sich und vertragen sich nicht miteinander. Darum werden vor Transfusionen immer erst sorgfältig die Blutgruppen bestimmt. Wir müssen uns davon überzeugen, daß der Patient Blut der richtigen Blutgruppe empfängt.«
Elizabeth runzelte nachdenklich die Stirn und fragte: »Und es sind die Faktoren, die sich bekämpfen – die unverträglichen –, die gefährlich sein können? Ich meine, wenn man Kinder bekommt.« Wieder folgte sie der Formel aus ihrer Schulzeit: Kläre jeden Punkt eindeutig, ehe du zum nächsten übergehst.
Dornberger antwortete: »Gelegentlich gibt es das, aber in den meisten Fällen nicht. Wir wollen einmal Ihren Fall nehmen. Sie sagen, daß Ihr Mann Rh-positiv ist.«
»Ja, das ist er.«
»Nun, das bedeutet, daß sein Blut einen Faktor enthält, der ›Groß D‹ genannt wird. Und da Sie rh-negativ sind, besitzt Ihr Blut kein ›Groß D‹.«
Elizabeth nickte langsam. Ihr Verstand registrierte: rh-negativ kein »Groß D«. Sie benutzte einen alten Lerntrick und bildete schnell einen Merkvers:

rh-negativ man zählt
wo der Faktor »Groß D« fehlt.

Sie bemerkte, daß Dornberger sie beobachtete. »Sie können das so interessant darstellen«, sagte sie. »Noch nie hat mir jemand es so erklärt.«
»Sehr schön. Jetzt wollen wir über Ihr Baby sprechen.« Er deutete auf die Wölbung unter ihrem Kleid. »Wir wissen nicht, ob das Kleine dort rh-negatives oder Rh-positives Blut hat. Mit anderen Worten, wir wissen nicht, ob sein Blut ›Groß D‹ besitzt.«
Einen Augenblick lang vergaß Elizabeth ihre spielerischen Gedanken. Mit einem Anflug Angst fragte sie: »Was geschieht, wenn er es hat? Bedeutet das, daß sein Blut meines bekämpft?«
Ruhig antwortete Dornberger: »Diese Möglichkeit besteht immer.« Mit einem beruhigenden Lächeln fügte er hinzu: »Nun passen Sie aber genau auf.«
Sie nickte. Ihre Aufmerksamkeit war wieder voll geweckt. Für einen kurzen Augenblick hatte sie ihre Gedanken abschweifen lassen.

Nachdrücklich sagte er: »Das Blut eines Kindes ist von dem der Mutter völlig getrennt. Nichtsdestoweniger gelangen während der Schwangerschaft häufig kleine Mengen vom Blut des Kindes in den Blutkreislauf der Mutter. Verstehen Sie das?«

Elizabeth nickte. »Ja.«

»Also gut. Wenn die Mutter rh-negativ und das Kind Rh-positiv ist, kann das manchmal bedeuten, daß unser alter Bekannter ›Groß D‹ in den Blutkreislauf der Mutter gelangt. Und dort ist er unerwünscht. Verstehen Sie?«

Wieder nickte Elizabeth. »Ja.«

Langsam fuhr er fort: »Wenn das geschieht, bildet das Blut der Mutter im allgemeinen etwas, was wir Antikörper nennen, und diese Antikörper bekämpfen ›Groß D‹ und vernichten es schließlich.«

Elizabeth war verwirrt. »Wo liegt dann die Gefahr?«

»Für die Mutter besteht nie eine Gefahr. Das Problem, wenn es auftritt, beginnt dann, wenn die Antikörper – die Stoffe, die die Mutter gebildet hat, um ›Groß D‹ zu bekämpfen – auf dem Weg über die Plazenta in den Blutkreislauf des Kindes gelangen. Verstehen Sie? Wenn auch kein regulärer Blutaustausch zwischen der Mutter und dem Kind besteht, können die Antikörper doch häufig hinübergelangen, und tun es auch.«

»Ich verstehe«, antwortete Elizabeth langsam. »Und das bedeutet, daß die Antikörper in dem Blut des Kindes wirken und es zerstören.« Sie hatte es jetzt ganz klar begriffen.

Dornberger sah sie anerkennend an. Eine gescheite, junge Frau, dachte er. Sie hat nichts übersehen. Laut sagte er: »Die Antikörper können das Blut des Babys zerstören oder einen Teil davon, wenn wir es zulassen. Das ist eine Erscheinung, die wir Erythroblastose foetalis nennen.«

»Aber wie verhindert man sie?«

»Wir können nicht verhindern, daß sie eintritt, aber wir können sie bekämpfen. Als erstes werden wir durch Blutuntersuchungen gewarnt, sobald Antikörper im Blut der Mutter auftauchen. Diese Untersuchung wird mit Ihrem Blut durchgeführt. Jetzt, und später im Verlaufe Ihrer Schwangerschaft wieder.«

»Worin besteht diese Untersuchung?« fragte Elizabeth.

»Sie sind ja unersättlich wißbegierig.« Der alte Arzt lächelte. »Ich kann Ihnen nicht genau sagen, wie der Test im Labor vorgenommen wird. Darüber weiß Ihr Mann bestimmt mehr als ich.«

»Aber was geschieht außerdem, für das Kind, meine ich?«

Geduldig erklärte er: »Das wichtigste ist, dem Kind unmittelbar nach der Geburt eine Austauschtransfusion mit der richtigen Art Blut zu geben. Sie ist im allgemeinen erfolgreich.« Bewußt vermied er, auf die große Gefahr hinzuweisen, daß ein Kind mit Erythroblastose tot geboren werden kann, oder daß der Arzt häufig die Geburt mehrere Wochen zu früh einleiten muß, um dem Kind eine bessere Chance zu überleben zu bieten. In jedem Fall war er der Ansicht, daß seine Erklärungen genügten. Er entschloß sich, zusammenzufassen:

»Ich habe Ihnen das alles auseinandergesetzt, Mrs. Alexander, weil ich glaube, daß Sie über den Rh-Faktor beunruhigt waren. Aber auch, weil Sie eine kluge Frau sind und ich immer der Ansicht war, daß es für jeden besser ist, wenn er die ganze Wahrheit kennt als nur einen kleinen Teil.«

Sie lächelte darüber. Sie war geneigt, sich wirklich für intelligent zu halten. Schließlich hatte sie sich gerade bewiesen, daß sie immer noch ihre alte Fähigkeit aus der Schule besaß, zu verstehen und zu lernen. Dann sagte sie sich: Sei nicht eingebildet. Außerdem erwartest du ein Kind und stehst nicht vor einer Abschlußprüfung.

Dr. Dornberger sprach weiter: »Aber ich will Ihnen die wichtigen Punkte vor Augen halten.« Er war jetzt ernst, hatte sich zu ihr gebeugt.

»Punkt eins: Sie werden vielleicht nie ein Rh-positives Kind bekommen, weder jetzt noch später. In diesem Falle werden überhaupt keine Schwierigkeiten auftauchen. Punkt zwei: selbst wenn Ihr Kind zufällig Rh-positiv ist, wird Ihr Blut vielleicht keine Antikörper bilden. Punkt drei: selbst im Fall, daß Ihr Kind eine Erythroblastose bekommen sollte, sind die Aussichten zur Behandlung und auf eine Heilung günstig.« Er sah sie fest an. »Nun, und wie fühlen Sie sich jetzt?«

Elizabeth lächelte strahlend. Sie fühlte, daß sie wie ein erwachsener Mensch behandelt wurde, und das tat ihr wohl. »Dr. Dornberger«, antwortete sie, »ich finde Sie einfach großartig.«

Belustigt griff Dornberger nach seiner Pfeife und begann sie zu stopfen. »Ja«, meinte er, »manchmal finde ich das beinahe auch.«

»Joe, kann ich Sie einen Augenblick sprechen?«

Lucy Grainger befand sich auf dem Weg zur Pathologie, als Pearsons untersetzte Gestalt vor ihr im Gang des Ergeschosses auftauchte. Als sie ihn anrief, blieb er stehen.

»Haben Sie etwas Besonderes, Lucy?« Es war sein üblicher rauher, grollender Ton, aber sie war froh, daß sie keine Unfreundlichkeit heraushörte. Sie hoffte, gegenüber seiner schlechten Laune wie immer immun zu sein.

»Ja, Joe. Ich möchte Sie bitten, sich eine meiner Patientinnen einmal anzusehen.«

Er war damit beschäftigt, eine seiner unvermeidlichen Zigarren anzuzünden. Als sie brannte, musterte er die Glut an ihrer Spitze. »Was liegt denn vor?«

»Es handelt sich um eine unserer Lernschwestern, ein Mädchen namens Vivian Loburton. Sie ist neunzehn. Kennen Sie sie?«

Pearson schüttelte den Kopf. Lucy fuhr fort: »Der Fall beunruhigt mich etwas. Ich vermute einen Knochentumor und habe für übermorgen eine Probeexcision angesetzt. Die Gewebeprobe kommt natürlich zu Ihnen hinunter, aber ich dachte, Sie würden sich das Mädchen vielleicht vorher auch einmal ansehen.«

»Gewiß. Wo ist sie?«

»Ich habe sie zur Beobachtung aufgenommen«, antwortete Lucy. »Sie liegt auf dem zweiten Stock. Wollen Sie es jetzt gleich tun?«

Pearson nickte. »Warum nicht?« Zusammen gingen sie in dieHaupthalle zu dem Personenaufzug.

Lucys Bitte an Pearson war nicht ungewöhnlich. In Fällen dieser Art, bei denen die Möglichkeit der Bösartigkeit bestand, war es der Pathologe, der das letzte Urteil über den Zustand des Patienten abgab. Bei der Diagnose jeder Art von Tumor wirkten viele sich manchmal widersprechende Faktoren mit, die der Pathologe gegeneinander abwägen mußte. Aber die Entscheidung über einen Knochentumor war noch schwieriger als in anderen Fällen, und Lucy wußte das. Folglich war es für den Pathologen ein Vorteil, an einem derartigen Fall von Anfang an mitzuarbeiten. Auf diese Weise kannte er den Patienten, konnte die Symptome überprüfen und die Ansicht des Röntgenarztes einholen. Das alles trug zu seinem eigenen Wissen bei und half ihm bei der Diagnose.

Als sie in den Aufzug traten, blieb Pearson stehen und stöhnte. Er legte eine Hand auf den Rücken.

Lucy drückte auf den Knopf zum zweiten Stock. Während die Türen zuglitten, fragte sie: »Haben Sie Rückenschmerzen?«

»Manchmal.« Mühsam richtete Pearson sich auf. »Wahrscheinlich von dem zu langen Über-dem-Mikroskop-Hocken.«

Sie musterte ihn besorgt. »Warum kommen Sie nicht zu mir in die Sprechstunde, damit ich es mir ansehe?«

Er puffte an seiner Zigarre und grinste dann. »Das will ich Ihnen gern sagen, Lucy. Ich kann mir Ihre Honorare nicht leisten.«

Die Türen öffneten sich, und sie traten auf den zweiten Stock hinaus. Als sie durch den Gang gingen, widersprach sie: »Sie behandele ich doch ohne Honorar. Ich halte sowieso nichts davon, Kollegen Rechnungen zu schicken.«

Er warf ihr einen amüsierten Blick zu. »Sie sind also nicht so wie die Psychiater?«

»Nein, wirklich nicht.« Sie lachte. »Die schicken einem sogar eine Rechnung, wenn man mit ihnen die Sprechstundenräume teilt, wie ich gehört habe.«

»Das stimmt.« Lucy hatte Pearson selten so ausgeglichen und gelassen gesehen. »Sie behaupten, das gehöre zu ihrer Behandlung.«

»Hier ist es.« Sie öffnete eine Tür, und Pearson trat zuerst ein. Sie folgte ihm und schloß die Tür hinter sich.

Es war ein kleines Krankenzimmer, in dem nur zwei Patienten lagen. Lucy grüßte eine Frau in dem Bett neben der Tür, trat dann zu dem zweiten Bett, in dem Vivian lag und von der Zeitschrift aufblickte, in der sie gelesen hatte.

»Vivian, dies ist Dr. Pearson.«

»Hallo, Vivian«, sagte Pearson abwesend, während er das Krankenblatt nahm, das Lucy ihm reichte.

Höflich antwortete Vivian: »Guten Tag, Doktor.«

Für Vivian war es immer noch rätselhaft, weshalb sie überhaupt hier lag. Sie hatte wieder Schmerzen in ihrem Knie gehabt, das stimmte, aber es schien ihr nicht wichtig genug, um deshalb im Bett zu liegen. Allerdings hatte sie auch nicht viel dagegen einzuwenden. In gewisser Weise war ihr die Unterbrechung in dem Schwesternkursus willkommen, und es war eine angenehme Abwechslung, lesen und sich ausruhen zu können. Mike hatte auch gerade angerufen. Er schien besorgt, nachdem er gehört hatte, was geschehen war, und hatte versprochen, später, sobald er könne, zu ihr zu kommen.

Lucy zog den Vorhang zwischen den beiden Betten vor, und jetzt sagte Pearson. »Zeigen Sie mir bitte Ihre beiden Knie.«

Vivian schlug die Bettdecke zurück und zog den Saum ihres Nachthemdes hoch. Pearson legte das Krankenblatt hin und beugte sich zur Untersuchung vor. Lucy beobachtete, wie die kurzen, plumpen Finger des Pathologen vorsichtig ihre Beine betasteten.

Sie dachte: Für jemand, der zu anderen Leuten so grob sein kann, ist er überraschend zart. Einmal stöhnte sie unter dem Druck seiner Finger auf. Pearson blickte auf. »Hier tut es Ihnen weh, wie?« Vivian nickte.

»In Dr. Graingers Aufzeichnungen steht, daß Sie sich vor etwa fünf Monaten das Knie angeschlagen haben?« fragte er.

»Ja, Doktor.« Vivian gab sich große Mühe, die Tatsachen wahrheitsgemäß zu berichten. »Zunächst konnte ich mich nicht mehr daran erinnern. Erst als ich genau nachdachte. Ich stieß damit gegen den Boden eines Schwimmbeckens. Vielleicht bin ich zu tief getaucht.«

Pearson fragte: »Hat das damals sehr weh getan?«

»Ja, aber die Schmerzen vergingen bald, und später dachte ich nicht mehr daran. Es fiel mir jetzt erst wieder ein.«

»Gut, Vivian.« Er winkte Lucy, die die Bettdecke wieder heraufzog.

Er fragte Lucy: »Haben Sie die Röntgenaufnahmen?«

»Hier sind sie.« Sie reichte ihm einen großen, braunen Umschlag. »Es sind zwei Serien. Die erste Serie zeigt gar nichts. Dann machten wir weichere Aufnahmen, um die Muskeln erkennen zu können, und diese Aufnahmen zeigen eine Veränderung am Knochen.«

Vivian hörte dem Gespräch interessiert zu. Sie fühlte sich plötzlich wichtig, weil sie in seinem Mittelpunkt stand.

Pearson und Lucy waren zum Fenster getreten, und der Pathologe hielt die Röntgenaufnahmen gegen das Licht. Als er den zweiten Satz studierte, deutete Lucy: »Dort. Sehen Sie?« Gemeinsam betrachteten sie den Film.

»Ah ja.« Pearson grunzte und reichte ihr die Filme zurück. Seine Einstellung gegenüber Röntgenaufnahmen wurde immer durch die Vorbehalte eines Spezialisten bestimmt, der sich auf das unbekannte Gebiet eines anderen vorwagt. Er sagte: »Schatten aus dem Land der Schatten. Was meint die Röntgenabteilung dazu?«

»Ralph Bell bestätigt die Veränderung«, antwortete Lucy. »Aber er kann nicht genug sehen, um eine Diagnose zu stellen. Er ist auch der Ansicht, daß ich eine Probeexcision vornehmen soll.«

Pearson drehte sich wieder der Patientin zu: »Wissen Sie, was eine Probeexcision ist, Vivian?«

»Ich habe eine ungefähre Vorstellung« – das Mädchen zögerte –, »aber ganz genau weiß ich es nicht.«

»Das haben Sie in Ihrem Schwesternkursus wohl noch nicht durchgenommen, wie?«

Sie schüttelte den Kopf.

Pearson erklärte: »Nun, Dr. Grainger beabsichtigt, ein kleines Stück Knochengewebe unter Ihrem Knie herauszunehmen, gerade dort, wo etwas nicht in Ordnung zu sein scheint. Das kommt dann zu mir herunter, und ich werde es untersuchen.«

Vivian fragte: »Und können Sie daraus sehen . . . was damit ist?«

»Meistens kann ich das.« Er wollte gehen, zögerte dann. »Treiben Sie viel Sport?«

»O ja, Doktor. Tennis, Schwimmen, Skilaufen.« Sie fügte hinzu: »Ich reite auch sehr gern. In Oregon bin ich sehr viel geritten.«

»So, in Oregon«, antwortete er nachdenklich, und dann, während er sich abwendete: »Nun gut, Vivian, das ist im Augenblick alles.«

Lucy lächelte. »Ich komme später wieder.« Sie nahm das Krankenblatt und die Röntgenfilme und folgte Pearson hinaus.

Als sich die Tür schloß, empfand Vivian zum erstenmal einen ahnungsvollen, furchtsamen Schauer.

Als sie ein Stück den Gang hinuntergegangen waren, fragte Lucy: »Was meinen Sie dazu, Joe?«

»Es kann ein Knochentumor sein.« Pearson sagte es langsam, nachdenklich.

»Bösartig?«

»Das ist möglich.«

Sie kamen zu den Fahrstühlen und blieben stehen. Lucy sagte: »Wenn er bösartig ist, muß ich das Bein amputieren.«

Pearson nickte langsam. Er sah plötzlich sehr alt aus. »Ja«, antwortete er, »daran dachte ich auch gerade.«

XI

Die Viscount legte sich weich gegen den Wind und begann, an Höhe zu verlieren. Fahrgestell und Landeklappen waren ausgefahren, und sie flog genau Landebahn Nr. 1 des Flughafens Burlington an. Während Dr. Kent O'Donnell das näherkommende Flugzeug von dem Terrassencafé aus beobachtete, überlegte er flüchtig, daß Luftfahrt und Medizin vieles gemeinsam hätten. Beide fußten auf den Erkenntnissen der Wissenschaften, beide veränderten das Leben in der Welt und beseitigten überkommene Vorstellungen. Beide bewegten sich unbekannten Horizonten und einer nur dunkel erahnten Zukunft entgegen. Es gab noch eine Parallele. Der Luftfahrt fiel es heute schwer, mit ihrer eigenen Entwicklung Schritt zu halten. Ein Flugzeugkonstrukteur, den er kannte, hatte ihm kürzlich gesagt: »Wenn ein Flugzeug für den Einsatz fertig ist, ist es auch schon überholt.«

In der Medizin, dachte O'Donnell, während er seine Augen vor der strahlenden Nachmittagssonne beschattete, war es weitgehend das gleiche. Krankenhäuser, Kliniken und die Ärzte selbst waren nie in der Lage, ihr Wissen auf dem jüngsten Stand zu erhalten. Ungeachtet, wie sehr sie sich darum bemühten, immer waren ihnen die Forschung, die Entwicklung, die neuesten Techniken voraus, manchmal um Jahre. Heute konnte ein Mensch sterben, obwohl das rettende Medikament bereits erfunden war und in begrenztem Umfang vielleicht schon angewendet wurde. Aber es brauchte Zeit, bis die neuen Entwicklungen bekanntwurden und Anerkennung fanden. Das galt auch für die Chirurgie. Ein Chirurg oder eine Gruppe von Chirurgen entwickelte vielleicht eine neue lebensrettende Technik, aber ehe sie allgemein angewendet werden konnte, mußten sie ihr Können weitergeben und andere die neuen Methoden beherrschen. Manchmal war das ein langwieriger Prozeß. Die Herzchirurgie beispielsweise war jetzt ziemlich weit verbreitet und für die meisten erreichbar, die ihrer dringend bedurften. Aber lange Zeit war nur eine Handvoll Chirurgen qualifiziert oder willens, sich daran zu wagen.

Außerdem erhob sich bei jeder Neuerung die Frage, ob sie gut, ob sie eine kluge Entwicklung war. Nicht jede Veränderung bedeutete Fortschritt. Oft war die Medizin falschen Spuren gefolgt, Theorien, die den Tatsachen widersprachen, und begeisterten und besessenen Einzelgängern, die manches wagten, was erst halb geklärt war, und andere durch ihr Beispiel verleiteten. Manchmal war es schwer, den mittleren Kurs zwischen Aufgeschlossenheit und vernünftiger Vorsicht einzuhalten. Im Three Counties Hospital mit seinen Vertretern der unerschütterlich konservativen und der fortschrittlichen Richtung — in beiden Lagern gab es gute Leute — stand ein Mann wie O'Donnell ständig vor dem Problem, in jedem Augenblick genau zu wissen, wo und bei wem er seine Verbündeten suchen mußte.

Sein Gedankengang wurde durch die heranrollende Viscount abgebrochen, deren dröhnende Motoren die Stimmen um ihn herum übertönten. O'Donnell wartete, bis die Propeller standen und die Passagiere auszusteigen begannen. Als er Dr. Coleman unter ihnen erkannte, ging er die Treppe hinunter, um den neuen stellvertretenden Direktor der pathologischen Abteilung des Krankenhauses in der Halle zu empfangen.

David Coleman war überrascht, als er den Chef der Chirurgie, der sich groß und sonnengebräunt aus der Menschenmenge heraushob, mit ausgestreckter Hand auf sich warten sah. O'Donnell sagte: »Ich freue mich, Sie zu sehen, Dr. Coleman. Joe Pearson hatte keine Zeit, wir waren aber der Ansicht, daß jemand Sie hier abholen und willkommen heißen sollte.« Was O'Donnell nicht hinzufügte, war, daß Joe Pearson sich rundheraus geweigert hatte, und da Tomaselli nicht in der Stadt war, hatte sich O'Donnell die Zeit genommen, selbst hinauszufahren.

Während sie durch die dichte Menschenmenge in der heißen Halle gingen, beobachtete O'Donnell, wie Coleman sich umsah. Er gewann den Eindruck, daß der junge Pathologe sich schnell ein Urteil über seine Umgebung verschaffen wollte. Vielleicht war das seine Gewohnheit. Falls ja, war es eine gute. Zweifellos schnitt David Coleman bei dieser Prüfung günstig ab. Obwohl er einen dreistündigen Flug hinter sich hatte, war sein Gabardineanzug nicht zerdrückt. Sein gut geschnittenes Haar war sorgfältig gescheitelt und gebürstet, und er war sauber rasiert. Er trug keinen Hut, was ihn jünger als seine einunddreißig Jahre erscheinen ließ. Er war schlanker als O'Donnell, seine Züge waren klar geschnitten und gut geformt. Er hatte ein längliches Gesicht mit einem scharfen Kinn. Die Aktentasche unter seinem Arm gab ihm einen Akzent verläßlicher Nüchternheit. Das Bild eines jungen Wissenschaftlers,

dachte O'Donnell. Er führte Coleman zur Gepäckausgabe. Dort wurde ein Rollkarren mit Koffern entladen, und sie schlossen sich der Gruppe Reisender, die mit Coleman eingetroffen waren, an.
O'Donnell sagte: »Das ist das beim Fliegen, was ich verabscheue.«
Coleman nickte und lächelte schwach. Es wirkte fast, als wolle er sagen: Wir sollten unsere Fähigkeiten nicht auf hohle Konversation vergeuden, meinen Sie nicht?
Das ist ein kühler Zeitgenosse, dachte O'Donnell. Wie bei seiner ersten Begegnung fielen ihm die stahlgrauen Augen auf, und er fragte sich, was man brauche, um hinter sie zu dringen. Coleman blieb jetzt unberührt in der Menge stehen und sah sich um. Fast wie auf Befehl trat ein Gepäckträger, ohne die anderen Reisenden zu beachten, auf ihn zu.
Zehn Minuten später, als O'Donnell seinen Buick durch den dichten Verkehr um den Flughafen steuerte und zur Stadt fuhr, sagte er: »Wir haben Sie im Roosevelt Hotel einquartiert. Es ist so komfortabel und ruhig, wie man nur wünschen kann. Ich glaube, unser Verwaltungsdirektor hat Ihnen wegen des Apartments geschrieben.«
»Ja, das tat er«, antwortete Coleman. »Ich würde das gern so schnell wie möglich in Ordnung bringen.«
»Sie werden keine Schwierigkeiten haben«, entgegnete O'Donnell und fügte hinzu: »Es steht Ihnen frei, sich ein oder zwei Tage Zeit zu nehmen, um eine geeignete Unterkunft zu suchen, ehe Sie Ihren Dienst im Krankenhaus übernehmen.«
»Danke, das ist wohl nicht nötig. Ich beabsichtige, morgen früh anzutreten.«
Coleman war höflich, aber entschieden. O'Donell dachte: Das ist ein Mann, der sich genau überlegt, was er will, und es dann klar ausspricht. Er macht auch den Eindruck, als ob er sich nicht leicht etwas ausreden ließe. O'Donnell überraschte sich bei der Überlegung, wie Joe Pearson und David Coleman miteinander auskommen würden. Zunächst einmal sah es so aus, als würden sie aneinandergeraten. Aber das konnte man nie wissen. In Krankenhäusern wurden manchmal die unwahrscheinlichsten Freundschaften fürs Leben geschlossen.
Während sich David Coleman auf der Fahrt durch die Außenbezirke der Stadt nach allen Seiten umsah, empfand er fast so etwas wie Aufregung über das, was vor ihm lag. Das war ungewöhnlich, weil er meistens alles, was kam, mit sachlicher Nüchternheit hinnahm. Aber schließlich ging es um seine erste Stellung im Ärztestab eines Krankenhauses. Er sagte sich: Über eine ganz allgemein menschliche Regung braucht man sich nicht zu schämen, mein Freund. Dann lächelte er innerlich über diese stumme Selbstkritik. Alte Gewohnheiten im Denken sind schwer abzulegen, dachte er.

Er fragte sich, was der neben ihm sitzende O'Donnell wohl für ein Mann war. Über den Chef der Chirurgie am Three Counties Hospital hatte er nur Gutes gehört. Wie kommt es, wunderte er sich, daß ein Mann mit O'Donnells Ausbildung und Qualifikation sich eine Stadt wie Burlington aussucht? Besaß auch er hintergründige Motive? Oder folgte er anderen Überlegungen? Vielleicht gefiel es ihm hier einfach? Es mußte auch Menschen geben, vermutete Coleman, deren Wünsche gradlinig und unkompliziert waren.

O'Donnell bog aus, um einen Lastzug zu überholen. Dann sagte er: »Ich würde Ihnen gern einiges sagen, wenn ich darf.«

Coleman antwortete höflich: »Aber bitte, gern.«

»Wir haben in den letzten Jahren im Three Counties Hospital eine Reihe von Veränderungen vorgenommen.« O'Donnell sprach langsam, überlegte seine Worte. »Harry Tomaselli sagte mir, daß Sie schon einiges darüber gehört haben. Auch über unsere Pläne.«

Coleman lächelte. »Ja, das stimmt.«

O'Donnell drückte auf seine Hupe, und ein Wagen vor ihnen wich zur Seite. Er sagte: »Die Tatsache, daß Sie zu uns kommen, ist für uns ein wichtiger Schritt, und ich kann mir vorstellen, daß sich daraus Änderungen ergeben mögen, die Sie selbst wünschen werden, wenn Sie sich bei uns eingelebt haben.«

Coleman dachte an die pathologische Abteilung des Krankenhauses, wie er sie während seines kurzen Besuches gesehen hatte. »Ja«, antwortete er, »davon bin ich überzeugt.«

O'Donnell schwieg. Dann fuhr er noch behutsamer fort: »Wenn es irgend möglich war, versuchten wir, Veränderungen friedlich herbeizuführen. Manchmal war das nicht möglich. Ich gehöre nicht zu den Leuten, die bereit sind, nur um des Friedens willen ein Prinzip zu opfern.« Er sah Coleman von der Seite an. »Ich möchte, daß Sie in diesem Punkt klarsehen.«

Coleman nickte, antwortete aber nicht.

O'Donnell fuhr fort: »Trotzdem würde ich Ihnen empfehlen, behutsam vorzugehen, soweit wie es möglich ist.« Er lächelte. »Tun Sie alles, was Sie können, durch Überredung, und sparen Sie das schwere Geschütz für Dinge auf, die wirklich wichtig sind.«

Unverbindlich antwortete Colemann: »Ich verstehe.« Er war sich nicht sicher, was O'Donnells Worte bedeuteten. Er mußte ihn erst besser kennen, um das entscheiden zu können. Aber war sein Eindruck von O'Donnell falsch gewesen? War der Chef der Chirurgie am Ende doch ein Leisetreter? Wurde ihm hier und jetzt bei seiner Ankunft schon gesagt, den Kahn nicht zum Schaukeln zu bringen? Wenn das der Fall war, so würden sie bald merken, daß sie an den Falschen geraten waren.

David Coleman nahm sich vor, keinen langfristigen Mietvertrag für das Apartment, das er in Burlington etwa fand, abzuschließen.
O'Donnell fragte sich jetzt, ob es klug gewesen war, das auszusprechen. Sie hatten das Glück gehabt, diesen Coleman zu bekommen, und er wünschte nicht, ihm von Anfang an Zügel anzulegen. Aber die ganze Zeit hatte das Problem Joe Pearson und Pearsons bekannter Einfluß auf Eustace Swayne O'Donnells Gedanken beschäftigt. Soweit er konnte, wollte O'Donnell Orden Brown gegenüber loyal bleiben. Bisher hatte der Ausschußvorsitzende vieles getan, um den Chef der Chirurgie zu unterstützen. O'Donnell wußte, daß Brown Swaynes Viertelmillion Dollar haben wollte, und natürlich brauchte das Krankenhaus sie dringend. Und wenn das bedeutete, Joe Pearson etwas nachzugeben, war O'Donnell dazu bereit – innerhalb vernünftiger Grenzen.
Aber wo hörte die Krankenhauspolitik auf, und wo begann O'Donnells Verantwortung als Arzt? Das war die Frage, die ihm keine Ruhe ließ. Vielleicht mußte er eines Tages entscheiden, wo die Grenzlinie lag. Spielte er selbst jetzt in der Politik mit? O'Donnell vermutete es. Aus welchem anderen Grund hätte er sich sonst gerade in dieser Weise Dr. Coleman gegenüber geäußert? Macht korrumpiert, dachte er, dem kann man nicht entgehen, gleichgültig, wer man ist. Er überlegte, ob er über dieses Thema noch weiter mit Coleman sprechen und den jüngeren Mann vielleicht in sein Vertrauen ziehen solle. Dann entschied er sich dagegen. Coleman war schließlich ein Neuling, und O'Donnell war sich klar bewußt, daß er noch nicht hinter diese kühlen, grauen Augen gedrungen war.
Sie erreichten jetzt das Stadtzentrum. Die Straßen Burlingtons waren heiß und staubig, die Bürgersteige flimmerten, und die schwarz geteerte Straßendecke war von der Hitze aufgeweicht. Er lenkte den Buick in den Vorhof des Roosevelt Hotels. Ein Hausdiener öffnete die Wagentür und begann, Colemans Koffer hinten herauszuheben.
O'Donnell fragte: »Soll ich mit Ihnen hineinkommen, um mich zu vergewissern, daß alles in Ordnung ist?«
Coleman, der schon ausgestiegen war, antwortete: »Das ist wirklich nicht nötig.« Wieder eine ruhige, aber unmißverständliche Feststellung.
O'Donnell beugte sich über den Sitz. »Nun gut. Wir erwarten Sie also morgen. Viel Glück.«
»Danke.«
Der Hoteldiener warf die Tür zu, und O'Donnell lenkte seinen Wagen in den Stadtverkehr zurück. Er blickte auf seine Uhr. Es war zwei. Er entschied sich, zuerst in seine Privatsprechstunde und später in das Krankenhaus zu fahren.

Elizabeth Alexander saß auf der lederbespannten Bank vor dem Labor für ambulante Patienten des Three Counties Hospitals. Sie fragte sich, warum die Wände des Ganges wohl in zwei verschiedenen Brauntönen gestrichen worden waren, statt in helleren und freundlicheren Farben. Er lag ohnehin in dem düsteren Teil des Krankenhauses. Ein wenig Gelb oder auch ein helles Grün hätte diesen Gang viel freundlicher gemacht.

Solange sie sich zurückerinnern konnte, hatte Elizabeth helle Farben geliebt. Sie erinnerte sich daran, wie sie als kleines Mädchen die ersten Vorhänge für ihr eigenes Zimmer zu Hause genäht hatte. Sie waren aus lichtblauem Chintz mit einem Muster aus eingewebten Sternen und Monden gewesen. Heute war sie der Meinung, daß sie die Vorhänge recht schlecht genäht hatte, aber damals fand sie sie großartig. Um sie aufzuhängen, ging sie damals in den Laden ihres Vaters hinunter und hatte ihre Freude daran, die Dinge zusammenzusuchen, die sie dazu brauchte. Eine Vorhangstange in der richtigen Länge, Ringe und Beschläge, Schrauben und einen Schraubenzieher. Sie erinnerte sich, wie ihr Vater zwischen den anderen Metallwaren nach dem suchte, was sie wünschte. Im Laden war alles in hohen Stapeln unordentlich übereinandergeschichtet, so daß er meistens lange nach allem suchen mußte, was seine Kunden verlangten.

Das war vor langem in New Richmond in Indiana gewesen, zwei Jahre, ehe ihr Vater bei einem Unfall ums Leben gekommen war. Oder waren es drei? Es fiel einem schwer, sich genau zu erinnern; die Zeit verging so schnell. Sie wußte noch, daß es sechs Monate vor dem Tod ihres Vaters gewesen war, als sie John zum erstenmal traf. In gewisser Weise hatte auch das mit Farben zu tun. Er war in den Ferien von der Oberschule und kam in das Geschäft, um rote Farbe zu kaufen. Damals half Elizabeth schon im Laden mit, und sie hatte ihm Rot ausgeredet und statt dessen Grün verkauft. Oder war es umgekehrt gewesen? Auch das war jetzt schon verschwommen. Sie wußte jedoch, daß sie sich beim ersten Anblick in John verliebte. Vielleicht wollte sie ihn nur länger im Geschäft festhalten, als sie ihm vorschlug, eine andere Farbe zu nehmen. In der Erinnerung schien es ihr, daß es seitdem niemals einen Zweifel gegeben hatte, welche Gefühle sie füreinander hegten. Ihre Jugendliebe überdauerte auch Johns Aufstieg von der Oberschule zum College, und sechs Jahre nach ihrer ersten Begegnung heirateten sie. Seltsamerweise drängte sie niemand, damit zu warten, obwohl keiner von ihnen Geld hatte und John mit einem Stipendium das College besuchte. Alle, die sie kannten, schienen ihre Heirat als natürlich und selbstverständlich anzusehen.

Manchen Leuten wäre ihr erstes gemeinsames Jahr vielleicht schwierig

erschienen. Für John und Elizabeth war es eine strahlende, glückliche Zeit. Im Jahre vorher hatte Elizabeth eine Abendschule besucht, und in Indianapolis, wo John auf dem College studierte, arbeitete sie als Stenotypistin und verdiente den Lebensunterhalt für sie beide.
In diesem Jahr diskutierten sie ernsthaft über Johns Zukunft; ob er sein Ziel höherstecken und versuchen solle, Medizin zu studieren, oder sich mit der kürzeren Ausbildung als medizinischer Laborant begnügen. Elizabeth gab dem Medizinstudium den Vorzug, obwohl es bedeutete, daß es noch einige Jahre dauern würde, bis John zu verdienen anfing. Aber sie war bereit gewesen, weiterzuarbeiten. John war sich dagegen nicht so sicher. Schon immer hatte er sich gewünscht, Arzt zu werden, und vom College konnte er gute Zeugnisse vorlegen, aber er wartete ungeduldig darauf, für ihren Lebensunterhalt zu sorgen. Als Elizabeth dann feststellte, daß sie in anderen Umständen war, war für John die Frage entschieden. Gegen den Protest seiner Frau meldete er sich bei einer medizinisch, technischen Fachschule an, und sie zogen nach Chikago.
Dort bekamen sie ihr Baby und nannten es Pamela. Vier Wochen später starb das Kind an einer Bronchitis, und eine Zeitlang schien Elizabeth die Welt über ihr zusammengestürzt zu sein. Trotz ihrer Festigkeit und ihrer Vernunft brach sie zusammen und nahm an nichts mehr Anteil. John tat alles, was er konnte. Nie war er freundlicher oder rücksichtsvoller gewesen, aber es half nichts.
Sie spürte, daß sie fortgehen mußte, und kehrte zu ihrer Mutter nach New Richmond zurück. Aber nach einer Woche empfand sie Sehnsucht nach John und ging wieder zu ihm nach Chikago. Von diesem Tag an gewann sie langsam, aber sicher ihr normales Selbst wieder. Sechs Wochen vor Johns Abschlußexamen wußte sie, daß sie wieder ein Kind erwartete. Das war das Erlebnis, das über ihre endgültige Erholung entschied. Jetzt fühlte sie sich gesund, hatte ihre alte Fröhlichkeit wiedergewonnen, und bei dem Gedanken an das ungeborene Kind in ihr stieg ihre freudige Erwartung.
In Burlington hatten sie eine kleine, aber freundliche Wohnung gefunden. Die Miete war billig, aus ihren vorsorglichen Ersparnissen hatten sie die Möbel anbezahlt und konnten die monatlichen Raten aus Johns Gehalt am Krankenhaus decken. Im Augenblick ist alles sehr schön und gut, dachte Elizabeth, außer diesem abscheulichen Braun an den Korridorwänden.
Die Tür des Labors wurde geöffnet, und die Frau, die vor Elizabeth gewartet hatte, kam heraus. Eine medizinische Assistentin im weißen Kittel stand hinter ihr. Die Assistentin sah auf ihre Notiztafel. »Mrs. Alexander?«

»Das bin ich.« Elizabeth stand auf.
»Wollen Sie bitte hereinkommen?«
Sie folgte dem Mädchen durch die Tür.
»Setzen Sie sich bitte, Mrs. Alexander. Es dauert nicht lange.«
An ihrem Schreibtisch studierte die Assistentin das Formular, das Dr. Dornberger ausgefüllt hatte. »Rh-Faktor feststellen und Sensibilitätstest. Gut. Legen Sie bitte Ihren Arm hierher, und ballen Sie die Faust.« Sie ergriff Elizabeths Handgelenk, wischte mit einem antiseptischen Mittel über ihren Arm und schlang dann geschickt einen Gummischlauch um den Oberarm. Von einem Tablett nahm sie eine Spritze, öffnete ein Päckchen mit einer sterilisierten Nadel, die sie auf die Spritze steckte. Schnell wählte sie eine Vene an Elizabeths Arm, führte mit einem kurzen, scharfen Stich die Nadel ein und zog den Kolben der Spritze zurück. Sie zapfte so viel Blut, bis die Skala auf der Spritze sieben Kubikzentimeter anzeigte, zog rasch die Nadel aus der Vene und drückte einen Baumwolltupfer auf den Einstich. Das Ganze hatte weniger als fünfzehn Sekunden gedauert.
»Mir scheint, das haben Sie schon öfter getan«, sagte Elizabeth.
Das Mädchen lächelte. »Sicher schon ein paar hundert Male.«
Elizabeth sah zu, während die Assistentin ein Reagenzglas beschriftete und die Blutprobe hineinfüllte. Als sie damit fertig war, stellte sie das Reagenzglas auf ein Gestell. Sie verkündete: »Das ist alles, Mrs. Alexander.«
Elizabeth deutete auf das Glas. »Was geschieht jetzt damit?«
»Es kommt in das serologische Labor. Einer der Techniker dort wird die Untersuchung durchführen.«
Elizabeth fragte sich, ob das wohl John sein würde.

Mike Seddons, der allein im Aufenthaltsraum der Assistenzärzte saß, war zutiefst beunruhigt. Wenn jemand ihm vor einem Monat gesagt hätte, daß er sich um ein Mädchen, das er bei allem kaum kannte, so sorgen würde, hätte er den anderen für verrückt gehalten. Doch seit achtundvierzig Stunden, seit er das Krankenblatt im Schwesternzimmer auf Vivians Station eingesehen hatte, waren seine Sorgen und seine Qual ständig gewachsen. In der vergangenen Nacht hatte er kaum geschlafen. Stundenlang hatte er wachgelegen, immer wieder die volle Bedeutung der Worte überdacht, die in Dr. Lucy Graingers Handschrift auf dem Krankenblatt standen. »Vivian Loburton, Verdacht auf Osteosarkom, Vorbereitung für Probeexcision.«
Als er Vivian zum erstenmal gesehen hatte — bei der Obduktion —, war sie für ihn nicht mehr als irgendeine hübsche Lernschwester gewesen. Selbst bei ihrer zweiten Begegnung — vor dem Vorfall im Park —

hatte er vorwiegend als ein interessantes, aufregendes Zwischenspiel an sie gedacht. Mike Seddons machte sich nie selbst etwas vor, weder über Worte noch über seine Absichten.

Auch jetzt tat er es nicht.

Zum erstenmal in seinem Leben liebte er tief und aufrichtig, und er war von einer quälenden, furchtbaren Angst ergriffen.

In der Nacht, als er Vivian sagte, daß er sie heiraten wolle, hatte er keine Zeit gehabt, die sich daraus ergebenden Folgen zu überdenken. Bis zu diesem Punkt hatte Mike Seddons sich immer selbst gesagt, daß eine Heirat für ihn nicht in Frage kam, ehe er seine Praxis eingerichtet, sich die Hörner abgestoßen und seine Zukunft finanziell gesichert hatte. Aber als er seine Worte an Vivian ausgesprochen hatte, wußte er, daß er sie aufrichtig meinte. Hundertmal hatte er sie seitdem im stillen widerholt, ohne daß ihm einmal der Gedanke kam, sie zu bedauern.

Und nun das!

Im Gegensatz zu Vivian, die ihr Leiden immer noch für eine kleine Beule unter dem Knie hielt — etwas Lästiges, aber nichts, das nicht durch eine Behandlung auf die eine oder andere Weise behoben werden konnte —, kannte Mike Seddons die Bedeutung der Worte »Verdacht auf Osteosarkom«. Er wußte, wenn diese Diagnose bestätigt wurde, bedeutete es, daß Vivian an einem virulenten, bösartigen Knochenkrebs litt, der sich durch ihren ganzen Körper auszubreiten drohte und es vielleicht schon getan hatte. In diesem Fall waren ihre Aussichten, ohne eine schnelle Operation länger als rund ein Jahr zu überleben, gleich Null. Und Operation bedeutete Amputation des Beines — so schnell wie möglich, nachdem die Diagnose bestätigt war, in der Hoffnung, das Umsichgreifen der tödlichen Krebszellen zu verhindern, ehe sie sich weit über den ursprünglichen Herd hinaus verbreitet hatten. Und selbst dann. Nach der Statistik wurden nur zwanzig Prozent der an Knochenkrebs erkrankten Patienten durch eine Amputation von ihrem Leiden geheilt. Mit den übrigen ging es ständig abwärts, manche lebten nur noch ein paar Monate.

Aber es mußte kein Osteosarkom sein. Es konnte ein harmloser Knochentumor sein. Die Chancen standen fünfzig zu fünfzig — die gleichen Aussichten wie beim Werfen einer Münze.

Mike Seddons fühlte, wie ihm der Schweiß bei dem Gedanken ausbrach, wieviel für sie beide, für ihn selbst und für Vivian, von dem Ergebnis der Probeexcision abhing. Er hatte überlegt, ob er zu Lucy Grainger gehen und ihr alles offenbaren solle, sich dann aber dagegen entschieden. Wahrscheinlich konnte er mehr erfahren, wenn er sich im Hintergrund hielt. Wenn er sein persönliches Interesse bekanntwerden

ließ, konnte es sein, daß sich ihm einige Informationsquellen verschlossen. Um seine Gefühle zu schonen, konnten die anderen in ihren Äußerungen ihm gegenüber vorsichtig und zurückhaltend sein.
Das wollte er nicht. So oder so, er mußte die Wahrheit wissen.
Es war ihm nicht leichtgefallen, mit Vivian zu sprechen und gleichzeitig zu versuchen, seine Befürchtungen geheimzuhalten. Gestern abend, als er allein bei ihr in ihrem Krankenzimmer saß – die andere Patientin war entlassen worden, und das zweite Bett stand leer –, hatte sie über seine offensichtlich düstere Stimmung gescherzt.
Vergnügt hatte sie die Trauben gegessen, die er ihr früher gebracht hatte, und gesagt: »Ich weiß, was dir fehlt, Du grämst dich, daß du jetzt an mich gebunden bist und nicht mehr aus einem Bett in das nächste hüpfen kannst.«
»Ich bin nie aus einem Bett in das nächste gehüpft«, antwortete er und versuchte, ebenso gutgelaunt zu erscheinen wie sie. »So leicht ist das gar nicht. Man hat schon seine Mühe damit.«
»Mit mir hattest du nicht sehr viel Mühe.«
»Mit dir war es etwas anderes. Da passierte es einfach.«
Dabei wurde sie nachdenklich. »Ja, ich weiß.« Und wieder fröhlich fuhr sie fort: »Nun, auf jeden Fall hat es keinen Zweck, wenn du glaubst, hier herauszukommen, Dr. Michael Seddons. Ich habe nicht die Absicht, dich wieder loszulassen – niemals!«
Darauf küßte er sie, hielt sie fest umschlungen. Sie hob das Gesicht und flüsterte in sein Ohr. Ihr Haar lag weich gegen seine Wange und duftete. Leise sagte sie: »Noch etwas, Doktor. Seien Sie vorsichtig mit diesen Lernschwestern. Sie haben keine Moral.«
»Wirklich?« Er hielt sie von sich ab. »Und warum hat mir das niemand vorher gesagt?«
Sie trug ein dünnes, blaues Jäckchen, das vorn offen stand, darunter ein Nylonnachthemd von dem gleichen durchsichtigen Blau. Plötzlich überfiel es ihn atemberaubend, wie jung und schön sie war.
Vivian sah zur Tür. Sie war geschlossen. Sie sagte: »Sie haben heute hier auf der Station sehr viel zu tun. Ich weiß es, weil sie es mir sagten. Wahrscheinlich kommt erst in einer Stunde wieder jemand ins Zimmer.«
Einen Augenblick war er schockiert. Dann lachte er und verliebte sich wieder Hals über Kopf in ihre ehrliche und einfache Offenheit. Er sagte: »Meinst du hier? Jetzt?«
»Warum nicht?«
»Wenn jemand kommt, werde ich aus dem Hospital hinausgeworfen.«
Leise sagte sie: »Davor hast du neulich abend nicht so viel Angst gehabt.« Ihre Fingerspitzen glitten leicht über sein Gesicht. Impulsiv

beugte er sich vor und küßte sie auf den Hals. Als seine Lippen weiter heruntenglitten, hörte er, wie sich ihr Atem beschleunigte, und spürte, wie ihre Finger sich in seine Schulter krallten.
Einen Augenblick war er versucht, dann siegte seine Vernunft. Er legte seine Arme um sie. Zärtlich murmelte er: »Wenn das alles vorüber ist, Vivian, Liebling, können wir wirklich allein sein. Und noch wichtiger, wir haben dann so viel Zeit, wie wir uns wünschen.«
Das war gestern gewesen. Heute nachmittag würde Lucy in einem Operationsraum die Probeexcision vornehmen. Mike Seddons sah auf seine Uhr. Es war zwei Uhr dreißig. Dem Operationsplan zufolge mußten sie jetzt beginnen. Wenn die Pathologie schnell arbeitete, konnte morgen das Ergebnis vorliegen. Mit einer leidenschaftlichen Inbrunst, die ebenso widerspruchsvoll wie auffällig war, betete er zu seiner eigenen Überraschung: O Gott, bitte, Gott, laß ihn gutartig sein.

Der Narkosearzt nickte. »Von uns aus ist es soweit, Lucy.«
Dr. Lucy Grainger kam um das Kopfende des Operationstisches herum. Sie hatte schon die Handschuhe und den Operationskittel an. Zu Vivian herunterlächelnd sagte sie aufmunternd: »Es dauert nicht lange, und Sie werden nicht das geringste spüren.«
Vivian versuchte, zuversichtlich zurückzulächeln. Sie wußte allerdings, daß es ihr nicht ganz gelang. Vielleicht, weil sie schon ein bißchen benommen war. Sie erinnerte sich, daß man ihr eine Beruhigungsspritze außer der Rückenmarksnarkose gegeben hatte, die der unteren Hälfte ihres Körpers jedes Gefühl nahm.
Lucy nickte dem ihr assistierenden Praktikanten zu. Er hob Vivians linkes Bein, und Lucy begann, die Tücher zu entfernen, die darum gewunden waren. Früher am Vormittag, ehe Vivian in den Operationsraum gebracht wurde, war ihr Bein rasiert, gründlich gebadet und mit Merthiolate bestrichen worden. Jetzt trug Lucy noch einmal das Desinfektionsmittel auf und bedeckte das Bein oberhalb und unterhalb des Knies mit frischen, sterilen Tüchern.
Auf der anderen Seite des Operationstisches hielt die Operationsschwester ein zusammengefaltetes grünes Laken bereit. Lucy faßte es an einer Seite, und sie breiteten es so über den Tisch, daß die Öffnung in dem Tuch unmittelbar über Vivians nacktem Knie lag. Der Narkosearzt griff danach und befestigte den oberen Saum des Tuches an einer Metallstange über Vivians Kopf, so daß sie von dem übrigen Operationsraum nichts mehr sehen konnte. Während er zu ihr hinuntersah, sagte er: »Bleiben Sie ganz ruhig, Miss Loburton. Es ist nicht viel anders, als ob man einen Zahn gezogen bekommt – nur sehr viel angenehmer.«
»Skalpell bitte.« Lucy streckte die Hand aus, und die Operationsschwe-

ster reichte ihr das Messer. Mit der Mitte der Klinge vollzog sie einen kurzen, kräftigen Schnitt, unmittelbar unter dem Knie, etwa vier Zentimeter lang: Sofort begann das Blut zu fließen.

»Arterienklemmen.« Die Operationsschwester hielt sie ihr schon hin, und Lucy klemmte zwei kleine Gefäße ab. »Wollen Sie bitte abbinden.« Sie trat zurück, damit der Praktikant hinter den beiden Klammern Schlingen um die Blutgefäße legen konnte.

»Jetzt schneiden wir durch das Periost.« Der Praktikant nickte, Lucy setzte das Skalpell, das sie schon vorher verwendet hatte, auf das dicke, faserige Gewebe der Knochenhaut und durchschnitt sie glatt.

»Fertig zum Sägen.« Die Operationsschwester reichte Lucy eine mechanische Stryker-Säge. Hinter ihr hielt eine zweite Schwester das elektrische Kabel von dem Operationstisch ab.

Wieder erklärte Lucy dem Praktikanten: »Wir werden eine keilförmige Probe des Knochens herausnehmen. Etwa einen halben bis dreiviertel Zoll lang. Das sollte genügen.«

Sie sah zu den Röntgenfilmen hinüber, die vor einem Leuchtschirm an der Wang hingen. »Wir müssen uns natürlich vergewissern, daß wir auch in den Tumor hineinkommen und nicht ein gesundes Knochenstück nehmen, das vorgedrückt wurde.«

Lucy schaltete die Säge ein und setzte sie zweimal an. Jedesmal, wenn die Zähne in den Knochen eindrangen, war ein gedämpftes, knirschendes Geräusch hörbar. Dann schaltete sie die Säge ab und reichte sie zurück. »So, ich denke, das genügt. Pinzette, bitte.«

Behutsam löste sie die Knochenprobe heraus und legte sie in ein kleines Gefäß mit Zenkerscher Lösung, die ihr die zweite Schwester hinhielt. Anschließend würde die Probe — bezeichnet und von einer Untersuchungsanforderung begleitet — in die Pathologie geschickt werden.

Der Narkosearzt fragte Vivian: »Nun, ist alles in Ordnung?«

Sie nickte.

»Jetzt dauert es nicht mehr lange«, sagte er. »Die Probe ist herausgenommen. Es muß nur noch der Schnitt zugenäht werden.«

Lucy nähte bereits das Periost mit einer laufenden Naht. Wenn das alles wäre, wie einfach wäre es dann, dachte sie dabei. Aber der Eingriff war lediglich ein Probeexcision zur Untersuchung. Ihre nächste Maßnahme hing von Joe Pearsons Urteil über die Knochenprobe ab, die sie ihm hinunterschickte.

Der Gedanke an Joe Pearson erinnerte Lucy an etwas, das sie gerade von Kent O'Donnell erfahren hatte: Heute war der Tag, an dem der neue zweite Pathologe des Krankenhauses in Burlington ankommen sollte. Sie hoffte, daß mit dem neuen Mann alles glattgehen würde. In O'Donnells Interesse ebensosehr wie aus vielen anderen Gründen.

Lucy respektierte die Bemühungen des Chefs der Chirurgie, Korrekturen im Krankenhaus ohne großes Aufsehen durchzusetzen, obwohl sie aus eigener Beobachtung wußte, daß O'Donnell einer Auseinandersetzung niemals auswich, wenn es wirklich notwendig war, frontal vorzugehen. Jetzt bin ich wieder dabei, dachte sie. Ich denke an Kent O'Donnell. Es war seltsam, wie sich gerade in letzter Zeit ihre Gedanken ständig ihm zuwandten. Vielleicht geschah es infolge ihrer Nähe bei der Arbeit. Die Tage waren selten, an denen die beiden sich nicht irgendwann während der Zeit, in der operiert wurde, begegneten. Jetzt fand Lucy, daß sie sich fragte, wie bald er sie wieder zum Abendessen einladen würde. Vielleicht konnte sie selbst in ihrem eigenen Apartment eine kleine Gesellschaft veranstalten. Es gab ein paar Leute, die sie schon seit einiger Zeit einladen wollte, und sie konnte Kent O'Donnell dazu bitten.
Lucy ließ den Praktikanten vor, um das subkutane Gewebe zu nähen. »Verwenden Sie Einzelnähte«, sagte sie zu ihm. Sie beobachtete ihn aufmerksam. Er arbeitete langsam, aber sorgfältig. Sie wußte, daß mancher der Chirurgen am Three Counties Hospital die Praktikanten sehr wenig tun ließ, wenn sie assistierten. Aber Lucy hatte nicht vergessen, wie oft sie an einem Operationstisch danebengestanden und gehofft hatte, wenigstens ein paar Knoten üben zu können.
Das war in Montreal gewesen, vor ganzen dreizehn Jahren, als sie ihre Assistentenzeit im Montreal General Hospital antrat und dann dort blieb, um sich auf orthopädische Chirurgie zu spezialisieren. Sie hatte oft darüber nachgedacht, welche Aussichten für einen Arzt bestanden, der sich für ein Spezialgebiet entschloß. Oft wurde dieser Entschluß von der Art der Fälle stark beeinflußt, die man in seiner Praktikantenzeit kennenlernte. Ihre eigenen Interessen, zuerst auf der medizinischen Fakultät bei der McGill University und später auf der medizinischen Fakultät der Toronto University waren häufig von einem Gebiet zu dem anderen gesprungen. Selbst bei ihrer Rückkehr nach Montreal war sie noch unentschlossen gewesen, ob sie sich überhaupt spezialisieren oder ob sie sich als praktische Ärztin niederlassen solle. Aber dann hatte der Zufall gewollt, daß sie eine Zeitlang unter der Aufsicht und Anleitung eines Chirurgen arbeitete, der wegen seiner Leidenschaft für die Orthopädie in dem Krankenhaus allgemein Old Bones genannt wurde.
Als Lucy ihn kennenlernte, war Old Bones Mitte Sechzig. Seinem Auftreten und seiner Erscheinung nach war er einer der unangenehmsten Menschen, die sie kennengelernt hatte. Die meisten Lehrstätten haben ihre Primadonnen. In Old Bones schienen sich die schlimmsten Gepflogenheiten aller vereinigt zu haben. Regelmäßig beschimpfte er jeden in dem Krankenhaus – Praktikanten, Assistenten, seine eigenen Kolle-

gen, Patienten — mit gleicher Unparteilichkeit. Im Operationsraum fluchte er, wenn er im geringsten gereizt wurde, auf Schwestern und Assistenten in Ausdrücken, die aus Kneipen und dem Hafenviertel stammten. Wenn ihm ein falsches Instrument gereicht wurde, schmiß er es an normalen Tagen nach dem Schuldigen, wenn er in nachsichtigerer Stimmung war, nur gegen die Wand.

Doch ungeachtet all dieser Auftritte war Old Bones ein Meister der Chirurgie. Der größte Teil seiner Arbeit galt der Beseitigung von Knochendeformationen bei verkrüppelten Kindern. Seine hervorragenden Erfolge hatten ihm Weltruf eingebracht. Aber er änderte niemals sein Verhalten und behandelte selbst Kinder, die seine Patienten waren, in der gleichen rauhen Art wie Erwachsene. Aber irgendwie schienen Kinder selten vor ihm Angst zu haben. Lucy hatte sich oft gefragt, ob der kindliche Instinkt nicht ein besserer Maßstab sei als die Vernunft der Erwachsenen.

Es war aber der Einfluß von Old Bones, der tatsächlich über Lucys Zukunft entschied. Als sie aus erster Hand gesehen hatte, was die orthopädische Chirurgie vollbringen konnte, wollte sie ihr Teil zu diesen Leistungen beitragen. Drei Jahre Assistentenzeit verbrachte sie im Montreal General Hospital und assistierte Old Bones, sooft sie dazu die Möglichkeit hatte. Sie eiferte ihm in allem nach, außer in seinen Manieren. Die änderte er nicht einmal Lucy gegenüber, obwohl sie gegen Ende ihres letzten Assistentenjahres stolz darauf war, daß sie erheblich seltener von ihm angeschrien wurde als andere.

Inzwischen hatte Lucy in ihrer ärztlichen Praxis eigene Erfolge aufzuweisen, und in Burlington war sie infolge der vielen Patienten, die von anderen Ärzten an sie überwiesen wurden, eines der beschäftigsten Mitglieder im Ärztestab des Three Counties Hospitals. Nur einmal war sie nach Montreal zurückgekehrt — der Anlaß lag jetzt zwei Jahre zurück —, um am Begräbnis von Old Bones teilzunehmen. Es wurde behauptet, es sei eine der größten Trauerfeiern für einen Arzt gewesen, die die Stadt je gesehen hatte. Praktisch jeder, den der alte Mann je in seinem Leben beschimpft hatte, war in die Kirche gekommen.

Ihre Gedanken kehrten zur Gegenwart zurück. Die Biopsie war fast abgeschlossen. Auf einen Wink von Lucy hin war der Praktikant dazu übergegangen, die Haut zu vernähen, wobei er wieder Einzelnähte setzte. Er legte gerade die letzte an. Lucy blickte zur Uhr über ihr an der Wand. Der ganze Eingriff hatte eine halbe Stunde gedauert. Es war drei Uhr.

Um sieben Minuten vor fünf stürmte ein sechzehnjähriger Krankenhaushelfer pfeifend und mit schwingenden Hüften in das serologische

Labor. Das war die übliche Form, in der er dort erschien, weil er wußte, daß es Bannister, mit dem er auf ständigem Kriegsfuß stand, ärgerte. Wie immer sah der erste Laborant von seiner Arbeit auf und fauchte ihn ungehalten an: »Ich sage dir jetzt zum letztenmal, daß du dieses unerträgliche Benehmen unterlassen sollst, wenn du hier hereinkommst.«

»Da bin ich aber froh, daß es das letzte Mal ist.« Der Junge war nicht im geringsten beeindruckt. »Offen gesagt, geht mir Ihre ständige Nörgelei schon auf die Nerven.« Pfeifend trat er näher und balancierte ein Tablett mit Blutproben, die er in dem Labor für ambulante Patienten abgeholt hatte. »Wo soll ich das Blut hinstellen, Mr. Vampir?«

John Alexander feixte. Bannister dagegen fand es nicht komisch. »Du weißt, wo es hingehört, Dummkopf.« Er deutete auf eine Stelle auf einem der Labortische. »Stell es da hin.«

»Zu Befehl, Sir, Captain, Sir.« Umständlich stellte der Junge das Tablett ab und salutierte grollend. Mit einer Hüftschwenkung vollführte er eine Kehrtwendung und sang, während er zur Tür ging:

»Laß mich dorthin, wo die Virusse hausen,
wo die Bakterien durch die Gegend sausen,
wo der Vampir sein ganzes Leben verbringt
und es aus allen Reagenzgläsern stinkt.«

Die Tür fiel zu, und seine Stimme verklang auf dem Gang.

Alexander lachte. »Lachen Sie nicht darüber«, sagte Bannister. »Er wird dann nur noch unverschämter.« Er trat zu dem Tisch und nahm die Blutproben auf. Dabei blätterte er gleichgültig die Anforderungen durch, die dabeilagen. Als er halb durch das Labor gegangen war, blieb er stehen.

»He! Da ist eine Blutprobe von einer Mrs. Alexander dabei. Ist das Ihre Frau?«

Alexander legte die Pipette hin, mit der er gerade arbeitete, und trat zu ihm. »Wahrscheinlich ja. Dr. Dornberger hat sie zu einem Sensibilitätstest hergeschickt.« Er nahm die Anweisung und las sie durch. »Ja, das ist Elizabeth.«

»Da steht sowohl Blutgruppenbestimmung als auch Sensibilitätstest«, sagte Bannister.

»Ich nehme an, Dr. Dornberger wollte sichergehen. Tatsächlich ist Elizabeth rh-negativ.« Nachdenklich fügte er hinzu: »Ich bin Rh-positiv.«

Großspurig und mit der Miene väterlicher Weisheit antwortete Bannister: »Nun, ja. Das führt in den seltensten Fällen zu Komplikationen.«

»Ja, ich weiß. Trotzdem möchte man sicher sein.«

»Nun, hier ist die Probe.« Bannister nahm das mit einem Schild »Alexander, Mrs. E.« versehene Reagenzglas und hielt es hoch. »Wollen Sie den Test selbst ausführen?«

»Ja, gern, wenn Sie nichts dagegen haben.«

Bannister hatte nie etwas dagegen, wenn ein anderer eine Arbeit übernahm, die ihm vielleicht selbst zugefallen wäre. Er antwortete: »Mir soll es recht sein.« Nach einem Blick auf die Uhr fügte er dann hinzu: »Aber heute geht es nicht mehr. Es ist Zeit, Feierabend zu machen.« Er setzte das Glas mit der Probe auf das Tablett zurück und reichte es Alexander. »Stellen Sie das alles bis morgen fort.«

Alexander nahm die Blutproben und stellte sie in den Kühlschrank des Labors. Als er den Kühlschrank geschlossen hatte, hielt er nachdenklich inne. »Carl, ich wollte Sie etwas fragen.«

Bannister war schon mit Aufräumen beschäftigt. Er verließ das Labor gern um Punkt fünf. Ohne den Kopf zu wenden, fragte er: »Ja, was ist denn?«

»Die Blutsensibilitätstests, die wir hier vornehmen – ich habe mich darüber gewundert.«

»Worüber haben Sie sich gewundert?«

Alexander wählte seine Worte sorgfältig. Von Anfang an war er auf die Möglichkeit gefaßt gewesen, daß er seiner eigenen Collegeausbildung wegen bei Leuten von der Art Bannisters auf Ablehnung stoßen könne. Wie bisher, wollte er auch jetzt vermeiden, ihn zu reizen. »Wir führen hier nur zwei Sensibilitätstests durch – den einen in Salzlösung und den anderen in konzentriertem Protein.«

»Na und?«

»Nun«, sagte Alexander behutsam, »sind diese beiden Tests allein nicht etwas ... überholt?«

Bannister war mit Aufräumen fertig. Er kam zu dem Mitteltisch herüber und wischte sich die Hände an einem Papierhandtuch ab. Scharf fragte er: »Wie kommen Sie darauf?«

Alexander überging den scharfen Ton. Die Sache war zu wichtig. Er erklärte: »In den meisten Labors wird heute ein dritter Test ausgeführt – ein indirekter Coombs – anschließend an den Test in der Salzlösung.«

»Ein was für ein Test?«

»Ein indirekter Coombs.«

»Was ist denn das?«

»Soll das ein Witz sein?« Im gleichen Augenblick, als Alexander die Worte aussprach, erkannte er, daß er einen taktischen Fehler begangen hatte. Aber er hatte impulsiv geantwortet, weil er der Meinung war, daß kein serologischer Laborant den indirekten Coombs nicht kennen könne.

Der erste Laborant fuhr auf. »Werden Sie nicht frech.«

Schnell versuchte Alexander den Schaden wiedergutzumachen und entgegnete: »Es tut mir leid. So hatte ich es nicht gemeint.«

Bannister ballte das Papierhandtuch zusammen und warf es in einen Abfalleimer. »So klang es aber.« Aggressiv beugte er sich vor. Auf seinem kahlen Kopf reflektierte das Licht der Glühlampe über ihm. »Hören Sie genau zu, mein Junge. In Ihrem eigenen Interesse will ich Ihnen etwas sagen. Sie kommen frisch von der Fachschule, und zu den Dingen, hinter die Sie noch nicht gekommen sind, gehört, daß manches, was Sie da gelernt haben, sich in der Praxis einfach nicht bewährt.«

»Es geht nicht nur um eine Theorie, Carl.« Alexander antwortete jetzt sehr nachdrücklich. Sein Fehler von vorhin schien ihm unwichtig. »Es ist nachgewiesen, daß manche Antikörper im Blut einer schwangeren Frau in der Salzlösung oder in konzentriertem Protein einfach nicht nachgewiesen werden können.«

»Und wie oft kommt das vor?« Bannisters Ton war anmaßend, als ob er die Antwort im voraus wisse.

»Sehr selten.«

»Da haben wir es ja.«

»Aber oft genug, um den dritten Test wichtig zu machen.« John Alexander blieb hartnäckig. Er versuchte, Bannisters Ablehnung, etwas Neues zu lernen, zu überwinden. »Tatsächlich ist der Test ganz einfach. Nach dem Test in der Salzlösung nimmt man das gleiche Reagenzglas . . .«

Bannister unterbrach ihn. »Sparen Sie sich die Belehrung für ein andermal.« Er zog seinen Laborkittel aus und griff nach seiner Jacke hinter die Tür.

Obwohl Alexander wußte, daß es aussichtslos war, fuhr er fort: »Es ist nicht viel mehr Arbeit. Ich mache ihn gern selbst. Man benötigt nur Coombs-Serum dazu. Es ist richtig, daß die Tests dadurch etwas kostspieliger werden . . .«

Das war für Bannister vertrautes Gelände. Jetzt verstand er besser, worüber sie sprachen. »O ja«, sagte er sarkastisch, »das würde Pearson sehr gefallen. Für alles, was mehr kostet, ist er bestimmt sofort zu haben.«

»Aber verstehen Sie denn nicht? Ohne diesen Test gibt es keine unbedingte Gewißheit.« Alexander sprach nachdrücklich, ohne sich bewußt zu werden, daß er seine Stimme erhoben hatte. »Die beiden Tests, die hier ausgeführt werden, können zu einem negativen Ergebnis führen, obwohl das Blut der Mutter doch sensibilisiert und für das Kind gefährlich ist. Ohne ihn kann man ein Neugeborenes töten.«

»Nun, es ist nicht unsere Aufgabe, uns darüber den Kopf zu zerbrechen.« Bannister antwortete in seinem gröbsten Ton. Er schrie die Worte beinahe.

»Aber . . .«

»Da gibt es kein Aber. Pearson legt keinen Wert auf neue Methoden – besonders nicht, wenn sie mehr Geld kosten.« Bannister zögerte, und seine Aggressivität milderte sich etwas. Es war ihm bewußt, daß es eine Minute vor fünf war, und ihm lag daran, das Gespräch zu beenden und fortzugehen. »Passen Sie auf, mein Junge. Ich will Ihnen einen Rat geben. Wir sind keine Ärzte, und es wäre klug von Ihnen, wenn Sie aufhörten, sich als Arzt aufzuspielen. Wir sind Laboranten, und wir arbeiten hier so, wie es uns befohlen wird.«

»Soll das etwa heißen, daß ich nicht denken darf?« Nun wurde Alexander erregt. »Ich weiß nur, daß ich Wert darauf lege, daß der Test mit dem Blut meiner Frau in Salzlösung und in Protein und in Coombs-Serum durchgeführt wird. Sie interessiert das vielleicht nicht, aber für uns ist dieses Kind zufällig wichtig.«

Von der Tür sah der ältere Mann Alexander prüfend an. Er konnte jetzt klar erkennen, was er bisher nicht bemerkt hatte – der Junge da war ein Stänkerer. Und was mehr war, Stänkerer hatten die Gewohnheit, andere in Ungelegenheiten zu bringen. Vielleicht sollte man diesen eingebildeten Collegeschüler sich den Hals brechen lassen. Bannister sagte: »Ich habe Ihnen meine Meinung gesagt. Wenn Ihnen das nicht paßt, dann gehen Sie selbst zu Pearson. Sagen Sie ihm ruhig, daß Sie mit der Art und Weise, in der hier gearbeitet wird, nicht zufrieden sind.«

Alexander sah den ersten Laboranten fest an. Dann antwortete er ruhig: »Vielleicht tue ich das auch.«

Bannister verzog den Mund. »Ganz wie Sie wollen. Aber vergessen Sie nicht: ich habe Sie gewarnt.«

Nach einem letzten Blick auf die Uhr ging er hinaus und ließ John Alexander allein im Labor zurück.

XII

Vor dem Haupteingang zum Three Counties Hospital blieb Dr. David Coleman stehen, um sich umzusehen. Es war ein paar Minuten nach acht an einem warmen Morgen Mitte August, und jetzt schon stand ein drückend heißer Tag zu erwarten. In diesem Augenblick herrschte vor dem Krankenhaus wenig Leben. Außer ihm waren die einzigen Menschen in Sicht ein Hauswart, der mit einem Schlauch einen Teil des Staubes vom gestrigen Tage von dem Vorplatz schwemmte, und eine Schwester mittleren Alters, die auf der anderen Straßenseite gerade aus einem Bus gestiegen war. Er nahm an, daß der Betrieb des Krankenhauses etwa erst in einer Stunde voll einsetzen würde.

David Coleman ließ seinen Blick über den Gebäudekomplex wandern, der das Three Counties Hospital bildete. Zweifellos konnte man den Erbauern des Krankenhauses nicht vorwerfen, daß sie für ästhetisches Beiwerk Geld vergeudet hätten. Die Architektur war nüchtern, zweckbestimmt, die kahle Ziegelfront wurde durch kein anderes Mauerwerk belebt. Sie bestand aus einer Aneinanderreihung konventioneller Rechtecke: Mauern mit Türen und Fenstern. Nur neben dem Haupteingang fand sich eine Unterbrechung. Dort gab eine einzige behauene Natursteinplatte bekannt: »Der Grundstein wurde von dem ehrenwerten Bürgermeister Hugo Stouting im April 1918 gelegt.« Während David Coleman die Stufen zum Eingang hinaufstieg, fragte er sich, was für eine Art Mensch dieser langvergessene Würdenträger gewesen sein mochte.

Carl Bannister ordnete Papiere auf Dr. Pearsons Schreibtisch, als Coleman an dem Arbeitszimmer des Pathologen anklopfte und eintrat.

»Guten Morgen.«

Überrascht blickte der erste Laborant auf. Es war ungewöhnlich, daß so früh am Morgen Besucher kamen. Die meisten im Krankenhaus wußten, daß Joe Pearson selten vor zehn Uhr erschien, manchmal wurde es noch später.

»Guten Morgen.« Er erwiderte den Gruß nicht allzu freundlich. Am frühen Morgen war Bannister nie in der besten Laune. Er fragte: »Suchen Sie Dr. Pearson?«

»In gewisser Weise, ja. Ich beginne heute hier zu arbeiten.« Als er Bannisters Überraschung bemerkte, fügte er hinzu: »Ich bin Dr. Coleman.«

So ähnlich muß eine Henne reagieren, wenn man ihr Knallfrösche unterschiebt, dachte Coleman. Bannister ließ die Papiere schnell fallen und kam fast im Laufschritt um den Schreibtisch herum. Sein kahler Schädel glänzte. »Oh, verzeihen Sie, Doktor. Das wußte ich nicht. Ich habe zwar gehört, daß Sie kommen, hatte aber keine Ahnung, daß es so bald sein würde.«

Ruhig antwortete Coleman: »Dr. Pearson erwartet mich. Ist er übrigens schon im Haus?«

Bannister schien schockiert. »Dazu ist es noch zu früh. Er wird kaum vor zwei Stunden kommen.« Sein Gesicht verzog sich zu einem vertraulichen Von-Mann-zu-Mann-Lächeln. Er schien zu sagen: Ich erwarte, daß Sie die gleichen Arbeitsstunden einhalten, sobald Sie hier nicht mehr neu sind.

»Ah so.«

Während Coleman sich umsah, fiel Bannister ein, daß er etwas versäumt hatte. Er sagte: »Übrigens, Doktor, ich bin Carl Bannister, der erste Laborant.« Mit wohlüberlegter Liebenswürdigkeit fügte er hinzu:

»Ich nehme an, wir werden viel miteinander zu tun haben.« Aus Prinzip riskierte Bannister gegenüber jedem, der ihm vorgesetzt war, nichts.
»Ja, das nehme ich auch an.« Coleman war sich nicht sicher, ob ihm die Aussicht besonders zusagte. Aber er drückte Bannister die Hand und sah sich dann nach einem Platz um, wo er den leichten Regenmantel aufhängen konnte, den er mitgebracht hatte. Der Wetterbericht hatte am frühen Morgen Gewitter im Verlauf des Tages vorausgesagt. Wieder bemühte Bannister sich eifrig, gefällig zu sein und einen guten Eindruck zu machen.
»Geben Sie mir Ihren Mantel.« Er fand einen Kleiderbügel und hängte den Mantel auf dem Bügel sorgfältig an einen Haken neben der Tür.
»Danke«, sagte Coleman.
»Nichts zu danken, Doktor. Soll ich Sie jetzt durch die Labors führen?«
Coleman zögerte. Vielleicht war es richtiger, auf Dr. Pearson zu warten. Andererseits waren zwei Stunden eine lange Zeit, um nur herumzusitzen, und er konnte in der Zwischenzeit ebensogut etwas tun. Die Labors würden ohnehin sein Arbeitsbereich sein. Was machte es also aus? Er antwortete: »Einen Teil der Labors hat mir Dr. Pearson bereits gezeigt, als ich vor ein paar Wochen hier war. Aber ich werde sie mir noch einmal ansehen, falls Sie nicht zuviel zu tun haben.«
»Nun, wir haben natürlich immer viel zu tun, Doktor, aber ich nehme mir gern die Zeit für Sie. Es ist mir sogar ein Vergnügen.« Bannisters Gedanken waren unglaublich leicht zu durchschauen.
»Hier, bitte.« Bannister hatte die Tür zum Labor geöffnet und trat beiseite, um Coleman vorzulassen. John Alexander, der Bannister seit der Auseinandersetzung am Abend vorher noch nicht gesehen hatte, blickte von der Zentrifuge auf, in die er gerade eine Blutprobe einsetzte.
»Das ist John Alexander, Doktor. Er ist kürzlich bei uns eingetreten.« Carl Bannister erwärmte sich an der Rolle des Fremdenführers. Er fügte scherzend hinzu: »Noch nicht ganz trocken hinter den Ohren. Kommt unmittelbar von der Fachschule, nicht wahr, John?«
»Wie Sie meinen«, antwortete Alexander unverbindlich. Die Herablassung ärgerte ihn, aber er wollte nicht grob werden.
Coleman trat vor und streckte seine Hand aus. »Ich bin Dr. Coleman.«
Während sie sich die Hände schüttelten, fragte Alexander interessiert: »Dann sind Sie der neue Pathologe, Doktor?«
»Ja, das bin ich.« Coleman sah sich um. Wie bei seinem vorhergehenden Besuch konnte er sehen, daß hier sehr vieles anders werden mußte.
Bannister sagte großspurig: »Sehen Sie sich nur um, Doktor. Betrachten Sie sich alles, was Sie wollen.«
»Danke.« Coleman wandte sich wieder Alexander zu und fragte: »Woran arbeiten Sie gerade?«

»An einem Blutsensibilitätstest.« Er deutete auf die Zentrifuge. »Diese Probe stammt übrigens von meiner Frau.«
Coleman stellte fest, daß dieser junge Laborant ihm erheblich besser gefiel als Bannister, jedenfalls in der äußeren Erscheinung. »Wann erwartet Ihre Frau das Kind?« fragte er.
»In etwas über zwei Monaten.« Alexander balancierte die Zentrifuge aus, schaltete sie ein und griff dann nach der Zeiteinstellung. Coleman bemerkte, daß seine Bewegungen knapp und flink waren. In der Art, wie der junge Mann mit seinen Händen arbeitete, lag etwas Müheloses, Fließendes. Höflich fragte Alexander: »Sind Sie verheiratet, Doktor?«
»Nein.« Coleman schüttelte den Kopf.
Alexander schien im Begriff, eine weitere Frage zu stellen, unterdrückte sie dann aber.
»Wollten Sie noch etwas fragen?«
Für einen Augenblick entstand eine Pause. Dann entschloß sich Alexander. »Ja, Doktor. Das würde ich gern«, antwortete er.
Ob es nun Ärger gibt oder nicht, dachte Alexander, zumindest konnte er seine Zweifel offen aussprechen. Gestern abend nach der Auseinandersetzung mit Bannister, war er versucht gewesen, die ganze Frage des dritten Sensibilitätstests mit den Blutproben, die ins Labor kamen, fallenzulassen. Er entsann sich nur zu gut der Abfuhr, die er von Dr. Pearson bei seinem letzten Vorschlag erhalten hatte. Mit diesem neuen Arzt schien sich allerdings besser reden zu lassen. Und selbst wenn er der Ansicht war, daß Alexander sich irrte, schien es nicht wahrscheinlich, daß er daraus eine große Szene machen würde. Alexander wagte es also. »Es geht um die Bluttests, die wir hier zur Sensibilitätsbestimmung durchführen.«
Als er sprach, wurde ihm bewußt, daß Bannister im Hintergrund stand. Der erste Laborant bewegte seinen Kopf in gespannter Aufmerksamkeit hin und her, damit ihm nichts entging, was gesagt wurde. Jetzt trat er verärgert und aggressiv vor, um Alexander zur Ordnung zu rufen. »Hören Sie mal. Wenn Sie mit der gleichen Geschichte wie gestern abend anfangen wollen, behalten Sie das besser für sich.«
Coleman fragte interessiert: »Über was sprachen Sie gestern abend?«
Bannister ignorierte die Frage und fuhr in zurechtweisendem Ton zu Alexander fort: »Ich will nicht, daß Dr. Coleman mit diesen Geschichten, schon fünf Minuten, nachdem er hier ankommt, belästigt wird. Haben Sie verstanden?« Er wandte sich Coleman zu und setzte sein automatisches Lächeln auf. »Das ist nur eine verrückte Idee von ihm, Doktor. Wenn Sie jetzt mit mir weiterkommen wollen, zeige ich Ihnen das histologische Labor.« Er legte eine Hand auf Colemans Arm, um ihn fortzuführen.

Ein paar Sekunden bewegte Coleman sich nicht. Dann griff er nach unten und schob die Hand nachdrücklich von seinem Arm fort. »Einen Augenblick noch«, sagte er ruhig. Dann zu Alexander: »Handelt es sich um eine medizinische Frage? Hat es mit der Laborarbeit zu tun?«
Alexander vermied geflissentlich, in Bannisters finsteres Gesicht zu sehen und antwortete: »Ja, Doktor.«
»Also gut. Lassen Sie hören.«
»Die Frage wurde durch den Test für meine Frau aufgeworfen«, antwortete Alexander. »Sie ist rh-negativ, und ich bin Rh-positiv.«
Colemann lächelte. »Das ist bei vielen Eheleuten der Fall. Daraus ergibt sich noch kein Problem, solange der Sensibilitätstest negativ ausfällt.«
»Das ist ja gerade der Punkt, Doktor, der Test.«
»Wieso?« Coleman war verwundert. Ihm war durchaus nicht klar, worauf der junge Laborant hinauswollte.
Alexander erklärte: »Ich bin der Ansicht, wir sollten bei Sensibilitätstests mit allen Blutproben einen indirekten Coombs-Test ausführen, nach den Tests in Salzlösung und konzentriertem Protein.«
»Selbstverständlich.«
Darauf folgte Schweigen. Alexander brach es schließlich. »Würden Sie das bitte noch einmal sagen, Doktor?«
»Ich habe gesagt: selbstverständlich. Natürlich muß ein indirekter Coombs durchgeführt werden.« Coleman verstand immer noch nicht, worauf diese Diskussion abzielte. Für ein serologisches Labor war das eine elementare, grundlegende Selbstverständlichkeit.
»Aber hier wird kein indirekter Coombs durchgeführt, Doktor.« Alexander warf Bannister einen triumphierenden Blick zu. »Die Rh-Sensibilitätstests werden hier nur mit Salzlösung und mit konzentriertem Protein vorgenommen. Coombs-Serum wird hier überhaupt nicht verwendet.«
Zunächst war Coleman überzeugt, daß Alexander sich irren müsse. Anscheinend arbeitete der junge Laborant erst seit kurzer Zeit hier, und zweifellos verwechselte er etwas. Aber dann ließ der überzeugte Ton, mit dem Alexander gesprochen hatte, Coleman stutzig werden. »Stimmt das?« fragte er Bannister.
»Wir führen alle unsere Tests entsprechend den Anweisungen von Dr. Pearson durch.« Der alte Laborant gab klar zu erkennen, daß diese ganze Diskussion seiner Meinung nach Zeitverschwendung war.
»Vielleicht weiß Dr. Pearson nicht, daß Sie Tests auf den Rh-Faktor in dieser Weise vornehmen.«
»Das weiß er genau.« Dieses Mal ließ Bannister seinen Verdruß erkennen. Mit neuen Leuten war es immer das gleiche. Sie waren noch keine fünf Minuten an einem neuen Platz, und schon fingen sie an,

Schwierigkeiten zu machen. Er hatte versucht, zu dem neuen Arzt freundlich zu sein, und das hatte er nun davon. Nun, eines war gewiß, Joe Pearson würde den Mann bald in seine Schranken verweisen. Bannister hoffte nur, daß er dabei sein würde.
Coleman entschloß sich, den Ton des ersten Laboranten zu überhören. Ob er wollte oder nicht, er mußte mit diesem Mann einige Zeit arbeiten. Trotzdem, die Frage mußte jetzt sofort geklärt werden. Er sagte: »Ich fürchte, ich verstehe nicht ganz richtig. Sie wissen doch sicher, daß manche Antikörper im Blut einer schwangeren Frau durch die Tests in Salzlösung und konzentriertem Protein nicht entdeckt werden, wohl aber bei einem weiteren Test mit Coombs-Serum.«
Alexander warf dazwischen: »Das habe ich ja auch gesagt.«
Bannister gab keine Antwort. Coleman fuhr fort: »Jedenfalls werde ich es bei Gelegenheit Dr. Pearson unterbreiten. Ich bin überzeugt, daß es ihm nicht bekannt war.«
»Und was sollen wir mit diesem Test und den weiteren von jetzt an tun?« fragte Alexander.
»Sie führen sie selbstverständlich mit allen drei Medien durch – Salzlösung, konzentriertes Protein und Coombs-Serum.«
»Wir haben kein Coombs-Serum im Labor, Doktor.« Alexander war jetzt sehr froh, daß er die Sache vorgebracht hatte. Dieser neue Pathologe gefiel ihm. Vielleicht würde er auch noch einiges andere hier ändern. Der Himmel weiß, dachte er, es gibt eine Menge, das es vertragen kann.
»Dann wird welches beschafft.« Coleman war vorsätzlich knapp. »Es ist schließlich keine Mangelware.«
»Wir können nicht einfach losgehen und Material für das Labor holen«, sagte Bannister. »Dazu muß eine Einkaufsanforderung vorliegen.« Er zeigte ein überlegenes Lächeln. Schließlich gab es doch noch ein paar Dinge, die diese naseweisen Neulinge nicht wußten.
Coleman beherrschte seine Gefühle sorgfältig. Sehr bald konnte es notwendig werden, daß er diesem Bannister seine Stellung eindeutig klarmachen mußte. Auf keinen Fall hatte er die Absicht, sich dieses Betragen ständig bieten zu lassen. Aber der erste Tag in seiner neuen Stellung war offensichtlich nicht der geeignete Zeitpunkt. Immer noch freundlich, aber nachdrücklich sagte er: »Dann geben Sie mir ein Formular. Ich werde es wohl unterschreiben können. Das ist einer der Gründe, weshalb ich hier bin . . .«
Der alte Laborant zögerte kurz, öffnete dann eine Schublade und nahm einen Formularblock heraus, den er Coleman reichte.
»Einen Bleistift, bitte.«
Mit dem gleichen Widerwillen zog Bannister einen aus der Tasche.

Während er ihn Coleman reichte, sagte er mürrisch: »Dr. Pearson wünscht alle Bestellungen für Labormaterial selbst zu unterschreiben.«
Coleman kritzelte die Bestellung und unterschrieb sie. Mit einem knappen, kühlen Lächeln antwortete er: »Ich nehme an, daß meine Verantwortung hier etwas weiter reicht als für eine Bestellung von Kaninchenserum im Wert von fünfzehn Dollar. Hier.« Während er Block und Bleistift zurückreichte, klingelte das Telefon auf der anderen Seite des Labors.
Das war für Bannister ein Vorwand, sich umzudrehen. Mit vor Äger über seine Niederlage gerötetem Gesicht ging er an den Wandapparat und meldete sich. Nachdem er kurz zugehört hatte, gab er eine knappe Antwort und hängte den Hörer zurück. »Muß zur ambulanten Abteilung.« Die fast gemurmelten Worte waren an Coleman gerichtet.
Er antwortete eisig: »Gehen Sie nur.«
Nachdem der Zwischenfall vorüber war, erkannte Coleman, daß er wütender geworden war, als er bemerkt hatte. Was war das für eine Disziplin, die Laboranten Unverschämtheiten dieser Art erlaubte? Das unzulängliche Testverfahren war ernsthaft genug. Aber sich erst mit den Einwendungen eines Mannes wie dieses Bannister auseinandersetzen zu müssen, um etwas zu verbessern, war unerträglich. Wenn das ein Beispiel für die allgemein herrschende Ordnung war, dann war die gesamte pathologische Abteilung noch viel verlotterter, als er zunächst angenommen hatte.
Als Bannister fort war, begann er, das gesamte Labor sehr gründlich zu inspizieren. Die abgenutzten Geräte und Instrumente, manche unzulänglich, waren ihm bereits aufgefallen. Jetzt sah er, wie erschreckend schlampig und unorganisiert der ganze Betrieb war. Auf Tischen und Bänken standen und lagen die verschiedensten Apparate und Materialien unordentlich herum. Er bemerkte eine Ansammlung schmutziger Glasgeräte, einen Stapel vergilbter Papiere. Während er durch das Labor ging, fiel ihm auf, daß sich an einer Stelle auf einem Arbeitstisch Schwamm gebildet hatte. Von der anderen Seite des Raumes beobachtete Alexander unbehaglich seinen Rundgang.
»Sieht es in dem Labor immer so aus?« fragte Coleman.
»Es ist nicht gerade sehr ordentlich.« Alexander schämte sich, daß jemand den Raum in diesem Zustand sah. Was er nicht sagen konnte, war, daß er sich schon angeboten hatte, das Labor neu zu ordnen, daß Bannister ihm aber nachdrücklich befohlen hatte, alles so zu lassen, wie es war.
»Ich wüßte einen treffenderen Ausdruck dafür.« Coleman strich mit einem Finger über ein Regal. Er war mit Schmutz bedeckt, als er ihn betrachtete. Angewidert dachte er: Das muß alles anders werden. Dann

sagte er sich allerdings, daß er wahrscheinlich noch eine Weile warten müsse. Ihm war klar, daß er diesen Leuten gegenüber behutsam vorgehen mußte, und aus eigener Erfahrung hatte er gelernt, daß es für alles, was man schnell erreichen konnte, eine Grenze gab. Dennoch wußte er, daß es ihm schwerfallen würde, seine angeborene Ungeduld zu zügeln, insbesondere in Anbetracht der schmutzigen Unordnung, die er hier vor sich hatte.

Während der letzten Minuten hatte Alexander Coleman genau beobachtet. Vom ersten Augenblick an, als er neue Arzt mit Bannister in das Labor kam, glaubte er ihn irgendwoher zu kennen. Er war jung – wahrscheinlich nicht sehr viel älter als Alexander. Aber das allein war es nicht. Jetzt sagte Alexander: »Doktor, entschuldigen Sie, daß ich das sage, aber ich habe das Gefühl, wir sind uns schon einmal begegnet.«

»Gut möglich«, antwortete Coleman absichtlich gleichgültig. Er wollte bei dem Laboranten nicht den Eindruck aufkommen lassen, daß zwischen ihnen in irgendeiner Form eine Allianz bestehe, nur weil er den Mann in einer Sache unterstützt hatte. Dann fragte er sich, ob er vielleicht nicht etwas zu schroff gewesen sei und fügte hinzu: »Ich war als Praktikant im Bellevue, anschließend im Walter Reed und im Massachusetts General.«

»Nein.« Alexander schüttelte den Kopf. »Dann muß es früher gewesen sein. Waren Sie einmal in Indiana, in New Richmond?«

»Ja«, antworte Coleman überrascht, »ich bin dort geboren.«

Alexander strahlte. »Ich hätte mich natürlich an den Namen erinnern müssen. Dann muß Dr. Byron Coleman Ihr Vater gewesen sein.«

»Woher wissen Sie das?« Es war lange her, daß ein anderer als er selbst sich an den Namen seines Vaters erinnert hatte.

»Ich bin auch aus New Richmond«, antwortete Alexander, »und meine Frau auch.«

»Wirklich?« fragte Coleman, »haben wir uns dort gekannt?«

»Ich glaube nicht. Ich erinnere mich aber, Sie ein paarmal gesehen zu haben.« Im gesellschaftlichen Leben New Richmonds hatte John Alexander mehrere Stufen unter den Kreisen des Arztsohnes gestanden. Während ihm das durch den Kopf ging, ertönte ein »Kling« von der der Zentrifuge. Er unterbrach sich, um die geschleuderte Blutprobe herauszunehmen, und fuhr dann fort: »Mein Vater war ein Gemüsefarmer. Wir wohnten ein paar Meilen von der Stadt. Vielleicht erinnern Sie sich aber an meine Frau, Elizabeth Johnson. Ihre Familie besaß die Eisenwarenhandlung.«

Coleman sagte nachdenklich: »Ja, ich glaube, ich erinnere mich wirklich.« In seinem Gedächtnis regte sich etwas. »War da nicht irgend etwas mit ihr ... hatte sie nicht einen Unfall, oder so etwas?«

»Das stimmt«, antwortete John Alexander. »Ihr Vater kam bei einem Autounfall an der Eisenbahnkreuzung ums Leben. Elizabeth saß bei ihm im Wagen.«

»Ich erinnere mich, daß ich davon gehört habe.« David Colemans Gedanken liefen um Jahre zurück — zu dem Sprechzimmer seines Vaters, der als Landarzt so vielen Kranken geholfen hatte, bis seine eigene Gesundheit versagte. »Ich ging damals aufs College, aber mein Vater hat es mir später erzählt.«

»Elizabeth starb beinahe. Aber sie gaben ihr Bluttransfusionen, und sie kam durch. Ich glaube, das war das erste Mal, daß ich je in einem Krankenhaus war. Ich habe dort fast eine Woche gelebt.« Alexander schwieg. Dann sagte er, immer noch über seine Entdeckung erfreut: »Wenn Sie zufällig mal einen Abend frei haben, Dr. Coleman ... Ich bin überzeugt, meine Frau würde sich freuen, Sie zu sehen. Wir haben eine kleine Wohnung ...« Er zögerte, weil er die Wahrheit spürte. Obwohl sie beide New Richmond verlassen hatten, lag immer noch eine gesellschaftliche Kluft zwischen ihnen.

Auch Coleman war sich dessen bewußt. Sein Gehirn funkte eine Warnung: Sei vorsichtig im Umgang mit Untergebenen, selbst bei einem wie diesem hier. Nüchtern überlegte er: Das ist diesmal kein Snobismus, das ist nur eine Frage der Krankenhausdisziplin und des gesunden Menschenverstandes. Laut sagte er: »Ich werde zunächst einmal sehr viel Arbeit haben. Wir wollen es vorläufig lassen und sehen, wie sich die Dinge entwickeln.«

Ihm selbst klangen seine Worte falsch und hohl.

Er dachte: das hättest du freundlicher sagen können. Im Geist fügte er für sich die Bemerkung hinzu: du hast dich nicht geändert, mein Freund; du hast dich nicht im geringsten geändert.

Einen Augenblick lang wünschte Harry Tomaselli, daß Mrs. Straughan in ihre Küche zurückgehen und dort bleiben würde. Dann nahm er sich zusammen. Eine gute Küchenleiterin war ein kostbares Juwel. Und Mrs. Straughan war gut. Diese Tatsache war dem Verwaltungsdirektor klar bewußt.

Aber es gab Zeiten, zu denen er sich fragte, ob Hilda Straughan an das Three Counties Hospital je als eine Einheit, als ein Ganzes, dachte. Wenn er mit ihr sprach, gewann er meistens den Eindruck, daß die Küche das Herz des Krankenhauses bildete, um das die anderen, weniger wichtigen Organe sich herumgruppierten. Er berücksichtigte allerdings auch — Harry Tomaselli war in erster Linie ein gerecht denkender Mann —, daß man diese Haltung häufig bei Leuten findet, die ihre Aufgabe ernst nehmen. Und wenn das ein Mangel war, dann zog er ihn zweifellos der Trägheit und der Gleichgültigkeit vor. Ein anderer Punkt: ein guter Abteilungsleiter war immer bereit, für etwas, an das er glaubte, zu kämpfen und sich dafür einzusetzen, und Mrs. Straughan kämpfte und setzte sich mit jedem Kubikzentimeter ihrer fülligen Person für ihre Sache ein.

In diesem Augenblick füllte ihre umfangreiche Gestalt einen Sessel im Büro des Verwaltungsdirektors mehr als aus. Sie kämpfte verbissen.

»Ich frage mich, ob Ihnen klar ist, Mr. T., wie ernst der Fall ist.« Mrs. Straughan verwendete stets den Anfangsbuchstaben des Familiennamens, wenn sie Leute ansprach, die sie kannte. Sie hatte auch die Gewohnheit, ihren eigenen Mann als »Mr. S.« zu bezeichnen.

»Ich glaube schon«, erwiderte Harry Tomaselli.

»Die Geschirrspülmaschinen, die ich habe, sind mindestens schon seit fünf Jahren veraltet. In jedem Jahr, das ich jetzt hier bin, wurde mir versichert: Im nächsten Jahr bekommen Sie neue. Und als das nächste Jahr kam, wo blieben meine Geschirrspülmaschinen? Sie wurden einfach um weitere zwölf Monate aufgeschoben. Das geht nicht, Mr. T., das geht einfach nicht.«

Mrs. Straughan verwendete immer das besitzanzeigende Fürwort »mein«, wenn sie sich auf Dinge bezog, die ihr unterstellt waren. Tomaselli hatte dagegen nichts einzuwenden. Wogegen er allerdings etwas einzuwenden hatte, das war Hilda Straughans mangelhafte Bereitschaft, auch anderer Leute Probleme zu berücksichtigen. Er fand sich damit ab, noch einmal das anzuführen, was er ihr erst vor ein oder zwei Wochen auseinandergesetzt hatte.

»Es steht außer Frage, Mrs. Straughan, daß die Geschirrspüler eines Tages erneuert werden. Mir ist das Problem, vor dem Sie in der Küche stehen, geläufig. Aber es handelt sich dabei um große, teure Maschinen. Erinnern Sie sich doch, nach der letzten Schätzung beliefen sich die Kosten allein für den Umbau der Heißwasseranlage auf knapp elftausend Dollar.«

Mrs. Straughan beugte sich über den Schreibtisch. Mit ihren gewaltigen Brüsten schob sie einen Ablegekorb beiseite. »Und je länger Sie warten, um so teurer wird es werden.«

»Das ist mir zu meinem Bedauern nur zu gut bekannt.« Die steigenden Kosten für alles, was das Krankenhaus brauchte, gehörten zu Tomasellis täglichem Brot. Er fügte hinzu: »Aber gerade in diesem Augenblick sind die Mittel des Krankenhauses für große Anschaffungen sehr begrenzt. Das hängt zum Teil natürlich mit dem geplanten Erweiterungsbau zusammen. Es ist einfach eine Frage der Zuteilung von Prioritäten, und manchen medizinischen Anlagen muß einfach der Vorrang eingeräumt werden.«

»Was nützen Ihnen medizinische Anlagen, wenn die Patienten keine sauberen Teller bekommen, von denen sie essen können.«

»Mrs. Straughan«, antwortete er fest, »ganz so schlimm ist die Lage nicht, und das wissen wir beide genau.«

»Es ist aber nicht sehr weit davon entfernt.« Die Küchenleiterin beugte sich vor, und der Aktenkorb erhielt einen weiteren Stoß. Harry Tomaselli wünschte im stillen, sie würde ihren Busen von seinem Schreibtisch nehmen. Sie fuhr fort: »In der letzten Zeit kamen verschiedentlich ganze Stöße von Tellern schmutzig aus meinen Maschinen heraus. Wir versuchen es zu kontrollieren, so gut wir können, aber wenn großer Andrang beim Essen herrscht, ist das einfach nicht immer möglich.«

»Ja«, antwortete er, »das glaube ich gern.«

»Was mich beunruhigt, ist die Gefahr einer Infektion, Mr. T. Unter unseren Angestellten sind in letzter Zeit viele Fälle von Darmgrippe aufgetreten, und natürlich gibt jeder dann der Küche die Schuld. Aber es würde mich nicht überraschen, wenn da die Ursache läge.«

»Um das sicher zu wissen, brauchen wir erheblich mehr Beweise.« Harry Tomasellis Geduld begann sich zu erschöpfen. Mrs. Straughan war an einem ungewöhnlich arbeitsreichen Morgen zu ihm gekommen. Für den Nachmittag war eine Sitzung des Krankenhausausschusses angesetzt, und im Augenblick hatte er gerade mehrere dringliche Fragen vorliegen, die vorher geklärt werden mußten. In der Hoffnung, damit das Gespräch zu beenden, fragte er: »Wann hat die Pathologie die Geschirrspüler zum letztenmal auf Bakterien untersucht?«

Hilda Straughan überlegte: »Ich kann nachsehen, aber ich glaube, es ist etwa sechs Monate her.«

»Dann wäre es gut, wenn es wieder geschähe. Wir wissen dann, woran wir sind.«

»Also gut, Mr. T.« Mrs. Straughan fand sich damit ab, daß sie heute nicht mehr erreichen konnte. »Soll ich mit Dr. Pearson sprechen?«

»Nein, ich werde es tun.« Der Verwaltungsdirektor machte eine Notiz. Wenigstens, dachte er, kann ich Joe Pearson dadurch eine ähnliche zeitraubende Unterhaltung sparen.

»Danke, Mr. T.« Die Küchenleiterin stemmte sich aus dem Sessel hoch. Er wartete, bis sie aus dem Zimmer war, und schob dann sorgfältig den Aktenkorb an seinen ursprünglichen Platz zurück.

David Coleman kam vom Essen in der Kantine in die Pathologie zurück. Auf seinem Weg durch die Gänge und über die Treppe in das Souterrain dachte er über die Zeit nach, die er bisher mit Dr. Pearson verbracht hatte. Er kam zu dem Ergebnis, daß sie bis zu diesem Augenblick unbefriedigend und ergebnislos verstrichen war.

Pearson hatte sich zwar höflich gezeigt, wenn auch nicht von Anfang an, so doch später. Als er Coleman in seinem Zimmer auf ihn wartend vorfand, war seine erste Bemerkung gewesen: »Sie haben es also ernst gemeint, als Sie schrieben, Sie wollten sofort anfangen.«
»Es schien mir nicht viel Sinn zu haben, länger zu warten«, antwortete Coleman und fügte hinzu: »Ich habe mich inzwischen in den Labors umgesehen. Hoffentlich hatten Sie nichts dagegen.«
»Das ist Ihr gutes Recht.« Pearsons Antwort kam halb knurrend, als ob es sich um eine Invasion handele, die ihm zwar nicht gefiel, mit der er sich aber abfinden mußte. Dann, als ob er seine Unfreundlichkeit erkenne, sagte er: »Nun, ich muß Sie wohl wenigstens willkommen heißen.«
Nachdem sie sich die Hände geschüttelt hatten, fügte der alte Mann hinzu: »Als erstes muß ich jetzt einen Teil von dem hier aufarbeiten.« Er deutete auf einen unordentlichen Stapel von Behältern mit Objektträgern, Aktendeckeln und einzelnen Papieren auf seinem Schreibtisch. »Vielleicht können wir uns anschließend über Ihre Arbeit hier unterhalten.«
Coleman hatte dagesessen, ohne daß er etwas anderes zu tun hatte, als eine medizinische Zeitschrift zu lesen, während Pearson sich durch einen Teil der Papiere wühlte. Dann kam ein Mädchen zum Diktat, und anschließend begleitete er Pearson zu einem Kolloquium im Nebenzimmer des Obduktionsraumes. Als er Pearson und den beiden Assistenten – McNeil und Seddons – an dem Sektionstisch gegenübersaß, kam er sich weitgehend wie ein jüngerer Assistent vor. Er konnte zu dem Kolloquium fast nichts beitragen. Pearson führte das Kolloquium durch, als ob Coleman lediglich ein Zuschauer sei, und der alte Mann erkannte auch mit keiner Andeutung Colemans Stellung als neuer stellvertretender Leiter der gesamten Abteilung an.
Später gingen er und Pearson gemeinsam zum Essen, und im Verlauf der Mahlzeit stellte Pearson ihn ein paar Mitgliedern des Ärztestabes vor. Dann entschuldigte sich der alte Pathologe mit der Bemerkung, er habe eine dringende Arbeit zu erledigen, und verließ den Tisch. Jetzt kehrte Coleman allein in die Pathologie zurück und erwog in Gedanken das Problem, das vor ihm zu stehen schien.
Natürlich hatte er bei Dr. Pearson einen gewissen Widerstand erwartet. Aus den verschiedensten fragmentarischen Informationen hatte er sich zusammengereimt, daß Pearson keinen zweiten Pathologen wünschte, aber auf diese Behandlung war er nicht gefaßt gewesen. Als das mindeste hatte er vorausgesetzt, daß bei seiner Ankunft ein Arbeitszimmer für ihn bereitstand und sein Aufgabengebiet klar umrissen war. Gewiß, er hatte nicht erwartet, daß ihm sofort eine große und wichtige Ver-

antwortung übertragen würde. Er hatte nichts dagegen einzuwenden, daß der alte Pathologe ihn eine Zeitlang kontrollierte. Er selbst hätte an Pearsons Stelle einem Neuling gegenüber die gleiche Vorsichtsmaßnahme ergriffen. Aber darüber ging die Situation, wie die Dinge lagen, weit hinaus. Dem Anschein nach hatte sich trotz Colemans Brief niemand mit der Frage abgegeben, worin seine Pflichten bestehen sollten. Anscheinend herrschte die Vorstellung, daß er herumsitzen solle, bis seine Post und seine anderen Pflichten Dr. Pearson genügend Zeit ließen, um ihm ein paar Aufgaben zu übertragen. Nun, in diesem Falle mußten einige Vorstellungen korrigiert werden – und das bald.

David Coleman kannte die Schwächen seines eigenen Charakters seit langem. Aber ebenso war er sich seiner Qualitäten bewußt; die wichtigsten darunter waren seine Kenntnisse und seine Fähigkeiten als Arzt und Pathologe. Kent O'Donnell hatte nur eine Tatsache festgestellt, als er Coleman als hochqualifiziert bezeichnete. Trotz seiner Jugend verfügte er bereits über ein Können und einen Schatz an Erfahrungen, denen viele praktizierende Pathologen kaum Gleichwertiges gegenüberzustellen vermochten. Gewiß bestand für ihn kein Grund, vor Dr. Joseph Pearson in Ehrfurcht zu erstarren, und wenn er auch gewillt war, das Alter und die vorgesetzte Stellung des alten Pathologen zu respektieren, hatte er andererseits aber nicht die Absicht, sich als unerfahrener Grünschnabel behandeln zu lassen.

Er besaß noch eine andere Stärke: ein Gefühl, das alle anderen Überlegungen, ob es nun den Charakter, den Versuch zur Duldsamkeit oder irgend etwas anderes betraf, beiseite schob. Das war seine Entschlossenheit, Medizin kompromißlos, sauber, ehrlich zu praktizieren – und sogar exakt, soweit Exaktheit auf medizinischem Gebiet möglich war. Für jeden, der sich mit weniger begnügte – und selbst in den kurzen Jahren seiner eigenen Erfahrungen hatte er derartige Leute getroffen und kennengelernt: die Kompromißler, die Politiker, die Trägen, die um jeden Preis Ehrgeizigen –, empfand David Coleman nur Zorn und Abscheu.

Wenn man ihn gefragt hätte, woher dieses Gefühl stammte, wäre ihm die Antwort schwergefallen. Keinesfalls war er sentimental, noch hatte er sich der Medizin zugewandt, weil er offensichtlich von dem Wunsch getrieben wurde, der Menschheit zu helfen. Der Einfluß seines Vaters mochte eine gewisse Rolle spielen, aber, wie David Coleman vermutete, keine allzu große. Sein Vater, das war ihm jetzt bewußt, war innerhalb der Grenzen eines praktischen Arztes ein durchschnittlich guter Arzt gewesen, aber im Wesen der beiden bestand ein auffallender Unterschied. Der ältere Coleman war eine warme, aufgeschlossene Persönlichkeit gewesen, die viele Freunde besessen hatte. Der Sohn war kühl, schwer zugänglich, häufig zurückhaltend. Der Vater hatte mit seinen Patienten gescherzt und ihnen mühelos sein Bestes gegeben. Der Sohn hatte als Praktikant, ehe die Pathologie ihn von den Patienten absonderte, nie mit ihnen gescherzt, sondern ihnen gewissenhaft, exakt und überlegen etwas mehr gegeben, als viele andere als ihr Bestes zu geben hatten. Und wenn sich als Pathologe sein Verhältnis zu den Patienten auch verändert hatte, seine Einstellung war die gleiche geblieben.

Manchmal empfand David Coleman in Augenblicken ehrlicher Selbstprüfung den Verdacht, seine Einstellung wäre nicht anders, wenn er statt der Medizin irgendeinen anderen Beruf ergriffen hätte. Im Grunde genommen vermutete er, werde sie durch seine Genauigkeit in Verbindung mit seiner Unduldsamkeit gegenüber Fehlern oder Versagern bestimmt – durch das Gefühl, daß die Person oder die Sache, der immer man dienen wolle, berechtigt sei, das Äußerste zu verlangen, das man geben konnte. In gewisser Weise widersprachen sich diese Gefühle vielleicht. Wahrscheinlich war er von einem Studienkameraden treffend charakterisiert worden, der einmal einen angeheiterten Trinkspruch ausbrachte: »Auf David Coleman – den Burschen mit dem antiseptischen Herz.«

Während er jetzt durch den Gang im Souterrain ging, kehrten seine Gedanken zur Gegenwart zurück, und sein Instinkt warnte ihn, daß ein Zusammenstoß nahe bevorstand.

Er trat in das Arbeitszimmer der Pathologie und fand Pearson über ein Mikroskop gebeugt, vor sich einen geöffneten Behälter mit Objektträgern. »Kommen Sie, und sehen Sie sich das an. Was halten Sie davon?« Er machte vor dem Mikroskop Platz und winkte Coleman heran.

»Was ist das für ein Fall?« Coleman schob den ersten Objektträger unter die Halteklammer und stellte das Okular ein.

»Eine Patientin Lucy Graingers. Lucy ist Chirurgin bei uns. Sie werden sie noch kennenlernen.« Pearson blickte in seine Notizen. »Der Fall betrifft ein neunzehnjähriges Mädchen, Vivian Loburton, eine unserer Lernschwestern. Sie hat eine Schwellung unter dem linken Knie, anhaltende Schmerzen. Die Röntgenuntersuchung ergab eine Mißbildung am Knochen. Die Schnitte stammen von der Probeexcision.«

Es waren acht Schnitte, und Coleman studierte sie nacheinander. Er wußte sofort, warum Pearson nach seiner Meinung fragte. Das war ein Grenzfall, so schwierig wie er nur sein konnte. Schließlich sagte er: »Meiner Meinung nach gutartig.«

»Ich halte es für bösartig«, sagte Pearson. »Für ein Osteosarkom.«

Wortlos nahm Coleman noch einmal den ersten Schnitt vor. Geduldig und sorgfältig untersuchte er ihn wieder, wiederholte das gleiche mit den sieben anderen. Bei seiner ersten Untersuchung hatte er die Möglichkeit eines Osteosarkoms erwogen. Jetzt tat er es wieder. Während er die rot und blau eingefärbten, durchscheinenden Schnitte studierte, die dem ausgebildeten Pathologen so vieles verrieten, prüfte er in Gedanken noch einmal die Für und Wider ... Alle Schnitte zeigten umfangreiche Bildung von neuem Knochengewebe — osteoblastisches Wachstum mit Knorpeleinsprengseln dazwischen ... Eine Verletzung mußte in Betracht gezogen werden. Hatte die Verletzung einen Bruch verursacht? War die neue Knochenbildung das Ergebnis der Regeneration — des Versuchs des Körpers, sie zu heilen? Wenn ja, war das Wachstum zweifellos gutartig ... Bestanden Anzeichen für eine Knochenmarkentzündung? Unter dem Mikroskop konnten sie leicht mit dem gefährlichen Osteosarkom verwechselt werden. Aber nein, es waren keine polymorphokernigen Leukozyten in der charakteristischen Weise in dem Mark zwischen den Knochenfasern vorhanden ... Es lagen keine vordringenden Blutgefäße vor ... Folglich hing die Entscheidung von der grundsätzlichen Untersuchung der Osteoblasten, der Knochenbildungszellen, ab. Das war die ewige Frage, vor der alle Pathologen standen. Stellte die Wucherung an einer Verletzung einen natürlichen Heilungsprozeß dar, um eine Lücke in der Abwehr des Körpers auszufüllen? Oder wucherte die Verletzung, weil ein Neoplasma vorhanden war, und war sie folglich bösartig? Bösartig oder gutartig? Man konnte sich so leicht irren, und alles, was man tun konnte, war, sich darauf zu beschränken, die vorliegenden Erscheinungen gegeneinander abzuwägen und dementsprechend zu urteilen.

»Ich fürchte, ich kann Ihnen nicht zustimmen«, sagte er höflich zu Pearson. »Ich möchte immer noch sagen, daß dieses Gewebe gutartig ist.«

Der alte Pathologe stand schweigend und nachdenklich da, offensichtlich wog er seine Ansicht gegen die des jüngeren Mannes ab. Nach einem Augenblick sagte er: »Sie werden aber wohl zugeben, daß man in diesem Fall zweifeln kann, in der einen, wie in der anderen Richtung.«

»Ja, das ist richtig.« Coleman wußte, daß es in Situationen, wie der vorliegenden, Anlaß zu Zweifeln gibt. Die Pathologie war keine exakte Wissenschaft. Sie kannte keine mathematischen Formeln, durch die man beweisen konnte, daß eine Ansicht falsch oder richtig war. Manchmal konnte man sein Urteil nur auf eine wohlerwogene Schätzung stützen. Man konnte es kluges Raten nennen. Er verstand Pearsons Zögern. Auf dem alten Mann lag die Verantwortung für die endgültige Entscheidung. Aber Entscheidungen dieser Art gehörten zur Arbeit des Pathologen. Vor ihnen gab es kein Ausweichen. Man mußte sie auf sich nehmen. Nach einer Pause fügte Coleman hinzu: »Falls Sie recht haben und es tatsächlich Knochenkrebs ist, bedeutet das natürlich Amputation.«

»Das weiß ich.« Die Worte kamen heftig, aber ohne Feindschaft. Coleman erkannte: Wie vernachlässigt die Abteilung in anderer Hinsicht auch sein mochte, Pearson war ein zu erfahrener Pathologe, um eine ehrliche abweichende Meinung zu verübeln. Außerdem wußten sie beide, wie trügerisch die Voraussetzungen bei jeder Diagnose waren. Jetzt ging Pearson durch das Zimmer. Als er sich umdrehte, sagte er grimmig: »Diese verfluchten Grenzfälle. Ich hasse sie. Immer wieder, wenn ich darauf stoße. Man muß eine Entscheidung treffen und weiß genau, daß sie falsch sein kann.«

Ruhig entgegnete Coleman: »Gilt das nicht für einen großen Teil der Pathologie?«

»Aber wer weiß das sonst? Das ist doch der springende Punkt.« Pearsons Erwiderung war laut, fast leidenschaftlich, als ob der Jüngere eine empfindliche Stelle getroffen habe. »Die Öffentlichkeit weiß nichts – nichts ist gewisser als das. Sie sieht den Pathologen nur im Kino oder im Fernsehen, einen Wissenschaftler im weißen Mantel, der vor ein Mikroskop tritt, kurz hineinblickt und dann verkündet: ›gutartig‹ oder ›bösartig‹. Das ist alles. Die Leute glauben, wenn man da hineinsieht« – er deutete auf das Mikroskop, mit dem sie untersuchten –, »hätte man auch ein Schema, das alles klar und übersichtlich einteilt wie bei einer Ziegelmauer. Aber sie haben keine Ahnung, daß es Fälle gibt, bei denen wir nicht im entferntesten sicher sein können.«

David Coleman hatte oft das gleiche gedacht, wenn er es auch nicht so eindeutig formuliert hatte. Ihm kam der Gedanke, daß dieser Ausbruch vielleicht durch etwas verursacht wurde, was der alte Mann schon lange in sich herumtrug. Schließlich war das eine Überlegung, die nur ein Pathologe wirklich verstehen konnte. Behutsam warf er dazwischen: »Sind Sie nicht der Meinung, daß wir meistens richtig urteilen?«

»Gewiß, das stimmt schon.« Pearson ging im Zimmer umher, während er sprach. Jetzt standen sie dicht beieinander. »Aber wie ist es mit den Fällen, bei denen wir uns irren? Was ist mit diesem Fall hier, wie? Wenn ich erkläre: bösartig, wird Lucy Grainger amputieren. Ihr bleibt gar keine andere Wahl. Und wenn ich mich irre, verliert ein neunzehnjähriges Mädchen umsonst ein Bein. Und andererseits: wenn es bösartig ist und keine Amputation vorgenommen wird, stirbt sie wahrscheinlich innerhalb von zwei Jahren.« Er schwieg. Nach einer Pause fügte er bitter hinzu: »Vielleicht stirbt sie auch so. Eine Amputation bedeutet nicht immer die Rettung.«

Damit offenbarte Pearson eine Seite seiner Persönlichkeit, die Coleman nicht bei ihm vermutet hatte: eine tiefe innere Anteilnahme an dem einzelnen Patienten. Selbstverständlich ließ sich dagegen nichts einwenden. Für den Pathologen war es gut, wenn er sich daran erinnerte, daß er es in vielen Fällen nicht lediglich mit Gewebestückchen zu tun hatte, sondern mit lebenden Menschen, deren Geschick er durch seine Entscheidung im Guten oder im Bösen beeinflußte. Wenn man diese Tatsache nicht vergaß, blieb man wachsam und gewissenhaft. Das heißt, solange man sorgfältig darauf achtete, daß man sein wissenschaftliches Urteil nicht durch seine Gefühle beeinflussen ließ. Coleman hatte schon einige der Zweifel, die Pearson aussprach, selbst erfahren müssen, obwohl er viel jünger war. Seinem Wesen gemäß, behielt er sie für sich selbst. Das besagte aber nicht, daß sie ihn weniger bedrückten. In dem Versuch, dem alten Mann bei seinen Überlegungen zu helfen, sagte er: »Wenn es bösartig ist, darf keine Zeit verloren werden.«

»Ich weiß.« Pearson dachte wieder angestrengt nach.

»Darf ich vorschlagen, daß wir uns einige frühere Fälle ansehen«, sagte Coleman. »Fälle mit den gleichen Symptomen?«

Der alte Mann schüttelte den Kopf. »Das geht nicht. Das dauert zu lange.«

Taktvoll drängte Coleman: »Aber wenn wir das Krankheitsregister durchgehen ...?« Er schwieg.

»Wir haben keins.« Das wurde leise gesagt, und zunächst fragte sich Coleman, ob er richtig gehört habe. Dann fuhr Pearson fort, fast als habe er Colemans ungläubige Überraschung erwartet: »Ich habe schon lange die Absicht, eins einzurichten ... bin einfach nicht dazu gekommen.«

Coleman glaubte kaum, was er hörte. »Heißt das ... wir können keine früheren Fälle studieren?«

»Es würde eine Woche dauern, bis wir sie gefunden haben.« Pearsons Verlegenheit war nicht mehr zu verkennen. »Diese Fälle sind nicht sehr häufig, und wir haben nicht genug Zeit, danach zu suchen.«

Nichts, was Pearson sagen konnte, hätte David Coleman so schockiert wie das. Für ihn und für alle Pathologen, bei denen er gelernt und mit denen er bisher zusammengearbeitet hatte, war das Krankheitsregister ein wichtiges Arbeitsmittel. Es war die Quelle für Hinweise, ein Lehrmittel, die Ergänzung des eigenen Wissens und der eigenen Erfahrung für den Pathologen, ein Detektiv, der Hinweise sammelt und Lösungen anbot, eine Rückversicherung, eine Stütze in Augenblicken des Zweifels. Das alles bot es und mehr. Es war ein Zeichen für die Leistungen einer pathologischen Abteilung, dafür, daß sie nicht nur in den Tag hineinlebte, sondern auch Wissen für die Zukunft aufbewahrte. Es war die Garantie, daß die Patienten des Krankenhauses von morgen in den Genuß dessen kamen, was man heute lernte. Die pathologischen Abteilungen neuer Krankenhäuser betrachteten die Einrichtung eines Krankheitsregisters als eine primäre Aufgabe. In alten, lange bestehenden Instituten unterschieden sich die Register ihrer Art nach. Manche waren schlicht und einfach, andere umständlich und komplex, lieferten Daten für die Forschung und die Statistik neben den Informationen für die tägliche Arbeit. Aber einfach oder umständlich, eines hatten alle gemeinsam: ihren Nutzen für den Vergleich eines vorliegenden Falles mit gleichartigen früheren. David Coleman konnte das Fehlen des Fallregisters im Three Counties Hospital nur mit einem einzigen Wort bezeichnen: Verbrecherisch!

Bis zu diesem Augenblick hatte er trotz des vorherrschenden Eindrucks, daß die pathologische Abteilung des Three Counties Hospitals dringend einer Neuorganisation bedurfte, versucht, sich von jedem persönlichen Urteil über Dr. Joseph Pearson zurückzuhalten. Schließlich hatte der alte Mann lange allein gearbeitet, und der Arbeitsanfall in einem Krankenhaus dieser Größe konnte für einen einzelnen Pathologen nicht leicht zu bewältigen gewesen sein. Diese Belastung konnte die unzulänglichen Verfahren erklären, die Coleman in den Labors bereits entdeckt hatte, und wenn diese Mängel auch nicht entschuldbar waren, wurden sie dadurch doch wenigstens verständlich.

Es war auch möglich, daß Pearson in anderer Hinsicht Format besaß. Nach David Colemans Ansicht gingen im allgemeinen ein hoher medizinischer Standard mit einer guten Verwaltung Hand in Hand. Aber von den beiden war die Medizin – in diesem Fall die Pathologie – wichtiger. Er wußte, daß es viele weißschimmernde Abteilungen gab, die glänzendem Chrom und einer tüchtigen Verwaltung die erste Stelle einräumten und der Medizin erst in weitem Abstand die zweite. Er hatte es für möglich gehalten, daß es hier umgekehrt war – eine schlechte Verwaltung, aber gute Medizin. Das war der Grund gewesen, warum er seine natürliche Neigung unterdrückte, den alten Pathologen auf Grund dessen zu beurteilen, was er bisher gesehen hatte. Aber jetzt fand er es unmöglich, sich länger Illusionen hinzugeben. Dr. Joseph Pearson war nachlässig und unfähig.

Coleman versuchte, die Verachtung in seiner Stimme zu verbergen, und fragte: »Was beabsichtigen Sie zu tun?«

»Ich kann nur eines tun.« Pearson war an seinen Schreibtisch zurückgegangen und hatte das Telefon abgehoben. Er drückte auf einen Knopf. Nach einer Pause sagte er: »Bannister soll kommen.«

Er legte den Hörer zurück und wandte sich an Coleman: »Es gibt zwei Männer, die Experten auf diesem Gebiet sind. Chollingham in Boston und Earnhart in New York.«

Coleman nickte. »Ja, ich habe von ihnen gehört.«

Bannister trat ein. »Sie haben mich gewünscht?« Er sah auf Coleman und ignorierte ihn dann betont.

»Nehmen Sie diese Schnitte.« Pearson schloß den Behälter und schob ihn über den Schreibtisch. »Schicken Sie heute abend noch zwei Sätze fort, mit Luftpost, Eilboten und einem Schild ›Dringend‹ darauf. Der eine Satz geht an Dr. Chollingham in Boston, der andere an Dr. Earnhart in New York. Lassen Sie die üblichen Begleitbriefe schreiben. Fügen Sie Abschriften der Krankengeschichte bei und bitten Sie beide, ihren Befund telegrafisch zu übermitteln.«

»Jawohl.« Den Behälter mit den Objektträgern unter dem Arm ging Bannister hinaus.

Wenigstens hier hat der Alte schnell und richtig gehandelt, dachte Coleman. Krankheitsregister oder nicht, die Ansicht von zwei Experten über diesen Fall einzuholen, war ein guter Gedanke.

Pearson sagte: »In zwei bis drei Tagen müßten wir Antwort haben. Inzwischen muß ich wohl mit Lucy Grainger reden.« Er überlegte. »Ich werde ihr nicht zuviel sagen, nur, daß geringe Zweifel vorhanden sind und wir« – er warf Coleman einen scharfen Blick zu – »eine Bestätigung von anderer Seite einholen.«

XIII

Vivian verhielt sich völlig still – war verwirrt, verständnislos. Das durfte ihr doch nicht geschehen. Es mußte jemand anders sein, von dem Dr. Grainger da sprach. Ihre Gedanken überstürzten sich. Ja, das war es! Irgendwie mußten die Krankenblätter von zwei Patienten verwechselt worden sein. Das war in Krankenhäusern schon vorgekommen. Dr. Grainger hatte sehr viel zu tun. Sie konnte leicht etwas verwechseln. Vielleicht wurde jetzt einem anderen Patienten gesagt, daß ...

Unvermittelt brach sie diesen Gedankengang ab, hielt bewußt inne, versuchte, sich klarzuwerden. Es war keine Verwechslung. Sie wußte es. Klar und eindeutig erkannte sie es am Gesichtsausdruck von Dr. Grainger und von Mike Seddons, die Vivian jetzt von beiden Seiten ihres Krankenhausbettes beobachteten, in dem sie durch Kissen im Rükken gestützt halb lag, halb saß.

Sie wandte sich an Lucy Grainger. »Wann werden Sie es ... endgültig wissen?«

»In zwei Tagen. Dr. Pearson wird uns benachrichtigen, sobald das Ergebnis vorliegt.«

»Und er weiß nicht ...«

»Im Augenblick weiß er es nicht«, antwortete Lucy. »Er weiß es noch nicht mit Gewißheit.«

»Oh, Mike.« Sie griff nach seiner Hand.
Er hielt sie zärtlich. Dann sagte sie: »Entschuldigung ... aber ich glaube ... ich muß weinen.«
Während Seddons seinen Arm um Vivian legte, stand Lucy von ihrem Stuhl auf. »Ich komme später wieder.« Sie fragte Seddons: »Bleiben Sie noch?«
»Ja.«
Lucy sagte: »Machen Sie Vivian ganz klar, daß noch nichts Endgültiges entschieden ist. Ich wollte nur, daß sie darauf vorbereitet ist ... für den Fall ...«
Er nickte langsam mit seinem wirren, roten Haarschopf. »Ich verstehe.«
Als Lucy in den Gang hinaustrat, dachte sie: ja, davon bin ich überzeugt.
Gestern nachmittag, als Joe Pearson sie telefonisch benachrichtigte, konnte Lucy sich nicht entschließen, ob sie Vivian sofort darüber unterrichten solle, welche Möglichkeit bestand, oder ob sie damit bis später warten solle. Wenn sie wartete, und der pathologische Befund über die Probe lautete: »gutartig«, war alles in Ordnung, und Vivian würde nie von dem drohenden Schatten erfahren, der eine Zeitlang über ihr gelegen hatte. Aber auf der anderen Seite, wenn in zwei Tagen der pathologische Befund »bösartig« hieß, war die sofortige Amputation lebenswichtig. Konnte Vivian dann noch rechtzeitig darauf vorbereitet werden oder würde der psychologische Schock zu groß sein? Dieser Schock konnte auf das junge Mädchen, das nicht damit rechnete, daß ihr irgend etwas Ernsthaftes fehle, ungeheuer wirken, wenn er es plötzlich und unvorbereitet traf. Es konnte Tage dauern, ehe Vivian seelisch auf die große Operation vorbereitet war – Tage, die zu verlieren sie nicht riskieren durfte.
Lucy berücksichtigte dabei noch eine weitere Überlegung. Die Tatsache, daß Joe Pearson ein Gutachten von dritter Seite einholte, war an sich schon bezeichnend. Wenn es sich um eine eindeutig gutartige Geschwulst handelte, hätte er das gleich gesagt. Die Tatsache, daß er es nicht tat, trotz seiner Ablehnung, sich in der einen oder der anderen Richtung festzulegen, als er mit ihr sprach, bedeutete, daß zumindest starke Anhaltspunkte für die Bösartigkeit vorlagen.
Nach Berücksichtigung all dieser Argumente entschloß Lucy sich, Vivian gleich über die Situation zu unterrichten. Wenn das Urteil später auf gutartig lautete, hatte sie zwar unnötigerweise Ängste ausgestanden – das war richtig –, das war aber immer noch besser als ein plötzlicher, vernichtender Schlag, der sie völlig unvorbereitet traf.
Dieses unmittelbare Problem wurde auch durch das Auftreten von Dr. Seddons vereinfacht. Der junge Praktikant war am vergangenen Abend

zu Lucy gekommen und hatte zugegeben, daß es zunächst seine Absicht gewesen war, im Hintergrund zu bleiben, daß er es sich jetzt aber überlegt habe. Lucy war froh darüber. Das bedeutete wenigstens, daß Vivian nicht ganz für sich allein stand und jemand hatte, bei dem sie Trost und Unterstützung finden konnte.
Zweifellos würde das Mädchen beides in hohem Maß nötig haben. Lucy hatte ihr so behutsam, wie sie konnte, den Verdacht auf Knochenkrebs mit all seinen tragischen Konsequenzen mitgeteilt. Aber wie behutsam man seine Worte auch wählte, tatsächlich bestand keine Möglichkeit, den Schlag wirklich zu mildern. Nun überlegte Lucy den nächsten Schritt, den sie unternehmen mußte: die Eltern des Mädchens unterrichten. Sie sah auf den Zettel in ihrer Hand mit einer Adresse in Salem, Oregon, die sie von Vivians Krankenkarte als die der nächsten Angehörigen abgeschrieben hatte. Sie hatte schon Vivians Zustimmung, ihre Eltern zu benachrichtigen. Jetzt stand Lucy vor der schweren Aufgabe, ihnen die Nachricht durch ein Ferngespräch so schonend wie möglich zu übermitteln.
Sie überlegte sich, welche Schwierigkeiten sich noch ergeben konnten. Vivian war minderjährig. Nach den Gesetzen war für eine Amputation die Zustimmung der Eltern erforderlich. Wenn die Eltern beabsichtigten, sofort mit dem Flugzeug nach Burlington zu kommen, konnte sie die schriftliche Genehmigung bei ihrer Ankunft erhalten. Wenn nicht, mußten sie überredet werden, ihre Einwilligung telegrafisch zu erteilen und Lucy das Recht einräumen, notfalls davon Gebrauch zu machen.
Sie sah auf ihre Uhr. Ihr ganzer Vormittag war mit Terminen in ihrer Sprechstunde in der Stadt ausgefüllt. Vielleicht war es das beste, gleich zu telefonieren, ehe sie das Krankenhaus verließ. Im zweiten Stock betrat sie das kleine Arbeitszimmer, das sie mit Gil Bartlett teilte. Es war kaum mehr als eine Kammer — so klein, daß sie es selten gleichzeitig benutzten. Im Augenblick war es reichlich besetzt — von Bartlett und Kent O'Donnell. Als O'Donnell sie sah, sagte er: »Verzeihen Sie, Lucy, ich gehe sofort. Für drei Personen ist dieses Zimmer nicht gebaut worden.«
»Das ist nicht nötig.« Sie drückte sich an den beiden Männern vorbei und setzte sich an ihren kleinen Schreibtisch. »Ich muß nur schnell ein oder zwei Dinge erledigen. Dann gehe ich sofort wieder.«
»Ich rate Ihnen, zu bleiben.« Gil Bartletts Bart vollführte das übliche hüpfende Auf und Ab. Sein Ton war scherzhaft. »Kent und ich sind heute morgen außergewöhnlich tiefsinnig. Wir diskutieren gerade über die Zukunft der Chirurgie.«
»Es gibt Leute, die behaupten, daß sie keine Zukunft hat.« Lucy paßte ihren Ton dem Bartletts an. Sie hatte ihre Schreibtischschublade geöffnet

und suchte nach klinischen Unterlagen, die sie für eine Untersuchung in der Stadt brauchte. »Es wird behauptet, daß alle Chirurgen aussterben werden, daß sie in ein paar Jahren so veraltet sind wie Wudu-Zauberer oder Medizinmänner.«

Bartlett bereitete nichts größeres Vergnügen als Gespräche dieser Art. »Und wer, wenn ich fragen darf, soll unsere blutrünstige Knochenschlosserei übernehmen?«

»Die ist dann überflüssig.« Lucy hatte die Aufzeichnungen gefunden und griff nach ihrer Aktentasche. »Alles wird durch Diagnose ersetzt. Die Medizin wird die Kräfte der Natur gegen die Mißfunktionen der Natur einsetzen. Man wird beweisen, daß unsere psychische Gesundheit die Wurzel aller organischen Erkrankungen bildet. Krebs wird durch die Psychiatrie und Gicht durch angewendete Psychologie verhindert.« Sie schloß den Reißverschluß ihrer Aktentasche und fügte in leichterem Ton hinzu: »Wie Sie wohl erraten haben, zitiere ich.«

»Ich kann das kaum erwarten.« Kent O'Donnell lächelte. Wie immer freute er sich über Lucys Nähe. War es töricht oder gar lächerlich von ihm, daß er sich davor scheute, ihr Verhältnis enger und vertrauter werden zu lassen? Was fürchtete er eigentlich? Vielleicht sollten sie noch einen Abend gemeinsam verbringen und dann die Ereignisse ihren Lauf nehmen lassen. Aber hier und jetzt, in Gil Bartletts Gesellschaft, war offensichtlich keine geeignete Gelegenheit, um sich mit ihr zu verabreden.

»Ich bezweifle, daß einer von uns das noch erleben wird.« Während Lucy sprach, summte leise das Telefon auf dem Tisch. Sie nahm den Hörer auf und meldete sich, reichte ihn dann Gil Bartlett. »Für Sie.«

»Ja, bitte«, meldete sich Bartlett.

»Dr. Bartlett?« Sie konnte die Frau am anderen Ende der Leitung verstehen.

»Am Apparat.«

»Hier ist Miss Rawson in der Notaufnahme. Ich habe eine Nachricht von Dr. Clifford.« Clifford war der erste chirurgische Assistent des Krankenhauses.

»Ja, bitte?«

»Er bittet Sie, herunterzukommen und sich auf eine Operation vorzubereiten, falls Sie können. Auf der Autobahn war ein Verkehrsunfall mit mehreren Schwerverletzten, darunter eine gefährliche Brustverletzung. Dr. Clifford bittet Sie, diesen Fall zu übernehmen.«

»Sagen Sie ihm, ich komme sofort.« Bartlett hängte den Hörer auf. »Tut mir leid, Lucy, wir müssen die Diskussion ein andermal weiterführen.« Er ging zur Tür, blieb noch einmal stehen. »Aber eines will ich Ihnen sagen. Ich glaube nicht, daß wir befürchten müssen, arbeitslos zu werden. Solange immer größere und schnellere Autos gebaut werden, gibt es für Chirurgen immer Arbeit.«

Er ging hinaus, und mit einem freundlichen Nicken für Lucy folgte ihm O'Donnell. Als sie allein war, wartete Lucy kurz und nahm dann wieder das Telefon ab. Als sich die Zentrale meldete, sagte sie: »Ich möchte ein Ferngespräch, bitte, mit einem Teilnehmer in Salem, Oregon.«

Mit der Übung langer Praxis suchte sich Kent O'Donnell seinen Weg durch das Hin und Her auf dem Gang und ging zu seinem eigenen Büro im Krankenhaus. Auch sein Vormittag war ausgefüllt. In weniger als einer halben Stunde mußte er in den Operationsräumen erscheinen, danach war eine Sitzung des medizinischen Ausschusses angesetzt, und später erwarteten ihn in der Stadt mehrere Patienten. Sein Programm erstreckte sich bis spät in den Nachmittag.

Auf seinem Weg dachte er wieder an Lucy Grainger. Als er sie vor wenigen Augenblicken sah, ihr nahe war, stiegen wieder die Fragen nach Lucy und sich selbst in ihm auf. Aber gleich bedrängten ihn auch die alten, bekannten Zweifel, das Gefühl, daß sie für eine ständige Verbindung vielleicht zu viele gemeinsame Interessen besaßen.

Er fragte sich, weshalb er in letzter Zeit so viel an Lucy dachte — oder genaugenommen: an Frauen überhaupt. Vielleicht weil Anfang Vierzig von jeher ein Alter ist, in dem Männer ungeduldig sind. Dann lächelte er innerlich, als er sich erinnerte, daß es in seinem Leben selten Perioden gegeben hatte, in denen sich nicht eine gelegentliche Liebesaffäre der einen oder anderen Art ganz natürlich ergab. Jetzt lagen sie nur weiter auseinander. Und er war auch genötigt, dabei erheblich diskreter vorzugehen als in jüngeren Jahren.

Von Lucy sprangen seine Gedanken zu Denise Quantz über. Nach ihrer Einladung, sie in New York aufzusuchen, die sie an dem Abend ausgesprochen hatte, als er ihr in Eustace Swaynes Haus begegnete, hatte O'Donnell seine Teilnahme an dem chirurgischen Kongreß angemeldet. Jetzt fiel ihm ein, daß der Kongreß in der nächsten Woche stattfand. Wenn er Mrs. Quantz sehen wollte, mußte er bald eine Verabredung treffen. Als er in sein Büro kam, sagte ihm ein Blick auf die Uhr, daß er vor seiner ersten Operation noch zwanzig Minuten Zeit hatte. Er nahm das Telefon auf und redete sich dabei selbst ein, es sei immer richtig, Dinge zu erledigen, wenn man an sie dachte.

Er hörte, wie die Zentrale die Nummer von der New Yorker Auskunft erfragte. Dann folgte ein surrender Ton und anschließend ein Knacken. Eine Stimme meldete sich: »Hier ist die Wohnung von Mrs. Quantz.«

»Ich habe ein Ferngespräch für Mrs. Denise Quantz«, meldete sich das Amt in Burlington.

»Mrs. Quantz ist nicht anwesend.«

»Wissen Sie, wo sie zu erreichen ist?« Die Telefongesellschaft war immer bemüht, ihren Kunden zu helfen.

»Mrs. Quantz hält sich in Burlington, Pennsylvania, auf. Wünschen Sie ihre dortige Nummer?«

»Ja, bitte.« Das war wieder das Fernamt in Burlington.

»Die Nummer ist Hunter 6-5735.«

»Danke, New York.« Wieder ein Knacken, dann fragte das Fernamt: »Haben Sie die Nummer verstanden, Teilnehmer?«

»Ja, danke«, antwortete O'Donnell und hängte ein. Mit der anderen Hand hatte er schon nach dem Burlingtoner Telefonbuch gegriffen. Er blätterte darin, bis er zu »Swayne, Eustace R.« kam. Wie erwartet entsprach der Anschluß der Nummer, die er gerade erhalten hatte.

Wieder nahm er den Hörer ab und wählte.

Eine männliche Stimme antwortete: »Hier ist die Wohnung von Mr. Eustace Swayne.«

»Ich möchte mit Mrs. Quantz sprechen.«

»Einen Augenblick, bitte.«

Es folgte eine Pause, dann: »Hier Mrs. Quantz.«

Bis zu diesem Augenblick hatte O'Donnell vergessen, wie sehr ihre Stimme ihn angezogen hatte. Sie war von einer sanften Gedecktheit, die den einfachsten Worten Charme zu verleihen schien.

»Hier ist Kent O'Donnell«, meldete er sich, »ich weiß nicht, ob Sie sich meiner erinnern.«

»Selbstverständlich, Dr. O'Donnell. Wie nett von Ihnen, mich anzurufen.«

In einer plötzlichen Vision sah er sie am Telefon, ihr dunkles Haar, das auf ihre Schultern fiel. Er sagte: »Ich wollte Sie gerade in New York anrufen. Dort nannte man mir Ihren hiesigen Anschluß.«

»Ich bin gestern abend mit dem Flugzeug hergekommen«, antwortete Denise Quantz. »Vater hat eine leichte Bronchitis, und ich wollte für ein oder zwei Tage bei ihm sein.«

Höflich fragte er: »Hoffentlich ist es nichts Ernstes?«

»Durchaus nicht.« Sie lachte. »Vater besitzt auch die Konstitution eines Maultieres, nicht nur seine Bockigkeit.«

Er dachte, das glaube ich gern. Laut sagte er: »Ich wollte Sie bitten, mit mir in New York zu Abend zu essen. Ich werde nächste Woche dort sein.«

»Das können Sie mich jetzt gleich fragen.« Ihre Antwort erfolgte sofort und vorbehaltlos. »Nächste Woche bin ich wieder in New York.«

Einer Eingebung folgend fragte er: »Können wir uns nicht schon vorher sehen? Haben Sie in Burlington noch einen Abend frei?«

Nach einer kurzen Pause antwortete sie: »Die einzige Möglichkeit wäre heute abend.«
O'Donnell überlegte schnell. Die Patienten in seiner Sprechstunde würden ihn bis sieben Uhr festhalten, aber wenn sich nichts weiter ergab ... Seine Gedanken wurden unterbrochen. »Nein, warten Sie«, sagte Denise Quantz, »ich hatte vergessen, daß Dr. Pearson zum Abendessen zu Vater kommt. Ich glaube, dazu muß ich bleiben.« Sie fügte hinzu: »Vielleicht wollen Sie auch kommen?«
Er lachte lautlos vor sich hin. Joe Pearson würde überrascht sein, wenn er ihm dort begegnete. Sein Instinkt sagte ihm indessen, das sei kein guter Einfall. Er antwortete: »Vielen Dank, aber vielleicht ist es doch besser, wenn wir es verschieben.«
»Wie schade.« Auch ihre Stimme klang enttäuscht; dann war sie wieder munter. »Aber wenn Sie wollen, können wir uns nach dem Abendessen treffen. Vater und Dr. Pearson werden bestimmt Schach spielen, und dann bemerken sie gar nicht, ob jemand anwesend ist.«
Der Vorschlag entzückte ihn. »Das wäre wunderbar. Ab wann sind Sie frei?«
»Gegen halb zehn, denke ich.«
»Soll ich Sie abholen?«
»Wahrscheinlich sparen wir Zeit, wenn wir uns gleich in der Stadt treffen. Bestimmen Sie, wo.«
Er überlegte einen Augenblick und schlug dann vor: »Im Regency Room.«
»Sehr gut. Um halb zehn also. Auf Wiedersehen.«
Als O'Donnell den Hörer zurücklegte, erfüllte ihn eine freudige Erwartung. Er blickte wieder auf die Uhr. Er mußte sich beeilen, wenn er rechtzeitig in den Operationsraum kommen wollte.

Die Schachpartie nach dem Abendessen zwischen Eustace Swayne und Dr. Joseph Pearson war schon seit vierzig Minuten im Gange. Die beiden alten Männer saßen an einem niedrigen Spieltisch aus Rosenholz einander in der eichengetäfelten Bibliothek gegenüber, in der vor drei Wochen O'Donnell und Swayne ihr Wortgefecht geführt hatten. Nur zwei Lampen brannten in dem Raum; eine unter einem Schirm hing unmittelbar über dem Spieltisch, die andere, eine gedämpft schimmernde Rokokolampe, stand neben der Tür zur Halle. Die Köpfe beider Männer lagen im Schatten, das Licht zwischen ihnen fiel unmittelbar auf das eingelegte Schachbrett in der Mitte des Tisches. Nur wenn der eine oder der andere sich vorbeugte, um eine Figur auf dem Brett zu ziehen, ließ der Rand des Lichtscheins kurz ihre Gesichter erkennen.
Im Augenblick schwiegen beide. Die tiefe Stille des Zimmers lag wie

eine dämpfende Hülle über den beiden Louis XV.-Sesseln, in denen sie saßen. Eustace Swayne hatte sich zurückgelehnt. Er hielt ein Kognakglas aus Rubinkristall zwischen den Fingern und überprüfte den Stand der Partie.

Dr. Joseph Pearson war zuletzt am Zug gewesen. Vor ein oder zwei Minuten hatte er die weiße Dame der kostbaren, aus indischem Elfenbein geschnitzten Schachfiguren behutsam aufgenommen und die Figur ein Feld vorgeschoben.

Jetzt stellte Eustace Swayne das Kognakglas ab und schob den Bauern an seinem äußersten rechten Flügel zwei Felder vor. Dann unterbrach er das Schweigen und sagte brummend: »Ich habe gehört, daß es im Krankenhaus Veränderungen gegeben hat.«

Joe Pearson studierte das Schachbrett im Lichtschein der Lampe. Nachdem er überlegt hatte, beugte er sich vor, schob seinen äußersten linken Bauern ein Feld weiter und blockierte damit den Weg des Gegners. Erst dann antwortete er mit dem einzigen geknurrten Wort: »Einige!«

Wieder herrschte Schweigen. Friede, als ob die Zeit stillstehe. Dann regte sich der alte Finanzmann in seinem Stuhl. »Finden diese Veränderungen Ihre Zustimmung?« Er griff vor und schob seinen Läufer zwei Felder diagonal nach rechts. Halb belustigt blickte er über den Tisch in das Halbdämmer; sein Ausdruck besagte: Schlage diesen Aufmarsch, wenn du kannst.

Diesmal antwortete Joe Pearson, ehe er zog.

»Nicht völlig.« Er blieb im Schatten, studierte die Position des Gegners, erwog die vorhandenen Möglichkeiten. Dann griff er wieder behutsam nach den Figuren und schob seinen Turm ein Feld nach links, so daß er eine offene Linie beherrschte.

Eustace Swayne wartete. Eine Minute verging, eine zweite, dann eine dritte. Schließlich griff er nach seinem Turm zu einem ähnlichen Zug auf die gleiche offene Linie, um den Angriff seines Gegners abzuwehren, und sagte: »Sie haben in Zukunft die Möglichkeit, Ihr Veto einzulegen, falls Sie davon Gebrauch machen wollen.«

»So? Was für eine Art Veto?« Die Frage kam beiläufig, aber die Handlung, die sie begleitete, erfolgte schnell. Pearson ergriff seinen Damenspringer und placierte ihn auf eines der Mittelfelder.

Während Swayne das Brett studierte und die Stärke seiner Stellung erwog, antwortete er: »Ich habe Orden Brown und eurem Chef der Chirurgie gesagt, daß ich bereit bin, eine Viertelmillion Dollars für den Baufonds zu geben.« Mit dem letzten Wort machte er einen Zug, der dem Pearsons entsprach, und setzte seinen Königsspringer vor, neben das Feld mit dem stark placierten Springer seines Gegners.

Diesmal dauerte das Schweigen lange. Am Ende nahm der Pathologe

seinen Läufer, zog ihn über das ganze Feld und schlug einen Bauern. Ruhig sagte er: »Schach.« Dann: »Das ist viel Geld.«
»Ich habe eine Bedingung daran geknüpft.« Swayne, jetzt in der Defensive, zog seinen König ein Feld nach rechts. »Das Geld wird nur gegeben, wenn Sie freie Hand behalten, Ihre Abteilung im Krankenhaus in der Weise und so lange zu leiten, wie Sie wünschen.«
Dieses Mal macht Joe Pearson keinen Zug. Er schien nachzudenken, blickte in die Dunkelheit über dem Kopf des anderen. Dann sagte er einfach: »Sie beschämen mich.« Seine Augen wendeten sich wieder dem Schachbrett zu. Nach einer Weile setzte er seinen Springer auf ein Feld, so daß die Figur Swaynes jetzt den in die Enge getriebenen König angriff.
Eustace Swayne hatte den Zug sorgfältig beobachtet. Aber vor seinem Gegenzug griff er nach der Kognakkaraffe, füllte Pearsons Glas, dann sein eigenes. Als er die Karaffe abstellte, sagte er: »Wir leben in einer Welt der jungen Männer, und ich nehme an, daß sie immer eine Welt der jungen Männer war, selbst wenn alte Männer manchmal noch Macht besitzen ... und den Verstand, sie zu benutzen.« Dann griff er mit funkelnden Augen vor, nahm den Bauern vor seinem König und schlug damit den lästigen Springer.
Nachdenklich strich Pearson mit Daumen und Zeigefinger über sein Kinn. Dann nahm er seine Dame, zog sie sechs Felder auf der offenen Linie vor und schlug den Bauern des schwarzen Königs. »Sie sagen ... Orden Brown und O'Donnell wissen das?«
»Ich habe es ihnen eindeutig klargemacht.«
Der alte Finanzmann schlug mit seinem Königsläufer den Läufer seines Gegners auf g5.
Plötzlich schmunzelte Joe Pearson. Es war nicht zu erkennen, ob das Spiel oder die Unterhaltung seine Heiterkeit verursachte. Aber schnell griff er vor. Er schob seine Dame neben den schwarzen König, sagte leise: »Matt.«
Eustace Swayne verhehlte seine Bewunderung für den entscheidenden Überraschungsangriff nicht. Er nickte, wie um sein eigenes Urteil zu bestätigen.
»Ja«, sagte er, »Sie sind ohne Zweifel so gut wie eh und je.«

Die Musik endete, und die Paare auf der Tanzfläche des kleinen, aber eleganten Nachtlokals – einer der wenigen, die Burlington aufweisen konnte – begaben sich langsam zu ihren Tischen zurück.
»Verraten Sie mir, was Sie denken«, forderte Denise Quantz O'Donnell auf. Sie lächelte ihm über die schwarze Platte des kleinen Tisches zu, der zwischen ihnen stand.

»Ehrlich gesagt, ich dachte gerade, daß es hübsch wäre, wenn wir diesen Abend wiederholen könnten.«

Ganz leicht hob sie das Glas in ihrer Hand. Es enthielt den Rest des zweiten Old Fashioned. »Hoffentlich denken Sie es noch öfter.«

»Darauf trinke ich gern.« Er leerte seinen Scotch und Soda, winkte dann dem Kellner und bestellte das gleiche. »Wollen wir tanzen?« Die Musik hatte wieder eingesetzt.

»Sehr gern.« Sie erhob sich, wendete sich ihm halb zu, als er ihr zu der kleinen, gedämpft beleuchteten Tanzfläche folgte. Er hob seine Arme, und sie legte sich in sie hinein. Sie tanzten dicht aneinander.

O'Donnell war nie ein guter Tänzer gewesen, die Medizin hatte ihm dazu zuwenig Zeit gelassen. Aber Denise Quantz folgte jedem seiner Schritte. Während die Minuten verstrichen, spürte er ihren Körper, schlank, biegsam, ihm gehorsam folgend, die Musik und seine Bewegungen vorausahnend. Einmal strich ihr Haar leicht über sein Gesicht und brachte einen Hauch des gleichen Parfüms mit sich, das er schon bei ihrer ersten Begegnung wahrgenommen hatte.

Das Fünf-Mann-Orchester, gedämpft und unaufdringlich, seine Arrangements sorgfältig auf die intime Umgebung abgestimmt, spielte ein einschmeichelndes, ein paar Jahre altes Lied von Pyramiden am Nil, Tropeninseln, Sonnenaufgängen und ewiger Liebe. Einen Augenblick hatte er das Gefühl, als lebe er von geliehener Zeit, als ob er sich in einem Vakuum befinde, als ob er von allem abgeschlossen sei, fern von der Medizin, von dem Three Counties Hospital und den anderen Dingen, mit denen er täglich lebte. Dann ging die Musik in ein schnelleres Tempo über, und er mußte über seine Sentimentalität lächeln.

Während sie tanzten, fragte er: »Kommen Sie oft hierher — nach Burlington, meine ich?«

»Eigentlich nicht«, antwortete sie. »Gelegentlich, um meinen Vater zu besuchen, aber das ist auch alles. Offen gesagt, kann ich die Stadt nicht leiden.« Dann lachend: »Ich hoffe, daß ich damit nicht Ihren Bürgerstolz verletze.«

»Nein«, antwortete er. »Ich bin in der einen oder anderen nicht unabhängig geblieben. Aber sind Sie nicht hier geboren worden ...« Er fügte hinzu: »Denise – wenn ich darf?«

»Selbstverständlich, wir wollen nicht formell miteinander sein.« Sie sah gerade zu ihm auf und lächelte. Als Antwort auf seine Frage sagte sie: »Ja, ich wurde hier geboren. Ich bin hier aufgewachsen und ging hier auch zur Schule. Meine Mutter lebte damals noch.«

»Und warum wohnen Sie jetzt in New York?«

»Ich glaube, ich bin New Yorkerin aus Instinkt. Außerdem wohnte mein Mann in New York; er lebt immer noch dort.« Es war das erstemal, daß sie ihren Mann erwähnte. Sie tat es leichthin und ohne Verlegenheit. »Nachdem wir uns trennten, stellte ich fest, daß ich New York nicht mehr verlassen wollte. Es gibt keine Stadt, die man mit New York vergleichen kann.«

»Ja«, antwortete er, »das stimmt wohl.« Er dachte wieder: Wie schön diese Frau ist. Sie besaß ohne jeden künstlichen Zwang jene Sicherheit, die jüngere Frauen selten erreichen. Aber nichts an ihr ließ erkennen, daß sie auf ihre Fraulichkeit verzichtete, eher im Gegenteil. O'Donnell, der sie jetzt umfaßt hielt, während ihr Körper sich im gleichen Rhythmus mit seinem bewegte, schien sie unendlich begehrenswert.

Bewußt änderte er die Richtung seiner Gedanken. Sie waren voreilig. Wie schon früher, fiel ihm wieder ihr Kleid auf, das sie an diesem Abend trug. Es ließ ihre Schultern frei und bestand aus leuchtend roter, schwerer Peau de Soie, umhüllte eng ihre Figur und fiel erst unter den Hüften weit auseinander. Es wirkte gleichzeitig dramatisch, vornehm und teuer.

Das erinnerte ihn an einen anderen Gedanken, der ihm an diesem Abend zum erstenmal durch den Kopf ging: an die Tatsache, daß Denise offensichtlich reich war. Sie waren vor dem Regency Room fast gleichzeitig angekommen. Er hatte seinen eigenen Wagen geparkt und ging gerade auf den Eingang des Nachtklubs zu, als ein glänzender Cadillac vorfuhr und der uniformierte Chauffeur schnell ausstieg, um für Denise die Tür zu öffnen. Nach der Begrüßung drehte sie sich zu dem Chauffeur um, der diskret zurückgetreten war. »Danke, Tom, Sie brauchen nicht noch einmal herzukommen. Ich nehme an, daß Dr. O'Donnell mich nach Hause bringen wird.«

Höflich hatte der Mann »Danke, Madam« geantwortet, dann zu O'Donnell »Guten Abend, Sir« gesagt und war davongefahren.

Wenn er darüber nachgedacht hätte, wäre O'Donnell selbstverständlich klargewesen, daß die Tochter von Eustace Swayne zweifellos ein großes Vermögen erben würde. Nicht daß diese Erkenntnis ihn sonderlich beeindruckte. Sein eigenes Einkommen reichte für ein bequemes, angenehmes Leben gut aus, und zu mehr als das. Dessenungeachtet war eine wirklich reiche Frau für ihn eine neue Erfahrung. Wieder stellte er fest, daß er in Gedanken Denise und Lucy Grainger miteinander verglich.

Mit einem gedämpften Crescendo beendete das Orchester die Musik. O'Donnell und Denise klatschten kurz, ehe sie die Tanzfläche verließen. Er faßte sie leicht am Arm und führte sie zu ihrem Tisch. Der Kellner wartete schon. Er schob ihnen die Stühle zurecht und servierte die Drinks, die O'Donnell bestellt hatte.

Denise nahm einen Schluck von ihrem neuen Old Fashioned und sagte: »Jetzt haben wir über mich gesprochen. Nun erzählen Sie mir etwas von sich.«

Er goß mehr Soda in seinen Scotch. Er trank seinen Whisky gern mit viel Wasser – eine Praxis, die die meisten Kellner zu verabscheuen schienen. »Bei mir ist alles ziemlich alltäglich.«

»Ich kann gut zuhören, Kent.« Denise war mit ihren Gedanken nur halb bei ihren Worten. Die andere Hälfte dachte: Das ist ein Mann – ein ganzer Mann. Ihre Blicke liefen über die große Gestalt, die breiten Schultern, das kräftige Gesicht. Sie fragte sich, ob er sie zum Abschied küssen werde und zu was das später führen könnte. Sie kam zu der Ansicht, daß Dr. Kent O'Donnell interessante Möglichkeiten bot.

O'Donnell erzählte ihr vom Three Counties Hospital, von seiner Arbeit dort und von dem, was er zu vollbringen hoffte. Sie fragte ihn nach seiner Vergangenheit, seinen Erlebnissen, Menschen, denen er begegnet war, und war von der Tiefe seiner Gedanken und Empfindungen, die aus allem sprach, was er sagte, stark beeindruckt.

Sie tanzten wieder. Der Kellner brachte ihnen frische Drinks. Sie unterhielten sich, sie tanzten, der Kellner kam zurück. Die Reihenfolge wiederholte sich. Denise erzählte ihm von ihrer Ehe. Sie hatte vor achtzehn Jahren geheiratet, die Ehe hatte zehn Jahre gedauert. Ihr Mann war Rechtsanwalt mit einer großen Praxis in New York. Sie hatte zwei Kinder – Zwillinge, Alex und Philippa –, die in Denises Obhut geblieben waren. In ein paar Wochen wurden die Kinder siebzehn.

»Mein Mann ist ein vollkommen rationales Wesen«, sagte sie. »Wir waren einfach völlig unvereinbar miteinander und verschwendeten viel Zeit darauf, zu der offensichtlichen Lösung zu gelangen.«

»Sehen Sie ihn jetzt noch?«

»Ja, oft. Auf Partys und in der Stadt. Gelegentlich verabreden wir uns zum Mittagessen. In mancher Weise kann Geoffrey bezaubernd sein. Ich bin überzeugt, er würde Ihnen gefallen.«

Beide sprachen jetzt unbefangener. Der Kellner brachte ihnen jetzt frische Drinks, ehe er dazu aufgefordert wurde. O'Donnell fragte sie nach einer Scheidung; ob es Hinderungsgründe dafür gebe.

»Eigentlich nicht«, antwortete sie offen. »Geoffrey ist durchaus bereit, sich scheiden zu lassen, besteht aber darauf, daß ich den Scheidungsgrund stelle. Wie Sie wissen, muß das im Staate New York Ehebruch sein. Und so weit bin ich bisher noch nicht gekommen.«

»Hatte Ihr Mann nie den Wunsch, sich wieder zu verheiraten?«

Sie schien überrascht. »Geoffrey? Das kann ich mir nicht vorstellen. Im übrigen ist er mit der Jurisprudenz verheiratet.«

»Ah so.«

»Geoffrey glaubte immer, das Bett sei der richtige Platz, um seine Akten zu studieren.« Sie sagte es leise, fast vertraulich. O'Donnell verstand den Hinweis, weshalb ihre Ehe scheiterte. Er fand den Gedanken erregend.

Der Kellner stand neben ihm. »Verzeihen Sie, Sir, die Bar schließt in ein paar Minuten. Wollen Sie jetzt noch einmal bestellen?«
Überrascht sah O'Donnell auf seine Uhr. Es war fast eins. Schon dreieinhalb Stunden waren sie zusammen. Ihm kam die Zeit viel kürzer vor. Er sah Denise an. Sie schüttelte den Kopf.
»Nein, danke«, antwortete er und bezahlte die Rechnung, die der Kellner ihm reichte. Sie tranken ihre Gläser aus und standen auf, um zu gehen. Der Kellner wünschte höflich »Gute Nacht«; sein Trinkgeld war großzügig gewesen. O'Donnell fühlte sich in gehobener Stimmung.
Im Foyer wartete er auf Denise, während ein Page zum Parkplatz ging, um seinen Wagen zu holen. Als sie kam, nahm sie seinen Arm. »Eigentlich schade, daß wir schon gehen. Ich wünschte beinahe, wir hätten uns doch noch einen Drink bestellt.«
Er zögerte und schlug dann unbefangen vor: »Wir können bei mir vorbeifahren, wenn Sie mögen. In meiner Bar ist alles vorhanden, und es liegt auf dem Weg.«
Einen Augenblick fürchtete er, das sei ungeschickt gewesen. Er glaubte, bei ihr eine plötzliche Kühle, die Andeutung einer peinlichen Überraschung zu bemerken. Dann war es verschwunden. Sie erwiderte einfach: »Warum eigentlich nicht?«
Draußen wartete der Buick. Die Türen wurden aufgehalten, der Motor lief. Durch die Stadt fuhr er vorsichtig, langsamer als gewöhnlich, weil er sich bewußt war, daß er eine ganze Menge getrunken hatte. Es war eine warme Nacht, und die Wagenfenster waren heruntergedreht. Von dem Sitz neben sich nahm er wieder den duftigen Hauch ihres Parfüms wahr. Vor seiner Wohnung parkte er den Wagen auf der Straße, und sie fuhren im Fahrstuhl hinauf.
Nachdem er die Drinks gemixt hatte, brachte er sie durch das Zimmer und reichte Denise den Old Fashioned. Sie stand vor dem offenen Wohnzimmerfenster und sah auf die Lichter Burlingtons hinunter. Der Fluß, der durch die Stadt lief, bildete zwischen seinen Ufern eine breite, dunkle Schlucht.
Als er neben ihr stand, sagte er ruhig. »Es ist schon eine Zeitlang her, daß ich einen Old Fashioned gemixt habe. Ich hoffe, daß er nicht zu süß ist.«
Sie probierte ihn. Dann sagte sie leise: »Wie so vieles an Ihnen, ist er absolut richtig, Kent.«
Ihre Blicke begegneten sich. Er nahm ihr das Glas aus der Hand. Als er es abgestellt hatte, trat sie weich, ungezwungen zu ihm. Er umschlang sie fest mit seinen Armen, als sie sich küßten.
Plötzlich schrillte gellend, herrisch, hinter ihnen im Zimmer das Telefon auf. Es ließ sich nicht überhören.

Sanft löste sich Denise von ihm. »Liebster, ich glaube, du mußt dich melden.« Mit ihren Lippen berührte sie leicht seine Stirn.
Während er durch das Zimmer ging, bemerkte er, daß sie ihre Tasche, ihre Stola und ihre Handschuhe aufnahm. Offensichtlich war der Abend vorüber. Fast ärgerlich nahm er den Hörer ab, meldete sich knapp und hörte zu. Sein Ärger schwand schnell. Es war das Krankenhaus, der Praktikant im Nachtdienst. Einer von O'Donnells Patienten zeigte Symptome, die ernst zu sein schienen. Er stellte zwei schnelle Fragen, dann: »Also gut, ich komme sofort. Benachrichtigen Sie inzwischen die Blutbank und bereiten Sie eine Transfusion vor.« Er hängte ein und rief den Nachtportier an, um eine Taxe für Denise zu bestellen.

XIV

Meistens legte Dr. Joseph Pearson Wert darauf, früh schlafen zu gehen. An Abenden, an denen er mit Eustace Swayne Schach spielte, wurde es jedoch zwangsläufig sehr spät. Infolgedessen war er am nächsten Morgen noch müder und reizbarer als gewöhnlich. Unter dieser Wirkung stand er nach dem gestrigen Schachabend auch jetzt.
Augenblicklich sah er gerade die Einkaufsanforderungen für Labormaterial durch, eine Arbeit, die er schlechthin verabscheute und an diesem Tage mehr denn je. Er knurrte und legte eines der Formulare beiseite. Dann kritzelte er ein paar weitere Unterschriften, unterbrach sich und zog ein zweites Formular aus dem Packen. Dieses Mal begleitete ein Stirnrunzeln sein Knurren. Wer ihn kannte, hätte das als Sturmzeichen erkannt. Dr. Pearson stand vor einem Wutausbruch.
Der Augenblick kam, als er über einem dritten Formular zögerte. Dann schleuderte er plötzlich heftig seinen Bleistift auf den Tisch, packte alle Papiere in einem unordentlichen Stoß und eilte zur Tür. Er stürmte in das serologische Labor und sah sich nach Bannister um. Er fand den ersten Laboranten in einer Ecke, wo er eine Stuhlkultur vorbereitete.
»Lassen Sie alles stehen und liegen und kommen Sie her!« Pearson warf den Stoß Papier auf den Tisch. Ein paar flatterten zu Boden, und John Alexander bückte sich, sie aufzuheben. Unwillkürlich war er erleichtert, daß Pearsons Ärger sich gegen Bannister und nicht gegen ihn richtete.
»Was ist denn los?« Bannister kam gelassen näher. Er war an diese Ausbrüche so gewöhnt, daß sie ihn manchmal ruhiger werden ließen.
»Ich will Ihnen sagen, was los ist. Diese ganzen Einkaufsanforderungen hier sind los!« Pearson schien sich zu beherrschen. Seine Wut siedete nur noch, statt zu kochen. »Manchmal scheinen Sie sich einzubilden, wir seien hier in der Mayo-Klinik.«

»Wir müssen doch Labormaterial haben, oder etwa nicht?«
Pearson ignorierte die Frage. »Es scheint fast so, als ob Sie das Zeug fressen. Und habe ich Ihnen nicht immer wieder gesagt, Sie sollen bei jeder außergewöhnlichen Bestellung schriftlich erklären, wozu sie gebraucht wird?«
»Habe ich das vergessen? Das kann mal passieren«, antwortete Bannister resigniert.
»Na schön. Aber Sie könnten anfangen, sich daran zu erinnern.« Pearson nahm das oberste Formular von dem Stoß. »Wozu soll das Kalziumoxyd sein? Wir haben es hier nie verwendet.«
Bannister verzog sein Gesicht zu einem boshaften Grinsen. »Sie haben mich selbst beauftragt, es zu bestellen. Sie brauchen es doch in Ihrem Garten.« Der erste Laborant verwies auf etwas, das ihnen beiden bekannt war, wovon sie aber selten sprachen. Pearson war einer der führenden Rosenzüchter im Gärtnerverein des Counties und zweigte eine ansehnliche Menge Chemikalien aus dem Krankenhaus ab, um seinen Garten zu düngen.
Er besaß den Anstand, verwirrt zu erscheinen. »Oh . . . ja, richtig. Lassen wir das also.« Er legte das Formular beiseite und nahm ein anderes. »Was soll diese Anforderung hier? Wozu brauchen wir plötzlich Coombs-Serum? Wer hat das bestellt?«
»Das war Dr. Coleman«, antwortete Bannister bereitwillig. Jetzt war der Augenblick gekommen, auf den er gewartet hatte. John Alexander neben ihm wurde es unbehaglich.
»Wann?« Pearsons Frage klang scharf.
»Gestern. Dr. Coleman hat die Anforderung sowieso unterschrieben.« Bannister deutete auf das Formular und fügte boshaft hinzu: »Da, wo Sie sonst unterschreiben.«
Pearson sah auf das Blatt. Er hatte noch nicht bemerkt, daß es eine Unterschrift trug. Er fragte Bannister: »Wozu will er das? Wissen Sie es?«
Der erste Laborant blieb gelassen. Er hatte das Räderwerk der Rache in Bewegung gesetzt und konnte die folgende Szene als Zuschauer genießen. Zu John Alexander sagte er: »Los, erklären Sie es.«
Etwas unbehaglich sagte Alexander: »Es ist für einen Blutsensibilitätstest, Dr. Pearson. Für meine Frau. Dr. Dornberger hat ihn angefordert.«
»Weshalb Coombs-Serum?«
»Es ist für einen indirekten Coombs-Test, Doktor.«
»Sagen Sie mal, ist Ihre Frau etwas Besonderes?« Pearsons Stimme hatte einen sarkastischen Ton. »Was ist an den Tests mit Salzlösung und konzentriertem Protein verkehrt, die wir in allen anderen Fällen anwenden?«

Alexander schluckte nervös. Es entstand eine Pause. Pearson drängte: »Ich . . . warte auf Antwort.«
»Nun, Sir.« Alexander zögerte. Dann platzte er heraus: »Ich habe Dr. Coleman vorgeschlagen – und er stimmte mir zu –, es wäre zuverlässiger, wenn wir nach den anderen Tests einen . . .«
»Sie haben Dr. Coleman vorgeschlagen? So!« Der Ton der Frage ließ keinen Zweifel darüber, was jetzt kommen mußte. Alexander, der es spürte, fuhr schnell fort:
»Ja, Sir, wir sind der Ansicht, daß Antikörper in Salzlösung und konzentriertem Protein manchmal nicht festgestellt werden können, und der zusätzliche Test . . .«
»Nun aber Schluß!« Die Worte kamen laut, scharf und brutal. Während Pearson sie aussprach, klatschte er seine Hand hart auf die Formulare auf dem Tisch. In dem Labor herrschte eisiges Schweigen. Mühsam atmend wartete der alte Mann und musterte Alexander. Als er sich so weit gefaßt hatte, erklärte er grimmig: »Sie haben einen großen Fehler. Sie nehmen sich etwas zuviel heraus mit dem Zeug, das Sie da auf der Fachschule gelernt haben.«
Pearsons Erbitterung brach durch seine Worte hindurch – die Erbitterung gegen alle, die jünger waren, die sich einmischten, die versuchten, seine Autorität zu beschneiden – seine Autorität, die bisher unbedingt und unantastbar gewesen war. In einer anderen Stimmung und zu einer anderen Zeit hätte er sich vielleicht duldsamer gezeigt, aber jetzt entschloß er sich, diesen jungen Anfänger ein und für allemal in seine Schranken zu verweisen.
»Hören Sie mir zu und passen Sie genau auf. Ich habe es Ihnen schon einmal gesagt, und ich beabsichtige nicht, es noch einmal zu wiederholen.« Jetzt sprach die Autorität, der Leiter der Abteilung, der mit harter Hand einer kleinen Hilfskraft klarmachte, daß von nun an keine weiteren Warnungen mehr erfolgen würden, sondern nur Aktionen. Das Gesicht dicht vor dem Alexanders sagte Pearson: »Ich bin derjenige, der diese Abteilung leitet. Und wenn Sie oder jemand anders Fragen haben, werden sie mir vorgelegt, verstehen Sie mich?«
»Ja, Sir.« In diesem Augenblick wünschte Alexander, die Szene wäre vorüber. Er wußte schon, daß er zum letztenmal einen Vorschlag gemacht hatte. Wenn das der Lohn dafür war, daß man mitdachte, würde er von jetzt an nur still seine Arbeit tun und seine Gedanken für sich behalten. Sollten sich doch andere Leute den Kopf zerbrechen, sollten sie doch die Verantwortung tragen.
Aber Pearson war noch nicht zu Ende. »Unternehmen Sie nichts hinter meinem Rücken«, drohte er, »und versuchen Sie nicht, Dr. Coleman auszunutzen, weil er neu ist.«

Kurz flackerte Alexanders Widerspruch auf. »Ich habe niemand ausgenutzt ...«
»Das taten Sie doch, sage ich, und ich rate Ihnen, das zu unterlassen«, schrie der alte Mann wütend. Seine Gesichtsmuskeln arbeiteten, seine Augen funkelten.
Alexander stand vernichtet und schweigend da.
Einen Augenblick noch musterte Pearson den jungen Mann grimmig. Dann, als ob er sich überzeugt habe, daß er den gewünschten Eindruck erreicht hatte, sprach er weiter: »Nun will ich Ihnen noch etwas über diesen Test sagen.« Sein Ton war jetzt zwar nicht freundlich, aber doch zumindest weniger schroff. »Aus dem Test in Salzlösung und konzentriertem Protein ist alles zu erkennen, was wir brauchen, und ich will Sie daran erinnern, daß ich Pathologe bin und weiß, worüber ich spreche. Haben Sie das begriffen?«
Mürrisch antwortete Alexander: »Ja, Sir.«
»Nun gut. Ich will Ihnen sagen, was ich tun werde.« Pearsons Ton wurde noch gemäßigter. Es war fast, als biete er eine Versöhnung an. »Da Sie so begierig darauf sind, daß dieser Test richtig vorgenommen wird, übernehme ich ihn selbst. Jetzt sofort. Wo ist die Blutprobe?«
»Im Kühlschrank«, sagte Bannister.
»Bringen Sie sie her.«
Unzufrieden ging Bannister durch das Labor zum Kühlschrank. Die Szene war nicht ganz so verlaufen, wie er gewünscht hatte. Richtig war allerdings, daß dieser Bursche Alexander eine Abfuhr nötig gehabt hatte. Aber der alte Mann hatte den Jungen etwas scharf angefaßt. Bannister hätte es lieber gesehen, wenn ein Teil des Sturmes über den angeberischen jungen Arzt niedergebrochen wäre. Aber vielleicht bewahrte der alte Mann das für später auf. Er nahm die Blutprobe mit der Aufschrift »Alexander, Mrs. E.« heraus und schloß den Kühlschrank.
Pearson nahm die Blutprobe, aus der das geronnene Blut bereits entfernt war. Während er das tat, fiel Bannisters Blick auf die Einkaufsanforderung, die den Sturm verursacht hatte. Sie war zu Boden gefallen. Er fragte Pearson: »Was soll ich damit machen?«
Der alte Pathologe hatte zwei saubere Reagenzgläser genommen, in die er einen Teil des Blutserums verteilte. Ohne aufzusehen fragte er gereizt: »Womit machen?«
»Mit der Bestellung für das Coombs-Serum.«
»Die brauchen wir nicht. Zerreißen Sie sie!«
Pearson kontrollierte das Schild auf einer kleinen Flasche, die Rh-positive Zellen enthielt. Das von einer pharmazeutischen Fabrik hergestellte Präparat wurde als Reagenz bei der Untersuchung von rh-negativem Blut verwendet.

Bannister zögerte. Er hatte zwar gegen Coleman sehr viel einzuwenden, aber er wußte auch, daß es hierbei um eine Frage des ärztlichen Protokolls ging. »Sie sollten es Dr. Coleman aber mitteilen«, sagte er zweifelnd. »Oder soll ich es ihm sagen?«
Pearson hatte Mühe, den Korken aus der Flasche zu ziehen. Ungeduldig antwortete er: »Nein, nein. Das sage ich ihm schon selbst.«
Bannister hob die Schultern. Er hatte Pearson darauf hingewiesen. Wenn es jetzt Ärger gab, war er nicht dafür verantwortlich. Er nahm die Einkaufsanforderung, zerriß sie und ließ die Fetzen in einen Abfallkübel fallen.

Roger McNeil, der pathologische Assistent, war überzeugt, daß er, ungeachtet, wie lange er Medizin praktizieren würde, sich niemals an die Obduktion von Kindern gewöhnen könne. Er hatte gerade eine abgeschlossen, und jetzt lag im Obduktionsraum der rot klaffende Körper eines vierjährigen Jungen offen und anklagend vor ihm. Der Anblick verfolgte McNeil jedesmal. Er wußte schon, daß er, wie immer in diesen Fällen, in der Nacht wenig Schlaf finden würde. Ständig würde das Bild wieder vor seinen Augen auftauchen — insbesondere, wenn er daran dachte — und dagegen konnte er sich nicht wehren —, wie unnötig und sinnlos der vorliegende Todesfall war.
Er blickte auf und bemerkte, daß Mike Seddons ihn beobachtete. Der chirurgische Assistent sagte: »Das arme kleine Wurm.« Dann fügte er erbittert hinzu: »Wie dumm die Menschen doch sind.«
McNeil fragte: »Wartet der Polizist noch?«
Seddons nickte. »Ja, und die anderen auch.«
»Am besten benachrichtigen Sie Pearson.«
»Ja.« Im Nebenzimmer des Obduktionsraumes befand sich ein Telefon, und Seddons ging hinüber.
McNeil fragte sich, ob es Feigheit war, daß er dieser heiklen Aufgabe aus dem Wege ging. Aber der alte Mann mußte ja über den Fall unterrichtet werden. Also sollte er entscheiden, wer den Befund weitergab.
Seddons kam vom Telefon zurück. »Pearson war in der Serologie«, sagte er, »er kommt gleich herüber.«
Die beiden Männer warteten schweigend. Dann vernahmen sie Pearsons schlurfende Schritte, und der alte Mann trat ein. Er sah auf die Leiche, während McNeil die Einzelheiten des Falles darlegte. »Vor ein bis zwei Stunden ist das Kind vor dem Hause seiner Eltern von einem Auto angefahren worden. Es wurde mit einem Krankenwagen in das Krankenhaus gebracht, war aber bei der Ankunft schon tot. Daraufhin wurde eine Obduktion angeordnet.« McNeil informierte Pearson über seinen Befund.

Der alte Mann fragte ungläubig: »Und das war alles?«
»Das allein war die Todesursache«, antwortete McNeil. »Sonst nichts.«
Pearson trat näher an die Leiche, blieb dann stehen. Er kannte McNeil gut genug, um zu wissen, daß der Assistent keinen Fehler beging. Er sagte: »Dann müssen sie einfach danebengestanden . . . und zugesehen haben.«
Seddons warf ein: »Höchstwahrscheinlich wußte niemand, was geschah.«
Pearson nickte langsam. Seddons fragte sich, was der alte Mann wohl dachte. Dann fragte Pearson: »Wie alt war das Kind?«
»Vier«, antwortete McNeil. »Ein hübscher Junge.«
Sie blickten stumm auf den stillen, kleinen Körper auf dem Obduktionstisch. Die Augen waren geschlossen, das blonde, verwirrte Haar wieder an seine Stelle geschoben, nachdem das Gehirn entfernt worden war. Pearson schüttelte den Kopf, wendete sich dann zur Tür. Über die Schulter sagte er: »Also gut. Ich gehe hinauf und sage es ihnen.«
Die drei Personen, die sich in einem Wartezimmer des Krankenhauses aufhielten, sahen auf, als Pearson eintrat. Einer war ein uniformierter Beamter der städtischen Polizei. Neben ihm stand ein großer Mann mit geröteten Augen. Der dritte – ein grauer, kleiner Mann, mit einem großen Schnurrbart – saß niedergeschlagen für sich in einer Ecke.
Pearson stellte sich vor. Der Polizist sagte: »Ich bin Stevens vom fünften Revier, Sir.« Er zog ein Notizbuch und einen Bleistift.
Pearson fragte: »Waren Sie bei dem Unfall dabei?«
»Ich kam unmittelbar danach.« Er deutete auf den großen Mann. »Das ist der Vater des Jungen. Der andere ist der Fahrer des Wagens.«
Der graue Mann blickte auf. Flehend sagte er zu Pearson: »Er kam gerade herausgelaufen, direkt hinter dem Haus hervor. Ich bin kein rücksichtsloser Fahrer. Ich habe selbst Kinder. Ich fuhr nicht schnell. Ich stand fast, als es geschah.«
»Und ich sage, Sie sind ein verfluchter Lügner!« Die Stimme des Vaters schwankte vor Schmerz und Erbitterung. »Sie haben ihn getötet, und hoffentlich kommen Sie dafür ins Gefängnis.«
Pearson sagte beruhigend: »Einen Augenblick, bitte.« Es herrschte Schweigen. Die drei Männer sahen ihn an. Er deutete auf das Notizbuch des Polizisten. »Die Polzei erhält von uns den vollständigen Befund. Aber die wesentlichen Ergebnisse kann ich Ihnen jetzt schon sagen.« Er machte eine Pause. »Die Obduktion hat ergeben, daß der Junge nicht von dem Auto getötet wurde.«
Der Polizist sah ihn überrascht an. Der Vater sagte: »Aber ich war doch dabei. Ich sage Ihnen . . .«
»Ich wünschte, ich könnte es Ihnen schonender beibringen«, unterbrach

Pearson ihn, »aber leider geht das nicht.« Er wendete sich unmittelbar an den Vater. »Der Stoß, den Ihr Junge erhielt, warf ihn zwar auf die Straße, und er erlitt eine leichte Gehirnerschütterung, die ihn bewußtlos machte. Er erlitt auch einen Nasenbeinbruch – nicht sehr schlimm, aber unglücklicherweise verursachte er starkes Nasenbluten.« Pearson wandte sich an den Polizisten. »Ich nehme an, das Kind wurde auf dem Rücken liegengelassen – so, wie es hingefallen war.«

»Ja, Sir«, antwortete der Polizist. »Das stimmt. Wir wollten ihn nicht bewegen, bis der Krankenwagen kam.«

»Und wie lange dauerte das?«

»Etwa zehn Minuten.«

Pearson nickte langsam. »Das war mehr als ausreichend. Fünf Minuten hätten genügt.« Er sagte: »Ich fürchte, das hat den Tod veranlaßt. Das Blut aus der Nase lief dem Jungen den Rachen hinunter. Er bekam keine Luft und sog das Blut in die Lungen ein. Daran ist er erstickt.«

Das Gesicht des Vaters verriet Entsetzen, Unglauben. Er sagte: »Sie meinen, wenn wir ihn nur umgedreht hätten ...«

Pearson hob abwehrend seine Hände. »Ich meine, was ich sage. Ich wünschte, ich könnte es Ihnen auf andere Weise mitteilen, aber ich kann nur die Wahrheit berichten: die ursprünglichen Verletzungen Ihres Sohnes waren geringfügig.«

Der Polizist fragte: »Dann war der Stoß von dem Wagen ...?«

»Man kann natürlich nicht sicher sein, aber meine Meinung ist, daß er nur gestreift und verhältnismäßig leicht getroffen wurde.« Pearson deutete auf den grauen Mann, der jetzt dicht vor ihm stand. »Ich nehme an, daß dieser Mann hier die Wahrheit sagt, wenn er behauptet, daß er langsam fuhr.«

»Heilige Mutter Gottes«, stieß der Vater aus, eine verzweifelte, gequälte Klage. Die Hände vor das Gesicht geschlagen schluchzte er. Nach einem Augenblick führte ihn der graue Mann zu einer Bank, den Arm um die Schultern des anderen gelegt, mit feuchten Augen.

Das Gesicht des Polizisten war weiß. Heiser sagte er: »Doktor, ich stand die ganze Zeit dabei. Ich hätte den Jungen umdrehen können ... aber ich wußte es nicht.«

»Ich glaube nicht, daß Sie sich etwas vorzuwerfen haben.«

Der Mann schien ihn nicht zu hören. Wie im Trancezustand fuhr er fort: »Ich habe einen Kurs für Erste Hilfe absolviert und ein Abzeichen dafür bekommen. Immer wieder haben sie uns gelehrt, keinen Verletzten zu bewegen; was man auch täte, bewegen dürfe man sie nicht.«

»Ich weiß.« Pearson legte dem Polizisten seine Hand auf den Arm. Langsam sagte er: »Unglücklicherweise gibt es für diese Regel einige Ausnahmen. Eine davon ist, wenn ein Verletzter im Mund blutet.«

Auf dem Korridor im ersten Stock sah David Coleman auf dem Weg zum Essen Pearson aus dem Wartezimmer kommen. Zuerst fragte sich Coleman, ob der alte Pathologe krank sei. Er schien verstört zu sein, seine Umgebung nicht wahrzunehmen. Dann erblickte Pearson ihn und trat auf ihn zu. Coleman blieb stehen.

»Ah ja . . . Dr. Coleman . . . Ich wollte Ihnen noch etwas sagen.« Coleman spürte, daß es Pearson aus irgendeinem Grund schwer fiel, seine Gedanken zu ordnen. Wie geistesabwesend streckte er seine Hand aus und ergriff den Aufschlag von Colemans weißem Arztmantel. Coleman bemerkte, daß die Hände des alten Mannes nervös und fahrig waren. Er machte sich von dem Griff unauffällig los.

»Ja, bitte, Dr. Pearson?«

»Was war es noch? Hatte etwas mit dem Labor zu tun.« Pearson schüttelte den Kopf. »Nun, jetzt ist es fort . . . Es wird mir wieder einfallen.« Er war im Begriff, sich abzuwenden, als ihm ein anderer Gedanke kam. »Ich glaube, es wäre gut, wenn Sie den Obduktionsraum übernähmen, von morgen an. Sorgen Sie dafür, daß anständig gearbeitet wird.«

»Sehr gut, ich werde das gern tun.« David Coleman hatte eine ganze Reihe klarer Vorstellungen, wie Obduktionen ausgeführt werden sollten, und hier bot sich ihm eine Gelegenheit, sie zu verwirklichen. Ihm fiel ein, daß er einen anderen Punkt vorbringen konnte, da sie gerade miteinander sprachen. »Ich wollte mit Ihnen über etwas sprechen, Dr. Pearson. Es betrifft die Labors.«

»Die Labors?« Die Gedanken des alten Mannes schienen immer noch mit anderen Dingen beschäftigt zu sein.

»Sie erinnern sich vielleicht, daß ich Ihnen in meinem Brief vorschlug, mir einen Teil der Labors zu unterstellen.« Es erschien Coleman etwas merkwürdig, die Frage in diesem Augenblick und an dieser Stelle zu besprechen, aber er spürte, daß sich nicht so bald wieder eine Gelegenheit ergeben mochte.

»Ja . . . ja. Ich erinnere mich, daß etwas darin stand.« Pearson schien drei Männer zu beobachten, die vor ihnen durch den Korridor davongingen – ein Polizist und ein kleiner, grauer Mann, die einen großen zwischen sich stützten.

»Ich wüßte gern, ob ich in der Serologie beginnen kann«, fuhr Coleman fort. »Ich würde gern einige Überprüfungen der Verfahren vornehmen – ich meine Normüberprüfungen.«

»Hm, wie meinten Sie?«

Es war lästig, seine Worte zu wiederholen. »Ich sagte, ich würde gern einige Überprüfungen in der Serologie vornehmen.«

»Oh? Ja, ja. Tun Sie das.« Pearson antwortete gedankenverloren. Er sah immer noch den Gang entlang, als Coleman ihn verließ.

Elizabeth Alexander ging es sehr gut. Sie wollte gerade mit ihrem Mittagessen in der Kantine des Three Counties Hospitals anfangen, als ihr bewußt wurde, daß sie sich schon seit Tagen sehr wohl fühlte, ganz besonders aber an diesem Vormittag. Das Kind in ihr lebte und regte sich. Selbst in diesem Augenblick konnte sie seine Bewegungen schwach spüren. Sie kam gerade aus einem Warenhaus, wo sie im Gedränge eines Ausverkaufs siegreich ein paar farbenfrohe Stoffe für ihre Wohnung erobert hatte, darunter ein Stück für das winzige zweite Schlafzimmer, in dem das Baby schlafen sollte. Und nun hatte sie sich mit John getroffen.

Es war das erste Mal, daß sie gemeinsam in dem Krankenhaus aßen. Das Krankenhaus gestattete den Familienangehörigen seiner Angestellten stillschweigend, daß sie in der Kantine aßen, wie John vor ein paar Tagen erfahren hatte. Vor wenigen Minuten hatten sie sich der Schlange angeschlossen, um sich ihr Essen zu holen, und Elizabeth hatte sich einen Salat, Suppe, ein Brötchen, Hammelbraten mit Kartoffeln und Kohl, Käsekuchen und Milch ausgesucht. Gutgelaunt hatte John gesagt: »Glaubst du wirklich, daß dir das reicht?«

Elizabeth nahm einen Selleriestengel und biß hinein. Sie sagte: »Ich habe ein sehr hungriges Baby.«

John lächelte. Noch vor ein paar Minuten auf dem Weg zur Kantine war er bedrückt und niedergeschlagen über die Zurechtweisung durch Dr. Pearson gewesen. Er hatte sie noch nicht verwunden. Aber Elizabeths ansteckend gute Laune hatte ihn seine Mißstimmung vergessen lassen, wenigstens für den Augenblick. Von jetzt an, dachte er, gibt es im Labor für mich keinen Ärger mehr, denn in Zukunft werde ich sehr vorsichtig sein. Auf jeden Fall hatte Dr. Pearson inzwischen den Sensibilitätstest selbst durchgeführt – in Salzlösung und in konzentriertem Protein – und beide Testergebnisse als negativ bezeichnet.

»Was das Blut Ihrer Frau angeht«, hatte er gesagt, »besteht keinerlei Grund zur Beunruhigung.« Tatsächlich war er fast freundlich gewesen. Zum mindesten schien es nach seinem vorhergehenden Ausbruch so.

Es war noch etwas anderes zu bedenken. Dr. Pearson war Pathologe, und John war es nicht. Vielleicht hatte Dr. Pearson recht. Vielleicht maß John manchem, was er auf der Fachschule gelernt hatte, zu große Bedeutung bei. Es war doch eine allgemein bekannte Tatsache, daß Schulen immer einen Haufen theoretischen Zeugs in einen hineinpumpten, für den man draußen in der Praxis keine Verwendung hatte. Der Himmel weiß, dachte er, es gibt viele Fächer auf der Oberschule und im College, mit denen man niemals etwas anfangen kann, wenn man das Abschlußexamen hinter sich hat. Konnte es hier nicht genauso sein? Konnte John nicht selbst die in der Schule gelehrte Theorie über die

Notwendigkeit eines dritten Sensibilitätstests zu wichtig nehmen, während Dr. Pearson aus seiner langen praktischen Erfahrung wußte, daß er unnötig war?

Was hatte Dr. Pearson noch gesagt, während er den Test ausführte?

»Wenn wir die Methoden in unseren Labors jedesmal änderten, wenn etwas Neues herauskommt, fänden wir nie ein Ende. In der Medizin werden täglich neue Gedanken entwickelt, aber in einem Krankenhaus müssen wir uns vergewissern, daß sie erprobt sind und einen Wert haben, ehe wir sie anwenden können. Wir haben es hier mit Menschenleben zu tun und können uns nicht erlauben, Risiken einzugehen.«

John hatte zwar nicht ganz einsehen können, wieso durch einen zusätzlichen Bluttest das Leben irgendeines Patienten bedroht werden könne, trotzdem räumte er aber ein, daß an dieser Bemerkung Dr. Pearsons über neue Ideen etwas dran sei. John wußte aus seiner Lektüre, daß es ständig viel Neues gab, und nicht alles davon war brauchbar. Natürlich hatte Dr. Coleman sich ziemlich eindeutig über die Notwendigkeit des dritten Sensibilitätstests geäußert, aber er war viel jünger als Dr. Pearson und besaß ganz gewiß keine so große Erfahrung . . .

»Deine Suppe wird kalt«, unterbrach Elizabeth seine Gedanken. »Worüber bist du so nachdenklich?«

»Nichts Besonderes, Liebling.« Er entschloß sich, die ganze Angelegenheit zu vergessen. Elizabeth zeigte manchmal eine beunruhigende Hartnäckigkeit, aus ihm herauszufragen, woran er gerade dachte. »Ich wollte dich schon vergangene Woche danach fragen«, sagte er, »wieviel du jetzt wiegst.«

»Ziemlich genau gerade so viel, wie ich soll«, antwortete Elizabeth fröhlich. »Aber Dr. Dornberger sagte, ich müsse gut essen.« Sie war mit ihrer Suppe fertig und wendete sich hungrig dem Hammelbraten zu.

Als John Alexander aufblickte, bemerkte er Dr. Coleman in der Nähe. Der neue Pathologe ging auf die Tische zu, an denen die Ärzte im allgemeinen saßen. Einem Impuls folgend, stand Alexander auf. »Dr. Coleman.«

David Coleman wandte sich ihm zu. »Ja, bitte?«

»Doktor, ich möchte Sie mit meiner Frau bekannt machen.« Als Coleman näherkam, sagte er: »Elizabeth, das ist Dr. Coleman.«

»Guten Tag, Mrs. Alexander.« Coleman blieb stehen, das Tablett in den Händen, das er sich an der Ausgabe geholt hatte.

Etwas verlegen sagte Alexander: »Du erinnerst dich, Liebling. Ich habe dir erzählt, daß Dr. Coleman auch aus New Richmond kommt.«

»Ja, natürlich«, antwortete Elizabeth. Dann lächelnd zu Coleman: »Guten Tag, Dr. Coleman. Ich erinnere mich sehr gut an Sie. Sie kamen doch auch manchmal in das Geschäft meines Vaters.«

»Ja, das stimmt.« Er erinnerte sich jetzt deutlich an sie. Ein fröhliches, langbeiniges Mädchen, das hilfsbereit in dem überfüllten, altmodischen Laden herumsuchte und die Dinge fand, die in dem allgemeinen Durcheinander verschwunden waren. Sie schien sich nicht sehr verändert zu haben. Er sagte: »Ich glaube, Sie verkauften mir einmal eine Wäscheleine.«
Sie antwortete vergnügt: »Ich erinnere mich daran. War sie gut?«
Er schien nachzudenken. »Ich fürchte nein. Soviel ich weiß, ist sie gerissen.«
Elizabeth lachte. »Ich bin überzeugt, meine Mutter tauscht sie um, wenn sie ihr zurückgebracht wird. Sie führt das Geschäft noch, und es ist jetzt noch unordentlicher als je.« Ihre gute Laune war ansteckend. Coleman lächelte.
John Alexander rückte einen Stuhl zurecht. »Wollen Sie sich zu uns setzen, Doktor?«
Einen Augenblick zögerte Coleman. Dann wurde ihm bewußt, daß es unhöflich wäre, wenn er sich weigerte. »Gern«, sagte er. Er stellte sein Tablett hin — einen spartanischen Lunch aus einer Schale Fruchtsalat und einem Glas Milch — und nahm Platz. Während er Elizabeth ansah, sagte er: »Wenn ich mich recht entsinne, trugen Sie damals Zöpfe.«
»Ja«, antwortete sie bereitwillig, »und auch eine Zahnspange. Ich bin aber über beides hinausgewachsen.«
David Coleman gefiel die junge Frau, und als er sie heute vor sich sah, hatte er das Gefühl, als sei plötzlich eine Seite aus der Vergangenheit aufgeschlagen worden. Sie erinnerte ihn an die vergangenen Jahre. Indiana war ein Land, in dem es sich gut leben ließ. Die Sommerferien seiner Schulzeit fielen ihm wieder ein, in denen er seinen Vater in dem alten, abgeklapperten Chevrolet bei den Fahrten zu seinen Patienten begleitet hatte. Nachdenklich sagte er: »Es ist lange her, daß ich in New Richmond war. Mein Vater starb, wie Sie wissen, und Mutter zog an die Westküste. Daher gibt es nichts, was mich dorthin zurückbringt.« Dann wendete er seine Gedanken in eine andere Richtung. »Erzählen Sie mir, wie es Ihnen gefällt«, fragte er Elizabeth, »mit einem Mediziner verheiratet zu sein?«
Schnell warf John Alexander dazwischen: »Kein Mediziner — nur ein Laborant.« Als er die Worte ausgesprochen hatte, fragte er sich, warum? Vielleicht war es eine Reflexhandlung auf die Ereignisse am Vormittag. Vor ein paar Minuten, als Coleman zu ihnen an den Tisch trat, hatte John noch überlegt, ob er ihm von dem Zwischenfall berichten solle, sich aber sofort dagegen entschieden. Er hatte schon genug Ärger gehabt, weil er offen mit Dr. Coleman sprach. Er zog vor, die Sache auf sich beruhen zu lassen.

»Unterschätzen Sie die technische Laborarbeit nicht. Sie ist sehr wichtig«, sagte Coleman.

»Das tut er bestimmt nicht«, antwortete Elizabeth, »aber manchmal wünscht er sich doch, er hätte statt dessen Medizin studiert.«

Coleman wande sich Alexander zu. »Stimmt das?«

Alexander wäre lieber gewesen, Elizabeth hätte nicht darüber gesprochen. Zögernd antwortete er: »Ich hatte eine Zeitlang daran gedacht.«

Coleman spießte mit seiner Gabel ein Stück von seinem Obstsalat auf. »Und warum haben Sie es nicht getan?«

»Aus den üblichen Gründen, in erster Linie Geld. Ich hatte keins und wollte verdienen.«

Zwischen zwei Bissen sagte Coleman: »Sie könnten es noch schaffen. Wie alt sind Sie?«

Elizabeth antwortete für ihn: »John wird dreiundzwanzig. In zwei Monaten.«

»Das ist natürlich schon ein erhebliches Alter.« Sie lachten alle, dann fügte Coleman hinzu: »Sie haben noch die Zeit dazu.«

»Ja, ich weiß.« John Alexander sprach langsam, nachdenklich, als wisse er im voraus, daß seine eigenen Argumente ihn nicht überzeugen konnten. »Die Schwierigkeit ist, daß es einen schweren finanziellen Kampf bedeuten würde und wir doch gerade anfangen, in geordnete Verhältnisse zu kommen. Und außerdem mit einem Kind ...« Er ließ den Satz unvollendet.

Coleman nahm sein Glas Milch und trank langsam. Dann entgegnete er: »Viele Leute mit einem Baby haben Medizin studiert. Und mit finanziellen Problemen.«

»Genau das sage ich auch immer«, erklärte Elizabeth nachdrücklich und beugte sich über den Tisch. »Ich bin froh, daß er es auch einmal von jemand anderem hört.«

Coleman betupfte sich mit der Serviette den Mund, legte sie dann hin. Er sah Alexander gerade an. Er hatte das Gefühl, als ob sein erster Eindruck von dem jungen Laboranten richtig gewesen sei. Er schien intelligent und gewissenhaft zu sein, und zweifellos war er an seiner Arbeit ehrlich interessiert. Das war gestern klar zu erkennen gewesen. »Wollen Sie meine Ansicht wissen, John? Wenn Sie so empfinden, aber nicht Medizin studieren, solange Sie die Möglichkeit dazu haben, werden Sie es wahrscheinlich für den Rest Ihres Lebens bereuen.«

Alexander sah vor sich hin und aß in Gedanken verloren weiter.

Elizabeth fragte: »Es besteht doch immer noch ein großer Bedarf an Pathologen, nicht wahr?«

»Aber ja!« Coleman nickte nachdrücklich. »Bei den Pathologen vielleicht mehr als auf jedem anderen Gebiet.«

»Wie kommt das?«
»Zunächst einmal, weil noch viele Forschungsaufgaben gelöst werden müssen, um die Medizin weiterzubringen, um die offengebliebenen Lükken zu füllen.«
Sie fragte: »Was meinen Sie mit den offengebliebenen Lücken?«
David Coleman erkannte flüchtig, daß er unbefangener sprach als sonst. Er überraschte sich dabei, Gedanken auszusprechen, die er meistens für sich behielt. Aber die Gesellschaft der beiden Alexanders erschien ihm erfrischend, möglicherweise weil es eine Entspannung war, nach der Begegnung mit Dr. Pearson mit jüngeren Menschen zusammenzusein. Er antwortete auf Elizabeths Frage: »In gewisser Weise ist es in der Medizin wie im Krieg. Genau wie im Kriege werden manchmal eindrucksvolle Siege errungen. In diesen Fällen drängen alle – Ärzte meine ich damit – an die neue Front, aber hinterlassen dabei Lücken im Wissen, die ausgefüllt werden müssen.«
Elizabeth fragte: »Und das ist die Aufgabe der Pathologen? Diese Lükken zu füllen?«
»Es ist die Aufgabe jedes Zweiges der Medizin. Aber mitunter bieten sich der Pathologie bessere Möglichkeiten.« Coleman dachte einen Augenblick nach, ehe er fortfuhr. »Und noch etwas anderes. Die ganze Forschung in der Medizin gleicht weitgehend dem Bau einer Mauer. Jemand bringt eine neue Erkenntnis, fügt einen weiteren Ziegel hinzu. Ein anderer schafft den nächsten Stein bei, und so wächst die Mauer, Stein für Stein, bis schließlich einer kommt und den letzten Ziegel obenaufsetzt.« Er lächelte. »Es ist nicht vielen vergönnt, etwas weithin Sichtbares zu leisten, ein Fleming oder ein Salk zu sein. Das Größte, was ein Pathologe im allgemeinen leisten kann, besteht in irgendeinem bescheidenen Beitrag zu den medizinischen Erkenntnissen. Etwas, das innerhalb seines eigenen Bereiches, innerhalb seiner eigenen Zeit liegt. Aber das sollte er wenigstens tun.«
John Alexander hatte gespannt zugehört. Jetzt fragte er begierig: »Werden Sie hier Forschungsarbeiten durchführen?«
»Ich hoffe es.«
»Auf welchem Gebiet?«
Coleman zögerte. Das war ein Punkt, über den er noch nie gesprochen hatte. Aber er hatte schon so vieles gesagt, daß er glaubte, es komme auf etwas mehr nicht an. »Nun, zunächst einmal über Lipome – gutartige Tumore des Fettgewebes. Wir wissen sehr wenig über sie.« Ohne es zu bemerken, hatte er sich an seinem Thema erwärmt. Seine normale Kühle und Zurückhaltung waren von ihm abgefallen.
»Wissen Sie, daß es Fälle gibt, in denen Menschen verhungern, während sich in ihnen trotzdem diese Geschwülste bilden? Was ich zu er-

reichen hoffe, ist ...« Er brach plötzlich ab. »Fehlt Ihnen etwas, Mrs. Alexander?«

Elizabeth hatte plötzlich gestöhnt und ihr Gesicht mit den Händen bedeckt. Jetzt senkte sie ihre Hände wieder und schüttelte den Kopf, wie um ihn klar zu bekommen.

»Elizabeth? Was ist dir?« Alarmiert sprang John Alexander von seinem Stuhl auf. Er ging um den Tisch herum.

»Es ist ... es ist schon in Ordnung.« Elizabeth winkte ihn auf seinen Platz zurück. Sie schloß einen Augenblick die Augen, öffnete sie wieder. »Es war nur ... einen Augenblick ein Schmerz, dann Schwindel. Es ist schon vorbei.«

Sie trank einen Schluck Wasser. Ja, es stimmte, es war vorbei. Aber einen Augenblick lang hatte sie geglaubt, spitze, glühende Nadeln in sich zu spüren – innen, wo sich das Kind bewegte –, dann war ihr schwindelig geworden und die Kantine hatte sich im Kreis um sie herum gedreht.

»Ist das schon einmal vorgekommen?« fragte Coleman.

Sie schüttelte den Kopf. »Nein.«

»Ganz bestimmt nicht, Liebling?« John fragte mit ängstlicher Stimme.

Elizabeth griff über den Tisch und legte ihr Hand auf die seine. »Mach dir keine Sorgen. Es ist zu früh für das Kind. Es dauert mindestens noch zwei Monate.«

»Trotzdem«, warnte Coleman ernst, »rate ich Ihnen, Ihren Arzt anzurufen und ihm zu berichten, was geschehen ist. Vielleicht will er Sie untersuchen.«

»Das werde ich tun.« Sie lächelte ihm herzlich zu. »Ich verspreche es Ihnen.«

In diesem Augenblick meinte Elizabeth, was sie sagte. Aber später, als sie nicht mehr im Krankenhaus war, schien es ihr zu albern, Dr. Dornberger wegen eines einzigen Schmerzes zu belästigen, der ganz kurz aufgetreten und so schnell wieder verschwunden war. Wenn er wiederkam, war gewiß noch Zeit genug, ihn anzurufen – aber nicht jetzt schon. Sie entschloß sich also zu warten.

XV

»Gibt es etwas Neues?«

Von ihrem Rollstuhl blickte Vivian zu Dr. Grainger auf, als Lucy in das Krankenzimmer trat. Vier Tage waren seit der Probeexcision vergangen, drei, seit Pearson die Schnitte nach New York und Boston geschickt hatte.

Lucy schüttelte den Kopf. »Ich sage Ihnen Bescheid, sobald ich etwas weiß, Vivian.«
»Wann . . . wann werden Sie es wissen . . . endgültig?«
»Wahrscheinlich heute noch.« Lucy antwortete sachlich. Sie wollte nicht verraten, daß auch sie das Warten beunruhigte. Gestern abend hatte sie noch einmal mit Joe Pearson gesprochen. Dabei hatte er versprochen, die beiden Spezialisten anzurufen und zu bitten, ihren Befund sofort abzuschicken, wenn ihre Antwort bis heute mittag nicht eintreffe. Das Warten fiel allen schwer, auch Vivians Eltern, die am Tage vorher aus Oregon in Burlington angekommen waren.
Lucy nahm den Verband von Vivians Knie ab. Die Schnittnarbe schien gut zu verheilen. Während sie den Verband erneuerte, sagte sie: »Es ist schwer. Das weiß ich. Versuchen Sie, soviel wie möglich an anderes zu denken.«
Das Mädchen lächelte schwach. »Es ist wirklich nicht leicht.«
Lucy stand jetzt an der Tür. Sie sagte: »Vielleicht lenkt ein Besuch Sie ab. Hier kommt schon ein sehr früher.« Sie öffnete die Tür und winkte.
Seddons trug seinen weißen Krankenhausanzug. Er sagte: »Ich habe mir zehn Minuten gestohlen. Sie sind ganz für dich.«
Er kam zu ihr herüber und küßte sie. Einen Augenblick schloß sie die Augen und schmiegte sich fest an ihn. Er strich ihr mit der Hand über das Haar. Seine Stimme an ihrem Ohr war sanft. »Es fällt einem schwer, nicht wahr, so zu warten?«
»Oh, Mike, wenn ich nur wüßte, was kommt. Ich glaube nicht, daß ich es nicht ertragen kann. Es ist dieses ständige . . . Sich-fragen . . . diese Ungewißheit.«
Er hielt sie etwas von sich ab und sah ihr ins Gesicht. »Vivian, Liebling, ich wünsche so, daß ich etwas für dich tun könnte, und sei es noch so wenig.«
»Du hast schon sehr viel getan.« Vivian lächelte schwach. »Schon daß du da bist – daß du bei mir bist. Ich wüßte nicht, wie ich es ohne dich . . .«
Sie schwieg, als er die Hand ausstreckte und ihr einen Finger auf die Lippen legte.
»Sprich es nicht aus. Ich mußte hier sein. Es war vorausbestimmt, alles durch das kosmische Geschehen festgelegt.« Er zeigte ihr sein strahlendes, breites Lächeln. Nur er selbst spürte die Hohlheit hinter seinen Worten. Mike Seddons wußte wie Lucy genau, was die Verzögerung des pathologischen Befundes zu bedeuten hatte.
Es gelang ihm jedoch, Vivian zum Lachen zu bringen. »Unsinn«, sagte sie. »Wenn ich nicht zu dieser alten Obduktion gekommen wäre oder eine andere Lernschwester dich zuerst . . .«

»Na ja.« Dann schüttelte er den Kopf. »Es sieht vielleicht so aus, aber man kann seinem vorausbestimmten Geschick nicht entgehen. Seit unsere Urahnen sich von Baum zu Baum schwangen und sich die Unterarme kratzten, haben unsere Gene sich durch die sandigen Wüsten von Zeit, Leben und Schicksal einander genähert.« Er redete nur, um etwas zu sagen, sprach die ersten Worte aus, die ihm in den Kopf kamen, aber sie erzielten die gewünschte Wirkung.

Vivian sagte: »Oh, Mike, du redest so einen großartigen Quatsch, und ich liebe dich so.«

»Das kann ich verstehen.« Er küßte sie wieder sanft. »Ich glaube, deine Mutter mag mich auch.«

Sie legte eine Hand auf ihren Mund. »Da kannst du sehen, was du mit mir machst. Danach hätte ich als erstes fragen sollen. Ging alles gut, nachdem ihr gestern abend hier fortgegangen seid?«

»Aber sicher. Ich brachte deine Eltern zum Hotel zurück. Wir saßen dann noch eine Weile zusammen und unterhielten uns. Deine Mutter sagte nicht viel, aber ich merkte genau, wie dein Vater mich abschätzte und bei sich dachte: was ist das für ein Bursche, der daherkommt und behauptet, er werde meine schöne Tochter heiraten?«

»Das werde ich ihm heute genau erklären«, antwortete Vivian.

»Und was wirst du ihm sagen?«

»Oh, das weiß ich noch nicht.« Sie streckte die Hände aus, faßte Seddons bei den Ohren, drehte seinen Kopf hin und her und betrachtete ihn prüfend. »Vielleicht sage ich, er hat das hübscheste rote Haar, das ich kenne. Es ist immer unordentlich, aber man kann mit den Fingern hindurchfahren, und es ist sehr weich.« Sie begleitete ihre Worte mit den entsprechenden Bewegungen.

»Das ist natürlich alles sehr wichtig. Ohne das wäre keine Ehe vollkommen. Was weiter?«

»Ich werde sagen: ›Natürlich sieht er nicht besonders gut aus, aber er hat ein Herz aus Gold und wird einmal ein brillanter Chirurg.‹«

Seddons runzelte die Stirn. »Könntest du nicht sagen: außerordentlich brillant?«

»Vielleicht, wenn ...«

»Wenn was?«

»Wenn du mich noch einmal küßt — jetzt gleich.«

In der zweiten Etage des Krankenhauses klopfte Lucy Grainger leicht an die Tür des Chefs der Chirurgie und trat ein.

Kent O'Donnell blickte von seinem Bericht auf und grüßte: »Hallo, Lucy. Machen Sie es Ihren müden Knochen bequem.«

»Da Sie mich darauf aufmerksam machen, merke ich: sie sind wirklich

etwas müde.« Sie ließ sich in den großen Ledersessel fallen, der O'Donnells Schreibtisch gegenüberstand.
»Als erstes heute morgen erhielt ich den Besuch von Mr. Loburton.« O'Donnell kam um seinen Schreibtisch herum und setzte sich ungezwungen auf die Schreibtischkante vor Lucy. »Zigarette?« Er reichte ihr sein gehämmertes, goldenes Zigarettenetui.
»Danke.« Sie griff nach einer Zigarette. »Ja, Vivians Vater.« Lucy nahm das Feuer, das O'Donnell ihr anbot und atmete tief ein. Der Rauch war kühl, beruhigend. »Ihre Eltern kamen gestern an«, fuhr sie fort. »Natürlich sind sie sehr beunruhigt, und selbstverständlich wissen sie nicht das geringste über mich. Ich riet Mr. Loburton, mit Ihnen zu sprechen.«
»Das hat er auch getan«, antwortete O'Donnell ruhig. »Ich erklärte ihm, daß seine Tochter meiner Meinung nach kaum in besseren Händen sein könne, daß es unter den Ärzten des Krankenhauses keinen gebe, zu dem ich größeres Vertrauen hätte. Ich kann Ihnen versichern, daß er sehr beruhigt erschien.«
»Danke.« Lucy war O'Donnell für seine Worte ungemein dankbar.
Der Chef der Chirurgie lächelte. »Danken Sie mir nicht. Das ist meine ehrliche Meinung.« Nach einer Pause fragte er: »Und was ist nun mit dem Mädchen, Lucy? Wie sieht die Sache aus?«
In wenigen Worten schilderte sie ihm ihren Untersuchungsbefund, ihre vorläufige Diagnose, die Probeexcision.
O'Donnell nickte. »Hat es Schwierigkeiten mit der Pathologie gegeben? Hat Joe Pearson seinen Befund prompt geliefert?« fragte er.
Lucy berichtete ihm über die Verzögerung und deren Gründe. Er überlegte kurz. »Nun, mir scheint das sehr vernünftig. Ich glaube nicht, daß dagegen etwas einzuwenden ist. Aber drängen Sie Joe. Sie dürfen es nicht noch länger hinauszögern.«
»Das werde ich auch nicht.« Lucy blickte auf ihre Uhr. »Ich beabsichtige, Joe nach dem Mittagessen wieder zu fragen. Bis dahin erwartet er die endgültige Nachricht.«
O'Donnell verzog das Gesicht. »So endgültig, wie es in diesem Fall sein kann.« Er wurde nachdenklich. »Das Mädchen ist zu bedauern. Wie alt ist sie?«
»Neunzehn.« Lucy beobachtete Kent O'Donnells Gesicht. Ihr erschien es wie ein Spiegel, der seine Gedanken, seinen Charakter, sein Verständnis verriet. Sie dachte: Er besitzt Format, und er zeigt es unaufdringlich, weil es echt ist und zu ihm gehört. Das schien seinem Urteil über ihre eigenen Fähigkeiten, das er vor einigen Augenblicken ausgesprochen hatte, noch mehr Wärme und größere Bedeutung zu verleihen. Dann erkannte Lucy, plötzlich durch eine Offenbarung überwältigt, das, was sie sich in den vergangenen Monaten einzugestehen

versagt hatte: daß sie diesen Mann liebte – tief und leidenschaftlich. Mit überraschender Klarheit wurde ihr bewußt, daß sie sich gegen diese Erkenntnis gewehrt hatte, vielleicht aus der instinktiven Furcht, verletzt zu werden. Aber, was auch geschah, jetzt konnte sie es sich nicht länger verhehlen. Für einen Augenblick wurde ihr bei dem Gedanken schwach. Sie fragte sich, ob ihr Gesicht sie verraten habe.
O'Donnell sagte entschuldigend: »Ich muß Sie jetzt verlassen, Lucy. Ich habe wieder einen arbeitsreichen Tag vor mir.« Er lächelte. »Aber ist das nicht ständig so?«
Mit schneller klopfendem Herzen und aufwallenden Gefühlen stand sie auf und ging zur Tür. Während O'Donnell sie öffnete, legte er seinen Arm um ihre Schultern. Es war eine zwanglose, freundschaftliche Geste, die auch jeder andere ihrer Kollegen machen konnte. Aber in diesem Augenblick wirkte sie elektrisierend, machte sie atemlos und verwirrt.
»Geben Sie mir Bescheid, Lucy, falls Probleme auftauchen«, sagte O'Donnell. »Und wenn Sie nichts dagegen haben, gehe ich vielleicht heute zu Ihrer Patientin und sehe sie mir an.«
Sie riß ihre Gedanken zusammen und antwortete: »Das würde sie bestimmt freuen, und mich auch.« Als die Tür hinter ihr zufiel, schloß Lucy die Augen, um ihre aufwallenden Gefühle zu beherrschen.

Die Qual des Wartens auf Vivians Diagnose übte auf Mike Seddons eine tiefgreifende Wirkung aus. Von Natur aus war er heiter und aufgeschlossen. In normalen Zeiten galt er als einer der lebhaftesten unter den jungen Ärzten des Three Counties Hospitals, und es war nicht ungewöhnlich, ihn im Brennpunkt einer lauten, ausgelassenen Gruppe in den Wohnräumen der Assistenzärzte anzutreffen. In den letzten Tagen hatte er jedoch meistens die Gesellschaft anderer gemieden. Das Wissen, was eine schicksalsvolle Entscheidung der Pathologie für Vivian und ihn selbst bedeutete, lastete schwer auf ihm.
Seine Empfindungen für Vivian waren unerschüttert. Wenn überhaupt, waren sie noch stärker geworden. Er hoffte, daß Vivians Eltern das in der Zeit, die er am vergangenen Abend nach der ersten Begegnung im Krankenhaus mit ihnen verbrachte, erkannt hatten. Wie zu erwarten, waren zunächst alle – Mr. und Mrs. Loburton, Vivian und er selbst – etwas verlegen gewesen. Ihre Unterhaltung war gezwungen und gelegentlich sogar förmlich. Selbst nachher schien es, daß die Loburtons der Begegnung mit dem künftigen Schwiegersohn, die unter anderen Umständen große Bedeutung gehabt hätte, nur eine zweitrangige Rolle hinter ihrer vordringlichen Sorge um Vivians Gesundheit zuerkannten. In gewissem Sinn spürte Mike Seddons, daß er hingenommen wurde, weil für irgend etwas anderes keine Zeit vorhanden war.

In dem Hotel hatten sich die Loburtons allerdings kurz mit ihm über Vivian und ihn selbst unterhalten. Henry Loburton, dessen große Gestalt den Polstersessel im Wohnzimmer ihrer Hotelsuite ausfüllte, fragte Mike Seddons nach dessen Zukunftsplänen, mehr aus Höflichkeit allerdings, wie Seddons vermutete, als aus echter Anteilnahme. Seddons schilderte darauf kurz seine Absicht, sich in Philadelphia als Chirurg niederzulassen, nachdem er seine Assistenzzeit im Three Counties Hospital beendet habe. Die Loburtons nickten höflich und ließen das Thema dann fallen.

Gewiß war von ihrer Seite kein Widerstand gegen die Heirat zu erwarten. »Vivian wußte immer, was sie wollte«, sagte Henry Loburton. »Das war auch so, als sie sich entschloß, Krankenschwester zu werden. Wir hatten unsere Zweifel, sie ließ sich aber nicht davon abbringen, und später blieb uns dann nicht mehr viel zu sagen übrig.«

Mike Seddons sprach die Hoffnung aus, daß sie Vivian nicht für zu jung hielten, um zu heiraten. Bei diesen Worten lächelte Angela Loburton. »Ich fürchte, daß wir aus diesem Grund kaum einen Einwand erheben können«, antwortete sie. »Denn, sehen Sie, ich selbst habe mit siebzehn geheiratet. Ich bin deswegen von zu Hause fortgelaufen.« Sie lächelte ihrem Mann zu. »Wir hatten zwar kein Geld, aber wir sind durchgekommen.«

Mit einem breiten Lächeln antwortete Seddons: »Nun, das haben wir dann gemeinsam. Jedenfalls, bis ich meine Praxis in Schwung gebracht habe.«

Das war gestern abend gewesen. Heute morgen, nach seinem Besuch bei Vivian, fühlte er sich aus irgendeinem Grund erleichtert und erlöst. Vielleicht hatte seine Depression schon zu lange gedauert, und seine natürliche Heiterkeit setzte sich wieder durch. Aber was auch der Grund war, er war wohlgemut und innerlich überzeugt, daß alles gutgehen werde. Dieses Gefühl beherrschte ihn auch jetzt im Obduktionsraum, wo er Roger McNeil bei der Obduktion einer älteren Frau assistierte, die in der vergangenen Nacht gestorben war. Es hatte ihn veranlaßt, McNeil witzige Anekdoten zu erzählen. Mike Seddons verfügte über ein ansehnliches Repertoire, und das war mit ein Grund für seinen Ruf als Witzbold.

Mitten in seiner Erzählung unterbrach er sich und fragte McNeil: »Haben Sie eine Zigarette?«

Der pathologische Assistent deutete mit dem Kopf. Er sezierte gerade das Herz, das er eben aus dem Körper herausgenommen hatte.

Seddons ging durch den Raum, fand die Zigaretten in McNeils Jacke und zündete eine an. Während er zurückkam, fuhr er fort: »Sie sagte also zu dem Leichenbestatter: ›Dafür danke ich Ihnen sehr, es muß aber doch sehr schwierig für Sie gewesen sein.‹ Und der Leichenbestatter antwortete: ›Oh, so schwer war es gar nicht. Ich brauchte nur die Köpfe auszutauschen.‹«

So makaber der Scherz in dieser Umgebung auch klang, McNeil lachte laut auf. Er lachte immer noch, als die Tür des Obduktionsraumes geöffnet wurde und David Coleman eintrat.

»Dr. Seddons, wollen Sie bitte die Zigarette ausmachen.« Colemans Stimme schnitt kühl durch den Raum.

Mike Seddons sah sich um. Liebenswürdig antwortete er: »Oh, guten Morgen, Dr. Coleman. Ich habe Sie nicht gleich erkannt.«

»Die Zigarette, Dr. Seddons.« Colemans Ton war eisig, sein Blick hart.

Seddons begriff nicht sofort. »Wie? . . . Ah ja«, sagte er und sah sich nach einer Stelle um, an der er seine Zigarette ausdrücken konnte, und als er keinen geeigneten Platz fand, streckte er die Hand nach dem Obduktionstisch aus, auf dem die Leiche lag.

»Dort nicht.« Mit scharfer Stimme wies Coleman den chirurgischen Assistenten zurecht. Nach einem Augenblick ging Seddons durch den Raum, fand einen Aschenbecher und drückte die Zigarette darin zusammen.

»Dr. McNeil.«

»Bitte, Dr. Coleman?« antwortete Roger McNeil ruhig.

»Wollen Sie bitte das Gesicht bedecken.«

Voller Unbehagen, weil er wußte, was in Coleman vorging, griff McNeil nach einem Handtuch. Er hatte es schon vorher benutzt, und mehrere große Blutflecken waren darauf. Mit dem gleichen, keinen Widerspruch duldenden Ton sagte Coleman: »Ein sauberes Handtuch, bitte. Und tun Sie das gleiche mit dem Geschlecht.«

McNeil nickte Seddons zu, der zwei saubere Handtücher brachte. McNeil breitete eines behutsam über das Gesicht der toten Frau, mit dem anderen bedeckte er ihr Geschlecht.

Jetzt standen die beiden Assistenten vor Coleman. Beiden war ihre Verlegenheit anzumerken, beide ahnten, was als nächstes kommen mußte.

»Meine Herren, mir scheint, daß ich Ihnen etwas ins Bewußtsein zurückrufen muß.« David Coleman sprach ruhig – nicht ein Mal, seit er den Raum betrat, hatte er seine Stimme erhoben –, aber worauf er abzielte und die Autorität, die hinter seiner Forderung stand, waren unverkennbar. Nachdrücklich fuhr er fort: »Wenn wir eine Obduktion vornehmen, tun wir das mit der Erlaubnis der Familie des Verstorbenen. Ohne diese Erlaubnis gäbe es keine Obduktion. Ich nehme an, das ist Ihnen völlig klar.«

»Völlig klar«, bestätigte Seddons. McNeil nickte.

»Also gut.« Coleman blickte auf den Obduktionstisch, dann auf die beiden Assistenten. »Unser eigenes Ziel ist, unsere medizinischen Kenntnisse zu vervollkommnen. Die Familie des Verstorbenen ihrerseits vertraut uns den Körper in der Erwartung an, daß er mit Anstand, Respekt und Würde behandelt wird.« Hörbar stand das Schweigen nach seinen Worten im Raum. McNeil und Seddons standen völlig regungslos.

»Und so, meine Herren, werden wir ihn behandeln.« Coleman betonte seine Worte wieder: »Mit Anstand, Respekt und Würde.« Er fuhr fort: »Bei allen Obduktionen werden Gesicht und Genitalien bedeckt, und in diesem Raum wird nicht geraucht. Was Ihr eigenes Verhalten und insbesondere das Erzählen von Witzen« – bei diesen Worten lief Mike Seddons dunkelrot an – »angeht, ich glaube, das darf ich in Zukunft Ihrem eigenen Urteil überlassen.«

Einen Augenblick sah Coleman jeden der beiden unmittelbar an. Dann: »Ich danke Ihnen, meine Herren. Wollen Sie bitte fortfahren.« Er nickte und ging hinaus.

Nachdem sich die Tür hinter ihm geschlossen hatte, schwiegen beide noch ein paar Sekunden lang. Dann sagte Seddons leise: »Mir scheint, daß wir gerade nach allen Regeln der Kunst auseinandergenommen worden sind.«

Beschämt fügte McNeil hinzu: »Nicht ganz ohne Grund, glaube ich. Wie?«

Sobald sie es sich leisten könnten, beschloß Elizabeth, würde sie einen Staubsauger kaufen. Der altmodische Teppichkehrer, den sie besaß, nahm nur den oberflächlichsten Schmutz weg, aber das war auch alles. Sie schob ihn noch ein paarmal über den Teppich hin und her und musterte kritisch das Ergebnis. Nicht sehr befriedigend, aber es mußte genügen. Sie durfte nicht vergessen, heute abend mit John darüber zu sprechen. Staubsauger waren nicht so schrecklich teuer, und eine monatliche Rate sollte auch noch zu tragen sein. Eine Schwierigkeit war allerdings, daß sie noch so viele Dinge brauchten. Immer standen sie vor dem Problem, was zuerst an die Reihe kommen sollte.

In gewisser Weise war sie geneigt, John recht zu geben. Es war alles schön und gut, von Opfern zu sprechen und auf Dinge zu verzichten, damit John Medizin studieren konnte. Aber wenn man es genau überlegte, war es schwer mit einem geringen Einkommen durchzukommen, wenn man sich erst einmal an einen bestimmten Lebensstandard gewöhnt hatte. Zum Beispiel Johns Gehalt im Krankenhaus. Es versetzte sie gewiß noch nicht in die höhere Einkommensschicht, aber es genügte, um erträglich zu leben, und ermöglichte ihnen, sich einen bescheidenen

Luxus zu leisten, der vor ein paar Monaten noch unerreichbar gewesen war. Konnten sie auf diese Dinge jetzt wieder verzichten? Elizabeth glaubte es, wenn es ihr auch schwerfallen würde. Das Medizinstudium bedeutete vier weitere Jahre kämpfen, und selbst dann würden die Jahre als Praktikant und vielleicht noch die Zeit als Assistenzarzt folgen, falls John sich entschied, sich zu spezialisieren. War es den Aufwand wert? War es nicht vielleicht besser, wenn sie sich mit dem Glück begnügten, das sie gegenwärtig gefunden hatten, wenn sie sich mit ihrer gegenwärtigen Situation – trotz aller Bescheidenheit – abfanden? Das war doch eine vernünftige Überlegung, oder nicht? Trotzdem war Elizabeth sich ihrer Sache irgendwie nicht sicher. Sollte sie John weiterdrängen, sein Ziel höherzustecken und um jeden Preis auf die Universität zu gehen? Dr. Coleman war offensichtlich dieser Ansicht. Was hatte er noch zu John gesagt? »Wenn Sie so empfinden, aber nicht Medizin studieren, solange Sie noch die Möglichkeit dazu haben, werden Sie es wahrscheinlich für den Rest Ihres Lebens bereuen.« Als Dr. Coleman diese Worte aussprach, hatten sie Elizabeth tief beeindruckt, und, wie sie vermutete, auch John. Als sie sich jetzt an sie erinnerte, kamen sie ihr bedeutungsvoller denn je vor. Sie runzelte nachdenklich die Stirn. Vielleicht war es das richtigste, heute abend die ganze Angelegenheit noch einmal durchzusprechen. Wenn sie sich davon überzeugte, daß John es wirklich wünschte, konnte sie ihn vielleicht zu einer Entscheidung drängen. Es wäre nicht das erste Mal, daß sich Elizabeth in einer Frage, die sie beide betraf, durchsetzte.

Elizabeth stellte den Teppichkehrer fort und ging rund durch die Wohnung, räumte auf und staubte ab. Sie sang während ihrer Arbeit und schob ihre ernsten Gedanken für den Augenblick von sich. Es war ein schöner Morgen. Die warme Augustsonne, die hell in das kleine, aber behagliche Wohnzimmer schien, zeigte die neuen Vorhänge, die sie gestern abend genäht und aufgehängt hatte, im besten Licht. Elizabeth blieb vor dem Mitteltisch stehen, um die Blumen in einer Vase neu zu ordnen. Sie entfernte zwei Blüten, die zu welken begannen, und war im Begriff, in die winzige Küche zu gehen, als der Schmerz sie überfiel. Er kam plötzlich, ohne Vorwarnung, traf sie wie ein sengendes Feuer und war schlimmer, viel schlimmer, als am Tage vorher in der Krankenhauskantine. Elizabeth holte tief Atem, biß sich auf die Lippe, um einen Schrei zu unterdrücken, und ließ sich in einen Sessel sinken. Der Schmerz legte sich kurz, kehrte dann, wie ihr schien, noch stärker wieder. Er kam wie in einem Zyklus. Dann erkannte sie seine Bedeutung. Unwillkürlich sagte sie laut: »Nein, o nein.«

Trotz der Qual, die Elizabeth ergriff, wußte sie, daß sie schnell handeln mußte. Die Nummer des Krankenhauses stand auf der Liste neben

dem Telefon. Der Apparat auf der anderen Seite des Zimmers wurde plötzlich das einzige Ziel ihrer Gedanken. Sie nutzte die Pause zwischen den Anfällen, griff nach dem Tisch als Stütze, zog sich aus dem Sessel und näherte sich mühevoll dem Apparat. Als sie gewählt hatte und sich das Krankenhaus meldete, sagte sie keuchend: »Dr. Dornberger ... es ist dringend.«
Darauf folgte eine Pause, ehe er sich meldete: »Hier ist ... Mrs. Alexander«, stöhnte Elizabeth mühsam. »Es hat angefangen ... Mein Kind kommt ...«

David Coleman klopfte an die Tür zu Dr. Pearsons Zimmer und trat ein. Er fand den Leiter der Pathologie hinter seinem Schreibtisch vor. Neben ihm stand Carl Bannister. Der Laborant zeigte ein finsteres Gesicht. Nach einem kurzen Blick vermied er vorsätzlich, Coleman anzusehen.
»Sie wollten mich sprechen, wurde mir gesagt.« Coleman kam aus der chirurgischen Abteilung, wo er einen Gefrierschnitt ausführte, als sein Name durch die Lautsprecheranlage aufgerufen wurde.
»Jawohl.« Pearsons Verhalten war kühl und förmlich. »Dr. Coleman, mir wurde von einem Mitarbeiter eine Beschwerde vorgebracht. Von Carl Bannister hier.«
»So?« Coleman zog die Augenbrauen hoch. Bannister sah unbewegt vor sich hin.
Pearson fuhr fort: »Ich habe gehört, daß Sie beide heute morgen eine kleine Meinungsverschiedenheit hatten.«
»So würde ich es nicht gerade nennen.« Colemans Stimme klang sicher und gelassen.
»Und wie würden Sie es nennen?« Die Schärfe im Ton des alten Mannes war nicht zu verkennen.
Coleman antwortete geduldig: »Offen gesagt hatte ich nicht die Absicht, Ihnen die Angelegenheit vorzutragen. Aber da Bannister es für richtig hielt, ist es wohl das beste, wenn Sie den Vorfall im vollen Umfang erfahren.«
»Wenn Ihnen das nicht zu viele Umstände macht ...«
Coleman ignorierte den Sarkasmus und fuhr fort: »Gestern abend teilte ich den beiden serologischen Laboranten mit, daß ich beabsichtige, gelegentliche Stichproben zur Überprüfung der Arbeit im Labor durchzuführen. Heute vormittag nahm ich eine solche Überprüfung vor.« Coleman sah Bannister an. »Ich hielt die Probe eines Patienten vor der Ablieferung in das serologische Labor auf und teilte sie. Dann fügte ich die zusätzliche Probe auf der Anforderungsliste hinzu, so daß sie als besonderer Test erschien. Als ich später die Ergebnisse kontrollierte,

stellte ich fest, daß Mr. Bannister zwei verschiedene Testbefunde erzielt hatte, obwohl sie selbstverständlich hätten identisch sein müssen.« Er fügte hinzu: »Falls Sie wünschen, können wir die Einzelheiten aus den Aufzeichnungen im Labor sofort ersehen.«

Pearson schüttelte den Kopf. Er hatte sich von seinem Stuhl erhoben und halb abgewendet. Er schien nachzudenken. Coleman fragte sich gespannt, was er als nächstes tun würde. Er wußte, daß er auf vollkommen sicherem Boden stand. Das von ihm eingeschlagene Verfahren war in den meisten Krankenhauslabors üblich. Es stellte einen Schutz für die Patienten und eine Sicherheitsmaßnahme gegen Unachtsamkeit dar. Gewissenhafte Laboranten nahmen derartige Überprüfungen widerspruchslos als einen Teil ihrer Arbeit hin. Außerdem hatte Coleman die Gepflogenheiten gewahrt, indem er gestern sowohl Bannister als auch John Alexander mitteilte, daß derartige Prüfungen erfolgen würden.

Plötzlich fuhr Pearson auf Bannister los: »Nun und? Was haben Sie dazu zu sagen?«

»Mir paßt nicht, daß hinter mir herspioniert wird.« Die Antwort erfolgte gereizt und aggressiv. »Ich habe nie so zu arbeiten brauchen, und ich finde nicht, daß ich jetzt noch anfangen soll, es mir gefallen zu lassen.«

»Ich sage Ihnen, Sie sind ein Idiot«, schrie Pearson Bannister an. »Sie sind ein Idiot, weil Sie so einen dummen Schnitzer gemacht haben, und Sie sind noch ein größerer Idiot, sich bei mir zu beschweren, weil man Sie dabei erwischt hat.« Schwer atmend schwieg er mit zusammengepreßten Lippen. Coleman spürte, daß der Ärger des alten Mannes zum großen Teil darauf beruhte, daß er keine andere Wahl hatte, als sein Vorgehen gutzuheißen, wie sehr es ihm auch widerstreben mochte.

Jetzt trat Pearson direkt vor Bannister und knurrte ihn an: »Was haben Sie sich denn eingebildet? Soll ich Ihnen vielleicht noch auf den Rücken klopfen oder einen Orden umhängen?«

Bannisters Gesichtsmuskeln arbeiteten. Zum erstenmal schien er keine Antwort zu finden. Pearson musterte ihn grimmig und schien weiterschreien zu wollen, zwang sich dann aber plötzlich zur Ruhe. Er wendete sich halb ab und wies mit der Hand zur Tür. »Hinaus mit Ihnen! Hinaus!«

Wortlos, mit starrem Gesicht, ohne nach rechts oder links zu sehen, verließ Bannister das Zimmer und schloß die Tür hinter sich.

Jetzt wandte sich Pearson scharf an Coleman. »Was, zum Donnerwetter, soll das bedeuten?«

David Coleman nahm den brennenden Zorn in den Augen des alten Mannes wahr. Er erkannte, daß die Angelegenheit mit Bannister lediglich ein Vorspiel war. Entschlossen, nicht die Selbstbeherrschung zu verlieren, antwortete er maßvoll: »Was soll was bedeuten, Dr. Pearson?«

»Sie wissen verdammt gut, was ich meine. Ich meine die Durchführung von Überprüfungen im Labor – ohne meine Genehmigung.«

»Benötige ich in reinen Routinefragen dieser Art wirklich Ihre Genehmigung?«

Pearson schlug mit der Faust auf den Tisch. »Wenn ich eine Überprüfung im Labor wünsche, werde ich sie anordnen.«

»Falls es Sie interessieren sollte«, erwiderte Coleman immer noch ruhig, »ich besitze zufällig Ihre Genehmigung. Um der Form zu genügen und aus Respekt vor Ihnen, erwähnte ich gestern Ihnen gegenüber, daß ich Standardüberprüfungen im serologischen Labor durchführen wollte, und Sie gaben Ihre Zustimmung.«

Argwöhnisch antwortete Pearson: »Daran erinnere ich mich nicht.«

»Ich versichere Ihnen, daß diese Vereinbarung getroffen wurde. Im übrigen gehört es nicht zu meinen Gepflogenheiten, derartiges zu erfinden.«

David Coleman spürte, wie der Ärger in ihm aufwallte. Es fiel ihm schwer, seine Verachtung für diesen unfähigen alten Mann zu verbergen. Er fügte hinzu: »Ich darf dazu bemerken, daß Sie allerdings bei dieser Gelegenheit mit Ihren Gedanken ziemlich beschäftigt erschienen.«

Es hatte den Anschein, als hätte er Pearson zum mindesten teilweise überzeugt. Knurrend erwiderte der alte Mann: »Wenn Sie es sagen, glaube ich Ihnen, aber es ist das letztemal, daß Sie etwas von sich aus unternehmen. Haben Sie verstanden?«

Coleman wußte, daß jetzt der kritische Augenblick gekommen war, sowohl für Pearson als auch für ihn selbst. Eisig fragte er: »Würden Sie die Güte haben und mir mitteilen, welche Art Verantwortung ich hier übernommen habe?«

»Sie werden die Verantwortungen übernehmen, die Ihnen zuzuweisen ich für richtig halte.«

»Ich fürchte, daß ich mich damit nicht zufriedengeben kann.«

»So, das können Sie nicht?« Pearson stand jetzt unmittelbar vor dem jüngeren Mann, den Kopf vorgeschoben. »Nun, es gibt auch ein paar Dinge, die mir unbefriedigend erscheinen.«

»Zum Beispiel?« David Coleman hatte nicht die Absicht, sich einschüchtern zu lassen. Und wenn der alte Mann eine grundsätzliche Auseinandersetzung wünschte, war er durchaus bereit, gleich und an Ort und Stelle.

»Zum Beispiel habe ich erfahren, daß Sie für den Obduktionsraum Regeln erlassen haben.«

»Sie haben mir die Leitung des Obduktionsraumes übertragen.«
»Ich habe Sie beauftragt, die Obduktionen zu überwachen, aber nicht irgendwelche phantastischen Regeln aufzustellen. Rauchen verboten, habe ich gehört. Ich nehme an, daß auch mich das betrifft?«
»Darüber zu entscheiden, steht bei Ihnen, Dr. Pearson.«
»Das will ich auch meinen, daß das bei mir steht.« Die Ruhe des anderen schien Dr. Pearsons Ärger zu steigern. »Nun hören Sie mir zu, und hören Sie mir gut zu: Sie mögen einige recht eindrucksvolle Empfehlungen besitzen, Herr, aber Sie haben immer noch eine Menge zu lernen, und der Leiter dieser Abteilung bin immer noch ich. Wichtiger noch, es bestehen gute Gründe für die Annahme, daß ich auch noch recht lange hierbleiben werde. Sie können sich also gleich entscheiden. Wenn Ihnen meine Arbeitsweise nicht paßt, wissen Sie, welche Wege Ihnen offenstehen.«
Ehe Coleman antworten konnte, wurde an die Tür geklopft. Ungeduldig rief Pearson: »Ja?«
Eine Sekretärin trat ein und sah neugierig von einem zum anderen. Coleman fiel ein, daß zum mindesten Pearson auf dem Gang draußen deutlich verständlich gewesen sein mußte. Das Mädchen sagte: »Entschuldigung, Dr. Pearson, hier sind zwei Telegramme für Sie. Sie sind gerade angekommen.«
Pearson nahm die beiden gelblichen Umschläge, die das Mädchen ihm reichte.
Als sie gegangen war, wollte Coleman antworten. Aber Pearson unterbrach ihn mit einer Handbewegung. Während er den ersten Umschlag aufriß, sagte er: »Das müssen die Antworten auf unsere Anfrage sein — wegen Lucy Graingers Patientin.« Er sprach in einem völlig anderen Ton als vor wenigen Sekunden. »Hat lange genug gedauert«, fügte er hinzu.
David Coleman spürte, daß sein Interesse automatisch wach wurde. Stillschweigend akzeptierte er Pearsons Haltung, daß ihre Auseinandersetzung vertagt war. Das Vorliegende war wichtiger. Als Pearson den ersten Umschlag geöffnet hatte, klingelte schrill das Telefon. Mit einem unmutigen Ausruf legte er die Umschläge hin, um den Hörer abzunehmen.
»Ja?«
»Dr. Pearson, hier ist die Entbindungsstation«, sagte eine Stimme. »Dr. Dornberger möchte Sie sprechen. Einen Augenblick, bitte.«
Es folgte eine Pause, dann meldete sich Dornberger. Drängend sagte er: »Joe, was ist denn bei euch in der Pathologie los?« Ohne auf eine Antwort zu warten: »Bei der Frau deines Technikers, Mrs. Alexander, haben Wehen eingesetzt, und das Kind wird eine Frühgeburt. Sie ist

in einem Krankenwagen auf dem Weg hierher, und ich habe noch keinen Befund über den Blutsensibilitätstest. Jetzt schickt ihn aber schnell herauf.«

»Sofort, Charlie.« Pearson ließ den Hörer auf die Gabel zurückfallen und griff nach einem Stoß Formulare in dem Korb mit der Aufschrift: »Zur Unterschrift«. Dabei fiel sein Blick auf die beiden Telegrammumschläge. Schnell reichte er sie Coleman. »Machen Sie auf, sehen Sie nach, was darin steht.«

Pearson blätterte durch die Formulare. Beim erstenmal blätterte er über das Gesuchte hinweg, erst beim zweiten Durchblättern fand er es. Er nahm den Telefonhörer wieder ab, lauschte und sagte dann schroff: »Schicken Sie Bannister.« Nachdem er den Hörer zurückgelegt hatte, kritzelte er seine Unterschrift auf das Formular, das er herausgesucht hatte.

»Sollte ich herkommen?« Bannisters Ton und Ausdruck verkündeten deutlich, daß er die Zurechtweisung von vorhin noch nicht verschmerzt hatte.

»Selbstverständlich sollten Sie kommen.« Pearson hielt ihm das unterschriebene Formular hin. »Bringen Sie das zu Dr. Dornberger hinauf – schnell. Er ist in der Entbindungsstation. John Alexanders Frau liegt in Wehen. Sie erwartet eine Frühgeburt.«

Bannisters Ausdruck veränderte sich.« »Weiß der Junge es schon? Er ist drüben in . . .«

Ungeduldig schnitt Pearson ihm das Wort ab: »Gehen Sie schon! So gehen Sie doch endlich!« Eilig lief Bannister mit dem Formular hinaus.

David Coleman nahm nur undeutlich wahr, was um ihn herum vorging, ohne daß er die Einzelheiten voll erfaßte. Im Augenblick wurde er von der furchtbaren Bedeutung der beiden Telegramme, die er in seinen Händen hielt, in Anspruch genommen.

Pearson wandte sich zu ihm. Der alte Mann sagte: »Nun, verliert das Mädchen sein Bein oder nicht? Sind beide eindeutig?«

Coleman dachte: Hier fängt Pathologie an, und hier endet sie. Hier liegt das Grenzgebiet, hier müssen wir erkennen, wie wenig wir in Wahrheit wirklich wissen. Hier verläuft die Trennungslinie, hier ist das Ufer der dunklen, rauschenden Wasser des noch Unbekannten. Ruhig antwortete er: »Ja. Sie sind beide völlig eindeutig. Dr. Chollingham in Boston sagt: Probe eindeutig bösartig. Dr. Earnhart in New York telegrafiert: Das Gebe ist gutartig, keine Anzeichen für Bösartigkeit.«

Es folgte ein langes Schweigen. Langsam und gedämpft sagte Pearson dann: »Die beiden besten Männer im Lande. Der eine stimmt dafür, der andere dagegen.« Er sah Coleman an, und als er wieder sprach, lag in seinem Ton wohl Ironie, aber keine Feindschaft. »Nun, mein junger pathologischer Kollege, Lucy Grainger erwartet heute unsere Antwort. Sie muß eine haben, und sie muß endgültig sein.« Mit einem schiefen Lächeln: »Ist Ihnen danach, Gott zu spielen?«

XVI

Der Polizist, der an der Kreuzung der Main und der Liberty Street Dienst hatte, hörte die Sirene des Krankenwagens schon, als sie noch sechs Blocks entfernt war. Er trat vom Bürgersteig hinunter, und mit der Übung langer Praxis begann er, den Verkehrsstrom so zu lenken, daß er flüssig über die Kreuzung lief. Als die Sirene lauter und das blinkende Warnlicht sichtbar wurde, das auf ihn zu kam, blähte er seine Backen auf und ließ auf seiner Pfeife zwei grelle Pfiffe ertönen. Dann stoppte er den ganzen Verkehr in der Querstraße und winkte im Bewußtsein seiner Amtsgewalt dem Fahrer des Krankenwagens zu, über das rote Licht hinwegzufahren. Passanten an der Kreuzung drehten neugierig ihre Köpfe, erhaschten mit einem kurzen Blick das weiße Gesicht einer jungen Frau, als der Krankenwagen vorbeifegte.
Elizabeth im Wagen nahm ihre Fahrt durch den dichten Verkehr der Stadt nur undeutlich wahr. Sie spürte, daß sie schnell fuhr, aber Häuser und Menschen draußen boten nur ein verwischtes Bild, das hinter dem Fenster neben ihrem Kopf vorbeiflog. Im Augenblick blickte sie zwischen zwei Schmerzwellen zu dem Fahrer hinter sich hinauf, sah seine beiden großen Hände am Steuerrad, die es schnell erst nach rechts, dann nach links drehten, um jede Lücke im Verkehr auszunutzen, die vor ihm auftauchte. Dann kam der Schmerz wieder, und sie konnte nur noch daran denken, nicht laut herauszuschreien und sich irgendwo festzuklammern.
»Nehmen Sie meine Hände, und halten Sie sich so fest, wie Sie wollen.« Das war der Beifahrer des Krankenwagens, der sich über sie beugte. Er hatte Bartstoppeln und ein Grübchen am Kinn, und einen Augenblick glaubte Elizabeth, er sei ihr Vater, der gekommen war, um sie zu trösten. Aber ihr Vater war tot. War er nicht bei der Eisenbahnkreuzung umgekommen? Oder vielleicht doch nicht? Und er war jetzt hier bei ihr in diesem Krankenwagen, um zu einem Ort gebracht zu werden, wo sie beide gesund gepflegt würden? Dann wurde ihr Kopf wieder klar, und sie erkannte, daß es ein Fremder war und nicht ihr Vater, der da vor ihr saß und dessen Handgelenke rote Kratzspuren von ihren Fingernägeln zeigten.
Sie hatte Zeit, über die Kratzer zu streichen, ehe der Schmerz wieder über sie kam. Es war nur eine Geste, zu mehr war sie nicht fähig.

Der Mann schüttelte den Kopf. »Macht nichts. Halten Sie so fest, wie Sie wollen. Wir sind bald da. Joe da vorn ist der beste Fahrer in der Stadt.« Dann kamen wieder Schmerzen, schlimmer als vorher. Die Pausen zwischen den Wehen wurden kürzer. In ihrem Rücken bohrte es, als ob ihre Knochen über alles Erträgliche hinaus verdreht würden, mit einem tödlichen Schmerz, dessen überwältigende Qual ihr flammend vor Augen brannte. Ihre Nägel gruben sich tiefer, und sie schrie.
»Können Sie spüren, ob das Kind kommt?« Das war wieder der Begleiter. Er hatte gewartet, bis die letzte Wehe verklungen war, und sich dann vorgebeugt. Es gelang ihr, mit dem Kopf zu nicken und zu keuchen: »Ich . . . ich glaube, ja.«
»Also gut.« Er löste seine Hände sanft. »Halten Sie sich einen Augenblick hieran fest.« Er gab ihr ein Handtuch, das er fest zusammengedreht hatte, schlug dann die Decke über der Bahre zurück und begann, ihr Kleid aufzuknöpfen. Dabei sagte er sanft: »Wir tun alles, was wir können, wenn es sein muß. Es ist nicht das erste, das ich hier zur Welt bringe. Ich bin Großvater, verstehen Sie, und kenne mich aus.« Seine letzten Worte wurden von ihrem Schrei übertönt. Wieder setzte in ihrem Rücken blendend, überwältigend das Crescendo tödlicher Qual ein, überflutete sie, vernichtend, unaufhaltsam. »Bitte.« Sie packte wieder seine Handgelenke, und er überließ sie ihr. Dünne Blutspuren erschienen, als sich ihre Nägel in seine Haut gruben. Er wendete den Kopf und rief nach vorn: »Wie kommen wir vorwärts, Joe?«
»Wir haben gerade Main und Liberty hinter uns.« Die großen Hände drehten scharf das Steuerrad. »Da war ein Polizist, der hat den Verkehr angehalten und uns dadurch eine Minute erspart.« Wieder eine Drehung nach links, dann beugte er den Kopf zurück. »Bist du schon Pate?«
»Noch nicht ganz, Joe, aber ich stehe dicht davor, glaube ich.«
Wieder wurde das Steuer gedreht, eine scharfe Wendung nach rechts. Dann: »Wir haben es gleich geschafft, Alter, versuche es noch, eine Minute aufzuschieben.«
Alles, was Elizabeth in dem roten Nebel, der sie umgab, denken konnte, war: Mein Kind – es wird zu früh geboren. Es wird sterben. O Gott, laß es nicht sterben! Diesmal nicht! Bitte nicht wieder!

Auf der Entbindungsstation stand Dr. Dornberger gewaschen und im Operationsanzug bereit. Als er aus dem Waschraum in den belebten Zwischengang kam, der die Labors von den Entbindungsräumen trennte, sah er sich um. Durch die Glaswand ihres Büros erkannte ihn Mrs. Yeo, die Stationsschwester. Sie stand auf und brachte ihm ein Formular.

»Hier ist der Befund über den Sensibilitätstest Ihrer Patientin, Dr. Dornberger. Er kam gerade aus der Pathologie herauf.« Sie hielt ihm das Formular hin, so daß er lesen konnte, ohne es anzufassen.
»Es war auch Zeit.« Die Worte kamen für ihn ungewöhnlich knurrend heraus. Er überflog das Formular und sagte: »Sensibilität negativ, wie? Nun, von dieser Seite ist also keine Komplikation zu erwarten. Ist alles bereit?«
»Ja, Doktor.« Mrs. Yeo lächelte. Sie war eine nachsichtige Frau und vertrat die Ansicht, daß jeder Mann, einschließlich ihres eigenen, hin und wieder ein Recht hatte, brummig zu sein.
»Was ist mit dem Brutkasten?«
»Er ist schon da.«
Als Dornberger sich umsah, hielt eine Schwester die Außentür weit auf, während eine Helferin einen Isolette-Brutkasten hereinrollte. Die Schwester hielt das elektrische Kabel hoch, damit es nicht auf dem Boden schleifte, und warf Mrs. Yeo einen fragenden Blick zu.
»Ja, nach Nummer zwei, bitte.«
Die Schwester nickte und schob den Brutkasten durch eine Pendeltür unmittelbar vor sich. Als die Tür hinter ihr zufiel, kam ein Mädchen aus dem Schwesternzimmer.
»Entschuldigen Sie, Mrs. Yeo.«
»Ja, was gibt's?«
»Die Aufnahme hat gerade angerufen.« Das Mädchen wandte sich an Dr. Dornberger. »Ihre Patientin ist gerade angekommen, Doktor, und befindet sich auf dem Weg nach oben. Die Aufnahme sagt, daß die Wehen schon ziemlich weit fortgeschritten sind.«

Vor der fahrbaren Trage, auf die Elizabeth aus dem Krankenwagen umgebettet worden war, konnte sie den jungen Praktikanten sehen, der sie bei ihrer Ankunft in Empfang genommen hatte. Er ging mit schnellen, aber ruhigen Schritten voraus, bahnte gelassen und methodisch durch die Menschengruppen in dem belebten Gang des Erdgeschosses den Weg. »Treten Sie zur Seite, bitte, ein eiliger Fall.« Seine Worte klangen ruhig, fast gelassen, aber sie wirkten sofort. Vorbeigehende blieben stehen, Gruppen traten zur Wand zurück, um die kleine Prozession – den Praktikanten, die Trage und die Schwester, die sie schob – vorbeizulassen. Vom anderen Ende des Ganges hatte der Fahrstuhlführer sie kommen sehen und den Fahrstuhl freigehalten.
»Warten Sie auf die nächste Fahrt, bitte. Wir brauchen den Fahrstuhl für einen dringenden Fall.« Folgsam traten die Wartenden beiseite, und der Wagen wurde hineingeschoben. Reibungslos lief die vielgeübte Prozedur des Krankenhauses ab, um einen neuen Patienten aufzunehmen.

Etwas von der Ruhe übertrug sich auch auf Elizabeth. Obwohl sie jetzt die Schmerzen ständig spürte und sich in ihrem Leib ein neuer Druck ankündigte, konnte sie beides besser ertragen. Sie entdeckte, daß sie den fast unüberwindlichen Drang, laut herauszuschreien, besser unterdrücken konnte, wenn sie in ihre Unterlippe biß und sich in den Saum der Decke, die über sie gebreitet war, hineinkrallte. Sie wußte allerdings, daß die letzte Phase der Geburt eingesetzt hatte. Unwillkürlich begann sie zu pressen und spürte zwischen ihren Oberschenkeln das herausdrängende Kind.

Nun befanden sie sich im Fahrstuhl, die Türen glitten zu, und die Schwester hinter ihr beugte sich zu ihr und ergriff ihre Hand. »Jetzt dauert es nur noch ein oder zwei Minuten.« Dann wurden die Türen wieder geöffnet, und sie sah Dr. Dornberger, der schon auf sie wartete.

Als ob es eine Hoffnung gebe, daß er sie vorher falsch verstanden habe, nahm Dr. Pearson die beiden Telegramme wieder auf. Er las sie noch einmal, legte sie dann eins nach dem anderen wieder hin. »Bösartig! Gutartig! Und keiner von beiden hat einen Zweifel. Wir sind wieder da, wo wir angefangen haben.«

»Nicht ganz«, entgegnete Coleman ruhig. »Wir haben fast drei Tage verloren.«

»Ich weiß, ich weiß!« Joe Pearson schlug mit einer schweren Faust in seine andere offene Hand. Unsicherheit umhüllte ihn wie ein Mantel. »Wenn es bösartig ist, muß das Bein schnell amputiert werden, sonst kann es zu spät sein.« Er drehte sich um und sah Coleman gerade an. »Aber das Mädchen ist neunzehn. Wäre sie fünfzig, würde ich sagen ›bösartig‹ und mir weiter keine Sorgen machen. Aber neunzehn! — Und womöglich ein Bein verlieren, ohne daß es notwendig ist.«

Trotz seiner Ansichten über Pearson, trotz seiner eigenen Überzeugung, daß die Geschwulst, von der sie sprachen, gutartig und nicht bösartig war, spürte Coleman, wie seine Sympathie für Pearson wuchs. Der alte Mann trug in diesem Falle die letzte Verantwortung. Es war verständlich, daß er in Bedrängnis war. Die Entscheidung, die er treffen mußte, war ungewöhnlich schwer. Er sagte langsam: »Die Diagnose verlangt in einem derartigen Fall sehr großen Mut.«

Pearson loderte auf, als ob er ein brennendes Streichholz in einen leicht entzündlichen Stoff geworfen hätte. »Bleiben Sie mir doch mit Ihren Sekundanerklischees vom Halse. Ich tue das seit dreißig Jahren.« Er starrte Coleman mit funkelnden Augen an. Die frühere Feindschaft war zurückgekehrt. In diesem Augenblick klingelte das Telefon.

»Ja?« Pearsons Antwort war zwar schroff, aber sein Ausdruck besänftigte sich, während er zuhörte. Dann sagte er: »Also gut, Lucy. Das beste ist, Sie kommen herunter. Ich warte hier auf Sie.« Er legte den Hörer zurück und starrte auf einen Punkt in der Mitte des Schreibtisches. Dann sagte er, ohne den Kopf zu heben, zu Coleman: »Lucy Grainger ist auf dem Wege hierher. Sie können bleiben, wenn Sie wollen.«

Fast als ob er ihn nicht gehört habe, sagte Coleman nachdenklich: »Wissen Sie, es gibt vielleicht noch einen anderen Weg, der uns einen brauchbaren Hinweis liefern kann.«

»Welchen?« Pearson hob scharf den Kopf.

»Diese Röntgenaufnahmen.« Coleman sprach immer noch langsam, als überlegte er, während er sprach. »Sie wurden schon vor zwei Wochen aufgenommen. Wenn ein Tumor vorliegt, und wenn er sich weiterentwickelt hat, könnte eine neue Röntgenuntersuchung das zeigen.«

Ohne ein Wort beugte Pearson sich wieder vor und griff noch einmal nach dem Telefon. Das Knacken in der Leitung war zu hören. Dann sagte er: »Geben Sie mir Dr. Bell in der Röntgenabteilung.«

Während der alte Mann wartete, musterte er Coleman mit seltsamem Ausdruck. Dann bedeckte er die Sprechmuschel und sagte widerwillig anerkennend: »Das muß man Ihnen lassen. Sie denken nach – ständig.«

In dem Zimmer, das der Krankenhausstab scherzhaft als den »Schwitzkasten für werdende Väter« bezeichnete, drückte John Alexander eine halbgerauchte Zigarette in einem Aschenbecher aus. Er stand auf, klopfte auf den Ledersessel, in dem er die letzten anderthalb Stunden gesessen hatte, und von dem er jedesmal, wenn sich die Tür öffnete und jemand von dem Gang draußen hereinkam, aufgefahren war. Aber immer war die Nachricht für einen anderen bestimmt gewesen, und jetzt waren von den fünf Männern, die sich vor neunzig Minuten in dem Raum aufgehalten hatten, nur noch er und ein anderer übriggeblieben.

Er trat an das große Fenster, von dem man den Vorhof des Krankenhauses überblickte und über andere Gebäude hinweg auf das Industrieviertel Burlingtons sah, und stellte fest, daß Straßen und Dächer naß waren. Seit er hierhergekommen war, mußte es also geregnet haben, ohne daß er es bemerkt hatte. Jetzt bot die Umgebung des Krankenhauses den unerfreulichsten Anblick. Schmutzig und deprimierend erstreckten sich die Dächer vernachlässigter Häuser und billiger Wohnblocks bis zu den Fabriken mit ihren verrußten Schloten zu beiden Ufern des Flusses. Als er auf die Straße vor dem Krankenhaus hinunterblickte, sah er eine Gruppe Kinder, die aus einer Seitengasse herausgelaufen kam und über die Pfützen, die auf dem unebenen, zerrissenen

Pflaster des Bürgersteiges standen, hinweghüpfte oder sie umging. Während er die Kinder beobachtete, bemerkte er, wie ein größerer Junge stehenblieb und einem Kind hinter sich ein Bein stellte. Es war ein kleines Mädchen, vielleicht vier oder fünf. Sie fiel mit dem Gesicht in eine große Pfütze. Schmutziges Wasser spritzte um sie auf. Weinend erhob sie sich, wischte sich Schlamm aus dem Gesicht und versuchte, das Wasser aus ihrem verdreckten, durchnäßten Kleid zu wringen. Die anderen waren stehengeblieben, sprangen im Kreis um sie herum, ihrem Gesichtsausdruck nach zu schließen hingerissen vor Schadenfreude.

»So sind Kinder.« Die angewiderte Stimme sprach unmittelbar neben ihm, und erst jetzt bemerkte John, daß der andere Mann in dem Raum neben ihn ans Fenster getreten war. Er blickte zur Seite und sah eine große, spindeldürre Gestalt vor sich. Das Gesicht mit den hohlen Wangen war ungewöhnlich hager. Der Mann war unrasiert. Vermutlich war er zwanzig Jahre älter als John. Er trug eine fleckige Cordjacke über einem schmutzigen Overall. John nahm einen Dunst von Schmieröl und abgestandenem Bier wahr, der den Mann umgab.

»Kinder sind alle gleich.« Der Mann wendete sich vom Fenster ab und wühlte in seinen Taschen. Gleich darauf zog er Papier und Tabak heraus und begann, sich eine Zigarette zu drehen. Er sah John scharf an, als er fragte: »Ihr erstes?«

»Eigentlich nicht. Es ist unser zweites. Unser erstes Baby starb.«

»Wir verloren auch eins in dem Alter, das zwischen dem vierten und dem fünften. Ganz gut so.« Der Mann suchte wieder in seinen Taschen. Er fragte: »Haben Sie Feuer?«

John zog sein Feuerzeug heraus und hielt es ihm hin. »Sie erwarten schon Ihr sechstes?«

»Nein – das achte.« Der hagere Mann hatte jetzt seine Zigarette in Brand. »Manchmal finde ich, es sind acht zuviel.« Dann fragte er schroff: »Sie wollten Ihres wohl, was?«

»Meinen Sie das Kind?«

»Ja.«

»Selbstverständlich.« John war überrascht.

»Wir wollten sie nie. Nach dem ersten nicht mehr. Das hat mir gelangt.«

»Warum haben Sie dann acht?« John konnte die Frage nicht unterdrücken. Die Unterhaltung übte einen fast hypnotischen Zwang auf ihn aus.

»Fragen Sie besser meine Frau. Bei der ist es immer heiß in der Hose. Wenn sie zwei Glas Bier in sich hat und mit ihrem Hintern eine Weile über eine Tanzfläche gewackelt ist, muß sie es immer gleich besorgt haben. Dann kann sie einfach nicht warten, bis sie zu Hause ist.« Der

Hagere stieß Rauch aus und fuhr ruhig fort: »Wir haben alle unsere Kinder an den komischsten Stellen gemacht. Einmal waren wir im Warenhaus Macy einkaufen, und da trieben wir es in einer Besenkammer im Souterrain. Da kommt unser viertes her, glaube ich. Aus dem Souterrain bei Macy. War aber kein Gelegenheitskauf.«

John war nahe daran, laut herauszulachen, aber dann fiel ihm wieder ein, weshalb er hier war. Statt dessen sagte er: »Ich hoffe nur, daß bei Ihnen alles gut geht – ich meine dieses Mal.«

Der Hagere antwortete finster: »Es geht immer gut. Das ist ja unser Ärger.« Er ging auf die andere Seite des Zimmers zurück und nahm eine Zeitung.

Als John wieder allein am Fenster stand, sah er noch einmal auf seine Uhr. Nun wartete er schon eindreiviertel Stunden hier oben. Bestimmt mußte er bald etwas erfahren. Er wünschte, er hätte Elizabeth gesehen, bevor sie in das Entbindungszimmer gebracht worden war. Aber alles ging so schnell, daß er keine Gelegenheit mehr dazu hatte. Er befand sich in der Krankenhausküche, wohin er auf Dr. Pearsons Anweisung gegangen war, als Carl Bannister ihm die Nachricht überbrachte. Pearson hatte ihm befohlen, von den Tellern Kulturen abzunehmen, nachdem sie durch die Geschirrspülmaschinen gelaufen waren. John vermutete, daß der Verdacht bestand, die Maschinen würden nicht hygienisch einwandfrei arbeiten. Aber sobald Bannister ihn über Elizabeths Aufnahme im Krankenhaus benachrichtigt hatte, ließ er die Arbeit liegen und lief in die Aufnahme, in der Hoffnung, sie dort noch anzutreffen. Sie war aber schon im Krankenwagen angekommen und in die Entbindungsstation gebracht worden. Danach war er sofort hier hinaufgekommen, um zu warten.

Jetzt öffnete sich wieder die Tür, und diesmal war es Dr. Dornberger. John versuchte, auf seinem Gesicht zu lesen, aber vergeblich. Dornberger fragte: »Sind Sie John Alexander?«

»Ja, Sir.« John hatte den alten Geburtshelfer schon mehrere Male im Krankenhaus gesehen, aber es war das erstemal, daß er mit ihm sprach.

»Ihre Frau wird alles gut überstehen.« Dornberger war erfahren genug, um keine langen Umschweife zu machen.

Johns erste Reaktion war die Empfindung überwältigender Dankbarkeit. Dann fragte er: »Und das Kind?«

Dornberger antwortete ruhig: »Sie haben einen Jungen. Er ist natürlich zu früh geboren, und ich muß Sie darauf aufmerksam machen, John, daß er sehr schwach ist.«

»Ist er lebensfähig?« Erst als er die Frage ausgesprochen hatte, wurde ihm bewußt, wieviel für ihn von der Antwort abhing.

Dornberger hatte seine Pfeife aus der Tasche gezogen und stopfte sie.

Ruhig antwortete er: »Wir wollen sagen, daß seine Chancen nicht so günstig sind, als wenn er voll ausgetragen wäre.«

John nickte betrübt. Mehr gab es nicht zu sagen, jedenfalls nichts, was jetzt Bedeutung hatte.

Der alte Arzt schwieg, während er seinen Tabaksbeutel wieder einsteckte. Dann sagte er im gleichen bedachtsamen Ton: »Soweit ich es beurteilen kann, ist Ihr Kind zweiunddreißig Wochen alt, das heißt, er wurde acht Wochen zu früh geboren.« Mitfühlend fügte er hinzu: »Der Junge ist für die Welt noch nicht fertig, John. So früh ist das keiner von uns.«

»Nein, wahrscheinlich nicht.« John war sich kaum bewußt, was er antwortete. Seine Gedanken waren bei Elizabeth und bei dem, was dieses Kind ihnen beiden bedeutete.

Dr. Dornberger hatte Streichhölzer aus der Tasche gezogen und zündete seine Pfeife an. Als sie brannte, sagte er: »Ihr Kind wog bei der Geburt tausendfünfhundertfünfzig Gramm. Das sagt Ihnen vielleicht mehr, wenn ich Ihnen erkläre, daß wir heute jedes Kind unter zweitausendfünfhundert Gramm Gewicht bei der Geburt als nicht ausgetragen ansehen.«

»Ich verstehe.«

»Wir haben das Baby natürlich in einen Brutkasten gelegt. Selbstverständlich tun wir alles, was in unserer Macht steht.«

John sah den Geburtshelfer fest an. »Dann besteht also Hoffnung?«

»Hoffnung besteht immer, mein Sohn«, sagte Dornberger still. »Wenn wir auch sonst nicht viel haben, hoffen dürfen wir wohl immer.«

Es entstand eine Pause. Dann fragte John: »Kann ich meine Frau jetzt sehen?«

»Ja«, antwortete Dornberger, »ich komme mit Ihnen auf die Station.«

Als sie hinausgingen, bemerkte John, daß der große, hagere Mann ihn neugierig musterte.

Vivian begriff nicht ganz, was geschah. Sie wußte nur, daß eine der Stationsschwestern in ihr Zimmer gekommen war und ihr gesagt hatte, sie würde sofort in die Röntgenabteilung gebracht. Mit Hilfe einer Lernschwester war sie auf eine Trage gebettet worden und wurde durch den Gang gerollt, durch den sie vor kurzer Zeit erst selbst noch gegangen war. Ihr Weg durch das Krankenhaus erschien ihr wie ein Traum, brachte die Unwirklichkeit von allem, was bisher geschehen war, auf den Höhepunkt. Vivian entdeckte, daß ihre Angst sie im Augenblick verlassen hatte, als ob alles, was folgte, sie letzten Endes nicht berührte, weil das, was kam, unvermeidlich und unabänderlich war. Sie überraschte sich bei der Frage, ob diese Empfindung das Ergebnis ihrer Depression sei, ob sie die Hoffnung aufgegeben habe. Sie wußte bereits, daß dieser Tag das Urteil bringen mußte, das sie fürchtete: das Urteil, das sie zum Krüppel machte, ihr die Bewegungsfreiheit raubte, ihr mit einem harten Schlag so vieles nahm, was sie bisher als selbstverständlich hingenommen hatte. Bei diesem letzten Gedanken verließ ihre Gelassenheit sie wieder, und die Angst kam zurück. Sie wünschte verzweifelt, daß Mike in diesem Augenblick bei ihr wäre.

Lucy Grainger erwartete sie am Eingang der Röntgenabteilung.

»Wir haben beschlossen, noch einmal zu röntgen, Vivian«, sagte sie. »Es dauert nicht lange.« Sie wandte sich an den Arzt im weißen Mantel neben ihr. »Dies ist Dr. Bell.«

»'n Tag, Vivian.« Bell lächelte ihr durch seine dicken, horngefaßten Brillengläser zu, wandte sich dann an die Schwester: »Kann ich bitte das Krankenblatt haben?« Während er es durchsah, die daran geklammerten Befunde schnell durchblätterte, drehte Vivian den Kopf hin und her und sah sich um. Sie befanden sich in einem kleinen Empfangsraum, ein durch Glaswände abgeteiltes Schwesternzimmer in der Ecke. An der Wand erblickte sie andere Patienten – zwei Männer in Rollstühlen, die Pyjamas und Krankenhausmäntel trugen, und eine Frau und einen Mann in Straßenkleidung, der Mann mit einem Gipsverband um ein Handgelenk. Diese beiden, das wußte sie, mußten entweder aus der ambulanten Abteilung oder von der Notaufnahme hergeschickt worden sein. Dem Mann mit dem Gipsverband war sichtlich unbehaglich, und er wirkte fehl am Platz. In seiner gesunden Hand hielt er ein vorgedrucktes Formular. Er schien sich daran zu klammern, als sei es ein Paß, den er brauche, um aus dieser fremdartigen Umgebung wieder hinauszugelangen.

Bell hatte die Krankenpapiere durchgesehen und reichte sie zurück. Er sagte zu Lucy: »Joe Pearson hat mich schon angerufen. Wenn ich richtig verstanden habe, wollen Sie durch die zweite Röntgenaufnahme feststellen, ob an dem Knochen inzwischen eine Veränderung eingetreten ist?«

»Ja«, nickte Lucy. »Es ist Joes Gedanke, daß in der Zwischenzeit etwas« – sie zögerte, weil Vivian sie hören konnte – »etwas erkennbar geworden sein könnte.«

»Es wäre möglich.« Bell war zu dem Schwesternzimmer hinübergegangen und füllte eine Röntgenanforderung aus. Er fragte das Mädchen hinter dem Schreibtisch: »Welche Techniker sind frei?«

Sie sah in eine Liste. »Jane und Mr. Firban.«

»Dann lassen wir das am besten Firban machen. Wollen Sie ihn bitte herrufen.« Zu Lucy gewendet sagte er, als er zu dem Wagen zurückkam: »Firban ist einer unserer besten Techniker, und wir wollen ja

gute Filme haben.« Er lächelte Lucy zu. »Dr. Pearson hat mich gebeten, mich persönlich um Ihren Fall zu kümmern. Darum bin ich hier. Jetzt wollen wir hier hineingehen.«
Mit Bells Hilfe schob die Schwester die Trage aus dem Vorraum in ein größeres Zimmer. Die Mitte wurde von einem Röntgentisch eingenommen, über dem das Gehäuse mit der Röntgenröhre an Schienen und Rollen schwebte. Ein kleinerer Teil des Raumes wurde durch eine dicke Glaswand abgetrennt, hinter der Vivian eine elektrische Schalttafel erkennen konnte. Fast gleich darauf kam ein kleiner, jüngerer Mann mit kurzgeschnittenem Haar in einem weißen Labormantel zu ihnen in den Raum. Seine Bewegungen waren knapp und flink, als ob er alles, was er tat, schnell, aber mit einem Minimum an Kraftaufwand tun wolle. Er sah Vivian an und wandte sich dann an Bell.
»Sie wünschen, Dr. Bell?«
»Ah, Karl, da sind Sie ja. Ich möchte, daß Sie diesen Fall übernehmen. Kennen Sie übrigens Dr. Grainger?« Und zu Lucy gewandt: »Das ist Karl Firban.«
»Ich glaube nicht, daß wir uns kennen.« Lucy streckte ihre Hand aus, und der Techniker ergriff sie.
»Sehr angenehm, Doktor.«
»Und unsere Patientin ist Vivian Loburton.« Bell lächelte auf die Trage hinunter. »Sie ist eine unserer Lernschwestern. Darum geben wir uns solche Mühe mit ihr.«
»Wie geht's, Vivian.« Firbans Gruß war knapp wie seine Bewegungen. Er schwenkte jetzt den Röntgentisch aus seiner senkrechten Stellung in die Waagrechte und sagte mit einer forschen Munterkeit: »Unseren Vorzugskunden stellen wir die Wahl zwischen Vista Vision und Cinemascope — alles in prächtigem Grau und Schwarz.« Er las die Anforderung, die Bell ihm hingelegt hatte. »Das linke Knie also. Besondere Wünsche, Doktor?«
»Wir brauchen ein paar gute, frontale, seitliche und weiche Aufnahmen. Und dann glaube ich, eine Schrägaufnahme des Kniegebietes von oben.« Bell schwieg, um nachzudenken. »Ich würde sagen, fünf oder sechs Filme, und dazu die entsprechenden Aufnahmen des anderen Knies.«
»Wünschen Sie Aufnahmen auf dreißig mal vierzig, um auch das angrenzende Schien- und Wadenbein auf den Film zu bekommen?«
Bell überlegte kurz und nickte dann. »Das ist ein guter Gedanke.« Zu Lucy sagte er: »Wenn eine Knochenmarkentzündung vorliegt, könnten weiter unten am Knochen Veränderungen an der Knochenhaut erkennbar sein.«
»Also gut, Doktor. In einer halben Stunde ist alles fertig.«

Das war ein höflicher Wink Firbans, der es vorzog, allein und ungestört zu arbeiten, und der Röntgenarzt respektierte seinen Wunsch.

»Wir trinken eben eine Tasse Kaffee und kommen wieder her.« Bell lächelte Vivian wieder zu. »Sie sind in guten Händen.« Dann folgte er Lucy hinaus.

»Also an die Arbeit.« Der Techniker winkte der Schwester, und gemeinsam halfen sie Vivian von der Trage auf den Röntgentisch hinüber. Im Vergleich mit der Auflage der Trage war die schwarze Ebonitplatte des Tisches hart und unnachgiebig.

»Nicht sehr bequem bei uns, wie?« Firban schob Vivian behutsam in die Stellung, die er wünschte, und ließ ihr linkes Knie unbedeckt. Als sie den Kopf schüttelte, fuhr er fort: »Man gewöhnt sich daran. Ich habe auf diesem Tisch schon oft geschlafen, wenn ich Nachtdienst hatte und nichts zu tun war.« Er nickte der Schwester zu, und das Mädchen trat hinter die Glaswand.

Vivian beobachtete den Techniker, der routiniert die Vorbereitungen für die Aufnahme traf. Mit flinken, ruckartigen Bewegungen nahm er eine Filmkassette aus einem in die Wand eingebauten Behälter und setzte sie mit geübtem Griff in einen Schlitten unter dem Röntgentisch ein, den er unter Vivians Knie schob. Dann steuerte er durch herabhängende Knopfschalter die schwere Röntgenröhre auf ihren Schienen und Rollen an der Decke über Vivians Knie und ließ sie bis dicht darüber herunter. Die Nadel auf dem Höhenanzeiger der Maschine zeigte vierzig Zoll an.

Wie fremdartig und unwirklich hier alles ist, dachte Vivian, so ganz anders als das übrige Krankenhaus. Als sich die schimmernde Anlage aus schwarzem Lack und blankem Chrom langsam und mit einem sanften Surren über ihr bewegte, kam sie ihr fast wie ein Ungeheuer vor. Hier herrschte eine wissenschaftliche und seelenlose Atmosphäre. Dieser Raum schien in gewisser Weise von der Medizin so weit entfernt zu sein wie der Maschinenraum eines Ozeanschiffes von dem hochgelegenen, sonnenbestrahlten Promenadendeck. Aber mit diesen geheimnisvollen und einschüchternden Geräten wurde ein großer Teil der wirklichen Forschungsarbeiten der Medizin verrichtet. Der Gedanke ängstigte sie einen Augenblick. Über all dem schwebte eine bedrohliche Unpersönlichkeit, an diesen Maschinen war so wenig Menschliches. Was sie auch aufdecken mochten, wurde ohne Wärme oder Freude, ohne Trauer oder Anteilnahme registriert und übermittelt. Gut oder schlecht, es spielte keine Rolle. Einen Augenblick erschien ihr die Öffnung vor der Röntgenröhre, die jetzt über ihr hing, wie das Auge des Gesetzes, unbeugsam, leidenschaftslos. Wie würde seine Entscheidung jetzt ausfallen? Durfte sie hoffen, oder wurde sie gar erlöst – oder würde es ein Verdammnisurteil fällen, gegen das es keine Berufung gab? Wieder sehnte sie Mike herbei. Sie nahm sich vor, ihn anzurufen, sobald sie wieder in ihr Zimmer kam.

Der Techniker hatte seine Vorbereitungen beendet. »So wird es wohl gehen.« Er warf einen letzten überprüfenden Blick auf den Apparat. »Ich sage Ihnen Bescheid, wenn Sie völlig ruhig bleiben müssen. Sie müssen wissen, wir sind die einzigen im Krankenhaus, die den Patienten versprechen können, daß sie nichts spüren, und es stimmt auch wirklich.«

Jetzt trat er hinter die zolldicke Glaswand, die die Röntgentechniker vor der Strahlung schützte. Aus dem Augenwinkel konnte Vivian erkennen, wie er, eine Liste in der Hand, hierhin und dorthin griff und Schalter einstellte.

Vor dem Schaltbrett dachte Firban: ein hübsches Mädchen. Was ihr wohl fehlt? Es muß etwas Ernstes sein, wenn Bell sich selbst um sie kümmert. Im allgemeinen interessiert sich der Chef nicht für Patienten, ehe die Filme vorliegen. Er überprüfte noch einmal das Schaltbrett. Bei dieser Arbeit lernte man bald, nichts zu riskieren. Die Einstellungen stimmten – vierundachtzig Kilovolt, zweihundert Milliampere, Belichtungszeit eine fünfzehnhundertstel Sekunde. Er drückte auf den Knopf, der die Drehanode der Röhre in Bewegung setzte. Dann rief er das übliche: »Nicht bewegen! Ganz stillhalten!« preßte mit dem Daumen auf den zweiten Knopf und wußte: was es auch zu sehen gab, war jetzt durch die durchdringenden Röntgenstrahlen festgehalten, um von anderen beurteilt zu werden.

Im Vorführraum der Röntgenabteilung waren die Jalousien heruntergelassen, um das Tageslicht auszuschalten. Dr. Bell und Lucy Grainger warteten. In ein paar Minuten mußten die Filme, die Firban aufgenommen hatte zum Vergleich mit den Aufnahmen von vor zwei Wochen, vorliegen. Der Techniker hatte die belichteten Negative bereits in die automatische Entwicklungsanlage eingeschoben, die in diesem Augenblick – sie sah wie eine etwas groß geratene Ölheizung aus – noch leise vor sich hinsummte. Dann begannen, einer nach dem anderen, die entwickelten Filme aus einem Schlitz am Vorderteil der Maschine herauszufallen.

Bell nahm jeden Film sofort auf und klammerte ihn vor einem Betrachter fest, der durch Leuchtröhren erhellt wurde. Vor einem zweiten Betrachter unmittelbar darüber hatte er schon die früheren Aufnahmen aufgehängt.

»Sind die Aufnahmen nicht schön geworden?« Der Ton des Technikers verriet einen Anflug von Stolz.

»Ausgezeichnet.« Die Antwort kam mechanisch. Bell betrachtete schon konzentriert die neuen Filme, verglich sie mit den entsprechenden Stellen auf den alten Aufnahmen. Dabei deutete er mit einem Bleistift auf diese Stellen, um sich bei seinen Überlegungen zu helfen und gleichzeitig Lucy seine Gedanken zu erläutern.

Nachdem sie beide Serien gründlich verglichen hatten, fragte Lucy: »Sehen Sie einen Unterschied? Ich fürchte, ich kann keinen erkennen.«

Der Röntgenarzt schüttelte den Kopf. »Hier liegen Anzeichen einer geringfügigen Reizung der Knochenhaut vor.« Er deutete mit dem Bleistift auf einen kleinen Unterschied in der grauen Schattierung auf zweien der Filme. »Das sind aber wahrscheinlich Folgen Ihrer Probeexcision. Sonst sind keine Veränderungen festzustellen, die irgendwelche Schlüsse zulassen.« Bell nahm seine dicke Brille ab und rieb sein rechtes Auge. Fast wie um Entschuldigung bittend, sagte er: »Es tut mir leid, Lucy, ich glaube, die Entscheidung liegt nach wie vor bei der Pathologie. Wollen Sie Joe Pearson benachrichtigen, oder soll ich es tun?« Er begann, die beiden Serien Filme von den Haltern abzunehmen.

»Ich tue es selbst«, antwortete Lucy ernst. »Ich gehe gleich zu Joe und sage es ihm.«

XVII

Die Stationsschwester Mrs. Wilding schob eine Strähne grauer Haare, die immer wieder unter ihrer gestärkten Haube hervorkroch, zurück und ging rasch vor John Alexander durch den Gang der Entbindungsstation im vierten Stock. Vor der fünften Tür blieb sie stehen und blickte hinein. Dann verkündete sie fröhlich: »Ein Besucher für Sie, Mrs. Alexander«, und ließ John in das kleine Krankenzimmer eintreten.

»Johnny, Liebster.« Elizabeth streckte ihre Arme aus. Sie zuckte unwillkürlich etwas zusammen, als sie dabei ihre Stellung veränderte. Er trat schnell zu ihr und küßte sie zärtlich. Einen Augenblick hielt sie ihn fest umschlungen. Er spürte ihre Wärme und unter seiner Hand das frische, saubere, leicht gestärkte Krankenhausnachthemd, das sie trug. Ihr Haar hatte einen Geruch, der an eine Mischung von Schweiß und Äther erinnerte. Es gemahnte ihn an das, was er nicht mit ihr hatte teilen können, etwas, das wie der fremde Hauch eines fernen Landes über ihr lag, von dem sie jetzt zurückgekehrt war. Einen Augenblick empfand er eine Spannung zwischen ihnen, als ob sie sich nach einer langen Trennung wiederfinden und von neuem kennenlernen müßten. Dann löste sich Elizabeth sanft von ihm.

»Ich muß schrecklich aussehen.«
»Du bist wunderschön«, versicherte er.
»Ich hatte gar keine Zeit mehr, etwas mitzunehmen.« Sie sah auf das formlose Krankenhaushemd hinunter. »Nicht mal ein Nachthemd oder einen Lippenstift.«
Mitfühlend sagte er: »Ich weiß.«
»Ich werde eine Liste aufstellen, dann kannst du mir alles bringen.«
Hinter ihnen hatte Schwester Wilding den Vorhang zugezogen, der das andere Bett in dem kleinen Zimmer abtrennte.
»So. Jetzt sind Sie so ungestört, wie Sie sein können.« Sie nahm ein Glas von Elizabeths Nachttisch und füllte es aus einem Krug mit Eiswasser.
»Ich komme gleich wieder, Mr. Alexander, dann können Sie Ihr Baby sehen.«
»Danke.« Beide lächelten der Schwester dankbar zu, als sie hinausging.
Nachdem die Tür geschlossen war, wandte Elizabeth sich John wieder zu. Ihr Ausdruck war gespannt, ihr Blick forschend. »Johnny, Liebster, du mußt es mir sagen: welche Chancen hat das Kind?«
»Nun, Liebste ...« Er zögerte.
Sie streckte ihre Hand aus und legte sie auf die seine. »Johnny, ich will die Wahrheit wissen. Die Schwestern werden sie mir nicht sagen. Ich muß sie von dir erfahren.« Ihre Stimme schwankte. Er sah ihr an, daß ihr die Tränen nahe waren.
Leise antwortete er: »Es ist ungewiß.« Er wählte seine nächsten Worte vorsichtig. »Ich habe mit Dr. Dornberger gesprochen, die Aussichten stehen eins zu eins. Das Baby kann leben oder ...« John vollendete seinen Satz nicht und schwieg.
Elizabeth ließ den Kopf in die Kissen zurücksinken. Sie blickte zur Decke. Ihre Stimme war kaum mehr als ein Flüstern, als sie fragte: »Dann besteht nicht sehr viel Hoffnung?«
John erwog die Wirkung seiner nächsten Worte sorgfältig, ehe er antwortete. Vielleicht war es für sie beide besser, wenn sie sich jetzt schon auf die Möglichkeit gefaßt machten, daß das Kind starb, besser jedenfalls, als bei Elizabeth Hoffnungen zu wecken, die dann in ein oder zwei Tagen womöglich grausam enttäuscht wurden. Behutsam sagte er: »Es ist ... schrecklich klein, verstehst du? Er wurde zwei Monate zu früh geboren. Wenn irgendeine Infektion eintritt ... wenn es auch nur das Geringste ist ... Er ist eben nicht sehr kräftig.«
»Danke.« Elizabeth lag völlig regungslos. Sie sah ihn nicht an, sondern drückte nur fest seine Hand. Auf ihren Wangen standen Tränen, und John spürte, daß auch seine Augen feucht wurden.

Er versuchte, seiner Stimme einen festen Klang zu geben und sagte: »Elizabeth, Liebling, was auch geschieht ... Wir sind noch jung. Wir haben noch so vieles vor uns.«
»Ich weiß.« Ihre Worte waren kaum hörbar. Er legte wieder seine Arme um sie, drückte ihren Kopf an sich und hörte sie zwischen unterdrücktem Schluchzen flüstern: »Aber zwei Babys ... auf diese Weise ...« Sie hob den Kopf und schrie verzweifelt auf: »Es ist nicht gerecht!«
Er fühlte, wie ihm die Tränen in die Augen traten. Zärtlich flüsterte er: »Es ist schwer zu begreifen ... aber wir haben immer noch uns.«
Er hielt sie noch eine Minute umschlungen. Ihr Schluchzen wurde ruhiger, dann spürte er, wie sie sich bewegte. Sie murmelte: »Taschentuch, bitte.« Er zog eines aus seiner Tasche und reichte es ihr.
»Es ist jetzt schon gut.« Sie wischte sich über die Augen. »Es ist manchmal nur so ...«
Liebevoll erwiderte er: »Wenn es dir hilft, Liebling, dann weine so viel, wie du willst.«
Sie lächelte unsicher und gab ihm das Taschentuch zurück. »Ich fürchte, du kannst es nicht mehr gebrauchen.« Dann sagte sie in gefaßterem Ton: »Johnny, während ich hier lag, habe ich nachgedacht.«
»Worüber?«
»Ich möchte, daß du Medizin studierst.«
Vorsichtig protestierte er: »Aber, Liebling, darüber haben wir schon so oft ...«
»Nein«, unterbrach Elizabeth ihn. Ihre Stimme war immer noch schwach, hatte aber einen entschiedenen Klang. »Ich habe es immer gewünscht, und jetzt sagt auch Dr. Coleman, du solltest es tun.«
»Hast du denn eine Vorstellung, was das kosten würde?«
»Ja, das habe ich. Ich kann mir ja wieder eine Stellung suchen.«
Behutsam warf er ein: »Aber mit einem Baby?«
Einen Augenblick herrschte Schweigen. Dann antwortete Elizabeth leise: »Vielleicht behalten wir es nicht.«
Die Tür öffnete sich geräuschlos, und Schwester Wilding kam herein. Sie bemerkte Elizabeths rotgeränderte Augen und vermied taktvoll, sie anzusehen. Zu John sagte sie: »Wenn Sie wollen, Mr. Alexander, zeige ich Ihnen jetzt Ihr Baby.«

Nachdem Dr. Dornberger John Alexander auf der Pflegestation zurückgelassen hatte, ging er zu dem Säuglingszimmer.
Der Raum lag am Ende eines langen, hellen, in fröhlichen Pastelltönen gestrichenen Ganges. Er lag in einem Teil des Krankenhauses, der vor zwei Jahren renoviert worden war und in dem der neue Zug zur Geräumigkeit und Helligkeit sich durchgesetzt hatte. Auf seinem Weg

durch den Gang vernahm Dornberger wie immer das Schreien der Säuglinge, dessen Ausdruck und Tonstärke von einem kräftigen, ungehaltenen Protest bis zum schwächlichen Vorsichhinwimmern reichte. Mehr aus Gewohnheit als aus einem unmittelbaren Anlaß blieb er stehen und sah durch die dicken Glasscheiben, die das Säuglingszimmer auf drei Seiten abschlossen. Der gleiche Andrang wie immer, ging es ihm durch den Kopf, als er bemerkte, daß die meisten Bettchen belegt waren, und ließ seinen Blick über die ordentlich ausgerichteten Reihen wandern.

Das hier sind die normalen, gesunden Wesen, dachte er. Zunächst haben sie ihren Kampf ums Dasein einmal gewonnen. Und in ein paar Tagen ziehen sie weiter in die auf sie wartende Welt hinaus. Vor ihnen liegt das Zuhause, die Schule, der Lebenskampf, der Wettstreit um Ruhm und Besitz. Manche von ihnen werden Erfolge genießen und unter Niederlagen leiden. Da waren welche, die, wenn sie alles überstanden, sich ihrer Jugend erfreuen, sich mit den mittleren Lebensjahren abfinden und traurig altern würden. Da waren welche, für die stärkere und glänzendere Autos entworfen wurden, denen schnellere und weiter fliegende Flugzeuge dienen, denen jedes Bedürfnis und jede Anwandlung von anderen ihresgleichen erfüllt werden würden. Sie würden alle einer unbekannten Zukunft gegenübertreten, die meisten mit Unbehagen, viele tapfer, ein paar zaghaft und ängstlich. Vielleicht würden einige von ihnen die Grenzen des Weltraums durchbrechen, andere durch die Gabe der Rede ihre Mitmenschen vielleicht zu Wut und Verzweiflung anstacheln. Die meisten würden in zwanzig Jahren erwachsen sein und dem gleichen uralten, angeborenen Drang, der ihren eigenen Samen gesät und sie wimmernd und begehrend in diese Welt gebracht hatte, gehorchen und sich paaren. Im Augenblick waren sie aber die Sieger, die Geborenen, die Fordernden. Das erste und größte Hindernis hatten sie überwunden, die anderen Kämpfe standen ihnen noch bevor.

Auf der anderen Seite des Ganges befand sich eine andere Abteilung, an die sich ein kleineres Säuglingszimmer anschloß. Dort lagen still und für sich, jede in einem Brutkasten, die Frühgeburten. Sie, über deren Anfang Fragezeichen standen, deren Existenz ungewiß war, hatten ihre erste Schlacht noch nicht gewonnen. Dr. Dornberger wandte sich von dem Hauptsäuglingszimmer ab und ging in diese Abteilung.

Als er seinen jüngsten Patienten betrachtete — ein winziges Fragment schwacher Menschlichkeit —, schob er die Lippen vor und schüttelte zweifelnd den Kopf. Dann schrieb er, methodisch wie immer, sorgfältig seine Behandlungsvorschriften auf.

Später, als Dornberger die Abteilung verließ, traten Schwester Wilding und John Alexander zusammen durch eine andere Tür ein.

Wie jeder, der in die Station der Frühgeburten kam, hatten sie sterile

Kittel und Gesichtsmasken angelegt, obwohl gläserne Trennwände sie von dem Raum, dessen Wärme und Luftfeuchtigkeit streng kontrolliert wurde, abschlossen. Als sie jetzt stehenblieben, beugte Schwester Wilding sich vor und klopfte leicht an das Glas. Die junge Schwester in dem abgeteilten Raum blickte auf und trat mit fragenden Augen über ihrer Maske vor sie.

»Baby Alexander.« Schwester Wilding erhob ihre Stimme laut genug, daß die andere Schwester sie verstehen konnte, und deutete auf John. Die Schwester nickte und winkte ihnen. Sie folgten ihr auf der anderen Seite der Glaswand und blieben mit ihr stehen. Sie deutete auf einen Brutkasten – einen von dem Dutzend in dem Raum – und drehte ihn etwas, damit sie hineinsehen konnten.

»Mein Gott, ist das alles?« rief John unwillkürlich aus.

Schwester Wilding sah ihn mitfühlend an. »Er ist wirklich nicht sehr groß.«

John starrte ungläubig auf sein Kind. »Ich habe noch nie ein so unglaublich kleines Kind gesehen.«

Gebannt blickte er in den Isolette-Brutkasten. Konnte das ein Mensch sein? Dieses winzige, runzlige, affenartige Etwas, nur wenig größer als seine beiden Hände?

Das Baby lag völlig still, mit geschlossenen Augen. Nur ein leichtes, regelmäßiges Heben und Senken der winzigen Brust verriet, daß es atmete. Selbst in dem Brutkasten, der für kleinste Säuglinge gebaut war, wirkte der kleine, hilflose Körper verloren. Es schien unverständlich, daß es bei seiner Schwächlichkeit überhaupt leben konnte.

Die jüngere Schwester war zu ihnen hinausgekommen. Schwester Wilding fragte: »Wie hoch war sein Gewicht bei der Geburt?«

»Drei Pfund und fünfzig Gramm.« Die junge Schwester wandte sich an John. »Verstehen Sie, was hier vor sich geht, Mr. Alexander? Wie Ihr Kind versorgt wird?«

Er schüttelte den Kopf. Es fiel ihm schwer, seine Augen auch nur für einen Augenblick von dem winzigen Körper abzuwenden.

Die junge Schwester sagte sachlich: »Manche wollen es gern wissen. Sie fühlen sich dann ruhiger.«

John nickte. »Ja, wenn Sie mir es bitte erklären wollen.«

Die Schwester deutete auf den Brutkasten. »Die Temperatur in dem Kasten beträgt immer 36,7 Grad. Der Luft wird Sauerstoff zugeführt, etwa vierzig Prozent. Der Sauerstoff erleichtert dem Kind das Atmen. Seine Lungen sind zu klein, verstehen Sie? Sie waren noch nicht fertig entwickelt, als es zur Welt kam.«

»Ja, ich verstehe.« Seine Blicke ruhten wieder auf der schwachen, pulsierenden Bewegung der Brust. Solange sie anhielt, bezeugte sie Leben,

daß das winzige, schwerbelastete Herz schlug, daß der Lebensfaden nicht gerissen war.
Die Schwester fuhr fort: »Ihr Kind hat nicht so viel Kraft, daß es saugen kann, darum wird es durch einen dünnen Schlauch ernährt. Sehen Sie ihn?« Sie deutete auf einen Plastikschlauch, der von oben von dem Brutkasten in den Mund des Säuglings führte. »Er geht direkt in den Magen. Alle anderthalb Stunden bekommt er dadurch Dextrose und Wasser.«
John zögerte, ehe er fragte: »Haben Sie viele solcher Fälle gesehen?«
»Ja.« Die Schwester nickte ernst, als wenn sie die kommende Frage erraten hätte. Er bemerkte, daß sie klein und hübsch war, mit rotem Haar unter ihrer Haube. Sie war auch überraschend jung, vielleicht zwanzig, sicherlich nicht viel älter. Aber ihr Auftreten verriet Fähigkeit und Erfahrung.
»Glauben Sie, daß er am Leben bleibt?« John sah wieder durch die Glasscheibe.
»Das kann man nicht mit Sicherheit sagen.« Die junge Schwester zog nachdenklich die Stirn kraus. Er spürte, daß sie versuchte, ehrlich zu sein, seine Hoffnungen weder zu zerstören noch zu heben. »Manche kommen durch, andere nicht. Manchmal scheint es, daß Babys den Willen zum Leben haben. Sie kämpfen um ihr Leben.«
Er fragte sie: »Und er – kämpft er?«
Vorsichtig antwortete sie: »Es ist noch zu früh, um das zu sagen. Aber die acht Wochen, die er zu früh geboren wurde, fehlen ihm sehr.« Still fügte sie hinzu: »Es wird ein harter Kampf werden.«
Wieder wanderten seine Blicke zu dem winzigen Körper zurück. Zum erstenmal wurde ihm klar bewußt: Das da ist mein Sohn, mein eigen, ein Teil meines Lebens. Plötzlich wurde er von einer überwältigenden Liebe für dieses gebrechliche Wesen ergriffen, das seinen einsamen Kampf in dem kleinen gewärmten Kasten da unten führte. Der absurde Impuls packte ihn, ihm durch das Glas zuzurufen: Du bist nicht allein, Junge, ich bin hier, um dir zu helfen. Er wünschte, er könnte zu dem Brutkasten laufen und sagen: Hier sind meine Hände, nimm sie, um Kraft zu schöpfen, hier sind meine Lungen, benutze sie und laß sie für dich atmen. Gib nicht auf, Junge, gib nur nicht auf! Vor uns liegt so viel, was wir zusammen tun können, wenn du nur lebst. Hör auf mich und halte durch. Ich bin dein Vater, und ich liebe dich.
Er konnte nicht verhindern, daß ihm die Tränen aus den Augen traten. Er spürte Schwester Wildings Hand auf seinem Arm. Freundlich sagte sie: »Es ist besser, wir gehen jetzt.«
Unfähig zu sprechen, nickte er. Nach einem letzten Blick durch die Glaswand wendeten sie sich ab.

Lucy Grainger klopfte und trat in das Arbeitszimmer des Pathologen. Joe Pearson saß hinter seinem Schreibtisch. David Coleman auf der anderen Seite des Zimmers studierte ein Aktenstück. Er drehte sich um, als Lucy eintrat. »Ich habe die neuen Röntgenfilme von Vivian Loburton«, sagte sie.

»Was zeigen sie?« Pearsons Interesse war sofort geweckt. Er schob ein paar Papiere beiseite und stand auf.

»Sehr wenig, fürchte ich.« Lucy war vor den Filmbetrachter getreten, der an der Wand hing, und beide Männer folgten ihr. Coleman streckte die Hand aus und knipste einen Schalter an. Nach ein oder zwei Sekunden begannen die Leuchtröhren hinter der Mattscheibe aufzuflackern.

Paarweise verglichen sie die Röntgenaufnahmen. Lucy wies, wie Dr. Bell in der Röntgenabteilung, auf das Gebiet, wo nach der Probeexcision an der Knochenhaut Wachstum erkennbar war. Im übrigen, berichtete sie, habe sich nichts verändert. Schließlich rieb sich Pearson nachdenklich das Kinn zwischen Daumen und Zeigefinger. Er sah Coleman an und sagte: »Mir scheint, Ihr Gedanke hat uns nicht geholfen.«

»Offenbar nicht.« Colemans Ton verriet nichts. Trotz aller Bemühungen standen sie vor dem gleichen Problem: sie waren entgegengesetzter Meinung. Er war gespannt, wie sich der alte Mann entscheiden würde.

»Der Versuch war es auf jeden Fall wert.« Pearson hatte eine eigentümliche Art, die geringste Anerkennung widerwillig klingen zu lassen, aber Coleman vermutete, daß er nur sprach, um Zeit zu gewinnen und seine Unschlüssigkeit zu verbergen.

Jetzt wandte sich der alte Mann an Lucy. Fast höhnisch sagte er: »Die Röntgenabteilung weiß also auch nichts?«

Sie antwortete ausdruckslos: »Man kann es so bezeichnen.«

»Und damit bleibt es an mir hängen, an der Pathologie?«

»Ja, Joe«, sagte sie ruhig und wartete.

Zehn Sekunden lang herrschte Schweigen, ehe Pearson wieder sprach. Dann sagte er klar und selbstsicher: »Meine Diagnose lautet, daß Ihre Patientin einen bösartigen Tumor hat – einen Knochenkrebs, Lucy.«

Lucy sah ihn an. Sie fragte: »Ist das endgültig? Ganz eindeutig?«

»Ganz eindeutig.« Die Stimme des Pathologen verriet nicht eine Spur des Zweifels oder des Zögerns. Er fuhr fort: »Ich war von Anfang an davon überzeugt. Ich hoffte, das hier« – er deutete auf die Röntgenfilme – »würde uns eine zusätzliche Bestätigung geben.«

»Also gut.« Lucy nickte ergeben. Ihre Gedanken richteten sich auf die unmittelbaren nächsten Dinge.

Pearson fragte sachlich: »Wann werden Sie amputieren?«

»Morgen vormittag, denke ich.« Lucy nahm die Röntgenfilme an sich und ging zur Tür. Sie sah auch Coleman an, als sie sagte: »Jetzt muß ich

ihr wohl die Nachricht bringen.« Sie verzog das Gesicht etwas. »Das ist eine der schwersten Aufgaben.«
Nachdem sich die Tür hinter ihr geschlossen hatte, wandte Pearson sich an Coleman. Überraschend höflich sagte er: »Einer mußte es entscheiden. Ich bat Sie jetzt nicht um Ihre Ansicht, weil ich nicht wagen durfte, durchblicken zu lassen, daß Zweifel bestanden. Wenn Lucy Grainger das erfuhr, war sie verpflichtet, das Mädchen und seine Eltern darüber zu unterrichten. Und wenn sie das hören, werden sie die Operation hinauszögern wollen. Das wollen alle immer hinausschieben. Man kann ihnen daraus keinen Vorwurf machen.« Er schwieg und fügte schließlich hinzu: »Ich brauche Ihnen nicht zu erklären, was eine Verzögerung bei einem Osteosarkom bedeutet.«
Coleman nickte. Er konnte Pearson keinen Vorwurf daraus machen, daß er eine Entscheidung gefällt hatte. Wie der alte Mann richtig sagte: Einer mußte es tun. Dennoch fragte er sich, ob die Amputation, die morgen vollzogen wurde, unerläßlich notwendig war oder nicht. Gewiß, am Ende würde man es erfahren. Wenn das amputierte Glied in das Labor herunterkam, würde sich bei der Sektion zeigen, ob die Diagnose »bösartig« richtig oder falsch war. Unglücklicherweise war es dann zu spät, der Patientin noch zu helfen, wenn sie auf einem Irrtum beruhte. Die Chirurgie hatte viele Methoden gelernt, Glieder zu amputieren, aber sie besaß kein Verfahren, sie wieder anzusetzen.

Das Nachmittagsflugzeug von Burlington landete kurz nach vier auf dem La Guardia-Flughafen, und vom Flugplatz nahm Kent O'Donnell ein Taxi nach Manhattan. Auf dem Weg in die Stadt lehnte er sich zurück. Zum erstenmal seit einigen Tagen fühlte er sich entspannt. Er bemühte sich immer, in den New Yorker Taxis abzuschalten, hauptsächlich, weil jeder Versuch, den Verkehr oder das Vorwärtskommen durch die Straßen zu beobachten, ihn im allgemeinen nervös werden ließ. Er hatte schon vor langem erkannt, daß hier Fatalismus die einzig richtige Einstellung war. Man fand sich mit der Möglichkeit eines Unfalls ab. Wenn er dann nicht eintrat, gratulierte man sich selbst zu seinem großen Glück.
Ein weiterer Grund für seine Entspannung war, daß er in den vergangenen Wochen mit höchster Anstrengung gearbeitet hatte, sowohl im Krankenhaus selbst als auch außerhalb. Seine Privatpraxis war gewachsen, und er hatte ein paar zusätzliche Operationen angesetzt, um für die vier Tage, die vor ihm lagen, vom Three Counties Hospital abwesend sein zu können. Ferner hatte er vor zwei Tagen eine Sondersitzung des Ärztestabes des Krankenhauses geleitet, auf der er mit Hilfe der von Harry Tomaselli ausgearbeiteten Unterlagen den Umfang der vorge-

schlagenen Spenden der Ärzte für den Baufonds des Krankenhauses bekanntgegeben hatte. Seinen Erwartungen entsprechend, wurde reichlich dagegen gemurrt, aber er zweifelte nicht, daß die Verpflichtungserklärungen und anschließend auch das Geld eingehen würden.

Obwohl O'Donnell bewußt den lebhaften Straßenverkehr New Yorks nicht beachtete, sah er die vertraute, gezackte Silhouette Manhattans näherkommen. Sie überquerten die Queensborough Bridge. Die Strahlen der warmen Nachmittagssonne stießen wie Lanzen zwischen den schmutziggrünen Stahlträgern hindurch, und tief unten konnte er Welfare Island mit seinen finster und nüchtern zusammengedrängten städtischen Kliniken mitten im grauen East River liegen sehen. Er überlegte, daß ihm New York jedesmal, wenn er es wieder sah, häßlicher erschien und seine Unordnung und sein Schmutz auffälliger zutage traten. Und dennoch wurde das alles selbst dem Nicht-New Yorker nach einiger Zeit geläufig und vertraut. Es schien den Reisenden wie ein altvertrauter Freund, dem für den Empfang des Gastes ein alter, abgetragener Anzug gut genug ist, ihn willkommen zu heißen. Er lächelte, hielt sich selbst sein unmedizinisches Denken vor – die Art Denken, die die Überwachung der Luftverschmutzung und die Beseitigung von Slums behinderte. Den Gegnern des Fortschritts ist Sentimentalität eine Hilfe und ein Trost, dachte er.

Das Taxi ließ die Brücke hinter sich und fuhr durch die 60th Street zur Madison Avenue, mühte sich dann einen Block weiter, bog nach Westen in die 59th Street ein. An der Ecke Seventh Avenue und Central-Park bog es wieder links in den dichten Verkehr ein und hielt vier Blocks weiter vor dem Park Sheraton Hotel.

O'Donnell trug sich in dem Hotel ein, anschließend duschte er und zog sich um. Aus seinem Koffer nahm er das Tagungsprogramm des chirurgischen Kongresses, den äußeren Anlaß für seine Reise nach New York. Drei der Vorträge wollte er sich anhören, zwei über Herzchirurgie und einen dritten über die Ersetzung erkrankter Arterien durch Verpflanzung. Aber der erste Vortrag war erst für elf am nächsten Vormittag angesetzt. Das ließ ihm morgen reichlich Zeit. Er sah auf seine Uhr. Es war kurz vor sieben, noch über eine Stunde, bis er mit Denise verabredet war. Er fuhr mit dem Fahrstuhl hinunter, schlenderte durch das Foyer zur Pyramid Lounge.

Es war die Cocktailstunde, und die Bar begann sich mit Gästen zu füllen, die später essen und ins Theater wollten, die meisten, vermutete er, wie er fremd in der Stadt. Ein Kellner führte ihn zu einem Tisch, und während er durch den Raum ging, bemerkte er eine anziehende Frau, die allein an einem Tisch saß und ihn interessiert betrachtete. Das war ihm nicht ungewohnt, und in der Vergangenheit hatten ähnliche

Begegnungen gelegentlich zu willkommenen Erlebnissen geführt. Aber heute dachte er: bedaure, ich habe andere Pläne.
Der Kellner nahm seine Bestellung für einen Whisky Soda entgegen, und nachdem er den Drink erhalten hatte, trank er ihn langsam.
Solche Minuten, dachte er, gibt es in Burlington zu selten. Darum war es ganz gut, ein paar Tage herauszukommen. Es schärfte den Sinn für die Perspektive, ließ einen erkennen, daß manche Dinge der eigenen Umgebung aus einiger Distanz betrachtet sich als bedeutend weniger wichtig erwiesen, als man sie sonst einschätzte. Erst kürzlich war ihm die Vermutung gekommen, daß die Nähe zu dem Krankenhaus sein Denken in manchem aus dem Gleichgewicht gebracht hatte. Er blickte sich um.
Seit er in die Bar gekommen war, hatte sie sich gefüllt. Kellner eilten umher, um die Getränke zu servieren, die drei Mixer in Gläser füllten. Eine oder zwei Gruppen der ersten Gäste gingen gerade. Wie viele dieser Leute, fragte er sich – der Mann und die Frau am Nebentisch etwa, der Kellner bei der Tür, die Vierergruppe, die gerade ging – hatten je etwas vom Three Counties Hospital gehört? Und falls doch, interessierte es sie wirklich, was dort vorging? Trotzdem schien ihm selbst das Krankenhaus mit seinen Problemen in letzter Zeit fast zum Lebensinhalt geworden zu sein. War das ein gutes Zeichen? War es für seinen Beruf gut? O'Donnell hatte immer Menschen mißtraut, die sich restlos hingaben. Sie neigten zur Besessenheit, ihre Urteilskraft wurde durch die Begeisterung für ihre Sache beeinträchtigt. Stand er in Gefahr, selbst so zu werden?
Beispielsweise das Problem Joe Pearson. War O'Donnell durch seine Nähe zu den Vorgängen hier fehlgeleitet worden? Für das Krankenhaus war es notwendig, daß ein zweiter Pathologe eingestellt wurde. Davon war er überzeugt. Aber hatte er sich dazu verleiten lassen, den alten Mann ungerecht zu kritisieren und die Mängel bei der Leitung seiner Abteilung – und in jeder Abteilung eines Krankenhauses bestanden Mängel – ungerechtfertigt scharf zu beurteilen? Zeitweise hatte O'Donnell schon erwogen, Pearson zum Rücktritt aufzufordern. War das etwa ein Symptom für ein unausgeglichenes Urteil, die voreilige Verdammung eines älteren Mannes durch einen viel jüngeren?
Selbstverständlich war das, bevor Eustace Swayne ihm klargemacht hatte, daß seine Viertelmillion-Dollar-Spende davon abhing, ob Pearson die Leitung der Pathologie beibehielt oder nicht. Überdies hatte Swayne seinen Beitrag noch nicht bestätigt. Aber O'Donnell glaubte, in seinem Urteil von Überlegungen dieser Art, so wichtig sie dem Anschein nach auch waren, unabhängig zu sein. Höchstwahrscheinlich konnte Joe Pearson dem Three Counties Hospital noch vieles geben. Seine reiche Erfahrung besaß zweifellos ihren Wert.

Es stimmt schon, entschied er, man dachte klarer, wenn man fort war – selbst wenn man sich in eine Cocktailbar setzen mußte, um in Ruhe zu überlegen.
Ein Kellner war an seinem Tisch stehengeblieben: »Noch einmal das gleiche, Sir?«
O'Donnell schüttelte den Kopf. »Nein, danke.«
Der Kellner legte ihm seine Rechnung vor. O'Donnell fügte ein Trinkgeld hinzu und zeichnete sie ab.
Es war sieben Uhr dreißig, als er das Hotel verließ. Er hatte immer noch reichlich Zeit und ging über die 55th Street quer durch die Stadt bis zur Fifth Avenue. Dann winkte er einem Taxi und fuhr weiter hinaus zu der Adresse, die Denise ihm angegeben hatte.
Der Fahrer hielt nahe der 86th Street vor einem Apartmenthaus aus grauem Stein. O'Donnell bezahlte und trat ein.
Er wurde von einem uniformierten Portier respektvoll in der Halle begrüßt, der ihn nach seinem Namen fragte, dann in eine Liste sah und sagte: »Mrs. Quantz hat hinterlassen, Sie möchten bitte hinaufkommen, Sir.« Er deutete auf einen Fahrstuhl, neben dem ein Liftboy in der gleichen Uniform wie er stand. »Es ist das oberste Stockwerk, das zwanzigste, Sir. Ich werde Mrs. Quantz benachrichtigen, daß Sie kommen.«
Im zwanzigsten Stockwerk glitten die Fahrstuhltüren leise vor einem breiten, mit Teppichen ausgelegten Gang auf. Den größten Teil der einen Wand bedeckte ein Gobelin mit einer Jagdszene. Gegenüber befanden sich geschnitzte, eichene Doppeltüren. Eine von ihnen öffnete sich und ein Diener erschien. Er sagte: »Guten Abend, Sir. Mrs. Quantz läßt Sie in die Diele bitten. Sie wird sofort kommen.«
Er folgte dem Mann durch einen Gang und in einen Wohnraum, der fast so groß wie sein gesamtes Apartment in Burlington war. Er war in beigen, braunen und korallenfarbenen Tönen dekoriert. Eine Reihe Sessel ohne Armstützen war zu einem Sofa zusammengeschoben, das an beiden Seiten durch Walnußtische begrenzt wurde. Das reiche Dunkelbraun des Holzes hob sich wirkungsvoll von dem blassen Beige des schweren Teppichs ab. An den Wohnraum schloß sich eine Terrasse an, hinter der er die letzten Strahlen der Abendsonne wahrnahm.
»Darf ich Ihnen etwas zu trinken bringen, Sir?« fragte der Diener.
»Nein, danke«, antwortete er, »ich werde auf Mrs. Quantz warten.«
»Das brauchst du nicht«, sagte eine Stimme. Und da war Denise. Mit ausgestreckten Händen kam sie auf ihn zu. »Kent, mein Lieber, ich freue mich so, dich zu sehen.«
Einen Augenblick betrachtete er sie, dann sagte er langsam: »Ich mich auch.« Und wahrheitsgemäß fügte er hinzu: »Bis zu diesem Augenblick habe ich nicht gewußt, wie sehr.«

Denise lächelte und beugte sich vor, um ihn leicht auf die Wange zu küssen. O'Donnell verspürte den plötzlichen Impuls, sie in seine Arme zu nehmen, unterdrückte ihn aber.

Sie war noch schöner, als er sich erinnerte, von einem lächelnden Strahlen, das ihm den Atem benahm. Sie trug ein kurzes Abendkleid mit weit schwingendem Rock aus jetschwarzer Spitze über einem schulterfreien Unterkleid aus schwarzer Seide. Der Hauch der Spitzen über ihren Schultern hob den sanften Schimmer ihrer weißen Haut darunter hervor. An ihrem Gürtel steckte eine einzelne rote Rose.

Sie ließ seine Hand los, und sie traten auf die Terrasse. Der Diener war ihnen mit einem silbernen Tablett mit Gläsern und einem Cocktailshaker vorausgegangen. Jetzt zog er sich unauffällig zurück.

»Die Martinis sind schon gemixt.« Denise sah O'Donnell fragend an. »Aber wenn du willst, kannst du etwas anderes trinken.«

»Martini ist ausgezeichnet.«

Denise füllte zwei Gläser und reichte ihm das eine. Sie lächelte mit einem warmen Leuchten in den Augen. Leise sagte sie: »Als mein persönliches Empfangskomitee heiße ich dich in New York willkommen.«

Er schlürfte an dem Martini, er war kühl und trocken. Unbeschwert antwortete er: »Ich danke dem Komitee für den Empfang.«

Für einen kurzen Augenblick hielt ihr Blick den seinen fest. Dann nahm sie ihn am Arm, führte ihn über die Terrasse auf die niedrige Säulenbalustrade zu, die sie abschloß.

»Wie geht es deinem Vater, Denise?« fragte O'Donnell.

»Danke, es geht ihm gut. Wie alle echten Konservativen hat er sich natürlich eingegraben, aber gesundheitlich geht es ihm gut. Manchmal glaube ich, er wird uns alle überleben.« Sie fügte hinzu: »Ich liebe ihn sehr.«

Sie waren stehengeblieben und blickten hinunter. Die Dämmerung hatte eingesetzt, die warme, milde Spätsommerdämmerung, und die Lichter New Yorks leuchteten auf. Von der Straße unten drang das stetige und durchdringende Pulsieren des Abendverkehrs herauf, von dem plötzlichen Aufbrausen der Dieselbusse und dem Stakkato ungeduldiger Hupen synkopisiert. Gegenüber lag der Central-Park, dessen Umrisse im Schatten verschwanden. Nur die in das Dunkel hineingestreuten Straßenlampen ließen den Verlauf der hindurchführenden Straßen erkennen. Jenseits lösten sich die Straßen der West-Side im Dunkel zum Hudson River auf, und auf dem Fluß schlugen die Lichtpünktchen der Schiffslampen eine Brücke zwischen der Schwärze und den fernen Lichtern des Ufers von New Jersey. Oberhalb der Stadt konnte O'Donnell die George-Washington-Brücke erkennen, ihre hochgespannten Bogenlampen eine Kette heller, weißer Perlen, und darunter die Scheinwerfer der

Wagen, die in mehreren Reihen nebeneinander über die Brücke aus der Stadt hinausströmten, Menschen, die nach Hause fahren, dachte O'Donnell.
Eine sanfte, warme Brise umstrich sie, und er spürte Denises Nähe. Leise sagte sie: »Das ist doch schön, nicht wahr? Selbst wenn man weiß, daß unter diesen Lichtern schlechte und abscheuliche Dinge geschehen. Es ist trotzdem schön. Ich liebe das alles, besonders um diese Tageszeit.«
»Hast du je daran gedacht, zurückzugehen – nach Burlington, meine ich?« fragte er.
»Um dort zu leben?«
»Ja.«
»Man kann nie zurück«, antwortete Denise ruhig. »Das ist eines der wenigen Dinge, die ich gelernt habe. Oh, ich meine damit nicht nur Burlington, sondern alles andere auch – die Zeit, Menschen, Orte. Man kann sie wieder besuchen oder Bekanntschaften erneuern, aber es ist niemals wirklich das gleiche. Man hat sich gelöst, ist darüber hinausgewachsen. Man gehört nicht mehr dazu, weil man weitergegangen ist.« Sie schwieg. »Ich gehöre jetzt hierher. Ich glaube nicht, daß ich New York je verlassen könnte. Klingt das furchtbar unrealistisch?«
»Nein«, antwortete er, »es klingt schrecklich weise.«
Er spürte ihre Hand auf seinem Arm. »Laß uns noch einen Cocktail trinken«, sagte sie, »dann kannst du mich zum Essen mitnehmen.«
Anschließend waren sie in den Maisonette gegangen, einen gediegenen Nachtklub in der Fifth Avenue mit angenehmem Publikum. Dort aßen sie und tanzten später. Als sie wieder einmal an ihren Tisch zurückkamen, fragte Denise: »Wie lange bleibst du in New York?«
»In drei Tagen fliege ich zurück«, antwortete er.
Sie senkte den Kopf. »Warum so bald?«
»Ich habe meine Arbeit.« Er lächelte. »Meine Patienten erwarten, daß ich bei ihnen bin, und auch im Krankenhaus ist viel zu tun.«
Denise sagte: »Ich glaube, ich werde dich vermissen.«
Er überlegte einen Augenblick. Dann wandte er sich zu ihr. Ohne Vorbereitung sagte er: »Du weißt, daß ich nie verheiratet war.«
»Ja.« Sie nickte ernst.
»Ich bin zweiundvierzig«, sagte er. »Wenn man allein lebt, entwickelt man in dieser Zeit Gewohnheiten und eine Lebensweise, die schwer zu ändern und für einen anderen schwer zu akzeptieren sind.« Er schwieg. »Was ich damit sagen will, ist, glaube ich, ein Versuch, darauf hinzuweisen, daß das Leben mit mir schwierig sein kann.«
Denise streckte ihre Hand aus und legte sie auf seine. »Kent, Lieber, darf ich in einem Punkt klar sehen?« Sie zeigte den schwächsten Anflug eines Lächelns. »Soll das etwa ein Heiratsantrag sein?«

O'Donnell lächelte sie voll an. Er fühlte sich gelöst, übermütig, jungenhaft. »Da du danach fragst«, antwortete er, »es scheint mir beinahe so.«
Nach einem Augenblick des Schweigens antwortete Denise erst. Und als sie sprach, spürte er, daß sie Zeit gewinnen wollte. »Ich bin sehr geschmeichelt. Aber bist du nicht etwas – voreilig? Schließlich kennen wir uns kaum.«
»Ich liebe dich, Denise«, sagte er einfach. Er spürte, daß sie ihn forschend ansah.
»Ich könnte dich auch lieben«, antwortete sie, fügte dann, ihre Worte sorgsam wählend, hinzu: »In diesem Augenblick drängt alles in mir, ja zu sagen und mit zwei gierigen Händen nach dir zu greifen, Liebster, aber da ist auch eine heimliche Warnung. Wenn man einmal einen Fehler begangen hat, spürt man die Notwendigkeit, vorsichtig zu sein, ehe man sich wieder bindet.«
»Ja, das kann ich verstehen«, antwortete er.
»Ich habe nie etwas für die weitverbreitete Vorstellung übriggehabt, daß man einen Partner schnell fallenlassen und dann alles von sich wegschieben kann, etwa wie das sprichwörtliche Hemd. Das ist wahrscheinlich einer der Gründe, warum ich mich nicht scheiden ließ.«
»Wäre die Scheidung schwierig?«
»Eigentlich nicht. Ich glaube, ich könnte dazu nach Nevada gehen oder in eine ähnliche Gegend. Aber es gibt noch mehr. Du lebst in Burlington – ich lebe in New York.«
Behutsam fragte er: »Ist das wirklich wahr, Denise, daß du nicht in Burlington leben kannst?«
Sie dachte nach, ehe sie antwortete: »Ja, ich fürchte, es ist so. Ich kann dort nicht leben. Nie! Es hat keinen Sinn, daß ich mir etwas vormache, Kent, ich kenne mich selbst nur zu gut.«
Ein Kellner kam mit Kaffee und füllte ihre Tassen. O'Donnell sagte: »Wäre es für uns nicht besser, wenn wir zwei jetzt allein wären?«
Leise antwortete Denise: »Warum gehen wir dann nicht?«
Er verlangte die Rechnung, bezahlte und half Denise in ihren Umhang. Draußen winkte der Portier ein Taxi herbei, und O'Donnell gab die Adresse ihrer Wohnung an der Fifth Avenue an. Als sie sich in die Polster zurücklehnten, sagte Denise: »Jetzt kommt eine selbstsüchtige Frage, aber hast du je erwogen, deine Praxis nach New York zu verlegen?«
»Doch«, antwortete er, »ich denke jetzt gerade daran.«
Darüber dachte er noch nach, als sie das Apartmenthaus betraten und im Fahrstuhl nach oben fuhren. Seit Denise ihre Frage gestellt hatte, fragte er sich selbst: Warum sollte ich nicht nach New York gehen? Es gibt hier gute Krankenhäuser; New York ist ein medizinisches Zen-

trum, es kann mir nicht schwerfallen, irgendwo Anschluß zu finden. Die Einrichtung der Praxis wäre verhältnismäßig einfach. Seine bisherige Laufbahn sowie die Freunde, die er in New York besaß, würden ihn empfehlen. Er überlegte: Was fesselt mich wirklich an Burlington? Liegt dort mein Leben? Jetzt und für immer? Ist es vielleicht nicht Zeit für einen Ortswechsel, eine neue Umgebung? Ich bin weder mit dem Three Counties Hospital verheiratet, noch bin ich dort unentbehrlich. Gewiß, es gibt dort Dinge, die ich vermissen würde. Das ist richtig. Das Gefühl des Aufbauens, des Schaffens, und die Menschen, mit denen ich gearbeitet habe. Aber ich habe eine Menge erreicht. Das kann niemand bestreiten. Und New York bedeutet Denise. Wäre es das nicht wert – alles zusammen?

Im zwanzigsten Stock öffnete Denise mit ihrem Schlüssel die Tür. Von dem Diener, den O'Donnell am frühen Abend gesehen hatte, war nichts zu bemerken.

Wie auf Verabredung traten sie auf die Terrasse. Denise fragte: »Möchtest du etwas trinken, Kent?«

»Vielleicht später«, antwortete er und streckte seine Arme nach ihr aus. Ohne Scheu trat sie auf ihn zu, und ihre Lippen begegneten sich. Es war ein langer Kuß. Seine Arme schlossen sich fester um sie, und er spürte, wie sie sich an ihn drängte. Dann löste sie sich behutsam von ihm.

Halb abgewendet sagte sie: »Es gibt so vieles, woran man denken muß.« Ihre Stimme klang beunruhigt.

»Wirklich?« Sein Ton war ungläubig.

»Du weißt nicht sehr viel über mich«, antwortete Denise. »Zunächst, ich bin schrecklich besitzgierig. Wußtest du das?«

Er antwortete: »Das klingt nicht besonders schrecklich.«

»Wenn wir verheiratet wären«, sagte sie, »würde ich dich ganz für mich haben wollen, nicht nur einen Teil. Ich könnte es nicht ändern. Und ich könnte dich nicht teilen – nicht einmal mit einem Krankenhaus.«

Er lachte. »Ich kann mir vorstellen, daß wir einen Kompromiß finden würden. Andere Leute tun es auch.«

Sie wandte ihm den Rücken zu. »Wie du das so sagst, könnte ich dir fast glauben.« Denise schwieg. »Wirst du nach New York zurückkommen – bald?«

»Ja.«

»Wie bald?«

Er antwortete: »Sobald du mich rufst.«

Als ob sie ihrem Instinkt folge, trat sie zu ihm, und sie küßten sich wieder, dieses Mal mit wachsender Leidenschaft. Dann hörten sie hinter sich ein Geräusch, und ein Lichtstrahl fiel durch die sich öffnende Tür des Wohnraums. Denise schob ihn sanft von sich ab, und einen Augenblick später trat eine schmale Gestalt im Pyjama auf die Terrasse. Eine Stimme sagte: »Mir kam es so vor, als hätte ich hier jemand sprechen hören.«

»Ich denke, du schläfst«, antwortete Denise. »Das ist Dr. O'Donnell.« Und zu O'Donnell gewandt: »Dies ist meine Tochter Philippa.« Zärtlich fügte sie hinzu: »Die eine Hälfte meiner unmöglichen Zwillinge.«

Das Mädchen sah O'Donnell mit unverhohlener Neugierde an. »Hallo«, sagte sie, »ich habe von Ihnen schon gehört.«

O'Donnell erinnerte sich, daß Denise ihm gesagt hatte, ihre beiden Kinder seien siebzehn. Das Mädchen erschien klein für ihr Alter, ihr Körper begann gerade erst weibliche Formen anzunehmen. Aber sie bewegte sich mit einer Anmut und Sicherheit, die unverkennbar von ihrer Mutter stammte.

»Hallo, Philippa«, sagte er, »es tut mir leid, daß wir Sie gestört haben.«

»Ich konnte nicht schlafen und habe noch gelesen.« Das Mädchen sah auf ein Buch in ihrer Hand. »Herrick. Haben Sie ihn je gelesen?«

»Ich glaube nicht«, antwortete O'Donnell. »Ich muß gestehen, daß mir das Studium nicht viel Zeit für Gedichte gelassen hat, und später bin ich auch nie mehr dazu gekommen.«

Philippa hob das Buch und öffnete es. »Hier ist etwas für dich, Mutter.« Mit sicherem Gefühl für Vers und Betonung und einer sympathischen Unbefangenheit las sie vor:

»Das sind des Lebens reichste Jahre,
wenn jung und heiß die Pulse schlagen.
Einmal erschöpft von schlimmen und von schlimmsten Tagen
bleibt nur vergangene Jugend zu bedauern.
Sei drum nicht scheu, verfolg das Wunderbare,
solang' es dir gegeben, finde Liebe,
denn sind verloren erst die frischen Triebe,
kannst um Versäumtes du nur trauern.«

»Ich verstehe, was du damit sagen willst«, sagte Denise. Sie wandte sich zu O'Donnell. »Ich kann dir versichern, Kent, daß meine Kinder mich ständig bedrängen, wieder zu heiraten.«

»Ja, es ist einfach das beste für dich«, warf Philippa dazwischen. Sie legte das Buch hin.

»Sie tun es unter dem Vorwand, es sei das praktischste«, fuhr Denise fort. »Tatsächlich sind sie beide schrecklich sentimental.« Sie wandte sich zu Philippa. »Was würdest du sagen, wenn ich Dr. O'Donnell heirate?«

»Hat er dich darum gebeten?« Philippas Interesse war sofort wach.

Ohne auf eine Antwort zu warten, rief sie aus: »Du tust es doch natürlich?«
»Das hängt von vielem ab, mein Kind«, antwortete Denise. »Selbstverständlich müssen erst ein paar Kleinigkeiten, wie meine Scheidung, geordnet werden.«
»Ach das. Es ist sehr unvernünftig von Daddy, daß er es von dir verlangt. Aber abgesehen davon, worauf braucht ihr zu warten?« Sie sah O'Donnell offen an. »Warum lebt ihr nicht einfach zusammen. Dann liegt der Scheidungsgrund schon vor, und Mutter braucht nicht nach einem dieser scheußlichen Orte wie Reno zu fahren.«
»Es gibt Augenblicke«, sagte Denise, »an denen mir ernste Zweifel am Wert der fortschrittlichen Erziehung kommen. Nun ist es aber genug.« Sie trat auf Philippa zu. »Gute Nacht, mein Kind.«
»Oh, Mutter«, antwortete das Mädchen, »manchmal benimmst du dich geradezu vorsintflutlich.«
»Gute Nacht, mein Kind«, wiederholte Denise nachdrücklich.
Philippa wandte sich an O'Donnell. »Dann muß ich wohl gehen.«
Er antwortete: »Ich habe mich sehr gefreut, Sie zu sehen, Philippa.«
Das Mädchen kam zu ihm. Ungekünstelt sagte sie: »Wenn Sie doch mein Stiefvater werden, kann ich Sie ja ruhig küssen.«
Er beugte sich zu ihr, und sie küßte ihn auf die Lippen, trat dann zurück. Sie lächelte leicht. Dann sagte sie: »Sie gefallen mir.« Und warnend zu Denise: »Mutter, was du auch tust, laß dir den nicht entgehen.«
»Philippa!« Diesmal war der tadelnde Ton unverkennbar.
Philippa lachte und küßte ihre Mutter. Mit einem übermütigen Winken nahm sie ihren Gedichtband und ging.
O'Donnell lehnte sich an die Wand auf der Terrasse und lachte. In diesem Augenblick erschien ihm sein Junggesellendasein in Burlington unglaubwürdig leer und langweilig.

XVIII

Die Amputation von Vivians linkem Bein begann Punkt halb neun. Pünktlichkeit in den Operationsräumen gehörte zu den Dingen, auf denen Dr. O'Donnell bestanden hatte, als er Chef der Chirurgie im Three Counties Hospital wurde, und die meisten der Chirurgen fügten sich seiner Forderung.
Die Operation war nicht schwierig, und Lucy Grainger rechnete mit keinen besonderen Komplikationen. Sie plante, das Bein ziemlich weit über dem Knie im Oberteil des Oberschenkelknochens zu amputieren. Sie hatte auch erwogen, das Bein im Hüftgelenk abzunehmen, in der

Meinung, daß damit bessere Aussichten bestanden, den sich vom Knie ausbreitenden bösartigen Zellen zuvorzukommen. Aber das hatte den Nachteil, daß es später außerordentlich schwierig war, an einem ungenügenden Stumpf eine Prothese anzubringen. Darum hatte sie sich entschlossen, einen Teil des Oberschenkels zu erhalten.

Sie hatte auch schon geplant, wie sie die Muskellappen schneiden wollte, die später den Stumpf ausreichend bedecken konnten. Tatsächlich hatte sie schon am Abend vorher in Gedanken die erforderlichen Schnitte vollzogen, wobei sie Vivian in dem Glauben ließ, daß sie nur eine weitere Routineuntersuchung vornähme. Das war, nachdem sie Vivian die Nachricht überbracht hatte. Natürlich war es ein ergreifendes und bedrückendes Gespräch gewesen. Zuerst hatte das Mädchen sich gefaßt gezeigt, aber war dann zusammengebrochen. Sie klammerte sich an Lucy, und ihr verzweifeltes Schluchzen verriet, daß sie die letzte, ungewisse Hoffnung verloren hatte. Obwohl Lucy durch ihre Ausbildung und ihre Tätigkeit darin geschult war, sich in solchen Augenblicken klinisch und unsentimental zu geben, fand sie sich stark bewegt.

Die anschließende Unterhaltung mit den Eltern und mit dem jungen Dr. Seddons, der später zu ihr kam, war weniger persönlich, aber immer noch bedrückend gewesen. Lucy glaubte, es würde ihr nie gelingen, ihre Gefühle für ihre Patienten völlig zu beherrschen, wie manche andere das konnten, und mitunter mußte sie sich selbst zugeben, daß ihre äußerliche Kühle nur eine Pose, wenn auch eine notwendige, war. Allerdings war ihre Sachlichkeit hier im Operationsraum keine Pose. An diesem Ort war Sachlichkeit eine Notwendigkeit, und sie fand sich jetzt kühl und ohne persönliche Empfindungen dabei, die unmittelbaren Aufgaben der Operation zu überdenken.

Der Narkosearzt am Kopf des Operationstisches hatte schon sein Zeichen gegeben, daß sie beginnen könne. Bereits seit einigen Minuten hielt Lucys Assistent – heute einer der Praktikanten des Krankenhauses – das Bein, das amputiert werden mußte, hoch, damit das Blut soweit wie möglich in den Körper zurückfloß. Jetzt begann Lucy weit oben am Oberschenkel eine pneumatische Aderpresse anzulegen, ließ sie aber im Augenblick noch locker.

Ohne aufgefordert zu werden, reichte ihr die Operationsschwester eine Schere über den Tisch, und Lucy begann den Verband aufzuschneiden, der das Bein umhüllte, seit es am Abend vorher rasiert und anschließend zur Desinfektion mit Hexachlorophen bestrichen worden war. Der Verband fiel zu Boden, und die zweite Operationsschwester hob ihn auf.

Lucy sah auf die Uhr. Das Bein war jetzt fünf Minuten lang fast senkrecht hochgehalten worden, das Fleisch erschien bleich. Der Praktikant wechselte den Griff, und sie fragte ihn: »Strengt es die Arme an?«

Er lächelte hinter seiner Gesichtsmaske. »Ich möchte es nicht eine Stunde lang so halten.«
Der Narkosearzt war zu der Aderpresse getreten und sah Lucy an. Sie nickte und sagte: »Ja, bitte.« Der Narkosearzt begann Luft in den Gummischlauch zu pumpen und unterband damit die Blutzufuhr in das Bein. Als er fertig war, ließ der Praktikant das Bein sinken, bis es ausgestreckt auf dem Operationstisch lag. Die Operationsschwester und der Praktikant bedeckten die Patientin mit einem sterilen, grünen Laken, so daß nur das linke Bein frei blieb. Dann begann Lucy mit den letzten Vorbereitungen und bestrich das Operationsfeld am Oberschenkel mit einer alkoholischen Lösung von Zephiran.
In dem Operationsraum waren heute Gäste anwesend – zwei Medizinstudenten von der Universität –, und Lucy winkte sie näher heran. Die Operationsschwester reichte ihr ein Messer, und Lucy ritzte mit der Spitze der Klinge in die Haut des freiligenden Oberschenkels und erklärte dabei:
»Beachten Sie, daß ich die Umrisse der Muskellappen zunächst durch Kratzer markiere. Das gibt uns Anhaltspunkte.«
Jetzt begann sie tiefer zu schneiden, legte sofort die Muskelfascien unter der Haut und ihrer Fettgewebeschicht frei. »Es ist immer wichtig, den vorderen Lappen länger als den hinteren zu machen, damit die Nahtlinie später etwas nach rückwärts liegt. Auf diese Weise hat der Patient keine Narbe unmittelbar am Ende des Stumpfes. Eine Narbe an dieser Stelle kann sich später als außerordentlich schmerzhaft und empfindlich erweisen, wenn sie durch Gewicht belastet wird.«
Nun schnitt sie tief in das Fleisch. Die Umrisse beider Lappen wurden durch das Blut erkennbar, das hervorzusickern begann. Das Ergebnis war vorn und hinten, ähnlich zwei Hemdschößen, ein langer und ein kurzer Lappen, die zum Schluß zusammengezogen und an den Rändern sauber vernäht wurden.
Mit kurzen, scharfen Bewegungen begann Lucy mit dem Skalpell die Muskel zurück und nach oben zu schieben und legte die blutigrote Masse des darunterliegenden Gewebes bloß.
»Klemme, bitte.« Die Operationsschwester reichte ihr das Instrument. Lucy brachte es an, so daß es die gelösten Muskeln von der nächsten darunterliegenden Schicht zurückhielt. Sie winkte ihrem Assistenten, die Klemme zu halten, und schnitt tiefer durch die oberste Schicht des vierköpfigen Oberschenkelmuskels.
»Gleich werden wir die Hauptarterien freilegen. Ja. Hier haben wir das erste femorale Gefäß.« Während Lucy darauf deutete, beugten sich die beiden Medizinstudenten interessiert vor. Ruhig fuhr sie fort, das, was sie tat, zu erklären: »Wir wollen die Gefäße so hoch wie möglich frei-

legen, sie dann herunterziehen und abbinden, so daß sie sich möglichst weit von dem Stumpf zurückziehen.« Die Nadel, die die Operationsschwester gereicht hatte, fuhr herein und heraus. Lucy band die großen Gefäße zweimal ab, um sicherzugehen, daß sie gut abgedichtet waren und blieben. Jede spätere Blutung in diesem Gebiet konnte für den Patienten eine Katastrophe bedeuten. Dann streckte sie ihre Hand nach der Schere aus, nahm sie und durchtrennte die Hauptschlagader, die zum Unterteil des Gliedes führte. Der erste unwiderrufliche Schnitt der Amputation war damit geschehen.

Schnell wiederholte sie das gleiche an anderen Arterien und den Venen. Dann durchtrennte Lucy weitere Muskeln, griff herunter und legte den Nerv frei, der parallel nach unten verlief. Während ihre behandschuhten Hände prüfend darüber tasteten, regte sich Vivian plötzlich, und aller Augen richteten sich schnell auf den Narkosearzt am Kopfende des Tisches. Er nickte beruhigend. »Der Patientin geht es gut, keine Komplikationen.« Eine seiner Hände lag auf Vivians Wange. Sie war bleich, aber ihr Atem ging tief und regelmäßig. Ihre Augen standen offen, ohne etwas zu sehen. Ihr Kopf lag gerade weit zurück, nicht zur Seite geneigt, die Augenwinkel waren mit Wasser gefüllt, Tränen, die sie in der Bewußtlosigkeit geweint hatte.

»Mit dem Nerv verfahren wir in gleicher Weise wie mit den Arterien und den Venen, ziehen ihn also soweit wie möglich am Oberschenkel herunter, durchtrennen ihn und lassen ihn sich zurückziehen.«

Lucy sprach fast automatisch, ihre Handbewegungen begleiteten ihre Worte und verrieten ihre Gewohnheit, zu unterrichten. Ruhig fuhr sie fort: »Zwischen Chirurgen wird immer viel über die beste Methode diskutiert, Nervenenden bei einer Amputation zu behandeln. Die Absicht ist selbstverständlich, später im Stumpf Schmerzen zu vermeiden.« Gewandt knüpfte sie einen Knoten und nickte dem Assistenten zu, der das überstehende Ende des Fadens abschnitt. »Eine ganze Reihe von Methoden sind erprobt worden — Injektion von Alkohol, Abbrennen des Nervenendes mit elektrischem Strom. Aber die Methode, die wir heute anwenden, ist immer noch die einfachste und die am häufigsten befolgte.«

Lucy sah auf die Uhr an der Wand des Operationsraumes. Sie wies auf neun Uhr fünfzehn. Fünfundvierzig Minuten waren verstrichen, seit sie angefangen hatte. Sie sah zu dem Narkosearzt.

»Noch alles in Ordnung?«

Der Narkosearzt nickte. »Könnte nicht besser sein, Lucy. Sie ist ein wirklich gesundes Mädchen.« Boshaft fragte er: »Sind Sie sicher, daß Sie der richtigen Patientin das Bein abnehmen?«

»Keine Sorge.« Lucy hatte nie etwas dafür übrig, wenn im Operationsraum über die Patienten auf dem Tisch Scherze gemacht wurden, obwohl sie manche Chirurgen kannte, die die ganze Zeit, vom ersten Einschnitt bis zur letzten Naht, witzelten. Es war alles eine Frage des Standpunktes, nahm sie an. Leichtfertigkeit war für manche vielleicht ein Mittel, tiefere Empfindungen zu verbergen. Vielleicht auch nicht. Jedenfalls zog sie es vor, das Thema zu wechseln. Während sie begann, die hinteren Muskeln des Beines zu durchschneiden, fragte sie den Narkosearzt: »Wie geht es Ihrer Familie?« Lucy unterbrach sich, um eine zweite Klemme anzusetzen, die das Gewebe von dem neuen Einschnitt zurückzog.

»Ausgezeichnet. Wir ziehen nächste Woche in ein neues Haus.«

»Wirklich? In welcher Gegend?« Zu dem Assistenten sagte sie: »Etwas höher, bitte. Versuchen Sie, es mir aus dem Weg zu halten.«

»Somersets Heights. Es ist die neue Siedlung im Norden.«

Die hinteren Beinmuskeln waren fast durchtrennt. »Ich glaube, ich habe davon gehört. Ihrer Frau wird es sicher sehr gefallen«, antwortete sie.

Jetzt war der Knochen sichtbar. Der ganze große Schnitt klaffte rot. Der Narkosearzt antwortete: »Sie ist im siebten Himmel. Kauft Teppiche, sucht Vorhänge aus und all das andere. Es gibt nur ein Problem.«

Lucys Finger griffen um den Beinknochen herum, arbeiteten nach oben, lösten die umgebenden Muskeln. Den Studenten erklärte sie: »Sie werden bemerken, daß ich die Muskeln soweit wie möglich zurückschiebe. Dann können wir den Knochen recht hoch durchtrennen, und er ist nachher vollständig von Muskeln umgeben.«

Der Assistent hatte Schwierigkeiten, die Muskellappen mit den beiden Klemmen zurückzuhalten. Sie half ihm, die Stellung zu verbessern, und er murmelte: »Das nächste Mal bringe ich mir eine dritte Hand mit.«

»Säge, bitte.« Die Operationsschwester war schon bereit, legte den Griff der Knochensäge in Lucys ausgestreckte Hand. Zu dem Narkosearzt sagte Lucy: »Was ist das für ein Problem?«

Lucy setzte die Säge so hoch an, wie sie konnte, und begann mit kurzen, gleichmäßigen Strichen zu sägen. Ein dumpfes, durchdringendes, knirschendes Geräusch wurde hörbar, als die Sägezähne sich in den Knochen hineinfraßen. Der Narkosearzt antwortete: »Ich muß das alles bezahlen.«

Lucy lachte. »Wir werden Sie öfter beschäftigen müssen, mehr Operationen ansetzen.« Sie hatte den Knochen halb durchgesägt, er erwies sich zäher als andere, aber selbstverständlich waren junge Knochen von Natur aus härter. Plötzlich kam ihr der Gedanke, wie tragisch dieser Augenblick war und sie sich trotzdem ungeniert unterhielten und sogar über alltägliche Dinge scherzten. In ein oder zwei Sekunden, länger dauerte es nicht mehr, war dieses Bein abgetrennt, und ein junges Mäd-

chen — kaum mehr als ein Kind — hatte für immer einen Teils seines Lebens verloren. Nie mehr könnte sie frei laufen, unbehindert wie andere, oder tanzen oder schwimmen oder reiten oder unbefangen lieben. Schließlich würde sie wohl das eine oder andere wieder tun, vieles aber nur mühsam und mit mechanischen Hilfen. Aber nichts konnte je wieder ganz das gleiche wie früher sein. Niemals würde sie wieder so fröhlich, unbeschwert und sorglos sein wie vorher, als ihr Körper noch ganz gewesen war. Hier lag der Kern der Tragödie: sie trat zu früh ein.
Lucy hielt inne. Ihre sensiblen Fingerspitzen verrieten ihr, daß die Säge den Knochen fast durchgeschnitten hatte. Dann erfolgte unvermittelt ein knirschendes Geräusch, auf den ein scharfes Knacken folgte. Im letzten Augenblick war der letzte Teil des Knochens unter dem Gewicht des fast abgetrennten Gliedes gebrochen. Das Bein war lose und fiel auf den Tisch. Zum erstenmal hob Lucy ihre Stimme und rief: »Halten Sie es! Schnell!«
Aber die Warnung kam zu spät. Als der Assistent zugriff, entglitt das Bein seinen Händen und fiel von dem Operationstisch auf den Boden.
»Lassen Sie es liegen!« Lucys Ton war scharf, als der Assistent vergaß, daß er dadurch unsteril werden würde, und sich niederbeugte, um das Bein aufzuheben.
Die zweite Schwester trat hinzu, nahm das amputierte Glied auf und hüllte es in Gaze und Papier ein. Später würde es mit anderen Paketen, die chirurgische Proben enthielten, von einem Boten abgeholt und in die Pathologie gebracht werden.
»Halten Sie den Stumpf von dem Tisch fort, bitte.« Lucy winkte dem Assistenten, und er trat näher, um ihre Anweisung zu befolgen. Die Operationsschwester hielt eine Raspel bereit, und Lucy nahm sie, tastete nach den scharfen Spitzen am Knochen, die durch den Bruch entstanden waren, und beseitigte sie mit der Raspel. Wieder erklärte sie den Studenten: »Vergessen Sie nicht, das Knochenende zu glätten. Überzeugen Sie sich, daß keine kleinen Spitzen herausstehen, denn wenn das der Fall ist, besteht die Wahrscheinlichkeit, daß sie wachsen und für den Patienten äußerst schmerzhaft werden.« Ohne aufzublicken fragte sie: »Wie lange dauert es schon?«
Der Narkosearzt antwortete: »Es sind jetzt siebzig Minuten.«
Lucy reichte die Raspel zurück. »Gut«, sagte sie, »jetzt können wir anfangen zu nähen.« Das Ende der Operation vor Augen, dachte sie dankbar an den Kaffee, der im Chirurgenzimmer unten am Gang auf sie wartete.

Mike Seddons hatte die Zeit über, in der Vivian operiert wurde, im wahrsten Sinne des Wortes geschwitzt. Mit den Loburtons — Vivians

Eltern hielten sich noch in Burlington auf und beabsichtigten, vorläufig zu bleiben — wartete er in einem der kleinen Wartezimmer, die den Angehörigen von Patienten, die operiert wurden, vorbehalten waren. Am frühen Morgen, als das Leben im Hospital gerade erst zu erwachen begann, hatte er sie im Hauptgang getroffen und in Vivians Krankenzimmer hinaufgebracht, um Vivian zu besuchen. Es war aber nicht mehr viel zu sagen gewesen, und Vivian, von einem Betäubungsmittel bereits benommen, schien sie kaum wahrzunehmen. Schon nach ein paar Minuten war sie abgeholt und in die Operationsabteilung gebracht worden.

Jetzt hatten sie in der unbehaglichen Hinterhofstimmung des spärlich möblierten Raumes mit seinen unbequemen Kunstlederstühlen und den lackierten Tischen ihre alltäglichen Unterhaltungsthemen erschöpft. Henry Loburton, groß und kräftig, mit dünn gewordenem, eisgrauem Haar, das Gesicht von den Jahren, die er im Freien verbracht hatte, gerunzelt und gegerbt, stand am Fenster und sah auf die Straße hinunter. Mike Seddons konnte voraussagen, daß er sich in ein oder zwei Minuten vom Fenster abwenden und zu seinem Kunstlederstuhl zurückkehren würde. Nach einer Weile würde er dann wieder aufstehen, um an das Fenster zu treten. Es war ein monotones Hin und Her, das der alte Mann schon seit über einer Stunde befolgte, in einer langsamen, auf die Nerven gehenden Monotonie, von der Seddons verzweifelt wünschte, daß er endlich eine Abwechslung hineinbringen würde — entweder seine Schritte beschleunigen oder den Abstand zwischen jedem Platzwechsel variieren.

Im Gegensatz dazu verhielt sich Vivians Mutter still. Fast schien es, als ob sie sich nicht bewegt habe, seit sie hierhergekommen waren. Sie hatte einen geradlehnigen Stuhl einer der anderen, scheinbar bequemeren Sitzgelegenheiten, vorgezogen und hielt sich in einer Weise aufrecht, die auf eine altgewohnte bewußte Selbstbeherrschung hinwies. Schon seit einiger Zeit sah Angela Loburton gerade vor sich hin, ihr Blick, wie es schien, in die Unendlichkeit gerichtet, die Hände auf dem Schoß leicht gekreuzt. Sie war heute noch blasser als sonst, aber die hohen Backenknochen, die ihre natürliche Würde und Haltung betonten, traten wie immer hervor. Diese Frau erschien gleichzeitig zerbrechlich und unzerstörbar.

Seit ihrer ersten Begegnung vor ein paar Tagen hatte Mike Seddons viel über Mrs. Loburton nachgedacht. Ihre Gefühle für Vivian und die Sorge um ihre Tochter traten bei ihr viel weniger offensichtlich zutage als bei ihrem Mann, und doch spürte Seddons im Verlauf dieser Tage, daß sie ebenso tief, vielleicht noch tiefer waren. Er vermutete auch, daß trotz der unverkennbaren Männlichkeit, die Vivians Vater zeigte, ihre

Mutter bei weitem den stärkeren Charakter besaß, daß sie das solide Fundament dieser Ehe bildete, von dem ihr Mann im Lauf der Jahre abhängig geworden war.
Seddons überraschte sich bei dem Gedanken, wie es zwischen ihm und Vivian in der vor ihnen liegenden Zeit sein würde. Wer von ihnen würde sich am Ende als entschlossener und ausdauernder erweisen? Er wußte, daß es keine zwei Menschen gab, die sich ganz gleich waren, weder in der Charakterstärke noch in der Gabe zu führen, nicht einmal in der Fähigkeit zu lieben. Er wußte auch, daß das mit dem Geschlecht wenig zu tun hatte, daß bei Frauen Verstand und Herz oft stärker waren als bei Männern und daß nach außen gezeigte Männlichkeit manchmal nur eine hohle Pose war, um innere Schwäche zu verbergen.
War Vivian stärker als er selbst? War ihr Charakter besser, ihr Mut größer? Diese Frage hatte er sich am Abend vorher gestellt, und seither hatte sie ihn nicht losgelassen. Als er erfuhr, daß die Entscheidung für die Amputation gefallen war, und er wußte, daß Vivian unterrichtet war, war er zu ihr gegangen. Er hatte sie nicht in Tränen aufgelöst, sondern lächelnd angetroffen. »Komm herein, Mike, Liebling«, hatte sie gesagt, »und mache bitte kein so düsteres Gesicht. Dr. Grainger hat mir alles gesagt, und ich habe mich ausgeweint. Jetzt ist es vorüber, oder wird es morgen wenigstens sein.«
Bei diesen Worten fühlte er, wie seine Liebe für sie sich vertiefte. Er preßte sie an sich und küßte sie leidenschaftlich. Sie wühlte zärtlich in seinem Haar, bog seinen Kopf zurück und sah ihm gerade in die Augen.
»Für den Rest meines Lebens werde ich nur ein Bein haben, Mike«, sagte sie. »Ich werde nicht mehr das Mädchen sein, das du kennengelernt hast. Nicht mehr so, wie du mich zum erstenmal gesehen hast, und nicht mehr so, wie du mich jetzt kennst. Wenn du zurück willst – ich kann es verstehen.«
Voller Nachdruck erwiderte er: »Du sollst so etwas nicht sagen.«
»Warum?« fragte sie. »Fürchtest du dich, darüber zu sprechen?«
»Nein!« Es war ein lauter, harter Protest, aber im gleichen Augenblick, als er ihn aussprach, wußte er, daß er log. Er fürchtete sich. Ebenso, wie er spürte, daß Vivian sich nicht fürchtete – jetzt nicht, jetzt nicht mehr.
Es war das Abbild Vivians, erkannte er, das er jetzt in ihrer Mutter sehen konnte, oder richtiger umgekehrt. Die Kraft, die sie beide besaßen, war unverkennbar. War seine Kraft ebenso groß? Zum erstenmal beschlichen ihn unbehagliche Zweifel.
Mr. Loburton hatte sein monotones Hin und Her unterbrochen. Mitten im Raum war er stehengeblieben. »Michael«, sagte er, »es sind jetzt anderthalb Stunden. Kann es noch viel länger dauern?«
Seddons bemerkte, daß auch Vivians Mutter ihn ansah. Er schüttelte

den Kopf. »Das glaube ich nicht. Dr. Grainger sagte, sie wolle sofort herkommen, wenn . . . unmittelbar danach.« Er schwieg, fügte dann hinzu: »Wir werden es bald wissen — sehr bald.«

XIX

Dr. Dornberger griff durch die beiden runden Öffnungen an den Seiten des Brutkastens und untersuchte das Kind der Alexanders gründlich. Dreieinhalb Tage waren seit der Geburt vergangen, eine Tatsache, die normalerweise als ein hoffnungsvolles Zeichen gewertet werden konnte. Aber es zeigten sich Symptome, die ständig deutlicher wurden, von denen Dornberger wußte, daß sie bedenklich waren.

Er ließ sich Zeit bei seiner Untersuchung, trat dann nachdenklich zurück, erwog in Gedanken die vorliegenden Anzeichen, filterte sie durch seine in langen Jahren und bei den zahllosen von ihm behandelten Fällen gesammelten Erfahrungen. Am Ende bestätigten seine Überlegungen, was ihm sein Instinkt bereits sagte. Die Prognose war außerordentlich ungünstig. »Wissen Sie«, sagte er, »eine Zeitlang habe ich geglaubt, er würde es schaffen.«

Die junge Schwester, die das Säuglingszimmer mit den Frühgeburten unter sich hatte — die gleiche, mit der John Alexander vor ein paar Tagen gesprochen hatte —, sah Dornberger erwartungsvoll an. Sie sagte: »Sein Atem war bis vor einer Stunde noch ganz regelmäßig. Dann wurde er schwächer. Deshalb rief ich Sie an.«

Eine Lernschwester auf der anderen Seite des Brutkastens folgte aufmerksam der Unterhaltung. Ihre Augen über der Gazemaske wanderten zwischen Dornberger und der Stationsschwester hin und her.

»Nein, die Atmung ist nicht gut«, bestätigte Dornberger langsam. Er dachte laut weiter, versuchte sich zu vergewissern, daß er nichts übersah. »Die gelbe Verfärbung ist stärker geworden, als sie sein dürfte, und die Füßchen scheinen geschwollen zu sein. Geben Sie mir noch einmal das Ergebnis der Blutzählung.«

Die Stationsschwester blickte auf ihre Notiztafel: »4,9 Millionen rote Blutkörperchen, sieben rote Blutkörperchen mit Kernen auf je hundert weiße Blutkörperchen.«

Wieder entstand eine Pause, während die beiden Schwestern Dr. Dornberger beobachteten, der über den Befund nachdachte. Er überlegte: Im ganzen ist die Anämie zu groß, obwohl sie natürlich eine überstarke Reaktion normaler Art sein kann. Laut sagte er: »Wissen Sie, wenn der Sensibilitätsbefund nicht vorläge, würde ich vermuten, daß das Kind Erythroblastose hat.«

Die Stationsschwester sah ihn überrascht an. »Aber zweifellos, Doktor . . .«, dann brach sie ab.
»Ich weiß, das kann nicht passieren.« Er deutete auf die Notiztafel. »Trotzdem. Zeigen Sie mir den Laborbefund. Das Original über das Blut der Mutter.«
Die Stationsschwester schlug ein paar Blätter um, fand das Formular und zog es heraus. Es war der Bericht, den Dr. Pearson nach seinem Zusammenstoß mit David Coleman unterschrieben hatte. Dornberger studierte ihn sorgfältig, reichte ihn zurück. »Nun, das ist eindeutig genug — Sensibilität negativ.«
Natürlich sollte das eindeutig sein, aber er konnte einen nagenden Zweifel nicht unterdrücken. War der Befund etwa doch falsch? Unmöglich! sagte er sich, die pathologische Abteilung kann niemals einen so groben Fehler begehen. Trotzdem entschloß er sich, nach seiner Visite Pearson aufzusuchen und mit ihm zu sprechen. Zu der Stationsschwester sagte er: »Im Augenblick können wir nichts weiter tun. Benachrichtigen Sie mich bitte sofort, wenn eine Veränderung eintritt.«
»Ja, Doktor.«
Als Dornberger fort war, fragte die Lernschwester: »Was hat der Doktor gesagt? Erythro . . .?« Sie stolperte über das Wort.
»Erythroblastose. Das ist eine Blutkrankheit bei Säuglingen. Sie tritt manchmal auf, wenn das Blut der Mutter rh-negativ und das des Vaters Rh-positiv ist.« Die junge Stationsschwester mit dem roten Haar beantwortete die Frage genau und sachlich wie immer. Die Lernschwestern ließen sich bei der Verteilung der Arbeit gern ihr zuweisen, da sie nicht nur im Ruf stand, eine der besten Schwestern des Krankenhauses zu sein, sondern weil es auch nur wenig über zwölf Monate her war, daß sie ihre eigene Lehrzeit als Beste ihres Kursus abgeschlossen hatte. Das wußten die Lernschwestern und zögerten deshalb nicht, sie auszufragen.
»Ich dachte, in diesen Fällen würde das Blut des Kindes gleich nach der Geburt ausgetauscht.«
»Sie meinen durch eine Austauschtransfusion?«
»Ja.«
»Nur in manchen Fällen«, erklärte die Stationsschwester bereitwillig. »Es hängt von dem Sensibilitätsbefund über das Blut der Mutter ab. Wenn der Befund positiv ist, bedeutet es im allgemeinen, daß das Kind mit Erythroblastose geboren wird und daß unmittelbar nach der Geburt eine Austauschtransfusion vorgenommen werden muß. In dem vorliegenden Fall war der Laboratoriumsbefund aber negativ, so daß die Austauschtransfusion nicht notwendig war.« Die Stationsschwester schwieg. Dann fügte sie nachdenklich, halb zu sich selbst, hinzu: »Die Symptome sind allerdings auffällig.«

Seit der Auseinandersetzung über die Frage der Laborüberprüfungen vor einigen Tagen war der alte Pathologe mit keinem Wort auf David Colemans Arbeit im serologischen Labor zurückgekommen. Coleman hatte keine Ahnung, was das Schweigen bedeutete — ob er seinen Standpunkt durchgesetzt hatte und ihm die Serologie nun unmittelbar unterstand oder ob Pearson beabsichtigte, die Frage später wieder aufzugreifen. Inzwischen hatte der junge Pathologe allerdings die Gewohnheit angenommen, regelmäßig im Labor zu erscheinen und die in Arbeit befindlichen Untersuchungen zu überprüfen. Das Ergebnis war, daß er schon verschiedene klare Vorstellungen davon besaß, wo und wie die Verfahren geändert werden mußten, und einige der geringfügigeren Änderungen in den letzten beiden Tagen bereits angeordnet hatte.

Zwischen ihm und Carl Bannister, dem alten Laboranten, herrschte etwas, das man fast als einen latenten Waffenstillstand bezeichnen konnte. John Alexander hatte andererseits klar zu erkennen gegeben, daß er Colemans Aufmerksamkeit gegenüber dem Labor begrüßte, und hatte in den beiden letzten Tagen ein paar Anregungen vorgebracht, die von Coleman gebilligt worden waren.

Alexander hatte am Tag, nachdem seine Frau in das Krankenhaus gebracht worden war, trotz einer geknurrten, aber freundlichen Bemerkung Pearsons, er könne Urlaub nehmen, wenn er wolle, seine Arbeit wiederaufgenommen. Coleman hatte gehört, wie Alexander dem alten Pathologen sagte: »Trotzdem vielen Dank, Doktor, aber wenn ich nicht arbeite, denke ich zuviel nach, und das macht es nicht besser.« Pearson hatte genickt und geantwortet, Alexander könne tun, was ihm behage, und wenn er wolle, aus dem Labor nach oben gehen, um seine Frau und das Kind zu besuchen.

Jetzt öffnete David Coleman die Tür zum serologischen Labor und trat ein. Er fand John Alexander an dem mittleren Arbeitstisch vor einem Mikroskop, und ihm gegenüber stand eine Frau mit außergewöhnlich großen Brüsten in einem weißen Mantel, die er, wie Coleman sich undeutlich erinnerte, schon ein paarmal nach seiner Ankunft im Krankenhaus gesehen hatte.

Als er eintrat, sagte Alexander: »Sie sollten Dr. Pearson oder Dr. Coleman fragen. Ich leite den Befund an sie weiter.«

»Um was handelt es sich?« Als Coleman gleichmütig fragte, wendeten ihm beide die Köpfe zu.

Die Frau sprach zuerst: »Oh, Doktor.« Sie sah ihn forschend an. »Sind Sie Dr. Coleman?«

»Ja.«

»Ich bin Hilda Straughan.« Sie reichte ihm die Hand und fügte hinzu: »Die Küchenleiterin.«

»Freut mich sehr.« Während sie ihm die Hand schüttelte, bemerkte er fasziniert, daß ihre prachtvollen Brüste die Bewegung ihrer Arme mitmachten – ein wallendes, wogendes, rollendes Auf und Ab. Er riß sich von diesem Anblick los und fragte: »Kann ich Ihnen behilflich sein?« Er wußte aus eigener Erfahrung, daß die Pathologie mit der Küchenleitung im allgemeinen in Fragen der Ernährungshygiene eng zusammenarbeitete.

»In den letzten Wochen hatten wir einige Fälle von Darmgrippe«, erklärte die Küchenleiterin. Sie fügte hinzu: »Hauptsächlich unter den Angestellten des Krankenhauses.«

Coleman lachte. »Nennen Sie mir ein Krankenhaus, in dem das nicht hin und wieder auftritt.«

»Oh, ich weiß.« Nur ganz schwach gab Mrs. Straughan ihre Mißbilligung über diese Leichtfertigkeit zu verstehen. »Aber falls Lebensmittel die Ursache sind – und im allgemeinen sind sie es –, lege ich Wert darauf, daß es festgestellt wird, wenn es möglich ist. Man kann dann versuchen zu verhindern, daß es wieder passiert.«

Diese Frau sprach mit einem Ernst, der David Coleman Respekt abnötigte. Höflich fragte er: »Haben Sie einen bestimmten Verdacht?«

»Es sind ganz eindeutig meine Geschirrspülmaschinen, Dr. C.«

Einen Augenblick lang war Coleman über diese Anrede verblüfft. Als er sich gefaßt hatte, fragte er: »Und warum?« Aus dem Augenwinkel sah er Bannister eintreten. Jetzt hörten beide Laboranten der Unterhaltung zu.

Die Küchenleiterin erklärte: »Meine Heißwasseranlage ist völlig unzureichend.«

Diese Formulierung führte ihn in Versuchung zu lächeln, aber er unterdrückte es und fragte statt dessen: »Haben Sie darauf schon hingewiesen?«

»Davon können Sie überzeugt sein, Dr. C.« Offensichtlich handelte es sich um eine Frage, die Mrs. Straughan auf der Seele brannte. Sie fuhr fort: »Ich habe mehrmals mit dem Verwaltungsdirektor, Mr. Tomaselli, darüber gesprochen. Tatsächlich hat meine letzte Unterredung mit Mr. T. ihn veranlaßt, Dr. Pearson um eine neue Untersuchung der Geschirrspüler zu bitten.«

»Ich verstehe.« Coleman wandte sich an John Alexander. »Haben Sie die Untersuchung vorgenommen?«

»Ja, Doktor.«

»Was haben Sie festgestellt?«

»Die Wassertemperatur ist nicht hoch genug.« Alexander sah auf eine Notiztafel, auf der mehrere Blätter mit Notizen festgeklammert waren. »Ich führte an jeder Maschine zu verschiedenen Tageszeiten drei Messungen durch, die Temperatur lag zwischen dreiundvierzig und vierundfünfzig Grad.«

»Sehen Sie!« Die Küchenleiterin hob nachdrücklich ihre Hände.

»Ja, ja.« Coleman nickte. »Das ist viel zu niedrig.«

»Das ist noch nicht alles, Doktor.« John Alexander hatte die Notiztafel hingelegt und einen Objektträger von dem Labortisch genommen. »Ich fürchte, ich habe auf den Tellern, nachdem sie durch die Maschine gelaufen sind, verschiedene gasbildende Bakterien der fäkalen Gruppe gefunden.«

»Lassen Sie mich sehen.« Coleman nahm den Objektträger und trat vor das Mikroskop. Als er das Okular eingestellt hatte, wurden sofort die charakteristischen, wurmartigen Bakterien sichtbar. Er richtete sich auf.

Mrs. Straughan fragte: »Was ist das? Was bedeutet es?«

Coleman sagte nachdenklich: »Die Kultur zeigt gasbildende Bakterien. Heißes Wasser vernichtet sie normalerweise, aber wie es scheint, kommen sie durch die Maschine und bleiben auf Ihren sauberen Tellern.«

»Ist das bedenklich?«

Er überlegte sorgfältig, ehe er antwortete: »Ja und nein. Wahrscheinlich ist ein Teil der Darmgrippe, von der Sie sprachen, darauf zurückzuführen. Aber das ist an sich nichts Ernstes. Ernst werden könnte es, wenn wir zufällig im Krankenhaus einen Infektionsträger haben.«

»Einen Infektionsträger?«

Coleman erklärte: »Das ist jemand, der Krankheitserreger in seinem Körper trägt, ohne selbst im klinischen Sinn erkrankt zu sein. Es kann ein anscheinend völlig normaler und gesunder Mensch sein. Das kommt häufiger vor, als Sie glauben.«

»Aha, ich verstehe«, antwortete Mrs. Straughan nachdenklich.

Coleman wandte sich zu den beiden Laboranten. Er fragte: »Ich nehme an, daß wir regelmäßig Laboruntersuchungen von allen Personen im Krankenhaus durchführen, die mit Nahrungsmitteln zu tun haben?«

Gewichtig antwortete Bannister: »Aber ja. Dr. Pearson ist darin sehr genau.«

»Sind wir damit auf dem laufenden?«

»Aber ja.« Der erste Laborant dachte nach und meinte dann: »Ich glaube, eine ganze Zeitlang haben wir keine mehr gemacht.«

»Wann war die letzte?« Dr. Coleman fragte beiläufig, als habe es keine besondere Bedeutung.

»Einen Augenblick. Das muß ich im Buch nachsehen.« Bannister ging auf die andere Seite des Labors.

In Gedanken erwog David Coleman, was auf dem Spiel stand. Wenn die Geschirrspüler unzulänglich arbeiteten – und das schien so zu sein –, mußte sofort etwas geschehen. Darüber bestand keine Frage. Anderer-

seits, solange alle Personen, die mit Lebensmitteln zu tun hatten, sorgfältig überprüft wurden – und das behauptete Bannister –, bestand kein wirklicher Anlaß zur Beunruhigung. Anders lagen die Dinge aber, wenn hier etwas versäumt worden war. Er sagte zu John Alexander: »Legen Sie Dr. Pearson den Befund so schnell wie möglich vor.«
»Ja, Doktor.« Alexander wandte sich wieder seinen Notizen zu.
Auf der anderen Seite des Raumes sah Bannister von einem Buch auf, das aufgeschlagen vor ihm auf dem Aktenschrank lag. »Am 24. Februar«, rief er herüber.
Überrascht fragte Coleman zurück: »Sagten Sie Februar?«
»Ja, Februar ist richtig.«
»Das ist fast sechs Monate her.« Zu der Küchenleiterin gewandt: »Sie haben wohl keinen starken Wechsel in Ihrem Küchenpersonal?«
»Aber ja. Bedauerlicherweise doch.« Mrs. Straughan schüttelte nachdrücklich den Kopf. »Wir haben seit Februar eine ganze Menge neue Leute eingestellt, Dr. C.«
Immer noch verständnislos fragte Coleman Bannister: »Ist das Datum auch richtig?«
»Das war das letztemal.« Bannister war seiner Sache ganz sicher. Er fand es angenehm, einmal in der Lage zu sein, diesem allwissenden jungen Arzt Bescheid zu sagen. Er fügte hinzu: »Sie können ja selbst nachsehen, wenn Sie wollen.«
Coleman ignorierte die Bemerkung und fragte: »Was ist aber mit den neuen Leuten, die inzwischen eingestellt wurden?«
»Hier steht weiter nichts.« Bannister zuckte mit den Schultern. »Wenn das Gesundheitsbüro uns keine Proben zur Untersuchung schickt, erfahren wir nichts von neuen Leuten in der Küche.« Seine Haltung verriet völlige Gleichgültigkeit, fast Verachtung.
Langsam stieg die Wut in Coleman auf. Er beherrschte sich und sagte gelassen zu der Küchenleiterin: »Ich glaube, das ist eine Sache, um die Sie sich kümmern müssen.« Zum erstenmal begann ihm bewußt zu werden, daß hier irgend etwas irgendwo ernsthaft nicht stimmte.
Mrs. Straughan schien den gleichen Gedanken zu haben. Sie sagte: »Das werde ich sofort tun. Vielen Dank, Dr. C.« Bei jedem Schritt wogten ihre Brüste auf und ab, als sie das Labor verließ.
Einen Augenblick lang herrschte Schweigen. Zum erstenmal nahm Coleman wahr, daß Bannister sich unbehaglich zu fühlen schien. Als sich ihre Blicke begegneten, fragte er den Laboranten eisig: »Ist Ihnen denn überhaupt nicht aufgefallen, daß keine Untersuchungen des Küchenpersonals durchgeführt wurden?«
»Nun ...« Bannister zögerte. Sein früheres Selbstvertrauen war verflogen. »Früher oder später vermutlich schon.«

Coleman musterte den Mann verächtlich. Sarkastisch antwortete er: »Sagen wir lieber später, meinen Sie nicht auch? Besonders da es von Ihnen Nachdenken verlangt hätte.« An der Tür drehte er sich um. »Ich bin bei Dr. Pearson.«

Aus dem Gesicht des alten Laboranten war alle Farbe verschwunden. Er stand da und starrte auf die Tür, durch die Coleman hinausgegangen war. »Der da weiß auch alles. Alles, was es gibt. Jeden Dreck«, stieß er erbittert, aber geschlagen hervor.

In diesem Augenblick umgab Bannister eine Aura des Untergangs. Die ihm vertraute Welt — eine Welt, die er für unverletzbar gehalten und für die er deshalb nichts getan hatte, um sie zu verteidigen — zerbrach. Eine neue Ordnung entstand, und in dieser neuen Ordnung war durch sein eigenes Versagen kein Platz mehr für ihn. Vernichtet, überlebt, erschien er nur eine schwache, bedauernswerte Gestalt, die die Zeit auf der Strecke gelassen hatte.

Joe Pearson sah von seinem Schreibtisch auf, als Coleman eintrat.

Ohne Umschweife verkündete der junge Pathologe: »John Alexander hat gasbildende Bakterien gefunden — auf sauberen Tellern, die durch die Geschirrspüler gelaufen sind.«

Pearson schien nicht überrascht. Er sagte ernst: »Das liegt an der Heißwasseranlage.«

»Das weiß ich.« David Coleman versuchte, den sarkastischen Ton in seiner Stimme zu unterdrücken, aber es gelang ihm nicht. »Hat jemals jemand versucht, etwas dagegen zu unternehmen?«

Der alte Mann warf ihm einen spöttischen Blick zu. Überraschend ruhig antwortete er: »Vermutlich denken Sie, daß hier alles sehr unfähig geleitet wird.«

»Da Sie mich danach fragen, ja!« Coleman preßte die Lippen zusammen. Er fragte sich, wie lange sie beide in dieser Art Atmosphäre zusammenarbeiten könnten.

Pearson hatte eine der unteren Schubladen seines Schreibtisches aufgezogen und wühlte zwischen Akten und Papieren. Während er suchte, sagte er in einem Ton, in dem sich Zorn und Depression in seltsamer Weise zu mischen schienen: »Sie sind so jung und grün und voller großer Rosinen. Sie kommen her, und zufällig zu einer Zeit, in der wir hier eine neue Verwaltung bekommen haben, in der mehr Geld als seit Jahren zur Verfügung steht. Folglich glauben Sie, hier sei alles nur deshalb falsch, weil nie jemand daran dachte, etwas zu verbessern, es nie jemand versucht hätte.« Er hatte gefunden, was er suchte, und warf ein umfangreiches Aktenstück auf den Schreibtisch.

»Das habe ich nicht gesagt.« Colemans Antwort kam scharf.

Pearson schob ihm das Aktenstück hin. »Hier haben Sie die Korrespondenz wegen der Heißwasseranlage in der Küche. Wenn Sie sich die Mühe machen und sie lesen, können Sie feststellen, daß ich schon seit Jahren für eine neue Heißwasseranlage kämpfe.« Pearson hob herausfordernd seine Stimme: »Nur zu. Sehen Sie sich das ruhig an.«

Coleman schlug den Aktendeckel auf und las das oberste Schreiben. Er blätterte um, dann weiter, überflog die folgenden Seiten. Sofort erkannte er, wie gründlich er sich geirrt hatte. Die Briefe enthielten verdammende Urteile Pearsons über die hygienischen Verhältnisse in der Krankenhausküche, waren in noch schärferen Ausdrücken gehalten, als er selbst verwendet hätte. Die Korrespondenz reichte mehrere Jahre zurück.

»Nun?« Pearson hatte ihn beobachtet, während er las.

Ohne zu zögern erklärte Coleman: »Es tut mir leid. Ich muß mich bei Ihnen entschuldigen. Jedenfalls in diesem Punkt.«

»Lassen Sie nur.« Pearson winkte gereizt ab. Dann, als er den Sinn der Worte verstanden hatte: »Wollen Sie sagen, es gäbe noch mehr?«

Zurückhaltend antwortete Coleman: »Als ich die Mängel der Geschirrspülmaschine feststellte, entdeckte ich auch, daß seit nahezu sechs Monaten keine Laboruntersuchungen des Küchenpersonals mehr vorgenommen wurden.«

»Warum?« Die Frage kam scharf wie eine Explosion.

»Anscheinend wurden von dem Gesundheitsbüro keine Proben heruntergeschickt. Die Küchenleiterin geht dem jetzt nach.«

»Und wollen Sie behaupten, daß wir nicht zurückgefragt haben, daß niemand in der Pathologie sich darum kümmerte, wo sie blieben?«

»Offensichtlich nicht.«

»Dieser Idiot Bannister. Das ist ernst.« Pearson war ehrlich erschrocken, seine Feindschaft gegen Coleman schien vergessen.

Coleman sagte ruhig: »Ich dachte, es würde Sie interessieren.«

Pearson hatte das Telefon aufgenommen. Nach einer Pause sagte er: »Geben Sie mir den Verwaltungsdirektor.«

Das Gespräch, das folgte, war knapp und sachlich. Pearson legte den Hörer zurück und stand auf. Er sagte zu Coleman: »Tomaselli kommt herunter. Wir wollen ihn im Labor treffen.«

Es dauerte nur wenige Minuten, um im Labor noch zu bestätigen, was Coleman bereits festgestellt hatte. John Alexander trug Tomaselli und Pearson aus seinen Aufzeichnungen nochmals seine Untersuchungsergebnisse vor, und Pearson betrachtete die Präparate durch das Mikroskop. Als er sich aufrichtete, kam gerade die Küchenleiterin ins Labor. Der Verwaltungsdirektor wendete sich zu ihr. »Was haben Sie festgestellt?«

»Es ist unglaublich, aber wahr.« Mrs. Straughan schüttelte verständnislos den Kopf. Sie wandte sich an Pearson. »Anfang des Jahres wurde im Gesundheitsbüro eine neue Arbeitskraft eingestellt, Dr. P. Niemand hat ihr etwas von den Laboruntersuchungen für das Küchenpersonal gesagt. Aus diesem Grund wurden keine Proben mehr heruntergeschickt.«

Tomaselli sagte: »Es sind also seit einiger Zeit keine Untersuchungen mehr durchgeführt worden. Wie lange nicht?«

»Annähernd sechs Monate.«

Coleman bemerkte Carl Bannister, der mit ernstem Gesicht abseits der Gruppe stand. Scheinbar war er beschäftigt, aber Coleman beobachtete, daß der erste Laborant sich nichts entgehen ließ.

Der Verwaltungsdirektor fragte Pearson: »Was schlagen Sie vor?«

»Als erstes sollten alle, die seither eingestellt wurden, so schnell wie möglich untersucht werden«, antwortete der alte Pathologe nachdrücklich und knapp. »Danach müssen alle anderen nachuntersucht werden. Das bedeutet: Stuhlkulturen, Röntgenaufnahmen der Brust und eine allgemeine Untersuchung. Und das gesamte Küchenpersonal und jeder, der irgendwie mit Lebensmitteln zu tun hat, muß erfaßt werden.«

»Wollen Sie das organisieren, Mrs. Straughan?« fragte Tomaselli. »Arbeiten Sie mit dem Gesundheitsbüro zusammen, es kann den größten Teil der Einzelheiten übernehmen.«

»Ja, Mr. T, ich gehe sofort daran.« Sie wogte aus dem Labor.

»Sonst noch etwas?« Tomaselli hatte sich wieder Pearson zugewandt.

»Wir brauchen einen neuen Dampferhitzer für die Geschirrspülmaschinen. Entweder das, oder sie müssen ganz herausgerissen und durch neue ersetzt werden.« Pearson erhob erregt seine Stimme. »Das erkläre ich nun jedem seit Jahren.«

»Ich weiß.« Tomaselli nickte. »Ich habe die Akte geerbt, und es steht obenan auf unserer Liste. Die Schwierigkeit ist, daß wir so viele hohe Ausgaben für Anschaffungen hatten.« Er überlegte. »Ich wüßte gern, wie groß der Unterschied in den Kosten ist.«

Ungerechtfertigt gereizt antwortete Pearson: »Woher soll ich das wissen? Ich bin kein Installateur.«

»Etwas verstehe ich davon. Vielleicht kann ich helfen.« Auf die milde gesprochenen Worte hin, drehten die anderen sich um. Es war Dr. Dornberger, der mit seinen Händen an seiner unvermeidlichen Pfeife fingerte. Er war still und unbemerkt in das Labor gekommen. Als er Harry Tomaselli sah, fragte er: »Ich störe doch nicht?«

Pearson antwortete knurrend: »Nein, durchaus nicht.«

Dornberger bemerkte, daß John Alexander ihn ansah. Er sagte: »Ich war gerade bei Ihrem Kind. Ich fürchte, es geht ihm nicht sehr gut.«

»Besteht denn Hoffnung, Doktor?« Alexanders Stimme klang ruhig. Die anderen sahen zu ihm hin. Ihr Ausdruck war etwas besänftigt. Bannister legte seine Pipette hin und trat näher.

»Ich fürchte, nicht sehr viel«, antwortete Dornberger langsam. Es entstand ein Schweigen. Dann wendete sich Dornberger, als ob ihm wieder etwas eingefallen sei, an Pearson: »Ich nehme an, Joe, daß an dem Blutsensibilitätstest für Mrs. Alexander kein Zweifel besteht?«

»Zweifel?«

»Ich meine, daß das Ergebnis richtig ist?«

Pearson schüttelte den Kopf. »Es ist völlig in Ordnung, Charlie. Ich habe ihn selbst durchgeführt – sehr sorgfältig sogar.« Verwundert fügte er hinzu: »Warum fragst du?«

»Nur um mich zu vergewissern.« Dornberger paffte an seiner Pfeife. »Heute morgen hatte ich eine Zeitlang den Verdacht, das Kind habe Erythroblastose. Es scheint aber eine weit hergeholte Vermutung zu sein.«

»Das ist völlig unwahrscheinlich«, erklärte Pearson nachdrücklich.

Dornberger antwortete: »Ja, ich glaube es auch.«

Wieder herrschte Schweigen. Sie blickten auf Alexander. David Coleman wollte etwas sagen – irgend etwas, um die Aufmerksamkeit von John abzulenken, um es dem jungen Laboranten zu erleichtern. Fast ohne zu überlegen erklärte er Dornberger. »Es bestanden einmal gewisse Zweifel an den Sensibilitätstests, als in den Labors nur Salzlösung und konzentriertes Protein verwendet wurde. Damals wurden positive Fälle gelegentlich als negativ bezeichnet. Heute allerdings sind die Ergebnisse mit einem indirekten Coombs-Test absolut sicher.« Als er zu Ende gesprochen hatte, wurde ihm bewußt, daß dieser Test in dem Labor hier erst nach seiner Ankunft eingeführt worden war. Er hatte nicht die Absicht gehabt, Pearson eins auszuwischen. Im Augenblick hoffte er, der alte Mann würde es nicht bemerken. Es hatte schon genug Streit zwischen ihnen gegeben, und die Lage brauchte nicht unnötig verschärft zu werden.

»Aber, Dr. Coleman ...« Alexander stand mit offenem Mund und entsetzten Augen da.

»Ja, was ist denn?« Coleman verstand nicht. Keines seiner Worte konnte diese Reaktion erklären.

»Wir haben keinen indirekten Coombs-Test durchgeführt.«

Trotz seiner Sympathie für Alexander ärgerte sich Coleman. Pearsons wegen wünschte er, jetzt nicht weiter über das Thema zu sprechen. Nun blieb ihm keine andere Wahl. »Aber ja, Sie taten es doch selbst«, sagte er von oben herab. »Ich erinnere mich, daß ich die Anforderung für Coombs-Serum unterschrieben habe.«

Alexander sah ihn verzweifelt mit flehenden Augen an. Er antwortete: »Aber Dr. Pearson sagte, es sei nicht notwendig. Der Test wurde nur in Salzlösung und konzentriertem Protein vorgenommen.«

Es dauerte ein paar Sekunden, ehe Coleman aufnahm, was Alexander gesagt hatte. Er bemerkte, daß Harry Tomaselli, der nicht verstand, um was es ging, die Szene neugierig beobachtete. Dornberger hatte aufhorchend den Kopf gehoben.

Pearson schien das Ganze nicht zu behagen. Mit einem Anflug von Verlegenheit sagte er zu Coleman: »Ich wollte es Ihnen die ganze Zeit sagen. Es ist mir nur entfallen.«

David Colemans Verstand war jetzt eisklar. Aber ehe er weiterging, wollte er eine Tatsache eindeutig geklärt haben. »Habe ich richtig verstanden«, fragte er Alexander, »daß überhaupt kein indirekter Coombs-Test durchgeführt wurde?«

Als Alexander nickte, warf Dornberger scharf dazwischen: »Einen Augenblick. Das will ich genau wissen. Meinen Sie, daß die Mutter – Mrs. Alexander – doch sensibilisiertes Blut haben kann?«

»Selbstverständlich kann sie das.« Rücksichtslos schlug Coleman mit scharf erhobener Stimme zu. »Die Tests in Salzlösung und konzentriertem Protein sind in vielen Fällen ausreichend, aber nicht in allen. Jeder, der in der Hematologie auf dem laufenden ist, weiß das.« Er warf einen Seitenblick auf Pearson, der sich nicht gerührt zu haben schien. Zu Dornberger gewandt fuhr er fort: »Deshalb habe ich einen indirekten Coombs-Test angeordnet.«

Der Verwaltungsdirektor versuchte immer noch, die medizinische Bedeutung zu verstehen. »Wenn Sie diesen Test angeordnet haben, warum wurde er dann nicht ausgeführt?«

Coleman fuhr auf Bannister los. Mit erbarmungslosen Augen fragte er: »Was ist mit der Einkaufsanforderung geschehen, die ich unterschrieben habe – die Anforderung für Coombs-Serum?« Als der Laborant zögerte: »Nun?«

Bannister zitterte. Kaum hörbar murmelte er: »Ich habe sie zerrissen.«

Ungläubig rief Dornberger aus: »Was? Sie haben die Anforderung eines Arztes zerrissen? Und ohne es ihm zu sagen?«

Rücksichtslos fuhr Coleman fort: »Auf wessen Anweisung hin haben Sie das getan?«

Bannister sah zu Boden. Widerwillig antwortete er: »Dr. Pearson hat es befohlen.«

Dornberger überlegte schnell. Zu Coleman sagte er: »Das bedeutet, daß das Kind Erythroblastose haben kann. Alles deutet auch darauf hin.«

»Werden Sie eine Austauschtransfusion vornehmen?«

Bitter erwiderte Dornberger: »Wenn es überhaupt nötig war, hätte es gleich nach der Geburt geschehen müssen. Aber vielleicht besteht noch eine Chance, so spät, wie es schon ist.« Er sah den jungen Pathologen an, als wolle er ausdrücken, daß nur auf Colemans Urteil vertraut werden könne. »Aber ich will sicher sein. Das Kind hat nicht mehr sehr viel Kraft einzusetzen.«

»Wir brauchen einen direkten Coombs-Test mit dem Blut des Kindes.« Colemann reagierte schnell und sachlich. Jetzt spielte die Szene zwischen Dornberger und ihm. Pearson stand immer noch da, als ob er von der Schnelligkeit, in der sich alles abspielte, betäubt sei. Coleman fuhr Bannister an: »Gibt es Coombs-Serum hier im Krankenhaus?«

Der Laborant schluckte. »Nein.«

Hier ging es um eine Frage, die in den Bereich des Verwaltungsdirektors gehörte. Er fragte knapp: »Wo kann man es bekommen?«

»Dazu fehlt uns die Zeit.« Coleman schüttelte den Kopf. »Wir müssen den Test woanders durchführen lassen, bei jemand, der die Möglichkeit dazu hat.«

»Die Universität wird es tun. Ihr Labor ist sowieso größer als unseres.« Harry Tomaselli ging zum Telefon. Er sagte zu der Zentrale: »Geben Sie mir das Universitätskrankenhaus, bitte.« Zu den anderen gewandt: »Wer leitet dort die pathologische Abteilung?«

Dornberger sagte: »Dr. Franz.«

»Dr. Franz, bitte.« Tomaselli fragte: »Wer will mit ihm sprechen?«

»Ich.« Coleman nahm den Hörer. Die anderen hörten ihm zu: »Dr. Franz? Hier spricht Dr. Coleman, stellvertretender Pathologe am Three Counties Hospital. Können Sie für uns dringend einen Coombs-Test durchführen?« Es folgte eine Pause, in der Coleman zuhörte. Dann sagte er: »Ja, wir schicken die Probe sofort hinüber. Danke, Doktor. Guten Tag.« Er drehte sich wieder um. »Wir brauchen sofort eine Blutprobe.«

»Ich werde Ihnen helfen, Doktor.« Das war Bannister, der schon ein Tablett mit den erforderlichen Geräten in den Händen hielt.

Coleman war im Begriff abzulehnen, als er das stumme Flehen im Blick des alten Laboranten erkannte. Er zögerte noch, ehe er zustimmte: »Also gut, kommen Sie mit.« Als sie hinausgingen, rief der Verwaltungsdirektor ihnen nach: »Ich organisiere einen Streifenwagen der Polizei. Dann kriegen Sie die Probe schneller hin.«

»Bitte, ich möchte sie hinbringen – mit dem Polizeiwagen fahren.« Das war John Alexander.

»Gut.« Der Verwaltungsdirektor hatte den Hörer am Ohr. Kurz sagte er in den Apparat: »Geben Sie mir die städtische Polizei.« Zu Alexander gewandt: »Gehen Sie mit den anderen und bringen Sie die Blutprobe in die Notaufnahme hinunter. Ich werde den Streifenwagen dort warten lassen.«

»Ja, Sir.« Alexander ging schnell hinaus.
»Hier ist der Verwaltungsdirektor des Three Counties Hospitals.« Tomaselli sprach wieder in das Telefon. »Ich bitte Sie um einen Polizeiwagen, um eine dringende Blutprobe zu befördern.« Er hörte kurz zu. »Ja, unsere Leute werden an dem Eingang der Notaufnahme warten.« Als er den Hörer einhängte, sagte er: »Ich überzeuge mich am besten selbst davon, daß alles klappt.« Er ging hinaus und ließ Pearson und Dornberger allein.
In den letzten Sekunden hatten sich im Kopf des alten Geburtshelfers die Gedanken gehetzt. Es war unvermeidlich gewesen, daß Charles Dornberger während der vielen Jahre, in denen er Medizin praktiziert hatte, Patienten nicht am Leben erhalten konnte. Manchmal schien ihr Tod fast vorausbestimmt zu sein. Aber immer hatte er um ihr Leben gekämpft, zeitweise wild und verbissen, und nie vor dem endgültigen Ende aufgegeben. Und in allen Fällen – ob er Erfolg gehabt hatte oder nicht – konnte er von sich selbst aufrichtig sagen, daß er in Ehren bestanden, daß er hohe Anforderungen an sich gestellt, daß er nichts dem Zufall überlassen, daß er sich immer mit seinen ganzen Kräften eingesetzt hatte. Es gab Ärzte, die es manchmal weniger genau nahmen, das wußte er. Aber nach seinem besten Wissen und Gewissen hatte er niemals einen Patienten durch Versäumnisse oder Nachlässigkeit verloren.
Bis zu diesem Augenblick.
Jetzt schien ihm, daß er vor dem Ende seiner eigenen Laufbahn stand, daß er die traurige und bittere Ernte der Unfähigkeit eines anderen teilen mußte. Und das schlimmste war – eines Mannes, der sein Freund war.
»Joe«, begann er, »ich muß dir etwas sagen.«
Pearson hatte sich auf einen Laborhocker sinken lassen. Sein Gesicht hatte jede Farbe verloren, sein Blick ging ins Leere. Nun sah er langsam auf.
»Dieses Kind war eine Frühgeburt, Joe, aber es war normal, und wir hätten sofort nach der Geburt eine Austauschtransfusion vornehmen können.« Dornberger schwieg. Und als er fortfuhr, lag der ganze Aufruhr seiner Gefühle in seiner Stimme: »Joe, wir sind sehr lange Freunde gewesen. Und manches Mal bin ich für dich aufgestanden und habe dir geholfen, deine Kämpfe auszufechten. Aber dieses Mal, wenn dieses Kind stirbt, so wahr mir Gott helfe, werde ich dich schonungslos vor den medizinischen Ausschuß bringen.«

»Du lieber Himmel, was machen die da drüben nur. Warum haben wir noch nichts gehört?« Dr. Joseph Pearsons Finger trommelten einen kurzen Wirbel auf seiner Schreibtischplatte. Es war eineinviertel Stunden her, seit dem Kind der Alexanders die Blutprobe abgenommen und sofort ins Universitätskrankenhaus gebracht worden war. Nun warteten der alte Pathologe und David Coleman in Pearsons Arbeitszimmer.
Coleman sagte ruhig: »Ich habe Dr. Franz noch einmal angerufen. Er versprach, uns das Ergebnis sofort telefonisch durchzugeben.«
Pearson nickte dumpf. »Wo ist der Junge – Alexander?« fragte er.
»Die Polizei hat ihn wieder zurückgebracht. Er ist bei seiner Frau.« Coleman zögerte. »Meinen Sie nicht, daß wir uns mit dem Gesundheitsbüro über die Situation in der Küche auseinandersetzen sollten, solange wir doch warten müssen? Und uns vergewissern, ob die Untersuchung des Küchenpersonals begonnen hat?«
Pearson schüttelte den Kopf. »Später. Erst wenn das vorüber ist.« Er sagte heftig: »Ich kann an nichts anderes denken, solange der Fall nicht geklärt ist.«
Zum erstenmal, seit an diesem Vormittag in dem Labor die Ereignisse so unvermittelt ihren Anfang genommen hatten, dachte David Coleman über Pearson und das, was der alte Mann empfinden mochte, nach. Colemans Erklärung über den Sensibilitätstest war mit keinem Wort angezweifelt worden, und durch sein Schweigen schien Pearson stillschweigend zuzugeben, daß sein jüngerer Kollege besser informiert war als er selbst, zumindest auf diesem Gebiet. Coleman dachte: es muß bitter für ihn sein, das einzugestehen, und zum erstenmal empfand er für den alten Mann eine Regung der Sympathie.
Pearson hörte auf zu trommeln und schlug mit der flachen Hand hart auf den Tisch. »Warum rufen sie denn nicht an, verdammt noch mal?« rief er ungeduldig aus.

»Etwas Neues von der Pathologie?«
Dr. Charles Dornberger wartete, gewaschen und im Operationsanzug, für den Eingriff bereit in dem kleinen Operationsraum neben der Entbindungsstation. Die Frage war an die Stationsschwester gerichtet, die gerade hereingekommen war.
Sie schüttelte den Kopf. »Nein, Doktor.«
»Wie weit sind wir mit den Vorbereitungen?«
Die Schwester füllte zwei Gummiwärmflaschen und legte sie unter die Decke auf dem kleinen Operationstisch, der für Säuglinge benutzt wurde. Sie antwortete: »In ein paar Minuten ist alles fertig.«

Ein Praktikant trat ein und fragte Dr. Dornberger: »Beabsichtigen Sie, mit der Austauschtransfusion zu beginnen, auch wenn das Ergebnis des Coombs-Tests noch nicht vorliegt?«

»Ja«, antwortete er. »Wir haben schon zuviel Zeit verloren, und ich will nicht noch länger warten.« Er überlegte, dann fuhr er fort: »Jedenfalls ist die Anämie an dem Kind jetzt so deutlich erkennbar, daß die Austauschtransfusion auch ohne den Test gerechtfertigt ist.«

Die Schwester sagte: »Übrigens, Doktor, die Nabelschnur des Kindes ist sehr kurz abgeschnitten worden. Ich weiß nicht, ob Ihnen das bekannt ist.«

»Doch. Ich weiß es. Danke.« Dem Praktikanten erklärte Dornberger: »Wenn wir vorher wissen, daß eine Austauschtransfusion notwendig ist, lassen wir die Nabelschnur bei der Geburt lang, um einen leicht zugänglichen Verbindungspunkt zu haben. Bedauerlicherweise wußten wir in diesem Fall nicht rechtzeitig Bescheid, und darum wurde sie kurz abgeschnitten.

»Wie werden Sie vorgehen?« fragte der Praktikant.

»Ich werde unter örtlicher Betäubung einen Schnitt unmittelbar über der Nabelvene machen.« Zu der Schwester gewandt fragte Dornberger: »Ist das Blut vorgewärmt?«

Sie nickte. »Ja, Doktor.«

Dornberger erklärte dem Praktikanten: »Es ist wichtig, daß das neue Blut Körpertemperatur hat, sonst ist die Gefahr eines Schocks größer.«

Dornberger war sich bewußt, daß er mit seinen Worten sich selbst ebenso vergewissern wie den Praktikanten belehren wollte. Das Sprechen hielt ihn mindestens davon ab, zu gründlich nachzudenken, und gründlich nachdenken war etwas, das Dornberger im Augenblick vermeiden wollte. Seit er Pearson nach der Auseinandersetzung im Labor verlassen hatte, folterte ihn ein Sturm von Befürchtungen und Selbstvorwürfen. Die Tatsache, daß technisch gesehen ihn selbst kein Vorwurf für das Geschehene traf, erschien ihm nebensächlich. Es ging um seinen Patienten, der sich in Gefahr befand, es war sein Patient, der wegen einer ärztlichen Nachlässigkeit schlimmster Art sterben konnte, und die letzte Verantwortung lag allein bei ihm.

Im Begriff weiterzusprechen, hielt er plötzlich inne. Etwas stimmte nicht. Ihm schwindelte. Sein Kopf schmerzte, der Raum schwankte um ihn. Er schloß einen Augenblick die Augen, öffnete sie wieder. Alles in Ordnung. Seine Umgebung war wieder klar, das Schwindelgefühl fast verschwunden. Aber als er auf seine Hände sah, stellte er fest, daß sie zitterten. Er versuchte es zu unterdrücken. Es gelang ihm nicht.

Der Brutkasten mit dem Säugling wurde hereingerollt. Er hörte den Praktikanten fragen: »Dr. Dornberger, fehlt Ihnen etwas?«

Es lag ihm auf der Zunge, nein zu sagen. Er wußte, wenn er es tat, konnte er es durchstehen, verbergen, was in ihm vorging, ohne daß jemand anders als er selbst etwas bemerkte. Und vielleicht konnte er selbst noch zu dieser späten Stunde dank seines Könnens und Wissens dieses Kind retten, im letzten Augenblick wenigstens im gewissen Maß sein Gewissen entlasten und seine Integrität bewahren.

Aber dann fiel ihm ein, was er selbst in all den Jahren immer wieder gesagt und woran er geglaubt hatte: von den alten Männern, die sich zu lange an ihre Macht klammern, seine Behauptung, er würde wissen, wann es für ihn an der Zeit sei, zurückzutreten, seine Überzeugung, daß er nie einen Patienten behandeln würde, wenn er nicht mehr seine vollen Fähigkeiten besaß. Daran dachte er. Dann sah er wieder auf seine zitternden Hände hinunter.

»Nein«, sagte er. »Ich glaube, ich bin nicht in Ordnung.« Er schwieg. Und zum erstenmal ergriff ihn ein überwältigendes Gefühl, das es ihm schwermachte, seine Stimme zu beherrschen. Er bat: »Bitte, rufen Sie Dr. O'Donnell an. Sagen Sie ihm, ich sei nicht in der Lage, die Transfusion durchzuführen, und bäte ihn, sie für mich zu übernehmen.«

In diesem Augenblick hatte Dr. Charles Dornberger es aufgegeben, Arzt zu sein, und das wußte er.

Als das Telefon klingelte, riß Pearson den Hörer von der Gabel.

»Ja?« Eine Pause. »Hier spricht Dr. Pearson.« Er hörte zu. »Gut, danke.« Ohne den Hörer zurückzulegen, drückte er auf die Gabel, und als die Zentrale antwortete, sagte er: »Geben Sie mir Dr. Dornberger. Hier Dr. Pearson.«

Eine Stimme meldete sich kurz, dann sagte Pearson: »Also gut, dann teilen Sie ihm mit, ich hätte gerade die Nachricht von der Universitätsklinik erhalten. Der Bluttest für den Säugling Alexander ist positiv. Das Kind hat Erythroblastose.«

Pearson legte den Hörer zurück. Dann sah er auf und bemerkte, daß David Colemans Blick auf ihm ruhte.

Dr. Kent O'Donnell ging durch den Hauptgang des Krankenhauses zur Neurologie. Er hatte dort eine Konsultation verabredet, um sich über eine partielle Lähmung bei einem seiner Patienten beraten zu lassen.

Es war der erste Tag, an dem O'Donnell nach seiner Rückkehr von New York am Abend vorher wieder im Three Counties Hospital war. Er empfand noch den Auftrieb und die Anregung, die ihm diese Reise gegeben hatten. Er sagte sich, daß jeder Arzt hin und wieder eine Luftveränderung brauche. Mitunter wirkte der tägliche Umgang mit der Medizin und mit Krankheiten deprimierend, erschöpfte nach einiger

Eine andere Möglichkeit war natürlich, daß Elizabeth einmal bei einer Gelegenheit eine Transfusion mit Rh-positivem Blut empfangen hatte. Er hielt inne. In seinem Kopf regte sich nagend, aber noch unklar, ein Gedanke, das unbehagliche Gefühl, daß er dicht vor etwas stand, was er noch nicht ganz erkannt hatte. Er runzelte die Stirn und konzentrierte sich. Dann wurde das Bild plötzlich klar. Das, wonach er getastet hatte, lag vor ihm, deutlich und scharf erkennbar. Sein Verstand registrierte: Transfusion. Der Unfall in New Richmond, die Eisenbahnkreuzung, an der Elizabeths Vater getötet, sie selbst schwer verletzt worden, aber am Leben geblieben war.

Wieder konzentrierte Coleman sich. Er versuchte sich zu erinnern, was John Alexander an jenem Tag über Elizabeth gesagt hatte. Er hörte die Worte wieder: »Elizabeth starb beinahe. Aber sie gaben ihr Bluttransfusionen, und sie kam durch. Ich glaube, das war das erstemal, daß ich je in einem Krankenhaus war. Ich habe dort fast eine Woche gelebt.«

Er würde es natürlich nie beweisen können, nicht nach all den Jahren, aber er war bereit, alles, was er besaß, darauf zu setzen, daß folgendes geschehen war: Das Vorhandensein des Rh-Faktors wurde der Medizin erst in den vierziger Jahren bekannt. Danach dauerte es weitere zehn Jahre, bis Rh-Tests von allen Krankenhäusern und Ärzten allgemein übernommen wurden. In der Zwischenzeit wurden an vielen Orten Bluttransfusionen durchgeführt, ohne daß der Rh-Faktor überprüft wurde. In New Richmond wahrscheinlich auch. Der Zeitpunkt stimmte. Elizabeths Unfall mußte 1949 gewesen sein. Er erinnerte sich, daß sein Vater ihm später davon erzählt hatte.

Sein Vater! Ein neuer Gedanke überkam ihm: Es war sein eigener Vater – Dr. Byron Coleman –, der die Alexanders behandelt und der die Transfusionen angeordnet haben mußte, die Elizabeth Alexander erhalten hatte. Wenn sie mehrere Transfusionen erhalten hatte, stammte das Blut von mehr als einem Spender. Die Möglichkeit, daß wenigstens ein Teil des Blutes Rh-positiv war, konnte fast nicht ausgeschlossen werden. Das war also die Gelegenheit gewesen, bei der Elizabeths Blut sensibilisiert worden war. Dessen war er jetzt sicher. Damals konnte natürlich keine sichtbare Wirkung aufgetreten sein. Das heißt keine andere, außer, daß ihr eigenes Blut Antikörper entwickelte – Antikörper, die verborgen und unvermutet gelauert hatten, bis sie sich neun Jahre später gereizt, virulent und stark entwickelten, um ihr Kind zu vernichten.

Natürlich traf damit Colemans Vater kein Vorwurf, selbst wenn seine Hypothese richtig war. Er hatte ihre Behandlung im guten Glauben nach den letzten Kenntnissen der Medizin angeordnet. Richtig war, daß zu dieser Zeit der Rh-Faktor schon bekannt war und an manchen Orten der Rh-Faktor bereits ermittelt und berücksichtigt wurde. Aber von einem vielbeschäftigten Landarzt konnte kaum erwartet werden, sich über alles Neue sofort auf dem laufenden zu halten. Oder etwa doch? Manchen Ärzten dieser Zeit – darunter auch praktischen Ärzten – war der neue Horizont bekannt, den die moderne Einteilung der Blutgruppen geöffnet hatte. Sie handelten sofort, berücksichtigten die letzten Erkenntnisse. Aber möglicherweise, überlegte Coleman, waren das jüngere Männer. Sein Vater war zu dieser Zeit schon alt. Er arbeitete zu angestrengt, um genügend Zeit zum Lesen zu finden. Aber war das eine ausreichende Entschuldigung? War es eine Entschuldigung, die er selbst – David Coleman – bei einem anderen gelten lassen würde? Oder gab es vielleicht zwei verschiedene Normen – galten nachsichtigere, weniger strenge Gesetze, wenn es darum ging, über einen Verwandten und gar den eigenen verstorbenen Vater zu urteilen? Der Gedanke beunruhigte ihn. Mit Unbehagen empfand er, daß durch seine persönliche Zuneigung einige seiner Ansichten beeinträchtigt wurden, die er am höchsten hielt. David Coleman wünschte sich, daß er nicht darüber nachgedacht hätte. Es löste nagenden Zweifel aus, daß er sich doch nicht absolut sicher war . . . über gar nichts mehr sicher war.

Pearson sah ihn an. Er fragte: »Wie lange dauert es schon?«

Coleman blickte auf die Uhr: »Etwas über eine Stunde.«

»Dann werde ich anrufen.« Ungeduldig griff er nach dem Telefon. Dann zögerte er und zog seine Hand wieder zurück. »Nein«, sagte er, »es ist wohl besser, ich lasse es.«

Auch John Alexander im serologischen Labor konnte die Uhr nicht aus den Augen lassen. Vor einer Stunde war er von einem Besuch bei Elizabeth zurückgekommen und hatte seither mehrere halbherzige Versuche unternommen, zu arbeiten. Aber er hatte selbst bemerkt, daß seine Gedanken immer wieder weit von seiner Arbeit abirrten, und hatte es lieber aufgegeben als zu riskieren, einen Fehler zu begehen. Jetzt griff er wieder nach einem Reagenzglas, um es noch einmal zu versuchen, aber Bannister trat zu ihm und nahm es ihm aus der Hand.

Der alte Laborant las die Anforderung und sagte freundlich: »Lassen Sie mich das nur machen, John.«

Alexander protestierte, aber Bannister bestand darauf. »Überlassen Sie es ruhig mir. Warum gehen Sie nicht zu Ihrer Frau?«

»Danke, aber ich bleibe lieber hier. Dr. Coleman sagte, sobald er etwas erfahre, wolle er herkommen und mich benachrichtigen.« Alexanders Blick wanderte wieder zur Uhr an der Wand. Mit gepreßter Stimme fügte er hinzu: »Es kann doch nicht mehr lange dauern?«

Bannister wandte sich ab. »Nein«, erwiderte er langsam, »ich glaube nicht.«

Elizabeth Alexander war allein in ihrem Krankenzimmer. Regungslos, den Kopf tief in den Kissen, die Augen geöffnet, lag sie da, als Schwester Wilding hereinkam. Elizabeth fragte: »Weiß man schon etwas?«
Die ältliche, grauhaarige Schwester schüttelte den Kopf. »Ich sage Ihnen Bescheid, sobald ich etwas erfahre.« Sie stellte das Glas Orangensaft, das sie hereingebracht hatte, neben Elizabeth und fügte hinzu: »Ich kann ein paar Minuten bei Ihnen bleiben, wenn Sie mögen.«
»Ja, bitte.« Elizabeth lächelte schwach, und die Schwester zog sich einen Stuhl an das Bett und setzte sich. Schwester Wilding war froh, daß sie eine Weile ihre Füße ausruhen konnte. Gerade in letzter Zeit schmerzten sie ihr häufig, und sie vermutete, daß ihre Füße sie wahrscheinlich zwingen würden, die Krankenpflege aufzugeben, ob sie wollte oder nicht. Nun, sie hatte das Gefühl, daß sie dazu ohnehin bald bereit war.
Schwester Wilding wünschte, daß sie etwas für die beiden jungen Leute tun könne. Sie hatte sie von Anfang an ins Herz geschlossen. Ihr kamen die beiden Alexanders fast noch wie Kinder vor. In gewisser Weise hatte sie bei der Pflege dieser jungen Frau, die jetzt allem Anschein nach ihr Baby verlor, fast das Gefühl, als pflege sie die Tochter, die sie sich vor vielen Jahren gewünscht, aber nie bekommen hatte. War das nicht geradezu albern? Nach all den Jahren als Krankenpflegerin wurde sie auf ihre alten Tage noch sentimental. Sie fragte Elizabeth: »Woran dachten Sie gerade, als ich zu Ihnen hereinkam?«
»Ich dachte an Kinder, an dicke, gesunde Kinder, die auf einem grünen Rasen in der Nachmittagssonne herumtollen.« Elizabeths Stimme klang träumerisch. »So war es in Indiana im Sommer, als ich noch Kind war. Schon damals dachte ich oft daran, daß ich eines Tages selbst Kinder haben würde und daß ich bei ihnen säße, wenn sie, genau wie ich damals, in der Sonne auf dem Gras herumtollen.«
»Es ist merkwürdig mit Kindern«, antwortete Schwester Wilding. »Manchmal kommt es so ganz anders, als man es sich denkt. Ich habe einen Sohn, wissen Sie. Er ist jetzt schon erwachsen.«
»Nein«, sagte Elizabeth, »das wußte ich nicht.«
»Verstehen Sie mich nicht falsch«, sagte die Schwester. »Er ist ein guter Junge, Offizier bei der Marine. Vor ein oder zwei Monaten hat er geheiratet. Er schrieb es mir in einem Brief.«
Elizabeth fragte sich verwundert, wie es wohl sein mochte, wenn man einen Sohn zur Welt brachte und dann später einen Brief von ihm bekam, in dem er schrieb, daß er geheiratet habe.

»Ich hatte nie das Gefühl, daß wir uns sehr gut kannten«, sagte Schwester Wilding. »Ich fürchte, in gewisser Weise war es mein Fehler – ich ließ mich scheiden und bot ihm nie ein wirkliches Heim.«
»Aber manchmal können Sie doch zu ihm fahren und ihn besuchen«, antwortete Elizabeth. »Wahrscheinlich werden doch Enkel kommen.«
»Daran habe ich oft gedacht«, sagte Schwester Wilding. »Ich glaubte immer, es müßte eine große Freude für mich sein. Ich meine, Enkel zu haben, verstehen Sie. Irgendwo in der Nähe zu wohnen und abends hinüberzugehen und auf die Kinder aufzupassen und all das.«
»Aber können Sie das denn nicht?«
Schwester Wilding schüttelte den Kopf. »Ich habe das Gefühl, wenn ich dort hinkomme, wird es wie ein Besuch bei Fremden sein, und oft kann es auch nicht sein. Mein Sohn ist nämlich nach Hawaii versetzt worden. In der vergangenen Woche sind sie dorthin abgereist.« Mit einem Anflug trotziger Rechtfertigung fügte sie hinzu: »Er wollte mich vorher noch mit seiner Frau besuchen, aber im letzten Augenblick kam dann etwas dazwischen, und sie schafften es nicht mehr.«
Darauf herrschte Schweigen, bis Schwester Wilding sagte: »Nun, ich muß wieder an meine Arbeit.« Sie erhob sich und sagte an der Tür noch: »Trinken Sie Ihren Saft, Mrs. Alexander. Ich komme wieder und gebe Ihnen Bescheid, sobald wir etwas erfahren.«

Kent O'Donnell lief der Schweiß über das Gesicht, und die assistierende Schwester beugte sich vor, um ihm die Stirn abzuwischen. Fünf Minuten waren vergangen, seit er mit der künstlichen Atmung angefangen hatte, und der winzige Körper unter seinen Händen zeigte noch keine Reaktion. Seine Daumen lagen auf der kleinen Brust, die anderen Finger griffen zum Rücken herum. Das Kind war so klein, daß sich O'Donnells Hände überdeckten. Er mußte sehr behutsam sein, weil ein bißchen zuviel Druck die gebrechlichen Knochen wie dünne Zweige zerdrücken würde. Sanft drückte er noch einmal zu, ließ wieder locker. Der Sauerstoff zischte, versuchte den Atem zu wecken, die schwachen, winzigen Lungen ins Leben zurückzurufen und zu eigener Tätigkeit anzuspornen.
O'Donnell wünschte brennend, daß dieses Kind lebte. Ihm stand vor Augen, wenn es starb, bedeutete das, daß Three Counties Hospital, sein Krankenhaus, in seiner wichtigsten Aufgabe versagt hatte: Selbstlos für die Kranken und die Schwachen zu sorgen. Für dieses Kind war nicht selbstlos gesorgt worden. Es hatte das Schlechteste bekommen, als es das Beste brauchte, und Pflichtvergessenheit hatte über Können gesiegt. Er entdeckte, daß er versuchte, seinen eigenen, brennenden Willen durch seine Fingerspitzen auf das kleine versagende Herz unter seinen

tote Kind sah, machten ihn verschlossen und schweigsam. Während sie durch die Gänge und über die Treppen hinuntereilten, weil sie nicht die Ruhe besaßen, auf den langsamen Fahrstuhl zu warten, warf sich O'Donnell wieder erbittert seine Passivität gegenüber Joe Pearson und der pathologischen Abteilung des Three Counties Hospitals vor. Gott weiß, dachte er, ich bin oft genug auf die drohende Gefahr hingewiesen worden. Rufus und Reubens hatten ihn gewarnt, und er hatte es mit seinen eigenen Augen gesehen, daß Pearson immer mehr nachließ, je älter er wurde, daß die Verantwortung für die Pathologie in dem vielbeschäftigten, wachsenden Krankenhaus über seine Kräfte ging. Aber nein! Er, Dr. med. Kent O'Donnell, Mitglied der Königlich-britischen Chirurgischen Gesellschaft, Mitglied der Amerikanischen Chirurgischen Gesellschaft, Chef der Chirurgie und Präsident des medizinischen Ausschusses des Three Counties Hospitals – Hut ab vor einem feinen, großartigen Mann! – »Lasse ihn siegreich sein, glücklich und ruhmbedeckt, lang herrsche er, Gott schütze O'Donnell!« –, er war zu beschäftigt gewesen, um sich um seine eigentliche Aufgabe zu kümmern, um die Härte einzusetzen, die seine Stellung verlangte, um es mit den Ungelegenheiten aufzunehmen, die auf Taten folgen mußten. Darum hatte er sich lieber abgewendet, sich eingeredet, es sei alles in Ordnung, als ihm Erfahrung und Instinkt in seinem Innersten sagen mußten, daß er das nur hoffte. Und wo war er die ganze Zeit gewesen – er, der große Mann der Medizin? Er hatte Krankenhauspolitik getrieben, hatte Eustace Swayne umschmeichelt, in der Hoffnung, wenn er nur leisetrete, wenn er den Status quo dulde, wenn er Swaynes Freund Joe Pearson völlig unbehelligt ließe, daß dann der alte Finanzhai dankbar sein Geld für den prächtigen Neubau des Krankenhauses spenden würde – für O'Donnells Traum von einem Reich, in dem er selbst König wäre. Nun, es mochte sein, daß das Krankenhaus das Geld trotzdem bekam, vielleicht aber auch nicht. Doch ob ja oder nein, ein Preis zum mindesten war dafür schon bezahlt. Die Quittung kannst du oben finden: eine kleine Leiche in einem Operationsraum in der vierten Etage. Als sie dann vor Joe Pearsons Tür ankamen, fühlte er, daß sein Zorn verraucht und Trauer an seine Stelle getreten war. Er klopfte und Dornberger folgte ihm hinein.

Pearson saß immer noch so an seinem Platz, wie Coleman ihn verlassen hatte. Er sah auf, machte aber keine Anstalten, sich zu erheben.

Dornberger sprach als erster. Er sprach ruhig, ohne Feindschaft, so, als wolle er den Ton für die Unterhaltung bestimmen, als einen Dienst für einen alten Freund. Er sagte: »Das Kind ist tot, Joe. Ich nehme an, du hast es schon erfahren.«

Pearson antwortete langsam: »Ja, ich habe es gehört.«

»Ich habe Dr. O'Donnell alles berichtet, was geschehen ist.« Dornbergers Stimme schwankte. »Es tut mir leid, Joe. Es blieb mir nichts anderes übrig.«

Pearson machte eine kleine, hilflose Bewegung mit seinen Händen. Von seiner alten Aggressivität war keine Spur übriggeblieben. Ausdruckslos antwortete er: »Es ist gut.«

O'Donnell paßte seinen Ton dem Dornbergers an. Er fragte: »Haben Sie irgend etwas zu sagen, Joe?«

Zweimal schüttelte Pearson langsam den Kopf.

»Joe, wenn es nur dieser Fall wäre ...« O'Donnell suchte nach den richtigen Worten, von denen er wußte, daß es sie nicht gab. »Wir begehen alle Fehler. Vielleicht würde ich ...« Das hatte er gar nicht sagen wollen. Er festigte seine Stimme und fuhr strenger fort: »Aber es ist eine lange Liste, Joe. Wenn ich das vor den medizinischen Ausschuß bringen muß ... Ich glaube, Sie wissen genau, was die Kollegen sagen werden. Sie würden es sich und uns allen erleichtern, wenn morgen vormittag um zehn Uhr Ihre Rücktrittserklärung bei der Verwaltung vorläge.«

Pearson sah O'Donnell an. »Zehn Uhr«, bestätigte er. »Sie sollen sie haben.«

Es entstand eine Pause. O'Donnell wandte sich ab, drehte sich wieder um. »Joe«, sagte er, »es tut mir leid. Aber Sie wissen ja selbst, daß ich keine Wahl habe.«

»Ja.« Die Antwort kam flüsternd, während Pearson dumpf nickte.

»Natürlich steht Ihnen Ihre Pension zu. Das ist nach zweiunddreißig Jahren nur recht und billig.« O'Donnell hörte deutlich, wie hohl seine Worte klangen.

Zum erstenmal, seit sie hereingekommen waren, veränderte sich Pearsons Ausdruck. Mit dem Anflug eines gequälten Lächelns sah er O'Donnell an. »Danke.«

Zweiunddreißig Jahre! O'Donnell dachte: Mein Gott, das ist der größte Teil der Lebensarbeit eines Mannes. Und so muß es enden. Er hätte gern mehr gesagt, versucht, es für alle leichter zu machen, Worte zu finden, um das Gute anzuerkennen, das Joe Pearson geleistet hatte — er mußte viel Gutes in seinem Leben geleistet haben. Während er noch nach Worten suchte, kam Harry Tomaselli herein.

Der Verwaltungsdirektor war in Eile. Er hatte sich nicht damit aufgehalten, erst anzuklopfen. Er sah zuerst Pearson an. Dann fiel sein Blick auf Dornberger und O'Donnell. »Kent«, sagte er gehetzt, »ich bin froh, daß Sie hier sind.«

Ehe O'Donnell antworten konnte, wandte Tomaselli sich wieder Pearson zu. »Joe«, begann er, »können Sie sofort mit in mein Büro kommen?

In einer Stunde habe ich eine dringende Sitzung des Stabes einberufen. Ich wollte nur vorher noch mit Ihnen sprechen.«
Scharf fragte O'Donnell: »Eine Sondersitzung? Weshalb?«
Tomaselli drehte sich um. Sein Gesicht war ernst, seine Augen besorgt. »Im Krankenhaus wurde Typhus entdeckt«, verkündete er. »Dr. Chandler hat zwei Fälle gemeldet, und vier weitere sind typhusverdächtig. Es liegt eine Epidemie vor, und wir müssen den Ursprung finden.«

Elizabeth sah auf, als sich die Tür öffnete und John eintrat. Er schloß die Tür hinter sich, lehnte sich einen Augenblick mit dem Rücken dagegen. Es wurde kein Wort gesagt, nur ihre Augen sprachen – Trauer, flehende Bitten und eine überwältigende Liebe.
Sie streckte die Arme aus, und er eilte zu ihr. »Johnny, Johnny.« Das war alles, was sie murmeln konnte, ehe sie leise zu weinen begann.
Nach einer Weile, während der er sie fest umfangen hielt, löste er sich von ihr und trocknete ihre Tränen mit demselben Taschentuch, das er selbst schon dazu benutzt hatte.
Später sagte er: »Elizabeth, Liebste, wenn du es immer noch willst ... Jetzt würde ich es gern versuchen.«
»Was es auch ist«, antwortete sie, »selbstverständlich: ja.«
»Ich glaube, du hast es immer gewünscht«, sagte er, »jetzt will ich es auch. Ich schreibe morgen um die Papiere. Ich will versuchen, doch noch Medizin zu studieren.«

Mike Seddons stand von seinem Stuhl auf und ging in dem kleinen Krankenzimmer auf und ab. »Aber das ist lächerlich«, sagte er hitzig. »Es ist absurd, es ist sinnlos, und ich werde es nicht tun.«
»Um meinetwillen, Liebling.«
»Aber es nützt dir nicht im geringsten, Vivian. Das ist nur eine alberne, dumme Idee, die du irgendwo in einem viertklassigen, sentimentalen Roman aufgelesen hast.«
»Mike, Liebling, ich liebe dich so sehr, wenn du wütend bist. Es paßt so gut zu deinem schönen, roten Haar.« Sie lächelte ihm zärtlich zu, als ihre Gedanken sich zum erstenmal von der unmittelbaren Gegenwart abwandten. »Versprich mir etwas!«
»Was?« Er war immer noch ärgerlich, seine Antwort kurz.
»Versprich mir, daß du manchmal wütend bist, wenn wir verheiratet sind – wirklich wütend –, damit wir uns streiten können und nachher die Freude haben, uns wieder zu versöhnen.«
Unwillig antwortete er: »Das ist ein genauso alberner Einfall wie der andere. Und überhaupt, was hat es für einen Sinn, von Heiraten zu reden, wenn du willst, daß ich mich von dir fernhalte?«

»Nur für eine Woche, Mike, Liebling. Gerade eine Woche, das ist alles.«
»Nein.«
»Hör mich an, Liebling.« Sie drängte. »Bitte, komm her und setz dich und hör mich an. Bitte.«
Er zögerte, kam dann widerwillig zu dem Stuhl neben dem Bett zurück. Vivian ließ ihren Kopf in die Kissen zurücksinken, das Gesicht ihm zugewandt. Sie lächelte und streckte ihre Hand aus. Er nahm sie zärtlich, sein Ärger verflog. Nur ein unbestimmter, beunruhigender Zweifel blieb.
Es war der vierte Tag, nachdem Vivian nach der Operation in ihr Zimmer zurückgebracht worden war. Der Stumpf an ihrem Oberschenkel verheilte gut. Sie hatte immer noch lokale Schmerzen und die unvermeidliche Druckempfindlichkeit. Aber das große, überwältigende Leiden der ersten zwei Tage der Genesung hatte aufgehört, und gestern hatte Dr. Grainger mit Vivians Wissen und Zustimmung die zuerst verordneten Injektionen abgesetzt, durch die die Schmerzen während der schlimmsten, jetzt überwundenen Zeit gemildert worden waren. Nur eines fand Vivian entsetzlich – etwas Überraschendes, womit sie nicht gerechnet hatte. Der Fuß an ihrem amputierten Bein – ein Fuß, den sie nicht mehr besaß – juckte häufig mit bösartiger, immer wieder auftretender Heftigkeit. Es war eine Qual, ihn nicht kratzen zu können. Als das Jucken zum erstenmal auftrat, hatte sie mit ihrem rechten Fuß nach der Sohle des anderen getastet. Dann hatte sie eine Zeitlang erleichtert geglaubt, die Amputation sei doch nicht vorgenommen worden. Erst als Dr. Grainger ihr versicherte, daß die Erscheinung völlig normal sei und bei den meisten Patienten auftrete, die ein Glied verloren hatten, wurde ihr klar, daß ihre Hoffnung eine Illusion gewesen war. Dessenungeachtet war es ein unerfreuliches Gefühl, und Vivian hoffte, daß es bald verschwinden würde.
Auch psychologisch schien ihre Genesung gute Fortschritte zu machen. Von dem Augenblick an, als Vivian am Tag vor der Operation mit der schlichten Tapferkeit, die Mike Seddons so tief beeindruckte, sich mit dem Unausweichlichen abfand, hatte ihre Gemütsverfassung sich nicht verändert und sie aufrecht gehalten. Noch gab es Augenblicke der Finsternis und Verzweiflung. Sie kamen über sie, wenn sie allein war, und zweimal, als sie in der Nacht erwachte, das Krankenhaus um sie herum still und unheimlich, hatte sie still um das geweint, was sie verloren hatte. Aber meistens verbannte sie deprimierte Stimmungen, und die ihr innewohnende Kraft half ihr, sie zu überwinden.
Lucy Grainger hatte das beobachtet und war dankbar dafür. Es erleichterte ihr die Aufgabe, den Heilungsprozeß zu überwachen. Nichtsdestoweniger wußte Lucy, daß Vivian die wirkliche Probe für ihre Gefühle

und ihre Haltung erst noch bestehen mußte. Sie würde kommen, wenn der erste Schock überwunden war, wenn sie Zeit gehabt hatte, die wirkliche Bedeutung des Eingriffs nach und nach zu erfassen, und wenn seine Auswirkungen auf ihre Zukunft näher und deutlicher vor ihr standen. Vielleicht kam dieser Augenblick erst in sechs Monaten oder sogar erst in einem Jahr. Aber früher oder später mußte er kommen, und Lucy wußte, daß Vivian dann eine tiefe, finstere Verzweiflung durchstehen mußte, um für später eine feste Haltung zu gewinnen, welcher Art sie auch sein würde. Aber das lag in der Zukunft. Im Augenblick erschien ihr die Prognose für die nächste Zeit recht günstig.

Lucy wußte natürlich – und sie war sich bewußt, daß es auch Vivian bekannt war –, bei einem Osteosarkom, das Dr. Pearson diagnostiziert hatte, bestand die Möglichkeit, daß sich schon vor der Amputation Metastasen gebildet und mit heimtückischer Bösartigkeit in Vivians Körper verbreitet hatten. In diesem Fall konnte das Three Counties Hospital und die Medizin überhaupt für Vivian kaum mehr tun, als vorübergehend ihre Leiden zu lindern. Aber ob das zutraf oder nicht, mußte sich später herausstellen. Für den Patienten schien es im Augenblick das beste und klügste, anzunehmen, daß Vivian als gesund entlassen werden konnte, und ihr zu helfen, sich aktiv auf ihr zukünftiges Leben einzustellen.

Auch heute war die fortschreitende Genesung an Vivians äußerer Erscheinung sofort zu erkennen. Zum erstenmal nach der Operation hatte sie Make-up aufgelegt und damit Farbe in ihr Gesicht gebracht. Am Morgen war ihre Mutter bei ihr gewesen und hatte ihr beim Frisieren geholfen. Sie trug jetzt das gleiche Nachthemd, das Mike bei einem früheren Besuch in Versuchung geführt hatte, und ein großer Teil ihrer jugendlichen Lieblichkeit war zurückgekehrt.

Als Mike jetzt ihre Hand nahm, sagte sie: »Verstehst du denn nicht, Liebling? Ich will sicher sein. Um meiner selbst willen ebensosehr wie um deinetwillen.«

»Wessen willst du sicher sein?« Auf Mikes Gesicht standen zwei hochrote Flecken.

Leise und fest antwortete sie: »Ich will sicher sein, daß du mich wirklich liebst.«

»Natürlich liebe ich dich.« Heftig fuhr er fort: »Erkläre ich dir das nicht seit einer halben Stunde? Habe ich dir nicht gesagt, ich will, daß wir heiraten? Wie wir es beschlossen haben« – er zögerte –, »ehe das geschah? Selbst deine Mutter und dein Vater sind dafür. Sie haben mich akzeptiert. Warum kannst du es nicht?«

»Aber Mike, ich akzeptiere dich doch. Dankbar und froh. Aber was auch zwischen uns geschieht, ich glaube nicht, daß jemals etwas zwischen

uns wieder ganz so sein kann, wie es war. Wenigstens« – einen Augenblick schwankte ihre Stimme – »nicht für mich.«
»Warum denn . . .«
Sie bat: »Bitte, Mike, höre mich zu Ende an. Du hast es versprochen.«
Ungeduldig antwortete er: »Also weiter.«
»Du kannst sagen, was du willst, Mike, ich bin nicht die gleiche, die du kennengelernt hast, als wir uns das erstemal sahen. Ich kann es nie wieder sein.« Leise und eindringlich fuhr sie fort: »Deswegen muß ich sicher sein. Sicher, daß du mich liebst, so, wie ich bin, nicht so, wie ich war. Verstehst du denn nicht, Liebling? Wenn wir den Rest unseres Lebens gemeinsam verbringen wollen, könnte ich den Gedanken nicht ertragen – auch später nicht, niemals –, daß du mich aus . . . Mitleid geheiratet hast. Unterbrich mich nicht, hör mir nur zu. Ich weiß, daß du das nicht für wahr hältst, und vielleicht ist es das auch nicht. Ich hoffe es jedenfalls von ganzem Herzen. Aber, Mike, du bist freundlich und gut und großmütig, und du könntest es tun, gerade aus diesem Grunde, ohne es dir selbst zuzugeben.«
Er entgegnete ärgerlich: »Willst du damit sagen, daß ich meine Gefühle nicht kenne?«
Vivian antwortete leise: »Wer von uns kennt sie wirklich?«
»Ich kenne meine.« Er nahm zärtlich ihre Hand, sein Gesicht war dicht vor dem ihren. »Ich weiß, daß ich dich liebe. Ganz oder geteilt, gestern, heute oder morgen. Und ich weiß, daß ich dich heiraten will, ganz bestimmt nicht aus Mitleid, ohne einen Tag länger warten zu wollen, als wir müssen.«
»Dann tue mir diesen einen Gefallen, weil du mich liebst. Verlasse mich jetzt, obwohl du hier im Krankenhaus bist, komme eine Woche lang nicht wieder – ganze sieben Tage.« Vivian sah ihn fest an. Ruhig fuhr sie fort: »In dieser Zeit überlege dir alles. Denke an mich und daran, wie unser Zusammenleben sein würde, wie es für dich sein würde, mit einem Krüppel zusammenzuleben. An die Dinge, die wir nicht gemeinsam haben können, und an die, die wir gemeinsam tragen müssen. An unsere Kinder, wie sie es beeinflussen wird, und damit auch dich. Denke an alles, Mike, an alles, was es gibt. Wenn du das getan hast, dann komme wieder und sage mir, zu welchem Ergebnis du gekommen bist. Und wenn du dann deiner immer noch sicher bist, verspreche ich dir, daß ich dich nie mehr fragen werde. Es sind nur sieben Tage, Liebling. Sieben Tage aus unserem Leben. Das ist nicht sehr viel.«
»Du bist verdammt bockbeinig«, antwortete er.
»Ich weiß.« Sie lächelte. »Du bist also einverstanden?«
»Mit vier Tagen. Keinen mehr.«
Vivian schüttelte den Kopf. »Sechs. Keinen weniger.«

»Sagen wir fünf«, sagte er, »und wir sind einig.«
Sie zögerte, und Mike erklärte: »Das ist mein letztes Angebot.«
Vivian lachte. Es war das erstemal. »Also gut, fünf Tage von jetzt an.«
»Keineswegs von jetzt an«, antwortete Mike. »In zehn Minuten vielleicht. Erst brauche ich noch eine Rücklage. Für einen jungen Burschen mit meinem heißen Blut sind fünf Tage eine lange Zeit.«
Er zog den Stuhl näher an das Bett und streckte die Arme nach ihr aus. Es war ein Kuß, in dem sich Leidenschaft und Zärtlichkeit abwechselten. Als er ein Ende gefunden hatte, zog Vivian eine Grimasse und schob ihn zurück. Sie seufzte und schob sich in eine andere Lage.
Mike fragte besorgt: »Fehlt dir etwas?«
Vivian schüttelte den Kopf. »Nein, es ist nichts.« Dann fragte sie: »Mike, wo haben sie mein Bein? Das verlorene, meine ich.«
Er war überrascht. Dann sagte er: »In der Pathologie. In einem Kühlschrank vermutlich.«
Vivian holte tief Atem, ließ die Luft dann langsam wieder aus. »Mike, Liebling«, bat sie, »gehe bitte hinunter und kratze den Fuß.«

Das Sitzungszimmer des Krankenhauses war überfüllt. Die Nachricht von der dringenden Sondersitzung hatte sich schnell in dem Krankenhaus verbreitet, und die Ärzte, die an diesem Tage im Three Counties Hospital nicht anwesend waren, hatte man in ihren Sprechstunden in der Stadt oder zu Hause benachrichtigt. Gerüchte über Joe Pearsons Versagen und sein bevorstehendes Ausscheiden hatten sich ebenso schnell herumgesprochen und waren das Thema einer aufgeregten Diskussion, die abbrach, als Pearson mit dem Verwaltungsdirektor und David Coleman eintrat.
Kent O'Donnell hatte schon den Platz am Kopf des langen Nußbaumtisches eingenommen. Gil Bartletts Bart wippte lebhaft auf und ab, während er sich mit Roger Hilton, dem jungen Chirurgen, der vor einigen Wochen in das Three Counties Hospital eingetreten war, unterhielt. John McEwan, der Hals-, Nasen- und Ohrenspezialist, war in eine erhitzte Debatte mit Dingdong Bell und dem dicken Lewis Toynbee, dem Internisten, verbissen. Bill Rufus, den seine grelle gelb und grüne Krawatte aus der Menge heraushob, setzte sich gerade in der zweiten Reihe auf einen Stuhl. Unmittelbar vor ihm stand noch Dr. Harvey Chandler, der Leiter der inneren Abteilung, und studierte ein Blatt mit Notizen. Es waren auch verschiedene Assistenzärzte anwesend. Unter ihnen bemerkte O'Donnell McNeil von der Pathologie. Neben dem Verwaltungsdirektor saß Mrs. Straughan, die Küchenleiterin, die an der Sitzung auf ausdrückliche Aufforderung teilnahm. In ihrer Nähe saß Ernie Reubens, der anscheinend belustigt den wabbeln-

den, umfangreichen Busen der Küchenleiterin beobachtete. Nicht anwesend war die vertraute Erscheinung Charlie Dornbergers, der seine Absicht, sofort in den Ruhestand zu treten, bereits bekanntgegeben hatte.

Als O'Donnell zur Tür blickte, sah er Lucy Grainger, die gerade hereinkam. Sie begegnete seinem Blick und lächelte leicht. Lucys Anblick erinnerte ihn an die Entscheidung über seine persönliche Zukunft, die ihm noch bevorstand, wenn das, was jetzt vorlag, geklärt und geregelt war. Dann fiel ihm plötzlich auf, daß er seit heute vormittag nicht einmal an Denise gedacht hatte. Die Arbeit im Krankenhaus hatte keinen Gedanken an sie aufkommen lassen, und er wußte, daß es ihm jedenfalls in den nächsten beiden Tagen ebenso gehen würde. O'Donnell fragte sich, wie Denise sich verhalten würde, wenn sie den zweiten Platz hinter der Medizin einnehmen müsse. Würde sie Verständnis zeigen? So verständig sein wie Lucy etwa? So flüchtig der Gedanke auch war, es wurde ihm dabei unbehaglich, als ob er durch diesen Vergleich einen Verrat begehe. Im Augenblick zog er es vor, an die unmittelbar vorliegenden Dinge zu denken. Es war Zeit, die Sitzung zu eröffnen.

O'Donnell klopfte, um Ruhe zu gebieten, wartete geduldig, bis alle Gespräche verstummt und diejenigen, die noch standen, ihre Sitze eingenommen hatten. Mit ruhiger Stimme begann er: »Meine Damen und Herren! Ich glaube, allen von uns ist bekannt, daß Epidemien in Krankenhäusern nichts Seltenes sind und tatsächlich weit häufiger auftreten, als der größte Teil der Öffentlichkeit vermutet. In gewisser Weise kann man wohl sagen, daß Epidemien zu den ständigen Gefährdungen unseres Daseins gehören. Wenn man berücksichtigt, wie viele Krankheiten wir in diesen Mauern behandeln, ist es eigentlich überraschend, daß sie nicht häufiger auftreten.« Alle Augen im Raum waren auf ihn gerichtet. Er schwieg einen Augenblick und fuhr dann fort: »Ich habe nicht die Absicht, das, was geschehen ist, zu bagatellisieren, aber ich möchte, daß wir uns den Sinn für Proportionen erhalten. Dr. Chandler, vielleicht sind Sie so freundlich, uns über die Lage zu informieren.«

Während O'Donnell sich setzte, erhob sich der Leiter der inneren Abteilung von seinem Platz.

»Lassen Sie mich mit einer Zusammenfassung beginnen.« Harvey Chandler hielt sein Notizblatt in der Hand, und sein Blick schweifte theatralisch durch den Raum. Das macht Harvey Spaß, dachte O'Donnell, aber er sieht sich ja immer gern im Mittelpunkt. Der Häuptling der inneren Medizin fuhr fort: »Das Bild zeigt bisher zwei eindeutige Typhusfälle und vier Fälle mit Typhusverdacht. Alle Erkrankten sind Angestellte des Krankenhauses, und wir können uns glücklich schätzen, daß keine Patienten davon betroffen sind – jedenfalls noch nicht. Auf Grund der Zahl der Fälle ist Ihnen zweifellos so offensichtlich wie

mir, daß wir irgendwo in dem Krankenhaus einen Typhusträger haben müssen. Nun darf ich sagen, daß ich ebenso schockiert bin, wie es jeder sein muß, als ich erfuhr, daß Untersuchungen des Küchenpersonals nicht mehr durchgeführt wurden, seit . . .«
Bei der Erwähnung des Küchenpersonals war O'Donnell aufgefahren. Jetzt unterbrach er so ruhig und höflich wie er konnte: »Entschuldigen Sie, Doktor.«
»Ja?« Chandlers Ton machte deutlich, daß er über die Unterbrechung ungehalten war.
Freundlich sagte O'Donnell: »Wir werden auf diesen Punkt gleich zu sprechen kommen, Harvey. Für den Augenblick möchte ich Sie bitten, nur die klinischen Aspekte darzulegen.«
Er konnte den Ärger des anderen spüren. Harvey Chandler, der praktisch in der Krankenhaushierarchie den gleichen Status wie O'Donnell einnahm, gefiel das ganz und gar nicht. Außerdem liebte Dr. Chandler es, lange Reden zu halten. Er stand in dem Ruf, sich niemals mit einem Wort zu begnügen, wenn man zwei oder drei verwenden konnte. Jetzt murmelte er: »Also gut, wenn Sie das so wünschen, aber . . .«
Liebenswürdig, aber fest warf O'Donnell dazwischen: »Ich danke Ihnen.«
Chandler warf ihm einen Blick zu, der besagte: darüber werden wir uns später noch privat unterhalten. Dann fuhr er nach einem kaum wahrnehmbaren Zögern fort: »Zur Informierung jener, die mit Typhus nicht vertraut sind – und ich weiß wohl, daß es bei einigen der Fall sein wird, weil man Typhus heutzutage nicht mehr oft antrifft –, will ich die wichtigsten Symptome des Anfangsstadiums darlegen. Allgemein gesprochen, es tritt steigendes Fieber auf, mit Schüttelfrost und langsamem Puls. Die Blutzählungen sind niedrig, und natürlich treten die charakteristischen rötlichen Flecke auf. Außerdem wird der Patient neben all dem wahrscheinlich über dumpfe Kopfschmerzen, Appetitlosigkeit und allgemeines Unbehagen klagen. Manche Patienten werden sagen, daß sie tagsüber benommen und während der Nacht ruhelos sind. Ein weiterer Punkt besteht darin, auf Bronchitis zu achten, die recht häufig mit Typhus zusammen auftritt, und man kann auch Nasenbluten finden. Und selbstverständlich eine druckempfindliche geschwollene Milz.«
Damit setzte sich der Chef der inneren Abteilung. O'Donnell fragte: »Irgendwelche Fragen?«
Lucy Grainger sagte: »Ich nehme an, daß Typhusimpfungen angesetzt sind?«
»Ja, für alle Angestellten und Mitglieder des Ärztestabes und auch für die Patienten, deren Gesundheitszustand es zuläßt.«

»Welche Maßnahmen sind in der Küche vorgesehen?« Die Frage kam von Bill Rufus.

O'Donnell antwortete: »Wenn Sie erlauben, kommen wir noch darauf zu sprechen. Ist im Augenblick noch zum Medizinischen eine Frage?« Er sah sich um, überall Kopfschütteln. »Also gut. Hören wir jetzt die Pathologie.« Er verkündete ruhig: »Dr. Pearson.«

Bis zu diesem Augenblick waren im Hintergrund Geräusche zu hören gewesen. Unruhe, Rücken von Stühlen, gemurmelte Unterhaltung neben den Ausführungen der Sprecher. Aber jetzt herrschte völlige Stille, während sich die Blicke aller neugierig dem Platz in der Mitte des langen Tisches zuwandten, wo Joe Pearson saß. Seit er eingetreten war, hatte er kein Wort gesprochen, sondern schweigend vor sich hingestarrt. Zum erstenmal hatte er sich keine Zigarre angezündet, und das wirkte wie das Fehlen eines vertrauten Wahrzeichens. Selbst jetzt, als sein Name aufgerufen wurde, bewegte er sich nicht.

O'Donnell war schon im Begriff, den Pathologen noch einmal aufzurufen, als Pearson sich rührte. Der alte Mann schob seinen Stuhl zurück und stand auf.

Langsam wanderten seine Augen durch den Sitzungssaal, den ganzen Tisch entlang und wieder zu seinem Kopfende zurück. Während er O'Donnell gerade ansah, sagte Pearson: »Diese Epidemie hätte nicht auftreten dürfen. Es wäre auch nicht geschehen, wenn die Pathologie auf Versäumnisse bei den hygienischen Vorsichtsmaßregeln geachtet hätte. Für diese Nachlässigkeit ist meine Abteilung verantwortlich — und damit ich selbst.«

Wieder Schweigen. Es war wie ein historischer Augenblick. Viele Male hatte Joe Pearson in diesem Raum andere beschuldigt, Fehler begangen und Fehlurteile gefällt zu haben. Jetzt stand er vor ihnen und war Ankläger und Angeklagter zugleich.

O'Donnell fragte sich, ob er ihn unterbrechen solle. Er entschied sich dagegen. Wieder sah sich Pearson um. Dann sagte er langsam: »Nachdem festgestellt ist, wo ein Teil der Schuld liegt, müssen wir jetzt verhindern, daß sich die Epidemie weiter ausbreitet.« Er sah über den Tisch zu Harry Tomaselli hinüber. »Der Verwaltungsdirektor, die Abteilungsleiter und ich haben bestimmte Maßnahmen festgelegt, die sofort ergriffen werden müssen. Ich will sie Ihnen erläutern.«

Pearson schwieg. Als er weitersprach, klang seine Stimme fester. Es ist fast, dachte O'Donnell, als ob der alte Mann in diesem Augenblick einen Teil seiner Jahre abwerfe, als ob er ein Bild von dem bieten wolle, was er vor langer Zeit als junger Arzt einmal gewesen war: eindringlich, ernst, fähig. Der alte sarkastische Witz, seine Verachtung für die Hoheitsgebiete anderer, die sie alle in diesem Raum so gut kennengelernt hatten, waren verschwunden. An ihrer Stelle standen Autorität und Wissen und die gerade Offenheit eines Mannes, der ohne zu fragen voraussetzt, daß er mit seinesgleichen spricht.

»Das unmittelbare Problem«, sagte Pearson, »besteht darin, die Infektionsquelle festzustellen. Auf Grund des Versäumnisses, das Küchenpersonal in den vergangenen sechs Monaten regelmäßig und vorschriftsmäßig zu überwachen, liegt es nahe, den Krankheitsträger im Bereich der Küche zu vermuten und dort mit der Suche zu beginnen. Aus diesem Grunde muß das gesamte Küchenpersonal untersucht werden, noch ehe die nächste Mahlzeit im Krankenhaus ausgegeben wird.« Aus seiner abgetragenen Wollweste zog er seine Uhr und legte sie vor sich auf den Tisch. »Es ist jetzt vierzehn Uhr fünfzehn. Das gibt uns zweidreiviertel Stunden. In dieser Zeit muß jeder Angestellte, der in irgendeiner Form mit der Vorbereitung und der Ausgabe der Mahlzeiten im Krankenhaus zu tun hat, gründlich untersucht werden. Dazu sind die Kliniken für ambulante Patienten vorgesehen. Meines Wissens wurden alle Internisten und angestellten Ärzte des Krankenhauses schon vor der Sitzung darüber unterrichtet.«

Er sah sich wieder nach allen Seiten um und bemerkte, daß die Betroffenen zustimmend nickten. »Also gut. Sobald wir hier fertig sind, wird Dr. Coleman« – Pearson sah zu Coleman – »Ihnen einen Raum zuteilen.«

Pearson deutete auf die Küchenleiterin und sagte: »Mrs. Straughan sorgt dafür, daß das betroffene Personal sich versammelt, und es wird sich in Gruppen von je zwölf in den Kliniken melden. Unsere Aufgabe ist, in der zur Verfügung stehenden Zeit fünfundneunzig Personen zu untersuchen.

Bei diesen Untersuchungen wollen Sie übrigens daran denken, daß der Typhusträger – und wir vermuten, daß es einen Träger gibt – wahrscheinlich keines der von Dr. Chandler beschriebenen Symptome aufweist. Worauf Sie insbesondere achten müssen, ist mangelhafte persönliche Sauberkeit. Und jeder, bei dem Sie Zweifel haben, muß vorläufig von der Arbeit suspendiert werden.«

Pearson hielt inne, als ob er nachdenke. Bisher hatte er noch nicht seine Notizen zu Rate gezogen. Nun sprach er weiter: »Natürlich ist uns allen bekannt, daß diese Untersuchung uns nicht die Lösung bringen wird. Vielleicht haben wir Glück und finden auf diese Weise die Person, nach der wir suchen. Aber das ist höchst unwahrscheinlich. Vermutlich wird der Hauptteil der Arbeit in den Labors vorgenommen werden, sobald Ihre Untersuchungen abgeschlossen sind. Allen Personen, die Sie untersuchen, muß gesagt werden, daß Stuhlkulturen erforderlich sind, und alle Stuhlproben müssen morgen früh im Labor des Krankenhauses sein.« Er zeigte den Anflug eines Lächelns. »Verstopfung wird als Entschuldigung nicht anerkannt, und falls heute schon jemand eine Probe liefert, werden wir sie natürlich dankbar annehmen.

Die Labors richten sich jetzt schon darauf ein, alle erforderlichen Kulturen anzusetzen. Natürlich werden wir ein paar Tage brauchen – mindestens zwei oder drei –, um alle die Proben zu untersuchen.«

Eine Stimme – O'Donnell hielt sie für die Gil Bartletts – sagte ruhig: »Fünfundneunzig Mann! Das gibt aber einen Haufen Scheiße.« Ein Gelächter lief um den Tisch.

Pearson drehte sich um. »Ja«, sagte er, »das gibt einen Haufen, aber wir werden unser Bestes tun.«

Damit setzte er sich.

Lucy hob die Hand, und O'Donnell nickte ihr zu. Sie fragte: »Wenn die Quelle der Infektion nicht sofort gefunden wird, bleibt die Krankenhausküche dann weiter in Betrieb, um die Patienten zu verpflegen?«

»Im Augenblick ja«, antwortete O'Donnell.

Der Verwaltungsdirektor fügte hinzu: »Mein Büro überprüft gerade die Möglichkeit, ob ein anderes Küchenunternehmen die Verpflegung übernehmen kann, falls es für notwendig erachtet werden sollte. Ich bezweifle allerdings, daß dazu hier in der Stadt die Möglichkeit besteht. Jedenfalls nicht so kurzfristig.«

Bill Rufus fragte: »Wie wird es mit Neuaufnahmen gehalten?«

»Verzeihen Sie«, antwortete O'Donnell, »ich hätte das erwähnen müssen. Bis auf weiteres nehmen wir keine neuen Patienten auf. Die Aufnahmeabteilung ist bereits informiert. Aber selbstverständlich hoffen wir, daß die Pathologie die Infektionsquelle schnell ausfindig machen kann. Und dann werden wir die Frage der Neuaufnahmen sofort überprüfen. Sonst noch etwas?«

Es lagen keine weiteren Fragen mehr vor. O'Donnell sah über den Tisch und fragte: »Dr. Coleman, haben Sie noch etwas hinzuzufügen?«

David Coleman schüttelte den Kopf. »Nein.«

O'Donnell schloß den Aktendeckel, der vor ihm lag. »Nun, meine Damen und Herren, ich schlage vor, wir gehen an die Arbeit.« Als dann mit den Stühlen gescharrt wurde und die allgemeine Unterhaltung begann, fragte er Pearson: »Joe, kann ich Sie einen Augenblick sprechen?«

Sie traten zusammen an ein Fenster, abseits von den anderen, die den Raum verließen. O'Donnell vergewisserte sich erst, daß kein anderer ihn hörte, ehe er ruhig sagte: »Joe, selbstverständlich behalten Sie die Leitung der Pathologie während dieser Epidemie bei. Aber es muß Ihnen völlig klar sein, daß sich an allem anderen damit nichts ändert.«

Pearson nickte langsam. »Ja«, sagte er, »das hatte ich mir schon gedacht.«

XXII

Wie ein General, der vor der Schlacht seine Streitkräfte mustert, sah Dr. Joseph Pearson sich in dem pathologischen Labor um.
Anwesend waren David Coleman, der Assistenzarzt der Pathologie Dr. McNeil, Carl Bannister und John Alexander. Pearson, Coleman und McNeil kamen unmittelbar von der Sitzung. Die beiden anderen hatten auf Grund voher erteilter Anweisungen das Labor ausgeräumt und alle nicht unmittelbar dringlichen Arbeiten beiseite gestellt.
Als Pearson seine Inspektion beendet hatte, wandte er sich an die vier. »Unser Problem«, verkündete er, »besteht in einer Detektivarbeit. Unsere Aufgabe ist, aus einem Kreis von rund fünfundneunzig Personen – dem Küchenpersonal – diejenige ausfindig zu machen, von der wir glauben, daß sie in unserem Krankenhaus Typhuserreger verbreitet. Weiter ist wichtig: wir müssen sie schnell finden. Je länger wir brauchen, desto schlimmer kann die Epidemie werden. Unsere Methode der Entdeckung besteht in Stuhlproben, von denen wir die ersten heute erhalten, den weitaus größten Teil aber erst morgen.«
Er wendete sich an Roger McNeil: »Dr. McNeil. Ihre Aufgabe in den nächsten Tagen besteht darin, alle Arbeit, die nicht unbedingt erforderlich ist, von dem Labor fernzuhalten. Überprüfen Sie alle eingehenden Anforderungen und entscheiden Sie, welchen Priorität zukommt und welche mindestens für ein oder zwei Tage zurückgestellt werden können. Die Untersuchungen, die Ihrer Meinung nach dringend sind, werden von Carl Bannister übernommen. Unterstützen Sie ihn dabei, so sehr Sie können, aber laden Sie ihm nicht mehr auf, als notwendig ist. Die übrige Zeit wird er mit an unserem Hauptprojekt arbeiten.«
Als McNeil nickte, fuhr Pearson fort: »Sie selbst müssen sich um alle pathologischen Befunde kümmern. Erledigen Sie alles, was dringend erscheint, und stellen Sie alles, was warten kann, zurück. Wenn Sie bei einer Diagnose nicht absolut sicher sind, wenden Sie sich an Dr. Coleman oder an mich.«
»Gut. Ich setzte mich sofort mit dem Büro in Verbindung.« McNeil ging hinaus.
Zu den anderen sagte Pearson: »Wir werden für jede Stuhlkultur eine besondere Schale verwenden. Ich will nicht riskieren, mehrere Kulturen zusammen anzusetzen, damit sie nicht ineinanderwachsen. Dadurch würden wir nur Zeit verlieren und müßten von vorn anfangen.« Er fragte Alexander: »Haben wir genügend mittelgroße Schalen vorrätig, um fast hundert Kulturen anzusetzen?«
John Alexander war blaß und seine Augen gerötet. Vor einer halben Stunde war er von Elizabeth zurückgekommen. Aber er antwortete so-

fort: »Nein, ich glaube, wir haben kaum mehr als zwei Dutzend. Das reicht normalerweise für ein paar Tage.«

Als er gesprochen hatte, erkannte er, daß seine Antwort auf diese Frage über die Laborarbeit mechanisch erfolgt war. Er fragte sich, was er gegenüber Dr. Pearson empfand, und kam zu dem Ergebnis, daß er seine Gefühle nicht definieren konnte. Eigentlich müßte er diesen alten Mann doch hassen, dessen Nachlässigkeit den Tod seines Sohnes verschuldet hatte, und später würde er es vielleicht tun. Aber jetzt empfand er nur dumpfen, tiefsitzenden Schmerz und Kummer. Vielleicht war es ganz gut, daß ihnen allen im Augenblick sehr viel Arbeit bevorstand. Wenigstens konnte er versuchen, darüber einen Teil zu vergessen.

»Ah so«, sagte Pearson. »Gut, dann arbeiten Sie im Spülraum mit, und bleiben Sie dort, bis alle erforderlichen Schalen bereitstehen. Wir müssen sie heute noch haben.«

»Ich gehe sofort.« Alexander folgte McNeil hinaus.

Jetzt überlegte Pearson laut: »Wir müssen fünfundneunzig Kulturen ansetzen. Sagen wir hundert. Nehmen wir an, daß fünfzig Prozent auf Laktose positiv reagieren, dann bleiben weitere fünfzig Prozent, die wir weiter untersuchen müssen.« Er sah Coleman fragend an.

»Ganz meine Meinung.« Coleman nickte.

»Also gut. Wir brauchen zehn Reagenzgläser mit Zuckerlösung für jede Kultur. Fünfzig Kulturen bedeuten also fünfhundert Unterkulturen.« Zu Bannister gewandt fragte Pearson: »Wieviel Reagenzgläser liegen bereit? Sauber und sterilisiert.«

Bannister überlegte: »Vielleicht zweihundert.«

»Sind Sie ganz sicher?« Pearson musterte ihn scharf.

Bannister errötete. Dann sagte er: »Auf jeden Fall hundertfünfzig.«

»Dann bestellen Sie noch dreihundertundfünfzig. Rufen Sie die Lieferfirma an, und sagen Sie denen, daß wir sie heute noch haben müssen. Auf jeden Fall! Sagen Sie auch gleich, daß der Papierkram nachkommt.« Pearson fuhr fort: »Wenn Sie das getan haben, fangen Sie damit an, die Gläser in Gruppen von je zehn vorzubereiten. Überprüfen Sie die Zuckerbestände. Vergessen Sie nicht, wir brauchen Glukose, Laktose, Dulcitol, Sukrose, Mannitol, Maltose, Xylose, Arabinose, Rhamnose und ein Glas für Indol-Bildung.«

Pearson hatte die verschiedenen Zuckersorten, ohne zu zögern, heruntergerasselt. Mit dem Anflug eines Lächelns sagte er zu Bannister: »Sie finden die Liste und die Tabelle für die Reaktionen von Salmonellatyphi auf Seite sechsundsechzig des Laboratoriumshandbuches. Und nun an die Arbeit.«

Hastig schlurfte Bannister zum Telefon.

Pearson wendete sich an David Coleman und fragte: »Habe ich irgend etwas vergessen?«
Coleman schüttelte den Kopf. Die Art, wie der alte Mann sich der Situation gewachsen zeigte, und seine Schnelligkeit und seine Gründlichkeit hatten Coleman überrascht und beeindruckt. »Nein«, antwortete er, »nicht daß ich wüßte.«
Einen Augenblick sah Pearson den jüngeren Mann an, ehe er sagte: »Dann lassen Sie uns Kaffee trinken gehen. Es ist für ein paar Tage vielleicht die letzte Möglichkeit.«

Nachdem Mike Seddons Vivian verlassen hatte, überfiel es sie, wie groß die Lücke war, die er hinterließ, und wie lang sich die nächsten Tage ohne ihn dahinziehen würden. Sie glaubte jedoch, es sei richtig gewesen, von Mike zu verlangen, sich für ein paar Tage von ihr fernzuhalten. Das gab ihnen beiden die Möglichkeit, sich zu beruhigen und klar über die Zukunft nachzudenken. Nicht, daß Vivian selbst Zeit zum Nachdenken brauchte. Sie war sich ihrer Gefühle völlig sicher, aber so war es Mike gegenüber fairer, oder etwa nicht? Zum erstenmal kam ihr der Gedanke, daß sie durch ihr Verhalten von Mike vielleicht verlangte, er solle seine Liebe für sie beweisen, während er ihre, ohne zu fragen, als selbstverständlich hinnahm.
Aber das war nicht ihre Absicht gewesen. Vivian fragte sich unbehaglich, ob Mike es so aufgefaßt habe, ob sie ihm mißtrauisch und nicht bereit erschienen sei, seine Zuneigung auf sein Wort hin zu glauben. Anscheinend hatte er es nicht getan – das stimmte. Aber wenn er darüber nachdachte, wie sie selbst jetzt, konnte er auf diesen Gedanken kommen. Sie überlegte, ob sie ihn anrufen oder ihm einen Brief schreiben solle, um ihm zu erklären, was sie wirklich beabsichtigte – festzustellen, ob sie sich ihrer selbst sicher sei. War sie sich wirklich absolut sicher? Auch jetzt? Manchmal war es schwer, klar zu denken. Man begann etwas, was man für richtig hielt, dann begann man sich zu fragen, ob ein anderer es nicht falsch verstehe, nach einem Hintersinn suche, an den man selbst nicht gedacht hatte. Wie konnte man nur sicher sein, was das beste war, bei allem ... überall ... immer ...?
Es klopfte leicht an die Tür, und Mrs. Loburton trat ein. Als Vivian sie sah, vergaß sie plötzlich, daß sie schon neunzehn war, erwachsen, in der Lage, für sich selbst zu entscheiden. Sie streckte ihre Arme aus. »Oh, Mutter«, seufzte sie, »ich weiß nicht, was ich tun soll.«

Die Untersuchung des Küchenpersonals war in vollem Gang. In einem kleinen Sprechzimmer – dem ersten einer Reihe gleichartiger Räume in der Abteilung für ambulante Patienten – beendete Dr. Harvey

Chandler die Untersuchung eines der Köche. »Gut«, sagte er, »Sie können sich anziehen.«

Zunächst war sich der Chef der inneren Abteilung nicht sicher gewesen, ob es mit seiner Würde vereinbar sei, selbst einige der Untersuchungen vorzunehmen. Aber schließlich hatte er sich dazu entschlossen. Sein Auftreten glich etwa dem eines Truppenkommandeurs, der sich moralisch verpflichtet fühlt, sich bei einer Landungsoperation an die Spitze seiner Soldaten zu stellen.

Dr. Chandler war geneigt, Dr. O'Donnell und Dr. Pearson ihre bisher führende Rolle zu verübeln. Gewiß, Dr. O'Donnell war Präsident des medizinischen Ausschusses und berechtigt, sich um das Gesamtwohl des Krankenhauses zu kümmern. Trotzdem, argumentierte Chandler, O'Donnell war nicht mehr als ein Chirurg und Typhus selbstverständlich eine Angelegenheit der inneren Medizin. In gewisser Weise fühlte sich der Chef der inneren Abteilung um eine Starrolle in der gegenwärtigen Krise beraubt. Insgeheim sah Dr. Chandler in sich selbst manchmal den Mann des Schicksals, aber die Gelegenheiten, das zu beweisen, ergaben sich nur zu selten. Jetzt, als eine derartige Gelegenheit vorlag, war ihm, wenn auch nicht gerade eine geringfügige, so doch zumindest eine zweitrangige Rolle zugewiesen worden. Er mußte allerdings zugeben, daß die von O'Donnell und Pearson getroffenen Anweisungen sich zu bewähren schienen, und zum mindesten verfolgten sie alle gemeinsam das Ziel, diesen beklagenswerten Typhusausbruch zu bekämpfen. Mit leicht gerunzelter Stirn gab er dem Koch, der sich jetzt angezogen hatte, seine Anweisungen: »Vergessen Sie nicht, besonders sorgfältig auf Hygiene zu achten, und halten Sie unbedingte Sauberkeit bei Ihrer Arbeit in der Küche ein.«

»Ja, Doktor.«

Als der Mann hinausging, trat Kent O'Donnell ein. »Nun«, fragte er, »wie läuft alles?«

Chandler war zunächst geneigt, hochmütig zu antworten. Dann dachte er, daß dazu vielleicht doch kein Anlaß vorliege, und von dem kleinen Fehler abgesehen, daß O'Donnell nach Chandlers Meinung sich manchmal etwas zu demokratisch gab, war er als Leiter des Ausschusses ein guter Mann und zweifellos erheblich viel besser als sein Vorgänger. Deshalb antwortete er recht liebenswürdig: »Ich habe schon seit einiger Zeit vergessen, zu zählen. Ich nehme an, wir werden fertig. Aber bisher hat sich noch nichts ergeben.«

»Gibt es neue Typhuskranke?« fragte O'Donnell. »Und wie steht es mit den vier Verdächtigen?«

»Es sind jetzt vier eindeutige Fälle«, antwortete Chandler, »und von den Verdächtigen können Sie zwei streichen.«

»Sind schwere Fälle darunter?«
»Ich glaube nicht. Dem Himmel sei Dank für die Antibiotika. Vor fünfzehn Jahren noch wäre die Situation sehr viel ernster gewesen.«
»Ja, zweifellos.« O'Donnell war klug genug, darauf zu verzichten, nach den Maßnahmen für die Isolierung der Erkrankten zu fragen. Bei all seiner Anmaßung konnte man sich bei Chandler immer darauf verlassen, daß er medizinisch die richtige Entscheidung traf.
»Zwei der Patienten sind Schwestern«, sagte Chandler. »Eine aus der Psychiatrie, die andere aus der Urologie. Die beiden anderen Fälle sind Männer, ein Arbeiter aus dem Generatorraum und ein Angestellter aus der Verwaltung.«
»Sie kommen also alle aus weit auseinandergelegenen Teilen des Krankenhauses«, sagte O'Donnell nachdenklich.
»Richtig. Sie haben nur einen gemeinsamen Berührungspunkt, nämlich die Krankenhausküche. Ich denke, wir sind fraglos auf der richtigen Spur.«
»Dann will ich Sie nicht länger aufhalten«, sagte O'Donnell. »Sie haben noch zwei Leute draußen warten, aber andere haben noch mehr, und wir verteilen die übrigen neu.«
»Gut«, antwortete Chandler. »Ich mache weiter, bis wir fertig sind. Es darf uns nichts aufhalten, gleichgültig, wie lange es dauert.« Er richtete sich auf seinem Stuhl etwas auf. Er hatte das Gefühl, daß seine Worte den richtigen markigen und mannhaften Ton hatten.
»Ausgezeichnet«, antwortete O'Donnell. »Ich überlasse alles Ihnen.«
Etwas pikiert über die beiläufige Reaktion bat der Chef der inneren Abteilung steif: »Bitten Sie die Schwester, den nächsten hereinzuschicken.«
»Aber gern.«
O'Donnell ging hinaus, und einen Augenblick später trat eine Küchenhelferin ein. Sie hielt eine Karte in der Hand. Chandler sagte: »Geben Sie das mir. Setzen Sie sich, bitte.« Er legte die Karte vor sich und nahm ein neues Krankenblatt.
»Ja, Sir«, sagte das Mädchen.
»Als erstes möchte ich Ihre bisherigen Krankheiten wissen, Ihre eigenen, aber auch die Ihrer Familie – soweit wir es zurückverfolgen können. Beginnen wir bei Ihren Eltern.«
Während das Mädchen auf seine eindringlichen Fragen antwortete, füllte Chandler das Formular mit schnell geschriebenen Notizen aus. Als er fertig war, lag, wie immer bei ihm, eine vorbildliche Krankengeschichte vor, die geeignet war, als Muster in jedes medizinische Lehrbuch aufgenommen zu werden. Einer der Gründe, weshalb Dr. Chandler es zum Chef der inneren Abteilung im Three Counties Hospital

gebracht hatte, lag darin, daß er ein außerordentlich genauer und gewissenhafter Kliniker war.

Während Kent O'Donnell die beschlagnahmte Abteilung für ambulante Patienten verließ, erlaubte er sich zum erstenmal, aus einigem Abstand heraus über die Ereignisse dieses Tages nachzudenken. Es war jetzt Nachmittag, und seit dem Morgen war zu vieles geschehen, als daß er schon alle Auswirkungen der Ereignisse übersehen konnte.

Schnell und unerwartet hatte er zuerst von der falschen Diagnose über den Zustand des Kindes erfahren, und bald danach war dessen Tod eingetreten. Darauf erfolgten Charlie Dornbergers Rücktritt und Pearsons Entlassung und die Entdeckung, daß in dem Krankenhaus seit über sechs Monaten die elementarsten hygienischen Kontrollmaßnahmen vernachlässigt worden waren. Und nun die Typhusfälle mit der Drohung einer ernsten Epidemie, die wie ein rächendes Schwert über dem Three Counties Hospital hing.

So vieles war auf einmal zusammengekommen. Warum nur? Wie konnte das geschehen? War es ein plötzlich zutage getretenes Symptom für ein Leiden, das bisher unentdeckt das Krankenhaus gepackt hielt? Stand vielleicht noch mehr bevor? War es ein Vorzeichen für den bald bevorstehenden allgemeinen Verfall? Hatten sie sich alle der Überheblichkeit schuldig gemacht – die O'Donnell vielleicht sogar selbst verursacht hatte?

Er dachte: wir waren alle sicher, so sicher, daß das gegenwärtige Regime besser als das vorherige ist. Dafür hatten wir gearbeitet. Wir glaubten, wir seien schöpferisch und kämen weiter, wir errichteten einen Tempel des Heilens, einen Ort, wo Medizin verantwortungsbewußt gelehrt und praktiziert würde. Aber wir haben versagt, schimpflich und blind versagt, gerade durch unsere guten Absichten. Waren wir dumm und verblendet, hatten wir unsere Blicke nach den Wolken gerichtet, auf schillernde Ideale, während wir die klaren, irdischen Warnungen des Alltags nicht beachteten? Was haben wir hier geschaffen? O'Donnell prüfte sich. War es wirklich eine Stätte des Heilens? Oder haben wir in unserer Torheit ein blendendes Grabmal errichtet – einen hohlen, antiseptischen Schrein?

In diese bohrenden und quälenden Gedanken versunken ging O'Donnell mechanisch durch das Krankenhaus, ohne auf seinen Weg zu achten. Jetzt kam er zu seinem Büro und trat ein.

Er blieb am Fenster stehen und sah auf den Vorplatz des Krankenhauses hinunter. Wie immer kamen und gingen dort Menschen. Er sah einen humpelnden Mann, eine Frau stützte ihn. Sie gingen vorbei und verschwanden. Ein Wagen fuhr vor, ein Mann sprang heraus und half einer Frau hinein. Eine Schwester erschien und reichte der Frau ein Baby. Die Türen wurden zugeschlagen, der Wagen fuhr an. Ein Junge an Krücken tauchte auf. Er bewegte sich schnell, schwang seinen Körper mit der Mühelosigkeit langer Übung. Ein alter Mann in einem langen Regenmantel hielt ihn an. Der Alte schien seinen Weg nicht zu wissen. Der Junge wies ihm die Richtung. Gemeinsam näherten sie sich dem Krankenhaus.

O'Donnell dachte: sie kommen als Bittende zu uns, voller Vertrauen. Sind wir dessen wert? Entschuldigen unsere Erfolge unsere Fehler? Können wir im Lauf der Zeit durch unsere Hingabe unsere Irrtümer wiedergutmachen? Werden sie uns je vergeben?

Nüchtern zog er die Folgerung. Nach dem heutigen Tag mußte vieles geändert werden, Lücken geschlossen – nicht nur die schon entdeckten, sondern andere, die sie durch eifriges Suchen noch aufdecken mußten. Sie mußten nach den schwachen Stellen tasten, bei sich selbst und in der Organisation des Krankenhauses. Sie mußten selbstkritischer sein, sich häufiger selbst überprüfen. Der heutige Tag, dachte er, soll ein helleuchtendes Mahnmal, ein Kreuz des Leidens, ein Zeichen für den neuen Anfang sein.

Es gab so vieles zu tun; viel Arbeit lag vor ihnen. Sie würden in der Pathologie anfangen, der schwachen Stelle, an der die Heimsuchung begonnen hatte. Aber sie mußten auch woanders neu ordnen. Da waren noch andere Abteilungen, von denen er vermutete, daß sie es dringend brauchten. Es lag jetzt endgültig fest, daß die Arbeit an dem Neubau im Frühjahr beginnen sollte, und beide Programme mußten miteinander verbunden werden. O'Donnell begann zu planen, sein Verstand arbeitete schnell.

Das Telefon klingelte.

Die Zentrale meldete: »Dr. O'Donnell, ein Ferngespräch für Sie.«

Es war Denise. Ihre Stimme hatte den gleichen gedeckten, weichen Klang, der ihn von Anfang an bezaubert hatte. Nach der Begrüßung sagte sie: »Kent, mein Lieber, ich möchte, daß du dieses Wochenende nach New York kommst. Ich habe für Freitag abend ein paar Leute eingeladen und möchte dich ihnen vorführen.«

Er zögerte nur einen Augenblick, ehe er antwortete: »Es tut mir furchtbar leid, Denise, aber das wird mir nicht möglich sein.«

»Du mußt aber kommen.« Ihre Stimme war eindringlich. »Ich habe die Einladungen verschickt und kann unmöglich wieder absagen.«

»Ich fürchte, du verstehst mich nicht.« Er spürte selbst, daß er mühsam die richtigen Worte suchen mußte. »Wir haben eine Epidemie hier. Ich kann nicht eher fort, als bis die Gefahr abgewendet ist, und muß dann wenigstens erst noch ein paar andere Dinge ordnen.«

»Aber du hattest versprochen, daß du kommst, Lieber, sobald ich dich rufe.« Ihr Ton verriet eine Andeutung von Ungeduld. Er überraschte sich bei dem Wunsch, bei Denise zu sein. Er war überzeugt, daß er es ihr dann verständlich machen könnte. Aber konnte er es wirklich?

Er antwortete: »Bedauerlicherweise konnte ich nicht voraussehen, was kam.«

»Aber du leitest doch das Krankenhaus. Bestimmt kannst du die Verantwortung für ein oder zwei Tage jemand anders übertragen.« Es war offensichtlich, daß Denise nicht verstehen wollte.

Er antwortete fest: »Ich fürchte, das geht nicht.«

Am anderen Ende der Leitung folgte ein Schweigen. Schließlich sagte Denise leichthin: »Ich habe dich gewarnt, Kent. Ich bin eine sehr besitzbewußte Person.«

Er begann: »Denise, Liebste . . .« Dann brach er ab.

»Ist das wirklich deine endgültige Antwort?« Die Stimme am Telefon klang noch sanft, fast zärtlich.

»Es geht nicht anders«, antwortete er, »es tut mir leid.« Er fügte hinzu: »Ich rufe dich an, Denise, sobald ich mich hier frei machen kann.«

»Ja«, antwortete sie, »tue das, Kent. Adieu.«

»Adieu«, antwortete er und legte nachdenklich den Hörer zurück.

Es war mitten am Vormittag, dem zweiten Tag seit dem Auftreten der Typhusfälle.

Wie Dr. Pearson vorausgesehen hatte, waren gestern zwar noch ein paar Stuhlproben im Labor eingetroffen, aber die große Masse erst in den letzten Stunden.

Die Proben befanden sich in kleinen Pappbehältern mit Deckeln. Sie standen in Reihen auf dem Mitteltisch des pathologischen Labors. Jede war bezeichnet, und Pearson, der auf einem Stuhl an einer Schmalseite des Tisches saß, teilte ihnen eine laufende Nummer des Labors zu und füllte die Untersuchungsformulare aus, auf denen die Untersuchungsergebnisse später eingetragen wurden.

Nachdem Pearson das Formular ausgefüllt hatte, reichte er die Probe an David Coleman und John Alexander weiter, die nebeneinander arbeiteten und in Schalen die Kulturen ansetzten.

Bannister bearbeitete allein an einem Seitentisch die anderen Anforderungen an das Labor, von denen McNeil, der jetzt an Pearsons Schreibtisch thronte, entschieden hatte, daß sie sofort erledigt werden mußten.

In dem Labor stank es.

Mit Ausnahme von David Coleman rauchten alle in dem Raum. Pearson stieß dicke Wolken Zigarrenrauch aus, um gegen den Geruch anzukämpfen, der aus den Behältern aufstieg, wenn die Deckel geöffnet wurden. Er hatte Coleman stillschweigend eine Zigarre angeboten, und der junge Pathologe hatte sie für einige Zeit angezündet. Aber dann war ihm der Zigarrenrauch fast ebenso unangenehm wie die verpestete Luft, und er hatte sie wieder ausgehen lassen.

Der junge Krankenhausbote, Bannisters verschworener Feind, hatte seinen Spaß daran, wenn er die Stuhlproben ablieferte, und begleitete jede neue Partie mit einem neuen Witz. Beim erstenmal hatte er Bannister angesehen und verkündet: »Für das Zeug hier konnten Sie gar keinen besseren Platz finden.« Später sagte er zu Coleman: »Sechs neue Duftsorten für Sie, Doktor.« Jetzt stellte er eine Reihe Pappbehälter vor Pearson hin und fragte: »Nehmen Sie Ihre mit Zucker und Sahne, Sir?« Pearson grunzte nur und schrieb weiter.

John Alexander arbeitete methodisch, seine Gedanken auf die vorliegende Arbeit konzentriert. Mit den gleichen gewandten Bewegungen, die David Coleman aufgefallen waren, als er ihn das erstemal sah, griff er nach einem Behälter mit einer Probe und hob den Deckel ab. Er zog eine Kulturschale näher und übertrug mit einem Fettstift die Nummer von dem Deckel auf die Schale. Dann nahm er eine kleine Platinschleife, die an einem Holzgriff befestigt war, und sterilisierte sie durch Ausglühen in der Flamme eines Spiritusbrenners. Er fuhr mit der Schlinge durch die Stuhlprobe und übertrug eine kleine Menge in ein Reagenzglas mit steriler Salzlösung. Darauf wiederholte er den gleichen Prozeß und übertrug einen Tropfen der Lösung mit einer gleichmäßigen, sicheren Handbewegung auf die Kulturschale.

Anschließend beschriftete er das Reagenzglas mit der Salzlösung und stellte es auf einem Gestell ab. Die Petrischale mit dem Nährboden brachte er zu einem Brutkasten auf der anderen Seite des Labors. Dort blieb sie bis zum folgenden Tag, an dem in den Fällen, in denen es erforderlich war, die Unterkulturen angesetzt wurden. Es war ein umständliches Verfahren, das aber nicht beschleunigt werden konnte.

Als er sich umdrehte, stand David Coleman dicht hinter ihm. Impulsiv sagte Alexander leise, weil ihm bewußt war, daß auch Pearson sich im Raum befand: »Ich wollte Ihnen gern etwas sagen, Doktor.«

»Ja, bitte?« Coleman stellte eine weitere Kulturschale in den Brutkasten und schloß ihn wieder.

»Ich ... das heißt wir ... haben beschlossen, Ihrem Rat zu folgen. Ich will Medizin studieren.«

»Das freut mich.« Colemans Anteilnahme war echt. »Ich bin überzeugt, daß Sie es schaffen.«

»Was wird er schaffen?« fragte Pearson, der den Kopf gehoben hatte und sie aufmerksam beobachtete.

Coleman ging zu seinem Arbeitsplatz zurück, setzte sich und öffnete eine neue Probe. In gleichgültigem Ton antwortete er: »John hat mir gerade mitgeteilt, daß er sich entschlossen hat, seine Aufnahme bei der medizinischen Fakultät zu beantragen. Ich hatte ihm dazu geraten.«

»Oh.« Pearson sah Alexander scharf an. Er fragte: »Wovon wollen Sie leben?«

»Meine Frau kann arbeiten, Doktor. Das ist eine Möglichkeit, und dann hoffe ich, daß ich außerhalb der Vorlesungen Laborarbeit bekommen kann. Das machen viele Medizinstudenten.« Alexander schwieg. Dann sah er zu Coleman hinüber und fügte hinzu: »Ich bilde mir nicht ein, daß es leicht werden wird, aber wir glauben, es sei der Mühe wert.«

»Ah so.« Pearson blies Rauch von sich. Jetzt legte er seine Zigarre hin. Es schien, als ob er noch etwas sagen wolle, zögerte aber, und schließlich fragte er: »Wie geht es Ihrer Frau?«

Still antwortete Alexander: »Sie wird sich erholen. Danke.«

Eine Weile herrschte Schweigen. Dann sagte Pearson langsam: »Ich wünschte, ich könnte Ihnen etwas sagen.« Er schwieg wieder. »Aber ich glaube nicht, daß Worte viel helfen würden.«

Alexander sah dem alten Mann in die Augen. »Nein, Dr. Pearson«, antwortete er, »das glaube ich auch nicht.«

Allein in ihrem Krankenzimmer hatte Vivian versucht, einen Roman zu lesen, den ihre Mutter ihr mitgebracht hatte. Aber ihr Verstand erfaßte die Worte nicht. Sie seufzte und legte das Buch fort. In diesem Augenblick wünschte sie verzweifelt, sie hätte Mike nicht das Versprechen abgenötigt, nicht zu ihr zu kommen. Sie fragte sich, ob sie nach ihm rufen solle. Ihr Blick fiel auf das Telefon. Wenn sie ihn anrief, würde er kommen, wahrscheinlich sofort. Hatte diese törichte Idee, sich für ein paar Tage nicht zu sehen, damit sie alles durchdenken konnte, wirklich einen Sinn? Schließlich liebten sie sich doch. Genügte das nicht? Sollte sie ihn anrufen? Sie streckte die Hand aus, zog sie aber im letzten Moment wieder zurück, weil ihre nüchterne Überlegung sich doch durchsetzte. Nein, sie wollte warten. Heute war schon der zweite Tag. Die anderen drei würden schnell vergehen. Dann würde sie Mike für sich haben — für immer und ewig.

Im Aufenthaltsraum für die Ärzte des Krankenhauses lag Mike Seddons tief in einem ledernen Sessel. Er hatte eine halbe Stunde dienstfrei. Er tat genau das, was Vivian ihm aufgetragen hatte: er stellte sich vor, wie ein Leben mit einer Frau sein mußte, die nur ein Bein hatte.

XXIII

Es war früher Nachmittag. Vier Tage waren vergangen, seit die ersten Typhusfälle im Three Counties Hospital aufgetreten waren.
Im Büro des Verwaltungsdirektors saßen schweigend und mit ernsten Gesichtern Orden Brown, der Ausschußvorsitzende, und Kent O'Donnell und hörten Harry Tomaselli zu, der telefonierte.
»Ja«, sagte der Verwaltungsdirektor jetzt, »ich verstehe.« Es folgte eine kurze Pause, dann fuhr er fort: »Für den Fall, daß das erforderlich ist, werden wir mit allen Vorbereitungen fertig sein. Um fünf Uhr also. Guten Tag.« Er legte den Hörer zurück.
»Nun?« fragte Orden Brown ungeduldig.
»Die städtische Gesundheitsbehörde gibt uns bis heute nachmittag um fünf Zeit«, entgegnete Tomaselli unbewegt. »Wenn wir bis dahin den Typhusträger nicht gefunden haben, werden wir gezwungen sein, die Küche zu schließen.«
»Aber sind die sich denn darüber klar, was das bedeutet?« O'Donnell war aufgesprungen, seine Stimme klang erregt. »Wissen die denn nicht, daß das praktisch der Schließung des Krankenhauses gleichkommt? Sie haben ihnen doch erklärt, daß wir von außerhalb die Verpflegung für nicht mehr als eine Handvoll Patienten bekommen können.«
Immer noch ruhig antwortete Tomaselli: »Das habe ich ihnen auseinandergesetzt, aber darauf wollen sie keine Rücksicht nehmen. Das Problem ist, daß die Gesundheitsbehörde ein Übergreifen der Epidemie auf die Stadt befürchtet.«
Orden Brown fragte: »Liegt noch nichts Neues aus der Pathologie vor?«
»Nein.« O'Donnell schüttelte den Kopf. »Sie arbeiten immer noch. Ich war vor einer halben Stunde unten.«
»Ich kann es nicht verstehen.« Der Ausschußvorsitzende war beunruhigter, als Kent O'Donnell ihn je gesehen hatte. »Vier Tage und zehn Typhusfälle direkt hier im Krankenhaus. Vier davon Patienten. Und wir haben immer noch nicht die Quelle gefunden.«
»Es steht außer Frage, daß es für das Labor eine schwere Aufgabe ist«, erklärte O'Donnell, »und ich bin überzeugt, daß sie dort keine Zeit vergeudet haben.«
»Niemand macht einen Vorwurf«, antwortete Orden Brown scharf. »Jedenfalls nicht in diesem Stadium. Aber wir müssen zu einem Ergebnis kommen.«
»Joe Pearson sagte mir, er rechne damit, daß sie bis morgen vormittag alle Kulturen überprüft haben. Wenn der Typhusträger sich unter dem Küchenpersonal befindet, haben sie ihn bis dahin entdeckt.« O'Donnell wandte sich an Tomasellli. »Können Sie die Gesundheitsbehörde nicht

überreden, wenigstens bis morgen mittag zu warten?«
Der Verwaltungsdirektor schüttelte verneinend den Kopf. »Das habe ich schon früher versucht. Sie haben uns schon vier Tage Zeit gelassen, und sie wollen nicht länger warten. Der Leiter des Gesundheitsamts war heute vormittag hier und kommt um fünf Uhr wieder. Wenn wir dann kein Ergebnis vorlegen können, müssen wir, fürchte ich, seiner Anordnung folgen.«
»Und was beabsichtigen Sie in der Zwischenzeit zu tun?« fragte Orden Brown.
»Meine Abteilung arbeitet schon den Plan aus.« Harry Tomasellis Stimme verriet jetzt den gleichen ungläubigen Ärger, der sie alle gepackt hatte. »Wir gehen dabei von der Annahme aus, daß wir das Krankenhaus schließen müssen.«
Wieder herrschte ein langes Schweigen, dann fragte der Verwaltungsdirektor: »Kent, können Sie um fünf Uhr hier sein, um den Leiter des Gesundheitsamtes mit mir zu empfangen?«
»Ja«, antwortete O'Donnell finster, »das kann ich wohl einrichten.«

Die Anspannung, mit der die drei Männer in dem Labor arbeiteten, war ebenso groß wie ihre Erschöpfung.
Dr. Joseph Pearson war zusammengefallen, seine Augen rot gerändert, und die Langsamkeit seiner Bewegungen verriet seine Müdigkeit. Während der letzten vier Tage und drei Nächte war er im Krankenhaus geblieben, hatte sich nur ein paar Stunden Schlaf auf einem Feldbett gegönnt, das in seinem Büro aufgestellt worden war. Er war seit zwei Tagen nicht rasiert, sein Anzug war zerknittert, sein Haar stand ihm wild um den Kopf. Nur am zweiten Tag war er ein paar Stunden nicht in der Pathologie anwesend gewesen. Niemand wußte, wohin er gegangen war, und Coleman war nicht in der Lage gewesen, ihn ausfindig zu machen, obwohl von dem Verwaltungsdirektor und Kent O'Donnell mehrfach nach Pearson gefragt wurde. Als er wieder erschien, hatte er für seine Abwesenheit keinerlei Erklärung abgegeben und sich wieder der Überwachung der Kulturen und Unterkulturen zugewendet, mit denen sie beschäftigt waren.
Jetzt fragte Pearson: »Wieviel haben wir fertig?«
Coleman sah in eine Liste. »Neunundachtzig«, antwortete er. »Damit bleiben noch fünf für morgen vormittag, die im Brutkasten stehen.«
David Coleman, der zwar frischer als der alte Pathologe erschien und dessen persönliche Erscheinung nicht die Zeichen äußerlicher Vernachlässigung zeigte wie Pearson, spürte trotzdem eine überwältigende Müdigkeit, die ihn sich fragen ließ, ob er so lange aushalten würde wie der alte Mann. Im Gegensatz zu Pearson hatte Coleman die drei Nächte

in seiner eigenen Wohnung geschlafen, wenn er das Labor auch erst lange nach Mitternacht verließ und schon gegen sechs Uhr morgens in das Krankenhaus zurückkehrte.

So früh das auch war, nur einmal war er vor John Alexander dagewesen, und auch in diesem Fall nur wenige Minuten. An den anderen Tagen hatte der junge Laborant wie von Anfang an schon vor einem der Labortische gestanden und wie eine genau eingestellte Maschine mit sicheren und sparsamen Bewegungen gearbeitet und die Ergebnisse aus jedem Test sorgfältig in sauberer, lesbarer Schrift niedergeschrieben. Nach den ersten Erklärungen am Anfang war es auch nicht mehr notwendig gewesen, ihm weitere Anweisungen zu geben. Es war so unverkennbar, daß Alexander seine Arbeit völlig beherrschte und wußte, was er tat, daß Dr. Pearson, nachdem er ihn kurz beobachtet und überprüft hatte, anerkennend nickte und ihn von da an ganz sich selbst überließ.

Pearson wandte sich von Coleman zu Alexander und fragte: »Wie weit sind wir mit den Unterkulturen?«

Alexander las von seinen Notizen ab: »Von neunundachtzig untersuchten Schalen sind zweiundvierzig für Unterkulturen bestimmt und zweihundertachtzig Unterkulturen angesetzt worden.«

Pearson rechnete im Kopf nach. Halb zu sich selbst sagte er: »Das bedeutet, daß noch weitere hundertvierzig Unterkulturen überprüft werden müssen und dazu noch die Partie von morgen.«

David Coleman sah zu John Alexander hinüber und fragte sich, was der junge Mann in diesem Augenblick empfinden mochte und ob seine Arbeitswut ihn wenigstens teilweise von seinem persönlichen Kummer ablenke. Vier Tage waren seit dem Tod des Babys der Alexanders vergangen. In dieser Zeit waren die ersten Anzeichen des Schocks und der Verzweiflung, die der junge Laborant gezeigt hatte, verschwunden, oder mindestens hatten sie nachgelassen. Coleman vermutete jedoch, daß John Alexanders Empfindungen erst von einer dünnen Schutzschicht verdeckt wurden, und als der junge Laborant ihm seine Absicht mitteilte, Medizin zu studieren, hatte er sie zu entdecken geglaubt. Dieser Plan war ein Thema, auf das David Coleman bisher nicht zurückgekommen war, aber er beabsichtigte es noch, und sobald die gegenwärtige Krise überwunden war, wollte er mit Alexander ausführlich darüber sprechen. Coleman konnte dem jungen Mann auf Grund seiner eigenen Erfahrungen in vieler Hinsicht raten und behilflich sein. Zweifellos fiel es Alexander, wie er selbst gesagt hatte, nicht leicht – besonders finanziell nicht –, eine bezahlte Stellung aufzugeben und noch einmal Student zu werden. Aber es gab gewisse Punkte und Fallgruben, auf die Coleman Alexander hinweisen konnte, um ihm zu helfen.

Das vierte Mitglied des ursprünglichen Laborteams, Carl Bannister, war zeitweise arbeitsunfähig. Der alte Laborant hatte drei Tage lang und den größten Teil der Nächte durchgearbeitet, die Routineaufgaben des Labors allein übernommen und den anderen geholfen, sobald er dazu Zeit fand. Heute morgen allerdings war seine Stimme so heiser und stand er offensichtlich so nahe dem völligen Zusammenbruch, daß David Coleman, ohne Pearson erst zu fragen, ihn nach Hause schickte. Bannister war dankbar und ohne Widerspruch gegangen.

Die Vorbereitungen der Stuhlkulturen waren ohne Unterbrechung weitergegangen, wie die Proben im Labor eintrafen. Am zweiten Tag waren die Proben, die am ersten Tag in den Brutkasten gestellt worden waren, zur weiteren Untersuchung bereit gewesen. Dr. Pearson hatte seine Streitkraft neu eingeteilt, damit die Arbeit ohne Unterbrechung weiterging. John Alexander und er selbst setzten die Unterkulturen an, während David Coleman weiter die neuankommenden Stuhlproben vorbereitete.

Die rosa Oberflächen der vorbereiteten Nährböden in den Schalen zeigten, als sie aus dem Brutkasten genommen wurden, kleine, feuchte Bakterienkolonien an den Stellen, wo am Tage vorher winzige Mengen menschlichen Kots aufgetragen worden waren. Da jede einzelne Stuhlprobe Millionen von Bakterien enthielt, bestand die erste Aufgabe darin, die Bakterienkolonien, die offensichtlich harmlos waren, von denen zu trennen, die weiter untersucht werden mußten.

Rosafarbene Bakterienkolonien wurden sofort ausgeschieden, da sie keinen Typhuserreger enthielten. Von den blassen Kolonien, die möglicherweise Thypusbazillen enthielten, wurden Proben für die Unterkulturen in Zuckerlösungen entnommen. Zu jeder ursprünglichen Kultur gehörten zehn Reagenzgläser mit verschiedenen Zuckerlösungen. Es waren diese Reagenzmittel, die nach einer weiteren Behandlung im Brutkasten schließlich zeigen würden, welche Stuhlproben die gefährlichen und ansteckenden Typhuserreger enthielten.

Heute, am vierten Tag, waren endlich die letzten Stuhlproben eingegangen. Sie stammten alle von Angestellten des Krankenhauses, die in irgendeiner Form mit dem Empfang, der Vorbereitung und der Ausgabe der Verpflegung zu tun hatten, und ihre Bearbeitung würde erst spät am nächsten Tag beendet werden. Im Augenblick waren die zweihundertachtzig Unterkulturen, von denen John Alexander gesprochen hatte, auf Gestellen im ganzen Laboratorium und im Brutkasten verteilt. Bei vielen war die endgültige Überprüfung schon abgeschlossen, aber bisher hatte noch keine die Person aufgedeckt – den vermuteten Typhusträger –, nach der sie Tag und Nacht angespannt und unermüdlich gesucht hatten.

Das Telefon klingelte, und Pearson, der dem Wandtelefon im Labor am nächsten stand, antwortete. »Ja?« Er hörte zu, erwiderte dann: »Nein, noch nichts. Ich sage Ihnen noch einmal, ich rufe Sie an, sobald wir etwas finden.« Er legte den Hörer auf die Gabel zurück.

John Alexander beendete eine Eintragung in ein Untersuchungsformular. Dann gab er der ihn plötzlich überwältigenden Müdigkeit nach und ließ sich auf einen unbequemen Laborstuhl sinken. Er schloß einen Augenblick die Augen und genoß erleichtert die kurze Unterbrechung.

David Coleman neben ihm sagte: »Warum machen Sie nicht ein oder zwei Stunden Pause, John? Gehen Sie doch für eine Weile zu Ihrer Frau hinauf.«

Alexander stand wieder auf. Er wußte, wenn er zu lange sitzen blieb, würde er einschlafen. »Ich mache noch eine Serie fertig«, sagte er, »dann gehe ich vielleicht hinauf.«

Er nahm ein Gestell mit Unterkulturen aus dem Brutkasten, holte ein neues Formblatt und begann, die zehn Reagenzgläser mit Zuckerlösung auszurichten, die er überprüfen wollte. Als er auf die Laboruhr an der Wand sah, stellte er überrascht fest, daß schon wieder ein Tag zu Ende ging. Es war zehn Minuten vor fünf.

Kent O'Donnell legte den Hörer zurück. Auf Harry Tomasellis unausgesprochene Frage antwortete er: »Joe Pearson sagt, noch nichts Neues.«

In dem birkengetäfelten Arbeitszimmer des Verwaltungsdirektors herrschte Schweigen. Auf beiden Männern lag drückend das Bewußtsein, was es bedeutete, daß das Labor immer noch kein Ergebnis gemeldet hatte. Beiden war auch bewußt, daß sich rings um die Verwaltungsabteilung herum die Arbeit im Krankenhaus dem Stillstand näherte.

Am frühen Nachmittag war mit der Durchführung des Planes zur Schließung des Krankenhauses, der von Harry Tomaselli schon vor mehreren Tagen ausgearbeitet worden war und der jetzt durch die bevorstehende Stillegung der Küche in Kraft treten mußte, endgültig begonnen worden. Das Frühstück am nächsten Morgen würde für hundert Patienten, die normale Verpflegung erhielten, in zwei Restaurants, die gemeinsam diese Arbeit übernommen hatten, zubereitet und für die schwerkranken, nicht transportfähigen Patienten an das Krankenhaus geliefert werden. Von den übrigen Patienten wurden so viele wie möglich nach Hause entlassen, während der Rest, der noch unbedingt der Krankenhauspflege bedurfte, in andere Krankenhäuser in Burlington und der Umgebung verlegt wurde. Dort bereitete man sich jetzt darauf vor, diesen durch den Notstand erzwungenen Zustrom aus dem Three Counties Hospital aufzunehmen.

Vor einer Stunde hatte Harry Tomaselli die Anweisung gegeben, mit der Verlegung zu beginnen, von der er wußte, daß sie bis spät in die

Nacht dauern würde. Inzwischen hatte sich vor der Notaufnahmestation eine Anzahl Krankenwagen eingefunden, die telefonisch von allen Stellen, die welche zur Verfügung stellen konnten, herbeigerufen worden waren. In den Krankensälen und in den Zimmern der Privatpatienten bemühten sich Schwestern und Ärzte unermüdlich, um die Patienten aus ihren Betten auf Tragen und Rollstühlen unterzubringen, und bereiteten sie auf die unerwartete Verlegung vor. Zum erstenmal in seinem vierzigjährigen Bestehen wurden vor den Toren des Three Counties Hospitals Kranke und Verletzte abgewiesen.

Flüchtig klopfte es an die Tür, und Orden Brown trat in das Zimmer des Verwaltungsdirektors. Er hörte aufmerksam zu, während Harry Tomaselli berichtete, was in den vier Stunden seit ihrer letzten Begegnung geschehen war. Als Tomaselli geendet hatte, fragte der Ausschußvorsitzende: »Sind die Leute von der Gesundheitsbehörde schon hiergewesen?«

»Noch nicht«, antwortete Tomaselli. »Wir erwarten sie jeden Augenblick.«

Ruhig sagte Orden Brown: »Dann werde ich mit Ihnen warten, falls Sie nichts dagegen haben.«

Nach einer Pause wandte sich der Ausschußvorsitzende an O'Donnell. »Kent, es ist im Augenblick nicht wichtig, aber ich will es Ihnen sagen, da ich gerade daran denke. Eustace Swayne hat mich angerufen. Wenn das hier alles vorüber ist, möchte er, daß Sie ihn aufsuchen.«

Einen Augenblick lang war O'Donnell über die Herausforderung, die in dieser Vorladung lag, sprachlos. Er erkannte sofort, warum Eustace Swayne ihn sprechen wollte. Es konnte nur einen Grund haben: Trotz allem beabsichtigte der alte Mann, sein Geld und seinen Einfluß zu benutzen, um für seinen Freund Dr. Joseph Pearson zu intervenieren. Nach allem, was in den letzten Tagen geschehen war, erschien es unglaublich, daß es derartige Blindheit und Anmaßung geben konnte. Eine kochende Wut wallte in O'Donnell auf. Er explodierte: »Zum Teufel mit Eustace Swayne und all seinem Geld . . .«

»Darf ich Sie erinnern«, unterbrach Orden Brown eisig, »daß Sie von einem Mitglied des Krankenhausausschusses sprechen, das zumindest Anspruch auf Höflichkeit hat, auch wenn Sie anderer Meinung sein sollten als er.«

O'Donnell trat vor Orden Brown. Seine Augen funkelten. Also gut, dachte er, wenn es jetzt zur Auseinandersetzung kommt, mir soll es recht sein. Ich habe genug von Krankenhauspolitik. Von nun an und für immer.

Im gleichen Augenblick ertönte der Summer auf dem Schreibtisch des Verwaltungsdirektors. »Mr. Tomaselli«, sagte eine Mädchenstimme

über den Lautsprecher, »die Herren von der Gesundheitsbehörde sind gerade gekommen.«
Es war drei Minuten vor fünf.

Wie an dem Morgen vor sechs Wochen – dem Tag, an dem Kent O'Donnell, wie ihm plötzlich einfiel, die erste Warnung für den bevorstehenden Zerfall in dem Krankenhaus erhielt – schlug die Glocke der Erlöserkirche die volle Stunde, als die kleine Gruppe durch die Gänge des Three Counties Hospitals ging. Von O'Donnell geführt, bestand sie aus Orden Brown, Harry Tomaselli und Dr. Norbert Ford, dem Leiter des Gesundheitsamtes in Burlington. Hinter ihnen folgten Mrs. Straughan, die Küchenleiterin, die gerade zur Verwaltungsabteilung kam, als sie dort fortgingen, und der junge Assistent des Gesundheitsamtes, dessen Name O'Donnell bei der flüchtigen Vorstellung nicht richtig verstanden hatte.
Nachdem sein erster Ärger verflogen war, fühlte der Chef der Chirurgie sich erleichtert, daß die Auseinandersetzung zwischen ihm und Orden Brown, aus der ein ernstes Zerwürfnis hätte erwachsen können, rechtzeitig unterbrochen worden war. Er erkannte, daß sie alle einschließlich ihm selbst infolge der Ereignisse in den letzten Tagen ungewöhnlich reizbar waren, und schließlich hatte der Ausschußvorsitzende nicht mehr getan, als ihm eine Benachrichtigung übermittelt. O'Donnells wirklicher Gegner war Eustace Swayne, und er war schon fest entschlossen, dem alten Mann gegenüberzutreten, sobald die gegenwärtige Krise überwunden war. Bei dieser Gelegenheit beabsichtigte O'Donnell, wie Swayne die Unterhaltung auch führen würde, in knappen und unmißverständlichen Worten zu antworten, ungeachtet der Folgen, die sich daraus ergeben sollten.
Auf Kent O'Donnells Vorschlag hin befand sich die Gruppe auf dem Weg zur Pathologie. Er hatte dem Leiter des Gesundheitsamtes gesagt: »Sie sollen sich davon überzeugen, daß wir alles tun, was in unseren Kräften steht, um die Quelle der Infektion zu entdecken.«
Dr. Ford hatte zunächst abgelehnt: »Niemand hat angedeutet, daß das nicht geschieht, und ich bezweifle, daß ich Ihren Pathologen einen Rat geben kann«, hatte er geantwortet. Auf O'Donnells Drängen stimmte er schließlich doch zu, und jetzt gingen sie in das Souterrain zu den Labors hinunter.
John Alexander blickte auf, als die Gruppe eintrat, wandte sich dann wieder der Untersuchung zu, an der er gerade arbeitete. Pearson trat O'Donnell und Orden Brown entgegen, um sie zu begrüßen. Er wischte sich beide Hände an seinem verschmutzten Laborkittel ab. Auf einen Wink von Harry Tomaselli folgte ihm David Coleman.

O'Donnell stellte vor. Als Pearson und Dr. Norbert Ford sich die Hände reichten, fragte der Leiter des Gesundheitsamtes: »Sind Sie schon auf etwas gestoßen?«

»Noch nicht.« Pearson wies mit einer Handbewegung im Labor umher. »Wie Sie sehen, sind wir noch an der Arbeit.«

O'Donnell sagte: »Joe, Sie müssen es auch erfahren. Dr. Ford hat die Schließung unserer Küche angeordnet.«

»Heute noch?« Pearsons Ton war ungläubig.

Der Leiter des Gesundheitsamtes nickte ernst. »Ich fürchte, es läßt sich nicht vermeiden.«

»Aber das können Sie doch nicht. Das ist lächerlich.« Das war der alte, aggressive Pearson, sein kriegerischer Ton, mit Augen, die hinter der Maske der Erschöpfung funkelten. Er tobte weiter: »Aber Mann Gottes, wir werden die ganze Nacht arbeiten, und bis morgen mittag sind wir mit allen unseren Unterkulturen durch. Wenn es einen Träger gibt, haben wir ihn bis dahin aller Wahrscheinlichkeit nach entdeckt.«

»Es tut mir leid.« Der Gesundheitsbeamte schüttelte ablehnend den Kopf. »Wir dürfen das nicht riskieren.«

»Aber die Küche schließen bedeutet das Krankenhaus schließen«, wütete Pearson. »Sie werden doch bis morgen noch warten können, wenigstens noch so lange.«

»Ich fürchte nein.« Dr. Ford blieb höflich, aber unnachgiebig. »Außerdem liegt die Entscheidung nicht ausschließlich bei mir. Die Stadt kann sich nicht einfach der Gefahr einer verheerenden Epidemie aussetzen. Im Augenblick beschränken sich die Fälle auf Ihr Krankenhaus, aber sie können jeden Augenblick weiter um sich greifen. Das müssen wir berücksichtigen.«

Harry Tomaselli warf dazwischen: »Wir geben noch das Abendessen aus, Joe, und das ist die letzte Mahlzeit. Wir schicken alle Patienten nach Hause, die wir entlassen können, und verlegen die meisten in andere Krankenhäuser.«

Es herrschte Schweigen. Pearsons Gesichtsmuskeln arbeiteten. Seine tiefliegenden, rotgeränderten Augen schienen den Tränen nahe. Fast flüsternd sagte er: »Ich hätte nie geglaubt, den Tag zu erleben . . .«

Während sich die Gruppe abwandte, sagte O'Donnell still: »Offen gesagt, Joe, ich auch nicht.«

Sie hatten die Tür erreicht, als John Alexander ausrief: »Hier habe ich es!«

Wie auf einen Befehl drehte sich die Gruppe um. Pearson fragte scharf: »Was haben Sie entdeckt?«

»Eine eindeutige Typhusreaktion.« Alexander deutete auf die Reihe der Reagenzgläser mit den Zuckerlösungen, die er untersucht hatte.

»Lassen Sie mich sehen.« Pearson lief fast durch das Labor. Die anderen traten näher. Pearson betrachtete die Reihe Reagenzgläser. Seine Zunge fuhr nervös über die Lippen. Wenn Alexander recht hatte, war das der Augenblick, für den sie gearbeitet hatten. »Lesen Sie von der Tabelle ab«, befahl er.

Alexander nahm das Handbuch auf, in dem eine Tafel aufgeschlagen war. Es war die Tabelle der biochemischen Reaktionen von Bakterien in Zuckerlösungen. Er legte einen Finger auf die Spalte mit der Überschrift »Salmonella typhi« und war bereit, vorzulesen.

Pearson nahm das erste der zehn Reagenzgläser. Er rief auf: »Glukose.«

Alexander verglich auf der Liste und antwortete: »Säurebildung, aber kein Gas.«

Pearson nickte. Er stellte das Glas zurück und nahm das nächste. »Laktose.«

»Keine Säure, kein Gas«, las Alexander vor.

»Richtig.« Eine Pause. »Dulcitol.«

Wieder las Alexander: »Keine Säure, kein Gas.«

»Sukrose.«

»Keine Säure, kein Gas.« Wieder die richtige Reaktion für Typhusbazillen. Die Spannung in dem Raum wuchs.

Pearson nahm das nächste Glas. »Mannitol.«

»Säurebildung, aber kein Gas.«

»Richtig.« Die nächste: »Maltose.«

»Säure, aber kein Gas.«

Pearson nickte. Das waren sechs. Es blieben noch vier. Jetzt sagte er: »Xylose.«

Noch einmal las Alexander: »Säure, aber kein Gas.«

Sieben.

»Arabinose.«

John Alexander las: »Entweder Säure, aber kein Gas, oder gar keine Reaktion.«

Pearson verkündete: »Keine Reaktion.«

Acht. Noch zwei.

»Rhamnose.«

»Keine Reaktion.«

Pearson prüfte das Glas. Leise bestätigte er: »Keine Reaktion.«

Noch eine.

Von dem letzten Glas las Pearson ab: »Indol-Bildung.«

»Negativ«, antwortete Alexander und legte das Buch zurück.

Pearson wandte sich den anderen zu. Er sagte: »Es besteht keine Frage: Das ist der Typhusträger.«

»Wer ist es?« Der Verwaltungsdirektor fragte als erster.
Pearson drehte die Petrischale um. Er las die Nummer ab: »Zweiundsiebzig.«
David Coleman hatte schon nach einem Schreibheft gegriffen. Es enthielt die Liste des Personals in seiner eigenen Handschrift. Er gab bekannt: »Charlotte Burgess.«
»Ich kenne sie«, sagte Mrs. Straughan schnell. »Sie arbeitet an der Essenausgabe.«
Unwillkürlich sahen alle auf die Uhr. Es war sieben Minuten nach fünf.
Mrs. Straughan rief erschrocken: »Das Abendessen! Sie fangen gerade an, es auszugeben.«
»Schnell in die Kantine.« Noch ehe er ausgesprochen hatte, war Harry Tomaselli bereits an der Tür.

Im zweiten Stock des Krankenhauses trat die Oberschwester der Station mit gehetztem Ausdruck in Vivians Zimmer und warf dabei einen schnellen Blick auf die Zimmernummer.
»Ah ja, Sie sind Miss Loburton.« Sie sah auf ihre Notiztafel und machte mit ihrem Bleistift eine Notiz. »Sie werden in die West-Burlington-Klinik verlegt.«
Vivian fragte: »Wann denn, bitte?« Sie hatte schon früher am Nachmittag von der bevorstehenden Verlegung und ihren Gründen erfahren.
»Die Krankenwagen haben sehr viel zu tun«, antwortete die Oberschwester. »Ich vermute, es wird noch ein paar Stunden dauern. Wahrscheinlich gegen neun Uhr heute abend. Ihre Stationsschwester wird rechtzeitig kommen, um Ihnen zu helfen.«
»Danke«, antwortete Vivian.
Mit ihren Gedanken schon wieder bei ihrer Notiztafel, nickte die Oberschwester und ging hinaus. Jetzt war es Zeit, entschied Vivian, Mike zu rufen. Ihre fünf Tage der Trennung waren erst morgen vorüber, aber keiner von beiden hatte mit etwas Derartigem gerechnet. Außerdem bereute sie schon ihren ganzen Einfall mit der Trennungszeit. Sie sah jetzt ein, daß er eine dumme Idee und überflüssig war, und wünschte, sie sei nie darauf gekommen.
Sie streckte die Hand nach dem Telefon auf dem Nachttisch aus, und diesmal zögerte sie nicht. Als sich die Zentrale meldete, sagte Vivian: »Dr. Michael Seddons, bitte.«
»Einen Augenblick.«
Sie mußte ein paar Minuten warten, ehe sich die Zentrale wieder meldete. »Dr. Seddons ist nicht im Krankenhaus. Er ist mit einem der Krankenwagen unterwegs. Kann Ihnen ein anderer Arzt helfen?«

»Nein, danke«, antwortete Vivian. »Ich würde aber gern eine Nachricht für ihn hinterlassen.«
Die Zentrale fragte: »Betrifft es eine medizinische Angelegenheit?«
Sie zögerte. »Nein, eigentlich nicht.«
»Wir können jetzt nur dringende medizinische Benachrichtigungen übernehmen. Rufen Sie bitte später wieder an.« Es folgte ein Knacken, und die Leitung war tot. Langsam legte Vivian den Hörer zurück.
Von draußen auf dem Gang konnte sie Unruhe und erhobene Stimmen vernehmen. Sie spürte die allgemeine Aufregung. Ein scharfer Befehl wurde gegeben, dann folgte ein Klappern, als etwas zu Boden fiel, und jemand lachte. Es klang ganz alltäglich, und doch wünschte sie sich in diesem Augenblick, dabeizusein, an dem, was vorging, teilnehmen zu können. Dann fiel ihr Blick auf das Bett, auf den Punkt, wo ihr linkes Bein endete und die Decke unvermittelt flach abfiel. Zum erstenmal spürte Vivian eine plötzliche Angst und fühlte sich verzweifelt einsam.
»Oh, Mike«, flüsterte sie, »Mike, Liebling, wo du auch bist, bitte, komm bald zu mir.«

Schwester Penfield war im Begriff, die Kantine zu betreten, als sie die Gruppe erblickte, die hinter ihr herkam. Sie erkannte den Verwaltungsdirektor und den Chef der Chirurgie. Hinter ihnen bemühte sich die Küchenleiterin Mrs. Straughan mit heftig wallendem Busen, mit ihnen Schritt zu halten.
Harry Tomaselli verlangsamte sein Tempo, als sie durch den Eingang der Kantine traten. Er sagte zu Mrs. Straughan: »Es muß schnell und unauffällig gehen.«
Die Küchenleiterin nickte, und durch einen Nebeneingang betraten sie die Küche.
O'Donnell winkte Schwester Penfield. »Kommen Sie bitte mit. Ich möchte, daß Sie uns helfen.«
Was jetzt geschah, erfolgte schnell und präzise. Eben noch hatte eine Frau in mittlerem Alter am Schalter der Kantine Essen ausgegeben, und jetzt hatte Mrs. Straughan sie am Arm ergriffen und führte sie in ihr Büro im Hintergrund. O'Donnell sagte zu der verwirrten Frau: »Einen Augenblick, bitte«, und winkte Schwester Penfield zu, bei ihr zu bleiben.
»Nehmen Sie die Speisen, die sie ausgegeben hat«, wies er Mrs. Straughan an, »und verbrennen Sie sie. Holen Sie alles, was sie ausgegeben hat, soweit Sie können, zurück. Entfernen Sie alles Geschirr, das sie berührt haben kann, und kochen Sie es ab.«
Die Küchenleiterin ging zu den Ausgabeschaltern. Nach ein paar Minuten waren O'Donnells Anweisungen befolgt, und die Schlange der Kan-

tinenbesucher bewegte sich wieder weiter. Nur die paar Leute, die in unmittelbarer Nähe standen, hatten die Szene bemerkt.
In dem Büro im Hintergrund der Küche sagte O'Donnell zu der Frau: »Mrs. Burgess, Sie müssen sich als Patientin des Krankenhauses betrachten.« Freundlich fügte er hinzu: »Seien Sie nicht beunruhigt, wir werden Ihnen alles erklären.«
Zu Schwester Penfield sagte er: »Bringen Sie diese Patientin in die Isolierstation. Sie darf mit niemanden in Berührung kommen. Ich werde Dr. Chandler benachrichtigen, und er wird die Anweisungen für ihre Behandlung geben.«
Sanft führte Elaine Penfield die erschrockene Frau fort. Mrs. Straughan fragte neugierig: »Was geschieht jetzt mit mir, Dr. O'Donnell?«
»Sie wird gut versorgt werden«, antwortete O'Donnell. »Sie wird isoliert bleiben, und der Internist wird sie eine Zeitlang beobachten. Manchmal kann ein Typhusträger eine Gallenblasenentzündung haben, und in diesem Falle wird sie wahrscheinlich operiert werden.« Er fügte hinzu: »Natürlich erfolgen noch Nachuntersuchungen, auch bei allen anderen, die erkrankt sind. Dafür wird Harvey Chandler sorgen.«
Am Telefon im Büro der Küche sagte Harry Tomaselli einem seiner Untergebenen: »Sie haben richtig verstanden. Sagen Sie alles ab, und machen Sie alles rückgängig: die Verlegungen, die Entlassungen, die nicht sowieso erfolgt wären, die bestellten Mahlzeiten, alles. Und wenn Sie das getan haben, rufen Sie die Aufnahme an.« Der Verwaltungsdirektor lächelte über dem Schreibtisch O'Donnell breit zu. »Geben Sie bekannt, daß das Three Counties Hospital wieder Patienten aufnimmt.«
Tomaselli legte den Hörer zurück und nahm die Tasse Kaffee an, die die Küchenleiterin ihm aus ihrer Kaffeemaschine eingegossen hatte.
»Übrigens, Mrs. Straughan«, sagte er, »ich hatte noch keine Gelegenheit, es Ihnen mitzuteilen, aber Sie bekommen Ihre neuen Geschirrspülmaschinen. Der Ausschuß hat die Ausgabe genehmigt, und der Auftrag ist schon erteilt. Ich nehme an, daß der Einbau nächste Woche erfolgt.«
Die Küchenleiterin nickte. Offensichtlich hatte sie mit dieser Mitteilung gerechnet. Jetzt wendeten sich ihre Gedanken anderen Dingen zu. »Da ist noch etwas, das ich Ihnen gern zeigen möchte, da Sie gerade hier sind, Mr. T. Ich brauche mehr Kühlraum.« Sie sah den Verwaltungsdirektor streng an. »Ich hoffe, daß diesmal keine Epidemie notwendig ist, um zu beweisen, daß ich recht habe.«
Der Verwaltungsdirektor seufzte und stand auf. Er fragte O'Donnell: »Haben Sie heute auch noch Fragen an mich?«
»Heute nicht mehr«, antwortete O'Donnell, »aber morgen gibt es etwas Wichtiges zu erledigen, das ich selbst in die Hand nehmen werde.«
Er dachte dabei an Eustace Swayne.

XXIV

David Coleman hatte nicht gut geschlafen. Während der Nacht waren seine Gedanken ständig zum Three Counties Hospital, der pathologischen Abteilung und Dr. Joseph Pearson zurückgekehrt.

Nichts in den letzten Tagen hatte auch nur im geringsten Dr. Pearsons Schuld an dem Tod des Babys der Alexanders verringert. Seine Verantwortung war ebenso groß wie vor einer Woche. Coleman hatte auch seine Ansicht nicht revidiert, daß die Pathologie im Three Counties Hospital verlottert, in überholten Konzeptionen festgefahren und durch veraltete Methoden und Geräte, die schon längst hätten ersetzt werden müssen, hinter der Zeit zurückgeblieben sei.

Trotzdem hatte David Coleman in den vergangenen vier Tagen mit Unbehagen bemerkt, wie sich seine Empfindungen gegenüber Pearson veränderten und sein Urteil über ihn milder wurde. Vor einer Woche hatte er in Pearson einen fast senilen, unfähigen Mann gesehen, der sich zu lange an seine Stellung geklammert hatte. Seitdem war nichts Greifbares eingetreten, das diese Überzeugung ändern konnte. Welchen Grund gab es also, daß er jetzt Unbehagen darüber empfand?

Selbstverständlich war es richtig, daß der alte Mann dem Ausbruch des Typhus und den Folgen, die sich daraus ergaben, entschlossen entgegengetreten und die erforderlichen Maßnahmen mit einer Sachkenntnis und Fähigkeit angeordnet hatte, die Coleman selbst vielleicht nicht aufweisen konnte. Aber war das so überraschend? Schließlich fiel Pearsons Erfahrung ins Gewicht, und in Anbetracht der Bedeutung der vorliegenden Situation war es nur verständlich, daß Pearson sich ihr auch gewachsen zeigen wollte.

Aber sein eigenes Gesamtbild von Pearson war jetzt weniger klar, weniger fest. Vor einer Woche hatte er den alten Pathologen – welche Verdienste er sich auch in der Vergangenheit erworben hatte – als intellektuellen »Habenichts« klassifiziert. Jetzt war sich David Coleman seines Urteils nicht mehr sicher. Er fürchtete, daß er sich in Zukunft sehr vieler Dinge nicht mehr sicher sein würde.

Die Schlaflosigkeit hatte ihn früh ins Krankenhaus gebracht, und es war kurz nach acht, als er in die Pathologie eintrat. Roger McNeil, der Assistent, saß an Pearsons Schreibtisch.

»Guten Morgen«, sagte McNeil. »Sie sind der erste. Die anderen schlafen wahrscheinlich noch.«

David Coleman fragte: »Sind wir mit der anderen Arbeit sehr im Rückstand?«

»Es ist nicht so schlimm«, antwortete McNeil. »Es hat sich eine ganze Menge nicht dringender Dinge angesammelt, aber mit dem Wichtigen

bin ich auf dem laufenden geblieben.« Er fügte hinzu: »Seddons hat eine ganze Menge geholfen. Ich habe ihm geraten, bei der Pathologie zu bleiben, statt zur Chirurgie zurückzugehen.«
Ein anderer Gedanke hatte Coleman geplagt. Er fragte den Assistenten: »Diese Lernschwester, die mit der Amputation. Ist das Bein schon seziert worden?« Er hatte nicht vergessen, daß er in der Diagnose mit Pearson nicht übereingestimmt hatte.
»Nein.« McNeil suchte eine Krankengeschichte auf dem Schreibtisch heraus. »Vivian Loburton«, las er vor, »so heißt das Mädchen. Es war nicht dringend, darum stellte ich die Untersuchung zurück. Das Bein ist noch im Kühlschrank. Wollen Sie es selbst machen?«
»Ja«, antwortete Coleman, »ich habe die Absicht.«
Er nahm die Krankengeschichte und ging in das Zimmer, das an den Obduktionsraum grenzte. Aus dem Kühlschrank der Leichenkammer nahm er das Bein und begann die Gazeumhüllungen zu entfernen. Das Fleisch war kalt und weich, das Blut, wo das Glied in der Mitte des Oberschenkels abgetrennt worden war, geronnen. Er tastete nach dem Tumor und fand ihn sofort. Einen harten Klumpen an der Innenseite gerade unterhalb des Knies. Er nahm ein Messer und schnitt tief hinein. Sein Interesse wuchs bei dem, was er fand.
Der Diener nahm Kent O'Donnells Hut und Mantel entgegen, hängte beides in einen Schrank in der finsteren, vornehmen Halle. O'Donnell sah sich um und fragte sich verwundert, warum wohl jemand — reich oder nicht — in dieser Umgebung freiwillig lebte. Dann überlegte er, daß diese kahle Weitläufigkeit, diese schweren Deckenbalken und diese hohe Täfelung, diese Wände aus kaltem, behauenem Stein einem Mann wie Eustace Swayne vermutlich das Gefühl einer feudalen Macht verliehen und für ihn eine Brücke durch die Geschichte zu alten Zeiten und versunkenen Stätten bildete. O'Donnell fragte sich, was aus dem Haus werden würde, wenn der alte Mann starb. Höchstwahrscheinlich ein Museum oder eine Kunstgalerie, vielleicht würde es auch nur leerstehen und verfallen wie viele Häuser dieser Art. Daß jemand anders die Absicht haben könnte, darin zu leben, erschien ihm unvorstellbar. Es war ein Haus, bei dessen Anblick man sich sagen mußte, daß sein Eingang um fünf Uhr nachmittags abgeschlossen wurde und bis zum nächsten Morgen verschlossen blieb. Dann erinnerte er sich, daß Denise ihre Kindheit innerhalb dieser düsteren Wände verbracht haben mußte. Ob sie hier glücklich gewesen war? fragte er sich.
»Mr. Swayne ist heute etwas erschöpft, Sir. Er läßt fragen, ob Sie etwas dagegen haben, wenn er Sie in seinem Schlafzimmer empfängt.«
»Keineswegs«, antwortete O'Donnell. Ihm kam der Gedanke, daß das Schlafzimmer für das, was er zu sagen hatte, vielleicht der geeignetste

Ort war. Falls Eustace Swayne infolge der Unterhaltung einen Schlaganfall erlitt, war wenigstens gleich der richtige Platz da, um ihn hinzulegen. Er folgte dem Diener die breite, geschwungene Treppe hinauf und einen Korridor entlang. Ihre Schritte wurden durch dicke Läufer gedämpft. Der Diener klopfte leise an eine schwere, geschnitzte Tür, drückte auf die schmiedeeiserne Klinke und ließ O'Donnell in das geräumige Zimmer eintreten.

Zunächst konnte O'Donnell Eustace Swayne nicht sehen. Sein Blick wurde von einem massiven Kamin festgehalten, in dem ein Holzfeuer loderte. Die Wärme des Feuers traf ihn wie ein Schlag; der Raum war an dem an sich schon warmen Vormittag im späten August fast unerträglich warm. Dann erkannte er Swayne, von Kissen gestützt, in einem riesigen Bett mir vier Pfosten. Um seine Schultern lag ein Morgenmantel mit Monogramm. Als O'Donnell nähertrat, bemerkte er mit einem Schock, wie sehr der alte Mann seit ihrer ersten Begegnung – dem Abend mit Orden Brown und Denise – verfallen war.

»Ich danke Ihnen, daß Sie gekommen sind«, sagte Swayne. Auch seine Stimme klang schwächer als früher. Er bedeutete seinem Besucher, auf einem Stuhl neben dem Bett Platz zu nehmen.

Während O'Donnell sich setzte, sagte er: »Mir wurde mitgeteilt, daß Sie mich zu sehen wünschten.« In Gedanken revidierte er bereits einige seiner rückhaltslosen Erklärungen, die abzugeben er beabsichtigt hatte. Selbstverständlich konnte nichts seinen Standpunkt hinsichtlich Joe Pearson ändern, aber wenigstens konnte er dabei freundlich sein. O'Donnell wünschte nicht, mit einem kränkelnden alten Mann aneinanderzugeraten. Für eine harte Auseinandersetzung waren die Voraussetzungen zu ungleich.

»Joe Pearson ist bei mir gewesen«, sagte Swayne, »vor drei Tagen war es, glaube ich.«

Hier hatte sich Pearson also in den Stunden aufgehalten, als er vergeblich versucht hatte, ihn zu erreichen. »Ja«, antwortete O'Donnell. »Ich hatte erwartet, daß er zu Ihnen kommen würde.«

»Er teilte mir mit, daß er das Krankenhaus verläßt.« Die Stimme des alten Mannes klang erschöpft. Sie enthielt keine Andeutung der Anschuldigungen, die O'Donnell gegen sich erwartet hatte. Neugierig, was als nächstes kommen würde, antwortete er: »Ja, das ist richtig.«

Der alte Mann schwieg. Dann sagte er: »Wahrscheinlich gibt es Dinge, über die niemand Macht hat.« Jetzt war eine Spur Erbitterung zu erkennen, oder war es Resignation? Es war schwer zu entscheiden.

»Das gibt es, glaube ich«, antwortete O'Donnell vorsichtig.

»Als Joe Pearson zu mir kam«, sagte Swayne, »richtete er zwei Bitten an mich. Die erste war, daß an meine Spende für den Baufonds des

Krankenhauses keine Bedingung geknüpft werden solle. Ich habe dem zugestimmt.« Es folgte eine Pause. O'Donnell schwieg, während ihm die Bedeutung der Worte aufging. Der alte Mann fuhr fort: »Die zweite Bitte betraf etwas Persönliches. Sie haben einen Angestellten in dem Krankenhaus – er heißt Alexander, glaube ich.«

»Ja«, antwortete O'Donnell. »John Alexander, er ist Laborant.«

»Er hat ein Kind verloren.«

O'Donnell nickte.

»Joe Pearson bat mich, dem Jungen sein Medizinstudium zu bezahlen. Das kann ich natürlich – ganz mühelos. Für Geld gibt es wenigstens noch ein paar nützliche Verwendungszwecke.«

Swayne griff nach einem dicken Umschlag, der vor ihm auf der Decke gelegen hatte. »Ich habe meine Anwälte bereits angewiesen. Es wird ein Fonds zur Verfügung stehen. Er reicht für die Studienkosten und einen auskömmlichen Lebensunterhalt für ihn und seine Frau. Wenn er sich später entschließt, sich zu spezialisieren, steht auch dafür Geld zur Verfügung.« Der alte Mann schwieg, als ob das Sprechen ihn ermüde. Dann fuhr er fort: »Mir schwebt nun etwas Bleibenderes vor. Es wird später noch mehr junge Leute geben, die eine Förderung vielleicht ebenso verdienen. Ich möchte, daß der Fonds bestehenbleibt und von dem medizinischen Ausschuß des Three Counties Hospitals verwaltet wird. Daran knüpfe ich nur eine Bedingung.«

Eustace Swayne sah O'Donnell fest an. Herausfordernd sagte er: »Der Fonds wird den Namen ›Joseph-Pearson-Studienstiftung‹ tragen. Haben Sie dagegen etwas einzuwenden?«

Gerührt und beschämt antwortete O'Donnell: »Ganz im Gegenteil, Sir. Meiner Meinung nach wird das immer eine Ihrer größten Wohltaten bleiben.«

»Bitte, sag mir die Wahrheit, Mike«, sagte Vivian, »ich muß es wissen.«

Sie sahen sich an. Vivian in ihrem Krankenhausbett und Mike Seddons, der bedrückt und unsicher daneben stand.

Es war ihre erste Begegnung nach der Trennungszeit. Gestern abend, nachdem Vivians Verlegung rückgängig gemacht worden war, hatte sie ein zweites Mal versucht, Mike telefonisch zu erreichen, aber vergeblich. Heute morgen war er gekommen, ohne daß sie ihn gerufen hatte, wie sie es vor fünf Tagen vereinbart hatten. Jetzt versuchten ihre Augen, in seinem Gesicht zu lesen. Angst bedrückte sie, ihr Instinkt sagte ihr, was ihr Verstand zu erkennen sich weigerte.

»Vivian«, sagte Mike, und sie sah, wie er zitterte, »ich muß mit dir sprechen.«

Sie antwortete nicht, nur ihr fester Blick begegnete seinem. Seine Lippen waren trocken. Er feuchtete sie mit der Zunge an. Er wußte, daß sein Gesicht gerötet war, spürte, wie sein Herz klopfte. Gewaltsam unterdrückte er den Wunsch, sich umzudrehen und fortzulaufen. Verkrampft stand er vor ihr, tastete zögernd nach Worten, die er nicht finden konnte.

»Ich glaube, ich weiß, was du sagen willst, Mike.« Vivians Stimme war tonlos, schien jede Empfindung verloren zu haben. »Du willst mich nicht mehr heiraten. Ich wäre eine Last für ich – wie ich jetzt bin.«

»Oh, Vivian, Liebling . . .«

»Nicht, Mike«, unterbrach sie ihn, »bitte nicht.«

Drängend flehte er: »Hör mich bitte an, Vivian. Hör mich zu Ende, so einfach ist es nicht . . .« Wieder versagten sich ihm die Worte.

Drei Tage lang hatte er nach den richtigen Worten und den richtigen Sätzen für diesen Augenblick gesucht, und wußte doch, wie er es auch ausdrückte, die Wirkung konnte immer nur die gleiche sein. Seit ihrer letzten Begegnung hatte Mike Seddons die tiefsten Klüfte seiner Seele und seines Gewissens durchforscht. Was er fand, hatte in ihm Abscheu und Verachtung für sich selbst hervorgerufen, aber er hatte die Wahrheit entdeckt. Er wußte mit Gewißheit, daß eine Ehe zwischen ihm und Vivian niemals glücklich sein konnte – nicht wegen ihrer Mängel, sondern wegen seiner eigenen.

In den Augenblicken forschender Selbstüberprüfung hatte er sich gezwungen, sich alle Situationen vorzustellen, die sie zusammen erleben mußten. In seiner Phantasie hatte er gesehen, wie sie zusammen einen belebten Raum betraten. Er jung, kraftvoll, unbehindert, aber Vivian an seinem Arm ging langsam, unbeholfen, vielleicht mit einem Stock, und so gut, wie es ein künstliches Bein erlaubte. Er hatte sich selbst in der Brandung tauchen oder fast nackt am Strand in der Sonne liegen sehen, während Vivian voll angezogen blieb und das alles nicht teilen konnte, weil die Prothese einen häßlichen Anblick bot und sie, wenn sie sie abnahm, ein groteskes, unbewegliches Monstrum sein mußte – ein Objekt des Mitleids oder abgewendeter Blicke.

Und mehr als das. Er überwand jede Hemmung und jeden instinktiven Anstand und hatte sich die sexuelle Seite vorgestellt. Er hatte sich ein Bild der Szene am Abend vor dem Zubettgehen gemacht. Würde Vivian ihr künstliches Bein selbst abschnallen, oder würde er ihr dabei helfen? Konnte die Intimität des Auskleidens eintreten, des Wissens, was anschließend kam? Und wie würden sie lieben? Mit dem Bein angeschnallt oder nicht? Wie mußte es sein, wenn es angeschnallt blieb? Der harte, unnachgiebige Kunststoff, der an seinen begehrenden Körper drückte. Und wenn es abgeschnallt war, wie würde sich der Stumpf unter ihm anfühlen? Konnte es Erfüllung geben in der Vereinigung mit einem Körper, der nicht länger ganz war?

Mike Seddons brach der Schweiß aus. Er war in die Tiefe eingedrungen und hatte seine geheimsten Empfindungen aufgedeckt.
Vivian sagte: »Du brauchst es nicht zu erklären, Mike.« Diesmal klang ihre Stimme gepreßt.
»Aber ich will es, ich muß es erklären. Es gibt so vieles, an das wir beide denken müssen.« Jetzt kamen die Worte schnell, überstürzten sich in dem Bemühen, sich Vivian verständlich zu machen, ihr die Qualen zu schildern, die er in Gedanken durchlitten hatte, ehe er zu ihr kam. Selbst in diesem Augenblick brauchte er ihr Verständnis.
Er begann wieder: »Verstehe mich doch, Vivian. Ich habe darüber nachgedacht, und es ist für dich besser . . .«
Er sah ihren musternden Blick. Es war ihm bisher nicht aufgefallen, wie fest und gerade er war. »Lüge mich bitte nicht an, Mike«, sagte sie, »ich glaube, du gehst besser.«
Er wußte, es war nutzlos. Jetzt wollte er nur noch von ihr fort, nicht mehr Vivians Augen sehen. Aber er zögerte noch. Er fragte: »Was wirst du tun?«
»Ich weiß es wirklich nicht. Ich habe tatsächlich noch nicht darüber nachgedacht.« Vivians Stimme klang fest, aber sie verriet die Mühe, die es sie kostete. »Vielleicht bleibe ich weiter Schwester, wenn sie mich haben wollen. Ich weiß natürlich nicht, ob ich wirklich geheilt bin, und wenn nicht, wie lange ich dann noch habe. So ist es doch, Mike?«
Verlegen und beschämt wendete er seine Augen ab.
Von der Tür sah er zum letztenmal zu ihr zurück. »Leb wohl, Vivian«, sagte er.
Sie versuchte zu antworten, aber das überforderte ihre Selbstbeherrschung.

Von der zweiten Etage ging Mike Seddons über die Treppe zur Pathologie hinunter. Er betrat den Obduktionsraum und fand im Nebenzimmer David Coleman, der ein Bein sezierte. Seddons blickte auf das Bein. Es war weiß und leblos, und dunkles Blut sickerte aus Colemans Messerschnitten. Einen Augenblick stellte er es sich voller Grauen von einem Nylonstrumpf bekleidet vor, mit einer hochhackigen Sandale. Dann folgte er einem entsetzlichen Zwang. Er trat näher und las den Namen auf der offenliegenden Krankengeschichte.
Als er das getan hatte, ging er schnell in den Gang hinaus und übergab sich.

»Ah, Dr. Coleman, kommen Sie bitte herein.«
Kent O'Donnell stand liebenswürdig von seinem Schreibtisch auf, als der junge Pathologe in sein Zimmer trat. David Coleman war gerade

dabeigewesen, nach der Sektion aufzuräumen, als ihn die Benachrichtigung des Chefs der Chirurgie erreicht hatte.
»Nehmen Sie bitte Platz.« O'Donnell hielt ihm sein graviertes, goldenes Zigarettenetui hin: »Zigarette?«
»Danke.« Coleman nahm eine Zigarette und das Feuer, das O'Donnell ihm anbot. Er lehnte sich erwartungsvoll in dem tiefen Ledersessel zurück. Sein Gefühl sagte ihm, daß er vor einem Wendepunkt in seinem Leben stand.
O'Donnell trat hinter dem Schreibtisch zum Fenster, blieb, den Rücken der Morgensonne hinter sich zugewendet, stehen. »Ich nehme an, Sie wissen schon, daß Dr. Pearson zurückgetreten ist«, begann er.
»Ja, ich habe es gehört«, antwortete Coleman ruhig und fuhr zu seiner eigenen Überraschung fort: »Es ist Ihnen natürlich bekannt, daß er sich in den letzten Tagen nicht geschont hat. Er war Tag und Nacht hier.«
»Ja, das weiß ich.« O'Donnell betrachtete das Ende seiner Zigarette. »Aber das ändert nichts an der Situation. Das ist Ihnen doch klar?«
Coleman wußte, daß der Chef der Chirurgie recht hatte. »Ja«, antwortete er, »das ist wohl richtig.«
»Joe hat den Wunsch ausgesprochen, sofort auszuscheiden«, fuhr O'Donnell fort. »Das bedeutet, daß bei uns sofort die Stelle des Direktors der Pathologie frei wird. Wollen Sie sie übernehmen?«
Eine Sekunde lang zögerte David Coleman. Das war das, was er suchte. Eine Abteilung für sich, die Freiheit, sie zu reorganisieren, die neuen Hilfsmittel der Wissenschaft heranzuziehen, gute Medizin zu praktizieren und die Pathologie den Beitrag leisten zu lassen, den sie bieten konnte. Das war der Gral, nach dem er strebte. Kent O'Donnell hatte ihn greifbar vor ihn hingestellt.
Dann überfiel ihn Angst. Plötzlich schreckte er vor der überwältigenden Verantwortung zurück, die er zu tragen hatte. Er erkannte, daß er keinen Vorgesetzten haben würde, der ihm Entscheidungen abnahm. Das endgültige Urteil – die letzte Diagnose – würde bei ihm liegen. War er dem gewachsen? War er dazu schon bereit? Er war noch jung. Wenn er wollte, konnte er noch einige Jahre an zweiter Stelle bleiben. Später würden sich ihm noch andere Möglichkeiten öffnen, viele im Laufe der Jahre. Dann wurde ihm bewußt, daß es hier kein Ausweichen gab, daß dieser Augenblick von der ersten Stunde seiner Ankunft im Three Counties Hospital an unaufhaltsam auf ihn zugekommen war.
»Ja«, sagte er, »wenn mir die Stellung angeboten wird, werde ich annehmen.«
»Ich kann Ihnen versichern, daß sie Ihnen angeboten werden wird.« O'Donnell lächelte. Er fragte: »Würden Sie mir eine Frage erlauben?«
»Gewiß, wenn ich sie beantworten kann.«

Der Chef der Chirurgie schwieg. Er suchte nach den richtigen Worten für die Frage, die er stellen wollte. Er spürte, daß das, was jetzt gesagt wurde, für sie beide wichtig war. Schließlich sagte er: »Würden Sie mir Ihre Einstellung erklären – gegenüber der Medizin und gegenüber unserem Krankenhaus?«

»Das ist schwer in Worte zu fassen«, antwortete Coleman.

»Wollen Sie es nicht versuchen?«

Coleman überlegte. Es gab Dinge, an die er glaubte. Aber selbst in seinen Gedanken hatte er nur selten versucht, sie zu formulieren. Jetzt war vielleicht die Zeit gekommen, um sie auszusprechen.

»Worauf es wirklich ankommt ist, glaube ich, daß alles – wir Ärzte, das Krankenhaus, die praktische Medizin – nur für einen Zweck existiert: für die Patienten – um Kranke zu heilen. Ich glaube, das vergessen wir manchmal. Mir scheint, wir versenken uns in die Medizin, verlieren uns in der Wissenschaft, streben nach besseren Krankenhäusern, vergessen darüber aber, daß es für alle diese Dinge nur eine Rechtfertigung gibt – Menschen. Menschen, die uns brauchen, die bei der Medizin Hilfe suchen.« Er schwieg. »Ich habe es sehr plump ausgedrückt.«

»Nein«, antwortete O'Donnell, »Sie haben es sehr gut ausgedrückt.« Er empfand Triumph und Hoffnung. Sein Instinkt hatte ihn nicht getäuscht: er hatte gut gewählt. Er sah voraus, daß sie beide, er als Chef der Chirurgie und Coleman als Direktor der Pathologie, gut zusammen paßten. Sie würden weiterstreben und aufbauen, und durch sie würde das Three Counties Hospital gedeihen. Nicht alles, was sie leisteten, würde vollkommen sein. Das gab es nicht. Es würden Mängel und Versager auftreten, aber wenigstens hätten sie die gleichen Ziele, folgten sie den gleichen Empfindungen. Sie mußten in engem Kontakt bleiben. Coleman war jünger als er, und es gab Gebiete, auf denen O'Donnell ihm durch seine größere Erfahrung helfen konnte. In den letzten Wochen hatte der Chef der Chirurgie selbst viel dazugelernt. Er hatte gelernt, daß Eifer ebenso unausweichlich zur Überheblichkeit führen konnte wie Gleichgültigkeit und daß man auf vielen Wegen auf Katastrophen stieß. Aber von nun an wollte er in jeder Richtung gegen Überheblichkeit kämpfen, und die Pathologie mit dem jungen Dr. Coleman an ihrer Spitze konnte dabei ein starker, rechter Arm sein. Ihm kam ein Gedanke. Er fragte: »Noch etwas. Was halten Sie von Joe Pearson und von der Art seines Ausscheidens?«

»Ich weiß es nicht«, antwortete David Coleman, »ich wollte, ich wüßte es.«

»Es ist gar nicht so schlecht, wenn man manchmal unsicher ist. Es behütet uns vor einer Erstarrung des Denkens.« O'Donnell lächelte. »Es gibt bei Dr. Pearson einiges, das Sie meiner Meinung nach wissen sollten. Ich habe mich mit einigen der älteren Ärzte hier unterhalten. Sie berichteten mir über seine Tätigkeit hier, über die auch ich nicht viel wußte. Joe Pearson hat in den zweiunddreißig Jahren hier viel für das Krankenhaus getan, Dinge, die heute zum größten Teil vergessen sind und die Leute, wie Sie und ich, kaum Gelegenheit haben zu erfahren. Er hat die Blutbank eingerichtet, müssen Sie wissen. Heute erscheint es unverständlich, aber damals gab es eine ziemlich starke Opposition dagegen. Dann setzte er sich für die Bildung eines Gewebeausschusses ein. Man hat mir gesagt, daß eine ganze Reihe Ärzte ihn deswegen erbittert bekämpfte, aber er setzte den Ausschuß durch und trug damit viel dazu bei, den Standard der Chirurgie hier zu heben. Joe hat auch Forschungsarbeiten durchgeführt — über die Ursache und das Auftreten von Schilddrüsenkrebs. Der größte Teil seiner Arbeit hat heute allgemeine Anerkennung gefunden, aber nur wenige erinnern sich, daß sie von Joe Pearson stammt.«

»Davon wußte ich nichts«, sagte Coleman. »Danke, daß Sie es mir mitgeteilt haben.«

»Nun, Dinge dieser Art werden vergessen. Joe führte auch vieles Neue in den Labors ein — neue Tests, neue Geräte. Unglücklicherweise kam dann die Zeit, in der er das Neue vernachlässigte. Er ließ sich selbst treiben und fuhr sich in alten Geleisen fest. Das geschieht manchmal.«

Plötzlich dachte Coleman an seinen Vater, an seinen starken Verdacht, daß das sensibilisierte Blut, das das Kind der Alexanders tötete, von einer der Transfusionen stammte, die sein Vater vor Jahren angeordnet und gegeben hatte — gegeben hatte, ohne den Rh-Faktor festzustellen, obwohl die Gefahren damals schon bekannt waren.

»Ja«, bestätigte er, »das kommt wohl vor.«

Beide waren aufgestanden und zur Tür gegangen. Als sie hinaustraten, sagte O'Donnell leise: »Es ist für uns alle gut, wenn wir Mitgefühl haben? Man weiß nie, ab man es eines Tages nicht selbst braucht.«

Lucy Grainger sagte: »Sie sehen müde aus, Kent.«

Es war früh am Nachmittag, und Kent war im Hauptgang im Erdgeschoß stehengeblieben. Ohne daß er es bemerkte, war sie neben ihn getreten.

Liebe Lucy, dachte er — sie ist unverändert, warm und zartfühlend, ein schutzverheißender Hafen in einem wogenden Meer der Ungewißheit.

War es wirklich kaum eine Woche her, daß er erwogen hatte, Burlington zu verlassen und Denise zu heiraten? Im Augenblick schien das alles so fern zu liegen, ein sehnsüchtiges Zwischenspiel, das heute nichts mehr bedeutete. Hier gehörte er hin, an diesem Ort lag sein Schicksal, im Guten oder Bösen.

Er ergriff sie am Arm. »Lucy, wir müssen uns bald sehen. Es gibt so vieles zu besprechen.«
»Gern.« Sie lächelte voller Zuneigung. »Sie können mich für morgen zum Abendessen einladen.«
Nebeneinander gingen sie durch den Gang, und es gab ihm irgendwie Zuversicht, daß sie neben ihm war. Er betrachtete ihr Profil und erkannte mit Gewißheit, daß ihnen gemeinsam noch vieles Gute bevorstand. Vielleicht brauchte es Zeit, sich einander anzupassen. Aber schließlich, das wußte er, würden sie ihre gemeinsame Zukunft finden.
Lucy dachte: Träume werden doch wahr. Meiner auch vielleicht irgendwann bald.

In der Pathologie dämmerte es früh. Das kam daher, daß sie im Souterrain des Krankenhauses untergebracht war. Als David Coleman das Licht einschaltete, beschloß er, als eines seiner ersten Ziele durchzusetzen, daß die Abteilung bessere Räume erhielt. Die Tage, in denen die Pathologen automatisch in die abgelegenen Räume der Krankenhäuser verbannt wurden, waren vorüber. Licht und Luft waren für sie eine ebenso wichtige Voraussetzung wie für jeden anderen Zweig der Medizin. Er trat in die Pathologie und fand Pearson an seinem Schreibtisch. Der alte Mann leerte die Schubladen. Als Coleman eintrat, sah er auf.
»Komisch«, sagte er, »wieviel Müll sich in zweiunddreißig Jahren ansammelt.«
Einen Augenblick beobachtete David Coleman ihn. Dann sagte er: »Es tut mir leid.«
»Ihnen braucht nichts leid zu tun«, antwortete Pearson grob. Er schloß die letzte Schublade und schob Papiere in seine Aktentasche. »Ich habe gehört, Sie bekommen einen neuen Posten. Gratuliere.«
Coleman antwortete aufrichtig: »Ich wünschte, es wäre auf andere Weise zustande gekommen.«
»Zu spät, sich darum zu sorgen.« Pearson schnappte den Verschluß der Aktentasche zu und sah sich suchend um. »Das ist, glaube ich, alles. Wenn Sie noch etwas finden, können Sie es mir ja mit meiner Pension zuschicken lassen.«
»Ich möchte Ihnen noch etwas sagen«, begann Coleman.
»Was gibt es?«
Coleman wählte seine Worte überlegt. »Die Lernschwester, der das Bein amputiert wurde – ich habe das Bein heute morgen seziert. Sie hatten recht. Ich habe mich geirrt. Es war bösartig – ohne jeden Zweifel ein Osteosarkom.«
Der alte Mann schwieg. Dem Anschein nach, war er in Gedanken sehr weit fort.

»Ich bin froh, daß ich mich nicht geirrt habe«, sagte er dann langsam, »in diesem Fall wenigstens nicht . . .«
Er nahm seinen Mantel und ging zur Tür. Er schien im Begriff, hinauszugehen, drehte sich dann um. Fast schüchtern fragte er: »Haben Sie etwas dagegen, wenn ich Ihnen einen Rat gebe?«
Coleman schüttelte den Kopf. »Aber nein, bitte.«
»Sie sind jung«, sagte Pearson. »Sie sind voller Saft und Kraft. Das ist gut. Sie können auch etwas. Sie sind auf dem laufenden, wissen Dinge, von denen ich nie etwas gehört habe und die ich nie mehr lernen werde. Folgen Sie meinem Rat: versuchen Sie, so zu bleiben. Es wird schwer werden. Geben Sie sich darüber keiner Täuschung hin.« Er winkte zu dem Schreibtisch, den er gerade ausgeräumt hatte. »Sie werden in dem Stuhl da sitzen, und dann klingelt das Telefon, und es ist der Verwaltungsdirektor, der Ihnen wegen des Etats in den Ohren liegt. In der nächsten Minute kommt einer aus dem Labor und will kündigen. Und Sie müssen ihm das ausreden. Und die Ärzte kommen und wollen dies und jenes wissen.« Der alte Mann lächelte dünn. »Dann kommen die Vertreter, der Mann mit den unzerbrechlichen Reagenzgläsern und dann der mit dem Brenner, der nie ausgeht. Und kaum sind Sie mit dem fertig, kommt wieder einer und noch einer und noch einer. Und wenn der Tag vorbei ist, fragen Sie sich verwundert, wo er geblieben ist und was Sie geleistet, was Sie vollbracht haben.«
Pearson schwieg, und Coleman wartete. Er spürte, daß der alte Pathologe sich mit seinen Worten von einem Teil seiner Vergangenheit löste.
»Und so kann es am nächsten Tag gehen und am übernächsten und am Tag danach«, fuhr Pearson fort. »Bis Sie feststellen, daß ein Jahr vergangen ist und dann das nächste und dann noch eines. Und während Sie alles das tun, schicken Sie andere zu Kursen, um sich über die neuesten Entdeckungen in der Medizin zu unterrichten, weil Sie selbst sich nicht die Zeit nehmen können, fortzufahren. Und nach und nach hören Sie auf, zu forschen und nachzuforschen, und weil Ihre Arbeit so anstrengend ist, sind Sie abends müde, und Sie bringen nicht mehr die Energie auf, Fachliteratur zu lesen. Eines Tages stellen Sie plötzlich fest, daß alles, was Sie wissen, veraltet ist. Und dann ist der Punkt erreicht, an dem es zu spät ist, um das noch zu ändern.«
Von seinem Gefühl überwältigt, versagte ihm die Stimme. Pearson legte eine Hand auf Colemans Arm. Eindringlich fuhr er fort: »Hören Sie auf einen alten Mann, der das alles durchgemacht hat, der den Fehler beging, zurückzubleiben. Lassen Sie nicht zu, daß es Ihnen auch so geht. Schließen Sie sich in einen Schrank ein, wenn es sein muß. Halten Sie sich das Telefon vom Hals und die Ablage und die Papiere, und lesen und lernen Sie, und halten Sie Augen und Ohren auf, und bleiben Sie

auf dem laufenden. Dann kann man Ihnen nie etwas anhaben, wird nie von Ihnen sagen können: er ist fertig, überholt, von gestern. Denn Sie werden dann ebensoviel wissen wie die anderen und mehr, und Sie haben zu Ihrem Wissen Ihre Erfahrung . . .«

Pearson verstummte und wendete sich ab.

»Ich werde es nicht vergessen«, antwortete Coleman. Respektvoll fragte er: »Darf ich Sie bis zur Tür bringen?«

Sie stiegen die Treppe von der Pathologie hinauf. Auf dem Hauptgang des Krankenhauses setzte gerade das lebhafte Hin und Her des frühen Abends ein. Eine Schwester eilte mit einem Tablett an ihnen vorbei, ihre gestärkte Uniform rauschte. Sie traten zur Seite, um einem Rollstuhl Platz zu machen. Darin saß ein Mann in mittlerem Alter, ein Bein in einem Gipsverband, und hielt ein paar Krücken wie in ein Boot eingezogene Ruder. Lachend kamen drei Lernschwestern an ihnen vorbei. Eine Frau, die für einen Wohltätigkeitsverein arbeitete, schob einen Wagen mit Zeitschriften vor sich her. Ein Mann mit einem Blumenstrauß in der Hand ging zu den Fahrstühlen. Irgendwo, nicht sichtbar, weinte ein Kind. Es war die Krankenhauswelt. Ein lebender Organismus, ein Spiegel der großen Welt draußen.

Pearson sah sich um. Coleman dachte, zweiunddreißig Jahre, und vielleicht sieht er das alles zum letztenmal. Er fragte sich, wie wird es sein, wenn meine Zeit kommt? Werde ich mich in dreißig Jahren an diesen Augenblick erinnern? Werde ich es dann besser verstehen?

Durch den Lautsprecher im Gang rief eine Stimme aus: »Dr. David Coleman! Dr. David Coleman bitte zur chirurgischen Abteilung.«

»Es hat angefangen«, sagte Pearson. »Es wird ein Gefrierschnitt sein. Es ist besser, Sie gehen hinauf.« Er streckte seine Hand aus. »Viel Glück.«

Coleman fand es schwer, zu sprechen. »Danke«, sagte er nur.

Der alte Mann nickte und wendete sich ab.

»Gute Nacht, Dr. Pearson.« Das war eine der älteren Schwestern des Krankenhauses.

»Gute Nacht«, antwortete Pearson. Dann blieb er auf dem Weg hinaus unter einem Schild «Nicht rauchen« stehen, um sich eine Zigarre anzuzünden.

Arthur Hailey

Bittere Medizin

Eine persönliche Bemerkung des Autors an seine Leser

Als 1979 mein Buch *Hochspannung* veröffentlicht wurde, kündigte ich das Ende meiner schriftstellerischen Tätigkeit an. Ich war müde. Mein Leben war erfüllt. Ich war und bin den Millionen Lesern in der ganzen Welt dankbar, die mein Leben auf vielerlei Weise bereichert haben und die es mir auch ermöglichten, mich zur Ruhe zu setzen.

In den Jahren, die mir noch verblieben, wollte ich mehr Zeit mit meiner lieben Frau Sheila verbringen, mit ihr zusammen verreisen, angeln gehen, mehr Bücher lesen, mich bei Musik entspannen und alle möglichen anderen Dinge tun, zu denen ein Schriftsteller sonst nicht kommt.

Was ich nicht wußte: daß meine Herzkranzgefäße an sechs Stellen verstopft waren und ich dem Tode nahe war – diese Diagnose stellte mein Freund und Arzt Dr. Edward Robbins aus San Francisco und riet zu einer sofortigen Operation. Die Operation – ein vierfacher Bypass – wurde von Dr. Denton Cooley und seinen Kollegen, denen ich von ganzem Herzen danke, im Texas Heart Institute durchgeführt.

Sheila war mir eine große Stütze, wie sie es während unserer langen und glücklichen Ehe immer gewesen ist. Und es ist kein Zufall, daß die Celia dieses Romans dem Namen nach Ähnlichkeit mit Sheila hat.

Die Folge meiner wiederhergestellten Gesundheit war ein Übermaß an Energie – so daß Sheila eines Tages sagte: »Ich finde, du solltest wieder ein Buch schreiben.«

Ich habe ihren Rat befolgt. *Bittere Medizin* ist das Ergebnis.

5. April 1984 A. H.

Wenn die Krankheit verzweifelt ist,
kann ein verzweifelt Mittel nur helfen,
oder keins.

Shakespeare, *Hamlet*

Wir werden mit einem unaufhörlichen Fluß
großtuerischer Medikamente überschwemmt,
und hier ist schon wieder eins.

Thomas Sydenham, M.D. (1624–1689)

Prolog: 1985

In der ersten Klasse der 747, eine halbe Stunde nach dem Abflug von London, ergriff Dr. Andrew Jordan die Hand seiner Frau und hielt sie fest.

»Hör auf, dir Sorgen zu machen«, sagte er eindringlich. »Vielleicht passiert ja nichts.«

»Irgend etwas *wird* passieren. Dafür wird Dennis Donahue schon sorgen.«

Andrew verzog das Gesicht, als sie den Senator aus New England erwähnte. »Ich hatte mich schon so auf den Lunch gefreut. Und jetzt mußt du mir den Appetit verderben.«

»Das ist kein Scherz, Andrew. Vergiß nicht, daß es Tote gegeben hat – durch Arzneimittel.«

»Aber du hattest doch gar nichts damit zu tun.«

»Trotzdem. Wenn es einen Prozeß gibt, wird man auch mich belangen. Vielleicht komme ich sogar ins Gefängnis.«

Er bemühte sich, sie ein wenig aufzuheitern. »Es ist ja noch nichts passiert. Und wenn, dann verspreche ich dir, dich jeden Tag zu besuchen und dir Kuchen mitzubringen, in den Metallsägen eingebacken sind.«

»Ach, Andrew!« Ihr Lächeln war liebevoll und traurig zugleich.

Wie gut es doch tat, dachte er, seine Frau nach neunundzwanzig Ehejahren noch so voller Bewunderung ansehen zu können! Wie schön, intelligent und stark sie war! Und seine Empfindung war frei von jeglicher Sentimentalität – all diese positiven Eigenschaften, und noch viele mehr, hatte er schon tausendmal an ihr wahrgenommen.

»Das ist aber nett«, bemerkte eine weibliche Stimme neben ihnen.

Andrew blickte auf. Die Stimme gehörte einer jungen Flugbegleiterin, die beobachtete, wie sie sich bei den Händen hielten.

»Die Liebe überkommt zuweilen auch ältere Menschen«, erklärte er mit todernster Miene.

»Tatsächlich?« Die Stewardeß ging auf seinen spöttischen Ton ein. »Das hätte ich nicht gedacht. Noch ein bißchen Sekt?«

»Ja, bitte.«

Er merkte, daß ihn das Mädchen musterte, und wußte, ohne eitel zu sein, daß er noch immer gut aussah, selbst für jemanden, der seine Tochter hätte sein können. Was hatte dieser Londoner Klatschkolumnist in der vergangenen Woche über ihn geschrieben? »Der weißhaarige, gutaussehende distinguierte Arzt und Ehemann von... etc., etc.« Andrew hatte dazu geschwiegen, aber es hatte ihm gefallen.

Nachdem der Sekt eingeschenkt war, lehnte Andrew sich zurück. Er genoß die Privilegien der ersten Klasse, selbst wenn sie ihm heute weniger wichtig erschienen als sonst. Natürlich verdankten sie diese Annehmlichkeiten im wesentlichen dem Geld seiner Frau. Auch wenn sein eigenes Einkommen als vielbeschäftigter Internist mehr als ausreichend war, bezweifelte er doch, daß sie sich damit den Luxus eines Fluges erster Klasse zwischen London und New York hätten leisten können, ganz gewiß aber nicht den Privatjet, mit dem seine Frau und zuweilen auch er in Nordamerika herumreisten.

Richtiger wäre es, ermahnte er sich, zu sagen: Bis jetzt herumgereist waren. Wie es weitergehen würde, war völlig ungewiß.

Allerdings hatte es in bezug auf Geld in ihrer Ehe nie irgendwelche Probleme gegeben. Von Anfang an hatte seine Frau Wert darauf gelegt, daß alles, was sie besaßen, ihnen beiden gehörte. Sie hatten stets ein gemeinsames Bankkonto gehabt, und obgleich Andrew inzwischen viel weniger dazu beisteuerte als sie, war keiner je auf die Idee gekommen, es gegeneinander aufzurechnen.

Er ließ seine Gedanken schweifen, während die 747 leise brummend über den Atlantik nach Westen flog.

»Andrew«, sagte seine Frau. »Du bist mir eine große Hilfe und immer für mich da. Du bist so stark!«

»Komisch«, erwiderte er. »Eigentlich hatte ich *dich* immer für stark gehalten.«

»Es gibt sehr unterschiedliche Arten von Stärke. Ich bin auf deine angewiesen.«

Im Flugzeug machte sich die übliche Geschäftigkeit bemerkbar, die dem Servieren des Essens vorausgeht. Die Tischchen wurden heruntergeklappt und mit weißen Leinentüchern und Silberbesteck gedeckt.

Nach einer Weile sagte seine Frau: »Was auch geschieht, ich werde kämpfen.«

»Hast du das nicht immer schon getan?«

Wie üblich dachte sie erst gründlich nach. »In den nächsten Tagen suche ich mir einen Anwalt. Er muß tüchtig sein, aber eher zurückhaltend. Ein übertriebenes Auftreten wäre nicht günstig.«

»So ist's recht.« Er drückte ihre Hand.

»Wirst du bei Gericht neben mir sitzen?« fragte sie lächelnd.

»Jeden Tag. Die Patienten müssen eben sehen, wie sie zurechtkommen, bis alles vorbei ist.«

»Das würdest du nie übers Herz bringen – aber ich hätte dich wirklich gern in meiner Nähe.«

»Es gibt schließlich auch noch andere Ärzte. Das läßt sich bestimmt arrangieren.«

»Und vielleicht«, sagte seine Frau, »vielleicht geschieht doch noch ein Wunder, wenn ich den richtigen Anwalt finde.«

Andrew stocherte mit dem Messer in einer Portion Kaviar, die soeben serviert worden war. Mochten sie auch in Schwierigkeiten stecken, es bestand kein Grund, sich das hier entgehen zu lassen.

»Könnte durchaus sein«, sagte er und verteilte den Kaviar auf einer Scheibe Toast. »Es hat bei uns beiden mit einem Wunder angefangen. Und seitdem sind weitere Wunder geschehen. Warum sollte es also nicht auch diesmal eines geben – ganz speziell für dich?«

»Das wäre wirklich ein Wunder.«

»Und es wird geschehen«, versicherte er.

Andrew schloß die Augen. Der Sekt und die Flughöhe hatten ihn schläfrig gemacht. Und während er sich dem Gefühl der Müdigkeit überließ, erinnerte er sich an das erste Wunder.

Es war lange her.

TEIL EINS
1957–1963

I

»Ihre Frau wird sterben, John«, sagte Dr. Jordan leise. »Sie hat nur noch wenige Stunden zu leben.« Er sah in das blasse, gequälte Gesicht des schmächtigen jungen Mannes, der in seiner Arbeitskleidung vor ihm stand. »Ich wünschte, ich könnte Ihnen etwas anderes sagen. Aber ich dachte, Sie würden die Wahrheit hören wollen.«

Sie befanden sich im St. Bede's Hospital in Morristown, New Jersey. Von draußen drangen schwach die nachmittäglichen Geräusche einer Kleinstadt herein, Geräusche, die die Stille hier drinnen kaum störten.

In dem gedämpften Licht des Krankenzimmers beobachtete Andrew, wie bei dem Ehemann der Patientin der Adamsapfel zweimal auf und ab hüpfte, bevor er die Worte herausbrachte: »Ich kann es einfach nicht glauben. Es hatte für uns doch gerade erst angefangen. Wir haben ein Baby, wissen Sie.«

»Ja, ich weiß.«

»Das ist nicht…«

»Nicht fair?«

Der junge Mann nickte. Ein anständiger, ordentlicher, offenbar hart arbeitender Mann. John Rowe. Er war mit seinen fünfundzwanzig Jahren nur vier Jahre jünger als Dr. Jordan, und die Nachricht traf ihn schwer. Andrew wünschte, er könnte dem Mann irgend etwas Tröstliches sagen, und obwohl ihm diese Situation nicht fremd war und er gelernt hatte, die Anzeichen des nahenden Todes zu erkennen, wußte er noch immer nicht recht, wie er sich Verwandten und Freunden eines Sterbenden gegenüber verhalten sollte. Das gehörte zu den Dingen, die einem weder beim Medizinstudium noch später beigebracht wurden.

»Viren sind nicht fair«, sagte er, »auch wenn sie nicht immer das gleiche Ergebnis zeigen wie bei Mary. Gewöhnlich sprechen sie auf die Behandlung an.«

»Gibt es denn gar nichts? Kein Mittel, das...?«

Andrew schüttelte den Kopf. Es hatte keinen Zweck zu antworten: *Noch nicht. Bis jetzt gibt es noch kein Mittel gegen akutes Koma bei fortgeschrittener infektiöser Hepatitis.* Und ebenso sinnlos war es, ihm zu sagen, daß er bereits Dr. Noah Townsend, seinen erfahrenen älteren Kollegen und Chefarzt des Krankenhauses, zu Rate gezogen hatte.

Vor einer Stunde hatte Townsend zu Andrew gesagt: »Sie haben getan, was in Ihren Kräften steht. Ich hätte alles ganz genauso gemacht.« Daraufhin hatte Andrew eine Nachricht nach Boonton, einer nahe gelegenen Stadt, geschickt, wo John Rowe in einer Fabrik Spätschicht hatte.

Andrew warf einen Blick auf das hohe Metallbett mit der reglosen Gestalt darin. Es war das einzige Bett im Zimmer, denn im Gang draußen warnte ein Schild: »Isoliert«. Die Infusionsflasche mit der künstlichen Ernährung hing hinter ihrem Bett an einem Ständer, und ihr Inhalt – Traubenzucker, Kochsalz und B-Vitamine – tropfte durch eine Nadel in Mary Rowes Armvene. Draußen war es schon dunkel, ab und zu war Donnergrollen zu hören, und es regnete stark. Eine ungemütliche Nacht. Die letzte Nacht im Leben dieser jungen Frau und Mutter, die noch vor einer Woche gesund und munter gewesen war. Es war einfach nicht fair.

Am vergangenen Montag war Mary Rowe, zierlich und hübsch, aber mit deutlichen Anzeichen des Unwohlseins, in Andrews Praxis erschienen. Sie klagte über Übelkeit und Schwächegefühl und daß sie nichts essen könne. Sie hatte 41 Grad Fieber.

Schon vor vier Tagen, hatte Mrs. Rowe ihm erzählt, hatte sie die gleichen Symptome verspürt. Sie mußte sich übergeben, fühlte sich aber am nächsten Tag wieder besser und glaubte, die Beschwerden, wo immer sie herkommen mochten, würden vergehen. Aber sie waren wiedergekommen. Sie fühlte sich »ganz schrecklich«, noch viel schlechter als beim ersten Mal.

Andrew sah sich das Weiße in Mary Rowes Augen an; es war gelblich verfärbt. Einige Stellen ihrer Haut wiesen ebenfalls auf Gelbsucht hin. Er tastete die Leber ab, die weich und vergrößert war.

Auf Befragen erfuhr er, daß sie mit ihrem Mann im vergangenen Monat zu einem kurzen Urlaub in Mexico gewesen war. Ja, sie hatten in einem kleinen, abgelegenen Hotel gewohnt, weil es billig gewesen war, und sie hatte einheimische Nahrung zu sich genommen und auch Wasser getrunken.

»Ich werde Sie sofort ins Krankenhaus einweisen«, sagte Andrew. »Wir müssen noch eine Blutprobe machen. Aber ich bin so sicher, wie man nur sein kann, daß es sich um infektiöse Hepatitis handelt.«

Er erklärte ihr, daß sie in Mexico höchstwahrscheinlich Nahrung oder Wasser zu sich genommen habe, die verseucht gewesen seien. Das käme in Ländern mit unzureichenden sanitären Einrichtungen häufig vor.

Die Behandlung würde vor allem aus »unterstützenden« Maßnahmen bestehen, ihrem Körper würde intravenös Nahrung zugeführt werden. Fünfundneunzig Prozent aller Erkrankten, hatte Andrew hinzugefügt, würden völlig wiederhergestellt. Das dauere in der Regel drei bis vier Monate, aber Mary werde bestimmt schon in ein paar Tagen soweit sein, daß sie das Krankenhaus verlassen und nach Hause gehen könne.

Mit einem schwachen Lächeln hatte Mary gefragt: »Und die restlichen fünf Prozent?«

Andrew hatte gelacht und gesagt: »Die können Sie vergessen! Eine Statistik, in der Sie nicht vorkommen werden.«

Doch darin hatte er sich getäuscht.

Mary Rowes Zustand hatte sich nicht gebessert, sondern verschlechtert. Das Bilirubin in ihrem Blut stieg immer mehr an und deutete auf eine sich noch verstärkende Gelbsucht hin, obwohl die gelbliche Färbung ihrer Haut schon jetzt besorgniserregend war. Am Mittwoch zeigten die Proben – und das war weitaus gefährlicher – einen bedrohlich gestiegenen Ammoniakspiegel im Blut an. Das Ammoniak stammte aus dem Darm und wurde von der geschädigten Leber nicht mehr verarbeitet.

Seit dem Vortag hatte sich auch ihr Allgemeinzustand wesentlich verschlechtert. Sie war verwirrt, wußte nicht, wo sie sich befand, und erkannte weder Andrew noch ihren Mann. Zu diesem Zeitpunkt hatte Andrew Rowe darüber informiert, daß seine Frau ernstlich krank sei.

Den ganzen Donnerstag über war Andrew niedergeschlagen, weil er nichts für Mary tun konnte, und sobald ein Patient seine Praxis verließ, dachte er angestrengt, aber erfolglos über eine Lösung nach. Er wußte, daß die Zunahme von Ammoniak im Blut eine Besserung in ihrem Befinden verhinderte. Doch ihm war ebenfalls klar, daß es beim gegenwärtigen Stand der Medizin kein wirksames Gegenmittel gab.

Schließlich hatte er – unfairerweise, wie er sich eingestand – seine Frustration an dieser verdammten Pharma-Vertreterin ausgelassen, die ihn am späten Nachmittag in seiner Praxis aufsuchte. Er konnte sich nicht mal mehr an ihren Namen oder daran erinnern, wie sie aussah, außer daß sie eine Brille trug und jung war, fast noch ein Mädchen, und vermutlich ohne jede Erfahrung.

Sie kam von der Firma Felding-Roth Pharmaceuticals, und später fragte Andrew sich, warum er überhaupt eingewilligt hatte, sie zu empfangen, als ihn die Sprechstundenhilfe über den Besuch informierte. Vielleicht hatte er es getan, weil er etwas Neues zu erfahren hoffte, doch seine Gedanken schweiften ab, während sie von den neuesten Antibiotika sprach, die ihre Firma gerade auf den Markt gebracht hatte. »Sie hören mir ja gar nicht zu«, hatte sie schließlich gesagt, und das hatte ihn in Wut versetzt.

»Vielleicht liegt es daran, daß ich an etwas Wichtigeres zu denken habe und Sie mir nur meine Zeit stehlen.«

Normalerweise hätte er sich nicht so benommen, aber zu den Sorgen, die er sich um Mary Rowe machte, kam seine langgehegte Abneigung gegen die pharmazeutische Industrie und ihre massiven Verkaufspraktiken. Sicherlich gab es ein paar gute Mittel, die von den großen Firmen hergestellt wurden, aber ihre billigen Reklametricks und die Art und Weise, wie sie die Ärzte vereinnahmten, empfand er als abstoßend. Schon während seines Medizinstudiums war er damit konfrontiert worden. Die Studenten – künftige Rezeptschreiber, wie die Firmen sehr wohl wußten – waren von den Vertretern der Arzneimittelfirmen aufgesucht, umworben und hofiert worden. Unter anderem hatten die Pharma-Vertreter Stethoskope und Arzttaschen verteilt, die die Studenten dankbar entgegennahmen. Andrew hatte nicht zu ihnen gehört. Obwohl er wenig Geld besaß, zog er es vor, unabhängig zu bleiben und sich derlei Dinge selbst zu kaufen.

»Vielleicht erzählen Sie mir mal, was es so ungeheuer Wichtiges gibt, Doktor«, hatte die Vertreterin von Felding-Roth gesagt.

Und da brach es aus ihm heraus. Er erzählte von Mary Rowe und der Ammoniakvergiftung und bemerkte sarkastisch, daß er es besser fände, wenn sich Firmen wie Felding-Roth damit beschäftigten, ein Mittel gegen die übermäßige Ammoniakproduktion zu entwickeln, statt mit irgendeinem Allerwelts-Antibiotikum auf den Markt zu kommen, das wahrscheinlich nicht besser und nicht schlechter war als ein halbes Dutzend bereits vorhandener…

Dann hatte er innegehalten und sich für seinen Ausbruch geschämt, und er hätte sich wahrscheinlich entschuldigt, wenn die Vertreterin, die ihre Papiere und Proben inzwischen wieder eingepackt hatte, sich nicht schon auf dem Weg hinaus befunden und »Auf Wiedersehen, Doktor« gesagt hätte.

Heute morgen nun hatte ihn Schwester Ludlow, die Stationsschwester, angerufen.

»Dr. Jordan, ich mache mir Sorgen wegen Ihrer Patientin Rowe. Sie reagiert auf nichts mehr.«

Andrew war sofort ins Krankenhaus gefahren. Ein Stationsarzt bemühte sich bereits um Mary Rowe, aber sie lag inzwischen im Koma. Auch wenn es richtig gewesen war, sofort ins Krankenhaus zu fahren, wußte Andrew, bevor er dort ankam, daß es keine spektakulären Maßnahmen geben würde. Sie konnten nicht mehr tun, als ihr weiter intravenös Flüssigkeit zuführen. Und hoffen.

Jetzt, am Ende des Tages, war klar, daß sie umsonst gehofft hatten. Mary Rowes Zustand schien aussichtslos.

John Rowe bemühte sich, seine Tränen zurückzuhalten. »Wird sie wieder zu Bewußtsein kommen, Doktor? Weiß Mary, daß ich hier bin?«

»Tut mir leid«, sagte Andrew. »Aber das ist unwahrscheinlich.«

»Ich bleibe trotzdem bei ihr.«

»Selbstverständlich. Die Schwestern werden sich bereithalten, und ich gebe auch dem Stationsarzt Bescheid.«

»Vielen Dank, Doktor.«

Dank wofür? dachte Andrew, als er das Zimmer verließ. Er brauchte dringend eine Tasse Kaffee.

Der Aufenthaltsraum der Ärzte war ein viereckiger Kasten, der nur wenige Sitzgelegenheiten, einen Ständer für Post, einen Fernseher, einen kleinen Schreibtisch und Schließfächer für die diensthabenden

Ärzte enthielt. Aber wenigstens war man hier ungestört, und es gab immer Kaffee. Als Andrew eintrat, war außer ihm niemand da.

Er goß sich einen Kaffee ein und ließ sich in einen alten zerschlissenen Sessel fallen. Eigentlich bestand keine Notwendigkeit, noch länger im Krankenhaus zu bleiben, aber instinktiv zögerte er die Rückkehr in sein Junggesellenapartment hinaus, das Noah Townsends Frau Hilda für ihn gefunden hatte und das behaglich, aber manchmal ein bißchen einsam war.

Der Kaffee war heiß. Während Andrew ihn abkühlen ließ, starrte er auf die Ausgabe des *Newark Star-Ledger*. Auf der Titelseite fiel ihm ein Bericht über einen gewissen »Sputnik« ins Auge: ein Erdsatellit – was immer das sein mochte –, den die Russen kürzlich mit bombastischen Sprüchen wie »Aufbruch in ein neues Zeitalter des Weltraums« gestartet hatten. Während man von Präsident Eisenhower, wie es in dem Bericht hieß, erwartete, daß er das Raumfahrtprogramm der USA beschleunigte, fühlten sich die amerikanischen Wissenschaftler durch die technologische Führung der Russen »schockiert und gedemütigt«. Andrew hoffte, daß sich dieser Schock ebenfalls auf die medizinische Forschung auswirken würde. Auch wenn in den zwölf Jahren seit Ende des Zweiten Weltkriegs Fortschritte gemacht worden waren, gab es doch immer noch viele deprimierende Lücken und unbeantwortete Fragen.

Er legte die Zeitung beiseite und nahm ein Exemplar der *Medical Economics* in die Hand, eine Zeitschrift, die ihn amüsierte und faszinierte. Angeblich wurde sie von vielen Ärzten gelesen, die ihr mehr Aufmerksamkeit schenkten als dem angesehenen *New England Journal of Medicine* oder anderen wissenschaftlichen Publikationen.

Die *Medical Economics* übte eine wichtige Funktion aus – sie unterwies die Ärzte darin, wie sie möglichst viel Geld verdienen und es dann günstig investieren oder ausgeben konnten. Andrew begann mit dem Artikel »Acht Möglichkeiten, in Ihrer Praxis Steuern zu sparen«. Eigentlich sollte er von diesen Dingen ein wenig mehr verstehen. Aber auch, wie man mit Geld umging, wenn man nach den langen Jahren des Studiums endlich etwas verdiente, war etwas, was sie einem auf der Hochschule nicht beibrachten. Seit Andrew vor anderthalb Jahren in Dr. Townsends Praxis eingetreten war, wunderte er sich darüber, wieviel Geld jeden Monat auf sein Bankkonto floß. Es war eine neue und keineswegs unerfreuliche Erfahrung. Auch wenn er nicht die Absicht hatte, sich vom Geld beherrschen zu lassen...

»Entschuldigen Sie, Doktor.« Eine Frauenstimme. Andrew drehte sich um. »Ich war schon in Ihrer Praxis, Dr. Jordan, und als Sie nicht da waren, beschloß ich, es im Krankenhaus zu versuchen.«

Die Pharma-Vertreterin, die ihn tags zuvor in seiner Praxis besucht hatte! Sie steckte in einem völlig durchgeweichten Regenmantel. Ihre braunen Haare tropften vor Nässe, und ihre Brille war beschlagen. Eine Unverschämtheit, einfach hier hereinzuplatzen!

»Sie scheinen übersehen zu haben«, sagte er, »daß dies ein Privatzimmer ist. Außerdem empfange ich keine Vertreter...«

»... in der Klinik«, unterbrach sie ihn. »Ja, ich weiß. Aber ich dachte, es sei wichtig.« Mit einer raschen Bewegung stellte sie ihre Aktentasche auf den Boden, nahm die Brille ab und zog den Regenmantel aus. »Ein schreckliches Wetter. Ich bin ganz durchgeweicht.«

»*Was* soll wichtig sein?«

Die Vertreterin – ihm fiel wieder auf, wie jung sie war, wahrscheinlich nicht älter als vierundzwanzig – warf den Regenmantel über einen Stuhl. Sie sprach langsam und bedächtig.

»Ammoniak, Doktor. Gestern haben Sie mir von einer Patientin mit Hepatitis erzählt, die an einer Ammoniakvergiftung zu sterben droht. Sie sagten, Sie wünschten...«

»Ich weiß, was ich gesagt habe.«

Die Vertreterin sah ihn mit ihren klaren graugrünen Augen abschätzend an. Sie war nicht gerade das, was man hübsch nennen konnte, dachte er, obwohl sie ein sympathisches Gesicht mit breiten Backenknochen hatte. Wenn ihre Haare trocken und gekämmt waren, sah sie wahrscheinlich wesentlich besser aus. Und ohne Regenmantel hatte sie gar keine schlechte Figur.

»Das wissen Sie zweifellos, Doktor, und vermutlich ist Ihr Gedächtnis auch viel besser als Ihre Manieren.« Als er etwas erwidern wollte, hielt sie ihn mit einer ungeduldigen Handbewegung davon ab. »Was ich Ihnen gestern nicht gesagt habe – nicht sagen konnte –, ist, daß meine Firma, Felding-Roth, seit vier Jahren an einem Mittel arbeitet, das die Ammoniakproduktion durch Darmbakterien reduziert, ein Mittel, das sich in einer lebensgefährlichen Situation wie der Ihrer Patientin als nützlich erweisen könnte. Ich wußte davon, wußte aber nicht, wie weit die Forschungen gediehen sind.«

»Es freut mich zu hören, daß es wenigstens jemand probiert«, sagte Andrew, »aber ich verstehe noch immer nicht...«

»Das werden Sie, wenn Sie mir zuhören.« Die Frau strich sich ein paar nasse Haarsträhnen aus dem Gesicht. »Das Medikament, das wir entwickelt haben – es heißt Lotromycin –, ist schon an Tieren erfolgreich angewendet worden. Jetzt stehen Tests an Menschen bevor. Ich habe mir etwas von dem Lotromycin besorgt und es mitgebracht.«

Andrew erhob sich aus dem Sessel. »Verstehe ich Sie recht, Miss...« Er konnte sich nicht an ihren Namen erinnern und fühlte sich zum ersten Mal etwas unbehaglich.

»Ich habe nicht erwartet, daß Sie sich an meinen Namen erinnern.« Wieder diese Ungeduld. »Ich heiße Celia de Grey.«

»Wollen Sie etwa vorschlagen, Miss de Grey, daß ich meiner Patientin ein unbekanntes Mittel verabreiche, das sich noch im Experimentierstadium befindet und bis jetzt nur an Tieren erprobt worden ist?«

»Bei jedem Mittel muß es einen Menschen geben, an dem es zum ersten Mal getestet wird.«

»Wenn es Ihnen nichts ausmacht«, sagte Andrew, »ziehe ich es vor, mich nicht als Pionier zu betätigen.«

Die Besucherin zog die Augenbrauen hoch, ihre Stimme hatte jetzt einen schärferen Klang. »Nicht einmal, wenn Ihre Patientin im Sterben liegt und es nichts anderes gibt? Wie geht es ihr denn, Doktor?«

»Ihr Zustand hat sich verschlechtert.« Er zögerte. »Sie liegt im Koma.«

»Dann wird sie also sterben?«

»Hören Sie«, sagte Andrew, »ich weiß, daß Sie es gut meinen, Miss de Grey, und mein gestriges Benehmen tut mir leid. Aber jetzt ist es zu spät. Zu spät, um mit neuen Medikamenten herumzuexperimentieren. Selbst wenn ich es wollte – haben Sie eine Ahnung, welche Formalitäten nötig wären?«

»Ja«, sagte die Frau; ihre glänzenden Augen ließen Andrew nicht los, und er merkte, wie ihm diese Mädchen-Frau mit ihrer direkten, lebendigen Art zu gefallen begann. »Ja, ich weiß genau, was erforderlich ist. Tatsächlich habe ich seit gestern kaum etwas anderes getan, als das festzustellen – und außerdem mußte ich dem stellvertretenden Leiter unserer Forschungsabteilung erst kräftig den Arm verdrehen, um ihn dazu zu bringen, mir etwas von dem Lotromycin zu überlassen. Es gibt bis jetzt nur sehr wenig davon. Aber ich habe es vor drei Stunden in unseren Labors in Camden gekriegt und bin gleich hergekommen – trotz des lausigen Wetters.«

»Ich bin Ihnen sehr dankbar«, begann Andrew, aber die Besucherin schüttelte ungeduldig den Kopf.

»Noch etwas, Dr. Jordan: Der ganze Papierkram ist bereits erledigt. Wenn Sie das Mittel anwenden wollen, brauchen Sie lediglich die Zustimmung des Krankenhauses und des nächsten Angehörigen. Das ist alles.«

Er starrte sie an. »Also wirklich!«

»Wir vergeuden nur unsere Zeit«, sagte Celia de Grey. Sie hatte bereits ihre Aktentasche geöffnet und einen Stoß Papiere herausgeholt. »Lesen Sie das bitte. Es ist eine Beschreibung von Lotromycin, die die Forschungsabteilung von Felding-Roth für Sie vorbereitet hat. Und hier ist eine Notiz von unserem medizinischen Leiter – Anweisungen, wie das Mittel anzuwenden ist.«

Andrew nahm die beiden Blätter, die nur die ersten von vielen weiteren zu sein schienen, und war augenblicklich darin vertieft.

Fast zwei Stunden waren vergangen.

»Wenn sich Ihre Patientin *in extremis* befindet, Andrew, was haben wir dann zu verlieren?« Die Stimme am Telefon gehörte Noah Townsend. Andrew hatte den Chefarzt auf einer Dinnerparty ausfindig gemacht und ihm von der Möglichkeit, das noch nicht erprobte Arzneimittel Lotromycin anzuwenden, berichtet.

»Und Sie sagen, der Ehemann habe bereits zugestimmt?« fuhr Townsend fort.

»Ja, schriftlich. Ich habe den Verwaltungsdirektor zu Hause erreicht. Er ist ins Krankenhaus gekommen und hat die Erklärung aufgesetzt. Es ist alles unterzeichnet und von Zeugen bestätigt.«

Zuvor hatte Andrew im Gang vor dem Krankenzimmer mit John Rowe gesprochen, und der junge Ehemann hatte sofort zugestimmt. Er war so eifrig gewesen, daß Andrew ihn davor warnen mußte, sich allzu große Hoffnungen zu machen. Die Unterschrift auf dem Papier war krakelig, so sehr hatte John Rowes Hand gezittert. Aber sie war vorhanden und gültig.

»Die Bedenken des Verwaltungsdirektors sind ausgeräumt«, erklärte Andrew Noah Townsend, »denn die Papiere, die Felding-Roth mitgeschickt hat, sind in Ordnung. Offenbar ist es von Vorteil, daß das Mittel keine Bundesstaatsgrenzen überschreiten mußte.«

»Sorgen Sie dafür, daß im Krankenblatt der Patientin alles genauestens vermerkt wird.«

»Ist bereits geschehen.«

»Sie brauchen also nur noch meine Erlaubnis?«

»Für das Krankenhaus. Ja.«

»Ich erteile sie Ihnen hiermit«, sagte Dr. Townsend. »Nicht, daß ich mir allzu große Hoffnungen mache, Andrew. Ich glaube, daß es um Ihre Patientin schon zu schlecht steht, aber versuchen können wir es immerhin. Und jetzt werde ich zu meinem köstlichen Fasanenbraten zurückkehren, wenn Sie nichts dagegen haben.«

Andrew legte im Schwesternzimmer den Hörer auf die Gabel. »Ist alles bereit?« fragte er.

Die Nachtschwester, die schon älter war und nur noch stundenweise arbeitete, hatte ein Tablett mit Spritzen vorbereitet. Sie öffnete den Kühlschrank und holte einen Glasbehälter heraus, den die Vertreterin von Felding-Roth mitgebracht hatte. »Ja, es ist alles bereit.«

Dr. Overton, der Stationsarzt, der schon am Morgen bei Mary Rowe gewesen war, stand neben dem Bett, als Andrew und die Schwester eintrafen. John Rowe wartete im Hintergrund.

Andrew erklärte Dr. Overton, einem stämmigen, jovialen Texaner, das neue Mittel. »Sie erwarten wohl ein Wunder, was?« meinte der in seiner gedehnten Sprechweise.

»Nein«, erwiderte Andrew barsch. Er drehte sich zu Mary Rowes Ehemann um. »Ich möchte noch einmal betonen, John, daß das eine gewagte Sache ist, eine *sehr* gewagte Sache. Unter den gegebenen Umständen...«

»Ich weiß.« Die Stimme klang wie erstickt.

Während die Schwester die bewußtlose Mary Rowe für die intramuskuläre Injektion vorbereitete, wandte Andrew sich an den Stationsarzt: »Die Arzneimittelfirma rät, die Dosis alle vier Stunden zu wiederholen. Ich habe schriftliche Anweisungen gegeben, aber es wäre mir lieb, wenn Sie...«

»In Ordnung, Chef. Ich werde dabeisein – also Q-4.« Der Arzt senkte die Stimme. »Wie wär's mit 'ner Wette? Ich...«

Andrew brachte ihn mit einem Blick zum Schweigen. Der Texaner befand sich seit einem Jahr in der Ausbildung und galt als fähig, sein Feingefühl war allerdings mangelhaft entwickelt.

Die Schwester hatte die Injektion beendet und prüfte Puls und Blutdruck der Patientin. »Keine Reaktion, Doktor. Keinerlei Veränderung«, erklärte sie.

Andrew nickte und war für einen Augenblick erleichtert. Er hatte keine positive Wirkung erwartet, eher eine Gegenreaktion befürchtet, noch dazu bei einem Mittel, das sich erst im Erprobungsstadium befand. Er bezweifelte noch immer, daß Mary Rowe den nächsten Morgen erleben würde.

»Rufen Sie mich zu Hause an, wenn es ihr schlechter gehen sollte«, ordnete er an. Dann ging er mit einem leisen »Gute Nacht, John« am Ehemann vorbei hinaus.

Erst als Andrew zu Hause war, fiel ihm ein, daß er ganz vergessen hatte, der Vertreterin von Felding-Roth, die im Aufenthaltsraum der Ärzte auf ihn wartete, eine Nachricht zu geben.

Diesmal erinnerte er sich an ihren Namen – de Grey. War es Cindy? Nein, Celia. Er war drauf und dran anzurufen, vermutete aber, daß sie inzwischen erfahren hatte, was geschehen war. Er würde morgen mit ihr reden.

2

Normalerweise begann Andrew am Samstagvormittag um zehn Uhr mit der Sprechstunde in seiner Praxis und fuhr gegen Mittag kurz ins Krankenhaus. Heute machte er es umgekehrt und war schon um neun im St. Bede's Hospital.

Auf Sturm und Regen der vergangenen Nacht war ein frischer, klarer Morgen gefolgt, kalt, aber sonnig.

Als Andrew die Treppe zum Krankenhaus hinaufging, wurde die Eingangstür aufgerissen, und Dr. Overton stürzte heraus. Er wirkte erregt. Seine Haare sahen aus, als wäre er in aller Eile aus dem Bett gesprungen und hätte vergessen, sich zu kämmen. Er packte Andrew am Arm.

»Hab' versucht, Sie anzurufen«, stieß er atemlos hervor. »Aber Sie waren schon weg. Der Hausmeister sagte mir, daß Sie kämen. Ich mußte Sie einfach zuerst erwischen.«

Andrew zog seinen Arm zurück. »Was ist los?«

Der Arzt schluckte. »Warten Sie, bis Sie es mit eigenen Augen sehen.«

Overton lief vor Andrew den Gang entlang zum Aufzug. Er sagte kein Wort und wich Andrews Blicken aus, als sie in den vierten Stock hinauffuhren.

Vor dem Krankenzimmer, in dem Andrew am Abend zuvor die bewußtlose Mary Rowe, ihren Ehemann, die Krankenschwester und den Arzt zurückgelassen hatte, blieben sie stehen.

»Gehen Sie rein!« forderte Overton Andrew ungeduldig auf. »Machen Sie schon!«

Andrew betrat das Zimmer. Und blieb wie erstarrt stehen.

»Sie hätten meine Wette annehmen sollen, Dr. Jordan«, sagte Overton hinter ihm. »Wenn ich es nicht mit eigenen Augen gesehen hätte, würde ich es nicht glauben.«

»Ich bin nicht sicher, ob *ich* es glauben kann«, murmelte Andrew.

Mary Rowe war bei vollem Bewußtsein. Sie saß in ihrem blauen Spitzennachthemd im Bett und lächelte Andrew entgegen. Auch wenn es nur ein dünnes Lächeln war und Mary Rowe noch sehr schwach wirkte, war ihr Zustand im Vergleich zu dem tiefen Koma, in dem sie sich in der vergangenen Nacht befunden hatte, geradezu sensationell. Es schien wie ein Wunder. Sie hatte Wasser getrunken und hielt einen Plastikbecher in der Hand. Die gelbliche Färbung der Haut, die sich am Vortag noch vertieft hatte, war jetzt deutlich schwächer. Als Andrew näher trat, stand John Rowe, über das ganze Gesicht strahlend, auf und streckte die Hände aus.

»Danke, Doktor! Vielen, vielen Dank!« Sein Adamsapfel hüpfte, während er Andrews Hand ergriff.

»Gott segne Sie, Doktor!« sagte Mary Rowe leise, aber inbrünstig.

Als nächstes packte Overton Andrews Hand und drückte sie kräftig. »Gratuliere!« Und dann fügte er auf für ihn untypische Art hinzu: »Sir.« Andrew sah voller Überraschung Tränen in den Augen des stämmigen Texaners.

Mrs. Ludlow, die Oberschwester, kam herein. Normalerweise war sie sehr beschäftigt und ernst, aber jetzt strahlte sie. »Es hat sich schon im ganzen Krankenhaus herumgesprochen, Dr. Jordan. Alle reden von Ihnen.«

»Hören Sie«, sagte Andrew, »es handelt sich um ein neues Mittel.

Es heißt Lotromycin, und es wurde mir gebracht. Ich habe nichts...«

»Aber hier im Haus sind Sie ein Held«, sagte die Schwester. »Und wenn ich Sie wäre, würde ich mich nicht dagegen wehren.«

»Ich habe einen Bluttest machen lassen«, berichtete der Arzt. »Der Ammoniakspiegel ist nicht mehr gefährlich erhöht. Auch das Bilirubin steigt nicht weiter an. Der Rest dürfte Routine sein.« Und wie zu sich selbst fügte er hinzu: »Unglaublich!«

»Ich freue mich für Sie, Mary«, sagte Andrew zu seiner Patientin. Dann fiel ihm etwas ein. »Hat übrigens jemand die junge Frau von Felding-Roth gesehen? Miss de Grey?«

»Sie war heute morgen schon mal hier«, berichtete Schwester Ludlow. »Vielleicht ist sie auf der Station.«

»Entschuldigen Sie mich bitte«, sagte Andrew und verließ das Zimmer.

Celia de Grey wartete im Gang. Sie hatte sich umgezogen. Ein Lächeln lag auf ihrem Gesicht.

Als sie sich ansahen, spürte Andrew eine gewisse Befangenheit.

»Mit trockenem Haar sehen Sie viel besser aus«, sagte er.

»Und Sie wirken nicht so streng und grimmig wie gestern.«

Es entstand eine Pause, dann sagte Andrew: »Haben Sie schon gehört?«

»Ja.«

»Da drin...« Andrew deutete auf die Tür des Krankenzimmers. »Da drin hat man sich bei mir bedankt. Aber eigentlich müßten wir uns alle bei Ihnen bedanken.«

»Sie sind der Arzt«, sagte sie lächelnd.

Dann fielen plötzlich alle Schranken zwischen ihnen, und sie lachten und weinten gemeinsam. Einen Augenblick später nahm er sie zu seiner eigenen Überraschung in die Arme und gab ihr einen Kuß.

Bei Kaffee und einem Stückchen Kuchen, das sie sich in der Cafeteria des Krankenhauses teilten, nahm Celia de Grey ihre Brille ab und sagte: »Ich habe den medizinischen Leiter unserer Firma angerufen und ihm alles erzählt. Und er hat mit ein paar von unseren Leuten aus der Forschung gesprochen. Die sind alle unheimlich froh.«

»Das dürfen sie auch sein«, sagte Andrew. »Es ist ein hervorragendes Mittel.«

»Man hat mich gebeten, Sie zu fragen, ob Sie für eine medizinische Zeitschrift einen Bericht über die Verwendung von Lotromycin schreiben würden.«

»Gern«, erwiderte er.

»Natürlich wäre das für Felding-Roth von Vorteil.« Ihr Ton war wieder geschäftsmäßig. »Wir halten Lotromycin nämlich für ein ganz wesentliches Mittel, das sich gut verkaufen läßt. Und auch Ihnen wird es nicht gerade schaden.«

»Wahrscheinlich nicht«, stimmte Andrew lächelnd zu.

Nachdenklich trank er seinen Kaffee. Er wußte, daß er aufgrund eines reinen Zufalls, eines Glücksfalls, der von dieser bemerkenswerten und entzückenden jungen Frau, die ihm da gegenübersaß, ausgegangen war, an einem Stück medizinischer Geschichte teilgehabt hatte. Eine solche Gelegenheit bot sich nur wenigen Ärzten.

»Ich möchte Ihnen gern etwas sagen, Celia«, erklärte Andrew. »Gestern meinten Sie, ich hätte schlechte Manieren, und Sie hatten recht. Ich war unhöflich, und ich möchte mich bei Ihnen entschuldigen.«

»Nicht nötig«, sagte sie rasch. »Mir hat Ihre Reaktion gefallen. Sie haben sich Sorgen um Ihre Patientin gemacht, alles andere war Ihnen egal. Und außerdem – so sind Sie nun mal.«

Er war überrascht. »Woher wissen Sie das?«

»Das hat man mir erzählt.« Erneut zeigte sie dieses flüchtige warme Lächeln. Sie hatte ihre Brille wieder aufgesetzt; es schien eine Angewohnheit zu sein, sie ständig abzunehmen und wieder aufzusetzen. »Ich weiß eine Menge über Sie, Andrew Jordan«, fuhr Celia fort. »Zum einen, weil es zu meinem Job gehört, Ärzte kennenzulernen, und zum andern... Nun, darauf werde ich später noch zurückkommen.«

Ein wirklich ungewöhnliches Mädchen, dachte er. »Was wissen Sie denn alles?«

»Also, einmal weiß ich, daß Sie in Ihrem Semester im John Hopkins der Beste waren. Und dann noch, daß Sie Ihr Praktikum im Massachusetts General absolviert haben... Und ich weiß, daß die nur die Besten nehmen. Und danach hat Dr. Townsend Sie unter fünfzig Bewerbern ausgewählt und Sie in seine Praxis geholt, weil er wußte, daß Sie gut sind. Wollen Sie noch mehr hören?«

Er lachte. »Gibt es denn noch was?«

»Nur, daß Sie ein netter Mann sind, Andrew. Das sagen alle. Natürlich habe ich auch Negatives über Sie erfahren.«

»Ich bin schockiert«, sagte er amüsiert. »Wollen Sie damit etwa andeuten, daß ich nicht vollkommen bin?«

»Es gibt da ein paar dunkle Punkte«, sagte Celia. »Zum Beispiel in bezug auf Arzneimittelfirmen. Da haben Sie starke Vorurteile. Na schön, ich gebe zu, daß es einiges gibt, was…«

»Nicht nötig!« Andrew hob die Hand. »Ich gestehe meine Vorurteile gern ein. Aber ich kann Ihnen auch versichern, daß ich heute morgen in der Stimmung bin, meine Meinung zu ändern.«

»Das ist gut, aber ändern Sie sie nicht zu sehr.« Celia hatte wieder einen geschäftsmäßigen Ton angenommen. »Unsere Branche leistet eine Menge Gutes, ein Beispiel dafür haben Sie ja gerade erlebt. Aber es gibt Dinge, die nicht in Ordnung sind, die mir nicht gefallen und die auch ich gern ändern würde.«

»*Sie* wollen etwas ändern?« Er zog die Augenbrauen hoch. »Persönlich?«

»Ich weiß, was Sie jetzt denken – daß ich eine Frau bin.«

»Ja, das ist mir in der Tat aufgefallen.«

»Es wird einmal eine Zeit geben«, erklärte Celia mit ernster Stimme, »und eigentlich hat sie schon begonnen, in der die Frauen viele Dinge tun werden, die sie nie zuvor getan haben.«

»In diesem Moment bin ich sogar bereit, es Ihnen zu glauben. Vor allem, was Sie selbst betrifft.« Und dann fügte Andrew hinzu: »Sie sagten vorhin, daß Sie später noch auf etwas zurückkommen wollten.«

Celia de Grey zögerte zum ersten Mal.

»Ja, das stimmt.« Ihre durchdringenden graugrünen Augen sahen Andrew an. »Eigentlich wollte ich damit bis zum nächsten Mal warten, aber ich kann es Ihnen genausogut auch gleich sagen. Ich habe vor, Sie zu heiraten.«

Was für ein außergewöhnliches Mädchen! Voller Leben und Persönlichkeit und voller Überraschungen. Noch nie war er jemandem wie ihr begegnet. Andrew war kurz davor, in Lachen auszubrechen, änderte aber plötzlich seine Meinung.

Einen Monat später feierten Dr. Andrew Jordan und Celia de Grey im Beisein einiger enger Freunde und Verwandten ihre Hochzeit.

3

»Wir werden eine gute Ehe führen. Wir werden dafür sorgen, daß sie funktioniert«, erklärte Celia am zweiten Tag ihrer Hochzeitsreise.

»Wenn du mich fragst...« Andrew rollte sich auf dem Badetuch herum und gab seiner Frau einen Kuß auf den Nacken. »Wenn du mich fragst, dann funktioniert sie schon jetzt.«

Sie waren auf Eleuthera, einer der Bahama-Inseln. Über ihnen schien warm die Morgensonne, und dünne Wolkenschleier überzogen den Himmel. Der weiße Sandstrand, an dem sie völlig allein waren, schien sich in unendliche Fernen zu erstrecken. Eine leichte Brise bewegte die Palmwedel und kräuselte direkt vor ihnen die Oberfläche des ruhigen, glasklaren Wassers.

»Wenn du Sex meinst«, sagte Celia, »da sind wir gar nicht mal so schlecht, findest du nicht auch?«

Andrew stützte sich auf den Ellbogen. »Nicht schlecht? Du bist das reinste Dynamit. Wo hast du das eigentlich gelernt...?« Er unterbrach sich. »Nein, sag's mir lieber nicht.«

»Dieselbe Frage könnte ich *dir* stellen«, neckte sie ihn und strich mit der Hand über seinen Schenkel, während ihre Zunge die Konturen seines Mundes nachzog.

Er streckte die Arme nach ihr aus und flüsterte: »Komm! Laß uns zum Bungalow gehen.«

»Warum nicht gleich hier? Oder in dem hohen Gras da drüben?«

»Damit die Eingeborenen einen Schreck kriegen?«

Sie lachte, als er sie hochzog, und dann liefen sie über den Strand. »Du bist prüde! Ein richtiger Puritaner. Wer hätte das gedacht!«

Andrew führte sie in den malerischen, strohgedeckten Bungalow, in den sie tags zuvor eingezogen waren und der ihnen zehn Tage lang gehören würde.

»Wenn ich ein Puritaner bin, weil ich dich nicht mit den Ameisen und Krebsen teilen will, okay – dann bin ich eben einer.« Während er sprach, zog er seine Badehose aus.

Aber Celia war schneller als er. Sie hatte den Bikini bereits abgestreift und lag schon nackt und noch immer lachend im Bett.

Eine halbe Stunde später, als sie wieder am Strand waren, sagte Celia: »Wie gesagt, wir werden eine...«

»... gute Ehe führen«, beendete Andrew den Satz. »Ich bin ganz deiner Meinung.«

»Und damit sie funktioniert, müssen wir beide zufrieden und ausgefüllt sein.«

Andrew lehnte sich zurück und verschränkte die Hände hinter dem Kopf. »Völlig richtig.«

»Deshalb müssen wir Kinder haben.«

»Falls ich dir dabei behilflich sein kann, laß es mich...«

»Andrew! Bitte, sei ernst.«

»Kann ich nicht. Dazu bin ich viel zu glücklich.«

»Dann werde ich für uns beide ernst sein.«

»Wieviel Kinder?« fragte er. »Und wann?«

»Ich hab' darüber nachgedacht«, sagte Celia, »und ich glaube, wir sollten zwei haben – das erste so bald wie möglich, das zweite zwei Jahre später. Auf diese Weise hab' ich das Kinderkriegen hinter mir, bevor ich dreißig bin.«

»Wie schön«, sagte er. »Und alles so geordnet. Übrigens, hast du auch schon Pläne für deine alten Tage – nach dreißig, meine ich?«

»Ich werde Karriere machen. Habe ich das noch nicht erwähnt?«

»Ich kann mich nicht erinnern. Aber wenn du bedenkst, mit welcher Geschwindigkeit wir uns in den Genuß der Ehe gebracht haben, dann gab's auch nicht gerade übermäßig viel Zeit für Diskussionen oder philosophische Betrachtungen.«

»Also«, sagte Celia, »ich habe meine Pläne in bezug auf die Kinder Sam Hawthorne gegenüber erwähnt. Und er meinte, das ließe sich machen.«

»Prächtig, dieser Sam – wer immer das ist!« Andrew runzelte die Stirn. »Warte mal. War der nicht auf unserer Hochzeit, einer von Felding-Roth?«

»Genau. Sam Hawthorne ist mein Chef und regionaler Verkaufsleiter. Er war mit seiner Frau da, Lilian.«

»Klar. Jetzt fällt es mir wieder ein.«

Nun erinnerte Andrew sich an Sam Hawthorne – ein großer, freundlicher Mann von Mitte Dreißig, dessen Haar sich bereits lichtete, mit einem zerfurchten Gesicht, das Andrew an die zerklüfteten Felswände des Mount Rushmore erinnerte. Hawthornes Frau Lilian war eine eindrucksvolle Brünette.

Andrew, der in Gedanken noch einmal die drei Tage zurückliegenden Ereignisse Revue passieren ließ, sagte: »Du mußt schon entschuldigen, wenn ich im Augenblick ein bißchen durcheinander bin.«

Ein Grund dafür war die Erinnerung an Celia, wie sie, ganz in Weiß und mit kurzem Schleier, in der Empfangshalle des Hotels, das sie für ihre Hochzeit ausgesucht hatten, erschienen war. Die Zeremonie wurde von einem freundlichen Richter durchgeführt, der auch Mitglied des Verwaltungsrats vom St. Bede's Hospital war. Dr. Townsend hatte als Brautführer fungiert.

Noah Townsends äußere Erscheinung paßte ausgezeichnet ins Bild – der Inbegriff eines vertrauenswürdigen Hausarztes. Mit seinen grauen Haaren sah er dem britischen Premierminister Harold Macmillan ähnlich, der in diesen Tagen häufig in den Nachrichten genannt wurde und die Beziehungen zwischen den USA und Großbritannien zu bessern bemüht war, die sich seit der Suez-Krise in den letzten Jahren stark abgekühlt hatten.

Celias Mutter, eine zierliche, zurückhaltende Dame, die verwitwet in Philadelphia lebte, war ebenfalls zur Hochzeit gekommen. Celias Vater war im Zweiten Weltkrieg gefallen, und deshalb war Townsend als Brautführer eingesprungen.

Andrew schloß die Augen, zum Teil, um sich vor der grellen Sonne zu schützen, vor allem aber, um den Augenblick, in dem Townsend ihm Celia zugeführt hatte, wiederauferstehen zu lassen...

In dem Monat nach jenem denkwürdigen Morgen in der Cafeteria des Krankenhauses, an dem Celia ihm mitgeteilt hatte, daß sie die Absicht habe, ihn zu heiraten, war Andrew immer stärker dem erlegen, was er nur als ihren Zauberbann bezeichnen konnte. Wahrscheinlich war es Liebe, schätzte er, auch wenn es ihm stärker und anders vorkam – die Preisgabe des Single-Daseins, für das Andrew immer eingetreten war, und die totale Verschmelzung zweier Lebenswege, was ihn zugleich verwirrte und entzückte. Es gab niemanden auf der Welt, der so war wie Celia. Kein Augenblick mit ihr war langweilig. Sie steckte voller Überraschungen, Ideen und Pläne, die alle der unerschöpflichen Quelle ihres kraftvollen, unabhängigen Wesens entsprangen. Von Anfang an hatte er dieses außerordentliche Glücksgefühl verspürt, als habe er durch irgendeinen Zufall den von allen anderen begehrten ersten Preis gewonnen. Und als er sie seinen Kollegen vorstellte, konnte er spüren, daß alle sie begehrten.

In Andrews Leben hatte es schon andere Frauen gegeben, aber nie für längere Zeit und noch nie eine, die er ernsthaft für eine Ehe in Betracht gezogen hätte. Darum war es um so bemerkenswerter, daß er von dem Augenblick an, als Celia ihm – um es konventionell auszudrücken – »einen Antrag gemacht hatte«, nie den leisesten Zweifel, nicht das geringste Zögern oder gar den Wunsch verspürt hatte, sich zurückzuziehen.

Und dennoch... erst in jenem unglaublichen Augenblick, als er Celia in ihrem weißen Hochzeitskleid hereinkommen sah – strahlend, schön, jung, begehrenswert, alles, was sich ein Mann nur wünschen konnte, und noch viel, viel mehr –, erst da explodierte in Andrew etwas, und er wußte, daß er sie liebte, mit einer solchen Sicherheit, wie sie im Leben nur ganz selten vorkommt, wußte, daß er unglaubliches Glück hatte, daß es nie aufhören würde und daß es – trotz der Zeiten, in denen sie lebten – für ihn und Celia nie eine Trennung oder Scheidung geben würde.

Es war das Wort *Scheidung* gewesen, sagte sich Andrew später, wenn er darüber nachdachte, das ihn zu dem Zeitpunkt, als viele seiner Altersgenossen mit Anfang Zwanzig bereits verheiratet waren, davon abhielt, sich zu binden. Natürlich hatte das Vorbild seiner Eltern zu dieser Einstellung beigetragen; seine Mutter, die – wie Andrew es sah – die geschiedene Frau *non grata* verkörperte, war ebenfalls zur Hochzeit gekommen. Wie ein alternder Schmetterling war sie von Los Angeles herbeigeflattert und hatte jedem, der ihr zuhörte, erzählt, daß sie das Nest ihres vierten Ehemannes nur verlassen habe, um bei der »ersten Hochzeit« ihres Sohnes dabeizusein. Andrews Vater war ihr zweiter Ehemann gewesen, und als Andrew sich nach ihm erkundigte, hatte sie geantwortet: »Ach, mein armer Junge, ich kann mich kaum noch daran erinnern, wie er aussah. Ich habe ihn seit zwanzig Jahren nicht mehr gesehen, und das letzte, was ich von ihm hörte, war, daß er ein alter Wüstling geworden ist, der mit einer siebzehnjährigen Hure in Paris zusammenlebt.«

Im Lauf der Jahre hatte sich Andrew bemüht, für seine Mutter und ihr Verhalten Verständnis aufzubringen. Aber leider kam er immer zu demselben Ergebnis: Sie war einfach eine hohlköpfige, oberflächliche egoistische Schönheit, von der sich eine bestimmte Sorte von Männern angezogen fühlte.

Er hatte seine Mutter aus Pflichtgefühl und aus der Überzeugung zur Hochzeit eingeladen, daß man für seine Eltern etwas empfinden sollte, aber später wünschte er, er hätte es nicht getan. Er hatte auch eine Heiratsanzeige an die letzte ihm bekannte Adresse seines Vaters geschickt, aber keine Antwort erhalten, und er bezweifelte sehr, daß er je eine erhalten würde. Etwa alle drei Jahre brachten er und sein Vater es fertig, Weihnachtskarten auszutauschen, aber das war auch schon alles.

Andrew war das einzige Kind aus der kurzen Ehe seiner Eltern, und das einzige Mitglied seiner Familie, mit dem er Celia gern bekannt gemacht hätte, war vor zwei Jahren gestorben: eine unverheiratete Tante, bei der Andrew den größten Teil seiner Kindheit verbracht hatte und die, obgleich keineswegs begütert, es ohne die Hilfe seiner Eltern geschafft hatte, genug Geld aufzubringen, damit Andrew aufs College gehen und studieren konnte. Erst nach ihrem Tod, als die Reste ihres Besitzes, ein paar hundert Dollar, beim Rechtsanwalt vor ihm ausgebreitet lagen, wurde ihm klar, wie groß ihr Opfer gewesen war.

Celia hatte sich mit Andrews Mutter ohne Schwierigkeiten arrangiert. Die Situation war ihr klar, ohne daß es irgendwelcher Erklärungen bedurft hätte. Sie war freundlich, ja sogar herzlich gewesen, wenn auch nicht gerade überschwenglich. Als sich Andrew für das etwas bizarre Benehmen seiner Mutter entschuldigte, hatte Celia geantwortet: »Schließlich haben wir einander geheiratet, Liebling, nicht unsere Familien.« Und dann hatte sie hinzugefügt: »Jetzt bin ich deine Familie, und du wirst von mir mehr Liebe bekommen, als du in deinem ganzen Leben erhalten hast.«

Und schon jetzt, hier am Strand, wußte Andrew, daß es stimmte.

»Wenn es dir recht ist«, setzte Celia das Gespräch fort, »würde ich während meiner ersten Schwangerschaft gern möglichst lange arbeiten, mir dann ein Jahr freinehmen, um rund um die Uhr Mutter zu sein. Danach werde ich bis zur zweiten Schwangerschaft wieder arbeiten, und so weiter.«

»Natürlich ist mir das recht«, sagte er. »Und während ich mich lieben lasse und dir Kinder mache, werde ich mich zwischendurch ein bißchen als Arzt betätigen.«

»Du wirst dich bestimmt ausgiebig betätigen und ein guter, verantwortungsvoller Arzt sein.«

»Das hoffe ich sehr.« Andrew seufzte zufrieden und war nach wenigen Minuten eingeschlafen.

Eines Morgens nach dem Frühstück, das ihnen von einer fröhlichen, mütterlichen Farbigen namens Remona in den Bungalow gebracht wurde, sagte Celia: »Mir gefällt es hier. Die Insel, die Menschen und die Ruhe. Ich bin froh, daß wir hier sind, Andrew, und ich werde diesen Ort nie vergessen.«

»Ich bin auch froh«, sagte er.

Zuerst hatte Andrew für ihre Hochzeitsreise Hawaii vorgeschlagen, aber als er Celias Zögern bemerkte, hatte er sofort diese Insel genannt, die ursprünglich seine zweite Wahl gewesen war.

Jetzt erklärte Celia: »Ich hab's dir nicht gesagt, aber Hawaii hätte mich traurig gemacht.«

Als er sie nach dem Grund fragte, wurde das Mosaik ihrer Vergangenheit durch ein weiteres Stück ergänzt.

Am 7. Dezember 1941, als Celia zehn Jahre alt war und bei ihrer Mutter in Philadelphia lebte, befand sich ihr Vater, ein Unteroffizier der amerikanischen Marine – Chief Petty Officer Willis de Grey –, in Hawaii an Bord des Schlachtschiffs *USS Arizona*, das in Pearl Harbor lag. Bei dem japanischen Angriff an diesem Tag wurde die *Arizona* versenkt und mit ihr 1102 Besatzungsmitglieder. Die meisten starben unter Deck, ihre Leichen wurden nie gefunden. Einer von ihnen war Willis de Grey.

»O ja, ich erinnere mich an ihn«, sagte Celia und beantwortete damit Andrews Frage. »Natürlich war er viel weg, auf See. Aber wenn er zum Urlaub nach Hause kam, war immer etwas los bei uns, und wir hatten viel Spaß. Wenn wir wußten, daß er kam, waren wir alle ganz aufgeregt. Sogar meine kleine Schwester Janet, auch wenn sie sich nicht mehr so genau an ihn erinnern kann wie ich.«

»Und wie war er?« fragte Andrew.

Celia dachte nach, bevor sie antwortete. »Sehr groß, mit einer dröhnenden Stimme; er brachte die Leute zum Lachen, und er mochte Kinder gern. Er war auch stark – in jeder Hinsicht. Meine Mutter ist nicht stark; das hast du wahrscheinlich schon bemerkt. Sie verließ sich völlig auf meinen Vater, auch wenn er nicht da war. Er schrieb ihr in seinen Briefen, was sie tun sollte.«

»Und jetzt verläßt sie sich auf dich?«

»Darauf lief es hinaus. Fast sofort nach dem Tod meines Vaters.« Celia lächelte. »Natürlich war ich schrecklich frühreif. Wahrscheinlich bin ich es noch.«

»Ein bißchen schon«, sagte Andrew. »Aber ich habe beschlossen, es zu ertragen.«

Später sagte er leise: »Ich kann verstehen, warum du nicht nach Hawaii wolltest. Bist du schon mal dort gewesen – in Pearl Harbor?«

Celia schüttelte den Kopf. »Meine Mutter wollte nie hin, und auch ich bin noch nicht soweit.« Sie machte eine Pause, bevor sie weitersprach. »Ich habe gehört, daß man ganz dicht bis an die Stelle heran kann, wo die *Arizona* gesunken ist, und daß man hinuntersehen und das Schiff erkennen kann. Aber man hat es nie geborgen. Vielleicht findest du das komisch, Andrew, aber ich würde später gern einmal dorthin fahren, allerdings nicht allein. Ich würde gern meine Kinder mitnehmen.«

Andrew schwieg, dann sagte er: »Das finde ich gar nicht komisch. Und ich verspreche dir, daß ich es, wenn unsere Kinder soweit sind, es zu begreifen, arrangieren werde.«

An einem anderen Tag, als sie in einem ramponierten, undichten Dinghy saßen und Andrew sich mit den Ruderstangen herumplagte, sprachen sie über Celias Arbeit.

»Ich dachte immer, bei den Arzneimittelfirmen gäbe es nur männliche Vertreter.«

»Bleib in der Nähe des Ufers. Ich habe das Gefühl, daß dieses Wrack gleich sinkt«, sagte Celia. »Ja, du hast recht – meistens sind es Männer, aber es gibt auch ein paar Frauen; manche kommen vom Militärdienst. Aber bei Felding-Roth bin ich die erste und noch immer einzige Vertreterin.«

»Das ist eine Leistung. Wie hast du das geschafft?«

»Auf Umwegen.«

1952 hätte Celia am Penn State College ihr Examen in Chemie gemacht. Das Studium hatte sie zum Teil mit einem Stipendium und zum Teil dadurch finanziert, daß sie nachts und an den Wochenenden in einem Drugstore arbeitete.

»In dem Drugstore, wo ich mit der einen Hand rezeptpflichtige Arzneimittel und mit der anderen Lockenwickler oder Deodorants austeilte, habe ich eine Menge gelernt, was ich später gebrauchen konnte. Ach ja, und manchmal hab' ich auch Sachen *unter* dem Ladentisch verkauft.«

In den Laden seien häufig junge Männer gekommen, erzählte Celia, und hätten verlegen herumgestanden und versucht, die Aufmerksamkeit des Drogisten auf sich zu ziehen. Celia kannte das. »Kann ich Ihnen behilflich sein?« fragte sie und erhielt gewöhnlich zur Antwort: »Ich warte lieber auf den da.«

»Wenn Sie Kondome wollen«, pflegte Celia dann zu sagen, »da haben wir eine gute Auswahl.« Dann holte sie die verschiedenen Fabrikate unter dem Ladentisch hervor und stapelte die Kartons übereinander. Die Männer tätigten mit rotem Gesicht ihre Einkäufe und verschwanden schnell wieder.

Gelegentlich kam es vor, daß Celia gefragt wurde, ob sie beim Ausprobieren behilflich sein wolle. Darauf hatte sie eine Standardantwort: »In Ordnung. Wann Sie wollen. Ich glaube, meine Syphilis ist jetzt überstanden.« Manchen war natürlich klar, daß dies nur ein Scherz war, aber ein Risiko wollte wohl keiner eingehen.

Andrew lachte, hörte mit Rudern auf und ließ das Boot treiben.

Mit ihrem Abschlußdiplom bewaffnet, berichtete Celia, bewarb sie sich dann bei Felding-Roth Pharmaceuticals um einen Job als Chemikerin. Sie wurde eingestellt und arbeitete zwei Jahre im Labor.

»Dort hab' ich ein paar Dinge gelernt – vor allem, daß man ein begeisterter Wissenschaftler sein muß, um Laborarbeit nicht langweilig und eintönig zu finden. Verkauf und Marketing haben mich von Anfang an mehr interessiert. Und das ist noch heute so. Dort werden auch die großen Entscheidungen getroffen«, fügte sie hinzu.

Aber der Wechsel vom Labor in die Verkaufsabteilung erwies sich als schwierig. Celia versuchte es auf dem üblichen Weg, indem sie sich bewarb, und wurde abgewiesen. »Man sagte mir, es sei Firmenpolitik, im Verkauf Frauen nur als Sekretärinnen zu beschäftigen.«

Aber sie wollte die Entscheidung nicht akzeptieren und faßte einen Plan.

»Ich fand heraus, daß der einzige, der an dieser Politik etwas ändern könnte, Sam Hawthorne war.«

»Dein Boß, der regionale Verkaufsmaestro«, sagte Andrew, »der seine Zustimmung gegeben hat, daß wir zwei Kinder kriegen.«

»Ja – daß ich weiterarbeiten kann. Jedenfalls kam ich zu dem Schluß, daß der einzige Weg, Hawthorne zu beeinflussen, über seine Frau lief. Es war riskant. Fast hätte es nicht geklappt.«

Mrs. Lilian Hawthorne war, wie Celia entdeckt hatte, in mehreren Frauengruppen tätig, und es schien durchaus möglich, daß sie den

Karriereplänen einer Frau positiv gegenüberstand. Daher suchte Celia eines Tages, als Sam Hawthorne in der Firma war, seine Frau zu Hause auf.

»Ich war ihr noch nie begegnet«, berichtete Celia. »Und ich war nicht angemeldet. Ich ging einfach hin und klingelte.«

Der Empfang war nicht gerade freundlich. Mrs. Hawthorne, Anfang Dreißig und sieben Jahre älter als Celia, war eine starke Persönlichkeit, die für Kindereien wenig Sinn hatte. Sie hatte langes, rabenschwarzes Haar, das sie ungeduldig zurückschob, als Celia ihr Anliegen vorbrachte. Schließlich sagte Lilian Hawthorne: »Das ist ja lächerlich. Ich habe mit der Arbeit meines Mannes nichts zu tun. Er wird wütend sein, wenn er erfährt, daß Sie hergekommen sind.«

»Ich weiß«, sagte Celia. »Wahrscheinlich fliege ich raus.«

»Darüber hätten Sie sich vorher Gedanken machen sollen.«

»Das habe ich getan, Mrs. Hawthorne. Aber ich bin das Risiko eingegangen, weil ich annahm, daß Sie eine moderne Frau sind, und weil ich an die Gleichberechtigung der Frauen glaube und daran, daß sie nicht aufgrund ihres Geschlechts schlechter behandelt werden sollten.«

Einen Augenblick lang sah es so aus, als würde Lilian Hawthorne in die Luft gehen. »Sie haben vielleicht Nerven!« fuhr sie Celia an.

»Richtig«, sagte Celia gelassen. »Deshalb würde ich ja auch eine großartige Vertreterin abgeben.«

Die Frau starrte sie an, dann brach sie plötzlich in Lachen aus. »Mein Gott!« sagte sie. »Ich glaube, Sie verdienen es.«

Und einen Augenblick später: »Ich wollte mir gerade einen Kaffee machen, Miss de Grey. Kommen Sie mit in die Küche, dann können wir weiterreden.«

Es war der Beginn einer Freundschaft, die Jahrzehnte währen sollte.

»Aber auch dann«, fuhr Celia fort, »mußte Sam erst mühsam überzeugt werden. Doch wenigstens redete er mit mir, und ich glaube, ihm gefiel, was ich sagte, und Lilian hat ihn auch noch bearbeitet. Dann mußte er die Zustimmung *seiner* Chefs einholen. Aber am Ende hat es geklappt.« Sie sah auf das Wasser, mit dem sich das Dinghy füllte; es reichte ihr schon bis an die Knöchel. »Andrew, ich hatte recht! Der Kahn säuft ab!«

Lachend sprangen sie über Bord und schwammen ans Ufer. Das Boot zogen sie hinter sich her.

»Als ich als Vertreterin in der Verkaufsabteilung begann«, setzte Celia ihren Bericht beim Abendessen fort, »wurde mir klar, daß ich nicht nur so gut wie ein Mann sein mußte. Ich mußte besser sein.«

»Ich erinnere mich an das, was erst neulich passiert ist«, warf ihr Mann ein. »Da warst du nicht nur besser als ein Mann, da warst du sogar besser als der Arzt.«

Ein strahlendes Lächeln breitete sich auf ihrem Gesicht aus, sie nahm die Brille ab und legte eine Hand auf seine. »Das hat mir Glück gebracht, und nicht nur wegen des Lotromycin.«

»Du nimmst deine Brille so oft ab«, bemerkte Andrew. »Warum?«

»Ich bin kurzsichtig, aber ich weiß, daß ich ohne Brille besser aussehe. Deshalb.«

»Du siehst immer gut aus«, sagte er. »Aber wenn dich die Brille stört, solltest du es mal mit Kontaktlinsen versuchen. Eine Menge Leute tragen Kontaktlinsen.«

»Ich werde mich danach erkundigen, sobald wir zurück sind«, erklärte Celia. »Sonst noch was, wenn wir schon dabei sind? Irgendwelche anderen Veränderungen erwünscht?«

Er schüttelte den Kopf. »Ich mag an dir alles, wie es ist.«

Sie waren von ihrem Bungalow eine Meile zu Fuß gegangen, Hand in Hand, über eine gewundene, grob gepflasterte Straße, auf der es kaum Verkehr gab. Die Nachtluft war warm, die einzigen Geräusche kamen vom Sirren der Insekten und vom Klatschen der Wellen an ein Riff vor der Küste. Und jetzt aßen sie in dem kleinen, sparsam eingerichteten Café, dem *Travellers Rest*, das einheimische Standardgericht: gebratenen Barsch, Erbsen und Reis.

Auch wenn das *Travellers Rest* nicht gerade im *Michelin* erscheinen würde, gab es dort schmackhaftes Essen für hungrige Gäste. Der Fisch war frisch und wurde vom Wirt, einem drahtigen Eingeborenen namens Cleophas Moss, in einem alten Tiegel über dem Holzfeuer gebraten. Er hatte Andrew und Celia einen Tisch gegeben, von dem aus sie aufs Meer blicken konnten. Zwischen ihnen stand eine Kerze, die in einer Bierflasche steckte. Am Himmel waren verstreute Wolken und ein fast voller Mond zu sehen. »In New Jersey ist es wahrscheinlich kalt und regnerisch«, sagte Celia.

»Bald werden wir wieder dort sein. Erzähl mir noch ein bißchen von dir und den Arzneimitteln.«

Bei ihrem ersten Einsatz als Vertreterin, berichtete Celia, war sie nach Nebraska gekommen, wo Felding-Roth zuvor noch keinen Repräsentanten gehabt hatte.

»Und das war gut für mich. Ich wußte genau, woran ich war, weil ich mit nichts anfing. Es gab noch keine Organisation, kaum Aufzeichnungen, niemanden, der mir sagte, wen ich aufsuchen oder wohin ich gehen sollte.«

»Hat das dein Freund Sam absichtlich getan – als eine Art Prüfung?«

»Kann sein. Ich habe ihn nie danach gefragt.«

Statt dessen machte sich Celia an die Arbeit. In Omaha suchte sie sich eine kleine Wohnung, die sie als Stützpunkt benutzte und von der aus sie den ganzen Staat bereiste, von einer Stadt zur anderen. In jedem Ort riß sie die gelben Seiten mit den Adressen von Ärzten und Chirurgen aus dem Telefonbuch, legte eine Kartei an und begann herumzutelefonieren. Sie stellte fest, daß es 1500 Ärzte in ihrem Gebiet gab, und beschloß, sich auf 200 zu konzentrieren, die sie für die ergiebigsten Verschreiber von Arzneimitteln hielt.

»Du warst ziemlich weit weg von zu Hause«, sagte Andrew. »Hast du dich nicht einsam gefühlt?«

»Dazu hatte ich keine Zeit. Ich war viel zu beschäftigt.«

Eine Erfahrung machte sie gleich zu Beginn: wie schwierig es war, an Ärzte heranzukommen. »Ich verbrachte Stunden damit, in Wartezimmern herumzusitzen. Und wenn ich endlich vorgelassen wurde, räumte mir der Arzt vielleicht fünf Minuten ein, mehr nicht. Und schließlich warf mich ein Arzt in North Platte aus seiner Praxis. Aber er hat mir damit auch einen großen Gefallen getan.«

»Wieso?«

Celia probierte ein Stück von dem gebratenen Barsch und verkündete: »Er trieft vor Fett! Eigentlich sollte ich das nicht essen, aber es ist einfach zu köstlich, um es stehenzulassen.« Sie legte die Gabel aus der Hand, lehnte sich zurück und hing wieder ihren Erinnerungen nach.

»Er war Internist wie du, Andrew. So um die Vierzig etwa, und ich glaube, er hatte gerade seinen schlechten Tag. Kaum hatte ich jedenfalls mein Verkaufsgespräch begonnen, da unterbrach er mich auch schon: ›Junge Frau‹, sagte er, ›Sie wollen mit mir über Medizin reden? Dann will ich Ihnen mal was sagen: Ich habe vier Jahre an der medizinischen Hochschule verbracht, weitere fünf im Krankenhaus gearbeitet, und seit zehn Jahren praktiziere ich, und wenn ich auch nicht alles weiß, weiß ich doch eine ganze Menge mehr als Sie. Was Sie mir mit Ihren unzureichenden Kenntnissen da erzählen wollen, könnte ich in zwanzig Sekunden auf der Werbeseite irgendeiner medizinischen Fachzeitschrift nachlesen. Machen Sie also, daß Sie rauskommen!‹«

Andrew verzog das Gesicht. »Wie gemein!«

»Aber gut für mich«, sagte Celia. »Auch wenn ich mir vorkam, als habe man mich gerade wie ein Stück Dreck vom Fußboden gekratzt. Aber er hatte ja recht.«

»Hat man dir denn bei Felding-Roth keine Ausbildung gegeben?«

»Nur kurz und oberflächlich. Vorwiegend wurden Verkaufsgespräche durchgespielt. Meine chemischen Kenntnisse haben mir geholfen, aber nicht viel. Ich war einfach nicht darauf vorbereitet, mit vielbeschäftigten, hochqualifizierten Ärzten zu reden.«

»Das ist einer der Gründe«, bestätigte Andrew, »warum manche Ärzte sich weigern, Pharma-Vertreter zu empfangen. Abgesehen davon, daß man sich ein stereotypes Verkaufsgeschwätz anhören muß, kriegt man möglicherweise auch noch falsche Informationen aufgetischt, was gefährlich sein kann. Manche Vertreter erzählen einem Märchen, ja belügen einen sogar, nur damit man den Patienten ihr Produkt verschreibt.«

»Andrew, Liebster, ich möchte, daß du in dieser Sache etwas für mich tust. Worum es geht, sage ich dir später.«

»Gern, wenn ich kann. Und was geschah nach North Platte?«

»Zwei Dinge wurden mir klar: Erstens, daß ich aufhören mußte, wie ein Verkäufer zu denken, und niemanden zum Kauf drängen durfte. Zweitens, daß ich, auch wenn die Ärzte mehr wußten als ich, versuchen mußte, bestimmte Dinge über Arzneimittel herauszufinden, die sie noch nicht wußten und die für sie von Nutzen sein konnten. Und während ich dieses Ziel verfolgte, entdeckte ich zufällig noch etwas anderes: Ärzte lernen eine Menge über Krankheiten, aber über Medikamente sind sie nicht besonders gut informiert.«

»Stimmt«, gab Andrew zu. »Was man während des Medizinstudiums über Arzneimittel erfährt, ist so gut wie nichts, und in der Praxis ist es schon schwer genug, sich über die medizinischen Entwicklungen auf dem laufenden zu halten, geschweige denn über Pharmazeutika.«

»Und dann wurde mir noch etwas klar«, sagte Celia. »Nämlich, daß ich den Ärzten immer die Wahrheit sagen mußte und niemals übertreiben oder etwas verschweigen durfte. Und wenn mich einer nach dem Produkt einer Konkurrenzfirma fragte und es besser war als das unsere, dann gab ich das auch zu.«

»Wie kam es zu diesem großen Wandel?«

»Eine ganze Weile habe ich nachts immer nur vier Stunden Schlaf gekriegt.«

Celia beschrieb, wie sie neben der Tagesarbeit ihre Abende und Wochenenden damit verbrachte, jedes Arzneimittelfachbuch zu lesen, das sie in die Hände bekam. Sie studierte alle Einzelheiten, machte sich Notizen und lernte alles auswendig. Wenn Fragen auftauchten, suchte sie in Bibliotheken nach Antworten. Sie fuhr in die Zentrale von Felding-Roth in New Jersey und drängte frühere Kollegen von der Forschungsabteilung, ihr mehr Informationen zu geben, als in den Fachbüchern standen; sie informierte sich auch über all das, woran gerade gearbeitet wurde und was in Kürze verfügbar sein würde. Es dauerte nicht lange, und ihre Besuche bei den Ärzten wurden erfolgreicher; manche Ärzte baten sie sogar, ihnen spezielle Informationen zu besorgen. Und allmählich nahmen die Bestellungen von Felding-Roth-Produkten in ihrem Gebiet zu.

»Celia, du bist wirklich fabelhaft«, sagte Andrew bewundernd.

Sie lachte. »Und du hast Vorurteile, aber ich liebe dich. Auf jeden Fall verdreifachte sich innerhalb eines Jahres der Umsatz der Firma in Nebraska.«

»Und dann haben sie dich aus dem Außendienst zurückgeholt?«

»Sie haben das Nebraska-Gebiet einem neuen Mann und mir ein wichtigeres in New Jersey gegeben.«

»Das muß man sich mal vorstellen«, sagte Andrew. »Wenn sie dich woandershin geschickt hätten, wären wir uns nie begegnet.«

»Doch«, sagte sie überzeugt, »wir wären uns begegnet. So oder so, denn wir sind füreinander bestimmt. ›Heiraten ist Bestimmung‹.«

»›Und Hängen auch‹«, fügte er hinzu.

Sie mußten beide lachen.

»Phantastisch!« sagte Celia entzückt. »Ein verstaubter Schulmediziner, der John Heywood zitieren kann.«

»Genau. Denselben Heywood, Schriftsteller aus dem sechzehnten Jahrhundert, der auch Musik für Heinrich den Achten gemacht und gesungen hat«, brüstete sich Andrew.

Sie standen auf, und der Wirt rief vom Holzfeuer herüber: »Ist das ein guter Fisch oder nicht, junges Hochzeitspaar? Alles in Ordnung?«

»Alles in bester Ordnung«, versicherte Celia. »Der Fisch *und* die Flitterwochen.«

»Auf einer kleinen Insel gibt es keine Geheimnisse«, bemerkte Andrew amüsiert. Er bezahlte das Essen mit einem Zehn-Schilling-Schein der Bahamas – in Dollar umgerechnet eine bescheidene Summe – und winkte ab, als der Wirt ihm das Wechselgeld herausgeben wollte.

Draußen war es jetzt kühler und die Brise vom Meer frischer. Glücklich gingen sie Arm in Arm die stille, gewundene Straße hinunter ins Tal.

Es war ihr letzter Tag.

Das Wetter auf den Bahamas war schlechter geworden, als paßte es sich der Abschiedsstimmung an. Die Wolkenschicht am Himmel war von einem morgendlichen Regenschauer begleitet, und der kräftige Nordostwind wühlte das Wasser auf, daß es schäumte, und peitschte die Wellen gegen die Küste.

Andrew und Celia wollten mittags mit den *Bahamas Airways* von Rock Sound abfliegen; in Nassau hatten sie Anschluß an eine PanAm in Richtung Norden, so daß sie noch am selben Abend in New York sein würden. Am nächsten Tag mußten sie wieder in Morristown sein und würden dort in Andrews Wohnung in der South Street wohnen, bis sie ein geeignetes Haus gefunden hatten.

Celia, die in Boonton in einem möblierten Zimmer gehaust hatte, war dort bereits ausgezogen und hatte ihre Sachen in einem Lager deponiert.

In dem Bungalow, in dem sie ihre Flitterwochen verbracht hatten und den sie in einer knappen Stunde verlassen würden, war Celia schon beim Packen; ihre Sachen lagen auf dem Doppelbett ausgebreitet. »Es war wunderbar hier. Und das ist erst der Anfang«, rief sie Andrew zu, der sich im Badezimmer rasierte.

»Ein spektakulärer Anfang! Aber ich bin trotzdem bereit, wieder an die Arbeit zu gehen«, antwortete er durch die geöffnete Tür.

»Weißt du, was ich glaube, Andrew? Wir beide haben eines gemeinsam: Wir fühlen uns bei der Arbeit wohl, und wir sind beide ehrgeizig. Das wird immer so sein.«

»Hm, hm.« Er kam nackt aus dem Bad und trocknete sich mit einem Handtuch das Gesicht ab. »Trotzdem kein Grund, die Arbeit nicht auch mal zu unterbrechen. Vorausgesetzt, daß es dafür gute Gründe gibt.«

»Haben wir denn noch Zeit?« wollte Celia fragen, konnte den Satz aber nicht beenden, weil Andrew sie küßte.

Etwas später murmelte er: »Könntest du bitte das Bett freimachen?«

Ohne sich umzusehen und ohne Andrew loszulassen, griff Celia nach hinten und begann, die Sachen auf den Fußboden zu werfen.

»Schon viel besser«, sagte er, während sie sich auf das freigemachte Bett legten. »Dazu sind Betten schließlich da.«

Sie lachte. »Und wenn wir das Flugzeug verpassen?«

»Wem macht das schon was aus?«

Etwas später sagte sie zufrieden: »Du hast recht. Wem macht das schon was aus?« Und noch später, zärtlich und glücklich: »Mir macht es...«, und dann: »Ach, Andrew, ich hab' dich so lieb!«

4

An Bord der PanAm-Maschine nach New York lagen Exemplare der *New York Times* aus. Celia blätterte darin. »Hat sich nicht viel geändert, während wir fort waren«, bemerkte sie.

Eine Meldung aus Moskau zitierte Nikita Chruschtschow, der die USA zu einem »Raketen-Duell« aufforderte. Der nächste Weltkrieg würde, brüstete sich der Sowjetführer, auf dem amerikanischen Kontinent ausgetragen werden, und er sagte »den Tod des Kapitalismus und den weltweiten Sieg des Kommunismus« voraus. Andererseits versicherte Präsident Eisenhower, daß die US-Verteidigung mit der sowjetischen Herausforderung Schritt halten könne.

Und die Untersuchung des Bandenmords an Mafia-Boß Albert Anastasia, der im New Yorker *Park-Sheraton Hotel* in einem Friseursessel erschossen worden war, war bisher ohne Erfolg geblieben.

Der Flug der DC-7 B sollte vier Stunden dauern, und schon bald nach dem Start wurde der Lunch serviert. Nach dem Essen wandte Andrew sich an seine Frau: »Du hast vorhin gesagt, ich könnte etwas tun. Wegen der Pharma-Vertreter.«

»Ja, das stimmt.« Celia Jordan machte es sich in ihrem Sitz bequem, dann nahm sie Andrews Hand und hielt sie fest. »Es hat mit dem Gespräch zu tun, das wir an dem Tag führten, als du das Lotromycin angewendet hast und sich deine Patientin wieder erholte. Da hast du gesagt, daß du deine Meinung über die Pharma-Industrie ändern und sie nicht mehr so ungünstig beurteilen würdest, und ich sagte: Ändere sie nicht zu sehr, denn es gibt Dinge, die nicht in Ordnung sind und die auch ich gern ändern würde. Erinnerst du dich daran?«

»Wie könnte ich das vergessen haben?« Er lachte. »Jede Einzelheit jenes denkwürdigen Tages hat sich mir tief eingeprägt.«

»Gut! Dann will ich dir ein bißchen von der Vorgeschichte erzählen.«

Andrew sah seine Frau von der Seite an und bewunderte wieder einmal, wieviel Energie und Intelligenz in dieser kleinen, attraktiven Person steckten. In den Jahren, die vor ihnen lagen, würde er aufmerksam und immer informiert sein müssen, um mit Celia Schritt halten zu können. Jetzt konzentrierte er sich darauf zuzuhören.

1957, begann Celia, hatte sich die pharmazeutische Industrie in gewisser Hinsicht noch nicht von ihren Wurzeln gelöst.

»Es ist noch gar nicht lange her, da verkauften wir auf Jahrmärkten Schlangenöl und Fruchtbarkeitssäfte und eine Pille, die gegen alles war – von Kopfschmerzen bis Krebs. Den Verkäufern, die diese Dinge an den Mann brachten, war es egal, was sie behaupteten oder versprachen. Ihnen ging es nur ums Verkaufen. Sie gaben jede Garantie ab, versprachen jeden Erfolg, nur um zum Ziel zu gelangen.

Häufig wurden diese Quacksalbereien und Volksheilmittel von Familien auf den Markt gebracht«, fuhr Celia fort, »und einige dieser Familien eröffneten dann die ersten Drugstores. Später führten ihre Nachkommen die Familientradition fort und errichteten Fabriken, die Arzneimittel herstellten und im Verlauf der Jahre immer größer, wissenschaftlicher und solider wurden. Und allmählich änderten sich auch die ungehobelten Verkaufsmethoden der frühen Jahre. Allerdings nicht grundsätzlich. Das lag zum Teil daran, daß die Angehörigen der Familien weiterhin alles unter Kontrolle hatten und ihnen die harten Verkaufsmethoden noch im Blut lagen.«

»Aber es gibt doch nicht mehr viele Familien, die über Arzneimittelfirmen herrschen«, warf Andrew ein.

»Nicht sehr viele, aber trotzdem besitzen ein paar noch bedeutende Geschäftsanteile. Geblieben jedoch sind, auch wenn jetzt Angestellte die Firmen leiten, die altmodischen, unmoralischen und harten Verkaufsmethoden. Vor allem, wenn es gilt, neue Produkte anzupreisen. Da erzählen dann manche Vertreter das Blaue vom Himmel, um die Ärzte dazu zu bringen, die von ihnen vertriebenen Medikamente zu verschreiben. Und obgleich die Arzneimittelfirmen offiziell behaupten, sie würden dergleichen nicht dulden, wissen sie, daß es trotzdem vorkommt.«

Sie wurden von einer Stewardeß unterbrochen, die verkündete, daß man in vierzig Minuten in New York landen und die Bar bald geschlossen werde. Celia bestellte sich rasch ihr Lieblingsgetränk, einen Daiquiri, und Andrew Scotch mit Soda.

Als die Getränke serviert waren und sie sich wieder in ihren Sitzen zurücklehnten, sagte Andrew: »Sicher, ich habe Ähnliches schon selbst erlebt. Ich kenne auch Geschichten von anderen Ärzten – über Patienten, die krank wurden oder sogar starben, nachdem sie etwas eingenommen hatten, und das alles nur, weil irgendwelche Vertreter den Ärzten falsche Informationen geliefert hatten.« Er trank einen Schluck. »Und dann gibt es auch noch die Werbung der Pharma-Industrie. Die Ärzte werden damit geradezu überschwemmt. Aber ein Großteil der Werbung sagt den Ärzten nicht, was sie eigentlich wissen sollten – vor allem nichts über die Nebenwirkungen, nicht einmal über die gefährlichen. Bei all den Problemen, die man im Kopf hat, kommt man gar nicht auf die Idee, der Pharma-Vertreter oder gar die Firma selbst könne darauf aus sein, einen absichtlich zu täuschen.«

»Aber so was kommt vor«, sagte Celia, »und hinterher wird es unter den Teppich gekehrt, und niemand will etwas davon wissen. Ich weiß das, weil ich versucht habe, bei Felding-Roth darüber zu reden.«

»Und was hast du nun vor?«

»Ich will eine Dokumentation zusammenstellen. Eine Dokumentation, die niemand in Zweifel ziehen kann und die ich zu gegebener Zeit verwenden werde. Von jetzt an – das ist Firmenpolitik – werde nicht mehr ich, sondern irgend jemand anders von Felding-Roth zu dir und Dr. Townsend in die Praxis kommen.

Meine Bitte an dich geht nun dahin, daß du jedesmal, wenn du feststellst, daß ein Vertreter – von welcher Firma auch immer – dir falsche Informationen gegeben hat oder dich nicht vor irgendwelchen

Nebenwirkungen gewarnt oder eine wichtige Information verschwiegen hat, einen Bericht schreibst und ihn mir gibst. Ich habe schon ein paar andere Ärzte, die das für mich tun, Ärzte, die mir vertrauen, in Nebraska und auch in New Jersey, und meine Akte wird immer dicker.«

Andrew stieß einen leisen Pfiff aus. »Das ist aber eine ziemlich große Sache. Und nicht ohne Risiko.«

»Man muß Risiken eingehen, wenn man etwas verbessern will. Ich habe keine Angst.«

»Nein«, sagte er, »und ich glaube auch nicht, daß du je welche haben wirst.«

»Ich will dir was sagen, Andrew: Wenn die großen Pharma-Konzerne nicht bald anfangen, ihr Haus selbst reinzuhalten, wird das über kurz oder lang die Regierung für sie tun. Im Kongreß wird schon Kritik laut. Und wenn erst neue Gesetze mit großen Einschränkungen beschlossen werden, wird die Pharma-Industrie es bereuen, nichts aus eigener Initiative unternommen zu haben.«

Andrew schwieg nachdenklich. Schließlich sagte er: »Ich hab' dich das noch nicht gefragt, Celia, aber vielleicht ist jetzt der Zeitpunkt gekommen, darüber zu reden.«

Seine Frau blickte ihn ernst an. Andrew wählte seine Worte mit Bedacht.

»Du hast davon gesprochen, daß du Karriere machen möchtest. Dagegen habe ich nichts, und ich bin auch überzeugt, daß du ohne das nicht glücklich sein würdest. Aber ich habe in den vergangenen gemeinsamen Wochen den Eindruck gewonnen, daß du dir unter einer Karriere mehr vorstellst als die Tätigkeit einer Pharma-Vertreterin.«

»Stimmt. Ich will ganz nach oben«, erwiderte Celia gelassen.

»Ganz nach oben?« fragte Andrew verwundert. »Du meinst, an die Spitze eines großen Pharma-Konzerns?«

»Wenn ich kann, ja. Aber auch wenn ich es nicht bis ganz nach oben schaffe, will ich doch so weit nach oben kommen, daß ich Einfluß und Macht habe.«

»Das willst du wirklich? Macht?« fragte er zweifelnd.

»Ich weiß, was du denkst, Andrew – daß Macht besessen und korrupt machen kann. Ich beabsichtige, weder das eine noch das andere zu werden. Ich wünsche mir nur ein erfülltes Leben, mit Ehe und Kindern, aber auch noch etwas darüber hinaus – eine besondere Leistung.«

»An dem Tag in der Cafeteria...« Andrew verbesserte sich: »An jenem *erinnerungswürdigen* Tag sagtest du, daß es für die Frauen an der Zeit sei, Dinge zu tun, die sie noch nie getan haben. Das glaube ich auch, und es gibt schon hier und dort Beispiele dafür, auch in der Medizin. Aber ich frage mich, wie es in *deiner* Branche ist – in der Pharma-Industrie. Das ganze Geschäft ist konservativ und wird von Männern beherrscht – das hast du selbst gesagt.«

Celia lächelte. »Schrecklich!«

»Ist denn die Zeit schon reif – für jemanden wie dich? Ich frage das nur, Celia, weil ich nicht gern mit ansehen möchte, wie man dich verletzt oder unglücklich macht, während du große Anstrengungen auf dich nimmst und am Ende vielleicht doch nichts dabei herauskommt.«

»Ich werde nicht unglücklich sein. Das verspreche ich dir.« Sie drückte Andrews Arm. »Ich bin es nicht gewöhnt, daß sich jemand um mich Sorgen macht, Liebling, aber es gefällt mir. Und was deine Frage betrifft: Nein, die Zeit ist in dieser Branche noch nicht reif – weder für mich noch für andere Frauen mit gewissen Ambitionen. Aber ich habe einen Plan.«

»Hätte ich mir denken können, daß du dir schon alles zurechtgelegt hast.«

»Als erstes«, sagte Celia, »habe ich die Absicht, mich in meinem Job so zu bewähren, daß Felding-Roth es sich gar nicht leisten kann, mich *nicht* zu befördern.«

»Darauf möchte ich wetten. Aber du sagst ›als erstes‹. Ist das noch nicht alles?«

Celia schüttelte den Kopf. »Ich habe mir die Geschichte anderer Firmen genau angesehen. Die Leute, die bis zur Spitze gelangten, schafften es, indem sie sich an die Rockschöße eines andern hängten. Versteh mich bitte nicht falsch – sie mußten hart arbeiten und sehr gut sein. Aber vorher haben sie sich irgend jemanden ausgesucht, der ein bißchen höher stand und schon etwas älter war und von dem sie glaubten, daß er vor ihnen auf dem Weg zur Spitze sein würde. Dann machten sie sich bei dieser Person beliebt und nützlich, erwiesen sich als loyal und folgten ihr. Der springende Punkt ist der: Wenn ein älterer Angestellter befördert wird, ist es ihm lieb, wenn jemand, an den er sich gewöhnt hat, der etwas kann und dem er vertraut, mit ihm aufrückt.«

»Und hast *du* jemanden im Auge, dem du folgen willst?«

»Das habe ich schon vor längerer Zeit beschlossen«, erklärte Celia. »Es ist Sam Hawthorne.«

»Ach, wirklich!« Andrew zog die Augenbrauen hoch. »Dieser Sam scheint ja in unserem Leben eine entscheidende Rolle zu spielen.«

»Nur in geschäftlicher Hinsicht. Du brauchst nicht eifersüchtig zu sein.«

»Na schön. Weiß Sam von deiner Entscheidung?«

»Natürlich nicht. Aber Lilian Hawthorne weiß es. Wir haben es vertraulich besprochen, und Lilian ist einverstanden.«

»Kommt mir ganz so vor«, sagte Andrew, »als hättet ihr Frauen ein richtiges Komplott geschmiedet.«

»Und warum nicht?« Einen Augenblick kam Celias Härte zum Vorschein. »Eines Tages wird das alles vielleicht nicht mehr nötig sein. Aber im Augenblick ist die Geschäftswelt ein einziger privater Männerclub. Deshalb muß einer Frau jedes Mittel, das sich ihr bietet, recht sein, um da reinzukommen und aufzusteigen.«

Andrew überlegte, dann sagte er: »Bis jetzt hab' ich noch nicht viel darüber nachgedacht; schätze, die meisten Männer tun es nicht. Aber was du sagst, leuchtet mir ein. Also gut, Celia, wenn du dich auf den Weg nach oben machst – und ich glaube fast, daß du es schaffen wirst –, werde ich auf der ganzen Strecke hinter dir bleiben.«

Celia beugte sich zu ihm hinüber und gab ihm einen Kuß. »Das habe ich gewußt, und das ist auch einer der Gründe, warum ich dich geheiratet habe.«

Sie spürten, wie die Flugzeugmotoren gedrosselt wurden, und dann leuchteten die Zeichen »Fasten Seat Belts« auf. Durch die Fenster schimmerten die Lichter von Manhattan in der Abenddämmerung. »In wenigen Minuten werden wir auf dem Idlewild International Airport landen«, verkündete die Stewardeß.

Wieder ergriff Celia Andrews Hand.

»Und *wir* starten in ein gemeinsames Leben«, sagte sie. »Was soll da noch schiefgehen?«

5

Als Andrew und Celia zu ihrer Arbeit zurückkehrten, stellten beide fest, daß sie, jeder auf seine Art, berühmt geworden waren.

Wie bei vielen bedeutenden medizinischen Entwicklungen hatte es eine Weile gedauert, bis sich die Nachricht über Andrews erfolgreiche Anwendung von Lotromycin verbreitet hatte, aber jetzt, sechs Wochen nach Mary Rowes bemerkenswerter Genesung, ging sie im ganzen Land durch die Zeitungen.

Der *Daily Record*, das Lokalblatt von Morristown, brachte die Meldung unter der Schlagzeile:

Einheimischer Arzt wendet Wundermittel an
»Wundersame« Genesung einer Patientin

Der *Newark Star-Ledger*, der die lokalen Zeitungen auf Besonderheiten hin durchforstete, griff das Thema auf, was wiederum die Aufmerksamkeit von Wissenschaftsredakteuren der *New York Times* und der *Time* erregte. Als Andrew zurückkam, fand er die dringende Bitte vor, sich bei beiden Publikationen zu melden. Die *Time*, mit einem Hang fürs Romantische, erzielte mit ihrem Bericht eine größere Publicity, weil sie auf Andrews und Celias Heirat einging.

Außerdem erhielt Andrew vom *New England Journal of Medicine* die Nachricht, daß seine Arbeit über Lotromycin vorbehaltlich einiger Korrekturen demnächst veröffentlicht werden würde. Die vorgeschlagenen Änderungen erwiesen sich als geringfügig, und Andrew stimmte ihnen zu.

»Ich gestehe gern, daß ich neidisch bin«, bemerkte Dr. Noah Townsend, als Andrew ihm vom *New England Journal* erzählte. »Aber ich tröste mich mit dem Glanz, den die Angelegenheit schon jetzt auf unsere Praxis wirft.«

Später verriet Hilda, Townsends Frau, die Anfang Fünfzig und noch sehr attraktiv war: »Noah wird es Ihnen nicht sagen, aber er ist so stolz auf Sie, Andrew, daß er seit neuestem von Ihnen wie von einem Sohn spricht – ein Sohn, den wir uns beide so sehr gewünscht, aber nie bekommen haben.«

Celia, die persönlich keine so große Berühmtheit erlangte, stellte immerhin fest, daß sich ihre Position bei Felding-Roth ganz eindeutig geändert hatte.

Früher hatte sie in der Firma einen Anachronismus dargestellt, war für viele Anlaß zu Neugier oder nachsichtigem Lächeln gewesen – die einzige Vertreterin der Firma, die sich trotz anfänglicher und unerwarteter Erfolge in Nebraska weiterhin bewähren mußte. Das war nun vorbei. Die Anwendung des Lotromycin und die darauffolgende Publicity, die Felding-Roth genoß, hatte sowohl das Mittel als auch Celia auf den Weg zum Erfolg gebracht.

Innerhalb der Firma war ihr Name jetzt bis hinauf zu den Führungskräften bekannt, einschließlich Eli Camperdowns, des Präsidenten von Felding-Roth, der Celia einen Tag nach ihrer Rückkehr zu sich rufen ließ.

Mr. Camperdown, ein schlanker, blasser Industrieveteran von Mitte Sechzig, der immer makellos gekleidet war und den noch nie jemand ohne eine rote Rose im Knopfloch angetroffen hatte, empfing Celia in seinen überladen wirkenden Büroräumen im elften Stock, der Direktionsetage des Felding-Roth-Gebäudes in Boonton.

»Herzlichen Glückwunsch zu Ihrer Eheschließung«, begrüßte er Celia und fügte mit einem Lächeln hinzu: »Ich hoffe, daß Ihr Ehemann von jetzt an nur noch Felding-Roth-Produkte verschreiben wird.«

Celia bedankte sich, beschloß aber, die letzte Bemerkung zu übergehen, und verkniff sich auch, darauf hinzuweisen, daß ihr Mann in bezug auf Arzneimittel und medizinische Fragen unabhängig sei.

»Sie sind eine Art Legende geworden, junge Frau«, fuhr der Präsident fort. »Der lebende Beweis dafür, daß eine tüchtige Frau gelegentlich genauso gut sein kann wie ein Mann.«

»Ich hoffe sehr«, bemerkte Celia mit honigsüßer Stimme, »daß Sie eines Tages auch noch das ›gelegentlich‹ weglassen, Sir. Ich bin überzeugt, daß es in dieser Branche noch eine ganze Reihe Frauen geben wird, die sogar besser sein werden als Männer.«

Zunächst schien Camperdown verblüfft, er runzelte die Stirn. Dann faßte er sich wieder und fuhr jovial fort: »Gewiß, es hat schon merkwürdigere Dinge gegeben. Man wird sehen. Man wird sehen.«

Dann stellte Camperdown Celia Fragen über ihre Verkaufserfahrungen und zeigte sich von ihren gut informierten, klaren Antworten beeindruckt. Schließlich zog der Präsident eine Uhr aus der Westentasche, warf einen Blick darauf und verkündete: »Ich halte gleich eine Sitzung ab, Mrs. Jordan. Es geht dabei um ein neues Präparat, das wir möglichst bald nach dem Lotromycin auf den Markt bringen wollen. Vielleicht haben Sie Lust, daran teilzunehmen.«

Als Celia zustimmte, ließ der Präsident ein halbes Dutzend Mitarbeiter hereinrufen, die im Sekretariat gewartet hatten. Nachdem alle miteinander bekannt gemacht waren, gingen sie in den Konferenzraum der Suite. Camperdown nahm am Kopfende des Tisches Platz.

Unter den Teilnehmern befanden sich Dr. Vincent Lord, der Leiter der Forschungsabteilung, ein noch ziemlich junger Wissenschaftler, der erst seit kurzem der Firma angehörte, der Leiter der Verkaufsabteilung, der kurz vor der Pensionierung stand, sowie vier weitere leitende Angestellte, darunter Sam Hawthorne. Mit Ausnahme von Sam – der einzige, den Celia kannte – starrten alle sie mit offener Neugier an. Das neue Mittel, um das es ging, war kein von Felding-Roth entwickeltes Präparat, wie Camperdown Celia erklärte, es handelte sich um eine Lizenz einer westdeutschen Firma, der Chemie-Grünenthal.

»Es ist ein Sedativum und so sicher, wie selten eins entwickelt worden ist«, erklärte der Präsident. »Es bewirkt einen normalen, erfrischenden Schlaf ohne unerwünschte Benommenheit am nächsten Morgen.« Das Produkt habe keine signifikanten Nebenwirkungen, fuhr er fort, und es sei so ungefährlich, daß man es sogar kleinen Kindern verabreichen könne. Es sei bereits in fast allen Ländern, außer in den USA, im Handel und sehr beliebt. Und nun habe Felding-Roth die Chance, die amerikanischen Rechte zu erwerben.

Der Name des Mittels sei Thalidomid, fügte Mr. Camperdown hinzu.

Trotz der erwiesenen Unbedenklichkeit von Thalidomid mußten in den Vereinigten Staaten erst noch Versuche an Menschen durchgeführt werden, bevor die Food and Drug Administration, die staatliche Gesundheitsbehörde, das Mittel für den Verkauf freigab. »Unter den gegebenen Umständen«, brummte Camperdown, »und bei den erstklassigen ausländischen Ergebnissen, die uns vorliegen, ist das eine alberne, bürokratische Forderung, aber wir müssen uns beugen.«

Dann wurde darüber diskutiert, wo und wie die Versuche mit Thalidomid durchgeführt werden sollten. Dr. Lord, der Leiter der Forschungsabteilung, schlug vor, mit etwa fünfzig Privatärzten zusammenzuarbeiten, die das Mittel an Patienten erproben sollten; Felding-Roth würde die Ergebnisse dann an die FDA weitergeben. »Es sollte ein Gremium aus praktischen Ärzten, Internisten, Psychiatern und Gynäkologen sein«, erklärte er.

»Und wie lange soll diese ganze Salbaderei dauern?« fragte der Leiter der Verkaufsabteilung.

»Voraussichtlich drei Monate.«

»Würden nicht zwei genügen? Wir sollten das Präparat so bald wie möglich auf dem Markt haben.«

»Das ließe sich vielleicht machen.«

Ein anderer gab zu bedenken, die Versuche könnten zu breit gestreut sein. Die Konzentration auf ein Krankenhaus dürfte einfacher sein und schneller zu Ergebnissen führen.

Nachdem sie eine Weile diskutiert hatten, sagte Camperdown mit einem Lächeln: »Vielleicht hat unsere junge Dame auch etwas zu diesem Thema zu sagen.«

»Ja, das habe ich«, erklärte Celia.

Alle Köpfe drehten sich zu ihr um.

Sie wählte ihre Worte mit Bedacht, war sich darüber im klaren, daß ihre Anwesenheit in diesem Kreis ungewöhnlich war, ein Privileg; es wäre daher nicht klug, alles zu verderben, indem sie sich zu selbstsicher gab und zu sehr vorpreschte.

»Den Vorschlag, das Mittel von Frauenärzten verschreiben zu lassen, finde ich ein wenig bedenklich«, sagte Celia. »Das hieße, daß es auch von schwangeren Frauen eingenommen würde, und während der Schwangerschaft sind Experimente gewöhnlich tabu.«

»Das trifft in diesem Fall nicht zu«, unterbrach Dr. Lord sie gereizt. »Thalidomid wurde in Europa und andernorts schon auf breiter Basis angewendet, und schwangere Frauen waren davon nicht ausgeschlossen.«

»Trotzdem«, sagte Sam Hawthorne ruhig. »Was Mrs. Jordan sagt, stimmt.«

»Eine Frage, die man stellen könnte«, fuhr Celia fort, »wäre: Welche Menschen haben die größten Schlafschwierigkeiten und daher einen besonderen Bedarf an Schlaftabletten? Nach meinen Erfahrungen als Vertreterin – bei Besuchen in Krankenhäusern und Heimen ebenso wie bei Ärzten – würde ich sagen: alte Menschen, vor allem Patienten, die an Altersschwäche leiden.«

Die Herren hörten ihr nun aufmerksam zu. Einige nickten zustimmend, nur Dr. Lord saß steif da.

»Ich würde deshalb empfehlen«, fuhr Celia fort, »Thalidomid in ein oder zwei Altersheimen an alten Leuten zu erproben. Falls erwünscht, könnte ich zwei Heime nennen – eins in Lincoln in Nebraska, das andere in der Nähe von Plainfield, hier bei uns. Beide werden hervorragend geführt und würden bestimmt brauchbare Resultate liefern. Ich kenne die leitenden Ärzte persönlich und könnte den Kontakt herstellen.«

Als Celia geendet hatte, herrschte unsicheres Schweigen. Eli Camperdown schien überrascht:

»Ich weiß nicht, wie Sie darüber denken, aber was Mrs. Jordan vorgeschlagen hat, scheint mir sehr vernünftig.«

Nachdem man ihnen die Richtung gezeigt hatte, nickten die anderen zustimmend, nur Dr. Lord äußerte sich nicht. Celia spürte zum ersten Mal, daß zwischen ihr und dem Leiter der Forschungsabteilung eine feindselige Spannung herrschte, die auch in Zukunft anhalten sollte.

Kurz darauf wurde beschlossen, daß Celia am nächsten Tag die Ärzte in den beiden Heimen anrufen sollte. Sobald deren Einverständnis vorlag, konnte die Forschungsabteilung tätig werden.

Als die Sitzung aufgehoben wurde, verabschiedete sich Celia als erste und wurde von lächelnden Gesichtern und freundschaftlichem Händeschütteln begleitet.

Etwa eine Woche später, nachdem Celia den gewünschten Kontakt hergestellt hatte, erfuhr sie von Sam Hawthorne, daß die Erprobung von Thalidomid schon bald in beiden Heimen durchgeführt werden würde.

Eine eher unbedeutende Angelegenheit schien damit erledigt.

Trotz ihres anstrengenden Berufslebens fanden Andrew und Celia Zeit, sich nach Häusern umzusehen, die zum Verkauf standen. Celia entdeckte eins, das ihr gut gefiel; es lag in Convent Station, einer Wohngegend in Morris Township mit Rasenflächen und Bäumen zwischen den weit verstreut liegenden Häusern. Als sie Andrew anrief, hob sie hervor, daß das Haus nur zwei Meilen von seiner Praxis entfernt und das St. Bede's Hospital fast noch näher war. »Das ist wichtig«, erklärte Celia, »denn ich möchte nicht, daß du lange unterwegs bist, vor allem nicht, wenn du nachts herausgeholt wirst.«

Bis zur Felding-Roth-Zentrale in Boonton waren es zehn Meilen mit dem Auto. Da Celia jedoch meistens in anderen Teilen von New Jersey zu tun hatte, spielte das keine Rolle.

Aber das große unbewohnte und vernachlässigte Haus im Kolonialstil mit weißem Gebälk erschreckte Andrew. »Diese heruntergekommene Scheune ist nichts für uns, Celia!« protestierte er. »Und selbst wenn wir es aufmöbeln, was fast unmöglich erscheint – sag mir bitte, was wir mit fünf Schlafzimmern anfangen sollen!«

»Eins für uns«, erklärte seine Frau geduldig, »eins für jedes der beiden Kinder; und wenn sie erst mal da sind, werden wir jemanden brauchen, der im Haus wohnt, das wäre also noch mal eins.« Das fünfte Schlafzimmer sollte für Gäste sein. »Meine Mutter wird uns gelegentlich besuchen, und deine vielleicht auch.«

Celia stellte sich auch »ein gemütliches Arbeitszimmer« vor, »das wir uns teilen könnten, damit wir zusammen sind, wenn wir Arbeit mit nach Hause bringen«.

Obwohl Andrew nicht die Absicht hatte, eine derart unpraktische Idee zu unterstützen, lachte er. »Du planst wirklich weit voraus.«

»Wir wollen doch beide verhindern, daß wir alle paar Jahre umziehen müssen, nur weil wir immer mehr Platz brauchen und nicht vorausgeplant haben«, gab Celia zu bedenken. Sie sah sich um und ließ ihren Blick über den mit Spinnweben bedeckten, vor Schmutz starrenden Flur des Hauses schweifen, in dem sie an einem Sonntagnachmittag im Januar standen, während fahles Licht durch die schmutzigen Fenster fiel. »Dieses Haus muß nur geputzt, neu gestrichen und eingerichtet werden, dann ist es wunderschön – ein Zuhause, das wir nur verlassen werden, wenn wir unbedingt müssen.«

»Ich verlasse es augenblicklich«, sagte Andrew. »Was dieses Haus am meisten benötigt, ist ein Bulldozer.« Er schüttelte ungeduldig den Kopf. »Du hattest bisher in vielen Dingen recht, diesmal aber nicht.«

Celia gab nicht auf. Sie schlang die Arme um Andrew und stellte sich auf die Zehenspitzen, um ihm einen Kuß zu geben. »Ich glaube trotzdem, daß ich recht habe. Laß uns nach Hause gehen und noch mal darüber reden.«

Ein paar Stunden später willigte Andrew zögernd ein, und bereits am nächsten Tag handelte Celia einen Preis aus, machte den Kauf perfekt und nahm eine Hypothek auf. Die Anzahlung bereitete keine Schwierigkeiten, denn sie hatten beide in den vergangenen Jahren etwas gespart und verdienten auch jetzt nicht schlecht.

Ende April zogen sie ein, und Andrew mußte zugeben, daß er sich in dem Haus getäuscht hatte. »Es gefällt mir schon jetzt«, sagte er gleich am ersten Tag. »Vielleicht werde ich es eines Tages richtig gern haben.« Die Renovierung hatte weniger gekostet als befürchtet, und das Ergebnis war beeindruckend.

Es war für beide eine glückliche Zeit, nicht zuletzt deshalb, weil Celia inzwischen im fünften Monat schwanger war.

6

Die Geburt ihres ersten Kindes verlief – wie Andrew seinen Kollegen im Krankenhaus gern erzählte – »genau nach Celias Plan«.

Im August 1958, neun Monate und eine Woche nach ihrer Hochzeit, kam ein gesundes, siebeneinhalb Pfund schweres Mädchen zur Welt, ein zufriedenes Baby, das fast nie schrie. Sie nannten es Lisa.

Schon während der Schwangerschaft hatte Celia, was den Verlauf der Geburt betraf, so feste Vorstellungen gehabt, daß es bald zu einem Zusammenstoß mit ihrem Arzt, Dr. Paul Keating, kam, einem von Andrews Kollegen im St. Bede's Hospital. Keating, ein etwas umständlicher Mann mittleren Alters, konnte es sich eines Tages nicht verkneifen, zu Andrew zu sagen: »Ihre Frau ist wirklich ganz unmöglich.«

»Ich weiß, was Sie meinen«, sagte Andrew verständnisvoll. »Aber das macht das Leben interessant. Merkwürdig ist nur, daß Dinge, die für andere Leute unmöglich erscheinen, für Celia überhaupt kein Problem darstellen.«

Ein oder zwei Tage zuvor hatte Celia zu Dr. Keating gesagt: »Ich beschäftige mich mit der natürlichen Geburt und habe auch schon mit den notwendigen Übungen begonnen.« Als der Arzt nachsichtig lächelte, fügte sie hinzu: »Ich möchte bei den Wehen aktiv mithelfen, den Augenblick der Geburt bewußt miterleben. Das heißt, daß ich keine Narkose benötige. Und einen Dammschnitt möchte ich auch nicht.«

Keatings Lächeln verschwand, er runzelte die Stirn. »Meine liebe Mrs. Jordan, diese beiden Entscheidungen muß Ihr Geburtshelfer während der Entbindung treffen.«

»Das finde ich aber nicht«, sagte Celia ruhig. »In diesem Fall wird man mich wahrscheinlich in einem Augenblick, wenn ich gerade nicht in bester Verfassung bin, überstimmen.«

»Und wenn ein Notfall eintritt?«

»Das ist etwas völlig anderes. In dem Fall müßten *Sie* die Situation beurteilen und tun, was nötig ist. Allerdings müßten Sie hinterher mich und auch Andrew davon überzeugen, daß es sich tatsächlich um einen Notfall gehandelt hat.«

Dr. Keating brummte etwas vor sich hin, dann sagte er: »Und was die Episiotomie betrifft, so soll durch den Dammschnitt direkt vor der Geburt verhindert werden, daß ein Riß entsteht, wenn der Kopf des Babys durchtritt – ein Riß, der sehr schmerzhaft ist und nicht so gut heilt wie ein sauberer chirurgischer Schnitt.«

»O doch, das ist mir schon klar«, sagte Celia. »Aber ich bin überzeugt, daß auch *Sie* sich darüber im klaren sind, wie sehr die Zahl der Ärzte und Hebammen zunimmt, die mit dieser Ansicht nicht übereinstimmen.«

Celia kümmerte sich nicht um die wachsende Mißbilligung des Arztes und fügte hinzu: »Es gibt eine ganze Menge Berichte darüber, daß solche Risse schneller verheilt sind als Dammschnitte, bei denen Infektionen oder monatelange Schmerzen auftraten.«

Dr. Keating betrachtete sie mürrisch. »Sie scheinen auf alles eine Antwort zu haben.«

»Durchaus nicht«, versicherte Celia. »Aber es handelt sich hier schließlich um meinen Körper und mein Baby.«

»Da wir schon von Ihrem Körper reden«, reagierte der Arzt gereizt, »möchte ich Sie darauf aufmerksam machen, daß durch das spätere Vernähen die Festigkeit der Vagina erhalten bleibt, auch wenn das nicht der Zweck einer Episiotomie ist.«

»Ja, natürlich«, bestätigte Celia. »Ich bin mir im klaren, daß die Scheidenfestigkeit dem erhöhten Genuß meines Partners dient. Und da ich von meinem Mann in dieser Hinsicht keine Klagen hören möchte, Doktor, werde ich, sobald das Baby da ist, mit Übungen beginnen, die die Beckenmuskeln stärken.«

Kurz darauf wechselte Celia im beiderseitigen Einverständnis den Arzt und wurde die Patientin von Dr. Eunice Nashman, der zwar älter als Dr. Keating, aber jung genug geblieben war, um viele von Celias Ideen zu teilen.

»Ihre Frau ist wirklich bemerkenswert«, vertraute Eunice Nashman Andrew nach Lisas Geburt an. »Es gab Augenblicke, in denen sie wirklich große Schmerzen hatte und ich sie fragte, ob sie ihre Meinung über die Narkose ändern wolle.«

Andrew, der vorgehabt hatte, bei der Geburt dabeizusein, aber dringend zu einem seiner Patienten gerufen worden war, fragte neugierig: »Und was hat sie gesagt?«

»Sie sagte nur: ›Nein, aber wenn mich bitte jemand festhalten könnte.‹ Und da hat eine der Schwestern den Arm um Ihre Frau gelegt und ihr Mut zugesprochen, und mehr brauchte sie nicht. Und nachdem Ihre Tochter geboren war, haben wir ihr das Baby nicht weggenommen, wie es üblich ist, sondern haben es bei ihr gelassen, und die beiden waren zusammen so friedlich, daß es wunderbar anzusehen war.«

Wie Celia es von Anfang an vorgehabt hatte, ließ sie sich ein Jahr lang von ihrer Arbeit beurlauben, um sich voll und ganz ihrer Tochter Lisa zu widmen. Sie nutzte diese Zeit auch, um die Einrichtung des Hauses in Convent Station zu vervollkommnen, das alle ihre Erwartungen erfüllte. »Ich mag es wirklich gern«, erklärte auch Andrew eines Tages.

Die ganze Zeit aber blieb Celia mit Felding-Roth in Kontakt. Sam Hawthorne war inzwischen weiter aufgestiegen und zum Verkaufsleiter für den Inlandsbereich ernannt worden. Er hatte Celia einen guten Posten versprochen, wenn sie bereit wäre, zur Firma zurückzukommen.

Es war ein erfolgreiches Jahr für Felding-Roth Pharmaceuticals. Einige Monate, nachdem Dr. Andrew Jordan das Lotromycin angewendet und einen so durchschlagenden Erfolg erzielt hatte, gab die Food and Drug Administration das Mittel zum Verkauf frei. Lotromycin war auch weiterhin erfolgreich, erntete weltweites Lob und gehörte zu den einträglichsten Produkten in der Firmengeschichte. Celias Beitrag zu dem erfolgreichen Einsatz von Lotromycin veranlaßte die Firmenleitung, Sam Hawthornes Wunsch nach ihrer Rückkehr zu unterstützen.

Aus historischer Sicht war 1959 kein besonders spektakuläres Jahr. Alaska wurde im Januar, Hawaii im Juli ein selbständiger Staat. Im April wurde der Sankt-Lorenz-Seeweg fertiggestellt. Im Mai versprach der israelische Ministerpräsident David Ben-Gurion aller

Welt, daß sein Land mit den arabischen Nachbarn Frieden schließen würde. Noch im selben Monat flogen zwei Affen an Bord einer amerikanischen Rakete dreihundert Meilen weit in den Weltraum – und überlebten. Man hoffte, daß dies eines Tages auch mit Menschen möglich sein würde.

Ein Ereignis, das Celia aufmerksam verfolgte, waren die Anhörungen eines Unterausschusses des US-Senats, dessen Vorsitz Senator Estes Kefauver führte, die im Dezember begannen. Der demokratische Senator aus Tennessee mit Ambitionen für die Präsidentschaft hatte während früherer Debatten über Verbrechensbekämpfung starkes Interesse auf sich gezogen und wünschte, erneutes Aufsehen zu erregen. Zielscheibe der neuen Anhörungen war die Pharma-Industrie.

Die meisten aus der Branche taten Kefauver als lästigen, unbedeutenden Störenfried ab. Die Pharma-Industrie hatte in Washington eine starke Lobby, und man rechnete nicht mit irgendwelchen Langzeitwirkungen. Celia war anderer Ansicht, aber das vertraute sie nur Andrew an.

Schließlich, gegen Ende des Jahres, nahm Celia ihre Arbeit als Vertreterin in ihrem Verkaufsgebiet in New Jersey wieder auf. Schon vorher hatte sie über das St. Bede's Hospital eine pensionierte Krankenschwester gefunden, die tagsüber ins Haus kam und sich um Lisa kümmerte. Es war typisch für Celia, daß sie dieses Arrangement testete, indem sie mit Andrew einen Ausflug aufs Land machte und die ältere Frau sich selbst überließ. Alles klappte ausgezeichnet.

Gelegentlich kam Celias Mutter Mildred aus Philadelphia zu Besuch und freute sich, wenn die Tagesschwester einmal nicht da war und sie aushelfen und dabei ihre Enkelin besser kennenlernen konnte.

Mildred und Andrew verstanden sich ausgezeichnet, und Celia kam ihrer Mutter mit der Zeit so nah wie nie zuvor. Das lag vielleicht auch daran, daß Celias jüngere Schwester Janet jetzt sehr weit entfernt in den Vereinigten Emiraten lebte, nachdem sie einen Geologen geheiratet hatte, der bei einer Ölgesellschaft tätig war.

Und so erhielten Celia und Andrew von mehreren Seiten Unterstützung und konnten sich wieder ganz ihrer beruflichen Karriere widmen.

Bei Andrew gab es allerdings etwas, das ihm die Arbeit ein wenig verleidete, ohne daß er wußte, welche Bedeutung es hatte. Es betraf Noah Townsend.

Andrews Seniorpartner hatte einige Male in größeren Zeitabständen Anzeichen einer gewissen emotionalen Instabilität, ein »wunderliches Benehmen«, an den Tag gelegt. Was Andrew vor allem irritierte, war die Tatsache, daß dieser Zustand dem sonst so ausgeglichenen Wesen des älteren, würdigen Arztes so wenig entsprach.

Drei Vorfälle hatte Andrew selbst miterlebt.

Einmal passierte es, daß Noah, als er sich mit Andrew im Sprechzimmer unterhielt, die Geduld verlor, nur weil sie von einem Telefonanruf unterbrochen wurden. Er wies den Anrufer schroff ab, riß dann kurzerhand die Telefonleitung aus der Wand und warf den Apparat quer durchs Zimmer, so daß er gegen einen Aktenschrank krachte und zerbrach. Dann redete Noah weiter, als sei nichts geschehen.

Am nächsten Tag stand ein neues Telefon auf Noahs Schreibtisch; das Vorkommnis wurde nicht mehr erwähnt.

Einige Wochen später ließ Andrew sich von Noah im Auto mitnehmen. Plötzlich trat er zu Andrews Entsetzen den Gashebel durch, und sie rasten durch Morristown, schleuderten um Straßenecken und mißachteten eine rote Ampel. Andrew schrie auf, aber Noah schien ihn nicht zu hören. Sie hatten Glück, daß es keinen Unfall gab, bis sie den Parkplatz des St. Bede's Hospitals erreichten und dort mit quietschenden Reifen zum Stehen kamen. Andrew protestierte, aber Noah zuckte nur die Achseln, und als Andrew ihn beim nächsten Mal sah, fuhr er wieder mit ganz normaler Geschwindigkeit.

Ein dritter Vorfall, der besorgniserregendste, hatte einige Zeit später mit Mrs. Parsons, ihrer Sekretärin und Sprechstundenhilfe, zu tun, die schon lange vor Andrews Zeit für Noah gearbeitet hatte. Violet Parsons war Mitte Sechzig, wurde schon etwas langsam und war zuweilen vergeßlich. Aber es handelte sich selten um etwas Wichtiges, und sie konnte mit den Patienten umgehen. Sie und Andrew kamen gut miteinander aus, und ihre Verehrung für Noah, die fast an Bewunderung grenzte, war Anlaß zu heimlichen Späßen.

Bis zu der Sache mit dem Scheck.

Als sie einen zur Begleichung einer Büromaterialrechnung ausschrieb, unterlief ihr ein Fehler. Die Rechnung belief sich auf 45 Dollar. Sie vertauschte die beiden Ziffern, stellte den Scheck über 54

Dollar aus und legte ihn zur Unterschrift auf Noahs Schreibtisch. Das Ganze war nicht weiter schlimm, denn der überschüssige Betrag würde auf der Abrechnung des nächsten Monats als Gutschrift erscheinen.

Aber Noah kam mit dem Scheck in der Hand aus seinem Sprechzimmer gestürmt und schrie Violet Parsons an: »Sie dumme Gans! Wollen Sie mich ruinieren?«

Andrew, der in diesem Augenblick die Praxis betrat, wollte seinen Ohren nicht trauen. Genausowenig wie Violet, die würdevoll aufstand und erwiderte: »So hat noch niemand mit mir gesprochen, Dr. Townsend, und ich werde es auch nicht zulassen. Ich gehe und komme nie wieder.«

Als Andrew vermitteln wollte, fuhr Noah ihn an: »Halten Sie sich da raus!« Und Violet sagte: »Vielen Dank, Dr. Jordan, aber hier kann ich nicht mehr arbeiten.«

Am nächsten Tag wollte Andrew das Thema noch einmal ansprechen, aber Noah brummte nur: »Sie hat ihre Arbeit nicht ordentlich gemacht. Ich habe schon eine Neue eingestellt; sie fängt morgen an.«

Hätten sich derartige Vorfälle nicht in so großen Abständen ereignet, wäre Andrew vielleicht nachdenklicher geworden. So aber meinte er: Wenn man älter wird, führt der tägliche Streß schneller zu Spannungen, die sich irgendwann entladen. Das ist nur menschlich. Andrew spürte zuweilen selbst eine gewisse Gereiztheit, die er aber im Zaum hielt. Noah hatte sie offenbar nicht zügeln können.

Dennoch beunruhigten ihn diese Vorfälle.

Celia hatte beruflich mehr Glück.

An einem Tag im Februar 1960, als sie in die Zentrale von Felding-Roth gefahren war, um dort etwas zu erledigen, ließ Sam Hawthorne sie in sein Büro rufen. Sam war gut gelaunt und begrüßte Celia herzlich. Die neue Verantwortung, die ihm mit der Leitung der Verkaufsabteilung Inland übertragen worden war, schien ihn nicht übermäßig zu strapazieren – ein gutes Zeichen, dachte sie, auch in Anbetracht ihrer eigenen Pläne. Aber Sams Haare hatten sich merklich gelichtet; an seinem vierzigsten Geburtstag in genau einem Jahr würde er wahrscheinlich völlig kahl sein, was ihm aber nicht schlecht zu Gesicht stehen würde.

»Ich wollte wegen der Verkaufstagung mit Ihnen reden.«

Celia wußte bereits, daß die Verkaufstagung von Felding-Roth, die alle zwei Jahre abgehalten wurde, im April im New Yorker *Waldorf-Astoria Hotel* stattfinden sollte. Es war eine geschlossene Veranstaltung, an der alle Angestellten der Firma, die mit dem Verkauf in den USA zu tun hatten, sowie die Mitarbeiter der ausländischen Niederlassungen teilnahmen. Auch der Vorsitzende, der Präsident und einige andere Angehörige der Geschäftsleitung würden während des dreitägigen Treffens anwesend sein.

»Ich rechne damit dabeizusein«, sagte Celia. »Und ich hoffe, Sie wollen mir jetzt nicht sagen, daß nur Männer eingeladen sind.«

»Erstens sind nicht nur Männer eingeladen, und zweitens möchte die Firmenleitung, daß Sie einen Vortrag halten.«

»Aber gern«, sagte Celia.

»Das dachte ich mir«, bemerkte Sam trocken. »Und jetzt zum Thema. Ich habe mit Eli Camperdown gesprochen, und er und die anderen würden gern etwas über Ihre Verkaufserfahrungen hören – als Frau. Das Thema, das vorgeschlagen wurde, heißt: ›Der Verkauf von Arzneimitteln aus der Sicht einer Frau‹.«

»Das ist zwar nicht direkt was für'n Kinoplakat«, bemerkte Celia, »aber ich werd's trotzdem tun.«

»Der Vortrag sollte möglichst locker und humorvoll sein«, fuhr Sam fort. »Nichts Schweres oder Ernstes. Nichts Kontroverses. Und nicht länger als zehn bis fünfzehn Minuten.«

»Ich verstehe«, sagte Celia nachdenklich.

»Wenn Sie wollen, können Sie einen Entwurf einreichen. Ich würde ihn durchsehen und vielleicht ein paar Vorschläge machen.«

»Ich werde mich an dieses Angebot gern erinnern«, sagte Celia, die bereits Ideen für ihre Rede, aber keineswegs die Absicht hatte, irgend etwas einzureichen.

»Die Umsätze in Ihrem Gebiet waren ausgezeichnet«, lobte Sam. »Weiter so!«

»Das habe ich auch vor«, bestätigte Celia, »allerdings wären ein paar neue Produkte dabei sehr hilfreich. Was ist übrigens mit diesem Thalidomid geworden, von dem Mr. Camperdown vor einem Jahr gesprochen hat?«

»Wir haben es fallenlassen. Haben es der Chemie-Grünenthal zurückgegeben.«

»Warum?«

»Unsere Leute von der Forschung meinten, es sei kein gutes Präparat«, erklärte Sam. »Sie haben es in den Altersheimen getestet, die Sie uns vermittelt haben. Als Schlafmittel schien es nicht viel zu taugen.«

»Und das ist das Aus?«

»Was Felding-Roth betrifft, ja. Allerdings hörte ich gerade, daß Merrell es nehmen will. Sie nennen es Kevadon und wollen es hier bei uns und in Kanada ganz groß rausbringen. Bei dem Erfolg, den das Thalidomid in Europa hat, ist das nicht weiter erstaunlich«, fügte er hinzu.

»Sie scheinen darüber nicht gerade glücklich zu sein«, stellte Celia fest. »Glauben Sie, daß unsere Firma einen Fehler gemacht hat?«

Sam zuckte die Achseln. »Mag sein. Aber wir können nur das in den Handel bringen, was unsere Forschungsabteilung gutheißt, und dieses Mittel hat sie abgelehnt.« Er zögerte ein wenig. »Ich will es Ihnen ruhig sagen, Celia: Manche haben Sie kritisiert, weil sich unsere Tests mit Thalidomid auf alte Menschen beschränkt haben und nicht auf breiterer Basis durchgeführt wurden – wie es Vincent Lord ursprünglich vorgeschlagen hatte.«

»Und Sie? Kritisieren Sie mich auch?«

»Nein. Ich habe Ihnen damals zugestimmt, wenn Sie sich erinnern.«

»Ja, ich weiß.« Celia dachte nach, dann fragte sie: »Und die anderen – sind die wichtig?«

»Für Sie?« Sam schüttelte den Kopf. »Ich glaube nicht.«

An den folgenden Abenden und Wochenenden arbeitete Celia zu Hause an ihrer Rede für die Verkaufstagung. In dem ruhigen, gemütlichen Arbeitszimmer, das sie und Andrew sich teilten, umgab sie sich mit allen möglichen Papieren und Aktennotizen.

»Du heckst da doch irgendwas aus, nicht wahr?« fragte Andrew eines Sonntags, als er ihr zusah.

»Stimmt«, gab sie zu.

»Darf ich erfahren, was?«

»Ich erzähl's dir später«, sagte Celia. »Wenn ich es dir jetzt sage, versuchst du bestimmt, mich davon abzubringen.«

Andrew lächelte und war klug genug, es dabei zu belassen.

7

»Ich weiß, daß die meisten von Ihnen verheiratet sind«, sagte Celia und blickte vom Podium auf das Meer männlicher Gesichter hinunter. »Daher werden Sie auch wissen, wie das mit uns Frauen ist. Wir drücken uns häufig ziemlich unklar aus, geraten leicht durcheinander, und manchmal vergessen wir einfach alles.«

»Aber Sie doch nicht, Kindchen«, sagte jemand in den vorderen Reihen leise, und Celia lächelte.

»Was mir, zum Beispiel, völlig entfallen ist – wie lange ich heute eigentlich sprechen soll. Ich kann mich dunkel erinnern, daß jemand etwas von zehn bis fünfzehn Minuten gesagt hat, aber das kann doch wohl nicht stimmen, oder? Welcher Frau würde es gelingen, sich innerhalb so kurzer Zeit fünfhundert Männern vorzustellen?«

Gelächter klang auf, und aus dem hinteren Teil des Saals rief eine volltönende Stimme: »Laß dir ruhig Zeit, Baby!« Erneutes Gelächter, schrille Pfiffe und: »Völlig richtig!«, »Lassen Sie sich soviel Zeit, wie Sie brauchen!«

Celia beugte sich über das Mikrofon. »Vielen Dank! Ich hatte gehofft, daß jemand das sagen würde.« Sie vermied es, dem Blick von Sam Hawthorne zu begegnen, der nicht weit entfernt saß und sie beobachtete.

Es war Sam, der noch am Morgen zu Celia gesagt hatte: »Bei der Eröffnung einer Verkaufskonferenz sticht sie alle der Hafer. Daher geht es am ersten Tag immer ziemlich locker zu. Wir bemühen uns, die Leute ein bißchen aufzumöbeln – erzählen denen, die vom Außendienst kommen, was für tolle Kerle sie sind, was für ein prima Laden Felding-Roth ist und wie froh wir sind, sie bei uns zu haben. An den beiden folgenden Tagen wenden wir uns dann ernsteren Geschäften zu.«

»Gehöre ich zum lockeren Teil?« hatte Celia gefragt, als sie dem Programm entnommen hatte, daß sie am Nachmittag des ersten Tages reden sollte.

»Sicher. Sie sind die einzige Frau, die für uns als Vertreterin tätig ist. Viele haben schon von Ihnen gehört, und alle wollen mal was anderes sehen und hören.«

»Ich werde mich bemühen, sie nicht zu enttäuschen«, erklärte Celia.

Das war, als Sam und Celia kurz nach dem Frühstück im *Waldorf* gemeinsam mit anderen Tagungsteilnehmern auf der Park Avenue einen Spaziergang machten. In einer Stunde sollte die Konferenz beginnen. Zuvor genossen sie den milden und sonnigen Aprilmorgen. Klare, frische Winde wehten durch Manhattan, und der Frühling kündigte sich mit zahlreichen Tulpen und Narzissen auf den Promenaden der Park Avenue an. Zu beiden Seiten toste der mehrspurige Verkehr, und auf den Gehwegen strömte eine Flut von Büroangestellten an Sam und Celia vorbei, während sie selbst gemächlich dahinschlenderten.

Celia, die am frühen Morgen aus New Jersey gekommen war und die nächsten beiden Nächte im *Waldorf* bleiben sollte, hatte ihre Garderobe für diese Gelegenheit sorgfältig ausgewählt. Sie trug ein neues, maßgeschneidertes marineblaues Kostüm mit einer weißen Rüschenbluse. Celia wußte, daß sie gut aussah und daß diese Kombination aus Weiblichkeit und geschäftlicher Kühle ihr gut stand. Sie war auch froh, daß sie keine Brille mehr trug. Jetzt gehörten Kontaktlinsen, wie Andrew es auf ihrer Hochzeitsreise vorgeschlagen hatte, zum festen Bestandteil ihres Lebens.

»Sie haben also beschlossen, mir den Entwurf Ihrer Rede nicht zu zeigen«, stellte Sam plötzlich fest.

»O je!« sagte sie. »Das hab' ich ganz vergessen.«

Sam sprach mit erhobener Stimme, um sich über den Verkehrslärm hinweg verständlich zu machen. »Das mögen andere glauben – ich nicht, denn ich weiß, daß Sie fast nie etwas vergessen.«

Als Celia antworten wollte, brachte er sie mit einer Handbewegung zum Schweigen. »Sie brauchen nichts zu sagen. Ich weiß, daß Sie anders sind als die meisten, die für mich arbeiten, und das bedeutet auch, daß Sie die Dinge auf Ihre Weise anpacken, und bis jetzt haben Sie sich fast nie geirrt. Aber ich muß Sie warnen, Celia – wagen Sie sich nicht zu weit vor. Seien Sie vorsichtig. Verderben Sie sich nicht alles, indem Sie zuviel auf einmal wollen oder zu rasch vorgehen.«

Als sie umkehrten, die Park Avenue überquerten und zurück ins *Waldorf* gingen, war Celia schweigsam und nachdenklich. Ging das, was sie an diesem Nachmittag vorhatte, zu weit? überlegte sie.

Jetzt, da die Verkaufstagung begonnen hatte und sie der gesamten Verkaufsmannschaft von Felding-Roth im Astor Room des *Waldorf* gegenüberstand, wurde ihr klar, daß sie dabei war, es herauszufinden.

Ihre Zuhörer waren zum größten Teil Vertreter sowie Inspektoren und Bezirksleiter, alle von Außenposten der Firma, von Alaska bis Florida, Hawaii, Kalifornien, den Dakotas, Texas, New Mexico, Maine und vielen anderen Gegenden. Für die meisten war es der einzige direkte Kontakt, den sie alle zwei Jahre mit ihren Vorgesetzten in der Geschäftszentrale hatten. Es war eine Zeit des kameradschaftlichen Zusammenseins und frisch auflebender Begeisterung. Neue Ideen und Produkte wurden vorgestellt und bei manchen sogar Idealismus und Hingabe wiedergeweckt. Es herrschte lärmende gute Laune, Lust auf Frauen und Alkohol – Dinge, wie sie zu jeder Verkaufstagung in jeder anderen Branche an jedem anderen Ort auch gehören.

»Als ich eingeladen wurde, vor Ihnen zu sprechen«, erklärte Celia ihren Zuhörern, »schlug man mir vor, einige Erfahrungen, die ich als Vertreterin gesammelt habe, zu beschreiben, und das will ich tun. Man hat mich davor gewarnt, allzu Ernstes oder Kontroverses vorzubringen. Aber darauf kann ich leider nicht verzichten. Wir alle wissen, daß es sich bei unserer Tätigkeit um ein ernstes Geschäft handelt. Wir sind Teil eines Unternehmens, das wichtige, lebenswichtige Produkte auf den Markt bringt. Daher sollten wir uns bemühen, ernst zu sein. Und genau das will ich tun. Aber ich glaube auch noch etwas anderes: Ich glaube, daß gerade wir, die wir an der vordersten Front tätig sind, fähig sein sollten, offen, ehrlich und wenn nötig kritisch miteinander umzugehen.«

Während sie sprach, war sich Celia nicht nur der vielen Vertreter unter den Zuhörern bewußt, sondern auch einer kleineren Gruppe, die auf den reservierten Plätzen in den beiden vorderen Reihen saß: die Führungskräfte von Felding-Roth – der Vorsitzende des Aufsichtsrats, der Präsident, der Vizepräsident, der Leiter der Verkaufsabteilung und ein Dutzend andere. Sam Hawthorne, dessen fast kahler Kopf wie ein Leuchtturm herausragte, saß mitten unter ihnen.

Eli Camperdown saß ganz vorn in der Mitte, wie es sich für den Präsidenten geziemte, neben ihm der alte und gebrechliche Vorsitzende des Aufsichtsrats, Floyd VanHouten, der die Firma vor zehn Jahren geleitet und geformt hatte. Heute beschränkten sich VanHoutens Pflichten offiziell hauptsächlich darauf, den Sitzungen des Direktoriums vorzustehen, aber er hatte trotzdem noch immer einen starken Einfluß

»Ich habe den Ausdruck ›kritisch‹ benutzt«, sagte Celia ins Mikrofon, »und genau das beabsichtige ich zu sein – auch wenn es dem einen oder anderen unter Ihnen nicht gefallen wird. Dafür gibt es einen einfachen Grund: Ich möchte einen positiven Beitrag zu dieser Veranstaltung leisten und nicht nur als Schmuckstück dienen. Außerdem bewegt sich alles, was ich sagen werde, innerhalb der Grenzen des Themas, das man mir gestellt hat und das im Programm mit ›Der Verkauf von Arzneimitteln aus der Sicht einer Frau‹ angeführt ist.«

Die Aufmerksamkeit aller war jetzt auf sie gerichtet. Im Saal war es mucksmäuschenstill.

Das war ihre größte Sorge gewesen – ob sie das geweckte Interesse würde wachhalten können. Als sie am Morgen nach dem Spaziergang auf der Park Avenue die volle, rauchige, lärmerfüllte Vorhalle betreten hatte, in der sich die Teilnehmer versammelten, hatte Celia zum ersten Mal, seit sie zugestimmt hatte, den Vortrag zu halten, Nervosität verspürt. Sie mußte sich eingestehen, daß die Felding-Roth-Verkaufstagung, jedenfalls im Augenblick, eben doch eine männliche Angelegenheit war – mit jovialem Schulterklopfen, zweideutigen Witzen und polterndem Gelächter, vermischt mit mehr oder weniger – aber eher weniger – originellen Gesprächen. Celia konnte schon nicht mehr zählen, wie oft sie »Tag, lange nicht gesehen, was?« gehört hatte, als wäre es eine neue, eben erfundene Redensart.

»Genau wie Ihnen«, fuhr sie fort, »liegt auch mir sehr viel an dieser Firma, für die wir arbeiten, und an der pharmazeutischen Industrie, zu der wir gehören. Beide haben in der Vergangenheit Gutes geleistet und werden das auch in Zukunft tun. Aber es gibt einige Dinge, die nicht ganz in Ordnung sind, ganz und gar nicht in Ordnung, vor allem beim Verkauf. Ich möchte Ihnen gern sagen, welche Dinge das meiner Meinung nach sind und wie man sie ändern könnte.«

Celia warf einen Blick zu der Reihe hinüber, in der die Geschäftsleitung saß, und entdeckte auf mehreren Gesichtern Unbehagen; ein paar Zuhörer rutschten unruhig auf ihren Stühlen hin und her. Ganz offensichtlich waren ihre Worte nicht gerade das, was man erwartet hatte. Sie blickte in eine andere Richtung und versuchte, sich zu konzentrieren.

»Bevor wir heute morgen hierherkamen, haben wir alle die Wimpel und den Ausstellungsstand für Lotromycin gesehen – ein hervorragendes Heilmittel, ein ganz großer Durchbruch in der Medizin, und ich für meinen Teil bin stolz darauf, es verkaufen zu dürfen.«

Die Männer klatschten, und es waren ein paar freundliche Zurufe zu hören. Celia machte eine Pause. Die Stände in der Vorhalle stellten ein Dutzend der wichtigsten Präparate von Felding-Roth zur Schau, aber sie hatte das Lotromycin erwähnt, weil sie persönlich damit zu tun hatte.

»Wenn Sie sich eine der Broschüren ansehen – manche von Ihnen werden das schon getan haben –, dann werden Sie feststellen, daß darin die Anwendung von Lotromycin durch meinen Mann beschrieben ist. Er ist Arzt – Internist. Mein Mann hat mit diesem und einigen anderen Mitteln ausgezeichnete Erfahrungen gemacht. Er hat aber auch schlechte Erfahrungen mit Arzneimitteln und mit Vertretern gemacht, die ihn getäuscht haben, weil sie ihm über die Medikamente falsche Informationen gaben. Er steht mit dieser Erfahrung nicht allein. Andere Ärzte – viel zu viele, wie ich aus Berichten, die ich gesammelt habe, weiß – teilen diese Erfahrung. Das ist etwas in unserem Geschäft, das sich ändern sollte und das geändert werden kann.«

Celia war sich darüber im klaren, daß sie sich nun auf gefährlichem Boden befand. Sie sah die Zuhörer an und überlegte ihre Worte sorgfältig, bevor sie fortfuhr:

»Als Folge seiner Erfahrungen als Arzt teilt mein Mann, wie er mir sagte, die Pharma-Vertreter in drei Gruppen ein – in diejenigen, die ihm ehrlich Auskunft über die Produkte ihrer Firmen geben, einschließlich nachteiliger Nebenwirkungen; in jene, die nicht informiert sind und ihm keine richtige Auskunft über das Präparat geben können, für das sie werben; und in diejenigen, die ihm alles mögliche, ja sogar Lügen auftischen, nur um ihn dazu zu bringen, seinen Patienten das Mittel zu verschreiben, das sie anbieten.

Ich würde gern sagen, daß die erste dieser drei Gruppen – die Vertreter, die informiert und ehrlich sind – die größte Gruppe ist und daß die anderen beiden kaum vorkommen. Leider aber ist das nicht der Fall. Die zweite und dritte Gruppe überwiegen, umfassende und richtige Information ist selten. Das trifft auf alle Firmen im pharmazeutischen Bereich zu, auch auf uns.«

Celia konnte jetzt Anzeichen von Bestürzung erkennen, nicht nur unter den vorn sitzenden leitenden Angestellten, sondern auch weiter hinten. Das allgemeine mißmutige Gemurmel wurde übertönt von einem: »He, was soll *das* denn?«

Sie hatte diese Reaktion vorausgesehen und einkalkuliert. Als sie weitersprach, war ihre Stimme kräftig und durchdringend.

»Ich bin überzeugt, daß Sie sich jetzt zwei Fragen stellen. Erstens: ›Woher will sie das alles wissen, und kann sie es überhaupt beweisen?‹ Und zweitens: ›Warum erzählt sie uns das gerade jetzt, zu einem Zeitpunkt, an dem wir glücklich und zufrieden sind und uns wohl fühlen und keine unangenehmen Dinge hören wollen?‹«

Wieder eine Stimme aus den Reihen der Zuhörer: »Verdammt richtig, genau das würden wir gern wissen!«

»Das sollen Sie auch!« gab Celia zurück. »Sie haben das Recht auf eine Antwort, und ich werde sie Ihnen geben.«

»Hoffentlich eine gute!«

Auf noch etwas hatte Celia gesetzt – darauf, daß sie, welche Reaktionen ihre Rede auch hervorrufen mochte, Gelegenheit haben würde, sie zu Ende zu bringen. Das schien der Fall zu sein. Obwohl in den Reihen der Geschäftsführung Stirnrunzeln und Mißbilligung vorherrschten, stand niemand auf, um ihr das Wort zu entziehen.

»Der Grund dafür, daß ich weiß, wovon ich rede«, erklärte Celia, »ist, daß ich selbst zu dieser zweiten Gruppe gehört habe – zu den uninformierten. Weil ich ungenügend ausgebildet war, als ich loszog, um den Ärzten Medikamente anzupreisen. Im Grunde hatte ich so gut wie gar keine Ausbildung. Und in diesem Zusammenhang möchte ich Ihnen eine Geschichte erzählen.«

Sie beschrieb die Begegnung mit dem Arzt in North Platte, der sie beschuldigt hatte, »unzureichende Kenntnisse« zu besitzen, und ihr die Tür gewiesen hatte. Celia erzählte die Geschichte sehr farbig, und es wurde wieder völlig still im Saal. Manche nickten, andere murmelten Zustimmung. Celia vermutete, daß eine ganze Reihe von Vertretern anwesend waren, die ähnliche Erfahrungen gemacht hatten.

»Der Doktor hatte recht«, fuhr sie fort. »Ich war einfach nicht kompetent genug, um mit hochqualifizierten Ärzten über Medikamente zu reden, obgleich man es mir hätte beibringen müssen, bevor man mich losschickte.«

Sie griff hinter sich und nahm einen Aktenordner vom Tisch.

»Ich habe vorhin Berichte von Ärzten erwähnt, die von Vertretern falsch informiert wurden. Ich habe in den knapp vier Jahren, seit ich für Felding-Roth arbeite, solche Berichte gesammelt. Lassen Sie mich ein paar Beispiele zitieren.«

Celia zog ein Blatt aus dem Ordner. »Wie Sie wissen, gibt es ein rezeptpflichtiges Arzneimittel namens Pernaltone. Es ist ein ausgezeichnetes Medikament zur Behandlung von Bluthochdruck und gehört zu den gut verkäuflichen Produkten von Felding-Roth. Aber es sollte nie von Patienten mit rheumatischen Beschwerden oder Diabetes eingenommen werden. Das wäre gefährlich, und in der Fachliteratur wird ausdrücklich davor gewarnt. Trotzdem haben Vertreter dieser Firma vier Ärzten in New Jersey und zwei weiteren in Nebraska versichert, daß Pernaltone für *alle* Patienten unschädlich sei, einschließlich jener mit den erwähnten Krankheiten. Ich habe hier die Namen der Ärzte, falls Sie sie sehen wollen. Natürlich sind es nur die, von denen ich zufällig weiß. Bestimmt gibt es noch andere, vermutlich sehr viele.

Zwei der genannten Ärzte haben die Information nachgeprüft und festgestellt, daß sie nicht stimmte. Zwei andere haben den Angaben Glauben geschenkt und das Pernaltone Patienten mit Bluthochdruck verschrieben, die auch Diabetiker waren. Mehrere dieser Patienten wurden sehr krank, einer wäre fast gestorben, hat sich aber schließlich Gott sei Dank wieder erholt.«

Celia zog ein weiteres Blatt aus ihrer Akte. »Eine unserer Konkurrenzfirmen hat ein Antibiotikum, Chloromycetin, auf dem Markt, ebenfalls ein erstklassiges Mittel, das aber nur bei ernsten Infektionen angewandt werden sollte, denn zu seinen möglichen Nebenwirkungen gehören Veränderungen im Blut, die sogar zum Tode führen können. Und dennoch – ich besitze wieder Daten, Namen und Orte – haben die Vertreter dieser Firma den Ärzten versichert, daß das Mittel harmlos sei. Und jetzt komme ich zurück zu Felding-Roth…«

Im weiteren Verlauf ihrer Rede häuften sich die belastenden Beweise.

»Ich könnte noch viel mehr aufzählen«, sagte Celia nach einer Weile, »werde das aber nicht tun, denn in dieser Akte hier ist alles genau aufgezeichnet, so daß sich jeder selbst davon überzeugen kann. Aber ich werde die zweite Frage beantworten: Warum habe ich das alles ausgerechnet heute vorgebracht?

Ich habe es hier und heute vorgebracht, weil es für mich keine andere Möglichkeit gab, darauf aufmerksam zu machen. Seit einem

Jahr habe ich mich immer wieder bemüht, jemanden in der Firma dazu zu bringen, mir zuzuhören und sich meine Akte anzusehen. Aber niemand war dazu bereit.«

Jetzt richtete Celia ihren Blick auf die beiden Reihen mit den Führungskräften. »Man mag der Ansicht sein, daß das, was ich heute getan habe, eigensinnig, ja sogar dumm ist. Vielleicht ist es das auch. Aber ich möchte betonen, daß ich es aus tiefer Überzeugung und aus Sorge getan habe – um diese Firma, um unsere Branche und um ihren guten Ruf.

Dieser gute Ruf ist getrübt, und doch tun wir wenig oder gar nichts dagegen. Die meisten von uns werden wissen, daß gegenwärtig im Kongreß Anhörungen über die pharmazeutische Industrie stattfinden. Diese Debatten richten sich gegen uns, und dennoch scheint es in der gesamten Pharma-Industrie kaum jemanden zu geben, der das ernst nimmt. Aber es ist ernst. Schon jetzt werden wir von der Presse kritisiert; und bald wird es einen öffentlichen Schrei nach Reformen geben. Wenn wir nicht schleunigst selbst etwas unternehmen, um unsere Verkaufspraktiken und unseren Ruf zu verbessern, dann wird es die Regierung für uns tun – und zwar auf eine Weise, die keinem von uns gefallen, die uns vielmehr nur schaden wird.

Aus all diesen Gründen möchte ich unsere Firma dringend bitten, als erste die Initiative zu ergreifen – indem sie ein Verkaufsethos aufstellt und indem sie für ihre Vertreter ein Ausbildungs- und Trainingsprogramm entwickelt. Ich habe dafür bereits ein paar Ideen ausgearbeitet.« Celia machte eine Pause und lächelte. »Falls sich jemand dafür interessiert – sie befinden sich ebenfalls in meiner Akte.«

Und dann schloß sie mit den Worten: »Vielen Dank, ich wünsche noch einen schönen Nachmittag.«

Als Celia ihre Papiere zusammensammelte und sich daran machte, das Podium zu verlassen, gab es vereinzelten schwachen Beifall, der aber fast sofort wieder verstummte. Ganz offensichtlich richteten sich die meisten nach der kleinen Gruppe leitender Angestellter, die nicht applaudierten und deren Gesichter Mißbilligung verrieten. Der Vorsitzende des Aufsichtsrats schien verärgert; er redete mit leiser Stimme heftig auf den Präsidenten von Felding-Roth, Eli Camperdown, ein, der zustimmend nickte. Der Leiter der Verkaufsabteilung, Irving Gregson, ein New Yorker, der erst kürzlich befördert worden war, ging auf Celia zu. Gregson war von athletischem Wuchs, freundlich und beliebt. Jetzt aber war sein Gesicht finster und rot angelaufen. »Junge Frau«, erklärte er, »Sie waren bösartig und anmaßend, und außerdem stimmen Ihre sogenannten Tatsachen nicht. Das werden Sie noch bereuen. Wir werden uns später mit Ihnen befassen, im Augenblick aber fordere ich Sie auf, die Tagung zu verlassen.«

»Sir«, sagte Celia, »wollen Sie sich das Material nicht wenigstens einmal ansehen...«

»Ich werde mir nichts ansehen!« Gregsons Stimme war durch den ganzen Saal zu hören. »Machen Sie, daß Sie rauskommen!«

»Auf Wiedersehen, Mr. Gregson«, sagte Celia. Sie drehte sich um und ging mit festen Schritten und hoch erhobenen Hauptes zum Ausgang. Später würde Zeit sein, das Ganze zu bereuen und niedergeschlagen zu sein, im Augenblick aber hatte sie nicht die Absicht, sich vor dieser Versammlung von Männern geschlagen zu geben, sich als Schwächling zu erweisen. Dennoch, sie *war* geschlagen, und natürlich hatte sie geahnt, daß es so kommen würde, auch wenn sie das Gegenteil erhofft hatte. Für Celia waren die aufgeführten Fehler so offensichtlich und einleuchtend, wurden Reformen so dringend benötigt, daß sie sich nur schwer hatte vorstellen können, daß die anderen ihr nach Kenntnis der Tatsachen nicht zustimmen würden.

Aber sie hatten ihr nicht zugestimmt. Und damit war ihre Tätigkeit bei Felding-Roth mit ziemlicher Sicherheit beendet oder würde es in Kürze sein. Schade. Sam Hawthorne würde wahrscheinlich betonen, er habe sie gewarnt – sie war zu weit gegangen, hatte zuviel erreichen wollen. Auch Andrew hatte sie gewarnt – damals, beim Rückflug von ihrer Hochzeitsreise, als sie ihm erzählt hatte, daß sie eine Akte mit Berichten von Ärzten zusammenstellen wolle. Sie erinnerte sich noch an Andrews Worte: *»Das ist aber eine ziemlich große Sache. Und nicht ohne Risiko.«* Wie recht er gehabt hatte! Doch es hatte etwas mit Prinzipien zu tun und mit ihrer eigenen Integrität, und Celias Entschluß hatte schon vor langer Zeit festgestanden, in dieser Hinsicht niemals Kompromisse zu schließen. Wie hieß der Ausspruch Hamlets, den sie in der Schule gelernt hatte: *»Vor allem sei dem eignen Selbst getreu...«* Allerdings zahlte man dafür seinen Preis. Und manchmal einen ziemlich hohen.

Als sie durch den Saal ging, war sie sich der mitfühlenden Blicke einiger Anwesender bewußt, die noch auf ihren Plätzen saßen. Das hatte sie nicht erwartet – nach der Kritik, die sie geübt hatte. Aber das machte jetzt auch keinen Unterschied mehr.

»Einen Augenblick, bitte!« Erschrocken hörte sie plötzlich von irgendwoher eine Stimme aus dem Lautsprecher dröhnen. »Mrs. Jordan, würden Sie bitte warten?«

Celia zögerte und blieb stehen, als die Stimme wiederholte: »Warten Sie bitte, Mrs. Jordan!«

Sie drehte sich um und stellte erstaunt fest, daß es Sam Hawthornes Stimme war. Sam hatte seinen Platz verlassen, war aufs Podium geklettert und beugte sich jetzt übers Mikrofon. Die anderen schienen ebenfalls erstaunt. Irving Gregson war zu hören: »Sam... was, zum Teufel?«

Sam strich sich mit der Hand über den Kopf, der im Scheinwerferlicht glänzte – eine typische Bewegung, wenn er über ein Problem nachdachte. Sein zerfurchtes Gesicht sah ernst aus. »Wenn es Ihnen nichts ausmacht, Irving, möchte ich gern etwas sagen, das alle hören sollten, bevor Mrs. Jordan uns verläßt.«

Celia überlegte, was jetzt wohl kommen mochte. Bestimmt würde Sam ihren Rauswurf nicht bekräftigen, indem er aller Welt von ihrer Unterhaltung heute morgen und seiner Warnung berichtete. Das paßte nicht zu ihm. Aber Ehrgeiz brachte manchmal Leute dazu, die merkwürdigsten Dinge zu tun. War es möglich, daß Sam glaubte, irgendeine Art Kommentar zu der Sache könne ihn in den Augen der versammelten Firmenspitze besser dastehen lassen?

Der Leiter der Verkaufsabteilung blickte zum Podium hinauf und fragte gereizt: »Was gibt's denn?«

»Nun«, sagte Sam, der dicht am Mikrofon stand, so daß seine Stimme im ganzen Saal zu hören war, in dem es jetzt mucksmäuschenstill war, »vielleicht könnte man sagen, Irving, daß ich hier oben stehe, um mich auszählen zu lassen.«

»In welcher Hinsicht?« Die Frage kam von Eli Camperdown, der aufgestanden war.

Sam Hawthorne wandte sich dem Präsidenten von Felding-Roth zu und rückte noch ein bißchen näher ans Mikrofon. »Mit Mrs. Jordan zusammen, Eli. Um zuzugeben, daß alles, was sie gesagt hat, wahr ist, auch wenn sonst niemand dazu bereit zu sein scheint. Wir wissen doch alle ganz genau, daß es wahr ist, auch wenn wir es nicht zugeben wollen.«

Im Saal herrschte ehrfürchtige Stille. Nur wenige Geräusche drangen von draußen herein – Straßenverkehrslärm von weit her; das Klirren von Glas aus einer Küche; gedämpfte Stimmen aus dem Gang draußen. Es schien, als wären alle verstummt, niemand bewegte sich, um ja kein Wort zu versäumen. In die Stille hinein fuhr Sam fort:

»Ich möchte Ihnen außerdem gern sagen, daß ich wünschte, ich hätte selbst den Mut aufgebracht, eine solche Rede zu halten. Und noch etwas.«

Aber Irving Gregson unterbrach ihn: »Finden Sie nicht, daß Sie schon genug gesagt haben?«

»Lassen Sie ihn zu Ende reden«, befahl Eli Camperdown. »Jetzt kann auch gleich alles an die große Glocke gehängt werden.«

Der Leiter der Verkaufsabteilung setzte sich wieder.

»Vor allem«, fuhr Sam Hawthorne fort, »bin auch ich der Meinung, daß unsere Industrie es nicht versäumen darf, selbst etwas zu unternehmen, um Mißstände zu beheben, weil sonst Gesetze in Kraft treten, die uns dazu zwingen werden, es zu tun. Mehr noch – diese Gesetze werden uns viel mehr Einschränkungen auferlegen, als wenn wir den guten Rat, den wir gerade bekommen haben, beherzigen und unser Haus selbst in Ordnung bringen.

Und schließlich noch etwas zu Mrs. Jordan. Sie hat schon des öfteren unter Beweis gestellt, wie wertvoll sie für unsere Firma ist. Meiner Meinung nach hat sie das heute wieder getan, und wenn wir sie jetzt fortschicken, sind wir alle kurzsichtige Narren.«

Celia konnte kaum glauben, was sie da hörte. Sie schämte sich, Sams Motive jemals angezweifelt zu haben. Ihr war klar, daß er gerade seine Karriere bei Felding-Roth ihretwegen aufs Spiel gesetzt hatte.

Noch immer herrschte eine unheimliche Stille im Saal. Alle schienen sich bewußt zu sein, daß sie einem Augenblick großer Dramatik beiwohnten.

Eli Camperdown machte als erster eine Bewegung, indem er an seinen Platz neben dem Vorsitzenden des Aufsichtsrats zurückkehrte und seine eindringliche Unterhaltung mit ihm fortsetzte. Diesmal war es Camperdown, der mehr sprach – es sah aus, als versuchte er den anderen zu überreden –, während VanHouten zuhörte. Zuerst schüttelte der ältere Mann resolut den Kopf, dann schien er nachzugeben, und am Ende zuckte er die Achseln. Camperdown winkte Irving Gregson herbei.

Da offenbar gerade auf höchster Ebene Entscheidungen getroffen wurden, verhielten sich die anderen abwartend. Allmählich setzte eine leise Unterhaltung ein.

Sie erstarb, als der Leiter der Verkaufsabteilung aufs Podium stieg. Er nahm Sam Hawthorne das Mikrofon ab, und der ging an seinen Platz zurück. Gregson blickte in das Meer neugieriger Gesichter, machte der Wirkung halber eine Pause und verzog das Gesicht zu einem breiten Grinsen.

»Was immer man über unsere Verkaufstagungen sagen mag«, erklärte er, »langweilig sind sie nie.«

Das war in diesem Augenblick genau das Richtige, und er erntete dröhnendes, zustimmendes Gelächter, in das selbst der mürrische VanHouten einstimmte.

»Im Namen unseres Vorsitzenden und unseres Präsidenten stelle ich fest«, sagte Gregson, »und ich schließe mich dem ausdrücklich an, daß wir vor wenigen Minuten vielleicht alle ein wenig voreilig, wenn nicht gar unklug gehandelt haben.« Wieder das breite Grinsen. »Wenn ich als kleiner Junge mal in Schwierigkeiten geriet – wie das bei allen kleinen Jungs vorkommt –, pflegte meine Mutter zu sagen: ›Irving, wenn du dich zum Narren gemacht hast und dich entschuldigen mußt, dann steh aufrecht da, sei ein Mann und entschuldige dich.‹ Meine liebe Mutter, Friede ihrer Seele, ist tot, aber ich vermeine ihre Stimme zu hören: ›Irving, mein Junge, es wäre an der Zeit!‹«

Gregson hat wirklich Stil, dachte Celia, während sie dastand und zuhörte. Kein Wunder, daß er in der Verkaufshierarchie aufgestiegen ist.

Dann sah sie, daß er direkt auf sie wies. »Mrs. Jordan, kommen Sie bitte zu mir. Und Sie auch, Sam.«

Als alle drei auf dem Podium standen – Celia ganz benommen, weil sie es noch immer nicht fassen konnte –, sagte Gregson: »Ich habe versprochen, mich zu entschuldigen, Mrs. Jordan, und ich tue es hiermit. Wir werden Ihre Vorschläge sorgfältig prüfen. Und wenn es Ihnen recht ist, werde ich Ihnen jetzt diese dicke Akte abnehmen.«

Gregson drehte sich zu den Zuhörern um. »Wissen Sie nun, warum wir eine so großartige Firma sind...«

Seine nächsten Worte gingen in tosendem Beifall unter, und einen Augenblick später war Celia von Direktoren und Kollegen umringt, die ihr die Hand schütteln und ihr gratulieren wollten.

»Warum haben Sie das riskiert?« fragte Sam Hawthorne.

»Und Sie?« erwiderte Celia. »Warum haben Sie es getan?«

Eine Woche war vergangen, und Celia und Andrew verbrachten den Abend bei den Hawthornes. Während des Essens – ein ausgezeichnetes Dinner, das Lilian Hawthornes kulinarische Fähigkeiten unter Beweis stellte – hatten sie das Thema Verkaufstagung vermieden und über andere Dinge geredet. Ein paar Tage zuvor hatten die Russen den Abschuß eines amerikanischen Aufklärungsflugzeugs vom Typ U-2 und die Gefangennahme des Piloten, Gary Powers, bekanntgegeben. Moskau beschuldigte die USA der Spionage. Die Vereinigten Staaten leugneten zunächst, aber schon bald mußte Präsident Eisenhower mit rotem Kopf zugeben, daß es stimmte. Die meisten Amerikaner, so meinten die Hawthornes und die Jordans, waren davon peinlich berührt.

In Großbritannien hatte Prinzessin Margaret, die Schwester der Königin, durch die Eheschließung mit Antony Armstrong-Jones, einem Berufsfotografen, Anlaß zu Klatsch und Tratsch gegeben. Man fragte sich, ob diese Heirat das Ansehen des Throns schmälern würde. Andrew glaubte nicht daran.

Nach dem Essen hörten sie sich eine neue Schallplatte von Elvis Presley an – *Fame and Fortune,* eine Pop-Ballade. Presley hatte nach einjährigem Dienst in der US Army seine Karriere wiederaufgenommen, und die Abwesenheit hatte seiner Popularität nichts anhaben können. Den Frauen gefiel *Fame and Fortune.* Den Männern nicht.

Beim Brandy in dem geräumigen, geschmackvoll eingerichteten Wohnzimmer der Hawthornes griff dann Sam das Thema auf, das ihnen allen im Kopf herumging.

Er beantwortete Celias Frage, indem er sagte: »Als ich nach Ihnen auf das Podium stieg, konnte ich vielleicht nur nicht widerstehen, an dieser dramatischen Szene meinen Anteil zu haben.«

»Sie wissen, daß es mehr war als das«, widersprach sie.

»Das wissen wir alle«, warf Andrew ein. Er lehnte sich in seinem bequemen Sessel zurück und genoß den Brandy; er hatte in seiner Praxis, die sich immer mehr ausweitete, einen arbeitsreichen Tag mit vielen Patienten hinter sich und war müde. »Sie haben alles aufs Spiel gesetzt, Sam – viel, viel mehr als Celia.«

»Natürlich bin ich dankbar...« begann Celia, aber Sam unterbrach sie.

»Das brauchen Sie nicht. Wenn Sie die Wahrheit wissen wollen – ich hatte das Gefühl, einer Prüfung unterzogen zu werden.« Er wandte sich jetzt an Andrew. »Ihre Frau hatte bereits demonstriert, daß sie mehr Verstand besitzt und größeren Respekt vor der Wahrheit hat als jeder der im Saal Anwesenden. Ich wollte nicht unter ihr Niveau sinken.« Sam lächelte Celia an. »Vor allem nicht, weil Sie mir bei Felding-Roth auf der Leiter nach oben folgen wollen.«

»Das wissen Sie?«

»Ich habe es ihm gesagt«, gestand Lilian Hawthorne ein. »Es tut mir leid, wenn ich Ihr Vertrauen mißbraucht habe, Celia, aber Sam und ich haben keine Geheimnisse voreinander.«

»Aber ich habe ein Geheimnis«, sagte Sam, »es betrifft Celia.« Als die anderen ihn neugierig ansahen, fuhr er fort: »Sie wird nicht mehr als Vertreterin tätig sein.«

Andrew stieß ein kurzes Lachen aus. »Sie werfen Sie also doch raus?«

»Nein. Wir befördern sie. Unsere Firma wird eine Abteilung für Verkaufstraining einrichten, genau wie Celia es vorgeschlagen hat. Und sie soll helfen, sie aufzubauen – als stellvertretende Leiterin.«

»Bravo!« Lilian hob ihr Glas. »Die Männer haben also doch Verstand gezeigt. Darauf möchte ich trinken.«

»Wenn alles gerecht zugegangen wäre«, sagte Sam, »hätte Celia die Leitung übernehmen müssen. Aber für manche in der Firma wäre das einfach zuviel. Für den Augenblick. Übrigens wird es morgen bekanntgegeben.«

Andrew stand auf und ging durchs Zimmer, um Celia einen Kuß zu geben. »Ich freue mich für dich, Liebling. Du hast es verdient.«

»Also«, meinte Celia, »ich kann nicht sagen, daß ich darüber böse bin. Ich danke Ihnen, Sam, und ich gebe mich mit der ›Stellvertreterin‹ zufrieden.« Und mit einem Lächeln fügte sie hinzu: »Für den Augenblick.«

Sie wurden von zwei kleinen Gestalten in Schlafanzügen unterbrochen, die kreischend ins Wohnzimmer gelaufen kamen. Voran Lisa, die Andrew und Celia mitgebracht hatten und die jetzt zwanzig Monate alt war. Sie war quietschvergnügt und neugierig, obwohl sie schon längst hätte im Bett liegen und schlafen sollen. Hinter ihr kam Juliet, das vierjährige einzige Kind der Hawthornes. Lilian hatte Celia vor einiger Zeit anvertraut, daß sie keine weiteren Kinder würde bekommen können, und daher überschütteten sie und Sam die Tochter, die aufgeweckt, intelligent und anscheinend nicht verzogen war, mit ihrer ganzen Liebe. Die beiden kleinen Mädchen waren völlig überdreht.

Lisa stürzte sich in die Arme ihres Vaters. Kichernd berichtete sie Andrew: »Julie mich jagen.«

Lilian stand auf. »Ich werde euch beide auch gleich jagen. Und zwar zurück ins Bett.« Unter Gelächter und Geschrei verschwanden die drei in Juliets Schlafzimmer.

Als Lilian zurückkam, sagte Celia: »Übrigens – ich werde mich von dem neuen Job schon bald beurlauben lassen müssen, Sam. Ich glaube, ich bin wieder schwanger.«

»Das ist ja eine Nacht voller Offenbarungen«, sagte Lilian. »Zum Glück haben wir noch was zu trinken. Darauf müssen wir anstoßen.« In ihrer Stimme glaubte Celia eine Spur von Neid zu entdecken.

8

Bis Ende 1960 und auch noch Anfang 1961 war Celia damit beschäftigt, die Vertreter von Felding-Roth in der Praxis des Arzneimittelverkaufs zu unterweisen. Ihr neuer Chef, der Abteilungsleiter für Verkaufstraining, war Teddy Upshaw, früher Generalvertreter von Kansas City. Als sie einander vorgestellt wurden, erkannte Celia ihn sofort wieder. Er war damals, als sie von der Verkaufstagung im *Waldorf* ausgeschlossen werden sollte, eine der sympathischen Erscheinungen gewesen.

Upshaw, klein, dynamisch und wendig, war Ende Vierzig und hatte die Angewohnheit, sehr schnell zu sprechen; er hatte während seines ganzen Berufslebens nie etwas anderes getan, als Arzneimittel zu verkaufen. Er strahlte Energie aus, war immer in Eile und nickte bei der Unterhaltung ständig mit seinem kleinen runden Kopf. Bevor er in die Geschäftsleitung berufen wurde, war Upshaw der Topverkäufer der Firma gewesen, und er vertraute Celia an, daß er seinem Leben als Handelsreisender nachtrauere. Damals hatte er »frei atmen« können, wie er sich ausdrückte, und er fügte hinzu: »In unserem Geschäft braucht man keine faulen Tricks anzuwenden, um Erfolg zu haben, denn die meisten Ärzte verstehen verdammt wenig von Arzneimitteln; und wenn man ehrlich ist und sie merken, daß sie einem vertrauen können, kann man soviel Geschäfte abschließen, wie man will. Nur eins darf man nicht vergessen: Man muß sie wie Götter behandeln. Das erwarten sie.«

Als Celia Andrew eines Nachts im Bett den Satz über die Götter zitierte, lachte er. »Einen netten Boß hast du. Vergiß nur nicht, deinen Doc auch zu Hause so zu behandeln.« Sie warf mit einem Kissen nach ihm, und dann balgten sie sich ein bißchen. Und am Ende schliefen sie miteinander. Danach strich Andrew über Celias Bauch, der die Schwangerschaft schon erkennen ließ, und sagte: »Paß gut auf den kleinen Kerl auf, und vergiß nicht, daß es für dich, solange er da drin ist, keinerlei Arzneimittel gibt!«

Diese Vorsichtsmaßnahme hatte er schon vor Lisas Geburt verlangt, und Celia sagte: »Das ist dir wohl sehr wichtig?«

»Ja, das ist es.« Andrew gähnte erschöpft. »Und jetzt braucht dein Götter-Doktor ein bißchen Schlaf.«

Ein anderes Mal, als sich Celia mit Teddy Upshaw unterhielt, bezeichnete er »faule Verkaufstricks« als »dumm und unnötig«. Trotzdem kam so etwas, wie er zugab, im Pharma-Geschäft sehr häufig vor. »Glauben Sie nur nicht, daß wir die Vertreter davon abbringen können, Dinge von sich zu geben, die nicht stimmen, nicht einmal bei Felding-Roth. Aber wir können versuchen, ihnen zu zeigen, daß die andere Methode klüger ist.«

Upshaw stimmte mit Celia darin überein, daß ein Verkaufstraining notwendig war. Er selbst war für seine Arbeit so gut wie gar nicht ausgebildet worden und hatte sich seine wissenschaftlichen Kenntnisse – in erstaunlichem Umfang, wie sie entdeckte – im Lauf der Jahre selbst angeeignet.

Sie kamen gut miteinander aus und hatten schon bald eine Aufteilung der Pflichten vereinbart. Celia arbeitete Trainingsprogramme aus, eine Tätigkeit, die Upshaw haßte, und er führte sie in der Praxis durch, was ihm Spaß machte.

Eine von Celias Übungsszenen war eine fiktive Begegnung zwischen einem Vertreter und einem Arzt, wobei ersterer ein Felding-Roth-Produkt präsentierte und letzterer harte, manchmal aggressive Fragen stellte. Gewöhnlich spielten Teddy, Celia oder ein anderer Mitarbeiter die Rolle des Arztes; gelegentlich konnte man aber auch mit Andrews Hilfe einen praktizierenden Arzt überreden, daran teilzunehmen, um das Ganze noch realistischer zu gestalten. Diese Sitzungen erwiesen sich als ungemein populär, sowohl bei den Teilnehmern als auch bei den Zuschauern.

Alle Vertreter, die von Felding-Roth neu eingestellt wurden, mußten jetzt ein fünf Wochen dauerndes Ausbildungstraining absolvieren, während andere, die bereits fest angestellt waren, in kleinen Gruppen einen zehntägigen Refresher-Kurs in der Zentrale mitmachten. Zum großen Erstaunen aller waren die älteren Vertreter nicht nur kooperativ, sondern ganz begierig darauf, etwas dazuzulernen. Celia, die regelmäßig Vorträge hielt, war sehr beliebt. Sie fand heraus, daß sie von denjenigen, die bei der Verkaufstagung im *Waldorf* dabeigewesen waren, als »Johanna von Orleans« bezeichnet wurde, denn es hätte nicht viel gefehlt, und »die Jordan wäre wegen Ketzerei verbrannt worden«.

Wenn Celia an die Verkaufskonferenz zurückdachte, wurde ihr im nachhinein klar, wieviel Glück sie gehabt hatte und wie kurz sie vor dem Ende ihrer beruflichen Laufbahn gestanden hatte. Manchmal fragte sie sich, ob es ihr, wenn Sam Hawthorne nicht für sie eingetreten wäre und sie von der Tagung ausgeschlossen und ihr später gekündigt worden wäre – ob es ihr hinterher leid getan hätte. Sie hoffte, daß das nicht der Fall gewesen wäre. Sie hoffte auch, daß sie in Zukunft den gleichen Mut aufbringen würde, bei welcher Gelegenheit auch immer. Aber im Augenblick war sie mit dem zufrieden, was dabei herausgekommen war.

Im Rahmen ihrer neuen Arbeit sah Celia Sam Hawthorne recht häufig, denn obwohl Teddy Upshaw ihm offiziell Bericht erstattete, nahm Sam ein persönliches Interesse an dem Trainingsprogramm und wußte genau, wieviel Celia dazu beitrug.

Weniger harmonisch war Celias Verhältnis zu Dr. Vincent Lord, dem Leiter der Forschungsabteilung. Da sie für das Verkaufstraining wissenschaftliche Hilfe benötigten, mußten sie häufig die Forschungsabteilung aufsuchen, was Dr. Lord, wie er ihr klarmachte, als eine Belästigung empfand. Trotzdem weigerte er sich, die Verantwortung an jemand anderen zu delegieren. Während einer ihrer Begegnungen bekam Celia von ihm zu hören: »Sie mögen vielleicht Mr. Camperdown und ein paar andere übertölpelt haben, damit Sie sich Ihr kleines Reich aufbauen konnten, mich aber können Sie nicht täuschen.«

Sie mußte sich zusammennehmen, um ruhig zu bleiben.

»Das ist nicht mein ›Reich‹«, erwiderte sie, »ich bin nur die Assistentin, nicht die Leiterin. Wäre es Ihnen denn lieber, wenn die Ärzte weiterhin falsch informiert würden, so wie früher?«

»So oder so«, sagte Dr. Lord und starrte sie böse an, »bezweifle ich sehr, ob man den Unterschied erkennen könnte.«

Als sie Upshaw von der Unterhaltung berichtete, zuckte der die Achseln und sagte: »Vince Lord ist ein Arsch ersten Ranges. Aber er ist ein Arsch, der was von seinem Fachgebiet versteht. Soll ich mal mit Sam reden, damit er ihm eins aufs Dach gibt?«

»Nein«, sagte sie grimmig. »Ich werde schon allein mit ihm fertig.«

Sie schluckte also weiterhin seine Beleidigungen, lernte aber auch etwas dabei, und schließlich hatte sie Respekt vor Vincent Lords Fähigkeiten. Obwohl er nur sieben Jahre älter war als Celia – sechsunddreißig –, hatte er beeindruckende Qualifikationen aufzuweisen: den Bachelor of Science mit Auszeichnung von der University of Wisconsin, den Doktor der Chemie von der University of Illinois und die Ehrenmitgliedschaft bei mehreren wissenschaftlichen Gesellschaften. Vincent Lord hatte als Assistenzprofessor an der University of Illinois einige Arbeiten veröffentlicht, in denen er bemerkenswerte Entdeckungen darlegte – dazu gehörte auch die orale Schwangerschaftsverhütung, die zur Verbesserung der Pille führte. Alle erwarteten von Dr. Lord einen großen Durchbruch, die Entwicklung eines wichtigen neuen Medikaments.

Im Laufe seiner Karriere aber hatte Vincent Lord es nie gelernt, umgänglich zu sein. Vielleicht war er deshalb Junggeselle geblieben, dachte Celia, obwohl er auf seine asketische Art durchaus anziehend wirkte.

Eines Tages wollte sie wieder einmal den Versuch machen, ihre Beziehung zu verbessern, und schlug ihm vor, sich beim Vornamen zu nennen, was in der Firma allgemein üblich war. »Es wäre wohl für beide Teile besser, Mrs. Jordan«, erwiderte er kühl, »wenn wir uns jederzeit an unseren unterschiedlichen Status erinnerten.«

Celia spürte, daß die Feindschaft, die bei ihrer ersten Begegnung vor anderthalb Jahren entstanden war, zu einem bleibenden Bestandteil ihrer Beziehung wurde. Dennoch erwies sich der Beitrag, den die Forschungsabteilung zu ihrem Trainingsprogramm leistete, dank Celias Beharrlichkeit als wesentlich.

Allerdings wurde ihr Plan, wie man das Verkaufsniveau heben könnte, nicht voll und ganz akzeptiert. Celia hatte sich ein Prüfungssystem ausgedacht, bei dem durch Stichproben und vertrauliche Befragung ermittelt werden sollte, welchen Eindruck die Vertreter bei ihren Arztbesuchen hinterließen. Dazu sollten Fragebogen an die Ärzte verschickt werden. Der Vorschlag wurde auf höchster Ebene diskutiert und abgelehnt. Dann forderte Celia, daß Beschwerdebriefe von Ärzten über Vertreter an die Abteilung für Verkaufstraining weitergeleitet und registriert werden sollten. Sie wußte durch eigene Kontakte, daß derartige Briefe bei der Firma eingingen. Aber niemand wollte zugeben, sie gesehen zu haben. Vermutlich waren sie in irgendwelchen Archiven vergraben, und korrigierende Maßnahmen wurden, falls es sie überhaupt gab, geheimgehalten. Auch dieser Antrag wurde abgelehnt.

»Es gibt Dinge«, erklärte Teddy Upshaw ihr geduldig, »von denen die da oben einfach nichts wissen wollen. Nach Ihrem Auftritt auf der Verkaufstagung konnten sie nicht umhin, ein paar zu ändern. Aber treiben Sie es nicht zu weit.«

Das ähnelte dem Rat, den Sam Hawthorne ihr vor der Rede im *Waldorf* gegeben hatte, und Celia erwiderte: »Eines Tages wird die Regierung Schritte unternehmen und *uns* vorschreiben, was wir zu tun haben.«

»Das haben Sie schon mal gesagt«, gab Upshaw zu, »und wahrscheinlich haben Sie recht.«

Das Thema Arzneimittel und Pharma-Industrie beschäftigte die Menschen auch andernorts.

Das ganze Jahr 1960 über war das Arzneimittelgeschäft fast täglich ein Thema in den Nachrichten – und meistens im negativen Sinn. Die ausgedehnten Senatsanhörungen, bei denen Senator Kefauver den Vorsitz hatte, waren ein gefundenes Fressen für die Presse und für Firmen wie Felding-Roth ein unerwartetes Martyrium. Das beruhte zum Teil auf der gekonnten Zurschaustellung des Senators und seiner Mitarbeiter.

Wie bei allen Kongreßdebatten dieser Art ging es dabei im wesentlichen um Politik, und die Richtung war zumeist vorher festgelegt. Wie Douglass Cater, ein Reporter aus Washington, schrieb: »Sie… kommen von einer vorgefaßten Idee zu einer vorher festgelegten

Lösung.« Zudem waren Senator Estes Kefauver und seine Helfer einzig auf Schlagzeilen aus und ihre Darstellung der Dinge daher höchst einseitig. Der Senator erwies sich als ein Meister darin, sensationelle Anschuldigungen immer gerade in dem Augenblick vorzubringen, wenn die Reporter den Sitzungssaal verlassen mußten, um ihre Berichte durchzugeben – 11.30 Uhr für die Abendzeitungen, 16.30 Uhr für die Morgenausgabe. Das hatte zur Folge, daß die Widerlegungen immer dann stattfanden, wenn die Reporter den Saal bereits verlassen hatten.

Auf diese Weise aber kamen manche häßliche Wahrheiten ans Licht: überzogene Arzneimittelpreise; gesetzwidrige Preisabsprachen; Preismanipulationen bei Regierungsaufträgen zur Lieferung von Arzneimitteln; irreführende Werbung bei Ärzten, einschließlich der Verharmlosung oder des Verschweigens gefährlicher Nebenwirkungen; Unterwanderung der Food and Drug Administration durch pharmazeutische Firmen und Bestechung eines hohen FDA-Mitarbeiters seitens einer pharmazeutischen Firma.

Die Schlagzeilen zielten – wenn auch zuweilen sehr einseitig – auf folgende Mißstände ab:

SENATOREN STELLEN BEI ARZNEIMITTELN UM 1 118 PROZENT ÜBERHÖHTE PREISE FEST

Washington Evening Star

SENATSAUSSCHUSS BEZIFFERT DIE GEWINNSPANNE BEI ARZNEIMITTELN MIT 7 079 PROZENT

New York Times

RISIKO BEI ARZNEIMITTELN FESTGESTELLT *Miami Herald*

HOHER GEWINN BEI TRANQUILIZERN
Chlorpromazin in den USA sechsmal so teuer wie in Paris

New York Times

Es wurde bekannt, daß Arzneimittel, die im Ausland entwickelt worden waren, in jenen Ländern weitaus billiger verkauft wurden als in den USA. Das war, wie hervorgehoben wurde, absurd, denn den amerikanischen Firmen, die die Arzneimittel vertrieben, waren absolut keine Kosten für die Entwicklung entstanden.

In französischen Apotheken kosteten zum Beispiel 50 Tabletten Chlorpromazin 51 Cents – im Vergleich zu 3.03 Dollar in den Vereinigten Staaten. Auch der Preis von Reserpin war in den USA dreimal so hoch wie in Europa, wo das Präparat entwickelt worden war.

Eine weitere merkwürdige Differenz zeigte sich bei dem in den USA hergestellten Penicillin, das in Mexico nur zwei Drittel von dem kostete, was dafür in seinem Ursprungsland verlangt wurde. Wie behauptet wurde, waren die hohen US-Preise das Resultat ungesetzlicher Preisabsprachen zwischen den Herstellerfirmen.

TIERNAHRUNG GRÜNDLICHER GEPRÜFT ALS ARZNEIMITTEL

Los Angeles Times

VORTRAG EINES FDA-BEAMTEN VON WERBETEXTER UMGESCHRIEBEN

Werbeslogan von Pharma-Firma für offizielle Rede verwendet

New York Times

Es wurde bekannt, daß eine Rede, die der Chef einer Abteilung der Food and Drug Administration vor einem internationalen Antibiotika-Symposium halten wollte, zuvor an Pfizer, eine Arzneimittelfirma, geschickt worden war, um deren Zustimmung einzuholen. Ein Werbetexter schrieb den Text um und baute einen Hinweis auf Sigmamycin, ein Pfizer-Produkt, ein. Später kaufte die Arzneimittelfirma 260 000 Nachdrucke der Rede und tat so, als handele es sich um eine Empfehlung der FDA.

Die negativen Schlagzeilen in den regionalen und überregionalen Zeitungen und die Kommentare in Rundfunk und Fernsehen nahmen kein Ende.

Alles in allem war es »nicht gerade ein sehr ruhmreiches Jahr für das Gebiet, auf dem ich arbeite«, sagte Celia im Dezember zu Andrew.

Zu diesem Zeitpunkt befand sie sich im Mutterschaftsurlaub, weil Ende Oktober ihr zweites Kind zur Welt gekommen war, wieder ganz nach Plan. Wie Andrew vorausgesagt hatte, wurde es ein Junge. Sie nannten ihn Bruce.

Ihr Leben wurde seit einigen Monaten durch eine junge Engländerin, Winnie August, erleichtert, die bei ihnen wohnte und sich während ihrer Abwesenheit um die Kinder kümmerte. Andrew hatte sie durch eine Agentur gefunden, die in medizinischen Zeitschriften warb. Sie war neunzehn, hatte vorher als Verkäuferin in London gearbeitet und wollte, wie sie es ausdrückte, »mal einen Arbeitsurlaub machen, um herauszufinden, was die Amis für Leute sind, und dann vielleicht ein, zwei Jahre unten bei den Australiern verbringen.« Sie war fröhlich, flink und brachte zu Andrews großer Freude jeden Morgen in Windeseile das Frühstück auf den Tisch. »Reine Übungssache. Hab' ich zu Hause immer für meine Mutter gemacht«, erklärte sie, als er ihr deshalb Komplimente machte. Winnie mochte Kinder und vergötterte Lisa. Andrew und Celia hofften sehr, daß sich Winnies Abreise nach Australien noch möglichst lange hinauszögern würde.

Ein anderer Vorfall, auf den Celia aufmerksam wurde, ereignete sich Ende 1960. Für das deutsche Mittel Thalidomid, das in den USA und Kanada unter dem Namen Kevadon bekannt war, wurde bei der FDA der Antrag auf Zulassung zum Verkauf gestellt. Nach Aussagen der pharmazeutischen Fachblätter hatte die Merrell Company, die die Lizenz für Nordamerika erworben hatte, großangelegte Pläne mit Thalidomid-Kevadon, weil sie glaubte, dieses Präparat würde sich in den USA genauso gut verkaufen lassen wie in Europa. Die Firma drängte die FDA, ihre Zustimmung möglichst rasch zu erteilen. Inzwischen wurden Proben des Medikaments – offiziell, um es zu »testen«, in Wirklichkeit aber ohne Einschränkung – von begeisterten Merrell-Vertretern an über tausend Ärzte verteilt.

Diese Nachricht erinnerte Celia an die Unterhaltung, die sie acht Monate zuvor mit Sam Hawthorne geführt hatte, nachdem er innerhalb der Firma eine gewisse Verstimmung über Celias Vorschlag verspürt hatte, Thalidomid nur an alten Leuten testen zu lassen. Sie überlegte kurz, ob man es ihr wohl noch immer übelnahm, schob den Gedanken dann aber als unwichtig beiseite.

Andere Dinge beschäftigten sie.

Mitte Dezember bereits, früher als nach Lisas Geburt, kehrte Celia an ihren Arbeitsplatz bei Felding-Roth zurück. Einerseits, weil es in der Abteilung für Verkaufstraining ziemlich viel zu tun gab; die Firma wurde erweitert, und es kamen hundert neue Vertreter sowie – auf Celias Drängen – einige Vertreterinnen hinzu, wenn es auch nur ein halbes Dutzend war. Ein anderer Grund für ihre Entscheidung war aber auch das ansteckende Gefühl nationaler Erregung. Im November war John F. Kennedy zum Präsidenten gewählt worden, und es hatte, nicht zuletzt dank geschickter Rhetorik, den Anschein, als sei dies der Beginn einer neuen, kreativen Ära.

»Ich möchte einfach dazugehören«, gestand Celia Andrew. »Die Leute reden von einem ›Neubeginn‹ und von einer ›geschichtlichen Wende‹, es heißt, es sei eine Zeit, um jung zu sein, um Verantwortung zu übernehmen. Wenn ich jetzt die Arbeit wiederaufnehme, dann bedeutet das, daß ich daran teilhabe.«

»Soso«, hatte Andrew fast gleichgültig gesagt, was ungewöhnlich war. Dann, als habe er es gemerkt, fügte er hinzu: »Ich habe nichts dagegen.« Aber Andrews Gedanken waren ganz woanders, bei einem Problem, das ihn persönlich betraf.

Es ging um Dr. Noah Townsend, Andrews Seniorpartner und angesehener Chefarzt des St. Bede's Hospitals. Andrew hatte etwas Häßliches und Unerfreuliches über Noah in Erfahrung gebracht, das die Frage aufwarf, ob der ältere Arzt überhaupt noch fähig war, seinen Beruf auszuüben.

Dr. Townsend war drogensüchtig.

9

Noah Townsend, der jetzt achtundfünfzig Jahre alt war, hatte über viele Jahre den tüchtigen, erfahrenen Arzt verkörpert, wie er im Buche steht. Er war überaus gewissenhaft und behandelte alle Patienten, ob arm oder reich, mit derselben Sorgfalt. Er war eine vornehme Erscheinung, stets höflich und würdevoll. Infolgedessen florierte seine Praxis, seine Patienten mochten ihn und blieben ihm treu – aus gutem Grund, denn sie waren bei ihm in den besten Händen. Seine diagnostischen Fähigkeiten waren bemerkenswert. Townsends Frau Hilda hatte Andrew erzählt: »Ich war mit Noah auf einer Party; er erblickte am anderen Ende des Raums einen völlig fremden Menschen und sagte zu mir: ›Dieser Mann da drüben ist sehr krank und weiß es nicht.‹ Oder ein anderes Mal: ›Diese Frau dort – ich weiß nicht, wie sie heißt – wird in sechs Monaten sterben.‹ Und er hat immer recht gehabt. Immer.«

Townsends Patienten waren derselben Meinung. Manche erzählten sich Anekdoten über seine zutreffenden Diagnosen und nannten ihn den »Zauberdoktor«. Einer brachte ihm aus Afrika die Maske eines Medizinmannes mit, die Townsend stolz in der Praxis aufhängte.

Auch Andrew hatte Respekt vor den Fähigkeiten des älteren Kollegen. Zwischen den beiden hatte sich eine wirkliche Freundschaft entwickelt, und Townsend verhielt sich seinem wesentlich jüngeren Kollegen gegenüber in jeder Hinsicht großzügig.

Andrew bewunderte besonders, daß Noah Townsend systematisch alles las, was auf dem medizinischen Sektor publiziert wurde, um sich auf dem laufenden zu halten, was bei den wenigsten Ärzten seines Alters üblich war. Dennoch war Andrew schon seit mehreren Monaten aufgefallen, daß Townsend zeitweise unkonzentriert wirkte und gelegentlich undeutlich artikulierte. Und dann hatte es Anfang des Jahres ein paar Vorfälle gegeben, bei denen sich Noah höchst merkwürdig verhalten hatte. Andrew war beunruhigt, auch wenn er weiterhin glaubte, daß alles auf Überanstrengung und Übermüdung zurückzuführen sei.

An einem Novembernachmittag schließlich wurden Unbehagen und vager Verdacht zur Gewißheit, und obwohl es erst einen Monat her war, kam es Andrew im nachhinein wie der Beginn einer Zeit qualvoller Gewissenserforschung vor.

Es passierte, als Andrew mit Townsend die freien Tage durchsprechen wollte, an denen sie sich gegenseitig vertreten sollten. Nachdem er sich vergewissert hatte, daß Townsend keinen Patienten hatte, klopfte Andrew leise an die Sprechzimmertür und trat ein. Das hatte er schon häufig getan.

Townsend stand mit dem Rücken zu Andrew und drehte sich abrupt um; er war erschrocken, und in der Eile gelang es ihm nicht zu verbergen, was er gerade in der Hand hielt – eine beträchtliche Menge Tabletten und Kapseln. Andrew hätte sich dabei noch nichts gedacht, wenn sich der ältere Kollege nicht so merkwürdig benommen hätte. Townsend wurde vor Verlegenheit rot, dann hob er, als wollte er mit seinem Mut prahlen, die Hand zum Mund, stopfte die Tabletten hinein und spülte sie mit einem Schluck Wasser hinunter.

Es gab für Townsend keine Möglichkeit, die Bedeutung dessen, was gerade geschehen war, vor Andrew zu vertuschen, aber er versuchte, es auf die leichte Schulter zu nehmen. »Jetzt haben Sie mich also dabei ertappt, wie ich mich aufmöbele... Ich gebe zu, daß ich das ab und zu brauche... Sie wissen ja selbst, daß in letzter Zeit 'ne ganze Menge los war... Aber ich lasse mich nie gehen... ich bin ein alter Kuhdoktor, mein Junge... ich weiß zuviel, um die Kontrolle zu verlieren... viel zuviel.« Townsend lachte, aber das Lachen klang nicht echt. »Machen Sie sich nur keine Sorgen, Andrew... ich weiß, wann ich aufhören muß.«

Diese Erklärung überzeugte Andrew keineswegs. Noch weniger überzeugend war die undeutliche Aussprache, die darauf schließen ließ, daß die Tabletten, die Noah Townsend eben geschluckt hatte, nicht die ersten an diesem Tag gewesen waren.

Andrew fragte mit einer Schärfe, die er sofort bedauerte: »Was haben Sie da eben genommen?«

Wieder das falsche Lachen. »Ach, nur ein paar Dexedrine und ein paar Percodan, wegen des Geschmacks... Andrew, verdammt noch mal, was ist denn schon dabei?« Und dann, fast angriffslustig: »Ich habe Ihnen doch gesagt, daß ich alles unter Kontrolle habe. Und nun – warum sind Sie hier?«

Als Andrew die freien Tage erwähnte, die ihm jetzt grotesk unwichtig vorkamen, war er noch völlig durcheinander. Sie einigten sich rasch, und Andrew verließ das Sprechzimmer, so schnell er konnte. Er mußte allein sein, um nachzudenken.

Andrew war entsetzt über die Mischung von Tabletten und Kapseln – es mußten zwölf, wenn nicht fünfzehn gewesen sein –, die der ältere Kollege ganz beiläufig heruntergeschluckt hatte. Es handelte sich, wie Noah selbst zugegeben hatte, um Stimulantia und Beruhigungsmittel – Mittel mit gegensätzlicher Wirkung also, die kein vernünftiger Arzt in dieser Kombination verschreiben würde. Obwohl er kein Experte für Rauschmittel war, wußte Andrew, daß die Menge und die Beiläufigkeit der Einnahme deutliche Anzeichen dafür waren, daß Townsend auf der Straße der Süchtigen schon eine weite Strecke zurückgelegt hatte. Und rezeptpflichtige Arzneimittel, die wahllos eingenommen wurden, konnten genauso gefährlich und zerstörerisch sein wie jede andere Droge, die illegal auf der Straße verkauft wurde.

Was sollte er tun? Andrew beschloß, mehr darüber in Erfahrung zu bringen.

Während der nächsten zwei Wochen verbrachte er jede freie Minute in der medizinischen Bibliothek. Das St. Bede's Hospital hatte nur eine relativ kleine, aber Andrew kannte eine in Newark. In beiden fand er Aufzeichnungen über Ärzte, die drogensüchtig geworden waren, und studierte das vorhandene Material eingehend. Es war auffallend, wie weit verbreitet dieses Phänomen war. Die American Medical Association schätzte, daß fünf Prozent aller Ärzte durch Drogen, Alkohol oder ähnliches »geschädigt« waren. Wenn die AMA schon diese erschreckend hohe Zahl zugab, überlegte Andrew, mußte die wirkliche Zahl noch weit höher liegen. Die meisten Schätzungen lagen bei zehn, ja sogar bei fünfzehn Prozent.

In einem Punkt waren sich alle Beobachter einig – daß Ärzte leicht in Schwierigkeiten gerieten, weil sie sich selbst überschätzten. Sie waren davon überzeugt, daß ihnen die Drogen nicht gefährlich werden konnten, weil sie soviel darüber wußten. Aber meistens täuschten sie sich. Noah Townsends Worte: »*... ich lasse mich nie gehen... ich weiß zuviel, um die Kontrolle zu verlieren... ich weiß, wann ich aufhören muß...*« schienen nur ein pathetisches Echo all dessen, was Andrew nun las.

Es wurde hervorgehoben, daß Ärzte süchtig wurden und über lange Zeit unbemerkt blieben, weil sie sich die Drogen so leicht beschaffen konnten. Das war etwas, worüber Andrew schon mit Celia gesprochen hatte: daß Ärzte von jedem Mittel in praktisch unbegrenzten Mengen Gratisproben erhalten konnten, wenn sie einen Vertreter der betreffenden Firma darum baten.

Als Andrew den Arzneimittelschrank in Noah Townsends Sprechzimmer inspizierte, schämte er sich zwar, rechtfertigte es aber mit dem Gedanken, daß es notwendig war. Er hatte gewartet, bis Townsend zur Visite ins Krankenhaus gefahren war.

Eigentlich hätte der Schrank verschlossen sein müssen, war es aber nicht. Ganze Berge von Ärztemustern quollen ihm entgegen. Andrew erkannte einige der Medikamente wieder, die Townsend genannt hatte, darunter auch Betäubungsmittel, von denen er einen besonders großen Vorrat besaß.

Andrew hielt in seinem eigenen Sprechzimmer auch einige Mittel unter Verschluß, Muster von Medikamenten, die er regelmäßig verschrieb und die er zuweilen Patienten aushändigte, die sie sich selbst nicht leisten konnten. Aber verglichen mit dem, was er hier vorfand, war sein eigener Vorrat verschwindend gering. Außerdem hob Andrew aus Sicherheitsgründen niemals Narkotika auf. Er stieß einen Pfiff aus. Wie konnte Noah nur so sorglos sein? Wie hatte er sein

Geheimnis so lange bewahren können? Und wie hatte er alle diese Mittel nehmen und dabei die Kontrolle über sich behalten können? Die Antwort auf all diese Fragen schien nicht einfach zu sein.

Bei seinen Nachforschungen stellte Andrew beunruhigt fest, daß es kein umfassendes Programm gab, um Ärzten, die wegen übermäßigen Tablettenkonsums Probleme hatten, zu helfen oder ihre Patienten zu schützen. Die Ärzteschaft ignorierte das Problem, wo sie nur konnte; und wenn es sich einmal nicht ignorieren ließ, wurde es totgeschwiegen und vertuscht. Wie es schien, hatte noch nie ein Arzt einen Kollegen der Drogensucht bezichtigt. Nirgends fand Andrew einen Hinweis darauf, daß man einem drogensüchtigen Arzt die Approbation entzogen hätte.

Eine Frage ließ ihn nicht los: Was passierte mit Townsends Patienten, die gewissermaßen auch Andrews Patienten waren, weil sie eine gemeinsame Praxis hatten und sich auch gegenseitig vertraten? Waren diese Patienten gefährdet? Auch wenn sich Townsend normal benahm und, soweit Andrew wußte, bisher keine Fehler gemacht hatte – würde dieser Zustand anhalten? Konnte man sich darauf verlassen? Würde Noah eines Tages nicht doch eine falsche Diagnose stellen oder ein wichtiges Symptom übersehen? Und wie verhielt es sich mit seiner noch größeren Verantwortung als Chefarzt des St. Bede's Hospitals?

Je mehr Andrew darüber nachdachte, desto mehr Fragen stellten sich ihm und um so schwieriger waren die Antworten.

Schließlich vertraute er sich Celia an.

Es war kurz vor Weihnachten. Celia und Andrew waren zu Hause und hatten mit Lisa, die ganz aufgeregt war, den Baum geschmückt. Lisa erlebte »Weihnach«, wie sie es nannte, zum ersten Mal bewußt. Als sie vor Aufregung und Müdigkeit fast einschlief, trug Andrew sie in ihr Bett. Danach blieb er einen Augenblick im angrenzenden Schlafzimmer stehen, in dem Bruce, das Baby, in seiner Wiege schlief. Dann ging er ins Wohnzimmer zurück; Celia hatte einen Scotch mit Soda gemixt. »Ich hab' ihn ordentlich stark gemacht«, sagte sie, als sie ihm das Glas reichte. »Ich glaube, du kannst einen gebrauchen.«

Als er sie fragend ansah, fügte sie hinzu: »Lisa hat dir heute abend gutgetan; du hast dich richtig entspannt, mehr als in den letzten Wochen. Du hast Sorgen, nicht wahr?«

»Kann man das denn sehen?« fragte er überrascht.

»Liebling, wir sind seit vier Jahren verheiratet!«

»Es waren die schönsten vier Jahre meines Lebens«, sagte er gerührt. Während er seinen Scotch trank, betrachtete er den Weihnachtsbaum, und Celia wartete schweigend ab. Schließlich sagte er: »Wenn es so deutlich zu sehen war, warum hast du mich dann nicht gefragt, was los ist?«

»Ich wußte, daß du es mir zu gegebener Zeit von selbst sagen würdest.« Celia trank einen Schluck von ihrem Daiquiri. »Möchtest du es mir jetzt erzählen?«

»Ja«, antwortete er langsam. »Ja, ich glaube, das möchte ich.«

»Mein Gott!« sagte Celia leise, als Andrew geendet hatte. »Du lieber Gott!«

»Du siehst«, sagte er, »daß ich gute Gründe habe, nicht gerade fröhlich zu sein.«

Sie ging zu ihm hinüber, legte ihm die Arme um den Hals, lehnte ihr Gesicht an seines und hielt ihn fest. »Mein armer, armer Liebling. Was für eine Last hast du mit dir herumgetragen! Ich hatte ja keine Ahnung. Es tut mir so leid für dich.«

»Vielleicht sollte dir – Noah mehr leid tun.«

»Das tut er auch. Das tut er wirklich. Aber du bist mir am wichtigsten, und ich werde nicht zusehen, daß du dich weiter so quälst.«

»Dann sag mir, was ich tun soll«, erwiderte er schroff.

»Ich weiß, was du tun mußt.« Celia ließ ihn los und sah ihn an. »Du mußt es jemandem erzählen, Andrew, nicht nur mir.«

»Und wem – zum Beispiel?«

»Jemandem aus dem Krankenhaus. Jemandem, der Autorität besitzt – der etwas unternehmen kann, um Noah zu helfen.«

»Celia, das kann ich nicht! Wenn ich das täte, gäbe es Gerede, auch außerhalb des Krankenhauses. Noah würde sein Ansehen einbüßen; er würde seinen Posten als Chefarzt verlieren, und der Himmel weiß, was mit seiner Approbation geschähe. Auf jeden Fall würde es ihn zerstören. Ich kann es nicht, *ich kann es einfach nicht tun.*«

»Und was nun?«

»Ich wünschte, ich wüßte es«, sagte er düster.

»Ich möchte dir helfen«, erklärte Celia. »Das möchte ich wirklich, und ich habe eine Idee.«

»Ich hoffe, sie ist besser als die vorige.«

»Ich bin nicht sicher, daß die vorige so schlecht war. Aber wenn du Noahs Namen nicht erwähnen willst, warum sprichst du dann nicht mit irgend jemandem rein theoretisch über die Angelegenheit. Horch sie aus, sprich ganz allgemein über das Thema, versuch herauszufinden, wie die anderen im Krankenhaus darüber denken.«

»Denkst du an jemand Bestimmtes?«

»Warum nicht der Verwaltungsdirektor?«

»Len Sweeting? Ich weiß nicht recht.« Andrew ging im Zimmer auf und ab, überlegte, dann blieb er neben dem Weihnachtsbaum stehen. »Nun, es ist zumindest eine Idee. Danke. Ich werde darüber nachdenken.«

»Ich hoffe, Sie und Celia hatten ein schönes Weihnachtsfest«, sagte Leonard Sweeting.

»Ja«, versicherte Andrew, »das hatten wir.«

Sie befanden sich im Büro des Verwaltungsdirektors hinter geschlossenen Türen. Sweeting saß hinter seinem Schreibtisch, Andrew ihm gegenüber.

Der Verwaltungsdirektor war ein ehemaliger Rechtsanwalt, groß und schlank wie ein Basketballspieler, der dem ungewöhnlichen Hobby des Hufeisenwerfens nachging und schon mehrere Wettbewerbe gewonnen hatte. Manchmal behauptete er, es sei leichter gewesen zu siegen, als die Ärzte dazu zu bringen, irgendeinem Vorschlag zuzustimmen. Er hatte die Tätigkeit im Krankenhaus aufgenommen, als er noch nicht dreißig war, und jetzt, mit Ende Vierzig, schien er genausoviel zu wissen wie manche Mediziner. Andrew hatte Len Sweeting anläßlich der erfolgreichen Anwendung von Lotromycin vor vier Jahren recht gut kennengelernt und respektierte ihn.

»Sie sagten, Sie hätten ein Problem, Andrew. Etwas, wobei Sie meinen Rat brauchten.« Sweetings buschige Augenbrauen bewegten sich beim Sprechen wie vibrierende Bürsten auf und ab.

»Es handelt sich um einen Freund von mir, einen Arzt in Florida«, log Andrew. »Er arbeitet dort in einem Krankenhaus und hat etwas entdeckt, mit dem er nicht fertig wird. Mein Freund hat mich gebeten, ihm zu sagen, wie wir uns in einer solchen Situation verhalten würden.«

»In was für einer Situation?«

»Es hat mit Drogen zu tun.« Andrew entwarf kurz eine Geschichte, die seiner eigenen glich, war aber darauf bedacht, nicht zu deutliche Parallelen zu ziehen.

Während er sprach, bemerkte er, wie Sweeting ihn aufmerksam musterte; die anfängliche Freundlichkeit war verschwunden. Er runzelte die Stirn und stand schließlich abrupt auf.

»Andrew, ich habe genügend eigene Probleme und kann mich nicht auch noch um die anderer Krankenhäuser kümmern. Aber ich werde Ihnen einen Rat geben: Sagen Sie Ihrem Freund, daß er sehr, sehr vorsichtig sein soll. Er bewegt sich auf gefährlichem Boden, vor allem, wenn er einen Kollegen beschuldigt. Und nun müssen Sie mich, bitte, entschuldigen...«

Er wußte es. Blitzartig erkannte Andrew, daß Len Sweeting genau wußte, wovon er sprach und über wen. Die Geschichte mit dem Freund in Florida hatte Sweeting keinen Augenblick hinters Licht führen können. Weiß der Himmel woher, dachte Andrew, aber er weiß es schon länger als ich. Er wollte nur nichts damit zu tun haben. Alles, was er wollte, war, Andrew so schnell wie möglich loszuwerden.

Und noch etwas. Wenn Sweeting es wußte, dann mußten es auch noch andere im Krankenhaus wissen. Ganz bestimmt waren Kollegen darunter, die ranghöher und dienstälter waren als Andrew. Und auch *sie* unternahmen nichts.

Andrew stand auf, um zu gehen; er kam sich ziemlich naiv und dumm vor. Len Sweeting begleitete ihn zur Tür. Er gab sich jetzt wieder ganz freundlich, legte ihm sogar den Arm um die Schultern.

»Tut mir leid, daß ich Sie so schnell vertreiben muß, aber ich erwarte gleich wichtige Besucher – Geldgeber, von denen wir uns ein paar Millionen Dollar für unser Krankenhaus erhoffen. Wir benötigen diese Spenden dringend. Übrigens – Ihr Chef wird auch dabeisein. Noah ist eine ungeheure Hilfe, wenn es darum geht, Gelder flüssigzumachen. Scheint Gott und die Welt zu kennen und ist sehr beliebt. Manchmal frage ich mich, wie dieses Krankenhaus ohne unseren Dr. Townsend überhaupt existieren könnte.«

Das war es also. Die Botschaft, unverblümt und unmißverständlich, lautete: Hände weg von Noah Townsend! Wegen seiner Verbindungen zu Geldgebern war er für das St. Bede's Hospital viel zu wertvoll, als daß man ihn in irgendeinen Skandal hätte verwickeln wollen. *Laßt es uns vertuschen, Jungs; wenn wir so tun, als gäbe es das Problem gar nicht, verschwindet es vielleicht von allein.*

Und wenn Andrew je versuchen sollte, das, was Sweeting ihm gerade durch die Blume gesagt hatte, zu verbreiten, würde der Verwaltungsdirektor entweder leugnen, daß die Unterhaltung je stattgefunden hatte, oder behaupten, man habe ihn falsch verstanden.

Noch am selben Tag sagte sich Andrew, daß ihm gar nichts anderes übrigblieb, als zu tun, was alle anderen auch taten – nämlich nichts. Er beschloß jedoch, Noah Townsend von jetzt an, so gut er konnte, zu beobachten und dafür zu sorgen, daß Noahs Praxis und seine Patienten nicht darunter litten.

Als Andrew Celia von den Ereignissen berichtete und ihr seinen Entschluß mitteilte, sah sie ihn mit einem seltsamen Ausdruck an. »Es ist deine eigene Entscheidung, und ich kann verstehen, warum du so entschieden hast. Trotzdem – es könnte sein, daß du es einmal bereuen wirst.«

10

Dr. Vincent Lord, Leiter der Forschungsabteilung bei Felding-Roth, war ein schwieriger Mensch – unfreundlich und mit sich selbst im unreinen. Einer seiner Kollegen, ebenfalls Wissenschaftler, hatte einmal trocken bemerkt: »Vince benimmt sich, als würde seine Psyche pausenlos in einer Zentrifuge herumgeschleudert und als wüßte er nicht, wie sie da wieder herauskommen wird – oder wie er möchte, daß sie da wieder rauskommt.«

Eine solche Beurteilung war an sich paradox. Denn Dr. Lord hatte mit seinen sechsunddreißig Jahren bereits eine Stufe des Erfolgs erreicht, von der viele träumen, die aber nur wenige erreichen. Doch diese Tatsache bereitete ihm Sorgen, und er begann sich zu fragen, ob es darüber hinaus etwas gab.

Und noch etwas ließ sich über Dr. Lord sagen: Wenn es in seinem Leben keine Enttäuschungen gegeben hätte, dann hätte er sie erfunden.

Eine seiner Enttäuschungen bestand darin, daß ihm von akademischer Seite nicht die Achtung zuteil wurde, die ihm, wie er glaubte, zustand – nur weil man über die Wissenschaftler in der pharmazeutischen Industrie die Nase rümpfte und sie ganz allgemein – wenn auch häufig zu Unrecht – als zweitklassig ansah.

Und doch war es Vincent Lords eigene freie Entscheidung gewesen, die Stelle als Assistenzprofessor an der University of Illinois aufzugeben und in die Industrie, zu Felding-Roth, zu gehen. Das war vor drei Jahren gewesen. Allerdings war dieser Entschluß damals stark von Frustration und Zorn bestimmt gewesen, die sich gegen die Universität richteten; der Zorn war auch jetzt noch lebendig – ein ätzendes Gefühl der Bitterkeit.

Manchmal fragte er sich, ob er nicht vielleicht doch voreilig und unklug gehandelt hatte, als er die akademische Laufbahn aufgab. Wäre er heute ein international anerkannter Wissenschaftler, wenn er seinerzeit dort geblieben oder an eine andere Universität gegangen wäre?

Alles hatte 1954, vor sechs Jahren also, begonnen.

Damals hatte Vincent Lord, Student an der University of Illinois, mit einer ausgezeichneten Arbeit über organische Chemie promoviert. Der Fachbereich Chemie in Champaign-Urbana galt als einer der besten auf der ganzen Welt, und Lord war ein brillanter Schüler gewesen.

Er sah aus, wie man sich einen Gelehrten vorstellt, mit einem schmalen, sensiblen, fein geschnittenen und auf gewisse Weise ansprechenden Gesicht. Weniger ansprechend war, daß er selten lächelte und häufig besorgt die Stirn runzelte. Durch jahrelanges intensives Lesen hatte er seine Augen überanstrengt und trug eine randlose Brille, durch die dunkelgrüne Augen – Lords auffälligstes Gesichtsmerkmal – wachsam, ja mißtrauisch blickten. Er war groß und schlank, letzteres, weil ihn Essen nicht sonderlich interessierte. Mahlzeiten waren für ihn reine Zeitverschwendung, und er aß überhaupt nur, weil sein Körper es verlangte. Frauen, die sensible Männer mochten, fanden Vincent Lord attraktiv. Männer schienen geteilter Meinung – entweder sie mochten ihn, oder sie fanden ihn abscheulich.

Sein Fachgebiet waren die Steroide, einschließlich der männlichen und weiblichen Hormone – Testosteron, Östrogen, Progesteron –, die Fruchtbarkeit und Sexualverhalten beeinflussen; in den fünfziger Jahren, bei Einführung der »Pille«, wurde den Steroiden großes wissenschaftliches und kommerzielles Interesse zuteil.

Als nach seiner Promotion die Arbeit an den Steroid-Synthesen gut voranging, schien es Dr. Lord angebracht, ein zweijähriges Stipendium an der University of Illinois anzunehmen.

Die Universität zeigte sich kooperativ, eine Regierungsstelle stimmte schon bald der Finanzierung eines Forschungsvorhabens zu, und diese beiden Jahre brachten erfolgversprechende wissenschaftliche Resultate und nur geringfügige persönliche Probleme. Die Probleme bestanden im wesentlichen darin, daß Lord die Gewohnheit, ja fast die Obsession hatte, sich selbst über die Schulter zu schauen und zu fragen: *Habe ich das Richtige getan*?

Er grübelte, ob es ein Fehler gewesen war, »zu Hause«, an der University of Illinois, zu bleiben. Hätte er nicht besser nach Europa gehen sollen, wo man ihm eine abgerundete Ausbildung geboten hätte? Die – höchst überflüssigen – Fragen multiplizierten sich. Er wurde mißmutig und trübsinnig, ein Charakterzug, der ihn im Laufe der Zeit alle seine Freunde kosten sollte.

Andererseits aber besaß Vincent Lord eine hohe Meinung von seinen eigenen Fähigkeiten und seiner Arbeit, eine Meinung, die voll und ganz gerechtfertigt war. Daher überraschte es ihn nicht, als ihm die Universität am Ende seines zweijährigen Forschungsstipendiums eine Stelle als Assistenzprofessor anbot. Er akzeptierte. Wieder blieb er »zu Hause«. Wieder grübelte er während der ganzen Zeit über seine letzte Entscheidung nach, stellte immer wieder dieselben quälenden Fragen.

Während seiner Tätigkeit als Assistenzprofessor wuchs Lords Ruf als Experte für Steroide über die Grenzen der University of Illinois hinaus. In weniger als vier Jahren veröffentlichte er fünfzehn wissenschaftliche Arbeiten, einige davon in angesehenen Fachzeitschriften, unter anderem im *Journal of the American Chemical Society* und im *Journal of Biological Chemistry*. Das war eine beachtliche Leistung, wenn man bedachte, welch niedrigen Rang er am Totempfahl der Universität einnahm.

Und genau das war es, was Dr. Lord mehr und mehr in Wut versetzte.

In der Welt der Gelehrten und Wissenschaftler gehen Karrieren selten schnell vonstatten. Die nächste Stufe auf der akademischen Leiter wäre für Vincent Lord der außerordentliche Professor gewesen – ein Titel, der lebenslanger finanzieller Sicherheit gleichkam, wie man es auch betrachtete. Der Titel eines »außerordentlichen Professors« berechtigte zu der Feststellung: *Du hast es geschafft, du gehörst zur akademischen Elite. Du hast etwas, das man dir nicht wieder nehmen kann, und du kannst dir deine Arbeit selbst aussuchen, bis auf ein paar kleine Einmischungen von oben. Du hast es geschafft.* Vincent Lord wünschte sich diese Ernennung sehr. Und er wollte sie *jetzt.* Nicht erst in zwei Jahren.

Und so beschloß er – und wunderte sich, warum ihm die Idee nicht schon früher gekommen war –, die Angelegenheit ein wenig zu beschleunigen. Bei seinem Ruf würde das nicht schwer sein, überlegte er, eine reine Formalität. Voller Selbstvertrauen stellte er eine Bibliographie seiner Veröffentlichungen zusammen, ließ sich für die darauffolgende Woche einen Termin beim Dekan geben und schickte die Liste, nachdem er den Termin ausgemacht hatte, ab – damit sie vor ihm eintraf.

Dekan Robert Harris war ein kleiner Mann, runzlig und weise, so weise, daß er an seiner Fähigkeit zweifelte, sokratische Entscheidungen treffen zu können, die so häufig von ihm gefordert wurden. Im Grunde seines Herzens war er Wissenschaftler, hatte noch immer ein kleines Labor und nahm mehrmals im Jahr an wissenschaftlichen Tagungen teil. Jetzt aber war der größte Teil seiner Arbeitszeit von Verwaltungsaufgaben ausgefüllt.

An einem Märzmorgen des Jahres 1957 saß Dekan Harris in seinem Büro, blätterte in Dr. Vincent Lords Bibliographie und überlegte, warum man sie ihm geschickt haben mochte. Wenn jemand so launisch und unberechenbar war wie Lord, konnte es dafür ein Dutzend Gründe geben. Nun, er würde es bald herausfinden. Der Urheber dieser Bibliographie sollte in fünfzehn Minuten bei ihm erscheinen.

Er klappte den umfangreichen Ordner zu, den er sorgfältig von Anfang bis Ende durchgelesen hatte – der Dekan war von Hause aus gewissenhaft –, lehnte sich in dem Sessel hinter seinem Schreibtisch zurück und dachte über die ihm bekannten Tatsachen und seine persönliche instinktive Meinung über Vincent Lord nach.

Der Mann besaß zweifellos geniale Fähigkeiten. Wenn der Dekan es nicht bereits gewußt hätte, dann hätte er es jetzt, beim Lesen von Lords neueren Veröffentlichungen, den Kritiken und Ehrungen, die damit verbunden waren, erfahren. Auf seinem Gebiet konnte Vince Lord höchste wissenschaftliche Höhen erreichen, und das würde ihm vermutlich sogar gelingen. Mit einigem Glück, das Wissenschaftler genauso wie andere Sterbliche benötigen, würde er irgendwann einmal eine Erfindung machen, die ihm und der University of Illinois Ruhm einbringen würde. Alles sah positiv aus, alle Signale standen auf Grün. *Trotzdem*...

Manchmal bereitete Dr. Vincent Lord dem Dekan Unbehagen.

Der Grund war nicht das reizbare Temperament, das Lord an den Tag legte; dergleichen ging häufig mit einem scharfen Verstand einher und wäre noch zu ertragen gewesen. Jede Universität – bei dem Gedanken daran stieß der Dekan einen Seufzer aus – war eine Brutstätte von Haß und Neid, und oft genug geriet man sich um unbedeutender Dinge willen in die Haare.

Nein, es war etwas anderes, etwas, das weit darüber hinausging. Und diese Frage hatte sich schon früher einmal gestellt: Barg Vincent Lord tief in seinem Inneren den Samen intellektueller Unredlichkeit und wissenschaftlichen Betrugs?

Vor fast vier Jahren, im ersten Jahr seiner Assistenzprofessur, hatte Dr. Lord eine wissenschaftliche Arbeit über eine Reihe von Experimenten vorbereitet, die, wie er behauptete, außergewöhnliche Ergebnisse zeitigten. Die Arbeit stand kurz vor der Veröffentlichung, als ein Kollege der University of Illinois – ein älterer Wissenschaftler der Organchemie – wissen ließ, daß er sich bemüht habe, die Versuche, die Dr. Lord beschrieb, nachzuvollziehen, daß es ihm aber nicht gelungen sei; er sei zu anderen Ergebnissen gelangt.

Es folgte eine genaue Untersuchung, die erbrachte, daß Vincent Lord Fehler unterlaufen waren. Es schienen »ehrliche« Fehler zu sein, Fehlinterpretationen; Lord schrieb seine Arbeit um, und sie wurde etwas später veröffentlicht. Allerdings weckte sie nicht dasselbe wissenschaftliche Interesse, wie es die ursprünglichen Ergebnisse getan hätten – wenn sie gestimmt hätten.

An und für sich war diesem Vorfall keine allzu große Bedeutung beizumessen. Was Dr. Lord unterlaufen war, konnte den besten Wissenschaftlern passieren. Jeder machte einmal einen Fehler. Aber wenn ein Wissenschaftler nachträglich einen Irrtum entdeckte, dann war es üblich, ihn zuzugeben und bereits veröffentlichte Arbeiten zu berichtigen.

In Lords Fall war es anders gewesen. Unter seinen Kollegen breitete sich ein Verdacht aus, der durch Lords Reaktion zustande kam, als man ihn damit konfrontierte – daß er nämlich von den Fehlern bereits gewußt hatte, als die Arbeit noch nicht abgeschlossen war, aber geschwiegen hatte in der Hoffnung, daß niemand außer ihm es bemerken würde.

Eine Zeitlang wurde auf dem Campus viel über Moral und Ethik geredet. Als Vincent Lord aber eine ganze Serie unangefochtener und vielgerühmter Entdeckungen machte, verstummten die Gerüchte wieder, und der Vorfall schien vergessen.

Auch Dekan Harris hatte ihn fast vergessen. Bis zu dem Gespräch, das er vor zwei Wochen auf einer wissenschaftlichen Tagung in San Francisco geführt hatte.

»Hören Sie, Bobby«, hatte ein Professor von der Stanford University, ein alter Bekannter, eines Abends bei ein paar Drinks zu Harris gesagt, »wenn ich Sie wäre, würde ich diesen Lord genauer unter die Lupe nehmen. Einige von uns haben festgestellt, daß seine beiden letzten Arbeiten sich nicht nachvollziehen lassen. Seine Synthesen sind in Ordnung, aber zu diesen spektakulären Ergebnissen, die er für sich in Anspruch nimmt, gelangen wir nicht.«

Nach Einzelheiten befragt, erklärte der Professor: »Ich sage nicht, daß Lord ein Betrüger ist, und wir alle wissen, daß er was kann. Aber man hat den Eindruck, daß er ein junger Mann ist, dem alles nicht schnell genug geht. Wir beide wissen, was das bedeuten kann, Bobby – ab und zu ein paar Kurven schneiden, Daten so interpretieren, wie man sie gern haben möchte. Das führt zu wissenschaftlicher Arroganz und ist gefährlich. Ich sage also nur: Zum Wohle der University of Illinois und zu Ihrem eigenen – halten Sie die Augen offen!«

Besorgt und nachdenklich hatte sich Dekan Harris für den Rat bedankt.

Als er wieder im Champaign-Urbana war, ließ er den Leiter von Lords Fachbereich zu sich rufen und informierte ihn über die Unterhaltung in San Francisco. »Und was ist mit den beiden letzten Veröffentlichungen von Vince Lord?« wollte er schließlich wissen.

Am nächsten Tag brachte der Fachbereichsleiter die Antwort. Ja, Dr. Lord räume ein, daß es wegen seiner neuesten Ergebnisse Diskussionen gegeben habe; er beabsichtige, die Versuche zu wiederholen, und werde gegebenenfalls eine Berichtigung veröffentlichen.

Oberflächlich betrachtet war daran nichts auszusetzen. Und doch hing über der Unterhaltung die unausgesprochene Frage: *Hätte Lord etwas unternommen, wenn niemand das Thema zur Sprache gebracht hätte?*

Jetzt, zwei Wochen später, sann Dekan Harris erneut über diese Frage nach, als seine Sekretärin verkündete: »Dr. Lord ist da.«

»Das wär's«, schloß Vincent Lord zehn Minuten später. Er saß dem Dekan am Schreibtisch gegenüber. »Sie haben anhand meiner Bibliographie gesehen, was ich alles veröffentlicht habe, Herr Dekan. Ich glaube, daß sie eindrucksvoller ist als die aller anderen Assistenzprofessoren dieser Fakultät. Es gibt tatsächlich niemanden, der nur annähernd soviel vorzuweisen hat. Ich habe Ihnen auch berichtet, was ich für die Zukunft plane. Wenn man alles zusammennimmt, glaube ich, daß eine beschleunigte Ernennung gerechtfertigt wäre.«

Der Dekan sah Dr. Lord über seine Fingerspitzen hinweg an und sagte leicht belustigt: »An Selbstunterschätzung scheinen Sie nicht gerade zu leiden.«

»Warum sollte ich?« Die Antwort kam schnell und scharf, ohne jeden Humor. Lords dunkelgrüne Augen starrten den Dekan an. »Ich weiß so gut wie jeder andere, was ich wert bin. Und ich kenne eine ganze Menge Leute hier, die längst nicht soviel tun wie ich.«

»Wenn es Ihnen nichts ausmacht«, sagte Dekan Harris mit einer Spur Schärfe in der Stimme, »dann lassen wir die anderen aus dem Spiel. Die stehen nicht zur Debatte. *Sie* stehen zur Debatte.«

Lords Gesicht lief rot an. »Ich verstehe nicht, warum überhaupt etwas zur Debatte stehen soll. Die Sache scheint mir völlig klar. Ich dachte, das hätte ich Ihnen deutlich gemacht.«

»Das haben Sie, in der Tat. Mit ziemlicher Zungenfertigkeit.« Dekan Harris beschloß, sich nicht provozieren zu lassen. Schließlich hatte Lord in bezug auf seine Leistungen recht. Warum sollte er falsche Bescheidenheit an den Tag legen? Selbst seine aggressive Art ließ sich entschuldigen. Viele Wissenschaftler – auch er selbst – hatten einfach keine Zeit, sich mit Diplomatie und Nettigkeiten abzugeben.

Sollte er Lords Bitte um eine vorzeitige Ernennung also entsprechen? Nein. Dekan Harris wußte schon jetzt, daß er es nicht tun würde.

»Sie müssen sich darüber im klaren sein, Dr. Lord«, erläuterte er, »daß ich die Entscheidung über eine Ernennung nicht allein treffe. Als Dekan muß ich mich mit dem Fakultätskomitee beraten.«

»Das sind doch...« Lord fehlten die Worte, und er verstummte.

Schade, dachte der Dekan. Wenn er gesagt hätte »ein Haufen Schwachköpfe« oder Ähnliches, hätte ich jetzt einen Vorwand, ihn hinauszuwerfen, aber da es sich um eine förmliche Unterredung handelt, wollen wir es auf sich beruhen lassen.

»Eine von Ihnen befürwortete Ernennung wird immer akzeptiert.« Vincent Lord runzelte die Stirn. Er haßte es, diesem Mann gegenüber, den er für einen minderwertigen Wissenschaftler hielt und der in seinen Augen nichts als ein Bürohengst war, unterwürfig zu sein. Aber leider hatte dieser Bürohengst die Autorität der Universität hinter sich.

Dekan Harris gab keine Antwort. Was Lord gesagt hatte, traf zu, aber das lag nur daran, daß er nie irgendeine Stellung bezog, bevor er nicht sicher war, daß die Fakultät sie akzeptieren würde. Obgleich ein Dekan ranghöchstes Mitglied einer Fakultät war, besaß die Fakultät als Ganzes mehr Macht als der Dekan. Deshalb wußte er, daß Lord zu diesem Zeitpunkt niemals berufen werden würde, selbst wenn er es befürwortete.

Inzwischen gingen über die beiden letzten Veröffentlichungen von Vincent Lord auf dem Campus schon Gerüchte um, und auch der vier Jahre zurückliegende Vorfall, den man fast vergessen hatte, würde wieder ans Tageslicht gezerrt werden.

Es hatte keinen Sinn, überlegte der Dekan, eine Entscheidung, die bereits getroffen war, länger zu verschweigen.

»Dr. Lord«, erklärte er ruhig, »ich werde Sie nicht für eine vorzeitige Ernennung empfehlen.«

»Und warum nicht?«

»Ich glaube nicht, daß die Gründe, die Sie vorgebracht haben, zwingend sind.«

»Was meinen Sie mit ›zwingend‹?« Die Worte schossen wie ein Befehl heraus.

Jede Geduld hat ihre Grenzen, entschied der Dekan. »Ich glaube, es wäre für beide Teile besser«, erwiderte er kühl, »wenn wir dieses Gespräch beendeten. Auf Wiedersehen!«

Aber Lord rührte sich nicht vom Fleck. Er blieb vor dem Schreibtisch sitzen und starrte den Dekan an. »Ich bitte Sie, es sich noch einmal zu überlegen. Wenn Sie das nicht tun, könnten Sie es eines Tages bedauern.«

»Wieso bedauern?«

»Ich könnte mich entschließen, von hier wegzugehen.«

»Das würde mir leid tun«, bemerkte Dekan Harris und meinte es ehrlich. »Es wäre ein Verlust für uns, Dr. Lord. Sie haben der Universität zu Ansehen verholfen und werden es sicher auch weiterhin tun. Andererseits glaube ich« – der Dekan gestattete sich ein dünnes Lächeln –, »daß wir auch ohne Sie auskommen würden.«

Lord erhob sich von seinem Stuhl, das Gesicht rot vor Zorn. Wortlos stapfte er aus dem Büro und warf die Tür hinter sich zu.

Dekan Harris rief sich, wie schon so oft, ins Gedächtnis, daß es zu seinem Job gehörte, mit talentierten jungen Leuten, die oft überreagierten, gelassen und fair umzugehen, und wandte sich wieder anderen Arbeiten zu.

Im Gegensatz zum Dekan vermochte Dr. Lord die Angelegenheit nicht aus seinen Gedanken zu verbannen. Immer wieder spulte er das Gespräch in seinem Gedächtnis ab und wurde dabei immer verbitterter und böser, bis Haß in ihm aufwallte, nicht nur auf Harris, sondern auf die gesamte Universität. Obwohl dieser Punkt bei dem Gespräch nicht erwähnt worden war, hatte Vincent Lord den Verdacht, daß die geringfügigen Berichtigungen, die er in bezug auf seine beiden letzten Veröffentlichungen würde vornehmen müssen, etwas mit der Ablehnung zu tun hatten. Dieser Verdacht machte ihn noch wütender, denn im Vergleich zu seinen umfassenden wissenschaftlichen Leistungen war das, seiner Meinung nach, geradezu banal. O ja, er wußte genau, wie es zu diesen Fehlern hatte kommen können. Er war tatsächlich ungeduldig gewesen, allzu euphorisch und in Eile. Er hatte für einen ganz kurzen Augenblick seinem Wunschdenken nachgegeben und jede wissenschaftliche Vorsicht außer acht gelassen. Aber er hatte sich vorgenommen, daß ihm so etwas nie wieder passieren würde. Außerdem gehörte das alles der Vergangenheit an, er würde sich in Kürze öffentlich berichtigen. Warum machte man sich darüber also noch Gedanken? Das war kleinlich! Banal!

Zu keinem Zeitpunkt wäre Vincent Lord in den Sinn gekommen, daß es gar nicht diese Vorfälle selbst waren, auf die sich seine Kritiker bezogen, sondern gewisse Züge seines Charakters. Da er derartige Überlegungen aber nicht anstellte und auch kein Verständnis dafür gehabt hätte, wuchs seine Bitterkeit.

Infolgedessen reagierte er drei Monate später, als ihn auf einer wissenschaftlichen Tagung in San Antonio ein Repräsentant von Felding-Roth Pharmaceuticals ansprach und einlud, »an Bord« zu kommen – eine beschönigende Bezeichnung für das Angebot, für die Firma zu arbeiten –, wenn auch nicht sofort positiv, so doch mit einem »mal sehen, vielleicht«.

Das Angebot selbst war nichts Ungewöhnliches. Die großen Pharma-Konzerne waren ständig auf der Suche nach neuen Talenten für die wissenschaftliche Forschung und sahen sorgfältig alle Veröffentlichungen aus dem Universitätsbereich durch. Wenn sie etwas Interessantes fanden, wurde in der Regel zunächst eine Gratulation geschickt. Es folgten erste Kontakte bei akademischen Veranstaltungen, auf denen sich die Firmen-Repräsentanten mit Wissenschaftlern auf neutralem Boden begegneten. Lange vor der Tagung in San Antonio war Vincent Lord als mögliches »Ziel« ausgewählt worden.

Dann folgten konkretere Gespräche. Was Felding-Roth suchte, war ein hochkarätiger Wissenschaftler seines Fachgebiets, der die Leitung einer neuen Abteilung, die sich mit Steroiden beschäftigte, übernehmen sollte. Von Anfang an behandelten ihn die Vertreter der Firma mit Respekt und Hochachtung, eine Einstellung, die ihm gefiel und die er als angenehmen Kontrast zu der »schäbigen« Behandlung seitens der Universität empfand.

Das Angebot war, unter wissenschaftlichen Gesichtspunkten, äußerst interessant. Ebenso das Gehalt, 14 000 Dollar pro Jahr, fast doppelt soviel, wie er an der Universität verdiente.

Aber um gerecht zu sein: Geld war für Vincent Lord fast genauso uninteressant wie Essen. Persönliche Bedürfnisse hatte er kaum und folglich auch nie Schwierigkeiten, mit seinem Gehalt auszukommen. Aber das Geld, das ihm der Pharma-Konzern bot, war ein weiteres Kompliment – eine Anerkennung dessen, was er wert war.

Nachdem Dr. Lord zwei Wochen lang überlegt hatte, nahm er das Angebot an. Und verließ die Universität, ohne sich richtig zu verabschieden. Im September 1957 nahm er seine Tätigkeit bei Felding-Roth auf.

Kurz darauf ereignete sich etwas Ungewöhnliches. Anfang November brach der Leiter der Forschungsabteilung über einem Mikroskop zusammen und starb an einer schweren Gehirnblutung. Vincent Lord war zur Stelle. Er besaß die nötigen Qualifikationen und erhielt den Posten.

Jetzt, drei Jahre später, hatte sich Dr. Lord bei Felding-Roth fest etabliert. Er wurde respektiert. Seine Fähigkeiten wurden nie in Frage gestellt. Er leitete seine Abteilung erfolgreich – Einmischungen von außen gab es nur selten –, und seine Beziehungen zum Personal waren trotz seines schwierigen Charakters gut. Und was genauso wichtig war: Seine eigene wissenschaftliche Arbeit ging voran.

Jeder andere wäre unter diesen Umständen glücklich gewesen. Für Vincent Lord aber gab es dieses ständige Syndrom des Zweifelns und Grübelns über lang zurückliegende Entscheidungen – und Zorn und Bitterkeit über die verhinderte Universitätslaufbahn. Die Gegenwart war ebenfalls voller Probleme, zumindest glaubte er das. Den Firmenangehörigen außerhalb seiner Abteilung brachte er tiefes Mißtrauen entgegen. Wollten Sie seine Stellung untergraben? Es gab mehrere, die er nicht mochte und denen er nicht traute – dazu gehörte auch diese penetrante Frau. Celia Jordan erfuhr viel zuviel Beachtung. Ihre Beförderung hatte ihm nicht gepaßt. Er betrachtete sie als eine Konkurrenz um Prestige und Macht.

Aber es bestand immerhin die Möglichkeit – und darauf hoffte er –, daß diese Hexe Jordan sich übernahm, stolperte und verschwand. Was ihn betraf, so konnte das nicht schnell genug geschehen.

Dies alles aber würde unwichtig, selbst die erlittenen Beleidigungen an der Universität würden verblassen, wenn ein ganz bestimmter Fall eintrat, der schon jetzt im Bereich des Wahrscheinlichen lag. Dann würde niemand soviel Macht besitzen und soviel Achtung genießen wie Vincent Lord.

Wie die meisten Wissenschaftler fühlte sich auch Vincent Lord durch das Unbekannte herausgefordert. Und wie viele andere hatte er lange davon geträumt, einen persönlichen großen Durchbruch zu erzielen, eine Entdeckung zu machen, die die Grenzen des Wissens auf dramatische Weise erweiterte und seinen Namen in die Geschichte eingehen ließ.

Die Verwirklichung dieses Traums schien jetzt möglich.

Nach drei Jahren beharrlicher Arbeit bei Felding-Roth, einer Arbeit, die, wie er wußte, wohldurchdacht war, zeichnete sich schließlich eine chemische Verbindung ab, die Grundlage für ein revolutionäres neues Heilmittel werden könnte. Es blieb noch immer viel zu tun. Die notwendigen Experimente und Tierversuche würden noch mindestens zwei Jahre dauern, aber die ersten Schritte waren erfolgreich gewesen, die Zeichen gesetzt. Mit seinem Wissen, seiner Erfahrung und seiner wissenschaftlichen Intuition konnte Vincent Lord sie deutlich erkennen.

Das neue Mittel würde Felding-Roth zu ungeahnten Einnahmen verhelfen. Aber das war unwichtig. Wichtig war, daß es Dr. Vincent Lord weltweiten Ruhm einbringen würde.

Er brauchte nur noch ein bißchen Zeit. Dann würde er es ihnen zeigen.

Bei Gott, er würde es ihnen allen zeigen!

II

Die Ereignisse um Thalidomid schlugen ein wie eine Bombe.

»Auch wenn keiner von uns es damals ahnte«, sollte Celia später sagen, »nach dem Bekanntwerden der Tatsachen über Thalidomid konnte in der Pharma-Industrie nichts mehr so sein wie zuvor.«

Die Entwicklung begann ganz allmählich, blieb zunächst auf lokale Bereiche beschränkt und wurde von denen, die anfänglich damit zu tun hatten, nicht mit einem Arzneimittel in Verbindung gebracht.

In der Bundesrepublik Deutschland gab es im April 1961 bei den Ärzten Beunruhigung über das plötzliche Auftreten von Phokomelie. Die Bezeichnung stammt aus dem Griechischen: *phoco* bedeutet »Seehund« und *melos* »Gliedmaßen«. Es handelte sich bei diesem Phänomen um das Auftreten von Mißbildungen bei Neugeborenen – anstelle von Armen und Beinen hatten sie kleine unbrauchbare, flossenähnliche Gebilde. Im Jahr davor waren zwei Fälle bekanntgeworden – eine noch nie dagewesene Zahl, weil, wie ein Forscher meinte, »Kinder mit zwei Köpfen viel häufiger vorkommen«. Und jetzt tauchten plötzlich Dutzende von Babys mit mißgebildeten Gliedmaßen auf.

Manche Mütter, denen man die Neugeborenen zeigte, schrien vor Entsetzen und Verzweiflung auf. Andere weinten, wußten, daß »mein

Sohn nie fähig sein wird, ohne Hilfe zu essen, sich zu waschen, die einfachsten sanitären Dinge zu verrichten, nie fähig sein wird, eine Tür aufzumachen, eine Frau in die Arme zu nehmen oder auch nur seinen Namen selbst zu schreiben«.

Einige Mütter begingen Selbstmord; viele benötigten psychiatrische Hilfe. Ein Vater, der früher fromm gewesen war, verfluchte Gott: »Ich scheiße auf ihn!« Dann korrigierte er sich: »Es gibt keinen Gott. Es kann ihn nicht geben!«

Die Ursache für das Auftreten von Phokomelie blieb weiterhin unbekannt. Eine Studie machte den radioaktiven Abfall von Atombomben dafür verantwortlich, eine andere Untersuchung glaubte, einen Virus entdeckt zu haben.

Manche Babys wiesen außer den fehlenden Gliedmaßen noch andere Mißbildungen auf. Die Ohren fehlten oder waren fehlentwikkelt; Herz, Darm und andere Organe waren unvollständig oder nicht funktionsfähig. Einige Babys starben – »die glücklichen«, wie jemand schrieb.

Im November 1961 brachten zwei Ärzte – ein Kinderarzt in Deutschland und ein Gynäkologe in Australien – unabhängig voneinander und ohne etwas voneinander zu wissen, die Phokomelie mit dem Arzneimittel Thalidomid in Verbindung. Bald darauf stellte man fest, daß dieses Präparat tatsächlich die Ursache für die Mißbildungen war. Die australischen Behörden reagierten sofort und verboten die Anwendung von Thalidomid noch im selben Monat.

In der Bundesrepublik Deutschland und in Großbritannien wurde es einen Monat später aus dem Handel gezogen. In den USA aber dauerte es noch weitere zwei Monate, bis Thalidomid-Kevadon von der FDA verboten wurde. In Kanada blieb dieses Präparat unerklärlicherweise bis März auf dem Markt.

Celia und Andrew, die diese Entwicklung in wissenschaftlichen Publikationen und in den Tageszeitungen verfolgten, sprachen oft darüber.

»Ich bin ja so froh, Andrew«, sagte Celia eines Abends beim Essen, »daß du mir nicht erlaubt hast, während der Schwangerschaft irgendwelche Mittel einzunehmen!« Wenige Minuten zuvor hatte sie voller Liebe und Dankbarkeit ihre beiden gesunden und normalen Kinder betrachtet. »Vielleicht hätte ich auch Thalidomid genommen. Es soll Frauen von Ärzten geben, die es getan haben.«

»Ich hatte auch Kevadon«, sagte Andrew ruhig.

»Tatsächlich?«

»Ein Vertreter hat mir Proben gegeben.«

»Aber du hast sie doch nicht verwendet?« fragte Celia erschrocken.

Andrew schüttelte den Kopf. »Ich würde ja gern sagen, daß mir das Mittel von Anfang an verdächtig vorgekommen ist, aber das wäre gelogen. Ich hatte es einfach vergessen.«

»Und wo sind die Proben jetzt?«

»Gerade heute sind sie mir wieder eingefallen. Ich hab' sie hervorgeholt, ein paar hundert Tabletten. Irgendwo hab' ich gelesen, daß mehr als zweieinhalb Millionen Tabletten an amerikanische Ärzte verteilt worden sind. Ich habe meine ins Klo geschüttet und runtergespült.«

»Gott sei Dank!«

In den darauffolgenden Monaten trafen ständig neue Hiobsbotschaften über Thalidomid ein. Man schätzte, daß in zwanzig verschiedenen Ländern zwanzigtausend mißgebildete Babys geboren worden waren, auch wenn man die genaue Zahl nie erfahren würde.

In den Vereinigten Staaten war die Zahl der phokomel Geborenen niedrig – man schätzte achtzehn oder neunzehn –, weil das Mittel nie zur allgemeinen Verwendung freigegeben worden war. Andernfalls hätte es wahrscheinlich an die zehntausend amerikanische Babys ohne Arme und Beine gegeben.

»Ich schätze, wir schulden alle dieser Mrs. Kelsey Dank«, sagte Andrew an einem Sonntag im Juli 1962 zu Celia. Er saß in dem gemütlichen Arbeitszimmer, das sie sich teilten, und hatte eine Zeitung um sich herum ausgebreitet.

Dr. Frances Kelsey, eine Mitarbeiterin der FDA, hatte trotz starken Drucks seitens der Arzneimittelfirma, die Thalidomid-Kevadon auf den Markt bringen wollte, die Genehmigung mit bürokratischen Maßnahmen hinausgezögert, um sie zu verhindern. Als sie nun erklärte, sie habe die ganze Zeit aus wissenschaftlichen Gründen die Sicherheit des Mittels angezweifelt, wurde sie zur Nationalheldin gekürt. Präsident Kennedy verlieh ihr die Goldmedaille für hervorragende Dienste, die höchste zivile Auszeichnung des Landes.

»Wenn man das Ergebnis betrachtet«, sagte Celia, »so hat sie durchaus richtig gehandelt, und ich gebe zu, daß ich froh darüber bin. Aber manche behaupten auch, daß sie die Medaille für Nichtstun erhalten habe, dafür, daß sie eine Entscheidung hinausgeschoben hat. Das ist für Bürokraten immer am sichersten, und jetzt behauptet sie, klüger gewesen zu sein, als sie es in Wirklichkeit war. Außerdem befürchtet man, daß durch Kennedys Auszeichnung künftig die Zulassung dringend benötigter Heilmittel von anderen Mitarbeitern der FDA, die auch eine Medaille haben wollen, verzögert werden könnte.«

»Alle Politiker sind Opportunisten«, sagte Andrew, »und Kennedy ist da keine Ausnahme, genausowenig wie Kefauver. Beide machen sich die Publicity von Thalidomid zunutze. Trotzdem benötigen wir eine Art gesetzlicher Regelung für diese Dinge, denn unabhängig davon, was Thalidomid angerichtet hat, es hat deutlich gemacht – so deutlich wie das Amen in der Kirche –, daß eure Branche nicht in der Lage ist, sich selbst zu reglementieren, und daß einiges zum Himmel stinkt.«

Diese Bemerkung bezog sich auf Enthüllungen, die es im Laufe der Untersuchungen bei den für Thalidomid verantwortlichen Arzneimittelfirmen gegeben hatte: Gleichgültigkeit, Gier, Vertuschungen und Inkompetenz waren ans Tageslicht gekommen.

»Das kann wohl niemand mit einigermaßen gesundem Menschenverstand abstreiten«, gab Celia traurig zu.

Überraschenderweise und trotz aller damit verbundenen politischen Manöver kam eine gute Gesetzesvorlage zustande; im Oktober 1962 wurde das Gesetz von Präsident Kennedy unterzeichnet und trat damit in Kraft. Auch wenn es alles andere als vollkommen war und bestimmte Auflagen beinhaltete, die in der Folge dringend benötigten wertvollen neuen Arzneimitteln im Wege standen, bot das Gesetz dem Verbraucher dennoch Sicherheiten, die es »v.T.« – in der Zeit »vor Thalidomid« also – nicht gegeben hatte.

Ebenfalls im Oktober erhielt Celia die Nachricht, daß Eli Camperdown, der Präsident von Felding-Roth, der mehrere Monate krank gewesen war, im Sterben lag. Er hatte Krebs.

Ein paar Tage, nachdem sie es erfahren hatte, ließ Sam Hawthorne Celia in sein Büro kommen. »Eli hat mitteilen lassen, daß er Sie gern sehen würde. Man hat ihn aus dem Krankenhaus entlassen, und er ist wieder zu Hause. Ich habe veranlaßt, daß man Sie morgen zu ihm bringt.«

Das Haus befand sich fünf Meilen südwestlich von Morristown am Mount Kemble Lake am Ende einer langen Auffahrt und war von Bäumen und dichtem Buschwerk verdeckt; es war groß und alt und mit rauhen Steinen verkleidet, die verwittert und mit einer grünen Patina überzogen waren. Von außen wirkte das Innere düster, und das war es auch.

Ein gebückter älterer Butler ließ Celia ein. Er führte sie in einen mit Stilmöbeln ausgestatteten, überladen wirkenden Salon und forderte sie auf zu warten. Es war still im Haus. Vermutlich deshalb, dachte Celia, weil Eli allein lebte; sie wußte, daß er seit vielen Jahren Witwer war.

Nach einigen Minuten erschien eine Krankenschwester in Schwesterntracht. In dieser Umgebung wirkte sie besonders jung, hübsch und lebhaft. »Würden Sie bitte mitkommen, Mrs. Jordan? Mr. Camperdown erwartet Sie.«

»Wie geht es ihm?« fragte Celia, als sie eine breite, geschwungene, mit Teppichen belegte Treppe hinaufstiegen.

»Er ist sehr schwach und hat Schmerzen«, erklärte die Schwester sachlich. »Obwohl wir ihm Beruhigungsmittel geben, die ihm ein wenig helfen. Heute aber wollte er keine. Er sagte, er wolle wach sein.« Oben angekommen, öffnete die Schwester eine Tür und ließ Celia eintreten.

Fast hätte Celia die magere, von Kissen gestützte Gestalt in dem großen Bett nicht erkannt. Eli Camperdown, vor gar nicht langer Zeit noch die Verkörperung von Macht und Stärke, war jetzt ausgezehrt, bleich und gebrechlich – eine Karikatur seiner selbst. Seine in tiefe Höhlen gesunkenen Augen sahen Celia entgegen, das Gesicht verzog sich zu einem schwachen Lächeln. »Es tut mir leid, Mrs. Jordan«, sagte er mit leiser Stimme, »aber Krebs im fortgeschrittenen Stadium ist nicht gerade etwas Schönes. Ich wußte zunächst nicht, ob ich mich Ihnen so zeigen sollte, aber ich wollte Ihnen doch gern ein paar Dinge sagen. Danke, daß Sie gekommen sind.«

Die Schwester brachte einen Stuhl, bevor sie sie allein ließ, und Celia nahm neben dem Bett Platz. »Ich bin froh, daß ich kommen durfte, Mr. Camperdown. Es tut mir nur so leid, daß Sie krank sind.«

»Meine direkten Mitarbeiter nennen mich Eli. Ich würde mich freuen, wenn Sie das auch täten.«

Sie lächelte. »Und ich bin Celia.«

»Ja, ich weiß. Und ich weiß auch, wie wichtig Sie für mich waren, Celia.« Er hob die durchsichtige Hand und deutete auf einen Tisch an der anderen Seite des Zimmers. »Da drüben liegen das ›Life‹-Magazin und noch ein paar andere Papiere. Würden Sie sie mir bitte bringen?«

Mühsam blätterte Eli Camperdown in der »Life«-Ausgabe, bis er gefunden hatte, was er suchte.

»Vielleicht kennen Sie ihn schon.«

»Den Artikel über Thalidomid mit den Fotos der mißgebildeten Babys? Ja, den hab' ich gesehen.«

Er griff nach den anderen Papieren. »Und hier sind weitere Berichte und Fotos, die zum Teil noch unveröffentlicht sind. Ich habe den Fall genau verfolgt. Es ist schrecklich, nicht wahr?«

»Ja.«

Sie schwiegen, dann sagte er: »Celia, Sie wissen, daß ich sterben werde?«

»Ja, ich weiß«, antwortete sie leise.

»Ich habe die verdammten Ärzte dazu gebracht, es mir zu sagen. Ich habe höchstens noch ein oder zwei Wochen, vielleicht nur noch Tage. Deshalb habe ich sie überredet, mich nach Hause zu bringen. Damit ich hier sterben kann.« Als sie etwas sagen wollte, brachte er sie mit einer Handbewegung zum Schweigen. »Hören Sie mich zu Ende an.«

Er machte ein Pause, um sich auszuruhen. Man sah, daß ihn die Anstrengung ermüdete. Dann sprach er weiter.

»Es hört sich egoistisch an, Celia. Und nichts kann diesen armen, unschuldigen Kindern auch nur im geringsten helfen.« Seine Finger berührten die Fotos in der Zeitschrift. »Aber ich bin froh, daß ich sterben kann, ohne das hier auf dem Gewissen zu haben. Und das habe ich allein Ihnen zu verdanken.«

Sie protestierte: »Als ich damals vorschlug…«

Er sprach weiter, als habe er sie nicht gehört. »Als Felding-Roth für dieses Mittel im Gespräch war, hatten wir vor, es ganz groß herauszubringen. Wir glaubten, daß es eine tolle Sache würde. Wir wollten es auf breiter Basis testen und dann die FDA unter Druck setzen, damit es schnell genehmigt würde. Vielleicht hätte es geklappt. Wir hätten einen anderen Zeitplan gehabt, es hätte womöglich einen anderen Prüfer gegeben. Diese Dinge laufen nicht immer logisch ab.«

Wieder machte er eine Pause, versuchte, seine Kräfte und Gedanken zu sammeln. »Sie haben uns überredet, es bei alten Menschen zu testen, und deshalb hat es niemand unter sechzig genommen. Es hat die Erwartungen nicht erfüllt, und wir haben es fallenlassen. Danach wurden Sie, wie ich weiß, kritisiert... aber wenn es abgelaufen wäre... so, wie wir es anfangs beabsichtigt hatten... dann wäre ich verantwortlich...« Wieder tasteten seine Finger nach den Fotos im Magazin. »Ich müßte mit dieser schrecklichen Belastung auf dem Gewissen sterben. So wie die Dinge liegen...«

Celias Augen standen voller Tränen. Sie nahm seine Hand. »Eli, beruhigen Sie sich.«

Er nickte, seine Lippen bewegten sich, und sie beugte sich zu ihm hinunter. »Celia, ich glaube, Sie besitzen etwas – eine Gabe, einen Instinkt –, um beurteilen zu können, was richtig ist... In unserer Branche wird es große Veränderungen geben, Veränderungen, die ich nicht miterleben werde... Manche in unserer Firma sind der Meinung, daß Sie zu weit gehen. Das ist gut... Daher will ich Ihnen einen Rat geben, meinen letzten Rat... Nutzen Sie Ihre Begabung, Celia. Vertrauen Sie Ihrem Instinkt. Und sollten Sie Macht erlangen, dann haben Sie die Kraft, das zu tun, woran Sie glauben... Lassen Sie sich von Kleingeistern nichts ausreden...«

Seine Stimme versagte, das Gesicht verzog sich vor Schmerzen.

Celia drehte sich um, als sie hinter sich ein Geräusch hörte. Die Krankenschwester hatte leise das Zimmer betreten. Sie trug ein Spritzentablett, das sie neben dem Bett abstellte. Ihre Bewegungen waren schnell und sicher. Sie beugte sich über den Patienten und fragte: »Haben Sie wieder Schmerzen, Mr. Camperdown?« Als er schwach nickte, rollte sie den Ärmel seiner Pyjamajacke hoch und gab ihm eine Spritze. Fast augenblicklich entspannten sich seine Gesichtszüge, und er schloß die Augen.

»Er wird jetzt einschlummern, Mrs. Jordan«, erklärte die Krankenschwester. »Ich glaube, es hat wenig Sinn, wenn Sie noch bleiben.« Sie sah Celia neugierig an. »Konnten Sie Ihr Gespräch zu Ende führen? Es schien ihm wichtig zu sein.«

Celia klappte das »Life«-Magazin zu und legte es zusammen mit den anderen Papieren zurück auf den Tisch.

»Ja«, sagte sie. »Ja, ich glaube schon.«

Obwohl Celia selbst darüber Stillschweigen bewahrte, sickerte etwas über ihre Begegnung mit Eli Camperdown in der Firma durch. Sie stellte fest, daß man sie daraufhin mit einer Mischung aus Neugier, Achtung und gelegentlich sogar Ehrfurcht betrachtete. Niemand, auch Celia nicht, gab sich der Illusion hin, daß eine außergewöhnliche Erkenntnis sie vor fünf Jahren dazu veranlaßt hatte, Felding-Roth zu raten, das Thalidomid zu testen. Tatsache aber war, daß der Weg, den die Firma eingeschlagen hatte, sie vor einer Katastrophe bewahrt hatte. Und daß Celia dazu beigetragen hatte, sie zu verhindern, war Grund genug, ihr dankbar zu sein.

Eine Person in der Führungsspitze der Firma allerdings verweigerte Celia die Anerkennung. Der Leiter der Forschungsabteilung zog es vor, über seine Rolle bei der Beurteilung des Präparats Stillschweigen zu bewahren, obwohl er ursprünglich zu denen gehörte, die auf Tests mit Thalidomid auf breiter Basis gedrungen hatten. Statt dessen erinnerte er daran, daß er die Entscheidung getroffen habe, das Mittel abzulehnen, nachdem es sich bei den Tests an alten Leuten nicht bewährt hatte. Das war zwar richtig, stellte die Situation jedoch unvollkommen dar.

Für lange Diskussionen war indes keine Zeit. Zwei Wochen, nachdem Celia ihn besucht hatte, starb Eli Camperdown. Am folgenden Tag, dem 8. November 1962, standen respektvolle Nachrufe in den Zeitungen, allerdings kürzere als die auf Mrs. Eleanor Roosevelt, die tags zuvor gestorben war. »Es sieht fast so aus«, bemerkte Celia zu Andrew, »als wären zwei unterschiedliche Abschnitte der Geschichte gemeinsam zu Ende gegangen – und an dem bescheideneren durfte ich teilhaben.«

Der Tod des Felding-Roth-Präsidenten löste Veränderungen innerhalb der Firmenleitung aus; dadurch, daß der Aufsichtsrat einen neuen Präsidenten bekam, kletterten auch andere Mitarbeiter auf der Leiter des Erfolgs eine Stufe nach oben. Zu ihnen gehörte Sam Hawthorne, der Vizepräsident und Verkaufsleiter für den Inlandsbereich wurde, während Teddy Upshaw zu seiner großen Freude den Posten des Verkaufsleiters für rezeptfreie Produkte erhielt, die von Bray & Commonwealth, einer Tochtergesellschaft, vertrieben wurden. »Eine tolle Chance für die Rezeptfreien, endlich einen gescheiten Umsatz zu machen«, erklärte Teddy aufgeregt, als er Celia von seiner bevorstehenden Versetzung erzählte. »Ich habe vorgeschlagen, Sie zu meiner Nachfolgerin zu machen«, fuhr er fort, »aber ich muß gestehen, daß es noch immer einige gibt, die von der Idee einer

Leiterin nicht gerade begeistert sind. Um ganz ehrlich zu sein: das war früher auch meine Meinung, aber Sie haben mich gründlich bekehrt.«

Es vergingen noch ganze acht Wochen, in denen Celia alle Funktionen des Abteilungsleiters für Verkaufstraining ausübte, ohne den Titel zu besitzen. Ihre Frustration über diese ungerechte Behandlung wuchs von Tag zu Tag. Eines Morgens Anfang Januar kam dann Sam Hawthorne unangemeldet und strahlend in ihr Büro und rief: »Wir haben's geschafft! Es kam zwar einem Dolchstoß gleich, und es ist Blut geflossen, aber jetzt ist es soweit: Sie sind die Leiterin dieses Bereichs, und was noch wichtiger ist, Celia, Sie befinden sich damit offiziell auf der ›Rennbahn‹.«

TEIL ZWEI
1963–1975

I

Bei Felding-Roth auf der »Rennbahn« zu sein bedeutete – wie bei anderen Firmen auch –, als Kandidat für das oberste Management auserkoren zu sein und bessere Chancen als üblich zu bekommen, das Geschäft kennenzulernen und sich zu bewähren. Natürlich schaffte es nicht jeder bis ins Ziel; denn es waren auch noch andere auf der Strecke. Die Konkurrenz war stark.

Celia war sich über all dies im klaren. Und sie wußte auch, daß sie als Frau die zusätzliche Hürde der Vorurteile überwinden mußte. Aber das spornte sie nur noch mehr an.

Um so bedauerlicher war es, daß sich die sechziger Jahre als eine »Durststrecke« erwiesen, die keine großen Neuerungen auf dem Gebiet rezeptpflichtiger Arzneimittel brachten.

»Das hat es früher auch schon gegeben«, erklärte Sam Hawthorne, als Celia darauf zu sprechen kam. »Wir haben zwei Jahrzehnte der ›Wundermittel‹ hinter uns – Antibiotika, neue Herzmittel, die Pille, Tranquilizer und all das andere – und befinden uns jetzt in einer Flaute vor dem nächsten großen Durchbruch.«

»Und wie lange wird die Flaute andauern?«

Sam rieb sich nachdenklich den kahlen Kopf. »Wer will das wissen? Zwei Jahre, oder auch zehn. Inzwischen verkauft sich unser Lotromycin gut, und wir verbessern laufend bereits vorhandene Präparate.«

»Damit meinen Sie die sogenannten ›Trittbrett‹-Produkte, nicht wahr?« erwiderte Celia spitz. »›Molekulares Roulette‹ spielen – indem wir erfolgreiche Mittel unserer Konkurrenz gerade so weit abwandeln, daß man uns eine Verletzung von Patenten nicht anhängen kann...«

Sam zuckte die Achseln. »Wenn Sie sich unbedingt der Sprache unserer Kritiker bedienen wollen, bitte.«

»Apropos Kritiker – werfen die uns nicht gerade vor, die Forschung mit ›Trittbrett‹-Produkten lahmzulegen, statt unsere Kräfte für positivere, nützlichere Dinge einzusetzen?«

»Und Sie sollten sich endlich klarmachen, daß wir wegen allem und jedem kritisiert werden.« Sams Stimme war eine Spur schärfer geworden. »Vorwiegend von Leuten, die nicht wissen oder nicht wissen wollen, daß die sogenannten ›Trittbrett‹-Produkte Firmen wie die unsere über Wasser halten, wenn sich in der Wissenschaft nichts tut. Pausen hat es schon immer gegeben. Wissen Sie eigentlich, daß es nach der ersten erfolgreichen Pockenimpfung hundert Jahre gedauert hat, bis die Wissenschaftler herausfanden, warum sie erfolgreich war?«

So deprimiert Celia durch die Unterhaltung auch war, sie entdeckte, daß die anderen pharmazeutischen Firmen eine ebensolche Durststrecke durchmachten und nichts Neues oder gar Aufsehenerregendes herausbrachten. Es war ein Phänomen, das die gesamte Branche erfaßt hatte und das – obwohl es zu dieser Zeit noch niemand ahnte – bis in die siebziger Jahre anhalten und Sams Voraussagen am Ende bestätigen sollte.

»Ich habe Sie rufen lassen«, sagte Sam eines Nachmittags im November 1963 zu Celia, als sie sich in seinem mit Eiche getäfelten Büro gegenübersaßen, »um Ihnen mitzuteilen, daß Sie eine neue Aufgabe erhalten werden, was übrigens mit einer Beförderung verbunden ist.«

Celia schwieg abwartend. Als Sam nicht weitersprach, stieß sie einen Seufzer aus und lächelte. »Sie wissen genau, daß ich vor Neugier sterbe, aber Sie wollen mich dazu bringen zu fragen, also tu ich's. Okay, Sam: Was für einen Job bekomme ich?«

»Geschäftsführerin für rezeptfreie Produkte bei Bray & Commonwealth. Teddy Upshaw, Ihr früherer Chef, wird Ihnen jetzt Bericht erstatten.« Sam lächelte. »Ich hoffe, Sie sind glücklich darüber, Celia.«

»O ja, das bin ich! Das bin ich wirklich, Sam. Vielen Dank!«

Er sah sie verschmitzt an. »Entdecke ich da etwa neben der großen Begeisterung eine Spur Reserviertheit?«

»Nicht Reserviertheit.« Celia schüttelte entschieden den Kopf. »Es ist bloß, daß... also, eigentlich habe ich vom Geschäft mit rezeptfreien Produkten überhaupt keine Ahnung.«

»Da stehen Sie nicht allein«, sagte Sam. »Ich hatte dasselbe Problem, bevor ich ein paar Jahre im rezeptfreien Bereich arbeitete. In gewisser Hinsicht ist es, als würde man in ein fremdes Land reisen.« Er zögerte. »Oder die Grenze zu einem anderen Stadtteil überschreiten.«

»Dem weniger angesehenen Teil?«

»Könnte sein.«

Sie wußten beide, daß Felding-Roth wie auch die anderen großen pharmazeutischen Firmen zwischen dem Geschäftsbereich, der die rezeptpflichtigen Mittel betraf und Ansehen genoß, und dem Bereich für rezeptfreie Produkte, von dem man das nicht immer behaupten konnte, eine deutliche Trennlinie zog. Beide Seiten operierten völlig unabhängig voneinander. Jede Seite besaß ihre eigene Verwaltung und ihre eigene Forschungs- und Verkaufsabteilung; es gab keinerlei Verbindung zwischen den beiden.

Wegen dieser Politik der Trennung behielt Felding-Roth den Namen Bray & Commonwealth bei – eine ehemals kleine unabhängige Pharma-Firma, die vor Jahren von Felding-Roth aufgekauft worden war und sich jetzt ausschließlich mit rezeptfreien Produkten befaßte. Nach außen hin bestand zwischen Bray & Commonwealth und Felding-Roth Pharmaceuticals keine Verbindung, was der Mutterfirma auch lieber war.

»Bray & Commonwealth wird für Sie eine neue Erfahrung sein«, sagte Sam zu Celia. »Sie werden lernen, sich um Hustensäfte, Hämorrhoidensalben und Haarshampoos zu kümmern. Die rezeptfreien Produkte sind ein Teil des gesamten Arzneimittelmarktes – ein großer Teil, und sie bringen einen Haufen Geld ein. Deshalb müssen Sie sich auch in diesem Geschäft auskennen. Und, Celia, Sie werden wohl für eine Weile Ihr kritisches Denken ablegen müssen.«

»Würden Sie mir das bitte näher erklären?« bat Celia erstaunt.

»Das werden Sie schon selbst herausfinden.«

Celia beschloß, nicht nachzuhaken.

»Und noch etwas«, fuhr Sam fort. »Bei Bray & Commonwealth hat sich in letzter Zeit nichts bewegt, neue Initiativen, neue Ideen sind bitter nötig.« Er lächelte. »Vielleicht die Ideen einer starken, phantasievollen, gelegentlich aufmüpfigen Frau... Ja, was ist?«

Die letzte Bemerkung galt seiner Sekretärin, einer attraktiven jungen Farbigen, die in der offenen Tür stand.

Als sie nicht gleich antwortete, sagte Sam mürrisch: »Maggie, ich habe Ihnen doch gesagt, daß ich nicht...«

»Warten Sie!« sagte Celia. Sie hatte etwas bemerkt, was Sam offenbar entgangen war: über das Gesicht der Sekretärin liefen Tränen. »Maggie, was ist denn?«

Das Mädchen konnte nur mit Mühe sprechen, ihre Worte wurden immer wieder von Schluchzern unterbrochen. »Der Präsident ist... Präsident Kennedy wurde erschossen... in Dallas... es ist alles aus... im Radio.«

Mit dem Ausdruck ungläubigen Entsetzens schaltete Sam Hawthorne hastig das Radio neben seinem Schreibtisch ein.

Wie die meisten ihrer Generation konnte Celia sich später ganz genau daran erinnern, wo sie in jenem schrecklichen Augenblick gewesen war und was sie gerade getan hatte. Es war der Auftakt einer Reihe von apokalyptischen Tagen, einer Zeit enttäuschter Hoffnungen und tiefer Niedergeschlagenheit. Ob Camelot Wirklichkeit gewesen war oder nur Illusion, es herrschte das Gefühl, als sei etwas für immer verloren, als gäbe es nichts von Bestand, als sei alles unwichtig geworden – für Celia, zum Beispiel, ihre persönlichen Ambitionen und die Gespräche über ihren neuen Job. Die Lücke schloß sich jedoch wieder, und das Leben ging weiter.

Celias neuer Arbeitsplatz bei Bray & Commonwealth Inc. befand sich in einem schlichten vierstöckigen Ziegelgebäude, eineinhalb Meilen vom Sitz der Muttergesellschaft entfernt. In ihrem bescheidenen, aber behaglichen Büro traf sie sich etwa zwei Wochen später mit Teddy Upshaw, dem Verkaufsleiter der Zweigstelle, um sich einen Überblick über die rezeptfreien Produkte zu verschaffen.

Während der vergangenen Woche hatte sich Celia in Akten vertieft und Bilanzen, Statistiken, Forschungsberichte und Personalakten studiert, die alle mit ihrer neuen Arbeit zu tun hatten. Beim Lesen wurde ihr klar, daß Sam Hawthorne recht gehabt hatte: Der Geschäftsbereich hatte sich unter einer phantasielosen Führung festgefahren. Es bedurfte dringend neuer Initiativen und Ideen.

»Ich habe eine direkte Frage, Teddy«, begann Celia ihr Gespräch mit Upshaw. »Ärgern Sie sich, weil ich auf diesem Stuhl hier sitze und Sie mir Bericht erstatten müssen? Macht es Ihnen etwas aus, daß unsere Positionen plötzlich vertauscht sind?«

Der wendige kleine Verkaufschef schien überrascht. »Ob es mir etwas ausmacht? Mein Gott, Celia, ich kann mich gar nicht genug darüber freuen! Wir brauchen jemanden wie Sie. Als ich hörte, daß Sie herkämen, hätte ich am liebsten hurra gerufen. Fragen Sie meine Frau! An dem Abend, als ich die Neuigkeit erfuhr, haben wir auf Ihr Wohl getrunken.« Teddy unterstrich seine Bemerkungen mit lebhaftem Kopfnicken. »Ob ich mich ärgere? Nein, meine Liebe, ich bin nur ein Verkäufer – ein verdammt guter, doch mehr werde ich nie sein. Sie aber haben das Zeug dazu, mir etwas in die Hand zu geben, das besser ist als alles, was wir bisher hatten.«

Celia war gerührt. »Vielen Dank, Teddy«, sagte sie. »Ich mag Sie auch. Wir könnten uns gegenseitig helfen.«

»Ganz meine Meinung.«

»Sie kennen beide Bereiche«, sagte sie. »Rezeptpflichtige und rezeptfreie Produkte. Sagen Sie mir, wo für Sie der Unterschied liegt.«

»Der ist ziemlich grundlegend. Die rezeptfreien Mittel sind meist taube Nüsse.« Teddy warf einen Blick auf die Akten, die überall im Büro verstreut waren. »Schätze, das haben Sie schon an den Kosten gemerkt.«

»Ja, aber ich würde gern Ihre Meinung dazu hören.«

Er sah sie fragend an. »Vertraulich? Ohne jede Einschränkung?«

Sie nickte. »Das wäre mir am liebsten.«

»Na schön. Dann betrachten Sie es mal folgendermaßen: Wie wir beide wissen, verschlingt die Forschung für ein rezeptpflichtiges Mittel Millionen, und es dauert fünf, sechs Jahre, bis es vermarktet werden kann. Bei einem rezeptfreien Produkt genügen sechs Monate oder weniger, um das Zeug auf eine Formel zu bringen, und die Kosten sind denkbar gering. Das meiste Geld geht für Verpackung, Werbung und Verkauf drauf.«

»Teddy«, sagte Celia. »Sie haben ein Talent, die Dinge beim Namen zu nennen.«

Er zuckte die Achseln. »Ich mache mir nichts vor. Was wir hier verkaufen, stammt nicht von Louis Pasteur.«

»Aber trotzdem steigt allgemein der Absatz rezeptfreier Produkte immer mehr an.«

»Mit dem Tempo einer gottverdammten Rakete! Weil es die amerikanische Öffentlichkeit so will, Celia. Leute, denen irgendwas fehlt – meist ein kleines Wehwehchen, das mit der Zeit von alleine verschwinden würde, wenn sie so klug wären, es in Ruhe ausheilen zu lassen –, diese Leute wollen irgend etwas tun. Sie möchten gern selbst Doktor spielen, und hier treten wir auf den Plan. Wenn die Rakete also aufsteigt, warum sollten wir uns dann nicht alle – Felding-Roth, Sie und ich – dranhängen?« Er machte eine Pause, dachte nach und sprach dann weiter. »Das einzige Problem im Augenblick ist nur, daß wir nicht richtig zugepackt haben, so daß wir den uns zustehenden Marktanteil nicht kriegen.«

»Das mit dem Marktanteil finde ich auch«, sagte Celia, »aber ich glaube, das ließe sich ändern. Und was die rezeptfreien Mittel selbst betrifft, so sind sie bestimmt ein bißchen effektiver, als Sie behaupten.«

Teddy hob die Hände. »Vielleicht ein bißchen, aber viel bestimmt nicht. Es gibt ein paar gute Mittel – zum Beispiel Aspirin. Und was die anderen betrifft: die Hauptsache ist, daß die Leute sich *wohl fühlen*, auch wenn sie sich das nur einbilden.«

»Aber verschaffen nicht ein paar von den landläufigen Mitteln gegen Erkältung, zum Beispiel, Erleichterung über die Einbildung hinaus?«

»Nein!« Teddy schüttelte mit Nachdruck den Kopf. »Da können Sie jeden guten Arzt fragen. Fragen Sie Andrew. Wenn Sie oder ich eine Erkältung kriegen, was sollten wir dann am besten tun? Ich will es Ihnen sagen: nach Hause gehen, die Füße hochlegen, ausruhen, viel trinken und ein paar Aspirin nehmen. Das ist alles, was man tun kann – bis die Wissenschaft ein wirkliches Heilmittel gegen Erkältung findet; aber bis dahin ist wohl noch ein weiter, mühsamer Weg.«

Obgleich die Sache ernst war, mußte Celia lachen. »Sie nehmen wohl nie etwas gegen Erkältung?«

»Niemals. Aber zum Glück gibt es eine Menge Leute, die es tun. Ganze Armeen hoffnungsvoller Menschen, die Jahr für Jahr eine halbe Milliarde Dollar ausgeben und vergeblich versuchen, ihre Erkältungen zu kurieren. Und Sie und ich, Celia – wir werden ihnen alles verkaufen, was sie haben wollen, und das Schöne daran ist, daß ihnen nichts davon auch nur im geringsten schaden wird.« In Teddys Stimme schwang Vorsicht, als er hinzufügte: »Natürlich wissen Sie, daß ich so was nie laut sagen würde. Ich tue es jetzt nur, weil Sie mich gefragt haben. Wir sind ja unter uns und vertrauen einander.«

»Ich danke Ihnen für Ihre Offenheit, Teddy«, sagte Celia. »Aber wenn das Ihre Meinung ist, macht es Ihnen dann gar nichts aus, hier zu arbeiten?«

»Die Antwort lautet: nein, und zwar aus zwei Gründen. Erstens ist es nicht meine Sache, über etwas zu richten. Ich nehme die Welt, wie sie ist, und nicht so, wie die Träumer glauben, daß sie sein müßte. Und zweitens muß es schließlich jemanden geben, der das Zeug verkauft, also kann es genausogut Teddy Upshaw sein.« Er sah Celia forschend an. »Aber Sie beunruhigt es, nicht wahr?«

»Ja«, gab sie zu. »Gelegentlich.«

»Hat man Ihnen gesagt, wie lange Sie bei Bray & Commonwealth bleiben werden?«

»Nein, ich nehme an, für immer.«

»Die werden Sie auf keinen Fall hierbehalten«, versicherte Teddy. »Sie werden diesen Job hier vermutlich ein Jahr lang machen und dann weiter aufrücken. Stehen Sie's also durch, Baby! Am Ende wird es sich gelohnt haben.«

»Vielen Dank, Teddy«, sagte Celia. »Ich werde Ihren Rat nicht vergessen, allerdings habe ich vor, ein bißchen mehr zu tun, als es einfach nur durchzustehen.«

Trotz ihrer Doppelbelastung als berufstätige Ehefrau und Mutter hatte Celia beschlossen, niemals ihre Familie zu vernachlässigen – vor allem nicht ihre Kinder: Lisa, die jetzt fünf war, und den dreijährigen Bruce. An den Wochentagen verbrachte sie abends zwei Stunden mit ihnen – ein Ritual, an dem sie festhielt, wie wichtig die Akten auch sein mochten, die sie mitgebracht hatte.

Am Abend nach dem Gespräch mit Teddy führte Celia das fort, was sie vor ein paar Tagen begonnen hatte – sie las Lisa und Bruce etwas aus *Alice im Wunderland* vor.

An diesem Abend war Bruce stiller als sonst – es sah aus, als würde er eine Erkältung bekommen; seine Nase lief. Lisa hörte wie immer hingerissen zu, als die Mutter vorlas, wie Alice an einer kleinen Tür wartete, die in einen wunderschönen Garten führte; die Tür war für Alice zu klein, und sie hoffte...

... einen Schlüssel zu finden oder wenigstens eine Anweisung über das fernrohrartige Zusammenschieben von Menschen. Statt dessen entdeckte sie diesmal eine kleine Flasche auf dem Tisch (die, wie

Alice behauptete, vorher bestimmt noch nicht dagewesen war). Ein Papier-Etikett war an dem Flaschenhals befestigt, und darauf stand in großen, schönen Druckbuchstaben: »TRINK MICH«.

Celia legte das Buch zur Seite, um Bruce die Nase zu putzen, dann las sie weiter.

Das Etikett hatte leicht reden: »Trink mich«, die kluge kleine Alice aber dachte nicht daran, diesem Befehl blindlings zu folgen. »Zuerst will ich einmal nachsehen«, sagte sie, »ob nicht auch irgendwo ›Gift‹ draufsteht.«...

So hatte Alice auch den Satz nicht vergessen: »Wenn du viel aus einer Flasche trinkst, auf der ›Gift‹ steht, wird es dir früher oder später schlecht bekommen.«

Auf dieser Flasche stand jedoch nirgends »Gift«, und so wagte Alice, ein wenig daran zu nippen. Und siehe da, es schmeckte gut, wie eine Mischung aus Kirschkuchen, Pudding, Ananas, Gänsebraten, Sahnebonbons und Butterbrötchen. So hatte sie bald alles ausgetrunken.

»Was für ein komisches Gefühl«, sagte Alice, »ich glaube, ich klappe wie ein Fernrohr zusammen.«

Und so war es auch. Schon maß sie nur noch 30 Zentimeter...

Lisa unterbrach sie: »Sie hätte es nicht trinken sollen, nicht wahr?«

»Nicht im wirklichen Leben«, sagte Celia, »aber das ist nur eine Geschichte.«

»Ich finde trotzdem, sie hätte es nicht trinken sollen«, sagte Lisa mit fester Stimme. Sie hatte schon jetzt eine starke eigene Meinung.

»Du hast völlig recht, Liebling«, sagte Andrew hinter ihnen fröhlich; er war leise und unbemerkt ins Zimmer gekommen. »Man soll nie etwas trinken, von dem man nicht genau weiß, was es ist, außer, der Arzt verschreibt es einem.«

Alle lachten, und die Kinder umarmten Andrew stürmisch.

»Und jetzt«, sagte Andrew, »verschreibe ich uns einen Martini zum Ende des Tages. Leistest du mir Gesellschaft?« fragte er Celia.

»Gern.«

»Daddy«, sagte Lisa, »Bruce hat eine Erkältung. Kannst du nicht machen, daß sie weggeht?«

»Nein.«

»Warum nicht?«

»Weil ich kein Erkältungsdoktor bin.« Er hob sie hoch und drückte sie an sich. »Fühl mal! Ich bin ein Erwärmungsdoktor.«

Lisa kicherte. »Ach, Daddy!«

»Komisch«, sagte Celia. »Fast dasselbe Gespräch hatte ich heute schon mal.«

Andrew stellte Lisa wieder auf den Boden und begann Martinis zu mixen. »Was für ein Gespräch?«

»Das erzähl ich dir beim Essen.«

Celia stellte *Alice* bis zum nächsten Tag ins Regal zurück und brachte die Kinder ins Bett. Aus der Küche roch es nach Lamm mit Curry, während Winnie August nebenan im Eßzimmer für Andrew und Celia den Tisch deckte. *Womit habe ich das nur verdient,* dachte Celia, *daß mein Leben so wunderbar befriedigend und glücklich ist?*

»Teddy hat völlig recht. Es ist absolut sinnlos, Erkältungen mit etwas anderem als Flüssigkeit, Ruhe und Aspirin zu behandeln«, sagte Andrew, nachdem Celia ihm von der Unterhaltung in ihrem Büro erzählt hatte.

Sie waren mit dem Abendessen fertig und tranken im Wohnzimmer Kaffee. »Ich sage meinen Patienten immer, wenn sie eine Erkältung haben und sie behandeln, dauert sie sieben Tage. Und wenn sie sie nicht behandeln, dauert sie eine Woche.«

Celia lachte, und Andrew stocherte in dem Holzfeuer, das er im Kamin angezündet hatte.

»Aber Teddy irrt sich«, sagte Andrew, »was die sogenannten Erkältungsmittel betrifft – daß sie keinen Schaden anrichten. Viele davon sind schädlich, manche sogar gefährlich.«

»Naja«, widersprach sie. »›Gefährlich‹ ist ja wohl übertrieben.«

»Das ist es nicht!« sagte er mit Nachdruck. »Wenn man versucht, eine Erkältung zu heilen, kann man dabei andere Leiden verschlimmern.« Andrew ging zum Regal und zog mehrere Bücher heraus, in denen Papierstreifen steckten. »Ich habe in letzter Zeit einiges darüber gelesen.« Er blätterte in einem der Bücher.

»Die meisten Mittel gegen Erkältung«, sagte Andrew, »bestehen aus einem Gemisch von Substanzen. Eine davon heißt Phenylephrine und soll dazu dienen, den Blutandrang zu verringern und eine verstopfte Nase wieder freizumachen. Meistens hilft das Phenylephrine überhaupt nicht – es reicht nicht aus, um wirksam zu sein –, erhöht aber statt dessen den Blutdruck, was für jeden schädlich ist, gefährlich aber für den, der bereits einen hohen Blutdruck hat.«

Er deutete auf ein Blatt mit Notizen. »Einfaches, unverfälschtes Aspirin, darüber sind sich fast alle medizinischen Forscher einig, ist das beste gegen Erkältung. Aber von Aspirin gibt es Kombinationspräparate, für die stark geworben wird und die viel gekauft werden. Sie enthalten häufig zusätzlich Phenazetin, das zu Nierenschäden führen kann,die nicht wiedergutzumachen sind, wenn das Präparat zu häufig und zu lange eingenommen wird. Außerdem enthalten Tabletten gegen Erkältungen auch Antihistamine – und die fördern Bronchialschleim. Es gibt Nasentropfen und Nasensprays, die eher schädlich als hilfreich sind...« Andrew unterbrach sich. »Soll ich fortfahren?«

»Nein«, sagte Celia und seufzte. »Ich kann mir schon ein Bild machen.«

»Alles läuft darauf hinaus«, sagte Andrew, »daß man, wenn man nur genügend Werbung macht, die Leute dazu bringen kann, alles zu glauben und alles zu kaufen.«

»Aber Erkältungsmittel helfen bei einer Erkältung«, protestierte sie. »Das sagen jedenfalls viele.«

»Sie *glauben* nur, daß sie helfen. Vielleicht wird die Erkältung von selbst besser. Oder sie war psychisch bedingt.«

Während Andrew die Bücher ins Regal zurückstellte, mußte Celia an etwas denken, was ein anderer Arzt, ein älterer praktischer Arzt, einmal zu ihr gesagt hatte, als sie noch Vertreterin war. »Wenn zu mir Patienten kommen, die über eine Erkältung klagen, gebe ich ihnen Beruhigungsmittel – harmlose kleine Zuckertabletten. In ein paar Tagen kommen sie zurück und sagen: ›Die Pillen haben Wunder bewirkt; die Erkältung ist weg.‹« Der alte Arzt hatte Celia angesehen und in sich hineingekichert. »Und tatsächlich ist sie dann auch weg.«

In dieser Erinnerung und in Andrews Bemerkungen lag etwas Wahres, und Celia war deprimiert. Ihre neue Aufgabe öffnete ihr die Augen für Dinge, von denen sie lieber nichts gewußt hätte. Was wurde aus ihren Wertbegriffen, überlegte sie. Ihr wurde klar, was Sam meinte, als er zu ihr gesagt hatte: »Sie werden wohl für eine Weile Ihr kritisches Denken ablegen müssen.« Würde es tatsächlich nötig sein? Konnte sie das überhaupt? Und sollte sie es tun? Während ihr diese

Fragen noch durch den Kopf gingen, öffnete sie ihre Aktentasche und breitete die Papiere vor sich aus.

In ihrer Tasche befand sich auch etwas, das Celia ganz vergessen hatte – eine Musterpackung des Bray & Commonwealth-Produkts Healthotherm, ein rezeptfreies Mittel zur Einreibung der Brust bei Erkältungen von Kindern, das vor zwanzig Jahren eingeführt worden war und sich noch immer gut verkaufte; es hatte einen kräftigen, würzigen Geruch und wurde in der Werbung als »belebend« angepriesen. Celia hatte es mit nach Hause gebracht, weil sie wußte, daß Bruce erkältet war, und hatte die Absicht gehabt, es bei ihm anzuwenden. Jetzt fragte sie Andrew: »Soll ich?«

Er nahm die Packung, überflog die Information über die Zusammensetzung und lachte. »Warum nicht, Liebling? Wenn du dieses alte ölige Zeug unbedingt verwenden willst, wird es Brucie kaum schaden. Helfen wird es ihm allerdings auch nicht, aber vielleicht fühlst *du* dich dann besser – als eine Mutter, die *etwas tut.*«

Andrew machte die Packung auf und untersuchte die Tube. Noch immer amüsiert sagte er: »Vielleicht ist das der springende Punkt, um den es bei Healthotherm geht. Es ist gar nicht für die Kinder; in Wirklichkeit ist es für ihre Mütter.«

Celia wollte schon in Lachen ausbrechen, dann hielt sie inne und sah Andrew merkwürdig an. Zwei Gedanken gingen ihr durch den Kopf: Sie würde ihr kritisches Denken für eine Weile ablegen müssen; daran bestand gar kein Zweifel. Und außerdem hatte Andrew gerade eine gute... nein! ... eine prächtige, eine ganz ausgezeichnete Idee gehabt.

2

»Nein«, sagte Celia über den Tisch hinweg zu den Mitarbeitern der Werbeagentur. »Nein, mir gefällt nichts davon.«

Es wirkte wie das plötzliche Verlöschen eines Feuers. Wenn es im Konferenzraum der Agentur einen Temperaturanzeiger gegeben hätte, dachte Celia, dann wäre er von »warm« auf »frostig« gesunken. Sie spürte, wie die vier Werbeleute hastig überlegten, wie sie reagieren sollten.

Es war ein Dienstag, Mitte Januar. Celia und drei Mitarbeiter von

Bray & Commonwealth waren am frühen Morgen von New Jersey zu diesem Treffen bei der Quadrille-Brown-Werbeagentur nach New York gefahren. Sam Hawthorne, der schon am Abend zuvor in New York eingetroffen war, hatte sich zu ihnen gesellt.

Draußen herrschte trübes, stürmisches Wetter. Die Quadrille-Brown-Agentur befand sich im Burlington House in der Avenue of the Americas, auf der der Verkehr dröhnte und eilige Fußgänger gegen eine tückische Mischung aus Schnee und gefrorenem Regen ankämpften.

Anlaß für dieses Treffen im Konferenzraum in der 44. Etage war die Werbekampagne von Bray & Commonwealth – ein ganz normaler Vorgang nach einem Wechsel im Management. Während der vergangenen Stunde hatte man das Programm effektvoll und mit allem zeremoniellen Drum und Dran präsentiert – so daß Celia das Gefühl hatte, auf einem Podium zu stehen, während ein ganzes Regiment vorbeimarschierte.

Allerdings kein sehr eindrucksvolles Regiment, wie sie fand. Und das hatte sie zu ihrer Bemerkung veranlaßt, die wie ein Blitz eingeschlagen war.

An dem langen Mahagonitisch schien sich Al Fiocca, ein Mann mittleren Alters und künstlerischer Leiter der Agentur, vor Schmerzen zu winden; er strich sich über seinen Van-Dyke-Bart, scharrte mit den Füßen, wohl weil ihm die Worte fehlten, und überließ den nächsten Zug dem jungen Kenneth Orr. Orr war es auch gewesen, der in seinem schmucken blauen Nadelstreifenanzug mit weicher Stimme bisher das Wort geführt hatte. Dexter Wilson, der Dritte im Bunde und für die Kundenwerbung zuständig, hatte die einzelnen Entwürfe präsentiert. Wilson, ein paar Jahre älter als Orr und vorzeitig ergraut, hatte etwas von der Ernsthaftigkeit eines Baptistenpredigers und sah jetzt besorgt drein, wahrscheinlich, weil es ihn seinen Job kosten konnte, wenn ein Kunde unzufrieden war. Werbeleute verdienten, wie Celia wußte, viel Geld, hatten aber eine unsichere Existenz.

Der Vierte im Agenturquartett, Bladen – Celia hatte sich seinen Vornamen nicht gemerkt –, war Wilsons Assistent. Er schien noch sehr jung zu sein und hatte eifrig dabei geholfen, Tafeln aufzustellen und Entwürfe herumzureichen.

Während der Präsentation kamen und gingen weitere Mitarbeiter der Agentur – insgesamt fast ein Dutzend. Der neueste Entwurf betraf

Healthotherm und war schon vor Celias Amtsübernahme in Auftrag gegeben worden.

Außer Celia waren von Bray & Commonwealth Grant Carvill, der Marketingchef, Teddy Upshaw, der Verkaufsleiter, und Bill Ingram, ein junger Produktmanager, anwesend. Carvill, Mitte Fünfzig, ein phlegmatischer Typ, der schon lange bei der Firma tätig war, machte einen tüchtigen, aber phantasielosen Eindruck. Celia hatte beschlossen, ihn bald auf einen anderen Posten zu versetzen. Ingram, jungenhaft, mit einem wilden roten Haarschopf, hatte erst vor einem Jahr sein betriebswirtschaftliches Examen in Harvard gemacht und war offenbar sehr eifrig, aber ansonsten eine unbekannte Größe.

Sam Hawthorne stand als Vertreter von Felding-Roth über ihnen allen. Der Direktor der Werbeagentur hatte, als er von Sams Anwesenheit erfuhr, kurz hereingeschaut, um ihn zu begrüßen.

Als Sam Celia am Tag zuvor telefonisch mitgeteilt hatte, daß er an der Besprechung teilnehmen werde, erklärte er deutlich: »Ich werde nur dasitzen und zuhören. Sie tragen jetzt eine große Verantwortung und sind noch neu in diesem Geschäft, und da es um einen Haufen Dollar geht, wird den Bossen da oben wohler sein, wenn jemand von der Muttergesellschaft ein Auge darauf hat und Bericht erstatten kann. Aber ich werde mich nicht einmischen, es ist ganz allein Ihre Show.«

Jetzt warf Celia einen Blick zu Sam hinüber. Stimmte er ihrer Bemerkung zu oder nicht? Aber Sams Gesicht war so ausdruckslos wie schon während des ganzen Vormittags.

»Na schön, Mr. Orr«, sagte Celia rasch, »Sie können es sich sparen, darüber nachzudenken, was Sie jetzt tun und wie Sie mich behandeln sollen. Lassen Sie mich ganz offen sagen, warum mir die Anzeigen nicht gefallen und warum ich glaube, daß Ihre Agentur – deren Arbeit ich kenne – sehr viel Besseres leisten kann.«

Sie spürte die Erleichterung der Umsitzenden. Alle Augen, auch die ihrer eigenen Mitarbeiter, waren auf sie gerichtet.

»Wir würden gern Ihre Meinung erfahren, Mrs. Jordan«, sagte Kenneth Orr gewandt. »Wir versteifen uns auf keinen der Vorschläge und entwickeln gern neue Ideen oder richten uns nach Ihren Wünschen.«

»Darüber wäre ich sehr froh«, sagte Celia mit einem Lächeln, »denn ich habe das Gefühl, daß alles, was wir gesehen haben, vor zehn

Jahren durchaus in Ordnung gewesen wäre, daß es aber einfach nicht ins heutige Bild paßt. Ich frage mich allerdings, ob das nicht auch in irgendwelchen Anweisungen und Einschränkungen seitens unserer Firma seine Ursache hat.«

Sie merkte, daß Orr und Dexter Wilson sie voller Respekt ansahen. Aber es war der junge Bladen, der herausplatzte: »Verdammt, genauso war's! Immer wenn jemand von uns mit einer tollen Idee kam oder Ihre alten Produkte aufmotzen wollte...«

»Das genügt!« unterbrach sein Chef ihn scharf. »Wir geben unseren Kunden nicht die Schuld für Unzulänglichkeiten unserer Werbung. Wir sind Profis, und wir tragen die Verantwortung für das, was wir produzieren. Außerdem spricht man über ›alte Produkte‹ nicht in diesem Ton. Bitte entschuldigen Sie, Mrs. Jordan.«

»Was soll das Drumrumgequatsche?« Die Bemerkung kam von Celias Tischseite, bevor sie selbst Gelegenheit hatte, Orr zu antworten. Sie stammte von dem jungen Bill Ingram, dessen Gesicht vor Zorn rot angelaufen war, was gut zu seinen Haaren paßte. »Schließlich sind es doch alte Produkte, weshalb soll man es dann nicht sagen? Niemand hat verlangt, daß man sie wegwirft, aber bestimmt könnten sie ein wenig Aufmöbelung vertragen. Wenn wir also tatsächlich offen reden wollen, wie Mrs. Jordan gesagt hat, dann sollten wir es auch tun.«

Es entstand ein peinliches Schweigen, das Kenneth Orr schließlich brach. »Nun ja...« Er hatte die Augenbrauen hochgezogen und schien halb überrascht, halb amüsiert. »Es scheint, als würde die Jugend zusammenhalten.« Er wandte sich an Celia: »Ich hoffe, es stört Sie nicht.«

»Nein. Vielleicht hilft es uns sogar weiter.«

Bei Durchsicht der Akten von Bray & Commonwealth hatte Celia den Eindruck gewonnen, daß die Werbung bisher von allzu großer Vorsicht geprägt war. Sie beabsichtigte, dies zu ändern.

»Zuerst möchte ich über Healthotherm sprechen«, sagte Celia und schickte im stillen einen Gruß zu Andrew hinüber. »Ich glaube, daß die neuen ebenso wie die alten Anzeigen von völlig falschen Voraussetzungen ausgehen. Unsere Werbung der letzten Jahre – ich habe das nachgeprüft – zeigt ausschließlich lächelnde Kinder, die sich besser fühlen, glücklicher sind, weil sie mit Healthotherm eingerieben wurden.«

»Aber so ist es doch auch, oder etwa nicht?« warf Dexter Wilson ein. Kenneth Orr, der Celias Gesicht genau beobachtet hatte, bedeutete seinem Kollegen jedoch zu schweigen.

»Ja, so ist es«, erwiderte Celia. »Aber es sind nicht die *Kinder*, die in den Laden gehen und Healthotherm kaufen. Es sind ihre *Mütter*, die *gute* Mütter sein wollen, die etwas tun wollen, damit ihre kranken Kinder sich wohler fühlen. Trotzdem ist auf unseren Anzeigen die Mutter entweder überhaupt nicht oder nur im Hintergrund zu sehen. Was ich mir vorstelle, das ist eine *glückliche Mutter*, groß und im Vordergrund, eine erleichterte Mutter, die etwas getan hat, als ihr Kind krank war, und die sich jetzt über die Besserung freut. *Das* sollten wir in unserer Werbung in den Zeitungen und im Fernsehen hervorheben.«

Alle, die um den Tisch saßen, nickten. Celia überlegte, ob sie Andrews Bemerkung hinzufügen sollte: *»Vielleicht ist das der springende Punkt, um den es bei Healthotherm geht. Es ist gar nicht für die Kinder; in Wirklichkeit ist es für ihre Mütter.«* Sie beschloß, es für sich zu behalten, ebenso wie Andrews Beschreibung von Healthotherm: *dieses alte ölige Zeug*, das, wie er behauptete, weder Schaden anrichtete noch irgend etwas Gutes bewirkte.

»Das ist interessant. Sehr interessant«, sagte Kenneth Orr langsam.

»Es ist mehr als interessant«, warf Bill Ingram ein. »Es ist verdammt gut. Finden Sie nicht auch, Howard?« Die Frage galt Bladen, so daß Celia jetzt auch seinen Vornamen erfuhr.

Der junge Werbemann nickte eifrig. »Unbedingt. Irgendwo müssen wir auch ein Kind zeigen – vielleicht im Hintergrund. Aber die Mama ganz groß vorne, und keine zu ordentliche Mama. Vielleicht eine mit zerrauften Haaren und verrutschtem Kleid. Als hätte sie gerade schwer gearbeitet, geschwitzt, sich Sorgen gemacht – am Krankenbett ihres Kindes.«

»Ja, man müßte sie richtig echt bringen«, stimmte Ingram zu.

»Aber auch glücklich«, sagte Bladen. »Sie ist erleichtert, macht sich keine Sorgen mehr, weil sie weiß, daß es ihrem Kind gutgeht – und zwar dank Healthotherm. Mrs. Jordan hat den Finger genau auf die richtige Stelle gelegt.«

»Die Einzelheiten können wir noch ausarbeiten«, bemerkte Orr. Er lächelte Celia an. »Mrs. Jordan, offensichtlich sind alle der Meinung, daß Sie einen vielversprechenden Vorschlag gemacht haben.«

»Und noch etwas, Mrs. Jordan«, sagte Bill Ingram. »Das Präparat sollte in unseren Labors ein bißchen verändert werden. Dann könnten wir es ›das neue Healthotherm‹ nennen.«

Dexter Wilson nickte. »So was macht sich immer gut.«

»Das neue Healthotherm.« Teddy Upshaw sprach die Worte aus, als kostete er sie, dann bestätigte er: »Ja! Das wird für unser Verkaufsteam gut sein. Das gibt den Leuten eine neue Perspektive.«

Grant Carvill, der Marketingchef von Bray & Commonwealth, beugte sich vor. Auf Celia machte er den Eindruck, als fürchtete er, der Entscheidungsprozeß könne an ihm vorbeigehen, wenn er nicht auch etwas sagte.

»Das Präparat zu ändern dürfte nicht weiter schwierig sein«, bestätigte Carvill. »Das besorgen die Chemiker, indem sie irgendeinen Bestandteil verändern. Eine Kleinigkeit nur, nichts Wesentliches, vielleicht ein anderer Duftstoff oder so.«

»Großartig!« sagte Bladen. »Jetzt kommt die Sache ins Rollen.«

Einen Augenblick fragte sich Celia, ob das alles Wirklichkeit war und wie sie noch vor kurzem darüber gedacht haben würde. Nun ja, beruhigte sie sich, in jedem Fall hatte sie Sam Hawthornes Rat angenommen und das kritische Denken abgelegt. Wie lange würde sie das noch tun müssen? Wenn Teddy Upshaw recht hatte und sie vom Geschäft mit den rezeptfreien Produkten wieder abberufen wurde, war es vielleicht nur für ein Jahr. Celia sah, daß Sam lächelte, und fragte sich, worüber.

Ihre Gedanken kehrten zu ihren momentanen Pflichten zurück. Celia beobachtete die beiden jungen Männer – Howard Bladen und Bill Ingram – und wußte instinktiv, mit wem sie in Zukunft eng zusammenarbeiten würde, sowohl bei Bray & Commonwealth als auch bei der Quadrille-Brown-Werbeagentur.

Selbst in ihren optimistischsten Augenblicken hätte Celia nicht erwartet, daß ihr Verkaufsprogramm für das neue Healthotherm – »die glückliche Mama«, wie es innerhalb der Firma genannt wurde – derart erstaunliche Ergebnisse erzielen würde. »Celia, Baby, das ist ja reinste Zauberei«, hatte Teddy Upshaw während einer Besprechung in ihrem Büro erklärt. »Daß Sie Klasse sind, habe ich ja schon immer gewußt, aber nicht, daß Sie sich als eiskaltes Genie entpuppen würden.«

Einen Monat nach dem Start der Werbekampagne in Presse, Rundfunk und Fernsehen war der Verkauf von Healthotherm um das Sechsfache gestiegen. Mehr noch – in der vierten Woche machte eine Flut von Großhandelsaufträgen deutlich, daß dies nur der Anfang war. Und tatsächlich hatten sich nach einem weiteren Monat die Verkaufszahlen nochmals verdoppelt, und es sah aus, als würden sie weiter steigen.

Celias Erfolg mit dem neuen Healthotherm wurde in der Zentrale von Felding-Roth aufmerksam beobachtet, und es wurden daraufhin in den letzten Monaten des Jahres 1964 Pläne entwickelt, auch andere Bray & Commonwealth-Produkte neu zu beleben; die Zustimmung für den notwendigen Kostenaufwand erfolgte automatisch. Sam Hawthorne erklärte: »Wir möchten zwar weiterhin gern wissen, was sich bei Ihnen tut, Celia – schließlich können auch wir noch etwas dazulernen –, aber ansonsten können Sie tun und lassen, was Sie für richtig halten. Sie haben völlig freie Hand.«

Celia konzentrierte sich darauf, bereits vorhandenen Produkten ein neues Image zu verschaffen.

Eines der Produkte war seit langem als B & C-Shampoo eingeführt. Auf Celias Vorschlag hin wurde der alte Name in kleinen Buchstaben zwar beibehalten, aber ein neuer in Großbuchstaben hinzugefügt – ZUM UMARMEN. Und direkt darunter, fast ebenso auffällig, stand der Slogan: *So sanft wie Ihr Traummann.*

Der Slogan setzte sich zur Freude aller, die mit dem Verkauf des Shampoos zu tun hatten, durch und wurde zu einem landesweiten Schlagwort. Fernsehkomiker kolportierten den Satz, und auch in den Zeitungen erschienen Parodien darauf – unter anderem im Leitartikel des *Wall Street Journal,* der einen Steuerplan des Weißen Hauses kritisierte und überschrieben war:

Keine sanfte Umarmung Ihres Traumpräsidenten.

Dies und vieles mehr brachte dem Shampoo unerwartete Publicity, und der Umsatz stieg und stieg.

Wieder war es die Quadrille-Brown-Agentur, die die Werbekampagne für ZUM UMARMEN entwickelte, diesmal unter der Regie von Howard Bladen, der vom Assistenten zum leitenden Angestellten befördert worden war. Der junge Bladen, der schon bei dem neuen Healthotherm eine Rolle gespielt hatte, hatte den Platz des ernsten, besorgten Dexter Wilson eingenommen, der einfach verschwand, ohne daß Celia erfuhr, ob er die Agentur verlassen hatte oder auf einen anderen Posten versetzt worden war.

Parallel dazu war bei Bray & Commonwealth der jungenhafte Bill Ingram aufgerückt, den Celia zum Marketingchef gemacht hatte, um den Veteranen Grant Carvill zu ersetzen. Für Carvill wurde ein Posten gefunden, auf dem er – wie jemand unfreundlich bemerkte – »bis zur vorzeitigen Pensionierung Büroklammern zählte«.

Ingram, der den Wink von Celia aufgegriffen hatte, kam ständig mit neuen Marketing-Ideen. Und es war ebenfalls Ingram, der ihr die Nachricht überbrachte, daß in Michigan eine kleine pharmazeutische Firma zum Verkauf stand. »Die haben verschiedene Präparate, Mrs. Jordan, aber das einzig interessante ist das System 5, ein flüssiges Mittel gegen Erkältung, zum Abschwellen der Schleimhäute. Wie Sie wissen, haben wir da eine Angebotslücke. Wenn wir die Firma in Michigan kaufen, ihre anderen Präparate fallenlassen und System 5 übernehmen, ließe sich daraus etwas machen.«

Celia mußte an Andrews Worte über Erkältungsmittel denken und fragte: »Ist das System 5 denn gut?«

»Ich habe es von unseren Chemikern untersuchen lassen. Sie sagen, es wäre okay. Nichts Umwerfendes und auch nichts Besseres, als wir selbst zustande bringen könnten, wenn wir von Grund auf neu anfangen würden.«

Ingram fuhr sich mit der Hand durch die ständig zerzausten roten Haare. »Aber System 5 tut, was man von ihm erwartet, und ist bereits mit vernünftigen Absatzzahlen auf dem Markt, so daß wir nicht bei Null anfangen müßten.«

Celia wußte, daß es wirtschaftlich rentabler war, ein rezeptfreies Produkt zu übernehmen, das bereits eingeführt war, als etwas völlig Neues auf den Markt zu bringen. Ein Neubeginn war nicht nur unglaublich teuer, die meisten neuen Produkte erwiesen sich als Fehlschläge und zogen ihre Hersteller häufig ins Verderben.

»Geben Sie mir alle Einzelheiten schriftlich, Bill«, wies sie ihn an. »Ich werde es mir ansehen, und wenn ich glaube, daß es eine gute Idee ist, dann werde ich mit Sam reden.«

Ein paar Tage später fand Celia, daß es eine gute Idee war, und empfahl, die Firma in Michigan – und damit auch das Mittel gegen Erkältungen, System 5 – zu kaufen. Daraufhin wurde die kleine Firma in aller Stille über einen Vermittler, eine Anwaltskanzlei, erworben; die Verkäufer wußten nicht, in wessen Auftrag die Rechtsanwälte handelten. Derartige Methoden waren die Regel, denn wenn bekannt geworden wäre, daß ein Pharma-Konzern dahinterstand, wäre der Kaufpreis im Nu in die Höhe geschnellt.

Bald darauf wurde das Lager geräumt und die Firma in Michigan geschlossen. Die Herstellung von System 5 sowie ein paar Leute, die damit zu tun hatten, wurden von Bray & Commonwealth in New Jersey übernommen.

Bill Ingram wurde damit beauftragt, den Verkauf von System 5 zu verbessern und auszuweiten.

Als erstes gab er eine ins Auge fallende moderne orangefarbene Verpackung in Auftrag, dazu einen passenden Plastikbehälter, der die grüne Glasflasche ersetzen sollte, in der das Mittel früher verkauft worden war; dann wurde es in System 500 umbenannt.

»Die höhere Zahl«, argumentierte er Celia gegenüber, »wird den Eindruck vermitteln, daß wir nicht nur das Äußere umgestaltet, sondern den Inhalt verstärkt und verbessert haben. Tatsächlich nehmen unsere Chemiker ein paar kleinere Änderungen in der Zusammensetzung vor, um die Herstellung effektiver zu machen.«

Celia prüfte das Präsentationsmuster und erklärte: »Ich schlage vor, direkt unter dem Namen noch eine Zeile hinzuzufügen.« Auf ein Blatt Papier kritzelte sie

System 500
bekämpft Erkältung systematisch

und reichte es Ingram.

Er sah sie bewundernd an. »Ausgezeichnet! Die Leute werden das Gefühl haben, daß es wirklich ein System gibt, mit dem man Erkältungen bekämpfen kann. Es wird ihnen gefallen!«

Vergib mir, Andrew! dachte Celia. *Das ist alles nur für ein Jahr.* Aber dann fiel ihr ein, wie schnell die Zeit vergangen war und daß es bereits eineinhalb Jahre her war, seit sie zu Bray & Commonwealth gekommen war. *Ich bin so damit verwachsen,* dachte sie, *daß ich manchmal fast meinen Wunsch vergesse, wieder zu den rezeptpflichtigen Mitteln zurückzukehren. Es macht wirklich Spaß hier.*

»In sechs Monaten«, fuhr Bill Ingram begeistert fort, »wenn die neue Verpackung eingeführt ist, können wir mit den Tabletten rauskommen.«

»Mit was für Tabletten?«

Er sah beleidigt aus. »Haben Sie denn meine Aktennotiz nicht gelesen?«

Celia deutete auf einen Papierstapel auf ihrem Tisch. »Wahrscheinlich liegt sie irgendwo darunter. Erzählen Sie's mir also.«

»Okay. Die Tabletten sind nur eine andere Form von System 500. Die Substanzen werden dieselben sein, die Wirkung ebenfalls. Aber wir werden getrennt werben und das öffentliche Interesse gleich zweifach wecken. Natürlich wird die Version für Kinder abgeschwächt. Sie soll System 50 heißen; die kleinere Zahl weist darauf hin…«

»Ja«, sagte Celia. »Ja, ich verstehe – kleinere Zahl, kleinere Leute.« Sie lachte.

»Für den nächsten Winter«, fuhr Ingram unerschrocken fort, »wenn ganze Familien mit Erkältungen im Bett liegen, schlage ich vor, eine große Flasche System 500 als Familienpackung auf den Markt zu bringen. Wenn die ankommt, können wir mit einer noch größeren nachfassen.«

»Bill«, sagte Celia, noch immer lachend. »Das ist fast schon zuviel! Aber es gefällt mir. Wie wär's denn mit System 500 in Aspik?«

»Für den fahrenden Handel?« Jetzt mußte auch er lachen. »Ich werde mich der Sache annehmen.«

Und während Celia und die rezeptfreien Pharmaerzeugnisse von Erfolg zu Erfolg eilten, spielten sich auf der Bühne der Welt wie eh und je Tragödien, Komödien und Konflikte ab.

Die Engländer und Franzosen verkündeten zuversichtlich wie seit 150 Jahren, daß in Kürze mit der Untertunnelung des Ärmelkanals begonnen würde. Jack Ruby, der Mörder von Präsident Kennedys Attentäter Oswald, wurde für schuldig befunden und zum Tode verurteilt. Präsident Johnson war mehr Erfolg beschieden als Kennedy – er brachte ein wichtiges Bürgerrechtsgesetz durch den Kongreß. Vier freche, charmante Liverpooler mit dem ungewöhnlichen Namen *The Beatles* entfachten die »Beatle-Manie«, die die ganze Welt erfaßte.

Kanada bekam – nach landesweiten Diskussionen, bei denen Zorn und Dummheit vorherrschten – eine neue Nationalflagge. Winston Churchill, der den Anschein erweckt hatte, ewig zu leben, starb mit neunzig Jahren. Und in den USA verabschiedete der Kongreß ohne großes Aufsehen die »Golf-von-Tonkin-Resolution«, die mit Vietnam, einem weit entfernten Land, zu tun hatte, und keiner ahnte, daß sich dadurch eine ganze Generation entfremden und Amerika entzweien würde.

»Ich möchte heute die Nachrichten im Fernsehen sehen«, sagte Andrew eines Abends im August 1965 zu Celia. »An einem Ort namens Watts, einem Stadtteil von Los Angeles, hat es Unruhen und Brandstiftungen gegeben.«

Sie verbrachten einen gemütlichen Abend zu Hause – ein seltenes Ereignis, da Celia in letzter Zeit häufig dienstlich unterwegs war. Wann immer es sich einrichten ließ, aßen die Kinder mit ihren Eltern zusammen zu Abend.

Celia hätte es auch gern gesehen, wenn die beiden ihre Großmutter häufiger bei sich gehabt hätten. Aber die Besuche von Mildred fanden – zum allgemeinen Bedauern – wegen ihres schlechten Gesundheitszustands nur noch selten statt. Celias Mutter litt seit längerem an Asthma, hatte jedoch Andrews Vorschlag, zu ihnen zu ziehen, abgelehnt. Sie zog ihre Unabhängigkeit in ihrem bescheidenen Heim in Philadelphia vor.

Andrews Mutter, die jetzt in Europa lebte, ließ selten von sich hören und hatte sie trotz zahlreicher Einladungen noch nie besucht. Sie kannte nicht einmal ihre Enkelkinder und verspürte offenbar auch kein Bedürfnis danach. »Wenn sie von uns hört, wird sie daran erinnert, daß sie alt ist«, bemerkte Andrew. »Und das möchte sie nicht. Es ist sicher besser, wenn wir sie in Ruhe lassen.«

Celia spürte die Trauer in seinen Worten.

Andrews Vater war gestorben; die Nachricht hatte sie nur durch Zufall, mehrere Monate nach seinem Tode, erreicht.

Lisa war inzwischen sieben Jahre alt und ging in die zweite Klasse. Sie war schon jetzt eine kleine Persönlichkeit, nahm die Schule ernst und war besonders stolz auf ihr ständig wachsendes Vokabular, wenn sie es auch manchmal überforderte. Als sie Celia von einer Geschichtsstunde erzählte, in der sie die Anfänge der Vereinigten Staaten durchgenommen hatten, sagte sie: »Wir haben die amerikanische Konstipation gelernt, Mommy«, und ein anderes Mal, als sie einen Kreis erklären wollte: »Das Äußere ist der Umgang.«

Bruce, jetzt fast fünf Jahre alt, war im Gegensatz zu seiner Schwester zart und sensibel, was jedoch durch seinen drolligen Sinn für

Humor kompensiert wurde. Das veranlaßte Celia einmal, Andrew gegenüber zu bemerken: »Brucie ist leicht verletzbar. Er wird mehr Schutz brauchen als Lisa.«

»Dann muß er tun, was ich getan habe«, erwiderte Andrew, »und eine starke, gute Frau heiraten.« In seiner Stimme schwang Zärtlichkeit mit, und Celia ging zu ihm und umarmte ihn.

»Ich erkenne in Brucie sehr viele von deinen Eigenschaften.«

Natürlich stritten sie sich auch gelegentlich; im Verlauf ihrer achtjährigen Ehe hatte es ein oder zwei wirklich ernste Auseinandersetzungen gegeben, aber nicht mehr, als zwischen Eheleuten normal war, und die kleinen Wunden, die dabei geschlagen wurden, verheilten schnell. Beide wußten, daß sie eine gute Ehe führten, und taten alles, um sie zu bewahren.

Die Kinder waren dabei, als sie im Fernsehen die Unruhen in Watts verfolgten.

»Mein Gott!« sagte Andrew leise, als die schrecklichen Szenen abliefen – Brandstiftung, Plünderungen, Verwüstungen, Brutalität und Mord, heftige Kämpfe zwischen erbitterten Schwarzen und belagerten Polizisten in dem heruntergekommenen abgeriegelten Elendsviertel, das Charcoal Alley hieß. Ein Alptraum aus Armut und Unglück, den die Welt zu ignorieren pflegte, außer in Augenblicken wie diesem, da Watts dramatischen Stoff fürs Fernsehen lieferte. »Mein Gott!« wiederholte Andrew. »Kannst du dir vorstellen, daß das unser Land ist, in dem so etwas geschieht?«

Sie waren alle so vertieft, daß Celia erst gegen Ende auf Bruce aufmerksam wurde, der am ganzen Körper zitterte und bebte und leise in sich hineinschluchzte, während ihm Tränen übers Gesicht liefen. Sie nahm ihn in die Arme und drängte Andrew: »Stell das Ding ab.«

Aber Bruce rief: »Nein, Daddy! Nein!« Und sie sahen weiter zu, bis die schrecklichen Szenen vorüber waren.

»Sie haben die Leute geschlagen, Mommy!« protestierte Bruce später.

Celia, die ihn noch immer tröstend in den Armen hielt, antwortete: »Ja, Brucie, das haben sie getan. Es ist traurig, und es ist nicht richtig. Aber manchmal passiert es eben.« Sie zögerte und fügte dann hinzu: »Und du wirst noch erfahren, daß Dinge, wie wir sie gerade gesehen haben, häufig passieren.«

Später, als die Kinder im Bett waren, sagte Andrew: »Es war alles entsetzlich deprimierend, aber du hast Brucie die richtige Antwort gegeben. Viel zu viele von uns leben wie in einem Kokon. Früher oder später muß auch Brucie lernen, daß es da draußen eine andere Welt gibt.«

»Ja«, sagte Celia nachdenklich. »Ich wollte mit dir schon lange darüber reden. Ich glaube, ich habe auch wie in einem Kokon gelebt.«

Ein Lächeln glitt über Andrews Gesicht. »Handelt es sich dabei vielleicht um einen rezeptfreien Kokon?«

»So ungefähr. Ich weiß, daß du manches von dem, was ich getan habe, nicht gebilligt hast, Andrew – zum Beispiel Healthotherm und System 500. Du hast nie viel dazu gesagt. Hat es dir sehr viel ausgemacht?«

»Vielleicht ein bißchen.« Er zögerte. »Ich bin stolz auf dich, Celia, und auf das, was du tust, und deshalb werde ich auch froh sein, wenn du eines Tages zu den rezeptpflichtigen Arzneimitteln bei Felding-Roth zurückkehrst, von denen wir beide wissen, daß sie sehr viel wichtiger sind. Aber inzwischen gibt es ein paar Dinge, mit denen ich mich abgefunden habe. Zum Beispiel, daß die Leute auch weiterhin Schlangenöl kaufen werden, egal, ob du oder andere es herstellen. Also macht es keinen Unterschied, wer es tut. Wenn die Menschen keine rezeptfreien Säfte mehr kauften und statt dessen zu den Ärzten gingen, könnten wir den Ansturm gar nicht bewältigen.«

»Denkst du nicht nur so, weil es mich betrifft?« fragte Celia zweifelnd.

»Und wenn schon. Du bist schließlich meine Frau, und ich liebe dich.«

»Das gilt auch umgekehrt.« Sie beugte sich zu ihm und gab ihm einen Kuß. »Du kannst aufhören, vernünftig zu denken, Liebling. Ich war lange genug bei den Rezeptfreien. Morgen werde ich um meine Versetzung bitten.«

»Ich hoffe, daß es auch klappt.«

Andrews Gedanken aber waren ganz woanders.

Die Fernsehbilder aus Watts gingen ihm nicht aus dem Kopf. Genausowenig wie ein persönliches Problem, das nichts mit Celia oder seiner Familie zu tun hatte – ein Problem, das ihn quälte und sich nicht lösen lassen wollte.

»Das Dilemma ist«, sagte Sam Hawthorne am nächsten Tag zu Celia, »daß Sie zu erfolgreich waren – jedenfalls erfolgreicher, als irgend jemand erwartet hätte. Sie sind eine Gans, die goldene Eier legt, deshalb hat man sie bei Bray & Commonwealth gelassen.«

Sie saßen in Sams Büro in der Zentrale von Felding-Roth – ein Treffen, das auf Celias Bitte zustande gekommen war und bei dem sie um ihre Versetzung gebeten hatte.

»Ich habe hier etwas, das Sie interessieren wird«, sagte Sam. Er zog zwischen verschiedenen Akten einen Ordner hervor und schlug ihn auf. Von ihrem Platz aus konnte Celia erkennen, daß er Bilanzen enthielt.

»Das ist noch nicht im Umlauf, aber der Aufsichtsrat wird es bald zu sehen bekommen.« Sam legte den Finger auf eine Zahl. »Als Sie zu Bray & Commonwealth wechselten, lagen die Gewinne aus diesem Geschäftsbereich bei zehn Prozent aller Felding-Roth-Einnahmen. In diesem Jahr werden es fünfzehn Prozent sein, mit steigender Tendenz.« Sam klappte den Ordner zu und lächelte. »Natürlich hat Ihnen der rückläufige Absatz bei rezeptpflichtigen Medikamenten ein bißchen geholfen. Trotzdem ist es eine gewaltige Leistung, Celia. Herzlichen Glückwunsch!«

»Danke«, sagte Celia erfreut. Sie hatte erwartet, daß die Zahlen günstig sein würden, aber auf ein solches Ergebnis war sie nicht gefaßt. Sie überlegte kurz. »Ich glaube, daß die Rezeptfreien ihren Erfolgskurs beibehalten werden, und Bill Ingram hat sich sehr gut eingearbeitet. Und da es – wie Sie gerade sagten – um die rezeptpflichtigen Produkte nicht so gut steht, könnte ich mich dort vielleicht ein wenig nützlich machen.«

»Das werden Sie auch«, sagte Sam. »Ich verspreche es Ihnen. Vielleicht haben wir sogar etwas ganz besonders Interessantes für Sie. Aber ein paar Monate müssen Sie sich noch gedulden.«

3

In Leonard Sweetings Büro standen sich der Verwaltungsdirektor des St. Bede's Hospitals und Andrew gegenüber. Es herrschte eine gespannte Atmosphäre.

Es war ein Freitag, kurz vor Mittag.

»Dr. Jordan«, sagte Leonard Sweeting mit strenger Stimme und ernstem Gesichtsausdruck, »bevor Sie weiterreden, möchte ich Ihnen raten, sich gut zu überlegen, was Sie sagen, und auch an die möglichen Folgen zu denken.«

»Verdammt noch mal!« stieß Andrew hervor. Nach einer schlaflosen Nacht drohte er jeden Augenblick aus der Haut zu fahren. »Glauben Sie denn, das hätte ich nicht schon getan?«

»Davon ging ich aus. Ich wollte nur ganz sicher sein.« Wie gewöhnlich zog Sweeting die dicken, buschigen Augenbrauen hoch, während er sprach.

»Also gut – fangen wir noch mal an, Leonard, und diesmal mache ich es ganz offiziell.« Andrew wählte seine Worte sorgfältig. »Mein Partner, Dr. Noah Townsend, hält sich im Augenblick oben auf der Station zur Visite auf. Soviel ich weiß, steht Dr. Townsend unter dem Einfluß von Drogen, er ist süchtig. Meiner Meinung nach ist er nicht fähig zu praktizieren und stellt damit ein Risiko für die Patienten dar. Wie ich erfahren habe, ist in dieser Woche ein Krankenhauspatient gestorben, weil Noah Townsend ein Fehler unterlaufen ist, als er unter Drogen stand.«

»Großer Gott!« Bei dem letzten Satz war der Verwaltungsdirektor blaß geworden. »Könnten Sie nicht wenigstens diesen letzten Punkt aus dem Spiel lassen, Andrew?«

»Das kann ich nicht und das werde ich nicht! Ich verlange von Ihnen, daß Sie sofort etwas unternehmen. Etwas, das Sie schon vor vier Jahren hätten unternehmen sollen, als wir beide wußten, was vorging, Sie es aber vorzogen, den Mund zu halten und die Augen zu verschließen.«

»Ich *muß* etwas unternehmen«, brummte Leonard Sweeting. »Rechtlich habe ich nach dem, was Sie mir gesagt haben, keine andere Wahl. Aber was die Vergangenheit betrifft, so weiß ich von nichts.«

»Sie lügen«, sagte Andrew, »und wir beide wissen das. Aber ich werde es übergehen, denn damals war ich genauso feige wie Sie. Mich interessiert nur, was jetzt ist.«

Der Verwaltungsdirektor stieß einen Seufzer aus. Halb zu sich selbst sagte er: »Das mußte ja mal kommen.« Dann ging er zu seinem Schreibtisch und nahm den Telefonhörer ab.

»Versuchen Sie, den Vorsitzenden des Verwaltungsrats zu erreichen«, wies er seine Sekretärin an, »was auch immer er gerade tut –

sagen Sie seinen Leuten, es ist dringend. Wenn das erledigt ist, berufen Sie eine Versammlung des Ärztekomitees ein. Das Treffen findet umgehend im Sitzungssaal statt.« Sweeting warf einen Blick auf die Uhr. »Die meisten Abteilungschefs müßten jetzt im Hause sein.«

Als der Verwaltungsdirektor den Hörer auflegte, verzog er angestrengt das Gesicht. »Das ist ein schlimmer Tag für uns alle, Andrew. Aber ich weiß, daß Sie getan haben, was Sie glaubten, tun zu müssen.«

Andrew nickte düster. »Was geschieht als nächstes?«

»In wenigen Minuten wird das Ärztekomitee zusammentreten. Man wird Sie hereinrufen. Warten Sie solange hier.«

Irgendwo erklang eine Mittagssirene.

Er hatte schon viel zu lange gewartet, überlegte Andrew mutlos. Er hatte gewartet, bis ein Patient – ein junger Patient, der vielleicht noch viele Jahre hätte leben können – gestorben war.

Nachdem er vor vier Jahren und acht Monaten entdeckt hatte, daß Noah Townsend rauschgiftsüchtig war, hatte Andrew, so gut er konnte, den älteren Arzt beobachtet – um sich zu vergewissern, daß es zu keinen Fehldiagnosen kam. Und obwohl seiner Beobachtung Grenzen gesetzt waren, konnte er beruhigt feststellen, daß sich Noah kein ernsthaftes Fehlverhalten zuschulden kommen ließ.

Als würde er die Sorgen seines Kollegen ahnen, sprach Noah häufig seine schwierigen Fälle mit Andrew durch, und dabei zeigte es sich, daß die diagnostischen Fähigkeiten des älteren Arztes unter dem Einfluß der Drogen nicht gelitten hatten.

In anderer Hinsicht aber wurde Dr. Townsend immer sorgloser. Er gab sich kaum noch Mühe, die Tabletteneinnahme vor Andrew zu verbergen, und wies in zunehmendem Maße Merkmale eines Drogensüchtigen auf – verschwommene Augen, undeutliche Aussprache, zitternde Hände –, sowohl in der Praxis als auch im St. Bede's Hospital. In seiner Praxis ließ er Dutzende von Ärztemustern herumliegen, machte sich nicht einmal die Mühe, sie wegzuräumen, und bediente sich davon – auch wenn Andrew bei ihm war –, als wären es Bonbons.

Manchmal fragte sich Andrew, wie Townsend es fertigbrachte, ständig unter Drogen zu stehen und trotzdem nach außen hin noch so gut zu funktionieren. Das machte die Gewohnheit, vermutete er, und der Instinkt. Noah übte den Arztberuf schon so viele Jahre aus, daß ihm selbst schwierige Diagnosen leichtfielen. In gewisser Hinsicht, dachte Andrew, glich Noah einer defekten Maschine, die aus eigenem Antrieb weiterlief. Aber die Frage war: Wie lange noch?

Niemand im St. Bede's schien Andrews Sorgen zu teilen. 1961 aber – ein Jahr nach Andrews Entdeckung und dem ersten Gespräch mit Leonard Sweeting – trat Noah Townsend als Chefarzt zurück und auch aus dem Vorstand des Krankenhauses aus. Ob Townsend von selbst auf die Idee gekommen war oder ob man es ihm nahegelegt hatte, wußte Andrew nicht. Von diesem Zeitpunkt an zog sich Townsend auch mehr und mehr aus dem gesellschaftlichen Leben zurück. Und in der Praxis verringerte er die Zahl seiner Patienten, indem er Neuzugänge meist an Andrew und Oscar Aarons, einen jungen Doktor, der in ihre Praxis eingetreten war, verwies.

Von Zeit zu Zeit machte sich Andrew zwar Sorgen um Noah und seine Patienten, aber da das Problem nicht aktuell zu sein schien, unternahm er nichts und gab sich dem Wunschdenken hin, daß schon nichts passieren würde.

Bis zur letzten Woche.

Dann geschah alles ganz plötzlich und unerwartet.

Zunächst hatte Andrew nur unvollständige Informationen erhalten. Aber nachdem er mißtrauisch geworden war und Fragen gestellt hatte, konnte er die Ereignisse bald in den richtigen Zusammenhang bringen.

Alles hatte Dienstag nachmittag begonnen.

Kurt Wyrazik, ein neunundzwanzigjähriger Mann, war in Dr. Townsends Praxis gekommen und hatte über einen rauhen Hals, Übelkeit, Husten und Fieber geklagt. Die Untersuchung zeigte, daß sein Hals entzündet war; er hatte 39° Fieber, und sein Atem ging schnell. Die auskultatorische Untersuchung ergab, wie sich Noah Townsends Aufzeichnungen entnehmen ließ, abgeschwächtes Atemgeräusch, Rasseln in der Lunge und ein reibendes Geräusch in der Rippengegend. Er tippte auf Lungenentzündung und wies Wyrazik ins St. Bede's Hospital ein, wo er ihn sich noch am selben Tag genauer ansehen wollte.

Wyrazik war ihm als Patient bekannt. Er hatte schon mehrmals die Praxis aufgesucht, das erste Mal vor drei Jahren. Damals hatte er ebenfalls einen entzündeten Hals gehabt, und Townsend hatte ihm hin und wieder eine Penicillinspritze gegeben.

In den Tagen nach der Spritze besserte sich Wyraziks Hals, aber er bekam einen juckenden Hautausschlag, der anzeigte, daß er gegen Penicillin allergisch war. Dr. Townsend machte sich eine entsprechende rot unterstrichene Notiz in seiner Patientenkartei.

Bis zu diesem Zeitpunkt hatte Wyrazik nichts von seiner Penicillinallergie gewußt.

Beim zweiten Mal, als Wyrazik mit geringfügigen Beschwerden in die Praxis kam, war Noah Townsend gerade nicht anwesend, und Andrew untersuchte ihn. Als er die Aufzeichnungen durchlas, fiel ihm der Hinweis auf die Penicillinallergie ins Auge. Aber das hatte zu diesem Zeitpunkt keine Bedeutung, da Andrew ihm kein Medikament verschrieb.

Das war vor etwa anderthalb Jahren gewesen – und das letzte Mal, daß er Wyrazik lebend sah.

Wyrazik wurde im St. Bede's Hospital in ein Krankenzimmer zu drei weiteren Patienten gelegt. Bald danach wurde er von einem Stationsarzt untersucht, der seine Krankengeschichte aufnahm. Das geschah routinemäßig. Eine der Fragen, die der Arzt stellte, lautete: »Sind Sie gegen irgend etwas allergisch?« Wyrazik erwiderte: »Ja – gegen Penicillin.« Frage und Antwort wurden im Krankenblatt notiert.

Dr. Townsend hielt sein Versprechen und suchte Wyrazik später im Krankenhaus auf, zuvor aber telefonierte er mit dem St. Bede's Hospital und verordnete dem Patienten Erythromycin. Der Stationsarzt befolgte diese Anweisung. Da die Patienten bei Lungenentzündung in der Regel Penicillin bekamen, mußte Townsend die Allergiewarnung in seiner Kartei gelesen oder sich daran erinnert haben.

Kurt Wyrazik war Leiter einer Versandabteilung, ein stiller, bescheidener Mann. Er lebte allein und war in jeder Hinsicht ein »Einzelgänger«. Während seines Krankenhausaufenthalts erhielt er keinen Besuch. Wyrazik war Amerikaner, seine Eltern aber waren polnische Emigranten. Die Mutter war tot, der Vater lebte in einer kleinen Stadt in Kansas bei Kurts älterer, ebenfalls unverheirateter Schwester. Die beiden waren die einzigen Menschen auf der Welt, zu denen Kurt Wyrazik eine Beziehung hatte. Allerdings teilte er ihnen nicht mit, daß er krank war und im St. Bede's Hospital lag.

Am Abend des zweiten Krankenhaustages gegen zwanzig Uhr stattete Dr. Townsend ihm erneut einen Besuch ab. An diesem Punkt kam auch Andrew indirekt mit dem Fall in Berührung.

Noah Townsend hatte vor kurzem damit begonnen, seine Krankenhauspatienten zu ungewöhnlichen Zeiten zu besuchen. Wie Andrew und andere später vermuteten, tat er es, um seinen Kollegen aus dem Weg zu gehen oder aber wegen einer allgemeinen Orientierungslosigkeit aufgrund der Rauschmittel. Es traf sich, daß Andrew wegen eines Notfalls an diesem Abend ebenfalls im St. Bede's war. Er wollte das Krankenhaus gerade verlassen, als Townsend eintraf. Sie sprachen kurz miteinander.

Andrew erkannte an Noah Townsends Verhalten sofort, daß der ältere Kollege unter dem Einfluß von Drogen stand, die er wahrscheinlich erst kurz zuvor eingenommen hatte. Andrew zögerte, aber da er mit dieser Situation nun schon so lange lebte, unternahm er nichts. Später sollte er sich deswegen bittere Vorwürfe machen.

Townsend nahm den Lift zur Krankenstation, wo er mehrere Patienten aufsuchte, als letzten den jungen Wyrazik.

Was zu diesem Zeitpunkt in Townsends Kopf vorging, läßt sich nur vermuten. Bekannt war jedoch, daß sich Wyraziks Zustand verschlechtert hatte. Die Temperatur war gestiegen, und er atmete schwer. Vermutlich nahm Townsend in seinem benebelten Zustand an, daß das von ihm verschriebene Medikament nicht richtig anschlug. Er schrieb neue Anweisungen, die er, nachdem er Wyrazik verlassen hatte, persönlich im Stationsdienstzimmer ablieferte.

Nach der Verordnung erhielt der Patient intramuskulär alle sechs Stunden 600000 Einheiten Penicillin, wobei die erste Injektion sofort erfolgen sollte.

Da die Oberschwester krank war, wurde der Nachtdienst von einer jungen und unerfahrenen Schwester versehen, die zudem sehr beschäftigt war. Weil sie an Dr. Townsends Anweisung nichts Ungewöhnliches fand, führte sie sie sofort aus. Sie wußte nichts von den Notizen auf der Karteikarte und ahnte deshalb auch nichts von der Warnung vor Penicillin.

Wyrazik befand sich, als die Schwester zu ihm kam, in fiebrigem und schläfrigem Zustand. Er fragte nicht, was man ihm spritzte, und die Schwester erklärte es ihm auch nicht. Unmittelbar nach der Injektion verließ die Schwester Wyraziks Krankenzimmer.

Was dann geschah, konnte man, gestützt auf die Schilderungen eines der Mitpatienten, nur vermuten.

Wyrazik mußte innerhalb weniger Augenblicke schwere Angstzustände durchlitten haben, begleitet von einem plötzlichen Jucken am ganzen Körper und einer starken Rötung der Haut. In einem anhaltenden, schnellen Prozeß trat ein anaphylaktischer Schock mit plötzlichen Schwellungen des Gesichts, der Augenlider, des Mundes, der Zunge und des Kehlkopfs ein, begleitet von Würgen und Keuchen. Der geschwollene Kehlkopf mußte die Luftwege blockiert und die Atmung verhindert haben, woraufhin – wie eine Gnade nach all den Schmerzen – Bewußtlosigkeit und schließlich der Tod eintrat. Das Ganze hatte sich innerhalb von etwa fünf Minuten abgespielt.

Als sofortige Gegenmaßnahme hätte man Adrenalin injizieren und einen Luftröhrenschnitt machen müssen. Aber niemand rief um Hilfe, und als Hilfe kam, war es zu spät.

Ein Bettnachbar, der beobachtet hatte, wie der Kranke sich herumwarf, und auch die Erstickungsgeräusche gehört hatte, drückte auf die Klingel. Aber als die Schwester kam, war Kurt Wyrazik bereits tot.

Die Schwester ließ sofort einen Arzt ausrufen. Dr. Townsend befand sich noch im Krankenhaus. Er traf als erster ein und nahm die Angelegenheit sofort in die Hand. Wieder konnte man nur ahnen, was ihn zu seinen Handlungen veranlaßte.

Höchstwahrscheinlich durchdrang die Erkenntnis dessen, was geschehen war, seine benebelten Sinne, so daß er unter großer Willensanstrengung mit dem begann, was – wenn Andrew nicht später eingegriffen hätte – ein erfolgreiches Vertuschungsmanöver geworden wäre. Es mußte ihm klar sein, daß die Schwester nichts von der Penicillinallergie wußte. Und es war möglich, daß man, wenn er Glück hatte, die beiden belastenden Punkte – die frühere Eintragung auf der Karteikarte und die Penicillininjektion – nicht miteinander in Verbindung brachte. Wenn es ihm also gelang, für den Tod natürliche Ursachen anzugeben, würde der wahre Grund vielleicht im dunkeln bleiben. Es konnte Townsend auch nicht entgangen sein, daß Kurt Wyrazik keine Freunde hatte, jedenfalls keine, die bohrende Fragen stellen würden.

»Armer Kerl!« sagte Townsend zu der Schwester. »Sein Herz hat versagt. Ich habe so etwas befürchtet. Er hatte ein schwaches Herz, wissen Sie.«

»Ja, Herr Doktor.« Die junge Schwester war erleichtert, daß man sie nicht verantwortlich machte. Außerdem war Noah Townsend selbst jetzt noch eine beeindruckende Persönlichkeit, und seine Worte wurden nicht in Frage gestellt. Das tat auch der Stationsarzt nicht, den man gerufen hatte und der sich wieder anderen Pflichten zuwandte, nachdem er festgestellt hatte, daß ein »behandelnder« Arzt anwesend war und er nicht benötigt wurde.

Townsend stieß einen Seufzer aus. »Es gibt ein paar Dinge, die bei einem Todesfall getan werden müssen, junge Frau«, wandte er sich an die Schwester. »Sie und ich werden das erledigen.«

Dazu gehörte auch die Ausstellung eines Totenscheins, auf dem Noah Townsend als Todesursache »akutes Herzversagen infolge Lungenentzündung« vermerkte.

Andrew erfuhr von Kurt Wyraziks Tod durch Zufall am Donnerstag morgen.

Als er durch das Vorzimmer der Praxis ging, das er mit Townsend und Dr. Aarons teilte, hörte Andrew, wie Peggy, die Sprechstundenhilfe, die jetzt anstelle der ausgeschiedenen Violet Parsons für sie arbeitete, am Telefon etwas von »Dr. Townsends Patient, der letzte Nacht gestorben ist« sagte. Kurz danach traf er Townsend und sagte mitfühlend: »Wie ich hörte, haben Sie einen Patienten verloren.«

Der ältere Kollege nickte. »Sehr traurig. Ein noch junger Bursche; Sie haben ihn einmal für mich untersucht. Wyrazik. Er hatte eine schwere Lungenentzündung und dazu ein schwaches Herz. Es hat versagt. Ich fürchtete, daß so etwas eintreten könnte.« Andrew hätte üblicherweise nicht weiter über die Sache nachgedacht; der Tod eines Patienten war zwar bedauernswert, aber nichts Ungewöhnliches. Townsends Benehmen machte ihn jedoch stutzig und weckte ein leichtes Unbehagen. Dieses Gefühl veranlaßte Andrew etwa eine Stunde später, nachdem Townsend die Praxis verlassen hatte, die Karteikarte von Wyrazik hervorzuholen. Jetzt erinnerte er sich an den Mann, und während er die Eintragungen durchsah, fielen Andrew zwei Dinge auf: Das eine war der Hinweis auf eine Penicillinallergie, der nicht weiter wichtig schien. Das andere war das Fehlen jedes Hinweises auf ein Herzleiden, was ihm wesentlich schien.

Da Andrews Neugier geweckt war, beschloß er, noch am selben Tag diskret Nachforschungen über Wyraziks Tod anzustellen.

Am Nachmittag ging er in die Registratur des St. Bede's Hospitals, wohin man Wyraziks Krankengeschichte und die anderen Papiere von der Station gebracht hatte, nachdem der Patient gestorben war.

Andrew las die letzte Eintragung im Krankenblatt zuerst: die Todesursache, wie Dr. Townsend sie notiert hatte, dann ging er die Angaben von hinten nach vorn durch. Fast sofort sprang ihm die Anweisung in Townsends Handschrift ins Auge: 600000 Einheiten Penicillin. Es traf ihn wie ein Blitz. Genauso erschütternd war die Notiz der Schwester, die das Penicillin gespritzt hatte, und zwar, wie die Zeitangaben zeigten, kurz vor Wyraziks Tod.

Andrew las den Rest der Akte – einschließlich der Notiz des Stationsarztes über die Penicillinallergie und der früheren Anordnung, Erythromycin zu geben – wie in Trance. Als er die Papiere weglegte, zitterten seine Hände, und sein Herz klopfte.

Was sollte er tun? An wen sollte er sich wenden?

Andrew ging zur Leichenhalle, um sich Wyraziks Leiche anzusehen.

Die Augen des Toten waren geschlossen, die Gesichtszüge gefaßt. Außer einer leicht blauvioletten Färbung der Gesichtshaut, die auch andere Ursachen haben konnte, waren keine Anzeichen eines anaphylaktischen Schocks zu erkennen, der, wovon Andrew jetzt überzeugt war, diesen jungen Mann völlig unnötig das Leben gekostet hatte.

»Ist eine Autopsie angeordnet?« fragte er den Wärter, der ihn begleitet hatte.

»Nein, Sir. Es gibt eine Schwester, die angeblich aus Kansas herkommt. Er soll eingeäschert werden, sobald sie da ist.«

Andrews Gedanken wirbelten durcheinander. Er erinnerte sich an seine Erfahrung mit dem Verwaltungsdirektor des Krankenhauses und wußte immer noch nicht, was er als nächstes tun sollte. Sollte er auf die Notwendigkeit einer Autopsie hinweisen? Eines wußte Andrew mit Sicherheit: Eine Autopsie würde zeigen, daß kein Herzversagen vorgelegen hatte. Aber selbst ohne eine Autopsie waren die Eintragungen im Krankenblatt Beweis genug.

Es war fast Abend, die Krankenhausärzte waren nach Hause gegangen, und er konnte nichts anderes tun, als bis zum nächsten Tag zu warten.

Die ganze Nacht lag Andrew wach und grübelte, während Celia, die von den Problemen ihres Mannes nichts wußte, neben ihm schlief. Sollte er dem Ärztekomitee des Krankenhauses mitteilen, was er wußte, oder war eine unparteiische Untersuchung vorzuziehen? Sollte er sich an offizielle Stellen außerhalb des Krankenhauses wenden oder zunächst mit Noah Townsend reden und sich seine Erklärung anhören? Aber dann rief er sich ins Gedächtnis, wie sehr Noahs Persönlichkeit sich verändert hatte, mehr noch, als nach außen hin sichtbar wurde.

Der Noah, den Andrew einmal gekannt und respektiert, ja sogar geliebt hatte, war aufrecht und ehrbar, hatte strenge Ansichten über ärztliche Ethik und Moral und hätte weder sich selbst noch anderen eine solche verhängnisvolle Nachlässigkeit oder die darauffolgenden Ausflüchte verziehen. Der alte Noah Townsend hätte sich gestellt und die Konsequenzen auf sich genommen, wie hart sie auch ausgefallen wären. Nein, eine persönliche Konfrontation würde nichts bringen.

Am Ende beschloß Andrew erschöpft, seine Erkenntnisse nicht über die Grenzen des Krankenhauses hinauszutragen. Wenn weitere Maßnahmen nötig waren, sollten das andere entscheiden. Am nächsten Morgen schrieb er in der Praxis einen ausführlichen Bericht über das, was er wußte. Kurz vor Mittag ging er ins St. Bede's Hospital und trat dem Verwaltungsdirektor gegenüber.

4

Wenn ich die Augen zumache, dachte Andrew, komme ich mir vor wie bei einer Elternversammlung in der Schule oder bei einer geschäftlichen Besprechung in einer Schraubenfabrik, auf der gerade alltägliche, routinemäßige Entscheidungen getroffen werden.

Satzfetzen drangen an sein Ohr.

»Könnte ich darüber einen Beschluß haben?«

»Herr Vorsitzender, ich schlage vor...«

»Stimmt dem jemand zu?«

»... vorgeschlagen und Zustimmung gefunden... diejenigen, die für den Beschluß sind...«

Im Chor ein *»Ja«*.

»Dagegen?«

Schweigen.

»... *erkläre ich den Beschluß für einstimmig angenommen: Dr. Townsend wird von seinem Dienst im Krankenhaus suspendiert.«*

Waren diese wenigen Sätze alles, was sich über das plötzliche Ende einer lebenslangen hingebungsvollen ärztlichen Tätigkeit sagen ließ?

Andrew schämte sich nicht, als er spürte, wie ihm Tränen über das Gesicht liefen. Er war sich bewußt, daß ihn die anderen, die mit ihm im Sitzungszimmer des Krankenhauses saßen, beobachteten, machte aber keine Anstalten, seine Tränen zu verbergen.

»Dr. Jordan«, sagte der Vorsitzende des Ärztekomitees rücksichtsvoll, »bitte glauben Sie, daß wir alle Ihre Trauer teilen. Noah war und ist unser Freund und Kollege. Wir achten Sie um dessentwillen, was Sie getan haben. Wir wissen alle nur zu gut, wie schwierig der Entschluß für Sie gewesen sein muß. Was wir getan haben, war genauso schwierig, aber auch genauso notwendig.«

Andrew nickte, weil ihm die Stimme versagte.

Der Vorsitzende, Dr. Ezra Gould, Neurologe und Chefarzt, war seit drei Jahren Nachfolger von Noah Townsend in diesem Amt. Gould war ein kleiner, sanfter Mann, der auf seine ruhige Art großen Respekt genoß. Zum Komitee gehörten außerdem die Chefärzte der verschiedenen Abteilungen – Chirurgie, Geburtshilfe und Gynäkologie, Pathologie, Kinderheilkunde, Radiologie und so weiter. Andrew kannte die meisten recht gut. Es waren integre, teilnahmsvolle Menschen, die nur taten, was sie tun mußten, wenn sie in Andrews Augen auch zu lange gezögert hatten.

»Herr Vorsitzender«, sagte Leonard Sweeting, »ich sollte das Komitee darüber informieren, daß ich in Erwartung seiner Entscheidung eine Stellungnahme vorbereitet habe, die überall im Haus verteilt werden wird – an die Abteilungen, die Aufnahme, die Krankenhausapotheke und so weiter. Ich habe mir erlaubt, als Anlaß für Dr. Townsends Suspendierung ›gesundheitliche Gründe‹ anzugeben. Ich glaube, das ist einigermaßen diskret. Sind Sie einverstanden?«

Gould sah die anderen fragend an. Es gab zustimmendes Murmeln.

»Einverstanden«, sagte Gould.

»Ich möchte Sie auch inständig bitten«, fuhr der Verwaltungsdirektor fort, »von dieser Angelegenheit so wenig wie möglich nach außen dringen zu lassen.«

Leonard Sweeting hatte von dem Augenblick an, als der Anlaß des

Treffens bekannt wurde, das Verfahren an sich gerissen – zum Schrecken und zur Verwirrung der Ärzte, die so eilig zusammengerufen worden waren. Außerdem hatte sich Sweeting schon vor der Sitzung mit Fergus McNair, dem Präsidenten des Krankenhauses, einem älteren Rechtsanwalt, der eine Kanzlei in Morristown hatte, telefonisch beraten. Die Unterhaltung war in Andrews Gegenwart geführt worden, und obgleich er nur die eine Seite hören konnte, waren die emphatischen letzten Worte des Präsidenten bis zu ihm gedrungen: »Schützen Sie das Krankenhaus.«

»Ich werde mein Möglichstes tun«, hatte der Verwaltungsdirektor gesagt.

Danach war Sweeting in den an sein Büro grenzenden Sitzungssaal gegangen, hatte die Tür hinter sich zugemacht und Andrew allein gelassen. Nach ein paar Minuten öffnete sich die Tür wieder, und Andrew wurde hereingerufen.

Alle um den Konferenztisch Versammelten blickten ihn ernst an.

»Dr. Jordan«, sagte Dr. Gould, der Vorsitzende, »wir sind über Ihre Anschuldigungen informiert worden. Bitte berichten Sie uns nun, was Sie wissen.«

Andrew wiederholte, was er zuvor schon dem Verwaltungsdirektor vorgetragen hatte, und zog dabei gelegentlich seine Notizen zu Rate. Auf seine Erklärung folgten ein paar Fragen und eine kurze Diskussion. Leonard Sweeting legte dann die Krankengeschichte des Verstorbenen Kurt Wyrazik vor, die zusammen mit der Karteikarte und ihren belastenden Eintragungen, die die Ärzte mit betroffenem Kopfschütteln prüften, herumgereicht wurde.

Andrew hatte den Eindruck, daß das Thema an sich die Mitglieder des Komitees nicht sonderlich überraschte, auch wenn sie die heutigen Enthüllungen nicht erwartet hatten.

Als nächstes war die förmliche Abstimmung erfolgt, durch die Noah Townsend seines Amtes im St. Bede's Hospital, das er so lange ausgeübt hatte, enthoben wurde.

Dann sagte der Chefarzt der Kinderabteilung, ein hagerer Mann aus New England, mit schleppender Stimme: »Worüber wir noch nicht gesprochen haben: Was soll mit dem jungen Mann geschehen, der gestorben ist?«

»Nach allem, was wir wissen«, erwiderte der Verwaltungsdirektor, »wird es nötig sein, eine Autopsie vorzunehmen. Kurz vor der Sitzung habe ich mit dem Vater des Verstorbenen in Kansas telefoniert – seine Schwester ist auf dem Weg hierher –, und er hat die notwendige Erlaubnis erteilt. Die Autopsie wird noch heute vorgenommen.« Sweeting warf einen Blick auf den Chef der Pathologie, der seine Zustimmung bekundete.

»In Ordnung«, meinte der Kinderarzt. »Aber was sagen wir seiner Familie?«

»Um ganz ehrlich zu sein«, erklärte Sweeting, »das ist der rechtlichen Fragen wegen, um die es dabei geht, ein heikles Problem, das sich aber lösen läßt. Ich schlage vor, die Entscheidung darüber Dr. Gould, mir und Mr. McNair zu überlassen, der in Kürze hier sein wird und der uns auch in allen rechtlichen Fragen beraten wird. Vielleicht werden wir dem Komitee später Bericht erstatten.«

»Sind alle einverstanden?« fragte Dr. Gould. Die Anwesenden nickten zustimmend und zeigten, wie es schien, eine Spur von Erleichterung.

Vielleicht, das war das entscheidende Wort, dachte Andrew. *Vielleicht ... werden wir dem Komitee Bericht erstatten. Aber vielleicht werden wir es auch nicht tun.*

Dem Krankenhaus, in der Person von Leonard Sweeting und seinem Chef Fergus McNair, wäre es zweifellos am liebsten, wenn alle zum Schweigen gebracht werden könnten und der junge Kurt Wyrazik, das unschuldige Opfer, eingeäschert und vergessen würde. Und eigentlich konnte man Sweeting oder McNair deswegen nicht einmal böse sein, überlegte Andrew. Sie trugen die Verantwortung. Und wenn das Ganze zu einem Fall für die Gerichte wurde, waren die finanziellen Folgen nicht abzusehen. Ob die Versicherung die Kosten übernehmen würde, wußte Andrew nicht, und es war ihm auch egal. Er wußte nur das eine: Daß *er* sich an einer Vertuschung nicht beteiligen würde.

Der Vorsitzende klopfte Ruhe gebietend auf den Tisch.

»Wir kommen nun«, sagte Dr. Gould, »zum schwierigsten Teil. Ich werde zu Noah Townsend gehen und ihm mitteilen müssen, was hier beschlossen wurde. Wie ich höre, ist er noch im Hause. Möchte jemand von Ihnen mitkommen?«

»Ich komme mit«, sagte Andrew. Es war das mindeste, was er tun konnte, fand er. Soviel war er Noah schuldig.

Als er später noch einmal in aller Ruhe darüber nachdachte, hatte Andrew trotz der pathetischen Szene, die sich in der Folge abgespielt hatte, das Gefühl, daß Noah Townsend auf sie gewartet hatte und erleichtert war, als er sie kommen sah.

Dr. Ezra Gould und Andrew waren aus dem Lift gestiegen und nach rechts in einen betriebsamen Gang eingebogen, an dem Krankenzimmer und eine Pflegestation lagen. Am Ende des Gangs stand Townsend – regungslos; er schien in die Luft zu starren.

Als die beiden Männer näher kamen, drehte er den Kopf zu ihnen um und schien in sich zusammenzuschrumpfen, dann wandte er sich wieder ab. Einen Augenblick später änderte er plötzlich seine Meinung. Mit einem Ruck drehte er sich erneut zu ihnen um, seine Gesichtszüge waren zu einem unechten Lächeln verzerrt, und er streckte ihnen die zusammengelegten Hände entgegen.

»Haben Sie Handschellen mitgebracht?« fragte er.

Gould war verwirrt. »Noah«, sagte er, »ich muß mit Ihnen reden. Lassen Sie uns irgendwohin gehen, wo wir unter uns sind.«

»Wozu es geheimhalten?« Das klang wie ein Aufschrei, und es hatte den Anschein, als habe Townsend absichtlich so laut gesprochen; eine Schwester und mehrere Patienten drehten neugierig den Kopf nach ihnen um. »Wird es das ganze Krankenhaus nicht ohnehin wissen, bevor der Tag um ist?«

»Nun gut«, sagte Gould ruhig. »Wenn Sie darauf bestehen, werden wir es hier erledigen. Es ist meine Pflicht, Noah, Ihnen zu sagen, daß das Ärztekomitee mit dem größten Bedauern beschlossen hat, Sie von Ihrem Dienst im Krankenhaus zu suspendieren.«

»Haben Sie eine Ahnung« – Townsends Stimme war noch immer sehr laut –, »wie lange ich diesem Krankenhaus angehört und wieviel ich dafür getan habe?«

»Ich weiß, daß es viele Jahre waren, und jeder weiß, daß Sie viel dafür getan haben.« Gould spürte voller Unbehagen, daß es immer mehr Zuhörer gab. »Bitte, Noah, können wir nicht ...«

»Zählt das denn alles nichts?«

»In diesem Fall, leider nein.«

»Fragen Sie Andrew, wieviel ich getan habe! Los, fragen Sie ihn doch!«

»Noah«, sagte Andrew. »Ich habe ihnen das mit Wyrazik gesagt. Es tut mir leid, aber ich mußte es tun.«

»Ah, ja! Wyrazik.« Townsend machte ruckartige Bewegungen mit dem Kopf; er sprach jetzt leiser. »Dieser arme junge Kerl. Er hätte etwas Besseres verdient. Es tut mir seinetwegen leid. Es tut mir wirklich leid.«

Dann verlor er plötzlich die Fassung und brach weinend zusammen. Er zitterte am ganzen Körper und wurde von heftigem Schluchzen geschüttelt. Dazwischen stammelte er unzusammenhängende Sätze. »... das erste Mal... noch nie einen Fehler... bestimmt übersehen... wird nicht noch mal passieren... verspreche ich Ihnen...«

Andrew wollte nach Townsends Arm greifen, aber Ezra Gould kam ihm zuvor. Er packte Townsend am Arm. »Noah, kommen Sie hier weg. Es geht Ihnen nicht gut, ich werde Sie nach Hause bringen.«

Noch immer heftig schluchzend, ließ Townsend sich zu den Aufzügen führen. Neugierige Blicke folgten ihnen.

Gould drehte sich zu Andrew um. Während er Townsend vor sich herschob, sagte der Chefarzt ruhig: »Andrew, bleiben Sie hier. Stellen Sie fest, bei welchen Patienten Noah heute Visite gemacht hat, und prüfen Sie alle seine Anweisungen. Tun Sie es schnell. Es darf nicht noch einmal... verstehen Sie?«

Andrew nickte. Zögernd sah er den beiden nach.

Als sie bei den Aufzügen angekommen waren, begann Townsend hysterisch zu schreien und versuchte, sich zu widersetzen. Er hatte jegliche Würde verloren, war nur noch ein schwaches Abbild seiner selbst. Als die Lifttür aufging, schob Gould Townsend resolut vor sich her. Selbst als die Tür sich wieder geschlossen hatte, konnte man noch die Schreie hören. Als der Aufzug abwärts fuhr, blieb Andrew allein inmitten der Stille zurück.

Am selben Abend erhielt Andrew zu Hause einen Anruf von Ezra Gould.

»Ich möchte mich noch heute abend mit Ihnen treffen«, sagte der Chefarzt. »Wo wäre es Ihnen recht? Ich komme auch zu Ihnen nach Hause, wenn Sie wollen.«

»Nein«, sagte Andrew. »Wir treffen uns besser im Krankenhaus.« Er war noch nicht in der Stimmung gewesen, Celia von Noah zu berichten, obwohl Celia wie immer gespürt hatte, daß etwas nicht in Ordnung war.

Als Andrew im St. Bede's Hospital ankam, war Dr. Gould bereits in seinem Büro. »Kommen Sie herein«, sagte er. »Und machen Sie die Tür zu.«

Gould zog eine Schublade auf und brachte eine Flasche Scotch und zwei Gläser zum Vorschein. »Es ist gegen die Regeln, und ich tue es auch nur selten. Aber heute abend habe ich das Gefühl, ich könnte einen gebrauchen. Leisten Sie mir Gesellschaft?«

»Aber gern«, sagte Andrew dankbar.

Gould füllte die Gläser, gab Eis und Wasser dazu, und sie tranken schweigend.

»Ich war fast die ganze Zeit bei Noah – seit wir uns getrennt haben«, sagte Gould schließlich. »Es gibt ein paar Dinge, die Sie wissen sollten. Das erste wäre – da es Ihre gemeinsame Praxis und Noahs Patienten betrifft –, daß Noah Townsend nie wieder wird praktizieren können.«

»Wie geht es ihm?« fragte Andrew.

»Fragen Sie lieber, wo er ist, und ich werde Ihnen antworten.« Gould schwenkte den Whisky in seinem Glas. »Er ist in eine private psychiatrische Klinik in Newark eingewiesen worden. Und nach Ansicht der Leute, die es wissen müßten, wird er sie wahrscheinlich nie wieder verlassen.«

Und dann berichtete Gould mit angespannter Stimme, was sich am Nachmittag und am frühen Abend zugetragen hatte. Einmal bemerkte er grimmig: »Ich hoffe nur, daß ich so was nicht noch einmal erleben muß.«

Nachdem sie Andrew verlassen hatten, erreichten Gould und Townsend den Hauptgang des Krankenhauses; es war dem Chefarzt gelungen, den noch immer tobenden Townsend in einen freien Behandlungsraum zu schieben, die Tür hinter ihm abzuschließen und mit einem Psychiater des Krankenhauses zu telefonieren. Als der Psychiater kam, bändigten sie Townsend gemeinsam und gaben ihm ein Beruhigungsmittel. Es war klar, daß man ihn in diesem Zustand nicht nach Hause bringen konnte. Der Psychiater führte hastig ein paar Telefongespräche, und Townsend wurde mit dem Ambulanzwagen in die psychiatrische Klinik in Newark gebracht. Gould und der Psychiater begleiteten ihn.

Als sie ankamen, hatte die Wirkung des Beruhigungsmittels nachgelassen, und Townsend wurde gewalttätig, so daß man ihn in eine

Zwangsjacke stecken mußte. »O Gott, es war schrecklich!« Gould zog ein Taschentuch heraus und wischte sich das Gesicht ab.

Das war mehr oder weniger der Zeitpunkt, an dem deutlich wurde, daß Noah Townsend den Verstand verloren hatte.

»Als hätte Noah lange Zeit wie eine leere Hülle gelebt«, sagte Ezra Gould. »Weiß der Himmel, wie es ihm gelungen ist weiterzumachen, aber er hat es geschafft. Und dann, ganz plötzlich, ist durch das, was heute geschah, die Hülle zerbrochen... und in ihrem Innern gab es nichts mehr, was funktionierte – und so, wie es aussieht, auch nichts mehr zu retten.«

Eine Stunde später, erzählte Gould weiter, hatte er Townsends Frau aufgesucht. Andrew erschrak. Bei all dem, was in den letzten Tagen geschehen war, hatte er kein einziges Mal an Hilda gedacht. »Wie hat sie es aufgenommen?« fragte er.

Gould überlegte, bevor er antwortete. »Das ist schwer zu sagen. Sie hat nicht viel gesagt, und sie ist auch nicht zusammengebrochen. Ich hatte den Eindruck, daß sie etwas Ähnliches erwartet hatte. Es wäre sicher gut, wenn Sie morgen selbst zu ihr gingen.«

»Ja«, sagte Andrew. »Das werde ich tun.«

Gould zögerte. Dann sah er Andrew an. »Es gibt noch etwas, das Sie und ich besprechen müssen – es betrifft den Toten, Wyrazik.«

»Dazu kann ich Ihnen gleich etwas sagen«, warf Andrew ein. »Ich habe nicht die Absicht, bei einer Vertuschung mitzumachen.«

»Na schön«, bemerkte Gould; seine Stimme war schärfer geworden. »Dann darf ich Sie fragen, was Sie vorschlagen: Wollen Sie eine öffentliche Erklärung abgeben – vielleicht an die Presse? Wollen Sie sich danach als Zeuge der Anklage zur Verfügung stellen? Wollen Sie einem Anwalt, der auf Schadenersatz aus ist, zu einem fetten Honorar verhelfen, indem er Townsends Frau das gesamte Geld, das Noah für ihre alten Tage gespart hat, wegnimmt? Wollen Sie diesem Krankenhaus einen Schaden zufügen, der von keiner Versicherung gedeckt werden wird und der uns finanziell ruinieren kann, so daß wir unsere Leistungen einschränken oder überhaupt schließen müssen?«

»Vielleicht kommt es gar nicht dazu«, protestierte Andrew.

»Aber es *könnte* dazu kommen. Es gibt genug clevere Rechtsanwälte.«

»Das ist nicht mein Problem«, beharrte Andrew. »Für mich ist nur die Wahrheit wichtig.«

»Die Wahrheit ist für uns alle wichtig«, erwiderte Gould. »Darauf haben Sie kein Monopol. Aber manchmal darf die Wahrheit aus guten Gründen und unter besonderen Umständen etwas gefärbt werden.« Seine Stimme wurde eindringlich. »Und jetzt hören Sie gut zu!«

Der Chefarzt machte eine Pause, um sich zu sammeln. Dann fuhr er fort: »Die Schwester des Toten, Miss Wyrazik, ist heute nachmittag aus Kansas eingetroffen. Len Sweeting hat mit ihr gesprochen. Eine nette, einfache Frau, sagte er, ein ganzes Stück älter als ihr Bruder, und natürlich ist sie über seinen Tod betrübt. Aber die beiden standen sich nicht sehr nahe, so daß es für sie kein unüberwindlicher Verlust ist. In Kansas wohnt auch der Vater, aber er hat die Parkinsonsche Krankheit in fortgeschrittenem Stadium; er hat nicht mehr lange zu leben.«

»Ich verstehe nicht, was das alles ...«

»Sie werden es gleich verstehen. Hören Sie zu! Wyraziks Schwester ist nicht gekommen, um uns Schwierigkeiten zu machen. Sie hat nicht allzu viele Fragen gestellt, hat sogar darin beigepflichtet, daß die Gesundheit ihres Bruders noch nie besonders gut war. Sie möchte, daß seine sterblichen Überreste eingeäschert werden, und wird die Asche mit nach Kansas nehmen. Aber sie ist in Geldnot. Das hat Len beim Gespräch mit ihr erfahren.«

»Dann hat sie das Recht auf Unterstützung. Das ist das mindeste ...«

»Richtig. Darin sind wir uns alle einig, Andrew. Und mehr noch – eine solche finanzielle Hilfe läßt sich arrangieren.«

»Wie denn?«

»Len und Fergus McNair haben es ausgetüftelt. Sie haben den ganzen Nachmittag damit verbracht, aber die Einzelheiten brauchen wir beide nicht zu wissen. Tatsache ist, daß unsere Versicherung – mit der wir die Sache vertraulich besprochen haben – ein Interesse daran hat, die Angelegenheit in aller Stille beizulegen. Offenbar hat Wyrazik immer Geld nach Kansas geschickt, um sich an den Arztkosten für seinen Vater zu beteiligen. Diese Beträge könnten weiterhin bezahlt, womöglich sogar erhöht werden. Die Kosten für Wyraziks Beerdigung werden ebenfalls übernommen. Und die Schwester kann bis an ihr Lebensende mit einer Rente rechnen, die nicht gerade üppig, aber ausreichend sein wird.«

»Wie wollen Sie ihr das erklären? Ohne eine Schuld einzugestehen? Angenommen, sie schöpft Verdacht.«

»Das könnte in der Tat ein Risiko sein«, sagte Gould, »wenngleich Len und McNair nicht dieser Meinung zu sein scheinen, und sie sind schließlich Rechtsanwälte. Sie glauben, daß es sich vertraulich regeln läßt. Es kommt darauf an, was Miss Wyrazik für eine Frau ist. Und schließlich: Es gibt keine Ehefrau und keine Kinder, die noch in der Ausbildung sind – es gibt nur einen alten Mann, der bald sterben wird, und eine Frau mittleren Alters, für die auf vernünftige Weise gesorgt wird.«

»Wenn Noah schon einen Patienten umbringen mußte, dann hätte er sich keinen bequemeren aussuchen können«, sagte Andrew zynisch.

Gould zuckte die Achseln. »Das Leben ist voller Zufälle. Dieser hier scheint sich zu unseren Gunsten zu entwickeln. Nun?«

»Nun, was?«

»Werden Sie eine öffentliche Erklärung abgeben? Werden Sie die Presse benachrichtigen?«

»Natürlich nicht«, sagte Andrew gereizt. »Ich hatte nie die Absicht. Das wissen Sie genau.«

»Und was gibt es sonst noch? Sie haben sich korrekt verhalten, als Sie das Krankenhaus über das informierten, was Sie erfahren hatten. Darüber hinaus haben Sie nichts weiter damit zu tun. Man wird nicht von Ihnen verlangen, daß sie lügen, und wenn aus irgendeinem Grund etwas an die Öffentlichkeit dringt und man Ihnen offiziell Fragen stellt, können Sie selbstverständlich die Wahrheit sagen.«

»Wenn das mit mir so ist«, sagte Andrew, »wie steht es dann mit Ihnen? Werden Sie Miss Wyrazik über den wahren Grund für den Tod ihres Bruders aufklären?«

»Nein«, erwiderte Gould kurz angebunden. Dann fügte er hinzu: »Und deshalb sind manche von uns auch tiefer in die Sache verstrickt als Sie. Aber vielleicht verdienen wir das sogar.«

Was Ezra Gould gerade gesagt hatte, dachte Andrew, war ein klares Eingeständnis, daß Andrew vor vier Jahren, als er versucht hatte, Noah Townsends Drogenabhängigkeit aufzudecken, und zurückgehalten worden war, recht gehabt hatte und die anderen unrecht. Andrew war jetzt ganz sicher, daß Leonard Sweeting damals auch anderen von ihrer Unterhaltung berichtet hatte.

Zweifellos war dieses Eingeständnis das einzige, was je gemacht werden würde; derartiges wurde nie schriftlich festgehalten. Aber wenigstens hatte man etwas gelernt, dachte Andrew, er selbst, Sweeting, Gould und ein paar andere. Doch leider war es jetzt zu spät, um Townsend oder Wyrazik zu helfen.

Was wäre also gewonnen, wenn er alles erzählte?

»In Ordnung«, sagte Andrew nach einer langen Pause. »Ich werde nichts weiter unternehmen.«

»Vielen Dank«, erwiderte Gould. Er warf einen Blick auf seine Armbanduhr. »Es war ein langer Tag heute. Ich gehe nach Hause.«

Am folgenden Nachmittag suchte Andrew Hilda Townsend auf.

Sie war Ende Fünfzig und sah für ihr Alter noch gut aus. Sie hatte auf ihre Figur geachtet, ihre Gesichtshaut war straff, das ergraute Haar modern kurz geschnitten. Sie trug elegante weiße Leinenhosen und eine blaue Seidenbluse. Um ihren Hals lag eine dünne Goldkette.

Andrew hatte Verzweiflung und Tränen erwartet. Aber nichts dergleichen.

Die Townsends wohnten in einem hübschen kleinen zweistöckigen Haus in der Hill Street in Morristown, nicht weit von der Praxis entfernt, wohin Noah Townsend an schönen Tagen oft zu Fuß gegangen war. Sie hatten kein Dienstpersonal; Hilda öffnete Andrew selbst die Tür und bat ihn ins Wohnzimmer. Das Zimmer war in sanften Braun- und Beigetönen möbliert und führte hinaus in den Garten.

»Kann ich Ihnen etwas anbieten, Andrew?« fragte Hilda, als sie sich gesetzt hatten. »Einen Drink? Oder Tee?«

Andrew schüttelte den Kopf. »Nein, danke. Hilda, ich weiß nicht, was ich sagen soll, außer – daß es mir schrecklich leid tut.«

Sie nickte, als habe sie genau das erwartet, dann fragte sie: »Haben Sie sich davor gefürchtet, hierher zu kommen?«

»Ein bißchen«, gab er zu.

»Das dachte ich mir, aber das brauchen Sie nicht. Sie müssen sich nicht wundern, daß ich nicht weine oder die Hände ringe oder ähnliches.«

Andrew wußte nicht, was er darauf sagen sollte.

»Das habe ich alles schon so oft und so lange getan, daß es weit hinter mir liegt. Jahrelang habe ich so viele Tränen vergossen, daß ich nun keine mehr habe. Es zerriß mir das Herz, wenn ich mit ansehen mußte, wie Noah sich selbst zerstörte. Und ich konnte mich nicht verständlich machen, ihn nicht einmal dazu bringen, mir zuzuhören. Das Herz lag mir oft wie ein Stein in der Brust.«

Wie wenig wissen wir doch von den Leiden anderer Menschen! dachte Andrew. Seit Jahren mußte Hilda Townsend wie hinter einer Wand gelebt haben, die loyal alles verdeckte und von der die anderen nie etwas gewußt hatten. Er erinnerte sich an Ezra Goulds Worte vom Vorabend. *»Sie hat nicht viel gesagt ... Ich hatte den Eindruck, daß sie etwas Ähnliches erwartet hatte.«*

»Sie wußten über Noah und die Drogen Bescheid«, sagte Hilda, »nicht wahr?«

»Ja.«

»Sie sind Arzt. Warum haben Sie nichts unternommen?« Ihre Stimme klang vorwurfsvoll.

»Ich habe es versucht. Im Krankenhaus. Vor vier Jahren.«

»Und niemand wollte etwas davon wissen.«

»So ungefähr.«

»Hätten Sie es nicht immer wieder probieren können?«

»Ja«, sagte er. »Vielleicht.«

Sie stieß einen Seufzer aus. »Wahrscheinlich hätten Sie trotzdem nichts erreicht.« Abrupt wechselte sie das Thema. »Ich habe Noah heute morgen besucht, oder vielmehr, ich wollte ihn besuchen. Er war im Delirium. Er hat mich nicht erkannt. Er erkennt niemanden.«

»Hilda«, sagte Andrew leise, »gibt es irgend etwas, das ich tun kann, irgend etwas, das Ihnen helfen würde?«

Sie beachtete die Frage nicht. »Hat Celia wegen allem, was geschehen ist, ein schlechtes Gewissen?«

Andrew war über die Frage erstaunt. »Ich habe es ihr noch gar nicht erzählt. Ich werde es heute abend tun. Aber ein schlechtes Gewissen ...«

»Das sollte sie haben!« stieß Hilda hervor. »Celia ist ein Teil dieses habgierigen, rücksichtslosen Arzneimittelgeschäfts. Die tun doch alles, um ihre Produkte zu verkaufen, um die Ärzte dazu zu kriegen, sie zu verschreiben, und die Leute dazu zu kriegen, sie zu nehmen, selbst wenn es gar nicht nötig ist.«

»Keine pharmazeutische Firma hat Noah gezwungen, diese Mittel einzunehmen«, sagte Andrew ruhig.

»Vielleicht nicht direkt.« Hildas Stimme wurde lauter. »Aber Noah hat die Tabletten genommen, wie andere es auch tun – weil die

Firmen die Ärzte damit überschütten, sie mit endlosen Werbesprüchen in den medizinischen Fachzeitschriften, mit einer Lawine von Postsendungen, mit Freifahrten und Alkohol dazu bringen, an nichts anderes mehr zu denken als an Medikamente, Medikamente, Medikamente. Jede einzelne Firma überschwemmt die Ärzte mit Mustern, erzählt ihnen, daß sie von jedem Mittel haben können, soviel sie nur wollen – sie brauchten nur darum zu bitten! Ohne jede Einschränkung und ohne je Fragen zu stellen! Sie wissen das genauso gut wie ich, Andrew.« Sie unterbrach sich. »Ich möchte Sie gerne etwas fragen.«

»Wenn ich Ihre Frage beantworten kann, werde ich es sehr gern tun«, sagte er.

»Es sind doch eine Menge Vertreter in die Praxis gekommen. Glauben Sie nicht, daß wenigstens einige von ihnen, wenn nicht *alle*, gewußt haben, wieviel Tabletten er nimmt, sich darüber im klaren waren, daß er süchtig ist?«

Andrew dachte nach. Er dachte an den großen Vorrat an Medikamenten, den er in Noahs Praxisräumen gefunden hatte. »Ja«, erwiderte er, »ja, ich nehme an, daß sie es gewußt haben.«

»Und trotzdem haben sie sich nicht davon abhalten lassen, diese Bastarde! Haben immer weiter geliefert. Haben Noah alles gegeben, was er haben wollte. Haben dabei mitgeholfen, daß er sich kaputtmachte. Das ist das schmutzige Geschäft, an dem Ihre Frau beteiligt ist, Andrew, und ich *verfluche* es!«

»Sie haben in vielem, wenn auch nicht in allem recht, Hilda, und ich kann Ihre Gefühle verstehen.«

»Tatsächlich?« Verachtung und Bitterkeit klang aus Hildas Stimme. »Dann erklären Sie es irgendwann einmal Celia. Vielleicht überlegt sie sich, ob sie sich nicht doch eine andere Arbeit suchen sollte.«

Und als würde alles, was sich in ihr angestaut hatte, am Ende doch noch hervorbrechen, legte sie den Kopf in die Hände und begann zu weinen.

5

Mitte bis Ende der sechziger Jahre war die amerikanische Frauenbewegung »Women's Lib« in aller Munde. 1963 hatte Betty Friedan den *Weiblichkeitswahn* veröffentlicht, eine Kriegserklärung an »die zweitklassigen Bürgerrechte der Frauen«. Ihr Buch wurde das *vade mecum* der feministischen Bewegung, und die Stimme der Friedan war jetzt häufig zu hören. Kate Millett schloß sich ebenfalls der Bewegung an.

»Women's Lib« zog aber auch Spötter an. Abbie Hoffman, eine zweifelhafte Erscheinung dieser Zeit, erklärte: »Die einzige Allianz, die ich mit der Frauenbewegung einzugehen bereit wäre, würde sich im Bett abspielen.« Und die Historiker, die alle Welt daran erinnerten, daß es wenig Dinge gab, die wirklich neu waren, hoben hervor, daß eine gewisse Mary Wollstonecraft schon 1792 in England *Eine Verteidigung der Rechte der Frau* veröffentlicht und folgendermaßen argumentiert hatte: »Tyrannen und Lüstlinge... bemühen sich, die Frauen in Unkenntnis zu halten, weil die einen nur Sklaven wollen und die anderen ein Spielzeug.«

Aber in den sechziger Jahren nahmen viele die Bewegung ernst, und manche Männer gingen in sich.

Celia war »Women's Lib« gegenüber positiv eingestellt. Sie kaufte mehrere Exemplare von *Der Weiblichkeitswahn* und verteilte sie an einige männliche Kollegen in der Geschäftsleitung von Felding-Roth. Zu ihnen gehörte auch Vincent Lord, der das Buch mit der Bemerkung zurückgab: »Ich habe für diesen Quatsch keine Verwendung.« Sam Hawthorne, von seiner Frau Lilian beeinflußt, die selbst eine glühende Anhängerin der Frauenbewegung war, zeigte sich entgegenkommender. »Sie sind der Beweis dafür, daß es in dieser Firma keine geschlechtlich bedingte Diskriminierung gibt«, sagte er zu Celia.

Sie schüttelte ablehnend den Kopf. »Ich mußte mir meinen Weg bis hierher mit Krallen und Klauen erkämpfen. Mit Ihrer Hilfe, Sam, aber ich mußte auch gegen viele männliche Vorurteile ankämpfen.«

»Das ist doch jetzt vorbei.«

»Aber nur, weil ich mich in der Firma bewährt habe und weil ich nützlich bin. Was mich zu einem Ausnahmefall, einem Unikum macht. Sie wissen aber, wie wenig Unterstützung ich finde, wenn ich mich dafür stark mache, mehr Frauen im Verkauf einzusetzen.«

Er lachte. »Das gebe ich zu, aber auch diese Einstellung wird sich ändern.«

Obwohl Celia privat für die Frauenbewegung eintrat, war sie nicht aktiv in ihr tätig. Sie war der – zugegebenermaßen rein egoistischen – Meinung, daß sie es erstens nicht nötig und zweitens keine Zeit dafür hatte.

Celias Arbeitszeit wurde weiterhin von den rezeptfreien Produkten bei Bray & Commonwealth in Anspruch genommen. Trotz Sams Versprechen, sie wieder mit anderen Aufgaben zu betrauen, schien weit und breit kein Wechsel in Sicht, und seine Bitte, sich »noch ein paar Monate zu gedulden«, erwies sich als grobe Untertreibung.

Celia teilte Andrews Kummer um Noah Townsend. Die traurige Voraussage von Dr. Gould, daß Noah nie wieder aus der Nervenklinik herauskommen würde, schien sich zu bewahrheiten.

Andrew hatte Celia von Hilda Townsends massiven Vorwürfen an die Adresse der Arzneimittelfirmen erzählt. »Hilda hat recht«, sagte sie zu seiner Überraschung. »Die Mengen von Ärztemustern sind tatsächlich der helle Wahnsinn. Aufgrund des Konkurrenzkampfes könnte aber keine Firma mehr ohne Nachteile zurückstecken.«

»Aber die Firmen könnten sich untereinander abstimmen«, wandte Andrew ein, »damit diese Unsitte aufhört.«

»Nein«, sagte Celia. »Selbst wenn sie es wollten, käme das einer geheimen Absprache gleich und verstieße gegen das Gesetz.«

»Und wie ist das in einem Fall wie bei Noah? Die Vertreter der Arzneimittelfirmen müssen doch gewußt oder zumindest geahnt haben, daß Noah drogenabhängig war. Sie hätten seine Sucht nicht weiterhin unterstützen dürfen.«

»Noah war zwar süchtig, aber er war noch immer als Arzt tätig«, hob Celia hervor. »Und du weißt genau, daß Ärzte jedes Mittel bekommen, das sie wollen – auf die eine oder andere Weise. Wenn Noah seine Tabletten nicht von den Vertretern bekommen hätte, hätte er einfach Rezepte ausgeschrieben. Vielleicht hat er das sogar getan. Und außerdem«, fügte sie hitzig hinzu, »wenn der Ärztestand es nicht einmal für nötig hält, etwas zu unternehmen, wenn Kollegen süchtig werden, was kann man da von der Pharma-Industrie erwarten?«

»Eine Frage«, gab Andrew zu, »auf die ich keine Antwort weiß.«

Im August 1967 wurde Celia wieder in die Zentrale versetzt. Sam

Hawthorne war zum Vizepräsidenten befördert worden, und es stand zu erwarten, daß er eines Tages an der Spitze von Felding-Roth stehen würde. Celias zehn Jahre zurückliegende Entscheidung, sich Sam als Mentor zu wählen, hatte sich also als richtig erwiesen.

Eines Tages ließ Sam sie zu sich rufen und teilte ihr mit einem Lächeln mit: »Ihre Fron bei den Rezeptfreien ist vorbei. Ich biete Ihnen den Posten des Verkaufsleiters für pharmazeutische Produkte in Lateinamerika an. Sie können die Geschäfte von hier aus führen, werden aber natürlich auch eine ganze Menge unterwegs sein müssen.« Er sah sie fragend an. «Was wird Andrew dazu sagen? Und Sie selbst und die Kinder?«

Ohne zu zögern, erwiderte Celia: »Wir werden uns arrangieren.«

Sam nickte zustimmend. »Ich hatte erwartet, daß Sie das sagen würden.«

Celia freute sich über diese Herausforderung. Sie wußte, daß das internationale Pharma-Geschäft immer mehr an Bedeutung gewann. Es war eine größere Chance, als sie sich erhofft hatte.

Und damit begannen fünf Jahre, die sich als ein Rubikon in Celias Karriere erweisen sollten. Das Familienleben erfuhr wider Erwarten dadurch eine starke Bereicherung. Wie Celia später in einem Brief an ihre Schwester Janet schrieb: »Jeder von uns zog daraus unvermutete Vorteile: Andrew und ich, weil wir, wenn er mich auf meinen Reisen begleitete, intensiver zusammen waren als zu Hause beim täglichen Einerlei. Und die Kinder, weil sie unterwegs dazulernten und sich daran gewöhnten, international zu denken.«

Andrew hatte sie von Anfang an bei ihren neuen Aufgaben unterstützt und sich entschlossen, die Gelegenheit zu nutzen und sich einige Zeit von dem Druck der Arztpraxis zu befreien und Celia auf ihren Reisen zu begleiten, wann immer es sich ermöglichen ließ. Andrew, der im nächsten Jahr vierzig wurde, hatte aus der Tragödie um Noah Townsend eine Lehre gezogen. Noahs Zusammenbruch hatte, so glaubte er, mit Überarbeitung und Streß begonnen, und auch andere Ärzte waren, wie er beobachtet hatte, allzusehr von ihrem Beruf besessen und vernachlässigten ihre Familie.

In der Arztpraxis, der er vor elf Jahren als frischgebackener Internist beigetreten war – ein Jahr, bevor er und Celia sich kennengelernt und geheiratet hatten –, war Andrew jetzt der Seniorpartner. Der zweite

Arzt, Oscar Aarons, ein stämmiger, lebhafter und eifriger Kanadier mit Sinn für Humor, hatte sich als eine wertvolle Stütze und als Freund erwiesen, dem Andrew großes Vertrauen entgegenbrachte. Und vor einem Monat war ein dritter Internist, Benton Fox, ein achtundzwanzigjähriger Arzt mit ausgezeichneten Empfehlungen, zu ihnen gestoßen und hatte sich bereits gut eingearbeitet.

Als Andrew Celia von seiner Absicht erzählte, sie gelegentlich auf ihren Reisen zu begleiten, war sie außer sich vor Freude, und so fuhr er mehrmals im Jahr mit ihr nach Südamerika. Und ab und zu, wenn es sich mit der Schule vereinbaren ließ, wurden sie von ihren Kindern begleitet.

Das alles wurde durch einige glückliche Umstände noch erleichtert. Winnie August, ihre junge englische Haushälterin, die ihren Plan, nach Australien zu gehen, längst aufgegeben hatte und nach sieben Jahren praktisch zur Familie gehörte, heiratete im Frühjahr 1967. Der Nachname ihres Mannes lautete, so unwahrscheinlich es auch klingt, April. »Wenn es schon ein anderer Monat sein mußte, dann bin ich froh, daß es nicht der Dezember ist«, meinte Winnie dazu.

Als Andrew erfuhr, daß Hank April, ein liebenswerter, lebhafter junger Mann, eine feste Anstellung suchte, bot er ihm den Posten eines Chauffeurs und Gärtners an. Da dies auch eine Wohngelegenheit im Haus mit einschloß, wurde das Angebot sowohl von Winnie als auch von Hank freudig angenommen.

So konnten Andrew und Celia von zu Hause fort – mit oder ohne die Kinder – und sich darauf verlassen, daß sich während ihrer Abwesenheit jemand um alles kümmerte.

In diese Zeitspanne fiel der Tod von Celias Mutter Mildred. Sie starb nach einem schweren Asthmaanfall im Alter von einundsechzig Jahren.

Der Tod der Mutter traf Celia schwer. Trotz der Kraft und der Unterstützung, die Andrew und die Kinder ihr gaben, hatte sie ein Gefühl von »Einsamkeit«, das lange anhielt.

»Ich habe das schon bei vielen meiner Patienten erlebt«, sagte Andrew tröstend. »Der Tod des zweiten Elternteils ist wie das Durchtrennen einer Nabelschnur zu unserer Vergangenheit. Wie erwachsen wir auch sein mögen, solange noch ein Elternteil lebt, hat man immer das Gefühl, daß es jemanden gibt, an den man sich halten kann. Wenn beide fort sind, wissen wir, daß wir ganz auf uns allein gestellt sind.«

Auch Celias jüngere Schwester Janet war aus den Vereinigten Arabischen Emiraten zur Beerdigung nach Philadelphia gekommen. Janet und Celia verbrachten ein paar Tage zusammen in Morristown, und die beiden Schwestern gaben sich das Versprechen, einander in Zukunft häufiger zu besuchen.

6

Während Celia den lateinamerikanischen Geschäften mit den regionalen Repräsentanten der Zweigstellen von Felding-Roth nachging, genoß Andrew die faszinierende Atmosphäre fremder Städte und Länder. Er lernte den Parque Colón von Buenos Aires kennen und die großen Rinderherden in den Pampas. Und Bogotá, in Kolumbien, umgeben von grandiosen Bergen, deren steil abfallende Straßen, die *calles,* eisige Wasserströme von den Anden ins Tal trugen und Eselskarren und Autos um einen Platz wetteifern ließen. In Costa Rica lernte Andrew die *Meseta Central* kennen, das Herzstück des Landes, und dahinter die dicht belaubten Wälder mit ihren Mahagonibäumen und Zedern. Von dem engen Straßengewirr in der Altstadt von Montevideo aus ging es in die Täler von Uruguay, in denen die Luft vom Duft der Zitronensträucher und aromatischen Büsche erfüllt war. Und dann Brasiliens dynamisches São Paulo mit den weiten Grasebenen und der fruchtbaren purpurroten Erde, der *terra roxa.*

Wenn die Kinder dabei waren, nahm Andrew sie mit auf seine Entdeckungsreisen. Sonst zog er allein los, und Celia begleitete ihn, sooft es ihre Pflichten erlaubten.

Vergnügen bereitete es Andrew auch, in den einheimischen Läden zu feilschen. Die Drugstores — *droguerias* –, in denen die Ware oft auf kleinstem Raum zusammengedrängt war, hatten es ihm besonders angetan. Er unterhielt sich mit Apothekern, und gelegentlich gelang es ihm auch, einheimische Ärzte kennenzulernen. Er hatte sich ein Gemisch aus Spanisch und Portugiesisch angeeignet, das er mit der Zeit immer mehr vervollkommnete.

Dennoch war nicht jede Reise ein Erfolg. Manche lokal bedingten Probleme waren für Celia nur schwer zu lösen, und sie war häufig abgespannt und nervös. Es kam zu Reibereien und bei einer Gelegenheit zu dem heftigsten, bittersten Streit ihrer ganzen Ehe, den sie so schnell nicht vergessen würden.

Es geschah in Ecuador, und wie bei den meisten Streitigkeiten zwischen Eheleuten begann alles mit einem ganz nichtigen Anlaß.

Sie befanden sich mit Lisa und Bruce in der Hauptstadt Quito, hoch oben in den Anden, einem Ort größter Kontraste – vor allem zwischen Religion und Realität. Auf der einen Seite eine Fülle überladener Kirchen und Klöster mit vergoldeten Altären, geschnitztem Chorgestühl, Kruzifixen aus Silber und Elfenbein und juwelenbesetzten Monstranzen. Auf der anderen Seite schmutzige, barfüßige Armut und Bauern, die zweifellos die ärmsten Menschen auf dem ganzen Kontinent waren und deren Löhne – wenn sie überhaupt das Glück hatten, eine Arbeit zu finden – zehn Cent pro Tag betrugen.

Ein krasser Gegensatz zu all der Armut war das Hotel *Quito*, ein ausgezeichnetes Haus, in dem die Jordans eine Suite bewohnten. Nach einem anstrengenden, unerfreulichen Tag, den sie mit Señor Antonio José Moreno, dem *gerente local* von Felding-Roth, verbracht hatte, kehrte Celia am frühen Abend in die Suite zurück.

Moreno, fett und selbstgefällig, hatte deutlich gemacht, daß jeder Besuch eines Abgesandten aus der Zentrale für ihn nicht nur ein unwillkommenes Eindringen in sein Territorium, sondern auch eine Beleidigung für ihn persönlich darstellte. Mehr noch, immer wenn Celia irgendwelche Änderungen vorschlug, hatte er mit dem Standardsatz geantwortet: »*En este país, así se hace, Señora.*« Als Celia daraufhin bemerkte, daß die Einstellung, »in diesem Land ist das eben so«, nur Untüchtigkeit entschuldige und zuweilen sogar unmoralisch sei, zuckte er mit ausdrucksloser Miene die Achseln.

Was Celia Sorgen bereitete, waren die unzureichenden Informationen, die die Ärzte in Ecuador über die Medikamente von Felding-Roth erhielten, besonders in bezug auf eventuelle Nebenwirkungen. Als sie darauf hinwies, erklärte Moreno: »Die anderen Firmen tun es nicht, also brauchen wir es auch nicht zu tun. Wenn wir zuviel über etwas reden, was vielleicht gar nicht eintritt, ist das für uns nur von Nachteil.«

Obwohl Celia befugt war, ihm Anweisungen zu erteilen, wußte sie, daß Moreno unter Berufung auf die Sprachschwierigkeiten später alles so interpretieren würde, wie es ihm paßte.

Jetzt, im Wohnraum der Hotelsuite, war sie noch immer verärgert, als sie Andrew fragte: »Wo sind eigentlich die Kinder?«

»Die schlafen schon«, antwortete er. »Sie haben beschlossen, zeitig ins Bett zu gehen. Wir hatten einen ziemlich anstrengenden Tag.«

Die Tatsache, daß sie Lisa und Bruce, auf die sie sich gefreut hatte, nun nicht mehr sehen konnte, und der – wie sie meinte – etwas kühle Ton von Andrew irritierten Celia, und sie fuhr ihn an: »Ihr seid nicht die einzigen, die einen lausigen Tag hinter sich haben.«

»Ich habe nicht gesagt, daß er lausig war, sondern nur, daß er anstrengend war«, bemerkte er. »Obwohl es für mich ein paar unerfreuliche Dinge gegeben hat.«

Ohne daß sie es wußten, übte Quitos Höhenlage – fast 3000 m über dem Meeresspiegel – auf beide ihre Wirkung aus. Celia fühlte sich schlapp und abgespannt, und Andrew legte eine Aggressivität an den Tag, die nicht zu seiner sonstigen ruhigen Art paßte.

»Ein paar unerfreuliche Dinge?« wiederholte Celia. »Ich weiß gar nicht, wovon du redest.«

»Davon rede ich!« Andrew deutete auf einen Haufen Flaschen und Arzneimittelpackungen auf einem Nebentisch.

»Von dem Zeug da hatte ich heute schon mehr als genug«, erklärte Celia mit einem Ausdruck des Abscheus. »Daher schlage ich vor, du schaffst es hier raus.«

»Soll das heißen, daß es dich nicht interessiert?« Seine Stimme klang ironisch.

»Ja! Verdammt noch mal!«

»Das hätte ich, ehrlich gesagt, nicht erwartet. Denn was ich hier habe, hat mit Arzneimittelfirmen zu tun, und es ist nichts Erfreuliches.« Andrew nahm einen kleinen Plastikbehälter in die Hand. »Als ich heute mit den Kindern unterwegs war, habe ich mich ein bißchen in den Läden umgesehen und ein paar Fragen gestellt.«

Er ließ den Deckel des Behälters aufschnappen, schüttete die Tabletten in seine Hand und streckte sie ihr entgegen. »Weißt du, was das ist?«

»Natürlich nicht!« Celia ließ sich in einen Sessel fallen und schleuderte ihre Schuhe von sich. »Und außerdem interessiert es mich nicht.«

»Das sollte es aber! Es ist Thalidomid, und ich habe es heute in einer *drogueria* gekauft – ohne Rezept.«

Bei seiner Antwort zuckte Celia zusammen, und der Wortwechsel hätte hier zu Ende sein können, wenn Andrew nicht weitergesprochen hätte: »Die Tatsache, daß ich es kaufen konnte – *fünf Jahre, nachdem es vom Markt verschwunden sein sollte,* wie auch andere gefährliche Mittel, die hier ohne Warnung im Handel sind, weil es keine Behörden gibt, die auf Hinweisen bestehen –, ist typisch für die Gleichgültigkeit, mit der amerikanische Arzneimittelfirmen vorgehen, einschließlich deiner eigenen hochgepriesenen Felding-Roth!«

Seine Ungerechtigkeit – als die es Celia empfand, nachdem sie den größten Teil des Tages damit verbracht hatte, genau das, was Andrew gerade kritisierte, zu ändern – ließ wilden Zorn in ihr aufsteigen, so daß sie nicht mehr vernünftig denken konnte. Anstatt Andrew zu sagen – wie sie es eigentlich vorgehabt hatte –, wie frustriert sie wegen Antonio José Moreno war, warf sie ihm ihre Version von Morenos Antwort an den Kopf. »Was, zum Teufel, weißt *du* denn schon über die Probleme hier und über die Gesetze? Mit welchem Recht glaubst du eigentlich, den Leuten in Ecuador sagen zu können, wie sie es in ihrem Land halten sollen?«

Andrew war blaß geworden. »Das Recht dazu habe ich, weil ich *Arzt* bin! Und weil ich weiß, daß schwangere Frauen, die diese Tabletten nehmen, Babys mit verstümmelten Gliedern bekommen können. Weißt du, was mir der Apotheker heute gesagt hat? Er sagte, er habe von Thalidomid gehört, aber er wisse nicht, daß das diese Tabletten sind, weil sie hier *Ondasil* heißen. Und falls *du* es nicht weißt, Celia, oder nicht wissen willst: Thalidomid ist von der Pharma-Industrie unter *dreiundfünfzig verschiedenen Namen* verkauft worden.«

Ohne eine Antwort abzuwarten, wetterte er weiter: »Warum gibt es eigentlich so viele verschiedene Namen für ein einziges Medikament? Doch wohl nicht, um den Patienten oder den Ärzten zu helfen. Der einzige Grund, den man sich denken kann, ist der, daß Verwirrung gestiftet werden soll, damit sich die Firmen aus der Affäre ziehen können, wenn es Schwierigkeiten gibt. Und wenn wir schon von Schwierigkeiten reden – sieh dir das hier an!«

Andrew nahm eine andere Flasche und hielt sie Celia entgegen, so daß sie den Aufkleber lesen konnte: Chloromycetin.

»Wenn du das in den USA gekauft hättest«, erklärte er, »hätte ein Hinweis auf mögliche Nebenwirkungen darauf gestanden, vor allem auf die lebensgefährliche Dyskrasie. Aber nicht hier! Kein einziges Wort!«

Er nahm ein weiteres Medikament vom Tisch. »Das habe ich auch heute erhalten. Wirf mal einen Blick auf Felding-Roths Lotromycin, das wir beide kennen. Wir wissen, daß es bei Nierenfunktionsstörungen keinesfalls eingenommen werden sollte, auch nicht bei Schwangerschaft oder von Frauen, die stillen. Aber findest du hier einen Hinweis darauf? Nicht die Spur! Wen kümmert es, wenn ein paar Leute in diesem Land leiden oder sterben, weil man sie nicht gewarnt hat. Schließlich sind wir hier ja nur in Ecuador, weit entfernt von New Jersey. Warum sollte Felding-Roth so etwas kümmern? Warum sollte Celia Jordan so etwas kümmern?«

»Wie kannst du es wagen, so mit mir zu reden!« schrie sie ihn an.

Jetzt verlor Andrew die Beherrschung.

»Ich wage es, weil ich gesehen habe, wie du dich verändert hast. Wie du dich in elf Jahren immer ein bißchen mehr verändert hast. Von Verantwortungsbewußtsein zu Unbekümmertheit und Sorglosigkeit, während du mitgeholfen hast, nutzlosen Plunder über den Ladentisch zu schieben. Und wie du dich jetzt verhältst – wie du scheinheilige Argumente vorbringst, um etwas, von dem du *weißt,* daß es schlecht ist, zu rechtfertigen, nur weil du es nicht zugeben willst, nicht einmal vor dir selbst!« Seine Stimme wurde noch lauter. »Was ist aus dem Mädchen mit seinen Idealen geworden, das mir das Lotromycin gebracht hat und die Ethik des Pharma-Geschäfts heben wollte, aus diesem Mädchen, das aufrecht und stark war und das sich nicht gescheut hat, bei einer New Yorker Verkaufstagung unlautere Verkaufspraktiken öffentlich zu kritisieren? Willst du wissen, was mit ihr geschehen ist? Ich glaube, sie hat sich verkauft.«

Andrew hielt inne, dann fragte er scharf: »Hat es sich gelohnt – um des Ehrgeizes und der Beförderung willen?«

»Du *Schwein!*« Ohne zu überlegen, griff Celia nach einem ihrer Schuhe und warf ihn in Andrews Richtung. Ihr Ziel war nicht zu verfehlen. Der spitze Absatz des Schuhs traf ihn an der linken Gesichtshälfte und riß eine klaffende Wunde, aus der Blut quoll. Aber Celia sah es nicht. Sie war allem gegenüber blind und schleuderte ihm ihre Worte ins Gesicht.

»Was gibt *dir* das Recht, so verdammt erhaben über Moral und Ideale zu reden? Was ist denn mit *deinen* Idealen geschehen? Wo waren sie, als du damals nichts wegen Noah Townsend unternommen, sondern zugelassen hast, daß er fast fünf Jahre lang weiterpraktizierte, während er die ganze Zeit drogensüchtig und eine Gefahr für sich und andere war? Schieb ja nicht die Schuld auf das Krankenhaus! *Ihre* Untätigkeit entschuldigt nicht deine eigene! Das weißt du genau! Und der Patient«, wütete Celia weiter, »der Junge, dieser Wyrazik? War es wirklich Noah, der ihn umgebracht hat, oder warst nicht *du* es? Du, weil du Noahs wegen nichts unternommen hast, weil du überhaupt nichts getan hast, bis es zu spät war. Liegst du nachts nicht manchmal wach und denkst darüber nach und hast ein schlechtes Gewissen? Das solltest du haben! Und fragst du dich nicht manchmal, ob es nicht noch andere Patienten gegeben hat, die wegen Noah in diesen fünf Jahren sterben mußten, andere, von denen du nichts weißt und die gestorben sind, weil du so verdammt wenig getan hast? Hörst du mich, du selbstgerechter Heuchler? *Antworte!*«

Plötzlich hielt Celia inne, nicht nur, weil ihr die Worte ausgegangen waren, sondern weil sie noch nie einen so gequälten Ausdruck auf Andrews Gesicht gesehen hatte.

»O mein Gott! Was habe ich getan!« sagte sie erschrocken.

Dann sah sie in Andrews Gesicht plötzliches Entsetzen, folgte seinem starren Blick und drehte sich auf dem Absatz herum. Zwei kleine Gestalten in Pyjamas waren ins Zimmer gekommen. In ihrer unbeherrschten Wut hatten sie beide Lisa und Bruce im Schlafzimmer nebenan vergessen.

»Mommy! Daddy!« Es war Lisas Stimme, von Tränen erstickt.

Bruce schluchzte unkontrolliert.

Celia lief mit ausgestreckten Armen auf beide zu, Tränen rannen ihr übers Gesicht. Aber Lisa war schneller. Sie wich ihrer Mutter aus und lief zu Andrew.

»Daddy, du hast dir weh getan!« Sie sah den Schuh, an dessen Absatz Blut klebte, und rief: »Mommy, wie konntest du das tun!«

Andrew fuhr sich mit der Hand ans Gesicht, das noch immer blutete. Überall schien Blut zu sein – an seinen Händen, seinem Hemd, auf dem Fußboden.

Jetzt klammerte sich auch Bruce an seinen Vater, während Celia hilflos und schuldbewußt dastand.

Andrew rettete die ausweglose Situation.

»Nein!« sagte er zu den Kindern. »Das dürft ihr nicht tun! Ihr dürft keine Partei ergreifen! Mommy und ich waren dumm. Wir hatten beide unrecht, und wir schämen uns dafür. Wir werden später über alles reden. Aber wir sind noch immer eine Familie. Wir gehören zusammen.«

Dann, ganz plötzlich, hielten sich alle vier so fest umschlungen, als wollten sie sich nie wieder trennen.

Ein wenig später machte Lisa sich los und ging ins Badezimmer, um ein nasses Handtuch zu holen, mit dem sie ihrem Vater geschickt das Blut abwischte.

Viel später, als die Kinder wieder im Bett waren und schliefen, liebten Andrew und Celia sich mit so leidenschaftlicher, wilder Unbeherrschtheit, wie es schon lange nicht mehr geschehen war, so als hätte ihre Hitzigkeit Gefühle freigelegt, die nun miteinander verschmolzen.

Danach redeten sie, obgleich sie erschöpft waren, bis tief in die Nacht hinein und führten die Diskussion am nächsten Tag fort. »Es war ein Gespräch«, sagte Andrew später, »das überfällig war und das wir immer wieder hinausgeschoben hatten.«

Beide gaben zu, daß in den gegenseitigen Beschuldigungen unerfreuliche Wahrheiten steckten. »Ja«, gestand Celia, »ich habe manche Wertbegriffe verdrängt, die ich einmal hatte. Und es hat tatsächlich Augenblicke gegeben, in denen ich mein Gewissen zum Schweigen gebracht habe. Ich bin nicht stolz darauf und ich würde gern dahin zurückkehren, wo ich früher einmal stand, aber ich muß gestehen, daß ich nicht sicher bin, ob ich das noch kann.«

»Ich schätze«, sagte Andrew, »es hängt alles damit zusammen, daß man älter wird. Man wird klüger, reifer, gewiß. Aber man hat auf dem Weg auch gelernt, daß es Hindernisse gibt, die sich durch Idealismus nicht überwinden lassen, und daher nimmt man es mit den Idealen nicht mehr so genau.«

»Ich will versuchen, es von jetzt an besser zu machen«, sagte Celia. »Damit das, was mit uns geschehen ist, nicht umsonst war.«

»Das gilt wohl für uns beide«, bestätigte Andrew. Vorher hatte er zu Celia gesagt: »Du hast eine offene Wunde berührt, als du fragtest, ob ich nicht manchmal wach liege und über den Tod von Wyrazik und möglicherweise von anderen nachdenke. Hätte ich Wyrazik retten können, wenn ich Noahs wegen schon früher etwas unternommen hätte? Ja, das hätte ich, und es hat keinen Sinn, es zu leugnen und sich etwas vorzumachen. Das einzige, was sich wirklich sagen läßt, ist, daß es wohl keinen Mediziner gibt, der rückblickend nicht irgend etwas hätte besser machen können. Aber man kann aus seinen Fehlern lernen.«

Als Andrew am nächsten Tag mit drei Stichen im Gesicht die Praxis des einheimischen *médico* verließ, bemerkte der mit einem Lächeln: »Wahrscheinlich bleibt eine Narbe zurück, Doktor. Sie wird Ihrer Frau als Erinnerung dienen.« Da Andrew die Wunde mit einem Sturz beim Klettern erklärt hatte, bewies das, wie klein Quito war und wie schnell sich hier Gerüchte verbreiteten.

»Es tut mir schrecklich leid«, sagte Celia ein paar Stunden später, als sie mit den Kindern Mittag aßen.

»Muß es nicht«, versicherte Andrew. »Fast hätte ich das gleiche getan. Aber du hattest eben als erste einen Schuh zur Hand. Und außerdem kann ich nicht so gut zielen wie du.«

»Du darfst dich darüber nicht lustig machen«, sagte Celia vorwurfsvoll.

In diesem Augenblick machte Bruce, der während der ganzen Mahlzeit geschwiegen hatte, den Mund auf: »Werdet ihr euch jetzt scheiden lassen?« Sein kleines, ernstes Gesicht war angespannt, und man sah deutlich, daß ihn diese Frage schon die ganze Zeit quälte.

Andrew wollte mit einem Scherz darüber hinweggehen, als Celia ihn mit einer Handbewegung davon abhielt. »Brucie«, sagte sie sanft, »ich verspreche und schwöre dir, daß das in unserem ganzen Leben nicht passieren wird.«

»Der Meinung bin ich auch«, bestätigte Andrew, und das Gesicht ihres Sohns begann zu strahlen, genauso wie das von Lisa neben ihm.

»Da bin ich aber froh«, erklärte Bruce, und das schien der passende Abschluß eines Alptraumes zu sein, der nun vorüber war.

Es gab aber auch andere, vergnüglichere Reisen, die die Familie in den fünf Jahren, während Celia den internationalen Verkauf leitete, unternahm. Für Celias berufliche Karriere erwies sich diese Zeit als höchst erfolgreich und verschaffte ihr bei Felding-Roth mehr und mehr Ansehen. Es gelang ihr sogar, gegen den Widerstand innerhalb der Firma durchzusetzen, daß die Hinweise auf den Felding-Roth-Arzneimitteln, die in Lateinamerika vertrieben wurden, dem Stand angenähert wurden, der in den Vereinigten Staaten gesetzlich vorgeschrieben war. Allerdings war der Fortschritt, wie sie Andrew gegenüber zugab, »nicht gerade groß«.

»Eines Tages«, erklärte Celia, »wird irgend jemand dieses ganze Thema an die Öffentlichkeit bringen. Dann werden uns neue Gesetze oder die öffentliche Meinung dazu zwingen, das zu tun, was wir schon lange hätten tun müssen. Aber die Zeit ist noch nicht reif dafür.«

Eine Ahnung davon, wessen Zeit jedoch gekommen war, bekam Celia in Peru. Dort lag der Verkauf der Felding-Roth-Präparate zum großen Teil in den Händen von Frauen. Der Grund dafür war, wie Celia erfuhr, nicht die Emanzipation der Frau, sondern eine Landessitte. In Peru galt es als unhöflich, eine Frau warten zu lassen; daher wurden Vertreterinnen bei den Ärzten schneller vorgelassen als ihre männlichen Konkurrenten, die zuweilen stundenlang warten mußten.

Diese Entdeckung veranlaßte Celia, ein Memorandum an Sam Hawthorne zu verfassen und ihn zu drängen, auch in den USA mehr Vertreterinnen einzusetzen. »Ich erinnere mich an *meine* Zeit als Vertreterin«, schrieb Celia. »Ich mußte zwar manchmal auch lange warten, bis mich die Ärzte vorließen, aber zuweilen wurde ich ganz schnell empfangen, und ich glaube, nur deshalb, weil ich eine Frau bin. Warum sollten wir diese Tatsache nicht nutzen?«

In einer späteren Diskussion stellte Sam ihr die Frage: »Ist das, was Sie vorschlagen, nicht die falsche Art, Frauen zu fördern? Das paßt nicht zur Women's Lib. Hier wird doch die Weiblichkeit der Frau benutzt.«

»Und warum nicht?« gab Celia zurück. »Schließlich benutzen die Männer ihre Männlichkeit seit Jahrhunderten, häufig zum Nachteil der Frauen. Und jetzt sind wir an der Reihe. Auf jeden Fall ist jeder, ob Mann oder Frau, dazu berechtigt, das Beste daraus zu machen.«

Am Ende wurde Celias Anregung ernst genommen und leitete bei Felding-Roth einen Prozeß ein, der in den darauffolgenden Jahren von anderen Arzneimittelfirmen nachgeahmt wurde.

Während dieser Zeit nahmen auch außerhalb des Pharma-Geschäfts die Dinge ihren Lauf. Die Tragödie von Vietnam zeichnete sich ab – eine ganze Generation junger Amerikaner ging in den Tod, und niemand wußte so recht, wofür. Ein Rockmusik-Kult namens

»Woodstock Nation« loderte kurz auf und verglühte dann wieder. In der Tschechoslowakei schaffte die Sowjetunion brutal die Freiheit ab. Dr. Martin Luther King und Robert Kennedy wurden ermordet. Nixon wurde Präsident, Golda Meir Ministerpräsidentin von Israel. Jackie Kennedy heiratete Onassis. Eisenhower starb. Kissinger fuhr nach China, Armstrong zum Mond, Edward Kennedy nach Chappaquiddick.

Im Februar 1972 wurde Sam Hawthorne im Alter von 51 Jahren Präsident und Geschäftsführer von Felding-Roth. Sein Aufstieg erfolgte ganz plötzlich und in einer besonders schwierigen Phase der Firmengeschichte.

7

Sam Hawthorne war ein sogenannter Renaissance-Mensch. Er hatte viele Interessen intellektueller und sportlicher Art, aber in seinem Herzen war er ein Gelehrter, der sich trotz seiner tiefen Verstrickung in kommerzielle Geschäfte sein Leben lang für Literatur, Kunst und Musik interessierte. In fremden Städten fand Sam, auch wenn der Arbeitsdruck noch so groß war, immer Zeit, Buchhandlungen, Galerien und Konzerte zu besuchen. In der Malerei bevorzugte er die Impressionisten, insbesondere Monet und Pissarro. In der Bildhauerei galt seine große Liebe Rodin. Lilian Hawthorne erzählte einmal einem Freund, daß ihr Mann in Paris im Garten des Rodin-Museums eine Viertelstunde lang schweigend und mit Tränen in den Augen »Die Bürger von Calais« betrachtet habe.

In der Musik galt Sams Leidenschaft Mozart. Er war ein geübter, wenn auch kein brillanter Klavierspieler, der sich auf Reisen hin und wieder ein Klavier in seine Hotelsuite bringen ließ, um ein bißchen Mozart zu spielen, wie etwa die A-Dur-Sonate, KV 331 – das getragene und klare Andante, das geschwindere Menuett und schließlich den fröhlichen »Türkischen Marsch«, der ihn nach einem ermüdenden Tag belebte.

Sam war wohlhabend und besaß einen beträchtlichen Teil der Felding-Roth-Aktien, die er von seiner früh verstorbenen Mutter geerbt hatte.

Sie war eine geborene Roth, und Sam war das letzte Mitglied der

Familien Felding und Roth, das mit der Firmenleitung zu tun hatte. Aber seine familiären Bindungen waren für seine Karriere nicht ausschlaggebend gewesen. Was Sam erreicht hatte, hatte er durch seine Fähigkeiten und seine Integrität geschafft, und das wurde auch weitgehend anerkannt.

Sam und Lilian Hawthorne führten eine gute, dauerhafte Ehe; beide vergötterten ihre Tochter Juliet, die jetzt fünfzehn Jahre alt war.

Im College war Sam Langstreckenläufer gewesen und absolvierte noch immer mehrmals wöchentlich seinen morgendlichen Lauf. Er war ein begeisterter und recht erfolgreicher Tennisspieler, auch wenn seine Begeisterung seinen Stil übertraf. Sams besondere Stärke war ein gefährlicher Volley am Netz, der ihn zu einem gefragten Partner im Doppel machte.

Alle sportlichen oder geistigen Interessen aber wurden von einem übertroffen – von seiner Anglophilie.

Solange er sich erinnern konnte, war er immer gern nach England gefahren und hatte für die meisten Dinge, die englisch waren – Tradition, Sprache, Bildung, Humor, Stil, die Monarchie, London, alte Autos – , Bewunderung verspürt. Deshalb kam er auch jeden Morgen in einem prächtigen silbergrauen Rolls-Bentley zur Arbeit.

Und es gab noch etwas, wovon Sam eine hohe Meinung hatte: das war die britische – nicht nur die englische – Wissenschaft. Dies veranlaßte ihn während seiner ersten Monate als Präsident von Felding-Roth zu einem ungewöhnlichen Vorschlag.

In einer vertraulichen schriftlichen Mitteilung an den Aufsichtsrat hob er einige unerfreuliche Tatsachen hervor.

»In der Arzneimittelforschung und -herstellung – unserem *raison d'être* – macht unsere Firma eine unfruchtbare Zeit durch, die sich weit über die ›Flaute‹ hinaus erstreckt, von der unsere Branche allgemein erfaßt ist. Unser letzter großer ›Durchbruch‹ war, vor fast fünfzehn Jahren, das Lotromycin. Während unsere Konkurrenz erfolgreiche neue Mittel eingeführt hat, haben wir kaum etwas von Bedeutung vorzuweisen. Und es ist auch weit und breit nichts in Sicht. All dies war dem Ruf unserer Firma nicht gerade förderlich und hatte auch Auswirkungen in finanzieller Hinsicht. Wir haben im vergangenen Jahr unsere Dividende herabsetzen müssen, woraufhin unsere Aktien gefallen sind und sich bis jetzt nicht wieder erholt haben.

Wir haben intern begonnen, ›den Gürtel enger zu schnallen‹, aber das genügt nicht. In zwei bis drei Jahren werden wir uns, wenn wir nicht bald ein starkes und positives Programm für die Zukunft entwickeln, in einer ernsten finanziellen Krise befinden.«

Sam erwähnte nicht, daß sein Vorgänger, der nach Auseinandersetzungen mit dem Aufsichtsrat entlassen worden war, eine Politik des »Schleifenlassens« verfolgt hatte, die im wesentlichen für die gegenwärtige schlechte Lage der Firma verantwortlich war.

Statt dessen ging Sam, nachdem er auf diese Weise den Boden bereitet hatte, zu seinem Vorschlag über.

»Ich empfehle mit allem Nachdruck«, schrieb er, »in Großbritannien ein Felding-Roth-Forschungsinstitut einzurichten. Das Institut sollte von einem hochqualifizierten englischen Wissenschaftler geleitet werden und völlig unabhängig von unseren Forschungen in den Vereinigten Staaten arbeiten.«

Nach weiteren Einzelheiten fügte er hinzu: »Ich glaube fest daran, daß dieser Forschungszweig neue Quellen erschließen und die Entwicklung wichtiger Arzneimittel beschleunigen würde, die unsere Firma so dringend benötigt.«

Warum gerade England?

Da er die Frage erwartet hatte, fuhr Sam fort: »Großbritannien hat in der technisch-naturwissenschaftlichen Forschung eine jahrhundertealte Tradition. Allein in diesem Jahrhundert kommen einige der größten Entdeckungen, die unser Leben dramatisch verändert haben, aus Großbritannien: Penicillin, Fernsehen, Radar, der Düsenantrieb für Flugzeuge, um nur vier zu nennen.

Aber es waren amerikanische Gesellschaften, die diese Erfindungen entwickelt und kommerziell ausgewertet haben – weil die Amerikaner beide Fähigkeiten in sich vereinen, *zu entwickeln und zu vermarkten,* was den Briten häufig abgeht. Aber die ursprünglichen Entdeckungen in diesen und anderen Fällen kamen von den Briten. Der Grund dafür mag in den unterschiedlichen Schulsystemen in Großbritannien und Amerika zu finden sein. Jedes System hat seine Stärken. Aber in Großbritannien wird an den Schulen eine *akademische und wissenschaftliche Neugier* gefördert wie nirgends sonst auf der Welt. Diese Neugier können und sollten wir zu unserem Vorteil nutzen.«

Sam ging auch ausführlich auf die Kosten ein und schloß dann mit den Worten: »Jemand könnte nun einwenden, daß man leichtsinnig und schlecht beraten sei, wenn man in dieser schweren Zeit, in der die Existenz unserer Firma bedroht ist, ein derart großes und aufwendiges Projekt in Angriff nimmt. Ein neues Forschungsinstitut ist sicher eine erhebliche finanzielle Belastung. Aber ich glaube, daß es noch leichtsinniger, daß man noch schlechter beraten ist, wenn man die Dinge weiterhin einfach schleifen läßt und nicht endlich mit positiven, mutigen Plänen für die Zukunft beginnt – und zwar sofort!«

Mit erstaunlicher Geschwindigkeit formierte sich eine starke Opposition gegen Sam Hawthornes Plan.

Sams Vorschlag war, wie jemand es ausdrückte, »kaum aus der Xerox-Maschine raus« und an die Mitglieder des Aufsichtsrats und einige andere Führungskräfte verteilt, als Sams Telefon auch schon zu klingeln begann und die Anrufer massive Einwände erhoben. »Sicher haben die Engländer große wissenschaftliche Leistungen vollbracht«, argumentierte einer, »aber die werden heutzutage von den amerikanischen bei weitem übertroffen, so daß Ihr Argument einfach lächerlich ist, Sam.« Andere konzentrierten sich auf »die absurde und rückständige Idee, ein Forschungszentrum in einem ausgelaugten, heruntergewirtschafteten Land anzusiedeln, das vielleicht früher mal etwas gewesen ist« – wie ein Mitglied des Aufsichtsrats es erregt ausdrückte.

»Man hätte meinen können«, berichtete Sam seiner Frau ein paar Tage später beim Essen, »ich hätte vorgeschlagen, die Unabhängigkeitserklärung rückgängig zu machen und zum Kolonialstatus zurückzukehren.«

Eins lernte Sam schnell: daß ihm seine Führungsposition in der Firma keineswegs *carte blanche* gewährte, daß er nicht einfach tun konnte, was er wollte, und daß er sich schon gar nicht vom Treibsand korporativer Politik lösen konnte.

Ein Experte für Firmenpolitik war der Leiter der Forschungsabteilung, Vincent Lord, der sich sofort zum Gegner von Sams Vorschlag aufschwang. Während er durchaus der Meinung war, daß für die Forschung mehr Geld ausgegeben werden sollte, bezeichnete er die Idee, dies in Großbritannien zu tun, als »naiv« und Sam Hawthornes Ansichten über die britische Wissenschaft als »Kindergartendenken, das sich auf einen Mythos stützt«.

Diese ungewöhnlich harten, ja beleidigenden Worte standen in einer Notiz, die an Sam gerichtet war und von der ein Freund und Verbündeter von Vincent Lord im Aufsichtsrat eine Kopie bekam. Als Sam die Mitteilung las, geriet er in Wut und suchte Vincent Lord in seiner Abteilung auf.

Als er durch die blitzblank gebohnerten, klimatisierten und verglasten Korridore der Forschungsabteilung ging, mußte Sam an die vielen Millionen Dollar denken, die Felding-Roth für die hochmodernen, computergesteuerten, glitzernden und zuweilen geheimnisvollen Geräte ausgegeben hatte, die in angenehmen, geräumigen Labors untergebracht waren und von einer ganzen Armee weißbekittelter Wissenschaftler und Techniker bedient wurden. Was hier zur Verfügung stand, verkörperte den Traum eines jeden Forschers an einem Universitätsinstitut, war aber für einen großen Pharma-Konzern die Norm. Das Geld, das in der Pharma-Industrie in die Forschung floß, war selten knapp bemessen. Umstritten waren höchstens die Vergabekriterien, wie in diesem Fall.

Vincent Lord befand sich in seinem holzgetäfelten, mit Büchern vollgestopften, hell erleuchteten Büro. Die Tür stand offen, und Sam Hawthorne ging geradewegs hinein, nachdem er einer Sekretärin im Vorzimmer, die ihn zuerst aufhalten wollte, ihn dann aber erkannte, kurz zugenickt hatte. Dr. Lord saß im weißen Kittel an seinem Schreibtisch und runzelte wie so oft die Stirn, während er einen Artikel las. Erstaunt blickte er auf und starrte Sam mit seinen dunklen Augen hinter den randlosen Brillengläsern an, sein asketisches Gesicht drückte Verärgerung aus.

Sam hatte Lords Mitteilung mitgebracht. Er legte sie auf den Schreibtisch und verkündete: »Ich bin gekommen, um mit Ihnen darüber zu reden.«

Der Leiter der Forschungsabteilung machte einen halbherzigen Versuch, sich zu erheben, aber Sam winkte ab. »Ganz formlos, Vince«, sagte er. »Formlos und ohne ein Blatt vor den Mund zu nehmen.«

Lord warf einen Blick auf das Memorandum und beugte sich kurzsichtig vor, um zu sehen, worum es sich handelte. »Was gefällt Ihnen daran denn nicht?«

»Der Inhalt und der Ton.«

»Und was gibt es sonst noch?«

Sam griff nach dem Blatt Papier und drehte es herum. »Es ist ganz ordentlich getippt.«

»Ich schätze«, sagte Lord mit ironischem Lächeln, »daß Sie jetzt, wo Sie der Chef vom Ganzen sind, gern von ›Ja-Sagern‹ umgeben sein möchten.«

Sam Hawthorne stieß einen Seufzer aus. Er kannte Vince Lord seit fünfzehn Jahren, hatte sich inzwischen an seine schwierige Art gewöhnt und war bereit, ihm alles mögliche nachzusehen. »Sie wissen, daß das nicht wahr ist«, sagte er daher ruhig. »Ich will nichts als eine vernünftige Diskussion und bessere Gründe für eine Ablehnung, als Sie sie mir gegeben haben.«

»Was heißt hier vernünftig«, sagte Lord und zog eine Schublade auf, der er einen Ordner entnahm. »Ich wende mich in diesem Zusammenhang ganz entschieden gegen eine Erklärung von Ihnen.«

»Welche?«

»Was unsere eigene Forschung betrifft.« Lord las in der Akte und zitierte aus Sams Vorschlag für das britische Institut: »›Während unsere Konkurrenz erfolgreiche neue Mittel eingeführt hat, haben wir kaum etwas von Bedeutung vorzuweisen. Und es ist auch weit und breit nichts in Sicht.‹«

»Beweisen Sie mir das Gegenteil.«

»Wir arbeiten an einer Reihe vielversprechender Entwicklungen«, sagte Lord. »Einige der jungen Wissenschaftler, die ich geholt habe, sind dabei ...«

»Vince«, unterbrach ihn Sam, »das weiß ich alles. Ich lese schließlich Ihre Berichte. Und ich gratuliere Ihnen zu den jungen Talenten, die Sie eingestellt haben.«

Es stimmt, dachte Sam. Im Lauf der Jahre hatte sich herausgestellt, daß Vincent Lord die Fähigkeit besaß, talentierte junge Wissenschaftler heranzuziehen. Das mochte daran liegen, daß er selbst noch immer einen guten Ruf besaß, wenn ihm auch die ganz große Entdeckung noch nicht gelungen war, die man seit langem von ihm erwartete. Auch mit Lords Rolle als Leiter der Forschungsabteilung durfte man nicht unzufrieden sein; die gegenwärtige Flaute war ein Mißgeschick, das jede Firma treffen konnte, selbst wenn sie die besten Wissenschaftler beschäftigte.

»Die Arbeitsberichte, die ich Ihnen geschickt habe«, sagte Lord, »waren immer sehr vorsichtig abgefaßt. Das tue ich absichtlich, weil ich nicht will, daß Sie und die Bande vom Verkauf in helle Aufregung geraten über etwas, das sich noch im experimentellen Stadium befindet.«

»Das weiß ich«, sagte Sam, »und ich bin ganz Ihrer Ansicht.« Er wußte nur zu gut, daß es in jeder Arzneimittelfirma ein ständiges Tauziehen zwischen Verkauf und Herstellung auf der einen und der Forschungsabteilung auf der anderen Seite gab. Die Verkaufsleute sagten: »Die Forschung will bei jeder gottverdammten Kleinigkeit hundertundzehn Prozent Sicherheit, bevor wir losmarschieren können.« Und auch die Herstellung war darauf bedacht, die Produktion anzukurbeln, um nicht durch Aufträge überfordert zu werden, wenn ein neues Mittel plötzlich einschlug. Andererseits beschuldigten die Forscher die Verkaufsabteilung, »mit einem Produkt, das erst zu zwanzig Prozent erprobt ist, auf den Markt stürmen zu wollen, nur um die Konkurrenz zu übertrumpfen und in Führung zu gehen«.

»Was ich Ihnen jetzt sage und was nicht in meinen Berichten steht«, verriet Vincent Lord nun, »ist, daß wir mit zwei Verbindungen aufregend gute Ergebnisse erzielen – das eine ist ein Diuretikum, das andere ein entzündungshemmendes Mittel bei rheumatischer Arthritis.«

»Das höre ich gern.«

»Und dann läuft noch unser Antrag auf Genehmigung von Derogil bei der FDA.«

»Das neue Mittel zur Senkung des Blutdrucks.« Sam wußte, daß Derogil kein revolutionäres Medikament war, sich aber gut verkaufen würde.

»Und geht es mit dem Antrag voran?« fragte er.

»Nicht daß ich wüßte«, erwiderte Lord mürrisch. »Diese aufgeblasenen Schwachköpfe in Washington ...« Er machte eine Pause. »Ich werde nächste Woche noch mal hinfahren.«

»Trotzdem bin ich nicht der Ansicht, daß ich mit meiner Erklärung unrecht habe«, sagte Sam. »Aber da Sie es zu glauben scheinen, werde ich sie modifizieren, wenn der Aufsichtsrat zusammentritt.«

Vincent Lord nickte, und als wäre das Zugeständnis etwas, das ihm zustand, fuhr er fort: »Außerdem arbeite ich selbst noch immer an der Ausschaltung der freien Radikale. Wahrscheinlich glauben Sie nach all der Zeit nicht, daß noch irgend etwas dabei herauskommt ...«

»Das habe ich nie behauptet«, protestierte Sam. »Nicht ein einziges Mal! Auch wenn Sie's nicht glauben, Vince, es gibt hier ein paar Leute, die Ihnen vertrauen. Außerdem wissen wir, daß sich wichtige Entwicklungen nicht übers Knie brechen lassen.«

Sam hatte nur eine vage Vorstellung davon, was die Ausschaltung der freien Radikale zu bedeuten hatte. Er wußte lediglich, daß Vincent Lord sich seit zehn Jahren damit beschäftigte, toxische Wirkungen von Arzneimitteln auszuschalten. Wenn er Erfolg hatte, würden sich daraus bedeutende kommerzielle Möglichkeiten eröffnen. Aber das war auch schon alles.

»Nichts von dem, was Sie vorgebracht haben«, bemerkte Sam, als er aufstand, »kann mich davon überzeugen, daß es keine gute Idee wäre, ein britisches Forschungszentrum ins Leben zu rufen.«

»Und ich bin noch immer dagegen, weil es überflüssig ist.« Die Antwort des Leiters der Forschungsabteilung klang unerschütterlich, auch wenn er wie in Gedanken hinzufügte: »Und falls es doch dazu käme, müßten wir die Sache von hier aus kontrollieren.«

Sam Hawthorne lächelte. »Darüber können wir später reden.« Aber er wußte genau, daß er auf keinen Fall zulassen würde, daß Vincent Lord die Kontrolle über das neue britische Forschungsinstitut bekam.

Lord schloß hinter Sam Hawthorne die Tür und ließ sich mit düsterer Miene in seinen Schreibtischsessel fallen. Er hatte das Gefühl, daß die Idee eines Felding-Roth-Forschungsinstituts in England trotz seines Widerstands verwirklicht werden würde, und er sah diese Entwicklung als eine Bedrohung und als ein Zeichen dafür an, daß ihm seine wissenschaftliche Vormachtstellung in der Firma entglitt. Wie lange würde es dann noch dauern, bis er völlig in den Schatten gestellt war?

Alles wäre anders, überlegte er trübsinnig, wenn seine eigenen Forschungen besser und schneller vorangingen. Aber wie die Dinge lagen, hatte er als Wissenschaftler tatsächlich nicht viel vorzuweisen.

Er war jetzt achtundvierzig und nicht mehr der Wunderknabe mit dem frischgebackenen Doktortitel. Manche seiner Techniken und Kenntnisse waren, wie er sehr wohl wußte, veraltet. Gewiß, er las noch immer viel, um auf dem laufenden zu bleiben. Aber das konnte den mangelnden Kontakt zum wissenschaftlichen Bereich nicht ersetzen – in seinem Fall zu der organischen Chemie, die man zu einer

Kunst gemacht hatte, bei der man sich von Instinkt und Erfahrung leiten ließ. Auf dem neuen Gebiet der Gentechnik, zum Beispiel, fühlte er sich nicht besonders zu Hause, jedenfalls nicht so wie die jungen Wissenschaftler, die gerade von den Universitäten kamen und von denen er einige für Felding-Roth angeworben hatte.

Trotzdem, versicherte er sich selbst, trotz all der Veränderungen und neuen Erkenntnisse bestand noch immer die Möglichkeit, daß ihm eines Tages ein gigantischer Durchbruch gelang. Innerhalb der Parameter der organischen Chemie existierte eine Antwort – eine Antwort auf seine Fragen, die er in zehn mühsamen, aufreibenden Forschungsjahren und in zahllosen Experimenten immer wieder gestellt hatte.

Die Ausschaltung der freien Radikale.

Die Antwort, nach der Vincent Lord suchte, würde enorme therapeutische Vorteile sowie unbegrenzte kommerzielle Möglichkeiten mit sich bringen, die Sam Hawthorne und die anderen in ihrer wissenschaftlichen Ignoranz noch gar nicht absehen konnten.

Was wäre durch die Ausschaltung der freien Radikale gewonnen?

Wie alle Wissenschaftler auf diesem Gebiet wußte Vincent Lord, daß viele Arzneimittel, wenn sie in den menschlichen Körper und seinen Stoffwechsel gelangen, »freie Radikale« erzeugen, Substanzen, die dem gesunden Gewebe schaden und sogar zum Tode führen können.

Die Ausschaltung der freien Radikale würde bedeuten, daß Medikamente, die bei einigen Patienten bisher nicht angewendet werden konnten, weil sie gefährliche Nebenwirkungen hervorriefen, nun *für alle* verträglich wurden und Mittel, die bisher mit großen Risiken verbunden waren, so gefahrlos eingenommen werden konnten wie Aspirin.

Die Ärzte würden sich, wenn sie ihren Patienten Rezepte ausschrieben, keine Gedanken mehr darüber machen müssen, ob ein Medikament verträglich war oder nicht. Krebspatienten brauchten keine Qualen mehr wegen solcher Mittel zu leiden, die dazu dienen sollten, sie am Leben zu erhalten, die aber häufig genug selbst den Tod herbeiführten. Alle positiven Wirkungen der Arzneimittel würden erhalten bleiben, und die lebensgefährdenden Nebeneffekte würden durch die Ausschaltung der freien Radikale beseitigt werden.

Was Vincent Lord herzustellen hoffte, war ein Mittel, das anderen

Medikamenten hinzugefügt wurde, damit sie absolut sicher waren.

Es war möglich. Es gab eine Antwort. Aber noch verbarg sie sich, wich ihm aus, wartete darauf, sich finden zu lassen. Und nach zehn Jahren des Suchens glaubte Vincent Lord, dieser Antwort sehr nahe zu sein. Er konnte sie riechen, sie spüren, den Nektar des Erfolgs fast auf der Zunge schmecken.

Aber wie lange noch, *wie lange* würde er noch warten müssen?

Mit einem Ruck richtete er sich im Sessel auf. Er zog eine Schublade seines Schreibtischs auf und nahm einen Schlüssel heraus. Er wollte gleich noch einmal in sein privates Labor gehen, ein paar Schritte den Gang hinunter.

8

Vincent Lords Freund und Verbündeter im Aufsichtsrat von Felding-Roth war Clinton Etheridge, ein erfolgreicher und prominenter New Yorker Rechtsanwalt, der den Anspruch erhob, wissenschaftliche Kenntnisse zu besitzen. Diesen Anspruch leitete Etheridge aus der Tatsache ab, daß er als junger Mann zwei Jahre lang Medizin studiert hatte, bevor er sich entschloß, zur Jurisprudenz überzuwechseln. Ein Bekannter hatte über diesen Wechsel einmal ironisch gesagt: »Clint stellte die Diagnose, wo das große Geld zu machen war, und verschrieb sich sofort den direktesten Weg dorthin.«

Etheridge war jetzt dreiundfünfzig. Daß sein kurzes, unvollständiges Medizinstudium mehr als ein Vierteljahrhundert zurücklag, hielt ihn nicht davon ab, bei jeder Gelegenheit im Brustton der Überzeugung Kommentare über wissenschaftliche Themen von sich zu geben, und zwar in vollendeter Gerichtssaalmanier und mit einem deutlichen Hinweis darauf, daß sie eigentlich in Stein gehauen und konserviert gehörten.

Vincent Lord machte sich das zunutze und schmeichelte Etheridge, indem er ihn wie seinesgleichen behandelte. Auf diese Weise gelang es dem Leiter der Forschungsabteilung, dem Aufsichtsrat seine persönlichen Ansichten vortragen zu lassen, und noch dazu mit der routinierten Eindringlichkeit eines Rechtsanwalts.

Daher erstaunte es niemanden, daß Clinton Etheridge bei einer Sitzung des Aufsichtsrats, die einberufen worden war, um Sam

Hawthornes Vorschlag eines britischen Forschungsinstituts zu diskutieren, die Opposition anführte.

Die Konferenz fand in der Felding-Roth-Zentrale in Boonton statt. Vierzehn der insgesamt sechzehn Aufsichtsratsmitglieder – ausschließlich Männer – waren um den traditionellen Walnußtisch des Konferenzraums versammelt.

Etheridge, groß, mit leicht gebeugten Schultern, der sich gern mit einer Lincolnschen Aura umgab, begann jovial: »Hatten Sie gehofft, Sam, daß man drüben, falls diese pro-britische Sache durchgeht, so zufrieden mit Ihnen ist, daß Sie zum Tee in den Buckingham-Palast geladen werden?«

Sam schloß sich dem allgemeinen Gelächter an und parierte: »Worauf ich wirklich scharf bin, Clint, ist ein verlängertes Wochenende in Windsor Castle.«

»Nun«, erwiderte der Rechtsanwalt, »ein durchaus erreichbares Ziel; meiner Meinung nach allerdings auch das *einzige.*« Er wurde ernst. »Bei Ihrem Vorschlag scheinen Sie die enormen wissenschaftlichen Leistungen unseres eigenen Landes übersehen zu haben – das ja auch Ihr Land ist.«

Sam war diese Sitzung schon vorher in Gedanken durchgegangen und hatte nicht die Absicht, sich die Argumente wegschnappen zu lassen. »Ich habe die amerikanischen Leistungen auf wissenschaftlichem Gebiet nicht übersehen«, entgegnete er. »Wie könnte ich das? Wir sind ja von ihnen umgeben. Ich möchte sie nur ergänzen.«

Ein anderer warf ein: »Warum verwenden wir unser Geld dann nicht dazu, sie hier bei uns zu ergänzen?«

»Die Engländer selbst«, fuhr Etheridge beharrlich fort, »haben den Mythos genährt, daß die Wissenschaft auf ihrer kleinen Insel allen anderen überlegen sei. Aber wenn das zutrifft, warum herrscht dann in England der sogenannte Ausverkauf des Geistes – warum kommen dann so viele ihrer besten Köpfe *hierher* zu uns, um in der amerikanischen Forschung zu arbeiten?«

»Das tun sie in der Regel«, erwiderte Sam, »weil wir ihnen bessere Bedingungen bieten können und weil bei uns mehr Geld für Personal und technische Ausstattung zur Verfügung steht. Aber Ihre Frage, Clint, bestärkt nur mein Argument. Dieses Land heißt englische Wissenschaftler willkommen, eben *weil* sie so gut sind.«

»Welches Gebiet in der wissenschaftlichen Forschung, das mit unserer Industrie zu tun hat«, fragte Etheridge, »ist Ihrer Meinung nach gegenwärtig das wichtigste, Sam?«

»Ohne Frage – die Gentechnik.«

»Genau.« Der Rechtsanwalt nickte und schien mit der Antwort zufrieden. »Und stimmt es etwa nicht – ich spreche nicht ohne Sachkenntnis, wie Sie wissen –, daß die USA in diesem Bereich allen anderen weit voraus war und es noch immer ist?«

Sam war versucht zu lächeln, unterließ es dann aber. Endlich einmal war dieser Pseudowissenschaftler falsch informiert.

»Das ist leider nicht ganz richtig, Clint«, sagte Sam. »Es war ein englischer Arzt namens William Harvey, der 1651 den Grundstein für die Erforschung der Gene gelegt hat. Und es war auch England, wo man 1908 mit Forschungen auf dem Gebiet der biochemischen Genetik begann. Dazwischen hat es auch andere Entdeckungen gegeben, zu denen der amerikanische Genetiker Dr. Hermann Muller in den zwanziger Jahren dieses Jahrhunderts und auch später einen erheblichen Teil beigetragen hat. Aber die Krönung, die manchmal auch als ›Explosion in der Genetik‹ bezeichnet wird, fand wiederum in England statt – das war 1953 in Cambridge, als Dr. Watson und Dr. Crick die Struktur des DNS-Moleküls entdeckten und dafür einen Nobelpreis erhielten.« Jetzt lächelte Sam. »Übrigens ist Dr. Watson geborener Amerikaner, was beweist, daß die elementare Wissenschaft international ist.«

Mehrere Zuhörer kicherten in sich hinein, und Etheridge brachte es sogar fertig, kleinlaut dreinzuschauen. »Wie wir Rechtsanwälte immer sagen, gibt es Fragen, die man besser nicht gestellt hätte«, bemerkte er. Dann fügte er unbeirrt hinzu: »Aber nichts von dem kann meine Meinung ändern – daß die amerikanische Wissenschaft hinter keiner anderen zurücksteht; außerdem würde es unsere eigene Forschungskapazität einschränken, wenn wir uns zu sehr verzetteln und in einem anderen Land eine Zweigstelle errichten.«

Zustimmendes Gemurmel kam auf, bis Owen Norton, ein weiteres Mitglied des Gremiums, auf den Tisch klopfte, um die Aufmerksamkeit auf sich zu ziehen.

Norton, eine achtunggebietende Persönlichkeit, war schon über siebzig und Präsident sowie Hauptaktionär eines Kommunikationsimperiums, zu dem auch eine Fernsehanstalt gehörte. Man war sich darin einig, daß Felding-Roth sich glücklich schätzen konnte, ihn dabeizuhaben. Nachdem er sich Aufmerksamkeit verschafft hatte, sprach er eindringlich und mit lauter, etwas krächzender Stimme.

»Vielleicht darf ich Sie daran erinnern, daß wir hier ernste und wichtige Probleme besprechen, die für diese Firma von großer Bedeutung sind. Wir haben Sam Hawthorne zum Präsidenten gewählt, weil wir der Meinung sind, daß er fähig ist, diese Firma zu leiten und ihr neue Ideen und Impulse zu geben; nun hat er ein Konzept vorgelegt, das all dies beinhaltet, und was passiert? Clint und ein paar andere wollen uns dazu bringen, seinen Vorschlag mir nichts, dir nichts abzutun. Also, ich für meinen Teil mache da nicht mit.«

Owen Norton sah Etheridge, mit dem er schon bei früheren Sitzungen aneinandergeraten war, scharf an, und seine Stimme wurde ironisch. »Ich meine, Clint, daß Sie sich Ihre pubertären Polemiken für eine Jury aufheben sollten, die nicht so gut informiert ist wie die Teilnehmer dieser Sitzung.«

Es folgte ein Augenblick des Schweigens. Manch einer würde sich wundern, dachte Sam Hawthorne, daß Aufsichtsratssitzungen selten auf einem Niveau geführt wurden, das man von ihnen erwartete. Auch wenn oft wichtige Entscheidungen getroffen wurden, gab es doch häufig genug erstaunlich kleinliche Zänkereien.

»Im Grunde ist es doch verdammt egal, wessen Wissenschaft besser ist – die englische oder unsere«, fuhr Norton fort. »Darum geht es doch gar nicht.«

»Worum geht es dann?« fragte einer der Teilnehmer.

Norton schlug mit der Faust auf den Tisch. »Um Vielfalt! In jedem Geschäft, auch in meinem, ist es vorteilhaft, einen zweiten ›Denk-Tank‹ zu haben, der völlig unabhängig operiert. Und vielleicht erreicht man diese Unabhängigkeit am besten, indem man einen Ozean dazwischenlegt.«

»Dadurch erreicht man vielleicht aber auch nur«, sagte ein anderer, »daß einem die Kosten davonrennen.«

Die Diskussion zog sich über eine Stunde lang hin, immer wieder wurden Gegenargumente und Alternativvorschläge vorgebracht. Einige Herren aber unterstützten Sams Vorschlag, der durch Owen Nortons Einwurf gestärkt worden war, und am Ende löste sich die Opposition auf. Schließlich wurde der ursprüngliche Vorschlag mit dreizehn zu einer Stimme angenommen – wobei Clinton Etheridge die einzige Gegenstimme abgab.

»Vielen Dank, meine Herren«, sagte Sam abschließend. »Ich glaube fest daran, daß aus dieser Entscheidung etwas Produktives hervorgehen wird.«

Noch am selben Tag ließ er Celia rufen.

»Sie werden sich wieder verändern müssen«, sagte er, ohne viel Zeit mit Vorreden zu verschwenden. »Den internationalen Verkauf haben Sie jetzt hinter sich. Sie werden meine persönliche Assistentin und rechte Hand bei der Einrichtung eines englischen Forschungsinstituts werden.«

»In Ordnung.« Celias Stimme war trotz aller Freude so knapp und sachlich wie die von Sam. Man sah ihm den Druck an, unter dem er stand, fand sie. Er war jetzt fast völlig kahl, nur noch ein dünner Haarkranz war ihm geblieben. Zum Feiern würde heute abend Zeit sein, wenn sie Andrew die Neuigkeit mitteilte.

»Wann fangen wir an?« fragte sie. Gleichzeitig überlegte sie, wie lange sie brauchen würde, um ihre lateinamerikanischen Aufgaben einem Nachfolger zu übergeben. Ein Monat müßte genügen.

»Ich würde am liebsten gleich heute nachmittag anfangen«, erwiderte Sam. »Aber wir brauchen erst ein Büro für Sie. Sagen wir also: morgen früh, neun Uhr.«

»Diese neue Aufgabe«, sagte Sam am nächsten Tag zu Celia, »wird nicht lange dauern. Ihre Hauptaufgabe wird darin bestehen, unser englisches Forschungsinstitut zu etablieren, Personal einzustellen und alles in Gang zu bringen. Es wäre mir lieb, wenn das innerhalb eines Jahres gelänge, je früher, desto besser. Danach werden wir so bald wie möglich etwas anderes für Sie finden.«

Das wichtigste war, einen englischen Wissenschaftler zu finden, der die Leitung des Instituts übernahm, eine Entscheidung über den Standort zu treffen und dann ein Gebäude zu kaufen oder zu mieten, das sich schnell für ihre Zwecke umbauen ließ.

Viel Zeit blieb ihnen nicht – deshalb hatte Sam Celia auch so plötzlich vom internationalen Verkauf abgezogen. Sam würde die Suche nach einem angesehenen und tüchtigen wissenschaftlichen Leiter selbst in die Hand nehmen, und Celia sollte ihm, falls erforderlich, dabei helfen. Alles andere würde Celia allein erledigen und Sam und den anderen Vorschläge unterbreiten.

Sam und Celia sollten bereits in der nächsten Woche nach England fliegen, aber vorher wollten sie noch Vincent Lord um Rat fragen, der dem Projekt zwar ablehnend gegenüberstand, sich aber gut in der englischen Wissenschaftsszene auskannte und ihnen vielleicht einige Namen für den Posten des Institutsleiters nennen konnte.

Die Beratung mit Dr. Lord fand ein paar Tage später in Celias Anwesenheit in Sams Büro statt.

Zu Celias Überraschung war Vince Lord kooperativ, ja fast freundlich, soweit er dazu überhaupt imstande war. Sam wußte auch, warum. Nachdem es nun einmal beschlossene Sache war, in England Forschung zu betreiben, wollte Lord die Kontrolle übernehmen. Aber Sam war noch immer entschlossen, das nicht zuzulassen.

»Ich habe eine Liste mit Namen vorbereitet«, berichtete Lord, »die für uns in Frage kommen. Sie werden sehr diskret Kontakt aufnehmen müssen, weil es sich entweder um Universitätsprofessoren oder um Mitarbeiter unserer Konkurrenzfirmen handelt.«

Sam und Celia prüften die Liste, die acht Namen enthielt. »Wir werden diskret vorgehen«, versprach Sam, »aber wir werden auch keine Zeit verlieren.«

»Wenn Sie schon dort sind«, sagte Lord, »könnten Sie sich vielleicht das hier auch gleich ansehen.« Er zog einen Stoß Papiere und Briefe aus einer Mappe. »Ich korrespondiere seit einiger Zeit mit einem jungen Wissenschaftler von der Universität Cambridge. Er hat einige interessante Arbeiten über das mentale Altern und die Alzheimersche Krankheit durchgeführt, aber ihm ist das Geld ausgegangen, und er braucht eine Unterstützung.«

»Nennt man das so, wenn das Gehirn nicht mehr ordentlich funktioniert?« fragte Celia.

Lord nickte. »Ein Teil des Gehirns. Das Gedächtnis schwindet. Der geistige Verfall beginnt ganz allmählich und wird immer schlimmer.«

Trotz der Abneigung, die der Leiter der Forschungsabteilung früher gegen Celia gehegt hatte, akzeptierte er sie jetzt als festen und einflußreichen Bestandteil der Firma; es war daher sinnlos, sich weiterhin gegen sie zu stellen. Sie waren sogar schon dazu übergegangen, sich mit dem Vornamen anzureden – zunächst ein bißchen verlegen, aber das hatte sich inzwischen gelegt.

Sam nahm die Briefe, blätterte sie durch und las laut vor: »Dr. Martin Peat-Smith.« Er reichte Celia die Blätter und fragte Lord: »Würden Sie eine Unterstützung befürworten?«

Der Forschungsleiter zuckte die Achseln. »Das ist eine langwierige Sache. Die Alzheimersche Krankheit beschäftigt die Wissenschaftler seit 1906, als sie zum ersten Mal diagnostiziert wurde. Peat-Smith untersucht nun den Alterungsprozeß des Gehirns und hofft, auf diese Weise die Ursache für die Alzheimersche Krankheit zu finden.«

»Und wie sind seine Chancen?«

»Gering.«

»Vielleicht können wir etwas Geld investieren«, sagte Sam. »Wenn wir Zeit haben, werden wir mit ihm reden. Aber zuerst muß alles andere erledigt sein.«

Celia, die die Briefe gelesen hatte, fragte: »Kommt Dr. Peat-Smith möglicherweise für den Posten des Institutsleiters in Frage?«

Lord sah erstaunt aus. »Nein«, sagte er dann.

»Und warum nicht?«

»Erstens, weil er zu jung ist.«

Celia sah auf das Blatt, das sie gerade gelesen hatte. »Er ist zweiunddreißig.« Sie lächelte. »Waren Sie nicht genauso alt, Vince, als Sie zu uns kamen?«

»Das waren ganz andere Umstände«, antwortete er steif.

»Reden wir zuerst von diesen Leuten hier«, sagte Sam. Er hatte sich wieder Lords Liste zugewandt. »Geben Sie mir ein paar zusätzliche Informationen, Vince.«

9

Juni 1972. London war prunkvoll und farbenprächtig wie eine Orgie. In öffentlichen Parks und Gärten war die Luft vom Duft der Blumen erfüllt – Rosen, Flieder, Azaleen, Schwertlilien. Touristen und Einheimische ließen sich von der Sonne wärmen. Zur Parade, die anläßlich des Geburtstags der Queen feierlich abgenommen wurde, spielten zahlreiche Kapellen auf. Im Hyde Park ritten elegant gekleidete Reiter im leichten Galopp über die Rotten Row. Ganz in der Nähe fütterten Kinder fröhlich die Enten, die mit den Badenden im Wasser wetteiferten. In Epsom war das Derby im traditionellen Stil und mit viel Rummel gelaufen; den Sieg hatten der Hengst Roberto und Jockey Lester Piggott davongetragen, die damit ihr sechstes Derby gewannen.

»In dieser Jahreszeit hier zu sein empfinde ich nicht als Arbeit«, sagte Celia zu Sam. »Ich habe das Gefühl, als müßte *ich* der Firma etwas dafür zahlen, daß ich hier sein darf.«

Sie wohnte im *Berkeley*-Hotel in Knightsbridge und hatte sich in den vergangenen Wochen mehr als ein Dutzend mögliche Standorte für das Felding-Roth-Forschungsinstitut angesehen. Celia war allein, da Andrew sie nicht hatte begleiten können. Sam und Lilian Hawthorne wohnten im *Claridge's*.

Und dort, in der Suite der Hawthornes, rückte Celia in der dritten Juni-Woche mit ihrer Neuigkeit heraus.

»Ich bin im ganzen Land herumgereist«, sagte sie zu Sam. »Und ich glaube, der beste Platz für uns ist in Harlow, in Essex.«

»Davon habe ich noch nie was gehört«, warf Lilian ein.

»Das liegt daran, daß Harlow ein kleines Dorf ist«, erklärte Celia. »Die britische Regierung hat rund dreißig sogenannte ›neue Städte‹ gegründet, um Menschen und Industrieanlagen aus den großen Städten abzuziehen, und Harlow ist eine davon. Der Ort bietet alles, was wir brauchen. Er liegt nicht weit von London entfernt, hat eine Schnellbahnverbindung, gute Straßen und einen Flughafen in der Nähe. Es gibt dort Häuser und Schulen, und ringsherum liegen Wiesen und Felder – eine wunderschöne Gegend für unsere Mitarbeiter.«

»Und was ist mit dem Institutsgebäude?« fragte Sam.

»Das habe ich auch schon gefunden.« Celia blickte in ihre Notizen. »Eine Firma namens Comthrust, die kleine Kommunikationsgeräte herstellt – Intercom-Systeme, Alarmeinrichtungen und dergleichen –, hat in Harlow eine Fabrik gebaut, ist aber in Geldschwierigkeiten geraten. Sie wird das Werk, das ungefähr die Größe hat, die wir brauchen, wieder aufgeben müssen. Es ist nie in Betrieb gewesen, und Comthrust ist an einem schnellen Barverkauf interessiert.«

»Könnte man das Gebäude in Labors umwandeln?«

»Leicht.« Celia faltete mehrere Blaupausen auseinander. »Ich hab' die Pläne mitgebracht, hab' auch schon mit einem Bauunternehmer gesprochen.«

»Während ihr beide euch in diese langweiligen Pläne vertieft«, verkündete Lilian, »gehe ich zu *Harrods* einkaufen.«

Zwei Tage später fuhren Sam und Celia nach Harlow. Während Sam den gemieteten Jaguar in nördlicher Richtung durch den morgendlichen Verkehr steuerte, las Celia die *International Herald Tribune.*

Die Friedensgespräche über Vietnam, die zum Stillstand gekommen waren, würden in Paris bald wiederaufgenommen werden, prophezeite ein Bericht auf der ersten Seite. In einem Krankenhaus in Maryland hatte man aus der Wirbelsäule von Gouverneur George Wallace aus Alabama eine Kugel herausoperiert, die von einem Attentat stammte, das vor einem Monat auf ihn verübt worden war. Präsident Nixon teilte seine persönliche Einschätzung des Vietnamkrieges mit und versicherte den Amerikanern: »Hanoi wird sein verzweifeltes Hasardspiel verlieren.«

Eine Nachricht aus Washington, D. C., der ungewöhnliche Aufmerksamkeit zuteil wurde, betraf einen Einbruch in die Zentrale der Demokratischen Partei an einem Ort namens Watergate. Es schien keine wichtige Sache zu sein. Celia legte die Zeitung uninteressiert zur Seite.

»Wie sind Ihre letzten Besprechungen verlaufen?« fragte sie Sam.

Er verzog das Gesicht. »Nicht besonders. Sie sind weiter gekommen als ich.«

»Mit Orten und Gebäuden wird man leichter fertig als mit Menschen«, erklärte Celia.

Sam hatte sich um Vincent Lords Liste mit Vorschlägen für die Leitung des Forschungsinstituts gekümmert. »Die meisten von denen, die ich bis jetzt kennengelernt habe«, vertraute er Celia an, »sind mir ein bißchen zu sehr wie Vince – Leute mit eingefahrenen Methoden und Statusbewußtsein, die ihre besten Berufsjahre wahrscheinlich schon hinter sich haben. Ich suche jemanden mit neuen Ideen, hochqualifiziert natürlich, und möglichst jung.«

»Und woran wollen Sie merken, daß Sie ihn gefunden haben?«

»Ich *werde* es merken«, sagte Sam. Er lächelte. »Vielleicht ist es genauso, wie wenn man sich verliebt. Man weiß nicht genau, warum. Aber wenn es passiert, dann weiß man es einfach.«

Auf den dreiundzwanzig Meilen zwischen London und Harlow herrschte zunehmend starker Verkehr. Aber als sie die A 414 verließen, gelangten sie in eine Gegend mit breiten Straßen, die an hübschen Häusern und großen Feldern vorbeiführten. Das Industriegelände lag ein ganzes Stück davon entfernt, hinter Wohngebieten und Erholungsparks verborgen. Ein paar alte Bauten waren noch erhalten. Als sie an einer Kirche aus dem 11. Jahrhundert vorbeikamen, hielt Sam an und sagte: »Steigen wir aus und sehen wir uns ein bißchen um.«

»Dies ist uralter Boden«, erklärte Celia, als sie herumschlenderten und die ländlich-moderne Szenerie betrachteten. »Hier hat man Reste aus dem Steinzeitalter gefunden. Damals waren die Sachsen hier; der Name Harlow stammt aus dem Sächsischen und bedeutet ›Der Hügel der Armee‹. Und im ersten Jahrhundert nach Christi Geburt errichteten die Römer hier eine Niederlassung und bauten einen Tempel.«

»Wir werden uns bemühen, auch ein bißchen Geschichte zu machen«, sagte Sam. »Und jetzt wollen wir uns die Fabrik ansehen. Wo ist sie?«

Celia deutete nach Westen. »Da drüben, hinter den Bäumen. Ein Industriepark, er heißt ›Gipfelhöhe‹.« Inzwischen war es später Vormittag geworden.

Sam musterte mit raschem Blick das leerstehende Gebäude, während er den Jaguar parkte. Der Teil mit dem geplanten Ausstellungsraum und den Büros erwies sich als ein zweistöckiger Bau aus Beton und Glas. Der Rest war eine einstöckige geräumige Fabrikhalle aus Stahlrahmen mit Metallverkleidungen. Schon jetzt sah Sam, daß Celia recht hatte – das Gebäude ließ sich leicht zu Forschungslabors umbauen.

Ein Stück vor ihnen parkte ein Auto, aus dem jetzt ein untersetzter Mann mittleren Alters stieg und sich dem Jaguar näherte. Celia stellte ihn als Mr. LaMarre von der Immobilienfirma vor, mit dem sie sich hier verabredet hatte.

Nach der Begrüßung zog LaMarre ein Schlüsselbund aus der Tasche. »Man sollte nie die Scheune kaufen, ohne einen Blick auf das Heu geworfen zu haben«, sagte er scherzend. Sie gingen zum Haupteingang, und er schloß auf.

Eine halbe Stunde später nahm Sam Celia auf die Seite. »Ganz ausgezeichnet geeignet. Sie können dem Mann sagen, daß wir interessiert sind, und gleich unsere Anwälte mit dem Kauf beauftragen. Sagen Sie ihnen, daß sie alles so schnell wie möglich abwickeln sollen.«

Als Celia ein paar Minuten später zu ihm in den Jaguar stieg, erklärte Sam: »Ich habe ganz vergessen, Ihnen zu sagen, daß wir noch nach Cambridge fahren. Das ist nicht weit von hier, und deshalb habe ich eine Verabredung mit Dr. Peat-Smith getroffen – dem jungen Wissenschaftler, der sich mit Gehirnforschung und der Alzheimerschen Krankheit beschäftigt und um ein Forschungs-Stipendium nachgesucht hat.«

»Ich bin froh, daß Sie doch noch Zeit für ihn haben«, erklärte Celia.

Nach etwa einstündiger Fahrt bei strahlender Sonne durch eine wunderschöne Landschaft kamen sie kurz nach Mittag in der Trumpington Street in Cambridge an. »Cambridge ist eine herrliche, altehrwürdige Stadt«, sagte Sam. »Da drüben, das ist Peterhouse – das älteste College. Waren Sie schon einmal hier?«

Celia, die von den alten, historischen Gebäuden, die traulich Seite an Seite standen, fasziniert war, schüttelte den Kopf.

Sam hatte unterwegs angehalten, um telefonisch einen Tisch im *Garden House Hotel* zu bestellen. Sie würden sich dort zum Mittagessen mit Martin Peat-Smith treffen.

Das malerische Hotel war idyllisch gelegen, ganz in der Nähe von »The Backs« – den Landschaftsgärten, von denen man einen prächtigen Blick auf die Rückseite der Collegegebäude hatte – und direkt am Cam, dem kleinen Fluß, auf dem Puntfahrer mit Muße und manchmal etwas unsicher ihre Boote stakten.

In der Hotelhalle entdeckte Peat-Smith sie zuerst und kam auf sie zu – ein stämmig gebauter junger Mann mit einem Wust wirrer blonder Haare, die lange nicht geschnitten worden waren, und einem jungenhaften Lächeln, das das kantige Gesicht mit den prägnanten Kieferknochen erhellte. Was Peat-Smith auch immer für Vorzüge haben mochte, dachte Celia, hübsch war er wirklich nicht. Aber sie hatte das Gefühl, einer starken, zielbewußten Persönlichkeit gegenüberzustehen.

»Mrs. Jordan und Mr. Hawthorne, nehme ich an.« Die kultivierte, aber ungekünstelte Stimme paßte zu seinem Äußeren.

»Stimmt«, erwiderte Celia. »Außer, was die Rangfolge betrifft. Da gebührt Mr. Hawthorne der Vortritt.«

Wieder das kurze Lächeln. »Ich werd's mir merken.«

Als sie sich die Hand gaben, stellte Celia fest, daß Peat-Smith eine alte Harris-Tweed-Jacke mit Flicken an den Ellbogen und ausgefransten Ärmeln und ungebügelte, fleckige Hosen trug. Als könne er ihre

Gedanken lesen, sagte er ohne Verlegenheit: »Ich komme gerade aus dem Labor, Mrs. Jordan. Ich besitze natürlich auch einen Anzug. Und wenn wir uns mal außerhalb der Arbeitszeit treffen, werde ich ihn anziehen.«

Celia wurde rot. »Es tut mir leid. Entschuldigen Sie bitte.«

»Keine Ursache.« Er lächelte entwaffnend. »Ich bin nur dafür, die Dinge klarzustellen.«

»Eine gute Angewohnheit«, bemerkte Sam. »Sollen wir zum Essen hineingehen?«

An ihrem Tisch, von dem aus sie einen Rosengarten und den Fluß sehen konnten, bestellten sie zuerst etwas zu trinken. Celia, wie üblich, einen Daiquiri, Sam einen Martini, Peat-Smith Weißwein.

»Ich habe von Dr. Lord einen Bericht über Ihre gegenwärtigen Forschungen bekommen«, begann Sam. »Wie ich hörte, haben Sie bei Felding-Roth um eine finanzielle Unterstützung nachgesucht, die es Ihnen ermöglichen soll weiterzuarbeiten.«

»Das ist richtig«, bestätigte Peat-Smith. »Meinem Projekt – die Untersuchung des mentalen Alterns und der Alzheimerschen Krankheit – ist das Geld ausgegangen. Die Universität hat keins, jedenfalls nicht für mich, und daher muß ich mich anderswo umsehen.«

»Das ist nicht ungewöhnlich«, versicherte Sam. »Unsere Firma unterstützt akademische Forschungen, wenn wir glauben, daß es sich lohnt. Lassen Sie uns also darüber reden.«

»In Ordnung.« Zum ersten Mal zeigte Dr. Peat-Smith eine Spur von Nervosität, wahrscheinlich, dachte Celia, weil die Unterstützung für ihn wichtig war. »Um mit der Alzheimerschen Krankheit zu beginnen – wieviel wissen Sie darüber?«

»Sehr wenig«, gab Sam zu. »Gehen Sie also davon aus, daß wir nichts wissen.«

Der junge Wissenschaftler nickte. »Es ist keine sehr verbreitete Krankheit – jedenfalls noch nicht. Und man weiß bisher nur sehr wenig über ihre Ursachen, es gibt lediglich ein paar Theorien.«

»Sind nicht hauptsächlich alte Leute davon betroffen?« fragte Celia.

»Von fünfzig aufwärts – im besonderen aber die Altersgruppe über fünfundsechzig. Die Alzheimersche Krankheit kann jedoch auch bei jüngeren Menschen vorkommen. Es hat schon Fälle gegeben, bei denen die Patienten erst siebenundzwanzig waren.«

Peat-Smith nahm einen Schluck Wein und fuhr dann fort: »Die Krankheit beginnt graduell, mit Gedächtnislücken. Die Leute vergessen ganz einfache Dinge, zum Beispiel, wie man Schuhbänder zubindet oder wozu ein Lichtschalter da ist oder wo sie gewöhnlich beim Essen sitzen. Wenn es schlimmer wird, läßt das Erinnerungsvermögen immer stärker nach. Häufig erkennen die Kranken ihre Umgebung nicht mehr wieder, selbst den Ehemann oder die Ehefrau nicht. Oder sie vergessen, wie man ißt, und müssen gefüttert werden; wenn sie Durst haben, kann es vorkommen, daß sie nicht einmal mehr um Wasser bitten können. Oft sind sie hemmungslos, in schlimmen Fällen gewalttätig und zerstörerisch. Am Ende sterben sie an der Krankheit, aber das kann zehn bis fünfzehn Jahre dauern – und diese Jahre sind für diejenigen, die mit einem Opfer der Alzheimerschen Krankheit zusammenleben, am schlimmsten.

Was im Gehirn vor sich gegangen ist, zeigt die Autopsie. Die Alzheimersche Krankheit befällt die Nervenzellen der Großhirnrinde – wo das Gedächtnis angesiedelt ist. Das führt zu einer Entartung der Nervenfasern und zum Schwund der Gehirnrindensubstanz.«

»Ich habe ein bißchen über Ihre Forschungen gelesen«, sagte Sam, »aber ich würde gern von Ihnen selbst hören, welche Richtung Sie einschlagen.«

»Eine genetische Richtung. Und weil die Alzheimersche Krankheit bei Tieren nicht auftritt – soviel wir wissen, ist noch kein Tier von dieser Krankheit befallen worden –, konzentrieren sich meine Untersuchungen an Tieren auf die chemischen Vorgänge des mentalen Alterungsprozesses. Wie Sie vielleicht wissen, bin ich auf Nukleinsäuren spezialisiert.«

»Meine chemischen Kenntnisse sind ein wenig eingerostet«, sagte Celia, »aber wenn ich mich recht erinnere, sind Nukleinsäuren die ›Bausteine‹ der DNS, aus denen sich unsere Gene zusammensetzen.«

»Richtig, ist ja gar nicht so eingerostet.« Peat-Smith lächelte. »Und höchstwahrscheinlich werden in der Zukunft große medizinische Fortschritte gemacht werden, wenn wir die chemische Zusammensetzung der DNS erst besser verstehen und sehen, wie die Gene funktionieren und warum sie manchmal nicht funktionieren. Damit befassen sich meine Forschungen im Augenblick, ich verwende junge und alte Ratten, um festzustellen, wie sich die m-RNS – die Messenger-Ribonukleinsäure – mit zunehmendem Alter verändert.«

Sam unterbrach ihn: »Aber die Alzheimersche Krankheit und der normale Alterungsprozeß sind zwei verschiedene Dinge, nicht wahr?«

»Es hat den Anschein, aber es könnte Überschneidungen geben.« Während Peat-Smith eine Pause machte, konnte Celia fast spüren, wie er sich bemühte, einfachere, weniger wissenschaftliche Worte zu finden.

»Bei einem Opfer der Alzheimerschen Krankheit könnte bei der Geburt eine Abweichung in der DNS aufgetreten sein, die die codierte genetische Information enthält. Aber auch bei jemandem, der mit einer normalen DNS-Struktur geboren wurde, kann eine Veränderung dadurch eintreten, daß das ›Umfeld‹, der menschliche Körper, zerstört wird, durch Rauchen zum Beispiel oder durch eine falsche Diät. Eine Weile wird sich unser eingebauter DNS-Reparaturmechanismus darum kümmern, aber wenn wir älter werden, kann der genetische Reparaturprozeß sich verlangsamen oder ganz aufhören. Wonach ich suche, ist der Grund für diese Verlangsamung...«

Am Ende der Erklärung sagte Celia: »Es macht Ihnen offensichtlich Spaß, Wissen zu vermitteln, nicht wahr?«

Peat-Smith schien überrascht. »Etwas Unterrichtspraxis wird von jedem Mitarbeiter einer Universität erwartet. Aber ja, es macht mir auch Spaß.«

»Ich fange an, die Fragen zu verstehen. Aber wie weit sind Sie noch von den Antworten entfernt?« wollte Celia wissen, die die Persönlichkeit von Peat-Smith zu interessieren begann.

»Vielleicht Lichtjahre. Wir könnten aber auch dicht vor dem Ziel sein.« Peat-Smith zeigte sein offenes Lächeln. »Dieses Risiko müßte ein Geldgeber eingehen.«

Ein Kellner brachte die Speisekarte, und nachdem sie bestellt hatten, sagte Peat-Smith: »Ich hoffe, Sie kommen nachher mit in mein Labor. Dort kann ich Ihnen alles besser erklären.«

»Das hatten wir vor«, sagte Sam. »Gleich nach dem Essen.«

»Welchen Status haben Sie in Cambridge, Dr. Peat-Smith?« fragte Celia, während sie aßen.

»Ich bin Dozent, das ist so etwas Ähnliches wie ein Assistenzprofessor in Amerika. Es bedeutet, daß ich im biochemischen Gebäude ein Labor habe, einen Techniker, der mir hilft, und die Freiheit, Forschungen eigener Wahl zu betreiben.« Er machte eine Pause, dann fügte er hinzu: »Freiheit, das heißt, soweit ich finanzielle Unterstützung bekomme.«

»Der fragliche Betrag beläuft sich, soweit ich weiß, auf 60000 Dollar«, warf Sam ein.

»Ja. Das wären drei weitere Jahre, und es ist das mindeste, was ich brauche – um Geräte und Tiere zu kaufen, drei Techniker einzustellen und die Experimente durchzuführen. Da ist nichts für mich persönlich drin.« Peat-Smith verzog das Gesicht. »Trotzdem, es ist eine Menge Geld, nicht wahr?«

Sam nickte ernst. »Ja, das ist es.«

Aber das war es nicht. Sam und Celia wußten beide, daß 60000 Dollar eine geringfügige Summe war im Vergleich zu den jährlichen Forschungsausgaben bei Felding-Roth Pharmaceuticals oder jedem anderen großen Pharma-Unternehmen. Wie immer lautete auch hier die Frage: War das Projekt von Dr. Peat-Smith kommerziell interessant genug, um eine Investition zu rechtfertigen?

»Ich habe den Eindruck«, sagte Celia zu Peat-Smith, »daß Sie die Alzheimersche Krankheit auf ganz besondere Weise interessiert. Haben Sie einen speziellen Grund dafür?«

Der junge Wissenschaftler zögerte. Dann sah er Celia in die Augen und sagte: »Meine Mutter ist einundsechzig, Mrs. Jordan. Ich bin ihr einziges Kind; kein Wunder, daß wir uns immer sehr nahe standen. Sie leidet seit vier Jahren an der Alzheimerschen Krankheit, und der Verfall schreitet fort. Mein Vater kümmert sich um sie, so gut er kann, und ich gehe sie fast jeden Tag besuchen. Leider weiß sie nicht mehr, wer ich bin.«

Das biochemische Institut der Universität von Cambridge war in einem dreistöckigen Gebäude untergebracht, das mit seinen roten Ziegeln im Neo-Renaissancestil schlicht und unscheinbar wirkte. Es lag an der Tennis Court Road, einer einfachen Straße, an der es jedoch keine Tennisplätze gab. Martin Peat-Smith, der auf einem Fahrrad zum Essen gekommen war – einem, wie es schien, in Cambridge gebräuchlichen Transportmittel –, radelte voran, während Sam und Celia im Jaguar folgten.

Am Portal des Gebäudes sagte Peat-Smith: »Ich glaube, ich sollte Sie warnen, damit Sie sich über den Zustand unserer Anlagen nicht allzusehr wundern. Bei uns ist alles überfüllt, wir haben zuwenig

Platz« – wieder das flüchtige Lächeln – »und meistens zuwenig Geld. Manchmal sind die Besucher schockiert, wenn sie sehen, wo und wie wir arbeiten.«

Trotz der Vorwarnung war Celia ein paar Minuten später tatsächlich schockiert. Als Peat-Smith sie einmal kurz allein ließ, flüsterte sie Sam zu: »Das ist ja schrecklich – wie in einem Kerker! Wie kann man hier nur arbeiten?«

Nach Betreten des Gebäudes waren sie eine Kellertreppe hinuntergestiegen. Die Gänge waren düster. Rechts und links befanden sich kleine Räume, die schmutzig aussahen und mit alten Geräten vollgestopft waren. Jetzt standen sie in einem Labor, das nicht größer war als die Küche eines kleinen Hauses. Es stellte die Hälfte des ihm zur Verfügung stehenden Arbeitsraums dar, wie Peat-Smith erklärte; allerdings mußte er ihn sich mit einem Dozenten teilen, der an einem anderen Projekt arbeitete.

Während sie sich unterhielten, waren der andere Wissenschaftler und sein Assistent mehrmals hereingekommen und wieder gegangen, was eine ständige Störung bedeutete.

Das Labor war mit abgewetzten Holztischen ausgestattet, die dicht aneinandergerückt waren, um möglichst viel Platz zu gewinnen. Über den Tischen hingen altmodische Gas- und Elektroanschlüsse, die recht wacklig aussahen und mit den vielen Zwischensteckern und Steckdosen bestimmt nicht den Sicherheitsnormen entsprachen. An den Wänden standen mit Büchern, Akten und alten Gerätschaften vollgestopfte Regale aus rohem Holz, und dazwischen entdeckte Celia ein paar altmodische Destillierkolben, wie sie sie von ihrem eigenen Chemiestudium vor neunzehn Jahren kannte. Ein Teil des einen Arbeitstisches diente als Schreibtisch. Davor stand ein ungepolsterter Windsor-Stuhl, und überall zwischen dem Wust von Papieren waren schmutzige Gläser und Tassen zu sehen.

Auf einem anderen Tisch standen mehrere Drahtkäfige, in denen sich ungefähr zwanzig Ratten befanden – immer zwei in einem Käfig und in deutlich unterschiedlicher Verfassung.

Der Fußboden des Labors war schon lange nicht mehr geputzt worden. Genausowenig wie die schmalen Fenster, die ganz oben in die Wand eingelassen waren und einen Ausblick auf die Räder und Unterböden der Autos gewährten, die draußen parkten. Es war deprimierend.

»Egal, wie es aussieht«, sagte Sam zu Celia, »vergessen Sie nicht, daß hier schon Wissenschaftsgeschichte gemacht wurde. In diesen Räumen haben Nobelpreisträger gearbeitet; sie sind durch diese Flure hier gegangen.«

»Stimmt genau«, sagte Martin Peat-Smith fröhlich; er war gerade zurückgekehrt und hatte die letzte Bemerkung mitbekommen. »Fred Sanger war einer von ihnen; er hat die Struktur des Insulinmoleküls in einem Labor entdeckt, das direkt über uns liegt.« Er sah, wie Celia die alten Geräte anstarrte. »In Universitätslabors wird nichts weggeworfen, Mrs. Jordan, weil man nie wissen kann, ob man es nicht noch mal braucht. Wir müssen oft improvisieren und bauen uns einen großen Teil unserer Geräte selbst.«

»Das ist an amerikanischen Universitäten genauso«, bemerkte Sam.

»Trotzdem«, wandte Peat-Smith ein, »es muß ein ziemlicher Kontrast zu den Labors sein, an die Sie beide gewöhnt sind.«

Celia mußte an die geräumigen, makellosen und reich ausgestatteten Labors bei Felding-Roth in New Jersey denken und erwiderte: »Ehrlich gesagt, ja.«

Peat-Smith hatte zwei Schemel mitgebracht. Er bot Celia den Windsor-Stuhl an, er und Sam setzten sich auf die Schemel.

»Fairerweise sollte ich Ihnen sagen«, erklärte er dann, »daß das, was ich hier versuche, nicht nur wissenschaftliche Probleme aufwirft, sondern auch enorm schwierige Techniken. Wir müssen einen Weg finden, Informationen vom Kern einer Gehirnzelle in den Teil der Zelle zu übertragen, der Proteine und Peptide erzeugt...«

Er erwärmte sich an seinen Ausführungen und verfiel in einen wissenschaftlichen Jargon. »... wenn man eine Mischung der m-RNS von jungen und alten Ratten in ein zellfreies System gibt... wenn man die RNS-Matrize Proteine produzieren läßt... ein langer Strang m-RNS kann mehrere Proteine kodieren... dann werden die Proteine durch Elektrophorese getrennt... eine mögliche Technik könnte eine reverse Transkriptase nutzen... Wenn sich dann RNS und DNS nicht verbinden, bedeutet das, daß die alten Ratten diese genetische Fähigkeit verloren haben... So werden wir lernen, welche Peptide sich verändern... und am Ende werde ich nur noch nach einem einzigen Peptid suchen...«

Die Ausführungen dauerten länger als eine Stunde und wurden nur gelegentlich durch scharfsinnige, ins Detail gehende Fragen von Sam unterbrochen, die Celia beeindruckten. Obwohl Sam keine wissenschaftliche Ausbildung besaß, hatte er sich in den Jahren bei Felding-Roth viel Fachwissen angeeignet.

Peat-Smith riß sie beide mit seiner Begeisterung mit. Und je länger er sprach – verständlich, präzise und diszipliniert –, desto mehr stieg Sams und Celias Achtung vor ihm.

Bevor er zum Schluß kam, deutete der Wissenschaftler auf die Ratten in den Käfigen. »Das sind nur ein paar. Wir haben viele hundert weitere in unseren Tierställen.« Er legte die Hand auf einen Käfig, und eine große Ratte, die geschlafen hatte, begann sich zu rühren. »Dieser Bursche hier ist zweieinhalb Jahre alt; das entspricht beim Menschen einem Alter von siebzig Jahren. Morgen werden wir ihn opfern und die chemische Zusammensetzung seines Gehirns mit der einer Ratte vergleichen, die erst ein paar Tage alt ist. Aber um wirkliche Antworten zu finden, werden wir noch eine Menge Ratten benötigen, eine Menge Analysen durchführen müssen und eine Menge Zeit brauchen.«

Sam nickte verständnisvoll. »Wir kennen diesen Zeitfaktor aus eigener Erfahrung. Wie würden Sie – noch einmal kurz zusammengefaßt – Ihr langfristiges Ziel formulieren, Doktor?«

Peat-Smith überlegte, bevor er antwortete. »Durch anhaltende genetische Forschung ein Gehirnpeptid zu entdecken, das das Gedächtnis bei jüngeren Menschen verstärkt, das aber, wenn die Leute älter werden, im menschlichen Körper nicht mehr erzeugt wird. Wenn wir ein solches Peptid gefunden und isoliert haben, werden wir versuchen, es mit Hilfe genetischer Techniken zu produzieren. Dann können wir es bei Menschen jeder Altersstufe anwenden, um den Gedächtnisschwund zu reduzieren – und vielleicht sogar den mentalen Alterungsprozeß insgesamt zu stoppen.«

Die kurze Zusammenfassung wurde durch und durch überzeugend und ohne jede Überheblichkeit ruhig vorgetragen, und Celia hatte trotz der trostlosen Umgebung das Gefühl, etwas zu erleben, das sie nie vergessen würde, einen Augenblick in ihrem Leben, in dem Geschichte gemacht wurde.

Schließlich sagte Sam: »Dr. Peat-Smith, Sie bekommen die Unterstützung. Und zwar in der Höhe, die Sie uns jetzt nennen.«

Peat-Smith schien erstaunt. »Sie meinen... so einfach ist das...?«

Jetzt war es Sam, der lächelte. »Als Präsident von Felding-Roth Pharmaceuticals besitze ich eine gewisse Entscheidungsfreiheit. Und ab und zu macht es mir Spaß, sie zu nutzen. Die einzige Bedingung ist die bei solchen Arrangements übliche: Wir würden gern über Ihre Fortschritte informiert werden und, falls Sie eine Entdeckung machen, als erste davon erfahren.«

Peat-Smith nickte. »Das versteht sich von selbst.« Er war noch immer ganz benommen.

Sam streckte die Hand aus, die der junge Wissenschaftler ergriff. »Viel Glück!«

Etwa eine halbe Stunde später hatte Martin – sie redeten sich bereits mit Vornamen an – sie eingeladen, mit nach oben zu kommen, wo in der Vorhalle auf Teewagen Tee und Plätzchen bereitstanden. Das Trio balancierte seine Tassen und Untertassen bis zu einem »Teeraum« der Fakultät, der, wie Martin erklärte, ein gesellschaftlicher Treffpunkt für die hier tätigen Wissenschaftler und ihre Gäste war.

Der Teeraum, so schmucklos und unaufwendig wie das ganze Gebäude, war mit langen Tischen und Holzstühlen ausgestattet und völlig überfüllt. Hier saßen Wissenschaftler beiderlei Geschlechts und jeder Altersgruppe, aber die Gesprächsfetzen, die Celia und Sam aufschnappten, waren entschieden *un*wissenschaftlich. Bei dem einen Gespräch ging es um Parkplätze – ein älteres Fakultätsmitglied erregte sich darüber, daß ein jüngerer bevorzugt worden war und ihm seinen angestammten Platz weggenommen hatte. Neben ihm berichtete ein bärtiger, weißbekittelter Mann begeistert von einem »sensationellen« Kauf, den er bei einem Weinhändler in Cambridge getätigt hatte; er empfahl den Meursault, den er auf Lager hatte. Eine andere Gruppe diskutierte einen neuen Film, der gerade im Kino lief – »Der Pate«, mit Marlon Brando und Al Pacino.

Nach einigen komplizierten Manövern und dem Austausch von Plätzen gelang es Martin Peat-Smith, für seine Gäste in einer Ecke Platz zu finden.

»Ist das hier immer so?« fragte Celia.

Martin schien amüsiert. »Normalerweise schon. Fast alle treffen sich hier. Es ist die einzige Gelegenheit, die wir haben, uns zu sehen.«

»Mir scheint, in diesem Gebäude gibt es nicht viele Möglichkeiten, sich zurückzuziehen«, sagte Sam.

Martin zuckte die Achseln. »Das kann manchmal störend sein. Aber man gewöhnt sich daran.«

»Sollte man sich daran gewöhnen?« fragte Sam. Und als er keine Antwort erhielt, fuhr er mit gesenkter Stimme fort: »Martin, ich frage mich, ob Sie vielleicht daran interessiert wären, dieselbe Arbeit, die Sie jetzt hier tun, unter besseren Bedingungen und mit optimaleren Mitteln durchzuführen.«

Ein leises Lächeln umspielte Martins Lippen, als er fragte: »Bessere Bedingungen? Wo denn?«

»Wie Sie zu Recht vermuten«, sagte Sam, »schlage ich Ihnen gerade vor, zu Felding-Roth überzuwechseln. Sie brauchten Großbritannien nicht einmal zu verlassen, denn wir planen...«

»Entschuldigen Sie bitte!« unterbrach Martin ihn besorgt. »Darf ich Sie etwas fragen?«

»Natürlich.«

»Ist das Angebot Ihrer Firma, meine Arbeiten zu unterstützen, an diese Bedingung geknüpft?«

Sam schüttelte den Kopf. »Absolut nicht. Die finanzielle Unterstützung ist Ihnen bereits sicher, und es sind keine anderen Bedingungen daran geknüpft als die, über die wir uns geeinigt haben. Darauf gebe ich Ihnen mein Wort.«

»Danke. Ich habe mir schon Sorgen gemacht.« Das jungenhafte Lächeln kehrte auf sein Gesicht zurück. »Ich möchte nicht unhöflich sein, aber ich glaube, es würde uns beiden Zeit sparen, wenn ich Ihnen etwas erklärte.«

»Lassen Sie hören«, sagte Celia.

»Ich bin Akademiker und Wissenschaftler und beabsichtige, es auch zu bleiben«, erklärte Martin. »Ich will nicht die Gründe dafür aufzählen, aber einer der wichtigsten ist meine Freiheit. Damit meine ich die Freiheit, den Forschungen nachzugehen, die ich mir auswähle, ohne jeglichen kommerziellen Druck.«

»Bei uns hätten Sie Freiheit...« begann Sam. Aber er verstummte, als Martin den Kopf schüttelte.

»Es gäbe kommerzielle Zwänge – seien Sie ehrlich...«

»Nun, gelegentlich vielleicht«, gab Sam zu. »Schließlich sind wir ein Unternehmen.«

»Genau. Aber hier muß ich keine kommerziellen Rücksichten nehmen. Hier zählt nur die reine Wissenschaft, die Suche nach neuem

Wissen. Und ich möchte, daß es so bleibt. Wollen Sie noch etwas Tee?«

»Danke, nein«, sagte Celia. Auch Sam schüttelte den Kopf.

Draußen auf der Tennis Court Road, als sie neben dem gemieteten Jaguar standen, sagte Martin zu Sam: »Danke für alles, auch für das Angebot, bei Ihnen zu arbeiten. Und Ihnen auch, Celia. Aber ich werde in Cambridge bleiben, denn abgesehen von diesem Gebäude hier« – er deutete mit dem Kopf nach hinten und verzog das Gesicht – »ist es eine wunderbare Stadt.«

»Es war mir ein Vergnügen«, sagte Sam. »Und was die Arbeit betrifft, so kann ich Sie gut verstehen, wenn ich auch Ihre Entscheidung natürlich bedauere.«

Er stieg in den Wagen.

Celia kurbelte das Seitenfenster herunter. »Cambridge ist wirklich eine wunderbare Stadt, Martin. Ich war noch nie hier. Und ich wünschte, ich hätte Zeit, es mir genauer anzusehen.«

»Warten Sie!« sagte Martin. »Wie lange bleiben Sie denn noch in England?«

Sie überlegte. »Wahrscheinlich zwei Wochen.«

»Sie könnten doch noch mal herkommen! Es ist nicht weit. Dann könnte ich Ihnen die Stadt zeigen.«

»Das würde ich sehr gern tun«, erklärte Celia.

Während Sam den Motor anließ, verabredeten sich Martin und Celia für den übernächsten Sonntag – in zehn Tagen.

Als Celia und Sam nach London zurückfuhren, schwiegen beide, jeder war mit seinen Gedanken beschäftigt. Erst als sie Cambridge weit hinter sich gelassen hatten und wieder auf der A 10 südwärts fuhren, sagte Celia ruhig: »Sie wollen ihn haben, nicht wahr; Sie wollen ihn als Leiter unseres Forschungsinstituts.«

»Natürlich.« Sams Antwort war knapp und bündig. Die Enttäuschung war ihm anzumerken. »Er ist hervorragend, fast ein Genie, und er ist der Beste von allen, die ich gesehen habe, seit wir hier sind. Aber verdammt noch mal, Celia, wir kriegen ihn nicht! Er ist Akademiker, und das wird er immer bleiben. Sie haben gehört, was er gesagt hat, und nichts wird seine Meinung ändern können.«

»Ich weiß nicht«, sagte Celia nachdenklich. »Ich weiß es wirklich nicht.«

10

In den darauffolgenden Tagen waren Sam und Celia mit weiteren Vorbereitungen für den Ausbau des Felding-Roth-Forschungsinstituts in Harlow beschäftigt. Diese Aktivitäten waren zwar nötig, befriedigten sie aber nicht. Die Enttäuschung darüber, daß Dr. Martin Peat-Smith, der ihrer Meinung nach beste Institutsleiter, sich niemals entscheiden würde, aus dem akademischen Bereich zur Industrie überzuwechseln, deprimierte sie.

In der Woche nach ihrem Besuch in Cambridge erklärte Sam: »Ich habe mich wieder mit mehreren Kandidaten getroffen, aber keiner hat das Kaliber von Peat-Smith. Seit ich ihn kenne, bin ich für keinen anderen mehr offen.«

Als Celia Sam daran erinnerte, daß sie Martin am kommenden Sonntag in Cambridge wiedersehen würde, nickte Sam düster. »Natürlich, tun Sie, was Sie können, aber ich bin nicht sehr optimistisch. Er ist ein Mann, der weiß, was er will. Und erwähnen Sie um Gottes willen nicht, was er bei uns verdienen würde. Er weiß, daß es im Vergleich zu dem, was er jetzt bekommt, eine Menge ist. Das brauchen wir ihm nicht erst zu sagen. Aber wenn Sie davon reden und den Anschein erwecken, als glaubten wir, er sei käuflich, wird er uns für zwei weitere protzige Amerikaner halten, die meinen, daß man für Dollar alles kaufen kann.«

»Aber Sam«, entgegnete Celia, »wenn Martin zu Felding-Roth käme, müßten Sie doch ohnehin mit ihm über das Gehalt reden.«

»Irgendwann, ja, aber nicht gleich zu Beginn, denn Geld würde nie den Ausschlag geben. Glauben Sie mir, Celia, ich weiß, wie sensibel diese Akademiker sein können, und wenn auch nur die geringste Chance besteht, daß Martin seine Meinung noch ändert, dann wollen wir sie uns durch plumpes Vorgehen nicht verderben.«

»Nur interessehalber«, sagte Celia, »wie hoch ist denn die Summe?«

Sam überlegte. »Nach meinen Informationen verdient Martin ungefähr 2400 Pfund im Jahr; das sind etwa 6000 Dollar. Am Anfang würden wir ihm vier- oder fünfmal soviel zahlen – sagen wir, fünfundzwanzig- bis dreißigtausend Dollar plus Bonus.«

Celia stieß einen leisen Pfiff aus. »Ich wußte nicht, daß der Unterschied so groß ist.«

»Aber die Akademiker wissen es. Und obwohl sie es wissen, ziehen sie noch immer die Universität vor, glauben, daß sie dort mehr intellektuelle Freiheit haben und daß die Naturwissenschaft sich an der Universität eine größere ›Reinheit der Forschung‹ bewahrt hat. Sie haben doch gehört, was Martin über ›kommerziellen Druck‹ gesagt hat und wie sehr er dergleichen verabscheut.«

»Ja, das habe ich gehört«, sagte Celia. »Aber Sie haben doch versucht, ihm zu erklären, daß der Druck gar nicht so groß ist.«

»Weil ich auf seiten der Industrie stehe und weil es mein Job ist, so zu denken. Aber ganz unter uns gebe ich zu, daß Martin vermutlich recht hat.«

»Bei den meisten Dingen stimme ich mit Ihnen überein«, sagte Celia zweifelnd. »Aber hierbei bin ich nicht so sicher.«

Es war eine unbefriedigende Unterhaltung, und sie grübelte noch lange darüber nach. Sie beschloß, eine zweite Meinung einzuholen.

Am Tag, bevor sie nach Cambridge fahren wollte, rief Celia zu Hause an und sprach mit Andrew und den Kindern, wie sie es während ihres einmonatigen Aufenthalts in England mindestens zweimal pro Woche getan hatte. Zum Schluß erzählte Celia Andrew von Dr. Peat-Smith und von ihrer und Sams Enttäuschung.

Sie erwähnte auch, daß sie sich am morgigen Sonntag mit Martin treffen würde.

»Glaubst du, daß er seine Meinung doch noch ändern wird?« fragte Andrew.

»Vielleicht unter ganz bestimmten Umständen«, erwiderte Celia, »auch wenn ich noch keine Ahnung habe, welche es sein könnten. Auf keinen Fall aber möchte ich etwas falsch machen, wenn wir morgen darüber reden.«

Es entstand eine Pause, und Celia spürte förmlich, wie ihr Mann sich alles durch den Kopf gehen ließ. Schließlich sagte er: »Sam hat nur zum Teil recht mit dem, was er sagt. Nach meiner Erfahrung fühlt sich niemand beleidigt, wenn man ihn wissen läßt, daß er viel wert ist – in Dollar, meine ich. Im Gegenteil, die meisten hören's ziemlich gern, auch wenn sie nicht die Absicht haben, das Geld anzunehmen.«

»Sprich weiter«, sagte Celia. Sie gab viel auf Andrews Meinung und auf sein Talent, zum Kern einer Sache zu kommen.

»Nach allem, was du mir erzählt hast, ist Peat-Smith offen und direkt«, fuhr er fort.

»Sehr sogar.«

»In diesem Fall schlage ich vor, du verhältst dich genauso. Wenn du alles komplizierst und versuchst, ihn zu überlisten, schadest du eurer Sache nur. Außerdem kannst du gar nicht unaufrichtig sein. Sei, wie du bist, und wenn die Rede auf Geld oder ähnliches kommt, sprich darüber.«

»Andrew, Liebling, was würde ich nur ohne dich tun?«

»Nichts, was wichtig ist, hoffe ich. Und ich gebe zu, daß ich ein bißchen eifersüchtig bin auf diesen Peat-Smith.«

Celia lachte. »Das ist doch eine rein geschäftliche Beziehung. Und wird es auch bleiben.«

Der Sonntag war gekommen.

Celia saß in einem Nichtraucher-Abteil in der ersten Klasse des Frühzuges nach Cambridge und lehnte den Kopf gegen die Polsterung. Sie entspannte sich und nutzte die etwas mehr als einstündige Fahrt, um Ordnung in ihre Gedanken zu bringen.

Zuvor hatte sie von ihrem Hotel aus ein Taxi zur Liverpool Street Station genommen, diesem aus Eisen und Ziegelsteinen errichteten grimmigen Vermächtnis viktorianischer Zeit, das von Montag bis Freitag von hektischer Geschäftigkeit erfüllt, aber an den Wochenenden ruhiger war. Das bedeutete, daß sich in dem elektrisch betriebenen Zug nur wenige Leute befanden, als er rumpelnd den Bahnhof verließ, und Celia war froh, allein zu sein.

In Gedanken ging sie die Ereignisse und Gespräche der vergangenen beiden Wochen durch und überlegte noch einmal, wessen Rat sie heute befolgen sollte – den von Andrew oder den von Sam. Das Treffen mit Martin, das nach außen einen rein gesellschaftlichen Charakter hatte, konnte für Felding-Roth und auch für sie selbst wichtig sein. Sie mußte wieder an Sams Warnung denken: *»Wir wollen durch plumpes Vorgehen nichts verderben.«*

Das rhythmische Rattern der Räder auf den Schienen machte sie schläfrig, und die Fahrt verging schnell. Als der Zug langsamer wurde und in den Bahnhof von Cambridge einfuhr, stand Martin Peat-Smith bereits auf dem Bahnsteig und begrüßte sie mit breitem, fröhlichem Lächeln.

Mit ihren einundvierzig Jahren sah Celia noch sehr gut aus. Sie wußte es, und sie spürte es auch. Ihr weiches braunes Haar war kurz geschnitten, ihr Körper schlank und fest, ihr Gesicht mit den hohen Backenknochen gebräunt von den vielen Stunden, die sie in den vergangenen Wochen im Freien verbracht hatte, und von dem ungewöhnlich milden englischen Sommer.

In letzter Zeit hatte sie graue Strähnen bekommen. Diese Mahnung daran, wie die Zeit verging, kümmerte sie kaum, obwohl sie das Grau gelegentlich – wie auch am gestrigen Abend – durch eine leichte Tönung kaschierte.

Sie trug ein grün und weiß gemustertes Baumwollkleid mit Petticoat, weiße, hochhackige Sandalen und auf dem Kopf einen weißen Strohhut mit breitem Rand. Sie hatte die Sachen in der vergangenen Woche im Londoner West End gekauft, denn als sie in New Jersey ihre Koffer packte, wäre sie nie auf den Gedanken gekommen, daß sie in England Sommerkleidung benötigen würde.

Als sie aus dem Zug stieg, spürte sie Martins bewundernde Blicke. Einen Augenblick schien es ihm die Sprache zu verschlagen, dann ergriff er ihre ausgestreckte Hand und sagte: »Hallo! Sie sehen wunderbar aus, und ich freue mich, daß Sie gekommen sind.«

»Sie sehen aber auch nicht schlecht aus.«

Martin lachte und strahlte jungenhaft. Er hatte einen marineblauen Blazer an, dazu Flanellhosen und ein offenes Hemd. »Ich hatte Ihnen zwar versprochen, meinen Anzug anzuziehen«, sagte er. »Aber dann entdeckte ich diese alte Kombination, die ich seit Jahren nicht mehr getragen habe. Ich finde sie nicht ganz so formell.«

Als sie den Bahnhof verließen, hakte sich Celia bei ihm ein. »Wohin gehen wir?«

»Draußen steht mein Wagen. Ich dachte, wir fahren zuerst ein bißchen herum, spazieren dann über das College-Gelände und machen anschließend ein Picknick.«

»Hört sich gut an.«

»Gibt es irgend etwas, das Sie außerdem gern tun oder sehen würden?«

Sie zögerte, dann sagte sie: »Ja, das gibt es.«

»Und das wäre?«

»Ich würde gern Ihre Mutter kennenlernen.«

Martin blickte sie überrascht an. »Ich kann Sie zum Haus meiner

Eltern bringen, wenn wir unsere Rundfahrt beendet haben. Wenn Sie es wirklich wollen.«

»Ja«, sagte sie, »das möchte ich gern.«

Martin fuhr einen Morris Mini Minor unbestimmbaren Alters. Nachdem sie sich hineingequetscht hatten, kurvte er mit großen Umwegen durch die alten Straßen von Cambridge und parkte dann in der Queen's Road bei den Backs. »Von hier aus gehen wir zu Fuß«, erklärte er. Sie stiegen aus und folgten einem Fußweg zur King's Bridge.

An der Brücke blieb Celia stehen. Sie hielt die Hand über die Augen, weil die grelle Morgensonne sie blendete, und sagte mit ehrfürchtigem Staunen: »Ich habe selten etwas Schöneres gesehen.«

»Das ist die Kapelle vom King's College – eine wirklich herrliche Aussicht«, erklärte Martin.

Direkt vor ihnen lagen unberührte Rasenflächen mit schattigen Bäumen. Dahinter ragte die große Kapelle auf – mit Türmchen, dicken Strebepfeilern und schlanken Kirchturmspitzen, die sich über wunderbar gewölbten Dächern und bemalten Glasfenstern erhoben. Die blassen Steinmauern der Colleges zu beiden Seiten vervollständigten den Eindruck von Historie und Würde.

»Lassen Sie mich mein Sprüchlein aufsagen«, meinte Martin. »Es geht so: Wir sind eine alte Siedlung. 1441 hat König Heinrich der Sechste mit der Errichtung dessen begonnen, was Sie hier vor sich sehen, und Peterhouse, südlich davon, ist sogar noch älter. Damit hat, im Jahre 1248, ›die Suche nach dem Wissen‹ in Cambridge ihren Anfang genommen.«

Ohne zu überlegen, sagte Celia impulsiv: »Wie kann jemand, der hierhergehört, nur je von hier fortgehen?«

»Viele sind geblieben«, erwiderte Martin. »Es hat große Gelehrte gegeben, die bis zu ihrem Tod in Cambridge gelebt und gearbeitet haben. Und manche haben auch heute die gleiche Einstellung.«

Zwei Stunden lang fuhren und schlenderten sie durch die Stadt, die Celia in ihr Herz schloß. Sie merkte sich die Namen von Plätzen: Jesus Green, Midsummer Common, Parker's Piece, Coe Fen, Lammas Land, Trinity, Queens', Newnham. Die Liste schien endlos, genauso wie Martins Wissen. »Manche Gelehrte sind hiergeblieben, andere haben diesen Ort woandershin mitgenommen«, berichtete Martin. »Einer von ihnen war John Harvard, ein Magister vom Emmanuel

College. Irgendwo gibt es einen Ort, der nach ihm benannt wurde.« Er setzte sein vertrautes breites Grinsen auf. »Ich habe ganz vergessen, wo.«

Als sie schließlich wieder im Mini saßen und sich erschöpft zurücklehnten, versicherte Martin: »Ich glaube, das genügt. Alles andere heben wir uns fürs nächste Mal auf.« Plötzlich wurde er ernst. »Möchten Sie wirklich meine Eltern kennenlernen? Ich muß Sie warnen – meine Mutter wird niemanden erkennen und auch nicht wissen, warum wir gekommen sind. Das kann deprimierend sein.«

»Ja«, sagte Celia, »ich möchte es wirklich.«

Das Haus, das eine Terrasse hatte, aber sonst klein und unscheinbar war, lag im Stadtteil The Kite. Martin stellte den Wagen auf der Straße ab, zog einen Schlüssel aus der Tasche und öffnete die Tür. Von einem kleinen, nur schwach erhellten Flur aus rief er: »Dad! Ich bin's, und ich habe jemanden mitgebracht.«

Man hörte schlurfende Schritte, dann öffnete sich eine Tür, und ein älterer Mann in ausgeblichenem Pullover und ausgebeulter Cordhose erschien. Als er näher kam, war Celia über die Ähnlichkeit zwischen Vater und Sohn verblüfft. Martins Vater war genauso untersetzt und stämmig wie sein Sohn und hatte ein ähnlich kantiges Gesicht mit prägnanten Kieferknochen – auch wenn es schon mehr Falten aufwies –, und selbst das kurze, scheue Lächeln, als Martin sie miteinander bekannt machte, war dem seines Sohnes zum Verwechseln ähnlich.

Aber als der Vater zu sprechen begann, verschwand jede Ähnlichkeit. Seine krächzende Stimme klang disharmonisch, rauh und provinziell; die Sätze waren ungelenk und verrieten geringe Bildung.

»Nett, Sie kennenzulernen«, sagte er zu Celia. Und zu Martin: »Wußte gar nicht, daß du kommst, Sohn. Hab' deine Ma eben erst angezogen. Ist heute gar nicht gut in Form.«

»Wir bleiben nicht lange, Dad«, sagte Martin, und zu Celia gewandt: »Die Alzheimersche Krankheit ist für meinen Vater eine große Belastung – für die Familie ist es häufig schwerer zu ertragen als für den Patienten.«

Als sie das einfach möblierte Wohnzimmer betraten, fragte Martins Vater Celia: »Woll'n Sie 'ne Tasse?«

»Er meint Tee«, übersetzte Martin.

»Danke, ja, ich hätte gern einen Tee«, sagte Celia. »Ich hab' einen ganz schönen Durst nach unserer Besichtigungstour.«

Während Martins Vater in die kleine Küche ging, kniete sich Martin neben der grauhaarigen Frau auf den Boden, die in einem abgewetzten Sessel mit geblümtem Bezug saß. Sie hatte sich nicht gerührt, seit sie das Zimmer betreten hatten. Er legte seinen Arm um sie und gab ihr einen Kuß.

Sie mußte früher eine schöne Frau gewesen sein, dachte Celia, und sogar jetzt noch sah sie auf eine verblichene Art gut aus. Ihre Haare waren ordentlich gekämmt, sie trug ein einfaches beigefarbenes Kleid und eine Perlenkette. Auf den Kuß ihres Sohnes reagierte sie mit einem schwachen Lächeln, erkannte ihn aber anscheinend nicht.

»Mutter, ich bin Martin, dein Sohn«, sagte Martin leise. »Und das ist Celia Jordan. Sie kommt aus Amerika. Ich habe ihr Cambridge gezeigt. Unsere Stadt gefällt ihr sehr gut.«

»Hallo, Mrs. Peat-Smith«, sagte Celia. »Vielen Dank, daß ich Sie besuchen darf.«

Die Augen der grauhaarigen Frau bewegten sich zwar, aber wieder nur mit diesem quälenden Ausdruck des Nichtverstehens. Martin sagte zu Celia: »Es ist keine Erinnerung mehr vorhanden. Nicht die geringste. Aber bei meiner Mutter gestatte ich mir, einmal nicht wissenschaftlich zu denken, und versuche immer wieder, zu ihr durchzudringen.«

»Ich verstehe.« Celia zögerte, bevor sie fragte: »Wenn Sie mit Ihren Forschungen vorankommen, wenn Sie bald etwas Wichtiges entdekken, glauben Sie, daß dann die Chance besteht ...«

»Ihr zu helfen?« unterbrach Martin. »Absolut nicht. Was immer man entdecken wird – es gibt nichts, wodurch abgestorbene Gehirnzellen wieder lebendig werden. Darüber mache ich mir keine Illusionen.« Er stand auf und sah seine Mutter traurig an. »Nein, aber es werden andere sein, denen eines Tages, und hoffentlich schon bald, geholfen werden kann. Andere, bei denen die Krankheit noch nicht so weit fortgeschritten ist.«

»Daran glauben Sie fest, nicht wahr?«

»Ich bin überzeugt, daß die Antworten gefunden werden – von mir oder von jemand anders.«

»Aber Sie würden gern derjenige sein, der sie findet.«

Martin zuckte die Achseln. »Jeder Wissenschaftler würde gern als erster eine Entdeckung machen. Das ist menschlich. Aber« – er warf einen Blick auf seine Mutter – »wichtiger ist, daß überhaupt jemand die Ursache für die Alzheimersche Krankheit findet.«

»Es wäre also durchaus möglich«, hakte Celia nach, »daß irgend jemand anders vor Ihnen ans Ziel gelangt.«

»Ja«, sagte Martin. »Das kann einem immer passieren.«

Martins Vater kam mit einem Tablett aus der Küche, auf dem eine Teekanne, Tassen, Untertassen und ein Milchkännchen standen. Als er das Tablett hinstellte, legte Martin den Arm um seinen Vater. »Dad tut alles für Mutter – er zieht sie an, kämmt sie, gibt ihr zu essen und hilft ihr auch bei allen anderen, weniger angenehmen Dingen. Es hat einmal eine Zeit gegeben, Celia, da waren Vater und ich nicht gerade die besten Freunde. Aber das ist jetzt ganz anders.«

»Stimmt. Hatten früher 'ne Menge Streit«, bestätigte Martins Vater. Dann fragte er Celia: »Woll'n Sie Milch in den Tee?«

»Ja, bitte.«

»'s gab mal 'ne Zeit«, sagte der ältere Mann, »da hab' ich nicht viel gehalten von der Studiererei, auf die Martin und seine Ma so versessen waren. Da wollte ich, daß er mit mir auf Arbeit geht. Aber seine Ma wollte das nicht, und das war gut so, denn jetzt ist er ein so braver Sohn. Zahlt für alles, zahlt für das Haus hier und für das meiste, was wir brauchen.« Er sah Martin an und fügte hinzu: »Und drüben im College, da macht er sich auch nicht schlecht, wie ich höre.«

»Nein«, sagte Celia, »da macht er sich wirklich nicht schlecht.«

Fast zwei Stunden waren vergangen.

»Kann man sich dabei unterhalten?« fragte Celia von dem weichgepolsterten Platz aus, auf dem sie sich bequem zurücklehnte.

»Warum nicht?« Martin stieß mit einer langen Stange den Stakkahn langsam flußaufwärts. Er schien in allem perfekt zu sein, dachte Celia, sogar als Puntfahrer war er wesentlich geschickter als all die anderen, denen sie auf dem Fluß begegneten.

Martin hatte den Kahn in Cambridge gemietet, und jetzt waren sie auf dem Weg nach Grantchester, drei Meilen südlich, zu einem etwas verspäteten Picknick.

»Ich denke gerade über den Unterschied zwischen Ihnen und Ihrem Vater nach«, sagte Celia. »Zum Beispiel über die Art zu sprechen. Damit meine ich natürlich nicht die grammatikalischen ...«

»Ich weiß, was Sie meinen«, sagte Martin. »Als meine Mutter noch reden konnte, vor ihrer Erkrankung, sprach sie fast genauso wie er. In *Pygmalion* hat Bernard Shaw das eine ›Beleidigung der englischen Sprache‹ genannt.«

»Daran erinnere ich mich noch aus *My fair Lady*«, bestätigte Celia. »Aber *Sie* sprechen nicht so. Warum?«

»Das ist auch etwas, das ich meiner Mutter verdanke. In England ist die Art, wie man redet, immer ein Merkmal für soziale Unterschiede gewesen. Und auch wenn man das heute nicht mehr wahrhaben will – es ist immer noch so.«

»Auch in der akademischen Welt? Unter Wissenschaftlern?«

»Vor allem dort.«

Martin beschäftigte sich mit der Stange, während er sich die nächsten Worte überlegte.

»Meine Mutter hatte das begriffen. Deshalb kaufte sie, als ich noch ganz klein war, ein Radio, und ich mußte stundenlang davorsitzen und den BBC-Sprechern zuhören. ›So sollst du später einmal sprechen‹, sagte sie zu mir. ›Deshalb mußt du schon jetzt damit anfangen, diese Leute nachzuahmen. Für deinen Dad und mich ist es zu spät, aber für dich nicht.‹«

Celia lauschte Martins angenehmer und kultivierter, aber ungekünstelter Stimme und sagte: »Es hat geklappt.«

»Ich glaube, ja. Aber das war nur eins von den vielen Dingen, die sie für mich getan hat. Sie hat zum Beispiel auch herausgefunden, wo meine schulischen Interessen lagen, und dann, was Stipendien sind, und sie hat dafür gesorgt, daß ich mich um eins bewarb. Das war in der Zeit, als wir zu Hause immer Streit hatten. Mein Vater hat es vorhin erwähnt.«

»Er war der Meinung, daß Ihre Mutter zu hoch hinaus wollte?«

»Er dachte, ich würde einmal Steinmetz werden wie er. Mein Vater glaubte an einen Vers von Dickens.« Martin lächelte, während er zitierte:

»O laßt uns stets nach Arbeit streben,
Nie über unsern Stand erheben,
Von unserm täglich Brote leben,
Der Herrschaft unsern Segen geben.«

»Aber Sie sind Ihrem Vater deswegen nicht böse?«

Martin schüttelte den Kopf. »Er hat es einfach nicht verstanden. Ich übrigens auch nicht. Nur meine Mutter begriff, was man mit Ehrgeiz erreichen konnte – und mit mir. Nun wissen Sie also, warum ich so an ihr hänge.«

»Ja«, sagte Celia. »Und ich kann es sehr gut nachempfinden.«

Sie schwiegen, während der Kahn zwischen grünen Ufern mit dichtbelaubten Bäumen flußaufwärts fuhr.

Nach einer Weile sagte Celia: »Ihr Vater hat erwähnt, daß Sie für den Lebensunterhalt Ihrer Eltern aufkommen.«

»Ich tue, was ich kann«, gab Martin zu. »Zum Beispiel schicke ich zweimal die Woche vormittags eine Krankenschwester vorbei. Damit mein Vater eine kleine Verschnaufpause hat. Ich würde sie gern häufiger nehmen, aber ...« Er zuckte die Achseln, ließ den Satz unvollendet und stakte den Kahn geschickt an ein grasbewachsenes Ufer in den Schatten einer Weide. »Wie wäre das als Picknick-Platz?«

»Idyllisch«, sagte Celia. »Wie von Camelot.«

Martin hatte einen Korb mit Garnelen, einer Melton Mowbray-Schweinefleischpastete, frischem grünen Salat, Erdbeeren und dikker, gelber Devonshire-Creme gefüllt. Es gab auch einen Wein – einen wohlschmeckenden Chablis – und eine Thermosflasche mit Kaffee.

Sie aßen und tranken mit Genuß.

Als sie zum Abschluß den Kaffee tranken, sagte Celia: »Das war mein letztes Wochenende hier, bevor ich wieder nach Hause fahre. Es hätte nicht schöner sein können.«

»Sind Sie mit Ihrem Aufenthalt zufrieden?«

Sie wollte gerade mit einer Floskel antworten, als sie sich an Andrews Rat erinnerte: »Nein.«

»Warum nicht?« Martin schien erstaunt.

»Sam Hawthorne und ich haben den idealen Leiter für das Felding-Roth-Forschungsinstitut gefunden, aber er wollte den Job nicht. Und jetzt kommt uns jeder andere zweitrangig vor.«

Nach kurzem Schweigen sagte Martin: »Ich nehme an, Sie sprechen von mir.«

»Das wissen Sie doch.«

Er seufzte. »Ich hoffe, Sie können mir meine Haltung verzeihen, Celia.«

»Da gibt es nichts zu verzeihen. Es ist Ihr Leben und Ihre Entscheidung«, versicherte sie ihm. »Nur, wenn ich jetzt darüber nachdenke, dann waren es zwei Dinge, die...« Sie verstummte.

»Sprechen Sie weiter. Welche beiden Dinge?«

»Nun, vorhin haben Sie zugegeben, daß Sie gern der erste sein würden, der die Antworten auf die Alzheimersche Krankheit und das mentale Altern findet, aber daß eventuell andere vor Ihnen ans Ziel kommen könnten.«

Martin lehnte sich im Kahn zurück und sah Celia an; er hatte seinen Blazer zusammengefaltet und benutzte ihn als Kissen. »Andere stellen ähnliche Forschungen an wie ich. Ich weiß von zweien in Deutschland, von einem anderen in Frankreich und einem weiteren in Neuseeland – alles gute Leute, die dasselbe Ziel verfolgen. Es läßt sich nicht sagen, wer die Nase vorn hat oder ob überhaupt jemand einen Vorsprung hat.«

»Es ist also ein Wettlauf«, sagte Celia. »Gegen die Zeit.« Ihre Stimme hatte unbewußt einen schärferen Ton angenommen.

»Ja. Aber so ist das nun mal in der Wissenschaft.«

»Hat einer der anderen bessere Arbeitsbedingungen oder mehr Mitarbeiter als Sie?«

Er überlegte. »Wahrscheinlich die beiden in Deutschland. Bei den anderen weiß ich es nicht.«

»Wieviel Laborraum steht Ihnen jetzt zur Verfügung?«

»Alles in allem...« Martin rechnete, »knapp hundert Quadratmeter.«

»Würde es Ihnen dann nicht helfen, schneller ans Ziel zu kommen, wenn Sie *fünfmal soviel Platz* hätten und dazu eine passende Ausrüstung – alles, was Sie benötigen, und alles nur für Ihr Projekt – und genügend Mitarbeiter, vielleicht zwanzig Leute statt zwei oder drei? Könnten Sie damit die Dinge nicht vorantreiben und die Antworten auf Ihre Fragen finden – und zwar als erster?«

Celia wurde bewußt, daß sich die Stimmung plötzlich verändert hatte. Jetzt waren sie nicht mehr zu ihrem privaten Vergnügen zusammen, nicht mehr so unbeschwert und zwanglos wie bisher. Eine intellektuelle Herausforderung war spürbar geworden. Aber schließlich, sagte sie sich, war sie ja aus diesem Grund nach England und heute nach Cambridge gekommen.

Martin starrte sie erstaunt an. »Meinen Sie das etwa im Ernst? Fünfhundert Quadratmeter und zwanzig Mitarbeiter?«

»Natürlich meine ich das ernst. Was dachten Sie denn?« Ungeduldig fügte sie hinzu: »Glauben Sie, daß man es sich im Pharma-Geschäft leisten kann, Scherze zu machen?«

»Nein«, sagte er und starrte sie noch immer an, »das glaube ich nicht. Sie sprachen von zwei Dingen. Was ist das andere?«

Celia zögerte. Sollte sie fortfahren? Sie spürte, daß das, was sie eben gesagt hatte, Eindruck auf Martin machte. Würde sie nicht alles zerstören? Dann fiel ihr wieder Andrew ein.

»Ich will es Ihnen sagen – ohne Umschweife und auf die übliche plumpe amerikanische Art«, begann Celia. »Und ich tue das nur, weil ich weiß, daß sich engagierte Forscher wie Sie nicht von Geld beeindrucken, sich nicht kaufen lassen. Aber wenn Sie für Felding-Roth arbeiten, als Leiter unseres neuen Instituts, und Ihr Projekt mitbringen, dann werden Sie pro Jahr wahrscheinlich zwölftausend Pfund verdienen und dazu einen nicht unerheblichen Bonus erhalten. Ich nehme an, das ist ungefähr fünfmal soviel, wie Sie im Augenblick verdienen. Außerdem glaube ich, nachdem ich Ihre Eltern kennengelernt habe, daß Sie ihnen gern noch mehr helfen würden. Mit dem höheren Einkommen wären Sie in der Lage, ihnen öfter als zweimal die Woche eine Krankenschwester zu schicken, Ihre Mutter in einer besseren Umgebung unterzubringen...«

»Jetzt reicht es!« Martin hatte sich aufgerichtet und starrte sie an. »Verdammt, Celia! Ich weiß, was man mit Geld machen kann. Also kommen Sie mir nicht mit dem Quatsch über Leute wie mich, denen es egal sein soll. Mir ist es absolut nicht egal – und Sie wollen mich damit in Versuchung führen, einen Vorteil daraus ziehen...«

»Das ist ja lächerlich!« fuhr sie ihn an. »Woraus einen Vorteil ziehen?«

»Daß Sie meine Eltern kennengelernt und gesehen haben, wie sie leben und wieviel mir an ihnen liegt. Sie bieten mir einen goldenen Apfel an, spielen Eva.« Er sah sich um. »Und noch dazu in einem Paradies.«

»Es ist kein giftiger Apfel«, sagte Celia mit ruhiger Stimme, »und es ist auch keine Schlange in diesem Kahn. Hören Sie, es tut mir leid, wenn...«

»Es tut Ihnen überhaupt nicht leid!« unterbrach Martin sie wütend. »Sie sind eine Geschäftsfrau, die ihren Job versteht – sogar verdammt gut versteht, das kann ich Ihnen bescheinigen! Eine Geschäftsfrau, die aufs Ganze geht, die sich durch nichts davon abhalten läßt, zu kriegen, was sie haben will. Sie sind ziemlich skrupellos, stimmt's?«

»Finden Sie?«

»Ja«, erwiderte er mit Nachdruck.

»Na schön«, sagte Celia. »Angenommen, ich bin eine gute Geschäftsfrau. Und angenommen, alles, was Sie gesagt haben, ist wahr. Ist es aber nicht genau das, was Sie auch wollen? Die Antwort auf die Alzheimersche Krankheit! Das Gehirnpeptid, nach dem Sie suchen! Wissenschaftlichen Ruhm! Fühlen Sie sich dadurch etwa betrogen?«

»Nein«, sagte Martin, »betrogen fühle ich mich nicht.« Er setzte sein typisches Lächeln auf, das aber etwas schief geriet. »Ich hoffe, Sie werden gut bezahlt, Celia. Als plumpe Amerikanerin, wie Sie sich selbst bezeichnet haben, machen Sie sich ganz toll.« Er stand auf und griff nach der Stange. »Es wird Zeit für die Rückfahrt.«

Schweigend fuhren sie flußabwärts, Martin stakte mit wütender Entschlossenheit, und Celia grübelte darüber nach, ob sie zu weit gegangen war. Als sie sich der Stadt und dem Bootshafen näherten, ließ Martin den Kahn einfach treiben. Von seinem Sitz im Heck sah er Celia ernst an.

»Ich weiß noch keine Antwort. Ich weiß nur, daß Sie mich beunruhigt haben«, sagte er. »Aber eine Antwort habe ich noch nicht.«

Es war früher Abend, als Martin Celia in Cambridge am Bahnhof absetzte und sie sich förmlich, fast ein wenig angestrengt verabschiedeten. Celias Zug fuhr geradezu quälend langsam und hielt in fast jedem Ort, so daß es schon nach halb zwölf Uhr nachts war, als sie endlich wieder in King's Cross Station in London eintraf. Sie nahm ein Taxi zum *Berkeley*-Hotel und kam kurz vor Mitternacht dort an.

Während der Fahrt hatte Celia sich die Ereignisse des Tages noch einmal durch den Kopf gehen lassen. Was sie am tiefsten getroffen hatte, war Martins Anschuldigung: *Sie sind ziemlich skrupellos, stimmt's?* War sie wirklich skrupellos? Celia betrachtete sich wie in einem Spiegel und mußte zugeben, daß es womöglich zutraf. Dann korrigierte sie sich: Nicht ›womöglich‹, *sondern ganz sicher*.

Aber war nicht *ein bißchen* Skrupellosigkeit nötig? Vor allem für eine Frau, die Karriere machen, die es so weit bringen wollte wie sie?

Außerdem, beruhigte sie sich, war Skrupellosigkeit nicht mit

Unehrlichkeit gleichzusetzen – jedenfalls nicht zwangsläufig. Im wesentlichen war es die Verpflichtung sich selbst gegenüber, in geschäftlichen Dingen hart zu sein, Entscheidungen zu treffen, zum Kern einer Sache vorzudringen und sich allzu große Sorgen um die Mitmenschen abzugewöhnen. Wenn sie in Zukunft noch mehr Verantwortung zu tragen hatte, würde sie weit härter, weit skrupelloser sein müssen als bisher.

Wenn aber Skrupellosigkeit zum Geschäft gehörte, warum hatte Martins Bemerkung sie dann so verletzt? Wahrscheinlich, weil sie ihn mochte und achtete und deshalb wollte, daß er in bezug auf sie ähnlich empfand. Tat er das? Celia dachte kurz darüber nach, dann kam sie zu dem Schluß: Offenbar nicht, nachdem sie am Nachmittag die Karten offen auf den Tisch gelegt hatte.

Aber war Martins Meinung über sie wirklich von Bedeutung? Die Antwort lautete: *Nein!* Ein Grund dafür war, daß Martin mit seinen zweiunddreißig Jahren noch immer etwas von einem Kind an sich hatte. Irgend jemand hatte einmal über Wissenschaftler gesagt: Sie verbringen die meiste Zeit ihres Lebens damit, sich immerfort weiterzubilden, so daß sie kaum noch für andere Dinge Zeit haben, und in gewisser Hinsicht bleiben sie Kinder.

Das traf auch ein wenig auf Martin zu. Celia war sicher, daß sie viel mehr von der Welt wußte als er.

Aber was war dann wichtig? Nicht Martins persönliche Gefühle und auch nicht die von Celia, sondern wie es heute ausgegangen war. Und was das betraf – Celia seufzte –, da war sie nicht gerade optimistisch. Sicher hatte sie alles verpatzt, indem sie zu plump vorgegangen war – wie Sam sich ausgedrückt hätte. Je länger sie darüber nachdachte, desto weniger gefiel ihr, was sie getan hatte, und um so deprimierter wurde sie. In niedergeschlagener Stimmung kam sie im Hotel an.

Im Foyer des *Berkeley*-Hotels wurde sie vom Portier begrüßt. »Hatten Sie einen angenehmen Tag, Mrs. Jordan?«

»Ja, danke.« Aber in Gedanken fügte sie hinzu: *Nur teilweise.*

Der Portier gab ihr den Schlüssel und mehrere Nachrichten, die für sie abgegeben worden waren. Sie würde sie später in ihrem Zimmer lesen.

Als sie sich gerade umdrehen wollte, sagte der Portier: »Übrigens, Mrs. Jordan – vor ein paar Minuten kam ein Anruf für Sie. Ich habe ihn selbst entgegengenommen. Der Herr sagte, Sie würden es schon verstehen.«

Müde und desinteressiert warf Celia einen Blick auf das Blatt, das er ihr reichte, dann starrte sie fassungslos auf die Nachricht. Sie lautete:

FÜR ALLES GIBT ES EINE GUTE ZEIT, AUCH FÜR PLUMPE AMERIKANERINNEN MIT GESCHENKEN. DANKE. ICH NEHME AN. MARTIN.

Zur Mißbilligung des Portiers hallte durch das Foyer des vornehmen Hotels Celias lauter und durchdringender Schrei.

»Hurra!«

II

Ein paar Tage vor Celias Fahrt nach Cambridge waren Sam und Lilian Hawthorne zu einem kurzen Besuch nach Paris aufgebrochen und am Samstag von dort aus direkt nach New York geflogen. Daher erreichte Celia Sam erst am Montag um halb vier Uhr nachmittags, Londoner Zeit, telefonisch in seinem Büro bei Felding-Roth in New Jersey.

Als sie ihm Martin Peat-Smiths Entscheidung mitteilte, war er begeistert. »Wie haben Sie das nur fertiggebracht, Celia?«

Sie hatte die Frage erwartet und sagte vorsichtig: »Ich bin nicht sicher, ob es Ihnen gefallen wird.« Dann berichtete sie von ihrer Unterhaltung mit Martin und daß mehr als alles andere das Geld ihn dazu gebracht hatte, seine Meinung zu ändern. »Verdammt«, stöhnte Sam am anderen Ende der Leitung. »Und ich hatte Ihnen geraten, auf keinen Fall von Geld zu reden. Wie konnte ich mich nur so täuschen?«

»Sie konnten es nicht wissen«, beruhigte sie ihn. »Aber ich hab' ein bißchen nachgeforscht und ein paar von Martins Problemen zutage gefördert. Übrigens hat er mich daraufhin skrupellos genannt.«

»Macht nichts! Sie haben erreicht, was wir wollten. Eigentlich hätte ich selbst darauf kommen sollen, aber Sie hatten den besseren Durchblick und mehr Ausdauer.«

Und Andrew, um mich beraten zu lassen, ergänzte Celia in Gedanken. Laut sagte sie: »Hören Sie auf, Sam, sich Vorwürfe zu machen! Das ist doch nicht nötig.«

»Also gut, aber versprechen Sie mir eins.«

»Was denn?« fragte sie.

»Wenn es je dazu kommen sollte, daß Sie und ich bei einer wichtigen Sache unterschiedlicher Meinung sind, müssen Sie mich an diesen Vorfall erinnern, bei dem Sie recht hatten und ich nicht.«

»Ich hoffe, dazu wird es nie kommen«, sagte Celia.

»Ich habe übrigens auch eine gute Nachricht«, erklärte Sam. »Als ich in der letzten Woche in Paris war, habe ich für Felding-Roth die amerikanischen Patente für ein neues französisches Medikament erworben. Es ist noch im Experimentierstadium und wird erst in frühestens zwei Jahren zur Verfügung stehen. Aber es sieht außerordentlich vielversprechend aus.«

»Gratuliere! Wie heißt es denn?«

»Es heißt Montayne«, sagte Sam. »Und Sie werden noch viel davon hören.«

Bis Anfang 1973 fuhr Celia noch fünfmal nach England. Bei zwei Reisen begleitete Andrew sie, bei einer anderen kamen Lisa und Bruce mit. Andrew lernte auch Martin kennen, und die beiden Männer waren sich sofort sympathisch. »Das einzige, was Martin noch fehlt«, sagte Andrew zu Celia, »ist eine Frau wie du. Ich hoffe, er findet sie.«

Nachdem Martin sich für Felding-Roth entschieden hatte, traf er seine Anweisungen in bezug auf Laboreinrichtungen und Personal mit großer Entschiedenheit. Als Stellvertreter engagierte er einen Chemiker, Dr. Rao Sastri, einen jungen Pakistani, der auf Nukleinsäuren spezialisiert war. Außer ihm gab es noch andere Spezialisten, zum Beispiel einen Experten für Zellkulturen und einen Fachmann für die elektrophoretische Trennung von Proteinen und Nukleinsäuren. Die Aufsicht über Hunderte von Ratten und Kaninchen, die für die Versuche benötigt wurden, führte eine Frau.

Bei Celias Besuchen in Harlow sprach Martin mit ihr über die Laboranordnung, das Personal und die weiteren Einrichtungen. Der Umbau hatte bereits begonnen, aber bis das Institut fertig war, würde Martin in seinem Labor in Cambridge bleiben. Abgesehen von diesen notwendigen Ausflügen nach Harlow bestand Martin darauf, nicht zu sehr mit Verwaltungsangelegenheiten belastet zu werden, und fand bei Sam Hawthorne und Celia dafür Unterstützung.

Celia stellte einen Verwalter namens Nigel Bentley ein. Bentley war ein kleiner, selbstsicherer Mann von Mitte Fünfzig, der bis vor kurzem im Rang eines Majors in der Royal Air Force gedient hatte, wo ihm die Leitung eines großen RAF-Krankenhauses oblag.

In Celias Gegenwart sagte Bentley zu Martin: »Je weniger ich Sie störe, Sir, je weniger Sie mich zu Gesicht bekommen, desto besser verrichte ich meine Arbeit.« Was er gesagt hatte, gefiel Celia, auch das »Sir«, denn es war ein Hinweis darauf, daß Bentley verstand, wie sich die Beziehung zwischen ihm und dem viel jüngeren Wissenschaftler gestalten sollte.

Als Lisa im September 1972 vierzehnjährig das Elternhaus verließ, um in das Emma Willard-Internat im nördlichen Teil des Staates New York einzutreten, seufzte Celia wehmütig: »Wo sind nur die Jahre geblieben?«

Die Antwort erhielt sie von der praktischen Lisa selbst: »Sie sind vorübergegangen, während du in deiner Firma Karriere gemacht hast, Mommy. Und ich habe mir ausgerechnet, daß ich gerade mit dem College fertig sein werde, wenn du Mr. Hawthornes Platz einnimmst.«

Darüber mußten alle lachen, und die gute Stimmung hielt auch am nächsten Tag an, als sie zusammen mit den anderen Familien in die Traditionen der Emma Willard School eingeführt wurden.

Zwei Wochen später kehrte Celia noch einmal nach England zurück. Sam Hawthorne, der als Präsident der Firma mit anderen Dingen beschäftigt war, hatte ihr die Verantwortung für das britische Institut fast völlig überlassen.

Im Februar 1973 wurde das ›Felding-Roth Research Institute (U.K.) Limited‹ offiziell eröffnet. Gleichzeitig siedelte Dr. Martin Peat-Smiths Forschungsprojekt über die Alzheimersche Krankheit und den mentalen Alterungsprozeß von Cambridge nach Harlow um.

Die Firma hatte beschlossen, im Augenblick keine weiteren Forschungen in England zu beginnen, da – wie Sam dem Aufsichtsrat bei einer Sitzung in New Jersey anvertraute – »das Projekt, das wir verfolgen, zeitlich richtig liegt, verdammt aufregend ist und große kommerzielle Möglichkeiten birgt; daher sollten wir uns vorerst einzig und allein darauf konzentrieren«.

Die Eröffnung in Harlow ging ohne große Feierlichkeiten vonstatten. »Dafür«, erklärte Sam, der extra nach England gekommen war,

»haben wir noch Zeit, wenn wir etwas vorzuzeigen haben, aber soweit sind wir noch nicht.«

Und wann würde es soweit sein?

»Geben Sie mir zwei Jahre«, sagte Martin zu Sam und Celia, als sie einen Augenblick allein waren. »Bis dahin müßte ich Fortschritte gemacht haben.«

Nach der Eröffnung des Instituts wurden Celias Besuche in England immer seltener und kürzer. Nigel Bentley schien das Vertrauen, das sie in ihn gesetzt hatten, in jeder Hinsicht zu rechtfertigen. Von Martin hörten sie in den folgenden Monaten kaum etwas, außer – durch Bentley – daß die Forschungen weiterliefen.

In der Zentrale von Felding-Roth in New Jersey übte Celia weiterhin die Funktion einer persönlichen Assistentin des Präsidenten aus und erledigte die Aufgaben, die Sam ihr übertrug.

Wie Millionen Menschen auf der ganzen Welt verfolgten Celia und Andrew in dieser Zeit den Ablauf des Dramas um Watergate auf dem Fernsehschirm, und Celia erinnerte sich, wie sie vor einem Jahr, als sie mit Sam nach Harlow gefahren war, den ersten Bericht über einen Einbruch in Watergate als unwichtig abgetan hatte.

Zur gleichen Zeit – was weniger bedeutend für die Öffentlichkeit, aber ein wichtiges Ereignis für die Familie Jordan war – verließ auch Bruce das Haus, um die Hill School in Pottstown, Pennsylvania, zu besuchen.

Bis ins Jahr 1975 hielt sich Felding-Roth, ohne daß etwas Spektakuläres hervorgebracht wurde, leidlich über Wasser. Das war zwei Präparaten zu verdanken – einem Antirheumaticum und Staidpace, einem Beta-Blocker, der den Herzschlag verlangsamte und den Blutdruck senkte. Das Antirheumaticum hatte nur begrenzt Erfolg, aber Staidpace erwies sich als ein ausgezeichnetes Präparat, das weite Verbreitung erfuhr.

Staidpace hätte Felding-Roth noch mehr Gewinne eingebracht, wenn die behördliche Genehmigung durch die Food and Drug Administration nicht über eine schier unzumutbar lange Zeit hinausgezögert worden wäre – nach Ansicht der Firma zwei Jahre länger als nötig.

In der FDA-Zentrale in Washington schien – nach Auffassung des frustrierten Vincent Lord – »eine infektiöse Abneigung« vorzuherrschen, »irgendeine Entscheidung zu treffen«. Dieser Meinung waren auch andere Firmen der Pharma-Industrie. Berichten zufolge hatte ein leitender FDA-Mitarbeiter stolz ein Schild mit dem berühmten Versprechen des französischen Marschalls Pétain aus dem Ersten Weltkrieg auf seinen Schreibtisch gestellt: »*Sie werden nicht durchkommen.*« Das war deutlich genug.

Etwa zu dieser Zeit kam der Ausdruck »Pillenverzug« auf, der besagte, daß nützliche Arzneimittel, die andernorts schon Anwendung fanden, in den USA nicht verfügbar waren.

Aber die Antwort auf jede Bitte um schnellere Bearbeitung eines Zulassungsantrags für ein neues Arzneimittel lautete stets: »Denken Sie an Thalidomid!«

Sam Hawthorne griff diese Einstellung in einer Rede vor einem Kongreß offen an. »Strenge Sicherheitsmaßstäbe«, erklärte er, »sind im öffentlichen Interesse notwendig, und vor gar nicht langer Zeit hat es davon zuwenig gegeben. Aber nun tut man des Guten zuviel, so daß sich die bürokratische Unentschlossenheit jetzt als nachteilig erweist. Was die Kritik an unserer Branche betrifft, der immer wieder das Thalidomid vorgehalten wird – so wird die Zahl der Neugeborenen, die durch Thalidomid Mißbildungen aufweisen, inzwischen von der Zahl derer übertroffen, die leiden mußten oder gar gestorben sind, weil wirksame Mittel, die bei uns durch die Verzögerung der Behörden zurückgehalten werden, nicht zur Verfügung standen, als sie benötigt wurden.«

Das waren harte Worte und der Beginn einer Diskussion, die sich über viele Jahre erstrecken sollte.

Die Entwicklung bei dem französischen Medikament Montayne, dessen Lizenz Sam für die Vereinigten Staaten erworben hatte, war noch immer nicht soweit gediehen, daß die gesetzlich vorgeschriebenen Tests für Sicherheit und Wirksamkeit in den USA anlaufen konnten. Es war also noch ein weiter Weg, bis bei der FDA überhaupt ein Zulassungsantrag gestellt werden konnte.

Montayne war ein Mittel, das die morgendliche Übelkeit bei schwangeren Frauen beheben sollte, was besonders für berufstätige Frauen eine große Erleichterung bedeuten würde. Die Firma, die das Medikament entwickelt hatte – Laboratoires Gironde-Chimie –, war von der Qualität und Unbedenklichkeit des Medikaments überzeugt, für das ungewöhnlich umfangreiche Versuche an Tieren und an Menschen, die sich freiwillig zur Verfügung gestellt hatten, durchgeführt worden waren und die, wie die Pariser Firma Felding-Roth mitteilte, ausgezeichnete Ergebnisse ohne nachteilige Nebenwirkungen erbracht hatten. Trotzdem erklärte der Leiter von Gironde-Chimie Sam in einem persönlichen Brief:

»Die Vorkommnisse in der Vergangenheit und die besondere Problematik dieses Medikaments zwingen uns zu äußerster Vorsicht. Daher haben wir beschlossen, weitere Testserien an Tieren und Menschen durchzuführen. Das wird noch einige Zeit in Anspruch nehmen.«

Sam mußte zugeben, daß bei dem vorherrschenden Klima zusätzliche Vorsichtsmaßnahmen mehr als weise waren. Also wartete Felding-Roth weiterhin darauf, daß die Franzosen grünes Licht gaben, damit sie mit ihrer eigenen Arbeit an Montayne beginnen konnten.

TEIL DREI

1975–1977

I

Dr. Vincent Lord hatte Probleme, die seiner Einbildung entsprangen, aber er hatte auch welche, die ganz real waren. Eines dieser Probleme war die FDA.

Die Food and Drug Administration, die amerikanische Gesundheitsbehörde, deren Zentrale außerhalb von Washington, D. C., lag, stellte so etwas wie einen Hinderniskurs dar, den jedes neue Medikament und seine Antragsteller durchlaufen mußten, bevor das Mittel für den allgemeinen Verkauf zugelassen wurde. Manche Arzneimittel wurden nie genehmigt; sie blieben auf der Strecke. Und da die Antragsteller fast immer auch diejenigen waren, die das Mittel entdeckt hatten, es herstellen und schließlich auf den Markt bringen wollten, befanden sich die großen Pharma-Konzerne die meiste Zeit über in einem Zweikampf mit der FDA. Dies war, je nach Stand der Dinge, ein intellektuelles, wissenschaftliches Scharmützel oder aber der totale Krieg.

Was Vince Lord betraf, so handelte es sich um Krieg.

Zu seinen Aufgaben bei Felding-Roth gehörte es, mit der FDA zu verhandeln oder die Verhandlungen zu überwachen. Er haßte das. Er mochte auch die Leute dort nicht, fand einige sogar widerlich, mußte aber, um überhaupt etwas bei der FDA zu erreichen, diese Gefühle unterdrücken und für sich behalten. Beides fand er schwierig, ja fast unmöglich.

Natürlich war Dr. Lord – wie die Vertreter anderer Arzneimittelfirmen, die mit der FDA zu tun hatten – voreingenommen. Manchmal war diese Voreingenommenheit berechtigt. Manchmal nicht.

Das lag daran, daß von der FDA mehrere Dinge gleichzeitig gefordert wurden:

Sie sollte ein Hüter der öffentlichen Gesundheit sein, und ihre

Pflicht war es, die Verbraucher vor Habgier, Inkompetenz, Gleichgültigkeit oder Sorglosigkeit zu schützen, Sünden, die jede pharmazeutische Firma irgendwann einmal beging, da sie ja in erster Linie daran interessiert war, Gewinne zu machen. Gleichzeitig sollte sie aber auch die Rolle eines »rettenden Engels« spielen, Bündnispartner derselben pharmazeutischen Firmen sein und in aller Eile jene neuen und wunderbaren Medikamente verfügbar machen, die Leben verlängerten oder Schmerzen verkürzten.

Andererseits war die FDA Prügelknabe für alle möglichen Kritiker – Arzneimittelfirmen, Interessengruppen und Verbraucherorganisationen, Journalisten, Autoren, Rechtsanwälte und Lobbyisten –, die sie beschuldigten, zu streng oder zu nachsichtig zu sein, je nachdem, aus welchem Lager sie kamen. Außerdem wurde die FDA regelmäßig von Kongreßmitgliedern und Senatoren als politische Plattform benutzt, um sich Vorteile und Publicity zu verschaffen.

Dazu kam, daß die FDA ein unübersichtliches bürokratisches Gebilde war, das aus den Nähten platzte, überlastet und in wichtigen Bereichen unterbesetzt war, da die Mediziner und Wissenschaftler unterbezahlt wurden.

In Anbetracht all dessen war es erstaunlich, daß die FDA trotz allem ihre Arbeit im großen und ganzen bemerkenswert gut erledigte.

Aber zweifellos gab es auch Mißstände, und der sogenannte Pillenverzug war einer davon.

Wie schlimm der Pillenverzug war, hing ganz davon ab, von welcher Warte aus man es betrachtete. Aber daß es ihn gab, räumte selbst die FDA ein.

Vincent Lord hatte unter dieser Situation zu leiden, als Felding-Roth um die Zulassung von Staidpace in den Vereinigten Staaten nachsuchte. Staidpace war ein Herz- und Kreislaufmittel, das in Großbritannien, Frankreich, der Bundesrepublik Deutschland und verschiedenen anderen Ländern bereits erfolgreich angewendet wurde.

Die FDA stellte die Bedingung, daß mit Staidpace, bevor es in die Regale der amerikanischen Drugstores gelangte und von Ärzten verschrieben wurde, zusätzliche ausgedehnte Untersuchungen auf Unbedenklichkeit und Wirksamkeit durchgeführt wurden. Eine berechtigte Forderung, gegen die bei Felding-Roth niemand etwas hatte, selbst Vincent Lord nicht.

Wogegen sie jedoch etwas hatten – nachdem alle geforderten Tests erfolgreich durchgeführt und die FDA über die Resultate informiert worden war –, das waren die beiden folgenden Jahre, in denen die Gesundheitsbehörde ihre Entscheidung durch Spitzfindigkeiten und Wortklaubereien hinauszögerte.

1972 lieferte Felding-Roth den Staidpace-Antrag mit Hilfe eines Lastwagens in der FDA-Zentrale ab: Der Antrag umfaßte 125 000 Druckseiten in 307 Bänden, die ausreichten, um ein ganzes Zimmer zu füllen. Dieses Material war dem Gesetz nach erforderlich und umfaßte Einzelheiten der zweijährigen Testserien an Tieren und Menschen in den Vereinigten Staaten.

Obgleich die Informationen so komplett waren wie nur möglich, waren alle Beteiligten sich darüber klar, daß niemand in der FDA das alles lesen konnte. Material in ähnlichem Umfang ging auch häufig von anderen Firmen ein.

Die FDA bestimmte einen ihrer medizinisch-wissenschaftlichen Mitarbeiter dazu, den Staidpace-Antrag zu bearbeiten und zu begutachten. Es handelte sich um Gideon R. Mace, einen ausgebildeten Arzt, der seit einem Jahr bei der FDA tätig war.

Andere Experten der Behörde sollten Dr. Mace nach Maßgabe ihrer Zeit unterstützen.

Außerdem würde die FDA im Verlauf ihrer Prüfung Wissenschaftler von Felding-Roth heranziehen, um sich dies und jenes erläutern zu lassen oder weitere Informationen einzuholen. Das war ein normaler Vorgang.

Nicht ganz so normal allerdings war die Arbeitsweise von Dr. Mace. Er arbeitete im Schneckentempo – selbst für die Maßstäbe der FDA. Außerdem war er übertrieben pingelig und hatte an allem etwas auszusetzen.

Kein Wunder, daß Gideon Mace zu den Mitarbeitern der FDA gehörte, die Vincent Lord verabscheute.

Lord hatte den Staidpace-Antrag persönlich überwacht und war überzeugt, daß er vollständiger und sorgfältiger war als jeder Antrag, den die Firma je gestellt hatte. Daher wuchs Lords Frustration, als Monat um Monat verging und die Entscheidung ausblieb. Als man endlich etwas von Mace hörte, ging es lediglich um Kleinigkeiten, und in der Folge »schien er jedes verdammte Komma in Frage zu stellen, was nicht das geringste mit der Sache selbst zu tun hatte« –

wie einer von Lords Assistenten es ausdrückte. Genauso ärgerlich war es, daß Mace mehrmals dringend zusätzliche Daten anforderte und es sich dann herausstellte, daß das Verlangte in den Unterlagen bereits enthalten war. Lieferte man ihm die Daten, brauchte er wieder mehrere Wochen, um den Empfang – dazu noch höchst ungnädig – zu bestätigen.

Nachdem er sich das eine ganze Weile mit angesehen hatte, nahm Vincent Lord die Sache selbst in die Hand und entschloß sich zu tun, was ihm am meisten verhaßt war – er begab sich zur Gesundheitsbehörde.

Die FDA-Zentrale lag etwa fünfzehn Meilen nördlich von Washington, eine mühsame Autostunde vom Weißen Haus oder dem Capitol Hill entfernt. Sie war in einem einfachen Ziegelgebäude untergebracht, das wie ein »E« geformt und in den sechziger Jahren ohne jede architektonische Phantasie errichtet worden war.

Die Büros, in denen siebentausend Menschen arbeiteten, waren winzig und überfüllt. Viele hatten keine Fenster. Andere waren mit Menschen und Möbeln so vollgestopft, daß man sich kaum darin bewegen konnte. Der verbleibende Raum war mit Akten gefüllt. Stöße, Stapel, Tonnen davon. Akten über Akten. Die Postzentrale war ein Alptraum, und jeden Tag rollten weitere Papierlawinen an. Die Ströme bewegten sich in zwei Richtungen – allerdings erreichte die hinausgehende Post nicht annähernd den Umfang der hereinströmenden.

Dr. Gideon Mace arbeitete im zehnten Stockwerk in einem Raum, der nicht viel größer war als ein Schrank. Mace war Ende Fünfzig, groß und hager, mit auffallend langem Hals, der immer wieder zu Giraffenwitzen Anlaß gab. Sein Gesicht war rot, die Nase mit Äderchen durchzogen. Er blinzelte durch eine randlose Brille. Im Gespräch gab er sich ironisch und war leicht zu verärgern. Dr. Mace trug gewöhnlich einen alten grauen, zerknitterten Anzug und eine ausgeblichene Krawatte.

Als Vincent Lord ihn aufsuchte, mußte Mace erst Akten von einem Stuhl räumen, bevor sich der Leiter der Forschungsabteilung von Felding-Roth setzen konnte.

»Es scheint Schwierigkeiten mit Staidpace zu geben«, begann Lord und bemühte sich, freundlich zu sein. »Ich bin gekommen, um herauszufinden, warum.«

»Ihr Antrag ist schlampig und unsystematisch«, erklärte Mace. »Es geht daraus nicht alles hervor, was ich wissen muß.«

»Wieso unsystematisch?« fragte Lord. »Und was müssen Sie noch wissen?«

»Das weiß ich noch nicht genau. Aber Sie werden von mir hören.«

»Wann werden wir von Ihnen hören?«

»Wenn ich soweit bin.«

»Es wäre hilfreich und könnte allen Beteiligten Zeit sparen«, sagte Lord, dem es nur mit Mühe gelang, seinen Ärger zu unterdrücken, »wenn Sie mir einen Hinweis darauf geben könnten, wo wir beide Probleme haben.«

»Ich habe keine Probleme«, sagte Gideon Mace. »Sie haben welche. Ich habe Zweifel an der Unbedenklichkeit Ihres Medikaments; es könnte karzinogen sein. Und was die Zeitersparnis betrifft, so interessiert mich das nicht. Es besteht keine Eile. Wir haben viel Zeit.«

»Sie vielleicht«, gab Lord zurück. »Aber was ist mit den Menschen, die herzkrank sind und Staidpace benötigen – jetzt benötigen? In Europa, wo es seit langem zugelassen ist, hat es schon vielen Menschen das Leben gerettet. Deshalb wären wir an einer baldigen Zulassung interessiert.«

Mace lächelte dünn. »Damit Felding-Roth ganz beiläufig auch einen Haufen Geld verdient.«

Lord mußte sich zusammennehmen. »Das hat für mich nie irgendwelche Bedeutung gehabt.«

»Wie Sie meinen«, sagte Mace skeptisch. »Aber für mich hören Sie sich mehr wie ein Verkäufer als wie ein Wissenschaftler an.«

Vincent Lord hatte sich auch jetzt noch in der Gewalt. »Sie erwähnten die Unbedenklichkeit. Wie aus unserem Antrag ersichtlich ist, sind die Nebenwirkungen minimal, in keiner Weise gefährlich, und es hat auch keinerlei Hinweise auf krebserregende Substanzen gegeben. Würden Sie mir also bitte den Anlaß für Ihre Zweifel nennen?«

»Nicht jetzt«, sagte Mace. »Ich denke noch immer darüber nach.«

»Und inzwischen wird keine Entscheidung getroffen.«

»Richtig.«

»Dem Gesetz nach haben Sie eine Zeitspanne von sechs Monaten ...« begann Lord.

»Halten Sie mir keine Vorträge über Gesetze«, sagte Mace gereizt.

»Die sind mir bekannt. Aber wenn ich Ihren Antrag vorübergehend ablehne und auf weiteren Daten bestehe, fangen wir mit der Zeitrechnung ganz von vorn an.«

Das war fraglos richtig. Derartige verfahrenstechnische Verzögerungstaktiken waren bei der FDA üblich – manchmal aus gutem Grund, wie Vincent Lord zugeben mußte, manchmal aber auch nur aus einer Laune heraus oder um Entscheidungen hinauszuzögern.

Lord hatte die Grenzen seiner Geduld erreicht. »Keine Entscheidung zu treffen ist immer der sicherste Weg für einen Bürokraten, nicht wahr?«

Mace lächelte, gab aber keine Antwort.

Das Gespräch blieb ergebnislos, abgesehen von einer noch größeren Frustration auf seiten Vincent Lords. Und er faßte einen Entschluß: Er würde sich bemühen, soviel wie möglich über Dr. Mace in Erfahrung zu bringen. Manchmal konnten derartige Informationen recht nützlich sein.

Im Lauf der nächsten Monate begab sich Lord noch mehrmals nach Washington, in die Zentrale der FDA. Und jedesmal erfuhr er durch beiläufige Fragen, die er Kollegen von Mace stellte, und durch diskrete Nachforschungen außerhalb der Behörde eine erstaunliche Menge.

Inzwischen hatte Mace an einer der Studien, die Staidpace betrafen, etwas auszusetzen – es handelte sich um klinische Untersuchungen an Herzkranken. Mace, der seine Macht sichtlich genoß, verlangte, daß die gesamte Testserie wiederholt wurde. Lord konnte für dieses teure, ein ganzes Jahr währende Verfahren keinen Grund erkennen. Er hätte Einspruch erheben können, aber er war sich darüber im klaren, daß dies der Sache schaden würde und die Gefahr bestand, daß der Staidpace-Antrag bis in alle Ewigkeit storniert oder das Medikament überhaupt nicht zugelassen wurde. Daher gab Vincent Lord zögernd die Anweisung, eine weitere Testserie durchzuführen.

Kurz darauf informierte er Sam Hawthorne über die Entscheidung und berichtete ihm, was er über Gideon Mace in Erfahrung gebracht hatte.

»Mace ist ein verkrachter Arzt«, begann Lord. »Außerdem ist er Alkoholiker und in Geldschwierigkeiten, zum Teil, weil er zwei Frauen Alimente zahlen muß. Er ist Doppelverdiener, weil er an den Abenden und Wochenenden in einer privaten Arztpraxis aushilft.«

»Was meinen Sie mit ›ein verkrachter Arzt‹?«

Lord blätterte in seinen Notizen. »Seit Abschluß seines Medizinstudiums hat Mace in fünf verschiedenen Städten gearbeitet – als Angestellter bei anderen Ärzten. Später hatte er eine eigene Praxis. Soviel ich erfahren habe, wurden alle Arbeitsverhältnisse aufgelöst, weil Mace mit niemandem auskam. Und wenn man ihn fragt, warum er seine eigene Praxis wieder aufgegeben hat, gibt er offen zu, daß er die Patienten nicht ertragen konnte.«

»Vermutlich haben die ihn auch nicht gerade geliebt«, sagte Sam. »Und warum hat die FDA ihn genommen?«

»Sie kennen doch deren Situation. Die haben Probleme, überhaupt jemanden zu kriegen.«

Auch Sam war bekannt, daß die FDA schon immer Schwierigkeiten gehabt hatte, Mediziner und Wissenschaftler einzustellen. Die Gehälter, die die Regierung zahlte, waren notorisch niedrig; ein Mediziner verdiente bei der FDA weniger als die Hälfte dessen, was eine Privatpraxis einbrachte, und bei den Wissenschaftlern war die Diskrepanz zum Teil noch eklatanter.

Aber auch andere Faktoren spielten eine Rolle, zum Beispiel das berufliche Prestige. In medizinisch-wissenschaftlichen Kreisen galt ein Anstellungsverhältnis bei der FDA nicht gerade als Renommee. Ein Posten bei den National Institutes of Health, die auch der Regierung unterstanden, war zum Beispiel weitaus gefragter.

Darüber hinaus vermißten die Ärzte bei der FDA den direkten Kontakt mit den Patienten. Hier ging es nur um »Fälle aus zweiter Hand«, wie jemand einmal zu Sam gesagt hatte.

Es war erstaunlich, daß trotz all dieser Einschränkungen viele hochqualifizierte und engagierte Ärzte in der Behörde arbeiteten. Aber natürlich ließ es sich nicht vermeiden, daß es auch schwarze Schafe gab – die Erfolglosen, die Verdrossenen und Eigenbrödlerischen, die es vorzogen, für sich zu bleiben, statt mit Menschen zu tun zu haben. Die sich selbst schützen und schwierige Entscheidungen vermeiden wollten. Alkoholiker. Aus dem Gleichgewicht Geratene.

Zu ihnen gehörte ganz eindeutig Dr. Gideon Mace.

»Gibt es irgend etwas, das ich tun kann?« fragte Sam. »Vielleicht sollte ich den Leiter der Behörde informieren?«

»Das würde ich nicht raten«, erwiderte Lord. »Die Leiter der FDA sind Politiker; sie kommen und gehen. Aber die Bürokraten bleiben und haben ein gutes Gedächtnis.«

»Sie wollen damit andeuten, daß wir bei Staidpace vielleicht gewinnen, später aber viel mehr verlieren könnten?«

»Genau.«

»Und wie steht es mit Mace – als Alkoholiker?«

Lord zuckte die Achseln. »Das viele Trinken hat zwar seine Ehen zerstört, wie ich hörte, aber er hat es unter Kontrolle. Er kommt zur Arbeit. Er funktioniert. Mag sein, daß er eine Flasche im Schreibtisch hat, aber es hat ihn noch niemand beim Trinken ertappt.«

»Verstößt der Doppelverdienst gegen die Vorschriften?«

»Offenbar nicht, solange Mace seine Nebentätigkeit auf seine Freizeit beschränkt. Kann sein, daß er am nächsten Tag im Büro müde ist, aber andere Ärzte in der FDA haben ähnliche Nebeneinkünfte.«

»Dann haben wir also nichts, womit wir Mace festnageln können?«

»Im Augenblick nicht«, sagte Lord. »Aber er muß noch immer die hohen Alimente zahlen, und Geldschwierigkeiten bringen die Leute manchmal dazu, die merkwürdigsten Dinge zu tun. Ich werde ihn im Auge behalten.«

Sam sah den Leiter der Forschungsabteilung nachdenklich an. »Sie sind ein wertvolles Mitglied der Firma geworden, Vince. Wie Sie diese ganze unangenehme Angelegenheit in die Hand nehmen und unsere Interessen wahren ... Ich weiß das zu schätzen.«

»Also ...« Lord sah erstaunt, wenn auch nicht gerade unzufrieden aus. »So habe ich es gar nicht gesehen. Ich wollte dieses Schwein nur festnageln, um die Genehmigung für Staidpace zu bekommen. Aber vielleicht haben Sie recht.«

Als Vincent Lord später darüber nachdachte, fand er viel Wahres an dem, was Sam gesagt hatte. Lord war jetzt fast achtzehn Jahre bei Felding-Roth, und nach so langer Zeit entwickelten sich zwangsläufig gewisse Loyalitäten. Er dachte jetzt auch immer weniger darüber nach, ob es richtig oder falsch gewesen war, in die Industrie überzuwechseln. Vielmehr war sein Denken auf seine Forschungen gerichtet, die freien Radikale auszuschalten – wann immer er sich von seinen dienstlichen Pflichten freimachen konnte. Die Antworten, nach denen Lord suchte, waren noch nicht greifbar. Aber er wußte, daß es sie gab. Er würde nie, *niemals* aufgeben.

Außerdem hatte er einen neuen Ansporn bekommen – das Institut in Großbritannien, in dem Peat-Smith, den Vincent Lord noch nicht persönlich kannte, den mentalen Alterungsprozeß untersuchte. Es war ein Wettkampf. Wer würde zuerst einen Durchbruch erzielen – Lord oder Peat-Smith?

Lord war enttäuscht gewesen, als man ihm nicht auch die Leitung der Felding-Roth-Forschungen in England übertragen hatte. Aber Sam Hawthorne war in diesem Punkt unerbittlich geblieben und hatte darauf bestanden, daß »die da drüben« unabhängig arbeiteten. Vielleicht, so überlegte Lord, war das, wie die Dinge sich entwickelten, sogar besser. Aus Gerüchten, die von England herüberdrangen, durfte man schließen, daß Peat-Smith nicht vorankam. Wenn das zutraf, dann konnte man ihn, Lord, wenigstens nicht dafür verantwortlich machen.

Schließlich aber ergab sich im Hinblick auf Dr. Mace die Gelegenheit, auf die Vincent Lord gewartet hatte, wenn auch zu spät, um für Staidpace von Nutzen zu sein, das nach zahlreichen weiteren Verzögerungen und kleinlichen Querelen endlich doch zugelassen worden war und 1974 in den Handel kam.

Es war im Januar 1975, einen Tag nach seiner Rückkehr aus Washington, wo er wegen einer anderen Angelegenheit die FDA aufgesucht hatte, als Lord einen ungewöhnlichen Anruf bekam.

»Da ist ein Herr am Telefon«, teilte ihm seine Sekretärin mit, »der seinen Namen nicht nennen will. Er besteht darauf, Sie zu sprechen, und behauptet, Sie würden sich darüber freuen.«

»Sagen Sie ihm, er soll sich ... Nein, warten Sie!« Lord war neugierig geworden. »Stellen Sie bitte durch.«

Lord nahm den Hörer. »Sagen Sie, was Sie zu sagen haben, aber schnell, sonst lege ich auf.«

»Sie haben Informationen über Dr. Mace eingeholt. Ich habe welche.« Die Stimme des Mannes klang jung, aber gebildet.

Lord war sofort hellwach. »Was für Informationen?«

»Mace hat gegen die Gesetze verstoßen. Mit dem Material, das ich in Händen habe, können Sie ihn ins Gefängnis bringen.«

»Warum glauben Sie, daß ich das will?«

»Hören Sie«, sagte der Anrufer, »Sie wollten doch, daß ich mich beeile. Und jetzt stellen Sie lange Fragen. Sind Sie nun daran interessiert oder nicht?«

Lord war vorsichtig, Telefongespräche konnten schließlich aufgezeichnet werden. »Wie hat sich Dr. Mace denn strafbar gemacht?«

»Er hat vertrauliche FDA-Informationen verwendet, um auf dem Aktienmarkt Gewinne zu erzielen. Zweimal.«

»Und wie wollen Sie das beweisen?«

»Ich habe Unterlagen. Aber wenn Sie sie wollen, müssen Sie dafür zahlen, Dr. Lord. Zweitausend Dollar.«

»Wenn Sie mit solchen Informationen hausieren gehen, sind Sie nicht besser als Mace!«

»Schon möglich«, sagte der Mann. »Aber darum geht es hier nicht.«

»Wie heißen Sie?« fragte Lord.

»Das sage ich Ihnen, wenn wir uns in Washington treffen.«

2

Die Bar lag in Georgetown. Sie war elegant in Rot-, Braun- und Beigetönen eingerichtet, das Mobiliar war bronzefarben – ganz eindeutig ein Treffpunkt für Homosexuelle. Mehrere Augenpaare blickten Vincent Lord interessiert entgegen, als er eintrat; er kam sich taxiert vor, was ihm Unbehagen bereitete. Aber bevor er noch darüber nachdenken konnte, stand ein junger Mann, der allein an einem Tisch in einer Nische gesessen hatte, auf und kam auf ihn zu.

»Guten Abend, Dr. Lord. Ich bin Tony Redmond.« Er lächelte verschwörerisch. »Die Stimme am Telefon.«

Lord nickte und ließ sich die Hand schütteln. Er hatte Redmond sofort wiedererkannt: Er hatte ihn bei der FDA mehrmals gesehen, konnte sich aber nicht genau erinnern, wo er arbeitete. Redmond, der Mitte Zwanzig war, sah mit seinen kurzen braunen Locken und den babyblauen Augen mit langen Wimpern recht gut aus.

Er führte Lord zu der Nische, und sie setzten sich. Redmond hatte schon etwas zu trinken. »Leisten Sie mir dabei Gesellschaft, Doktor?« fragte er.

»Ich bestelle mir selbst etwas«, erklärte Lord. Er hatte nicht die Absicht, aus dieser Zusammenkunft ein freundschaftliches Treffen zu machen. Je früher das, weswegen er hergekommen war, erledigt war, desto besser.

»Ich bin als medizinisch-technischer Assistent bei der FDA tätig«, half Redmond seinem Gedächtnis nach. »Ich habe Sie ein paarmal in unserer Abteilung gesehen.«

Jetzt erinnerte Lord sich: Der Mann arbeitete in derselben Abteilung wie Gideon Mace. Daraus erklärte sich auch, wie er an die Informationen gelangt war, die er nun zu Geld machen wollte.

Seit dem ersten Kontakt mit Redmond hatte es noch zwei weitere Telefongespräche gegeben. In dem einen war nochmals über Geld gesprochen worden. Redmond hatte sich von seiner ursprünglichen Forderung – zweitausend Dollar für Dokumente, die er zu besitzen behauptete – nicht abbringen lassen. Bei dem zweiten Anruf hatten sie dieses Treffen vereinbart, für das Redmond den Ort genannt hatte.

Vor ein paar Tagen hatte Lord Sam Hawthorne in seinem Büro aufgesucht. »Ich brauche zweitausend Dollar«, erklärte er. »Ohne Beleg.«

Als Sam die Augenbrauen hochzog, fuhr Lord fort: »Für Informationen, die der Firma nützen könnten. Wenn Sie unbedingt wollen, gebe ich Ihnen Einzelheiten, aber meiner Meinung nach wäre es für Sie besser, wenn Sie nichts wüßten.«

»Ich mag so etwas nicht«, entgegnete Sam. »Geht es um etwas Illegales?«

Lord überlegte. »Ich nehme an, ein Rechtsanwalt würde es als ›an der Grenze der Legalität‹ bezeichnen. Aber ich kann Ihnen versichern, daß wir niemandem etwas wegnehmen – und es sich auch nicht um Firmengeheimnisse handelt.«

Sam zögerte noch immer, und Lord drängte: »Wenn Sie wollen, erzähle ich es Ihnen.«

Sam schüttelte den Kopf. »In Ordnung, Sie bekommen das Geld.«

»Gut«, sagte Lord. »Aber es wäre besser, wenn so wenig Leute wie möglich etwas davon erführen. Mrs. Jordan zum Beispiel braucht nicht unbedingt etwas davon zu wissen.«

»Das überlassen Sie bitte mir«, sagte Sam gereizt. Dann gab er nach: »In Ordnung, sie wird nichts davon erfahren.«

Lord war erleichtert. Celia Jordan hatte die unangenehme Angewohnheit, penetrante Fragen zu stellen. Und es konnte durchaus sein, daß sie mit dem, was er vorhatte, nicht einverstanden war.

Noch am selben Tag erhielt Vincent Lord einen Firmenscheck über zweitausend Dollar. Der Betrag war als Rückerstattung für »Sonder-Reisespesen« deklariert.

Lord löste den Scheck in Boonton ein, bevor er nach Washington fuhr. Das Bargeld steckte in einem Umschlag in seiner Jackentasche.

Ein Kellner trat an den Tisch. Er benahm sich ähnlich wie Redmond, den er mit »Tony« anredete. Lord bestellte sich einen Gin Tonic.

»Hübsch hier, finden Sie nicht?« bemerkte Redmond, als der Kellner wieder gegangen war. »Es gilt als chic. Die Gäste stammen überwiegend aus Regierungs- und Universitätskreisen.«

»Es ist mir völlig egal, wer hierherkommt«, sagte Lord. »Zeigen Sie mir die Papiere.«

»Haben Sie das Geld mitgebracht?« konterte Redmond.

Lord nickte knapp.

»Ich hoffe, ich kann mich auf Sie verlassen«, sagte Redmond. Auf dem Sitz neben ihm lag eine Aktentasche; er machte sie auf, holte einen großen braunen Umschlag heraus und reichte ihn Lord. »Da ist alles drin.«

Lords Drink wurde serviert, als er sich gerade in den Inhalt des Umschlags vertiefte.

Zehn Minuten später sah er Redmond an und gab widerwillig zu: »Sie waren sehr gründlich.«

»Tatsächlich«, bemerkte Redmond, »das ist das erste freundliche Wort, das ich von Ihnen höre.« Er lächelte verschwörerisch.

Lord saß schweigend da und wog die Möglichkeiten ab.

Was Dr. Gideon Mace betraf, so war die Sache klar. Redmond hatte ihm schon einiges am Telefon angedeutet, und die Papiere hier erklärten den Rest.

Es ging um das amerikanische Patentrecht, um die Prozeduren bei der Genehmigung von Arzneimitteln durch die FDA. Vincent Lord kannte das zur Genüge.

Wenn das Patent für ein wichtiges pharmazeutisches Produkt erlosch – normalerweise siebzehn Jahre nach Erteilung –, war stets eine Reihe kleiner Firmen daran interessiert, es nachzuproduzieren und zu einem niedrigeren Preis zu verkaufen. Die Gewinne konnten dabei in die Millionen gehen.

Allerdings mußte die Firma bei der FDA einen Antrag auf erneute Zulassung stellen, auch wenn die Behörde dem ursprünglichen Hersteller die Genehmigung vor längerer Zeit bereits erteilt hatte. Dieser verkürzte Antrag auf Neuzulassung wurde kurz VAAN genannt.

Für jedes wichtige Präparat, dessen Patent bald erlöschen würde, stellten ein Dutzend oder mehr Firmen aus den verschiedensten

Bereichen Anträge bei der FDA. Und genau wie bei den ursprünglichen Anträgen, wie etwa für Staidpace im Falle von Felding-Roth, dauerten Bearbeitung und Genehmigung ihre Zeit.

Wie die FDA diese Anträge handhabte, war niemandem so recht klar. Klar war lediglich, daß in der Regel zunächst nur eine einzige Genehmigung erteilt wurde. Die anderen folgten später, meist einzeln und in großen zeitlichen Abständen.

Folglich hatte die Herstellerfirma, die als erste die Genehmigung erhielt, einen enormen Vorteil gegenüber der Konkurrenz und aller Wahrscheinlichkeit nach einen hohen Gewinn, der sich auch auf dem Aktienmarkt auswirkte.

Da die Aktien kleinerer Firmen nicht an den großen Börsen gehandelt wurden, gingen ihre Anteile »unter der Hand« weg.

Diese Situation war für jemanden, der »Bescheid wußte« und unlautere Geschäfte machen wollte, natürlich verführerisch. Wer wußte, welche Firma demnächst die Genehmigung zur Herstellung eines patentfreien Arzneimittels erhalten würde, konnte eine Menge Geld verdienen, indem er Aktienanteile der betreffenden Firma »billig« erwarb, bevor die FDA die Genehmigung bekanntgab, und sie kurz darauf wieder »teuer« verkaufte.

Und Dr. Mace, der Zugang zu vertraulichen Informationen der FDA besaß, hatte genau das getan. Zweimal. Die Beweise hielt Vincent Lord in Form von Fotokopien in den Händen:

Quittungen der Börsenmakler, die »gekauft« und »verkauft« hatten, wiesen als Kunden eine Marietta Mace aus. Lord hatte von Redmond erfahren, daß es sich dabei um die unverheiratete Schwester von Mace handelte, offenbar eine Vorsichtsmaßnahme, die aber nicht erfolgreich gewesen war;

zwei datierte FDA-Bestätigungen für die Genehmigung zur Herstellung patentfreier Arzneimittel an die Firmen Binvus Products und Minto Labs. Beide Namen tauchten auf den Quittungen der Börsenmakler auf;

zwei Schecks von Gideon Mace, ausgestellt auf seine Schwester, *mit demselben Endbetrag wie auf den beiden Aufträgen für den Aktienkauf;*

zwei Bankbelege auf den Namen von Gideon R. Mace, auf dessen Konto kurz nach dem Verkauf der Aktien größere Eingänge verbucht waren.

Lord rechnete schnell nach. Mace hatte, nach Zahlung von vermutlich zehn Prozent der Summe an seine Schwester, einen Reingewinn von insgesamt etwa 16000 Dollar erzielt.

Vielleicht auch mehr. Es war möglich, daß Mace ähnliches schon öfter getan hatte – das würde sich bei einem Strafverfahren zeigen.

Wie Redmond es bei seinem ersten Telefonanruf vorausgesagt hatte, würde Dr. Mace aufgrund seiner Machenschaften mit ziemlicher Sicherheit ins Gefängnis kommen.

Lord war drauf und dran, Redmond zu fragen, woher er das Beweismaterial habe, änderte dann aber seine Meinung. Die Antwort war nicht schwer zu erraten. Wahrscheinlich hob Mace alles in seinem Schreibtisch in der FDA auf, vielleicht, weil er es dort für sicherer hielt als zu Hause. Redmond, der gewitzt zu sein schien, hatte sich Zugang zu den Unterlagen verschafft. Natürlich mußte Redmond zunächst Verdacht geschöpft haben – zum Beispiel durch ein belauschtes Telefongespräch.

Wie hatte Gideon Mace nur so unglaublich dumm sein können, überlegte Lord. Dumm, weil er glaubte, damit durchzukommen. Dumm, weil er die Aktien unter seinem Familiennamen gekauft hatte; dumm, weil er die verräterischen Papiere an einem Platz aufbewahrte, wo jemand wie Redmond sie finden und ablichten konnte. Aber schließlich handelten kluge Leute oft dumm.

Lord wurde in seinen Gedanken unterbrochen. »Na, wie steht's? fragte Redmond ungeduldig. »Wollen Sie das Zeug haben? Wollen Sie das Geschäft machen oder nicht?«

Wortlos griff Lord in seine Jackentasche und reichte Redmond den unverschlossenen Umschlag. Der junge Mann zog das Geldbündel heraus und wog es in der Hand, seine Augen strahlten, und sein Gesicht rötete sich vor Freude.

»Zählen Sie es nach«, sagte Lord.

»Das brauche ich nicht. Sie würden mich nicht betrügen. Dazu ist die Sache für Sie zu wichtig.«

Schon vor einer Weile war Lord ein anderer junger Mann aufgefallen, der ein paar Meter entfernt auf einem Barhocker saß und gelegentlich zu ihnen herüberschaute. Jetzt sah er wieder in ihre Richtung, und diesmal erwiderte Redmond den Blick und lächelte; er hielt das Geld hoch, bevor er es wegsteckte. Der andere lächelte zurück. Lord bemerkte es angewidert.

»Ich schätze, das wär's dann«, sagte Redmond fröhlich.

»Ich habe nur noch eine Frage«, erklärte Vincent Lord.

»Fragen Sie ruhig.«

Lord berührte den braunen Umschlag mit dem verräterischen Inhalt. »Warum tun Sie Dr. Mace das an?«

Redmond zögerte. »Wegen etwas, das er mal zu mir gesagt hat.«

»Und was war das?«

»Wenn Sie es unbedingt wissen wollen«, sagte Redmond, und seine Stimme war schrill und haßerfüllt, »er hat mich einen dreckigen Homo genannt.«

»Und was ist daran so schlimm?« fragte Lord, während er aufstand. »Schließlich sind Sie doch einer, oder?«

Bevor er die Bar verließ, warf er noch einen Blick zurück. Tony Redmond starrte ihm mit wutverzerrtem Gesicht nach.

Eine Woche lang konnte Vincent Lord sich nicht entscheiden, was er tun sollte. Er wußte es noch immer nicht, als er Sam Hawthorne traf.

»Ich hörte, Sie waren in Washington«, sagte Sam. »Ich nehme an, es hatte etwas mit dem Geld zu tun, das ich Ihnen gegeben habe.«

Lord nickte. »Stimmt.«

»Ich rede nicht gern lange um eine Sache herum«, sagte Sam. »Und Sie müssen mich auch nicht schützen. Ich bin ein neugieriger Mensch – ich will es wissen.«

»In diesem Fall muß ich ein paar Unterlagen aus meinem Büro holen«, erklärte Lord.

Eine halbe Stunde später, nachdem er alles gelesen hatte, stieß Sam einen leisen Pfiff aus. Seine Miene war düster. »Sie sind sich bestimmt darüber im klaren«, sagte er zu Lord, »daß wir uns der Beihilfe bei einer strafbaren Handlung schuldig machen, wenn wir nicht sofort etwas unternehmen.«

»Ich weiß«, sagte Lord. »Aber was sollen wir tun? Wenn wir damit an die Öffentlichkeit gehen, gibt es einen großen Wirbel. Wir werden erklären müssen, wie wir an die Papiere gekommen sind. Und was auch passiert – die FDA wird es uns nie verzeihen!«

»Warum haben Sie uns dann da hineingezogen?«

»Weil diese Papiere für uns sehr nützlich sein können«, erwiderte Lord zuversichtlich, »wir müssen die Sache nur richtig anpacken.«

Lord gab sich gelassen; er wußte selbst nicht, warum, aber er hatte das Gefühl, alles unter Kontrolle zu haben. Gerade eben war ihm eingefallen, welchen Weg man am besten einschlagen konnte.

»Hören Sie«, sagte er zu Sam, »früher habe ich geglaubt, daß uns so etwas bei Staidpace weiterhelfen könnte. Das ist zum Glück inzwischen gelaufen. Aber es werden garantiert bei anderen Medikamenten neue Probleme auftauchen.«

»Sie wollen damit doch nicht etwa andeuten ...« Sam war schokkiert.

»Ich deute überhaupt nichts an. Außer, daß wir früher oder später wieder mit Mace zu tun haben werden. Und wenn er uns Schwierigkeiten macht, haben wir etwas in der Hand, das wir gegen ihn verwenden können. Daher schlage ich vor, im Augenblick gar nichts zu unternehmen.«

Sam war aufgestanden und ging ruhelos im Zimmer auf und ab. Schließlich brummte er: »Vielleicht haben Sie recht. Aber es gefällt mir nicht.«

»Mace wird es auch nicht gefallen«, sagte Lord. »Und gestatten Sie mir bitte, daran zu erinnern, daß *er* sich einer strafbaren Handlung schuldig gemacht hat, nicht wir.«

Sam schien etwas sagen zu wollen, aber Lord kam ihm zuvor. »Wenn die Zeit gekommen ist, können Sie die schmutzige Arbeit ruhig mir überlassen.«

Während Sam zögernd nickte, fügte Lord in Gedanken hinzu: *Es wird mir vielleicht sogar Freude machen.*

3

Anfang 1975 wurde Celia erneut befördert.

Sie hatte jetzt den Verkauf der rezeptpflichtigen Produkte unter sich und stand damit nur eine Stufe unter dem Leiter der Verkaufs- und Marketingabteilung. Für jemanden, der als Pharma-Vertreterin angefangen hatte, eine beachtliche Leistung – eine ganz außergewöhnliche aber für eine Frau.

Celia hatte jedoch seit geraumer Zeit beobachtet, daß bei Felding-Roth niemand mehr daran Anstoß zu nehmen schien, daß sie eine Frau war. Sie wurde – wie sie es sich immer gewünscht hatte – nur danach beurteilt, was sie leistete.

Celia gab sich nicht der Illusion hin, daß dies nun auch für andere Firmen Gültigkeit haben mußte, aber es war immerhin ein Beweis, daß die Chancen einer Frau, in Spitzenpositionen zu gelangen, stiegen. Wie bei jeder Veränderung mußte es Pioniere geben, und Celia war sich darüber im klaren, daß sie Pionierarbeit leistete.

Obwohl Celia bei ihrer neuen Aufgabe nicht mehr wie in den vergangenen drei Jahren mit Sam Hawthorne zu tun hatte, hatte Sam ihr versprochen, jederzeit für sie da zu sein. »Wenn Ihnen in der Firma irgend etwas auffällt, das einer Korrektur bedarf, oder wenn Sie der Meinung sind, daß wir etwas versäumt haben, möchte ich es erfahren, Celia«, sagte Sam am letzten Tag ihrer Tätigkeit als seine persönliche Assistentin. Und Lilian Hawthorne hatte während eines Essens für Celia und Andrew in ihrem Haus das Glas erhoben und gesagt: »Auf Ihr Wohl, Celia – auch wenn ich mir egoistischerweise wünschte, Sie wären nicht befördert worden und könnten auch weiterhin Sam das Leben erleichtern. Jetzt werde ich mir wieder mehr Sorgen um ihn machen müssen.«

An dem Essen nahm auch Juliet, die neunzehnjährige Tochter der Hawthornes, teil, die aus dem College zu Besuch gekommen war – eine hübsche, ausgeglichene junge Frau, der es nicht im geringsten geschadet zu haben schien, daß sie als verwöhntes Einzelkind aufgewachsen war. Sie hatte einen interessanten jungen Mann mitgebracht, den sie als »mein Freund Dwight Goodsmith« vorstellte. »Er studiert Jura und will Rechtsanwalt werden.«

Wie schnell war doch die Zeit vergangen, seit Juliet und Lisa in ihren Schlafanzügen durch das Zimmer getobt waren, dachte Celia wehmütig.

Nach Lilians Trinkspruch sagte Sam lächelnd: »Von ihrer eigentlichen Beförderung weiß Celia noch gar nichts – sie hat jetzt ihren eigenen Parkplatz auf dem ›Laufsteg‹.«

Als »Laufsteg« wurde die oberste Etage des mehrstöckigen Parkhauses neben dem Hauptgebäude von Felding-Roth bezeichnet. Diese Etage war den Führungskräften der Firma vorbehalten. Von dort aus konnte man über eine Glasrampe bequem in das gegenüberliegende Stockwerk des Haupthauses und zu dem Aufzug gelangen, der in die elfte Etage, den »Direktionsbereich«, hinauffuhr.

Natürlich gehörte auch Sam zu denjenigen, die den »Laufsteg« benutzen durften. Hier stellte er seinen silbergrauen Rolls-Bentley ab, den er einer Limousine mit Chauffeur, die ihm als Präsident zugestanden hätte, vorzog. Die anderen Angestellten parkten ihre Fahrzeuge in den unteren Etagen und erreichten das gegenüberliegende Gebäude weit umständlicher über den Hof.

Über Celias »doppelte Beförderung« wurde, bevor der Abend zu Ende ging, noch viel gescherzt.

»Es war eine weise Entscheidung, dich damals an Sams Fersen zu heften«, sagte Andrew auf der Rückfahrt.

»Ja«, bestätigte Celia. »Aber in letzter Zeit mache ich mir Sorgen um ihn.«

»Warum?«

»Er ist sehr viel mehr eingespannt als früher und trägt eine weit größere Verantwortung. Manchmal habe ich das Gefühl, daß er sich Sorgen macht, die er mit niemandem teilen will.«

»Du hast genug eigene Verantwortung zu tragen«, erwiderte Andrew, »und solltest dir nicht noch wegen Sam den Kopf zerbrechen. Aber da wir gerade beim Thema sind – was ist eigentlich aus dem jungen Mann geworden, der sich an *deine* Fersen geheftet hat?«

»Bill Ingram?« Celia lachte; sie mußte daran denken, wie Ingram ihr zum ersten Mal aufgefallen war – bei Quadrille-Brown, der New Yorker Werbeagentur. »Bill hat zuletzt in meiner früheren Position als Verkaufsleiter für Lateinamerika gearbeitet. Und wir überlegen, ob wir ihn nun befördern und in den Verkauf für rezeptpflichtige Produkte nehmen sollen.«

»Fein«, sagte Andrew. »Sieht fast so aus, als hätte auch er sich an die richtigen Rockschöße gehängt.«

In Celias Freude über die Beförderung fiel ein Wermutstropfen. Teddy Upshaw starb an einem Herzanfall – an seinem Schreibtisch.

Teddy war Verkaufsleiter für rezeptfreie Produkte geblieben und hatte seinen Platz erfolgreich und zufrieden ausgefüllt. Er hatte ein Jahr vor der Pensionierung gestanden. Celia würde seine lebhafte Stimme, seine Energie und Begeisterung sehr vermissen.

Mit Andrew und ein paar anderen Firmenangehörigen nahm sie an Teddys Beerdigung teil. Es war ein trüber, stürmischer Märztag, mit Regenschauern, die zu Eis gefroren. Die Trauernden waren in dicke Mäntel gehüllt und suchten Schutz unter den vom Wind gebeutelten Schirmen.

Später, im Haus der Upshaws, nahm Zoe, Teddys Witwe, Celia beiseite.

»Teddy hat Sie sehr bewundert, Mrs. Jordan«, sagte Zoe. »Er war stolz darauf, für Sie arbeiten zu dürfen, und sagte immer, daß die Firma ein Gewissen habe, solange Sie da seien.«

Celia erinnerte sich gerührt an den Tag, an dem sie Teddy zum ersten Mal gesehen hatte – vor fünfzehn Jahren, kurz nach ihrer Rede bei der *Waldorf*-Verkaufskonferenz, als man sie des Saales verwiesen hatte. Teddy hatte zu den wenigen gehört, die sie auf ihrem Weg hinaus mit Mitgefühl begleitet hatten.

»Ich habe Teddy auch sehr gern gemocht«, erklärte sie.

Als sie Andrew später berichtete, was Mrs. Upshaw ihr gesagt hatte, fügte sie hinzu: »Ich habe mich nicht immer an Teddys Ideale gehalten. Denk an unseren Streit in Ecuador. Du hattest damals so recht.«

»Wir hatten beide recht«, verbesserte Andrew, »denn auch du hast ein paar Dinge erwähnt, die *ich* getan oder unterlassen habe. Keiner von uns ist vollkommen – aber ich stimme Teddy zu: Du bist tatsächlich das gute Gewissen von Felding-Roth. Ich bin stolz auf dich, und ich hoffe, daß du bleibst, wie du bist.«

Der folgende Monat brachte bessere Nachrichten – im großen wie im kleinen.

Der Krieg in Vietnam war vorbei. Es war eine vernichtende Niederlage für Amerika, für eine Nation, die an Niederlagen nicht gewöhnt war. Aber das tragische Blutvergießen hatte ein Ende, und nun galt es, die nationalen Wunden zu heilen.

»Solange wir leben, wird die Bitterkeit bleiben«, sagte Andrew eines Abends, nachdem er und Celia den endgültigen, demütigenden Auszug der Amerikaner aus Saigon im Fernsehen miterlebt hatten. »Und in zweihundert Jahren werden sich die Historiker noch immer darüber streiten, ob unser Engagement richtig oder falsch war.«

»Ich weiß, es ist egoistisch«, sagte Celia, »aber ich kann nichts anderes denken als: Gott sei Dank, daß es zu Ende ist, bevor Brucie alt genug ist, um daran teilzunehmen.«

Ein oder zwei Wochen später herrschte bei Felding-Roth Freude über die Nachricht aus Frankreich, daß das Medikament Montayne zur Herstellung und für den Verkauf in Frankreich zugelassen worden war. Das bedeutete, daß gemäß dem Lizenzvertrag zwischen Felding-Roth Pharmaceuticals und Laboratoires Gironde-Chimie jetzt auch die amerikanischen Tests mit Montayne beginnen konnten.

Als Celia erfahren hatte, welchem Zweck das Medikament dienen sollte, war sie zunächst beunruhigt. Wie viele andere erinnerte sie sich an Thalidomid und seine schrecklichen Folgen. Sie erinnerte sich auch daran, wie froh sie gewesen war, daß Andrew ihr untersagt hatte, während ihrer Schwangerschaft Medikamente einzunehmen.

Sie teilte Sam ihre Bedenken mit. »Als ich das erste Mal von Montayne hörte«, gab er zu, »habe ich genauso reagiert wie Sie. Aber seit ich mehr darüber weiß, bin ich überzeugt, daß es ein sehr wirksames und völlig unbedenkliches Mittel ist.« Seit Thalidomid waren fünfzehn Jahre vergangen, und in dieser Zeit waren in der pharmazeutischen Forschung gewaltige Fortschritte gemacht worden, auch bei den Erprobungen neuer Arzneimittel. Außerdem waren jetzt, 1975, die Gesetze viel strenger als in den fünfziger Jahren.

»Es hat sich viel geändert«, sagte Sam. »Schließlich hat es auch mal Zeiten gegeben, als der Gedanke an Betäubungsmittel während der Entbindung strikt abgelehnt wurde. Genauso kann und muß es Mittel geben, die während der Schwangerschaft gefahrlos eingenommen werden können. Und Montayne ist so ein Mittel.«

Er riet Celia, keine voreiligen Schlüsse zu ziehen, bevor sie nicht alle Daten geprüft hatte.

Wie wichtig Montayne für Felding-Roth war, erfuhr sie schon bald von Seth Feingold, dem Vizepräsidenten und Chef des Rechnungswesens: »Den mit Montayne zu erwartenden Riesenumsatz brauchen wir dringend. In diesem Jahr ist es um uns so schlecht bestellt, daß wir über kurz oder lang ein Fall für die Wohlfahrt sein werden.«

Feingold, ein lebhafter, weißhaariger Firmenveteran, hatte schon das Pensionsalter überschritten, aber man hatte ihn wegen seines umfassenden Finanzwissens und wegen seiner Fähigkeit behalten, in schlechten Zeiten Geldquellen zu erschließen. In den vergangenen zwei Jahren waren er und Celia gute Freunde geworden, wozu auch die Tatsache beigetragen hatte, daß Andrew die Arthritis von Feingolds Frau mit Erfolg behandelt hatte.

»Meine Frau glaubt fest daran, daß Ihr Mann Wasser in Wein verwandeln kann«, vertraute Feingold Celia an. »Und bei seiner Frau scheint es ähnlich zu sein...«

Dann kam er wieder auf Montayne zu sprechen: »Ich habe mit den Finanzleuten von Gironde-Chimie telefoniert; sie sind überzeugt davon, daß ihnen das Mittel einen Riesenumsatz bringen wird.«

»Auch wenn es noch ein bißchen früh ist – wir vom Vertrieb strengen uns schon mächtig an«, versicherte Celia.

»Apropos Anstrengung – manche bei uns fragen sich allmählich, was diese Engländer in unserem Forschungsinstitut da drüben eigentlich treiben. Scheinen die ganze Zeit nur Tee zu trinken.«

»Ich habe in letzter Zeit nicht viel gehört...« begann Celia.

»Und ich habe überhaupt noch nichts gehört«, unterbrach Feingold. »Außer, daß sie uns Millionen kosten und unser Geld zum Schornstein rausjagen. Auch das ist ein Grund dafür, daß sich unsere Bilanzen in einem so katastrophalen Zustand befinden. Eine Menge Leute hier, einschließlich einiger Mitglieder des Aufsichtsrats, machen sich wegen dieser britischen Kapriole Sorgen. Fragen Sie Sam.«

Aber Celia brauchte Sam nicht zu fragen – er ließ sie ein paar Tage später zu sich rufen. »Sie werden vielleicht schon gehört haben«, begann er, »daß ich wegen Martin Peat-Smith unter ziemlichem Beschuß stehe.«

»Seth Feingold hat es mir gesagt.«

Sam nickte. »Seth gehört auch zu denen, die Zweifel hegen. Aus finanziellen Gründen würde er Harlow gern schließen, und bei unserer Jahresversammlung darf ich auf bohrende Fragen unserer Aktionäre gefaßt sein. Manchmal habe ich das Gefühl, als sollte ich es aufgeben«, fügte er düster hinzu.

»Es ist kaum zwei Jahre her, daß das Harlower Forschungsinstitut seine Arbeit aufgenommen hat. Sie hatten doch Vertrauen zu Martin.«

»Martin hat damals zumindest *ein paar* positive Ergebnisse innerhalb von zwei Jahren in Aussicht gestellt«, erwiderte Sam. »Außerdem sind dem Glauben Grenzen gesetzt, wenn die Gelder derart verpulvert werden und mir der Aufsichtsrat und die Aktionäre im Nacken sitzen. Und noch etwas – Martin liefert einfach keine Berichte ab. Ich brauche unbedingt eine Bestätigung, daß die Sache vorangeht und daß es sich lohnt weiterzumachen.«

»Warum fahren Sie nicht hin und überzeugen sich?«

»Dafür habe ich im Augenblick leider keine Zeit. Ich möchte aber, daß Sie hinfahren, Celia – sobald Sie können.«

»Glauben Sie nicht, daß Vince Lord dazu besser geeignet wäre?« fragte sie zweifelnd.

»Vom wissenschaftlichen Standpunkt aus sicherlich. Aber Vince ist voreingenommen. Er war von Anfang an gegen das Projekt, und es wäre ihm nur recht, wenn wir Harlow schließen.«

Celia lachte. »Wie gut Sie uns alle kennen!«

»Ich kenne *Sie,* Celia«, sagte Sam ernst, »und ich habe gelernt, mich auf Ihr Urteil und Ihren Instinkt zu verlassen. Ich beschwöre Sie deshalb – wie sehr Sie Martin Peat-Smith auch mögen –, bei Ihrer Beurteilung hart und rücksichtslos zu sein! Wann können Sie fahren?«

»Wenn es geht, schon morgen«, sagte Celia.

4

Als Celia am frühen Morgen zu einem zweitägigen Besuch auf dem Londoner Flughafen Heathrow eintraf, wartete bereits eine Limousine auf sie, die sie direkt zum Felding-Roth-Forschungsinstitut brachte.

Von Anfang an versuchte man, ihr deutlich zu machen, daß alles in bester Ordnung sei. Jeder versicherte ihr, wie gut die Forschungen vorangingen, wieviel man bereits in Erfahrung gebracht habe und wie hart das ganze Team arbeitete. Nur gelegentlich kam es ihr vor, als spüre sie gewisse Anzeichen von Zweifel. Doch dann waren sie wieder verschwunden, so daß sie sich fragte, ob sie sich alles nicht nur eingebildet hatte.

Am ersten Tag ging Martin mit ihr durch die Labors und erklärte ihr die laufenden Arbeiten, die immer noch das ursprüngliche Ziel verfolgten – »eine m-RNS zu entdecken und zu isolieren, die in den Gehirnen junger Tiere anders beschaffen ist als in denen alter Tiere«. Und er fügte hinzu: »Später wird sich sicher herausstellen, daß dies auch für die Menschen zutrifft.«

Dann fuhr er in wissenschaftlichem Jargon fort:

»... m-RNS, extrahiert aus den Gehirnen von Ratten verschiedenen Alters ... nach der Extraktion inkubiert mit aufgebrochenen Hefezellen unter Hinzufügung von radioaktiven Aminosäuren ... das Hefesystem synthetisiert die tierischen Gehirnpeptide, die gleichzeitig auch radioaktiv werden ... als nächstes folgt eine Trennung der Peptide entsprechend ihrer elektrischen Ladung auf Spezialgelen ... dann finden wir mit Hilfe eines Röntgenfilms die Peptide als Banden wieder ...«

Wie ein Zauberer, der ein Kaninchen aus dem Hut zieht, schob Martin mehrere 8 × 10 große Negative über den Labortisch. »Das sind Filme von den Chromatogrammen.«

Auf Celia wirkten sie wie leere Filmstreifen, aber Martin erklärte: »Sehen Sie genau hin, dann werden Sie zwei Reihen dunkler Streifen erkennen. Die eine ist von einer jungen Ratte, die andere von einer alten. Und sehen Sie ... hier bei der jungen Ratte sind mindestens neun Peptide, die im Gehirn des älteren Tieres nicht mehr produziert werden.« Seine Stimme bebte vor Erregung. »Jetzt haben wir den positiven Beweis dafür, daß sich die RNS und wahrscheinlich auch die DNS während des Alterungsprozesses verändern.«

»Ja«, sagte Celia unsicher. War diese Entdeckung wirklich so bedeutend, daß sie zwei Jahre Forschungsarbeit und die enormen Kosten rechtfertigte?

Man sah, wo das Geld geblieben war, wenn man sich umblickte: geräumige Labors und moderne Büros mit beweglichen Trennwänden, breite Korridore, ein gemütlicher Konferenzraum.

Die Labors waren mit modernen Arbeitstischen aus Kunststoff ausgestattet, da Holz nach Meinung der Wissenschaftler nicht ausreichend gereinigt werden konnte. Ventilatoren filterten Verunreinigungen aus der Luft. Alles war hell erleuchtet. In zwei Räumen standen große Inkubatoren mit Glastüren, in denen Reagenzgläser mit Bakterien und Hefe aufbewahrt wurden. Einige andere Räume hatten Doppeltüren mit der Aufschrift: »Vorsicht! Radioaktivität!«

Der Kontrast zu den Labors in Cambridge, wo Martin früher gearbeitet hatte, war erstaunlich, wenn auch einiges noch daran erinnerte, zum Beispiel die Aktenberge, die auf sämtlichen Tischen verstreut waren. Man konnte die Umgebung eines Wissenschaftlers verändern, dachte Celia, nicht aber seine Arbeitsgewohnheiten.

Als sie weitergingen, fuhr Martin mit seinen Erklärungen fort:

»Nachdem wir nun die RNS haben, können wir die korrespondierende DNS herstellen ... müssen sie in die DNS lebender Bakterien einschleusen ... und versuchen, die Bakterien ›zu überlisten‹, damit sie das gewünschte Gehirnpeptid produzieren ...«

Gegen Ende der Führung öffnete Martin die Tür zu einem kleinen Labor, in dem ein älterer Laborant mit weißem Kittel vor einem halben Dutzend Rattenkäfigen stand. »Das ist Mr. Yates«, stellte Martin vor. »Er will gerade ein paar Tiere sezieren.«

»Mickey Yates.« Der Mann streckte die Hand aus. »Ich weiß, wer Sie sind. Alle wissen es.«

Martin lachte. »Das stimmt. Darf ich Sie ein paar Minuten allein lassen? Ich muß einen Anruf erledigen.«

Als Martin das Zimmer verlassen hatte, wandte sich Celia an Yates: »Wenn es Sie nicht stört, würde ich gern ein wenig zusehen.«

»Es stört mich überhaupt nicht. Aber zuerst muß ich einem von diesen kleinen Burschen hier den Garaus machen.« Er öffnete einen Kühlschrank und nahm einen kleinen durchsichtigen Plastikkasten aus dem Gefrierfach. Unter einer Plattform im Inneren des Kastens stand ein Tablett mit einem kristallinen Stoff, von dem Dampf aufstieg. »Trockeneis«, sagte Yates. »Hatte es gerade reingelegt, bevor Sie kamen.«

Er öffnete einen der Käfige und ergriff geschickt eine große, zappelnde weißgraue Ratte, die er in den Plastikbehälter setzte; dann verschloß er den Deckel. Celia konnte die Ratte auf der kleinen Plattform im Inneren des Kastens sitzen sehen.

»Das Trockeneis schafft eine CO_2-Atmosphäre«, erklärte Yates. »Wissen Sie, was das bedeutet?«

Celia lächelte über die einfache Frage. »Ja. Kohlendioxyd – wir atmen es aus, wenn wir den Sauerstoff aus der Luft verbraucht haben. Am Leben kann es uns nicht erhalten.«

»Richtig. Der kleine Bursche hier ist schon fast hinüber.«

Sie beobachteten, wie die Ratte zweimal zuckte und dann still liegenblieb. Eine Minute verging. »Jetzt atmet er nicht mehr«, verkündete Yates fröhlich. Nach weiteren dreißig Sekunden machte er den Plastikbehälter auf, zog das bewegungslose Tier heraus und bestätigte noch einmal: »Mausetot. Aber es geht zu langsam.«

»Mir kam es ziemlich schnell vor.« Celia versuchte sich daran zu erinnern, auf welche Weise man die Ratten während ihrer lange zurückliegenden Laborzeit getötet hatte, aber es fiel ihr nicht ein.

»Es ist zu langsam, wenn man viel zu tun hat. Dr. Peat-Smith benutzt gern den CO_2-Behälter, aber es gibt eine schnellere Methode. Diese hier.« Yates zog eine Schublade unter dem Labortisch auf und holte einen anderen Kasten hervor, diesmal aus Metall. Auf der einen Seite befand sich eine kleine runde Öffnung, unmittelbar darüber hing ein scharfes Messer. »Das ist eine Guillotine«, sagte Yates noch immer fröhlich. »Die Franzosen sind geschickt in solchen Dingen.«

»Aber keine sehr saubere Methode«, erwiderte Celia. Sie erkannte die Einrichtung wieder – auf ähnliche Weise hatte man die Ratten früher auch getötet.

»Ach, das ist nicht so schlimm. Und – es geht ruckzuck.« Yates warf einen Blick über die Schulter zur Tür, dann holte er, bevor Celia ihn davon abhalten konnte, eine weitere Ratte aus dem Käfig und steckte sie blitzschnell in den Kasten, so daß ihr Kopf aus dem Loch ragte. Dann ließ er das Messer nach unten sausen.

Man hörte ein knackendes Geräusch und so etwas wie einen Schrei, dann fiel der Kopf der Ratte herunter. Blut schoß aus den Arterien. Obwohl Celia mit Labors und Forschungsarbeiten vertraut war, wurde ihr schlecht.

Yates warf den blutenden und noch immer zuckenden Tierkörper gleichgültig in einen Abfalleimer und behielt den Kopf in der Hand. »Jetzt brauche ich nur noch das Gehirn rauszuholen. Schnell und schmerzlos!«

Celia war von Abscheu erfüllt. »Das hätten Sie mir wirklich nicht vorzuführen brauchen!«

»Was denn?« fragte Martin hinter ihr. Er war unbemerkt zurückgekommen und begriff sofort, was geschehen war. Nach einer kurzen Pause bat er Celia, draußen auf ihn zu warten.

Sie konnte Martins wütende Stimme durch die Tür hören. »Tun Sie das *nicht noch mal*, wenn Sie hier weiterarbeiten wollen... Meine Anweisung lautet: den CO_2-Kasten benutzen; das ist schmerzlos. *Und nichts anderes!*... Sehen Sie zu, daß dieses Ding hier rauskommt! Haben Sie verstanden?«

Dann hörte sie Yates' kleinlaute Stimme: »Jawohl, Sir.«

»Es tut mir leid«, sagte Martin zu Celia, als sie wenig später mit zwei Bechern Kaffee im Konferenzraum saßen. »Das hätte nicht passieren dürfen. Yates ist es nicht gewöhnt, daß ihm eine hübsche Frau bei der Arbeit zusieht – die er im übrigen sonst zu meiner Zufriedenheit verrichtet. Das ist auch der Grund, warum ich ihn von Cambridge mitgebracht habe. Er kann ein Rattengehirn sezieren wie ein Chirurg.«

Celias Ärger war verflogen. »Macht nichts.«

»Aber mir macht es was.«

»Tiere bedeuten Ihnen viel, nicht wahr?« fragte sie.

»Ja, das stimmt.« Martin nahm einen Schluck Kaffee. »Es ist unmöglich, Forschungen zu betreiben, ohne Tieren Schmerzen zuzufügen. Menschliche Bedürfnisse aber gehen vor – das müssen auch die Tierschützer akzeptieren. Doch sollten die Schmerzen so gering wie möglich sein. Und wenn man sich bemüht, geht das auch.«

Celias Sympathie für Martin wuchs, aber sie rief sich immer wieder ins Gedächtnis, daß sie sich bei ihrer Beurteilung nicht von Neigungen oder Abneigungen beeinflussen lassen durfte.

»Kommen wir zurück auf die Fortschritte, die Sie gemacht haben«, sagte sie knapp. »Sie haben von Unterschieden in den Gehirnen junger und alter Tiere gesprochen und von Plänen, eine DNS synthetisch herzustellen. Aber Sie haben bis jetzt noch kein Protein isoliert – das Peptid, nach dem Sie suchen, auf das es ankommt. Richtig?«

»Richtig. Das ist der nächste Schritt, aber auch der schwerste. Wir arbeiten daran, und es wird gelingen – auch wenn es noch einige Zeit dauern wird.«

»Als das Institut eingerichtet wurde, haben Sie gesagt: ›Geben Sie mir zwei Jahre.‹ Sie erhofften sich in dieser Zeit positive Resultate. Das war vor zwei Jahren und vier Monaten.«

Er schien überrascht. »Habe ich das wirklich gesagt?«

»Ja. Sam erinnert sich genau daran. Und ich auch.«

»Dann war das ziemlich unüberlegt von mir. Bei unserer Forschungsarbeit lassen sich keine Zeitpläne aufstellen.« Martin gab sich noch immer zuversichtlich, aber Celia spürte seine Anspannung. Auch körperlich schien Martin nicht in besonders guter Verfassung. Er war blaß, seine Augen sahen müde aus, und in sein Gesicht hatten sich Falten eingegraben, die sie vor zwei Jahren noch nicht bemerkt hatte.

»Martin«, sagte Celia, »warum schicken Sie uns keine Arbeitsberichte? Sam muß sich vor dem Aufsichtsrat und den Aktionären rechtfertigen ...«

Martin schüttelte ungeduldig den Kopf. »Es ist wichtiger, daß ich mich auf die Forschungsarbeit konzentriere. Mit diesem ganzen Papierkram verplempert man nur seine Zeit.« Und dann fragte er unvermittelt: »Haben Sie John Locke gelesen?«

»Im College – ein wenig.«

»Er schreibt, daß der Mensch Entdeckungen macht, indem er ›seine Gedanken ständig in eine Richtung lenkt‹. Ein Wissenschaftler darf das nie vergessen.«

Celia beließ es für den Augenblick dabei, aber später griff sie das Thema mit dem Verwalter, Ex-Major Bentley, wieder auf, der einen anderen Grund für das Ausbleiben von Berichten andeutete.

»Für Dr. Peat-Smith scheint es außerordentlich schwierig zu sein, überhaupt etwas schriftlich niederzulegen«, erklärte er. »Vielleicht, weil er der Ansicht ist, daß das, was für ihn gestern wichtig war, heute längst überholt sein kann. Am liebsten würde er alles, was er je geschrieben hat, wieder vernichten. Das habe ich bei Wissenschaftlern häufig erlebt. Womöglich liegt es daran, daß sie sich ständig weiterbilden und erst sehr spät mit den Realitäten des Alltagslebens konfrontiert werden. Es hat große Gelehrte gegeben, die im Alltag nie zurechtgekommen sind. Man findet in akademischen Kreisen zuweilen auch ein geradezu kindisches Benehmen – kleinliche Zänkereien und dergleichen bei ganz banalen Dingen.«

»Ich hätte nicht gedacht, daß das auch auf Martin Peat-Smith zutrifft«, sagte Celia nachdenklich.

»Vielleicht nicht auf diese Weise«, stimmte Bentley zu. »Aber Dr. Peat-Smith hat zum Beispiel Schwierigkeiten, ganz unbedeutende Entscheidungen zu treffen. Er kann sich wochenlang damit herumquälen, welchen von zwei Laboranten er einstellen oder ob er an einem dreitägigen Seminar in London teilnehmen soll. Das sind Kleinigkeiten, die Sie oder ich in ein paar Minuten klären würden, und es ist schon oft vorgekommen, daß schließlich ich die Entscheidungen getroffen habe, weil mein Vorgesetzter sich nicht dazu durchringen konnte. All das berührt natürlich keineswegs Dr. Peat-Smiths wissenschaftliche Integrität und Hingabe.«

»Jetzt wird mir manches klarer«, sagte Celia. »Auch, warum Martin uns keine Berichte geschickt hat.«

»Da wäre noch etwas, das ich vielleicht erwähnen sollte.«

»Reden Sie.«

»Dr. Peat-Smith ist der Leiter dieses Projekts, und jemand, der eine Führungsfunktion ausübt, kann es sich nicht leisten, Schwächen oder Zweifel zu zeigen. Darunter würde die Moral seiner Mitarbeiter leiden. Und außerdem: Dr. Peat-Smith war es gewohnt, immer allein zu arbeiten, sein Tempo selbst zu bestimmen. Jetzt trägt er plötzlich die Verantwortung für viele Menschen, die von ihm abhängig sind, und sieht sich nun auch noch durch Ihre Anwesenheit, Mrs. Jordan, unter Druck gesetzt.«

»Dann bestehen also doch Zweifel hinsichtlich der Arbeit?« fragte Celia.

Bentley, der Celia in seinem Büro am Schreibtisch gegenübersaß, legte die Fingerspitzen gegeneinander und sah sie nachdenklich an. »Ich habe eine Verpflichtung gegenüber Dr. Peat-Smith, aber ich habe auch Ihnen und Mr. Hawthorne gegenüber eine Verpflichtung – und die schätze ich höher ein. Daher muß ich Ihnen Ihre Frage ehrlich beantworten: Ja, es gibt Zweifel.«

»Ich möchte gern mehr darüber wissen«, sagte Celia.

»Von den wissenschaftlichen Dingen verstehe ich zuwenig«, erwiderte Bentley zögernd. »Vielleicht sollten Sie sich aber einmal ganz privat mit Dr. Sastri unterhalten. Bitten Sie ihn, ganz offen mit Ihnen zu reden.«

Dr. Rao Sastri war, wie Celia wußte, der auf Nukleinsäuren spezialisierte Chemiker, ein Pakistani, den Martin zu seinem Stellvertreter gemacht hatte.

»Vielen Dank, Mr. Bentley, ich werde Ihrem Rat gern folgen«, sagte Celia.

»Kann ich Ihnen sonst noch behilflich sein?«

Celia überlegte. »Martin erwähnte heute John Locke. Ist er ein Anhänger von Locke?«

»Ja, und ich auch.« Bentley lächelte. »Wir sind beide der Überzeugung, daß Locke zu den größten Philosophen gehört, die es je gegeben hat.«

»Ich würde heute abend gern etwas von Locke lesen«, sagte Celia. »Könnten Sie mir etwas besorgen?«

»Ich werde es in Ihr Hotel schicken lassen.«

Erst am späten Nachmittag des zweiten Tages kam Celia dazu, mit Dr. Sastri zu sprechen. Nach ihrem Gespräch mit Nigel Bentley hatte sie sich mit anderen Mitarbeitern des Instituts unterhalten, die alle guten Mutes und optimistisch zu sein schienen. Trotzdem hatte Celia das Gefühl, daß man etwas vor ihr verbarg und daß niemand ganz aufrichtig zu ihr war.

Rao Sastri war ein gutaussehender, dunkelhäutiger junger Mann von Ende Zwanzig. Celia wußte, daß er einen ausgezeichneten Ruf als Wissenschaftler genoß. Sastri und Celia trafen sich unter vier Augen in einem Nebenraum der Cafeteria, der von den leitenden Angestellten gewöhnlich für gemeinsame Abendessen benutzt wurde.

»Ich nehme an, Sie wissen, wer ich bin«, sagte Celia nach der Begrüßung.

»Ja, Mrs. Jordan. Mein Kollege Peat-Smith hat oft und sehr freundlich von Ihnen gesprochen. Es ist mir eine Ehre, Sie kennenzulernen.«

»Ich freue mich ebenfalls, Sie kennenzulernen«, sagte Celia, »und ich würde mich gern mit Ihnen über die Fortschritte bei Ihrem Forschungsvorhaben unterhalten.«

»Alles läuft ganz wunderbar!«

»Ja«, bemerkte Celia, »das haben mir alle anderen auch schon versichert. Aber bevor wir weiterreden, möchte ich gern klarstellen, daß ich in Vertretung von Mr. Hawthorne, dem Präsidenten von Felding-Roth, hier bin und alle Vollmachten besitze.«

»O je! Ich frage mich, was jetzt kommt.«

»Ich muß Sie bitten, Dr. Sastri, nein, Sie auffordern, ganz offen mit mir zu sein und auch nicht mit eventuellen bisher nicht geäußerten Zweifeln hinter dem Berg zu halten.«

»Das ist mir aber sehr peinlich«, sagte Sastri. »Und auch nicht ganz fair, wie ich Bentley schon gesagt habe, der mich über das bevorstehende Gespräch informierte. Ich habe schließlich Peat-Smith gegenüber eine Verpflichtung, und er ist ein anständiger Kerl.«

»Sie haben Felding-Roth gegenüber eine noch größere Verpflichtung«, klärte Celia ihn in scharfem Ton auf. »Die Firma zahlt Ihr Gehalt – ein gutes Gehalt – und hat daher Anspruch auf Ihre ehrliche, fundierte Meinung.«

»Sie reden nicht lange um den heißen Brei herum, nicht wahr?«

»Dafür habe ich keine Zeit, da ich morgen schon wieder nach Amerika zurückfliegen muß. Sagen Sie mir also bitte möglichst genau, wie es Ihrer Meinung nach um die Forschungen im Institut steht und in welche Richtung sie sich bewegen.«

Sastri hob resignierend die Hände und stieß einen Seufzer aus. »Mit den Forschungen steht es nicht besonders gut. Und meiner bescheidenen Meinung nach – wie auch der vieler anderer, die an diesem Projekt beteiligt sind – führen sie nirgendwohin.«

»Erklären Sie mir das genauer.«

»In mehr als zwei Jahren haben wir nichts weiter erreicht, als die Theorie zu bestätigen, daß mit fortschreitendem Alter in der Gehirn-DNS Veränderungen stattfinden. Gewiß, das ist eine interessante Erkenntnis, aber dahinter türmt sich eine verdammte Mauer auf, und wir besitzen keine geeigneten Techniken, um sie zu durchdringen. Und selbst im positiven Fall könnte sich herausstellen, daß das von Peat-Smith postulierte Peptid gar nicht dahinter zu finden ist.«

»Sie teilen seine Theorie nicht?« fragte Celia.

»Ich gebe zu, Mrs. Jordan, daß ich ihr früher einmal beigepflichtet habe.« Sastri schüttelte bedauernd den Kopf. »Aber wenn ich ganz ehrlich bin, kann ich es jetzt nicht mehr.«

»Martin hat mir gesagt, daß Sie die Existenz einer einzigartigen RNS nachgewiesen haben und in der Lage sein müßten, die entsprechende DNS herzustellen.«

»Das stimmt. Aber was er Ihnen *nicht* gesagt hat – daß das isolierte Material möglicherweise unbrauchbar ist. Es ist ein sehr langer Strang, auf dem die Codes zahlreicher Proteine Platz haben, möglicherweise bis zu vierzig. Daher ist es nicht zu gebrauchen – es ist ein ›Nonsens-Peptid‹.«

»Läßt sich das Material spalten? Kann man die Peptide isolieren?« fragte Celia, um Verständnis bemüht.

Sastri lächelte; seine Stimme bekam einen überlegeneren Klang. »Genau hier befindet sich die Mauer. Wir wissen noch nicht, wie wir sie überwinden sollen. In zehn Jahren vielleicht...« Er zuckte die Achseln.

In den folgenden zwanzig Minuten erfuhr Celia weitere Einzelheiten und auch, daß Martin der einzige war, der noch daran glaubte, daß sie zu brauchbaren Ergebnissen gelangen würden.

»Ich danke Ihnen, Dr. Sastri«, sagte Celia zum Schluß. »Sie haben mir gesagt, was ich wissen wollte und weswegen ich hergekommen bin.«

Der junge Mann nickte bedrückt. »Ich habe nur meine Pflicht getan, wie Sie es von mir verlangt haben. Aber ich werde heute nacht bestimmt kein Auge zumachen.«

»Ich glaube, ich auch nicht«, erwiderte Celia. »Aber das ist der Preis, den wir manchmal bezahlen müssen.«

5

Auf Martins Einladung hin besuchte Celia ihn an ihrem zweiten und letzten Abend zu einem Drink in seinem Haus. Danach wollten sie im *Churchgate*-Hotel, in dem Celia wohnte, zusammen essen.

Martin lebte in einem kleinen Haus, einer Doppelhaushälfte, ungefähr zwei Meilen vom Institut entfernt. Es war modern und praktisch und ähnelte einem guten Dutzend anderer Häuser in der Nachbarschaft, die offenbar in Serie errichtet worden waren.

Martin führte sie in ein kleines Wohnzimmer, und wie schon bei anderen Gelegenheiten spürte sie auch heute seine bewundernden Blicke. Sie hatte für die kurze Reise nach Großbritannien nur wenig Kleidung eingepackt und trug tagsüber ein maßgeschneidertes Kostüm, an diesem Abend aber hatte sie ein Modellkleid von Diane von Fürstenberg mit hübschen braunen und weißen Drucken angezogen und eine Perlenkette umgelegt. Ihre weichen braunen Haare waren modisch kurz geschnitten.

Im Flur stolperte Celia fast über die vielen Tiere – einen freundlichen irischen Setter, eine knurrende englische Bulldogge und drei Katzen. Im Wohnzimmer hockte ein Papagei auf einer Stange.

Sie lachte. »Sie sind wirklich ein Tiernarr, nicht wahr?«

»Ich glaube schon«, stimmte Martin lächelnd zu. »Ich habe gern Tiere um mich, und auf heimatlose Katzen wirke ich wie ein Magnet.« Die Katzen schienen derselben Meinung zu sein und folgten ihm auf Schritt und Tritt.

Celia wußte, daß Martin allein lebte; tagsüber kam eine Zugehfrau. Das Wohnzimmer war spärlich möbliert – ein Ledersessel, eine Leselampe und drei Bücherregale, die mit wissenschaftlichen Werken vollgestopft waren. Auf einem kleinen Tisch standen Flaschen, ein Mixer und Eiswürfel.

»Ich habe alles für einen Daiquiri, wenn Sie einen mögen.«

»Es ist nett, daß Sie sich daran erinnern.« Celia fragte sich, ob sie am Ende des Abends noch immer so entspannt und freundschaftlich miteinander umgehen würden. Bei früheren Begegnungen mit Martin hatte sie sich von ihm als Mann stets angezogen gefühlt, aber ihr kamen Sam Hawthornes Abschiedsworte in den Sinn: »*... wie sehr Sie Martin Peat-Smith auch mögen ... bei Ihrer Beurteilung hart und rücksichtslos zu sein ...*«

»Übermorgen werde ich Sam sehen«, sagte Celia. »Und dann werde ich ihm berichten, wie es meiner Meinung nach mit dem Harlow-Institut weitergehen soll. Ich würde gern von Ihnen erfahren, wie Sie die Dinge sehen.«

»Ganz einfach.« Er reichte ihr den Daiquiri. »Sie sollten sich dafür einsetzen, daß unsere Forschungen noch ein Jahr oder, falls nötig, länger fortgesetzt werden.«

»Es gibt eine Reihe von Leuten, die dagegen sind. Das wissen Sie.«

»Ja.« Die Zuversicht, die Martin seit Celias Ankunft ausgestrahlt hatte, hielt auch jetzt noch an. »Es gibt immer kurzsichtige Leute, die nicht fähig sind, eine Sache als Ganzes zu sehen.«

»Ist Dr. Sastri kurzsichtig?«

»Leider ja. Rao war vor einer Stunde bei mir, weil er meinte, daß ich wissen sollte, was er Ihnen heute nachmittag gesagt hat. Rao ist ein durch und durch ehrlicher Mann.«

»Und?«

»Er irrt sich. Absolut. Genau wie alle anderen, die Zweifel hegen.«

»Können Sie die Zweifel mit Fakten widerlegen?« fragte Celia.

»Natürlich nicht!« Martin wurde wieder ungeduldig. »Jede wissenschaftliche Forschung basiert auf einer Theorie. Wenn wir schon vorher Fakten hätten, brauchten wir keine Forschung zu betreiben. Was wir aber brauchen, ist ein fundiertes, professionelles Urteilsvermögen und Instinkt; manche nennen das wissenschaftliche Arroganz. In jedem Fall ist es die Überzeugung, auf dem richtigen Weg zu sein, und das Wissen, daß zwischen einem selbst und dem, wonach man sucht, nur die Zeit – in diesem Fall eine sehr *kurze* Zeit – steht.«

»Zeit und sehr viel Geld«, wandte Celia ein. »Und die Frage, ob Sie oder Sastri oder wer sonst die Sache richtig beurteilen.«

Martin nahm einen Schluck von seinem Scotch mit Wasser. »Über Geld denke ich nicht gern nach, jedenfalls nicht mehr, als unbedingt nötig, vor allem nicht über Geld, das aus dem Verkauf von Medikamenten stammt. Aber da Sie es erwähnt haben, will ich darüber reden, weil es vielleicht die einzige Möglichkeit ist, mich Ihnen oder Sam oder den anderen verständlich zu machen.«

Celia sah Martin aufmerksam an.

»Selbst ich in meiner Abgeschiedenheit«, begann er, »weiß, daß Felding-Roth in Schwierigkeiten steckt. Wenn nicht bald etwas geschieht, wird es mit der Firma bergab gehen. Stimmt's?«

Celia zögerte und nickte dann. »Ja, das stimmt.«

»Und *ich* kann, wenn man mir noch ein bißchen mehr Zeit läßt, Ihre Firma retten. Ich werde sie nicht nur retten, sondern ihr dazu verhelfen, wieder produktiv, angesehen und reich zu werden. Denn am Ende meiner Forschungen wird ein wichtiges Mittel stehen – ein Medikament.« Martin verzog das Gesicht, bevor er weitersprach. »Mir persönlich ist es egal, welche kommerziellen Folgen meine Arbeit hat. Es ist mir sogar peinlich, jetzt darüber zu reden. Aber wenn ich Erfolg habe, dann wird es auch für Sie ein Erfolg sein.«

Martins Worte waren genauso eindrucksvoll wie damals bei ihrem Besuch in seinem Cambridger Labor. Seinerzeit, dachte Celia, hatte er auch Sam beeindruckt. Aber die mehr als zwei Jahre zurückliegende Prognose hatte sich nicht bestätigt. Warum, fragte Celia sich, sollte das heute anders sein?

Sie schüttelte den Kopf. »Ich weiß nicht. Ich weiß einfach nicht.«

»Verdammt, aber ich weiß, ich weiß, daß ich die Sache richtig beurteile!« Martin sprach jetzt lauter. »Wir sind schon ganz nahe dran, sehr nahe!« Er trank sein Glas aus und stellte es heftig auf den Tisch. *»Verdammt! Wie kann ich Sie nur überzeugen!«*

»Sie können es ja noch mal beim Essen versuchen.« Celia warf einen Blick auf die Uhr. »Ich glaube, wir sollten jetzt gehen.«

Das Essen im *Churchgate*-Hotel war zwar gut, aber die Portionen waren für Celia zu groß. Nach einer Weile schob sie die Reste auf ihrem Teller lustlos hin und her, während sie überlegte, was sie als nächstes sagen sollte. Dabei betrachtete sie die schöne Umgebung.

Vor mehr als sechshundert Jahren, bevor Churchgate in ein Hotel umgewandelt wurde, hatte an dieser Stelle eine Votivkapelle gestanden, die später ein Privathaus wurde. Reste der Bauweise aus der Zeit Jakobs I. waren in dem hübschen Hotel noch zu erkennen, das vergrößert und renoviert worden war, als Harlow nach dem Zweiten Weltkrieg vom Dorf zur Stadtgemeinde aufstieg. Der Speisesaal gehörte zu diesen historischen Überbleibseln.

Celia mochte die Atmosphäre – die niedrige Decke, die gepolsterten Fensterbänke, die Tischtücher aus rot-weiß gemustertem Leinen, den angenehmen Service, zu dem es gehörte, die Speisen aufzutragen, bevor die Gäste aus der angrenzenden Bar zu Tisch gebeten wurden, wo sie die Bestellung zuvor aufgegeben hatten.

An diesem Abend saß Celia auf einer der Fensterbänke, Martin ihr gegenüber. Sie hörte ihm zu, warf gelegentlich eine Frage ein, während Martin selbstsicher über wissenschaftliche Dinge redete. Aber Nigel Bentleys Worte waren ihr noch frisch im Gedächtnis. *»Dr. Peat-Smith ist der Leiter dieses Projekts, er kann es sich nicht leisten, Schwächen oder Zweifel zu zeigen . . .«*

War Martin trotz der festen Zuversicht, die er nach außen hin bekundete, dennoch unsicher? Celia überlegte, wie sie das herausfinden konnte. Eine Idee war ihr beim Lesen des Buchs gekommen, das ihr Nigel Bentley – wie versprochen – ins Hotel geschickt hatte.

Sie sah ihn offen an. »Vorhin, bei Ihnen zu Hause, sprachen Sie von wissenschaftlicher Arroganz.«

»Verstehen Sie das, bitte, nicht falsch«, gab er zurück. »Das war positiv, nicht negativ gemeint – eine Kombination aus Wissen und dem Willen, der eigenen Arbeit kritisch gegenüberzutreten, aber auch aus einer Überzeugung, die ein erfolgreicher Wissenschaftler unbedingt braucht, um überleben zu können.«

Bei diesen Worten hatte Celia zum ersten Mal das Gefühl, eine Andeutung von Schwäche in der zur Schau getragenen Zuversicht zu entdecken.

»Wäre es nicht möglich«, fragte sie, »daß wissenschaftliche Arroganz, oder wie man es nennen will, auch einmal zu weit gehen kann? Daß jemand einfach nur von dem überzeugt ist, was er glauben *will*, und daß am Ende alles nur Wunschdenken wird?«

»Schon möglich«, erwiderte Martin. »Wenn auch nicht in diesem Fall.«

Aber seine Stimme klang flach, nicht mehr so überzeugend wie zuvor. Jetzt war sie sich ganz sicher. Sie hatte einen schwachen Punkt berührt, und er war nahe daran, es einzugestehen.

»Ich hab' gestern abend etwas gelesen«, fuhr Celia fort. »Ich hab's mir aufgeschrieben, aber ich könnte mir denken, daß Sie es kennen.« Sie zog einen Hotelbriefbogen aus ihrer Tasche und las vor:

> »Ein Irrtum entsteht nicht durch einen Mangel an Wissen, sondern durch ein mangelhaftes Urteil . . . Wer in seinem Kopf nicht eine Folge von Konsequenzen durchdenken oder gegenteilige Beweise richtig abwägen kann . . . läßt sich vielleicht dazu verleiten, Positionen einzunehmen, die nicht wahrscheinlich sind.«

Es entstand eine Pause, dann sagte Celia, wohl wissend, wie rücksichtslos, ja grausam sie war: »Das stammt aus einem Essay von John Locke, an den Sie glauben und den Sie verehren.«

»Ja«, sagte er, »ich weiß.«

»Könnte es nicht sein«, bohrte sie weiter, »daß *Sie* diese ›gegenteiligen Beweise‹ nicht richtig abwägen und daß *Sie* ›Positionen einnehmen, die nicht wahrscheinlich sind‹?«

Martin sah sie an, in seinen Augen lag eine stumme Anklage. »Glauben Sie das wirklich?«

»Ja, das glaube ich«, sagte Celia ruhig.

»Tut mir leid, dann ...« Er erstickte fast an den Worten, und sie erkannte seine Stimme kaum wieder. »Dann ... gebe ich auf.«

Martins Gesicht war aschfahl geworden, sein Mund stand offen, der Unterkiefer klappte herunter. Er stammelte unzusammenhängende Worte. »... sagen Sie Ihren Leuten, daß sie Schluß machen sollen ... sie sollen zumachen ... *ich* glaube daran, aber vielleicht bin ich nicht gut genug, nicht allein ... Wonach wir gesucht haben, wird gefunden werden ... es wird geschehen, muß geschehen ... aber irgendwo anders ...«

Celia war entsetzt. *Was hatte sie angerichtet?* Sie hatte Martin einen Schock versetzen wollen, um ihn in die Realität zurückzuholen, aber so weit hatte sie nicht gehen wollen. Die Anspannung der letzten beiden Jahre, die Verantwortung, die er ganz allein getragen hatte – all das hatte seinen Preis gefordert.

Wieder hörte sie Martins Stimme: »... müde, so müde ...«

Celia verspürte den übermächtigen Wunsch, ihn in die Arme zu nehmen und zu trösten. Und ganz plötzlich wußte sie, was als nächstes geschehen würde. »Martin«, sagte sie entschlossen, »lassen Sie uns von hier verschwinden.«

Eine Kellnerin, die an ihrem Tisch vorbeikam, warf ihnen einen neugierigen Blick zu. Celia war aufgestanden. »Schreiben Sie alles auf meine Rechnung. Meinem Freund geht es nicht gut«, sagte sie.

»Gewiß, Mrs. Jordan.« Das Mädchen schob den Tisch beiseite. »Brauchen Sie Hilfe?«

»Nein, danke. Es geht schon.« Sie ergriff Martins Arm und führte ihn hinaus, durch die Halle, die Treppe hinauf in ihr Zimmer.

Auch dieser Teil des Gebäudes war aus der Zeit Jakobs I. erhalten geblieben. Das rechteckige Schlafzimmer hatte eine niedrige, stuckverzierte Decke, mit Eichenholz verkleidete Wände und einen mit Steinen eingefaßten Kamin. Die Fenster waren klein und erinnerten daran, daß Glas im siebzehnten Jahrhundert ein Luxus gewesen war.

Das große Himmelbett war bereits für die Nacht hergerichtet, die Decken waren zurückgeschlagen und Celias Nachthemd über ein Kissen gebreitet.

Celia mußte daran denken, was sich im Laufe der Jahrhunderte in diesem Zimmer abgespielt haben mochte: Geburt und Tod, Krankheiten, Leidenschaften, Freude und Kummer, Streit, geheime Zusammenkünfte. Heute würde zu dieser Liste noch etwas hinzukommen...

Martin war noch immer benommen und sah sie unsicher an. Sie nahm das Nachthemd vom Bett und sagte, während sie zum Badezimmer ging, sanft: »Zieh dich aus und leg dich ins Bett. Ich bin gleich bei dir.«

Als er sie nur anstarrte, noch immer reglos, flüsterte sie ihm zu: »Das möchtest du doch auch, nicht wahr?«

Ein Stöhnen entrang sich seiner Brust: »O mein Gott, *ja!*«

Sie hielten sich fest umschlungen, und sie tröstete ihn, wie man ein Kind tröstet. Dann spürte sie, wie Martins Verlangen nach ihr wuchs und wie ihr eigenes erwachte. Martin hatte diesen Augenblick gewollt, und Celia wußte, daß auch sie sich danach gesehnt hatte. Seit ihrer ersten Begegnung in Cambridge, als etwas Stärkeres als nur flüchtige gegenseitige Zuneigung zwischen ihnen aufgeflammt war, waren sie unvermeidlich darauf zugetrieben. Von Anfang an war es nie darum gegangen, »ob«, sondern immer nur: »Wann?«

Daß es sich hier und jetzt ereignete, war reiner Zufall. Wenn nicht an diesem Abend, so wäre es zu einem anderen Zeitpunkt geschehen – jede Begegnung hätte sie diesem schicksalhaften Augenblick näher gebracht.

Während sie sich leidenschaftlich küßten, spürte sie seinen Körper. Alle Fragen und Zweifel verstummten. Celia hatte für nichts anderes mehr Kraft, als das Verlangen zu stillen, das sie erfüllte – und das mit Martins Verlangen verschmolz.

Dann schrien sie beide auf vor Liebe und Glück.

Später schliefen sie erschöpft ein. Als sie gegen Morgen aufwachten, liebten sie sich noch einmal, sanfter diesmal und zarter.

Und als Celia das nächste Mal erwachte, fiel helles Tageslicht durch die altmodischen Fenster ins Zimmer.

Martin war nicht mehr bei ihr. Er hatte eine Nachricht hinterlassen.

Liebste,
Du warst und bist für mich eine Inspiration.

Heute früh, während Du schliefst, hatte ich eine Idee, vielleicht die Lösung unseres Problems. Ich gehe ins Labor, wenn ich auch weiß, daß mir nicht viel Zeit bleibt, um herauszufinden, ob es uns weiterbringt.

Auf jeden Fall werde ich an meinem Glauben festhalten und so lange weitermachen, bis man mich vertreibt.

Was zwischen uns war, wird unser Geheimnis und eine wunderbare Erinnerung bleiben. Mach Dir keine Sorgen. Man findet nur einmal ins Paradies.

Du solltest diesen Zettel lieber nicht aufbewahren.

Ewig Dein
Martin

Celia duschte, bestellte das Frühstück und packte ihre Sachen für die Heimreise.

6

In der *Concorde* der British Airways schloß Celia, nachdem der Imbiß serviert war, die Augen und ordnete ihre Gedanken.

Während der achtzehn Jahre ihrer Ehe hatte sie – bis gestern abend – Andrew nie betrogen. Nicht, daß es an Gelegenheiten gefehlt hätte – zuweilen war die Versuchung groß, aber sie hatte ihr widerstanden, sowohl aus Loyalität gegenüber Andrew als auch, weil es, geschäftlich gesprochen, unvernünftig gewesen wäre.

Sam Hawthorne hatte ihr mehr als einmal zu verstehen gegeben, daß er einer Affäre mit ihr nicht abgeneigt wäre. Aber sie war schon vor langer Zeit zu dem Schluß gekommen, daß es für sie beide nichts Schlimmeres geben konnte, und hatte Sams gelegentliche Annäherungsversuche höflich, aber bestimmt zurückgewiesen.

Mit Martin war es anders gewesen. Celia hatte ihn von Anfang an bewundert und ihn – wie sie sich jetzt eingestand – auch körperlich begehrt. Dieser Wunsch war nun in Erfüllung gegangen, und das Ergebnis hätte nicht schöner sein können.

Aber Martin war klug genug gewesen zu erkennen, daß ihre Liebe keine Zukunft hatte, und Celia sah es ebenso, wollte sie nicht Andrew aufgeben und sich von ihren Kindern trennen – und das kam nicht in Frage. Sie liebte Andrew, seine Klugheit, seine Zärtlichkeit und seine Kraft. – Ob Andrew je außereheliche Beziehungen gehabt hatte? Aus Gerüchten und Indiskretionen wußte sie, daß in Mediziner- wie in Pharmazeuten-Kreisen Seitensprünge häufig vorkamen. Aber spielten die in einer guten Ehe eine Rolle? Sie glaubte es nicht – vorausgesetzt, es wurden keine ernsthaften, anhaltenden Beziehungen daraus. Celia war der Ansicht, daß viele Ehen ganz überflüssigerweise eines harmlosen sexuellen Vergnügens wegen auseinandergingen. Und was Andrew betraf: Was auch immer er außerhalb ihrer Ehe getan oder nicht getan hatte – er würde sich immer rücksichtsvoll und diskret verhalten. Celia beabsichtigte, genauso diskret zu sein, und beschloß, Martin künftig nicht mehr heimlich zu treffen.

Ihre Gedanken wanderten vom persönlichen zum geschäftlichen Bereich.

Wie sollte die Empfehlung lauten, die Sam am morgigen Tag von ihr erwartete? Eigentlich konnte es nur einen einzigen Rat geben: Das Institut zu schließen. Zuzugeben, daß es ein Fehler gewesen war. Die Sache schnell abzuschreiben. Sich damit abzufinden, daß Martins Projekt ein Mißerfolg war.

Oder war das doch nicht der einzig mögliche Weg?

Vor allem ging ihr nicht aus dem Kopf, was Martin in seiner Verzweiflung gesagt hatte, kurz bevor sie den Speisesaal des *Churchgate*-Hotels verließen: »*Wonach wir gesucht haben, wird gefunden werden... es wird geschehen, muß geschehen... aber irgendwo anders.*«

War es möglich, daß Martin doch recht hatte und alle anderen unrecht? Und wo war »*irgendwo anders*«? In einem anderen Land? In einer anderen pharmazeutischen Firma? War es möglich, daß ein anderes Unternehmen Martins Forschungen aufgreifen und sie zu einem erfolgreichen Abschluß führen würde, wenn Felding-Roth sie aufgab?

Man durfte auch die Wissenschaftler in den anderen Ländern nicht vergessen, die sich mit der gleichen Frage beschäftigten. Vor zwei Jahren hatte Martin erwähnt, daß in Deutschland, Frankreich und Neuseeland die gleichen Forschungen betrieben wurden. Angenommen, einer dieser Wissenschaftler erzielte nach der Schließung des Instituts in Harlow einen plötzlichen Durchbruch – wie würde Felding-Roth dastehen, und wie Celia, wenn sie jetzt empfahl, Harlow zu schließen?

Aus einer ganzen Reihe von Gründen war sie geneigt, nichts zu tun – und »nichts« bedeutete in diesem Fall: zu empfehlen, Harlow wie bisher weitermachen zu lassen, in der Hoffnung, daß irgend etwas dabei herauskam.

Aber war diese Art Entscheidung – oder vielmehr Entscheidungslosigkeit – nicht genau das, was man der FDA in Washington vorwarf?

Celia seufzte. Es nützte nichts, sich zu wünschen, diese schwierige Entscheidung nicht treffen zu müssen. Tatsache war, daß sie sie treffen mußte. Und im übrigen: Harte Entscheidungen gehörten zu der Verantwortung, die sie sich früher immer gewünscht hatte.

Als die *Concorde* in New York landete, war sie sich noch immer nicht darüber im klaren, wie ihre Empfehlung lauten sollte.

Dann verzögerte sich Celias Treffen mit Sam Hawthorne um einen Tag, weil Sams Terminkalender voll war. Und inzwischen stand ihre Entscheidung eindeutig fest.

»Nun«, sagte Sam, ohne sich mit langen Vorreden aufzuhalten, als sie sich in seinem Büro gegenübersaßen, »was empfehlen Sie mir?«

Ihr Instinkt sagte ihr, daß Sam nicht in der Stimmung war, Einzelheiten oder Hintergründe aufzunehmen.

»Wenn ich es genau bedenke«, sagte sie, »dann wäre es, glaube ich, kurzsichtig, das Institut in Harlow zu schließen. Wir sollten Martin wenigstens noch ein Jahr zugestehen, wenn möglich mehr.«

Sam nickte. »In Ordnung.«

Daß Sam keine besondere Reaktion zeigte und auch keine Fragen stellte, war für Celia der Beweis, daß er ihre Empfehlung voll und ganz akzeptierte. Im übrigen schien Sam erleichtert, so als sei das die Antwort, die er sich erhofft hatte.

»Ich habe einen Bericht geschrieben.« Sie legte die vier Blätter auf seinen Schreibtisch.

»Ich werde ihn mir gelegentlich ansehen, im wesentlichen, um die Fragen des Aufsichtsrats beantworten zu können.«

»Wird Ihnen der Aufsichtsrat Schwierigkeiten machen?«

»Wahrscheinlich.« Über Sams Gesicht ging ein müdes Lächeln. »Aber machen Sie sich keine Sorgen. Ich werde es schon durchsetzen. Haben Sie Martin davon unterrichtet, daß wir weitermachen?«

Sie schüttelte den Kopf. »Er glaubt, daß wir schließen.«

»Dann werde ich heute mal zur Abwechslung eine angenehme Aufgabe haben«, sagte Sam, »und ihn vom Gegenteil unterrichten. Vielen Dank, Celia.«

Eine Woche später wurde in Celias Büro ein großer Strauß Rosen abgegeben. »Es war keine Karte dabei, Mrs. Jordan«, erklärte die Sekretärin, »und als ich beim Blumenhändler nachfragte, sagte man mir, daß es sich um einen telegrafischen Auftrag gehandelt habe. Soll ich weiter nachforschen, von wem die Rosen sind?«

»Machen Sie sich keine Mühe«, sagte Celia. »Ich glaube, ich weiß es.«

7

Zu Celias Erleichterung wurde die Anzahl ihrer Reisen für den Rest des Jahres eingeschränkt. Sie hatte sehr viel zu tun, aber hauptsächlich in Boonton, und das bedeutete, daß sie häufiger mit Andrew zusammen sein und auch Lisa und Bruce in ihren Schulen besuchen konnte.

Lisa, die ihr letztes Jahr im Emma Willard-College absolvierte, war zur Sprecherin der Abschlußklasse gewählt worden. Von ihr stammte der Vorschlag, daß die Schüler der letzten Klasse einen halben Tag pro Woche in Regierungsbüros in Albany arbeiten sollten.

Lisa war überzeugt, daß man, wenn man etwas erreichen wollte, ganz oben ansetzen müsse, und hatte einen Brief an den Gouverneur des Staates New York geschrieben. Zum Erstaunen aller – mit Ausnahme von Lisa – gab er seine Zustimmung in einem persönlichen Schreiben. Als Andrew davon erfuhr, sagte er zu Celia: »Ganz ohne Zweifel – dieses Mädchen ist deine Tochter.«

Bruce, der jetzt das zweite Jahr in The Hill war, interessierte sich mehr und mehr für Geschichte und vernachlässigte deshalb die anderen Fächer. »Bruce ist durchaus kein schlechter Schüler«, erfuhren Celia und Andrew bei einem Besuch in der Schule, »er kann sich nur einfach nicht von seinen Geschichtsbüchern losreißen. Ich glaube fast, Sie haben einen zukünftigen Historiker in Ihrer Familie, von dem noch einiges zu hören sein wird.«

Celia stellte mit Erleichterung fest, daß es durchaus möglich war, als Mutter berufstätig zu sein und trotzdem erfolgreiche, ausgeglichene Kinder zu haben.

Dazu hatten natürlich Winnie und Hank April mit ihrer fröhlichen und tatkräftigen Art beigetragen. Als sie Winnies fünfzehntes Dienstjubiläum und gleichzeitig ihren vierunddreißigsten Geburtstag feierten, erinnerte Andrew Winnie an ihren längst aufgegebenen Plan, nach Australien auszuwandern. »Was den Australiern entgangen ist, wissen nur die Jordans«, erklärte er.

Ein einziger Schatten fiel auf Winnies sonniges Gemüt: daß sie keine Kinder bekam, die sie sich so sehr wünschte. »Hank und ich geben uns solche Mühe. Mein Gott, was haben wir nicht schon alles angestellt. Aber es will einfach nicht klappen.«

Auf Celias Drängen ließ Andrew beide gründlich untersuchen. »Hank und Sie können Kinder haben«, erklärte er Winnie. »Sie müssen nur den richtigen Zeitpunkt erwischen. Dabei kann Ihnen Ihr Gynäkologe raten, und ein bißchen Glück brauchen Sie natürlich auch. Sie müssen es nur immer weiter versuchen.«

»Das sage ich Hank erst morgen«, seufzte Winnie. »Ich möchte wenigstens *eine* Nacht mal ruhig schlafen...«

Im September fuhr Celia geschäftlich nach Kalifornien und stand zufällig nicht weit entfernt, als in Sacramento ein Attentat auf Präsident Ford verübt wurde. Celia war erschüttert und entsetzt, als sie nach kaum drei Wochen von einem erneuten Anschlag auf den Präsidenten erfuhr.

Am Thanksgiving-Tag, als die Familie zu Hause versammelt war und darüber sprach, erklärte Celia: »Die Menschen in unserem Land werden immer gewalttätiger. – Wo liegen eigentlich die Ursprünge für Mordgedanken?«

Sie hatte keine Antwort erwartet, aber Bruce meldete sich zu Wort.

»Wenn man bedenkt, in was für einer Branche du tätig bist, Mom, dann wundere ich mich, daß du das nicht weißt; denn historisch gesehen hat alles mit Drogen begonnen. Daher kommt auch das Wort ›Assassine‹. So nannte man früher einen Meuchelmörder. Es leitet sich von dem arabischen *hashīshī* oder ›Haschischesser‹ ab; vom elften bis zum dreizehnten Jahrhundert gab es eine islamische Sekte, die Nizārī Ismailis, deren Mitglieder Haschisch nahmen, bevor sie ihre religiösen Greueltaten begingen.«

Gereizt entgegnete Celia: »Wenn ich es nicht weiß, dann liegt das wohl daran, daß Haschisch keine Droge ist, die im pharmazeutischen Sinn verwendet wird.«

»Früher schon«, erklärte Bruce ruhig. »Und das ist noch gar nicht so lange her. Bei Amnesie haben die Psychiater früher Haschisch angewandt, aber es hat nichts geholfen, deshalb wurde es wieder aufgegeben.«

»Mich trifft der Schlag!« sagte Andrew, während Lisa ihren Bruder amüsiert und bewundernd ansah.

Im Februar 1976 heirateten Juliet Hawthorne und Dwight Goodsmith. Dwight hatte gerade sein Jura-Examen in Harvard bestanden und würde in New York City arbeiten, wo er und Juliet auch wohnen wollten.

Die Hochzeit wurde in großem Rahmen mit dreihundertundfünfzig Gästen gefeiert. »Schließlich kann ich nur einmal Brautmutter werden«, sagte Lilian Hawthorne zu Celia, »zumindest hoffe ich das.«

Vorher hatte Lilian ihr anvertraut, wie besorgt sie darüber war, daß Juliet schon mit Zwanzig heiratete und bereits nach zwei Jahren vom College abging. Aber am Hochzeitstag sahen Sam und Lilian so strahlend und glücklich aus, daß diese Gedanken in den Hintergrund traten – zu Recht, wie Celia fand. Sie gab dieser Ehe gute Chancen.

Im Mai wurde *The Drugging of the Americas* veröffentlicht, das Celias besonderes Interesse fand.

Das Buch erregte allgemein große Aufmerksamkeit, weil es aufdeckte, auf wie beschämende Weise die Pharma-Konzerne Amerikas, aber auch anderer Länder, die Geschäfte mit Lateinamerika führten, indem sie dort die Nebenwirkungen ihrer rezeptpflichtigen Medikamente verschwiegen, selbst wenn sie in ihren eigenen Ländern gesetzlich dazu verpflichtet waren. In dem Buch wurden all die Praktiken beschrieben, die Celia in den Jahren ihrer Tätigkeit auf diesem Gebiet selbst beobachtet und in ihrer Firma kritisiert hatte.

Was das Buch von den üblichen bösen Attacken auf die Pharma-Industrie unterschied, war die akademische Sorgfalt, mit der sein Autor, Dr. Milton Silverman, ein Pharmakologe von der University of California in San Francisco, vorgegangen war.

Celia kaufte ein halbes Dutzend Exemplare und schickte sie an die Führungskräfte der Firma, die alle so reagierten, wie sie es vorausgesehen hatte. Typisch war die Notiz von Sam Hawthorne:

»Im wesentlichen teile ich Silvermans und auch Ihre Ansichten. Aber wenn Änderungen vorgenommen werden sollen, dann müssen alle mitmachen. Keine Firma kann es sich leisten, freiwillig Nachteile auf sich zu nehmen – vor allem *wir* können es im Augenblick nicht, weil wir uns in einer äußerst schwierigen finanziellen Lage befinden.«

Für Celia war das ein Scheinargument, obwohl sie sich auf keinen Streit einließ, weil sie wußte, daß sie nicht gewinnen konnte.

Eine Überraschung war für sie die Reaktion von Vincent Lord, der ihr eine freundliche Anmerkung schickte:

»Vielen Dank für das Buch. Ich bin ebenfalls der Ansicht, daß es Änderungen geben muß, sage Ihnen aber voraus, daß sich unsere Bosse mit lautem Geschrei dagegen wehren werden, bis man sie am Ende mit der Pistole auf der Brust dazu zwingt, neue Wege einzuschlagen. Aber versuchen Sie es ruhig weiter. Ich helfe Ihnen, wenn ich kann.«

In letzter Zeit verhielt sich der Leiter der Forschungsabteilung zunehmend freundlicher. Sie mußte daran denken, wie sie ihm vor dreizehn Jahren ein Exemplar des *Weiblichkeitswahns* geschickt hatte, das er ihr mit der Bemerkung »Quatsch« zurückgegeben hatte. Lag es daran, daß sie jetzt eine so exponierte Stellung in der Firma innehatte und Vince Lord glaubte, sie könne ihm als Verbündete nützlich sein?

Im April teilte Lisa ihren Eltern aufgeregt mit, daß sie im Herbst nach Kalifornien gehen wolle. Sie hatte einen Studienplatz an der Stanford University bekommen. Bei einem Essen in Albany zur Feier ihres Schulabschlusses, an dem die ganze Familie teilnahm, bemerkte Andrew: »Heute ist ein großer Tag, aber ansonsten sage ich voraus, daß dieses Jahr ziemlich langweilig werden wird.«

Fast unmittelbar danach wurden seine Worte durch eine mutige israelische Befreiungsaktion auf dem Flughafen von Entebbe, Uganda, widerlegt, wo mehr als hundert Geiseln aus der Gefangenschaft arabischer Terroristen befreit wurden.

Die Langeweile kehrte jedoch zurück – wie Andrew hervorhob –, als beim Kongreß der Demokraten in New York ein Unbekannter aus Georgia, der sich darauf berief, ein »wiedergeborener« Baptist des Südens zu sein, als Präsidentschaftskandidat nominiert wurde.

Trotz des allgemeinen Mißfallens, das zuerst Nixon und jetzt Ford erregt hatte, schien es unwahrscheinlich, daß der Neuling gewinnen würde. In der Cafeteria bei Felding-Roth hörte Celia jemanden fragen: »Ist es denn überhaupt vorstellbar, daß das höchste Amt von jemandem ausgefüllt wird, der sich Jimmy nennt?«

Aber in der Geschäftszentrale in Boonton hatte man wenig Zeit, sich Gedanken über Politik zu machen. Dort war die Aufmerksamkeit voll und ganz auf das aufregende neue Medikament gerichtet, das bald zugelassen werden würde – auf Montayne.

Es war jetzt fast zwei Jahre her, daß Celia Sam ihre Bedenken in bezug auf Montayne mitgeteilt hatte. Aber auf Sams Drängen hatte sie eingewilligt, ihre Gedanken für sich zu behalten und zunächst die Ergebnisse der Testserien abzuwarten.

In der Zwischenzeit hatte sich umfangreiches Material angesammelt, von dem Celia das meiste bereits kannte. Dabei gelangte sie immer mehr zu der Überzeugung, daß Sam recht hatte: Während der letzten fünfzehn Jahre waren in der pharmazeutischen Wissenschaft erstaunliche Fortschritte gemacht worden, und man durfte den schwangeren Frauen nicht ein hilfreiches Medikament vorenthalten, nur weil vor langer Zeit einmal ein anderes Mittel Schaden angerichtet hatte.

Und was genauso wichtig war: Die Tests mit Montayne – zuerst in Frankreich, dann in Dänemark, Großbritannien, Spanien, Australien und jetzt in den USA – waren so umfassend und mit einer solchen Sorgfalt durchgeführt worden, wie es nach menschlichem Ermessen nur möglich war.

Zu Hause versuchte sie mehrmals, mit Andrew darüber zu sprechen und ihm zu erklären, warum sie ihre Meinung geändert hatte. Aber ganz gegen seine sonstige Art schien er nicht darüber reden zu wollen und brachte das Gespräch stets auf ein anderes Thema.

Schließlich gab Celia es auf und enthielt sich in Andrews Gegenwart aller positiven Äußerungen. Wenn bei Felding-Roth erst einmal die Verkaufskampagne für Montayne anlief, würde sie ihrer Begeisterung freien Lauf lassen können.

8

»Woran wir alle, die wir mit dem Verkauf von Montayne zu tun haben, denken und worauf wir stets hinweisen müssen«, sagte Celia ins Mikrofon, »ist, daß dieses Medikament für schwangere Frauen völlig unbedenklich ist. Mehr noch, es ist *ein lang erwartetes Medikament!* Montayne ist etwas, wonach sich die Frauen, die während der Schwangerschaft unter Übelkeit leiden, seit Jahrhunderten gesehnt haben. Endlich ist es soweit, und wir, Felding-Roth, sind die Befreier: Wir befreien die amerikanischen Frauen von ihrem Joch, machen ihre Schwangerschaft besser, schöner und glücklicher! Das Mittel, das der ›morgendlichen Übelkeit‹ ein Ende macht, ist da! *Wir haben es!*«

Die Zuhörer applaudierten begeistert.

Es war Oktober 1976. Celia nahm in San Francisco an der regionalen Verkaufskonferenz von Felding-Roth teil, die Pharma-Vertreter und -Vertreterinnen, Generalvertreter und regionale Verkaufsmanager aus neun Weststaaten der USA, einschließlich Alaska und Hawaii, vereinte. Das dreitägige Treffen fand im *Fairmont*-Hotel auf dem Nob Hill statt. Celia und mehrere andere leitende Angestellte der Firma wohnten in dem eleganten *Stanford Court* gegenüber, unter ihnen auch Bill Ingram, der schon bei den rezeptfreien Produkten für Celia gearbeitet hatte und auch jetzt wieder ihr Assistent war.

Die Marketing-Pläne für Montayne waren weit gespannt, und Felding-Roth hoffte, das Präparat im Februar auf den Markt zu bringen; bis dahin waren es nur noch vier Monate. Inzwischen sollten alle, die mit dem Verkauf von Montayne zu tun haben würden, soviel wie möglich darüber erfahren.

Unter den Vertriebsleuten war die Begeisterung für Montayne groß, und in der Zentrale hatte jemand ein Lied komponiert, das nach der Melodie von »America The Beautiful« gesungen werden sollte.

O wunderbar, so sorgenfrei
  Die Träume der Schwangerschaft.
Denn jetzt ist endlich aus und vorbei,
  Was morgens stets Kummer gemacht.
    Montayne, Montayne!
    Montayne, Montayne!
  Für werdende Mütter
Verkaufen wir, verkünden wir:
  Gefahrlose Freuden!

Die Vertreter stimmten das Lied an diesem Morgen fröhlich und laut an und sollten es in den nächsten zwei Tagen noch oft wiederholen. Celia hatte Vorbehalte gegenüber dem Text, wollte aber den anderen nicht die Stimmung verderben.

Anderthalb Jahre lang hatte man das Medikament in den Vereinigten Staaten erprobt – an Tieren und an fünfhundert Menschen. Dabei waren nur gelegentlich leichte Nebenwirkungen aufgetreten, die keine signifikante medizinische Bedeutung hatten. Die guten Resultate stimmten mit denen der anderen Länder überein, wo Montayne bereits erhältlich und äußerst beliebt war und von Ärzten und Patientinnen positiv beurteilt wurde.

Nach dem Abschluß der Testserien hatte Felding-Roth bei der FDA in Washington den üblichen Zulassungsantrag gestellt und hoffte, daß die Genehmigung nicht lange auf sich warten lassen würde.

Leider erwies sich diese Hoffnung als falsch.

Aber das war nur eine der beiden dunklen Wolken, die über dem mühsam erarbeiteten Marketing-Plan von Felding-Roth schwebten. Die Geschäftsleitung hielt es jedoch für unmöglich, die bereits angelaufenen Vorbereitungen zu unterbrechen, bis die Zulassung erteilt wurde; sechs oder mehr Monate würden dem Verkauf auf diese Weise verlorengehen. Daher wurde beschlossen, mit der Herstellung fortzufahren, die Werbung voranzutreiben und Marketing-Seminare abzuhalten – alles in der Hoffnung, daß die FDA vor dem entscheidenden Termin grünes Licht geben würde.

Sam Hawthorne, Vincent Lord und einige andere waren der Ansicht, daß die Publicity, die Montayne durch die Medien erfuhr, Felding-Roth zugute kommen würde.

Wegen der großen Popularität, die das Präparat in den anderen Ländern bereits genoß, wurden in der Öffentlichkeit Fragen laut: Warum brauchte die FDA so lange für ihre Entscheidung? Warum wurde den amerikanischen Frauen dieses Medikament vorenthalten, wenn es die Frauen in anderen Ländern bereits mit Erfolg anwendeten? Wieder einmal war vom »amerikanischen Pillenverzug« die Rede. Und schuld daran war die FDA.

Einer, der ganz gezielte Fragen stellte, war der Senator Dennis Donahue, für gewöhnlich ein Kritiker der Pharma-Industrie, der aber in diesem Fall erkannte, welche Ansicht populärer war. Als ihn ein Reporter zu diesem Thema befragte, beschrieb er die Unentschlossenheit der FDA in bezug auf die Zulassung von Montayne als »unter diesen Umständen eindeutig lächerlich«. Donahues Kommentar fand bei Felding-Roth natürlich Beifall.

Für die zweite Wolke, die über Felding-Roth schwebte, war Maud Stavely, eine Ärztin und Vorsitzende des New Yorker Verbrauchervereins »Bürger für mehr Sicherheit in der Medizin« zuständig.

Dr. Stavely und ihre Organisation, kurz BSM genannt, gingen massiv gegen die Zulassung von Montayne in den USA vor; sie führten an, das Medikament sei noch nicht unbedenklich genug, und forderten weitere Versuchsreihen. Sie verbreiteten diese Ansicht überall und erzielten beträchtliche Aufmerksamkeit in den Medien. Die Grundlage für Dr. Stavelys Argumentation war ein Gerichtsverfahren, das sich vor ein paar Monaten in Australien abgespielt hatte.

Eine dreiundzwanzigjährige Frau, die in der Nähe von Alice Springs im australischen Busch lebte, hatte eine Tochter zur Welt gebracht. Die Mutter gehörte zu den ersten Frauen, die während der Schwangerschaft Montayne eingenommen hatten. Später hatten Untersuchungen gezeigt, daß das Baby geistig stark behindert war und sich selbst ein Jahr nach der Geburt noch nicht bewegen konnte. Die Ärzte waren sich darüber einig, daß es für den Rest seines Lebens dahinvegetieren, niemals gehen oder auch nur ohne Hilfe aufrecht würde sitzen können.

Ein Rechtsanwalt, der von dem Fall hörte, riet der Mutter, die australische Firma, die Montayne vertrieb, auf Schadenersatz zu verklagen. Die Klage ging vor Gericht und wurde abgewiesen. Die Klägerin legte Berufung ein, jedoch ohne Erfolg.

Bei den beiden Gerichtsverfahren wurde mit scheinbar überwältigender Deutlichkeit der Beweis erbracht, daß Montayne für den Zustand des Kindes nicht verantwortlich zu machen war. Die Mutter, die keinen sonderlich guten Ruf hatte und zugab, nicht zu wissen, wer der Vater des Kindes sei, hatte während ihrer Schwangerschaft auch andere Medikamente eingenommen – Methaqualon (Quaalude), Diazepam (Valium) und verschiedene andere. Außerdem trank sie, war Kettenraucherin und nahm Marihuana. Ein medizinischer Sachverständiger beschrieb vor Gericht ihren Körper als »Sammelbecken gegensätzlicher Chemikalien, aus dem alles mögliche hervorgehen kann«. Er und andere Experten sprachen Montayne von der Schuld für die Mißbildungen des Babys frei.

Nur der Arzt, der die Frau während ihrer Schwangerschaft behandelt und von dem Kind entbunden hatte, setzte sich für die Mutter ein und gab Montayne, das er ihr selbst verschrieben hatte, die Schuld. Aber im Kreuzverhör mußte der Arzt zugeben, für seine Behauptung keine Beweise zu haben.

Folglich kam eine Untersuchung der australischen Regierung, bei der ebenfalls medizinische und wissenschaftliche Experten hinzugezogen wurden, zum selben Ergebnis wie die Gerichte und bestätigte, daß Montayne ein unbedenkliches Medikament sei.

Dr. Maud Stavely, eine notorisch publicitysüchtige Person, besaß keinen weiteren Beweis, um ihre ablehnende Haltung gegenüber Montayne zu stützen. Folglich stellte ihre Kampagne, die von Felding-Roth als Unfug abgetan wurde, kein allzu großes Problem dar.

Bei der Verkaufskonferenz in San Francisco fuhr Celia mit ihrer Rede fort:

»Sie werden vermutlich zuweilen einer gewissen Zurückhaltung begegnen, weil sich einige noch an Thalidomid erinnern, ein Medikament, das vor langer Zeit bei schwangeren Frauen ganz verheerende Nebenwirkungen zeitigte und die Ursache für Mißbildungen bei Kindern war. Ich erwähne das hier, damit wir alle darauf vorbereitet sind.«

Im Saal herrschte aufmerksame Stille.

»Der Unterschied zwischen Montayne und Thalidomid ist unübersehbar. Zunächst muß man bedenken, daß Thalidomid vor etwa zwanzig Jahren entwickelt wurde, zu einer Zeit also, als die pharmazeutische Forschung noch nicht so gründlich und die Sicherheitsvorschriften noch nicht so umfassend waren wie heute. Und noch etwas, was die meisten nicht wissen: Thalidomid war nie als spezielles Mittel für Schwangere gedacht. Es war ein Sedativum, ein Schlaf- und Beruhigungsmittel.

Und was die Untersuchungen betrifft, die mit Thalidomid durchgeführt wurden, so hat man damals *keine* Versuche mit Tieren angestellt – jedenfalls nicht auf breiter Basis –, sondern hat es gleich bei Menschen angewandt. Erst *nachdem* Thalidomid aus dem Handel gezogen worden war, haben Versuche an Tieren gezeigt, daß bei einem Kaninchen der Fötus im Mutterleib die gleichen Mißbildungen aufwies wie beim Menschen. Dadurch war erwiesen, daß die menschlichen Tragödien niemals passiert wären, wenn man das Mittel zuvor an Tieren erprobt hätte.«

Celia machte eine Pause und sah in ihre Notizen. »Mit Montayne aber sind alle erdenklichen Tests durchgeführt worden – sowohl an verschiedenen Tierarten als auch an Menschen, die sich freiwillig dafür zur Verfügung stellten –, und zwar in fünf Ländern mit außerordentlich strenger Arzneimittelüberwachung. Aber das ist noch nicht alles: In den meisten dieser Länder ist Montayne bereits seit gut einem Jahr von Tausenden von Frauen eingenommen worden. Lassen Sie mich Ihnen nur ein Beispiel dafür geben, wie sorgfältig dieses Forschungs- und Testprogramm durchgeführt wurde.«

Celia beschrieb die Entscheidung von Laboratoires Gironde-Chimie, den französischen Entdeckern und Herstellern von Montayne, über ein Jahr lang zusätzliche medizinische Tests durchzuführen, mehr, als das französische Gesetz vorschrieb, nur um ganz sicher zu gehen.

»Wahrscheinlich gibt es kein Medikament, das mit einer derartigen Sorgfalt auf seine Sicherheit hin untersucht worden ist«, fügte sie hinzu.

Nachdem Celia geendet hatte, bekräftigten wissenschaftliche Mitarbeiter ihre Ausführungen und beantworteten Fragen aus den Reihen der Vertreter.

»Wie ist dein Vortrag angekommen?« fragte Andrew sie eine Stunde später in der behaglichen, luxuriösen Suite im *Stanford Court.* Er hatte sich ein paar Tage freigenommen, um Celia zu begleiten, und auch, um Lisa zu besuchen, die jetzt in Stanford studierte und auf dem Universitätsgelände wohnte.

»Ich glaube, ganz gut.« Celia zog die Schuhe aus, streckte sich erschöpft und legte die Beine aufs Sofa. »In gewisser Hinsicht sind regionale Verkaufskonferenzen wie ein Wandertheater, das bei jeder Vorstellung besser wird.« Sie sah ihren Mann prüfend an. »Ist dir eigentlich klar, daß du mir eben zum ersten Mal eine Frage gestellt hast, die mit Montayne zu tun hat?«

»Tatsächlich?« Andrew heuchelte Erstaunen.

»Das weißt du ganz genau. Und ich würde gern wissen, warum.«

»Vielleicht, weil du mir schon alles erzählt hast, so daß ich keine Fragen mehr habe.«

»Das stimmt nicht«, sagte Celia. »Die Wahrheit ist, daß du noch immer Vorbehalte hast, stimmt's?«

»Hör zu.« Andrew legte die Zeitung beiseite. »Ich bin nicht qualifiziert genug, um ein Urteil über ein Medikament zu fällen, das ich noch nicht angewendet habe. Du hast einen ganzen Troß Wissenschaftler, hier und in Europa, die viel mehr darüber wissen als ich. Und sie sagen ja zu Montayne. Daher ...« Er zuckte die Achseln.

»Aber würdest *du* es deinen Patientinnen verschreiben?«

»Das ist für mich kein Thema. Zum Glück bin ich kein Geburtshelfer oder Gynäkologe.«

»Zum Glück?«

»Das war nur ein Versprecher«, sagte Andrew ungeduldig. »Laß uns über etwas anderes reden.«

»Nein«, sagte Celia gereizt. »Ich möchte darüber reden, weil es für uns beide wichtig ist. Du hast stets gesagt, daß Frauen während einer Schwangerschaft kein Medikament einnehmen sollen. Glaubst du das noch immer?«

»Wenn du mich fragst – ja, das glaube ich noch immer.«

»Wäre es nicht möglich«, sagte Celia, »daß diese Einstellung, die früher vielleicht gestimmt haben mag, inzwischen überholt ist? Schließlich ist es schon ziemlich lange her, seit du studiert und angefangen hast zu praktizieren – zwanzig Jahre –, inzwischen hat sich vieles geändert.« Sie erinnerte sich an etwas, das Sam ihr einmal gesagt hatte. »*Hat es früher nicht auch Ärzte gegeben, die dagegen waren, daß schwangere Frauen eine Narkose bekamen?*«

Andrew wurde ärgerlich. »Ich habe dir doch gesagt, daß ich nicht darüber reden möchte.«

»Aber *ich* will es!« fuhr sie ihn an.

»Verdammt, Celia! Ich habe mit deinem Montayne nichts zu tun, und ich beabsichtige auch nicht, etwas damit zu tun zu haben. Ich habe dir doch bereits gesagt, daß ich nicht genug darüber weiß ...«

»Aber du hast Einfluß im Krankenhaus.«

»Ich werde diesen Einfluß nicht geltend machen – auf gar keinen Fall für Montayne.«

Sie starrten sich noch immer an, als das Telefon klingelte. Celia erhob sich und griff nach dem Hörer.

»Mrs. Jordan?« fragte eine Frauenstimme.

»Ja.«

»Hier ist Felding-Roth, Boonton. Mr. Hawthorne möchte Sie sprechen.«

Dann war Sam in der Leitung. »Hallo, Celia. Wie läuft es bis jetzt?«

»Sehr gut.« Die positive Stimmung, in der sie das *Fairmont*-Treffen verlassen hatte, kehrte zurück. »Die Präsentation ist glatt gelaufen. Alle sind schon ganz begierig darauf, mit dem Verkauf von Montayne zu beginnen.«

»Großartig!«

»Natürlich kommt immer wieder die Frage: Wann erhalten wir grünes Licht von der FDA?«

Celia konnte spüren, wie Sam zögerte, bevor er sagte: »Es muß noch unter uns bleiben, Celia, aber ich kann Ihnen definitiv sagen, daß wir die Genehmigung der FDA erhalten werden, und zwar *sehr* bald.«

»Darf ich fragen, woher Sie das so sicher wissen?«

»Nein.«

»Okay.« Wenn Sam ein Geheimnis daraus machen wollte, dann war das sein gutes Recht, obwohl sie eigentlich keinen Grund dafür erkennen konnte. »Ist mit Juliet alles in Ordnung?«

»Und mit meinem zukünftigen Enkelkind?« Sam lachte. »Gott sei Dank, ja.«

Drei Monate zuvor hatten Juliet und Dwight Goodsmith glücklich verkündet, daß Juliet schwanger sei. Das Baby sollte im Januar zur Welt kommen.

»Grüßen Sie Lilian und Juliet von mir«, sagte Celia, »und sagen Sie

Juliet, daß sie bei ihrer nächsten Schwangerschaft Montayne nehmen kann.«

»Das werde ich, vielen Dank, Celia.« Sam legte auf.

Während Celia telefonierte, war Andrew ins Bad gegangen, um sich für die fünfunddreißig Meilen lange Fahrt nach Palo Alto fertigzumachen, wo sie mit Lisa und einigen ihrer neuen Freunde aus Stanford zum Essen verabredet waren.

Während der Fahrt und des Essens, das in entspannter und herzlicher Atmosphäre verlief, kamen Celia und Andrew mit keinem Wort auf ihren Streit im Hotel zurück. Celia hatte beschlossen, die Sache mit Montayne auf sich beruhen zu lassen und in Gegenwart ihres Mannes das Thema nicht wieder zur Sprache zu bringen. Schließlich konnte es jedem mal passieren, daß er gegenüber einer Sache blind war, und das war jetzt eindeutig bei Andrew der Fall.

9

Als Sam Hawthorne nach seinem Gespräch mit Celia den Telefonhörer aufgelegt hatte, wünschte er, in bezug auf die FDA-Genehmigung von Montayne nicht so impulsiv gewesen zu sein. Es war unklug und indiskret.

Er mußte besser auf sich aufpassen – vor allem nach der vor einer Stunde mit Vincent Lord geführten Unterhaltung und der gemeinsam getroffenen Entscheidung. Diese Entscheidung konnte katastrophale Folgen haben, wenn herauskam, worum es dabei ging – aber das durfte nie geschehen, *niemals.* Um so wichtiger war es, die Zulassung von Montayne, wenn sie erst einmal erfolgt war, ganz natürlich aussehen zu lassen. So, wie es ja auch normal wäre, *wenn es diese arroganten, unerträglichen, kriminellen Bürokraten bei der FDA nicht gäbe.*

Es war wirklich Pech, daß der Zulassungsantrag für Montayne ausgerechnet bei Dr. Gideon Mace gelandet war.

Sam Hawthorne war Mace noch nie persönlich begegnet, und er legte auch keinen besonderen Wert darauf. Er hatte von Vince Lord und anderen schon mehr als genug über den Mann gehört und über die Schwierigkeiten, die er Felding-Roth gemacht hatte, zuerst mit der sinnlosen Verzögerung des Staidpace-Antrags vor zwei Jahren und jetzt bei Montayne. Warum gab man Leuten wie Mace solche Macht, überlegte Sam, unter der ehrbare Geschäftsleute zu leiden hatten, die von den Maces dieser Welt nichts weiter als Fairneß verlangten?

Zum Glück waren Leute wie Mace in der Minderheit – auch bei der FDA. Und dennoch – Mace existierte nun mal. Er saß in diesem Augenblick auf dem Montayne-Antrag, machte Gesetze geltend, wandte Verfahrenstaktiken an, um ihn zu verzögern. Daher mußte man einen Weg finden, um Gideon Mace auszuschalten.

Und sie besaßen die Mittel dazu. Zumindest besaß Felding-Roth sie in der Person von Vince Lord.

Zu der Zeit, als Vince Beweise für die Kriminalität von Dr. Mace gesammelt, das heißt für zweitausend Dollar gekauft hatte, war Sam entsetzt gewesen bei dem Gedanken daran, das Material könnte je auf die von Vince angedeutete Art und Weise benutzt werden.

Aber das hatte sich geändert. Die derzeitige Situation war viel zu heikel, zu wichtig, als daß man sich von Skrupeln leiten lassen sollte. Und das war ein weiterer Grund für seinen Zorn: Zorn darüber, daß ein Krimineller wie Mace andere ebenfalls zu kriminellen Handlungen veranlaßte.

Zum Teufel mit Mace!

Aber war man erst einmal an die Spitze eines großen Unternehmens gelangt, mußte man zuweilen unangenehme Entscheidungen treffen und Handlungen gutheißen, die man normalerweise als unmoralisch angesehen und abgelehnt hätte. Wenn man Verantwortung für so viele Menschen trug – Mitarbeiter, Aktionäre, Vertreter und Kunden –, dann mußte man zuweilen die Zähne zusammenbeißen und tun, was nötig war, auch wenn es noch so unangenehm oder gar widerwärtig sein mochte.

Das hatte Sam vor einer Stunde getan, als er dem Vorschlag von Vincent Lord zustimmte, Dr. Gideon Mace mit einem Strafverfahren zu drohen, wenn er Montayne nicht freigab.

Erpressung. Es hatte keinen Sinn, sich hinter einem anderen Wort zu verstecken oder etwas vertuschen zu wollen. Es war und blieb Erpressung, und das war ebenfalls eine kriminelle Handlung.

Vince hatte Sam seinen Plan dargelegt. Und er hatte ihm deutlich erklärt: »Wenn wir nicht nutzen, was wir in den Händen haben, wenn wir auf Mace keinen Druck ausüben, dann können Sie jeden Gedanken daran, Montayne im Februar oder überhaupt innerhalb des nächsten Jahres auf den Markt zu bringen, vergessen.«

»Könnte es wirklich noch ein ganzes Jahr dauern?« wollte Sam wissen.

»Vielleicht sogar noch länger. Mace braucht doch bloß von uns eine Wiederholung der ...«

Lord hielt inne, als Sam die Hand hob. Man brauchte sich ja nur daran zu erinnern, wie Mace die Zulassung von Staidpace über ein Jahr lang hinausgezögert hatte.

»Es gab mal eine Zeit«, sagte Sam zum Leiter der Forschungsabteilung, »da haben Sie gesagt, daß Sie das, was Sie jetzt vorschlagen, allein erledigen wollten, ohne mich mit hineinzuziehen.«

»Ich weiß«, erwiderte Lord, »aber damals wollten Sie unbedingt wissen, wofür ich die zweitausend Dollar brauche, und dann habe ich meine Meinung geändert. Ich gehe ein Risiko ein, und ich sehe nicht ein, warum ich es allein tragen soll. Ich werde zwar trotzdem an der vordersten Front stehen und Mace gegenübertreten müssen, aber ich möchte, daß Sie darüber Bescheid wissen und damit einverstanden sind.«

»Sie wollen doch nicht etwa vorschlagen, daß wir irgend etwas schriftlich festhalten?«

Lord schüttelte den Kopf. »Das ist ein weiteres Risiko, das ich auf mich nehme. Wenn es rauskommt, können Sie leugnen, daß diese Unterhaltung je stattgefunden hat.«

Sam war klar, was Vince wollte, und er verstand ihn – wenn man ganz oben angelangt war, fühlte man sich einsam, und Vince wollte seine Einsamkeit mit ihm teilen.

»In Ordnung«, sagte Sam. »Es gefällt mir zwar nicht, aber ich bin einverstanden. Tun Sie, was getan werden muß.« Und scherzhaft fügte er hinzu: »Ich hoffe, Sie haben kein Tonbandgerät dabei.«

»Wenn das so wäre«, erwiderte Lord, »würde ich Sie und mich selbst eines Verbrechens überführen.«

Als der Leiter der Forschungsabteilung zur Tür ging, rief Sam ihm nach: »Vince!«

Lord drehte sich um. »Ja?«

»Danke«, sagte Sam. »Nur – danke. Das ist alles.«

Jetzt brauchte man lediglich abzuwarten, dachte Sam. Abzuwarten und darauf zu vertrauen, daß die FDA die Zulassung für Montayne schnell und ohne Umschweife erteilte.

Seit ihrer letzten Begegnung hatte Dr. Gideon Mace sich in mancher Beziehung verändert. Der FDA-Beamte sah älter, aber auch gesünder aus als früher, was Vince überraschte. Sein Gesicht war nicht mehr so rot, die Äderchen an der Nase fielen kaum noch auf. Den zerschlissenen Anzug hatte er gegen einen neuen eingetauscht, und er trug auch eine neue Brille. Er wirkte gelöster, und wenn man ihn auch nicht gerade freundlich nennen konnte, so war er doch wenigstens nicht aggressiv. Ein Grund für die Veränderung – wie Vincent Lord durch seine Kontakte mit der Behörde wußte –, war, daß Mace mit Trinken aufgehört hatte und den Anonymen Alkoholikern beigetreten war.

Aber abgesehen von Maces persönlicher Veränderung war alles beim alten geblieben. Die FDA-Zentrale war noch genauso unpersönlich und schäbig. In dem winzigen Büro, in dem Mace an seinem Schreibtisch saß, stapelten sich noch mehr Akten als früher. Selbst auf dem Fußboden mußte man über Akten und Ordner steigen.

Lord deutete auf die Aktenstöße. »Ist hier irgendwo auch unser Montayne-Antrag dabei?«

»Zum Teil«, lautete die Antwort. »Ich habe nicht für alles Platz. Sie sind wegen Montayne hier, nehme ich an.«

»Ja«, bestätigte Lord. Er hatte Mace gegenüber Platz genommen und hoffte immer noch, daß es nicht nötig sein würde, die Fotokopien zu verwenden, die sich in seiner Aktentasche befanden.

»Ich mache mir ernsthaft Sorgen wegen des Falls in Australien.« Maces Stimme klang im Gegensatz zu früher vernünftig. »Sie wissen, was ich meine?«

Lord nickte. »Die Frau im australischen Busch. Ja, der Fall kam vor Gericht, wurde aber niedergeschlagen, außerdem hat es eine Untersuchung seitens der Regierung gegeben. Beide Male wurden die Vorwürfe sorgfältig geprüft und Montayne von jeder Schuld freigesprochen.«

»Ich habe darüber gelesen«, sagte Mace, »aber ich brauche weitere Einzelheiten. Ich habe nach Australien geschrieben, und wenn ich die Unterlagen bekomme, werde ich vielleicht noch ein paar Fragen haben.«

»Aber das kann Monate dauern!« protestierte Lord.

»Wenn schon«, entgegnete Mace. »Ich werde tun, was meine Pflicht ist.«

Lord machte einen letzten Versuch. »Als Sie unseren Antrag für

Staidpace zurückhielten, habe ich Ihnen doch versichert, daß es ein gutes Medikament ist, frei von allen Nebenwirkungen, und das war es dann auch – trotz der unnötigen Verzögerung. Und jetzt versichere ich Ihnen in meiner Eigenschaft als Wissenschaftler, daß es sich mit Montayne genauso verhält.«

»Das ist Ihre Behauptung, daß die Staidpace-Verzögerung unnötig war«, sagte Mace eigensinnig. »Auf jeden Fall hat es nichts mit Montayne zu tun.«

»In gewisser Weise doch«, erwiderte Lord, der wußte, daß er keine andere Wahl hatte. Er warf einen Blick über die Schulter zur Tür, um sich zu vergewissern, daß sie geschlossen war. »Weil ich nämlich glaube, daß das, was Sie mit Felding-Roth treiben, nichts mit unserem letzten Antrag, sondern mit Ihrer eigenen Einstellung zu tun hat. Sie haben eine Menge persönlicher Probleme, die Sie daran hindern, die Dinge richtig zu beurteilen. Einige dieser persönlichen Probleme hat meine Firma in Erfahrung gebracht.«

Mace richtete sich im Sessel auf und sagte in scharfem Ton: »Wovon reden Sie eigentlich?«

»Davon«, sagte Lord. Er hatte die Aktentasche geöffnet und einige Papiere herausgezogen. »Das sind Bestätigungen von Börsengeschäften, eingelöste Schecks, Bankbelege und anderes mehr, woraus hervorgeht, daß Sie über sechzehntausend Dollar Gewinn gemacht haben, illegal, indem Sie vertrauliche FDA-Informationen über zwei Arzneimittelhersteller, Binvus Products und Minto Labs, für sich genutzt haben.«

Lord legte ein gutes Dutzend Blätter auf Maces Schreibtisch. »Ich glaube, das sollten Sie sich einmal genau ansehen. Natürlich weiß ich, daß Sie das alles kennen, aber vielleicht ist Ihnen neu, daß es außer Ihnen sonst noch jemanden gibt, der Kopien davon hat. Das hier sind übrigens Kopien von Kopien, verstehen Sie? Es würde Ihnen also nichts nützen, sie zu behalten oder zu vernichten.«

Offenbar erkannte Mace das oberste Blatt – eine Quittung des Börsenmaklers – auf Anhieb wieder. Seine Hände zitterten, als er nach den anderen Blättern griff und sie überflog. Sie waren ihm alle bekannt, und je mehr er sah, desto fahler wurde sein Gesicht, seine Mundwinkel zuckten. Schließlich legte Mace die Unterlagen auf den Tisch und flüsterte: »Wo haben Sie das her?«

»Das ist unwichtig«, erwiderte Lord scharf. »Wichtig ist, daß wir es haben und uns überlegen, ob wir es dem Staatsanwalt und der Presse übergeben sollen. In dem Fall wird es natürlich eine Untersuchung geben, und sollten Sie noch in andere, ähnliche Fälle verwickelt sein, werden auch die ans Tageslicht kommen.«

Mace sah immer ängstlicher aus. Es war klar, daß Lord ins Schwarze getroffen und Mace tatsächlich noch mehr Dreck am Stecken hatte. Sie wußten es beide.

Lord erinnerte sich an das, was er zu Sam Hawthorne gesagt hatte: *»Wenn die Zeit gekommen ist, können Sie die schmutzige Arbeit ruhig mir überlassen.«* Und dann hatte er in Gedanken hinzugefügt: *Es wird mir vielleicht sogar Freude machen.* Und genauso war es: Es bereitete ihm tatsächlich Freude, über seinen Gegner zu triumphieren und ihm die Demütigungen heimzuzahlen.

»Sie werden ins Gefängnis kommen«, fuhr Lord fort, »und für alles bezahlen.«

»Das ist Erpressung«, sagte Mace verzweifelt. »Man wird Sie ...« Seine Stimme versagte.

»Es gibt viele Möglichkeiten, alles so zu arrangieren, daß unsere Firma damit nicht in Zusammenhang gebracht wird, und außer Ihnen und mir gibt es keine Zeugen.« Lord sammelte die Papiere ein und steckte sie wieder in seine Aktentasche. Ihm war gerade noch rechtzeitig eingefallen, daß seine Fingerabdrücke auf den Blättern waren; er durfte kein Risiko eingehen.

Mace war ein gebrochener Mann. Lord sah voller Widerwillen, wie ihm der Speichel über die Lippen rann. »Was wollen Sie?« stammelte er schwach.

»Ich glaube, das wissen Sie«, erwiderte Lord. »Was wir wollen, ließe sich als ›Sieg der Vernunft‹ bezeichnen.«

»Sie wollen die Genehmigung für dieses Medikament. Für Montayne.« Es war ein verzweifeltes Flüstern.

Lord schwieg.

»Hören Sie«, bat Mace fast schluchzend, »ich habe es ernst gemeint, als ich sagte, daß es ein Problem gibt ... dieser australische Fall, die Zweifel an Montayne ... Ich glaube wirklich, daß da etwas dran sein könnte ... Sie sollten ...«

»Darüber haben wir gerade gesprochen«, unterbrach ihn Lord verächtlich. »Klügere Leute als Sie haben uns versichert, daß der australische Fall überhaupt keine Bedeutung hat.«

»Und wenn Sie sie bekommen ... die Genehmigung?«

»Unter gewissen Umständen«, gab Lord vorsichtig zu verstehen, »würden wir die Papiere nicht an den Staatsanwalt oder die Presse geben, sondern sie Ihnen mit der Versicherung aushändigen, daß es unseres Wissens keine weiteren Kopien gibt.«

»Und woher soll ich wissen, ob das stimmt?«

»Da müßten Sie sich schon auf mein Wort verlassen.«

Mace bemühte sich, nicht die Beherrschung zu verlieren; in seinen Augen stand blanker Haß. »Und was soll Ihr Wort wert sein, Sie Bastard?«

»Sie befinden sich, wenn ich das sagen darf«, erwiderte Vincent Lord mit ruhiger Stimme, »nicht gerade in der Position, andere Leute zu beschimpfen.«

Es dauerte noch zwei Wochen, denn selbst nachdem Gideon Mace Dampf gemacht hatte, drehten sich die Räder der Bürokratie nur langsam. Aber am Ende wurde die Zulassung für Montayne erteilt – das Medikament durfte mit Genehmigung der FDA in den Vereinigten Staaten von Amerika vertrieben werden.

Bei Felding-Roth herrschte Befriedigung darüber, daß der Start nun doch wie geplant im Februar würde stattfinden können.

Vincent Lord wollte kein Risiko eingehen. Deshalb schickte er die belastenden Papiere weder mit der Post noch mit einem Boten, sondern reiste selbst nach Washington und lieferte sie persönlich bei Dr. Mace ab.

Lord hatte Wort gehalten. Sämtliche anderen Kopien waren vernichtet worden.

Im Büro von Mace standen sich die beiden Männer gegenüber.

»Hier ist, was ich Ihnen versprochen habe.« Lord reichte Mace einen braunen Umschlag.

Mace nahm ihn entgegen, prüfte seinen Inhalt und sah Lord an. Seine Stimme war haßerfüllt, als er sagte: »Sie und Ihre Firma haben jetzt einen Feind in der FDA. Ich warne Sie: Eines Tages werden Sie es bereuen.«

Lord zuckte die Achseln und verließ das Zimmer, ohne zu antworten.

10

An einem Freitagnachmittag im November besuchte Celia Dr. Maud Stavely in der New Yorker Zentrale der »Bürger für mehr Sicherheit in der Medizin«.

Zu dem Besuch hatte sich Celia ganz impulsiv entschlossen. Sie hielt sich ohnehin gerade in Manhattan auf, hatte zwischen zwei Terminen zwei Stunden Zeit, und da kam ihr plötzlich die Idee, ihre Neugier zu befriedigen und sich ihre Kontrahentin, der sie noch nie begegnet war, einmal anzusehen. Sie meldete sich nicht an, denn dann würde Dr. Stavely sie bestimmt nicht empfangen. Das hatten vor ihr schon andere erlebt.

Celia erinnerte sich daran, was ihr Lorne Eagledon, der Präsident der Pharmaceutical Manufacturers Association in Washington, vor gar nicht langer Zeit erzählt hatte. Eagledon, jovial und unbekümmert, war als Jurist für die Regierung tätig gewesen, bevor er seinen gegenwärtigen Posten bei dem Verband übernommen hatte.

»Als Leiter der PMA, die alle großen Arzneimittelfirmen vertritt«, sagte er, »halte ich gern Kontakt mit Verbraucherorganisationen. Wir sind zwar Kontrahenten, gewiß, aber manchmal haben sie auch ganz nützliche Ideen, die wir uns ruhig anhören sollten. Deshalb gehe ich zweimal im Jahr mit Ralph Nader essen. Ralph und ich haben nicht viel gemeinsam, aber wir hören uns die gegensätzlichen Standpunkte an, wie das unter zivilisierten Menschen üblich ist. Als ich jedoch Maud Stavely aus dem gleichen Grund mal zum Essen einladen wollte – ach, du liebe Zeit! Dr. Stavely ließ mich wissen, daß sie bei ihrem Kampf gegen einen durch und durch unmoralischen Industriezweig – nämlich den unseren – ihre wertvolle Zeit nicht mit überflüssigen Gesprächen über das Big Business und mit inakzeptablen Ansichten – nämlich den meinen – vergeuden könne. Das Essen, sagte sie, könne ich mir sparen, da sie schon an einem einzigen Stück Schokolade ersticken würde, das mit dem schmutzigen Geld der Pharma-Industrie bezahlt würde.« Eagledon lachte. »Und so haben wir uns leider nie kennengelernt.«

Es regnete, als Celias Taxi vor einem verwahrlosten sechsstöckigen Gebäude in der 37. Straße in der Nähe der Seventh Avenue hielt. Im Erdgeschoß, dessen Fensterscheiben zerbrochen und mit Klebeband geflickt waren, befand sich das Lager einer Installationsfirma. Von dem düsteren Flur, in dem die Farbe von den Wänden abblätterte, arbeitete sich ein winziger Aufzug ächzend und stöhnend bis zur obersten Etage hinauf, wo die BSM-Büros untergebracht waren.

Als Celia den Aufzug verließ, stand sie vor einer offenen Tür; in dem kleinen Raum dahinter saß eine ältere weißhaarige Frau an einem ramponierten Metallschreibtisch. Auf einem Schild war zu lesen: *Ehrenamtliche Mitarbeiterin Mrs. O. Thom.* Die Frau hämmerte auf einer Schreibmaschine Marke Underwood, Baujahr etwa 1950. Als Celia das Zimmer betrat, blickte sie auf und erklärte: »Ich habe denen schon so oft gesagt, daß ich nicht weiterarbeiten werde, wenn dieses Wrack von einer Schreibmaschine nicht endlich repariert wird. Das große ›I‹ war schon immer kaputt. Wie soll ich denn da einen Brief schreiben?«

»Schreiben Sie doch einfach ›Wir‹ statt ›Ich‹«, schlug Celia vor.

»Und was mache ich dann mit dem da? Der geht nach Idaho. Soll ich vielleicht Widaho schreiben?« fuhr Mrs. O. Thom sie an.

»Ich wünschte, ich könnte Ihnen helfen. Ist Dr. Stavely da?«

»Jawohl. Und wer sind Sie?«

»Ich interessiere mich für Ihre Organisation. Ich würde gern mit ihr reden.«

Mrs. Thom stand auf und verschwand durch eine Tür. Während Celia wartete, warf sie einen kurzen Blick auf ein paar Leute, die in den angrenzenden Zimmern arbeiteten. Es herrschte eine geschäftige Atmosphäre, nebenan klapperte eine Schreibmaschine, und es wurden Telefongespräche geführt. Überall lagen Broschüren und Faltblätter, zum Teil für den Postversand vorbereitet. Ein Stapel Briefe wartete darauf, geöffnet zu werden. Allem Anschein nach schwamm die BSM nicht gerade im Geld. Die Büromöbel stammten sicher von einem Trödler. Früher einmal waren die Räume wohl mit Teppichboden ausgelegt gewesen, inzwischen aber war er so stark abgelaufen, daß er fast nicht mehr zu erkennen war. Wie im Hausflur blätterte auch hier die Farbe von den Wänden.

Mrs. Thom kam zurück. »In Ordnung. Gehen Sie da hinein.« Sie deutete auf eine Tür.

Das Zimmer war genauso schäbig wie die anderen Büros.

»Ja, was gibt's?« Dr. Maud Stavely, die ebenfalls an einem ramponierten Tisch saß, sah von einem Blatt Papier auf und blickte der Besucherin entgegen.

Nach allem, was sie eben gesehen und was sie über die Person, der sie jetzt gegenüberstand, gehört hatte, war Celia überrascht, eine attraktive Frau mit kastanienbraunen Haaren vor sich zu sehen, schlank, mit einer guten Figur und gepflegten Händen, ungefähr Anfang Vierzig. Die Stimme war durchdringend und ungeduldig, aber kultiviert und hatte einen leichten New-England-Akzent. Ihr brauner Wollrock und die rosafarbene Bluse sahen nicht teuer aus, waren aber modisch. Die Augen – das Auffallendste an Dr. Stavely – waren durchdringend blau und gaben Celia zu verstehen, daß eine Antwort auf ihre Frage längst überfällig war.

»Ich komme von einer pharmazeutischen Firma«, sagte Celia. »Entschuldigen Sie bitte, daß ich einfach so hereinplatze, aber ich wollte Sie gern kennenlernen.«

Ein paar Sekunden lang herrschte Schweigen.

»Ich nehme an, Sie sind die Jordan.«

»Ja.« Celia war überrascht. »Woher wissen Sie das?«

»Ich habe von Ihnen gehört. Es gibt in dieser verrotteten Branche nicht viele weibliche leitende Angestellte und ganz bestimmt niemanden, der sich derart verkauft hat wie Sie.«

»Wieso glauben Sie, daß ich mich – wie Sie es nennen – verkauft habe?« fragte Celia ruhig.

»Weil Sie nicht ausgerechnet beim Vertrieb arbeiten würden, wenn das nicht der Fall wäre.«

»Ich habe ursprünglich als Chemikerin angefangen«, wandte Celia ein. »Dann bin ich, wie andere auch, in unserer Firma aufgerückt.«

»Das ist mir egal. Was wollen Sie?«

Celia bemühte sich, der feindseligen Haltung mit einem Lächeln zu begegnen. »Wie schon gesagt, ich wollte Sie kennenlernen. Ich dachte, wir könnten vielleicht ein bißchen miteinander reden. Auch wenn wir nicht die gleichen Ansichten haben dürften, könnten wir doch beide davon profitieren.«

Ihre Freundlichkeit zeigte keine Wirkung. Mit eisiger Stimme fragte Dr. Stavely: »Wovon profitieren?«

Celia zuckte die Achseln. »Vom gegenseitigen Verständnis, dachte ich. Aber es war offenbar keine so gute Idee herzukommen.« Sie drehte sich um und wollte gehen, weil sie nicht bereit war, weitere Unhöflichkeiten hinzunehmen.

»Was wollen Sie wissen?«

Die Stimme klang nicht mehr ganz so abweisend. Celia zögerte, wußte nicht recht, wie sie sich verhalten sollte.

Dr. Stavely deutete auf einen Stuhl. »Da Sie schon mal hier sind, setzen Sie sich. Ich gebe Ihnen zehn Minuten.«

Unter anderen Umständen hätte Celia ihr die Meinung gesagt, aber sie war neugierig und hielt sich zurück. »Was mich interessieren würde: Warum haben Sie einen solchen Haß auf die Pharma-Industrie?«

Zum ersten Mal erschien auf Maud Stavelys Gesicht ein schwaches Lächeln, das aber sofort wieder verschwand. »Ich sagte, zehn Minuten, nicht zehn Stunden.«

»Warum nutzen wir dann nicht die Zeit?«

»Na schön. Der unmoralischste Teil Ihres Geschäfts ist genau der, mit dem *Sie* zu tun haben – der Verkauf. Sie überschütten den Markt mit Ihrer Ware auf eine geradezu zynische, boshafte Weise. Nehmen wir einmal Medikamente, die bei begrenzter Anwendung durchaus vertretbar wären – durch Ihre massiven, rücksichtslosen Verkaufskampagnen aber bringen Sie die Ärzte dazu, sie unzähligen Leuten zu verschreiben, die sie gar nicht benötigen, die sie sich nicht leisten können oder denen sie sogar schaden.«

»Das sind starke Worte«, sagte Celia. »Niemand bestreitet, daß gelegentlich zuviel verschrieben wird, aber ...«

»*Gelegentlich* zuviel verschrieben! Das Übermaß ist *die Norm*. Aber es ist eine Norm, auf die Leute wie Sie hinarbeiten, die Sie einplanen und herbeiwünschen! Wollen Sie ein Beispiel? Denken Sie an Valium und ähnliche Präparate – wahrscheinlich in der Geschichte der Pharma-Industrie die Medikamente, die am häufigsten im Übermaß genommen und unnötigerweise verschrieben werden. Firmen wie die Ihre mit ihrer übertriebenen Verkaufsstrategie und ihrer Habgier sind verantwortlich für eine Legion süchtiger, verzweifelter Menschen und potentieller Selbstmörder ...«

»Aber auch für viele, denen diese Mittel geholfen haben.«

»Eine Minderheit«, widersprach Dr. Stavely, »für die die übertriebenen Werbemaßnahmen nicht nötig wären. Ich weiß aus eigener Erfahrung, wie Ärzte unter Druck gesetzt werden, damit sie an den Nutzen dieser ›Allheilmittel‹ glauben. Aufgrund solcher Erfahrungen habe ich meine Praxis geschlossen und diese Organisation ins Leben gerufen.«

»Ich weiß, daß Sie Ärztin sind«, gab Celia zögernd zu.

»Ich habe mich als Internistin bemüht, Menschen gesund zu machen und am Leben zu erhalten. Und das versuche ich auch jetzt noch, nur auf einer viel breiteren Basis. Aber zurück zum Valium. Es beweist, wie gewissenlos die ganze Branche ist.«

»Ich höre«, sagte Celia. »Ich stimme Ihnen nicht zu, aber ich höre.«

»Kein Mensch benötigt all die verschiedenen Varianten von Valium, die die pharmazeutischen Firmen in Konkurrenz zueinander herstellen. *Es ist für niemanden von Vorteil,* wenn fünf verschiedene Valiumpräparate im Handel sind. Aber nachdem Valium sich als ein so großartiger finanzieller Erfolg erwiesen hat, haben andere Firmen sofort monate-, ja jahrelange Forschungen angestellt, haben wertvolle wissenschaftliche Zeit und enorme Summen investiert, nicht etwa, um Neues und Nützliches hervorzubringen, sondern nur, um auch ein Valium – unter einem anderen Namen – auf den Markt zu bringen. Sie haben Valiumvarianten hergestellt, indem sie geringfügige Veränderungen am Molekül vornahmen und daraufhin ein eigenes Patent beantragen konnten.«

»Jeder weiß, daß es ›Trittbrett‹-Medikamente gibt«, unterbrach Celia ungeduldig, »sicher mehr als nötig, aber manchmal führen sie auch zu neuen Entwicklungen; und außerdem sichern sie den Pharma-Firmen, die unsere Gesellschaft nun mal braucht, in Zeiten der Erprobung und vor einem eventuellen großen Durchbruch die Existenz.«

»O mein Gott!« Dr. Stavely fuhr sich mit der Hand an den Kopf. »Glauben Sie dieses Branchen-Gewäsch etwa wirklich? Es geht ja nicht nur um Valium. Jedes wichtige Medikament, das irgendeine Firma herausbringt, wird von den anderen nachgemacht. Und aus diesem Grund sollte die pharmazeutische Forschung von der Regierung gelenkt und kontrolliert werden, wobei die Arzneimittelfirmen für die Kosten aufzukommen hätten.«

»Das kann doch nicht Ihr Ernst sein«, sagte Celia. »Sie wollen die Arzneimittelforschung von denselben Politikern kontrollieren lassen, die die Sozialversicherung kaputtgemacht haben, die Staatsgelder verschleudern, die es nicht einmal fertigbringen, den Staatshaushalt auszugleichen, und die ihre eigenen Mütter opfern würden, um Wählerstimmen zu gewinnen? Dann gäbe es noch heute kein Penicillin! Zugegeben, das bestehende System ist nicht gerade ideal, aber es ist noch immer besser und auch moralischer als das, was Sie vorschlagen.«

Dr. Stavely sprach weiter, als habe sie Celia nicht gehört. »Ihre feine Branche mußte erst mit Gesetzen dazu gezwungen werden, vor den Nebenwirkungen und Gefahren der Medikamente zu warnen. Sie beschränkt sich dabei aber auf das äußerste Minimum und läßt manche Hinweise einfach in den Akten verschwinden.«

»Das ist doch Unsinn! Wir sind dem Gesetz nach verpflichtet, Nebenwirkungen an die FDA zu melden«, protestierte Celia. »Sicher, es mag vorgekommen sein, daß jemand es unterlassen hat ...«

»Unsere Organisation weiß von einer ganzen Reihe solcher Fälle, und wahrscheinlich gibt es noch eine ganze Menge mehr, von denen wir nichts wissen. Widerrechtliches Zurückhalten von Informationen. Aber ist es je gelungen, die Justizbehörden dazu zu bewegen, eine Untersuchung in Gang zu bringen? Nein! Weil es auf dem Capitol Hill eine ganze Armee bezahlter Lobbyisten gibt, die ...«

Nun gut, dachte Celia, sie war gekommen, um Meinungen zu hören, und sie bekam sie zu hören. Aus den gnädig gewährten zehn Minuten war eine volle Stunde geworden.

Unter anderem erwähnte Dr. Stavely eine Kontroverse, die es vor kurzem gegeben hatte und von der Celia ebenfalls wußte. Eine pharmazeutische Firma (nicht Felding-Roth) hatte Schwierigkeiten mit einem ihrer Produkte, das intravenös verabreicht wurde und in Krankenhäusern Verwendung fand. Einige Flaschen mit dem angeblich sterilen Inhalt hatten beschädigte Verschlußkappen, wodurch Bakterien eindringen konnten, die zu Blutvergiftungen und bei mehreren Patienten sogar zum Tode führten.

Die Zahl der beschädigten Flaschen war, wie man wußte, sehr gering, und möglicherweise waren inzwischen alle aus dem Verkehr gezogen; eine Wiederholung würde es nicht geben, da der Fehler in der Herstellung inzwischen entdeckt und behoben worden war. Ein Verbot dieses Präparats würde zu einem Versorgungsengpaß in den Krankenhäusern führen und wahrscheinlich weitere Todesfälle nach sich ziehen. Seit Wochen diskutierten Hersteller, FDA und Krankenhäuser nun schon darüber. Dr. Stavely fand das empörend und nannte es »ein beschämendes Beispiel dafür, wie eine pharmazeutische Firma eine Sache verschleppt, nur weil sie sich weigert, ein gefährliches Mittel zurückzurufen«.

»Ich weiß zufällig etwas darüber«, sagte Celia. »Heute morgen hörte ich, daß die FDA beschlossen hat, jede weitere Anwendung der Infusionsflüssigkeit zu verbieten. Über das Wochenende wird eine entsprechende Verlautbarung vorbereitet und am Montag morgen auf einer Pressekonferenz bekanntgegeben werden.«

Dr. Stavely sah die Besucherin scharf an. »Sind Sie sicher?«

»Absolut.« Sie hatte die Information von einem äußerst zuverlässigen Angestellten der betroffenen Firma erhalten.

Dr. Stavely machte sich eine Notiz. Dann kamen sie auf Montayne zu sprechen.

»Wir werden nichts unversucht lassen«, erklärte Dr. Stavely, »um zu verhindern, daß dieses ungenügend erprobte Mittel auf den Markt kommt.«

Celia hatte diese einseitigen Tiraden satt. »Montayne als ungenügend erprobt zu bezeichnen ist lächerlich! Außerdem hat die FDA bereits die Zulassung erteilt.«

»Diese Zulassung muß im öffentlichen Interesse rückgängig gemacht werden.«

»Und warum?«

»Es hat in Australien einen Fall gegeben ...«

»Der australische Fall ist uns bekannt«, sagte Celia mißmutig. Und sie legte Dr. Stavely dar, wie die medizinischen Experten die vor Gericht aufgestellten Behauptungen entkräftet hatten.

»Ich kann die Meinung dieser Experten nicht teilen«, erklärte Dr. Stavely. »Haben Sie die Protokolle der Gerichtsverhandlung gelesen?«

»Ich habe Berichte gelesen, die sich eingehend damit befaßt haben.«

»Ich habe gefragt, ob Sie die *Protokolle* gelesen haben.«

»Nein«, gab Celia zu.

»Dann tun Sie es, und maßen Sie sich nicht an, ohne diese Informationen weiter über Montayne zu sprechen.«

Celia seufzte. »Ich glaube nicht, daß es Sinn hat, noch weiterzureden.«

»Das habe ich Ihnen ja gleich gesagt.« Zum zweiten Mal tauchte auf Dr. Stavelys Gesicht ein schwaches Lächeln auf.

Celia nickte. »Und damit hatten Sie recht – auch wenn es so ungefähr das einzige war, womit Sie recht hatten.«

Dr. Stavely hatte sich schon wieder ihrer Akte zugewandt. Sie blickte nur kurz auf. »Auf Wiedersehen, Jordan.«

»Auf Wiedersehen«, sagte Celia und ging durch die trostlosen Büros hinaus auf die ebenso trostlose Straße.

Als Celia am späten Nachmittag von Manhattan nach Morristown zurückfuhr, dachte sie über Dr. Stavely nach, deren Engagement an Besessenheit zu grenzen schien. Menschen wie sie waren in der Regel humorlos, nahmen sich selbst sehr ernst und waren so daran gewöhnt, alles nur schwarz oder weiß zu sehen, daß sie für die Zwischentöne kein Empfinden hatten, die doch weit häufiger vorkamen.

Allerdings war die Vorsitzende der BSM offenbar gut informiert, beredt, vorzüglich organisiert und besaß einen scharfen Verstand. Ihre medizinische Qualifikation gab ihr automatisch das Recht, gehört zu werden, wenn es um rezeptpflichtige Medikamente ging. Manche Ansichten, die sie vertrat, waren gar nicht so weit von denen entfernt, die Celia vor vierzehn Jahren selbst gehabt hatte, als sie sich über »Trittbrett«-Medikamente und »molekulares Roulette« in ähnlicher Weise ausgelassen hatte. Und es waren Sam Hawthornes Argumente, die Celia ihr an diesem Nachmittag entgegengehalten hatte – ohne von ihrer Gültigkeit selbst überzeugt zu sein.

Aber Dr. Stavely hatte sehr einseitig Stellung bezogen, als sie die negativen Aspekte der pharmazeutischen Industrie hervorhob und die vielen positiven, humanitären Beiträge dieses Industriezweigs außer acht ließ. Celia hatte einmal gehört, wie die Pharma-Industrie der Vereinigten Staaten als »nationaler Schatz« bezeichnet wurde, und fand, daß diese Beschreibung im großen und ganzen zutraf. Und Dr. Stavelys Vorstellung, daß die Regierung die Arzneimittelforschung kontrollieren sollte, war naiv und absurd. Alles in allem aber waren sie und ihre Organisation starke Gegner, die man nicht auf die leichte Schulter nehmen durfte.

Und in einem Punkt hatte Dr. Stavely zweifellos recht, dachte Celia reumütig. Die Lektüre der Protokolle des australischen Gerichtsverfahrens mußte sie in der nächsten Woche unbedingt nachholen.

»Es mag nicht ganz einfach sein, mit diesen Aktivisten – Maud Stavely, Sidney Wolfe, Ralph Nader und all den anderen – auszukommen, und manchmal findet man sie vielleicht sogar abscheulich«, sagte Andrew am Abend, als Celia von ihrem Besuch bei der BSM berichtete. »Aber ihr braucht sie, eure Industrie braucht sie, genauso wie General Motors und die anderen Autofirmen einen Nader benötigten, bevor er auf dem Schauplatz erschien. Nader hat dazu beigetragen, die Autos besser und sicherer zu machen, weil er immer wieder nachhakte, und ich persönlich bin ihm dankbar dafür. Und jetzt halten Stavely und Wolfe dich und deine Leute in Trab.«

Celia stieß einen Seufzer aus. »Warum können sie nur nicht ein bißchen gemäßigter und vernünftiger sein?«

Andrew schüttelte den Kopf. »Dann wären sie ja keine erfolgreichen Aktivisten mehr. Und noch etwas – wenn sie rücksichtslos und unmoralisch sind, solltest du dich fragen, wo sie das herhaben. Doch wohl von Firmen wie der deinen, meine Liebe, denn wenn niemand hingesehen hat, haben die sich durchaus rücksichtslos und unmoralisch verhalten.«

Celia hätte Andrews letzte Bemerkung noch mehr zu würdigen gewußt, wenn sie einer Szene im Büro der BSM beigewohnt hätte, die sich dort nur wenige Minuten nach ihrem Weggang abspielte.

Dr. Stavely rief einen Assistenten zu sich. »Berufen Sie bitte für morgen vormittag eine Pressekonferenz ein. Sagen Sie, daß es sich um eine dringende Angelegenheit handelt, die die Krankenhäuser und Patienten betrifft, und vergewissern Sie sich, daß Fernsehanstalten und Presseagenturen davon erfahren. Gleichzeitig werden wir eine Pressemitteilung herausgeben. Es dürfte eine lange Nacht werden ...«

Am nächsten Morgen um zehn Uhr berichtete Dr. Stavely vor Vertretern von Presse, Funk und Fernsehen über die Probleme, die sich im Zusammenhang mit der bakterienverseuchten Infusionsflüssigkeit ergeben hatten. Sie erwähnte auch, daß es infolge von Sepsis vermutlich mehrere Todesfälle gegeben habe. Was sie nicht erwähnte, waren Celias Informationen darüber, daß die FDA bereits beschlossen hatte, alle vorhandenen Bestände des Präparats zurückzurufen und diese Entscheidung bereits am Montag bekanntzugeben.

Statt dessen erklärte Dr. Stavely: »Die Organisation der ›Bürger für mehr Sicherheit in der Medizin‹ bedauert, daß die FDA und die Herstellerfirma untätig zusehen. Wir fordern, daß alle Vorräte dieses lebensgefährdenden Stoffes sofort zurückgezogen werden ...«

Das verfehlte seine Wirkung nicht. Die großen Fernsehanstalten berichteten darüber in den Abendnachrichten. Und als am Montag die FDA offiziell ihre Entscheidung bekanntgab, waren die Zeitungen bereits voll davon. Da sich kaum jemand die Mühe gemacht hatte, die Hintergründe aufzuhellen, begannen die Artikel mit den Worten: »In schneller Reaktion auf die Forderung von Dr. Maud Stavely und ihrer Organisation ›Bürger für mehr Sicherheit in der Medizin‹ hat die FDA heute verfügt, daß jede weitere Verwendung ...«

Celia, die mit einigem Unbehagen den Ablauf des Geschehens verfolgte, behielt die Rolle, die sie bei der ganzen Sache gespielt hatte, für sich. Sie hatte dazugelernt. Ihr wurde klar, daß sie sich ausgesprochen dumm und indiskret verhalten hatte und von einer meisterhaften Taktikerin ausgenutzt worden war.

II

Zu Celias Überraschung gab es in der Geschäftszentrale von Felding-Roth keine einzige Prozeßakte des australischen Gerichtsverfahrens, in das Montayne verwickelt war. Und auch die Rechtsabteilung der Firma konnte nirgends eine auftreiben. Es gab eine Menge Berichte, in denen der Fall zitiert wurde, aber Celia wollte unbedingt das Verfahren in seiner Gesamtheit kennenlernen. Obwohl Maud Stavely offenbar eine Kopie der Protokolle besaß, war Celia nicht erpicht darauf, sie darum zu bitten, und beauftragte statt dessen die Rechtsabteilung der Firma, über eine Kanzlei in Australien telegrafisch die Akten anzufordern.

Inzwischen gab es eine Menge anderes zu tun. Die Werbekampagne für den Start von Montayne wurde vorangetrieben, denn der Februartermin rückte immer näher. Celia und ihr Stellvertreter Bill Ingram waren für die vielen Millionen Dollar verantwortlich, die bereits ausgegeben waren; und für die kommenden Monate standen noch weitere Gelder bereit. In zahlreichen medizinischen Magazinen wurden mehrfarbige vierseitige Anzeigen plaziert, und auf Ärzte und Apotheker im ganzen Land rollte eine Lawine von Postwurfsendungen zu.

Zu den Werbemitteln, die verschickt wurden, gehörte auch eine

Kassette, die außer dem »Wiegenlied« von Brahms eine klinische Beschreibung von Montayne zu Gehör brachte. Darüber hinaus waren zahlreiche Vertreter der Firma unterwegs, die Tausende von Musterpackungen an die Ärzte verteilten und dabei auch Golfbälle mit der Aufschrift »Montayne« auf deren Schreibtischen zurückließen.

Wie bei jedem Start eines neuen Medikaments herrschte in der ganzen Firma Aufregung und Trubel, Nervosität, aber auch Zuversicht.

Hoffnungen weckten ebenfalls die neuesten Nachrichten aus dem Forschungsinstitut in Großbritannien. Dort war es Martin Peat-Smiths Team anscheinend gelungen, die technische Barriere zu durchbrechen, die über lange Zeit die Forschungen behindert hatte. Einzelheiten waren noch nicht bekannt – Martins Bericht war kurz und sehr allgemein gehalten –, aber wie es aussah, handelte es sich um die Überwindung jener Mauer, von der Dr. Rao Sastri vor achtzehn Monaten gesprochen hatte: »*Wir besitzen keine geeigneten Techniken ... In zehn Jahren vielleicht ...*«

Celia freute sich, daß Sastri zumindest in diesem Punkt unrecht und Martin recht gehabt hatte.

Einem Brief von Nigel Bentley aus Harlow war zu entnehmen, daß der erzielte technische Fortschritt auf der Gewinnung eines Peptid-Gemischs beruhte, das aus dem Gehirn von Ratten gewonnen wurde. Folgetests an Ratten im sogenannten »Labyrinth« zeigten, daß es das Gedächtnis älterer Tiere zu stärken vermochte. Die Versuche gingen weiter.

Obwohl ein Medikament zur Verbesserung des menschlichen Gedächtnisses noch immer in weiter Ferne lag, zeichnete sich die Möglichkeit eines Erfolgs jetzt deutlicher ab als je zuvor.

Die Nachricht traf zum rechten Zeitpunkt ein, da sich einige Mitglieder des Aufsichtsrats erneut anschickten, das Harlower Institut wegen zu hoher Kosten und ausbleibender Erfolge zu schließen. Mit diesen positiven Ergebnissen schien das Forschungsprojekt, für den Augenblick zumindest, gesichert.

Auch Celia war froh darüber, daß sie sich vor anderthalb Jahren gegen die Schließung des Instituts ausgesprochen hatte.

Mitte Dezember traf das angeforderte Gerichtsprotokoll aus Australien ein. Es war eine mehrere hundert Seiten starke Akte. Aber

Celia war im Augenblick so überlastet, daß sie die Lektüre auf einen späteren Zeitpunkt verschieben mußte. Anfang Januar hatte sie das Protokoll noch immer nicht gelesen; und dann ereignete sich etwas, das alles andere in Vergessenheit geraten ließ.

Mit seiner Wahl zum Präsidenten hatte Carter alle Welt in Erstaunen versetzt. Nachdem er das Weiße Haus in Besitz genommen hatte, schickte er alsbald Boten aus, um eilig Kandidaten für die zahlreichen Regierungsämter anzuwerben, die die Republikaner bald würden freimachen müssen. Zu denen, die einen Ruf erhielten, gehörte auch Xavier Rivken, Leiter der Verkaufsabteilung bei Felding-Roth.

Xav Rivken, lebenslanger Demokrat, der sich seit neuestem begeistert für Carter einsetzte, hatte Zeit und Geld in die Wahlkampagne gesteckt; er kannte den neuen Präsidenten persönlich – sie hatten zusammen in der US-Navy gedient. Und jetzt erhielt er seine Belohnung, indem man ihm den Posten eines Unterstaatssekretärs im Handelsministerium anbot.

Bei Felding-Roth wurde das Angebot zuerst geheimgehalten und auch, daß Rivken grundsätzlich nicht abgeneigt war. Sam Hawthorne und ein paar andere Mitglieder des Aufsichtsrats besprachen die Angelegenheit und waren der Meinung, daß er annehmen sollte. Der Firma konnte es nicht schaden, einen Verbündeten im Handelsministerium zu haben. In aller Stille trafen sie ein Arrangement für die vorzeitige Pensionierung von Rivken, so daß er gleich nach dem 20. Januar, dem Amtsantritt des Präsidenten, die Firma verlassen konnte.

In der zweiten Januarwoche rief Sam Celia in sein Büro und informierte sie über die Abmachung mit Rivken, von der sie noch nichts gewußt hatte.

»Niemand – auch ich nicht – hat erwartet, daß es schon so bald dazu kommen würde«, sagte Sam, »aber wenn Xav geht, werden Sie an seine Stelle treten. Ich habe schon mit ein paar Aufsichtsratsmitgliedern gesprochen, die der Abmachung mit Xav zugestimmt haben. Wir sind uns natürlich alle im klaren darüber, daß es ein ziemlich ungünstiger Zeitpunkt ist, da wir mit Montayne ...«

»Darf ich mich setzen?« bat Celia. »Und geben Sie mir bitte einen Augenblick, um mich zu sammeln?« Ihre Stimme war rauher als sonst. »Auch wenn es Sie überrascht – ich bin wie vom Blitz getroffen.«

Sam machte ein zerknirschtes Gesicht. »Teufel auch, das tut mir leid! Ich hätte vielleicht ein bißchen diplomatischer vorgehen sollen. Aber an manchen Tagen habe ich es verdammt eilig.«

»Ist schon gut«, beruhigte Celia ihn. »Und was Sie über Montayne sagen ...«

Aber die Worte schienen gar nicht von ihr zu stammen. In ihrem Kopf ging alles drunter und drüber. Sie erinnerte sich an ein Ereignis, das siebzehn Jahre zurücklag: Irving Gregson, der damalige Leiter der Verkaufsabteilung, der der Firma längst nicht mehr angehörte, hatte sie während der New Yorker Verkaufstagung wütend aufgefordert, den Saal zu verlassen. Sam hatte sie damals gerettet ... und jetzt war es Sam, der ... Verdammt! Sie würde doch nicht etwa heulen! Als sie aufblickte, hielt Sam ihr lächelnd ein Taschentuch hin.

»Sie haben es verdient, Celia«, sagte er. »Ganz allein haben Sie es geschafft, Schritt für Schritt, und was ich schon früher hätte sagen sollen: Herzlichen Glückwunsch! Ich habe es Lilian beim Frühstück erzählt, und sie freut sich darüber genauso wie ich; sie läßt Ihnen sagen, daß wir uns alle bald wieder einmal treffen sollten.«

»Vielen Dank.« Sie nahm das Taschentuch, wischte sich die Tränen ab und sagte dann sachlich: »Bitte sagen Sie Lilian, daß ich ihr danke. Und jetzt zu Montayne.«

»Da Sie mit den Plänen für den Start von Montayne so vertraut sind, hat der Aufsichtsrat beschlossen, Sie damit weitermachen zu lassen, auch wenn Sie jetzt eine noch größere Verantwortung übernehmen. Das wird für Sie eine zusätzliche Belastung ...«

»Kein Problem«, versicherte Celia.

»Außerdem sollten Sie sich über einen Nachfolger Gedanken machen«, bemerkte Sam.

»Bill Ingram«, sagte Celia, ohne zu zögern. »Er ist gut eingearbeitet und hat auch schon bei Montayne mitgemacht.«

Das Prinzip hatte hervorragend funktioniert: Celia war Sam auf der Leiter gefolgt, jetzt würde Bill Celia folgen – und wer würde sich wohl an Bills Fersen heften?

Nur mit Mühe konnte Celia sich konzentrieren und das Gespräch zu Ende führen.

Am Abend, als Celia Andrew von ihrer bevorstehenden Beförderung berichtete, schloß er sie in die Arme. »Ich bin stolz auf dich! Aber das bin ich schon immer gewesen.«

»Die meiste Zeit«, korrigierte sie ihn. »Es hat Augenblicke gegeben, in denen du es nicht warst, und das aus gutem Grund.«

Er verzog das Gesicht. »Das liegt alles weit hinter uns.« Dann verschwand er in der Küche und kehrte einen Augenblick später mit einer Flasche Schramsberg-Sekt zurück. Winnie April folgte ihm mit glühenden Wangen. Sie trug ein Tablett mit Gläsern.

»Winnie und ich trinken jetzt auf deinWohl«, verkündete Andrew. Er hob sein Glas: »Auf dich, meine Liebste! Auf alles, was du bist, warst und sein wirst.«

»Gott schütze Sie.« Winnie nahm einen kleinen Schluck Sekt, dann zögerte sie. »Ich weiß nicht, ob ich das alles trinken soll.«

»Aber warum denn nicht?« fragte Celia.

»Na ja ... es ist vielleicht nicht gut für das Baby.« Winnie warf Andrew einen Blick zu und wurde rot. »Ich hab' gerade erfahren, daß ich schwanger bin.«

»Winnie, das ist ja *wunderbar!*« Celia lief zu ihr, um sie zu umarmen. »Viel wichtiger als meine Beförderung!«

»Wir freuen uns für Sie, Winnie«, sagte Andrew. Er nahm ihr das Sektglas aus der Hand. »Sie haben recht. Sie sollten das jetzt nicht trinken. Wir machen eine neue Flasche auf, wenn das Baby da ist.«

Später, als Celia und Andrew zu Bett gingen, sagte Celia erschöpft: »Das war ein Tag heute!«

»Alles in allem ein wunderschöner Tag«, stellte Andrew fest. »Ich hoffe nur, daß es so bleibt.«

Aber die Hoffnung erfüllte sich nicht.

Die ersten Anzeichen für schlechte Nachrichten kündigten sich genau eine Woche später an.

Bill Ingram, der noch immer jungenhaft wirkte, kam in Celias Büro, in das er bald selbst einziehen würde. Er fuhr sich mit der Hand durch die wie immer zerzausten roten Haare. »Ich glaube, Sie sollten sich das hier mal ansehen, auch wenn ich nicht weiß, ob es von Bedeutung ist. Ein Freund hat es mir aus Paris geschickt. Es ist eine Meldung aus dem *France-Soir.* Wie gut ist Ihr Französisch?«

»Es reicht, um es zu verstehen.«

Als Celia zu lesen begann, stieg eine Vorahnung in ihr auf, die sie erschauern ließ.

Die Zeitungsmeldung war kurz.

Bei einem jetzt einjährigen Mädchen aus Nouzonville, einer kleinen französischen Stadt nahe der belgischen Grenze, war vor kurzem ein Fehler im zentralen Nervensystem festgestellt worden, der es bewegungsunfähig machte; die Untersuchungen hatten außerdem ergeben, daß sich das Gehirn nicht weiterentwickelte. Eine Behandlung schien nicht möglich. Das Kind würde für den Rest seines Lebens dahinvegetieren müssen. Es schien keine Hoffnung zu geben.

Die Mutter hatte während der Schwangerschaft Montayne eingenommen. Jetzt machten sie und ihre Familie dieses Medikament für die Fehlentwicklung des Babys verantwortlich. In der Zeitungsmeldung stand nicht, ob die Ärzte diese Ansicht teilten.

Der Bericht des *France-Soir* schloß mit einem rätselhaften Satz: *Un autre cas en Espagne, apparemment identique, a été signalé.*

Celia überlegte, was das zu bedeuten hatte.

... ein weiterer Fall in Spanien, offenbar identisch.

»Wie gesagt, ich glaube nicht, daß wir uns Sorgen machen müssen«, versicherte Bill Ingram. »Schließlich ist der *France-Soir* für seine Sensationslust bekannt. Wenn es *Le Monde* wäre ...«

Celia antwortete nicht. *Zuerst Australien. Jetzt Frankreich und Spanien.*

Dennoch – ihr gesunder Menschenverstand sagte ihr, daß Bill recht hatte. Es gab wirklich keinen Grund zur Sorge. Sie dachte an ihre eigene Überzeugung, an die gewissenhaften, gründlichen Untersuchungen in Frankreich, die langen Erprobungen in vielen anderen Ländern, Sicherheiten, nach denen man gesucht und die man auch erhalten hatte. Kein Grund zur Sorge, *natürlich nicht.*

Und dennoch ...

Entschlossen sagte sie: »Bill, ich möchte Sie bitten, so schnell wie möglich alles herauszufinden, was über diese beiden Fälle bekannt ist. Die Zeitungsmeldung behalte ich hier.«

»Ganz wie Sie möchten ...« Ingram warf einen Blick auf seine Armbanduhr. »Ich werde mit Gironde-Chimie telefonieren. Es ist noch nicht zu spät, und ich kenne dort jemanden, mit dem ich schon früher zu tun hatte. Trotzdem glaube ich nicht ...«

»Tun Sie's«, sagte Celia. »Tun Sie's *sofort!*«

Eine Stunde später berichtete Bill erleichtert:

»Kein Grund zur Sorge. Ich habe lange mit meinem Freund bei Gironde-Chimie gesprochen. Er weiß alles über die beiden Fälle, die im *France-Soir* erwähnt werden. Er sagt, sie seien genauestens untersucht worden, und es gäbe keinen Grund zur Aufregung, nicht einmal Zweifel seien angebracht. Seine Firma hat ein Experten-Team nach Nouzonville entsandt, und dieselben Leute sind auch nach Spanien geflogen, um dort den Fall zu prüfen.«

»Hat er Ihnen weitere Einzelheiten genannt?« fragte Celia.

»Ja.« Bill blickte auf einen Notizzettel, den er in der Hand hielt. »In beiden Fällen besteht eine bemerkenswerte Ähnlichkeit mit der Sache in Australien. Erinnern Sie sich daran?«

»Ich kenne den australischen Bericht.«

»Beide Mütter haben einen ganzen Sack anderer Medikamente eingenommen und außerdem reichlich Alkohol konsumiert, während der gesamten Schwangerschaft. Bei dem französischen Kind gibt es Mongolismus in der Familie, und Vater und Großvater von dem Baby in Spanien sind Epileptiker.«

»Aber beide Mütter haben Montayne genommen?«

»Stimmt. Und mein französischer Gewährsmann, Jacques Saint-Jean, ein promovierter Chemiker, hat mir gesagt, daß Gironde-Chimie zuerst genau wie Sie besorgt war. Schließlich stehe für seine Firma genausoviel auf dem Spiel wie für Felding-Roth, sagte er, vielleicht sogar noch mehr. Man ist aber zu dem Schluß gekommen, daß Montayne absolut nichts mit den Mißbildungen der Babys zu tun hat. Darüber waren sich Wissenschaftler und Ärzte völlig einig. Was sie allerdings vermuten, ist, daß manche Medikamente, die die beiden Frauen außerdem eingenommen haben, in der Kombination mit Montayne gefährlich sein könnten ...«

»Ich möchte die Berichte lesen«, sagte Celia. »Wie schnell können Sie Kopien besorgen?«

»Beide Berichte befinden sich bereits bei uns.«

»Bei uns!«

Bill nickte. »Hier in der Zentrale. Jacques Saint-Jean sagte mir, daß Vincent Lord sie hat. Sie wurden uns vor ein paar Wochen von Gironde-Chimie zur Information zugeschickt. Soll ich Vincent Lord fragen ...«

»Nein«, sagte sie. »Das mache ich selbst. Das ist alles, Bill.«

»Wenn Sie mir die Bemerkung erlauben«, seine Stimme klang besorgt, »ich glaube nicht, daß wir uns deswegen Sorgen ...«

»Ich sagte, *das ist alles!*« fuhr sie ihn an, unfähig, sich noch länger zu beherrschen.

»Warum wollen Sie sie sehen?« fragte Vincent Lord Celia, als sie ihn in seinem Büro aufsuchte.

»Weil ich glaube, daß ich solche Informationen lesen sollte, statt aus zweiter Hand davon zu erfahren«, sagte Celia gereizt.

»Falls Sie mit ›zweiter Hand‹ mich meinen ... Glauben Sie nicht, daß ich vielleicht mehr davon verstehe und mir ein Urteil bilden kann?« sagte Lord höhnisch.

»Und wie lautet Ihr Urteil?«

»Daß beide Fälle unmöglich etwas mit Montayne zu tun haben können. Sie wurden von qualifizierten Fachleuten sorgfältig untersucht. Meine persönliche Meinung – die übrigens Gironde-Chimie mit mir teilt –, ist, daß die betreffenden Familien nur Geld herausholen wollen. So was kommt immer wieder vor.«

»Weiß Sam von den Vorfällen in Frankreich und Spanien?«

Lord schüttelte den Kopf. »Von mir nicht. Sie schienen mir nicht wichtig genug, um ihn damit zu belästigen.«

»Nun gut«, sagte Celia. »Ich will jetzt nicht darüber streiten, ob das richtig war. Aber ich möchte die Berichte trotzdem gern selbst lesen.«

Die Freundlichkeit, die Lord in der letzten Zeit an den Tag gelegt hatte, war im Laufe des Gesprächs verschwunden. Jetzt sagte er bissig: »Sollten Sie sich einbilden, genügend wissenschaftliche Kenntnisse zu besitzen, um zu einem eigenen Urteil kommen zu können, muß ich Sie leider daran erinnern, daß Ihr kümmerliches Chemieexamen schon sehr lange zurückliegt und Sie wohl nicht mehr ganz auf dem laufenden sein dürften.«

Celia, die Streit vermeiden wollte, erwiderte ruhig: »Ich bilde mir nichts ein, aber ich würde die Berichte trotzdem gern lesen.«

Zu ihrer Überraschung befanden sie sich nicht, wie sie erwartet hatte, in der Ablage. Lord zog mit mürrischem Gesicht einen Schlüssel aus der Jackentasche und öffnete damit eine Schublade seines Schreibtischs, in der ein Aktenorder lag. Lord entnahm ihm ein paar Blätter und händigte sie Celia aus.

»Danke«, sagte sie. »Sie bekommen sie zurück.«

An diesem Abend blieb Celia trotz ihrer Müdigkeit sehr lange auf, um die Berichte von Gironde-Chimie und den größten Teil des Gerichtsprotokolls aus Australien zu lesen. Letzteres bereitete ihr die meisten Sorgen.

In dem Protokoll waren mehrere wesentliche Punkte enthalten, die in der Kurzfassung, die sie gelesen hatte, nicht erwähnt worden waren.

Die Australierin war – in der Kurzfassung – als charakterschwach bezeichnet worden. Es hieß, daß sie außer Montayne noch eine Reihe anderer Medikamente genommen habe, Alkoholikerin und Kettenraucherin sei. Das stimmte. Was aber ebenfalls stimmte und nicht in der Kurzfassung stand: daß die Mutter des mißgebildeten Kindes trotz allem intelligent war, was mehrere Zeugen bestätigten. Außerdem hatte es in der Familie der Frau bisher weder Geisteskrankheiten noch körperliche Gebrechen gegeben.

Die zweite Information, die für Celia neu war: daß die Frau bereits zwei normale, gesunde Kinder zur Welt gebracht hatte.

In der Kurzfassung hatte gestanden, daß die Frau nicht wüßte, wer der Vater des letzten Kindes sei, aber aus dem ungekürzten Prozeßprotokoll ging hervor, daß sie die Namen von vier Männern angegeben hatte, die alle von einem Arzt befragt worden waren. Bei keinem der Männer oder deren Familien waren je geistige oder körperliche Behinderungen aufgetreten.

Die französischen und spanischen Berichte, die sie von Vincent Lord erhalten hatte, enthielten im wesentlichen das, was Bill Ingram ihr erzählt hatte. Und sie bestätigten in allen Einzelheiten, daß Gironde-Chimie tatsächlich alles getan hatte, um die beiden Fälle von Fachleuten sorgfältig untersuchen zu lassen.

Trotzdem steigerten die drei Dokumente Celias Unbehagen; denn eine Tatsache ließ sich nicht wegdiskutieren: daß alle drei Frauen, die weit voneinander entfernt lebten und körperlich und geistig behinderte Kinder zur Welt gebracht hatten, während ihrer Schwangerschaft Montayne eingenommen hatten.

Nach dem Studium der Akten stand ihr Entschluß fest: Sie mußte Sam Hawthorne darüber informieren – über die Tatsachen und über ihre eigene zunehmende Besorgnis.

12

Eine als »dringend« deklarierte Mitteilung, die Celia an Sam Hawthorne geschickt hatte und die am Vormittag bei ihm eingetroffen war, hatte Sam veranlaßt, für 16.30 Uhr eine Konferenz der obersten Firmenleitung einzuberufen.

Schon auf dem Gang vor dem Büro des Präsidenten konnte Celia durch die offene Tür dröhnendes Gelächter hören.

Als sie das Vorzimmer betrat, sah ihr die eine der beiden Sekretärinnen lächelnd entgegen. »Hallo, Mrs. Jordan.«

»Hört sich an, als sei eine Party im Gange, Maggie.«

»Stimmt auch gewissermaßen.«

Die Sekretärin deutete auf eine zweite offene Tür. »Warum gehen Sie nicht hinein? Ich glaube, Mr. Hawthorne möchte Ihnen eine Neuigkeit mitteilen.«

Das Zimmer war voller Zigarrenrauch. Celia sah Sam, Vincent Lord, Seth Feingold, Bill Ingram und mehrere andere, außerdem Glen Nicholson, einen Firmenveteranen, der die Herstellung leitete, Dr. Starbut, der für die Arzneimittelprüfung, und Julian Hammond, der für die Öffentlichkeitsarbeit zuständig war. Alle pafften dicke Zigarren, auch Ingram, den Celia noch nie hatte rauchen sehen.

»Hallo, da ist ja Celia!« rief jemand. »Sam, geben Sie ihr sofort eine Zigarre!«

»Nein, nein!« wehrte Sam ab. »Für die Damen habe ich was anderes.« Mit strahlender Miene ging er an seinen Schreibtisch und nahm von einem Stapel eine Schokoladenschachtel, die er Celia überreichte.

»Zur Feier meines Enkelsohns, der« – Sam sah auf die Uhr – »gerade zwanzig Minuten alt ist.«

Für einen Augenblick verflog ihre ernste Stimmung. »O Sam, wie wunderbar! Ich gratuliere!«

»Vielen Dank, Celia. Ich weiß, daß normalerweise die *Väter* Zigarren und Schokolade verteilen, aber ich habe beschlossen, neue Bräuche einzuführen und es auch die Großväter tun zu lassen.«

»Eine verdammt gute Idee!« lobte Nicholson. Celia bemerkte, wie Bill Ingram, der etwas blaß aussah, seine Zigarre weglegte.

»Ist mit Juliet alles in Ordnung?« fragte sie.

»Absolut«, erwiderte Sam glücklich. »Lilian hat mich vor ein paar

Minuten vom Krankenhaus aus angerufen, daher weiß ich – ›die Mutter und der sieben Pfund schwere Junge sind wohlauf‹.«

»Ich werde Juliet besuchen«, sagte Celia. »Wahrscheinlich morgen.«

»Ich werde es ihr sagen. Ich fahre gleich nach der Sitzung zu ihr.« Sam war in geradezu euphorischer Stimmung.

»Warum vertagen wir uns nicht?« fragte Dr. Starbut.

»Nein«, erklärte Sam, »bringen wir es schnell hinter uns.« Dann warf er einen Blick in die Runde und fügte hinzu: »Ich nehme an, es wird nicht lange dauern.«

»Dazu besteht wohl kaum Anlaß«, warf Vincent Lord ein.

Celia hatte plötzlich ein ungutes Gefühl. Sie wußte, daß alles schiefgehen würde, daß das Zusammentreffen der Entscheidung über Montayne mit der Geburt von Sams Enkel das Schlimmste war, was hatte passieren können. Sams gute Laune, die die anderen teilten, würde alles weitere unwichtig erscheinen lassen.

Sam ging voraus in den Konferenzraum und nahm am Kopfende des Tisches Platz. Auch die anderen setzten sich. Da Sam offenbar keine Zeit verschwenden wollte, ersparte er sich alle einleitenden Worte.

»Celia, ich habe heute vormittag eine Kopie Ihrer Mitteilung an alle Versammelten verteilen lassen. Eine ging auch an Xav Rivken, der sich gerade anschickte, für zwei Tage nach Washington zu fahren; er hat angeboten, die Reise zu verschieben, um dabeisein zu können, aber ich habe ihm versichert, daß das nicht nötig ist.« Sam warf einen Blick in die Runde. »Haben alle gelesen, was Celia geschrieben hat?«

Die Anwesenden nickten und murmelten zustimmend.

Celia hatte ihr Memorandum sorgfältig formuliert und war froh, daß alle es gelesen hatten. Sie nahm darin auf das australische Gerichtsverfahren Bezug, zählte die Tatsachen auf, die ihr beim Lesen der Prozeßakte aufgefallen waren und die in der Kurzfassung nicht erwähnt wurden. Sie hatte auch die beiden Fälle in Frankreich und Spanien beschrieben, wo gegen die Hersteller von Montayne Anklage erhoben worden war. Schließlich hatte sie die Argumentation der französischen Firma zitiert, die zu der Überzeugung gelangt war, daß alle drei Anklagen gegen Montayne zu Unrecht erhoben worden waren und kein Grund zur Sorge bestand.

Vorschläge zur Lösung des Problems hatte Celia in ihrem Memorandum noch nicht gemacht – die wollte sie sich für die Sitzung aufheben, nachdem sie sich die Meinungen der anderen angehört hatte.

»Als erstes möchte ich feststellen, daß es *völlig* richtig war, uns auf diese Sache aufmerksam zu machen, Celia«, begann Sam. »Es ist wichtig, weil auch andere Leute davon erfahren werden und wir darauf vorbereitet sein müssen, Fragen zu beantworten, wenn Montayne in drei Wochen auf den Markt kommt.« Er sah Celia fragend an. »Das war doch der Grund für Ihr Schreiben, nicht wahr?«

Die Frage kam unerwartet, und Celia antwortete etwas unbeholfen: »Ja, das auch ...«

Sam, noch immer in Eile, nickte und fuhr fort: »Lassen Sie mich zunächst etwas klären. Vince, warum habe ich von diesen Gironde-Chimie-Berichten, auf die sich Celia bezieht, nichts erfahren?«

Die Gesichtsmuskeln des Leiters der Forschungsabteilung zuckten nervös. »Wenn ich Ihnen alles, was bei uns einläuft und unsere Produkte betrifft, schicken würde, Sam, käme ich nicht mehr dazu zu prüfen, was vom wissenschaftlichen Standpunkt aus wichtig ist und was nicht, und zweitens hätten Sie auf Ihrem Schreibtisch einen so hohen Papierberg, daß Sie zu nichts anderem mehr kämen.«

Mit dieser Erklärung schien Sam sich zufriedenzugeben, denn er fuhr fort: »Sagen Sie uns, was Sie von diesen Berichten halten.«

»Sie beweisen mit überzeugender Gründlichkeit«, erklärte Lord, »daß der Schluß, zu dem Gironde-Chimie kommt, nämlich, daß Montayne mit den beiden Fällen nichts zu tun hat, wissenschaftlich völlig korrekt ist.«

»Und die Sache in Australien? Haben die zusätzlichen Informationen irgendeinen Einfluß auf den früheren Schluß?«

Celia dachte: *Wir sitzen hier und reden ganz beiläufig von ›Berichten‹ und ›Fällen‹ und ›Schlüssen‹, wo es doch in Wirklichkeit ... selbst wenn Montayne nichts damit zu tun hat ... um Babys geht, die ihr Leben lang dahinvegetieren und nie fähig sein werden, zu gehen oder auch nur ihre Glieder zu bewegen oder ihr Gehirn auf normale Weise zu benutzen. Sind wir wirklich so gleichgültig, oder ist es Angst, die uns daran hindert, die Dinge beim richtigen Namen zu nennen, so widerwärtig sie auch klingen mögen? Vielleicht sind wir auch nur erleichtert darüber, daß diese Babys woanders leben und nicht hier bei uns und daß wir sie nicht zu sehen brauchen ... im Gegensatz zu Sams Enkel, der in unserer Nähe lebt und dessen Geburt wir mit Schokolade und Zigarren feiern.*

Lord beantwortete Sams Frage und konnte seinen Ärger über Celias Einmischung nur mühsam verbergen. »Diese ›zusätzlichen Informationen‹ ändern überhaupt nichts. Tatsächlich sehe ich absolut keinen Grund dafür, sie überhaupt zu erwähnen.«

Um den Tisch machte sich Erleichterung bemerkbar.

»Aber da wir nun mal versammelt sind, habe ich für das Protokoll ebenfalls einen Kommentar ausgearbeitet, der den wissenschaftlichen Standpunkt zu diesen drei Vorfällen klarmacht.« Lord zögerte. »Ich weiß, daß wir in Eile sind ...«

»Wie lange wird es dauern?« fragte Sam.

»Nicht länger als zehn Minuten. Ich verspreche es.«

Sam warf einen Blick auf seine Uhr. »In Ordnung, aber halten Sie sich daran.«

Aber so geht das doch nicht! dachte Celia schockiert. *Das Problem ist viel zu wichtig, um auf diese Weise abgehandelt zu werden.* Sie hielt ihre Gedanken jedoch unter Kontrolle und konzentrierte sich auf Vincent Lords Worte.

Der Leiter der Forschungsabteilung sprach ruhig und überzeugend. Er erwähnte den Lebensbereich der drei behinderten Kinder und deren Eltern und wies darauf hin, wie viele Ursachen es für die Störung einer normalen Schwangerschaft geben könne. Vor allem »eine unkontrollierte Mischung von Chemikalien im menschlichen Körper, insbesondere die Verbindung von Medikamenten und Alkohol«, konnte verheerende Auswirkungen haben.

In all den zur Diskussion stehenden Fällen, argumentierte Lord, gab es Faktoren mit möglicher negativer Einflußnahme, manche von ihnen so zwingend, daß es unvernünftig und unwissenschaftlich war, Montayne dafür verantwortlich zu machen, vor allem, da Montayne weltweit von jeder Schuld reingewaschen war. Er bezeichnete die Versuche, diesem Medikament die Schuld zu geben, und die damit verbundene Publicity als »Hysterie« und »mutmaßlichen Schwindel«.

Die Anwesenden schienen beeindruckt. Celia wünschte, auch so eindeutig und zuversichtlich zu sein wie Vince. Sie wünschte es sich von Herzen und sah auch ein, daß Lord viel eher qualifiziert war, ein Urteil abzugeben, als sie selbst. Und doch war sie sich, bis gestern noch eine der stärksten Befürworterinnen von Montayne, einfach nicht mehr sicher.

Vince schloß überzeugend: »Bei *jedem* neuen Medikament, das eingeführt wird, gibt es Einwände – daß es schädlich sein könnte, daß die gefährlichen Nebenwirkungen die Vorteile überwögen etc. Solche Feststellungen können aus Verantwortungsgefühl heraus gemacht sein und sich auf Bedenken qualifizierter Fachleute stützen oder aber verantwortungslos und durch nichts gerechtfertigt sein und von Kritikern stammen, die keine Ahnung haben. Dennoch muß jedem Einwand sowohl im öffentlichen Interesse als auch im Interesse der Firmen, die es sich nicht leisten können, ein gefährliches Medikament herauszubringen, sorgfältig, emotionslos und wissenschaftlich nachgegangen werden. Deshalb bin ich froh, daß in den Fällen, um die es hier geht, außerordentlich sorgfältige Untersuchungen angestellt worden sind. Die Vorwürfe sind geprüft worden, und die beschriebenen Nebenwirkungen rühren, wie sich herausgestellt hat, nicht von Montayne her.

Und schließlich darf man eines nicht vergessen: Wenn ein Medikament *fälschlicherweise* für eine gefährliche Nebenwirkung verantwortlich gemacht und aus diesem Grund verboten wird, müssen zahlreiche Menschen auf seinen therapeutischen Nutzen verzichten. Und ich bin der Meinung, daß man ihnen den Nutzen, der durch Montayne zu erwarten ist, nicht vorenthalten darf.«

Ein eindrucksvoller Schluß, wie Celia zugeben mußte.

Sam sprach den anderen aus dem Herzen, als er sagte: »Vielen Dank, Vince. Sie haben erheblich dazu beigetragen, daß wir jetzt alle erleichtert sind.« Er rückte seinen Stuhl vom Tisch zurück. »Eine offizielle Abstimmung dürfte wohl nicht nötig sein. Ich bin froh, daß wir ohne Bedenken ›in vollem Tempo‹ mit Montayne weitermachen können. Und ich nehme an, daß alle damit einverstanden sind.«

Die Herren nickten zustimmend.

»Gut«, sagte Sam, »das war's dann wohl. Wenn Sie mich jetzt bitte entschuldigen wollen ...«

»Tut mir leid«, sagte Celia, »aber ich fürchte, das war noch nicht alles.«

Alle Köpfe drehten sich zu ihr um.

»Was gibt es denn noch?« fragte Sam ungeduldig.

»Ich würde Vince gern etwas fragen.«

»Na schön ... wenn es unbedingt sein muß.«

Celia sah auf die Notizen, die sie sich gemacht hatte. »Vince, Sie haben erklärt, daß Montayne *nicht* die Ursache für die Behinderungen der drei dahinvegetierenden Babys war – Babys, die sich, wie wir uns ins Gedächtnis rufen sollten, nicht bewegen können und die kein normal funktionierendes Gehirn besitzen.«

Wenn die andern Angst hatten, unangenehme Wahrheiten in Worte zu fassen – sie hatte keine!

»Es freut mich, daß Sie mir zugehört haben«, bemerkte Lord.

Celia ignorierte den unfreundlichen Ton. »Wenn Montayne keine Schuld an diesen Mißbildungen trägt, was war es dann?«

»Ich dachte, ich hätte deutlich gemacht, daß es dafür mehrere Ursachen geben könnte.«

»Aber welche?« fragte sie eigensinnig.

»Woher soll ich das wissen?« brauste Lord auf. »Es kann sich in jedem der drei Fälle um eine andere handeln. Ich weiß nur aufgrund der Beurteilung durch Experten an Ort und Stelle, daß Montayne *nicht* die Ursache war.«

»In Wahrheit kann also niemand mit Sicherheit sagen, wodurch die Schäden an den ungeborenen Kindern nun eigentlich entstanden sind!«

Der Leiter der Forschungsabteilung hob verzweifelt die Hände. »Um Himmels willen, ja, das habe ich doch deutlich gesagt! In anderen Worten vielleicht, aber ...«

»Celia«, unterbrach Sam, »worauf wollen Sie eigentlich hinaus?«

»Darauf«, erwiderte sie, »daß mir trotz aller Erklärungen von Vince nicht wohl ist bei der ganzen Sache. Niemand weiß *wirklich* etwas. Ich bin immer noch nicht zufrieden. Ich habe Zweifel.«

Jemand fragte: »Was für Zweifel?«

»In bezug auf Montayne.« Celia blickte in die Runde. »Ich habe das Gefühl – nennen Sie es Instinkt, wenn Sie wollen –, daß es noch irgend etwas gibt, was wir nicht wissen, daß irgend etwas nicht in Ordnung ist, daß es noch viele Fragen gibt, auf die wir keine Antwort haben. Und das ist nicht gut.«

»Ich nehme an, Sie sprechen vom weiblichen Instinkt«, warf Lord höhnisch ein.

»Was ist daran auszusetzen?« fuhr sie ihn an.

»Wir wollen doch sachlich bleiben«, mahnte Sam streng. »Wenn Sie einen Vorschlag machen wollen, Celia, dann heraus damit.«

»Mein Vorschlag wäre, den Start von Montayne zu verschieben.«

Alle starrten sie ungläubig an.

Sam kniff die Lippen zusammen. »Für wie lange verschieben, und warum genau?«

Celia überlegte sich ihre Worte sehr sorgfältig. »Ich schlage eine Verschiebung von sechs Monaten vor. Ich hoffe zwar, daß es in diesem Zeitraum nicht zu weiteren Fällen von Mißbildungen bei Neugeborenen kommen wird. Aber in jedem Fall wüßten wir dann mehr und könnten unsere Arbeit beruhigter fortsetzen.«

Die Anwesenden schwiegen schockiert. Schließlich sagte Sam: »Das kann doch nicht Ihr Ernst sein!«

»Das ist mein voller Ernst.« Sie sah ihm in die Augen. Am Anfang war sie sich noch nicht ganz klar gewesen, hatte sich nur unbehaglich gefühlt. Aber jetzt waren ihre Gefühle nicht mehr zwiespältig; Vincent Lords emphatische – zu emphatische – Gewißheit hatte sie nicht beruhigt, sondern ihre Zweifel nur noch verstärkt. Ja, sie folgte nur ihrem Instinkt. Aber ihr Instinkt hatte sich schon oft als richtig erwiesen.

Celia wußte, daß es schwierig sein würde, die anderen zu überzeugen; und am wichtigsten war es, Sam zu überzeugen. Aber sie *mußte* es schaffen. Sie mußte den anderen einfach klarmachen, daß es jetzt im Interesse aller lag, Montaynes amerikanisches Debüt zu verschieben – im Interesse der schwangeren Frauen, im Interesse von Felding-Roth und im Interesse aller in der Firma Verantwortlichen ...

»Haben Sie überhaupt eine Ahnung«, fragte Sam, der noch immer schockiert war, »was eine Verzögerung des Starts für uns alle bedeuten würde?«

»Selbstverständlich!« Celias Stimme klang jetzt gereizt. »Wer könnte das besser wissen als ich? Gibt es hier im Raum einen einzigen, der mit Montayne mehr zu tun gehabt hat als ich?«

»Nein«, sagte Sam. »Deshalb klingt das, was Sie sagen, ja auch so unglaubhaft.«

»Und deshalb können Sie sicher sein, daß ich den Vorschlag nicht leichten Herzens mache.«

Sam wandte sich an Seth Feingold. »Was, schätzen Sie, würde es kosten, den Start von Montayne zu verschieben?«

Der Leiter des Rechnungswesens wirkte verlegen. Er war mit Celia befreundet. Und außerdem verstand er nicht viel von wissenschaftlichen Dingen und wünschte sich schlicht, nichts damit zu tun haben zu müssen. Auch Bill Ingram schien sich in seiner Haut nicht wohl zu fühlen. Celia spürte, daß er mit sich kämpfte – einerseits fühlte er sich Celia gegenüber zur Loyalität verpflichtet, andererseits hatte er vermutlich eine andere Meinung als sie. Aber schließlich mußte jeder mit seinen Problemen selbst fertig werden, und Celia hatte im Augenblick genug mit ihren eigenen zu tun.

Eins war jedenfalls erreicht: Man nahm sich Zeit. Offenbar hatten Sam und die meisten anderen eingesehen, daß die grundsätzliche Frage, die Celia angeschnitten hatte, gelöst werden mußte – wie lange es auch dauern mochte.

Feingold beugte sich über ein Blatt Papier und stellte Berechnungen an. Schließlich sagte er: »Wir haben, rund gerechnet, an die zweiunddreißig Millionen Dollar für Montayne veranschlagt. Doch ist noch nicht alles ausgegeben, so daß man vielleicht ein Viertel der Summe retten könnte. Aber es gibt auch noch beträchtliche Allgemeinkosten, die ich nicht mitgerechnet habe. Auf welche Endsumme sich die Kosten bei einer Verzögerung tatsächlich belaufen, läßt sich schwer schätzen. Das hängt ganz davon ab, wie groß die Verzögerung ist und wie sie sich auf den späteren Verkauf auswirkt.«

»Ich werde Ihnen sagen, wie sie sich auswirken wird«, erklärte Hammond, dem die Öffentlichkeitsarbeit oblag. »Wenn wir Montayne jetzt verschieben, ist das ein gefundenes Fressen für die Presseleute. Sie werden das Medikament so in Verruf bringen, daß es sich nie wieder davon erholen wird.«

»Daran habe ich auch schon gedacht«, bestätigte Sam. »Eine Verschiebung des Starts zu diesem Zeitpunkt käme in gewisser Hinsicht einer endgültigen Einstellung des Projekts gleich.«

Er sah Celia an, seine Stimme klang vorwurfsvoll. »Wenn wir Ihrem Vorschlag folgen – und zwar aus sehr vagen Gründen –, was, glauben Sie, wird wohl der Aufsichtsrat, was werden die Aktionäre dazu sagen? Haben Sie sich darüber schon mal Gedanken gemacht – oder über die Mitarbeiter dieser Firma, die man entlassen müßte und die vielleicht für immer ihre Arbeit verlieren würden?«

»Ja«, sagte sie und war bemüht, nicht zu zeigen, wie sehr sie das alles quälte. »Daran habe ich gedacht, gestern nacht und heute fast den ganzen Tag.«

Sam brummte skeptisch und wandte sich wieder Feingold zu. »Auf jeden Fall würden wir das Risiko eingehen, ungefähr achtundzwanzig

Millionen zu verlieren, ganz abgesehen von der zu erwartenden Einnahmeeinbuße.«

Der Leiter des Rechnungswesens warf Celia einen gequälten Blick zu, als er antwortete: »Das ist der voraussehbare Verlust, ja.«

»Und den können wir uns nicht leisten, nicht wahr?« fragte Sam grimmig.

Feingold schüttelte traurig den Kopf. »Nein.«

»Der Verlust könnte allerdings noch größer sein, wenn wir mit Montayne Schwierigkeiten bekommen«, warf Celia ein.

»Das sollten wir bedenken«, sagte Glen Nicholson und wand sich dabei vor Verlegenheit. Immerhin war es die erste Unterstützung, die Celia bekam, und sie warf dem Herstellungsleiter einen dankbaren Blick zu.

»Aber wir werden keine Schwierigkeiten bekommen«, fuhr Vincent Lord dazwischen und sah die anderen herausfordernd an. »Außer, Sie sehen die Dame als Ihren wissenschaftlichen Experten an.«

Manche gaben ein halbherziges Lachen von sich, wurden aber von Sam mit einer ungeduldigen Handbewegung wieder zum Schweigen gebracht.

»Celia«, sagte Sam, »bitte hören Sie mir genau zu.« Seine Stimme klang ernst, aber beherrschter als zuvor, und er sah ihr wieder direkt in die Augen. »Ich möchte Sie bitten, noch einmal darüber nachzudenken. Vielleicht haben Sie Ihre Entscheidung überstürzt getroffen, ohne sich zu überlegen, was sie alles nach sich ziehen könnte. Das passiert jedem mal, mir auch. Aber dann muß man eben seinen Stolz herunterschlucken und einen Rückzieher machen und zugeben, daß man sich geirrt hat. Wenn Sie das jetzt tun wollen, wird es Ihnen keiner von uns auch nur im geringsten nachtragen, und was geschehen ist, wird damit vergessen sein. Das verspreche ich Ihnen, aber ich beschwöre Sie auch, Ihre Meinung zu revidieren. Nun?«

Sie schwieg, wollte sich nicht festlegen, ohne noch einmal darüber nachgedacht zu haben. Sam hatte ihr gerade auf seine großzügige Art einen ehrenvollen Ausweg angeboten. Sie brauchte nur ein paar belanglose Worte zu sagen und war aus der Sackgasse heraus. Das Angebot war außerordentlich verlockend.

Bevor sie antworten konnte, fügte Sam noch hinzu: »Auch für Sie persönlich steht viel auf dem Spiel.«

Sie wußte genau, was er meinte. Ihre Ernennung zur Leiterin der

Verkaufsabteilung war noch nicht bestätigt. Und wenn das, was sich hier anbahnte, zu einem logischen Ende führte, würde es wahrscheinlich nie dazu kommen.

Sam hatte recht. Es stand tatsächlich eine Menge auf dem Spiel.

Sie nahm sich noch einen Augenblick Zeit zum Nachdenken, dann sagte sie ruhig und entschieden: »Es tut mir leid, Sam. Ich habe mir alles gut überlegt. Ich weiß, was auf dem Spiel steht. Aber ich bleibe dabei: Ich bin dafür, die Einführung von Montayne zu verschieben.«

Es war heraus. Während sich Sams Gesicht vor Zorn rötete, wußte sie, daß es nun kein Zurück mehr gab.

»Na gut«, erklärte er schroff. »Jetzt wissen wir wenigstens, woran wir sind. Vorhin habe ich gesagt, daß wir keine Abstimmung brauchen. Vergessen wir das. Ich möchte, daß alles zu Protokoll genommen wird. Seth, schreiben Sie bitte mit?«

Feingold holte mit traurigem Gesicht seinen Stift heraus.

»Ich habe bereits klar gesagt, wie ich dazu stehe«, betonte Sam. »Selbstverständlich bin ich dafür, die Vorbereitungen für den Start von Montayne wie geplant fortzuführen. Ich möchte jetzt wissen, wer mir zustimmt und wer anderer Meinung ist. Wer zustimmt, soll die Hand heben.«

Vincent Lords Hand schoß in die Höhe. Die von Dr. Starbut, Hammond und zwei weiteren folgten. Nicholson, der seine Zweifel anscheinend überwunden hatte, hob ebenfalls die Hand. Bill Ingram zögerte noch, er sah Celia mit einer stummen Bitte in den Augen an. Aber sie drehte den Kopf weg, wollte ihm nicht helfen; er mußte seine Entscheidung allein treffen. Dann, langsam, hob auch Bill die Hand.

Jetzt sahen alle Seth Feingold an. Der stieß einen Seufzer aus, legte den Stift weg und nahm zitternd die Hand hoch.

»Neun zu eins«, erklärte Sam. »Und damit steht eindeutig fest, daß die Firma mit den Vorbereitungen für den Start von Montayne fortfahren wird.«

Auf seine Worte folgte verlegenes Schweigen, als wüßte niemand so recht, was er als nächstes tun oder sagen sollte. Dann stand Sam auf.

»Wie Sie wissen«, sagte er, »wollte ich vorhin gerade losfahren, um meine Tochter und meinen Enkelsohn im Krankenhaus zu besuchen. Das werde ich jetzt tun.« Aber seine Stimme hatte den freudigen Klang verloren. Er nickte den Herren zu und sah absichtlich über Celia hinweg, als er den Konferenzraum verließ.

Bill Ingram näherte sich ihr. »Es tut mir leid ...« begann er.

Sie brachte ihn mit einer Handbewegung zum Schweigen. »Das macht nichts. Sparen Sie sich Ihre Worte.«

Und ganz plötzlich wurde ihr klar, daß alles, was sie sich in der Firma aufgebaut hatte – ihre Autorität, ihr Ansehen, ihre Zukunftsaussichten –, in sich zusammengestürzt war. Konnte sie denn hier überhaupt weitermachen? Sie wußte es nicht.

»Was werden Sie tun?« fragte Bill. »Eigentlich könnten Sie doch jetzt, nachdem Sie deutlich gemacht haben, wie Sie zu Montayne stehen ... ruhig weiter den Verkauf leiten.«

Celia wollte jetzt keine Entscheidungen treffen. »Ich weiß nicht. Ich weiß es wirklich nicht.« Aber sie wußte, daß sie heute abend zu Hause über ihre Situation würde nachdenken müssen.

»Es ist mir nicht leichtgefallen, gegen Sie zu stimmen, Celia«, sagte Seth Feingold. »Aber Sie wissen ja, wie es ist – ich verstehe eben nichts von wissenschaftlichen Dingen.«

Sie starrte ihn an. »Warum haben Sie dann überhaupt abgestimmt? Sie hätten sich doch der Stimme enthalten können.«

Er schüttelte bedauernd den Kopf und ging.

Die anderen folgten ihm, einer nach dem andern, bis Celia allein war.

13

»Es muß etwas passiert sein, das spüre ich doch«, sagte Andrew beim Abendessen und brach damit das lange Schweigen, »und zwar etwas ziemlich Schlimmes.«

Er wartete, und als Celia nicht sofort antwortete, fuhr er fort: »Seit ich hier bin, hast du keinen Ton von dir gegeben. Ich kenne dich ziemlich gut, deshalb will ich dich nicht drängen. Aber wenn du reden möchtest und mich brauchst ... du weißt ja, daß ich für dich da bin, Liebes.«

Sie legte Messer und Gabel aus der Hand – das Essen hatte sie kaum angerührt – und sah ihn mit feuchten Augen an.

»Ach, Liebling! Du weißt ja gar nicht, wie *sehr* ich dich brauche!«

Er streckte die Hand aus, legte sie auf ihre und sagte sanft: »Laß dir Zeit. Iß erst zu Ende.«

»Ich kann nicht essen«, sagte sie.

Etwas später, als sie im Wohnzimmer saßen und Brandy tranken, berichtete Celia ihm von den Ereignissen der letzten beiden Tage, die darin gipfelten, daß es ihr heute nachmittag nicht gelungen war, Sam und die anderen von der Notwendigkeit einer Terminverschiebung bei Montayne zu überzeugen.

Andrew hörte aufmerksam zu, stellte gelegentlich eine Frage. Schließlich sagte er: »Mehr hättest du gar nicht tun können.«

»Es gab auch nichts mehr zu tun«, sagte Celia. »Aber jetzt muß ich entscheiden, was *ich* tun soll.«

»Mußt du das denn gleich entscheiden? Warum nimmst du dir nicht ein paar Tage frei? Wir könnten beide irgendwo hinfahren. Wenn du ein bißchen Abstand gewonnen hast, kannst du dir alles in Ruhe durch den Kopf gehen lassen, und wenn du zurückkommst, tust du, was du für richtig hältst.«

Sie lächelte dankbar. »Ich wünschte, ich könnte mir die Zeit nehmen. Aber so lange kann ich es nicht hinausschieben.«

Andrew ging zu Celia und gab ihr einen Kuß. »Du weißt, daß ich dir in jeder Hinsicht helfen werde. Aber vergiß das eine nicht: Ich bin immer stolz auf dich gewesen, und das werde ich auch in Zukunft sein, wie auch immer du dich entscheidest.«

Celia sah ihren Mann liebevoll an. Ein Mann mit weniger Format hätte sie jetzt an ihren Streit im Hotel in San Francisco erinnert, als Andrew sich geweigert hatte, seine Zweifel an Montayne oder seine Einstellung aufzugeben, schwangeren Frauen überhaupt keine Medikamente zu verabreichen. Damals hatte Celia ihn gehässig, wie sie jetzt fand, darauf hingewiesen, daß seine Argumentation mit Vorurteilen belastet oder gar überholt sei.

Wenn sie in ihrem gegenwärtigen Dilemma Andrews Maßstäbe anlegte – wie würde sie sich dann entscheiden?

Sie brauchte ihn gar nicht erst zu fragen. Sie wußte es.

Sie erinnerte sich auch an einen Rat, den ihr jemand anders vor Jahren einmal gegeben hatte.

»Sie besitzen etwas, Celia – eine Gabe, einen Instinkt –, um beurteilen zu können, was richtig ist ... Nutzen Sie Ihre Begabung, Celia ... Und sollten Sie Macht erlangen, dann haben Sie die Kraft, das zu tun, woran Sie glauben ... Lassen Sie sich von Kleingeistern nichts ausreden ...«

Ihr wurde warm ums Herz, als sie an Eli Camperdown dachte. Der frühere Präsident von Felding-Roth hatte diese Worte kurz vor seinem Tod in seinem Haus am Mount Kemble Lake zu ihr gesagt.

»Noch etwas Brandy?« fragte Andrew.

»Nein, danke.«

Sie trank ihr Glas aus, sah Andrew an und erklärte entschlossen: »Ich kann nicht dabei mithelfen, Montayne auf den Markt zu bringen. Ich werde kündigen.«

In all den vierundzwanzig Jahren bei Felding-Roth war ihr noch nie etwas so schwergefallen.

Celias handgeschriebener Brief an Sam war kurz.

> Mit großem persönlichen Bedauern kündige ich hiermit meine Stellung als Verkaufsleiterin für rezeptpflichtige Produkte bei Felding-Roth.
>
> Meine Gründe kennen Sie. Daher ist es nicht nötig, nochmals auf sie einzugehen.
>
> Ich möchte betonen, daß ich die Jahre, in denen ich für Felding-Roth tätig sein durfte, als ein besonderes Privileg ansehe – zu den größten Privilegien aber gehörten Ihre persönliche Unterstützung und Ihre Freundschaft. Dafür bin ich Ihnen sehr dankbar – und werde es immer bleiben.
>
> Ich verlasse Felding-Roth Pharmaceuticals ohne Bitterkeit. Ich wünsche der Firma und ihren Mitarbeitern in jeder Hinsicht Erfolg.

Celia schickte den Brief durch einen Boten ins Büro des Präsidenten und folgte ihm eine halbe Stunde später persönlich. Sie wurde sofort in Sams Büro geführt. Hinter ihr schloß sich leise die Tür.

Sam sah von den Papieren auf, in denen er gerade las. Seine Gesichtszüge waren hart, seine Stimme klang kalt. »Sie wollten mich sprechen. Warum?«

Etwas unsicher erwiderte sie: »Ich war lange für diese Firma tätig und habe die meiste Zeit für Sie gearbeitet. Ich finde, daß ich nicht einfach weggehen kann ...«

Er unterbrach sie so wütend, wie sie ihn noch nie gesehen hatte: »Aber genau das tun Sie doch! Sie gehen einfach weg – weg von Ihren Freunden, Kollegen und all den anderen, die sich auf Sie verlassen haben. Sie werfen einfach alles hin, zu einem denkbar ungünstigen

Zeitpunkt, da die Firma Sie dringend braucht. Das ist unloyal ...«

»Meine Kündigung hat nichts mit Loyalität und Freundschaft zu tun«, protestierte sie.

»Nein. Offenbar nicht!«

Sam hatte sie nicht gebeten, Platz zu nehmen, also blieb sie stehen.

»Sam«, bat sie, »bitte, verstehen Sie doch! Ich kann nicht, ich kann einfach nicht dabei mithelfen, Montayne zu verkaufen. Das ist für mich eine Frage des Gewissens.«

»Sie nennen es Gewissen«, gab er zurück. »Ich nenne es anders.«

»Wie denn, zum Beispiel?« fragte sie neugierig.

»Zum einen: weibliche Hysterie. Und zum anderen: falsche, uninformierte Selbstgerechtigkeit. Haß, weil Sie nicht bekommen, was Sie wollen; deshalb werfen Sie alles hin.«

Sam funkelte sie an, während er weitersprach. »Hören Sie! – Sie sind nicht besser als diese Frauen, die Plakate durch die Straßen tragen oder sich an Zäune ketten. Die Wahrheit ist, daß man Sie übertölpelt hat, daß diese blöde Stavely, diese Hexe, Sie eingewickelt hat.«

Er deutete auf die *New York Times* vom selben Morgen, die aufgeschlagen auf seinem Schreibtisch lag und eine Erklärung von Dr. Maud Stavely enthielt, die von den beiden Fällen in Frankreich und Spanien gehört hatte und sie nun für ihre eigene Kampagne gegen Montayne verwendete. Celia hatte den Artikel in der *Times* schon gelesen.

»Was Sie sagen, stimmt nicht«, erwiderte Celia. »Ich habe mich nicht übertölpeln lassen.« Sie beschloß, seine antifeministischen Bemerkungen zu ignorieren.

Als habe er Celias Einwand nicht gehört, knurrte Sam: »Und jetzt werden Sie sich der Stavely und ihrer Bande anschließen, nehme ich an.«

»Nein«, sagte Celia. »Ich werde mich niemandem anschließen, werde mich mit niemandem treffen und keine Erklärungen darüber abgeben, warum ich aus der Firma ausscheide. Schließlich habe ich gestern zugegeben, daß ich nur meinem Instinkt gefolgt bin.«

Noch nie hatte sie Sam in einer so fürchterlichen Stimmung erlebt. Trotzdem beschloß sie, einen letzten Versuch zu wagen.

»Ich möchte Sie gern an etwas erinnern«, begann sie, »das Sie einmal zu mir gesagt haben.«

An diesem Morgen war ihr das Gespräch wieder in den Sinn gekommen, das sie mit Sam nach ihrer Rückkehr aus London geführt hatte. Nach Sams Fehlschlag war es ihr gelungen, Martin Peat-Smith für Felding-Roth zu gewinnen, und zwar gerade *weil* sie Sams Warnung mißachtet und mit Martin über Geld gesprochen hatte. Als Sam davon erfuhr, hatte er am Telefon gesagt: *»Wenn es je dazu kommen sollte, daß Sie und ich bei einer wichtigen Sache unterschiedlicher Meinung sind, müssen Sie mich an diesen Vorfall erinnern, bei dem Sie recht hatten und ich nicht.«*

Nun erinnerte sie ihn daran, aber es war, als redete sie gegen eine Wand.

»Auch wenn es wahr wäre«, fuhr er sie an, »ich kann mich jedenfalls nicht daran erinnern, und es ist für mich nur ein Beweis mehr, daß Sie Ihre gesunde Urteilskraft verloren haben.«

Celia war von einer solchen Traurigkeit erfüllt, daß sie nur noch »Leben Sie wohl, Sam« sagen konnte.

Sie erhielt keine Antwort.

Später, zu Hause, wunderte sich Celia darüber, wie einfach es gewesen war, Felding-Roth zu verlassen. Sie hatte nur ihre persönlichen Dinge aus dem Schreibtisch genommen, sich von ihrer Sekretärin und einigen anderen im Büro verabschiedet – von denen manche Tränen in den Augen gehabt hatten – und war weggefahren.

Auch wenn ihr plötzliches Ausscheiden aus der Firma unvernünftig erscheinen mochte – es war einfach notwendig gewesen. In den vergangenen Wochen hatte sich Celia fast ausschließlich mit Montayne beschäftigt, und da sie diese Arbeit nun nicht mehr guten Gewissens verrichten konnte, hatte es keinen Sinn, noch länger zu bleiben. In ihrer Abteilung war alles so gut durchorganisiert, daß Bill Ingram, der in einigen Wochen ohnehin alles hätte übernehmen sollen, sofort einspringen konnte. Die neue Position würde sie nun nicht mehr übernehmen können – eine schlimme Enttäuschung, nachdem sie so nahe herangekommen war. Aber mit dieser Enttäuschung würde sie leben können.

Andrew rief im Lauf des Tages zweimal bei Celia an, zuerst im Büro, später zu Hause. Als er erfuhr, daß ihre Kündigung bereits in Kraft getreten war, versprach er ihr, so früh wie möglich nach Hause zu kommen, und traf nachmittags rechtzeitig zum Tee ein, den Celia zubereitet hatte; eine neue Erfahrung für sie – wahrscheinlich würde sie das von jetzt an häufiger tun.

»Nach all den Entscheidungen, die du treffen mußtest«, sagte Andrew und nippte an seinem Tee, »habe auch ich ein paar Entscheidungen getroffen, und zwar für uns beide. Ich finde, wir sollten endlich wieder ein bißchen leben.« Er zog einen großen braunen Umschlag hervor. »Wir werden eine Reise machen.«

»Und wohin?«

»Überallhin. Eine Weltreise.«

Celia riß die Arme hoch. »Andrew, du bist wunderbar!«

»Hoffentlich findest du das auch noch, wenn du sechs Monate mit mir auf Schiffen und in Hotels verbracht hast.« Er zog zahlreiche Prospekte aus dem Umschlag. »Zuerst, dachte ich mir, fliegen wir nach Europa, fahren nach Frankreich, Spanien, Italien, überallhin, wo es etwas Interessantes zu sehen gibt; dann machen wir eine Mittelmeerkreuzfahrt ...«

Trotz der Anspannung der letzten Tage hellte sich Celias Stimmung auf. Über eine Weltreise hatten sie schon oft gesprochen, aber immer nur wie über einen vagen Zukunftstraum. Warum nicht jetzt? dachte sie. Konnte es einen besseren Zeitpunkt geben?

Andrew freute sich wie ein kleiner Junge. »Wir sollten auch Ägypten und Israel besuchen, dann ein kurzer Aufenthalt in den Vereinigten Arabischen Emiraten ... Indien nicht zu vergessen ... Japan ist ein ›Muß‹, ebenso Singapur ... und auch Australien und Neuseeland dürfen wir nicht auslassen ...«

»Das ist eine wunderbare Idee!« sagte sie.

»Ich muß nur noch eine Urlaubsvertretung für meine Praxis finden«, erklärte Andrew. »Das wird wahrscheinlich einen Monat dauern, so daß wir im März fahren können.» Mit den Kindern würde es keine Probleme geben, denn Lisa und Bruce hatten sich für den Sommer einen Ferienjob gesucht.

Sie schmiedeten Pläne, und obwohl Celia wußte, daß der Schmerz unweigerlich zurückkehren und wohl nie ganz vergehen würde, konnte sie ihn – mit Andrews Hilfe – für kurze Zeit verdrängen.

Später fragte Andrew: »Ich weiß, es ist noch zu früh, aber hast du dir schon darüber Gedanken gemacht, was du in Zukunft tun wirst? Ich kann mir nicht vorstellen, daß du ewig zu Hause bleiben möchtest.«

»Nein«, sagte sie, »das werde ich ganz bestimmt nicht. Aber im

Augenblick weiß ich noch nichts. Ich brauche Zeit, um darüber nachzudenken – und du verschaffst sie mir, Liebling.«

In dieser Nacht schliefen sie miteinander – nicht leidenschaftlich, sondern sanft und mit einer Zärtlichkeit, die Celia Ruhe und Sicherheit gab.

Celia hielt Wort. Sie gab in den folgenden Wochen keine öffentliche Erklärung über den Grund ihres Weggangs von Felding-Roth ab. Die Nachricht von ihrer Kündigung sprach sich in der Branche schnell herum und fand auch in der Presse Erwähnung. Es gab eine Menge neugieriger Fragen, die aber unbeantwortet blieben, Das *Wall Street Journal*, die *Business Week* und die *New York Times* riefen bei Celia an und baten um Interviews. Celia lehnte ab und ging auch nicht auf Fragen aus ihrem Freundeskreis ein.

Nur Lisa und Bruce wurden auf Andrews Drängen hin informiert. »Das schuldest du ihnen«, sagte er. »Die Kinder bewundern dich, genauso wie ich. Sie haben ein Recht darauf, alles zu erfahren.«

Das bedeutete Reisen nach Stanford zu Lisa und nach Pottstown, wo Bruce jetzt sein drittes Jahr an der Hill School absolvierte, und am Ende tat Celia die Abwechslung gut. Ihre Tage waren jetzt nicht mehr so hektisch und ausgefüllt, und es fiel ihr nicht leicht, sich daran zu gewöhnen, daß sie jetzt mehr Zeit für sich hatte.

Lisa war voller Mitgefühl, reagierte aber praktisch. »Du wirst schon was anderes finden, Mom, etwas Interessantes und Wichtiges. Das beste im Augenblick ist aber, daß du mit Daddy auf diese Weltreise gehst.«

Bruce mit seiner Sensibilität, die er sich über die Jahre bewahrt hatte, faßte die Situation am besten zusammen: »Wenn du dich wohl fühlst, Mom ... wenn du auch später noch davon überzeugt bist, das Richtige getan zu haben, dann ist das das einzige, was zählt.«

Nachdem sie mit beiden Kindern gesprochen hatte, stellte Celia fest, daß sie sich tatsächlich wohl fühlte, und in dieser Stimmung flog sie Anfang März mit Andrew von New York nach Paris, wo die Reise begann, mit deren Hilfe sie über alles hinwegkommen wollte.

14

In seinem Haus in Harlow lag Martin Peat-Smith schlaflos in seinem Bett. Es war Samstag abend, ein paar Minuten vor Mitternacht, der Schlußpunkt einer aufregenden, ereignisreichen Woche.

Martin kam zu dem Ergebnis, daß sich der Schlaf irgendwann von selbst einstellen würde. Er entspannte sich und ließ seine Gedanken schweifen.

Manchmal war die Wissenschaft tatsächlich wie eine Frau, die sich so lange ziert, bis ihr Verehrer schon fast aufgibt und alle Hoffnung fahren läßt, dachte er belustigt. Und dann, ohne Vorwarnung, launenhaft, ergibt sie sich, breitet die Arme aus, läßt die Kleider fallen und bietet sich an.

Wenn man die Metapher weiterspann, überlegte Martin, folgten zuweilen ganze Serien von Orgasmen, in deren Verlauf das bis dahin Unbekannte, nur Erträumte, allmählich Konturen annahm.

Aber was sollten diese ganzen sexuellen Phantasien? fragte er sich. Und beantwortete die Frage gleich selbst: Es mußte etwas mit Yvonne zu tun haben. Jedesmal, wenn er ihr im Labor begegnete, drehten sich seine Gedanken nur um ein und dasselbe, das vielleicht irgend etwas mit Biologie, aber ganz bestimmt nichts mit Wissenschaft zu tun hatte.

Und warum hast du noch nichts unternommen?

Ja, warum eigentlich nicht?

Aber im Augenblick kehrte Martin mit seinen Gedanken zu seiner Forschungsarbeit und den wahrhaft bemerkenswerten Erfolgen zurück, die – wann genau eigentlich begonnen hatten?

Seine Gedanken wanderten zurück.

Zwei Jahre waren vergangen, seit Celia Jordan 1975 Harlow einen Besuch abgestattet hatte. Martin konnte sich noch genau daran erinnern, wie er ihr die Filme von Chromatogrammen gezeigt und erklärt hatte: »*Sie werden zwei Reihen dunkler Streifen erkennen ... das sind mindestens neun Peptide ...*«

Aber das – wie es schien – unüberwindliche Problem lag darin, daß das in den Gehirnen jüngerer Ratten entdeckte Peptid-Gemisch in zu geringen Mengen vorhanden war, um gereinigt und untersucht zu werden. Außerdem enthielt das Gemisch Substanzen, die nicht dazugehörten, so daß Rao Sastri mit Recht von einem »Nonsens-Peptid« gesprochen hatte.

Die Versuche, das Gemisch zu reinigen, wurden fortgesetzt, aber die Ergebnisse waren bestenfalls zufälliger Art und schienen Sastris Ansicht zu bestärken, daß noch zehn Jahre oder mehr ins Land gehen würden, bis die erforderliche Technik zur Verfügung stand.

Frustration breitete sich im Harlower Team aus, die Moral sank und auch der Glaube an Martins Theorie.

Als er auf dem Tiefpunkt angekommen war, geschah das Wunder.

Nachdem sie geduldig weitergemacht und größere Gehirnmengen von jungen Ratten verwendet hatten, wurde eine teilweise Reinigung erzielt. Dann wurde das neue, angereicherte Gemisch – aus weniger Peptiden – den alten Ratten injiziert.

Fast augenblicklich zeigte sich eine erstaunliche Verbesserung des Lern- und Erinnerungsvermögens älterer Ratten. Das ergaben die Tests im Labyrinth ganz deutlich.

Martin mußte lächeln, als er an den Irrgarten im Labor dachte. Es war eine Miniaturausgabe jener Anlagen, in denen sich Menschen seit Jahrhunderten damit vergnügten, aus Sackgassen und Irrwegen wieder herauszufinden und nach vielen Mühen den Ausgang zu erreichen.

Der berühmteste Irrgarten der Welt, vermutlich im 17. Jahrhundert für William III. von England angelegt, befand sich im Hampton Court Palace, westlich von London.

Der kleine Irrgarten des Harlower Labors war eine detailgetreue Nachbildung aus Furnierholz, die ein Wissenschaftler des Instituts in seiner Freizeit angefertigt hatte – mit dem Unterschied, daß er ausschließlich von Ratten benutzt wurde.

Man setzte die Ratten nacheinander an den Eingang zum Labyrinth und überließ sie dann – manchmal nach einem kleinen Schubs – sich selbst. Hatten sie den Weg hinaus gefunden, erwartete sie dort eine Belohnung in Form von Nahrung. Und man hielt fest, wie lange ihre jeweiligen Bemühungen dauerten.

Bis vor kurzem waren die Ergebnisse der Tests voraussagbar gewesen. Junge wie alte Ratten, zum ersten Mal im Labyrinth ausgesetzt, hatten zunächst Mühe, den Ausgang zu finden. Bei der zweiten Runde jedoch kamen die jungen Ratten bereits schneller zu ihrer Belohnung, und beim dritten Mal ging es noch schneller, und so fort.

Die jungen Ratten lernten aus Erfahrung, erinnerten sich, wo sie abbiegen mußten und wo nicht.

Im Gegensatz zu den jungen lernten die alten Ratten kaum oder waren viel langsamer.

Bis zur Injektion der neuesten Peptid-Lösung. Danach war eine Verbesserung unverkennbar. Wenn die alten Ratten sich zum dritten oder vierten Mal im Labyrinth befanden, rasten sie buchstäblich durch die Gänge, meist ohne zu zögern oder Fehler zu machen. Zwischen den jungen und den alten Ratten gab es jetzt kaum noch einen Unterschied.

Als weitere Tests die gleichen Ergebnisse erbrachten, wurden die Wissenschaftler immer aufgeregter. Nach einer spektakulären Vorführung mit einer schon älteren, dicken Ratte spendeten sie lauten Beifall. Rao Sastri schüttelte Martin die Hand. »Großer Gott! Sie hatten recht. Jetzt können Sie mit vollem Recht zu uns allen sagen: ›O ihr Kleingläubigen.‹«

Martin wehrte ab. »Ich hatte auch schon fast den Glauben verloren.«

»Das nehme ich Ihnen nicht ab«, sagte Sastri. »Sie sind ein Gentleman und sagen das nur, weil Sie Ihre kleinmütigen Kollegen nicht beschämen wollen.«

»Wie auch immer«, meinte Martin erfreut, »ich glaube, wir haben jetzt etwas nach Amerika zu melden.«

Der Bericht traf bei Felding-Roth zu der Zeit ein, als die Vorbereitungen für den Start von Montayne auf Hochtouren liefen, und kurz bevor Celia zu zweifeln begann, ob es ratsam sei, damit fortzufahren.

Aber noch während der Bericht in New Jersey studiert wurde, sah man sich in Harlow einem neuen Problem gegenüber.

Trotz günstiger Bedingungen hatten sich bei dem jüngsten Peptid-Gemisch Schwierigkeiten ergeben. Wie die vorherigen stand es nur in begrenzter Menge zur Verfügung. Um das wesentliche Gedächtnis-Peptid zu identifizieren und zu isolieren, waren größere Mengen nötig.

Um an größere Mengen zu kommen, wählte Martin den Weg über die Produktion von Antikörpern. Diese würden sich mit dem gewünschten Peptid verbinden und es isolieren ... Zu diesem Zweck waren Kaninchen besser geeignet als Ratten, da sie größere Mengen Antikörper produzierten.

Hier trat Gertrude Tilwick auf den Plan.

Die Tierpflegerin des Instituts war eine strenge Frau um die Vierzig mit verkniffenen Lippen. Nigel Bentley hatte sie erst vor kurzem eingestellt, und bis jetzt hatten sie und Martin wenig miteinander zu tun gehabt.

Auf Martins Bitte brachte Miss Tilwick mehrere Käfige mit Kaninchen in sein Labor. Er hatte ihr zuvor erklärt, daß das unverarbeitete Peptid-Gemisch in einer öligen Lösung – einem »Adjuvans« – in die Pfoten der Kaninchen injiziert werden müßte. Ein schmerzhafter Vorgang. Daher mußte man die Tiere während der Injektion festhalten.

Miss Tilwick brachte außer den Kaninchen auch ein kleines flaches Brett mit, an dem vier Riemen befestigt waren. Sie öffnete einen Käfig, zog ein Kaninchen heraus und legte es mit dem Bauch nach oben auf das Brett. Während das Tier ausgestreckt dalag, schnallte sie jedes Bein an einer der vier Ecken fest.

Sie hantierte grob und gleichgültig, ihre ganze Haltung drückte Gefühllosigkeit aus. Während ihr Martin entsetzt zusah, schrie das verängstigte Tier. Er hatte nicht gewußt, daß Kaninchen so schreien konnten – ein schrecklicher Ton. Dann war es still, und bevor alle vier Beine angeschnallt waren, war das Tier bereits tot, ganz offensichtlich vor Angst und Schreck gestorben.

Wieder bekam Martin wegen eines Tieres einen seiner seltenen Wutanfälle. Er warf Miss Tilwick hinaus.

Danach ließ Martin Nigel Bentley zu sich rufen und erklärte ihm, daß jemand, der dem Leiden von Tieren gegenüber derart unempfindlich sei wie Miss Tilwick, nicht länger im Institut bleiben könne.

»Selbstverständlich«, stimmte Bentley zu, »muß Miss Tilwick gehen. Es tut mir leid. Als Laborantin schien sie qualifiziert – offensichtlich aber nicht für Versuche an Tieren.«

»Wir brauchen jemanden, der mit den Tieren sanft und sorgsam umgeht«, sagte Martin. »Haben Sie jemanden?«

»Miss Tilwicks Assistentin. Wenn sie ihre Sache ordentlich macht, werden wir sie befördern.«

Und Yvonne Evans erschien.

Yvonne war fünfundzwanzig, fröhlich und attraktiv, mit langen blonden Haaren, unschuldigen blauen Augen, einer rosigen Haut und leichtem Übergewicht. Sie kam aus Brecon, einem kleinen ländlichen Ort in den Black Mountains von Wales, und der singende Tonfall dieser Gegend war noch herauszuhören. Yvonne hatte einen erstaunlichen Busen und trug ganz offensichtlich keinen Büstenhalter. Martin war fasziniert.

»Ich brauche ein paar Minuten«, hatte Yvonne ihm kurz vor den Injektionen erklärt und das Brett von Gertrude Tilwick ignoriert. Während Martin mit einer Spritze in der Hand wartete, hob sie vorsichtig ein Kaninchen aus dem Käfig, hielt es an ihr Gesicht und begann, ihm leise etwas vorzusingen, es zu streicheln, zärtliche Worte zu murmeln. Schließlich bettete sie den Kopf des Kaninchens zwischen ihre Brüste, hielt dann Martin die Hinterpfoten hin und sagte: »Jetzt.«

Binnen kurzer Zeit hatten sechs Kaninchen in jeden Zehenballen die ölige Lösung injiziert bekommen. Obwohl ihn die unmittelbare Nähe der Brüste verwirrte und er sich manchmal wünschte, anstelle der Kaninchen dort zu ruhen, arbeitete Martin präzise und sorgfältig weiter.

Die Kaninchen wurden ganz offensichtlich von der liebevollen Behandlung eingelullt, mußten aber dennoch Schmerzen erdulden.

»Müssen es denn unbedingt die Zehenballen sein?« fragte Yvonne mitleidig.

Martin verzog das Gesicht. »Mir gefällt es auch nicht, aber es ist eine günstige Stelle für die Produktion von Antikörpern.«

Die Erklärung schien Yvonne zu befriedigen. Als sie fertig waren, stellte er fest: »Sie mögen Tiere, nicht wahr?«

Sie sah ihn erstaunt an. »Natürlich.«

»Das kann man nicht von jedem sagen.«

»Meinen Sie Tilly?« Yvonne runzelte die Stirn. »Die mag sich selbst nicht.«

»Miss Tilwick arbeitet nicht mehr bei uns.«

»Ich weiß. Mr. Bentley hat es mir gesagt. Er bat mich, Ihnen auszurichten, daß meine fachlichen Voraussetzungen stimmen und ich, wenn Sie wollen, Miss Tilwicks Job übernehmen könnte.«

»Sie gefallen mir«, sagte Martin und war über sich selbst erstaunt. »Sie gefallen mir sehr.«

Yvonne kicherte. »Ganz meinerseits, Herr Doktor.«

Obgleich jemand anders die Injektionen übernahm, sah Martin Yvonne auch weiterhin gelegentlich in den Labors. Einmal fragte er sie: »Wenn Sie Tiere so gern haben, warum haben Sie dann nicht Veterinärmedizin studiert?«

Sie zögerte, dann sagte sie ungewöhnlich kurz angebunden: »Das wollte ich auch.«

»Und warum haben Sie es nicht getan?«

»Ich bin durchs Examen gefallen.«

»Nur durch eins?«

»Ja.«

»Konnten Sie es denn nicht wiederholen?«

»Ich konnte es mir nicht leisten zu warten.« Sie sah ihn groß an, und es blieb ihm nichts anderes übrig, als sie auch anzusehen.

»Meine Eltern hatten kein Geld, und ich mußte es mir selbst verdienen«, fuhr Yvonne fort. »Deshalb wurde ich Tierarzthelferin – das naheliegendste.« Dann lächelte sie ihn an, weil sie bemerkt hatte, wie ihre Blicke einander festhielten.

Das lag nun einige Wochen zurück, und seither war Martin von anderen Dingen in Anspruch genommen worden.

Zum einen von einer Computer-Analyse der laufenden Tests im Rattenlabyrinth; sie zeigte, daß die früheren Ergebnisse keine Zufallstreffer gewesen waren, sondern sich in den darauffolgenden Monaten konstant wiederholten. Das allein waren ausgezeichnete Neuigkeiten, aber darüber hinaus war ihnen auch eine Verfeinerung des Peptid-Gemischs gelungen, die es ihnen endlich ermöglichte, ein einzelnes aktives Peptid zu isolieren. Dieses langgesuchte Peptid war die siebente Bande auf den Filmstreifen und erhielt deshalb die Bezeichnung »Peptid 7«.

Beide Erfolge wurden sofort per Telex nach New Jersey durchgegeben, und Sam Hawthorne sandte Glückwünsche. Martin hätte sich am liebsten auch mit Celia in Verbindung gesetzt, aber er hatte inzwischen von ihrer Kündigung erfahren. Er wußte nicht, was sie zu diesem Schritt veranlaßt hatte, war aber sehr traurig darüber. Celia gehörte einfach zum Harlow-Institut und seinem Forschungsprojekt, und er empfand es als ungerecht, daß sie die Früchte dessen, was sie mit aufgebaut hatte, nicht mit ihm teilen konnte. Er wußte, daß er einen guten Freund und Verbündeten verloren hatte. Ob sie sich wohl je wiedersehen würden? Es schien unwahrscheinlich.

Ein einziger Faktor bereitete Martin noch Sorgen, als er in seinem Bett lag und die Ereignisse noch einmal an sich vorüberziehen ließ:

das waren die älteren Ratten, die über mehrere Monate hinweg regelmäßig Peptid-Injektionen erhalten hatten.

Während sich das Gedächtnis der Ratten deutlich verbessert hatte, war ihr allgemeiner Gesundheitszustand offenbar schlechter geworden. Die Tiere zeigten einen alarmierenden Gewichtsverlust, waren mager, fast ausgemergelt.

War es möglich, daß das Peptid 7 zwar für das Gehirn nützlich, aber für den Körper schädlich war? Würden die mit Peptid-Gemisch behandelten Ratten auch weiterhin an Gewicht verlieren und schließlich dahinsiechen? War das der Fall, dann wäre Peptid 7 unbrauchbar, sowohl für Tiere als auch für Menschen, und die wissenschaftliche Arbeit von vier Jahren in Harlow und Martins früherer Tätigkeit in Cambridge wäre völlig umsonst gewesen.

Dieses Schreckgespenst verfolgte Martin Tag und Nacht, und er bemühte sich, es wenigstens am Wochenende für ein paar Stunden aus seinen Gedanken zu verbannen.

Jetzt, an diesem Samstagabend ... oder besser: Sonntagmorgen ... kehrten seine Gedanken zu Yvonne und der Frage zurück, die er sich bereits gestellt hatte: *Und warum hast du nichts unternommen?*

Er konnte sie anrufen. Warum hatte er nicht schon früher daran gedacht? Aber jetzt, nach Mitternacht, war es wohl schon zu spät. *Verdammt! Warum versuchte er es nicht einfach?*

Zu seiner Überraschung wurde der Hörer schon beim ersten Klingeln abgenommen. »Hallo.«

»Yvonne?«

»Ja.«

»Hier ist ...«

»Ich weiß, wer Sie sind.«

»Na schön«, sagte er, »ich liege hier im Bett und kann nicht schlafen, und da dachte ich mir ...«

»Ich kann auch nicht schlafen.«

»Ich hab' mir überlegt, ob wir uns morgen vielleicht treffen könnten.«

»Morgen ist Montag.«

»Und wie wär's mit heute?«

»Von mir aus gern.«

»Um wieviel Uhr würde es Ihnen passen?«

»Warum nicht gleich?«

Er konnte sein Glück kaum fassen. »Soll ich Sie abholen?«

»Nicht nötig. Ich weiß, wo Sie wohnen. Ich komme zu Ihnen.«

»Wollen Sie das wirklich?«

»Natürlich.«

Er hatte das Gefühl, noch etwas sagen zu müssen.

»Yvonne.«

»Ja?«

»Ich bin froh, daß Sie kommen.«

»Ich auch.« Er hörte ihr sanftes Lachen. »Ich dachte schon, Sie würden mich *nie* fragen.«

15

Von dem Augenblick an, als Yvonne das Haus betrat, war alles wunderbar und unkompliziert. Nachdem Martin sie in die Arme genommen und sie sich zärtlich geküßt hatten und alle Tiere, die sie im Hausflur empfingen, gestreichelt worden waren, fragte sie: »Und wo ist dein Schlafzimmer?«

»Ich zeige es dir«, sagte er, und sie folgte ihm mit einem kleinen Handköfferchen die Treppe hinauf.

In dem matt erleuchteten Schlafzimmer zog Yvonne sich rasch aus, und Martin sah ihr dabei mit klopfendem Herzen zu und bewunderte ihren Körper – vor allem ihre herrlichen Brüste.

Dann liebten sie sich, ganz ohne Scheu und voller Zärtlichkeit. Yvonne war von einer natürlichen, ungehemmten Leidenschaft. Vielleicht war es ihre Liebe zum Leben und zu all den Lebewesen auf dieser Erde, aber in diesem Augenblick kam sie in ihrer warmen Zunge zum Ausdruck, die überall zu sein schien, und in ihren weichen Lippen, die ihn unaufhörlich erforschten, und in dem Rhythmus ihres Körpers, der ihn aufforderte, auf eine Art zu reagieren, die er bis dahin nicht gekannt hatte, die ihm fremd gewesen, aber plötzlich so vertraut war.

»Nicht so schnell! Laß uns noch warten«, bat sie.

»Ich werde es versuchen«, flüsterte er.

Es dauerte nicht lange, bis das Verlangen sie beide fortriß. Danach war Martin von einem Gefühl des Friedens und Wohlbehagens erfüllt, wie er es selten erlebt hatte.

Aber selbst dann suchte sein Verstand noch nach einem Grund für diese heitere, friedliche Stimmung. Vielleicht war das, was er fühlte, nur die Erlösung von all dem Druck, der sich angesammelt hatte. Aber sein Instinkt sagte ihm, daß es mehr sein mußte: daß Yvonne eine ganz besondere Frau war, von einer inneren Ausgeglichenheit, die sich auf andere übertrug ... und mit diesem Gedanken schlief er ein.

Er schlief tief und erwachte erst, als Geräusche aus der Küche zu ihm drangen. Kurz darauf erschien Yvonne; sie hatte Martins Morgenrock angezogen und brachte ein Frühstückstablett mit Tee, getoastetem Fladenbrot und Honig. Sie war von sämtlichen Vierbeinern des Hauses – zwei Hunden und drei Katzen – umringt.

Yvonne stellte das Tablett aufs Bett, in dem sich Martin aufgerichtet hatte. Lächelnd zeigte sie auf den Morgenrock. »Ich hoffe, du hast nichts dagegen.«

»Er steht dir viel besser als mir.«

Sie setzte sich aufs Bett und schenkte den Tee ein. »Du magst Milch, aber keinen Zucker.«

»Ja, aber woher ...«

»Ich habe mich im Labor erkundigt – für den Fall der Fälle. Übrigens, deine Küche ist in einem schrecklichen Zustand.« Sie reichte ihm den Tee. »Bevor ich gehe, werde ich sie saubermachen.«

Der Morgenrock hatte sich geöffnet, und Martin sagte: »Ich hoffe, du hast es mit dem Weggehen nicht allzu eilig.«

Sie ließ den Morgenrock offen und lächelte wieder. »Sei vorsichtig mit dem Teller, er ist heiß.«

»Es kommt mir vor, als wäre alles gar nicht wahr«, sagte er. »Frühstück im Bett ist ein Luxus, den ich mir jahrelang nicht geleistet habe.«

»Das solltest du öfter tun. Du hast es verdient.«

»Aber du bist doch mein Gast. Eigentlich müßte ich dich verwöhnen.«

»Mir gefällt es so besser«, versicherte sie ihm. »Noch etwas Tee?«

»Vielleicht später.« Er stellte seine Tasse hin und streckte die Arme nach ihr aus.

Yvonne ließ den Morgenrock auf den Boden gleiten und kam zu ihm. Er hielt sie fest, und diesmal wanderten seine Hände ganz ohne Eile über ihren Körper, erforschten ihre Brüste und ihre Schenkel.

»Du hast einen wunderschönen Körper«, sagte er und küßte sie.

»Ein bißchen zuviel davon.« Sie lachte. »Ich müßte abnehmen.« Sie kniff sich in den Schenkel. »Was ich brauche, ist ein bißchen von deinem Peptid 7, dann würde ich so schön dünn werden wie die Ratten.«

»Nicht nötig.« Martin drückte sein Gesicht in ihre Haare. »Ich mag dich so, wie du bist.«

Ihre Leidenschaft entflammte neu, und Yvonne drückte Martin fest an sich, als er in sie eindrang.

Plötzlich hielt er abrupt inne, und seine Hände ließen sie los. Dann packte er sie an den Schultern und schob sie von sich.

»Was hast du gesagt?«

»Martin, bitte quäl mich nicht! Ich will dich *jetzt*«, bat sie.

»Was hast du gesagt?«

Frustriert ließ sie sich zurückfallen. »Warum hast du das getan, Martin?«

»Ich will wissen, was du gesagt hast, über Peptid 7.«

»Peptid 7? – Ich sagte, ich könnte so dünn wie die Ratten werden, wenn ich es nähme«, antwortete sie verdrossen. »Aber was ...«

»Das dachte ich mir.« Er sprang aus dem Bett. »Beeil dich! Zieh dich an!«

»Warum?«

»Wir fahren ins Labor.«

»Jetzt?« fragte sie ungläubig.

Martin hatte ein Hemd übergestreift und fuhr schon in die Hose.

»Ja. Jetzt sofort.«

Konnte das sein? fragte er sich. War das tatsächlich möglich?

Martin blickte auf ein Dutzend Ratten, die durchs Labyrinth liefen. Er hatte Yvonne gebeten, sie aus den Tierställen zu holen. Es war eine Gruppe, die seit mehreren Monaten mit dem teilweise gereinigten Peptit-Gemisch geimpft worden war. Und seit neuestem mit Peptit 7. Alle Ratten waren dünn – viel dünner als vor den Injektionen. Jetzt steckte Yvonne die letzte Ratte in ihren Käfig zurück.

Es war noch immer Sonntag morgen. Außer ihnen befand sich nur noch ein Wachmann im verlassenen Institut.

Genau wie die anderen Tiere machte sich auch die letzte Ratte über ihr Fressen im Käfig her.

»Aber sie fressen doch genügend«, bemerkte Martin.

»Das tun sie alle«, stimmte Yvonne zu. »Willst du mir nicht endlich sagen, was das soll?«

»Hör zu: Weil die Ratten, denen wir Peptid 7 gespritzt haben, immer dünner, ja, sogar dürr wurden, haben wir alle gedacht, daß sie nicht mehr so gesund sind wie früher. Das war nicht sehr wissenschaftlich gedacht.«

»Was macht das denn für einen Unterschied?«

»Wahrscheinlich einen sehr großen. Angenommen, ihr Gesundheitszustand hat sich *nicht* verschlechtert. Angenommen, sie sind alle kerngesund. Vielleicht sogar gesünder als vorher. Angenommen, Peptid 7 wirkt sich nicht nur positiv auf das Gedächtnis aus, sondern sorgt darüber hinaus auch noch für einen *gesunden Gewichtsverlust.*«

»Du meinst ...«

»Ich meine«, sagte Martin, »daß wir über etwas gestolpert sind, nach dem die Menschheit seit Jahrhunderten sucht – eine Möglichkeit, im Körper Nahrung zu verarbeiten, ohne dabei Fett anzusetzen.«

Yvonne sah ihn mit offenem Mund an. »Aber das könnte ja furchtbar wichtig sein!«

»Ja – wenn es zutrifft.«

»Aber danach hast du doch gar nicht gesucht!«

»Viele Entdeckungen wurden gemacht, während die Wissenschaftler nach etwas völlig anderem suchten.«

»Und was wirst du jetzt tun?«

Martin überlegte. »Ich muß mit Fachleuten reden. Gleich morgen werde ich mich darum kümmern.«

»Dann könnten wir ja jetzt vielleicht wieder nach Hause gehen«, bemerkte Yvonne hoffnungsvoll.

Er legte ihr den Arm um die Schultern. »Eine ausgezeichnete Idee!«

»Ich werde Ihnen natürlich einen ausführlichen Bericht schicken«, sagte der Tierarzt zu Martin, »mit allen Daten – Körperfett, Blutzusammensetzung, Urin und Stuhl, die ich in meinem Labor feststellen lasse. Aber ich kann Ihnen schon jetzt sagen, daß diese Ratten die gesündesten sind, die ich je gesehen habe, vor allem, wenn man bedenkt, wie alt sie schon sind.«

»Vielen Dank, Doktor«, sagte Martin. »Das hatte ich gehofft.«

Es war Dienstag, und der Tierarzt Dr. Ingersoll, ein Spezialist für Kleintiere, war mit dem Morgenzug aus London gekommen. Er wollte nachmittags wieder zurückfahren.

Ein anderer Experte, ein Sachverständiger für Ernährung aus Cambridge, wurde in zwei Tagen erwartet.

»Ich nehme an«, sagte Dr. Ingersoll, »daß Sie mir nicht sagen wollen, was Sie den Ratten gegeben haben.«

»Wenn es Ihnen nichts ausmacht«, erwiderte Martin, »würde ich es lieber noch für mich behalten.«

Der Tierarzt nickte. »Auf jeden Fall sind Sie einer interessanten Sache auf der Spur, mein Freund.«

Am Donnerstag lieferte Ian Cavaliero, der Ernährungssachverständige, Informationen, die noch verblüffender waren.

»Möglicherweise haben Sie mit Ihrer Behandlung bei diesen Ratten die Funktion der endokrinen Drüsen verändert oder aber das zentrale Nervensystem, vielleicht sogar beides. Als Folge davon werden die Kalorien, die sie mit der Nahrung aufnehmen, anstatt in Fett in Hitze umgewandelt. Wenn man es nicht gerade zum äußersten treibt, kann ich daran nichts Schlimmes finden. Der Körper entledigt sich der überschüssigen Hitze durch Schwitzen.«

Dr. Cavaliero, ein junger Wissenschaftler, den Martin von Cambridge her kannte, war eine Autorität in Ernährungsfragen.

»Wie neuere Veröffentlichungen zeigen«, berichtete er, »haben unterschiedliche Lebewesen – Menschen wie Tiere – auch unterschiedliche Fähigkeiten, Kalorien auszunutzen. Manche Kalorien gehen in Fett über, ein beträchtlicher Anteil jedoch wird für eine Art von körperlicher Arbeit verbraucht, die wir weder sehen noch fühlen. Zum Beispiel, wenn Zellen Ionen wie das Natrium in einem kontinuierlichen Kreisprozeß ins Blut hinauspumpen.

Andere Kalorien *müssen* in Hitze umgewandelt werden«, fuhr der Ernährungsfachmann fort, »nur um die Körpertemperatur zu erhalten. Aber man hat herausgefunden, daß die Anteile, die für Hitze, Stoffwechsel oder Fett benötigt werden, grundlegend verschieden sind. Wenn Sie diese Anteile also verändern und kontrollieren können – wie Sie es bei diesen Tieren getan zu haben scheinen –, ist das ein großer Fortschritt ...«

Einige Mitarbeiter seines Teams, die Martin aufgefordert hatte, an der Besprechung mit Cavaliero teilzunehmen, hörten gespannt zu, darunter Rao Sastri und Yvonne.

»Diese unterschiedliche Kalorienausnutzung ist zweifellos der Grund, warum manche glückliche Menschen sehr viel essen können und doch nie zunehmen«, bemerkte Sastri.

»Genau.« Der Ernährungsfachmann lächelte. »Aber es könnte sich noch etwas anderes bei Ihren Ratten auswirken – nämlich ein Sättigungsfaktor.«

»Durch das ZNS?« fragte Martin.

»Ja. Das zentrale Nervensystem wird natürlich weitgehend durch die Gehirnpeptide reguliert. Und da Sie mir gesagt haben, daß der injizierte Stoff sich auf die Gehirnfunktionen auswirkt, könnte es durchaus sein, daß er die Hungersignale im Gehirn reduziert ... Auf jeden Fall besitzt Ihr Gemisch eindeutig einen wünschenswerten gewichtsreduzierenden Effekt.«

Am nächsten Tag verwendete Martin Cavalieros Worte vom »wünschenswerten gewichtsreduzierenden Effekt« in einem vertraulichen Bericht, den er direkt an Sam Hawthorne schickte.

»Obgleich auch weiterhin die Verbesserung des Gedächtnisses unser vorrangiges Ziel für Peptid 7 bleibt«, schrieb Martin, »werden wir zusätzlich die Eigenschaft prüfen, die auf den ersten Blick wie eine positive, vielversprechende Nebenwirkung aussieht und vielleicht klinische Möglichkeiten eröffnet.«

Wenn der Bericht auch relativ zurückhaltend abgefaßt war, so befanden sich Martin und seine Harlower Kollegen doch in heller Aufregung.

TEIL VIER
1977–1985

I

Majestätisch und würdevoll wie kein anderes Transportmittel bahnte sich der Frachter *SS Santa Isabella* seinen Weg durch den Fort Armstrong Channel nach Honolulu Harbor.

Andrew und Celia standen zusammen mit anderen Passagieren unter der Kommandobrücke an Deck, und Andrew suchte mit einem Fernglas den Hafen und die Gebäude daneben ab.

Als der Aloha Tower vor ihnen aufragte und vor dem azurblauen Himmel im goldenen Glanz der hawaiischen Sonne erstrahlte, drehte das Schiff nach Steuerbord. Die Schiffssirene heulte, und die Mannschaft der *Santa Isabella* machte sich zum Anlegemanöver bereit.

Andrew ließ das Fernglas sinken und warf Celia einen Blick zu. Wie er selbst war auch sie braungebrannt und sah frisch und gesund aus – kein Wunder nach fast sechs Monaten Muße und Erholung, die sie größtenteils an der frischen Luft verbracht hatten. Celia war entspannt, das konnte man sehen – kein Vergleich zu ihrer schlechten Verfassung vor der Abreise. Zweifellos hatte ihnen beiden die relative Isolation und das Fehlen von Streß und Anspannung gutgetan.

Er hob das Fernglas wieder an die Augen.

»Was suchst du denn?« wollte Celia wissen.

Ohne den Kopf zu wenden, antwortete er: »Wenn ich es gefunden habe, werd' ich's dir sagen.«

»Na schön.« Sie seufzte. »Ich kann kaum glauben, daß das alles fast schon vorbei ist.«

Aber so war es. Ihre Reise, die sie durch fünfzehn Länder geführt hatte, sollte hier zu Ende gehen. Nach einem kurzen Aufenthalt in Honolulu würden sie nach Hause fliegen, um ihr Leben mit allem, was sie dort erwartete, wiederaufzunehmen. Die Veränderungen würden vor allem Celia betreffen. Seit ihrer Abreise Anfang März hatte sie sich bemüht, nicht an die Zukunft zu denken. Jetzt war es Mitte August, und sie mußte sich ihr stellen. Sie berührte Andrews Arm. »Diese schöne Zeit werde ich nie vergessen – alles, was wir gesehen, alles, was wir erlebt und getan haben ...«

Es gab so viel, woran sie sich erinnern würde: an das zauberhafte Mondlicht am Nil, den Sand und die glühende Hitze im Tal der Könige ... wie sie durch das neun Jahrhunderte alte Labyrinth gepflasterter Straßen in Lissabon flaniert waren, die vielen Blumen überall ... Jerusalem – *»Der Hügel dicht am Himmel, auf dem der Mensch seine Hand dem Wind entgegenstreckt und die Stimme Gottes hört«*. ... Roms paradoxe Mischung aus Irdischem und Ätherischem ... Griechenlands Inseln, Juwelen in der Ägäis, Erinnerungen an gleißendes Licht, an weiße, terrassenförmig angelegte Dörfer, Berge, Olivenhaine ... das durch Öl reich gewordene, blühende Abu Dhabi und das freudige Wiedersehen mit Celias jüngerer Schwester Janet, ihrem Mann und ihrer Familie ... Indien, Subkontinent schroffer Gegensätze – Sinnenlust und Schmutz und Erniedrigung ... ein Postkartenbild: Jaipur, die rosa Stadt ... dann das Great Barrier Reef, das australische Korallenriff, der Traum eines jeden Tauchers ... und nicht weit davon entfernt: Kyoto, in Japan: die zarte, traumhafte Schönheit der kaiserlichen Villa in Shugakuin, das Versteck eines Herrschers und ein Ort der Poesie, noch immer vor dem großen Touristenstrom bewahrt ... das frenetische Tempo Hongkongs – als würde die Zeit fliehen, und so war es tatsächlich! ... Singapur, inmitten großer Wohlhabenheit die bescheidenen Stände der Straßenhändler, ein Feinschmeckerparadies, in dem *nasi beryani* an der Glutton's Corner feilgeboten wurde ...

In Singapur schließlich waren Andrew und Celia an Bord der *Santa Isabella* gegangen, um gemächlich das Südchinesische Meer zu durchqueren und bis in den Pazifik zu gelangen. Und hier und jetzt, in Hawaii, war die Reise zu Ende.

Es waren noch etwa zwanzig andere Passagiere an Bord, und die meisten von ihnen genossen die Geräumigkeit des Schiffes, den Komfort und die Bequemlichkeiten ohne die hektische, organisierte Fröhlichkeit einer konventionellen Kreuzfahrt.

Während der Frachter sich langsam dem Hafen näherte, ließ Celia ihre Gedanken schweifen ...

Sie hatte sich zwar bemüht, nicht über die Zukunft nachzudenken, aber die Vergangenheit hatte sie nicht völlig aus ihrem Gedächtnis streichen können. Vor allem in den letzten Tagen hatte sie sich immer wieder gefragt, ob es falsch gewesen war, Felding-Roth so überstürzt zu verlassen. Sie hatte impulsiv gehandelt. War das unklug gewesen? Celia wußte es nicht, und manchmal fragte sie sich, ob sie es nicht eines Tages bedauern und ihr Ärger darüber nicht größer sein würde als ihre gegenwärtigen Zweifel.

Ihr Ausscheiden hatte weder auf die Firma noch auf das Medikament Montayne Auswirkungen gehabt. Im Februar war Montayne, wie geplant, auf den Markt gebracht worden, offenbar mit großem Erfolg. Nach den Berichten der Wirtschaftspresse, die Celia vor Antritt der Reise interessiert verfolgt hatte, war Montayne sofort auf breiter Basis eingesetzt worden und vor allem bei berufstätigen Frauen, die während ihrer Schwangerschaft weiterarbeiten und die morgendliche Übelkeit ausschließen wollten, sehr beliebt. Wie es schien, war das neue Medikament für Felding-Roth eine Goldgrube.

Und als sie sich in Frankreich aufhielten, hatte sie erfahren, daß dasselbe auch bei der französischen Firma der Fall war. Die Berichte im *France-Soir* über die Vorfälle in Nouzonville und in Spanien hatten dem guten Ruf von Montayne offensichtlich nichts anhaben können. Genausowenig wie die Argumente von Dr. Maud Stavely, die sie vehement gegen das Mittel vorbrachte und die doch in keiner Weise den Verkauf in den Vereinigten Staaten beeinflußten.

Celia wurde in ihren Gedanken unterbrochen. Das Schiff würde gleich am Pier 10 anlegen.

Plötzlich rief Andrew neben ihr: »Da!« Er reichte ihr das Fernglas. »Sieh mal zum zweiten großen Fenster hinüber – links vom Turm.«

Erstaunt gehorchte sie. »Wonach soll ich denn suchen?«

»Das wirst du gleich sehen.«

Außer Andrew und Celia waren nur noch zwei oder drei Passagiere an Deck, die anderen waren schon in ihre Kabinen gegangen.

Celia schwenkte suchend das Fernglas hin und her. Dann rief sie: »Ja, jetzt seh' ich's, aber ich kann's kaum fassen ... Lisa und Bruce!« Sie nahm das Fernglas in die eine Hand und winkte mit der anderen in Richtung Fenster. Auch Andrew winkte. Hinter dem großen Fenster standen, ebenfalls lachend und winkend, Lisa und Bruce.

»Wir haben die Kinder doch gar nicht erwartet. Wie sind sie bloß hierhergekommen?« machte Celia ihrer Verwunderung Luft.

»Ich *habe* sie erwartet«, erwiderte Andrew. »Ich habe es organisiert, habe von Singapur aus ein paarmal telefoniert. Immer wenn du nicht da warst. Und es war gar nicht schwer, sie zu überreden, als ich ihnen erklärte, warum sie kommen sollen.« Er nahm ihr das Fernglas ab und verstaute es in der Tasche.

»Ich verstehe noch immer nicht«, sagte Celia. »*Du* wolltest, daß die Kinder herkommen?«

»Damit ich ein Versprechen einlösen kann, das ich dir vor vielen Jahren gegeben habe.«

Sie sah ihn erstaunt an.

»Auf unserer Hochzeitsreise«, erklärte Andrew. »Weißt du das nicht mehr? Wir hatten uns darüber unterhalten, warum du die Flitterwochen lieber auf den Bahamas als auf Hawaii verbringen wolltest. Du sagtest, Hawaii würde dich traurig machen, weil dein Vater in Pearl Harbor mit der *Arizona* untergegangen ist.«

Ja, jetzt wußte sie es wieder – nach all den Jahren.

Damals, auf ihrer Hochzeitsreise, am Strand, hatte sie Andrew von ihrem Vater erzählt, das wenige, das sie von ihm wußte, von Chief Petty Officer Willis de Grey ... *»Wenn er zum Urlaub nach Hause kam, war immer etwas los bei uns, und wir hatten viel Spaß. Er war sehr groß, mit einer dröhnenden Stimme; er brachte die Leute zum Lachen, und er mochte Kinder gern. Er war auch stark ...«*

Andrew hatte voller Verständnis gefragt: *»Bist du schon mal in Pearl Harbor gewesen?«*

Und sie hatte geantwortet: *»Ich bin noch nicht soweit. Vielleicht findest du das komisch, aber ich würde später gern einmal dorthin fahren, allerdings nicht allein. Ich würde gern meine Kinder mitnehmen.«*

»Wenn unsere Kinder soweit sind, es zu begreifen, werde ich es arrangieren«, hatte Andrew ihr damals versprochen.

Ein Versprechen, das zwanzig Jahre zurücklag!

Während die *Santa Isabella* am Pier 10 festmachte, sagte Andrew zu Celia: »Morgen fahren wir hin, es ist alles vorbereitet. Wir gehen zum *Arizona Memorial*, zum Ort, wo dein Vater mit seinem Schiff untergegangen ist. Und deine Kinder werden bei dir sein.«

Celias Lippen zitterten. Sie brachte kein Wort heraus und ergriff Andrews Hände. Ihre Augen blickten ihn voller Bewunderung an. »Du bist wunderbar, ein wunderbarer Mann!«

2

Um zehn Uhr vormittags wartete eine von Andrew gemietete Limousine vor dem *Kahala Hilton*-Hotel. Es war ein warmer Tag Ende August. Eine leichte Brise kam aus Süden – Kona-Wetter, wie es die Hawaiianer nannten. Über den klaren Himmel zogen vereinzelte Wolkenfetzen.

Lisa und Bruce hatten mit ihren Eltern in der behaglichen Hotel-Suite gefrühstückt, von der aus man auf den Waialae-Golfkurs und den Pazifischen Ozean blickte. Seit dem Wiedersehen war der Redefluß nicht abgerissen. Lisa hatte mit Begeisterung ihr erstes Jahr in Stanford hinter sich gebracht. Bruce, dessen letztes Jahr in The Hill begann, hatte sich um Aufnahme ins William College in Massachusetts beworben, wo er sich weiterhin seinem Lieblingsfach Geschichte widmen wollte.

In Erwartung des heutigen Tages hatte Bruce sich eingehend mit dem japanischen Angriff auf Pearl Harbor im Jahr 1941 beschäftigt. »Wenn ihr Fragen habt, werde ich sie euch gern beantworten«, informierte er die anderen.

»Du bist unerträglich!« sagte Lisa. »Aber da deine Dienste unentgeltlich sind, werde ich mich vielleicht dazu herablassen, sie in Anspruch zu nehmen.«

Celia, die den familiären Neckereien am Frühstückstisch nur mit Mühe folgen konnte, fühlte sich wie von allem losgelöst – als sei an diesem Tag ein Teil ihrer Vergangenheit zurückgekehrt. Als sie am Morgen aufgewacht war, hatte sie das Gefühl gehabt, vor einem besonderen Erlebnis zu stehen, und dieses Gefühl hielt an. Als sie sich in ihrem Faltenrock und der blau-weißen Bluse im Spiegel betrachtet hatte, war ihr ein Gedanke durch den Kopf gegangen: *Wenn er doch noch lebte und mich jetzt sehen könnte – seine Tochter mit ihrer Familie!*

Als wollten sie auf Celias Gefühle Rücksicht nehmen, hatten sich auch die anderen nicht so leger gekleidet wie sonst. Lisa, die gewöhnlich Jeans trug, hatte heute ein einfaches geblümtes, luftiges Kleid an; sie wirkte darin jung und strahlend schön, und einen Augenblick lang sah Celia sich selbst, als sie so alt war wie Lisa, mit neunzehn, vor siebenundzwanzig Jahren.

Andrew hatte sich für einen leichten Anzug entschieden und trug seit vielen Tagen zum ersten Mal eine Krawatte. Er wurde bald fünfzig, hatte schon graue Haare und sah mit den Jahren immer distinguierter aus, fand Celia. Bruce trug den hübschen Blazer der Hill School und ein offenes Hemd und sah auf eine ernsthafte Weise noch sehr jungenhaft aus.

Als die Jordans zum Mietauto kamen, tippte der Fahrer höflich an seine Uniformmütze und hielt die Wagentür auf. »Dr. Jordan? Sie wollen zur *Arizona*, nicht wahr?«

»Das ist richtig.« Andrew zog einen Notizzettel aus der Tasche. »Aber man hat mir geraten, Ihnen zu sagen, daß Sie nicht zum Besucherzentrum fahren sollen, sondern direkt zum Privathafen der CINCPACFLT.«

Der Fahrer zog die Augenbrauen hoch. »Sie müssen ein großes Tier sein.«

»Nicht ich.« Andrew lächelte und sah Celia an. »Meine Frau.«

Als sie in der Limousine saßen, fragte Lisa: »Was ist das – CINC?«

Bruce antwortete: »Commander-in-Chief Pacific Fleet. Hör mal, Dad, du hast wohl ein paar Beziehungen spielen lassen!«

Celia sah Andrew neugierig an. »Wie hast du das nur fertiggebracht?«

»Ich habe deinen Namen benutzt«, erklärte er. »Falls du es noch nicht weißt, meine Liebe – er öffnet sämtliche Türen. Es gibt eine Menge Leute, die dich bewundern.«

Alle drängten ihn, das näher zu erklären, und schließlich gestand er: »Wenn ihr es unbedingt wissen wollt – ich habe mit dem Manager von Felding-Roth in Hawaii telefoniert.«

»Tano Akamura?« fragte Celia.

»Richtig. Und er läßt dir ausrichten, daß man dich sehr vermißt. Akamuras Frau hat zufällig eine Schwester, die mit einem Admiral verheiratet ist. Der Rest war einfach. Wir werden auf einer Admiralsbarkasse zur *Arizona* fahren.«

»Dad«, sagte Bruce, »das hast du toll gemacht!«

»Bei deinem Gespräch mit Tano, hattest du da Gelegenheit, ihn zu fragen, wie die Dinge stehen?« wollte Celia wissen.

Andrew zögerte. »Du meinst bei Felding-Roth ... und wegen Montayne?«

»Ja.«

Er hatte gehofft, daß sie nicht fragen würde. »Offenbar sehr gut.«

»Das ist doch bestimmt nicht alles, was du erfahren hast«, drängte Celia. »Erzähl schon.«

Zögernd fügte Andrew hinzu: »Er betonte, Montayne sei ein großer Erfolg und würde sich ›wie verrückt verkaufen‹.«

Celia nickte. Es war nicht mehr, als alle erwartet hatten, und bestätigte das, was nach dem Start von Montayne bekanntgeworden war.

Der Wagen kam schnell voran, fuhr über die Autobahnen von Lunalilo und Moanalua und durchquerte dann Honolulu mit seinen modernen, hoch aufragenden Gebäuden. Nach etwa zwanzig Minuten verließen sie die Autobahn in der Nähe des Aloha-Stadions und gelangten bald darauf in die US Navy Reservation an der Aiea Bay. Der eher kleine CINCPACFLT-Privathafen befand sich in einem landschaftlich schönen Gebiet, das von den Familien des Militärs benutzt wurde.

Ein fünfzehn Meter langes Marineboot – die sogenannte Admiralsbarkasse – wartete im Hafen mit laufendem Dieselmotor. Das Boot wurde von zwei weißgekleideten Leichtmatrosen bedient. Ein halbes Dutzend anderer Passagiere hatte schon an Deck unter einem Sonnendach Platz genommen.

Ein weiblicher Matrose zog die Leinen ein, nachdem die Jordans an Bord waren. Der Steuermann, der auf der Kommandobrücke in der Mitte des Schiffs stand, manövrierte das Boot vom Anlegeplatz in den Hafenverkehr von Pearl Harbor.

Der Wind, den sie schon an Land gespürt hatten, wurde auf dem Wasser stärker, und die Wellen schwappten gegen den Bootsrumpf; gelegentlich spritzte Wasser über Bord. Das Wasser im Hafen hatte eine trübe graugrüne Farbe, unter der Oberfläche war wenig oder nichts zu erkennen. Der weibliche Matrose kommentierte die Fahrt wie eine Fremdenführerin, als sie gegen den Uhrzeigersinn um Ford Island herumfuhren. Andrew, Lisa und Bruce hörten aufmerksam zu, aber Celia, die mit ihren Erinnerungen beschäftigt war, fing nur Bruchstücke auf.

»Sonntagmorgen, siebenter Dezember 1941 ... japanische Flieger griffen ohne Vorwarnung an ... die erste Welle um sieben Uhr fünfundfünfzig ... um acht Uhr fünf erschütterten Explosionen die aufgereihten Schlachtschiffe ... acht Uhr zehn, *Arizona*, ins Munitionslager getroffen, explodierte und sank ... gegen acht Uhr zwölf bekam *Utah* Schlagseite ... *California* und *West Virginia* sanken ... *Oklahoma* kenterte ... Verluste: zweitausendvierhundertdrei Tote, eintausendeinhundertachtundsiebzig Verwundete ...«

Das ist alles so lange her, dachte sie – *sechsunddreißig Jahre; mehr als ein halbes Leben.* Und doch war es ihr bis zu diesem Augenblick noch nie so nahe vorgekommen.

Das Marineboot änderte seinen Kurs, als es in die Nähe der Kanaleinfahrt von Pearl Harbor gelangte, korrigierte ihn noch einmal, als es die Südspitze von Ford Island umrundete. Und plötzlich, direkt vor ihnen: das *Arizona Memorial,* weiß im gleißenden Sonnenlicht.

Hier ist es passiert, und ich bin schließlich doch noch hergekommen. Ein paar Zeilen eines Gedichts fielen Celia ein. *»Gib mir eine Muschelschale voll Ruhe ... und ich werde meine Pilgerreise fortsetzen.«* Als sie geradeaus sah, über den Bug des Boots hinaus, drängte sich ihr ein widersinniger Gedanke auf. *Das Mahnmal war nicht so, wie sie es sich vorgestellt hatte. Statt dessen sah es aus wie ein langer weißer Eisenbahnwagen, der in der Mitte in sich zusammengefallen war. Aber das spielte keine Rolle. Nur das Schiff war wichtig, und jetzt wurden seine Umrisse sichtbar – unglaublich, nur ein paar Meter unter der Oberfläche des graugrünen Wassers.*

»... und das Mahnmal überspannt das gesunkene Schlachtschiff.«

Meines Vaters Schiff, seine Heimat, wenn er auf See war, wo er gestorben ist ... als ich zehn Jahre alt war, fünftausend Meilen entfernt in Philadelphia.

Andrew ergriff Celias Hand und hielt sie fest. Niemand sprach. Unter den Passagieren herrschte befangene Stille.

Das Boot legte am Ponton, am Eingang zum Mahnmal an. Der weibliche Matrose belegte die Leinen, und die Jordans stiegen zusammen mit den anderen aus. Sie spürten keine Bewegung unter ihren Füßen; das Mahnmal ruhte auf Pfeilern, die in den Grund des Hafens getrieben worden waren.

Ungefähr in der Mitte des Mahnmals blieben Celia, Andrew und Lisa an einer Öffnung stehen, von der aus man hinunter auf das Hauptdeck der *Arizona* sehen konnte, die jetzt ganz deutlich zu erkennen war.

Bruce, der ein Stück weitergegangen war, kam zu ihnen zurück. »Ich habe Großvaters Namen gefunden«, sagte er. »Ich zeige euch, wo.« Sie folgten ihm, bis sie neben den anderen vor einer Marmortafel standen, auf der Hunderte von Namen und Dienstgraden aufgeführt waren.

In diesen wenigen Minuten des heftigen japanischen Angriffs waren allein auf der Arizona eintausendeinhundertsiebenundsiebzig Mann umgekommen. Später hatte es sich als unmöglich erwiesen, das Schiff zu heben, das für mehr als tausend Tote zum endgültigen Grab geworden war.

Eine Inschrift lautete:

ZUR ERINNERUNG AN DIE TAPFEREN MÄNNER
DIE HIER BEGRABEN SIND

Bruce deutete auf eine Stelle der Tafel. »Da, Mom.«

W F DE GREY CEM

Sie standen ehrfürchtig und in Gedanken versunken davor. Dann führte Celia sie zurück zu der Stelle, von wo aus sie auf den gesunkenen Schiffskörper hinunterblicken konnten. Die Aufbauten waren längst entfernt worden. Es sah zum Greifen nah aus! Und plötzlich stieg von irgendwo weit unten eine Ölblase auf. Das Öl breitete sich wie eine Blüte auf der Wasseroberfläche aus. Ein paar Minuten später wiederholte sich der Vorgang auf unheimliche Weise.

»Diese Ölblasen stammen von den Resten aus den Treibstofftanks«, erklärte Bruce. »Sie steigen auf, seit das Schiff gesunken ist. Niemand weiß, wie lange das Öl noch reichen wird, aber es könnte noch gut zwanzig Jahre dauern.«

»Ich wünschte, ich hätte Großvater gekannt«, sagte Lisa.

Und als hätte Lisas Bemerkung das mühsam bewahrte Gleichgewicht endgültig ins Wanken gebracht, brach Celia, von Schmerz und Kummer überwältigt, zusammen.

Andrew, der sie besorgt beobachtet hatte, machte einen Schritt auf sie zu, aber Lisa und Bruce waren schneller. Die beiden umarmten ihre Mutter, trösteten sie und weinten mit ihr.

Andrew nahm sie alle drei in die Arme.

An diesem Abend versammelte sich die Familie zum Essen im Maile Room des *Kahala Hilton*. »Andrew, mein Lieber, ich möchte gern Champagner trinken«, erklärte Celia.

Andrew winkte einem Kellner.

Seit dem Vormittag hatten sie kaum über ihren Ausflug nach Pearl Harbor gesprochen. Als Celia die Fassung verlor, hatten die anderen Besucher des Mahnmals höflich weggesehen. An diesem Ort, der traurige Erinnerungen weckte, hatten sich gewiß schon viele solcher Szenen abgespielt.

Als der Ober den Champagner gebracht und eingeschenkt hatte, hob Celia ihr Glas. »Auf euch alle! – Ich liebe euch und danke euch für alles! Für euren Trost und euer Verständnis, das ich nie vergessen werde. Das heutige Erlebnis war für mich wie ein Reinigungsprozeß – eine Katharsis. Ich habe beschlossen, damit aufzuhören, mich selbst zu bemitleiden. Ich will mein Leben wieder in die Hand nehmen. Es waren wunderbare Ferien, die schönsten, die ich je erlebt habe, aber in zwei Tagen wird alles vorbei sein.« Sie sah Andrew liebevoll an. »Ich kann mir vorstellen, daß du dich auch wieder auf deine Praxis freust.«

Andrew nickte.

»Das kann ich verstehen«, sagte Celia, »und auch ich werde nicht untätig sein. Ich habe die Absicht, mir wieder eine Arbeit zu suchen.«

»Was willst du denn tun?« fragte Bruce.

Celia nahm einen Schluck Sekt, bevor sie antwortete. »Ich habe eine Menge darüber nachgedacht und mir viele Fragen gestellt und bin immer zu demselben Ergebnis gekommen. In der Pharma-Branche kenne ich mich am besten aus, daher sollte ich auch dabei bleiben.«

»Ja, das finde ich auch«, stimmte Andrew zu.

»Könntest du nicht zu Felding-Roth zurückgehen?« fragte Lisa.

Ihre Mutter schüttelte den Kopf. »Ich habe die Brücken hinter mir abgebrochen. Es gibt keinen Weg zurück zu Felding-Roth, selbst wenn ich das wollte. Nein, ich werde es bei anderen Firmen versuchen.«

»Wenn die nicht sofort zugreifen, können sie nicht bei Verstand sein«, meinte Andrew. »Hast du schon überlegt, wer in Frage käme?«

»Ja. Es gibt eine Firma, die ich schon immer bewundert habe – Merck. Wenn es einen ›Rolls-Royce‹ der Pharma-Industrie gäbe, dann wäre es Merck. Daher werde ich mich zuerst dort bewerben.«

»Und danach?«

»SmithKline sagt mir zu, und auch Upjohn. Beides sind Gesellschaften, für die ich gerne arbeiten würde. Und dann gibt es noch eine ganze Reihe anderer.«

Andrew hob sein Glas. »Trinken wir auf die glückliche Firma, die Celia Jordan für sich gewinnen kann.«

3

Im Schlafzimmer der Hotel-Suite der Jordans klingelte kurz vor sechs Uhr morgens neben dem Bett durchdringend das Telefon.

Celia schlief fest. Andrew, der neben ihr lag und gerade die Grenze vom Schlaf zum Wachsein überschritten hatte, bewegte sich unruhig bei dem beharrlichen Geklingel.

Als sie am Abend zu Bett gegangen waren, hatten sie die Glastüren zum Balkon geöffnet, um die frische Meeresluft hereinzulassen. Jetzt wurden draußen in der Dämmerung allmählich Umrisse sichtbar. In fünfzehn Minuten würde die Sonne hinter dem Horizont hervorkommen.

Andrew richtete sich im Bett auf, war jetzt wach. Er griff nach dem Hörer.

Celia drehte sich um und fragte verschlafen: »Wie spät ist es denn?«

»Viel zu früh!« sagte Andrew, und in den Hörer: »Ja – was gibt's?«

»Ich habe eine Voranmeldung für Mrs. Celia Jordan«, sagte die Telefonistin.

»Wer will sie sprechen?«

Eine andere weibliche Stimme kam in die Leitung. »Mr. Seth Feingold von Felding-Roth in New Jersey.«

»Weiß Mr. Feingold, wie spät es hier ist?«

»Ja, Sir. Das weiß er.«

Celia saß aufrecht im Bett, sie war jetzt hellwach. »Ist es Seth?« Und als Andrew nickte, sagte sie: »Ich nehme den Anruf entgegen.«

Er reichte ihr den Telefonhörer. Celia vernahm die Stimme von Seth Feingold. »Sind Sie's, Celia?«

»Ja, ich bin's.«

»Man hat mir gerade gesagt, daß wir Sie geweckt haben, und ich möchte mich dafür entschuldigen. Aber hier ist es Mittag. Wir konnten einfach nicht noch länger warten.«

Verwirrt fragte sie: »Wer ist ›wir‹? Und worauf können Sie nicht länger warten?«

»Celia, was ich Ihnen zu sagen habe, ist außerordentlich wichtig. Bitte hören Sie genau zu.«

»Sprechen Sie«, sagte Celia.

»Ich rufe an im Namen und auf Wunsch des Aufsichtsrats. Ich habe die Anweisung, Sie zuallererst darüber zu informieren, daß Sie bei Ihrer Kündigung – deren Gründe ja bekannt sind – recht hatten und alle anderen ...« Ihm versagte die Stimme, dann fuhr er fort: »Wir haben uns alle getäuscht.«

Sie überlegte bestürzt, ob sie richtig gehört hatte und ob sie auch wirklich wach war. »Ich verstehe nicht, Seth. Sie sprechen doch nicht etwa von Montayne.«

»Leider ja.«

»Aber nach allem, was ich gelesen und gehört habe, ist Montayne doch ein großer Erfolg.« Sie mußte an den positiven Bericht denken, den sie erst gestern über Andrew von Tano, dem Repräsentanten von Felding-Roth in Hawaii, erhalten hatte.

»Das haben wir auch alle gedacht, bis vor kurzem. Aber inzwischen hat sich alles geändert – ganz plötzlich. Und wir sitzen hier in einem schrecklichen Schlamassel.«

»Warten Sie bitte einen Augenblick.«

Sie bedeckte die Sprechmuschel mit der Hand und sagte zu Andrew: »Es ist etwas passiert. Ich weiß nicht genau, was. Aber hör bitte auf dem anderen Apparat mit.«

Im Badezimmer war ein zweiter Telefonanschluß. Celia wartete, bis Andrew den Hörer aufgenommen hatte, dann sagte sie: »Fahren Sie fort, Seth.«

»Aber das ist noch nicht alles, Celia, der zweite Grund meines Anrufs ist, daß der Aufsichtsrat Sie zurückhaben möchte.«

Celia wollte ihren Ohren nicht trauen. Nach einer kurzen Pause sagte sie: »Es ist besser, Sie wiederholen das noch mal.«

»Gut. Also dann.«

Sie spürte, wie Seth seine Gedanken ordnete. »Sie erinnern sich an die Berichte über die Mißbildungen bei Neugeborenen in Australien, Frankreich und Spanien.«

»Selbstverständlich.«

»Inzwischen hat es eine ganze Reihe weiterer Fälle gegeben, auch in anderen Ländern. Und zwar so viele, daß es gar keinen Zweifel mehr geben kann – Montayne ist die Ursache dafür.«

»O mein Gott!« Celia fuhr sich mit der Hand ans Gesicht. *Bitte laß es nicht wahr sein! Das ist doch nur ein schlechter Traum, es ist nicht wirklich. Ich will nicht recht behalten, nicht auf diese schreckliche Weise.* Dann sah sie Andrews grimmiges Gesicht durch die offene

Badezimmertür und wußte, daß es kein Traum war, sondern Wirklichkeit.

Seth zählte jetzt Einzelheiten auf. »... fing vor zweieinhalb Monaten mit vereinzelten Meldungen an ... ähnliche Fälle wie die früheren ... dann wurden es immer mehr ... seit neuestem eine ganze Flut ... alle Mütter haben während der Schwangerschaft Montayne genommen ... bis jetzt fast dreihundert Neugeborene mit Mißbildungen ... wahrscheinlich werden es noch mehr, vor allem in den USA, wo Montayne erst sieben Monate im Handel ...«

Celia schloß die Augen, während die Schreckensgeschichte weiterging. *Hunderte von Babys, die normal sein könnten und die nun niemals denken oder gehen oder ohne Hilfe aufrecht würden sitzen können, ihr ganzes Leben lang nicht, die sich niemals normal würden bewegen können ...* Und es würden noch mehr werden.

Ihr war zum Heulen zumute. Am liebsten hätte sie laut aufgeschrien vor Zorn und Entsetzen. Tränen und Zorn aber halfen nichts. Dafür war es zu spät.

Hätte sie diese grausame Tragödie verhindern können?

Ja!

Sie hätte nach ihrer Kündigung den Mund aufmachen, mit ihren Zweifeln an der Unbedenklichkeit von Montayne an die Öffentlichkeit gehen können, anstatt sich still zu verhalten. Aber hätte das irgendeinen Unterschied gemacht? Hätten die Leute auf sie gehört? Wahrscheinlich nicht, obgleich – *irgend jemand* hätte es vielleicht doch getan, und wenn nur *ein einziges Baby* gerettet worden wäre, dann hätte sich die Mühe schon gelohnt.

Als habe er über fünftausend Meilen hinweg ihre Gedanken gelesen, sagte Seth: »Wir alle haben uns hier natürlich Fragen gestellt, Celia. Wir haben schlaflose Nächte verbracht, und es gibt wohl keinen von uns, der nicht ein Stückchen Schuld mit ins Grab nehmen wird. Aber Sie brauchen kein schlechtes Gewissen zu haben, Celia. Sie haben alles getan, was in Ihrer Macht stand. Es war nicht Ihre Schuld, daß Ihre Warnungen von uns allen nicht ernst genommen wurden.«

Es wäre so leicht und bequem, sich diese Ansicht anzueignen, dachte Celia. Aber sie wußte, daß sie bis ans Ende ihrer Tage Zweifel haben würde.

Ganz plötzlich kam ihr ein neuer, beunruhigender Gedanke.

»Seth, haben Sie das alles schon bekanntgegeben? Haben Sie die Presse informiert? Haben Sie die Frauen vor Montayne gewarnt?«

»Also ... nicht ganz. Natürlich hat es vereinzelte Meldungen gegeben, aber – überraschenderweise – nicht sehr viel.«

Daher also hatten sie und Andrew noch nichts gehört.

Seth fuhr fort: »Anscheinend hat sich bis jetzt noch keiner von den Zeitungsleuten die ganze Geschichte zusammengereimt. Aber es dauert bestimmt nicht mehr lange, fürchte ich.«

»Sie *fürchten* ...«

Offenbar hatte man bis jetzt nichts unternommen, die Sache an die Öffentlichkeit zu bringen, und das bedeutete, daß *Montayne weiter verkauft und eingenommen wurde.* Wieder mußte Celia an Andrews Bericht von gestern und an Tanos Worte denken: »Montayne verkauft sich wie verrückt.« Es lief ihr kalt den Rücken herunter, als sie fragte: »Und was wurde getan, um das Medikament zurückzurufen und alle Vorräte einzuziehen?«

Seth wählte seine Worte mit Bedacht. »Gironde-Chimie will Montayne noch in dieser Woche in Frankreich einziehen. Und die Engländer bereiten eine Erklärung vor, wie ich hörte. In Australien hat die Regierung den Verkauf bereits gestoppt.«

»Ich spreche von den Vereinigten Staaten!« schrie sie in den Hörer.

»Ich versichere Ihnen, Celia, daß wir alles getan haben, um dem Gesetz genüge zu tun. Jede Information, die bei Felding-Roth eingegangen ist, wurde prompt nach Washington weitergegeben. Alles. Vince Lord hat sich persönlich darum gekümmert. Jetzt warten wir auf eine Entscheidung von der FDA.«

»Sie warten auf eine Entscheidung! Um Himmels willen, warum warten Sie denn noch? Welche andere Entscheidung erwarten Sie denn? Es gibt doch nur eine: Montayne einzuziehen!«

»Unsere Rechtsanwälte haben uns dringend geraten, in diesem Stadium zuerst den Beschluß der FDA abzuwarten.«

Celia hätte fast laut aufgeschrien. Aber sie nahm sich zusammen und erwiderte: »Die FDA ist *langsam.* Das kann doch Wochen dauern.«

»Ich nehme an, ja. Aber die Rechtsanwälte bestehen darauf zu warten. Wenn wir Montayne von uns aus zurückziehen, könnte der Eindruck entstehen, daß wir einen Fehler begangen haben und die Schuld zugeben. Wenn man an die finanziellen Folgen ...«

»Wen interessieren denn finanzielle Dinge, wenn schwangere Frauen auch weiterhin Montayne nehmen. Wenn ungeborene Babys ...«

Celia unterbrach sich, weil ihr klar wurde, daß es sinnlos war, sich zu streiten, daß sie das nicht weiterbrachte, und sie fragte sich, warum sie mit Feingold sprach und nicht mit Sam Hawthorne.

Entschlossen sagte sie: »Ich muß mit Sam sprechen.«

»Das ist leider nicht möglich, wenigstens nicht im Augenblick.« Es folgte eine verlegene Pause. »Sam ist ... nun, er ist nicht ganz er selbst. Er hat persönliche Probleme. Das ist auch ein Grund, warum wir möchten, daß Sie zurückkommen – wir brauchen Sie.«

»Sie weichen mir aus«, fuhr ihn Celia durchs Telefon an. »Was soll das heißen?«

Sie hörte einen langen, tiefen Seufzer.

»Eigentlich hätte ich es Ihnen lieber später gesagt, weil ich weiß, daß Sie darüber entsetzt sein werden.« Seths Stimme war leise und traurig. »Sie wissen doch ... kurz bevor Sie weggingen, wurde Sam Großvater.«

»Juliets Baby.« Celia erinnerte sich an die Feier in Sams Büro, bei der sie den anderen mit ihren Zweifeln an Montayne die Stimmung verdorben hatte.

»Offenbar litt Juliet während ihrer Schwangerschaft sehr stark an morgendlichem Unwohlsein. Sam gab ihr Montayne.«

Bei Seths letzten Worten überlief es Celia eiskalt. Sie hatte das schreckliche Gefühl zu wissen, was als nächstes kommen würde.

»Letzte Woche stellten die Ärzte fest, daß Juliets Kind durch das Medikament Schaden genommen hat.« Seths Stimme war brüchig, er konnte kaum weitersprechen. »Sams Enkelsohn ist geistig behindert und kann seine Glieder nicht bewegen – ein vor sich hin vegetierendes Etwas.«

Celia schrie vor Kummer und Schmerz auf, dann fragte sie ungläubig: »Aber wie konnte Sam das nur tun? Zu der Zeit war Montayne doch noch gar nicht zugelassen.«

»Es gab Probepackungen für Ärzte, wie Sie wissen. Sam hat niemandem etwas gesagt, außer Juliet. Ich nehme an, er war so überzeugt von Montayne, daß es für ihn kein Risiko bedeutete. Natürlich war das auch seine ganz persönliche Angelegenheit. Und ein bißchen Stolz wird ebenfalls dabeigewesen sein. Schließlich war es Sam, der Montayne bei Gironde-Chimie eingekauft hat.«

»Ja, ich weiß.« In Celias Kopf ging alles durcheinander. Seth unterbrach ihre Gedanken.

»Ich sagte, daß wir Sie brauchen, Celia, und das stimmt. Wie Sie sich vorstellen können, ist Sam im Augenblick zu nichts zu gebrauchen. Aber das ist nur die eine Seite. Hier geht alles drunter und drüber. Wir sind wie ein angeschlagenes, steuerloses Schiff, und wir brauchen Sie, damit Sie den Schaden abschätzen und die Führung übernehmen. Außerdem sind Sie die einzige, die über genügend Wissen und Erfahrung verfügt. Hinzu kommt, daß alle etwas auf Ihr Urteil geben – auch der Aufsichtsrat –, vor allem jetzt. Und, ach ja – Sie würden als Vizepräsidentin zurückkommen.«

Vizepräsidentin von Felding-Roth. Nur eine Stufe unter dem Präsidenten und mehr, als sie als Verkaufsleiterin gewesen wäre, die Beförderung, die sie durch ihre Kündigung eingebüßt hatte. Es gab einmal eine Zeit, dachte Celia, da hätte sie sich über ein Angebot wie dieses gefreut, hätte es als einen Meilenstein in ihrem Leben angesehen. Jetzt bedeutete es ihr plötzlich so wenig.

»Sie werden sich vielleicht denken können«, fuhr Seth fort, »daß ich nicht allein bin, daß einige Mitglieder des Aufsichtsrats bei mir sind und diesem Gespräch zuhören. Wir warten hier und hoffen, daß Ihre Antwort positiv ausfällt.«

Celia sah, wie Andrew ihr vom Bad her Zeichen machte. Zum zweiten Mal während dieses Gesprächs sagte sie: »Einen Augenblick bitte.«

Andrew legte den Hörer des Nebenapparats auf und kam ins Zimmer. Celia bedeckte die Sprechmuschel mit der Hand und fragte ihn: »Was meinst du?«

»Das mußt du selbst entscheiden«, sagte er. »Aber vergiß das eine nicht: Wenn du zurückgehst, dann wird es keine Rolle mehr spielen, daß du vorher gekündigt hattest und gar nicht da warst. Ein Teil der Montayne-Verantwortung wird dann auch auf dich fallen.«

»Ich weiß.« Celia überlegte. »Aber ich war so lange bei der Firma. Es waren gute Jahre, und jetzt brauchen sie mich. Doch ich werde nur zurückgehen, wenn ...«

Sie nahm den Telefonhörer wieder auf.

»Seth, ich habe genau zugehört, was Sie gesagt haben. Ich werde das Angebot annehmen, aber nur unter einer Bedingung.«

»Und die wäre?«

»Montayne muß noch heute aus dem Handel gezogen und die Öffentlichkeit über seine Gefährlichkeit informiert werden. Nicht morgen, nicht nächste Woche, und es darf auch nicht abgewartet werden, welche Entscheidung die FDA trifft. Es muß noch *heute* geschehen.«

»Celia, das ist unmöglich. Ich habe Ihnen doch gesagt, daß unsere Rechtsanwälte uns davor gewarnt haben – wegen der Schuldfrage. Dadurch könnten wir Schadenersatzforderungen auslösen, die in die Millionen gehen und unsere Firma ruinieren.«

»Prozesse wird es auf jeden Fall geben.«

»Das wissen wir auch. Aber wir wollen nicht alles noch schlimmer machen. Inzwischen können wir mit Ihnen hier beraten ...«

»Ich will nicht darüber beraten. Ich will, daß etwas geschieht. Ich will die Verlautbarung noch heute im Fernsehen und im Radio hören und innerhalb der nächsten vierundzwanzig Stunden in allen Zeitungen des Landes lesen. Ich werde abwarten. Und wenn nichts geschieht, kommen wir nicht ins Geschäft.«

Jetzt sagte Seth: »Einen Augenblick bitte.«

Celia konnte am anderen Ende der Leitung gedämpfte Stimmen hören. Offenbar gab es Meinungsverschiedenheiten. Dann hörte sie, wie Seth sagte: »Sie läßt sich nicht davon abbringen«, und einen Augenblick später: »Natürlich meint sie es ernst. Und vergessen Sie nicht, daß wir sie mehr brauchen als sie uns.«

Die Diskussion in New Jersey dauerte noch ein paar Minuten, das meiste konnte Celia nicht verstehen. Schließlich kam Seth wieder ans Telefon.

»Celia, wir akzeptieren Ihre Bedingungen. Was Sie verlangen, wird sofort in die Wege geleitet – innerhalb der nächsten Stunde. Ich garantiere es Ihnen persönlich. Und jetzt ... wann können Sie hier sein?«

»Ich nehme den nächsten Flug«, erwiderte sie. »Erwarten Sie mich morgen im Büro.«

4

Es gelang ihnen, vier Plätze in einer Maschine der United Airlines zu buchen, die Honolulu nachmittags um zehn vor fünf verließ. Es war ein Nonstop-Flug nach Chicago, wo sie in ein Flugzeug umsteigen sollten, das am folgenden Tag um neun Uhr früh in New York landen würde. Celia nahm sich vor, unterwegs möglichst viel zu schlafen, um ausgeruht bei Felding-Roth zu erscheinen.

Lisa und Bruce, die vorgehabt hatten, noch zwei Tage in Hawaii zu bleiben, beschlossen, mit ihren Eltern nach Hause zurückzukehren.

Bei dem hastig eingenommenen Frühstück in Andrews und Celias Suite, das durch mehrere Telefongespräche unterbrochen wurde, erklärte Andrew den Kindern die Situation um Montayne.

»Ich werde schon noch darüber reden«, hatte Celia gesagt, »aber nicht jetzt. Ich stehe noch unter einem Schock.« Immer noch fragte sie sich, ob es richtig gewesen war, das Angebot anzunehmen und in die Firma zurückzukehren. Aber dann dachte sie an ihre Bedingung, Montayne sofort aus dem Handel zu ziehen, wodurch wenigstens ein paar Kinder und Mütter vor diesem schrecklichen Schicksal bewahrt blieben.

Daß Felding-Roth das Versprechen gehalten hatte, erfuhr sie, kurz bevor sie das *Kahala Hilton* verließen, um zum Flughafen von Honolulu zu fahren. Im Radio wurde das Musikprogramm wegen einer Sondermeldung unterbrochen, in der es hieß, daß Montayne wegen möglicherweise schädlicher Nebenwirkungen, die noch einer Untersuchung bedurften, bis auf weiteres aus dem Handel gezogen werde. Die Ärzte wurden davor gewarnt, das Medikament weiterhin zu verschreiben, und schwangeren Frauen riet man, das Mittel nicht mehr einzunehmen.

In den darauffolgenden Nachrichtensendungen war Montayne eines der Hauptthemen, und auf dem Flughafen gab es schon eine Nachmittagsausgabe des *Honolulu Star-Bulletin*, der eine Meldung der Associated Press auf der Titelseite brachte. Ein ganzes Sperrfeuer von Veröffentlichungen hatte eingesetzt und würde nicht so bald versiegen.

Das Flugzeug war ausgebucht, aber sie hatten vier einander gegenüberliegende Plätze im hinteren Teil der Maschine, so daß sie sich ungestört unterhalten konnten. Nach einer Weile sagte Celia: »Vielen

Dank für eure Geduld. Nun könnt ihr Fragen stellen, wenn ihr wollt.«

Bruce begann als erster:

»Wie konnte so was nur passieren, Mom – daß ein Medikament erst für okay befunden wird und dann trotzdem diese schlimmen Nebenwirkungen auftreten?«

Celia überlegte sich ihre Worte, bevor sie sprach:

»Woran du zuerst denken mußt«, sagte sie, »ist, daß ein Medikament, *jedes* Medikament, etwas Fremdes im menschlichen Körper ist. Es wird – gewöhnlich vom Arzt verschrieben – mit der Absicht eingesetzt, irgend etwas, das im Körper falsch läuft, zu korrigieren. Aber es kann nicht nur nützlich sein, es kann auch Schaden anrichten. Die schädlichen Einflüsse nennt man Nebenwirkungen, obwohl es natürlich auch harmlose Nebenwirkungen geben kann.«

Und Andrew fügte hinzu: »Dazu kommt etwas, das man ›Schaden-Nutzen-Analyse‹ nennen kann. Der Arzt muß beurteilen, ob man den Schaden in Kauf nehmen kann, um die Resultate zu erzielen, die er und der Patient wünschen. Manche Medikamente bringen mehr Risiken mit sich als andere. Aber selbst beim simplen Aspirin besteht ein Risiko – manchmal ein durchaus ernsthaftes, denn Aspirin kann innere Blutungen auslösen.«

»Aber bestimmt testen die Pharma-Firmen doch die Medikamente, bevor sie sie verkaufen«, sagte Lisa, »und die FDA ist dazu da, die Risiken festzustellen.«

»Ja, das ist richtig«, bestätigte Celia. »Aber häufig verstehen die Leute einfach nicht, daß den Tests Grenzen gesetzt sind, selbst heutzutage. Wenn ein neues Medikament erprobt wird, wendet man es zuerst bei Tieren an. Und wenn die Versuche erfolgreich verlaufen sind, wird es an Menschen ausprobiert, die sich freiwillig zur Verfügung stellen. Das Ganze dauert mehrere Jahre. Aber auch wenn die Versuche an Menschen abgeschlossen sind und das Medikament unbedenklich zu sein scheint, kommt es zunächst nur bei ein paar hundert, vielleicht ein paar tausend Menschen zur Anwendung.«

»Und es kann sein, daß bei keiner einzigen Testperson irgendwelche schädlichen Nebenwirkungen auftreten – oder nur geringfügige, unbedeutende«, ergänzte Andrew.

Celia nickte zustimmend, dann fuhr sie fort: »Aber wenn das Medikament erst einmal auf dem Markt ist und von Zehntausenden, vielleicht sogar Millionen Menschen genommen wird, kann es vorkommen, daß sich bei einigen wenigen, einem winzigen Prozentsatz der Bevölkerung, schädliche Nebenwirkungen einstellen – Reaktionen, die während der Testversuche *nicht vorausgesehen werden konnten.* Wenn der Prozentsatz jedoch hoch ist und die neu aufgetretenen Reaktionen sich als ernst oder gar lebensgefährlich erweisen, muß das Medikament selbstverständlich aus dem Handel gezogen werden. Das Dilemma ist nur, daß es keine Möglichkeit gibt, sich über ein Medikament ganz sicher zu sein, bevor man es nicht auf breiter Basis angewendet hat.«

»Derartige Reaktionen«, sagte Bruce, »müssen doch bekanntgegeben werden, oder?«

»Aber ja. Und wenn eine pharmazeutische Firma von irgendwelchen schädlichen Nebenwirkungen erfährt, ist sie bei uns gesetzlich verpflichtet, die FDA sofort davon zu unterrichten. Normalerweise geschieht das auch.«

Lisa runzelte die Stirn. »Nur ›normalerweise‹?«

»Manchmal ist es schwierig zu entscheiden, was bei einem Medikament eine echte Reaktion ist und was irgendeine andere Ursache hat«, erklärte Celia. »Häufig hängt das von der wissenschaftlichen Beurteilung ab, die widersprüchlich ausfallen kann. Und noch etwas darf man nicht vergessen: daß eine übereilte Entscheidung vielleicht ein gutes oder gar lebenswichtiges Medikament verhindern kann.«

»Aber im Falle von Montayne«, wandte Andrew ein, »ist alles ganz anders verlaufen. Eure Mutter hatte mit ihrem Urteil über die aufgetretenen Reaktionen recht, und alle anderen hatten unrecht.«

Celia schüttelte den Kopf. »Das ist auch nicht ganz richtig. Ich bin nur meinem Instinkt gefolgt, ohne wissenschaftliche Begründung, und der Instinkt hätte sich genausogut als falsch erweisen können.«

»Er hat sich aber nicht als falsch erwiesen«, sagte Andrew. »Das ist das Entscheidende. Mehr noch – du hast an dem, woran du geglaubt hast, festgehalten, und dann hast du den Mut gehabt, deine Stellung zu kündigen. So was tun nur ganz wenige. Und deshalb ist deine Familie sehr stolz auf dich.«

Bruce sagte: »Was man nur schwer glauben kann, Mom, ist, daß die Presse und das Fernsehen nicht wußten, was mit Montayne los war – jedenfalls haben sie nicht alles gewußt, bis heute.«

»So was kann vorkommen«, erklärte Andrew, »und es ist auch schon mal vorgekommen, fast auf die gleiche Weise, bei Thalidomid nämlich. Ich habe eine Menge darüber gelesen. 1961 und 1962 ignorierte die amerikanische Presse einfach, was sich in Europa bereits als eine Thalidomid-Katastrophe herausgestellt hatte. Selbst als eine amerikanische Ärztin, Dr. Helen Taussig, bei einer Anhörung vor dem Kongreß Dias von behinderten Kindern vorführte, die den Kongreßleuten Schauer über den Rücken jagten, schwieg sich die amerikanische Presse darüber aus.«

»Das ist ja unglaublich«, sagte Lisa.

Ihr Vater zuckte die Achseln. »Manche Reporter sind eben faul. Diejenigen, die bei den Anhörungen hätten dabeisein sollen, waren nicht anwesend und haben später nicht mal das Protokoll gelesen. Aber einer war absolut nicht faul – Morton Mintz, ein Reporter der *Washington Post*. Er hat die einzelnen Stücke des Puzzles zusammengesetzt und daraus die Thalidomid-Story gemacht und war damit allen anderen um eine Nasenlänge voraus. Natürlich war seine Story eine Sensation, genau wie jetzt bei Montayne.«

»Ihr müßt wissen«, sagte Celia zu den Kindern, »daß euer Vater von Anfang an gegen Montayne war.«

»Weil du geahnt hast, daß Montayne all diese schrecklichen Dinge anrichten würde?« fragte Lisa.

»Absolut nicht«, erwiderte Andrew. »Als Arzt vertrete ich allerdings die Meinung, daß man kein Medikament einnehmen soll, nur um ein Gefühl des Unwohlseins zu beseitigen, bei dem es sich ganz offensichtlich um einen zeitlich begrenzten Zustand handelt.«

»Was soll das heißen, ›zeitlich begrenzter Zustand‹?« fragte Lisa.

»Übelkeit während der Schwangerschaft, zum Beispiel, ist ein ›zeitlich begrenzter Zustand‹. Das ist normal und auf die ersten Monate der Schwangerschaft beschränkt. Nach einiger Zeit vergeht es von allein und ohne Schäden zurückzulassen. In dieser Zeit irgendwelche Medikamente einzunehmen – außer wenn eine medizinische Notwendigkeit vorliegt – ist unsinnig und immer mit einem Risiko verbunden. Als ihr unterwegs wart, hat eure Mutter nichts eingenommen. Darauf habe ich geachtet.« Andrew sah seine Tochter an. »Und wenn es mal bei dir soweit ist, wirst du auch nichts nehmen, kleines Fräulein. Und wenn du ein kräftiges, gesundes Baby haben willst: keinen Alkohol und keine Zigaretten, hörst du?«

»Ich verspreche es«, sagte Lisa.

Celia hatte plötzlich eine Ahnung, wie sich aus der Montayne-

Erfahrung vielleicht eines Tages sogar etwas Positives ergeben könnte.

»Wir Ärzte haben in vielem, was die Medikamente betrifft, auch schuld. Zum einen verschreiben wir sie zu häufig – oft auch unnötigerweise – und zum Teil deshalb, weil wir wissen, daß es Patienten gibt, die sich betrogen fühlen, wenn sie die Arztpraxis ohne ein Rezept verlassen. Zum andern läßt sich mit dem Ausfüllen eines Rezepts das Gespräch mit einem Patienten ganz leicht beenden, damit der nächste hereinkommen kann.«

»Das sind ja tolle Geständnisse heute«, sagte Bruce. »Was machen Ärzte denn sonst noch alles falsch?«

»Viele von uns kennen sich mit Medikamenten nicht besonders gut aus – jedenfalls nicht so gut, wie wir eigentlich sollten, vor allem wissen wir sehr wenig über Neben- und Wechselwirkungen von Medikamenten untereinander. Natürlich ist es unmöglich, alle Informationen im Kopf zu behalten, aber gewöhnlich kümmern sich die Ärzte gar nicht erst darum oder sind zu stolz, in Gegenwart des Patienten in einem Buch nachzuschlagen.«

»Zeige mir einen Arzt, der sich nicht scheut, etwas in Gegenwart eines Patienten nachzuschlagen«, sagte Celia, »und ich zeige dir einen guten, verantwortungsbewußten Arzt. Euer Vater ist so einer. Ich habe es selbst erlebt.«

Andrew lächelte. »Natürlich bin ich, was Medikamente betrifft, im Vorteil – dank eurer Mutter.«

»Werden von den Ärzten viele schlimme Fehler mit Medikamenten gemacht?« fragte Lisa.

»Das kommt häufig vor«, sagte Andrew. »Es gibt aber auch Fälle, in denen ein wachsamer Apotheker einen Arzt vor einem Fehler bewahrt, indem er ein Rezept in Frage stellt. Gewöhnlich wissen Pharmazeuten besser über Medikamente Bescheid als Ärzte.«

»Gibt es viele Ärzte, die das auch zugeben?« fragte Bruce.

»Leider nein«, antwortete Andrew. »Sehr oft werden die Apotheker nicht als medizinische Kollegen angesehen, die sie doch in Wirklichkeit sind.« Er lächelte. »Natürlich machen auch Apotheker Fehler. Und manchmal bringen die Patienten selbst etwas durcheinander, indem sie die verschriebene Dosis verdoppeln oder gar verdreifachen – wie sie später im Ambulanzwagen zugeben –, nur weil sie sich eine schnellere Wirkung erhoffen.«

»Und all das«, sagte Celia entschieden, »ist mehr, als ein müder Pharma-Mensch wie ich an einem Tag verdauen kann. Ich glaube, ich werde jetzt versuchen, ein bißchen zu schlafen.«

Sie schlief die meiste Zeit während des restlichen Fluges.

Zu Celias Erstaunen wartete am Kennedy Airport ein Firmenwagen mit Chauffeur auf sie, um sie nach Morristown zu bringen. Der Chauffeur, den sie flüchtig kannte, überreichte ihr einen versiegelten Umschlag, der einen Brief von Seth Feingold enthielt.

Liebe Celia,
willkommen zu Hause – in jeder Hinsicht!

Wagen und Chauffeur mit den besten Empfehlungen vom Aufsichtsrat für Ihren ausschließlichen und ständigen Gebrauch als geschäftsführende Vizepräsidentin.

Kollegen und Untergebene – der Unterzeichnete eingeschlossen – freuen sich darauf, Sie wiederzusehen, wenn Sie sich von Ihrer Reise ausgeruht haben.

Ihr sehr ergebener
Seth

Im Haus der Jordans in Morristown gab es ein freudiges Wiedersehen mit Winnie und Hank April – Winnie war gewaltig in die Breite gegangen, ihre Entbindung stand in wenigen Wochen bevor. Während alle sie umarmten, warnte Winnie: »Drückt mich nicht so fest, ihr Lieben, sonst kommt der kleine Kerl noch in diesem Augenblick zur Welt.«

Andrew lachte. »Ich habe kein Baby mehr auf die Welt gebracht, seit ich Stationsarzt im Krankenhaus war – das ist lange her –, aber ich werde mir natürlich Mühe geben.«

Hank, der nie soviel sprach wie seine Frau, strahlte vor Glück und beschäftigte sich damit, das Gepäck auszuladen.

Ein wenig später tauschten Winnie, Celia und Andrew in der Küche Neuigkeiten aus, als Celia plötzlich ein schrecklicher Gedanke kam.

Sie hatte fast Angst zu fragen, aber dann tat sie es doch: »Winnie, hast du in deiner Schwangerschaft irgend etwas eingenommen?«

»Sie meinen gegen die Übelkeit am Morgen?«

»Ja«, erwiderte Celia mit wachsender Angst.

»So was wie dieses Montayne?« Winnie deutete auf ein Exemplar des *Newark Star-Ledger* vom selben Morgen, der auf dem Küchentisch lag und auf dessen Titelseite ein Artikel über Montayne prangte.

Celia nickte bedrückt.

»Mein Arzt hat mir ein paar Proben gegeben und gesagt, ich soll es nehmen«, berichtete Winnie. »Das hätte ich auch fast getan. Mir war morgens immer so schlecht. Aber ...« Sie warf Andrew einen Blick zu. »Kann ich es sagen, Dr. Jordan?«

»Ja«, versicherte er.

»Aber bevor Sie weggefahren sind, hat Dr. Jordan mir gesagt – er hat gesagt, das müsse ein Geheimnis zwischen uns bleiben –, wenn mir also jemand Montayne gäbe, dürfte ich es auf keinen Fall einnehmen, sondern sollte es im Klo runterspülen. Und das habe ich getan.«

Winnie sah mit Tränen in den Augen erst die Zeitung und dann Andrew an. »Dieses Baby hat mir ganz schön zu schaffen gemacht. Deshalb ... Gott segne Sie, Dr. Jordan!«

Erleichtert nahm Celia Winnie in die Arme.

5

Sam Hawthorne sah aus wie ein wandelnder Leichnam.

Sein Anblick schockierte Celia in den ersten Tagen nach ihrer Rückkehr zu Felding-Roth so sehr, daß sie es nicht fertigbrachte, ihn anzusprechen. Deshalb war es Sam, der als erster das Wort ergriff.

»Na, ist das nicht ein erhebendes Gefühl, in Ruhm und Ehren zurückzukehren, recht behalten zu haben und unbescholten dazustehen?«

Die unfreundlichen Worte, mit krächzender Stimme hervorgebracht, versetzten ihr einen weiteren Schock. Es war sieben Monate her, seit Celia Sam zum letzten Mal gesehen hatte. In dieser Zeit schien er um mindestens zehn Jahre gealtert zu sein. Sein Gesicht war hager und blaß, seine Augen blickten trüb und lagen in tiefen Höhlen, und seine Schultern waren gebeugt. Er hatte erschreckend an Gewicht verloren.

»Nein, Sam«, sagte Celia, »ich fühle mich gar nicht besonders gut. Ich bin nur traurig, und es tut mir schrecklich leid – wegen Ihres Enkels. Und was meine Rückkehr betrifft, so bin ich nur hier, um zu helfen.«

»Ach, ja, dachte ich mir's doch, daß Sie ...«

»Sam«, unterbrach sie ihn, »können wir nicht irgendwo hingehen, wo wir ein bißchen ungestörter sind?«

Celia war gerade von einer Besprechung mit Seth Feingold und mehreren Direktoren gekommen, und sie standen auf dem Gang.

Das Büro des Präsidenten war nicht weit entfernt. Schweigend gingen sie hinein.

Drinnen drehte Sam sich zu ihr um. Seine Stimme hatte noch immer den rauhen, mürrischen Klang. »Ich dachte mir, daß es Ihnen leid tun würde. Aber warum sagen Sie nicht, was Sie wirklich denken?«

»Vielleicht ist es besser, wenn *Sie* mir sagen, was ich denke«, entgegnete sie ruhig.

»Verdammt! Ich weiß selbst, daß es von mir verantwortungslos war, kriminell, Juliet das Montayne zu geben, als es noch nicht mal zugelassen war. Daß *ich es bin, ich allein,* der schuld daran ist, daß Juliets und Dwights Baby, mein Enkelsohn, so ist – die sinnlose Hülle eines Menschen, nichts als ein ...« Sam erstickte an den letzten Worten und wandte sich ab.

Celia stand, von Kummer und Mitgefühl überwältigt, schweigend da und überlegte, was sie sagen sollte. Schließlich begann sie:

»Wenn Sie die Wahrheit wissen wollen, Sam – und das scheint im Augenblick das beste zu sein –, ja, das habe ich gedacht. Und ich glaube, das denke ich noch immer.«

Sam sah sie an, hing jedem Wort von ihr nach, während sie fortfuhr:

»Aber es gibt auch noch anderes, an das Sie sich erinnern sollten. Daß man hinterher immer klüger ist als vorher. Daß wir alle Fehler gemacht haben, als es um die Beurteilung ...«

»*Sie* nicht. Nicht diesen. Nicht all die Fehler, die ich gemacht habe.« Noch immer klang Bitterkeit aus seinen Worten.

»Ich habe andere gemacht«, sagte Celia. »Jeder, der Verantwortung trägt, begeht Fehler. Und wie schwerwiegend die Folgen sind, ist oft reine Glückssache.«

»Dieser Fehler war der schlimmste, den man sich vorstellen kann.« Sam ließ sich hinter seinem Schreibtisch in den Sessel fallen. »Und all die anderen Kinder, auch die noch ungeborenen. Ich bin dafür verantwortlich ...«

»Nein«, sagte sie mit Bestimmtheit. »Das ist nicht wahr. Genauso wie alle anderen haben Sie sich auf Gironde-Chimie und die wissenschaftlichen Gutachten verlassen. Sie stehen nicht allein da. Die anderen, die auch die Verantwortung getragen haben, dachten genauso wie Sie.«

»Außer Ihnen. Wieso sind *Sie* nicht darauf reingefallen?«

»Zuerst war ich ja auch dafür«, wandte sie ein.

Sam stützte den Kopf in die Hände. »O Gott! Was habe ich nur angerichtet!« Er sah Celia an. »Celia, ich bin ungerecht und gemein zu Ihnen, nicht wahr?«

»Das macht nichts.«

Er sprach jetzt leiser, nicht mehr so gereizt. »Es tut mir leid, ganz ehrlich. Ich glaube, ich bin nur neidisch auf Sie. Und ich wünschte, ich hätte auf Sie gehört, Ihren Rat befolgt.«

Dann sprach er nur noch in abgehackten Sätzen. »Kann nicht schlafen. Liege Stunde für Stunde wach, grüble, erinnere mich, fühle meine schwere Schuld. Mein Schwiegersohn spricht nicht mit mir. Meine Tochter will mich nicht sehen. Lilian will uns allen helfen, weiß aber nicht, wie.«

Sam zögerte, fuhr dann fort: »Und da ist noch etwas, von dem Sie nichts wissen.«

»Was weiß ich nicht?«

Er wandte den Kopf ab. »Das werde ich Ihnen nie sagen.«

»Sam«, drängte Celia, »Sie müssen sich zusammennehmen. Es hilft nichts und niemandem, wenn Sie sich quälen.«

Als hätte er sie gar nicht gehört, sagte er: »Ich bin fertig. Das wissen Sie.«

»Nein. Das weiß ich nicht.«

»Ich wollte zurücktreten. Aber die Rechtsanwälte sagen, daß ich das nicht tun darf, noch nicht. Ich muß an meinem Platz bleiben.« Und voller Bitterkeit fuhr er fort: »Man muß das Gesicht wahren. Um die Firma zu schützen. Um diesen Schakalen von Rechtsanwälten mit ihren verdammten Prozessen nicht noch mehr in die Hand zu geben. Deshalb bleibe ich noch eine Weile hier auf diesem Stuhl – wegen der Aktionäre.«

»Ich bin froh, daß es so ist«, sagte Celia. »Sie werden zur Leitung der Firma gebraucht.«

Er schüttelte den Kopf. »Dafür sind Sie doch da. Hat man Ihnen das nicht gesagt? So hat es der Aufsichtsrat beschlossen.«

»Seth hat mich erst teilweise informiert. Aber *ich* brauche Sie.«

Er sah sie an, in seinen Augen lag wortloser Schmerz.

Celia traf plötzlich eine Entscheidung. Sie ging zur Tür und schob von innen einen Riegel vor. Auf die gleiche Weise verschloß sie auch die Tür zum Sekretariat. Dann hob sie den Telefonhörer ab. »Hier ist Mrs. Jordan. Ich bin bei Mr. Hawthorne. Wir möchten nicht gestört werden.«

Sam saß noch immer, ohne sich zu rühren, an seinem Schreibtisch.

»Haben Sie schon mal geweint, seit es passiert ist?« fragte sie ihn.

Er schien überrascht, dann schüttelte er den Kopf. »Wozu?«

»Manchmal hilft es.«

Sie beugte sich zu ihm und nahm ihn in den Arm. »Sam«, flüsterte sie, »lassen Sie sich gehen.«

Einen Augenblick entzog er sich ihr, starrte ihr ins Gesicht, unsicher, zitternd. Dann, ganz plötzlich, als sei ein Damm gebrochen, legte er wie ein Kind den Kopf an ihre Schulter und weinte.

Seit Celias erstem Treffen mit Sam wurde immer deutlicher, daß er ein gebrochener Mann war und zur Leitung der Firma wenig oder gar nichts beitragen konnte. Celia war darüber tief betroffen, mußte sich aber mit dieser Situation abfinden.

Sam kam jeden Tag mit seinem silbergrauen Rolls-Bentley in die Firma, den er in der obersten Etage des Parkhauses, dem sogenannten »Laufsteg«, abstellte. Gelegentlich trafen er und Celia gleichzeitig dort ein, Celia in ihrem Firmenwagen mit Chauffeur, über den sie sehr froh war, denn er ermöglichte es ihr, unterwegs zu arbeiten. Dann ging sie gemeinsam mit Sam zum Hauptgebäude, und zuweilen ergab sich dabei ein kurzes Gespräch.

Niemand fragte, was Sam in seinem Büro eigentlich tat, aber abgesehen von ein paar unwesentlichen Mitteilungen kam von ihm nichts. Bei Konferenzen, die immer rechtzeitig angekündigt wurden, fehlte Sam stets.

Schon vom zweiten Tag ihrer Rückkehr an gab es nicht den geringsten Zweifel, daß Celia die Firma leitete.

Wichtige Entscheidungen, die die Firmenpolitik betrafen, wurden ihr überlassen. Andere Probleme, die in der Luft hingen, wurden ihr zur Lösung vorgelegt. Sie kümmerte sich um alles – so prompt, so vernünftig und so zielbewußt, wie es für sie typisch war.

Die Besprechungen mit den Rechtsanwälten nahmen den größten Teil ihrer Zeit in Anspruch.

Als Folge der Publicity, die Montayne zuteil wurde, als die Firma es aus dem Handel zog, hatte es die ersten gerichtlichen Klagen gegeben. Manche schienen berechtigt. Inzwischen waren in den USA einige Fälle aufgetaucht, die denen in den anderen Ländern ähnelten.

Ganz bestimmt würden weitere folgen. Aufgrund einer vertraulichen, firmeninternen Schätzung mußte man in den USA mit über vierhundert behinderten Kindern rechnen, deren Mißbildungen auf Montayne zurückzuführen waren. Zu dieser Zahl war man aufgrund von Statistiken aus Frankreich, Australien, Spanien, Großbritannien und anderen Ländern gelangt. Die Berechnungen stützten sich auf die Zeitspanne, während der Montayne in diesen Ländern im Handel gewesen war, sowie auf die verkaufte Menge und die entsprechenden Zahlen für die Vereinigten Staaten.

Andere Gerichtsverfahren waren von werdenden Müttern angestrengt worden, die Montayne eingenommen hatten. Sie verlangten eine Entschädigung für die Angst, die sie vor der Geburt ihres Kindes ausstehen mußten, und verklagten Felding-Roth vor allem wegen Fahrlässigkeit. Eine Minderheit handelte in betrügerischer Absicht, wie man annahm, aber auch mit ihr mußte man sich befassen.

Was die Kosten insgesamt betraf, so hatte Celia erfahren, daß Felding-Roth eine Produkt-Haftpflicht-Versicherung abgeschlossen hatte, die sich auf hundertfünfunddreißig Millionen Dollar belief. Außerdem verfügte die Firma über eine stille Reserve, die für den gleichen Zweck zurückgestellt worden war und zwanzig Millionen Dollar ausmachte.

»Diese hundertfünfundfünfzig Millionen hören sich großartig an, und vielleicht decken sie auch alle Ansprüche, die auf uns zukommen«, sagte Childers Quentin, ein Rechtsanwalt, zu Celia. »Aber ich würde mich nicht darauf verlassen. Wahrscheinlich müssen Sie noch mehr lockermachen.«

Quentin, ein weißhaariger Mann von über siebzig mit sehr höflichen Manieren, war der Chef einer Anwaltskanzlei in Washington, die auf Probleme der Pharma-Industrie spezialisiert war, vor allem auf Schadenersatzverfahren.

Quentin wurde, wie Celia erfuhr, von seinen Kollegen »Mister O. C. Fixit« genannt; die Abkürzung kam von »out of court« – weil er dafür bekannt war, Streitigkeiten außergerichtlich beizulegen. »Er hat die Nerven eines Pokerspielers«, bemerkte ein Rechtsanwalt der Firma, »denn er scheint genau zu wissen, wie weit er gehen kann, um Schadenersatzansprüche zu befriedigen, ohne vor Gericht gehen zu müssen.«

Celia beschloß gleich von Anfang an, Childers Quentin volles Vertrauen zu schenken.

»Was Sie und ich versuchen müssen, meine Liebe«, informierte er sie, als spräche er mit seiner Lieblingsnichte, »ist, möglichst schnell Vergleiche herbeizuführen, die vernünftig und großzügig sind. Das ist außerordentlich wichtig, um eine derart katastrophale Situation in den Griff zu bekommen. Und was die Großzügigkeit betrifft – so müssen Sie sich folgendes immer vor Augen halten: Das Schlimmste, was uns passieren kann, ist, daß *ein* Montayne-Fall vor Gericht kommt und mit der Anerkennung einer Multimillionen-Dollar-Entschädigung endet. Damit wäre für alle anderen ein Präzedenzfall geschaffen und die Firma ruiniert.«

»Besteht denn eine Chance, alles außergerichtlich zu regeln?« fragte Celia.

»Eine bessere, als Sie vielleicht denken.« Er erklärte es ihr:

»Wenn einem Kind schwerer, nicht wiedergutzumachender Schaden zugefügt wird – wie das bei Montayne der Fall ist –, dann reagieren die Eltern zunächst mit Verzweiflung, danach mit Zorn. In ihrem Zorn wollen sie diejenigen bestrafen, die ihnen diesen Kummer zugefügt haben; daher gehen sie zu einem Rechtsanwalt. Vor allem aber wollen die Eltern – wie sich gezeigt hat – unbedingt ihren Auftritt vor Gericht.

Aber wir Rechtsanwälte sind pragmatisch. Wir wissen, daß Fälle, die vor Gericht kommen, verloren werden können, und nicht immer aus Gründen der Gerechtigkeit. Wir wissen außerdem, daß überlastete Gerichte, Verzögerungstaktiken der Verteidigung und ähnliches dazu führen können, daß Jahre vergehen, bis es zur Verhandlung kommt. Und dann können, selbst wenn der Prozeß gewonnen wird, jahrelange Berufungen die Dinge weiter in die Länge ziehen.

Außerdem wissen die Rechtsanwälte, daß, wenn der erste Zorn verraucht ist, ihre Klienten müde und desillusioniert werden. Die Vorbereitungen auf den Prozeß bestimmen ihr Leben, beschäftigen sie pausenlos, erinnern sie ständig an ihren Kummer. Und deshalb wünschen sich die Leute eine schnelle Einigung, damit sie ihr normales Leben wiederaufnehmen können.«

»Ja«, sagte Celia, »das kann ich gut verstehen.«

»Aber es kommt noch etwas hinzu. Die Rechtsanwälte für Schadenersatzansprüche, mit denen wir es zu tun haben werden, haben häufig vor allem auch ihre eigenen Interessen im Auge. Viele nehmen einen Fall nur auf der Basis einer Erfolgsprovision von einem Drittel – oder mehr – der erzielten Summe an. Und Rechtsanwälte haben eine Menge Rechnungen zu bezahlen ...« Quentin zuckte die Achseln. »Das sind Menschen wie du und ich. Die möchten ihr Geld auch gern bald haben, nicht erst in unsicherer ferner Zukunft. Das ist ein Faktor, der sich auf gütliche Einigungen positiv auswirkt.«

»Das leuchtet mir ein.« Celia dachte über das eben Gehörte nach und sagte dann: »Seit ich wieder in der Firma bin, habe ich an manchen Tagen das Gefühl, kalt und berechnend zu sein, weil ich immer nur über die Kosten nachdenke.«

»Ich kenne Sie bereits gut genug, um zu wissen, daß das niemals der Fall sein wird«, sagte Quentin. »Außerdem, meine Liebe, kann ich Ihnen versichern, daß ich dieser schrecklichen Tragödie auch nicht ungerührt gegenüberstehe. Sicher, ich muß meine Arbeit tun, und ich werde sie tun. Aber ich bin selbst Vater und Großvater, und mir blutet das Herz, wenn ich an diese Kinder, an diese zerstörten Leben denke.«

Durch dieses und andere Gespräche wurde erreicht, daß weitere fünfzig Millionen Dollar für eventuelle gütliche Einigungen bereitgestellt wurden.

Drohend zeichneten sich auch die geschätzten Kosten von acht Millionen Dollar für die Zurücknahme und Vernichtung aller Vorräte von Montayne ab.

Als Celia Seth Feingold diese Summen nannte, nickte er ernst, war aber nicht so erschrocken, wie sie erwartet hatte.

»Seit Beginn des Jahres haben wir zwei überraschende Einnahmequellen«, erklärte der Chef des Rechnungswesens. »Das eine sind die außerordentlich guten Gewinne aus unseren rezeptfreien Produkten, bei denen der Umsatz viel höher liegt als erwartet. Außerdem haben wir einen üppigen, unerwarteten, aber ›einmaligen‹ Gewinn aus den Auslandsverkäufen erzielt. Normalerweise würden davon natürlich unsere Aktionäre profitieren. Aber wie es jetzt aussieht, werden die Gewinne in dem Reserve-Fonds landen.«

»Wir können dankbar sein«, sagte Celia. Sie mußte daran denken, daß es nicht das erste Mal war, daß die rezeptfreien Produkte, die sie einmal geringgeschätzt hatte, Felding-Roth in schweren Zeiten über Wasser gehalten hatten.

»Etwas anderes, das für uns zu arbeiten scheint«, fuhr Seth fort, »sind die vielversprechenden Nachrichten aus Großbritannien. Sie haben sicherlich davon gehört.«

»Ja. Ich habe die Berichte gelesen.«

»Daraufhin werden uns die Banken bei Bedarf Kredit gewähren.«

Celia war überglücklich gewesen, als sie von den Fortschritten im Harlower Institut erfahren hatte. Peptid 7, ein aufregendes neues Medikament, würde höchstwahrscheinlich bald vorgestellt werden – »bald« bedeutete allerdings im Jargon der Arzneimittelentwicklung soviel wie weitere zwei Jahre, bevor bei den zuständigen Behörden der Zulassungsantrag gestellt werden konnte.

Um Sam wieder in die Firmenpolitik einzubeziehen, war Celia zu ihm gegangen, um mit ihm die letzten Neuigkeiten aus Großbritannien zu besprechen.

Da das Institut in England Sams Idee gewesen war und er darum gekämpft hatte, es weiter zu unterstützen, nahm sie an, daß er sich freuen würde, sein Vertrauen bestätigt zu sehen; sie hoffte, daß es ihm helfen würde, seine Depression zu überwinden. Das war nicht der Fall. Sam reagierte gleichgültig. Er lehnte auch den Vorschlag ab, nach England zu fliegen, um mit Martin Peat-Smith zu reden und zu beurteilen, welche Bedeutung das, was dort vor sich ging, hatte.

»Ich bin überzeugt, daß Sie das auch ohne mich herausfinden können«, erklärte er Celia.

Aber selbst Sams Einstellung änderte nichts an der Tatsache, daß Harlow für die Zukunft von Felding-Roth von größter Bedeutung war.

Und noch etwas kam hinzu.

Vincent Lords langjährige Untersuchungen über das, was chemisch »die Ausschaltung der freien Radikale« genannt wurde, die Beseitigung schädlicher Nebenwirkungen von sonst nützlichen Medikamenten, hatten endlich positive Ergebnisse erbracht. Diese Ergebnisse sahen so günstig aus und wiesen auf einen so großen wissenschaftlichen Durchbruch hin – was sich Vincent Lord schon immer erträumt hatte –, daß in den amerikanischen Labors von Felding-Roth die Weiterentwicklung auf Hochtouren lief.

Zwar würde das britische Peptid 7 auf jeden Fall zuerst verfügbar sein, aber Vincent Lords Erfindung, die provisorisch »Hexin W« hieß, würde wahrscheinlich nur ein oder zwei Jahre später kommen. Das hatte zur Folge, daß Lords Zukunft bei Felding-Roth gesichert war. Celia hatte schon überlegt, ob sie Lord nicht durch jemand anders ersetzen sollte, weil er sich für Montayne so stark gemacht hatte und auch aus anderen Gründen. Aber jetzt schien er zu wertvoll, als daß man ihn gehen lassen konnte.

Somit sah die Zukunft der Firma erstaunlicherweise und trotz der Wolke, die wegen Montayne über ihr hing, plötzlich wieder freundlicher aus.

6

In Harlow waren Yvonne Evans und Martin Peat-Smith immer häufiger zusammen.

Obgleich Yvonne ihre kleine Wohnung behalten hatte, war sie selten dort. An den Wochenenden und in den meisten Nächten während der Woche war sie bei Martin und kümmerte sich um seinen Haushalt, widmete sich aber auch hingebungsvoll der Befriedigung seiner sexuellen Bedürfnisse – und natürlich auch ihrer eigenen.

Yvonne hatte die Küche völlig verwandelt. Hier bereitete sie abwechslungsreiche, leckere Mahlzeiten und erwies sich als talentierte Köchin. Sie hinterließ Zettel mit Anweisungen für die Zugehfrau, so daß das ganze Haus bald einen sauberen und gepflegten Eindruck machte.

Martins Menagerie wurde um eine Siamkatze erweitert. Und eines Sonnabends, als Martin im Institut arbeitete, brachte Yvonne an der Hintertür im Erdgeschoß eine »Katzenschwingtür« an, so daß die Katzen kommen und gehen konnten, wann sie wollten.

Wenn Yvonne über Nacht blieb, führte sie morgens die Hunde aus, so daß sie jetzt zweimal täglich Bewegung hatten, da Martin abends mit ihnen spazierenging.

Martin fand das alles wunderbar.

Und noch etwas gefiel ihm – Yvonnes fröhliches, meist belangloses unaufhörliches Geplapper. Sie redete über alle möglichen Dinge: über Filme, die gerade im Kino liefen; über das Privatleben von Stars,

Popmusikern und deren private Eskapaden; über das Fernsehen und den Klatsch im Institut und über sexuelle Ausschweifungen von Geistlichen, von denen die aufmerksame britische Presse berichtete; auch über politische Skandale ... Yvonne merkte sich alles, was sie sah und hörte, und saugte es auf wie ein Schwamm.

Ein besonderes Interesse – es war fast eine Passion – galt dem Prince of Wales und seinen zahlreichen Romanzen.

»Wenn er noch ein bißchen Geduld hat, findet er bestimmt eine, die besser zu ihm paßt«, erklärte sie in bezug auf eine Kandidatin.

»Er wird sich selbst auch schon Sorgen machen. Warum schreibst du ihm nicht mal und beruhigst ihn?« spottete Martin.

Aber Yvonne hörte gar nicht zu. »Was er braucht, ist eine englische Rose«, sagte sie fast poetisch.

Auch wenn sie Klatschgeschichten über alles liebte, war sie doch keineswegs einfältig. Sie interessierte sich auch für viele ernsthafte Dinge, vor allem für die Theorie, auf die sich die Forschungen im Institut stützten, die Martin ihr geduldig erklärte und die sie auch zu verstehen schien. Und sie war wißbegierig, als sie von seiner Verehrung für John Locke erfuhr. Martin traf sie mehrmals mit einem aufgeschlagenen Exemplar von Lockes *Essay* an, in dem sie mit gerunzelter Stirn las.

»Das ist nicht leicht zu verstehen«, gab Yvonne zu.

»Nein«, sagte er. »Man muß sich eingehend damit beschäftigen.«

Martin war überzeugt, daß über ihr Verhältnis geklatscht wurde – Harlow war klein. Aber innerhalb des Forschungsinstituts trafen sie sich nie, es sei denn, daß die Arbeit es erforderte. Außerdem war Martin der Ansicht, daß sein Privatleben niemanden etwas anginge.

Er hatte noch nicht ernsthaft darüber nachgedacht, wie lange diese Beziehung andauern sollte, aber aus ihren beiläufigen Bemerkungen war zu entnehmen, daß keiner es für nötig erachtete, darüber zu reden, oder es als etwas anderes ansah als eine vorübergehende Verbindung.

Beide aber waren über die Fortschritte im Institut überglücklich.

Martin schrieb in einem seiner seltenen Berichte nach New Jersey: »Die Struktur von Peptid 7 ist jetzt bekannt. Wir haben das Gen hergestellt und in Bakterien eingeführt; größere Mengen sind in Vorbereitung.« Dieser Vorgang ähnelte »der Zubereitung von menschlichem Insulin«, wie er es ausdrückte. Gleichzeitig wurden

Tests an Tieren durchgeführt, um die Sicherheit und Wirksamkeit von Peptid 7 zu prüfen. Sie hatten schon umfassende Daten gesammelt und würden in ein paar Monaten soweit sein, die Erlaubnis für Versuche an Menschen einzuholen.

Vielleicht war es gar nicht zu vermeiden, daß die Presse von den Forschungen im Institut Wind bekam. Obgleich Martin Interviews ablehnte, weil er fand, daß es für Veröffentlichungen noch zu früh war, erschienen einige Artikel, die im großen und ganzen den Tatsachen entsprachen. Sie berichteten von einer »Wunderdroge, die das Altern hinauszögert und gerade an Tieren erprobt wird«, wie auch von der »bemerkenswerten gewichtsreduzierenden Wirkung des Mittels«. Martin war wütend, weil diese Informationen nur von jemandem aus seinem Team stammen konnten.

Martin forderte Nigel Bentley auf herauszufinden, wer es war, aber ohne Erfolg.

»Im Grunde hat die Publicity keinen Schaden angerichtet«, bemerkte der Verwalter. »In wissenschaftlichen Kreisen ahnt man doch bereits, was Sie vorhaben – vergessen Sie nicht die beiden Spezialisten, die hier waren. Und wenn die Öffentlichkeit jetzt ein bißchen neugierig gemacht wird, kommt das später dem Verkauf von Peptid 7 zugute.«

Eine unwillkommene Folge dieser Publicity war eine Flut von Briefen, Pamphleten und Petitionen von den Verfechtern der »Tierrechte« – Extremisten, die gegen jede Art von Tierversuchen waren. Manche bezeichneten Martin und sein Harlower Team als »Sadisten«, »Peiniger«, »Barbaren« und »herzlose Verbrecher«. Nachdem Martin einige dieser Schmähbriefe zu Hause gelesen hatte, sagte er zu Yvonne: »In jedem Land gibt es Eiferer, die sich gegen Tierversuche auflehnen, aber in England sind sie am schlimmsten.« Er nahm einen anderen Brief in die Hand, legte ihn aber angewidert beiseite: »Diese Leute wollen nicht etwa nur, daß die Tiere sowenig wie möglich leiden müssen – das möchte ich auch, und ich glaube, daß es dafür strengere Gesetze geben muß –, diese Leute verlangen, daß unser gesamter Wissenschaftszweig, der auf die Tiere angewiesen ist, zum Erliegen kommt.«

»Glaubst du, daß es mal eine Zeit geben wird, in der die Forschung Tierversuche wird entbehren können?« fragte Yvonne.

»Ja, vielleicht später einmal. Denn schon heute werden für manche

Tests andere Methoden angewendet – Gewebekulturen, Mengenpharmakologie und Computer. Aber ganz ohne Tiere ...« Martin schüttelte den Kopf. »Vielleicht wird es das einmal geben, aber bis dahin vergeht noch viel Zeit.«

»Dann kümmere dich einfach nicht darum.« Yvonne stopfte die Protestbriefe in eine Aktentasche. »Außerdem – denk doch mal an *unsere* Tiere. Durch Peptid 7 sind sie gesünder und gescheiter.«

Aber ihre Worte konnten Martin nicht aus seiner düsteren Stimmung reißen. Die Flut von Protestschreiben hatte ihn deprimiert.

Im Institut herrschte jedoch eine völlig andere Stimmung, die in krassem Gegensatz zu früheren Tagen stand, als man noch völlig im dunkeln tappte und es kaum Fortschritte, nur negative Einflüsse gab. Das veranlaßte Martin, Rao Sastri gegenüber zu bemerken: »Ich mache mir Sorgen. Wenn etwas so gut läuft wie bei uns, kann es passieren, daß man plötzlich hinter der nächsten Kurve zurückgeworfen wird.«

Seine Worte sollten sich früher als erwartet bewahrheiten.

Es geschah am darauffolgenden Wochenende. Sonntag nacht, kurz nach ein Uhr, wurde Martin durch einen Telefonanruf geweckt. Yvonne schlief neben ihm.

Als Martin den Hörer abnahm, meldete sich Nigel Bentley.

»Ich bin im Institut«, sagte der Verwalter. »Die Polizei hat mich gerufen. Ich glaube, es ist besser, wenn Sie herkommen.«

»Was gibt es denn?«

»Schlechte Nachrichten, fürchte ich.« Bentleys Stimme klang wütend. »Aber es wäre mir lieber, wenn Sie es sich selbst ansähen. Können Sie schnell kommen?«

»Bin schon unterwegs.«

Inzwischen war Yvonne aufgewacht. Als Martin in seine Hose fuhr, zog sie sich auch schnell an.

Sie nahmen Martins Auto. Vor dem Institut standen schon mehrere Fahrzeuge, zwei davon Polizeiwagen mit Blaulicht. Ein Feuerwehrwagen fuhr gerade ab. Die Eingangstüren zum Institut standen weit offen.

Bentley kam ihnen entgegen. Er war in Begleitung eines Polizeiinspektors in Uniform. Falls Bentley überrascht war, Yvonne zu sehen, ließ er es sich nicht anmerken.

»Es ist eingebrochen worden«, erklärte er. »Von Tierschützern.«
Martin runzelte die Stirn. *»Tierschützer?«*

»Ja, Sir«, sagte der Polizist, »die Leute nennen sich ›Armee zur Rettung der Tiere‹. Sie haben uns schon öfter Schwierigkeiten gemacht.« Der Inspektor, ein Mann mittleren Alters, hatte das resignierte, ironische Benehmen eines Menschen, der schon vielen Verrückten begegnet ist.

»Was haben sie getan? Was ist geschehen?« fragte Martin ungeduldig.

»Sie sind eingebrochen und haben alle Tiere freigelassen«, erwiderte Bentley. »Manche laufen noch immer im Gebäude herum. Aber die meisten Käfige haben sie rausgebracht und geöffnet, und natürlich sind die Tiere auf und davon. Dann haben sie alle Akten und Berichte, die sie finden konnten, eingesammelt, nach draußen geschafft und mit Benzin übergossen.«

»Sie haben damit ein Feuer gemacht, Doktor«, sagte der Inspektor. »Jemand in einem anderen Gebäude hat es gesehen und Alarm geschlagen. Die Feuerwehr war da und hat es gelöscht, als wir hier eintrafen. Wir kamen gerade noch rechtzeitig, um zwei Verdächtige zu ergreifen, eine Frau und einen Mann. Der Mann war schon mal wegen ähnlicher Vorkommnisse im Gefängnis, wie er selbst zugibt.«

»Die beiden werden in meinem Büro festgehalten«, fuhr Bentley fort. »Es scheint sich um eine Gruppe von sechs Leuten zu handeln. Sie haben den Nachtwächter überwältigt und in einen Schrank gesperrt. Sie wußten auch, wie man den Alarm abschaltet.«

»Das ganze Unternehmen war sorgfältig geplant«, sagte der Polizeiinspektor. »Das ist typisch für diese Leute.«

Martin konnte kaum zuhören. Seine Augen waren auf vier Ratten gerichtet, die sich in einer Ecke der Empfangshalle zusammendrängten. Durch die vielen Stimmen erschreckt, liefen sie jetzt durch eine offene Tür nach draußen. Martin folgte ihnen, rannte in Richtung der Labors und Tierställe.

Er stand vor einem totalen Chaos. Die Käfige waren entweder offen und leer oder gar nicht mehr vorhanden. Notizbücher waren verschwunden, Aktenordner aus den Regalen gerissen, der Inhalt auf dem Boden verstreut. Viele fehlten, waren wahrscheinlich verbrannt.

Bentley, der Inspektor und Yvonne waren Martin gefolgt.

»O mein Gott!« murmelte Yvonne.

Martin, der völlig verzweifelt war, konnte nur stammeln: »Aber *warum?* Warum denn nur?«

»Vielleicht sollten Sie diese Frage dem Pärchen stellen, das wir festgenommen haben, Doktor«, schlug der Inspektor vor.

Martin nickte wortlos, und der Inspektor ging voraus zum Büro des Verwalters, in dem ein junger Polizist einen Mann und eine Frau bewachte.

Die Frau, Mitte Dreißig, war groß und schlank. Sie hatte hagere, arrogante Gesichtszüge und einen kurzen Haarschnitt. Zwischen ihren Lippen hing eine brennende Zigarette. Sie trug enge Jeans, einen Lumberjack und wadenhohe Gummistiefel. Als der Inspektor und die anderen hereinkamen, blickte sie ihnen voller Verachtung entgegen.

Der Mann, etwa im gleichen Alter, war schmächtig, und man hätte ihn unter anderen Umständen vielleicht sogar als freundlich und still bezeichnen können. Er wirkte wie ein Buchhalter, hatte gelichtete Haare, eine leicht krumme Haltung und trug eine Nickelbrille. Er lächelte die Eintretenden trotzig an.

»Da haben wir das entzückende Pärchen«, sagte der Inspektor. »Sie wurden bereits belehrt, daß sie keine Aussage zu machen brauchen, aber sie scheinen reden zu wollen. Sind richtig stolz auf sich.«

»Das können wir auch sein«, sagte der Mann. Er hatte eine rauhe und unstete Stimme und hustete nervös. »Wir haben eine gute Tat vollbracht.«

»Haben Sie eigentlich eine Ahnung«, schrie Martin ihn an, »was Sie angerichtet haben? Wieviel wichtige Forschungsergebnisse Sie vernichtet haben?«

»Wir wissen«, sagte die Frau, »daß wir ein paar arme Kreaturen davor bewahrt haben, von Ihnen seziert zu werden – wir haben sie aus den Händen von Tyrannen befreit, die aus egoistischen Motiven Tiere ausbeuten.«

»Sie haben ja keine Ahnung!« Martin hätte die beiden am liebsten geschlagen, hielt sich aber zurück. »Alle Tiere, die Sie ausgesetzt haben, sind in Gefangenschaft geboren. Draußen können sie nicht überleben. Sie werden auf schreckliche Weise umkommen. Und die noch im Haus sind, wird man töten müssen.«

»Immerhin besser«, sagte die Frau, »als Ihre unmenschlichen Grausamkeiten ertragen zu müssen.«

»Er ist nicht unmenschlich! Er ist nicht grausam!« Yvonne stand mit rotem Gesicht da, ihre Stimme war schrill. »Dr. Peat-Smith ist einer der gütigsten Menschen. Er liebt Tiere.«

»Wohl als Haustiere«, sagte der Mann höhnisch.

»Wir halten nichts von Schoßtieren«, erklärte die Frau. »Das sind doch nur Sklaven. Wir glauben, daß Tiere die gleichen Rechte haben sollten wie Menschen. Außerdem darf es für Tiere keine Beschränkungen geben, sie dürfen nicht eingeengt sein oder leiden müssen, nur damit Menschen glücklicher oder gesünder werden.« Sie sprach sehr selbstsicher und überzeugt, so wie jemand, der meint, die Moral gepachtet zu haben.

»Außerdem glauben wir auch, daß die menschliche Rasse anderen Rassen keineswegs überlegen ist«, erklärte der Mann.

»In Ihrem Fall glaube ich das gern«, entgegnete der Inspektor.

Martin wandte sich an die Frau. »Sie und Ihr verrückter Freund haben gerade jahrelange wissenschaftliche Arbeit zunichte gemacht. Und es wird Jahre dauern, sie zu wiederholen. Und in dieser Zeit müssen Tausende, vielleicht Hunderttausende von Menschen, die Hilfe benötigen, auf ein Medikament verzichten, das ihnen ein erträglicheres Leben ermöglicht hätte ...«

»Fein«, unterbrach ihn die Frau und spuckte Martin die Worte geradezu ins Gesicht, »das ist gut für unsere Organisation! Das höre ich gern. Ich bin froh, daß unsere Bemühungen Erfolg hatten. Und wenn Sie das, was Sie wissenschaftliche Arbeit nennen, ich aber barbarische Greueltaten, wiederholen, dann kann ich nur hoffen, daß Sie dabei eines qualvollen Todes sterben.«

»Sie sind ja verrückt!« schrie Yvonne und stürzte sich auf die Frau. Einen Augenblick war es still, niemand begriff im ersten Moment, was geschah, dann hatte sich Yvonne auch schon über die Frau hergemacht und zerkratzte ihr mit den Fingernägeln das Gesicht.

Martin und der Inspektor rissen Yvonne zurück.

»Das war ein tätlicher Angriff!« kreischte die Frau. »Ein verbrecherischer Überfall.« Während Blut über ihr Gesicht strömte, forderte sie die beiden Polizisten auf: »Nehmen Sie diese Furie sofort fest! Sie muß vor Gericht gestellt werden.«

»Diese Dame festnehmen?« Der Inspektor schien bestürzt. Er warf einen Blick auf Yvonne, die am ganzen Körper zitterte. »Weshalb festnehmen? Ich habe nichts gesehen.« Er blickte den jungen Polizisten an. »Haben Sie was gesehen?«

»Nein, Sir«, erwiderte der. »Ich nehme an, die Wunden wurden der Gefangenen von den Tieren beigebracht, als sie die Käfige öffnete.«

Martin legte den Arm um Yvonne. »Gehen wir. Es hat keinen Sinn, mit diesen Leuten zu reden.«

Sie hörten noch, wie der Inspektor fragte: »Und wie wär's, wenn wir jetzt vernünftig wären und ich die Namen von den anderen erführe, die noch dabei waren?«

»Verdufte, Bulle«, zischte die Frau.

Bentley war Martin und Yvonne gefolgt. »Die beiden kommen ins Gefängnis«, versicherte er. »Und dort werden sie andere von ihrer Organisation treffen, die wegen früherer Delikte eingesperrt sind. Diese Leute halten sich für Märtyrer. Ich hab' schon viel über sie gelesen. Offenbar haben sie 'ne Menge Anhänger im ganzen Land.« Düster fügte er hinzu: »Es tut mir leid. Ich hätte damit rechnen müssen.«

»Das konnte keiner von uns wissen«, sagte Martin. Er stieß einen Seufzer aus. »Morgen werden wir damit beginnen, alles aufzuräumen, um zu sehen, was uns noch geblieben ist.«

7

Die deprimierende Aufgabe, den Schaden im Harlower Forschungsinstitut abzuschätzen, nahm mehrere Tage in Anspruch. Am Ende wurde deutlich, daß der Einbruch sie um mindestens zwei Jahre zurückgeworfen hatte.

Aus der Asche eines verkohlten Papierhaufens vor dem Gebäude wurde ein kleiner Teil des Materials gerettet, aber nicht viel. Später berichtete Nigel Bentley: »Diese Irren müssen gewußt haben, wonach sie suchen und wo sich alles befand. Das bedeutet, daß ihnen jemand aus dem Institut geholfen haben muß, und wie die Polizei meint, paßt das genau zu den anderen Überfällen, die sie auf dem Kerbholz haben. Wie ich hörte, überreden sie meist Leute wie Putzfrauen oder so, ihnen Informationen zu geben. Ich werde mich bemühen herauszufinden, wer bei uns der Judas war – allerdings habe ich nicht viel Hoffnung.«

Bentley traf für die Zukunft stärkere und teurere Sicherheitsvorkehrungen. »Das ist zwar so, als würde man den Safe erst im nachhinein einbauen, aber diese Leute geben nicht so leicht auf und kommen vielleicht zurück«, meinte er.

Martin gab einen Tag nach dem Einbruch telefonisch einen Bericht nach New Jersey durch. Er sprach mit Celia Jordan. Martin hatte schon erfreut von Celias Rückkehr in die Firma gehört. Jetzt drückte er sein Bedauern aus, daß ihr erstes Gespräch mit so schlechten Nachrichten zu tun hatte.

Celia war schockiert, als sie von der Verwüstung in Harlow erfuhr, die in einem so krassen Gegensatz zu den letzten erfreulichen Berichten über die Fortschritte mit Peptid 7 stand.

»Wir werden alle Tierversuche wiederholen müssen«, sagte Martin, »um wieder zu Meßdaten zu kommen, die wir benötigen, bevor der Antrag auf Zulassung gestellt werden kann. Es ist ein schrecklicher Zeitverlust, verbunden mit erheblichen zusätzlichen Kosten.«

»Handelt es sich wirklich um zwei Jahre?«

»Wir werden uns bemühen, soviel Zeit einzusparen wie möglich. Natürlich wissen wir jetzt mehr als vor zwei Jahren und können deshalb vielleicht ein paar Verfahren abkürzen. Wir werden uns jedenfalls Mühe geben.«

»Sie sollten wissen«, sagte Celia, »daß Peptid 7 für uns ungemein wichtig geworden ist. Erinnern Sie sich an unser Gespräch damals in Ihrem Haus? Sie sagten, wenn man Ihnen ein bißchen mehr Zeit ließe, dann könnten Sie ein Medikament herstellen, das Felding-Roth sehr reich machen würde. Das waren Ihre eigenen Worte.«

Martin verzog am anderen Ende der Leitung das Gesicht. »Ich fürchte, daran kann ich mich nicht erinnern. Da habe ich mich nicht gerade sehr wissenschaftlich ausgedrückt, und ich hoffe, daß außer uns beiden niemand etwas davon erfährt.«

»Bestimmt nicht. Aber ich habe Sie daran erinnert, weil der erste Teil Ihrer Voraussage eingetroffen ist. Jetzt benötigen wir dringend den Rest.«

»Zwei Jahre, um wieder so weit zu kommen, wie wir waren«, wiederholte Martin. »Viel weniger wird es nicht sein.«

Aber das Gespräch spornte ihn an, sich mit der Neuorganisation zu beeilen. Es wurden Ersatztiere bestellt, und nach deren Eintreffen wurde im Institut wieder mit den Versuchen begonnen – eine Arbeit, die man vor langer Zeit schon einmal verrichtet hatte. Nach drei Wochen bereits lagen die ersten Ergebnisse vor.

Während dieses ganzen qualvollen Unterfangens unterstützte Yvonne Martin in jeder Hinsicht. Sie nahm seinen Haushalt völlig in die Hand, damit er seine ganze Aufmerksamkeit und Kraft dem Institut widmen konnte. Dann wieder tröstete sie ihn, schien instinktiv zu wissen, wann sie schweigend zuhören oder ihn mit ihrem fröhlichen Geplapper unterhalten sollte. Einmal, nach einem besonders anstrengenden Tag, forderte sie ihn beim Schlafengehen auf, sich auf den Bauch zu legen, und dann massierte sie ihn, bis er in tiefen Schlaf fiel, der bis zum Morgen anhielt.

Als Martin sie am nächsten Tag fragte, woher sie das könne, erwiderte sie: »Ich habe mal mit einer Freundin zusammengewohnt, die Masseuse war.«

»Es ist frappierend«, sagte er. »Du läßt nie eine Gelegenheit aus, etwas zu lernen. Genauso wie mit John Locke. Hast du in letzter Zeit wieder etwas von ihm gelesen?«

»Ja.« Yvonne zögerte, dann sagte sie: »Ich habe etwas gefunden, das irgendwie auf diese Verfechter der Tierrechte paßt. Über Begeisterung.«

»Ich weiß nicht, ob ich mich daran erinnere«, sagte Martin neugierig. »Könntest du mir den Absatz heraussuchen?«

Lockes *Essay* lag im Zimmer auf dem Tisch, aber Yvonne machte sich nicht die Mühe, es zu holen, sondern zitierte auswendig:

> »Die intuitive Offenbarung ist ein viel leichterer Weg für die Menschen, sich Meinungen zu bilden und Richtungen einzuschlagen, als die mühsame und nicht immer erfolgreiche Arbeit strikter Beweisführung, daher nimmt es nicht wunder, daß manche dazu neigen, die Offenbarung vorzutäuschen und sich selbst einzureden, daß ihre Handlungen und Meinungen unter der besonderen Führung des Himmels stehen ...«

Während sie offenbar aus dem Gedächtnis zitierte, sah Martin sie erstaunt an. Sie bemerkte es, unterbrach sich, wurde rot und fuhr dann fort:

> »Wenn ihre Gedanken auf diese Weise vorbereitet sind, dann ist jede unbegründete Meinung, die sie sich bilden, eine Erleuchtung des Heiligen Geistes und folglich maßgebend; und wie merkwürdig

eine Handlung, zu der sie sich getrieben fühlen, auch sein mag – letztlich handelt es sich um einen Ruf oder eine Anweisung des Himmels ...«

Yvonne unterbrach sich erneut, kicherte und sagte dann verlegen: »Das reicht.«

»Nein!« drängte Martin. »Mach weiter, wenn du kannst.«

»Du machst dich über mich lustig«, sagte sie mißtrauisch.

»Nicht im geringsten.«

»Na, gut.« Sie fuhr fort:

»... Begeisterung, die sich nicht auf den Verstand oder die heilige Offenbarung stützt, sondern aus einem erhitzten oder hochmütigen Verstand kommt ... die Menschen gehorchen vorwiegend den Impulsen, die sie aus sich selbst erhalten ... denn eine starke Idee, ein neues Prinzip, reißt leicht alle mit, wenn sie über den gesunden Menschenverstand hinausgeht und von den Einschränkungen der Beweisführung befreit ist ...«

Yvonne sprach den Absatz zu Ende, schwieg dann, ihre blauen unschuldigen Augen waren auf Martin gerichtet, als wüßte sie nicht, wie er reagieren würde.

Ungläubig sagte er: »Ich erinnere mich jetzt an das Zitat. Und ich glaube, du hast kein einziges Wort verändert. *Wie hast du das gemacht?*«

»Na ja ... ich habe eben ein gutes Gedächtnis.«

»In allen Einzelheiten?«

»Ich glaube ja.«

Martin erinnerte sich jetzt wieder daran, daß Yvonne, selbst wenn es sich um banalen Klatsch handelte, immer alle Einzelheiten genau kannte ... Namen, Daten, Orte, Quellen, die Hintergrundstory. Er hatte es beiläufig schon längst bemerkt, hatte dem aber bis jetzt keine Bedeutung beigemessen.

»Wie oft mußt du denn etwas lesen, bis du es im Gedächtnis behältst?« fragte er.

»Meistens einmal. Aber bei Locke mußte ich es zweimal lesen.« Yvonne sah noch immer verlegen aus, als hätte Martin ein schlimmes Geheimnis aufgedeckt.

»Ich möchte gern etwas ausprobieren«, sagte er.

Er ging ins Nebenzimmer und holte ein Buch, von dem er genau wußte, daß Yvonne es noch nicht gelesen hatte. Es war Lockes *The Conduct of the Understanding.* Er schlug eine Seite auf, die er sich früher einmal angestrichen hatte, und sagte: »Lies das. Von da bis da.«

»Darf ich es zweimal lesen?«

»Natürlich.«

Sie beugte den Kopf, ihre langen blonden Haare fielen nach vorn, während sie sich konzentrierte und die Stirn runzelte, dann ließ sie das Buch sinken. Martin nahm es ihr ab und forderte sie auf: »Und jetzt sag mir, was du gelesen hast.«

Er verfolgte die Worte im Buch, während sie sie wiederholte.

> »Es gibt fundamentale Wahrheiten, die am Grund der Dinge liegen, auf denen eine große Anzahl anderer aufbaut und in denen sie ihre Beständigkeit finden. Das sind fruchtbare Wahrheiten, reich an Gehalt, mit dem sie den Verstand ausrüsten, und wie die Lichter am Himmel sind sie nicht nur selbst schön und unterhaltsam, sondern sie geben auch anderen Dingen Licht und Klarheit, die ohne dem nicht sichtbar oder faßbar wären. Das ist dasselbe wie die bewundernswerte Entdeckung Herrn Newtons, daß alle Körper der Schwerkraft unterliegen ...«

Sie zitierte noch einige weitere Absätze, und Martin stellte fest, daß jedes Wort genau dem Buchtext entsprach.

Am Ende verkündete Yvonne: »Die Stelle ist schön.«

»Genau wie du«, sagte er, »und wie das, was du besitzt. Weißt du, was das ist?«

Wieder schien Yvonne verlegen, zögerte. »Sag es mir.«

»Du hast ein fotografisches Gedächtnis. Das ist etwas ganz Besonderes und Einzigartiges. Das mußt du doch gewußt haben.«

»Eigentlich ja. Aber ich wollte kein Wundertier sein, kein Gedächtnis-Monster.« Yvonnes Stimme zitterte. Zum ersten Mal, seit er sie kannte, spürte Martin, daß sie den Tränen nahe war.

»Um Himmels willen, wer hat dir denn das gesagt?«

»Eine Lehrerin in der Schule.«

Auf Martins vorsichtige Fragen hin kam die Geschichte heraus. Sie hatte eine Arbeit geschrieben, und wegen ihres fotografischen

Gedächtnisses waren viele ihrer Antworten mit dem Text im Schulbuch identisch. Die Lehrerin beschuldigte Yvonne, abgeschrieben zu haben. Und man glaubte Yvonne nicht, als sie es abstritt. In ihrer Verzweiflung hatte sie, wie eben bei Martin, ein ähnliches Beispiel für ihre Fähigkeit gegeben, sich an Gelesenes genau zu erinnern.

Die Lehrerin war wütend, weil sie unrecht hatte, machte sich über Yvonnes Fähigkeit lustig, nannte sie ein Gedächtnis-Monster und bezeichnete ihre Art zu lernen als »wertlos«.

Martin unterbrach sie: »Es ist nicht wertlos, wenn du verstehst, was du gelernt hast.«

»Aber das tu ich doch. Ich verstehe es.«

»Das glaube ich dir«, versicherte er. »Du bist intelligent. Das weiß ich.«

Aber nach ihrem Zusammenstoß mit der Lehrerin hatte sich Yvonne nicht nur bemüht, ihr Talent zu verbergen, sondern auch, es völlig abzulegen. Während ihres Studiums hatte sie versucht, sich nicht an Sätze und Absätze zu erinnern, und zum Teil war es ihr auch gelungen. Aber wenn sie das tat, verstand sie alles nicht mehr richtig und schnitt bei den Prüfungen schlecht ab, und bei einer fiel sie sogar durch, so daß sie nicht auf die tierärztliche Hochschule kam.

»Lehrer können eine Menge Gutes tun«, sagte Martin. »Aber törichte Lehrer können auch viel Schaden anrichten.«

Yvonne sah traurig aus und schwieg. In den darauffolgenden Minuten dachte Martin angestrengt nach.

»Du hast schon soviel für mich getan«, sagte er schließlich. »Vielleicht kann ich zur Abwechslung einmal etwas für dich tun. Möchtest du noch immer gern Tierärztin werden?«

Die Frage überraschte sie. »Ist das denn möglich?«

»Vieles ist möglich. Wichtig ist nur: Willst du es wirklich?«

»Natürlich. Das habe ich immer gewollt.«

»Dann werde ich mal sehen, was sich machen läßt.«

Zwei Tage später, nach dem Abendessen, erklärte Martin: »Ich muß dir etwas sagen.«

Er machte es sich in dem kleinen Wohnzimmer in seinem Ledersessel bequem, während Yvonne sich zu seinen Füßen auf den Teppich hockte. Trotz aller Anstrengungen hatte sie zu ihrem Kummer noch immer nicht an Gewicht verloren, obgleich Martin ihr schon oft klargemacht hatte, daß es ihn nicht störte; ihm gefiel Yvonnes fülliger Körper.

»Es bestehen gute Chancen für dich, am tierärztlichen Institut aufgenommen zu werden. Du könntest von uns finanzielle Unterstützung bekommen, und falls das nicht klappt, fällt mir bestimmt etwas anderes ein.«

»Aber zuerst muß ich doch die Examen bestehen«, wandte sie ein.

»Ja, und ich weiß auch, welche du brauchst. Es sind drei – in Chemie, in Physik und in Zoologie, Biologie oder Botanik. Für dich wäre wohl Zoologie am vernünftigsten.«

Etwas zweifelnd fragte sie: »Würde das bedeuten, daß ich meinen Job aufgeben muß?«

»Nicht unbedingt, solange du dich auf die Examen vorbereitest. Du kannst am Abend und an den Wochenenden lernen. Ich helfe dir. Wir werden zusammen arbeiten.«

»Ich kann es kaum glauben«, sagte Yvonne atemlos. »Und ich verspreche dir, tüchtig zu lernen.«

Martin lächelte. »Ich weiß. Und mit deinem erstaunlichen Gedächtnis wirst du die Examen mühelos bestehen. Allerdings mußt du lernen, die Texte nicht herunterzubeten, sondern es in deinen eigenen Worten zu sagen. Sonst werden die Prüfer mißtrauisch.«

Yvonne sprang auf und fiel ihm um den Hals.

8

Bei Felding-Roth hielt die leichte Euphorie, die sich kurz nach Celias Rückkehr ausgebreitet hatte, nicht lange an.

Die Nachricht vom Überfall auf das Institut in Harlow hatte sie erschüttert. Und dann ereignete sich in Boonton eine Tragödie, die alles andere in den Schatten stellte.

Es war ein Unfall – wenigstens wurde es von der Polizei in Boonton so aufgenommen –, und er ereignete sich an einem Wochentag, genau drei Wochen nach Celias Rückkehr in die Firma.

Ein paar Minuten vor neun Uhr morgens traf Celia mit ihrem Firmenwagen auf dem »Laufsteg« des Felding-Roth-Parkhauses ein. Celias Fahrer hatte den Wagen links an die Rampe gefahren, denn er hatte – wie er später aussagte – im Rückspiegel Mr. Hawthornes

Rolls-Bentley dicht hinter sich erkannt. Da er wußte, daß der Präsident auf seinen Parkplatz an der Außenwand rechts von der Stelle, wo Celias Wagen hielt, fahren würde, hatte er darauf geachtet, genügend Zwischenraum zu lassen.

Celia sah Sams Wagen erst, als der Chauffeur ihr zum Aussteigen die Tür aufhielt. In diesem Augenblick tauchte die ausgeprägte Kühlerhaube auf der Parkpalette auf.

Da sie mit Sam zusammen zum Direktionslift gehen wollte, blieb Celia abwartend stehen.

Und dann passierte es.

Mit einem plötzlichen Aufheulen des Motors und begleitet vom Quietschen der Reifen schoß der schwere Wagen wie ein silbergrauer Pfeil an Celia und dem Fahrer vorbei, über Sams Parkplatz hinweg in die dahinterliegende Wand hinein. Die schulterhohe Mauer, die nach oben hin offen war und die Parkpalette begrenzte, brach ein, und der Wagen stürzte fünfzehn Meter in die Tiefe.

Zunächst – es kam Celia wie eine Ewigkeit vor – herrschte Stille. Dann war von unten, außerhalb ihrer Sichtweite, ein schwerer Aufschlag, das Geräusch von berstendem Metall und zersplitterndem Glas zu hören.

Der Chauffeur lief zu der Öffnung in der Wand, und Celias erster Impuls war, ihm zu folgen. Aber sie unterdrückte ihn. Ihre Gedanken rasten. Über das Autotelefon rief sie Feuerwehr und Krankenwagen an den Schauplatz.

Dann setzte sie sich mit der Telefonzentrale von Felding-Roth in Verbindung und gab Anweisung, daß jeder verfügbare Mediziner – die Firma beschäftigte mehrere – sofort zur Unglücksstelle kommen sollte. Erst danach ging sie zu dem klaffenden Loch, durch das Sams Wagen gestürzt war, und blickte hinunter.

Was sie sah, erfüllte sie mit Entsetzen.

Ganz offensichtlich war der Wagen zuerst auf die Kühlerhaube gefallen. Die Wucht des Aufpralls nach dem fünfzehn Meter tiefen Fall hatte die Karosserie wie eine Ziehharmonika zusammengedrückt. Aus dem Wrack stieg Rauch auf, aber es hatte noch kein Feuer gefangen. Ein verbogenes Rad drehte sich wie wild um sich selbst.

Zum Glück war der Wagen an einer Stelle aufgeprallt, wo niemand vorbeikommen konnte. Lediglich ein paar Büsche und Gras waren in Mitleidenschaft gezogen.

Inzwischen liefen mehrere Leute auf das zerstörte Fahrzeug zu, und Celia hörte Sirenen näher kommen. Es schien allerdings ausgeschlossen, daß der Fahrer den Sturz überlebt hatte.

Es dauerte mehr als eine Stunde, bis Sams Körper aus dem Wrack befreit war, eine grausige Aufgabe, mit der sich die Rettungsmannschaft der Feuerwehr nicht gerade beeilte, da ein Arzt bereits bestätigt hatte, was offensichtlich war – Sam war tot.

Celia, die die Sache in die Hand genommen hatte, teilte Lilian so schonend wie möglich die Unglücksnachricht mit und riet ihr dringend davon ab, an den Unfallort zu kommen.

Celia bot Lilian an, sie zu besuchen, aber Lilian antwortete nach langem Schweigen, daß sie allein sein wolle. Ihre Stimme schien von weit her zu kommen. *Was müssen Frauen doch alles ertragen,* dachte Celia.

»Bitte geben Sie mir Bescheid, wo Sam hingebracht wird«, brachte Lilian mühsam heraus.

Celia versuchte auch, Juliet und ihren Mann Dwight anzurufen, konnte aber beide nicht erreichen.

Als nächstes ließ sie den für Öffentlichkeitsarbeit zuständigen Julian Hammond in ihr Büro kommen. »Geben Sie sofort eine Pressemeldung über Sams Tod heraus. Beschreiben Sie es als tragischen Unfall. Ich möchte, daß das Wort ›Unfall‹ betont wird, um alle Spekulationen von vornherein zu unterbinden. Sie könnten in etwa sagen, daß vermutlich das Gaspedal geklemmt hat und der Wagen außer Kontrolle geraten ist.«

»Aber das wird uns doch niemand abnehmen«, protestierte Hammond.

Celia, die am liebsten laut geweint hätte, konnte sich gerade noch beherrschen und fuhr ihn an: »Sparen Sie sich Ihre Worte! Tun Sie, was ich Ihnen sage, und zwar sofort!«

Der letzte Dienst, den sie Sam erweisen konnte, dachte sie, nachdem Hammond gegangen war, bestand darin, ihm zu ersparen, vor der Öffentlichkeit als Selbstmörder zu gelten.

Aber für alle, die ihm nahestanden, gab es an Sams Selbstmord keinen Zweifel. Am wahrscheinlichsten schien es, daß Sam seine Schuldgefühle wegen Montayne nicht verwinden konnte, und als er die Garagenwand vor sich gesehen hatte, war ganz plötzlich der Gedanke aufgetaucht, seinem Leben ein Ende zu setzen. Typisch für

Sam war, meinten seine Freunde, daß er dabei berücksichtigt hatte, daß er niemanden in Gefahr brachte.

Celia quälte sich mit Fragen und Schuldgefühlen. Hatte Sam sich schon lange mit diesem Gedanken getragen, oder war es ein spontaner Einfall gewesen, als er sie, Celia, so selbstsicher und beherrscht dort stehen sah, Celia, die eine Position in der Firma einnahm, die eigentlich ihm zugestanden hätte ...? Celia brachte es nicht fertig, die Frage, auf die sie nie eine Antwort bekommen würde, zu Ende zu denken.

Und auch etwas anderes wollte ihr nicht aus dem Kopf gehen. Gleich am ersten Tag nach ihrer Rückkehr hatte er in seinem Büro gesagt: *»... und da ist noch etwas, von dem Sie nichts wissen.«* Und einen Augenblick später: *»Das werde ich Ihnen nie sagen.«*

Was war das für ein Geheimnis? Celia versuchte es zu erraten, aber es gelang ihr nicht. Sam hatte es mit ins Grab genommen.

Auf Wunsch der Angehörigen fand Sams Beerdigung im engsten Familienkreis statt. Celia war die einzige Firmenangehörige. Andrew begleitete sie.

Als sie auf dem unbequemen Klappstuhl in der Kapelle des Bestattungsinstituts saß und ein Geistlicher, der Sam gar nicht gekannt hatte, mit salbungsvoller Stimme religiöse Phrasen von sich gab, bemühte sich Celia, die Gegenwart aus ihren Gedanken zu verbannen und sich die Vergangenheit ins Gedächtnis zu rufen.

Vor zwanzig Jahren – als Sam sie als Pharma-Vertreterin eingestellt hatte ... Sam auf ihrer Hochzeit ... ihr Entschluß, ihm auf der Leiter des Erfolgs zu folgen ... die New Yorker Verkaufstagung, als er seinen Job riskiert und sie verteidigt hatte: »Ich stehe hier, um mich auszählen zu lassen. Wenn wir Mrs. Jordan jetzt fortschicken, sind wir alle kurzsichtige Narren« ... *Sam, wie er die Opposition besiegte, ihre Beförderung zur Verkaufsleiterin für rezeptfreie Produkte, später ihren Einsatz für den lateinamerikanischen Verkauf durchsetzte:* »Die Zukunft liegt im internationalen Geschäft« ... *Sam, der Anglophile, der in bezug auf das britische Forschungsinstitut Weitblick bewiesen hatte:* »Celia, ich möchte, daß Sie meine rechte Hand werden« ... *Sam, der für einen Irrtum mit seinem guten Ruf bezahlt hatte – und jetzt mit seinem Leben.*

Sie sah, daß Andrew ihr ein Taschentuch reichte. Erst da wurde ihr bewußt, daß ihr Tränen über das Gesicht rannen.

Lilian und Juliet begleiteten den Sarg allein zum Grab. Celia sprach kurz mit beiden, bevor sie ging. Lilian war blaß, wirkte fast leblos. Juliets Gesicht war hart; sie schien während der Totenfeier nicht geweint zu haben. Dwight war gar nicht erst erschienen.

In den darauffolgenden Tagen hielt Celia hartnäckig an ihren Bemühungen fest, Sams Tod offiziell als einen Unfall hinzustellen. Sie hatte Erfolg damit, vor allem, weil – wie sie Andrew gegenüber erklärte – »niemand das Herz zu haben schien, etwas Gegenteiliges zu sagen. Sam besaß keine Lebensversicherung, so daß es finanziell keinen Unterschied macht.«

Nach einer angemessenen Zeitspanne von zwei Wochen trat der Aufsichtsrat von Felding-Roth zusammen, um einen neuen Präsidenten zu wählen. Innerhalb der Firma war klar, daß es sich nur um eine Formalität handelte und daß es Celia sein würde.

Seth Feingold kam ein paar Minuten nach Schluß der Sitzung in ihr Büro. Er sah wütend aus.

»Ich bin dazu bestimmt worden, Ihnen folgendes mitzuteilen«, sagte er, »und ich tue es nicht gern: Sie werden nicht zur Präsidentin ernannt werden.«

Als Celia nicht reagierte, fuhr er fort: »Sie werden es vielleicht nicht glauben, und es ist, bei Gott, nicht fair, aber es gibt im Aufsichtsrat noch immer ein paar Männer, die sich einfach nicht an den Gedanken gewöhnen können, daß eine Frau die Firma leitet.«

»Das glaube ich gern«, sagte Celia. »Und mit dieser Erfahrung stehe ich nicht allein.«

»Es wurde lange diskutiert, manchmal ging es ganz schön hoch her«, sagte Seth. »Die Meinungen waren geteilt, und ein paar haben sich sehr für Sie eingesetzt. Aber die anderen haben sich nicht gebeugt. Und am Ende mußten wir einen Kompromiß schließen.«

Es war ein Präsident *pro tempore* ernannt worden, erklärte Seth, Preston O'Halloran, ein pensionierter Bankdirektor, der seit vielen Jahren dem Aufsichtsrat von Felding-Roth angehörte. Er war achtundsiebzig Jahre alt und ging am Stock. Ein angesehener Finanzexperte, der aber vom Pharma-Geschäft nicht besonders viel verstand – kaum mehr als das, was er bei den Aufsichtsratssitzungen erfuhr.

Celia war O'Halloran schon mehrmals begegnet, kannte ihn aber nicht besonders gut.

»O'Halloran hat eingewilligt, längstens sechs Monate zur Verfügung zu stehen. In dieser Zeit wird der Aufsichtsrat eine dauerhafte Lösung suchen.« Seth verzog das Gesicht. »Das kann ich Ihnen auch gleich sagen – man sieht sich nach jemandem außerhalb der Firma um.«

»Ich verstehe.«

»Ich schätze, ich sollte das nicht sagen – aber ehrlich, Celia, wenn ich Sie wäre, würde ich sie alle zum Teufel jagen, auf der Stelle meinen Hut nehmen und gehen.«

Sie schüttelte den Kopf. »Das kann ich nicht, dann würde es gleich wieder heißen: ›Typisch Frau!‹ Außerdem habe ich eingewilligt zurückzukommen, um Ordnung zu schaffen, und das werde ich auch tun. Aber wenn ich damit fertig bin ... nun, dann werden wir weitersehen.«

Das Gespräch erinnerte sie an ein anderes, das sie vor Jahren mit Sam geführt hatte, als sie lediglich zur stellvertretenden Leiterin der Abteilung für Verkaufstraining ernannt worden war und nicht zur Leiterin, weil das – wie Sam es damals ausgedrückt hatte – »für manche in der Firma einfach zuviel wäre. Für den Augenblick.«

Plus ça change, plus c'est la même chose, zitierte sie in Gedanken. Je mehr sich die Dinge ändern, desto mehr ähneln sie sich.

»Bist du sehr gekränkt?« fragte Andrew nach dem Abendessen.

Celia dachte nach, bevor sie antwortete. »Ich glaube, ja. Die Ungerechtigkeit macht mir zu schaffen. Aber andererseits stelle ich merkwürdigerweise fest, daß es mir nicht mehr soviel ausmacht wie früher.«

»Das dachte ich mir. Möchtest du, daß ich dir sage, warum?«

Sie lachte. »Bitte, Herr Doktor.«

»Das kommt, weil du eine ausgefüllte Frau bist, meine Liebe. In jeder Hinsicht ausgefüllt. Du bist die beste Ehefrau, die sich ein Mann nur wünschen kann, und eine ausgezeichnete Mutter, und du bist klug, verantwortungsbewußt und tüchtig in deinem Beruf und steckst die meisten Männer in die Tasche. Du hast tausendmal bewiesen, wie gut du bist. Daher hast du Titel und Positionen gar nicht mehr nötig, weil jeder, der dich kennt, weiß, was du wert bist – einschließlich dieser Chauvis bei Felding-Roth, von denen dir kein einziger das Wasser reichen kann. Deshalb sollte dich das, was heute geschehen ist, keine Sekunde lang kränken, denn die Leute, die diese Entscheidung getroffen haben, sind die Dummen, und früher oder später werden sie es merken.«

Andrew schwieg, dann sagte er: »Entschuldige. Ich hatte nicht die Absicht, eine Rede zu halten. Ich wollte nur ein paar Wahrheiten aussprechen und dich vielleicht ein bißchen aufmuntern.«

Celia stand auf und legte die Arme um ihn. Sie gab ihm einen Kuß und sagte: »Das ist dir auch gelungen.«

Am nächsten Tag wurde Winnies Baby, ein gesunder Sohn, geboren. Über dieses Ereignis freuten sich nicht nur Winnie und Hank, sondern die ganze Familie Jordan. Lisa rief Winnie aus Kalifornien an, Bruce aus Pennsylvania.

Wie üblich hatte Winnie alles mühelos bewältigt. »Sieht aus, als hätte ich einen Volltreffer gelandet«, erklärte sie zufrieden. »Jetzt könnten wir mal probieren, ob wir Zwillinge schaffen.«

9

Vincent Lord war wie verwandelt. Er wirkte glücklich und strahlte Kraft und Energie aus.

Nach fast zwanzig Jahren konzentrierter wissenschaftlicher Arbeit an einer einzigen Idee, der Verfolgung eines Traums, an den außer ihm nur wenige glaubten – ein Mittel zu entwickeln, das die freien Radikale ausschaltete –, war dieser Traum nun Wirklichkeit geworden.

Jetzt bedurfte es nach den geltenden Gesetzen nur noch der Erprobung an Tieren und Menschen, um ein Präparat herzustellen, das andere Medikamente, deren Einnahme bis dahin mit einem Risiko verbunden war, zuträglicher und unbedenklicher machte.

Hexin W – der provisorische Name für Lords Erfindung – hatte bisher gehalten, was man sich von ihm versprach, und wurde in der Branche eifrig diskutiert, obgleich Einzelheiten natürlich das Geheimnis von Felding-Roth blieben. Andere pharmazeutische Firmen, stets auf der Suche nach Patenten, begriffen, was Hexin W bedeutete, und ließen bereits ihr Interesse erkennen.

Der Chef einer großen Konkurrenzfirma sagte während eines

Telefongesprächs zu Celia: »Natürlich hätten wir gern selbst entdeckt, was Dr. Lord anscheinend gefunden hat, aber da es nun mal nicht so ist, wollen wir wenigstens die ersten in der Schlange sein, wenn Sie bereit sind, über eine Lizenz zu verhandeln.«

Genauso interessant war, daß sich das neue Medikament auf zweierlei Weise anwenden ließ. Zum einen konnte es anderen Arzneimitteln beigegeben werden. Und zum anderen konnte man es als Einzelsubstanz in Tablettenform herstellen, damit es zusätzlich zu anderen Präparaten eingenommen werden konnte.

Hexin W war ein »Mehrzweck-Mittel«. Es war ein Medikament, das sich auch von Herstellern anderer pharmazeutischer Produkte verwenden und deshalb vermarkten ließ. Diese anderen Firmen mußten eine Lizenz zu beträchtlichen Gebühren von Felding-Roth erwerben.

Am meisten würden Arthritis- und Krebspatienten von Hexin W profitieren, gegen deren Beschwerden es zwar bereits wirksame Mittel gab, die aber nur wenig oder gar nicht verschrieben wurden, weil sie gefährliche Nebenwirkungen aufwiesen. Hexin W würde diese Nebenwirkungen und Risiken beseitigen oder deutlich reduzieren.

Während einer Marketing-Konferenz erklärte Vincent Lord Celia und einigen anderen mit einfachen Worten, wie sich sein Medikament bei Arthritis auswirken würde.

»Der Betroffene hat eine Entzündung in den Gelenken, die Unbeweglichkeit und Schmerz verursacht. Die Entzündung tritt auf, wenn im Krankheitsverlauf freie Radikale erzeugt werden, die wiederum Leukozyten – weiße Blutkörperchen – anziehen. Die Leukozyten sammeln sich an, verursachen und verschlimmern die Entzündung. Hexin W aber«, fuhr Lord fort, »stoppt die Produktion der freien Radikale und folglich auch die Ansammlung der Leukozyten. Das Ergebnis: keine Entzündung, der Schmerz verschwindet.«

Mehrere Zuhörer klatschten Beifall, und Lord errötete vor Freude.

Den großen Durchbruch hatte Vince Lord vor drei Monaten erzielt. Es war der glorreiche, befriedigende Sieg nach dem mühsamen, ermüdenden Prozeß des Probierens – ein Prozeß, der von sich ständig wiederholenden Mißerfolgen gekennzeichnet war.

Dieser Prozeß selbst war ein weiterer Beweis für Lords große

Leistung, denn seine Methode wurde von vielen als unmodern betrachtet.

Mit anderen Worten: Bei diesem System wurden aus alten Medikamenten neue entwickelt, und zwar auf dem Weg der organischen Chemie. Am Anfang stand eine aktive Verbindung, die chemische Zusammensetzung des Medikaments wurde modifiziert ... immer wieder und wieder und wieder ... wenn nötig, bis ins Unendliche. Immer ging es um die Suche nach einem neuen, wirksamen Mittel, das aus einem alten heraus entwickelt wurde und keinen oder nur geringen Giftgehalt besaß. Vor zwei Jahren, nach fast tausend erfolglosen Versuchen, hatte Lord sich geschworen, niemals aufzugeben.

Ein anderer, neuerer Zugang – eröffnet von Sir James Black, dem hervorragenden Erfinder von SmithKline's Tagamet – war, zu entscheiden, welche biologische Störung sich pharmazeutisch korrigieren ließ, um dann ein völlig neues Medikament zu entwickeln. Martin Peat-Smith arbeitete in Harlow mit genetischen Methoden, die noch neuer waren. Jedoch schlossen die beiden letzten Methoden Jahre des Experimentierens ein und konnten in einem Fehlschlag enden, konnten jedoch ebensogut, wenn sie Erfolg hatten, zu revolutionären neuen Medikamenten führen.

Lord aber hatte sich für die ältere Methode entschieden, die seinen Zwecken und seinem Temperament besser entsprach, und, bei Gott!, er hatte recht gehabt, das wußte er jetzt.

Was im Augenblick für seine gute Laune sorgte, war die kleine Truppe von Spezialisten – Chemiker, Biologen, Physiker, klinische Pharmakologen, Physiologen, Toxikologen, Veterinäre, Pathologen und Statistiker –, die bei Felding-Roth alles daran setzte, Hexin W in seine endgültige Form zu bringen.

Aber wegen des komplexen Testprogramms mit Tieren und Menschen würde es bestimmt noch zwei Jahre dauern, bis der Zulassungsantrag für Hexin W bei der FDA gestellt werden konnte.

Obgleich er es nicht laut sagte, war Lord über den Zwischenfall, der Peat-Smiths Peptid-7-Programm zurückwarf, froh. Dadurch brauchten die in Harlow zwei Jahre länger, so daß Hexin W vielleicht doch zuerst auf den Markt kam.

Lords gehobene Stimmung hatte ihn sogar dazu veranlaßt, eine Initiative zu ergreifen, um mit Celia Frieden zu schließen. Bald nach ihrer Rückkehr in die Firma suchte er sie in ihrem Büro auf. Er gratulierte ihr zu ihrer Ernennung und erklärte: »Ich bin froh, daß Sie wieder bei uns sind.«

»Ich gratuliere Ihnen auch«, sagte Celia. »Ich habe gerade den Bericht über Hexin W gelesen.«

»Ich erwarte, daß Hexin W als eine der großen Entdeckungen des Jahrhunderts anerkannt wird«, erklärte Lord. Er war im Verlauf der Jahre vielleicht ein bißchen reifer geworden – aber seinem übertriebenen Selbstvertrauen hatte das keinen Abbruch getan.

Lord gab Celia gegenüber auch nicht zu, daß sie in bezug auf Montayne recht gehabt hatte und er selbst unrecht. Er fand, daß sie nur – völlig unwissenschaftlich – Glück gehabt hatte; dafür brauchte man ihr keine intellektuelle Anerkennung zu zollen, genausowenig wie einem Lotteriegewinner.

Trotz des Friedens, den er mit Celia geschlossen hatte, war er erleichtert, als sie nach Hawthornes Tod nicht zur Präsidentin ernannt wurde. Das hätte er nicht ertragen. Endlich einmal, dachte er, hatte der Aufsichtsrat Verstand gezeigt.

Mit Beginn des neuen Jahres, 1978, wurde Hexin W für Felding-Roth mehr und mehr zum Gegenstand neuer Hoffnungen.

Die Ernennung von Preston O'Halloran zum Präsidenten auf Zeit änderte für Celia wenig oder gar nichts, was ihre Verantwortung und tägliche Routine betraf.

Am Tag nach der Sondersitzung des Aufsichtsrats hatte O'Halloran ganz offen mit ihr gesprochen.

Sie trafen sich – unter vier Augen – in der Büro-Suite des Präsidenten. Der Anblick des neuen Amtsinhabers in diesem Zimmer war für Celia eine schmerzliche Erinnerung an Sam. Seinen Tod hatte sie noch nicht verwunden.

O'Halloran, der aus New England stammte, was man ihm deutlich anhörte, sagte: »Mrs. Jordan, ich möchte, daß Sie wissen, daß ich nicht zu denjenigen gehört habe, die sich gegen Ihre Ernennung zur Präsidentin ausgesprochen haben. Ich will aber ehrlich sein und zugeben, daß ich Ihre Kandidatur auch nicht besonders unterstützt habe. Ich hätte mich der Mehrheit jedoch angeschlossen. Das habe ich den anderen vom Aufsichtsrat ausdrücklich gesagt.«

»Interessant, daß Sie es ihnen sogar gesagt haben«, erwiderte Celia mit einer Spur Schärfe.

»Touché!« Der alte Mann lächelte, und Celia dachte: Wenigstens hat er Sinn für Humor.

»In Ordnung, Mr. O'Halloran«, fuhr sie kurz angebunden fort, »jetzt wissen wir also beide, wo wir stehen, und darüber bin ich froh. Und nun benötige ich von Ihnen Anweisungen – was Sie von mir erwarten und wie wir die Pflichten aufteilen sollen.«

»Meine Freunde nennen mich Snow.« Wieder das trockene Lächeln. »Der Name stammt noch aus meiner verbummelten Jugend, in der ich viel Ski gefahren bin. Ich würde mich freuen, wenn Sie mich auch so nennen würden – und vielleicht darf ich Celia sagen?«

»Einverstanden«, erwiderte Celia. »Und jetzt wollen wir überlegen, wie wir uns die Arbeit teilen.«

»Ganz einfach. Ich möchte, daß Sie genauso weitermachen wie bisher – und ich bin mir darüber im klaren, daß es mit großer Kompetenz und Tüchtigkeit geschehen wird.«

«Und Sie, Snow? Was werden Sie tun, während ich kompetent und tüchtig bin?«

»Der Präsident braucht seinem Stellvertreter keine Rechenschaft abzulegen, Celia«, tadelte er sie sanft. »Aber damit es zwischen uns keine Mißverständnisse gibt, will ich gern zugeben, daß ich bei weitem nicht soviel vom Pharma-Geschäft verstehe wie Sie. Aber wovon ich etwas verstehe – ganz sicher mehr als Sie –, das sind die Finanzen einer Firma. Und denen müssen wir gerade jetzt unsere besondere Aufmerksamkeit widmen. Daher werde ich in den sechs Monaten die meiste Zeit damit verbringen, mich um Geldangelegenheiten zu kümmern, jedenfalls solange ich auf diesem Stuhl sitze.«

Celia mußte zugeben, daß er sie höflich und mit Geduld behandelt hatte. Sie sagte, schon freundlicher als vorher: »Danke, Snow, ich werde mich bemühen, meinen Teil der Abmachung, so gut ich kann, zu erfüllen.«

»Ich bin sicher, daß Sie das tun werden.«

Der neue Präsident kam nicht jeden Tag ins Büro, aber er entwickelte einen Plan für die finanzielle Strategie der Firma, der sich über den Zeitraum von fünf Jahren erstreckte und den Seth Feingold Celia gegenüber als »ein Juwel, eine echte Bereicherung« bezeichnete.

Und der Leiter des Rechnungswesens fügte hinzu: »Der alte Kauz braucht vielleicht einen Stock zum Gehen, aber nicht für seinen Verstand – der ist noch immer so scharf wie eine Rasierklinge.«

Auch Celia lernte O'Halloran schätzen – seine Unterstützung bei allem, was sie tat, und seine unfehlbare Höflichkeit. Er war im wahrsten Sinne des Wortes »ein Gentleman der alten Schule«.

Deshalb tat es ihr aufrichtig leid, als sie in der letzten Januarwoche 1979 erfuhr, daß er mit einer Grippe zu Bett lag, und als Snow O'Halloran eine Woche später an einem Verschluß der Herzkranzgefäße starb, war sie traurig.

Diesmal wartete man nicht erst zwei Wochen, um einen Nachfolger zu benennen. Die Angelegenheit wurde bereits einen Tag nach O'Hallorans Beerdigung geregelt.

Außerhalb der Firma hatte sich noch immer kein geeigneter Kandidat gefunden, obwohl seit O'Hallorans Amtsantritt bereits mehr als vier Monate vergangen waren.

Es gab nur eine mögliche Wahl, und der Aufsichtsrat traf die Entscheidung, die er bereits im vergangenen September hätte treffen sollen, innerhalb von fünfzehn Minuten. Celia Jordan wurde zur Präsidentin von Felding-Roth ernannt.

10

Die Idee war ihr, ausgelöst durch eine Bemerkung von Andrew, im vergangenen August auf dem Flug von Hawaii gekommen.

Andrew hatte damals im Zusammenhang mit der Montayne-Katastrophe bei Schwangerschaften gesagt: »*Als Arzt vertrete ich die Meinung, daß man kein Medikament einnehmen soll, nur um ein Gefühl des Unwohlseins zu beseitigen, bei dem es sich ganz offensichtlich um einen zeitlich begrenzten Zustand handelt.*

Und wenn es mal bei dir soweit ist, wirst du auch nichts nehmen, kleines Fräulein«, hatte er sich an seine Tochter gewandt. »*Und wenn du ein kräftiges, gesundes Baby haben willst: keinen Alkohol und keine Zigaretten, hörst du!*«

Diese Sätze waren der Grundstein für eine Firmenpolitik, die Celia als »Felding-Roth-Doktrin« zum Vorschlag bringen wollte.

Sie hatte sich schon früher, als Vizepräsidentin, mit diesem Gedanken getragen, hatte ihn aber wieder fallenlassen, weil sie befürchtete, überstimmt zu werden.

Selbst nach ihrer Ernennung zur Präsidentin wartete sie noch eine Weile damit, weil sie wußte, daß das, was sie vorhatte, der Zustimmung des Aufsichtsrats bedurfte.

Jetzt, nach sieben Monaten, wagte sie es.

Bill Ingram, seit kurzem Leiter der Abteilung Verkauf und Marketing, hatte ihr dabei geholfen, die Felding-Roth-Doktrin zu formulieren, die nun folgendermaßen lautete:

> Felding-Roth Pharmaceuticals Incorporated gelobt feierlich:
>
> Artikel eins: Felding-Roth wird nie ein pharmazeutisches Produkt entwickeln, herstellen, verteilen oder direkt oder indirekt auf den Markt bringen, das bei einer Schwangerschaft dazu dienen soll, einen vorübergehenden, normalen Zustand wie etwa Übelkeit und Schwindelgefühl zu behandeln, der eine natürliche Begleiterscheinung bei Schwangerschaften ist.
>
> Artikel zwei: Felding-Roth wird sich auf jede mögliche Weise aktiv dafür einsetzen, daß kein Produkt wie in Artikel eins beschrieben, von welchem Hersteller auch immer, in die Hände einer Schwangeren gelangt.
>
> Artikel drei: Felding-Roth wird schwangeren Frauen raten, die Anwendung aller rezeptpflichtigen und nicht rezeptpflichtigen Medikamente zu vermeiden, es sei denn, diese werden aus besonderen Gründen vom Arzt verschrieben.
>
> Artikel vier: Felding-Roth wird sich auch weiterhin dafür einsetzen, daß Frauen während der Schwangerschaft keine alkoholischen Getränke zu sich nehmen und das Rauchen und den Aufenthalt in verrauchten Räumen vermeiden.

Es gab darüber hinaus eine Empfehlung an die Ärzte, die einerseits die beratende und vertrauensvolle Beziehung zwischen Arzt und Patient betraf, andererseits aber der Beschwichtigung der Ärzte diente, die ja als Rezeptschreiber Felding-Roths beste Kunden waren. Und es gab Hinweise auf besondere Umstände, Notfälle, zum Beispiel, bei denen die Verwendung von Medikamenten unumgänglich war.

»Die Sache ist einleuchtend und überzeugend«, meinte Bill Ingram. »Das war längst überfällig.«

Ingram, der bei der entscheidenden Sitzung, die Celias Kündigung vorausgegangen war, für Montayne gestimmt hatte, war zuerst zerknirscht und befangen gewesen, als sie zu Felding-Roth zurückkehrte. Ein paar Wochen später hatte er zugegeben: »Ich habe mich nach allem, was geschehen ist, gefragt, ob Sie überhaupt noch mit mir arbeiten wollen.«

»Aber ja«, hatte Celia ihn beruhigt. »Ich kenne Ihre Fähigkeiten und weiß, daß ich Ihnen vertrauen und mich auf Sie verlassen kann. Was geschehen ist, gehört der Vergangenheit an – Sie haben sich geirrt, und das kann jedem passieren. Es war schlimm, daß dieser Irrtum so schreckliche Folgen hatte, aber Sie waren ja nicht der einzige, und ich kann mir vorstellen, daß Sie aus der Erfahrung gelernt haben.«

»Ja, und ich wünschte, ich hätte damals genug Einblick und Mut besessen, zu Ihnen zu halten.«

»Sie müssen nicht blindlings zu mir halten«, wehrte sie ab. »Auch jetzt nicht. Es wird bestimmt mal vorkommen, daß ich im Unrecht bin, und dann möchte ich, daß Sie's mir sagen.«

Nach Celias Ernennung zur Präsidentin hatte es einige Umstrukturierungen und auch mehrere Beförderungen gegeben, und Bill Ingram bewährte sich bereits in seiner neuen, leitenden Position.

Celia bereitete sich auf die Sitzung, in der die von ihr vorgeschlagene Felding-Roth-Doktrin zur Sprache kommen sollte, sorgfältig vor.

Sie erinnerte sich an Sams Probleme mit dem Aufsichtsrat und an den Widerstand, den es vor Jahren gegen das von ihm geplante britische Forschungsinstitut gegeben hatte, und erwartete auch jetzt eine starke Opposition.

Zu ihrer Überraschung gab es so gut wie keine Gegenstimmen.

Eines der Aufsichtsratsmitglieder, Adrian Caston, Vorsitzender eines Finanztrusts und in seinen Entscheidungen stets bedächtig, fragte: »Ist es klug oder nötig, daß wir uns für alle Zeiten von einem medizinischen Bereich distanzieren, von dem vielleicht irgendwann in der Zukunft neue, sichere und gewinnbringende Entwicklungen ausgehen könnten?«

Sie hatten sich im Konferenzraum der Geschäftsleitung versammelt, und Celia antwortete, während sie den langen Walnußtisch entlangblickte: »Ich meine, wir sollten *genau das* tun. Wir sollten es tun, weil wir damit uns und andere, die unserem Beispiel folgen, vor der Versuchung bewahren, noch einmal mit etwas Ähnlichem wie Montayne in Verbindung gebracht zu werden.«

Alle hörten ihr aufmerksam zu. »Erinnerungen verblassen. Viele junge Frauen, die jetzt in dem Alter sind, Kinder zu bekommen, erinnern sich nicht mehr an Thalidomid oder haben noch nie etwas davon gehört. In einigen Jahren wird es mit Montayne genauso sein, und dann werden schwangere Frauen wieder *irgend etwas, das ihnen ihr Arzt verschreibt*, einnehmen. Und wenn das geschieht, wollen *wir* keinen Anteil daran haben, denn wir wissen, daß der Versuch, den normalen Verlauf einer Schwangerschaft durch Medikamente zu beeinflussen, seit eh und je mit Unheil belastet war.

Die Erfahrung hat gezeigt, daß Schwangerschaft ein Zustand ist, den man am besten der Natur selbst überläßt. Wir bei Felding-Roth müssen mit einer Katastrophe leben, die durch ein Schwangerschaftsmedikament ausgelöst wurde und für die wir jetzt bitter büßen. In Zukunft täten wir – moralisch und finanziell – gut daran, unsere Gewinne woanders zu suchen und andere Hersteller dazu zu bewegen, das ebenfalls zu tun.«

Clinton Etheridge, ein Veteran der Firma, von dem Celia Widerspruch erwartet hatte, meldete sich zu Wort, um sie zu unterstützen.

»Was die Gewinne betrifft, so gefällt mir Mrs. Jordans Idee, unser Montayne-Debakel zum kommerziellen Vorteil zu nutzen. Falls es jemand noch nicht bemerkt haben sollte: diese sogenannte Doktrin« – Etheridge hielt sie in die Höhe – »ist eine verdammt kluge Idee. Sie ist eine ausgezeichnete Reklame für die anderen Medikamente, die wir im Angebot haben. Im Lauf der Zeit werden wir, glaube ich, feststellen, daß sie sich in Dollars bezahlt macht.«

Celia zuckte innerlich zusammen, aber dann sagte sie sich, daß ihr jede Unterstützung, aus welchen Gründen auch immer, helfen konnte. Allerdings wunderte sie sich über Etheridge, da sie wußte, daß er ein Freund und Verbündeter von Vincent Lord war und bei den Sitzungen zuweilen die Ansichten des Leiters der Forschungsabteilung vertrat. Lord hatte von der Felding-Roth-Doktrin gewußt und auch, daß sie eines Tages zur Sprache gebracht werden würde, und er und Etheridge hatten sicher darüber geredet. Wollte Lord durch diese indirekte Unterstützung Celia sein Bedauern wegen Montayne zu verstehen geben?

Bei der anschließenden Diskussion ging es vor allem um die Frage, wie sich die Doktrin wirksam einsetzen ließ. Das letzte Wort hatte Owen Norton, der Rundfunk- und Fernseh-Zar, der wenige Tage zuvor seinen 82. Geburtstag gefeiert hatte.

Er sah Celia über den Sitzungstisch hinweg an und bemerkte trocken: »Sie werden festgestellt haben, Mrs. Jordan, daß wir uns schließlich doch dazu durchgerungen haben, Ihr weibliches Urteil zu respektieren – und ich persönlich kann nur bedauern, daß wir so lange dazu gebraucht haben.«

Die Abstimmung, die Celias Doktrin zur offiziellen Firmenpolitik erhob, erfolgte einstimmig.

Die Felding-Roth-Doktrin kam recht gut an, auch wenn sie in der breiten Öffentlichkeit nicht die Aufmerksamkeit fand, die Celia sich erhofft hatte.

Den Ärzten gefiel sie – mit nur wenigen Ausnahmen. Ein Gynäkologe schrieb:

> Bitte schicken Sie mir weitere Exemplare, damit ich mir eins einrahmen und an meine Sprechzimmerwand hängen kann. Wenn schwangere Patientinnen der Meinung sind, daß ich sie nicht angemessen behandele, weil ich mich weigere, ihnen irgendein überflüssiges schmerzstillendes Mittel zu verschreiben, werde ich ihnen Ihre Doktrin zeigen.
>
> Sie haben uns, die wir *nicht* davon überzeugt sind, daß es für jede Gelegenheit ein Medikament geben muß, durch Ihre moralische Haltung sehr geholfen. Weiter so!

Er erhielt zusätzliche Exemplare, ebenso wie viele andere Ärzte, die gleichfalls darum baten.

Der Einwand mancher Ärzte beruhte auf der Auffassung, daß sie und nicht die Pharma-Firmen dafür zuständig seien, den Patientinnen zu sagen, welche Medikamente sie wann nehmen sollten. Aber sie waren, prozentual gesehen, eine kleine Minderheit.

Die Felding-Roth-Doktrin wurde in der Firmenwerbung, die sich allerdings nur auf medizinische und wissenschaftliche Publikationen beschränkte, groß herausgestellt. Celia war zuerst dafür gewesen, auch in Zeitungen und Publikumszeitschriften zu inserieren, ließ sich aber davon überzeugen, daß die organisierte Ärzteschaft ebenso wie die FDA eine direkte Verbraucherwerbung für rezeptpflichtige Medikamente nicht gern sah.

Vielleicht schenkten die Tageszeitungen der Felding-Roth-Doktrin deswegen nur so geringe Aufmerksamkeit. Die *New York Times* brachte einen kurzen Artikel im Wirtschaftsteil, und Kurzmeldungen erschienen in Lokalzeitungen, soweit Platz vorhanden war. Das Fernsehen schwieg sich trotz angestrengter Public-Relations-Bemühungen aus.

»Wenn wir ein Medikament auf den Markt bringen, das unerwartet schädliche Nebenwirkungen aufweist«, beklagte sich Bill Ingram bei Celia, »dann stellen uns diese Fernsehtypen an den Pranger. Aber wenn wir etwas Positives tun, wie jetzt, gibt's nur das große Gähnen.«

»Der Fernseh-Journalismus muß stark vereinfachen«, erklärte Celia. »Die Themen müssen griffig und leicht verständlich sein, damit durch lange Erklärungen nicht teure Sendezeit verlorengeht. Aber machen Sie sich keine Sorgen. Irgendwann kommt uns das vielleicht auch mal zugute.«

»Vergessen Sie nicht, mich darauf aufmerksam zu machen, wenn's soweit ist«, sagte Ingram zweifelnd.

Die Reaktion anderer Pharma-Firmen auf die Felding-Roth-Doktrin war unterschiedlich.

Diejenigen Firmen, die Schwangerschaftspräparate im Angebot hatten, nahmen eine eher feindselige Haltung ein. »Ein billiger Reklametrick, mehr nicht«, nannte ein Firmensprecher die Doktrin in der Öffentlichkeit.

Andere meinten, Felding-Roth versuche, »heiliger zu sein als die Heiligen«, was der Industrie schaden könnte – nähere Gründe dafür wurden nicht genannt. Ein oder zwei Konkurrenzfirmen sprachen jedoch ganz offen ihre Bewunderung aus. »Ich wünschte«, sagte ein bekannter Industrieboß zu Celia, »es wäre unsere Idee gewesen.«

»Das beweist alles gar nichts«, vertraute sie Andrew an, »außer vielleicht, daß man es nicht jedem recht machen kann.«

»Ihr müßt Geduld haben«, redete er ihr gut zu. »Ihr habt etwas auf den Weg gebracht, das Wellen schlagen wird. Du wirst dich noch wundern…«

Aber auch Montayne schlug Wellen. Und eine hatte den Capitol Hill in Washington erreicht.

Die Helfer von Senator Dennis Donahue, dem Kongreßveteranen, hatten sich ein Jahr lang mit der Montayne-Affäre befaßt und sie als ideales Objekt erkannt, mit dem sich ihr Chef in einem Hearing im Senat profilieren konnte. »Ideal« bedeutete in diesem Fall: starkes öffentliches Interesse, großer Wirbel und garantierte Sendezeit im Fernsehen. Denn der Senator betonte im Kreise seiner Mitarbeiter immer wieder gern: »Vergeßt nicht, daß Wählerstimmen nur übers Fernsehen zu gewinnen sind.«

Demgemäß kündigte der Senats-Unterausschuß für ethische Verkaufspolitik, dessen Vorsitzender Donahue war, für Anfang Dezember ein Hearing vor dem Kongreß in Washington an. Die Zeugen seien, wie der Senator in einer Pressekonferenz im Oktober verkündete, bereits vorgeladen. Andere, die über das Thema fachliche Aussagen machen konnten, waren ebenfalls geladen worden, um mit dem Ausschuß zusammenzuarbeiten.

Als Celia das erste Mal davon hörte, rief sie sofort Rechtsanwalt Childers Quentin in Washington an.

»Das sind allerdings schlechte Nachrichten«, bestätigte er. »Ich fürchte, daß Ihrer Firma – und Ihnen als ihrer Wortführerin – schlimme Zeiten bevorstehen. Wenn ich Ihnen einen Rat geben darf, so sollten Sie mit den Vorbereitungen für das Hearing mit Hilfe eines juristischen Beraters bereits jetzt beginnen. Ich weiß, wie diese Dinge laufen, und Sie können sicher sein, daß das Team des Senators jede noch so geschmacklose Tatsache, jedes üble Gerücht ans Tageslicht zerren wird.«

II

Wenn das Wort Demagoge, oder *dēmagōgos*, nicht von den alten Griechen geprägt worden wäre, hätte man es erfinden müssen, um Senator Dennis Donahue zu beschreiben. Ein treffenderes Beispiel dafür hat es nie gegeben.

Er war in wohlhabenden und privilegierten Verhältnissen aufgewachsen, gab sich aber stets als »Sohn einfacher Leute, einer von Ihnen, von dieser Erde«, wie er es auszudrücken beliebte. Nichts hätte unzutreffender sein können, aber wie alles, was oft genug wiederholt wird, wurde es von vielen geglaubt.

Eine andere Rolle, in der sich der Senator gefiel, war die eines »Sprechers für die Armen und Notleidenden, eines Kämpfers für die Unterdrückten«. Ob er in seinem Innern tatsächlich etwas für die Armen und Leidenden übrig hatte, wußte nur Donahue selbst. Auf jeden Fall verstand er es für sich zu nutzen.

Wo immer ein Kampf à la David und Goliath stattfand, eilte Donahue herbei und stellte sich eifrig an Davids Seite, selbst wenn Goliath – für Leute, die nachdachten – eindeutig im Recht war. »Es hat schon immer mehr Davids gegeben, und die sind bei Wahlen nützlich«, erklärte einmal ein Helfer Donahues in einem Augenblick unbedachter Offenheit.

Vielleicht unterstützte Donahue aus dem gleichen Grund bei jedem Streit mit Gewerkschaften unweigerlich die organisierten Arbeiter und stellte sich nie auf die Seite der Wirtschaft, selbst wenn die Gewerkschaften über das Ziel hinausschossen.

Die Arbeiter- und Arbeitslosenszene war für einen ehrgeizigen Politiker ein fruchtbares Feld, das hatte er frühzeitig erkannt. Aus diesem Grund reihte sich der Senator in Zeiten steigender Arbeitslosigkeit hin und wieder in die Schlange der Arbeitssuchenden vor den Arbeitsämtern ein und redete mit ihnen. Angeblich, um sich »selbst ein Bild zu machen und zu erfahren, wie man sich als Arbeitsloser fühlt« – ein bewundernswertes Anliegen, gegen das kein vernünftiger Mensch etwas einwenden konnte. Interessant war nur, daß die Medien stets von der Absicht des Senators wußten, so daß immer Fernsehteams und Pressefotografen zur Stelle waren und sein wohlvertrautes Gesicht mit dem seelenvollen Blick noch am selben Abend in den Fernsehnachrichten und am nächsten Tag in den Zeitungen auftauchte.

Auch im Zusammenhang mit dem »einfachen Mann« hatte der Senator seit neuestem ein weiteres ergiebiges Thema entdeckt, und zwar die erste Klasse in öffentlichen Verkehrsmitteln und die von der Steuer absetzbaren Flugreisen der Geschäftsleute. Wenn diese Leute Privilegien wollten, so argumentierte er, sollten sie die aus eigener Tasche bezahlen und sie sich nicht von den Steuerzahlern finanzieren lassen. Er legte dem Senat einen Gesetzentwurf vor, nach dem Erster-Klasse-Flüge nicht mehr von der Steuer absetzbar waren; allerdings wußte er, daß ein solcher Gesetzentwurf im Verlauf des Legislaturprozesses irgendwo auf der Strecke bleiben würde.

Es war bemerkenswert, wie oft es ihm gelang, mit diesem Thema in die Nachrichten zu kommen. Um seine Idee zu bekräftigen, machte es sich Senator Donahue zur Gewohnheit, bei Flügen in der Touristenklasse zu reisen, und selbstverständlich informierte er die Presse vor jedem Flug darüber. Es gab keinen Erster-Klasse-Passagier, dem soviel Aufmerksamkeit zuteil geworden wäre wie Donahue hinten in der Touristenklasse. Eines allerdings vergaß er zu erwähnen, nämlich daß er den größten Teil seiner Flugreisen mit einem Privatflugzeug zurücklegte, das ihm entweder von der Familie oder von Freunden zur Verfügung gestellt wurde.

Donahue war untersetzt und hatte ein Engelsgesicht, das ihn jünger aussehen ließ, als er mit seinen neunundvierzig Jahren war. Er hatte Übergewicht, ohne fett zu sein, und nannte sich selbst »hübsch gepolstert«. Fast ständig, vor allem, wenn er sich in der Öffentlichkeit zeigte, trug er ein leichtes Grinsen zur Schau, das freundlich wirken sollte. Seine Kleidung und sein Haarschnitt waren gewollt leger und sollten zu dem Bild des »einfachen Mannes« passen.

Während objektive Beobachter Donahue für einen Opportunisten hielten, der er auch war, mochten ihn viele Leute gern, nicht nur die Mitglieder seiner eigenen Partei, auch manche aus den Reihen seiner politischen Gegner. Ein Grund dafür war, daß er Sinn für Humor hatte und es auch mal vertragen konnte, wenn auf seine Kosten gelacht wurde. Außerdem war er ein guter Gesprächspartner.

Letzteres machte ihn für manche Frauen anziehend, was er zu seinem Vorteil zu nutzen wußte, obwohl er verheiratet war und sich häufig in Begleitung seiner Frau und seiner Kinder zeigte.

Das also war Senator Donahue, der am ersten Dienstag im Dezember kurz nach zehn Uhr die Sitzung des Senats-Unterausschusses für ethische Verkaufspolitik eröffnete, indem er eine kurze Erklärung abgab.

Der Ausschuß tagte in Raum SR-253 des alten Senatsgebäudes, ein eindrucksvoller Rahmen. Der Vorsitzende und seine Senatoren-Kollegen saßen hinter einem erhöhten V-förmigen Tisch den Zeugen und den Zuhörern gegenüber. Von den drei großen Fenstern aus sah man auf den Park und den Springbrunnen. Der Kamin war aus Marmor. Die Vorhänge waren beigefarben und mit dem Wappen der Vereinigten Staaten von Amerika bedruckt.

»Alle, die wir hier versammelt sind«, begann Dennis Donahue und sah auf ein Blatt Papier, »sind uns der gräßlichen, weltweiten Tragödie bewußt, deren Opfer Kinder sind, Kinder, deren Gehirne von einem Medikament zerstört wurden, das noch bis vor kurzem auch in diesem Land verschrieben und verkauft wurde. Der Name dieses Medikaments ist Montayne.«

Der Senator war ein starker, eindringlicher Redner, und die etwa hundert Leute im Raum lauschten aufmerksam. Fernsehkameras waren auf ihn gerichtet. Außer Donahue waren noch acht weitere Senatoren anwesend – fünf von Donahues eigener führender Partei und drei von der Opposition. Links vom Vorsitzenden saß Stanley Urbach, der Anwaltsvertreter des Unterausschusses, ein früherer Staatsanwalt aus Boston. Hinter den Senatoren hielten sich sitzend oder stehend fünfzehn Ausschußhelfer auf.

»In diesem Hearing soll untersucht werden«, fuhr Donahue fort, »wer die Verantwortung für diese Vorfälle trägt und ob...«

Celia, die als erste Zeugin vorgesehen war, vernahm eine Eröffnungserklärung, die sich nach einem vorhersehbaren Muster abspulte. Sie saß an einem grün bespannten Tisch neben ihrem Berater Childers Quentin. Sie hatte Quentin zu dieser Rolle überredet, weil es, wie sie ihm erklärte, »keinen Anwalt gibt, der mehr über Montayne weiß als Sie, und ich Vertrauen zu Ihnen habe«.

Für diesen Tag hatte er ihr einen ganz spezifischen Rat gegeben. »Legen Sie alles so ehrlich und knapp wie möglich dar«, hatte Quentin verlangt, »und versuchen Sie nicht, clever zu sein oder Dennis Donahue übertreffen zu wollen.«

Die letzte Warnung war im Hinblick darauf erfolgt, daß Celia die Absicht geäußert hatte, daran zu erinnern, daß Donahue vor mehr als zwei Jahren, als die Zulassung von Montayne durch die FDA verzögert wurde – was viele für unvernünftig hielten –, zu denen gehört hatte, die gegen diese Verzögerung protestiert und sie als »unter diesen Umständen einfach lächerlich« bezeichnet hatten.

»Das tun Sie auf gar keinen Fall!« hatte Quentin gesagt. »Donahue wird sich selbst oder durch seine Leute daran erinnern, so daß er auf diesen Vorwurf vorbereitet ist und entsprechend reagieren würde. Wahrscheinlich würde er sagen, daß er nur eins der vielen Opfer ist, die die Propagandamethoden der Pharma-Industrie auf dem Gewissen haben, oder so ähnlich. Und außerdem würden Sie ihn sich damit zum Feind machen, was außerordentlich unklug wäre.«

Dann klärte der Rechtsanwalt Celia über einige Fakten der Washingtoner Szene auf.

»Ein Senator besitzt unglaubliche Macht und Einfluß, in manchen Fällen mehr als ein Präsident, weil die Macht, die er ausübt, nicht so deutlich sichtbar ist. Es gibt kein Ministerium, in dem ein Senator keinen Einfluß hat, vorausgesetzt, es handelt sich um nichts Ungesetzliches. Wichtige Leute in und außerhalb der Regierung laufen sich die Hacken ab, um einem Senator einen Gefallen zu tun – ohne Rücksicht auf Verluste. Bei diesem System des Gebens und Nehmens übt ein Senator in jeder Hinsicht die größte Macht aus. Deshalb muß jemand schon sehr dumm sein, wenn er es darauf anlegt, sich einen US-Senator zum Feind zu machen.«

Celia hatte sich den Ratschlag zu Herzen genommen und wollte sich Mühe geben, bei jedem Schlagabtausch mit Dennis Donahue daran zu denken.

Vincent Lord war ebenfalls anwesend; er saß auf der anderen Seite von Quentin. Während Celia für Felding-Roth eine Erklärung abgeben und dann ins Kreuzverhör genommen werden sollte, brauchte der Leiter der Forschungsabteilung, falls erforderlich, nur Fragen zu beantworten.

Senator Donahue beendete seine einleitenden Worte, machte eine kurze Pause und verkündete dann: »Unsere erste Zeugin ist Mrs. Celia Jordan, Präsidentin von Felding-Roth Pharmaceuticals in New Jersey. Mrs. Jordan, möchten Sie uns Ihre Begleitung vorstellen?«

Mit wenigen Worten stellte Celia Quentin und Lord vor.

Donahue nickte. »Mr. Quentin kennen wir gut. Und wir freuen uns auch, Dr. Lord bei uns zu haben. Mrs. Jordan, Sie möchten sicher eine Erklärung abgeben.«

Celia blieb am Zeugentisch sitzen, während sie ins Mikrofon sprach.

»Herr Vorsitzender, Mitglieder des Unterausschusses: Zuerst und vor allem möchten wir all jenen Familien, die von dem Unglück betroffen sind, das Senator Donahue vor ein paar Minuten völlig richtig als eine weltweite Tragödie bezeichnet hat, unsere Betroffenheit und unser Mitgefühl aussprechen. Obwohl noch keine eindeutigen wissenschaftlichen Beweise vorliegen und es vielleicht noch Jahre dauern wird, bis alles geklärt ist, muß zur Zeit als sicher angenommen werden, daß das Medikament Montayne für die Schäden an den ungeborenen Kindern verantwortlich zu machen ist – bei einem sehr kleinen Teil der Gesamtbevölkerung und unter Begleitumständen, die bei der umfassenden Erprobung dieses Medikaments, zuerst in Frankreich, später in anderen Ländern und vor der offiziellen Zulassung durch die FDA auch in den Vereinigten Staaten, unmöglich vorauszusehen waren.«

Celia sprach deutlich, aber leise und mit Absicht nicht besonders eindringlich. Die Erklärung, die sie zusammen mit Childers Quentin abgefaßt hatte, war danach noch von mehreren Leuten sorgfältig überarbeitet worden. Sie hielt sich im großen und ganzen an den Text und fügte nur ab und zu einen Satz ein.

»Meine Firma möchte hervorheben, daß sie in allem, was Montayne betrifft – in jedem Stadium der Erprobung, Verbreitung und Berichterstattung –, mehr getan hat, als das Gesetz verlangt. Meine Firma hat Montayne sogar, als ernsthafte Zweifel an dem Medikament aufkamen, freiwillig aus dem Handel gezogen, ohne erst den Beschluß der FDA abzuwarten.

Ich möchte etwas weiter ausholen und auf den Ursprung von Montayne eingehen, das von Laboratoires Gironde-Chimie entwikkelt wurde, einer französischen Firma mit ausgezeichnetem Ruf und einer langen Geschichte erfolgreicher...«

Der Bericht war nicht nur sachlich und präzise, er wurde auch völlig unpersönlich vorgetragen. Auch das hatte man bei den Diskussionen in der Zentrale von Felding-Roth und in der Kanzlei von Childers Quentin in Washington beschlossen.

»Wie wollen Sie die Sache mit Ihrer Kündigung wegen Montayne behandeln?«

»Überhaupt nicht«, hatte sie erwidert. »Meine Kündigung hatte rein persönliche Gründe, war eine Frage des Gewissens. Jetzt bin ich wieder zurückgekehrt und repräsentiere die Firma.«

»Und was ist mit Ihrem Gewissen?«

»Ist noch intakt«, hatte sie scharf erwidert. »Wenn man mich wegen meiner Kündigung befragt, werde ich ehrlich antworten. Ich möchte nur nicht von selbst darauf zu sprechen kommen.«

Celia hatte Quentin auch daran erinnert, daß es für ihre Kündigung keinen wissenschaftlich belegbaren Grund gegeben hatte – dessen war sie sich bewußt, und das war auch der Grund dafür gewesen, daß sie nicht an die Öffentlichkeit gegangen war.

Jetzt informierte sie den Unterausschuß des Senats: »Bis im Juni 1976 ein Bericht aus Australien eintraf, gab es an der Unbedenklichkeit von Montayne überhaupt keine Zweifel. Aber selbst dann schien es noch keinen Grund zur Sorge zu geben, weil eine Untersuchungskommission der australischen Regierung...«

Schritt für Schritt beschrieb sie die Geschichte von Montayne. Der Bericht dauerte vierzig Minuten, und Celia schloß mit den Worten: »Meine Firma hat die Auflagen des Untersuchungsausschusses erfüllt und Dokumente vorgelegt, die alles, was ich gesagt habe, bestätigen. Wir sind bereit, auch weiterhin in jeder Hinsicht mit Ihnen zusammenzuarbeiten und Fragen zu beantworten.«

Die Fragen kamen sofort, die erste von Stanley Urbach, dem Anwalt des Komitees, der ein langes schmales Gesicht und dünne Lippen hatte und den Eindruck machte, als würde er nur selten lächeln.

»Mrs. Jordan, Sie haben sich auf den australischen Bericht bezogen, der möglicherweise Zweifel an Montayne hätte wecken können. Das war sieben bis acht Monate, bevor Ihre Firma das Medikament in den Vereinigten Staaten auf den Markt brachte. Ist das richtig?«

Celia rechnete im Kopf nach. »Ja.«

»In Ihrer Erklärung haben Sie zwei weitere nachteilige Berichte erwähnt, einen aus Frankreich, einen anderen aus Spanien, die beide vorlagen, bevor Ihre Firma Montayne in den Vereinigten Staaten auf den Markt brachte. Ist auch das richtig?«

»Nicht ganz, Mr. Urbach. Sie haben die Berichte als nachteilig bezeichnet. Es waren – zu jenem Zeitpunkt – bloße Behauptungen, die von Laboratoires Gironde-Chimie verfolgt und für unbegründet erklärt wurden.«

Der Anwalt machte eine ungeduldige Handbewegung. »Wenn wir Wortklauberei betreiben wollen, dann lassen Sie mich so fragen: Waren die Berichte *günstig?*«

»Nein, und vielleicht kann ich uns allen etwas Zeit sparen. In der Pharma-Branche hat ›nachteiliger Bericht‹ eine ganz spezielle Bedeutung. Und diese Definition traf auf die Berichte aus Frankreich und Spanien nicht zu.«

Urbach stieß einen Seufzer aus. »Würde sich die Zeugin auf ›bedenkliche Berichte‹ einigen?«

»Einverstanden.« Celia spürte schon jetzt, daß ihr schwierige Zeiten bevorstanden.

Senator Donahue mischte sich ein. »Es ist doch völlig klar, worauf der Anwalt hinaus will. Waren Ihnen – Ihrer Firma – diese drei Berichte bekannt, bevor Sie Montayne hier bei uns auf den Markt brachten?«

»Ja.«

»Und trotzdem haben Sie sich nicht aufhalten lassen und das Medikament verkauft?«

»Senator, bei *jedem* Medikament gibt es negative Stimmen. Sie müssen alle sorgfältig untersucht und abgewogen werden...«

»Ich habe Sie nicht um eine Lektion über die Praktiken der Pharma-Industrie gebeten, Mrs. Jordan. Meine Frage erfordert ein einfaches ›Ja‹ oder ›Nein‹. Ich wiederhole: Hat Ihre Firma, obgleich sie von diesen Berichten wußte, das Medikament weiter hergestellt und an schwangere amerikanische Frauen verkauft?«

Celia zögerte.

»Wir warten, Mrs. Jordan.«

»Ja, Herr Senator, aber...«

»Das ›Ja‹ genügt uns.« Donahue nickte Urbach zu. »Fahren Sie fort.«

»Wäre es nicht besser und vernünftiger gewesen«, fragte der Anwalt des Ausschusses, »wenn Felding-Roth diese Berichte erst noch einmal überprüft und den Start von Montayne verschoben hätte?«

Genau das waren ihre Argumente gewesen! dachte Celia. Und der Grund für ihre Kündigung. Aber hier saß sie als Sprecherin ihrer Firma, und deshalb antwortete sie: »Wenn man es im nachhinein betrachtet, ja. Aber damals folgte die Firma dem Rat der Wissenschaftler und machte weiter.«

»Wessen Rat war das?«

Sie überlegte, bevor sie antwortete. Natürlich war Lord derjenige gewesen, aber sie wollte fair sein. »Der unseres Forschungsleiters Dr. Lord, aber er richtete sich wiederum nach den Daten und Ergebnissen von Gironde-Chimie.«

»Wir werden Dr. Lord später selbst befragen. Inzwischen...« Urbach zog seine Notizen zu Rate. »Hatte die Entscheidung, weiterzumachen und Montayne trotz dieser nachteiligen... entschuldigen Sie bitte, bedenklichen Berichte nicht zu verschieben, irgend etwas mit den erhofften Gewinnen zu tun?«

»Nun, Gewinne sind immer ein Faktor...«

»Mrs. Jordan! Ja oder nein?»

Celia seufzte. Was half's? Jede Frage war eine Falle, ein Schritt in Richtung eines vorgefaßten Beschlusses.

»Ja«, gab sie zu.

»Waren diese Gewinne für Ihre Firma wichtig?«

»Ja, der Meinung war man.«

»Wie hoch schätzte man die Gewinne ein, die man sich versprach?«

Die unbarmherzige Inquisition ging weiter. Und doch fand Celia Zeit, sich zu fragen: Waren sie unfair, wenn sie so dicht an die Wahrheit herankamen? Hatte sie sich nicht, vor gar nicht so langer Zeit, all diese Fragen selbst gestellt? Und war es nicht blanke Ironie, daß sie anstelle von Sam Hawthorne jetzt hier stand, dem man diese Fragen eigentlich hätte stellen sollen? Zum ersten Mal seit Hawaii mußte sie an Andrews warnende Worte denken: »Wenn du zurückgehst... dann wird ein Teil der Montayne-Verantwortung auch auf dich fallen.« Wie so oft hatte er recht behalten.

Ihre Befragung wurde zur Mittagspause abgebrochen. »Mrs. Jordan, Sie sind fürs erste entlassen«, erklärte Senator Donahue, »aber halten Sie sich bitte für weitere Fragen zur Verfügung. Nach der Mittagspause wird Dr. Vincent Lord als Zeuge aufgerufen.«

12

Quentin und Celia aßen auf dem Rücksitz einer Limousine, die vor dem alten Senatsgebäude auf sie gewartet hatte, ein Sandwich und tranken dazu Kaffee aus einer Thermosflasche. »Das geht schneller, und wir sind hier ganz unter uns«, hatte Quentin gesagt. Sie parkten am Jefferson Drive, nicht weit vom Smithsonian Institut entfernt, während der Chauffeur draußen auf und ab ging.

Vincent Lord war auch dazu eingeladen gewesen, hatte aber wegen einer anderen Verabredung abgesagt.

»Die versuchen, Sie persönlich schlecht aussehen zu lassen«, erklärte Quentin nach einer Weile. »Wie fühlen Sie sich dabei?«

Celia verzog das Gesicht. »Es gefällt mir nicht besonders.«

»Das ist nichts als Taktik.« Der Rechtsanwalt nahm einen Schluck Kaffee. »Derlei Untersuchungen sind ja immer eine politische Übung, und dafür benötigt man eben ein schwarzes Schaf. Da Sie die

Firma repräsentieren, sind Sie dran. Aber ich könnte etwas unternehmen, um es zu unterbinden.«

»Was denn?«

»Dazu muß ich Ihnen etwas erklären: Donahue und seine Leute wissen natürlich, daß Sie sich intern gegen Montayne ausgesprochen und auch aus diesem Grund gekündigt haben. Sie kennen wahrscheinlich auch die Bedingungen, die Sie für den Fall Ihrer Rückkehr gestellt haben, und sie kennen ganz bestimmt auch die Felding-Roth-Doktrin, deren Verfasserin Sie sind.«

»Aber warum...«

»Versuchen Sie es mal von deren Warte aus zu betrachten. Warum sollten Donahues Leute daran interessiert sein, Ihr gutes Image aufrechtzuerhalten? Und wenn – wen sollen sie dann unter Beschuß nehmen? Etwa einen Toten?«

»Ich glaube, ich verstehe, was Sie meinen«, stimmte Celia zu. »Trotzdem – ist denn die Wahrheit überhaupt nicht wichtig?«

»Wenn ich als Anwalt auf der anderen Seite stünde«, sagte Quentin, »würde ich Ihre Frage folgendermaßen beantworten: Die Wahrheit ist immer wichtig. Aber im Fall von Montayne liegt die Wahrheit in dem, was Felding-Roth getan hat: daß die Firma Montayne auf den Markt gebracht hat und die Verantwortung trägt. Und was Sie persönlich betrifft – nun gut, Sie sind zurückgetreten. Aber dann sind Sie zurückgekehrt und haben damit dokumentiert, daß Sie bereit sind, die Verantwortung für Montayne mitzutragen.« Quentin lächelte grimmig. »Natürlich könnte ich die ganze Sache auch anders herum betrachten und genauso überzeugend sein.«

»Rechtsanwälte!« Celia lachte spöttisch. »Glauben die eigentlich an gar nichts?«

»Wir bemühen uns. Allerdings ist diese Ambivalenz eine ständige Gefahr.«

»Sie sagten, daß Sie etwas tun könnten...«

»Im Unterausschuß sitzen einige Mitglieder aus der Minderheitspartei, die Ihrer Branche durchaus freundlich gesonnen sind. Sie haben auch einen Anwalt in ihren Reihen. Bis jetzt hat keiner von ihnen das Wort ergriffen, und wahrscheinlich werden sie es auch weiterhin nicht tun, um nicht in den Ruf zu geraten, sie seien *für* Montayne. Aber wenn ich einen von ihnen bitte, Fragen zu stellen, die Sie in positivem Licht erscheinen lassen, würde er es tun.«

»Würde das dann auch für Felding-Roth günstig sein?«

»Nein. Wahrscheinlich nicht – ganz im Gegenteil.«

Celia zuckte resigniert die Achseln. »Dann sollten wir es lieber bleiben lassen.«

»Wie Sie wollen«, sagte der Rechtsanwalt enttäuscht. »Schließlich geht es um Ihren Kopf.«

Als die Nachmittagssitzung begann, griff Vincent Lord zu dem für die Zeugen bestimmten Mikrofon.

Urbach begann die Befragung, indem er Lord seine wissenschaftliche Laufbahn beschreiben ließ. Dann ging der Anwalt des Untersuchungsausschusses zu den Anfängen von Montayne zurück, und Lord beantwortete alle Fragen selbstsicher und entspannt.

Nach etwa fünfzehn Minuten fragte Urbach: »Als diese Berichte aus Australien, Frankreich und Spanien in Ihrer Firma bekannt wurden, kurz bevor Montayne in den Vereinigten Staaten auf den Markt kommen sollte, haben Sie da empfohlen, den Start zu verschieben?«

»Nein, das habe ich nicht.«

»Warum nicht?«

»Zu diesem Zeitpunkt war es Sache der Geschäftsleitung, zu entscheiden, ob der Start verschoben würde. Als Forschungsleiter gingen mich nur die wissenschaftlichen Fakten etwas an.«

»Erklären Sie das bitte genauer.«

»Gern. Ich hatte die Aufgabe, die damals verfügbaren Informationen, die wir von Laboratoires Gironde-Chimie erhielten, wissenschaftlich zu bewerten. Und von dieser Warte aus hatte ich keinen Grund, davon abzuraten, Montayne wie geplant auf den Markt zu bringen.«

Hartnäckig bohrte Urbach weiter. »Sie haben von einer ›wissenschaftlichen Bewertung‹ gesprochen. Hatten Sie, abgesehen von der rein wissenschaftlichen Seite, irgendein Gefühl, einen Instinkt in bezug auf diese drei Berichte?«

Zum ersten Mal zögerte Lord, bevor er antwortete. Dann sagte er: »Das könnte sein.«

»Könnte es nur sein, oder war es so?«

»Na ja, irgendwie war mir nicht ganz wohl dabei. Aber schließlich war vom wissenschaftlichen Standpunkt aus nichts einzuwenden.«

Celia, die bisher entspannt zugehört hatte, wurde plötzlich aufmerksam.

»Wenn ich Sie richtig verstanden habe, Dr. Lord«, fuhr Urbach fort, »dann befanden Sie sich gewissermaßen in einem Dilemma.«

»Ja, das könnte man sagen.«

»Ein Dilemma zwischen dem wissenschaftlichen Aspekt einerseits und Ihrem persönlichen ›Unbehagen‹ andererseits – ich wiederhole Ihre eigenen Worte. Ist das richtig?«

»Ich glaube, so könnte man es nennen.«

»Es geht nicht um die Frage, wie man es nennen könnte, Dr. Lord, sondern einzig und allein darum, wie *Sie* es nennen.«

»Nun... ja, ich würde es so nennen.«

»Danke.« Der Anwalt des Untersuchungskomitees warf einen Blick in seine Notizen. »Um es noch einmal festzuhalten, Doktor: Haben Sie sich, nachdem Sie diese Berichte, von denen hier die Rede ist, gelesen hatten, für den Verkauf von Montayne ausgesprochen oder nicht?«

»Nein, das habe ich nicht.«

Celia fuhr zusammen. *Das war eine Lüge.* Lord hatte sich nicht nur für Montayne eingesetzt, er hatte auch auf der Sitzung, die Sam abgehalten hatte, dafür gestimmt, hatte sich über Celias Zweifel und ihre Bitte um Verschiebung lustig gemacht.

Senator Donahue beugte sich zum Mikrofon. »Ich möchte dem Zeugen gern folgende Fragen stellen: Dr. Lord, wenn Sie für das Management verantwortlich gewesen wären und nicht nur für die wissenschaftliche Seite, hätten Sie sich dann für eine Verschiebung ausgesprochen?«

Wieder zögerte Lord. Dann antwortete er mit fester Stimme: »Ja, Herr Senator, das hätte ich getan.«

Dieses Schwein! Celia kritzelte etwas auf einen Zettel, den sie Quentin zuschieben wollte: *Das ist nicht wahr*... Dann hielt sie inne. Was machte es für einen Unterschied? Angenommen, sie stellte Lords Ehrlichkeit in Frage und es entwickelte sich daraus ein Streit – was würde das ändern? Bei diesem Hearing jedenfalls nichts. Angewidert zerknüllte sie den Zettel.

Nach ein paar weiteren Fragen dankte man Lord für sein Erscheinen und entließ ihn. Er verließ sofort den Saal, ohne in Celias Richtung zu blicken.

Als nächste Zeugin wurde Dr. Maud Stavely aufgerufen.

Die Vorsitzende der Organisation »Bürger für mehr Sicherheit in der Medizin« schritt selbstbewußt nach vorn zum Mikrofon am Zeugentisch, der nicht weit von Celia und Quentin entfernt war. Sie blickte nicht in ihre Richtung.

Senator Donahue begrüßte die Zeugin freundlich, und Dr. Stavely verlas eine vorbereitete Erklärung. Darin führte sie ihre medizinischen Qualifikationen an, beschrieb die Struktur der New Yorker Organisation, die negative Einschätzung der Pharma-Firmen und die Zweifel an Montayne, die ihre Gruppe von Anfang an zum Ausdruck gebracht hatte.

Obwohl Celia den Ton, in dem die Erklärung abgehalten war, und einige Anspielungen nicht mochte, mußte sie zugeben, daß Dr. Stavely kompetent und überzeugend wirkte. Sie sah noch immer so attraktiv und gepflegt aus wie vor zwei Jahren, als sie sich kennengelernt hatten, und trug ein einfaches, aber modisches kastanienbraunes Kostüm.

Dr. Stavely fuhr fort: »Leider hatten wir nur sehr wenig Geld, um unserem Protest Nachdruck zu verleihen. BSM besitzt nicht die Summen, die Firmen wie Felding-Roth in ihre Werbekampagnen stecken, um die Ärzte und die Öffentlichkeit irrezuführen.«

»Ich kann mir vorstellen«, unterbrach Dennis Donahue, »daß die Spenden für Ihre Organisation zugenommen haben, nachdem sich Ihre Meinung über Montayne als richtig erwiesen hat.«

»Das ist in der Tat der Fall, Herr Senator. Und wir hoffen, daß sich dies nach der Untersuchung, die wir begrüßen, weiter fortsetzt.«

Donahue lächelte, und Dr. Stavely fuhr fort.

Zu Celias Ärger berichtete sie von ihrem Besuch in der CSM-Zentrale. Das würde alles nur noch mehr komplizieren!

Dieser Punkt kam erneut zur Sprache, als Stanley Urbach Dr. Stavely ins Kreuzverhör nahm.

Der Anwalt des Untersuchungskomitees fragte: »Was war das für ein Tag, an dem Mrs. Jordan zu Ihnen ins Büro kam?«

Dr. Stavely sah in ihre Notizen. »Der zwölfte November 1978.«

»Hat Mrs. Jordan Ihnen einen Grund für ihren Besuch genannt?«

»Sie sagte, sie wolle sich mit mir unterhalten. Eines der Themen, über die wir gesprochen haben, war Montayne.«

»Zu diesem Zeitpunkt war Montayne, glaube ich, noch nicht im

Handel, obgleich es von der FDA bereits zugelassen war. Ist das richtig?«

»Ja, das ist richtig.«

»Stimmt es, daß sich Ihre Organisation damals sehr darum bemüht hat, die Zulassung rückgängig zu machen?«

»Ja. Wir haben uns ungemein dafür eingesetzt.«

»Hatten Sie den Eindruck, daß sich Mrs. Jordan wegen dieser Ihrer Anstrengungen Sorgen machte?«

»Nun, erfreut war sie ganz bestimmt nicht darüber. Sie hat sich in unserer Unterhaltung für Montayne ausgesprochen und behauptet, es sei ungefährlich. Natürlich habe ich ihr widersprochen.«

»Hat sie gesagt, *warum* sie glaubte, das Medikament sei ungefährlich?«

»Nein – das hat sie nicht getan. Natürlich ist sie auf medizinischer Ebene nicht qualifiziert genug, um sich darüber ein Urteil erlauben zu können – obwohl sie sich eines anmaßte.« Dr. Stavelys Stimme drückte Verachtung aus. »Ich war schockiert darüber, wie wenig sie wußte.«

»Können Sie uns genauer sagen, worüber Sie schockiert waren?«

»Ja. Dem australischen Gerichtsverfahren gegen Montayne wurde zu der Zeit große Beachtung geschenkt. Erinnern Sie sich?«

Urbach lächelte höflich. »*Ich* stelle hier die Fragen, Dr. Stavely.«

»Entschuldigen Sie bitte.« Dr. Stavely lächelte ebenfalls. »Was ich sagen will, ist, daß die Jordan nicht mal die australischen Gerichtsprotokolle gelesen hatte. Sie gab es selbst zu. Ich habe ihr dringend geraten, es zu tun.«

»Danke, Dr. Stavely. Hatten Sie während Ihres Gesprächs den Eindruck, daß Mrs. Jordan als Vertreterin ihrer Firma gekommen war?«

»Ganz sicher, ja.«

»Um wieder auf die Bemühungen Ihrer Organisation zurückzukommen, die Zulassung von Montayne rückgängig zu machen – hatten Sie den Eindruck, daß Felding-Roth sich darüber Sorgen machte und Mrs. Jordan geschickt hatte, um sie dahingehend zu beeinflussen, die Bemühungen einzustellen?«

»Dieser Gedanke ist mir allerdings gekommen, obwohl ich es nicht beweisen kann. Aber sie muß sofort gemerkt haben, daß sie nicht die geringste Chance hatte, damit durchzukommen.«

Ebenso wie Vince Lord hatte die Stavely nicht direkt gelogen, dachte Celia. Aber was für einen Unterschied machte es doch, was und wie man etwas sagte!

Senator Donahue, der ein Papier in der Hand hielt, sprach jetzt ins Mikrofon: »Dr. Stavely, ich habe hier ein Dokument, das als ›Felding-Roth-Doktrin‹ bezeichnet wird. Falls Sie sie noch nicht kennen sollten, gebe ich Ihnen gern diese Kopie.«

»Ich habe sie gelesen, Senator – und einmal genügt mir.«

Donahue lächelte. »Wir würden gern Ihre Meinung darüber hören.«

»Ich halte diese sogenannte Doktrin für eine geschmack- und schamlose Werbekampagne, für eine Beleidigung aller Opfer von Montayne.«

Celia war vor Zorn außer sich. Sie wollte aufspringen, als sie Quentins Hand auf ihrem Arm spürte. Es gelang ihr nur mit Mühe, sitzen zu bleiben.

Senator Jaffee, ein Mitglied der Parteienminderheit, bemerkte beschwichtigend: »Aber Dr. Stavely, wenn eine Firma einen Fehler zugibt und für die Zukunft verspricht...«

»Ich wurde nach meiner Meinung gefragt, und die habe ich kundgetan«, fuhr die Stavely ihn an. »Mich kann man mit einem so faulen Zauber nicht hinters Licht führen.«

Senator Donahue legte lächelnd das Papier wieder auf den Tisch. Nach ein paar abschließenden Fragen entließ man Dr. Stavely und kündigte als ersten Zeugen des nächsten Tages Dr. Gideon Mace von der FDA an.

Am Abend erhielt Celia in ihrer Suite im *Madison*-Hotel einen Telefonanruf. Es war Juliet Goodsmith, die ihr mitteilte, daß sie unten in der Halle sei. Celia bat sie heraufzukommen und nahm sie liebevoll in die Arme.

Die Tochter von Sam und Lilian sah älter aus als dreiundzwanzig, dachte Celia, allerdings brauchte man sich darüber nicht zu wundern. Sie war schlank, fast mager geworden, lehnte aber Celias Einladung zum Essen ab.

»Ich bin nur vorbeigekommen«, sagte Juliet, »weil ich zufällig bei einer Freundin in Washington bin und etwas über dieses Hearing gelesen habe. Die sind nicht fair zu Ihnen. Sie sind die einzige in der Firma, die anständig war und dieses verdammte Medikament abgelehnt hat – und jetzt werden *Sie* dafür bestraft, daß andere geldgierig und korrupt waren.«

Sie saßen sich gegenüber, und Celia sagte leise: »Ganz so war es nicht und ist es auch jetzt nicht.«

Sie erklärte Juliet, daß sie als oberste Repräsentantin der Firma ganz automatisch ins Schußfeld der Angriffe geraten sei und daß sich ihr persönliches Verhalten damals in keiner Weise auf den Verkauf von Montayne ausgewirkt hatte.

»Der springende Punkt ist«, sagte Celia, »daß Donahue versucht, Felding-Roth in der Öffentlichkeit zu verteufeln.«

»Vielleicht hat er damit recht«, sagte Juliet, »vielleicht hat die Firma tatsächlich nichts anderes verdient.«

»Nein, das lasse ich nicht zu!« erklärte Celia mit Nachdruck. »Die Firma hat in bezug auf Montayne einen schlimmen Fehler gemacht, aber sie hat in der Vergangenheit sehr viel Gutes geleistet und wird das auch in Zukunft tun.« Selbst jetzt dachte sie mit großem Optimismus an Peptid 7 und Hexin W.

»Im übrigen muß ich dir sagen«, fuhr Celia fort, »daß dein Vater, welche Fehler er auch immer begangen hat, nichts von all dem war, was du gesagt hast: Er war weder ›korrupt‹ noch ›geldgierig‹. Er war ein guter Mensch, der das tat, was er zum gegebenen Zeitpunkt für richtig hielt.«

»Wie soll ich das glauben?« erwiderte Juliet. »Er hat mir diese Pillen gegeben, ohne mir zu sagen, daß sie noch nicht zugelassen waren.«

»Versuch deinem Vater zu verzeihen«, sagte Celia beschwörend. »Wenn du das nicht tust, jetzt, nachdem er tot ist, wird für dich alles nur noch schwerer sein.« Als Juliet den Kopf schüttelte, fügte Celia hinzu: »Ich hoffe, daß es dir mit der Zeit gelingen wird.«

Es war sicher nicht gut, sich nach Juliets Sohn zu erkundigen, der jetzt fast zwei Jahre alt war und sich in einem Pflegeheim für unheilbar Kranke befand, wo er für den Rest seines Lebens bleiben würde, deshalb fragte Celia: »Wie geht es Dwight?«

»Wir lassen uns scheiden.«

Celias Betroffenheit war echt. Sie dachte an den Hochzeitstag zurück und wie überzeugt sie gewesen war, daß Juliet und Dwight eine gute Ehe führen würden.

»Alles war wunderbar, bis zu dem Zeitpunkt, als das Baby ein paar Monate alt war. Als wir dann feststellten, was mit unserem Sohn los war, war alles aus. Dwight war auf meinen Vater noch böser als ich. Er wollte Felding-Roth und Daddy persönlich vor Gericht bringen, den Fall selbst in die Hand nehmen. Dazu hätte ich nie meine Zustimmung gegeben.«

»Das hätte alles zerstört«, bestätigte Celia.

»Danach haben wir uns noch eine Weile um Versöhnung bemüht, Aber es hat nicht geklappt«, sagte Juliet traurig. »Wir waren nicht mehr dieselben, und da haben wir beschlossen, uns scheiden zu lassen.«

Dazu gab es wenig zu sagen, aber Celia mußte daran denken, wieviel Tragik Montayne in so vieler Hinsicht über die Menschen gebracht hatte.

13

Von allen Zeugen, die vor dem Senats-Unterausschuß im Fall Montayne aussagten, hatte Dr. Gideon Mace bei weitem den schwersten Stand.

Während des Kreuzverhörs von Mace deutete Senator Donahue an einem dramatischen Punkt mit erhobenem Zeigefinger auf ihn und rief mit donnernder Stimme, die Jehova alle Ehre gemacht hätte: »*Sie* waren es, der stellvertretend für die Regierung und trotz aller Sicherheitsmaßnahmen diese Geißel über die amerikanischen Frauen und ihre wehrlosen, ungeborenen Kinder gebracht hat. Daher werden Sie nicht ungeschoren davonkommen.«

Mace hatte ein paar Minuten zuvor zum Erstaunen aller zugegeben, daß er vor der Erteilung der Zulassung für Montayne ernsthafte Zweifel an dem Medikament gehegt habe, die auf dem ersten australischen Bericht beruhten – Zweifel, die ihn nie ganz verlassen hätten.

Urbach, der das Kreuzverhör leitete, hatte geradezu gebrüllt: »Aber warum *haben* Sie es dann zugelassen?«

Worauf Mace lahm geantwortet hatte: »Das... das weiß ich einfach nicht.«

Diese Antwort – die schlimmste, die ihm hätte einfallen können – rief bei den Zuhörern einen sichtlichen Schock hervor. Unglauben und Entsetzen machten sich breit und lösten einen Augenblick später Donahues Ausbruch aus.

Bis zu diesem Punkt hatte Mace – obwohl ganz offensichtlich nervös – den Anschein erweckt, sich in der Gewalt zu haben und für seine Entscheidung als FDA-Mitarbeiter einstehen zu können.

Er hatte mit einer kurzen Erklärung begonnen, dann die Berge von Akten erwähnt, die eingereicht worden waren – 125 000 Seiten in 307 Bänden – und denen verschiedene Fragen von seiner Seite gefolgt waren. Diese Fragen, so erklärte er, seien schließlich zu seiner Zufriedenheit beantwortet worden. Er bezog sich nicht auf den Bericht aus Australien, das tat er erst später, in Beantwortung diesbezüglicher Fragen.

Als man auf den australischen Fall zu sprechen kam, wurde Mace sichtlich nervös; er schien plötzlich zusammenzubrechen. Und danach war das schreckliche Eingeständnis: *»Ich weiß es einfach nicht«* erfolgt.

Obwohl sich Celia über die schwache Position von Mace im klaren war, hatte sie Mitleid mit ihm und glaubte, daß man ihm die Last der Schuld zu Unrecht aufbürdete. Später sprach sie mit Childers Quentin darüber.

»In Augenblicken wie diesen«, sagte der Anwalt, »merkt man, wie sehr das britische Zulassungsverfahren dem unseren überlegen ist. In England berät ein Komitee für die Sicherheit von Medikamenten den Gesundheitsminister, und der Gesundheitsminister persönlich erteilt die Lizenz für ein neues Medikament. Der Minister wird von seinen Mitarbeitern nur beraten, die Verantwortung trägt er selbst. Und wenn irgendwas schiefgeht, muß er ganz allein dem Parlament Rede und Antwort stehen. Wo aber ist unser Minister? Vermutlich drückt er sich in seinem Büro herum oder macht sich einen schönen Tag auf dem Land. Und die Folge davon ist, daß die Leute von der FDA noch vorsichtiger sein werden, weil sie keine Lust haben, vor ein Kongreßkomitee gezerrt und gekreuzigt zu werden. Sie werden auf den Medikamenten sitzen bleiben und abwarten, lange, viel zu lange. Selbstverständlich ist bei neuen Medikamenten Vorsicht geboten, aber zuviel Vorsicht kann den Fortschritt in der Medizin behindern und Ärzten und Patienten Heilmittel vorenthalten, die sie dringend benötigen.«

Als Maces Befragung schließlich beendet war und eine Pause eingelegt wurde, atmete Celia erleichtert auf. Voller Mitgefühl stand sie auf und ging zu ihm.

»Dr. Mace, ich bin Celia Jordan von Felding-Roth. Ich wollte Ihnen nur sagen…«

Sie unterbrach sich bestürzt. Bei der Erwähnung von Felding-Roth hatten sich Maces Gesichtszüge vor Haß verzerrt. »Kommen Sie mir nicht zu nahe!« zischte er mit funkelnden Augen. »Kommen Sie mir *niemals* wieder zu nahe!«

Bevor Celia sich fassen und etwas erwidern konnte, hatte sich Mace umgedreht und war gegangen.

Quentin, der dicht hinter ihr stand, fragte neugierig: »Worum ging es denn?«

»Ich weiß nicht«, sagte Celia erschüttert. »Als ich den Namen unserer Firma erwähnte, schien er total auszuflippen.«

»Na und?« Der Rechtsanwalt zuckte die Achseln. »Dr. Mace mag den Hersteller von Montayne eben nicht. Das ist nur zu verständlich.«

»Nein. Es muß mehr sein. Da bin ich ganz sicher.«

»Ich würde mir deswegen keine Sorgen machen.«

Aber der Ausdruck abgrundtiefen Hasses ließ Celia den ganzen Tag nicht los und bereitete ihr Sorgen.

Vincent Lord war noch einen Tag länger in Washington geblieben, und Celia hatte ihn in ihrer Hotelsuite geradeheraus beschuldigt, gelogen zu haben.

Zu ihrer Überraschung wies der Leiter der Forschungsabteilung ihre Anschuldigungen nicht zurück, sondern sagte zerknirscht: »Sie haben recht. Es tut mir leid. Ich war nervös.«

»Sie kamen mir aber gar nicht nervös vor.«

»Ich hab's mir nicht anmerken lassen. Die Fragen sind mir unheimlich unter die Haut gegangen. Ich hab' gegrübelt, wieviel dieser Bursche, dieser Urbach, eigentlich weiß.«

»Was soll er denn wissen können?«

Lord zögerte und suchte nach einer Antwort. »Nicht viel mehr, als wir alle wissen, nehme ich an. Auf jeden Fall habe ich mir überlegt, daß ich auf die Art und Weise, wie ich geantwortet habe, die ganze Fragerei am schnellsten hinter mich bringe.«

Celia war noch nicht überzeugt. »Warum wollten Sie schneller als alle anderen da rauskommen? Sicher, was hier passiert, ist für keinen erfreulich, auch für mich nicht, und wir müssen es alle mit unserem

Gewissen abmachen. Aber in Verbindung mit Montayne ist nie irgend etwas Illegales geschehen.« Sie unterbrach sich. »Oder etwa doch?«

»Nein! Natürlich nicht!« Die Antwort kam eine Sekunde zu spät und war eine Spur zu betont.

Sams Worte fielen ihr wieder ein: *»Da ist noch etwas… von dem Sie nichts wissen.«*

Sie sah Lord fragend an. »Vince, gibt es irgend etwas, das mit Montayne und Felding-Roth zu tun hat, von dem ich nichts weiß?«

»Nichts – das schwöre ich Ihnen. Was sollte es denn sein?«

Wieder log er. Sie wußte es. Sie wußte auch, daß Sam sein Geheimnis, was immer es sein mochte, nicht mit ins Grab genommen hatte – daß Lord es mit ihm teilte.

Aber im Augenblick konnte sie nichts tun.

Das Hearing dauerte vier Tage. Es gab weitere Zeugen, darunter zwei Ärzte – Neurologen, die durch Montayne geschädigte Babys untersucht hatten. Einer der Ärzte war in Europa gewesen, um den Fällen dort nachzugehen, und zeigte Dias von Kindern, die er gesehen hatte.

Äußerlich war den Kindern nicht anzusehen, daß sie nicht normal waren. Aber die meisten von ihnen waren im Liegen aufgenommen. »Sie werden nie auch nur die kleinste Bewegung selber machen können. Sie sind ihr Leben lang auf die Hilfe anderer angewiesen. Außerdem haben sie im embryonalen Zustand schwere Gehirnschäden davongetragen.«

Manche Gesichter waren schön. Das eine Kind – älter als die anderen – war ein zweijähriger Junge. Von einer unsichtbaren Hand gestützt, blickte er mit scheinbar seelenvollem Blick in die Kamera. Ausdruckslos und leer.

»Dieses Kind«, informierte der Neurologe die betroffenen Zuhörer, »wird niemals denken können und mit ziemlicher Sicherheit nie auch nur das geringste von dem, was in seiner Umgebung vorgeht, wahrnehmen können.«

Das Gesicht erinnerte Celia an Bruce, vor siebzehn Jahren. Bruce, der ihnen erst vor ein paar Tagen vom Williams College geschrieben hatte.

Liebe Mom, lieber Dad,
das College ist Klasse! Mir gefällt es hier ganz toll. Am meisten gefällt mir, daß sie von einem wollen, daß man *denkt, denkt, denkt...*

Celia war froh, daß es während der Diavorführung nur gedämpftes Licht gab, dann sah sie, daß sie nicht die einzige war, die ein Taschentuch hervorholte, um sich die Augen zu wischen.

Als der Arzt geendet hatte, schien Senator Donahue nur mit Mühe sprechen zu können. Trotz all seiner Großspurigkeit, dachte Celia, geht es auch ihm nahe.

Wie nahe es Donahue auch gegangen sein mochte – am Nachmittag des vierten und letzten Untersuchungstags, als Celia noch einmal in den Zeugenstand gerufen wurde, war von seiner gedämpften Stimmung nichts mehr zu bemerken. Selbst mit seinen eigenen Leuten war der Senator ungeduldig und gereizt. Bevor Celia aufgerufen wurde, flüsterte Quentin ihr zu: »Nehmen Sie sich in acht. Scheint, daß dem großen Mann eine Laus über die Leber gelaufen ist.«

Urbach stellte Celia Fragen, die mit einigen Aussagen der anderen Zeugen im Zusammenhang standen.

Er bezog sich unter anderem auf Vincent Lords Behauptung, daß er, wenn er etwas zu sagen gehabt hätte, dafür gewesen wäre, Montayne noch nicht in den Handel zu bringen, und Celia erwiderte: »Wir haben uns inzwischen darüber unterhalten. Ich erinnere mich zwar, daß Dr. Lord damals eine andere Meinung vertrat, aber ich sehe keinen Grund dafür, seine Behauptung zu bestreiten, also lassen Sie es ruhig dabei.«

Zu ihrem Besuch bei Dr. Stavely in der BSM-Zentrale bemerkte Celia: »Da sind wir verschiedener Auffassung. Ich entschloß mich ganz impulsiv, Dr. Stavely aufzusuchen; ich glaubte, daß wir etwas voneinander lernen könnten. Aber das war nicht der Fall.«

»Sind Sie hingegangen, weil Sie die Absicht hatten, über Montayne zu sprechen?« fragte Urbach.

»Nicht unbedingt.«

»Aber Sie haben über Montayne gesprochen?«

»Ja.«

»Hofften Sie, Dr. Stavely und ihre Organisation dazu überreden zu können, ihre Kampagne gegen Montayne einzustellen?«

»Nein, das hatte ich nicht vor. Dieser Gedanke ist mir nicht gekommen.«

»Hatte Ihr Besuch offiziellen Charakter, erfolgte er im Auftrag Ihrer Firma?«

»Nein. Bei Felding-Roth hat niemand davon gewußt, daß ich zu Dr. Stavely gegangen bin.«

Donahue, der neben Urbach saß, schien nicht zufrieden. Er fragte: »Sagen Sie auch die Wahrheit, Mrs. Jordan?«

»Selbstverständlich sage ich die Wahrheit.« Und zornig fügte sie hinzu: »Sie können mich ja an einen Lügendetektor anschließen.«

»Sie stehen hier nicht unter Anklage«, knurrte Donahue.

»Entschuldigen Sie bitte, Herr Senator, das war mir noch gar nicht aufgefallen.«

Mit finsterer Miene gab Donahue Urbach ein Zeichen weiterzumachen.

Die nächste Frage betraf die Felding-Roth-Doktrin.

»Sie haben gehört, daß Dr. Stavely diese Doktrin als eine ›schamlose Werbekampagne‹ bezeichnet hat«, sagte Urbach. »Finden Sie das auch?«

»Natürlich nicht. Die Doktrin bezweckt nichts anderes, als die künftige Firmenpolitik darzulegen.«

»Ach, wirklich! Sie sind also überzeugt, daß sie auf gar keinen Fall werbewirksam ist?«

Celia spürte, daß man ihr eine Falle stellen wollte. Sie beschloß, auf der Hut zu sein.

»Das habe ich nicht gesagt. Aber wenn dieses ehrliche Bekenntnis am Ende auch in dieser Hinsicht eine Wirkung erzielen sollte, dann lag das jedenfalls nicht in der ursprünglichen Absicht.«

Donahue rutschte unruhig auf seinem Stuhl hin und her. Urbach drehte sich fragend zu ihm um. »Herr Senator?«

Der Vorsitzende schien unentschlossen, ob er unterbrechen sollte oder nicht. Dann sagte er mürrisch: »Das ist alles eine Frage der Interpretation. Es kommt nur darauf an, ob wir einer selbstlosen, engagierten Frau wie Dr. Stavely glauben sollen oder der Repräsentantin einer Industrie, der es nur um Gewinn geht und der es egal ist, ob sie regelmäßig Leute umbringt oder verunstaltet, nur weil sie Medikamente verkauft, von denen sie schon im voraus weiß, daß sie Schaden anrichten.«

Den Zuhörern stockte der Atem. Selbst Donahues Leute sahen verlegen drein, weil sie spürten, daß er zu weit gegangen war.

»Ist das eine Frage, Herr Senator«, gab Celia in scharfem Ton zurück, »oder ist es nicht vielmehr eine voreingenommene Erklärung Ihrerseits, die sich durch nichts beweisen läßt und die dieses Hearing als eine Scharade enthüllt, bei der das Ergebnis bereits feststand, noch bevor irgendeiner von uns überhaupt gehört wurde?«

Donahue wies mit dem Finger auf Celia, wie er es schon bei Mace getan hatte. »Ich muß die Zeugin warnen: Sie könnte sich zu einem Verstoß hinreißen lassen, den wir Mißachtung des Kongresses nennen.«

»Fordern Sie mich nicht heraus!« Celia war jetzt alles egal.

»Ich verlange, daß Sie mir diese Bemerkung erklären!« brüllte der Senator.

Celia ließ nun jede Vorsicht außer acht. Sie hörte kaum, daß Quentin ihr beschwörend zuflüsterte, schüttelte seine Hand ab und sprang auf.

»Ich werde sie Ihnen erklären, indem ich darauf hinweise, daß Sie, der Sie hier über Montayne und Felding-Roth und die FDA zu Gericht sitzen, derselbe sind, der sich vor zwei Jahren öffentlich über eine Verzögerung des Zulassungsverfahrens von Montayne beschwert und sie als lächerlich bezeichnet hat.«

»Das ist eine Lüge! Das ist eine Mißachtung, Madam. Eine derartige Erklärung habe ich nie abgegeben.«

In Celia machte sich ein Gefühl der Befriedigung breit. *Donahue hatte es vergessen.* Das war kaum verwunderlich – er gab ständig Erklärungen über alles mögliche ab. Und seine Helfer hatten es unterlassen, ihn daran zu erinnern, falls sie es überhaupt noch wußten. Quentin hatte sich geirrt.

Vor ihr auf dem Tisch lag ein Aktenordner, den sie bis jetzt ungeöffnet gelassen hatte. Sie hatte ihn nur für alle Fälle mitgebracht. Aber jetzt zog sie ein Bündel Zeitungsausschnitte heraus und nahm den obersten zur Hand.

»Dieser Ausschnitt stammt aus der *Washington Post* vom 17. September 1976.« Sie blieb stehen, während sie vorlas.

»Bezugnehmend auf das Arzneimittel Montayne, das der FDA seit einiger Zeit zur Prüfung vorliegt und für Frauen während der

Schwangerschaft bestimmt ist, bezeichnete es Senator Dennis Donahue heute als ›ausgesprochen lächerlich‹, daß die FDA noch immer keine Entscheidung getroffen habe.«

Und sie fügte hinzu: »Dieser Bericht ist auch in anderen Zeitungen erschienen.«

Celia machte eine Pause, dann fuhr sie fort: »Und da wäre noch etwas, Herr Senator.« Sie zog ein anderes Blatt aus dem Ordner.

Donahue, dessen Gesicht dunkelrot angelaufen war, griff nach seinem Hammer. Aber Senator Jaffee von der Opposition rief: »Lassen Sie die Zeugin zu Ende reden. Ich möchte es hören.«

»Sie haben die Pharma-Industrie beschuldigt, Menschen zu töten«, sagte Celia zu Donahue. »Ich habe hier eine Aufstellung darüber, wofür Sie in den vergangenen achtzehn Jahren bei den Abstimmungen über die Tabaksteuer gestimmt haben. Sie haben sich ausnahmslos für Steuerbegünstigungen ausgesprochen. Und damit, Herr Senator, haben Sie dafür gesorgt, daß der Lungenkrebs inzwischen mehr Menschen umgebracht hat als die pharmazeutische Industrie seit ihrem Bestehen.«

Die letzten Worte gingen im Tumult unter; alle schrien durcheinander, auch Donahue, der mit seinem Hammer auf den Tisch schlug. »Die Sitzung wird vertagt«, rief er.

14

Was für Celia als schlimme Erfahrung begonnen hatte, endete – jedenfalls sah es ganz danach aus – mit einem persönlichen Triumph.

Noch am selben Abend, kurz nach ihrem Zusammenstoß mit Senator Donahue, brachten die Fernsehanstalten – ABC, CBS und NBC – fast die gesamte dramatische Szene in ihren Abendnachrichten. »Das war großes Theater – eine Sternstunde des Fernsehens«, schrieb ein Kritiker.

Auch die Zeitungen behandelten den Vorfall am nächsten Tag vorrangig. Die *New York Times* überschrieb ihren Artikel mit:

Temperamentvolle Lady übertrumpft Senator

Bei der *Chicago Tribune* hieß es:

Sen. Donahue nimmt Jordan ins Kreuzverhör
zu seinem eigenen Schaden

In diesem Fall hatten die Reporter von Presse und Fernsehen ihre Hausaufgaben gut gemacht und einiges ausgegraben. Einer sagte zu Julian Hammond, der es Celia weitererzählte: »Die meisten von uns haben die Sache mit Mrs. Jordans Kündigung wegen Montayne rausgekriegt und auch, daß sie, als sie zurückkam, darauf bestand, daß das Medikament sofort aus dem Handel gezogen wurde. Aber keiner wußte so recht, ob man diese Informationen verwenden sollte oder nicht, deshalb haben wir sie uns für später aufgehoben. Und das hat sich ja dann auch als viel effektvoller erwiesen.«

Und so kam Celia in den meisten Berichten nach dem Zusammenstoß in zweierlei Hinsicht gut weg. Zum einen hatte sowohl ihre Kündigung als auch ihre spätere Rückkehr zu Felding-Roth sie als eine Frau mit moralischen Prinzipien ausgewiesen. Zum anderen hatte sie, indem sie sich weigerte, sich beim Senatsverhör auf Kosten der Firma in ein gutes Licht zu setzen, bemerkenswerte Loyalität bewiesen.

Im *Wallstreet Journal* begann der Leitartikel mit den Worten:

Gewöhnlich wird der Geschäftswelt nicht soviel Respekt gezollt, wie sie es verdient. Da ist es eine erfreuliche Abwechslung, wenn einmal jemandem aus der Geschäftswelt öffentlich Hochachtung entgegengebracht wird.

Ein paar Tage nach ihrer Rückkehr aus Washington kam Julian Hammond in Celias Büro. Der stellvertretende Leiter der Presseabteilung hielt stolz ein Bündel Zeitungsausschnitte in der Hand, die er auf Celias Schreibtisch ausbreitete. Einen Augenblick später wurde Childers Quentin gemeldet.

Celia hatte den Rechtsanwalt aus Washington seit ihrem letzten Tag auf dem Capitol Hill nicht mehr gesehen. Bei seinem jetzigen Besuch wollte er mit ihr die Regelung der Montayne-Schadenersatzansprüche besprechen.

Quentin sah müde aus und schien schlecht gelaunt, als sie sich begrüßten und sie ihn bat, Platz zu nehmen.

»Ich wollte gerade gehen, Mr. Quentin«, sagte Hammond. Er

deutete auf die Zeitungsausschnitte. »Wir genießen die Früchte des Erfolgs.«

Quentin schien nicht sehr beeindruckt. »Ach, so nennen Sie das?«

»Ja, sicher.« Hammond schien überrascht. »Sie nicht?«

Die Antwort kam mürrisch. »Wenn Sie das so sehen, sind Sie beide kurzsichtig.«

Celia brach das darauffolgende Schweigen. »Na schön, Herr Anwalt. Sie haben etwas auf dem Herzen. Heraus damit.«

»Das da«, Quentin zeigte auf die Zeitungsausschnitte, »und das ganze Aufhebens, das im Fernsehen um Sie gemacht wird, ist eine tolle Sache. In wenigen Wochen aber wird das meiste wieder vergessen sein. Die ganze Publicity zählt nicht.«

»Und was zählt dann?« fragte Hammond.

»Was zählt, ist, daß die Firma – und Sie persönlich, Celia – sich einen gefährlichen Feind gemacht haben. Ich kenne Donahue. Sie haben ihn lächerlich gemacht. Schlimmer noch, Sie haben es auf seinem eigenen Territorium getan, im Senat, und dabei haben Ihnen Millionen Menschen zugesehen. Das wird er Ihnen nie verzeihen. Niemals. Wenn er irgendwann in der Zukunft Gelegenheit bekommen sollte, Felding-Roth oder Ihnen, Celia, zu schaden, dann wird er es tun, und zwar mit Vergnügen. Vielleicht sucht er schon gezielt nach einer solchen Gelegenheit, und ein Senator der Vereinigten Staaten sitzt – wie schon einmal gesagt – am Machthebel.«

Celia fühlte eine eisige Kälte in sich aufsteigen. Sie wußte, daß Quentin recht hatte.

»Und was schlagen Sie vor?« fragte sie.

Der Anwalt zuckte die Achseln. »Für den Augenblick gar nichts. Und für die Zukunft: Seien Sie so vorsichtig wie möglich. Und hüten Sie sich davor, in eine Situation zu geraten, in der Ihnen Senator Donahue schaden kann.«

15

»Was ist Mrs. Jordan für eine Frau?« fragte Yvonne Martin.

Er dachte kurz nach, bevor er antwortete. »Attraktiv. Stark. Intelligent. Außerordentlich tüchtig in ihrem Beruf. Direkt und ehrlich. Man weiß immer, woran man mit ihr ist.«

»Ich bin schon ganz nervös wegen ihres Besuchs.«

Er lachte. »Das brauchst du nicht. Ich kann dir schon jetzt sagen, daß ihr euch gut verstehen werdet.«

Es war ein Freitagabend im Juli, und sie befanden sich in Martins Haus in Harlow, in das Yvonne vor fast einem Jahr eingezogen war. Ihre kleine Wohnung hatte sie aufgegeben.

Im Wohnzimmer waren überall Bücher und Papiere verstreut – Yvonnes Vorbereitungen auf ihr Examen, das in sechs Monaten stattfinden sollte. Eineinhalb Jahre waren vergangen, seit sie auf Martins Drängen hin die Mühen auf sich genommen hatte, die ihr am Ende, wie sie hoffte, Zugang zum tierärztlichen Studium verschaffen würden.

Mit dem Lernen kam sie gut voran. Es machte ihr Spaß, und sie war noch nie glücklicher gewesen. Ihre Freude durchdrang das ganze Haus, und Martin teilte sie mit ihr. Tagsüber arbeitete sie weiter im Forschungsinstitut, und an den Abenden und Wochenenden hatte sie Unterricht. Martin half Yvonne, wie versprochen, und ergänzte den Lernstoff mit praktischen Erfahrungen.

Ein weiterer Grund zur Freude waren die Fortschritte, die im Institut gemacht wurden. Nach dem folgenschweren Einbruch der »Tierrechtler« waren sie mit dem erneuten Sammeln von Daten schneller vorangekommen als erwartet. Inzwischen war alles wieder aufgeholt und die Entwicklung von Peptid 7 an einem Punkt angelangt, an dem es an der Zeit war, die Ergebnisse der Geschäftsleitung zu unterbreiten.

Zu diesem Zweck sollte Celia zusammen mit einigen anderen am Mittwoch der kommenden Woche in Harlow eintreffen.

Im Augenblick aber konzentrierte sich Martin mit gerunzelter Stirn auf ein Lehrbuch – auf Murrays *Grundlagen der organischen Chemie.*

»Sie haben es seit meiner Studienzeit überarbeitet. Manches von dem neuen Zeug ist unrealistisch. Du lernst es, und hinterher vergißt du es wieder.«

»Meinst du diese chemischen Bezeichnungen?« fragte Yvonne.

»Ja, allerdings.«

Das Genfer System für chemische Formeln wurde von der *International Union of Pure and Applied Chemistry,* abgekürzt IUPAC und »U-pak« ausgesprochen, aufgestellt. Dahinter steckte der Gedanke, daß der Name einer chemischen Verbindung gleichzeitig auch ihre Struktur ausdrücken sollte. So daß *Isoktan* zu 2,2,4-Trimethylpentan, Essigsäure – gewöhnlicher Essig – zu Äthylsäure und ganz gewöhnliches Glyzerin zu Propan-1,2,3-Triol wurde. Und obwohl die Prüfer im Examen danach fragten, benutzten die Chemiker die IUPAC-Namen in der Praxis nur selten. Daher lernte Yvonne die neuen Namen für die Examen und die alten für ihre künftige Arbeit im Labor.

»Benutzt ihr die IUPAC-Namen denn gar nicht im Labor?« fragte sie.

»Nicht sehr oft. Die meisten von uns haben sie vergessen; außerdem sind sie umständlich. Auf jeden Fall werde ich dich beides abfragen.«

Martin fragte sie nach zwanzig chemischen Verbindungen, und Yvonne nannte jedesmal ohne zu zögern beide Bezeichnungen.

Martin klappte das Buch zu und schüttelte bewundernd den Kopf. »Dein Gedächtnis ist wirklich erstaunlich. Ich wünschte, ich hätte so eins.«

»Läßt du mich deshalb kein Peptid 7 nehmen?«

»Zum Teil, ja. Aber vor allem möchte ich kein Risiko eingehen.«

Vor einem Monat hatte Martin im Institut eine Mitteilung angebracht: *Freiwillige gesucht.*

Jeder Mitarbeiter des Instituts, der bereit war, sich für die ersten Tests mit Peptid 7 zur Verfügung zu stellen, sollte seinen Namen auf die Liste setzen. Martin hatte Ziele und Risiken genau erklärt. Sein Name stand als erster auf der Liste.

Rao Sastri trug sich gleich nach ihm ein. Nach ein paar Tagen standen vierzehn weitere Namen darauf, auch der von Yvonne.

Aus der endgültigen Liste wählte Martin insgesamt zehn Freiwillige aus. Yvonne gehörte nicht dazu. Als sie ihn nach dem Grund fragte, tat er es mit den Worten »vielleicht später, jetzt noch nicht« ab.

Diese ersten Erprobungen am Menschen wurden nicht durchgeführt, um die positiven Ergebnisse von Peptid 7 zu untersuchen, sondern um eventuelle nachteilige Nebenwirkungen festzustellen. »In England dürfen wir diese Tests selbst durchführen, für die man in Amerika die Zustimmung der FDA benötigt«, hatte Martin Celia am Telefon erklärt.

Bis jetzt – nach zwanzig Tagen – waren keine erkennbaren Nebenwirkungen aufgetreten. Martin war erleichtert, obwohl er wußte, daß noch sehr viel mehr Tests nötig sein würden.

Yvonne seufzte. »Ich möchte auch bald Peptid 7 haben. Sonst nehme ich nie ab.«

Martins Stimme war ernst geworden. »Ich werde morgen meine Mutter besuchen. Vater sagte mir heute, die Ärzte meinen, daß es nicht mehr lange dauert.«

Obwohl sich der körperliche Zustand von Martins Mutter nur wenig verschlechtert hatte, war die Alzheimersche Krankheit unbarmherzig fortgeschritten. Vor ein paar Monaten hatte Martin sie in ein Pflegeheim in Cambridge gebracht, wo sie nur noch vor sich hin dämmerte. Martins Vater bewohnte eine kleine, aber hübsche Wohnung, die Martin, seit er für Felding-Roth arbeitete, für seine Eltern gemietet hatte.

»Das tut mir leid.« Yvonne berührte mitfühlend seine Hand. »Ich komme mit – wenn es dir nichts ausmacht, daß ich auf der Fahrt lerne.«

Sie beschlossen, gleich nach dem Frühstück loszufahren. Martin wollte auf dem Weg noch kurz in seinem Büro vorbeischauen.

Während Martin am nächsten Morgen im Institut einen Blick auf die Post und einen Computerausdruck vom Vortag warf, schlenderte Yvonne durch den Tierhalteraum. Martin fand sie dort eine Weile später. Sie stand vor einem Käfig, in dem sich mehrere Ratten befanden, und Martin hörte sie ausrufen: »Du lüsterner alter Bock!«

»Wen meinst du?« fragte er amüsiert.

Yvonne deutete auf den Käfig. »Diese Bande da – das sind die lüsternsten kleinen Biester, die ich je gesehen habe, scheinen nicht genug zu kriegen. Sex interessiert sie mehr als das Fressen.«

Martin betrachtete neugierig die Ratte, die sich unverdrossen weiter mit einer willfährigen weiblichen Ratte paarte, während sich im Nachbarkäfig ein anderes Pärchen auf die gleiche Weise vergnügte.

Er warf einen Blick auf die Beschriftungen an beiden Käfigen. Allen Tieren war eine neue, verfeinerte Version von Peptid 7 injiziert worden. »Du sagtest ›seit neuestem‹ – sind sie erst ›seit neuestem‹ so scharf? Seit wann denn?«

Yvonne zögerte, dann sah sie Martin an. »Ich glaube... seit sie ihre Injektionen kriegen.«

»Und es sind keine jungen Ratten?«

»Als Menschen könnten sie bereits Rente beziehen.«

Martin lachte. »Ist wahrscheinlich ein Zufall.« Dann überlegte er: *War es wirklich ein Zufall?*

Als könnte sie seine Gedanken lesen, fragte Yvonne: »Was wirst du tun?«

»Überprüf doch bitte am Montag mal die Geburtenrate von Ratten, die Peptid 7 bekommen haben. Ich möchte wissen, ob sie über dem Durchschnitt liegt.«

»Dazu brauche ich nicht bis Montag zu warten, das kann ich dir gleich sagen: Sie liegt weit über dem Durchschnitt. Aber bis zu diesem Augenblick habe ich es nicht mit –«

»Tu's nicht!« unterbrach Martin sie scharf. »Bring es nicht damit in Verbindung! Falsche Vermutungen führen einen oft in die Sackgasse. Schick mir die Zahlen, die du hast.«

»Gut«, sagte sie gehorsam.

»Und danach stell bitte zwei neue Gruppen mit älteren männlichen und weiblichen Ratten zusammen, halte aber beide Gruppen voneinander getrennt. Die eine Gruppe wird Peptid 7 bekommen, die andere nicht. Ich möchte eine Computerstudie über die jeweiligen Paarungsgewohnheiten.«

Yvonne kicherte. »Ein Computer wird dir wohl kaum sagen können, wie oft sie...«

»Wahrscheinlich nicht. Aber er wird mir die Anzahl der Jungen nennen. Damit wollen wir uns begnügen.«

Sie nickte, und Martin spürte, daß ihr etwas anderes durch den Kopf ging. »Was ist?« fragte er.

»Ich mußte gerade an etwas Komisches denken, das ich gestern gehört habe, als ich einkaufen war. Mickey Yates ist doch einer von den Freiwilligen, stimmt's?«

»Ja.« Yates, ein Laborant, war der Älteste der Peptid-7-Freiwilligen. Seit dem mehrere Jahre zurückliegenden Vorfall mit Celia und der geköpften Ratte war er darum bemüht, sich Martin gegenüber nützlich zu erweisen. Dazu gehörte auch seine Teilnahme am Testprogramm.

»Also, ich traf seine Frau auf dem Markt, und sie erzählte mir, wie erfreulich es sei, daß sich Mickey durch seine Arbeit wieder so jung fühle.«

»Wie hat sie das gemeint?«

»Das hab' ich sie auch gefragt. Und da wurde sie rot und sagte, in letzter Zeit fühle sich Mickey so ›beschwingt und tatkräftig‹ – das waren ihre Worte –, daß sie sich gar nicht mehr vor ihm retten könne – im Bett.«

»Meinte sie, erst seit neuestem?«

»Ja.«

»Und vorher war er anders?«

»Es kam so gut wie nie vor – sagte sie.«

»Ich wundere mich, daß sie dir das erzählt hat.«

Yvonne lächelte. »Du kennst die Frauen nicht.«

Während der Fahrt hörten sie die Nachrichten im Radio. Zum ersten Mal in der britischen Geschichte war vor zwei Monaten ein weiblicher Premierminister gewählt worden, und jetzt impften Margaret Thatcher und ihre Regierung der Nation einen Unternehmungsgeist ein, den sie seit dem Zweiten Weltkrieg hatte vermissen lassen.

Martin schaltete das Radio ab und wandte sich näherliegenden Problemen zu.

»Ich mache mir Sorgen«, sagte er, »und ich möchte nicht, daß das, was wir heute morgen besprochen haben, bekannt wird. Du mußt das alles für dich behalten, und erzähl auch niemandem von der neuen Untersuchung. Halte die Ergebnisse unter Verschluß, bis du sie mir gibst. Und keine Geschichten mehr über Mickey Yates und seine Frau!«

»Okay«, sagte Yvonne, »aber ich verstehe nicht, warum du dir Sorgen machst.«

»Das will ich dir sagen. Wir haben ein Medikament entwickelt, das ernst genommen und sinnvoll gegen Krankheiten eingesetzt werden soll. Wenn sich aber herumspricht, daß es den Geschlechtstrieb anregt und außerdem zu Gewichtsverlust führt, wäre das das Schlimmste, was uns passieren könnte. Es wäre, als hätten wir das Schlangenöl neu entdeckt.«

»Ich glaube, ich verstehe, was du meinst«, sagte Yvonne. »Und ich verspreche dir, nicht darüber zu reden. Aber es wird schwer sein, andere davon abzuhalten.«

»Das fürchte ich auch«, bemerkte Martin düster.

Am späten Vormittag kamen sie in Cambridge an. Martin fuhr

direkt zum Pflegeheim seiner Mutter. Sie lag im Bett, wo sie die meiste Zeit verbrachte, und konnte sich nicht einmal an die einfachsten Dinge erinnern. Wie seit vielen Jahren schon gab sie nicht die geringsten Anzeichen des Wiedererkennens von sich, als Martin sich über sie beugte.

Sie schien von Tag zu Tag dahinzuschwinden. Ihr Körper war abgezehrt, die Wangen hohl, die Haare dünn. In all den Jahren des allmählichen Verfalls – auch noch zu der Zeit, als Celia das alte Haus in Kite besucht hatte – war noch ein Rest von fraulicher Schönheit zu erkennen gewesen. Aber jetzt war auch der verschwunden. So als würde die Alzheimersche Krankheit, die ihr Gehirn zersetzt hatte, auch ihren Körper auflösen.

»Es war immer mein Traum«, sagte Martin zu Yvonne, »etwas zu entwickeln, das hilft, den geistigen Verfall zu verhindern. Natürlich wird es noch Jahre dauern, bevor wir wissen, ob wir Erfolg gehabt haben. Und wegen seiner grundlegenden Bedeutung möchte ich nicht, daß das Mittel auf irgendeine Weise herabgesetzt wird.«

»Das kann ich gut verstehen. Vor allem jetzt«, sagte Yvonne.

Bei ihren früheren Besuchen hatte Yvonne immer die Hände der alten Frau ergriffen und sie wortlos gehalten. Obwohl es sich nicht mit Sicherheit sagen ließ, hatte Martin den Eindruck gehabt, daß es seiner Mutter guttat. Heute aber, als Yvonne wieder ihre Hände nahm, schien selbst dieser dürftige Rest von Kommunikation nicht mehr vorhanden.

Vom Pflegeheim aus fuhren sie zu Martins Vater. Die Wohnung lag im Nordwesten der Stadt, nicht weit vom Girton College entfernt. Sie fanden Martins Vater in dem winzigen Hof hinter dem Haus. Überall lagen Werkzeuge verstreut, und er meißelte und hämmerte an einem kleinen Marmorblock herum.

»Weißt du eigentlich, daß mein Vater früher Steinmetz war?« fragte Martin Yvonne.

»Ja. Aber ich wußte nicht, daß Sie Ihren Beruf noch immer ausüben, Mr. Peat-Smith.«

»Tu ich auch nicht«, sagte der alte Mann. »Meine Finger sind schon viel zu steif. Allerdings würde ich gern einen Grabstein für deine Ma machen, mein Sohn. Ungefähr das einzige, was man noch tun kann für sie. Darf man das sagen, wo sie noch nicht tot ist?«

Martin legte seinem Vater den Arm um die Schultern. »Ja, das darf man, Dad. Brauchst du irgendwas?«

»Ich brauche einen Marmorstein. Kostet aber ein bißchen.«

»Mach dir keine Sorgen. Bestell einfach, was du brauchst, und sag, sie sollen die Rechnung an mich schicken.«

Als Martin Yvonne ansah, liefen ihr Tränen über das Gesicht.

16

»Was das betrifft, bin ich ganz Ihrer Meinung«, sagte Celia zu Martin. »Wenn Peptid 7 auf irgendeine Weise in den Ruch kommt, ein Aphrodisiakum zu sein, wird es als Medikament wohl nicht mehr ernst genommen.«

»Vielleicht können wir das geheimhalten«, sagte Martin.

»Das glaube ich kaum«, erklärte Celia. »Ich kann nur hoffen, daß Sie recht behalten.«

Es war der zweite Tag ihres Besuchs im Harlower Institut, und es schien lange her, seit sie auf Anweisung von Sam nach Harlow gekommen war, um zu entscheiden, ob das Institut geschlossen werden sollte. Und sieben Jahre waren vergangen seit dem bemerkenswerten ersten Treffen zwischen Sam, ihr und Martin in Cambridge.

»Es scheint kaum einen Zweifel daran zu geben, daß Sie etwas Großartiges erreicht haben«, sagte sie.

Sie waren in keiner Weise befangen. Falls sich einer von ihnen an die gemeinsam verbrachte Nacht erinnerte, so ließ er sich das nicht anmerken. Es war ganz eindeutig ein Zwischenspiel, das voll und ganz der Vergangenheit angehörte.

Während Celia sich in Martins Büro aufhielt, informierten sich ihre Mitarbeiter über den Stand der Dinge und besprachen die zukünftig notwendigen Schritte, die Herstellung, Qualitätskontrolle, Material und Bezugsquellen, Kosten, Verpackung, Produktmanagement, Vertrieb im In- und Ausland betrafen.

Obwohl die klinische Erprobung noch immer über ein Jahr in Anspruch nehmen würde und erst danach der Antrag auf Zulassung gestellt werden konnte, mußten viele Entscheidungen bereits jetzt getroffen werden. Eine der wichtigsten war, ob und wieviel Felding-

Roth in eine neue Fabrikationsanlage investieren würde – was entweder ein kostspieliges, verlustreiches Unternehmen oder aber ein geschickter, erfolgreicher Schachzug sein konnte.

Wichtig war auch, in welcher Form das Medikament verabreicht werden sollte.

»Damit haben wir uns ausgiebig beschäftigt«, erklärte Martin Celia, »und wir empfehlen die Anwendung durch ein Nasenspray. Das ist modern und zukunftsträchtig.«

»Ich weiß. Auch in Verbindung mit Insulin wurde schon darüber gesprochen. Auf jeden Fall bin ich froh, daß es nicht injiziert werden soll.«

Ein Medikament, das gespritzt werden mußte, ließ sich nie so gut verkaufen wie solche, die der Patient leicht selbst zu Hause einnehmen konnte.

»Als Nasenspray«, erklärte Martin, »wird Peptid 7 eine Kochsalzlösung sein, die mit einem Detergens vermischt ist. Das Detergens gewährleistet die beste Absorptionsrate.«

Sie hatten mit verschiedenen reinigenden Stoffen experimentiert. Als bestes nichttoxisches Mittel, das auch keine Reizung der Nasenschleimhäute hervorrief, hatte sich ein neues Felding-Roth-Präparat herausgestellt, das seit kurzem in den Vereinigten Staaten zur Verfügung stand.

Celia war erfreut. »Das heißt, daß alles in einer Hand bleibt?«

»Genau.« Martin lächelte. »Ich dachte mir, daß Sie sich darüber freuen würden.«

Als normale Dosis, fuhr er fort, war die zweimal tägliche Anwendung vorgesehen. Zwei Ärzte, die seit kurzem in Harlow arbeiteten, würden die klinischen Erprobungen in England leiten, die sofort beginnen konnten. »Wir werden uns auf die Vierzig- bis Sechzigjährigen konzentrieren, obgleich sich das natürlich variieren läßt, und werden das Mittel auch an Patienten erproben, die sich im ersten Stadium der Alzheimerschen Krankheit befinden. Es wird sie natürlich nicht heilen, aber vielleicht ein wenig hinauszögern.«

Celia berichtete ihrerseits von den Testplänen für die Vereinigten Staaten. »Wir wollen so bald wie möglich damit beginnen. Aufgrund der Vorbereitungen und weil wir erst die Genehmigung der FDA benötigen, werden wir Ihnen allerdings ein bißchen hinterherhinken.«

Sie schwelgten noch eine Weile in hoffnungsvollen Zukunftsplänen.

Die Harlower Gespräche führten zu dem Ergebnis, daß sich für Peptid 7 am besten eine kleine Plastikflasche mit Druckverschluß eignete, der auf Fingerdruck die richtige Dosis spenden würde. Es boten sich gute Möglichkeiten für eine attraktive, interessante Verpackung.

Wahrscheinlich würde Felding-Roth die Flaschen nicht selbst herstellen, sondern bei einem darauf spezialisierten Unternehmen in Auftrag geben. Aber diese Entscheidung mußte in New Jersey getroffen werden.

Während Celias Aufenthalt in Harlow arrangierte Martin ein Essen zu dritt. Celia schrieb es seiner Feinfühligkeit zu, daß er sie nicht ins *Churchgate*-Hotel, sondern ins *Saxon Inn* einlud.

Anfangs musterten die Frauen einander neugierig, dann aber schienen sie trotz des beträchtlichen Altersunterschieds – Celia war achtundvierzig, Yvonne siebenundzwanzig – Freundschaft zu schließen, wobei ihre Zuneigung zu Martin sicher eine Rolle spielte.

Celia bewunderte Yvonnes Entschluß zum tierärztlichen Studium. Und als Yvonne darauf hinwies, daß sie bei Studienbeginn älter sein würde als die meisten Studenten, tröstete Celia sie: »Deshalb werden Sie auch besser sein.« Und zu Martin sagte sie: »Wir haben bei Felding-Roth einen Fonds für die Weiterbildung von Angestellten. Vielleicht können wir Yvonne finanziell unterstützen.«

Als Yvonne sich bedanken wollte, winkte Celia lächelnd ab. »Nach allem, was ich erfahren habe, haben Sie sehr viel zur Entwicklung von Peptid 7 beigetragen.«

Als Yvonne sie für einen Augenblick allein ließ, sagte Celia: »Sie ist ein ganz besonders reizendes Mädchen. Es geht mich ja eigentlich nichts an, Martin, und Sie brauchen es mir auch nicht zu sagen, wenn Sie nicht wollen – aber werden Sie sie heiraten?«

Die Frage überraschte ihn. »Das ist sehr unwahrscheinlich. Darüber haben wir noch nicht nachgedacht.«

»Yvonne schon.«

»Warum sollte sie? Sie hat eine berufliche Karriere vor sich. Sie wird andere Städte, andere Männer kennenlernen, die in ihrem Alter sind. Ich bin schließlich zwölf Jahre älter als sie.«

»Zwölf Jahre sind gar nichts.«

»Heutzutage schon«, entgegnete Martin. »Das sind zwei völlig verschiedene Generationen. Außerdem braucht Yvonne ihre Freiheit und ich auch. Für den Augenblick haben wir ein Arrangement getroffen, das uns beiden zusagt, aber das kann sich ändern.«

»Männer!« sagte Celia mit einem Seufzer. »Manchmal holt ihr das Beste aus euren ›Arrangements‹ heraus, aber manchmal seid ihr auch blind.«

An Celias Abreisetag starb Martins Mutter. Sie glitt still und ohne Aufhebens aus dem Leben. »Wie ein Boot, das auf einem stillen See in die Nacht hinaustreibt«, hatte einer der Ärzte zu Martin gesagt.

Diese Stille, mußte Martin in einem Gefühl von Traurigkeit und Erleichterung denken, hatte für seine Mutter viel zu lange gedauert. Es waren die Stürme, nicht die stillen Gewässer, die dem Leben seine Würze gaben. Die Alzheimersche Krankheit hatte seiner Mutter diese Würze genommen, und bei dem Gedanken daran erwachte wieder die Hoffnung, die sich mit Peptid 7 verband.

An der Beerdigung nahmen nur Martin, sein Vater und Yvonne teil. Gleich darauf kehrte Martins Vater zu dem Marmorstein zurück, den er bestellt hatte und der vor ein paar Tagen geliefert worden war. Martin und Yvonne fuhren schweigend zurück nach Harlow.

In den folgenden Monaten wurden bei Felding-Roth in New Jersey wichtige Entscheidungen getroffen.

Der wirksame Bestandteil von Peptid 7, ein weißes kristallines Pulver, sollte in einer neu zu errichtenden Fabrik, für die der Platz bereits ausgewählt und die Pläne der Architekten in Vorbereitung waren, in der Republik Irland hergestellt werden. Es würde die erste Fabrik von Felding-Roth sein, die sich auf Molekularbiologie spezialisierte. Sie wurde von vornherein großzügig geplant, um später genügend Platz für die Herstellung des chemischen Grundstoffs von Hexin W zu bieten.

Die Herstellung der endgültigen flüssigen Form von Peptid 7 sollte in einer bereits bestehenden Fabrik in Puerto Rico erfolgen. Dorthin sollten die Behälter, die von noch einer anderen Firma geliefert wurden, verschifft werden. Diese Arrangements boten wesentliche Steuervorteile gegenüber einer Herstellung in den Vereinigten Staaten.

Für das gesamte Unternehmen waren riesige Investitionen nötig, die nach heftigen Debatten und gegen starke Bedenken vom Aufsichtsrat genehmigt wurden. Eines Abends beim Essen erläuterte Celia Andrew diese Bedenken: »Wir haben das Geld nicht selbst, müssen es uns also leihen. Und wenn es ein Flop wird, bedeutet das auch das Ende für Felding-Roth. Wir haben uns entschlossen, es dennoch zu tun – ein gewagtes Spiel.«

Es ging auch um andere, vielleicht nicht ganz so wesentliche Entscheidungen, zum Beispiel um den Markennamen für Peptid 7.

Die Werbeagentur von Felding-Roth – Quadrille-Brown in New York – führte eine kostspielige, ausgiebige Untersuchung über bereits existierende Markennamen durch und schlug nach langen Überlegungen neue vor, von denen die meisten sofort abgelehnt wurden. Nach mehrmonatigem Hin und Her traf man sich zu einer Konferenz auf höchster Ebene in der Geschäftszentrale von Felding-Roth. Von seiten der Firma nahmen Celia, Bill Ingram und ein halbes Dutzend andere Mitarbeiter teil.

Howard Bladen, jetzt Präsident von Quadrille-Brown, war persönlich erschienen, »um der guten alten Zeiten willen«, wie er sich ausdrückte, und führte das kleine Team der Agentur an. Bevor die Sitzung begann, erinnerten sich Celia, Ingram und Bladen an die sechzehn Jahre zurückliegende Konferenz, bei der sie sich kennengelernt hatten und die zu dem erfolgreichen Plan für das neue Healthotherm geführt hatte, das sich noch immer gut verkaufte.

Tafeln und Staffeleien wurden in den Sitzungsraum gebracht.

»Unter den Vorschlägen, die wir in Betracht gezogen haben«, erklärte ein Mitarbeiter der Agentur, »sind Namen, die sich auf das Gehirn oder auf die menschliche Wahrnehmung beziehen: Appercep, Compre, Percip und Braino.«

Der vierte Name wurde eilig zurückgezogen, als Bill Ingram auf seine Ähnlichkeit mit Drano – einem Haushaltsreiniger – hinwies.

»Das ist mir äußerst peinlich«, sagte Bladen, »und ich verstehe nicht, daß wir das alle nicht bemerkt haben.«

Es folgten Namen, die »an etwas Kluges erinnern sollen – etwas, das vor Intelligenz nur so strahlt«: Argent und Nitid.

Zwei weitere: Genus und Compen. Letzteres sollte, wie es hieß, zum Ausdruck bringen, daß das Medikament etwas »kompensiert«, was sonst verlorengehen könnte.

Eine Stunde lang wurde über die Namen diskutiert. Bill Ingram gefiel Appercep, Nitid lehnte er ab, und die anderen ließen ihn ziemlich kalt. Drei Firmenangehörige sprachen sich für Argent aus, Bladen war für Compen. Celia hielt sich zurück und ließ sich die Argumente durch den Kopf gehen.

Schließlich fragte Bladen: »Und was meinen Sie dazu, Mrs. Jordan? Sie hatten früher immer so ausgezeichnete Ideen.«

»Ich frage mich, warum wir unser neues Medikament nicht einfach Peptid 7 nennen«, sagte Celia.

Nur Ingram kannte Celia so gut, daß er es sich erlauben konnte, laut herauszulachen.

Bladen zögerte, dann hellte sich sein Gesicht langsam auf. »Was Sie eben vorgeschlagen haben, Mrs. Jordan, ist, glaube ich, schlicht genial.«

»Nur weil ich Kunde bin, muß es nicht gleich genial sein. Es ist einfach vernünftig«, erwiderte Celia schroff.

Nach einer äußerst kurzen Diskussion wurde beschlossen, Peptid 7 unter diesem Namen zu verkaufen.

Das folgende Jahr verging in Windeseile.

Die klinischen Erprobungen von Peptid 7, die schneller vorangegangen waren, als irgend jemand erwartet hatte, waren sowohl in England als auch den Vereinigten Staaten außerordentlich erfolgreich verlaufen. Ältere Patienten hatten auf das Medikament positiv angesprochen. Nachteilige Nebenwirkungen waren nicht aufgetreten. Jetzt waren alle Daten an das Komitee für die Sicherheit in der Medizin in London und an die FDA in Washington geschickt worden. Nach eingehenden Beratungen sowohl in Harlow als auch in Boonton, an denen Martin Peat-Smith, Vincent Lord, Celia und einige andere teilnahmen, wurde beschlossen, einen »offiziellen Hinweis« auf die gewichtsreduzierende Wirkung von Peptid 7 nicht zu beantragen. Das bedeutete, daß dieser Nebeneffekt des Medikaments zwar in den Informationen für die Ärzte erwähnt wurde, das Mittel aber nicht zu diesem Zweck *empfohlen* wurde.

Man war sich darüber im klaren, daß manche Ärzte es dennoch zu diesem Zweck verschreiben würden. Aber dafür würden sie selbst die Verantwortung tragen und nicht Felding-Roth.

Was die sexuelle Stimulans betraf, so hatten die Untersuchungen an Tieren derartiges tatsächlich bewiesen, bei den Tests an Menschen aber hatte man nicht eigens danach gesucht und diesen Effekt in dem Untersuchungsbericht auch so unauffällig wie möglich erwähnt.

In beiden Fällen vertrat man auch weiterhin die Ansicht, daß es sich bei Peptid 7 um ein ernsthaftes Medikament handelte, das den mentalen Alterungsprozeß hinauszögern sollte. Jeder andere, »frivole« Gebrauch würde von dieser wichtigen Funktion ablenken und dem Ruf des Medikaments abträglich sein.

Angesichts der makellosen Resultate aus den klinischen Tests und der Tatsache, daß ein besonderer Indikationshinweis nicht verlangt wurde, schien es unwahrscheinlich, daß die Zulassung von Peptid 7 lange auf sich warten lassen würde.

Inzwischen waren die Arbeiten an der Fabrik in Irland und die Umstellungen in dem Werk in Puerto Rico so gut wie abgeschlossen.

In Harlow hatte Martin, obwohl er an den Ergebnissen der klinischen Eprobungen sehr interessiert war, alle Einzelheiten seinem Personal überlassen. Er arbeitete an einer Modifizierung von Peptid 7, erforschte die Möglichkeiten, andere Gehirnpeptide herzustellen, um an die früheren Erfolge anzuknüpfen.

Martin und Yvonne lebten noch immer zusammen. Im Januar 1980 hatte Yvonne ihr Examen gemacht und zu ihrer eigenen und Martins großer Freude in allen Fächern mit Auszeichnung bestanden. Aufgrund ihrer guten Examensergebnisse war sie beim Lucy Cavendish College angenommen worden. Der College-Prospekt hatte Yvonne gefallen, weil darin von einer »Gemeinschaft der Frauen, besonders derjenigen, die ihr Studium verschieben oder unterbrechen mußten«, die Rede war. Sie besuchte das College seit dem September, nachdem sie bei Felding-Roth gekündigt hatte.

Inzwischen war ein Monat vergangen, und sie hatte sich daran gewöhnt, zu den Vorlesungen täglich nach Cambridge und wieder zurück zu fahren, was eine Stunde in Anspruch nahm.

Regen Anteil nahm Yvonne an der königlichen Romanze zwischen dem Prince of Wales und »Lady Di«, wie die Engländer sie nannten. Yvonne diskutierte dieses Thema unermüdlich mit Martin. »Ich habe ja schon immer gesagt, daß er nur lange genug warten muß, um eine englische Rose zu finden«, erklärte sie. »Und jetzt hat er sie gefunden.«

Im Januar – Präsident Reagan hatte viertausend Meilen entfernt gerade sein Amt als Präsident übernommen – erteilte der britische Gesundheitsminister die Genehmigung, Peptid 7 in England auf den Markt zu bringen. Zwei Monate später erfolgte die Zulassung durch die FDA für die Vereinigten Staaten. Kanada folgte, wie so oft, kurz danach.

In England sollte das Medikament im April, in den Vereinigten Staaten und Kanada im Juni auf den Markt kommen.

Im März aber, bevor das Medikament im Handel war, trat etwas ein, das die früheren Befürchtungen bestätigte und, wie es schien, die Zukunft von Peptid 7 gefährdete.

Es begann damit, daß ein Reporter der Londoner *Daily Mail* im Harlower Institut von Felding-Roth anrief. Er verlangte Dr. Peat-Smith oder Dr. Sastri zu sprechen. Als man erklärte, daß beide an diesem Morgen nicht anwesend seien, hinterließ er eine Nachricht, die eine Sekretärin notierte und auf Martins Schreibtisch legte. Sie lautete:

> Die *Mail* hat erfahren, daß Sie in Kürze eine Wunderdroge herausbringen werden, die sexuell anregend wirkt, Gewichtsverlust herbeiführt und Menschen mittleren und gehobenen Alters dazu bringt, sich wieder jung zu fühlen. Eine Story darüber wird in unserer morgigen Ausgabe erscheinen, und wir hätten dafür gern noch heute eine Erklärung Ihrer Firma.

Als Martin eine halbe Stunde vor der Mittagspause diese Notiz las, reagierte er entsetzt. War diese verdammte Zeitung, die auf Sensationen aus war, etwa drauf und dran, seine Arbeit und seine Träume zu zerstören?

Als erste Reaktion rief er Celia in ihrer Privatwohnung an. In Morristown war es 6.30 Uhr morgens, und Celia stand gerade unter der Dusche. Martin wartete ungeduldig, bis sie sich abgetrocknet und einen Bademantel übergezogen hatte.

Als Celia sich meldete, las er ihr die Nachricht vor. Seine Stimme klang zornig. Celia war besorgt, sah die Dinge aber auch von der praktischen Seite.

»Die sexuelle Komponente von Peptid 7 ist also raus. Damit hatte ich eigentlich schon lange gerechnet.«

»Können wir nicht irgend etwas tun, um das zu verhindern?«

»Offensichtlich nicht. Der Bericht beruht auf Tatsachen. Daher können wir ihn nicht einfach dementieren. Außerdem wird keine Zeitung von einer derartigen Story ablassen, wenn sie erst mal dran ist.«

Martin, der ungewöhnlich hilflos klang, fragte: »Und was sollen wir jetzt tun?«

»Rufen Sie den Reporter an und beantworten Sie seine Fragen ehrlich, aber so kurz wie möglich«, riet sie ihm. »Betonen Sie, daß dieser sexuelle Nebeneffekt bis jetzt nur bei Tieren beobachtet wurde und daß das auch der Grund ist, warum wir das Mittel den Menschen in dieser Hinsicht nicht empfehlen. Das gleiche gilt für den Gewichtsverlust.« Und Celia fügte hinzu: »Vielleicht beschränken sie sich dann auf einen kurzen Artikel, der keine allzugroße Aufmerksamkeit erregt.«

»Das bezweifle ich sehr«, sagte Martin düster.

»Ich auch. Aber versuchen Sie es wenigstens.«

Drei Tage nach Martins Anruf erstattete Julian Hammond Celia Bericht. »Es ist, als hätte diese Zeitungsmeldung eine Schleuse geöffnet«, sagte er.

Die *Daily Mail* hatte ihren Bericht folgendermaßen überschrieben:

Wissenschaftlicher Durchbruch
Eine neue Wunderdroge, die Sie sexy, jünger und schlank macht.

Der Artikel ging ausführlich auf die sexuell stimulierende Wirkung von Peptid 7 ein, ließ aber die Tatsache, daß dies bisher nur bei Tieren beobachtet worden war, unerwähnt. Der Begriff »Aphrodisiakum«, vor dem sich Martin und die anderen bei Felding-Roth gefürchtet hatten, wurde mehrmals verwendet. Noch schlimmer war, daß die Zeitung auf irgendeine Weise von Mickey Yates erfahren und ihn interviewt hatte. Ein Foto trug die Überschrift »Ich danke dir, Peptid 7!« und zeigte den alternden Yates, vor Stolz strahlend, nachdem er seine neugeweckten sexuellen Kräfte herausposaunt hatte; neben ihm seine Frau, mit geziertem Lächeln, die die Aussage ihres Mannes bestätigte.

Darüber hinaus wurde erwähnt, daß auch noch mehrere andere freiwillige Testpersonen ebenfalls eine ungewöhnliche Belebung ihres Sexualtriebs verspürt hatten. Auch sie waren namentlich genannt und zitiert.

Celias Hoffnung, daß es mit dem einen Zeitungsartikel sein Bewenden haben würde, erfüllte sich nicht. Die Story der *Daily Mail* wurde nicht nur von der gesamten britischen Presse und dem Fernsehen übernommen, sondern auch von allen Nachrichtenagenturen ins Ausland verbreitet. In den Vereinigten Staaten herrschte sofort reges Interesse, und die meisten Zeitungen übernahmen die Meldung; im Fernsehen fanden Diskussionen statt.

Unmittelbar darauf liefen die Telefonleitungen von Felding-Roth heiß. Presse, Funk und Fernsehen wollten Einzelheiten erfahren. Obwohl man zögerte, der Sensationsgier Vorschub zu leisten, wurden die Informationen erteilt. Es gab keine andere Möglichkeit.

Nur einige wenige Anrufer interessierten sich für das eigentliche Anwendungsgebiet des Medikaments.

Fragen aus der Öffentlichkeit folgten. Die meisten Fragesteller waren nur an der sexuellen Stimulans oder dem Gewichtsverlust interessiert. Den Anrufern wurde eine kurze Erklärung des Inhalts vorgelesen, daß Peptid 7 für derartige Anwendungszwecke nicht empfohlen werden könne. Die Telefonistinnen berichteten, daß diese Antwort offenbar nicht als zufriedenstellend akzeptiert wurde.

Einige Anrufer gaben Obszönitäten von sich. »Mit einem Schlag ist alles, was wir so sorgsam geplant haben, zu einer Nebensache geworden«, klagte Bill Ingram.

Wie würden die Ärzte reagieren? grübelte Celia. Würden sie beschließen, Peptid 7, dem schon jetzt ein schlechter Ruf vorauseilte, lieber nicht zu verschreiben?

Andrew bestätigte ihre Ängste. »Eine Reihe von Ärzten wird leider so reagieren. Die ganze Publicity läuft darauf hinaus, daß Peptid 7 auf eine Stufe mit *Laetril, Ozo* und *Spanish fly* gestellt wird.«

»Hätte ich lieber nicht gefragt!« seufzte Celia. Weniger als einen Monat vor der geplanten großangelegten Einführung von Peptid 7 war sie aufs äußerste besorgt.

Martin aber war zutiefst verzweifelt.

17

»Wie sich herausstellte«, pflegte Celia sich später zu erinnern, »hatten wir in den ersten Monaten nach der Einführung von Peptid 7 tatsächlich Probleme – sehr ernste Probleme. Wir von der Geschäftsleitung verbrachten unzählige schlaflose Stunden. Aber das Merkwürdige war, daß die Probleme, die dann auf uns zukamen, völlig anders waren als erwartet.« Lachend pflegte sie hinzuzufügen: »Es hat sich wieder einmal gezeigt, daß man die Reaktion der Leute nie voraussagen kann.«

Die Probleme, die Celia meinte, betrafen die Lieferbarkeit des Präparats.

Von dem Augenblick an, da Peptid 7 verfügbar war – auf ärztliches Rezept in Apotheken erhältlich –, konnte das Angebot die Nachfrage über Monate nicht befriedigen. In den Apotheken bildeten sich lange Schlangen, und die meisten Kunden mußten wieder weggeschickt werden.

Das lag, wie später bekannt wurde, auch daran, daß, wie Bill Ingram meinte, »die verdammten Ärzte und Apotheker das Zeug selbst nahmen und den Rest für ihre Freunde auf die Seite legten«.

Diese Knappheit, die eine Zeitlang geradezu bedrohliche Ausmaße annahm, herrschte sowohl in England als auch in den Vereinigten Staaten. Langjährige Mitarbeiter der Firma hatten so etwas noch nie erlebt. Hektische Telefongespräche gingen zwischen New Jersey, Irland, Harlow, Puerto Rico, Chicago und Manchester hin und her – in den beiden letzten Orten wurden die Plastikbehälter und Druckhebel hergestellt. Vor allem in Puerto Rico schrie man nach neuen Behältern, die im Eiltempo gefüllt und umgehend wieder verschifft wurden.

Die Fabriken in Irland und Puerto Rico arbeiteten rund um die Uhr. Gleichzeitig pendelte ein Charterflugzeug zwischen Irland und Puerto Rico hin und her und lieferte die wertvolle aktive Peptid-7-Substanz ab. Ingram mußte in dieser schwierigen Zeit die Hauptlast tragen. Nach seinen Worten »lebten wir von der Hand in den Mund, jonglierten mit den vorhandenen Vorräten und bemühten uns, so gut es ging, die Massen, die nach Peptid 7 verlangten, zufriedenzustellen«.

Dann pflegte auch er bei der Erinnerung an diese Tage zu lachen.

»Aber Gott sei Dank haben unsere Leute alle zugepackt, wo sie nur konnten. Sogar die Ärzte und Apotheker, die sich zunächst aufgespielt hatten, haben Peptid 7 zu seinem glänzenden, ja goldenen Erfolg verholfen.«

Das Wort golden war durchaus angemessen. Ein Jahr, nachdem das neue Medikament wie eine Bombe auf der pharmazeutischen Szene eingeschlagen hatte, überschrieb das Magazin *Fortune* einen Artikel folgendermaßen:

FELDING-ROTH
FINDET REICH
IST BESSER

Fortune schätzte die Einkünfte aus dem Verkauf von Peptid 7 im ersten Jahr auf 600 Millionen Dollar. Diese und frühere Schätzungen führten dazu, daß die Felding-Roth-Aktien, die an der New Yorker Börse gehandelt wurden, »durch das Dach in die Stratosphäre schossen«, wie es ein Börsenmakler ausdrückte. Kurz nachdem das Medikament im Handel war, verdreifachten sich innerhalb eines Monats die Aktienkurse und verdoppelten sich innerhalb eines Jahres noch einmal und nochmals während der darauffolgenden acht Monate. Danach beschlossen die Direktoren eine Aufteilung von fünf zu eins, um den Aktienkurs in vernünftigen Grenzen zu halten.

Bei der endgültigen Abrechnung dann erwies sich die *Fortune*-Schätzung als immer noch um einhundert Millionen Dollar zu niedrig.

Und noch etwas schrieb *Fortune:* »Seit Tagamet, SmithKline's bemerkenswertes Mittel gegen Geschwüre, 1976 eingeführt wurde, hat es kein Präparat gegeben, das sich mit dem Peptid-7-Phänomen vergleichen läßt.«

Der Erfolg war aber nicht nur auf die finanzielle Seite beschränkt. Tausende und Abertausende älterer Männer und Frauen sprühten sich das Medikament zweimal täglich in die Nase und erklärten, daß sie sich wohler fühlten, daß ihr Gedächtnis besser funktionierte, daß sie vitaler seien. Wenn man sie fragte, ob diese »Vitalität« auch die sexuelle Energie mit einschließe, antworteten manche ganz offen mit ja, während andere nur lächelten und erklärten, daß das ihre Privatsache sei.

Aus medizinischer Sicht wurde die gedächtnisstärkende Eigenschaft des Mittels als die wesentlichste angesehen. Wer Peptid 7 nahm und früher an Vergeßlichkeit gelitten hatte, erinnerte sich jetzt mühelos an Namen und Telefonnummern. Ehemänner, die früher den Geburtstag ihrer Frau und ihren Hochzeitstag zu vergessen pflegten, dachten jetzt daran. Ein älterer Mann behauptete, sich spielend den gesamten Busfahrplan der Umgebung eingeprägt zu haben, und bewies es auch. Psychologen arbeiteten Gedächtnis-Tests für »davor und danach« aus und bestätigten die Wirksamkeit von Peptid 7.

Obwohl der gewichtsreduzierende Effekt erst an zweiter Stelle kam, war auch er bald unumstritten. Dicke Menschen, auch jüngere, nahmen ab und wurden gesünder. Diese Tatsache wurde von medizinischer Seite so weitgehend akzeptiert, daß Felding-Roth in den Vereinigten Staaten, Großbritannien und Kanada den Antrag stellte, dem Präparat offiziell eine »Indikation« für Gewichtsverlust beizugeben. Es wurde kaum daran gezweifelt, daß dem Antrag stattgegeben würde.

Überall in der Welt bemühte man sich um die Lizenz für Peptid 7 und um die Lieferung von Vorräten.

Es war noch zu früh für den Beweis, daß das Medikament sich auch auf die Alzheimersche Krankheit auswirkte. Erkenntnisse würden sich erst in einigen Jahren einstellen, aber viele Menschen machten sich Hoffnungen.

Die Frage, ob Peptid 7, wie früher schon andere Medikamente, zu häufig verschrieben wurde, mußte mit ziemlicher Sicherheit mit ja beantwortet werden. Aber Peptid 7 unterschied sich von all den anderen Medikamenten dadurch, daß es, selbst wenn man es nicht benötigte, keinen Schaden anrichtete. Es machte nicht süchtig; nachteilige Berichte über irgendwelche Nebenwirkungen gab es so gut wie überhaupt nicht.

Eine Frau aus Texas beklagte sich in einem Brief, daß sie jedes Mal, wenn sie Peptid 7 genommen und danach Geschlechtsverkehr gehabt hatte, Kopfschmerzen bekäme. Die Beschwerde wurde von Felding-Roth routinemäßig an die FDA weitergeleitet und auch untersucht, dann aber fallengelassen, als sich herausstellte, daß die Frau zweiundachtzig Jahre alt war.

Ein Kalifornier klagte auf Garderobeersatz, da ihm seine alten Sachen nach der Einnahme von Peptid 7 nicht mehr paßten. Er hatte dreißig Pfund abgenommen. Die Klage wurde abgewiesen.

Aber das war auch fast schon alles.

Und der Enthusiasmus der Ärzte schien keine Grenzen zu kennen. Sie empfahlen ihren Patienten Peptid 7 als nützlich und unbedenklich und bezeichneten es als einen der größten Fortschritte in der Geschichte der Medizin.

»Diesmal hast du dich geirrt«, sagte Celia zu Andrew. »Die Ärzte haben sich durch die Publicity nicht abschrecken lassen. Ganz im Gegenteil.«

»Gut, ich habe mich geirrt«, gab ihr Mann zu, »und wahrscheinlich wirst du mich für den Rest meiner Tage daran erinnern. Aber ich bin froh, daß ich unrecht hatte. Du und Martin – ihr habt es verdient.«

Die Publicity hielt unvermindert an, vielleicht, meinte Celia, weil Peptid 7 so viel zur Verlängerung des menschlichen Glücks beitrug. Presse und Fernsehen berichteten häufig darüber.

»Sie haben mal gesagt, daß uns das Fernsehen vielleicht eines Tages helfen würde«, erinnerte Bill Ingram Celia. »Das ist nun tatsächlich eingetroffen.«

Ingram, der ein Jahr zuvor zum geschäftsführenden stellvertretenden Präsidenten befördert worden war, hatte den größten Teil der Last zu tragen. Celia war im wesentlichen mit Überlegungen beschäftigt, was mit dem vielen Geld geschehen sollte, das zur Zeit und voraussichtlich auch im nächsten Jahr hereinfloß.

Seth Feingold, inzwischen pensioniert, übte weiterhin eine beratende Funktion aus und kam gelegentlich in ihr Büro. Eineinhalb Jahre nach der Zulassung von Peptid 7 in den USA warnte Seth Celia: »Sie müssen sich schnell entscheiden, wofür Sie einen Teil des Gelds verwenden wollen, sonst schlucken die Steuern alles.«

Eine Möglichkeit bestand darin, andere Firmen aufzukaufen. Auf Celias Drängen hin stimmte der Aufsichtsrat zu, die Chicagoer Firma, die die Peptid-7-Behälter produzierte, zu erwerben. Es folgte der Kauf eines Konzerns in Arizona, der sich auf neue Methoden der Auslieferung von Medikamenten spezialisiert hatte. Verhandlungen über den Kauf einer Firma für optische Geräte waren im Gange. Mehrere Millionen Dollar sollten für ein neues Forschungszentrum für Gentechnik ausgegeben werden.

In der Planung war auch eine neue Firmenzentrale, da das Gebäude in Boonton zu eng geworden war und manche Abteilungen außer Haus untergebracht waren. Der neue Bau sollte in Morristown entstehen, und ein Teil des hoch aufragenden Gebäudekomplexes sollte ein Hotel beherbergen.

Auch ein Düsenflugzeug wurde angeschafft – eine Gulfstream III. Celia und Ingram benutzten es auf ihren Inlandsflügen, die wegen der ausgedehnten Firmengeschäfte jetzt häufiger notwendig waren.

Bei einem anderen Gespräch, das Celia mit Seth geführt hatte, hatte er bemerkt: »Ein Gutes hat das viele Geld jedenfalls – daß ein Teil davon verwendet werden kann, um die Ansprüche der armen Eltern von Montayne-geschädigten Kindern zu erfüllen.«

»Darüber bin auch ich sehr froh«, bestätigte Celia. Seit einiger Zeit wußte sie, daß der Reservefonds fast erschöpft war.

»Ich werde mich wegen Montayne nie frei von Schuld fühlen können. Niemals«, erklärte Seth traurig.

Während des Siegeszugs von Peptid 7 schwebte Martin Peat-Smith buchstäblich im siebenten Himmel. Nicht einmal in seinen optimistischsten Augenblicken hatte er sich einen derartigen Erfolg vorstellen können. Sein Name war jetzt weithin bekannt, er wurde bewundert und geachtet, und er wurde mit Lob und Ehrungen nur so überhäuft. Er war zum Mitglied der Royal Society, Englands ältester wissenschaftlicher Gesellschaft, gewählt worden. Andere akademische Institutionen luden ihn ein, Vorträge zu halten. Man sprach bereits vom Nobelpreis. Und es ging das Gerücht um, daß er geadelt werden sollte.

Inmitten all dieses Trubels gelang es Martin nur mit Mühe, ein Privatleben zu führen. Er bekam eine neue und geheime Telefonnummer, und im Institut sorgte Nigel Bentley dafür, daß Martin nur die wichtigsten Anrufe und Besucher empfing. Dennoch war klar, daß Martin sein früheres unauffälliges Leben nie wieder würde führen können.

Und noch etwas hatte sich geändert. Yvonne hatte beschlossen, nicht mehr bei Martin zu wohnen, und sich in Cambridge eine eigene Wohnung genommen.

Es hatte zwischen ihnen keinerlei Streit oder Mißstimmungen gegeben. Sie hatte einfach beschlossen, ihre eigenen Wege zu gehen. In letzter Zeit hatte Martin sie viel allein lassen müssen, und es kam ihr sinnlos vor, täglich von Harlow nach Cambridge und zurück zu fahren. Martin akzeptierte ihre Gründe kritiklos und verständnisvoll.

Sie hatte erwartet, daß er wenigstens zum Schein etwas einwenden würde, aber als er es nicht tat, zeigte sie ihm ihre Enttäuschung nicht. Sie vereinbarten, einander gelegentlich zu sehen und gute Freunde zu bleiben.

Gleich nach ihrer Trennung war Martin eine Woche lang verreist. Er kehrte in ein dunkles, leeres Haus zurück. Es war über fünf Jahre her, seit es so leer gewesen war, und es gefiel ihm nicht. Nach einer Woche gefiel es ihm noch weniger. Er stellte fest, daß er sich einsam fühlte und den Anblick und das fröhliche Geplapper von Yvonne vermißte. Es war, dachte er eines Abends, als sei in seinem Leben plötzlich ein Licht ausgegangen.

Am nächsten Tag rief Celia aus geschäftlichen Gründen aus New Jersey an, und am Ende ihres Gesprächs sagte sie: »Martin, Sie hören sich deprimiert an. Ist irgend etwas nicht in Ordnung?«

Und da erzählte er ihr, wie sehr er Yvonne vermißte.

»Das verstehe ich nicht«, sagte Celia. »Warum haben Sie sie gehen lassen?«

»Sie ist frei und kann tun und lassen, was sie will. Und sie wollte es so.«

»Haben Sie denn nicht versucht, sie zum Bleiben zu überreden?«

»Nein.«

»Warum nicht?«

»Sie muß ihr eigenes Leben leben«, erklärte er.

»Und zweifellos will sie mehr davon, als Sie ihr gegeben haben. Haben Sie schon mal darüber nachgedacht, sie zu fragen, ob sie Sie heiraten will?«

»Am Tag ihres Auszugs habe ich darüber nachgedacht. Aber ich habe sie nicht gefragt, weil es mir...«

»Großer Gott!« rief Celia. »Martin Peat-Smith, wenn ich jetzt bei Ihnen wäre, würde ich Sie ganz schön ins Gebet nehmen. Wie kann jemand, der klug genug ist, Peptid 7 zu finden, nur so dumm sein? Sie Narr! Yvonne liebt Sie doch.«

»Woher wollen Sie das wissen?« fragte Martin.

»Weil ich eine Frau bin. Ich war noch nicht mal fünf Minuten mit ihr zusammen, da hab' ich's schon gewußt. Das ist so klar, wie Sie beschränkt sind.«

Es entstand eine Pause. Dann fragte Celia: »Und was wollen Sie jetzt tun?«

»Wenn es nicht zu spät ist... werde ich sie bitten, mich zu heiraten.«

»Und wie wollen Sie das anstellen?«

Er zögerte. »Ich könnte sie vielleicht anrufen.«

»Martin«, sagte Celia, »ich bin in dieser Firma Ihre Vorgesetzte, und ich *befehle* Ihnen, Ihr Büro sofort zu verlassen, sich in Ihr Auto zu setzen und zu Yvonne zu fahren, wo immer sie sich gerade aufhält. Was Sie dann tun, ist Ihre Sache, aber wenn nötig, sollten Sie vor ihr auf die Knie gehen und ihr sagen, daß Sie sie lieben. Ich bezweifle nämlich, daß Sie eine Frau finden, die besser zu Ihnen paßt oder die Sie mehr liebt. Und es wäre keine schlechte Idee, unterwegs anzuhalten und ein paar Blumen zu kaufen. Mit Blumen scheinen Sie sich ja auszukennen...«

Wenige Augenblicke später sahen die Angestellten des Harlower Instituts mit Erstaunen ihren Chef den Korridor hinunter und durch die Halle rasen, in sein Auto springen und davonfahren.

Das Hochzeitsgeschenk von Celia und Andrew für Martin und Yvonne war ein Silbertablett, in das Celia Zeilen aus *To a Bride* von Francis Quarles, einem in Essex geborenen Dichter des 17. Jahrhunderts, hatte eingravieren lassen:

Laßt all eure Wonnen sein wie der Monat Mai,
Als sei der Hochzeitstag noch nicht vorbei:
Laßt Kummer, Krankheit und trübe Gedanken
Wie Fremde sein.

Und dann gab es noch Hexin W.

Es sollte in einem Jahr auf den Markt kommen.

18

Bei den klinischen Erprobungen von Hexin W traten bei Patienten, die das Mittel zusammen mit anderen ausgewählten Medikamenten genommen hatten, Nebenwirkungen auf. Solche Kombinationen sollten über die Ausschaltung der freien Radikale zu einer wirksamen Behandlung führen. Es war von Übelkeit und Erbrechen sowie von

Durchfall, Schwindelgefühlen oder erhöhtem Blutdruck die Rede, doch war dies nichts Ungewöhnliches und kein Grund zur Sorge. Die Vorfälle waren nicht ernst, und es war auch nur ein geringer Prozentsatz der Patienten betroffen. Es kam außerordentlich selten vor, daß bei einem Medikament überhaupt keine Nebenwirkungen auftraten. Peptid 7 war eine bemerkenswerte Ausnahme.

Die Untersuchungen mit Hexin W, die zweieinhalb Jahre dauerten, wurden von Dr. Vincent Lord persönlich überwacht. Er gab andere Aufgaben an Mitarbeiter ab, um sich voll und ganz seinem »geistigen Kind« widmen zu können. Er mußte verhindern, daß in diesem wichtigen Endstadium irgend etwas schiefging, was seinen wissenschaftlichen Ruhm mindern konnte.

Mit gemischten Gefühlen hatte Lord den anhaltenden Erfolg von Peptid 7 beobachtet. Einerseits war er auf Martin Peat-Smith neidisch, andererseits war Felding-Roth dank Peptid 7 finanziell gestärkt und besser in der Lage, ein anderes Produkt mit Erfolgsaussichten zu unterstützen.

Die Ergebnisse der Untersuchungen mit Hexin W waren für Lord Anlaß zu Erleichterung und Freude. Nirgends waren Anzeichen nachteiliger Nebenwirkungen aufgetreten. Die wenigen geringfügigen waren leicht unter Kontrolle zu bringen.

Bei der sogenannten Testphase III wurde kranken Menschen das Medikament unter ähnlichen Bedingungen verabreicht, wie man sie für den späteren Einsatz vorsah, und die Ergebnisse waren durchweg gut. Das Medikament war über einen hinreichend langen Zeitraum von sechstausend Personen eingenommen worden, viele in Krankenhäusern unter kontrollierten Bedingungen – eine geradezu ideale Situation für Testzwecke.

Sechstausend – das waren mehr, als normalerweise bei den Tests der Phase III hinzugezogen wurden. Aber im Fall von Hexin W hatte man sich für diese Zahl entschieden, weil man seine Verträglichkeit in Kombination mit verschiedenen anderen Medikamenten genau untersuchen wollte.

Patienten mit Arthritis sprachen, wie erhofft, besonders gut darauf an. Sie vertrugen Hexin W nicht nur als Einzelpräparat, sondern auch zusammen mit anderen starken entzündungshemmenden Medikamenten, die man ihnen bisher hatte vorenthalten müssen.

Für die Koordination der Tests, die an mehreren voneinander

entfernt liegenden Orten durchgeführt wurden, hatte man innerhalb wie außerhalb der Firma zusätzliche Hilfskräfte hinzuziehen müssen. Aber nun war es geschafft. In der Geschäftszentrale von Felding-Roth waren gewaltige Datenmengen gesammelt worden, und bevor sie zusammen mit dem Antrag auf Zulassung an die FDA weitergeleitet wurden, hatte Lord das Material so eingehend wie möglich geprüft.

Wegen seines starken persönlichen Engagements war die Arbeit für ihn ein Vergnügen – das ihm aber beim Lesen einer Serie von Krankenberichten schlagartig verging. Was er dort las, versetzte ihn zunächst in Sorge, dann in Bestürzung und schließlich in Wut.

Die Berichte stammten von einem Dr. Yaminer, der in Phoenix, Arizona, praktizierte. Lord kannte Yaminer nicht persönlich, wußte aber ein wenig über ihn Bescheid.

Yaminer war Internist. Er hatte eine große Privatpraxis und arbeitete auch ständig an zwei Krankenhäusern. Wie viele andere Ärzte, die mit dem Testprogramm von Hexin W zu tun hatten, war er von Felding-Roth vertraglich verpflichtet worden, die Wirkung des Medikaments an einer Gruppe von Patienten zu beobachten – in diesem Fall bei einhundert Personen. Zuvor mußte die Zustimmung der Patienten eingeholt werden, was aber in der Regel keine Schwierigkeiten bereitete.

Der Auftrag war zu Bedingungen erteilt worden, wie sie bei Pharma-Firmen, die ein neues Medikament ausprobieren wollten, allgemein üblich waren. Yaminer hatte schon mehrfach mit Felding-Roth und anderen pharmazeutischen Unternehmen zusammengearbeitet.

Ärzte, die sich für derartige Testzwecke verpflichten ließen, konnten dafür zwei Gründe haben. Einige waren an den Forschungen selbst interessiert, fast alle aber freuten sich über das beträchtliche Honorar, das es dafür gab.

Für ein bißchen zusätzliche, über mehrere Monate verteilte Arbeit konnte ein Arzt zwischen fünfhundert und tausend Dollar pro Patient kassieren, je nachdem, um welche Firma es sich handelte und wie wichtig das Medikament war. Für seine Tests und Beobachtungen im Fall von Hexin W hatte Yaminer 85 000 Dollar erhalten. Die Selbstkosten des Arztes waren dabei gering.

Aber das System hatte eine Schwäche.

Weil die Angelegenheit so lukrativ war, gaben manche Ärzte der Versuchung nach, mehr Aufträge anzunehmen, als sie gewissenhaft bewältigen konnten. Das führte zu Verkürzungen des Verfahrens und – erstaunlich häufig – zur Fälschung der Daten. Zu Betrug.

Lord war überzeugt, daß Dr. Yaminer mit seinen Berichten über die Wirkung von Hexin W einen Betrug begangen hatte.

Es gab zwei Möglichkeiten: Entweder hatte Yaminer die Untersuchungen, die er an den namentlich aufgeführten Patienten hätte vornehmen sollen, nicht vorgenommen, oder ein Teil, wenn nicht die meisten der hundert von ihm genannten Patienten existierten gar nicht, außer in der Phantasie des Arztes. Er hatte sie, genauso wie die Test-»Ergebnisse«, erfunden.

Lords Erfahrung nach war letzteres am wahrscheinlichsten.

Wie war er darauf gekommen?

Erstens hatte Yaminer seinen Bericht in aller Eile angefertigt und war unvorsichtig gewesen. Lord war aufmerksam geworden, weil er auf den Formularen an verschiedenen Tagen eine große Ähnlichkeit der Handschrift bemerkt hatte. Gewöhnlich unterschieden sich diese Eintragungen, nicht nur durch die Handschrift, sondern auch durch das Schreibgerät. Selbst wenn ein Arzt jeden Tag denselben Stift benutzte, sah das Geschriebene selten immer identisch aus.

Aber das war noch kein Beweis. Immerhin war es möglich, daß Yaminer sich vorher Notizen gemacht und sie dann ordentlich auf die Blätter übertragen hatte. Für einen vielbeschäftigten Arzt war das allerdings unwahrscheinlich. Daher sah sich Lord die Sache genauer an, und er fand noch mehr.

Zu den Tests gehörte einer, der den pH-Wert von Urin, also den Säure- oder Alkaligehalt, messen sollte. Der Durchschnittswert lag zwischen fünf und acht. Aber jede Messung – an verschiedenen Tagen vorgenommen – konnte unterschiedliche Ergebnisse haben, das hieß, daß ein Wert von vier am Dienstag bei derselben Person am Mittwoch nicht unbedingt wieder auftreten mußte. Anders ausgedrückt: Die Wahrscheinlichkeit, daß die pH-Werte an fünf aufeinanderfolgenden Tagen identisch waren, lag bei eins zu vier.

In Dr. Yaminers Berichten aber kamen wiederholt Tag für Tag identische pH-Werte vor. Sehr unwahrscheinlich, selbst bei einem einzigen Fall. Und ganz unmöglich bei fünfzehn Patienten, wie Lord in Yaminers Studie feststellen mußte.

Um absolut sicher zu sein, wählte Lord fünfzehn andere Patienten aus und verglich die Werte der Blutuntersuchungen. Wieder stieß er auf Werte, die sich mit unnatürlicher Häufigkeit wiederholten.

Er brauchte nicht weiterzusuchen. Jedem medizinischen Prüfer würde das, was Lord gefunden hatte, als Beweis für eine Fälschung genügen.

Im ganzen gesehen nahm sich der Bericht von Dr. Yaminer außerordentlich positiv aus. Aber das Medikament stand auch ohne ihn gut da, wie alle anderen Studien zeigten.

Lord war klar, was jetzt eigentlich seine Pflicht war.

Er mußte sofort die FDA benachrichtigen und dort die Akten vorlegen. Dann würde Dr. Yaminers Arbeit offiziell überprüft und er mit ziemlicher Sicherheit für schuldig befunden werden. Das war schon passiert, und manche Ärzte waren im Gefängnis gelandet.

Aber Lord wußte auch noch etwas anderes.

Wenn er die FDA in die Sache hineinzog und Yaminers Arbeit für ungültig erklärt würde, mußte *alles* noch mal von vorn beginnen. Darüber würde ein ganzes Jahr vergehen und die Einführung von Hexin W sich um eben diese Zeitspanne verzögern.

Lord verfluchte Yaminer wegen seiner Dummheit und des Dilemmas, in das er selbst dadurch geraten war.

Was sollte er tun?

Wäre die Sache in Verbindung mit einem Medikament passiert, bei dem Anlaß zu Zweifel bestand, redete Lord sich ein, hätte er nicht eine Sekunde gezögert. Er hätte Yaminer den FDA-Wölfen vorgeworfen und wäre beim folgenden Prozeß als Zeuge aufgetreten.

Bei Hexin W aber gab es keinerlei Zweifel. Mit oder ohne gefälschten Bericht – es war ein nützliches, erfolgreiches Medikament.

Warum sollte er die falsche Studie also nicht einfach mit den richtigen durchgehen lassen? Er war überzeugt, daß es bei der FDA niemand merken würde; bei dem gewaltigen Umfang des Antrags war es jedenfalls höchst unwahrscheinlich. Und selbst wenn ein FDA-Mitarbeiter Yaminers Bericht überprüfte, gab es noch lange keinen Grund anzunehmen, daß ihm die Fälschung auffallen würde. Nicht jeder war in diesen Dingen so bewandert wie Vincent Lord.

Lord hätte die Studie am liebsten ganz weggelassen, aber das ging nicht. Yaminers Name war in den Unterlagen, die sich bereits bei der FDA befanden, aufgeführt.

Lord war der Gedanke, daß Yaminer ungestraft davonkommen sollte, verhaßt, aber eine andere Möglichkeit schien es nicht zu geben.

Lord unterzeichnete also die Yaminer-Studie und legte sie auf einen Aktenberg, den er bereits durchgesehen hatte. Aber er würde dafür sorgen, nahm er sich vor, daß dieser Schweinehund nie wieder einen Auftrag von Felding-Roth bekam. In seiner Abteilung gab es eine Akte über Yaminer. Lord suchte sie heraus und stopfte die Notizen, die er sich gemacht hatte, hinein. Wenn er sie je benötigen würde, wußte er, wo sie sich befanden.

Lord hatte die Situation richtig eingeschätzt.

Der Antrag wurde eingereicht und nach erfreulich kurzer Zeit genehmigt.

Nur etwas machte Vincent Lord ein wenig nervös. Dr. Gideon Mace war inzwischen zum Leiter des *National Center for Drugs and Biologics* ernannt worden. Im Vergleich zu früher hatte sich Mace herausgemacht – er trank nicht mehr, führte eine gute Ehe und genoß an seinem Arbeitsplatz einen guten Ruf. Sein Auftritt vor dem Senatsausschuß schien ihm nicht geschadet zu haben. Er war – im Gegenteil – schon bald darauf befördert worden.

Wie Lord erfuhr, hatte Mace, obwohl er mit dem Hexin-W-Antrag nicht direkt zu tun hatte, Interesse daran gezeigt, wie offenbar an allem, was von Felding-Roth kam. Sicher hatte Mace noch immer einen Haß auf die Firma und wartete nur darauf, sich eines Tages revanchieren zu können.

Aber es passierte nichts, und als die FDA die Zulassung für Hexin W erteilte, schwand Lords Nervosität.

Wie bei Peptid 7 sollte auch Hexin W als Markenbezeichnung beibehalten werden.

»Es geht einem leicht von der Zunge und wird sich auf der Packung gut machen«, erklärte Celia, als man diese Frage diskutierte.

Bill Ingram stimmte zu. »Hoffen wir, daß es uns genausoviel Glück bringt wie Peptid 7.«

Mit oder ohne Glück – Hexin W war sofort ein Erfolg. Die Ärzte, darunter auch angesehene von Universitätskliniken, priesen es als einen wichtigen Beitrag zum medizinischen Fortschritt, der bei der Behandlung schwerkranker Patienten neue therapeutische Möglichkeiten eröffnete. Die medizinischen Fachzeitschriften lobten sowohl das Medikament als auch seinen Entdecker.

»Sieht aus, als hättet ihr da wieder einen Renner«, sagte Andrew zu Celia. »Könnte ein Durchbruch werden wie damals das Lotromycin.«

Immer mehr Ärzte verschrieben das Medikament, und Patienten dankten für die Erleichterung, die es ihnen verschaffte. Die Verkaufszahlen von Hexin W schnellten in die Höhe.

Andere pharmazeutische Firmen, die sich zunächst zurückgehalten hatten, erwarben die Lizenz und kombinierten Hexin W mit eigenen Produkten. Medikamente, die wegen ihres zu hohen Giftgehalts nie auf den Markt gekommen waren, wurden aus den Regalen geholt und in der Kombination mit Hexin W neu erprobt.

Eines dieser Medikamente war Arthrigo, ein Mittel gegen Arthritis. Der Inhaber des Patents war Exeter & Stowe Laboratories aus Cleveland, dessen Präsidenten Alexander W. Stowe Celia dem Namen nach kannte. Stowe war früher selbst Wissenschaftler gewesen und hatte vor zehn Jahren zusammen mit einem Partner die Firma aufgebaut. Obwohl sie klein blieb, hatte sie sich einen guten Ruf für hochqualifizierte rezeptpflichtige Produkte erworben.

Nachdem Verhandlungen über einen Lizenzabschluß eingeleitet waren, kam Stowe persönlich in die Zentrale von Felding-Roth. Er war Mitte Fünfzig und strahlte Freundlichkeit aus; er trug zerknitterte Anzüge, hatte zerzauste Haare und machte immer einen leicht abwesenden Eindruck, aber der Eindruck trog. Während eines Gesprächs mit Celia und Vincent Lord erklärte er: »Unsere Firma hat die Genehmigung der FDA, eine Kombination von Arthrigo und Hexin W auf experimenteller Basis herzustellen. Da beide Medikamente antiarthritische Eigenschaften besitzen, machen wir uns große Hoffnungen auf ein gutes Ergebnis. Wir werden Sie, sobald Ergebnisse vorliegen, auf dem laufenden halten.«

Das war sechs Monate nach der Einführung von Hexin W.

Ein paar Wochen später, an einem Samstagabend, gaben Celia und Andrew in ihrem Haus in Morristown zu Ehren von Vincent Lord eine Party. Lisa und Bruce waren aus diesem Anlaß ebenfalls nach Hause gekommen.

Es wurde höchste Zeit, erklärte Celia, daß sie sich Lord gegenüber erkenntlich zeigten, einerseits in Anerkennung seiner hervorragenden Leistung, die der Firma zugute kam, aber auch, um deutlich zu machen, daß die Feindschaft zwischen ihnen jetzt vorbei und vergessen war.

Die Party war ein Erfolg und Lord entspannter und fröhlicher, als Celia ihn je gesehen hatte. Sein schmales Gelehrtengesicht wurde rot vor Freude, als man ihn mit Komplimenten überhäufte. Er lächelte ununterbrochen und unterhielt sich angeregt mit den Gästen, unter denen sich die leitenden Angestellten von Felding-Roth sowie prominente Bürger aus Morristown befanden und einige, die eigens aus New York gekommen waren. Celia hatte sogar Martin Peat-Smith gebeten zu kommen.

Diese Geste erfreute Lord besonders, ebenso wie Martins Trinkspruch, den er auf Celias Bitte ausbrachte.

»Das Leben eines Forschers«, erklärte Martin, »bietet Herausforderungen und Aufregung. Aber es gibt auch Jahre des Mißerfolgs, Stunden der Verzweiflung und Einsamkeit. Nur jemand, der dies kennengelernt hat, kann verstehen, was Vincent bei seiner Suche nach Hexin W durchgemacht hat. Und doch hat sich sein Genius und sein Engagement darüber hinweggesetzt – bis zur heutigen Feier, bei der wir uns vor einer großen wissenschaftlichen Leistung verneigen.«

»Wenn die Nachricht über all die Erfolge der Firma, von denen heute abend die Rede war, nach draußen gelangt«, bemerkte Lisa, als die Gäste gegangen waren und die Familie unter sich war, »werden die Aktien von Felding-Roth gleich noch mal um ein oder zwei Punkte steigen.«

Lisa, die kurz vor ihrem sechsundzwanzigsten Geburtstag stand und vor vier Jahren Stanford verlassen hatte, arbeitete in einer Investment-Bank an der Wall Street. Im Herbst wollte sie sich auf der Wharton School of Business einschreiben.

»Du solltest deinen Kunden am Montag raten, Felding-Roth-Aktien zu kaufen«, sagte Bruce, zu seiner Schwester gewandt, »und dann am Dienstag gegenüber den Presseagenturen durchsickern lassen, daß Dr. Peat-Smith, der Erfinder von Peptid 7, auf Hexin W ganz scharf ist.«

»Das wäre unmoralisch«, gab sie zurück. »Oder ist bei Verlegern so was üblich?«

Seit seinem Abschlußexamen vor zwei Jahren arbeitete Bruce bei einem New Yorker Schulbuch-Verlag als Lektor für Geschichte. Auch er hatte für die Zukunft große Pläne – die Übersiedlung nach Paris und ein Studium an der Sorbonne.

»Wir befassen uns ununterbrochen mit Ethik«, sagte er. »Das ist auch der Grund, warum Verleger weniger Geld verdienen als Banker.«

»Es ist schön, euch beide wieder zu Hause zu haben«, sagte Celia, »und zu wissen, daß sich nichts geändert hat.«

Für die Präsidentin einer erfolgreichen Firma wurden die Probleme keinesfalls kleiner, fand Celia. Im Vergleich zu der Zeit, als Felding-Roth noch relativ arm gewesen war, waren es jetzt eher mehr geworden. Allerdings waren sie anderer Natur. Außerdem herrschte in der Firma jetzt eine freudige und angeregte Stimmung, die es früher nicht gegeben hatte und die Celia sehr genoß.

Nach Lords Party war sie einige Zeit intensiv mit finanziellen und organisatorischen Dingen beschäftigt und mußte viele Reisen machen. Folglich vergingen fast drei Wochen, bis sie mit Lord wieder über den Lizenzvertrag mit Exeter & Stowe sprechen konnte. Er war aus einem anderen Grund in ihr Büro gekommen, und sie fragte: »Was gibt es Neues von Alex Stowe über Arthrigo und Hexin W?«

»Die klinischen Versuche scheinen gut zu laufen«, erwiderte er. »Es sieht alles sehr positiv aus.«

»Und gibt es irgendwelche ungünstigen Berichte über Hexin W im allgemeinen? Ich hatte schon lange keine mehr auf meinem Schreibtisch.«

»Ich habe Ihnen keine geschickt«, sagte Lord, »weil nichts von Bedeutung dabei war. Nichts, was Hexin W direkt betrifft.«

Celia, die inzwischen an gute Nachrichten gewöhnt war, hatte sich bereits einem anderen Thema zugewandt, daher entging ihr die leichte Unsicherheit in Lords Stimme.

Lord hatte – wieder einmal – nicht die volle Wahrheit gesagt.

19

Die Nachricht traf ganz unauffällig, fast beiläufig ein, und selbst dann war sie noch nicht deutlich zu erkennen. Später kam es Celia vor, als habe sich das Schicksal auf Zehenspitzen hereingeschlichen, doch aus der unauffälligen Degenscheide sollte ein feuriges Schwert fahren.

Es begann mit einem Anruf, als Celia gerade nicht in ihrem Büro war. Bei ihrer Rückkehr erfuhr sie, daß Mr. Alexander Stowe von Exeter & Stowe Laboratories angerufen und um Rückruf gebeten habe.

Nichts deutete darauf hin, daß es sich um etwas Dringendes handelte, und so erledigte sie erst ein paar andere Dinge.

Etwa eine Stunde später ließ sich Celia mit Stowe verbinden. »Hallo, Alex. Ich habe heute morgen an Sie gedacht und mich gefragt, wie das Arthrigo-Hexin-W-Programm wohl vorankommt.«

Einen Augenblick herrschte Stille, dann sagte Stowe konsterniert: »Wir haben vor vier Tagen unseren Vertrag mit Ihnen gelöst, Celia. Wußten Sie das nicht?«

»Nein. Sind Sie sicher, daß derjenige, den Sie damit beauftragt haben, es auch wirklich getan hat?«

»Ich habe es selbst erledigt«, sagte Stowe, offenbar noch immer irritiert. »Ich habe mit Vince Lord gesprochen. Aber heute fiel mir ein, daß ich noch gar nicht mit Ihnen darüber geredet habe, und das erschien mir mehr als unhöflich.«

Celia war verärgert, weil sie erst jetzt etwas erfuhr, das sie eigentlich längst hätte wissen müssen. »Ich werde mit Vince ein Wörtchen reden müssen. Und warum haben Sie den Vertrag gekündigt?«

»Also... ehrlich gesagt, wir machen uns Sorgen wegen dieser Todesfälle durch Infektionen. Wir hatten selbst zwei unter unseren Patienten, die unter Beobachtung standen, und auch wenn es nicht den Anschein hat, als wäre eines der beiden Medikamente – Arthrigo oder Hexin W – dafür verantwortlich, so gibt es doch eine Reihe offener Fragen. Deshalb haben wir beschlossen, nicht weiterzumachen, vor allem auch wegen der anderen Todesfälle.«

Celia fühlte, wie ein eiskalter Schauer sie erfaßte. Plötzlich wußte sie, daß das noch nicht alles war, daß noch mehr kommen und daß es ihr nicht gefallen würde.

»Was für andere Todesfälle?«

Diesmal dauerte die Pause länger. »Wollen Sie sagen, daß Sie davon auch nichts wissen?«

»Wenn ich davon wüßte, Alex, würde ich wohl nicht fragen«, gab sie ungeduldig zurück.

»Wir wissen von vier Fällen, wenn auch nicht in Einzelheiten, nur, daß alle Verstorbenen Hexin W genommen haben und an unterschiedlichen Infektionen gestorben sind.« Stowe unterbrach sich, und als er weitersprach, klang seine Stimme beherrscht. »Celia, ich möchte Ihnen raten, und halten Sie mich bitte nicht für anmaßend, da es ja schließlich um Ihre Firma geht, sich unbedingt mit Dr. Lord zu unterhalten.«

»Das wird wohl nötig sein.«

»Vince weiß von den Todesfällen – von denen bei uns und auch von den anderen –, wir haben darüber gesprochen. Außerdem wird er über die Einzelheiten unterrichtet sein und die FDA informiert haben.« Wieder ein kurzes Zögern. »Ich hoffe jedenfalls, daß er die FDA informiert hat.«

»Alex«, sagte Celia, »ich bin Ihnen sehr dankbar, daß Sie es mir gesagt haben.«

»Bitte rufen Sie mich an, wenn Sie irgendwelche Informationen benötigen oder wenn ich Ihnen sonst irgendwie behilflich sein kann. Der eigentliche Grund meines Anrufs aber war, Ihnen zu sagen, wie leid es mir tut, daß wir von dem Vertrag zurücktreten mußten. Ich hoffe, daß es ein andermal besser klappt.«

Celia war mit ihren Gedanken schon woanders. »Vielen Dank, Alex. Das hoffe ich auch«, sagte sie automatisch.

Sie wollte sich gerade mit Vincent Lord verbinden lassen, überlegte es sich dann aber anders. Sie würde persönlich zu ihm gehen. Und zwar auf der Stelle.

Die erste Meldung von einem Todesfall, bei dem Hexin W eine Rolle spielte, traf zwei Monate nach Einführung des Medikaments bei Felding-Roth ein. Sie war, wie üblich, an Dr. Lord gegangen. Gleich nachdem er den Bericht gelesen hatte, verbannte er ihn aus seinen Gedanken.

Der Bericht stammte von einem Arzt aus Tampa, Florida, und besagte, daß der Verstorbene Hexin W in Kombination mit einem anderen Medikament genommen hatte und an Fieber und einer Infektion gestorben war. Lord zog daraus den Schluß, daß der Tod in keinem Zusammenhang mit Hexin W stehen könne. Allerdings gab er den Bericht nicht wie üblich in die Ablage, sondern verschloß ihn in einem Ordner in seiner Schreibtischschublade.

Der zweite Bericht traf zwei Wochen später ein. Er kam von einem Felding-Roth-Vertreter nach einem Gespräch mit einem Arzt in Southfield, Michigan. Er hatte alle Informationen, die er bekommen hatte, sorgfältig aufgeführt.

Berichte über Nebenwirkungen von Medikamenten, auch nachteiliger Art, gelangten von verschiedenen Seiten zu den pharmazeutischen Firmen. Manchmal schrieben die Ärzte direkt an die Firma. Ein anderes Mal handelte es sich um routinemäßige Mitteilungen aus Krankenhäusern. Verantwortungsbewußte Apotheker reichten ebenfalls weiter, was sie erfuhren. Gelegentlich meldeten sich auch die Patienten selbst. Außerdem hatten die Pharma-Vertreter und -Vertreterinnen die Anweisung, alles, was sie über die Wirkung eines Präparats in Erfahrung bringen konnten, zu melden, wie banal es ihnen auch erscheinen mochte.

Jede pharmazeutische Firma sammelte solche Berichte und gab sie alle drei Monate an die FDA weiter. Dazu war sie gesetzlich verpflichtet.

Ein weiteres Gesetz forderte, daß jede schwerwiegende Reaktion auf ein Medikament innerhalb von fünfzehn Tagen nach Bekanntwerden mit dem Hinweis »Dringend« an die FDA weitergegeben werden mußte, auch wenn die Firma der Meinung war, daß ihr Medikament mit dem betreffenden Fall nichts zu tun hatte.

Der Bericht des Vertreters aus Southfield, den Lord ein zweites Mal las, legte dar, daß der Patient Hexin W und ein anderes antiarthritisches Medikament eingenommen hatte und daraufhin an einer schweren Leberinfektion gestorben war. Das hatte eine Autopsie bestätigt.

Wieder entschied Lord, daß Hexin W unmöglich die Todesursache gewesen sein konnte. Er legte den Bericht zu dem anderen in den Ordner in seiner Schreibtischschublade.

Ein Monat verging, dann trafen gleichzeitig, aber unabhängig voneinander, zwei weitere Berichte ein. Sie betrafen den Tod eines Mannes und einer Frau. In beiden Fällen hatten die Verstorbenen Hexin W in Kombination mit einem anderen Medikament eingenommen. Bei der Frau, die schon älter war, entwickelte sich am Fuß, den sie sich bei einem Unfall zu Hause verletzt hatte, eine schwere bakterielle Infektion. Der Fuß wurde amputiert, aber die Infektion breitete sich schnell weiter aus und führte schließlich zum Tod. Der

Mann, der in einem schlechten Gesundheitszustand gewesen war, starb an einer schweren Gehirninfektion.

Lord war verärgert. Warum mußte bei den beiden und ihren verdammten Krankheiten, an denen sie ohnehin gestorben wären, unbedingt Hexin W erwähnt werden, obwohl doch ganz eindeutig feststand, daß das Medikament in keinem der beiden Fälle verantwortlich gemacht werden konnte? Trotzdem – die sich häufenden Berichte wurden allmählich peinlich, begannen ihm Sorgen zu machen.

Inzwischen war sich Lord darüber im klaren, daß er die Gesetze verletzt hatte, als er die früheren Vorfälle nicht sofort der FDA meldete. Er befand sich jetzt in einer prekären Situation.

Wenn er die letzten Berichte an die FDA weiterleitete, konnte er die ersten nicht einfach unter den Tisch fallen lassen. Aber die waren nach der Fünfzehn-Tage-Frist längst überfällig, und wenn er sie jetzt nachreichte, würde man sowohl Felding-Roth als auch ihn selbst belangen. Voller Unbehagen dachte er an Dr. Gideon Mace, der wahrscheinlich in seinem Büro saß und auf eine solche Gelegenheit wartete.

Lord legte die beiden letzten Berichte zu den anderen. Schließlich war er der einzige, der davon wußte, beruhigte er sich. Alle Berichte waren einzeln eingetroffen. Die Absender wußten nichts voneinander.

Bis zu dem Zeitpunkt, als Alexander Stowe anrief, um den Vertrag zwischen Felding-Roth und Exeter & Stowe zu kündigen, hatte Lord zwölf Berichte gesammelt und lebte in ständiger Angst. Und dann erfuhr er, daß Stowe auf irgendeine Weise von vier dieser mit Hexin W in Verbindung gebrachten Todesfälle erfahren hatte. Lord sagte Stowe nicht, daß sich die tatsächliche Zahl auf zwölf belief; dazu kamen noch zwei weitere, von denen Stowe berichtete und von denen Lord noch gar nichts gehört hatte. Damit belief sich die Gesamtzahl der nunmehr bekannten Todesfälle bereits auf vierzehn.

Ein fünfzehnter Bericht traf an dem Tag ein, als Stowe mit Celia telefonierte. Inzwischen hatte Lord eine vage Idee, was der Grund für die Todesfälle gewesen sein könnte – jedenfalls für den überwiegenden Teil.

Vor ein paar Monaten hatte er während einer Marketing-Konferenz in Celias Büro die Wirkung von Hexin W folgendermaßen beschrieben: »... *stoppt die Produktion der freien Radikale und folglich auch die Ansammlung der Leukozyten. Das Ergebnis: keine Entzündung, der Schmerz verschwindet.*«

All das stimmte.

Was ebenfalls aufgrund von Schlußfolgerungen und einigen eilig durchgeführten neuen Experimenten klar wurde, war, daß die Verbannung der Leukozyten gleichzeitig eine Schwächung bedeutete, eine Verwundbarkeit. Normalerweise töteten die Leukozyten an einem Krankheitsherd die Fremdkörper ab – die Bakterien. Somit waren Leukozyten, obgleich sie Schmerzen verursachten, auch ein Schutz. Aber wenn sie fehlten – bedingt durch die Auslöschung der freien Radikale –, dann blühten Bakterien und andere Organismen geradezu auf und riefen an verschiedenen Stellen des Körpers schwere Infektionen hervor.

Und konnten zum Tode führen.

Obgleich bis jetzt noch nichts bewiesen war, mußte sich Vincent Lord eingestehen, daß bei wenigstens einem Dutzend Todesfällen am Ende doch Hexin W die Ursache war. Ihm wurde jetzt auch klar – zu spät, um noch von irgendwelchem Nutzen zu sein –, daß es im klinischen Testprogramm von Hexin W eine schwache Stelle gegeben hatte. Die meisten Patienten waren in Krankenhäusern, unter ärztlicher Kontrolle beobachtet worden, wo sich eine Infektion nicht so schnell ausbreiten konnte. Aber alle ihm bekannten Todesfälle waren außerhalb von Krankenhäusern aufgetreten, ohne ärztliche Kontrolle, so daß sich die Bakterien ausbreiten und vermehren konnten...

Zu diesem Schluß – der seinen Mißerfolg bestätigte, seine Träume zerschlug und seine verzweifelten Ängste verstärkte – kam Lord ein paar Minuten, bevor Celia eintraf.

Er wußte jetzt, daß Hexin W vom Markt genommen werden mußte. Er wußte, daß er, weil er in seiner Verzweiflung versucht hatte, die Tatsachen zu vertuschen, sich schuldig gemacht hatte – da es zu weiteren Todesfällen gekommen war, die hätten vermieden werden können. Er würde unter Anklage gestellt und verurteilt werden und vielleicht sogar ins Gefängnis kommen.

Seine Gedanken wanderten siebenundzwanzig Jahre zurück, nach Champaign-Urbana, der University of Illinois, zu dem Tag, als er in das Büro des Dekans gegangen war, um eine beschleunigte Ernennung zu erreichen, die man ihm aber verweigert hatte.

Er hatte damals gespürt, daß der Dekan ihn, Vincent Lord, für charakterlos hielt. Jetzt fragte sich Lord zum ersten Mal in seinem Leben, ob er damit nicht vielleicht recht gehabt hatte.

Celia, die unangemeldet in Lords Büro erschien und die Tür hinter sich schloß, verlor keine Zeit.

»Warum weiß ich nichts davon, daß Exeter & Stowe vor vier Tagen den Vertrag mit uns gekündigt haben?«

Lord, der durch den plötzlichen Auftritt von Celia überrascht war, sagte unbeholfen: »Ich wollte es Ihnen mitteilen. Aber ich bin noch nicht dazu gekommen.«

»Wie lange hätten Sie denn noch gebraucht, wenn ich nicht gefragt hätte?« Und ohne eine Antwort abzuwarten: »Ich mußte erst von außerhalb erfahren, daß es nachteilige Berichte über Hexin W gibt. Warum habe ich auch von denen noch nichts gehört?«

»Ich habe sie geprüft... sie verglichen«, begann Lord lahm.

»Zeigen Sie sie mir«, befahl sie. »Alle. Sofort.«

Lord, dem klar war, daß es nichts mehr zu retten gab, zog den Schlüssel aus der Tasche und öffnete die Schreibtischschublade.

Celia erinnerte sich plötzlich daran, wie sie vor sieben Jahren hier erschienen war und die ersten negativen Berichte über Montayne zu sehen verlangt hatte. Damals hatte Lord sie ihr zuerst nicht zeigen wollen, aber als sie nicht locker ließ, hatte er dieselbe verschlossene Schublade aufgesperrt. Damals hatte sie sich ebenfalls gewundert, daß die Berichte nicht in der allgemeinen Büroablage aufbewahrt wurden, wo sie für jeden zugänglich gewesen wären.

Die gleiche Handlung. Der Versuch, etwas zu verbergen.

Verbittert machte sich Celia Vorwürfe – sie hätte aus der ersten Erfahrung lernen müssen. Für diese schwache Stelle in der Organisation war sie als Präsidentin verantwortlich.

Doppelt und *dreifach* verantwortlich – denn sie hatte gewußt, daß Vincent Lord dazu neigte, schlechte Nachrichten zu vertuschen, und sie hatte nichts dagegen unternommen.

Lord reichte ihr einen dicken Ordner. Im ersten Augenblick war Celia entsetzt, wie umfangreich er war. Als sie aber darin zu lesen begann, während Lord sie schweigend beobachtete, erstarrte sie vor Entsetzen. *Fünfzehn Tote.* Und alle hatten vor ihrem Tod Hexin W eingenommen.

Am Ende stellte sie die unvermeidliche Frage – und wußte die Antwort im voraus.

»Haben Sie die FDA über diese Berichte informiert?«

Lord Gesichtsmuskeln zuckten. »Nein.«

»Sie kennen doch die Vorschriften und die Fünfzehn-Tage-Frist?«

Lord nickte, ohne etwas zu sagen.

»Ich habe Sie vor einiger Zeit gefragt«, sagte Celia, »ob es über Hexin W nachteilige Berichte gibt. Sie sagten, das sei nicht der Fall.«

Lord, der sich verzweifelt bemühte, noch etwas zu retten, erwiderte: »Ich habe nicht gesagt, daß es keine gibt. Ich habe gesagt – daß es nichts gibt, was Hexin W direkt betrifft.«

Jetzt erinnerte Celia sich daran: So hatte er es tatsächlich gesagt. Es war eine ausweichende Antwort gewesen, typisch für Lord, den sie seit siebenundzwanzig Jahren kannte.

Und weil sie ihn schon so lange und so gut kannte, hätte sie erkennen müssen, daß er ihrer Frage nur auswich, und hätte nachhaken müssen. Hätte sie es getan, wüßte man seit Monaten Bescheid, und es hätte weniger Tote gegeben, weil die FDA sofort etwas unternommen und die Patienten vor dem Mittel gewarnt hätte...

Statt dessen hatte sie sich in einer Euphorie gewiegt, war verliebt gewesen in einen zweiten großen Erfolg... zuerst Peptid 7 und nun Hexin W... hatte sich eingebildet, daß nichts schiefgehen konnte. Aber es war etwas schiefgegangen, und jetzt stürzte die Welt genauso über ihr zusammen wie über Vincent Lord.

»Warum haben Sie das getan?« fragte sie, ohne eine vernünftige Antwort zu erwarten.

»Ich habe an Hexin W geglaubt...« begann Lord.

Sie winkte ab. »Lassen Sie.«

Celia legte die Berichte wieder in den Ordner und erklärte: »Den nehme ich mit. Ich werde noch heute Kopien davon nach Washington schicken – dringend und durch Boten. Und ich werde den Leiter der FDA anrufen, um dafür zu sorgen, daß man sich sofort darum kümmert.«

Und mehr zu sich selbst fügte sie hinzu: »Ich kann mir denken, daß wir sehr bald von ihnen hören werden.«

20

Die FDA reagierte schnell, höchstwahrscheinlich weil Celia den Leiter direkt angesprochen hatte. Es wurde beschlossen, Hexin W einstweilen zurückzurufen, wobei »einstweilen« die Möglichkeit offenließ, das Medikament später mit einschränkenden Angaben wieder zuzulassen. Aber selbst wenn das geschehen sollte, war klar: die großen Tage von Hexin W waren vorbei.

»Was verdammt schade ist«, sagte Alex Stowe kurz darauf in einem Gespräch zu Celia. »Es ist trotz allem ein gutes Medikament, und abgesehen von der Art und Weise, wie sich Vince persönlich verhalten hat, eine hervorragende wissenschaftliche Leistung.« Und düster fügte er hinzu: »In unserer Gesellschaft wollen alle Medikamente, die frei von jedem Risiko sind, und wie wir beide wissen, gibt es so etwas nicht und wird es auch nie geben.«

Celia hatte es sich angewöhnt, regelmäßig mit Stowe zu reden, der ein kluger Freund und Vertrauter war.

»Sie werden Hexin W bestimmt wiedersehen«, versicherte er. »Vielleicht mit verstärkten Schutzmaßnahmen oder nachdem es noch weiter entwickelt wurde. Wir brauchen eine Methode zur Ausschaltung der freien Radikale, selbst wenn das mit einem gewissen Risiko verbunden ist; es ist eine Technik, die sich medizinisch ausweiten wird. In den nächsten Jahren werden wir immer mehr darüber lesen. Wenn es einmal soweit ist, Celia, können Sie voller Stolz daran denken, daß Felding-Roth dabei Pionierarbeit geleistet hat.«

»Danke, Alex«, sagte sie. »Im Augenblick sind wir für die kleinste Aufmunterung dankbar.«

Um die Einziehung zu beschleunigen, hatte Celia angeordnet, entsprechende Vorbereitungen zu treffen, noch bevor die FDA-Auflage ausgesprochen war. Sofort nach der offiziellen Verlautbarung wurde allen Ärzten per Brief geraten, das Medikament nicht länger zu verschreiben. Nach zwei Wochen war das Medikament aus den Regalen verschwunden. Celia hatte sich bemüht, die Rücknahme von Hexin W als freiwillige Entscheidung hinzustellen, aber die FDA bestand darauf, ihre Autorität unter Beweis zu stellen. Da noch immer ein Verfahren wegen der verspäteten Unterrichtung ausstand, rieten ihr die Anwälte, es nicht zu einem Streit kommen zu lassen.

Eine Weile blieb es um diese Berichte still, aber ein paar Wochen später meldete *Pink Sheet*, eine wöchentlich erscheinende Pharma-Rundschau:

> In der Sache Felding-Roth und Hexin W hat die FDA ihre Untersuchungsergebnisse in bezug auf die verspätet eingereichten, angeblich nachteiligen Berichte an das Justizministerium weitergereicht, allerdings wurde nichts darüber verlautbart, ob es zu einem Verfahren kommen wird.

»Wie ich vertraulich erfahren habe«, sagte Childers Quentin während eines Telefongesprächs zu Celia, bei dem auch Bill Ingram und ein Firmenanwalt anwesend waren, »sind die Meinungen innerhalb der FDA geteilt.«

Auf Celias Bitten hin hatte Quentin in Washington die Fühler ausgestreckt, um festzustellen, was vor sich ging. Er berichtete von Zeit zu Zeit, was er in Erfahrung gebracht hatte; die Meldung im *Pink Sheet* war der Anlaß seines heutigen Anrufs.

Quentin fuhr fort: »Zu der einen Partei gehören der Leiter und einige andere, die geneigt sind, die Sache langsam angehen zu lassen, weil sie wissen, daß Gerichtsverfahren eine heikle Sache sind und sich als Bumerang erweisen können, falls auch bei der FDA eine Nachlässigkeit aufgedeckt wird. Noch etwas – der Leiter war von Ihrer Ehrlichkeit sehr beeindruckt, Celia.« Quentin machte eine Pause. »Allerdings gibt es eine zweite FDA-Front, die von einem leitenden Beamten angeführt wird; und der besitzt Macht, ist ein Bürokrat und wird auch noch dort sein, wenn der Leiter, der ja nur kommissarisch tätig ist, längst wieder fort ist. Er gehört zu dem Flügel, der von einem Mann namens Gideon Mace angeführt wird, und Mace verlangt strenge Maßnahmen. Sie erinnern sich vielleicht an ihn. Damals auf dem Capitol Hill.«

»Ich erinnere mich sehr gut an ihn«, sagte Celia. »Dr. Mace scheint eine ziemliche Wut auf Felding-Roth zu haben, aber ich habe keine Ahnung, warum.«

»Können wir irgend etwas tun?« fragte Bill Ingram.

»Ja«, sagte Quentin. »Stillhalten, abwarten und hoffen. Es gibt in Washington Dinge, in die man sich einmischen kann, und manchmal hat man dabei sogar Glück, aber ein Verfahren gehört nicht dazu.«

Sie beließen es dabei und warteten. Es war nervenaufreibend.

Noch nervenaufreibender war das Auftauchen von Untersuchungsbeamten der Bundespolizei in der Geschäftszentrale von Felding-Roth, die einen vom US-Bundesgerichtshof in Newark ausgestellten Durchsuchungsbefehl vorlegten.

Hexin W war Anfang Oktober zurückgerufen worden. Mitte November suchte der Staatsanwalt von New Jersey auf Anweisung des Justizministeriums um die Erlaubnis nach, »alle Akten, Berichte, Korrespondenzen und andere Dokumente zu beschlagnahmen, die mit dem Präparat Hexin W zu tun haben«.

Es war eine Maßnahme *ex parte,* von der Felding-Roth vorher nichts wußte; daher war kein Firmenvertreter anwesend, als der Durchsuchungsbefehl beantragt und ausgestellt wurde.

Die Durchsuchungs- und Beschlagnahme-Taktik war für Celia und viele andere ein Schock, genauso wie die Anwesenheit der Beamten, die mehrere Tage blieben und am Ende ein Dutzend Kartons mit Akten in einem Lastwagen verstauten und davonfuhren. Zu dem beschlagnahmten Material gehörte der Inhalt von Aktenschränken in der Forschungsabteilung, einschließlich Vincent Lords Büro.

Lord versuchte, gegen das Eindringen in sein Büro zu protestieren, hatte aber keinen Erfolg.

Seit dem Tag, an dem Celia in Lords Büro die gesetzwidrig zurückgehaltenen Berichte entdeckt hatte, war der Leiter der Forschungsabteilung den anderen Firmenangehörigen, vor allem Celia, aus dem Weg gegangen. Jeder wußte, daß Lords Tage bei Felding-Roth gezählt waren. Aber ebenso wußten alle, daß die Firma bis zum Abschluß des Falls keine andere Wahl hatte, als gemeinsam mit Vincent Lord eine geschlossene Front zu bilden.

Während Lord sich still verhielt, entwarf Celia einen Plan, um die Forschungsabteilung neu zu strukturieren, unter einem Leiter, der die Oberaufsicht hatte, und Abteilungsleitern, die spezielle Bereiche unter sich hatten, einschließlich der neuen Labors für Gentechnik. Für die Leitung der neuen Abteilung schwebten ihr einige geeignete Kandidaten vor.

Nach der Aktion im November war es bis zum Jahresende still. Kurz vor Weihnachten berichtete Childers Quentin: »Offiziell läuft die Untersuchung, aber sie haben eine Menge anderes zu tun, und Hexin W brennt ihnen nicht gerade unter den Nägeln.«

»Je länger sich die Sache hinzieht«, meinte Bill Ingram dazu, »um so größer ist die Chance, daß das Ganze ohne großes Aufhebens beigelegt wird.«

»Darauf läuft es meistens hinaus«, sagte Quentin. »Trotzdem würde ich mich nicht darauf verlassen.«

Der erste Tag des neuen Jahres brachte frohe Nachrichten. Das Gerücht, daß Martin Peat-Smith geadelt werden sollte, erwies sich als wahr. In London meldete die *Times*, die Ehrung sei in Anerkennung »herausragender Dienste an der Menschheit und der Wissenschaft« erfolgt.

Die offizielle Verleihung des Adelstitels durch die Königin sollte in der ersten Februarwoche im Buckingham Palace stattfinden. Celia, die Martin telefonisch gratulierte, sagte: »Andrew und ich werden in der Woche davor nach England kommen und anschließend für Sie und Yvonne eine Party geben.«

Und so flogen Celia und Andrew Ende Januar in Begleitung von Lilian Hawthorne nach London. Celia hatte sie dazu überredet. Seit Sams Tod vor siebeneinhalb Jahren war Lilian selten verreist. Aber Celia hatte sie darauf hingewiesen, daß dies in gewisser Weise auch ein Gedenken an Sam war, da das Harlower Institut seine Idee gewesen war und er Martin für die Leitung ausgesucht hatte.

Celia, Andrew und Lilian wohnten in einem Hotel, das gerade »in« war – *Fortyseven Park Street* in Mayfair.

Lilian, die vor ihrem sechzigsten Geburtstag stand, sah noch immer erstaunlich gut aus, und bei einem Besuch, den die drei dem Harlower Institut abstatteten, war Rao Sastri trotz des beträchtlichen Altersunterschieds offenbar sehr von ihr angetan. Sastri führte Lilian durch die Labors, und danach verabschiedeten sie sich, um zusammen essen zu gehen. Celia war amüsiert, als sie erfuhr, daß die beiden sich für die kommende Woche an einem Abend verabredet hatten – zum Essen und zu einem Theaterbesuch.

Am Montag, zwei Tage vor Martins Ehrung, bekam Celia einen Anruf von Bill Ingram. »Tut mir leid, aber ich habe schlechte Nachrichten«, begann er. »Eben hat Childers Quentin angerufen. Er sagt, in Washington sei die Hölle los.«

Die Nachrichten betrafen die FDA, Dr. Gideon Mace, das Justizministerium, Senator Dennis Donahue und Hexin W.

»Wie Quentin meint«, sagte Ingram, »scheint Mace es satt zu haben, noch länger der Tatenlosigkeit des Justizministeriums zuzusehen. Daher hat er persönlich und ohne offiziellen Auftrag sämtliche Hexin-W-Unterlagen zum Capitol Hill getragen und einem von Donahues Helfern übergeben. Der hat sie Donahue gezeigt, für den sie ein rechtes Weihnachtsgeschenk waren. ›Auf so was hab' ich schon lange gewartet‹, soll er gesagt haben.«

»Ja«, sagte Celia, »das kann ich mir denken.«

»Als nächstes«, fuhr Ingram fort, »hat Donahue den Generalstaatsanwalt angerufen, um ihn aufzufordern, schleunigst in Aktion zu treten. Bis jetzt hat Donahue – wie Quentin sagt – zu jeder vollen Stunde bei ihm angerufen.«

Celia stieß einen Seufzer aus. »Das ist ganz schön viel auf einmal. Gibt es sonst noch was?«

»Leider ja. Erstens steht jetzt fest, daß es zu einer Gerichtsverhandlung wegen der zurückgehaltenen Berichte von Hexin W kommen wird, mit allem, was sich sonst noch dabei herausstellen mag. Und der Generalstaatsanwalt, der wegen Donahue ein persönliches Interesse entwickelt hat, ist sicher, daß er Anklage erheben wird.«

»Gegen wen?«

»Gegen Vince Lord natürlich. Und – es tut mir leid, das sagen zu müssen, Celia – auch gegen Sie. Man will darauf hinaus, daß Sie die Verantwortung hatten. Quentin sagt, Donahue will Ihren Skalp.«

Celia wußte, warum. Sie mußte daran denken, wie Quentin sie nach der Senatsuntersuchung gewarnt hatte. *»Sie haben ihn lächerlich gemacht... Wenn er irgendwann in der Zukunft Gelegenheit bekommen sollte, Felding-Roth oder Ihnen, Celia, zu schaden, dann wird er es tun, und zwar mit Vergnügen.«*

Dann erinnerte sie sich an etwas, das Ingram gesagt hatte. »Bill, Sie sagten, ›mit allem, was sich sonst noch dabei herausstellen mag‹. Was haben Sie damit gemeint?«

Diesmal stieß Ingram einen tiefen Seufzer aus. »Das ist ein bißchen kompliziert, aber ich werde mich bemühen, es Ihnen zu erklären.

Als die Ergebnisse der klinischen Tests mit Hexin W zusammen mit unserem Antrag in Washington eingereicht wurden, waren auch die üblichen medizinischen Untersuchungen dabei, auch eine Studie von einem Dr. Yaminer aus Phoenix. Jetzt stellte sich heraus, daß sie gefälscht war. Er hat Patienten aufgeführt, die es gar nicht gab.«

»Das tut mir leid«, sagte Celia, »aber so was kommt vor. Andere Firmen haben ähnliche Probleme. Doch wenn man den Betrug bemerkt – falls man ihn bemerkt –, meldet man ihn der FDA, und die holen sich den Arzt.«

»Richtig«, stimmte Ingram zu. »Was man allerdings nicht tun sollte, ist, die Daten mit dem Antrag einzureichen, *nachdem* man entdeckt hat, daß sie falsch sind.«

»Natürlich nicht.«

»Das hat Vince aber getan. Er hat Yaminers Bericht abgezeichnet und durchgehen lassen.«

»Aber woher will man wissen, daß Vince –« fragte Celia.

»Darauf komme ich gleich. Als bei uns die Durchsuchung war und die Akten beschlagnahmt wurden, haben sie auch welche von Vince mitgenommen. Darunter befand sich eine über Dr. Yaminer. Und in dem Ordner waren handschriftliche Notizen von Vince, aus denen hervorgeht, daß er sehr wohl über Yaminers Fälschung Bescheid wußte, und zwar, *bevor er alles an die FDA weitergegeben hat.* Die Unterlagen befinden sich jetzt in den Händen der Justizbehörde.«

Celia schwieg. Dazu gab es nichts mehr zu sagen.

»Ich schätze, das ist alles«, sagte Ingram. »Außer...«

»Außer was?«

»Na ja... es ist wegen Dr. Mace, die Art und Weise, wie er uns angreift. Ich erinnere mich, daß Sie einmal sagten, Sie wüßten nicht, warum.«

»Das weiß ich noch immer nicht.«

»Ich glaube, Vince weiß es«, sagte Ingram. »Ich hab' so ein Gefühl. Ich habe ihn beobachtet. Jedesmal, wenn der Name von Mace erwähnt wird, zuckt er zusammen.«

Celia dachte über Ingrams Worte nach. Dann fiel ihr plötzlich das Gespräch ein, das sie während der Senatsuntersuchung mit Lord geführt hatte. Sie hatte ihn beschuldigt, im Zeugenstand gelogen zu haben, und...

Kurz entschlossen sagte sie: »Ich will ihn sehen. Hier.«

»Vince?«

»Ja. Sagen Sie ihm, es ist ein Befehl. Er soll die nächste Maschine nehmen und sich sofort bei mir melden.«

Jetzt standen sie sich gegenüber, Celia und Vincent Lord.

Sie befanden sich im Wohnzimmer des Hotel-Apartments in Mayfair.

Lord sah müde aus, älter als einundsechzig, und schien unter einer großen Anspannung zu stehen. Er hatte abgenommen, sein Gesicht war noch schmaler als früher, die Gesichtsmuskeln zuckten noch häufiger.

Celia erinnerte sich daran, daß sie vor vielen, vielen Jahren zu Lord gegangen war, um ihn um wissenschaftlichen Rat zu bitten. Sie hatte sich bemüht, freundlich zu sein, und ihm vorgeschlagen, daß sie sich mit Vornamen anredeten, und Lord hatte unfreundlich erwidert: *»Es wäre wohl für beide Teile besser, Mrs. Jordan, wenn wir uns jederzeit an unseren unterschiedlichen Status erinnern.«*

Gut, dachte Celia, jetzt würde sie seinen Rat befolgen.

»Ich will gar nicht erst über diese schändliche Yaminer-Geschichte reden, Dr. Lord«, begann sie kühl, »außer, daß es der Firma Gelegenheit gibt, sich von Ihnen zu trennen, und Sie sich bei Ihrer Verteidigung vor Gericht selbst überlassen bleiben – auf Ihre Kosten.«

In Lords Augen blitzte Triumph auf, als er sagte: »Das können Sie nicht, denn Sie werden selbst auch unter Anklage stehen.«

»Wenn ich es will, kann ich es. Und die Verteidigung für mich selbst geht nur mich etwas an, nicht Sie.«

»Wenn Sie es wollen...?« Er schien verblüfft.

»Ich will mich jetzt nicht festlegen. Aber wenn die Firma Ihnen bei Ihrer Verteidigung helfen soll, dann muß ich darauf bestehen, alles zu erfahren.«

»Alles?«

»Da gibt es etwas aus früheren Tagen«, sagte Celia, »von dem ich nichts weiß. Es hat, glaube ich, etwas mit Dr. Mace zu tun.«

Sie hatten bis jetzt gestanden. Nun deutete Lord auf einen Sessel. »Darf ich?«

»Bitte.« Auch Celia nahm Platz.

»Nun gut«, sagte Lord, »da gibt es wirklich etwas. Aber es wird Ihnen nicht gefallen. Und wenn Sie es erfahren haben, wird es Ihnen leid tun, davon zu wissen.«

»Heraus damit!«

Er erzählte ihr alles – von den ersten Schwierigkeiten mit Gideon Mace, seiner Umständlichkeit, den Beleidigungen, den langen, unvernünftigen Verzögerungen bei der Genehmigung von Staidpace. Das schließlich ein gutes, lebensrettendes Medikament war... Später der Versuch, etwas über Mace in Erfahrung zu bringen... Lords Verabredung mit Tony Redmond in der Homosexuellen-Bar in Georgetown... die Dokumente, die Lord von Redmond gekauft hatte und die Mace überführten, illegale Geschäfte getätigt zu haben. Zweitausend Dollar – *eine Ausgabe, die Sam genehmigt hatte,* Sam, der später auch zustimmte, diese Informationen nicht vor Gericht aufzudecken, sondern das Beweismaterial zu behalten, wodurch sich Sam und Lord zu Mitwissern einer kriminellen Handlung machten... zwei Jahre später, als Mace die Zulassung von Montayne verzögerte, die Entscheidung, *auch Sams Entscheidung,* Mace zu erpressen... das positive Resultat der Erpressung, trotz des Unbehagens, das Mace wegen des australischen Berichts im Zusammenhang mit Montayne verspürte, und trotz seiner ehrlichen Zweifel an dem Medikament...

Dann war alles gesagt, und Celia wußte, daß Lord recht gehabt hatte: daß sie sich wünschte, es nicht zu wissen. Aber es war wichtig für sie, für künftige Beschlüsse, die sie als Präsidentin von Felding-Roth fassen mußte.

Gleichzeitig war ihr jetzt vieles klar: Sams Verzweiflung und seine Schuldgefühle, der wirkliche und tiefere Grund für seinen Selbstmord... Der Zusammenbruch von Dr. Mace beim Senatsverhör und seine pathetische Antwort, als man ihn fragte, warum er Montayne die Zulassung erteilt habe: *»Ich weiß es einfach nicht.«*... Maces Haß auf Felding-Roth und auf alles, was damit zusammenhing.

Wenn ich Dr. Mace wäre, würde ich diese Firma auch hassen, dachte Celia.

Und nun, nachdem sie diese schlimme Geschichte kannte – was sollte sie tun? Wenn sie ihrem Gewissen folgte, gab es nur einen Weg: die Behörden zu informieren. An die Öffentlichkeit zu gehen. Die Wahrheit zu sagen. Jeder mußte selbst zusehen, wie er da herauskam – Vincent Lord, Gideon Mace, Felding-Roth, sie selbst.

Aber was passierte, wenn sie es tat? Was würde aus den Beteiligten werden? Lord und Mace würden vernichtet werden – ein Gedanke, der sie nicht sonderlich berührte. Was sie aber sehr wohl berührte, war das Bewußtsein, daß auch die Firma an den Rand des Abgrunds geraten würde, und nicht nur die Firma als Institution, sondern alle Firmenangehörigen: die Angestellten, die Führungskräfte, die Aktionäre, die Wissenschaftler. Nur sie selbst würde vielleicht gut dastehen, aber das war unwichtig.

Deshalb würde sie nicht »ihrem Gewissen folgen«. Sie würde nicht an die Öffentlichkeit gehen. Sie wußte, ohne lange darüber nachzudenken, daß auch sie den Mund halten würde, daß sie sich *an der Korruption beteiligen* würde. Sie hatte keine andere Wahl.

Lord wußte es. Auf seinen schmalen Lippen lag ein geisterhaftes Lächeln.

Sie verabscheute ihn. Haßte ihn mehr als irgend jemanden in ihrem Leben.

Er hatte sich selbst korrumpiert, hatte Mace korrumpiert, Sam korrumpiert. Jetzt hatte er auch sie korrumpiert.

Sie stand auf. Ihre Gefühle entluden sich in einem fast zusammenhanglosen Schrei: »Machen Sie, daß Sie mir aus den Augen kommen! *Gehen Sie!*«

Und er ging.

Andrew, der ein Londoner Krankenhaus besucht hatte, kehrte eine Stunde später zurück.

»Es ist etwas passiert«, sagte Celia. »Ich muß übermorgen sofort nach der Party zurückfliegen. Wenn du noch ein paar Tage bleiben möchtest...«

»Wir fliegen gemeinsam«, sagte Andrew und fügte beruhigend hinzu: »Ich erledige das. Du hast genug anderes im Kopf.«

Etwas später berichtete er: Die *Concorde* nach New York war für Donnerstag ausgebucht. Aber er hatte zwei Erster-Klasse-Plätze auf einer Maschine der British Airways bekommen. Sie würden am Donnerstag nachmittag in New York eintreffen und von dort aus gleich nach Morristown weiterfahren.

21

Yvonne konnte es kaum glauben. Befand sie sich wirklich im Bukkingham-Palast? War das wirklich sie, die mit den anderen, deren Partner oder Eltern die gleichen Ehren empfingen, im State Ballroom saß – alle aufgeregt, je nach Temperament, und in Erwartung der Königin? Oder war das alles nur ein Traum?

Wenn es ein Traum war, dann war er wunderbar. Und dazu die Musik, die die Regimentskapelle der Coldstream Guards auf der Galerie über ihnen spielte: *Early One Morning.*

Aber nein, es war kein Traum. Denn sie war mit Martin, der jetzt in einer Vorhalle auf die Zeremonie wartete, hergekommen. Martin hatte alles schon geprobt – mit einem Oberst in Paradeuniform.

Plötzlich eine Pause, die Musik brach ab. Alles erstarrte. Oben auf der Galerie hob der Kapellmeister den Taktstock und wartete auf ein Zeichen. Diener in Livree öffneten die Doppeltüren, und dann erschien die Königin.

Die Uniformierten standen stramm. Die Gäste hatten sich erhoben. Die Nationalhymne erklang.

Die Königin, im türkisfarbenen Seidenkleid, lächelte. Sie bewegte sich auf die Mitte des Ballsaals zu. Pflichtgemäß folgten ihr der Lord Chamberlain und der Home Secretary. Die Zeremonie begann. Die Kapelle spielte gedämpft einen Walzer von Strauß. Alles ging würdevoll und rasch vonstatten; es war ein Augenblick, den keiner der Anwesenden je vergessen würde.

Yvonne speicherte jede Einzelheit in ihrem Gedächtnis. Martin war gleich nach einem Knight Commander of St. Michael and St. George an der Reihe. Gemäß den Anweisungen betrat Martin den Saal, machte drei Schritte nach vorn, verbeugte sich... schritt zu einem Schemel, um niederzuknien... rechtes Knie auf dem Schemel, linker Fuß am Boden... während Martin vor ihr kniete, reichte ein Oberstallmeister der Königin das Schwert, und sie berührte damit Martins Schultern, rechts und links. Martin stand auf... machte einen halben Schritt nach rechts, einen Schritt nach vorn... und während er mit leicht gebeugtem Kopf dastand, legte ihm die Königin ein goldenes Medaillon an einem rot-goldenen Band um den Hals.

Die Königin wechselte mit jedem ein paar Worte. Mit Martin sprach sie, wie Yvonne fand, länger als mit den anderen. Dann machte Martin drei Schritte rückwärts und eine Verbeugung – und war wieder verschwunden.

Ein paar Minuten später kam er zu Yvonne und setzte sich neben sie. »Was hat die Queen gesagt?« flüsterte sie.

Er lächelte und flüsterte zurück: »Die Queen ist gut informiert.«

Später würde Yvonne alles ganz genau erfahren, jedes Wort, das die Queen gesprochen hatte!

Allerdings war sie ein wenig enttäuscht, daß sie weder den Prinzen noch die Prinzessin von Wales gesehen hatte. Sie hatte sich vorher erkundigt und erfahren, daß sie sich wahrscheinlich gar nicht im Palast aufhielten. Eines Tages aber würde es schon noch dazu kommen – jetzt, da sie mit Martin verheiratet war, schien alles möglich.

Das einzige, woran sie sich nur schwer gewöhnen konnte, war, daß die Leute in Harlow und Cambridge sie nun mit »my lady« anredeten, auch der Pförtner im Lucy Cavendish College. Sie bat ihn, es nicht zu tun, aber er ließ es sich nicht nehmen. Mit der Zeit würde sie sich schon noch daran gewöhnen – wie an so vieles. Nicht mehr lange, dachte Yvonne belustigt, und die Bauern würden nach Lady Peat-Smith, der Tierärztin, rufen lassen, damit sie sich um ihre Schweine und Kühe kümmerte.

Der Empfang und die Party, die Celia und Andrew im *Dorchester*-Hotel für Sir Martin und Lady Peat-Smith gaben, war ein großer Erfolg. Er dauerte vom Nachmittag bis zum Abend, und es kamen fast hundert Gäste, auch die meisten leitenden Angestellten des Harlower Instituts. Rao Sastri war da, in Begleitung von Lilian, und sie schienen guter Dinge. Celia sah, wie sie mehrmals die Köpfe zusammensteckten. Celia wußte, daß Rao alleinstehend war; nach Auskunft von Martin war er nie verheiratet gewesen.

Yvonne sah hübsch aus. Sie strahlte. Sie hatte abgenommen und vertraute Celia an, daß Martin ihr endlich erlaubt hatte, Peptid 7 zu nehmen.

Während der Party sagte Celia leise zu Martin: »Andrew und ich fliegen morgen früh zurück. Wenn hier alles vorbei ist, würde ich mich freuen, wenn wir vier ein paar Minuten unter uns sein könnten.«

Es war schon dunkel, als Celia, Andrew, Martin und Yvonne das kurze Stück vom *Dorchester* zum *Fortyseven Park* gingen. Es war ein kalter Februartag, klar und belebend.

Jetzt saßen sie entspannt in dem gemütlichen Apartment der Jordans.

»Martin«, sagte Celia, »ich komme gleich zur Sache; es war ein anstrengender Tag heute, und ich glaube, daß wir alle recht müde sind. Wie Sie wissen, baut Felding-Roth eine Forschungsanlage für

Gentechnik. Sie wird in New Jersey liegen, nicht weit von unserer neuen Geschäftszentrale in Morristown entfernt, und die Labors werden mit allem ausgestattet sein, was sich ein Wissenschaftler nur wünschen kann.«

»Ich habe schon davon gehört«, sagte Martin. »Man spricht bereits davon, wie phantastisch alles sein wird.«

»Worauf ich hinaus will«, fuhr Celia fort, »ist: Wollen Sie und Yvonne in die Vereinigten Staaten kommen, und würden Sie die Leitung unserer Genforschung übernehmen? Ich kann Ihnen schon jetzt versprechen, daß Sie gänzlich freie Hand haben werden und alles tun können, was Sie wollen.«

Nach einer kurzen Pause sagte Martin: »Das ist ein wunderbares Angebot, Celia, und ich bin Ihnen sehr dankbar. Aber meine Antwort lautet nein.«

»Sie brauchen mir die Antwort nicht sofort zu geben«, sagte Celia eindringlich. »Denken Sie in aller Ruhe darüber nach. Und sprechen Sie mit Yvonne.«

»Die Antwort ist endgültig, fürchte ich«, sagte Martin. »Denn ich muß Ihnen auch etwas erzählen. Ich hätte es lieber zu einem anderen Zeitpunkt getan, aber: Ich kündige bei Felding-Roth.«

Celia war entsetzt. »Das darf nicht wahr sein.« Dann sah sie ihn scharf an. »Gehen Sie zu einer anderen pharmazeutischen Firma? Hat Ihnen jemand ein besseres Angebot gemacht?«

Martin schüttelte den Kopf. »Das würde ich Ihnen nicht antun. Jedenfalls nicht, ohne vorher mit Ihnen gesprochen zu haben. Nein, ich werde zu meiner alten Liebe zurückkehren.«

»Er meint Cambridge, nicht eine andere Frau«, sagte Yvonne. »Wir werden dort leben. Sein Herz gehört der Universität.«

Die Nachricht kam für sie völlig überraschend, aber instinktiv wußte sie, daß es keinen Sinn hatte, Martin zu überreden, und daher versuchte sie es erst gar nicht. Cambridge hatte gerufen, und er hatte wie eine Taube reagiert, die nach Hause fliegt. An einem sonnendurchfluteten Sonntag vor dreizehn Jahren hatte sie einen Sieg über die Universität errungen. Es hatte sich in jeder Hinsicht gelohnt. Aber die Räder der Zeit drehten sich weiter, und jetzt hatte Cambridge gewonnen und Celia und Felding-Roth waren die Verlierer.

Andrew wandte sich an Martin. »Ich habe mir immer gedacht, daß die Universität Sie eines Tages zurückholen würde. Werden Sie

Institutsleiter? Ich habe gelesen, daß es ein paar freie Stellen gibt.«

»Ja«, erklärte Martin, »aber nicht für mich. Mit sechsundvierzig bin ich noch zu jung. Vielleicht, wenn ich mal älter, berühmter bin...«

»Großer Gott!« rief Celia. »Wie berühmt müssen Sie denn noch werden? Sie haben einen wichtigen wissenschaftlichen Durchbruch erzielt, werden in der ganzen Welt mit Ehren überschüttet, zum Ritter geschlagen.«

Martin lächelte. »All dies hat Cambridge schon oft erlebt. Die Universität läßt sich nicht so leicht beeindrucken. Nein, ich werde an dem ›neuen Blutprogramm‹ mitarbeiten.«

Das war, erklärte Martin, ein von der Regierung gefördertes Programm, und er würde einen der wissenschaftlichen Forschungsbereiche leiten. Die Bezahlung sei, wie üblich, nicht besonders hoch – am Anfang nicht einmal zehntausend Pfund im Jahr. Aber ihr Einkommen sei durch Martins beträchtliche Einkünfte aus Peptid 7 trotzdem gesichert, und bestimmt würde er auch einen Teil davon dafür verwenden, die Spendengelder für seine Abteilung aufzustocken.

Ein paar Monate zuvor hatten die Finanzleute und Rechtsanwälte von Felding-Roth in New Jersey für Martin ein finanzielles Arrangement ausgearbeitet, das von Celia und später auch vom Aufsichtsrat akzeptiert worden war.

Nach britischem Gesetz – dem Patents Act von 1977 – hätte Martin vor Gericht gehen und für seine Peptid-7-Entdeckung eine Vergütung beantragen können aber das wollte er genausowenig wie Felding-Roth. Daher war auf den Bahamas ein Fonds von zwei Millionen Pfund bereitgestellt worden, aus dem Martin regelmäßig Geld zufloß. Der Fonds wurde, im Rahmen der Legalität, so angelegt, daß er vor dem Zugriff des britischen Steuersystems sicher war und, wie Celia es ausdrückte, »Martin nicht seiner gerechten Belohnung beraubt« wurde.

Diese gerechte Belohnung, dachte sie jetzt voller Bedauern, hatte ihm den Weg zurück nach Cambridge geebnet. Aber sie wußte, daß sich Martin auch ohne das Geld von Peptid 7 so entschieden hätte.

Bevor Martin und Yvonne sich verabschiedeten, sagte Celia: »Felding-Roth wird Sie beide vermissen, aber ich hoffe, daß wir vier immer gute Freunde bleiben.«

Das versprachen sie sich gegenseitig.

Bevor Celia und Andrew abreisten, wurde noch eine andere Angelegenheit geregelt.

Ein paar Stunden, nachdem Martin und Yvonne gegangen waren und die Jordans gerade schlafen gehen wollten, klopfte es an die Tür ihres Apartments. Es war Lilian Hawthorne.

Andrew spürte, daß Lilian mit Celia allein sein wollte, und zog sich zurück.

»Ich bin froh, daß Sie mich überredet haben, mit nach England zu kommen«, sagte Lilian. »Sie haben sicher bemerkt, daß es eine schöne Zeit für mich war.«

»Ja«, sagte Celia lächelnd, »und Rao scheint es auch gefallen zu haben.«

»Rao und ich haben entdeckt, daß wir uns mögen – vielleicht sogar mehr als das.« Lilian zögerte. »Ich nehme an, Sie denken jetzt, daß ich eine alte Närrin bin...«

»Ich denke nichts dergleichen. Ich meine, daß es an der Zeit ist, daß Sie sich das Leben wieder ein wenig schön machen, Lilian, ein bißchen Spaß am Leben haben. Und zwar so, wie es Ihnen gefällt, und wenn das Rao Sastri mit einschließt – dann finde ich das wunderschön.«

»Ich bin froh, daß Sie so denken, denn ich möchte Sie um einen Gefallen bitten.«

»Alles, was in meiner Macht steht«, sagte Celia.

»Also – Rao würde gern nach Amerika kommen. Er sagt, daß er das schon lange vorhat. Und ich möchte es auch gern, und wenn er vielleicht bei Felding-Roth Arbeit finden könnte...«

Sie beendete den Satz nicht. Celia tat es für sie: »Dann käme es Ihnen beiden sehr gelegen.«

Lilian lächelte. »Ja, so ungefähr.«

»Ich bin sicher«, sagte Celia, »daß wir in dem neuen Genlabor etwas für ihn finden. Sie können Rao sagen, daß er sich darauf verlassen kann.«

Lilian strahlte. »Vielen Dank, Celia. Darüber wird er sich freuen. Er hatte es gehofft. Natürlich weiß er, daß er an jemanden wie Martin nicht heranreicht, daß er keine Führungsqualitäten besitzt. Aber er ist ein guter Wissenschaftler –«

»Ich weiß – und das macht alles ganz leicht«, sagte Celia. »Aber selbst wenn es nicht so wäre, hätte ich ihm geholfen. Sie haben mir vor Jahren einmal einen großen Gefallen getan, Lilian, und jetzt kann ich mich dafür ein bißchen revanchieren.«

Lilian lachte. »Sie meinen damals, als wir uns kennenlernten? Als Sie zu uns nach Hause kamen – so jung, so ungestüm – und hofften, daß ich Ihnen dabei behilflich sein könnte, Pharma-Vertreterin zu werden, indem ich Sam beeinflußte?«

Von den Erinnerungen an Sam überwältigt, versagte ihr die Stimme.

Epilog

In der Ersten Klasse der 747 war der Lunch beendet, das Geschirr wieder abgeräumt. Andrew, der seinen Platz kurz verlassen hatte, kam zurück.

»Ich mußte da drin gerade daran denken«, sagte er zu Celia und deutete in Richtung der Toiletten, »daß wir heute so viele Dinge als selbstverständlich hinnehmen. Als Lindbergh zum ersten Mal den Atlantik überquerte, mußte er in eine Flasche urinieren.«

Celia lachte. »Ich bin froh, daß sich wenigstens *das* geändert hat.« Sie sah ihren Mann fragend an. »Ist das alles? Ich habe das Gefühl, daß eine Philosophie dahintersteckt.«

»Völlig richtig. Ich habe über euch – die Pharma-Industrie – nachgedacht. Und da sind mir ein, zwei Dinge eingefallen, die dich vielleicht ein bißchen aufmuntern.«

»Das kann ich gut gebrauchen.«

»Leute wie du, die unter ständigem Streß stehen, sind so tief in ihre Arbeit verstrickt, daß sie manchmal – und ich glaube, dir geht es zur Zeit so – dazu neigen, alles schwarz und voller Wolken zu sehen, aber keinen Regenbogen.«

»Könntest du mir vielleicht ein paar Regenbögen zeigen?«

»Einen hast du mir vor langer Zeit gebracht, mit Lotromycin. Das gibt es noch heute, und es ist noch immer ein so gutes Medikament wie damals, als ich es zum ersten Mal angewendet habe – es ist wirksam und kann Leben retten. Natürlich spricht heute niemand mehr von Lotromycin; man hat sich daran gewöhnt. Aber zähl es zu den vielen anderen hinzu, und du hast – seit den fünfziger Jahren – ein ganzes Füllhorn von Medikamenten, so viele, daß man von einer Revolution in der Medizin sprechen kann. Ich habe es miterleben dürfen, aus nächster Nähe.«

Andrew überlegte, dann fuhr er fort: »Als ich sieben Jahre nach Beendigung des Zweiten Weltkriegs mein Examen machte, konnten wir die meiste Zeit nichts anderes tun, als die Kranken moralisch zu unterstützen, konnten nur abwarten und hoffen. Es waren so viele Krankheiten, gegen die wir noch keine Waffe besaßen, es war frustrierend. Heute ist das nicht mehr so. Wir Ärzte haben ein ganzes Arsenal von Medikamenten, mit denen wir kämpfen und heilen können. Und wir verdanken sie euch, der Pharma-Industrie.«

»Das ist Musik in meinen Ohren«, sagte Celia. »Mach weiter.«

»Nimm zum Beispiel zu hohen Blutdruck. Vor zwanzig Jahren gab es ein paar sehr begrenzte Möglichkeiten, etwas dagegen zu tun, und oft genug ohne Erfolg. Ein hoher Blutdruck führte häufig zum Tod. Jetzt ist die Behandlung durch Medikamente unbegrenzt und sicher. Die Häufigkeit von Schlaganfällen, die durch einen hohen Blutdruck ausgelöst werden, ist um die Hälfte zurückgegangen und sinkt weiter. Arzneimittel verhindern Herzanfälle. Sie stoppen Tuberkulose, Magen-Darm-Geschwüre und erleichtern das Leben des Diabetikers. Für jedes andere Gebiet der Medizin gilt das gleiche. Es gibt so viele gute Medikamente, die ich täglich verschreibe. Ich will damit sagen, daß die erfolgreichen, nützlichen Medikamente die ›Verlierer‹ zahlenmäßig weit übertreffen. Für jeden Verlierer – Thalidomid und andere – hat es immer schon Hunderte von Gewinnern gegeben. Und es sind nicht nur die pharmazeutischen Firmen, die dadurch gewinnen. Die eigentlichen Gewinner sind die Menschen – die jetzt gesund sind statt krank, die leben, statt sterben zu müssen.«

Andrew dachte nach, dann fügte er hinzu: »Wenn ich eine Rede halten müßte, würde ich sagen, daß das, was die Pharma-Industrie geleistet hat, ein Segen für die ganze Menschheit ist.«

»Genug!« sagte Celia. »Das war so wunderbar und so richtig, daß jedes weitere Wort es nur verderben kann. Es ist dir wirklich gelungen, mich aufzumuntern.« Sie lächelte. »Und jetzt werde ich die Augen zumachen und ein bißchen nachdenken.«

Zehn Minuten später schlug Celia die Augen wieder auf. »Andrew, Liebster, ich möchte dir gern etwas sagen.« Sie machte eine Pause. »Du warst für mich schon so viel; jetzt bist du auch noch mein Beichtvater. Erstens trage ich für diese furchtbaren Ereignisse um Hexin W die Verantwortung. Daran besteht für mich überhaupt kein

Zweifel. Hätte ich schneller gehandelt, hätte es vielleicht ein paar Tote weniger gegeben. Ich hätte mehr Fragen stellen müssen, aber ich habe mich einfach auf alles verlassen. Macht und Erfolg sind mir zu Kopf gestiegen, ich war wie betrunken – zuerst Peptid 7, dann Hexin W –, so daß ich einfach übersehen habe, was doch so offensichtlich war. In gewisser Hinsicht war es nichts anderes als das, was Sam mit Montayne passiert ist. Ich kann das jetzt alles viel besser verstehen.«

»Ich hoffe, du hast nicht die Absicht, das alles auch vor Gericht von dir zu geben«, bemerkte Andrew.

Celia schüttelte den Kopf. »Das wäre töricht. Ich habe immer gesagt, daß ich kämpfen werde, wenn sie mich vor Gericht stellen. Aber zu irgend jemandem muß ich von meinen Schuldgefühlen sprechen.«

»Und Vince Lord – was ist, wenn er auch angeklagt wird?«

»Wir werden ihm einen juristischen Beistand geben. Das habe ich beschlossen. Aber ansonsten muß er für sich selbst geradestehen.«

»Trotz allem, was du mir erzählt hast«, sagte Andrew leise, »und ich gebe zu, daß es im großen und ganzen richtig ist – sei nicht zu hart mit dir selbst. Du bist auch nur ein Mensch. Niemand ist vollkommen. Und du bist besser als die meisten.«

»Nicht gut genug. Aber ich weiß, daß ich besser sein kann, und die Erfahrungen, die ich jetzt mache, helfen mir.« Celias Stimme hatte wieder den gewohnten klaren, überzeugenden Klang. »Das sind Gründe für mich weiterzumachen, und darum habe ich auch vor weiterzumachen. Ich bin erst dreiundfünfzig. Es gibt noch viel, was ich bei Felding-Roth tun kann.«

»Und du wirst es schaffen«, sagte er. »Wie du es immer geschafft hast.«

Sie schwiegen. Und als Andrew Celia nach einer Weile von der Seite ansah, hatte sie die Augen zugemacht und schlief.

Sie schlief, bis das Flugzeug an Höhe verlor und zur Landung ansetzte. Als sie aufwachte, berührte sie Andrews Arm.

»Danke, Liebster«, sagte Celia. »Vielen Dank für alles.« Sie lächelte. »Ich habe noch ein bißchen nachgedacht und weiß jetzt genau: Was auch geschieht, ich werde gewinnen.«

Andrew nahm schweigend ihre Hand. Er hielt sie noch immer fest, als sie in New York landeten.

Jeffrey Archer

Kain und Abel
Ullstein Buch 20406

Es ist nicht alles Gold, was glänzt
Ullstein Buch 20564

Abels Tochter
Ullstein Buch 20586

Die chinesische Statue
Ullstein Buch 20670

Rivalen
Ullstein Buch 20902

ein Ullstein Buch

Bitte beachten Sie
die folgende Seite